I0032046

CODE
DE
L'HOPITAL-GÉNÉRAL
DE PARIS,
OU
RECUEIL
DES PRINCIPAUX ÉDITS,
ARRÊTS, DÉCLARATIONS & RÉGLEMENTS

QUI LE CONCERNENT,

Ainsi que les Maisons & Hôpitaux réunis à son Administration.

A PARIS,

De l'Imprimerie de la Veuve THIBOUST, Imprimeur du ROI, place Cambrai.

M. D. CC. LXXXVI.

OBSERVATIONS SOMMAIRES SUR L'HÔPITAL-GÉNÉRAL,

Et les autres Hôpitaux & Maisons régis par la même Administration.

L'Hôpital-Général de Paris est un des établissemens célebres du regne de Louis XIV, auquel le dessein en fut inspiré par deux motifs également dignes d'un souverain *.

Savoir : Que les pauvres invalides de la capitale trouvassent, dans une maison fondée, les secours contre l'indigence & les infirmités ; & qu'il y eût à Paris un lieu où l'on renfermât, par forme de correction, les personnes qui, en état de subsister du produit de leur travail, se porteroient cependant à mendier par des raisons de fainéantise ou de libertinage.

Le cinquieme canon du chapitre 5 du second concile de Tours avoit ordonné que chaque ville nourriroit ses pauvres ; que tous les citoyens, tant ecclésiastiques que séculiers, contribueroient à cette dépense, suivant leur fortune ; & il s'étoit fortement élevé contre l'usage de laisser vaguer les pauvres.

* *Voyez le préambule de l'édit d'établissement de l'Hôpital-Général du mois d'Avril 1656, page 261.*

Il y avoit aussi des réglemens anciens de nos rois, soit contre la mendicité, soit à l'effet de procurer des moyens de subsistance aux pauvres invalides.

A la premiere classe appartient une ordonnance du roi Jean, de l'année 1350, qui veut que des mendians valides venant à être arrêtés à Paris, ou dans ses fauxbourgs, soient, pour les premiere & deuxieme fois, fouettés & attachés au pilori, & qu'à la troisieme fois, ils soient marqués d'un fer chaud, & bannis.

Les rois François I, Charles IX & Henri III, ont fait publier des loix formelles pour assujettir chaque paroisse à nourrir & entretenir ses pauvres, en déclarant que cette charge devoit être acquittée, tant au moyen de quêtes & d'aumônes volontaires, que par des taxes sur tous les habitans & bien-tenans, sur les ecclésiastiques eux-mêmes.

De toutes les classes de pauvres, celle des enfans exige, sans contredit, le plus de secours. Aussi connoît-on à Paris deux établissemens formés en leur faveur dès les quatorzieme & quinzieme siecles: l'hôpital du Saint-Esprit, institué en la place de Greve en 1362, pour recevoir des enfans orphelins qui seroient nés en légitime mariage dans la ville, ou dans ses fauxbourgs; la maison des Enfans-Rouges, ou *de Dieu*, destinée à des enfans dont les peres & meres, étrangers à cette ville, seroient morts à l'Hôtel-Dieu.

Il paroît que les enfans trouvés ou exposés ont eu, pour la premiere fois, un hospice à Paris, en l'année 1638, d'abord dans une maison près de l'église de Saint-Landry, en la cité, & ensuite successivement près de Saint-Victor, au château de Bicêtre, & dans le fauxbourg Saint-Lazare.

Le roi Louis XIII ayant éprouvé des obstacles à l'exécution du dessein qu'il avoit conçu, en l'année 1612, de faire renfermer tous les mendians dans les maisons des grande & petite Pitié, sises rue Saint-Victor, il y avoit admis dès-lors un assez grand nombre d'enfans des deux sexes, & de femmes âgées & infirmes.

Avant l'établissement de Hôpital-Général à Paris, les pauvres y avoient une liberté absolue. La licence & le défaut de sûreté qu'elle occasionnoit, avoient déterminé les principaux magistrats à assembler des personnes charitables pour aviser avec eux au remede qu'il convenoit d'y apporter.

Ce fut à la fois par des principes de police, d'ordre public, & pour ſubvenir aux véritables pauvres, que Louis XIV promulgua, en Avril 1656, un édit, par le premier article duquel il régla que les pauvres mendians, valides & invalides, de l'un & de l'autre ſexe, ſeroient renfermés dans un hôpital, pour y être employés à des ouvrages, manufactures & autres travaux, ſelon leur pouvoir.

Le même roi a, dans la ſuite, réuni à l'adminiſtration de l'Hôpital-Général, celles de la maiſon des Enfans-Trouvés, de l'hôpital du Saint-Eſprit, & de la maiſon des Enfans-Rouges.

La direction ou ſurveillance des adminiſtrateurs de l'Hôpital-Général s'étend aujourd'hui ſur dix maiſons diſtinctes ; dont il convient de donner ici une idée.

La plus conſidérable de ces maiſons eſt celle de la Salpêtriere, occupée par ſept à huit mille femmes, dont ſix à ſept mille ſont de bons pauvres, âgés d'au moins ſoixante ans, ou infirmes. Environ huit cens femmes y ſont détenues à titre de correction ou de ſûreté, en vertu de ſentences de police, d'arrêts du parlement ou d'ordres du roi.

Dans cette maiſon ſont reçus les enfans des deux ſexes, lorſqu'ils ſont en âge de ſevrage. Les enfans mâles n'y reſtent que juſqu'à cinq à ſix ans ; & alors ils paſſent à la maiſon de la Pitié, au lieu que les filles peuvent demeurer à la Salpêtriere juſqu'à dix-huit ans. Il eſt auſſi d'uſage d'en admettre juſqu'à douze ans.

Bicêtre, ſeconde maiſon pour l'importance, a contenu plus de quatre mille perſonnes.

Quatre cinquiemes ſont auſſi de bons pauvres, âgés de ſoixante ans pour le moins, ou infirmes ; & il y eſt détenu environ huit cens priſonniers, en vertu d'ordres du roi, de ſentences de police & d'arrêts.

La troiſieme maiſon, connue ſous le nom d'hôpital de la Pitié, ſert d'aſyle à près de quinze cens enfans mâles. Le ſurplus eſt employé à reſſerrer une grande partie des objets de conſommation & d'approviſionnemens des différentes maiſons qui dépendent de l'adminiſtration de l'Hôpital.

Une quatrieme maiſon, placée près de l'hôpital de la Pitié, & connue ſous le nom de Sainte-Pélagie, n'eſt occupée que par des femmes :

les unes arrêtées par des ordres ſupérieurs, pour cauſe de débauche; les autres qui s'y ſont réfugiées pour ſe ſouſtraire elles-mêmes au déréglement.

La maiſon de l'hôpital du Saint-Eſprit continue de recevoir des enfans des deux ſexes, tous orphelins, & nés en légitime mariage de bourgeois ou d'artiſans.

Il y a dans Paris deux maiſons affectées aux Enfans-Trouvés : celle de la couche, rue Notre-Dame, à laquelle ils ſont apportés pour leur réception, & d'où ils ſont envoyés en nourrice, ou en ſevrage, ſuivant leur âge.

La ſeconde maiſon d'Enfans-Trouvés, ſiſe au fauxbourg Saint-Antoine, comprend ordinairement cinq cens enfans des deux ſexes, qui ont été en nourrice par les ordres & aux dépens de l'adminiſtration.

Le plus grand nombre des enfans-trouvés, & ce nombre eſt de treize à quatorze mille, reſte dans le lieu où il a été nourri juſqu'à ce que l'enfant ſoit majeur ou établi. L'uſage eſt de le confier à des fermiers, artiſans, ou autres perſonnes qui ſont réputées ſûres, & à la plûpart deſquelles l'adminiſtration paie, pour chaque enfant, juſqu'à l'âge de ſeize ans, une penſion de 40 liv.

La maiſon de Scipion, ſituée au fauxbourg & près le cloître Saint-Marcel, n'eſt plus occupée par de pauvres vieillards, ainſi qu'elle l'a été anciennement.

Cette maiſon renferme la boulangerie & la boucherie pour la conſommation des pauvres & des autres perſonnes qui ſont placées dans les maiſons de l'Hôpital-Général. L'on fabrique auſſi à Scipion la chandelle à leur uſage.

Aux huit maiſons dont on vient de parler, l'on peut joindre une maiſon à Vaugirard, appellée *Hoſpice*, dans laquelle l'on entreprend de guérir des enfans attaqués du mal vénérien dès le moment de leur naiſſance, au moyen du traitement que l'on adminiſtre aux meres, ou à d'autres femmes chargées de les allaiter.

Pour le ſoutien de cet établiſſement, le Roi, par des lettres-patentes du mois de Mai 1781, a réuni à l'hôpital des Enfans-Trouvés les biens & revenus de l'hôpital Saint Jacques.

Le Mont-de-Piété ouvert à Paris, rue des Blancs-Manteaux, forme la dixieme des maiſons qui dépendent de l'adminiſtration de l'Hôpital-Général; mais cette maiſon, deſtinée à reſſerrer & conſerver les effets que les emprunteurs remettent par forme de nantiſſement, n'eſt employée qu'à cet uſage, & à la tenue des bureaux & des ſalles de ventes. Aucun pauvre ou même commis n'y eſt logé.

Le projet d'établiſſement d'un Hôpital-Général à Paris, une fois conçu, le monarque a réglé les emplacemens où les pauvres des deux ſexes & des différens âges ſeroient renfermés.

L'édit indique à cet effet aux vingt-ſix adminiſtrateurs qu'il nomme, les maiſon & hôpital de la grande & petite Pitié, ſis au fauxbourg Saint-Victor, celle du Refuge, appellée maintenant Sainte Pélagie qui l'avoiſine; les maiſon & hôpital de Scipion; la maiſon de Bicêtre & ſes dépendances; la maiſon de la Savonnerie à Chaillot, dans laquelle de jeunes garçons travailloient à des tapiſſeries de la façon du Levant, & que Louis XIV a dans la ſuite retirée.

Bientôt après, & par des lettres-patentes du même mois d'Avril 1656, le roi fit don de la maiſon de la Salpêtriere; ce qui détermina les adminiſtrateurs à diſtribuer les pauvres, ſuivant leur ſexe, dans les différentes maiſons, conformément à l'ordre que l'on y voit maintenant établi.

Ce n'eſt qu'au mois de Juin 1670, que l'hôpital des Enfans-Trouvés a pris la conſiſtance, & qu'il a proprement reçu l'état civil dont il continue de jouir. L'édit donné à ce ſujet, en unit l'adminiſtration à celle de l'Hôpital-Général; & au ſurplus, il laiſſe une menſe diſtincte aux Enfans-Trouvés, leſquels conſervent tous les biens, dons & avantages dont ils étoient en poſſeſſion.

Le monarque a auſſi concédé dans la ſuite quelques objets nouveaux à l'hôpital des Enfans-Trouvés, & notamment par des Lettres-Patentes du mois d'Avril 1676, les biens de la confrairie de la Paſſion & de la Réſurrection de Notre-Seigneur.

Une déclaration du 23 Mars 1680, a chargé les adminiſtrateurs de l'Hôpital-Général de la direction des biens de l'hôpital du Saint-Eſprit.

Par autre déclaration du même jour, l'adminiſtration des biens des Enfans-Rouges a été jointe à celle des Enfans-Trouvés. Mais des lettres-patentes du mois de Mai 1772, ont ſupprimé la maiſon des Enfans-Rouges, & réuni ſes revenus & biens à l'hôpital des Enfans-

Trouvés. C'eſt la raiſon pour laquelle il ne ſera plus ici queſtion de l'établiſſement ancien des Enfans-Rouges.

Les moyens que Louis XIV a imaginés, lors de la fondation de l'Hôpital-Général, pour ſoutenir un établiſſement déjà très-diſpendieux, ne ſe ſont pas bornés à lui concéder, comme il l'a fait par les articles vingt-huit & vingt-neuf de l'édit de 1656, les biens, droits, profits, revenus & émolumens, tant en fonds qu'en fruits, qui appartenoient aux cinq maiſons dont il venoit de lui donner les bâtimens, les lits & autres meubles. Il lui a en outre attribué le produit de quêtes & d'autres aumônes, celui d'amendes, tous les legs qui ſeroient faits aux pauvres en termes vagues ou généraux, le profit de taxes ou de droits aux receptions, ſoit des officiers de juſtice, ſoit des marchands & maîtres de tous les corps des communautés de Paris, comme auſſi divers octrois, dont les rois Louis XV & Louis XVI ont depuis prorogé la levée, & auxquels même ils en ont ajouté, tant en faveur de l'Hôpital-Général, que de celui des Enfans-Trouvés, à meſure de l'augmentation des charges des deux hôpitaux.

Une autre grace que Louis XIV a verſée ſur l'Hôpital-Général, & qui lui a également été continuée par les deux rois ſucceſſeurs de ce monarque, conſiſte dans un grand nombre d'exemptions, de droits & de privileges, ſingulièrement pour tous les objets de conſommation des pauvres.

Conduit par les mêmes vues de bonté, pour un établiſſement précieux, dont il ſe qualifioit le conſervateur & le protecteur, le monarque ordonna que toutes les cauſes & différends que l'Hôpital-Général ſoutiendroit, ſeroient portés, en premiere inſtance, devant des juges ſouverains; ſavoir, à la Grand'Chambre du Parlement, à la cour des Aydes & à celle des Monnoies, ſuivant la nature & la la qualité des conteſtations.

L'hôpital des Enfans-Trouvés & celui du Saint-Eſprit participent au même avantage; & les cauſes qui les concernent ſont pareillement attribuées, en premiere inſtance, à ces trois cours.

Il a auſſi été accordé à l'adminiſtration différens privileges pour ſes membres & officiers, tels que le droit de *committimus* au grand ſceau, pour les cauſes des adminiſtrateurs & du receveur charitable; & le droit de garde-gardienne, devant le prévôt de Paris, pour les causes des autres officiers, & même des simples domestiques.

La promulgation de l'édit du mois d'Avril 1656, a été accompagnée d'un réglement rendu au Conseil, qui en a rappellé les principaux articles, & a eu pour objet d'en assurer l'exécution.

On doit attribuer au même motif un grand nombre d'arrêts & de réglemens rendus pendant les premieres années qui ont suivi l'enregistrement de l'édit; quelques-uns de ces arrêts émanés du Conseil, les autres intervenus au Parlement, conformément aux conclusions, ou même sur des requisitoires de monsieur le procureur-général.

L'on a aussi vu le Parlement seconder de la maniere la plus marquée les intentions du monarque, toutes les fois que l'administration a été forcée de réclamer des secours extraordinaires; & notamment à l'occasion du prix excessif auquel le bled s'est élevé en l'année 1662. Cette cherté avoit fait monter à près de dix mille personnes le nombre des pauvres qui s'étoient refugiés dans les maisons de l'Hôpital.

Le Parlement a rendu jusqu'à cinq arrêts dans le cours de la même année, & en 1663, pour subvenir aux besoins pressans des pauvres; & il en a usé de même en 1709, & aux autres époques de disette & de calamité publiques.

Quoique l'Hôpital-Général soit seulement indiqué par l'édit de son établissement un asyle contre l'indigence & les infirmités, cependant les maisons de la Salpêtriere & de Bicêtre ont aujourd'hui une seconde destination, qui intéresse également l'ordre public. Une multitude de gens dangereux y est renfermée, ou par forme de châtiment, ou pour la sûreté de leurs concitoyens, qu'elle avoit déjà troublés; & de là un surcroît de déboursés pour l'administration, sujette à entretenir une garde dans chacune des deux maisons.

Le traitement de la maladie vénérienne, qui est administré à Bicêtre & à l'hospice de Vaugirard, celui qui l'est des écrouelles, de l'épilepsie & des maladies de la peau dans les trois maisons de Bicêtre, de la Salpêtriere & de la Pitié, forment pareillement des destinations qui étoient d'abord étrangeres à l'établissement de l'Hôpital, & ils augmentent beaucoup les dépenses primitives.

Les infirmeries qui doivent être établies dans ces trois maisons, ajouteront beaucoup à la maſſe des charges. La quantité des perſonnes qui y ſeront traitées, évaluée ſur le nombre des malades envoyés journellement à l'Hôtel-Dieu, ſera de plus de neuf cens. Il eſt même naturel de préſumer de la plus grande commodité du traitement pour les malades, que ce nombre augmentera; ſi même il n'y a pas un accroiſſement marqué des individus qui ſe préſentent actuellement aux trois maiſons, quand ils ne ſeront plus arrêtés par la crainte d'être conduits à l'Hôtel-Dieu, en cas de maladie.

Quelque ſuccinctes que ſoient les obſervations que l'on vient de propoſer, elles ſuffiſent pour faire connoître l'étendue & la variété des charges, tant de l'Hôpital-Général, que des maiſons & hôpitaux qui ſe trouvent maintenant régis par ſes directeurs. Il eſt aiſé d'appercevoir que jamais établiſſement ne mérita, à un plus haut degré, la protection du ſouverain, qui, en effet, la lui a conſtamment accordée; la ſurveillance & l'attention perſévérante des magiſtrats; des ſecours de la part de tout riche citoyen.

PLAN DE L'OUVRAGE.

Il ſera diviſé en quarante chapitres ou paragraphes, préſentés dans l'ordre alphabétique & par date.

En tête de chaque objet ſe trouveront les articles qui y ont rapport, ſoit de l'édit d'établiſſement, ſoit de l'arrêt du Conſeil, du mois d'Avril 1656, ſervant de réglement pour l'Hôpital-Général.

Pluſieurs même des chapitres ou paragraphes ſeront ſubdiviſés, pour éviter la confuſion.

A la ſuite du recueil ſeront placés:

1°. *Un état des villes, bourgs & villages qui compoſent le reſſort du Châtelet de Paris, & dont les pauvres ſont admis, ainſi que ceux de la capitale, dans les maiſons de l'Hôpital-Général.*

2°. *Une table alphabétique & analytique de toutes les matieres.*

CODE

CODE
DE
L'HÔPITAL-GÉNÉRAL.

ACQUISITION ET ALIÉNATION.

EXTRAIT DE L'ÉDIT D'ÉTABLISSEMENT DE L'HOPITAL-GÉNÉRAL.

Du mois d'avril 1656, articles 46 & 48.

Art. 46. PERMETTONS d'acquérir, échanger, vendre ou aliéner par les directeurs, tous héritages, tant fiefs que rotures, ou franc-aleu, avec les droits de justice, jurisdiction, censives, ou autres, en quelque lieu, ou de quelque qualité qu'ils puissent être, rentes foncieres & constituées; acquérir de notre domaine, ou de quelque personne que ce soit, & ordonner & disposer de tous les biens, meubles & immeubles dudit Hôpital, selon qu'ils jugeront être à propos pour le plus grand avantage d'icelui, & sans qu'ils en soient responsables, ni tenus d'en rendre compte à quelque personne que ce soit.

Art. 48. Comme aussi de prendre des terres de proche en proche pour la nécessité ou commodité dudit Hôpital-Général, en payant par eux la juste valeur, suivant l'estimation qui en sera faite, au cas que les propriétaires voisins fissent refus d'en traiter à l'amiable, même de faire voûtes & arcades au-dessus & au-dessous des rues joignantes les maisons & héritages qu'ils ont à présent, ou auront ci-après.

ARRÊT DU PARLEMENT,

QUI en faisant délivrance à l'Hôpital-Général de Paris du legs universel qui lui a été fait par Madame Lemannier, juge que ledit Hôpital n'est pas dans le cas de la prohibition portée par l'édit du mois d'Août 1749, contre les gens de main-morte.

Du 13 Mars 1767.

LOUIS, par la grace de Dieu, roi de France & de Navarre, au premier des huissiers de notre Cour de Parlement; ou autre notre huissier ou sergent sur ce requis : savoir faisons, qu'entre Pierre Busset, écuyer, grand-fourrier des cent Suisses de notre garde ordinaire, le sieur Morel, ci-devant gouverneur des pages de monsieur le prince de Condé, demoiselles Renée-Nicole & Marie-Jeanne Landry, tous cousins issus-de-germain, parens au même degré, & héritiers de demoiselle Marie-Elisabeth Bellet, veuve de maître Etienne Lemannier, vivant banquier-expéditionnaire en cour de Rome, & administrateur de l'Hôpital-Général, demandeurs aux fins des requête, ordonnance & exploit du 12 Mars 1766, à ce que le legs universel fait par ladite veuve Lemannier au profit de l'Hôpital-Général, & ses différens testamens & codiciles des 8 Septembre 1746, 22 Juin 1748, 5 Février & 22 Décembre 1759, & autres, s'il en existoit, fussent déclarés nuls, comme contraires à la prohibition portée par l'édit du mois d'Aout 1749; ce faisant, que sans s'arrêter audit legs universel, tous les effets, contrats & biens qui en dépendoient, fussent déclarés appartenir aux demandeurs par égale portion, comme parents au même degré de lad. dame veuve Lemannier, aux offres qu'ils faisoient d'acquitter les charges dudit legs universel, ainsi que de droit; & dans le cas seulement où notredite Cour feroit quelque difficulté de déclarer ledit legs universel nul, quant aux effets mobiliers, rentes sur les aides & gabelles, contrats sur le clergé, pays d'état & communautés, & autres effets dont ledit édit du mois d'Août 1749 permet de disposer au profit des gens de main-morte, ce que les demandeurs n'estimoient pas; il fût ordonné, audit cas, que ledit legs universel seroit & demeureroit réduit au quart seulement desdits effets, & que les trois quarts desdits effets, & la totalité des fonds & contrats sur particuliers dépendans dudit legs universel, & non disponibles, aux termes de l'édit des gens de main-morte, demeureroient & appartiendroient auxdits demandeurs, en la qualité d'héritiers de la dame Lemannier; qu'en cas de contestation, les contestans fussent condamnés aux dépens, d'une part; & les directeurs & administrateurs de l'Hopital-Général de Paris, défendeurs, d'autre part; & entre Jacques Labouret Devraincourt, bourgeois de Paris, cousin issu-de-germain, & seul héritier paternel de ladite dame veuve Lemannier, demandeur aux fins des requête, ordonnance & exploit du 21 dudit mois de Mars 1766, à ce que le legs universel fait au profit de l'Hôpital-Géneral par la dame veuve Lemannier par ses testamens & codiciles des 8 Septembre 1746 & 21 Juin 1748, 15 Août 1751 & 15 Décembre 1759, & tous autres, s'il en existoit, fussent déclarés nuls, comme contraires à la prohibition portée par ledit édit; ce faisant, que sans s'arrêter audit legs universel, les effets que possédoit ladite dame veuve Lemannier au jour de son décès, & qui composoient sa succession, fussent déclarés appartenir au demandeur, comme seul & unique héritier paternel de ladite dame veuve Lemannier, aux offres qu'il faisoit d'acquitter, pour une pareille portion, les charges dudit legs universel, ainsi que de droit; & dans le cas seulement où notredite Cour feroit quelque difficulté de déclarer nul ledit legs universel, quant aux effets mobiliers, rentes sur nous, contrats sur le clergé, pays d'état & communautés, & autres, dont ledit édit du mois d'Août 1749 permettoit de disposer au profit des gens de main-morte, ce que ledit demandeur ne présumoit pas; audit cas, il fût dit & ordonné que ledit legs universel seroit & demeureroit réduit au quint desdits effets disponibles en faveur des gens de main-morte, & que la moitié de tout le surplus des biens & effets, tant mobiliers qu'immobiliers, compris dans ledit legs universel, & non disponibles, aux termes dudit édit, au profit des gens de main-morte, demeureroit & appartiendroit audit demandeur, en sadite qualité de seul héritier paternel de ladite veuve Lemannier; & en cas de contestation, lesdits sieurs administrateurs fussent condamnés aux dépens, d'une part; & les administrateurs de l'Hôpital-Général de Paris, défendeurs, d'autre part; & entre les administrateurs dudit Hôpital-Général, demandeurs en requête du 25 dudit mois de Mars, employée pour fins de non-recevoir, & défenses contre lesdites demandes, & tendante à ce que lesdits sieurs Busset & Moret, lesdites demoiselles Landry & ledit sieur Devrincourt fussent déclarés purement & simplement non-recevables dans leursdites demandes, ou, en tout cas, qu'ils en fussent déboutés & condamnés aux dépens; & attendu que les parties étoient en instance, il fût ordonné que les testamens & codiciles de dame Marie-Elisabeth Bellet, veuve dudit sieur Lemannier, des 8 & 12 Septembre 1746, 22 Juin 1748, 15 Août 1755, 15 Février & Décembre 1759, seroient exécutés selon leur forme & teneur; en conséquence, il fût fait délivrance auxdits administrateurs du legs universel fait par ladite dame Lemannier au profit de l'Hôpital-Général par lesdits testamens & codiciles; ce faisant, il fût ordonné que tous les biens, effets & revenus d'iceux, composant ledit legs universel, seroient remis audit Hôpital, pour en jouir, faire & disposer en toute propriété, comme de chose lui appartenante; à quoi faire, les héritiers paternels & maternels de ladite dame Lemannier, ensemble l'exécuteur testamentaire, l'huissier-priseur, les dépositaires, locataires, fermiers, débiteurs, payeurs des rentes sur nos domaines, aides & gabeles, pays d'état & communautés, & clergé de France & tous autres, seroient chacun à leur égard contraints par les voies qu'ils y étoient obligés, nonobstant toutes saisies-arrêts & oppositions faites & à faire, lesquelles, s'il y en avoit, tiendroient en celles des directeurs & administrateurs; quoi faisant, ils en seroient bien & valablement déchargés envers & contre tous; & en cas de contestation, les contestans fussent condamnés aux dépens, d'une part, & les sieurs Busset & consorts, & le sieur Labouret Devraincourt, défendeurs, d'autre part; & entre lesdits sieurs administrateurs, demandeurs en requête du 13 Mai 1766, à fin d'opposition à l'arrêt par défaut du 30 Avril précédent, d'une part, & lesdits sieurs Busset & consorts, défendeurs d'autre part; & entre le sieur Jacques Labouret Devraincourt, demandeur en requête du 16 dudit mois de Mai, à fin d'opposition à l'arrêt de notredite Cour, du 7 du même mois, d'une part; & lesdits sieurs administrateurs, défendeurs, d'autre part; & entre lesdits sieurs directeurs & administrateurs de l'Hôpital-Général, demandeurs en requête, du 14 Août suivant, à ce que faute par lesdits sieurs Busset & consorts, & le sieur Labouret Devraincourt, d'avoir justifié de leur généalogie & du degré de leur parenté avec Marie-Elisabeth Bellet, veuve de Maître Etienne Lemannier, ils fussent déclarés purement & simplement non-recevables dans leurs demandes, & condamnés aux dépens; & où ils justifieroient desdites parenté & généalogie, en ce cas & sans s'arrêter à leur demande à fin de nullité du legs universel, & en retranchement de la portion de ce legs qui composoit les contrats sur particuliers, comme prétendus induement légués à l'Hôpital-Général que l'on supposoit être incapable de recevoir des legs d'immeubles réels, ou rentes sur particuliers, desquels lesdits sieurs Busset, Devraincourt & autres seroient spécialement déboutés, attendu que par les articles 45, 46, 47 & 51 de l'édit de 1656, l'administration dudit Hôpital est habilitée à recevoir tous legs, même universels, à acquérir & vendre des immeubles, sans être assujettie à aucune formalité ni droits d'amortissement; que même par ledit édit de 1656, il a été dérogé à tous dérogatoires, & que les privileges de l'Hôpital-Général n'avoient par conséquent pas pu être révoqués par l'édit de 1749 qui n'y déroge ni littéralement, ni par l'esprit de ses dispositions, il fût ordonné que ledit édit de 1656, duement enregistré en notredite Cour, & publié dans les Bailliages & Sénéchaussées du ressort, seroit exécuté selon sa forme & teneur; en conséquence, en faisant la délivrance du legs universel dont il s'agissoit à ladite administration dudit Hôpital-Général, les conclusions prises par sa requête du 25 Mars 1766, lui fussent adjugées, il fût néanmoins donné acte auxdits administrateurs de ce qu'ils s'en rapportoient à la prudence de notredite Cour, si elle croyoit que c'étoit le cas d'accorder auxdits sieurs Buffet, Devraincourt & consorts, telle remise qu'elle jugeroit à propos sur les objets composants ledit legs universel, après toutefois que l'Hôpital-Général seroit jugé capable de posséder des rentes sur particuliers; si mieux n'aimoit notredite Cour, audit cas, ordonner que lesdits sieurs Buffet, Devraincourt & autres, se retireroient, dans tel délai qu'il plairoit à notredite Cour de fixer, au Bureau de l'administration, pour être procédé à ladite remise, en la maniere accoutumée, & lesdits sieurs Devraincourt, Buffet & consorts fussent condamnés en tous les dépens, d'une part; & lesdits sieurs Buffet & consorts, & le sieur Devraincourt, défendeurs, d'autre part; & entre lesdits sieurs Buffet & consorts, demandeurs en requête du 7 Mars présent mois, à ce que sans s'arrêter aux requêtes & demandes des administrateurs de l'Hôpital-Général, dont ils seroient déboutés, le legs universel porté aux testamens & codiciles de la dame Lemannier, du 5 Février 1759, fût déclaré nul & de nul effet; il fût ordonné que les biens & effets dépendans de la succession de la dame Lemannier demeureroient & appartiendroient aux demandeurs pour les quatre cinquiemes, & au sieur Devraincourt, aussi cousin issu-de-germain de la dame Lemannier, du côté paternel, pour l'autre cinquieme, aux offres qu'ils faisoient d'acquitter & payer les legs faits par ladite dame Lemannier aux légataires qui se trouveroient fondés; & où notredite Cour y feroit quelque difficulté, ce qu'ils n'estimoient pas, en ce cas & non autrement, il fût ordonné que sur le montant dudit legs, prélevement seroit fait au profit desdits demandeurs, premiérement, de soixante-deux mille cinq cens livres de contrats sur particuliers, que ledit Hôpital-Général ne pouvoit recueillir ni posséder, aux termes de l'édit du mois d'Août 1749; secondement, de la somme de cent mille livres sur les propres de la testatrice, qu'elle avoit aliénés, & qui étoient représentés par cent dix-sept mille quatre cens quatre livres de deniers comptans qu'elle avoit laissés, aux termes de l'article 17 dudit édit; troisiémement enfin, que le surplus dudit legs universel seroit réduit au quart, au profit dudit Hôpital-Général, & que les trois autres quarts appartiendroient auxdits demandeurs, aux offres d'acquitter dans la même proportion les legs portés en faveur des légataires qui se trouveroient fondés; & pour la mauvaise contestation, les administrateurs fussent condamnés aux dépens, d'une part; & lesdits sieurs administrateurs de l'Hôpital-Général de Paris, défendeurs, d'autre part, sans que les qualités puissent nuire ni préjudicier aux parties. Après que *Marguet, avocat de l'Hôpital-Général*, Brousse, avocat de Buffet & consorts, Acheney, avocat de Labouret Devraincourt, ont été ouis pendant deux audiences, ensemble Joly de Fleury pour notre procureur-général. NOTREDITE COUR reçoit les parties respectivement opposantes à l'exécution des arrêts par défaut; au principal, sans s'arrêter aux requêtes & demandes des parties de Brousse & de Acheney, dont elles sont déboutées, & ayant égard à celles des parties de Marguet, fait délivrance auxdites parties de Marguet du legs universel porté aux actes de derniere volonté de Marie-Elisabeth Bellet, veuve d'Etienne Lemannier, de son vivant, l'un des directeurs de l'Hôpital-Général; en conséquence ordonne que tous les effets composant ledit legs universel seront remis auxdites parties de Marguet, à ce faire tous dépositaires contraints, quoi faisant déchargés: le tout néanmoins aux charges telles que de droit, & aux réductions portées par la coutume, s'il y a lieu. Ordonne néanmoins que lesdites parties de Marguet seront tenues de payer auxdites parties de Brousse & de Acheney la somme de cent mille livres à partager entr'elles suivant les droits & qualités respectives qu'ils auroient pu exercer dans la succession de ladite veuve Lemannier, si elle fut décédée *ab intestat*; & ce, outre & par-dessus les legs qui pourroient se trouver à elle faits par lesdits actes de derniere volonté, tous dépens entre les parties compensés. Si mandons mettre le présent arrêt à exécution. Donné en notredite Cour de Parlement le treize Mars mil sept soixante-sept, & de notre regne le cinquante-deuxieme. Collationné. *Signé*, CHEVILLEY. Par la Chambre. *Signé*, YSABEAU.

EXTRAIT

Du PLAIDOYER de monsieur l'avocat-général, dans la cause sur laquelle le précédent arrêt a été rendu.

Du 13 Mars 1767.

L'ÉTABLISSEMENT de l'Hôpital-Général de Paris n'est point un de ces établissemens auxquels des vues particulieres ou des raisons d'intérêt, aient donné l'être; c'est un établissement public, un monument auguste de la sagesse & de la piété du feu roi, un bien de l'état, dont la religion & l'humanité sont le soutien.

Qu'on lise le préambule de l'édit donné à cet effet par Louis XIV, au mois d'Avril 1656; l'on y verra le tableau touchant des désordres qu'avoit produits la licence des mandians, l'insuffisance des moyens qu'on avoit employés jusques-là pour les renfermer, « tant par » le manquement des fonds nécessaires à la subsistance d'un si grand dessein, le défaut » d'une direction bien établie & convenable à la qualité de l'œuvre, que parce que les » directeurs qui avoient été commis, n'étoient pas appuyés des pouvoirs & de l'autorité » nécessaires à la grandeur de l'entreprise ».

Art. 1. « Le roi, après avoir fait examiner toutes les anciennes ordonnances & » réglemens sur le fait des pauvres, par grands & notables personnages, & autres intelli» gens & expérimentés en ces matieres, ensemble les expédiens les plus convenables dans » la misere des tems, pour travailler à ce dessein, & le faire réussir avec succès, à la » gloire de Dieu & au bien public, ordonne que tous les pauvres mendians, valides » & invalides, de l'un & l'autre sexe, seront renfermés dans un Hôpital, pour être » employés aux ouvrages, manufactures & autres travaux, selon leur pouvoir.

Art. 23 & 73. « Pour réussir avec succès à l'établissement d'un si grand dessein, il » nomme pour chefs de la direction, son premier président du Parlement de Paris, & » son procureur-général, & leurs successeurs èsdites charges, » auxquels il a joint dans la suite « l'archevêque de Paris, les premiers présidens de sa chambre des Comptes & de » sa cour des Aides, le lieutenant de police, le prévôt des marchands; » & pour administrateurs, « vingt-six personnes notables, » officiers de ses cours ou de sa maison, » avocats, anciens échevins, juges-consuls & marchands, d'une probité connue, & qui » prêteront serment en sa cour de Parlement.

Art. 4 & 28. Il donne pour enfermer les pauvres, les maisons de la Pitié, du Réfuge, de Scipion, de la Savonnerie, de Bicêtre, & tous les biens qui dépendoient de ces maisons.

Art. 5. Il veut que ces lieux soient nommés *l'Hôpital-Général des pauvres*; que l'inscription en soit mise avec l'écusson de ses armes, sur le portail de la maison de la Pitié & membres qui en dépendent.

Art. 6. Il se déclare « conservateur & protecteur dudit Hôpital-Général, & des lieux » qui en dépendent, comme étant de sa fondation royale, sans qu'ils dépendent en » aucune façon de son grand aumônier & ses officiers.

Il n'est pas nécessaire de rappeller ici les différens privileges dont il gratifie l'Hôpital-

Général ; mais les pouvoirs qu'il donne aux directeurs, méritent une attention singuliere.

Art. 12. Il leur attribue « tout pouvoir & autorité de direction & administration, » connoissance, jurisdiction, police, correction & châtimens ».

Art. 45. Il leur permet « de recevoir tous dons, legs & gratifications universels ou » particuliers, soit par testament, donation entre-vifs, ou à cause de mort, ou par » quelqu'autre acte que ce soit, & d'en faire les acceptations, recouvremens & poursuites » nécessaires ».

Art. 46. « D'acquérir, échanger, vendre ou aliéner tous héritages, tant fiefs que ro- » ture ou franc-aleu, avec les droits de justice, jurisdictions, censives ou autres, en » quelque lieu ou de quelque qualité qu'ils puissent être, rentes foncieres & constituées, » d'acquérir de son domaine ou de quelque personne que ce soit, & d'ordonner & » disposer de tous les biens, meubles & immeubles dudit Hôpital, selon qu'ils jugeront » être à propos pour le plus grand avantage d'icelui, & sans qu'il en soient respon- » sables, ni tenus d'en rendre aucun compte à quelque personne que ce soit ».

Art. 47. Il leur permet « de transiger & compromettre avec peine, composer & » accorder de tout ce qui dépend des biens & effets, meubles & immeubles dudit Hôpital- » Général, & de tous les procès & différends qui peuvent être mus, & qui pourroient » ci-après se mouvoir, sans aucune exception; lesquels compromis il valide, comme s'ils » étoient faits entre majeurs pour leurs propres intérêts ».

Art. 48. Comme aussi « de prendre des terres de proche en proche pour la nécessité » ou commodité dudit Hôpital-Général, en en payant la juste valeur, même de faire » voûter & arcader au-dessus & au-dessous des rues joignantes les maisons qu'ils ont à » présent, ou auront ci-après ».

Il n'y a point de corps dans le royaume auquel il ait été donné des pouvoirs aussi étendus ; ces pouvoirs n'ayant jamais reçu aucune atteinte, subsistent par conséquent aujourd'hui, tels qu'ils sont portés par cet édit ; & étant absolument incompatibles avec la prohibition faite aux gens de main-morte par l'édit de 1749, il n'en faudroit pas davantage pour écarter l'application de cet édit à l'Hôpital-Général.

Quelques corps de main-morte ont, à la vérité, obtenu la permission de recevoir des dispositions universelles ; mais aucun n'a un pouvoir indéfini d'acquérir, aucun n'a la faculté de vendre, d'aliéner, échanger, disposer de ses biens, sans être assujetti aux formalités établies pour l'aliénation des biens ecclésiastiques, ou de ceux des mineurs ; aucun n'a le pouvoir de transiger & de compromettre, comme le pourroit faire un majeur ; aucun n'a le droit de forcer les propriétaires voisins à lui abandonner leurs biens, en leur en payant la valeur.

Dès que le roi permet aux directeurs « de recevoir tous dons, legs & gratifications » universels & particuliers, sans aucune limitation ; d'acquérir, changer, vendre ou aliéner, » sans être astreints à aucune formalité, tous héritages, tant fiefs que roture ou franc- » aleu, avec les droits de justice, jurisdiction, censives ou autres, en quelque lieu ou » de quelque qualité qu'ils puissent être, rentes foncieres & constituées ; d'acquérir du » domaine du roi ou de quelque personne que ce soit, de donner & disposer de tous » les biens, meubles & immeubles dudit Hôpital, selon qu'ils jugeront à propos ; de tran- » siger & compromettre, composer & accorder, comme pourroient faire des majeurs pour » leurs propres intérêts ; de prendre des terres de proche en proche pour la nécessité » ou commodité dudit Hôpital, de faire voûter & arcader au-dessus ou au-dessous des » rues joignantes leurs maisons, & celles qu'ils auront ci-après, » il n'est pas possible de leur appliquer les prohibitions faites par l'édit de 1749 aux gens de main-morte, d'acquérir, recevoir & posséder d'autres immeubles, que des rentes sur le roi, sur le clergé, les pays d'état, villes & dioceses.

Art. 51. Le roi amortit, par son édit, les maisons de la Pitié & autres, qu'il donne à l'Hôpital-Général, « même dès à présent, les autres maisons, places, rentes & autres » immeubles qui ont été ou qui pourroient lui être légués, donnés ou délaissés, ou qui » seroient acquis par les directeurs à présent & à l'avenir ».

Art. 59, 62, 63, 64 & 65. Il affranchit l'Hôpital-Général & les pauvres qui y seront renfermés, « de tous subsides, impositions, droits d'entrée, tant à Paris qu'ailleurs, » par eau & par terre, des ports, ponts, péages, octrois des villes, barrages, ponts & passages, » mis & à mettre, encore qu'il soit dit que lesdits droits seroient payés par les privi- » légiés & non privilégiés, de tous droits, de guet, garde, fortification, boues, pavés, » chandelles, canal, fermetures de villes & fauxbourgs, & généralement de toutes con- » tributions publiques ou particulieres, telles qu'elles puissent être; de tous logemens, » passages, aides & contributions des gens de guerre; de toutes impositions aux rôles des » tailles, taillon, subsistance, ustensiles, ni autres deniers ordinaires ou extraordinaires, » même de toutes recherches de la part des salpêtriers ».

Art. 66. » Pour la plus grande conservation des biens, affaires, droits, exemptions » & privileges dudit Hôpital-Général, il veut que tous les procès & différends dans » lesquels il sera intéressé, tant en demandant, qu'en défendant, même en cas d'interven- » tion, soient portés en premiere instance *en la grand'chambre* du parlement de Paris, » & en la cour des Aides à Paris, » selon la qualité desdits procès & différends.

L'édit est terminé par une dérogation expresse *à tout ce qui pourroit être contraire, & aux dérogatoires;* & il a été enregistré tant au Parlement, à la chambre des Comptes, à la cour des Aides, que dans toutes les autres jurisdictions de Paris.

Il n'y a personne qui, à la lecture de cet édit, ne soit forcé de convenir, que cet établissement n'a rien de commun avec les établissemens des gens de main-morte, même avec ceux des autres Hôpitaux du royaume.

Les maisons de l'Hôpital-Général, & les biens qui en dépendent, n'appartiennent, ni aux pauvres qui y sont renfermés, ni à aucun corps ou communauté en particulier; ils n'appartiennent qu'au roi & à l'état. C'est une maison de l'état, dont le roi est non-seulement le fondateur, le conservateur, le protecteur, dont on peut dire même qu'il est le véritable propriétaire, & dont il a seulement confié l'administration aux directeurs qu'il y a établis.

Il ne seroit pas raisonnable qu'un établissement de cette nature fût sujet à la prohibition prononcée contre les gens de main-morte par l'édit de 1749, & il ne seroit pas même possible de le prétendre, sans renverser la loi qui l'a formé.

Aussi l'Hôpital-Général étoit-il demeuré, depuis l'édit de 1749, dans la possession la plus constante de vendre, d'acquérir, recevoir & posséder toutes sortes de biens indistinctement, même les biens-fonds & les rentes sur particuliers, dont cet édit interdit la possession aux gens de main-morte, &c.

AMENDES.

EXTRAIT DE L'ÉDIT D'ÉTABLISSEMENT DE L'HOPITAL-GÉNÉRAL.

Du mois d'Avril 1656, articles 31, 38, 39 & 68.

Art. 31. DÉCLARONS que tous les dons & legs faits par contrats, teſtamens & autres diſpoſitions, les adjudications *d'amendes* & aumônes faites en la ville & fauxbourgs, prévôté & vicomté de Paris, en termes généraux, *aux pauvres, ou à la communauté des pauvres*, ſans aucune autre déſignation, dont juſqu'à préſent l'emploi n'aura point été fait, quoique les diſpoſitions précedent ces préſentes de quelque tems que ce ſoit, & toutes celles qui ſe feront ci-après, ſeront & appartiendront audit Hôpital-Général, & en cètte qualité pourront être vendiqués par les directeurs.

Art. 38. Accordons à l'Hôpital-Général le quart des *amendes* ou condamnations d'aumônes, ordonnées pour les délits, malverſations ou uſurpations des eaux & forêts de France, tant pour le paſſé que pour l'avenir, dont les directeurs, comme parties, pourront faire les pourſuites en notre conſeil ou ailleurs.

Art. 39. Le quart des amendes de police & de toutes les marchandiſes ou autres choſes qui ſeront déclarées acquiſes ou confiſquées.

Art. 68. Enjoignons aux greffiers de toutes les juſtices & juriſdictions ordinaires & extraordinaires de la ville, fauxbourgs, prévôté & vicomté de Paris, d'envoyer au bureau les extraits des arrêts, jugemens, ſentences & autres, où il y aura adjudication d'amendes ou aumônes, ou quelques applications au profit dudit Hôpital, ou des Hôpitaux, ou des pauvres, & de les délivrer gratuitement; à peine d'en répondre par les refuſans ou négligens en leurs propres & privés noms, & de tous dépens, dommages & intérêts.

ARRÊT DU CONSEIL D'ÉTAT DU ROI.

*Qui condamne en 3000 liv. d'*amende au profit de l'Hôpital, *ceux qui mettent leurs bateaux dans le courant d'eau de la pompe, à une moindre diſtance que celle y déſignée.*

Du 11 Juin 1685

SUR ce qui a été repréſenté au roi étant en ſon conſeil, par Louis la Foreſt, l'un de ſes ingénieurs ordinaires, chargé par ſa majeſté de la conduite & entretenement de la Pompe ſituée contre le Pont-Neuf de la ville de Paris : Qu'au préjudice des défenſes faites par ſa majeſté, par arrêt de ſondit conſeil d'état, du 31 Décembre 1668, à tous marchands de charbon, voituriers de ſel, bateaux à lavandieres, & autres trafiquans ſur la riviere de Seine, de mettre d'orénavant les bateaux, flettes ou foncets, dans la courant d'eau de ladite pompe, ils ne laiſſent pas d'y contrevenir, ce qui empêche la machine de tirer l'eau néceſſaire, même durant tout l'été, pour en fournir ſuffiſamment aux fontaines de ſa majeſté, & pour le beſoin de ſeſdits bâtimens & l'utilité du public; à quoi étant néceſſaire de pourvoir; OUI LE RAPPORT du ſieur marquis de Louvois, conſeiller de ſa majeſté en ſes conſeils, ſecrétaire d'état & de ſes commandemens, & ſurintendant-général de ſes bâtimens, & tout conſidéré; SA MAJESTÉ ÉTANT EN SON CONSEIL, conformément à l'arrêt dudit conſeil, dudit jour 31 Décembre 1668, a fait & fait de nouvelles défenſes

défenſes à tous marchands de charbon, voituriers de ſel, bateaux à lavandieres, & autres trafiquans ſur la riviere de Seine, de mettre dorénavant leurs bateaux, flettes ou foncets, dans le courant d'eau de ladite Pompe, lequel ſa majeſté a fixé à neuf toiſes de large, en montant depuis l'arche d'icelle, juſqu'aux boutiques à poiſſons qui ſont au-deſſous du Pont-au-Change, laquelle largeur commencera à ſeize toiſes des murs du quai de la Mégiſſerie, en entrant dans la riviere du côté du quai de l'Horloge du Palais; à peine, aux contrevenans, de 3000 livres d'amende pour les pauvres de l'Hôpital-Général, au paiement de laquelle ils ſeront contraints, comme pour les affaires de ſa majeſté, en vertu du préſent arrêt, lequel ſera lu, publié & affiché par-tout où beſoin ſera. Fait au conſeil d'état du roi, ſa majeſté y étant, tenu à Verſailles le 11e jour de Juin 1685. *Signé*, COLBERT.

LOUIS, par la grace de Dieu, roi de France & de Navarre, au premier notre huiſſier ou ſergent ſur ce requis; nous te mandons & commandons par ces préſentes ſignées de notre main, que l'arrêt ci-attaché ſous le contre-ſcel de notre chancellerie, cejourd'hui donné en notre conſeil d'état, nous y étant, tu ſignifies à tous qu'il appartiendra à ce qu'ils n'en prétendent cauſe d'ignorance, & faſſe au ſurplus, pour l'entiere exécution d'icelui, tous exploits, ſignifications & autres actes requis & néceſſaires, ſans, pour ce, demander autre congé ni permiſſion. Car tel eſt notre plaiſir. Donné à Verſailles le 11e jour de Juin, l'an de grace 1685, & de notre regne le quarante-troiſieme. *Signé*, LOUIS, & plus bas, par le roi. COLBERT.

Collationné à l'original par nous conſeiller & ſecrétaire du roi, maiſon & couronne de France, & de ſes finances. Signé, HOMAIR.

Lu & publié à haute & intelligible voix, à ſon de trompe & cri public, ſur le quai de la Mégiſſerie, & aux autres ports de cette ville de Paris, par moi Marc-Antoine Paſquier, Juré-Crieur ordinaire du roi, en la ville, prévôté & vicomté de Paris, y demeurant, rue du Milieu de l'Hôtel des Urſins, accompagné de Louis la Coſte, Pierre Angar, & François Flamant, commis-trompettes, le 27e Mars 1686, à ce que perſonne n'en prétende cauſe d'ignorance, & affiché. Signé, PASQUIER.

ARRÊT DU PARLEMENT,

QUI ordonne que la moitié des amendes adjugées contre Andras & Jonuel *ſera payée à* l'Hôpital-Général *de Paris, & l'autre moitié à celui de Montbriſon.*

Du 12 Juillet 1686.

LOUIS, par la grace de Dieu, roi de France & de Navarre, au premier notre huiſſier ou ſergent ſur ce requis, ſavoir, &c.

NOTREDITE COUR, faiſant droit ſur le tout, ſans s'arrêter à la demande dudit David, dont elle l'a débouté, a ordonné & ordonne que la demande de 6000 livres adjugée contre ledit Andras, & l'amende de 4000 livres adjugée contre la ſucceſſion dudit Voiret, par ſentence du Siege de Montbriſon, du 20 ſeptembre 1681, appartiendront & ſeront payés, ſavoir moitié à l'Hôpital Général de ladite ville de Paris, & l'autre moitié à l'Hôpital de Montbriſon, & ſur le ſurplus des demandes, a mis & met les parties hors de Cour & de procès, dépens compenſés. Si te mandons, à la requête deſdits directeurs de l'Hôpital-Général de cette ville de Paris, mettre le préſent arrêt à exécution. De ce faire te donnons pouvoir. Donné à Paris, en notre cour de Parlement, le douze Juillet l'an de grace mil ſix cent quatre-vingt-ſix, & de notre regne le quarante-quatrieme. Collationné. *Signé*, DE LA BAUNE.

SENTENCE DE POLICE

Rendue contre ceux qui font de fausses déclarations de leurs grains, portant confiscation & amende au profit de l'Hôpital-Général *& autres.*

Du 4 Juin 1709.

SUR le rapport fait en jugement devant nous, en notre hôtel, par me Jean-Jacques Cailly, conseiller du roi, commissaire enquêteur & examinateur au châtelet de Paris, contenant: que le 18 Mai dernier, en exécution des ordres, par nous, à lui donnés, il s'est transporté au village de la Chapelle-Saint-Denis, dans la ferme du nommé la Croix, laboureur, demeurant audit lieu; que l'ayant interpellé de lui représenter les bleds, froment, seigle, orge, & autres grains qu'il a en sa possession, il l'a conduit dans sa grange, où ledit commissaire a trouvé deux hommes qui battoient de l'orge, dont ledit la Croix lui avoit déclaré avoir fait porter à la halle huit septiers le même jour, & qu'ils y avoient été vendus sur le pied de 30 livres le septier, qu'il se disposoit à faire encore porter à ladite halle de Paris les orges qu'il faisoit battre, & qui lui restoient en gerbes, lesquels, lorsqu'ils seroient battus, pourroient composer quinze septiers ou environ; qu'ayant interpellé ledit la Croix de lui déclarer s'il avoit fait sa déclaration pardevant nous, de ladite quantité d'orge & des autres grains qu'il a dans ses granges & greniers, ledit la Croix lui avoit dit qu'il n'en avoit fait aucune déclaration; & qu'attendu la nécessité pressante qu'il y avoit de faire battre ledit orge pour le faire porter à la halle, ledit commissaire auroit mandé des batteurs en grange, à l'effet de travailler sans relâche à battre ledit orge, & auroit laissé Jean de Challe, archer de la compagnie de monsieur le lieutenant-criminel de robbe-courte, à qui il avoit enjoint de rester chez ledit la Croix jusqu'à ce que tout ledit orge fut battu, mesuré, & mis dans des sacs pour être transporté en sa présence en la halle de Paris, & vendu ainsi qu'il seroit par nous ordonné; qu'ayant dressé son procès-verbal de ce que dessus, & nous en ayant fait son rapport, nous aurions ordonné, après avoir entendu ledit la Croix, qu'aussi-tôt que l'orge en question auroit été battu, il seroit mesuré en la présence dudit commissaire, & ensuite porté à la halle pour y être vendu, à raison de 20 livres le septier; que les deniers en provenans demeureroient saisis entre les mains de l'un des mesureurs, qui seroit choisi par le commissaire Duplessis. Et après que nous avons reconnu, par la vérification par nous faite de nos registres, que ledit la Croix avoit négligé de déclarer ledit orge, & les autres grains qu'il avoit chez lui, nous aurions ordonné que ledit commissaire se transporteroit derechef chez ledit la Croix, pour faire saisir tous les grains qui s'y trouveroient, & en dresser son procès-verbal: que le 21 dudit mois de Mai, ledit commissaire s'étant transporté chez ledit la Croix, l'orge en question y auroit été mesuré, & se seroit trouvé monter à vingt-quatre septiers cinq boisseaux, dont il auroit chargé ledit de Challe, archer, pour le remettre aux ordres du commissaire Duplessis, à l'effet d'être vendu, conformément à notredite ordonnance, & qu'ayant fait perquisition dans la grange & dans les greniers dudit la Croix, il s'y seroit trouvé dans un grand grenier environ cinq cens gerbes de seigle non battues, plus, se seroit trouvé dans sa grange, deux cens bottes ou environ de seigle, & trois cens bottes ou environ d'avoine non battues: plus au derriere de ladite grange une mulle de seigle aussi non battue, composant la quantité de cinq cens bottes ou environ, tous lesquels grains n'ayant point été déclarés par ledit la Croix, suivant qu'il y étoit obligé, par la déclaration du roi du 27 Avril dernier, il les avoit fait saisir par Simon Milet, huissier de police, & iceux laissés en la garde du sieur Chantepie, lieutenant du guet, & Jean de Challe, archer, de quoi ledit commissaire auroit aussi dressé procès-verbal, & qu'en exécution de notre ordonnance du 27 du mois de Mai, étant au bas d'icelui, ledit la Croix auroit été assigné, à la requête du procureur du roi, par exploit de Vassan, huissier de police, à comparoir à cejourd'hui pardevant nous, pour répondre sur les faits contenus auxdits procès-verbaux, & aux conclusions que le procureur du roi auroit à prendre contre lui. SUR QUOI NOUS, après avoir oui ledit commissaire en son rapport, entendu ledit la Croix en ses défenses, & le procureur du roi en ses conclusions, avons la saisie déclaré bonne & valable; & pour la contravention commise par ledit la Croix, en ce qu'il n'a pas fourni la déclaration de ses bleds & grains, dans le tems porté par l'article premier de la déclaration du roi, du 27 Avril dernier, registrée au Parlement, le 29 dudit mois, & publiée où besoin a été; avons ordonné que les bleds & grains saisis seront battus, les pailles vendues sur le lieu, les grains portés à la halle, pour y être vendus suivant l'ordonnance, & que les deniers provenans, tant desdits grains que des pailles, seront & demeureront confisqués, savoir : un quart au profit du roi, un quart au profit des pauvres de la paroisse de la Chapelle, *un quart au profit de l'Hôpital-Général*, & le quatrieme quart au profit des religieuses Carmelites de la rue de Grenelle, & des religieuses hospitalieres de Saint-Marcel, par moitié; à l'effet de quoi les deniers seront remis entre les mains de l'officier mesureur qui sera choisi par le commissaire le Maistre, préposé pour la police, au quartier de la halle, sur iceux préalablement pris les frais de justice, de voiture & de vente. Avons en outre condamné ledit la Croix en 3000 livres d'*amende*, dont moitié au profit du roi, & *l'autre moitié au profit de l'Hôpital-Général*. Enjoignons au commissaire Cailly, de tenir la main à l'exécution de notre présente sentence, qui sera exécutée nonobstant & sans préjudice de l'appel, même nonobstant toutes oppositions faites ou à faire; affichée, tant dans les halles & marchés de cette ville, que dans ceux des villes de la prévôté, vicomté & présidial du châtelet de Paris, & par-tout où besoin sera. Ce fut fait & donné par messire MARC-RENÉ DE VOYER DE PAULMY D'ARGENSON, chevalier, conseiller du roi en ses conseils, maître des requêtes ordinaire de son hôtel, & lieutenant-général de police de la ville, prévôté & vicomté de Paris, le mardi 4e jour de Juin 1709.

Signé, DE VOYER D'ARGENSON.

TAUXIER le jeune, greffier.

La sentence ci-dessus a été lue & publiée à haute & intelligible voix, à son de trompe & cri public, en tous les lieux ordinaires & accoutumés, par moi Marc-Antoine Pasquier, juré-crieur ordinaire du roi, en la ville, prévôté & vicomté de Paris, y demeurant, rue du milieu de l'Hôtel des Ursins, accompagné de Louis Ambezar, Nicolas Ambezar, & Claude Crapone, jurés trompettes, le 18e jour de Juin 1709, à ce que personne n'en prétende cause d'ignorance, & affichée ledit jour esdits lieux.

Signé, PASQUIER.

SENTENCE DE POLICE

Rendue & exécutée contre des personnes coupables de recélés & fausses déclarations de grains & farines, portant confiscation & amende au profit de l'Hôpital-Général.

Du 18 Juin 1709.

SUR le rapport fait devant nous en notre hôtel, par me Jean-Jacques Cailly, conseiller du roi, commissaire enquêteur & examinateur au châtelet de Paris, préposé pour la police dans le quartier de Sainte-Avoye; contenant qu'en exécution de la déclaration du roi, du 27 du mois d'Avril dernier, & de notre ordonnance, il s'est transporté, le 4e du présent mois de Juin, dans la maison du nommé Adam, faiseur d'amidon, sise au fauxbourg Saint-Denis, où il a eu avis qu'il y avoit plusieurs sacs de bled, qui étoient cachés dans une salle par bas; qu'ayant été conduit dans ladite salle par le sieur de Pommereuil, lieutenant de la compagnie de monsieur le lieutenant-criminel de robe-courte, il y a trouvé la quantité de treize septiers de bled froment, que ledit Adam & sa femme ont déclaré avoir été déchargés par le charretier du nommé le Fevre, meunier, demeurant à Saint-Denis, & qu'ils ne savent pas s'il en a été fait aucune déclaration; pourquoi, & attendu qu'il est défendu à toutes personnes, & particuliérement aux meuniers, de faire aucun commerce ni entrepôt de grains, outre qu'il ne paroît pas que ceux-ci aient été déclarés, lui commissaire les a fait saisir par Simon Millet, exempt de la compagnie de monsieur le lieutenant-criminel de robe-courte, & l'un des huissiers de police, & les a laissés à la garde dudit sieur de Pommereuil, & dudit Adam, dont nous ayant fait rapport, nous avons ordonné que lesdits le Fevre, Adam & sa femme, seroient assignés pardevant nous à cejourd'huy pour répondre au rapport dudit commissaire, & aux conclusions qui seront contr'eux prises par le procureur du roi : SUR QUOI NOUS, après avoir oui ledit commissaire Cailly en son rapport, les nommés le Fevre, Adam & sa femme, en leurs défenses, qui ont dit que ce bled appartenoit à des boulangers de Paris, ce qu'ils n'ont pu néanmoins justifier par aucuns certificats de mesureurs, ni même par le registre dudit le Fevre, qui s'est trouvé faux en plusieurs articles, & mal tenu, comme il paroît par la feuille du 25e du mois de Mai dernier, qui a été de nous paraphée : avons déclaré la saisie des treize septiers de bled froment bonne & valable, & pour la contravention commise par lesdits le Fevre, Adam & sa femme, en ce qu'ils ont recellé lesdits treize septiers de bled dont il s'agit, sans en faire leur déclaration, ainsi qu'ils y étoient obligés par la déclaration du roi, du 27 du mois d'Avril dernier, vérifiée en Parlement le 29 du même mois; Ordonnons que lesdits bleds seront portés à la halle de cette ville de Paris, pour y être vendus, & les deniers en provenant confisqués, un tiers au profit du roi, un tiers au dénonciateur, & *l'autre tiers au profit de l'Hôpital-Général*, & des pauvres religieuses de l'*Ave Maria*, par portions égales; sur iceux préalablement pris les frais de justice, de voiture & de vente. Avons en outre condamné ledit Adam & sa femme en 200 livres d'amende, & ledit le Fevre en 1000 livres aussi d'amende, dont un tiers au profit du roi, un tiers au dénonciateur, & *l'autre tiers au profit de l'Hôpital-Général*, & des pauvres filles Hospitalieres de la Providence, par portions égales; jusqu'au paiement de laquelle somme de 1000 livres, ledit le Fevre tiendra prison; leur faisons défenses de recidiver, à peine de punition corporelle. Enjoignons au commissaire Cailly de tenir la main à l'exécution de la présente sentence, qui sera exécutée sans préjudice de l'appel, même nonobstant toutes oppositions faites ou à faire, publiée & affichée par-tout où besoin sera. Ce fut fait & donné par messire MARC-RENÉ DE VOYER DE PAULMY D'ARGENSON, conseiller d'état ordinaire, & lieutenant-général de police de la ville, prévôté & vicomté Paris, le mardi 18e jour de Juin 1709.

Signé, DE VOYER D'ARGENSON.

TAUXIER le jeune, greffier.

SENTENCE DE POLICE,

Rendue & exécutée contre des Boulangers réfractaires aux arrêts du Parlement, touchant la fabrique du pain bis-blanc, & du pain bis destiné pour la nourriture des pauvres, avec condamnation d'amende au profit de l'Hôpital.

Du 22 Juin 1709.

SUR le rapport à nous fait en notre hôtel, par me Jean-Jacques Cailly, conseiller du roi, commissaire au châtelet, préposé pour la police au quartier de Sainte-Avoye, contenant, que, sur l'avis qui nous a été donné, que plusieurs boulangers contrevenoient à l'arrêt du Parlement du 7 du présent mois de Juin, qui ordonne qu'il ne sera cuit & exposé en vente que de deux sortes de pain, l'un bis-blanc, & l'autre bis; il a fait cejourd'hui, 22 de ce même mois de Juin, une police extraordinaire, de notre ordonnance, chez plusieurs boulangers, pour connoître s'il se conformoient aux dispositions de cet arrêt; qu'à cet effet il s'est transporté chez les nommés Flanecourt, boulanger, demeurant rue Saint-Mederic, Ricoüart, boulanger, demeurant rue Sainte-Avoye, & Cousin, boulanger, demeurant rue Saint-Martin, chez lesquels il ne s'est trouvé aucun pain bis, mais bien des pains mollets blancs, & du pain bis-blanc, de chacun desquels pains il a pris des échantillons, pour nous être représentés, avec dix-sept pains mollets blancs, de différens poids, qu'il a fait saisir chez le nommé Flanecourt, par Simon Millet, l'un des huissiers de police, pour nous être pareillement représentés; que s'étant aussi transporté chez les nommés Begin, boulanger, demeurant rue des Gravilliers; Chaufour, boulanger, demeurant rue Simon-le-Franc, Mancion & Nivet, autres boulangers, demeurans rue du Temple, il n'a trouvé dans leurs boutiques aucun pain bis, mais bien du pain blanc, & d'une qualité défendue par l'arrêt; de chacun desquels pains, lui commissaire a pris des échantillons pour nous être aussi représentés; & qu'attendu la contravention commise par lesdits Flanecourt, Ricoüart, Cousin, Chaufour, Begin, Mancion, & Nivet, il les a fait assigner à comparoir pardevant nous en notre hôtel, à cejourd'hui, cinq heures de relevée, pour répondre au rapport de lui commissaire, & être présens à la représentation desdits échantillons & pains saisis. SUR QUOI NOUS, après avoir entendu ledit commissaire Cailly en son rapport, lesdits Flanecourt, Ricoüart, Chaufour, Begin, Mancion, & Nivet, en leur défenses, vu & examiné les dix-sept pains mollets blancs, saisis sur ledit Flanecourt, & les échantillons des différentes sortes de pain, qu'il a trouvé chez les autres boulangers; nous avons donné défaut contre ledit Cousin, non comparant, & pour le profit, déclaré la saisie desdits pains, trouvés chez le nommé Flanecourt, bonne & valable. ORDONNONS qu'ils seront confisqués au profit des religieuses de l'*Ave Maria*, & des religieuses hospitalieres de la Charité de la Place Royale; & attendu la contravention commise par lesdits Flanecourt, Ricoüart, Cousin, Chaufour, Begin, Mancion, & Nivet, nous les avons condamnés, savoir: lesdits Flanecourt, Ricoüart, & Cousin, en chacun 1000 livres d'amende; le nommé Begin en 600 livres, Mancion en 400 livres; les nommés Chaufour, & Nivet, en 50 livres chacun, dont un tiers au profit du roi, un tiers au profit des dénonciateurs, & *l'autre tiers au profit de l'Hôpital-Général*, & des pauvres filles hospitalieres de la Providence, par moitié. Ordonnons en outre que les nommés Mancion, Ricoüart, & Flanecourt, tiendront prison jusqu'au parfait paiement de leurs amendes. Faisons défenses auxdits Flanecourt, Ricoüart, Chaufour, Cousin, Begin, Mancion, & Nivet, de récidiver, sous plus grande peine. Et sera la présente sentence, lue, publiée & affichée par-tout où besoin sera, & exécutée nonobstant & sans préjudice de l'appel, même nonobstant toutes oppositions faites ou à faire. Ce fut fait & donné par messire MARC-RENÉ DE VOYER DE PAULMY D'ARGENSON, conseiller d'état ordinaire, & lieutenant-général de police de la ville, prévôté & vicomté de Paris, le 22e jour de Juin 1709.

Signé, DE VOYER D'ARGENSON.

TAUXIER le jeune, greffier.

ARRÊT DU CONSEIL D'ÉTAT DU ROI,

QUI adjuge à l'Hôpital-Général *différentes confiscations de Marchandises saisies pour contraventions.*

Extrait des registres, du 9 Avril 1737.

PAR arrêt rendu au Conseil d'Etat du roi, sa majesté y étant, tenu à Versailles le 9 Avril 1737, signé en fin Phelippeaux: oui le rapport de m. Orry, conseiller d'état ordinaire, & au Conseil royal, contrôleur-général des finances.

Appert avoir entr'autres choses été ordonné que la piece ou coupon saisie & confisqueé sur le sieur Chauvin, marchand d'étoffes de soie, & les neuf pieces ou coupons pareillement saisies & confisquées sur le sieur Bougier, aussi marchand d'étoffes de soie, & qui ont été remises au dépôt des Fermes, & confisquées sur eux par ledit arrêt, & pour les causes y portées, seront vendues, à la poursuite & diligence du sieur des Boves, adjudicataire des Fermes du roi, après que lesdites pieces d'étoffes ou coupons auront été marquées du plomb de l'inspection de la douane, pour le prix en provenant être distribué, savoir moitié au profit dudit sieur des Boves, adjudicataire, & *l'autre moitié au profit de l'Hôpital-Général*; le tout au desir desdits arrêts confirmatifs de ceux précédemment rendus au Conseil, du 22 Janvier dernier, lesdits sieurs Chauvin & Bougier chacun condamnés en l'amende de dix livres pour chacune desdites pieces ou coupons; & en outre ledit sieur Chauvin condamné de payer la somme de 498 liv. 13 sols 4 den. pour la valeur des quatre pieces ou coupons qu'il n'a pu représenter, mentionnées audit arrêt; & ledit sieur Bougier aussi pareillement condamné de payer la somme de 940 liv. pour les quatre pieces ou coupons d'étoffes de soie qu'il n'a pu aussi représenter, mentionnées au susdit arrêt; & encore lesdits sieurs Chauvin & Bougier condamnés en dix livres d'amende pour chacune des pieces ou coupons, le tout suivant & ainsi qu'il est plus au long porté au susdit arrêt, lequel est demeuré joint à la minute du présent procès-verbal. Ledit arrêt par nous signifié à la requête dudit sieur des Boves le 2 Mai dernier, audit sieur Chauvin en parlant à sa personne, & audit sieur Bougier en parlant à sa femme.

SENTENCE DU BUREAU DE LA VILLE,

QUI condamne les nommés Le Vieux & Sébastien Epoigny, *Marchands de charbon forains de Sens, chacun en cinq cens livres d'amende, pour avoir rinsé & échangé des charbons d'un bateau à l'autre, au port de Maisons, & qui ordonne la confiscation des bateaux, allege & charbons*, au profit de l'Hôpital-Général.

Du 13 Août 1738.

A TOUS ceux qui ces présentes lettres verront: MICHEL-ETIENNE TURGOT, chevalier, marquis de Sousmons, seigneur de Saint-Germain-sur-Eaulne, Vatierville & autres lieux, conseiller d'état, prévôt des marchands, & les échevins de la ville de Paris. SALUT,

Savoir faisons qu'aujourd'hui, date des présentes, le procureur du roi & de la ville, demandeur, aux fins des procès-verbaux & exploit faits par Chanssay, huissier-commissaire en cette jurisdiction, le jour d'hier, a fait appeller en jugement devant nous les nommés Le Vieux & Sébastien Epoigny, marchands de charbon forains de Sens, défendeurs & défaillants, qui n'y seroient venus, comparus, ni procureur pour eux, contre lesquels avons donné défaut, par vertu & pour le profit duquel nous avons condamné lesdits Le Vieux & Epoigny, chacun en 500 liv. d'amende, pour avoir, par lesdits Le Vieux & Epoigny, rinsé & échangé des charbons d'un bateau à autre, au port de Maisons; avons le bateau & allege, & charbons y étant, saisis sur ledit Le Vieux, & le bateau & charbon y étant, saisi sur ledit Epoigny, déclarés acquis & confisqués *au profit de l'Hôpital-Général* de cette ville; & faisons défenses auxdits Le Vieux & Epoigny de récidiver sous plus grandes peines. Et sera la présente sentence lue, publiée & affichée par-tout où besoin sera, & exécutée nonobstant oppositions ou appellations quelconques, & sans préjudice d'icelles. Ce fut fait & donné au bureau de la ville de Paris, l'audience tenant, le mercredi 13 Août 1738.

Signé, TAITBOUT.

L'an mil sept cent trente-huit, le vingt-unieme jour d'Août, la sentence ci-dessus a été lue, publiée & affichée au son du tambour sur tous les ports, lieux & endroits ordinaires & accoutumés de cette ville, par moi Jean Balige, commissaire de police, & huissier-audiencier au bureau de ladite ville de Paris, soussigné.

Signé, BALIGE.

SENTENCE DU BUREAU DE LA VILLE,

QUI condamne le nommé Gibier, *demeurant à Ablon, en cinq cens livres d'amende, pour avoir fait arriver au port d'Ablon six muids d'avoine & deux muids de bled sans lettre de voiture, qui en déclare la saisie bonne & valable, & en ordonne la* confiscation au profit de l'Hôpital-Général *de cette ville.*

Du 22 Août 1738.

A TOUS ceux qui ces présentes lettres verront: MICHEL-ETIENNE TURGOT, chevalier, marquis de Sousmons, seigneur de Saint-Germain-sur-Eaulne, Vatierville & autres lieux, conseiller d'état, prévôt des marchands, & les échevins de la ville de Paris. SALUT. Savoir faisons qu'aujourd'hui, date des présentes, comparant en jugement devant nous, le procureur du roi & de la ville, demandeur aux fins du procès-verbal & assignation faits par Balige, huissier-commissaire en cette jurisdiction, le jour d'hier, a fait appeller en jugement devant nous le nommé Gibier, demeurant à Ablon, défendeur & défaillant, non comparant, ni procureur pour lui, contre lequel avons donné défaut, par vertu & pour le profit duquel nous avons condamné ledit défaillant en 500 livres d'amende, pour avoir fait arriver au port d'Ablon six muids d'avoine & deux muids de bled sans lettre de voiture; avons la saisie faite desdits six muids d'avoine & deux muids de bled, étant partie dans les greniers dudit Gibier, & partie dans deux bachots Margotas audit port d'Ablon, & laissé à la garde dudit Gibier, déclarée bonne & valable: ordonné que lesdits grains seront & demeureront confisqués *au profit de l'Hopital Général* de cette ville; à l'effet de quoi, permettons aux receveurs & administrateurs d'icelui, d'enlever lesdits grains dans le jour, à la délivrance desquels sera ledit Gibier contraint, quoi faisant déchargé; sinon & faute par lui de faire ladite délivrance, pourront lesdits receveurs & administrateurs requérir les officiers & archers de maréchaussée, de leur prêter main forte à cet effet; & faisons défenses audit Gibier de récidiver sous plus grandes peines. Et sera la présente sentence lue, publiée & affichée partout où besoin sera, & exécutée nonobstant oppositions ou appellations quelconques, & sans préjudice d'icelles. Ce fut fait & donné au bureau de la ville de Paris, l'audience tenant, le vendredi vingt-deux Août mil sept cent trente-huit.

Signé, TAITBOUT.

L'an mil sept cent trente-huit, le premier jour de Septembre, la sentence ci-dessus a été lue, publiée & affichée au son du tambour sur tous les ports, lieux & endroits ordinaires & accoutumés de cette ville, par moi Jean Balige, commissaire de police, & huissier-audiencier au bureau de l'Hôtel-de-ville de Paris, soussigné.

Signé, BALIGE.

SENTENCE DU BUREAU DE LA VILLE,

Qui condamne Michel & Etienne Lecomte, *maîtres jardiniers, & le nommé* Desjardins, *maître maçon; savoir, lesdits* Lecomte *en trois mille livres, & ledit* Desjardins *en mille livres d'amende*, applicables à l'Hôpital-Général, *pour avoir, par lesdits* Lecomte, *commencé, sans permission, la construction d'un corps-de-logis sur la rue de Séve, au-delà des limites; & par ledit* Desjardins *avoir entrepris & conduit ledit bâtiment, sans qu'il lui ait apparu de ladite permission; qui ordonne la démolition dudit corps-de-logis, la confiscation des matériaux, & la réunion de la place au domaine du roi; & qui déclare ledit* Desjardins *déchu de sa maîtrise, sans y pouvoir être rétabli par la suite.*

Du 27 Août 1738.

A TOUS ceux qui ces présentes lettres verront: MICHEL-ETIENNE TURGOT, chevalier, marquis de Sousmons, seigneur de Saint-Germain-sur-Eaulne, Vatierville & autres lieux, conseiller d'état, prévôt des marchands, & les échevins de la ville de Paris. SALUT. Savoir faisons qu'aujourd'hui, date des présentes, le procureur du roi & de la ville, demandeur aux fins du procès-verbal fait par Bonnaventure Pasquier, inspecteur par nous préposé pour veiller à l'exécution des déclarations du roi, concernant les limites de cette ville & fauxbourgs de Paris, le vingt-un du présent mois; & de l'exploit fait par Balige, huissier-commissaire en cette jurisdiction, le vingt-six, a fait appeller en jugement devant nous Michel & Etienne Lecomte, maîtres jardiniers, propriétaires d'un terrein, sis fauxbourg Saint-Germain, rue de Séve, à gauche en entrant dans ladite rue, au-delà des limites de cette ville, du côté dudit fauxbourg; & le nommé Desjardins, maître maçon, demeurant rue des Brodeurs, tous défendeurs & défaillants non comparants, ni procureur pour eux, contre lesquels avons donné défaut, par vertu & pour le profit duquel nous avons condamné lesdits Michel & Etienne Lecomte en trois mille livres d'amende, *applicables à l'Hôpital-Général* de cette ville, pour avoir commencé la construction d'un corps-de-logis sur la face de ladite rue de Séve, de six toises & demie de face, sur trois toises de profondeur, & environ trois toises quatre pieds de haut du rez-de-chaussée de ladite rue, sans avoir obtenu notre permission; ordonné que ledit corps-de-logis encommencé sera rasé, les matériaux confisqués, & la place réunie au domaine du roi, leur faisons défenses de récidiver; & ordonné qu'ils seront tenus de déclarer les maîtres charpentiers & ouvriers qui y ont travaillé, pour, par ledit procureur du roi & de la ville, prendre contr'eux telles conclusions qu'il appartiendra, & condamné pareillement ledit Desjardins en mille livres d'amende, applicables

applicables comme dessus, & icelui interdit & déclaré déchu de sa maîtrise, sans y pouvoir être rétabli par la suite, pour avoir entrepris & conduit la construction dudit corps-de-logis, sans qu'il lui soit apparu de notre permission. Et sera la présente sentence lue, publiée & affichée par-tout où besoin sera, & exécutée nonobstant oppositions ou appellations quelconques, & sans préjudice d'icelles. Ce fut fait & donné au bureau de la ville de Paris, l'audience tenant, le mercredi vingt-sept Août mil sept cent trente-huit.

Signé, TAITBOUT.

L'an mil sept cent trente-huit, le deuxieme jour de Septembre, la sentence ci-dessus a été lue, publiée & affichée au son du tambour en tous les lieux & endroits ordinaires & accoutumés de cette ville, par moi Jean Balige, commissaire de police, & huissier-audiencier au bureau de l'Hôtel-de-ville de Paris, soussigné.

Signé, BALIGE.

SENTENCE DU BUREAU DE LA VILLE,

QUI *condamne* Jean-Pierre Regnard, *officier juré-crieur, en mille livres d'amende, applicables* moitié à l'Hôpital-Général *de cette ville, & l'autre moitié au profit de la communauté des jurés-crieurs de corps & de vin, pour avoir, en seconde récidive, retenu la somme de deux mille quatre-vingt-quatorze livres dix sols, reçue de plusieurs convois & services; qui l'interdit pour toujours des fonctions de son office, sans y pouvoir être rétabli par la suite; & qui ordonne la confiscation des émoluments dudit office, applicables comme dessus, jusques à la vente d'icelui.*

Du 3 Mars 1741.

A TOUS ceux qui ces présentes lettres verront: FÉLIX AUBÉRY, chevalier, marquis de Vastan, baron de Vieux-Pont, conseiller du roi en ses Conseils, maître des requêtes honoraire de son Hôtel, prévôt des marchands, & les échevins de la ville de Paris: SALUT. Savoir faisons qu'aujourd'hui, date des présentes, comparant en jugement devant nous me Jean-Baptiste Houallé, procureur des syndics & communauté des officiers jurés-crieurs de corps & de vin de cette ville, Hennequin l'un d'eux présent, demandeurs, aux fins de l'exploit fait par Maillard, huissier-commissaire en cette jurisdiction, le sept Février dernier, contrôlé par Piton, le dix.

Et me François-Simon Davault, procureur de Jean-Pierre Regnard, l'un desdits officiers jurés-crieurs, défendeur.

NOUS, après la déclaration de Davault, qu'il a fait avertir sa partie, & n'a eu d'elle nouvelles, avons donné sentence pure & simple, au profit des parties d'Houallé; ce faisant & sans qu'il en soit besoin d'autres: Oui ledit Houallé en son plaidoyer, ensemble le procureur du roi & de la ville en ses conclusions, nous avons condamné la partie de Davault par corps, à rapporter à la bourse commune de sa communauté, la somme de 2094 livres 10 sols qu'elle a reçue pour ladite communauté, à cause de plusieurs convois & services par elle faits en différents temps, dans le quartier de Saint-Sauveur, où elle étoit préposée par ladite communauté, ensemble aux intérêts de ladite somme, suivant l'ordonnance, & aux dépens: Et faisant droit sur les conclusions du procureur du roi & de la ville, pour avoir, par ladite partie de Davault, en seconde récidive, retenu ladite somme, au lieu de l'avoir remise à sa communauté, huitaine après la réception d'icelle, suivant les statuts & réglements de ladite communauté, nous avons condamné ladite partie de Davault en 1000 liv. d'amende, applicables *moitié à l'Hôpital-Général* de cette ville, & l'autre moitié au profit de ladite communauté; avons icelle partie de Davault interdite pour toujours des fonctions de fondit office, fans y pouvoir être rétablie par la fuite; ordonné que jufqu'à la vente d'icelui, la portion des émoluments qui auront pu lui revenir à caufe dudit office, fera & demeurera confifquée, & applicable comme deffus; & ordonné en outre que les fyndics & communauté defdits officiers jurés-crieurs, feront tenus de s'affembler, dans trois jours, dans leur bureau ordinaire, à l'effet de départir un autre defdits officiers pour faire le fervice qui eft dû au public dans ledit quartier de Saint-Sauveur, où étoit prépofée ladite partie de Davault, & d'en juftifier au procureur du roi & de la ville, vingt-quatre heures après la délibération qui en aura été prife par ladite communauté, par une copie en forme de ladite délibération. Et fera la préfente fentence lue, publiée & affichée par-tout où befoin fera, & exécutée nonobftant oppofitions ou appellations quelconques, & fans préjudice d'icelles. Ce fut fait & donné au bureau de la ville de Paris, l'audience tenant, le vendredi troifieme jour de Mars mil fept cent quarante-un. *Signé*, TAITBOUT.

L'an mil fept cent quarante-un, le neuvieme jour de Mars, la Sentence ci-deffus a été lue & publiée au fon du tambour, en tous les lieux & endroits ordinaires & accoutumés de cette ville, par moi Jean Balige, commiffaire de police, & huiffier-audiencier de l'hôtel de ladite ville de Paris, fouffigné. Signé, BALIGE.

ARRET DU PARLEMENT,

PORTANT condamnation de dommages & intérêts applicables au profit de l'Hôpital-Général.

Extrait des regiftres, du 15 Juillet 1741.

PAR arrêt de ce jour 15 Juillet 1741, appert le fieur Lay de Sainfy, partie de Me Simon, avoir été condamné en 1000 liv. de dommages & intérêts, applicables, du confentement de la dame Marie-Madeleine Freteau, veuve de Nicolas-Robert Lay, Ecuyer, Seigneur de Gibercourt, partie de Me Gueau de Reverfaux, *aux pauvres de l'Hôpital-Général* de Paris. *Signé*, DUFRANC, avec paraphe. Collationné. *Signé*, FOINARD, avec paraphe.

SENTENCE DU BUREAU DE LA VILLE,

QUI condamne .... Chevalier *pere*, & Harmet *le jeune*, *marchands de grains, favoir; ledit Chevalier en 500 liv. d'amende, pour avoir vendu audit Harmet deux muids trois feptiers d'aveine; & ledit Harmet en 2000 liv. pour en avoir fait faire l'enlevement le 13 Octobre, à cinq heures du matin, avant l'ouverture du port, dans fa place, avoir mélangé ladite aveine; qui déclare acquis & confifqué* au profit de l'Hôpital-Général, *tant lefdits deux muids trois feptiers d'aveine fur ledit Chevalier, que le prix d'icelle, liquidé à 378 liv. à raifon de 14 liv. le feptier, fur ledit Harmet; déclare nul le marché fait entr'eux, & leur fait défenfes à l'un & à l'autre de récidiver, à peine d'interdiction du commerce: & pour par les nommés* Liron, Lacour & Calu, *plumets-porteurs de grains, avoir fait lefdits enlevement & melange, les condamne folidairement en 200 liv. d'amende, & les interdit de tout travail fur les ports pendant trois mois, avec défenfes de récidiver, fous plus grande peine.*

Du 16 Octobre 1742.

A TOUS ceux qui ces préfentes lettres verront: FÉLIX AUBÉRY, chevalier, marquis de Vaftan, baron de Vieux-Pont, confeiller du roi en fes confeils, maître des requêtes honoraire de son hôtel, prévôt des marchands, & les échevins de la ville de Paris; SALUT. Savoir faisons qu'aujourd'hui, date des présentes, comparant en jugement devant nous, le procureur du roi & de la ville, demandeur aux fins de la dénonciation faite par Pierre-Jacques Retoré & Nicolas-Simon Ducaroux, officiers-mesureurs de grains, le 13 du présent mois, & de l'exploit fait par Chanssay, huissier-commissaire en cette jurisdiction, le 15.

Et me Jean-Baptiste Houallé, procureur de.... Chevalier pere, marchand de grains à Paris, défendeur, assisté de me Bidault, avocat.

Et encore ledit procureur du roi & de la ville, demandeur aux fins des dénonciation & exploit susdatés, à l'encontre de.... Harmet le jeune, aussi marchand de grains, Liron, Lacour & Calu, tous trois plumets-porteurs de grains, défendeurs & défaillans, non comparans, ni procureur pour eux, contre lesquels avons donné défaut.

Parties ouies entre le procureur du roi & de la ville, & celle de Bidault, & par vertu du défaut donné audit procureur du roi à l'encontre desdits défaillans, pour avoir, par la partie de Bidault, vendu audit Harmet deux muids trois septiers d'aveine, en avoir, par ledit Harmet, fait faire l'enlevement le 13 du présent mois, à cinq heures du matin, avant l'ouverture du port, dans sa place, avoir mêlangé ladite aveine du crû de Conflans-sur-Seine, avec d'autres aveines à lui appartenantes, arrivées de Vitry-le-François-sur-Marne à ladite heure, NOUS avons condamné ladite partie de Bidault en 500 liv. d'amende, & ledit Harmet en 2000 liv.; avons déclaré acquis & confisqué *au profit de l'Hôpital-Général*, tant lesdits deux muids trois septiers d'aveine sur ladite partie de Bidault, que le prix d'icelle, que nous avons liquidé à la somme de 378 liv. à raison de 14 liv. le septier, sur ledit Harmet; à l'effet de quoi lesdites aveines seront vendues sur le port, à la requête dudit procureur du roi, par le premier huissier-commissaire de police de ce Bureau sur ce requis, qui remettra les deniers en provenans au receveur charitable dudit Hôpital; ensemble ladite somme de 378 liv. & en rapportant quittance dudit receveur, ledit huissier en demeurera bien valablement quitte & déchargé, sur lesquels deniers les frais de vente, & ceux pour y parvenir, seront préalablement pris; avons déclaré nul le marché fait entre ladite partie de Bidault & ledit Harmet, & leur faisons défenses à l'un & à l'autre de récidiver, à peine d'interdiction du commerce; & pour avoir, par lesdits Liron, Lacour & Calu, fait lesdits enlevement & mêlange, les avons condamnés solidairement en 200 liv. d'amende, & iceux interdits pendant trois mois de tout travail sur les ports de cette ville; & leur faisons défenses de récidiver, sous plus grandes peines. Et sera la présente sentence lue, publiée & affichée par-tout où besoin sera, & exécutée, nonobstant oppositions ou appellations quelconques, & sans préjudice d'icelles. Ce fut fait & donné au Bureau de la ville de Paris, l'audience tenant, le Mardi seizieme jour d'Octobre mil sept cent quarante-deux.

Signé, TAITBOUT.

L'an mil sept cent quarante-deux, le cinquieme jour de Novembre, la sentence ci-dessus a été lue & publiée au son du tambour, au port au grain de la Grêve, & autres ports, lieux & endroits ordinaires & accoutumés de cette ville, par moi, Jean Balige, commissaire de police, & huissier-audiencier au Bureau de ladite ville de Paris, soussigné.

Signé, BALIGE.

ARRÊT DE LA COUR DES MONNOIES,

Qui condamne le sieur Alaterre, *ancien fermier du droit de contrôle sur les ouvrages d'or & d'argent, en 300 liv. d'amende, moitié envers le roi, &* l'autre moitié envers les pauvres de l'Hôpital-Général, *pour avoir apposé son poinçon sur des ouvrages venans de l'étranger, avant l'apposition de celui de la maison commune des orfevres.*

Ordonne la confiscation des ouvrages à bas titre, saisis sur plusieurs particuliers, & les condamne à une amende envers le roi.

Du 20 Janvier 1776.

LOUIS, par la grace de Dieu, roi de France & de Navarre, au premier huissier de notre cour des Monnoies, &c.

LA COUR reçoit les parties de Jolly & de Breton, parties intervenantes, sans avoir égard aux demandes, tant de ladite partie de Jolly, que de celles de Robin, Pelletier, Gillet des Aulnois, dont elles sont déboutées, faisant droit sur les conclusions du procureur-général du roi, ordonne que les ouvrages d'or & d'argent saisis sur lesdites parties de Jolly, Robin, Pelletier, & Gillet des Aulnois, rapportés à bas titres, suivant les procès-verbaux des 26 Août 1772, & 16 Juillet 1773, seront portés à l'hôtel de la Monnoie, pour y être fondus & convertis en especes, aux coins & armes de sa majesté, dont sera dressé procès-verbal par m' d'Origny, conseiller, que la cour a commis à cet effet, en présence de l'un des substituts du procureur-général du roi, & la valeur remise, savoir : quant à ceux de la partie de Jolly, à qui il appartiendra, & par rapport à ceux saisis sur les parties de Robin, Pelletier, & Gillet des Aulnois, ès mains du receveur des confiscations de la cour, pour être employé au fait de sa charge; condamne les parties de Jolly, Robin, Pelletier, & Gillet des Aulnois, chacune en 50 livres d'amende envers le roi; fait défense à ladite partie de Robin de plus à l'avenir s'immiser dans le commerce d'orfevrerie, & auxdites parties de Jolly, Pelletier, & Gillet des Aulnois, de fabriquer & exposer en vente des ouvrages à bas titre & non marqués des poinçons prescrits par les réglemens; condamne la partie de Boudet en 300 livres d'amende, dont moitié applicable au profit du roi, & *l'autre moitié au profit des pauvres de l'Hopital-Général*, lui fait défenses de marquer du poinçon de décharge les ouvrages d'or & d'argent, même ceux venans de l'étranger, que celui de la maison commune des orfevres n'y ait été préalablement apposé, conformément aux lettres-patentes des 22 Juin 1722, & 3 Juin 1723, & aux arrêts de la cour des 4 Décembre 1748, 21 Juin 1760, & 19 Juin 1765, lesquels seront exécutés selon leur forme & teneur; enjoint à la partie de Gillet des Aulnois de se conformer aux dispositions de l'article X du réglement du 30 Décembre 1679, & des lettres-patentes & arrêts susdatés; ordonne que les manches de couteaux sur elle saisis lui seront rendus, ordonne en outre que par grace, & sans tirer à conséquence, les ouvrages saisis sur les parties de Robin, & Pelletier, qui sont marqués de tous les poinçons prescrits par les ordonnance, leur seront rendus, à ce faire, tous greffiers & dépositaires contraints, quoi faisant, déchargés; sur le surplus des demandes, met les parties hors de cour; condamne les parties de Robin, Pelletier, Gillet des Aulnois, & Boudet, chacun à leur égard, aux dépens envers celle de Breton, tous autres dépens entre toutes les autres parties compensés; ordonne qu'à la requête, poursuite & diligence des parties de Breton, le présent arrêt sera imprimé, lu, publié & affiché au nombre de deux cens exemplaires, aux frais, pour la moitié, de la partie de Boudet, & pour l'autre moité, de celles de Jolly, Robin, Pelletier, & Gillet des Aulnois. Si te mandons mettre le présent arrêt à due & entiere exécution, selon sa forme & teneur, & de faire, pour raison de ce, tous actes de justice requis & nécessaires; de ce faire donnons pouvoir. Donné en notredite cour des Monnoies, le 20e jour de Janvier, l'an de grace 1776, & de notre regne le deuxieme. Collationné.

Signé, GENDRÉ.

ARRÊT DU PARLEMENT,

QUI juge que toutes les amendes prononcées contre les contrevenans aux réglemens du Mont-de-Piété seront applicables au profit des pauvres de l'Hôpital-Général.

Extrait des registres du 10 Août 1779.

LA COUR fait défenses à toutes personnes de quelqu'état & condition qu'elles puissent être, de faire la commission ou le courtage au Mont-de-Piété, sans y être autorisées par le bureau de l'administration du Mont-de-Piété, à peine de 3000 livres d'amende, appliquable *aux pauvres de l'Hôpital-Général*, même d'être poursuivies extraordinairement, suivant l'exigence des cas.

SENTENCE DE POLICE,

QUI condamne la nommée Corniquet *en 3000 liv. d'amende, pour être contrevenue aux édits & réglemens concernant le Mont-de-Piété.*

Du 4 Février 1780.

SUR le rapport fait en jugement devant nous, à l'audience de la chambre de police, par me Antoine-Alexis Belle, avocat en Parlement, conseiller du roi, commissaire enquêteur-examinateur au châtelet de Paris, ancien préposé pour la police au quartier Sainte-Avoye, & chargé de la partie du Mont-de-Piété de cette ville, que par arrêt du Parlement, du 10 Août 1779, en forme de réglement, il a été fait défenses à toutes personnes, de quelqu'état & condition qu'elles soient, de faire la commission ou le courtage au Mont-de-Piété, sans y être autorisées par le bureau d'administration dudit Mont-de-Piété, à peine de 3000 livres d'amende, *applicable aux pauvres de l'Hôpital-Général*, même d'être poursuivies extraordinairement, suivant l'exigence des cas; que les motifs qui ont dicté cet arrêt, ont été de délivrer le public d'une infinité d'abus dont il étoit la victime: comme l'établissement du Mont-de-Piété, en lui-même, n'a dû son existence qu'à la nécessité de rédimer ce même public d'extorsions & concussions qu'il éprouvoit dans sa fortune, de la part de gens qui, abusant de la détresse actuelle de ses affaires, ne lui présentoient qu'un palliatif funeste à ses besoins, mais que l'avantage du réglement ne peut se recueillir que par son exécution fidelle, & c'est pour y parvenir, que la femme Corniquet, demeurant rue Beaurepaire, ci-devant commissionnaire au Mont-de-Piété, & depuis révoquée, s'étant trouvée en contravention audit arrêt, non-seulement en engageant des effets appartenans à autrui au Mont-de-Piété, depuis sa révocation, sans titre ni qualité, notamment les 15 Novembre, 18 & 24 Décembre dernier, mais en exigeant des droits exorbitans pour raison des deux derniers engagemens, en retenant sur l'avant-dernier prêt de 620 livres, la somme de 20 livres, & annonçant qu'il y auroit encore 10 livres à lui payer, si on retiroit les effets au bout d'un seul mois, & en retenant sur le dernier desdits prêts, de 510 livres, la somme de 25 livres, en outre desquelles contraventions elle s'est trouvée saisie, lors de la perquisition par lui faite chez elle, le 24 Janvier dernier, d'une multitude de reconnoissances, tant anciennes que nouvelles, appartenantes au public, & dont elle s'est maintenue en possession, contre toute justice & raison, au préjudice du public, qui, denué de ses effets, se trouvoit dénanti de ses titres; a été, ainsi que son mari, comme ayant permis & autorisé sa femme dans cette espece de commerce, assignée de l'ordonnance de lui mᵉ Belle, à la requête du procureur du roi, par exploit d'Antoine Bonnaire, huissier à verge audit châtelet, pour, à la présente audience de police, répondre sur le rapport de lui commissaire.

OUI LEDIT COMMISSAIRE EN SON RAPPORT, ensemble noble homme, monsieur mᵉ le Pelletier de Saint-Fargeau, premier avocat du roi, pour le procureur du roi en ses conclusions, & ledit Corniquet en ses défenses, lequel a déclaré qu'il desavouoit sa femme, de laquelle déclaration nous lui avons donné acte, & en conséquence nous le mettons hors de cour, & quant à la femme Corniquet, donnons défaut contr'elle, & pour le profit, ordonnons que les édits & réglemens concernans le Mont-de-Piété, & notamment l'arrêt du Parlement du 10 Août dernier, seront exécutés selon leur forme & teneur: Tenue ladite femme Corniquet, & tous autres de s'y conformer; & pour les contraventions commises par ladite femme Corniquet, déclarons en outre l'amende de 3000 livres prononcée par ledit arrêt, encourue contr'elle, faisons défenses à ladite femme Corniquet de récidiver, à peine d'être poursuivie extraordinairement; la condamnons à rendre les sommes par elle induement perçues, à ce faire contrainte & par corps, ainsi que pour le paiement de l'amende. Et sera notre présente sentence imprimée, lue, publiée & affichée par-tout où besoin sera, au nombre de trois cents exemplaires, aux frais de ladite femme Corniquet, & exécutée nonobstant oppositions ou appellations quelconques, & sans y préjudicier.

Ce fut fait & donné par messire JEAN-CHARLES-PIERRE LENOIR, chevalier, conseiller d'état, lieutenant-général de police de la ville, prevôté & vicomté de Paris, tenant le siége de l'audience de la chambre de police au Châtelet, les jour & an que dessus.

Signé, MOREAU, Greffier.

EXTRAIT

De la déclaration du roi, concernant les alignemens & ouvertures des rues de Paris, donnée à Versailles, le 10 Avril 1783, registrée au Parlement, le 8 Juillet suivant.

Du 10 Avril 1783.

ART. 7. CEUX qui contreviendront à l'exécution de la présente déclaration, soit en perçant quelques nouvelles rues, soit en élevant leurs maisons au-dessus des hauteurs ci-dessus déterminées, ou en y adaptant des bâtimens en saillies & porte-à-faux, soit en ne se conformant point aux alignemens qui leur seront donnés, seront condamnés, quant aux propriétaires, à *3000 liv. d'amende applicables à l'Hôpital-Général* de Paris, les ouvrages démolis, les matériaux confisqués, & les places réunies à notre domaine; & à l'égard des maîtres maçons, charpentiers & autres ouvriers, en 1000 livres d'amende, applicables comme dessus, & déchus de leurs maîtrises, sans pouvoir être rétablis par la suite. Attribuons la connoissance desdites contraventions aux officiers de notre bureau des finances, en ce qui concerne la voierie, & à l'égard des autres contraventions, aux Juges qui en doivent connoître, le tout, sauf l'appel en notre cour de Parlement.

ARCHERS.

EXTRAIT DE L'ÉDIT D'ÉTABLISSEMENT DE L'HOPITAL GÉNÉRAL.

Du mois d'Avril 1656, articles 14, 20 & 21.

ART. 14. AURONT les directeurs un bailli de l'hôpital, sergens des pauvres, gardes aux portes & aux avenues, avec hallebardes & autres armes convenables, & tous autres officiers nécessaires, tant pour exécuter leurs ordonnances, que pour faire des captures des mendians, & conduire en l'Hôpital & lieux qui en dépendent ceux qui doivent y être admis, renvoyer, chasser ou arrêter ceux qui en doivent être exclus, & accompagner les passans, ainsi qu'il est porté par le réglement ci-attaché; lesquels bailli, sergens, gardes & autres officiers, seront institués ou destitués à la volonté des directeurs, & sans qu'ils soient aucunement dépendans du bailli des pauvres du grand bureau, ni autres officiers ou juges pour le fait de leurs charges.

ART. 20. Défendons aux soldats de nos gardes, même aux bourgeois de notredite ville & fauxbourgs, & à toutes personnes de quelque qualité & condition qu'elles soient, de molester, injurier, ni maltraiter le bailli, officiers, ni aucuns de ceux qui seront employés pour prendre ou conduire, renvoyer, chasser ou accompagner les pauvres, & d'empêcher l'exécution du réglement général, ou des ordonnances particulieres des directeurs; à peine d'être emprisonnés sur le champ, & procédé criminellement contre eux, à la requête des directeurs, & aux pauvres de faire résistance, sur peine d'être punis, ainsi que les directeurs l'aviseront.

ART. 21. Ordonnons au chevalier du guet, prévôt de l'isle, prévôt des maréchaux, lieutenant-criminel de robe-courte, leurs exempts & archers, commissaires du Châtelet, huissiers, sergens & autres ministres de justice & de police, & même à tous nos sujets, de donner main-forte audit bailli de l'Hôpital & sergens des pauvres, pour l'exécution tant des présentes, que du réglement général & des ordonnances particulieres des directeurs, pour raison de l'Hôpital, s'ils en ont besoin, soit pour la capture des pauvres, ou celle d'autres personnes qui se trouveront contrevenir aux articles précédens, soit pour les saisies, exécutions ou autrement, à peine d'en répondre par les refusans ou dilayans en leurs propres & privés noms, & d'amende arbitraire.

ARRÊT DU PARLEMENT,

CONTRE Michel Truffault, *soldat estropié, pour avoir excité une sédition contre les archers de l'Hopital.*

Du 20 Août 1659.

LOUIS, par la grace de Dieu, &c. Vu par la Cour le procès-criminel fait par le bailli du chapitre de l'Eglise de Paris, à la requête des directeurs de l'Hôpital-Général, demandeurs & accusateurs, le procureur-fiscal joint, contre Michel Truffault, soldat estropié, natif de Turqueville, en Normandie, défendeur accusé, prisonnier ès prisons de la conciergerie du palais, appellant de la ſentence contre lui rendue le 13 Juillet 1659, par laquelle ledit Truffaut auroit été déclaré duement atteint & convaincu d'avoir excité, de complot fait avec trois autres ſoldats, huit ſéditions dans les rues de Paris, avec armes, contre les archers de l'Hôpital-Général, les auroit fait épier & attirer de guet-à-pens de l'hôtel de Guiſe, à l'hôtel d'Angoulême, lieu choiſi pour les embûches, & là auroit crié aux portes des grandes maiſons main-forte, & fait ſortir d'icelles pluſieurs laquais & autres gens affidés, pour outrager & exciter leſdits archers, & d'avoir par ces moyens été cauſe du meurtre commis audit lieu par leſdits laquais, en la perſonne du nommé Francœur, l'un deſdits archers; pour réparation, auroit été condamné d'être pendu & étranglé à une potence, qui pour cet effet ſeroit plantée audit lieu où le meurtre auroit été commis, ayant deux écriteaux devant & derriere, où ſeroient écrits ces mots : (*Séditieux coutumier contre les archers de l'Hôpital-Général;*) ſon corps mort porté aux fourches patibulaires des ſieurs du chapitre, ſes biens acquis & confiſqués à qui il appartiendroit; & le nommé Leſpine & deux autres Soldats ſeroient pris au corps, enſemble les quidams laquais & autres qui ont fait ladite ſédition, ſi pris & appréhendés pouvoient être, ſinon criés à trois briefs jours, & le jugement lu, publié à ſon de trompe, & affiché dans les carrefours & lieux publics de ladite ville, attendu qu'il s'agit de police : & ouï & interrogé en ladite Cour ledit accuſé ſur la cauſe d'appel & cas à lui impoſés, tout conſidéré, DIT A ÉTÉ, que ladite Cour a mis & met l'appellation & ſentence de laquelle il a été appellé au néant; émendant, pour réparation des cas énoncés au procès, a condamné & condamne ledit Truffault à être battu & fuſtigé nud de verges, tant au-devant de la Conciergerie, ſur le pont Saint-Michel, place Maubert, qu'autres carrefours du bailliage de la barre du Chapitre, à ſon de tambour, & à l'un d'iceux, marqué d'une fleur-de-lis de fer chaud ſur l'épaule dextre, ayant deux écriteaux pendant au col devant & derriere, contenant ces mots : (*Séditieux coutumier contre les archers de l'Hôpital-Général;*) ce fait, l'a banni & bannit pour neuf ans de la ville, prévôté & vicomté de Paris, lui enjoint de garder ſon ban, lui fait défenſes de récidiver, à peine de la hart; ordonne que les ordonnances, réglemens & arrêts donnés pour le regard des pauvres mendians, ſeront exécutés ſelon leur forme & teneur, & ſuivant iceux, défenſes à toutes perſonnes de quelque qualité & condition qu'ils ſoient, ſoldats ou autres, valides ou invalides, de demander dans la ville & fauxbourgs de Paris, publiquement ou en ſecret, à peine du fouet contre les contrevenans, pour la premiere fois; & pour la ſeconde, des galeres; & de mendier avec épée ou autres armes, à peine de la vie; & auxdits ſoldats, & tous autres, de méfaire ni médire aux archers dudit Hôpital, ſur la même peine. Sera le décret décerné contre ledit Leſpine & autres exécuté, & le procès à eux fait & parfait par ledit bailli de la barre du Chapitre, juſqu'à ſentence définitive incluſivement, ſauf l'exécution, s'il en eſt appellé; & pour l'exécution du préſent arrêt, ladite Cour a renvoyé & renvoie ledit Truffault priſonnier pardevant le bailli de la barre du Chapitre, qui fera publier & afficher ledit arrêt par les carrefours & places publiques de cette ville de Paris. Fait en Parlement le vingtieme Août mil ſix cent cinquante-neuf.

ORDONNANCE DE MONSIEUR LE DUC DE GRAMONT,

COLONEL du régiment des Gardes-Françoiſes, portant défenſes aux ſoldats dudit régiment d'inquiéter les archers de l'Hôpital-Général, ſur peine de la vie.

Du 12 Mars 1663.

SUR la plainte qui nous a été faite par les directeurs de l'Hôpital-Général de la ville de Paris, que les ſoldats dudit régiment des Gardes-Françoiſes empêchent les archers dudit

dudit

dudit Hôpital-Général de s'employer aux fonctions de leurs charges, & de faire la recherche & capture des pauvres mendians dans la ville & fauxbourgs de Paris, même qu'ils ont maltraité quelques-uns desdits archers. A quoi étant nécessaire de remédier; NOUS, conformément à l'ordonnance du roi du 19 Août 1660, faisons très-expresses inhibitions & défenses à tous sergens & soldats dudit régiment des Gardes, de troubler ni inquiéter les archers qui seront préposés par les directeurs de l'Hôpital-Général de Paris, en la recherche & capture des pauvres mendians dans ladite ville & fauxbourgs de Paris, sous quelque cause & prétexte que ce puisse être, sur peine de la vie; mandons & ordonnons aux officiers dudit régiment d'y tenir la main, & au prévôt d'informer des contraventions, & les constituer prisonniers, pour être leur procès fait & parfait, suivant la rigueur desdites ordonnances; & afin que personne n'en prétende cause d'ignorance, nous ordonnons qu'il sera fait un ban dans chaque quartier dudit régiment, en la forme & maniere accoutumée pour la publication de la présente, & qu'aux copies d'icelle bien & duement collationnées, foi soit ajoutée comme à l'original.

ARRÊT DU PARLEMENT,

PORTANT défenses à tous gens de livrée & autres de troubler & empêcher les archers des pauvres dans leurs fonctions, à peine des galeres.

Du 28 Juin 1694.

LA COUR, oui & ce requérant le procureur-général du roi, fait très-expresses défenses à tous laquais, gens de livrée & autres, de troubler & empêcher les archers des pauvres en l'exécution de l'arrêt du 26 Mai dernier, concernant les mendians, à peine des galeres; enjoint au lieutenant de police d'y condamner les contrevenans, & à tous les officiers du roi de prêter main forte pour l'exécution dudit arrêt du 26 Mai, & du présent arrêt, qui sera lu & publié à son de trompe & cri public, & affiché par-tout où besoin sera. Fait en Parlement le vingt-huitieme jour de Juin mil six cent quatre-vingt-quatorze.

JUGEMENT DU CHATELET DE PARIS,

QUI condamne Louis Lequeray & François Dumenil *au carcan & aux galeres à perpétuité, pour avoir blessé un brigadier des gardes & un garçon de service de Bicêtre, à coups d'un instrument de fer, dans le tems qu'ils étoient détenus dans une salle de force dudit lieu.*

Du 15 Octobre 1766.

NOUS disons, par délibération de conseil, jugement présidial & en dernier ressort; oui sur ce le procureur du roi, que lesdits Louis Lequeray & François Dumenil sont déclarés duement atteints & convaincus, savoir ledit Lequeray, des blessures qu'étant détenu à la force du château de Bicêtre, il a fait, le 31 Janvier dernier, de dessein prémédité, avec un instrument de fer, aux nommés Jean Lefevre, brigadier, & Pierre-Jean-Baptiste Gradin, garçon de service, attaché à ladite maison, conformément au complot qu'il en avoit formé avec ledit Dumenil; & ledit François Dumenil, étant aussi détenu à la force dudit château de Bicêtre, d'avoir eu part audit complot, & d'avoir non-seulement conseillé audit Lequeray l'action qu'il a commise, mais même de l'y avoir exhorté, & d'avoir veillé à son exécution, ainsi qu'il est mentionné au procès; pour réparation, lesdits Louis Lequeray & François Dumenil condamnés à être attachés au carcan pendant trois jours consécutifs; le premier, dans la principale cour du château de Bicêtre; le second, dans celle de l'Hôpital-Général de la Salpêtriere; & le troisieme & dernier, dans celle de l'Hôpital-Général de la Pitié, ayant chacun la corde au col, avec écriteau devant & derriere, portant ces mots, savoir Lequeray (*Prisonnier violent, avec un instrument de fer, envers un Brigadier & un garçon de service*) & ledit Duménil (*Prisonnier complice de violences, avec un instrument de fer, envers un brigadier & un garçon de service*) ce fait, battus & fustigés nuds de verges par l'exécuteur de la haute-justice, flétris d'un fer chaud, en forme de lettres G. A. L. sur l'épaule gauche & entre les deux épaules, attendu qu'ils ont été ci-devant flétris de la lettre V. sur l'épaule droite, & conduits à la chaîne pour y être attachés & servir le roi comme forçats sur ses galeres, à perpétuité; leurs biens acquis & confisqués au Roi, ou à qui il appartiendra, sur iceux préalablement pris la somme de deux cents livres d'amende envers le roi, au cas que confiscation n'ait pas lieu au profit de sa majesté; DISONS en outre que le présent jugement sera, à la diligence du procureur du roi, imprimé, publié & affiché dans tous les lieux & carrefours accoutumés de la ville, fauxbourgs & banlieue de Paris, dans les salles & cours du château de Bicêtre, de l'Hôpital-Général de la Salpêtriere, de l'Hôpital-Général de la Pitié, des prisons de la ville de Paris, & par-tout où besoin sera. Jugé le 15 Octobre 1766, par messire Augustin Testart Dulys, chevalier, conseiller du roi en ses conseils, lieutenant-criminel du Châtelet de la ville, prévôté & vicomté de Paris, & messieurs Noüette de Montanglos, Petit de la Honville, Bachois de Villefort, Duboc, Rousselot, Boucher & Ollive de la Gastine, tous conseillers du roi en son Châtelet de Paris.

ARTS ET MÉTIERS, PREMIERE PARTIE.

TAXES SUR LES MAITRISES.

EXTRAIT DE L'ÉDIT D'ÉTABLISSEMENT DE L'HOPITAL-GÉNÉRAL,

Du mois d'Avril 1656, articles 40 & 42.

ART. 40. ACCORDONS à l'Hôpital-Général le tiers de toutes les lettres de maîtrises qui sont & seront par nous ci-après, & par les rois nos successeurs, données & enregistrées en notre Parlement, soit en faveur de mariage, naissance des enfans de France, avénement à la couronne, ou autre cause singuliere; entendant en ce comprendre celles ci-devant par nous données & non encore enregistrées.

ART. 42. Voulons aussi que tous compagnons de métiers, lors de leurs brevets d'apprentissage, & les maîtres, lors de leurs chef-d'œuvre, expérience ou jurande, soient tenus aussi de donner quelque somme modique audit Hôpital-Général, & en rapporter pareillement la quittance, auparavant que lesdits brevets d'apprentissage ou lettres de maîtrise leur soient délivrés; le tout, selon la taxe & rôle qui en sera arrêté par notre Cour de Parlement, à proportion des métiers, & pourvu par icelle à l'assurance du recouvrement desdites cotes & contributions.

ARRÊT DU PARLEMENT,

PORTANT la taxe ordonnée sur les officiers de police, les marchands & artisans, lors de leur réception, en faveur de l'Hôpital-Général.

Du 6 Septembre 1659.

VU par la Cour la requête présentée par le procureur-général du roi, contenant que, par la déclaration du roi d'établissement de l'Hôpital-Général de cette ville & fauxbourgs de Paris, du mois d'Avril 1656, vérifiée en la Cour; il est, entr'autres choses, porté que les officiers, les maîtres & les apprentifs paieront, lors de leurs réceptions, une somme *au profit dudit Hôpital-Général*, lequel article est exécuté par les officiers qui se reçoivent en la Cour; mais qu'il n'y en a point encore eu d'exécution par les officiers de police, ni pour les maîtres & apprentifs des corps & communautés. A ces causes, requéroit ledit suppliant être ordonné que chacun officier de police, chacun maître des six corps, chacun marchand de vins, chacun vendeur, mesureur, porteur de grains, charbon & autres, paiera la somme de dix livres *au profit de l'Hôpital-Général*, lorsqu'il sera reçu officier ou maître; & chacun apprentif des six corps, & marchands de vin, paiera la somme de trois livres, lors de son brevet d'apprentissage. Que chacun maître des autres corps & communautés, & de tous arts & métiers, sans aucune exception, paiera la somme de trois livres, lors de sa maîtrise, & chacun apprentif desdits corps & communautés, arts & métiers, la somme de vingt sols, lors de son brevet d'apprentissage, en quelque lieu que se fassent les réceptions, maîtrises & apprentifs, soit directement pardevant le lieutenant-civil, soit pardevant le substitut du suppliant, en l'hôtel-de-ville, & pardevant les officiers du bailliage de Saint-Germain-des-Près, ou autres de la ville & fauxbourgs de Paris. Que les réceptions ne pourront être faites, ni les maîtrises & brevets d'apprentissage registrés, qu'en rapportant la quittance du receveur général dudit Hôpital-Général. Enjoint à tous les officiers d'y tenir la main, & à tous maîtres & gardes, syndics & jurés de veiller à l'exécution du présent arrêt, à peine d'en répondre en leurs propres & privés noms, & que l'arrêt qui interviendroit seroit lu, publié, registré & affiché par-tout où besoin seroit, ladite requête signée du suppliant. Oui le rapport de m[e] Charles de Saveuse, conseiller du roi en ladite Cour; tout considéré : LA COUR a ordonné & ordonne que chacun officier de police, chacun maître des six corps, chacun marchand de vins, chacun vendeur, mesureur & porteur de grains, charbon & autres, paieront la somme de dix livres *au profit de l'Hôpital-Général*, lorsqu'ils seront reçus officiers ou maîtres, & que chacun apprentif des six corps & des marchands de vins, paiera la somme de trois livres, lors de son brevet d'apprentissage. Que chacun maître des autres corps & communautés, & de tous arts & métiers, sans aucune exception, payera la somme de trois livres, lors de sa maîtrise, & chacun apprentif desdits corps & communautés, arts & métiers, la somme de vingt sols, lors de son brevet d'apprentissage, en quelque lieu que se fassent les réceptions, maîtrises & apprentifs, soit directement pardevant le substitut du suppliant, audit hotel-de-ville, ou pardevant les officiers du bailliage de Saint-Germain-des-Prés, & autres de la ville & fauxbourgs de Paris. Ordonne que les réceptions ne pourront être faites, ni les maîtrises ou brevets d'apprentissage registrés, qu'en rapportant la quittance du receveur dudit Hôpital. Enjoint à tous les officiers d'y tenir la main, & à tous maîtres, gardes & jurés de veiller à l'exécution du présent arrêt, à peine d'en répondre en leurs noms; & sera le présent arrêt lu, publié & affiché par tout ou besoin sera. Fait en Parlement, le sixieme jour de Septembre mil six cent cinquante-neuf.

ARRÊT DU PARLEMENT,

PORTANT défenses au procureur du roi du Châtelet de recevoir aucuns maîtres des métiers, qu'en rapportant les quittances du receveur de l'Hôpital, des taxes sur eux faites.

Du 23 Septembre 1664.

CE jour, maître Armand-Jean de Riantz, substitut du procureur-général du roi au Châtelet de cette ville de Paris, a dit à la chambre, en présence de maître Achilles de Harlay, aussi substitut dudit procureur-général, qu'ayant voulu faire exécuter l'arrêt de la Cour du 6 Septembre 1659, qui portoit que l'Hôpital-Général seroit payé par les communautés & aspirans aux maîtrises des arts & métiers de cette ville de Paris, un droit à lui attribué suivant la déclaration du roi; quelques-unes desdites communautés, pour prétexter le refus qu'elles ont fait de payer ledit droit, ont supposé que le commis préposé pour recevoir les droits de la charge dudit substitut, vouloit aussi recevoir celui de l'Hôpital-Général, & en ce faisant, augmenter ses droits; & d'autant que cela importoit à son honneur, a supplié la Cour de lui donner acte de ce qu'il déclaroit qu'il ne vouloit prétendre ni percevoir plus grands droits que ceux qui ont été reçus par ses prédécesseurs à ladite charge de substitut, & qu'il lui plût commettre une autre personne que son commis pour recevoir lesdits droits de l'Hôpital-Général, & ordonner que l'arrêt qui interviendra sera signifié aux communautés, & inséré dans leurs registres: & oui ledit de Harlay, substitut, lequel a dit qu'en l'état où la chose étoit réduite par la déclaration dudit substitut du procureur-général du roi au Châtelet, il ne lui restoit qu'à souhaiter que tous les autres officiers subalternes de la Cour se portassent aussi volontairement à finir tous les désordres dont on se plaignoit que ledit substitut avoit fait, pour ôter le sujet de plaintes de quelques communautés, du dessein qu'ils prétendoient qu'il avoit d'augmenter les droits qu'il doit recevoir, lors des réceptions des maîtres des arts & métiers de cette ville, sous prétexte dudit arrêt du 6 Septembre 1659, par lequel, en exécution de la déclaration du roi, portant établissement de l'Hôpital-Général, vérifiée en la Cour; ladite Cour faisant défenses audit substitut, aussi-bien qu'à tous autres officiers, de recevoir des maîtres des arts & métiers, qu'en rapportant la quittance du receveur dudit Hôpital, des droits à lui attribués par ladite déclaration, & qu'au lieu de suivre cet ordre, ledit substitut fait recevoir lesdits droits par celui qui étoit commis à la perception de ceux de sa charge; ce qui donnoit prétexte de dire qu'il vouloit augmenter ses droits, comme les avis plutôt que les plaintes en forme qu'il avoit reçu des chapeliers & selliers le portoient, dont ayant averti ledit substitut, il auroit aussi-tôt pris la résolution de faire sa déclaration à la Cour, & qu'ainsi lesdites communautés, & notamment lesdits chapeliers & selliers, ne s'étant plaints que par l'appréhension de l'établissement du droit à l'avenir, & non de la perception par le passé, il estimoit qu'elle auroit lieu d'être satisfaite de la déclaration dudit substitut, & de lui donner acte de ce qu'il ne prétendoit recevoir aucuns droits de réceptions des maîtres des métiers de cette ville, que ceux qui ont été reçus par ses prédécesseurs, & notamment par le sieur le Tellier, lorsqu'il a été dans ladite charge de substitut, & lui enjoindre d'exécuter ledit arrêt du 6 Septembre 1659, en réitérant les défenses à lui faites de recevoir aucuns maîtres desdits métiers, qu'en rapportant les quitances du receveur dudit Hôpital-Général, & que l'arrêt qui interviendroit seroit signifié & registré dans les registres: la matiere mise en délibération. LADITE CHAMBRE a donné acte audit substitut du procureur-général du roi au Châtelet de sa déclaration, & faisant droit sur les conclusions dudit de Harlay, substitut dudit procureur-général, ordonne que ledit arrêt du 6 Septembre 1659 sera exécuté, & suivant icelui, fait défenses au substitut du procureur-général du roi au Châtelet de recevoir aucuns maîtres desdits métiers, qu'en rapportant les quittances du receveur dudit Hôpital-Général. Ordonne que le présent arrêt sera signifié à toutes les communautés, & inséré dans leurs registres. Fait en Parlement le vingt-troisieme jour de Septembre mil six cent soixante-quatre.

ARRÊT DU PARLEMENT,

Pour faciliter la recette des taxes des maîtrises.

Du 18 Mai 1665.

Vu par la Cour la requête présentée par les directeurs de l'Hôpital-Général, contenant que pour aider à la subsistance dudit Hôpital, ayant été ordonné par les lettres, déclaration & arrêt de vérification, & autres intervenus en conséquence, que les maîtres & apprentifs des métiers paieroient les sommes qui seroient taxées par la Cour, & qui l'ont été depuis par arrêt du 6 Septembre 1659; & bien que lesdites lettres & arrêts aient été signifiés aux greffiers du Châtelet, ils ne tiennent compte de les exécuter, & l'Hôpital n'a jusqu'à présent presque rien retiré, quoique l'on sache le grand nombre des maîtres & apprentifs qui se font journellement. A ces causes, requéroit qu'il plût à la Cour faire défenses auxdits greffiers du Châtelet & autres justiciers de la chambre du substitut du procureur-général, de délivrer aucunes lettres de maîtrises & brevets d'apprentissage, sans avoir vu la quittance du receveur-général dudit Hôpital, à peine d'en répondre en leurs propres & privés noms, & pour cet effet, qu'ils seront tenus de donner de tems en tems des extraits de leurs registres, & tenus de payer, en leurs noms, ce qui par leur faute & négligence n'auroit pas été reçu. Oui le rapport de Me Guillaume Benard, conseiller, & tout considéré: LA COUR a ordonné & ordonne que lesdits arrêts seront exécutés selon leur forme & teneur. A fait inhibitions & défenses aux greffiers du Châtelet, de la chambre du substitut du procureur-général, bailli du Palais, abbaye de Saint-Germain, & des autres jurisdictions, dans l'étendue de cette ville de Paris & fauxbourgs, de délivrer aucunes lettres de maîtrises, sans que préalablement on leur ait apporté la quittance du receveur dudit Hôpital-Général, à peine d'en répondre en leurs propres & privés noms; & pour reconnoître le nombre desdits maîtres, lesdits greffiers seront obligés de donner de mois en mois des extraits fideles & entiers de leurs registres, sur lesquels ils pourront être contraints à payer les deniers qui n'auroient point été reçus, & en sera délivré exécutoire sur le certifiat du receveur dudit Hopital-Général; & a pareillement fait défenses aux notaires de délivrer aucun brevet d'apprentissage, sans que la quittance du receveur dudit Hôpital-Général leur ait été rapportée, dont ils feront mention dans l'expédition desdits brevets, à peine d'en répondre en leurs propres & privés noms. Fait en Parlement, le dix-huitieme jour de Mai mil six cent soixante-cinq.

ARRÊT DU PARLEMENT,

Au sujet des lettres de maîtrise en faveur des mariages des rois, naissances des enfans de France, &c.

Du 6 Février 1671.

Vu par la Cour la requête à elle présentée par les directeurs de l'Hôpital-Général de cette ville de Paris, contenant que par édit du roi, portant établissement de l'Hôpital-

Général pour le renfermement des pauvres mendians de la ville & fauxbourgs de Paris, du mois d'Avril 1656, vérifié en la Cour le premier Septembre ensuivant, il auroit plu à sa majesté faire don audit Hôpital-Général du tiers de tous les dons que sa majesté a faits depuis son établissement, & fera ci-après, soit de lettres de maîtrises d'arts & métiers, en faveur des mariages de sa majesté avec la reine, naissance des dauphins, enfans de France & des princes; baptêmes, avénemens à la couronne des rois & reines, sacres, couronnemens, majorités, entrées faites & à faire; régences, titres & autres joyeux avénemens, créés par édits vérifiés en la Cour; ils ont appris que la plupart des seigneurs & dames, & personnes qui ont obtenu les brevets de dons de sa majesté desdites lettres de maîtrises, les ont vendues & distribuées, vendent & distribuent journellement en gros & en détail, & secrettement, à l'insçu des supplians, sans avoir payé ledit tiers & droit appartenant audit Hôpital, & en frustrent les pauvres, quoique la plupart desdits édits n'aient été vérifiés en la Cour, qu'à la charge du droit dudit Hôpital, & ce qui s'est fait & fait contre l'intention du roi, la teneur desdits édits & arrêts de la Cour, & au grand préjudice des pauvres dudit Hôpital, qui sont en grand nombre. A ces causes, requéroient lesdits directeurs qu'il plût à la Cour, conformément auxdits édits de vérification, condamner ledits sieurs & dames donataires du roi desdites lettres de maîtrises, créées par édits, vérifiées en la Cour, leurs commissionnaires, cessionnaires & traitans généraux desdites lettres, leurs héritiers & ayans cause, à payer, huit jours après la signification qui leur sera faite à personne ou domicile, de l'arrêt qui interviendra sur la présente requête, aux pauvres dudit Hôpital, entre les mains du receveur-général d'icelui Hôpital, ou du porteur de ses quittances, les sommes auxquelles se trouve monter le tiers de la valeur des dons desdites lettres, & de représenter incessamment auxdits supplians les brevets des dons par eux obtenus de sa majesté, les édits de créations desdites lettres, arrêts de vérification d'iceux en la Cour, leurs contrats de vente, cessions, traités généraux, sous-traités, pouvoirs, commissions, procurations & autres pieces justificatives, à l'exception toutefois de ceux qui justifieront avoir payé les droits dudit Hôpital, par quittances & décharges valables. Vu ladite requête, signée Joignet, & autres pieces y attachées : conclusions du procureur-général du roi; & tout considéré : LA COUR a ordonné & ordonne que les parties seront assignées en icelle, aux fins de ladite requête, pour leur être fait droit, ainsi que de raison. Et sera le présent arrêt exécuté sur l'extrait d'icelui. Fait en Parlement, le sixieme Février mil six cent soixante-onze. Collationné. *Signé*, DU TILLET.

ARRÊT CONTRADICTOIRE DU PARLEMENT,

ENTRE les directeurs de l'Hôpital-Général, & les syndic, jurés & communauté des maîtres grainiers de cette ville de Paris ; qui ordonne que les maîtres & maîtresses paieront, lors de leur réception, la somme de trois livres, & les apprentifs vingt sols, lors de la passation de leurs brevets d'apprentissage, &c.

Du 30 Juin 1673.

ENTRE les directeurs de l'Hôpital-Général de cette ville de Paris, demandeurs aux fins de la commission par eux obtenue en Chancellerie, le premier Août 1670, d'une part; & les syndic, jurés & communauté des maîtres & maîtresses grainiers de cette ville de Paris, défendeurs, d'autre part. Et entre Nicolas Blery, Jérôme Damien, Pierre Courtois & Pierre Pillet, jurés grainiers en charge en l'année 1671, demandeurs en sommation, suivant leur requête du 3 Août 1671, & exploit fait en conséquence, le 6 dudit mois, d'une part; & Claude Racault, femme de Jean Grande-Rue & consorts, jurés grainiers en charge en l'année 1664; Catherine Dodeau, femme de Simon Pipart & consorts, jurés grainiers en charge en l'année 1665; Marguerite Sorel, femme d'Adrien le Jeune & consorts, jurés grainiers en l'année 1666; Marguerite Becquet, femme de Georges Deschamps & consorts, jurés grainiers en l'année 1667; Nicole Veronnet, femme de Thomas Marié & consorts, jurés grainiers en charge en l'année 1669, défendeurs, d'autre part: & encore entre Etienne Houssaye, Antoinette Pignon, femme de Guillaume le Normand, marchands & maîtres grainiers à Paris, jurés en charge de la communauté desdits marchands grainiers, ès années 1664 & 1665, demandeurs en contre-sommation aux fins de la requête par eux présentée à la Cour, le 29 Décembre 1671, d'une part; & Jacques de la Richardiere, & Catherine-Jeanne Dodeau, femme de Simon Pipart, aussi marchands-maîtres grainiers à Paris, jurés en charge en ladite année 1665, défendeurs, d'autre part. Vu par la Cour ladite commission obtenue par les directeurs de l'Hôpital-Général, tendante à ce que tous les syndics, jurés & maîtres des communautés de tous les arts & métiers de cette ville & fauxbourgs de Paris, fussent condamnés, en leurs propres & privés noms, à leur payer le droit attribué audit Hôpital-Général, par la déclaration du roi du mois d'Avril de l'année 1656, & arrêts de ladite Cour, des 6 Juin 1659, & 18 de Mai 1665, à raison de vingt sols pour la réception de chaque apprentif, & trois livres pour la réception de chacun maître, reçu depuis les significations faites dudit arrêt du 6 Septembre 1659, auxdits jurés, syndics & communautés lors en charge; & pour cet effet, qu'ils fussent condamnés de représenter les registres contenans les réceptions desdits apprentifs & maîtres, pour connoître sur iceux le nombre & quantité qui ont été reçus, lequel registre ils affirmeroient véritable en justice: ce fait, que chacune communauté fût condamnée à payer auxdits directeurs les sommes auxquelles se trouveroient monter les droits des réceptions d'apprentifs & maîtres, & icelui continuer à l'avenir, avec défenses d'y contrevenir, à peine de mille livres d'amende, & de tous dépens, dommages & intérêts, & condamnés aux dépens. Défenses desdits Blery, Damien, Boisseau & Gillet, jurés grainiers de cette ville, en charge en l'année 1670. Répliques: arrêt du 21 de Juillet 1671, par lequel ladite Cour auroit appointé les parties en droit sur leurs demandes & défenses, & joint. Autre appointement d'entre lesdits directeurs de l'Hôpital-Général, d'une part, & la communauté des maîtres chirurgiens jurés de cette ville de Paris & autres communautés, d'autre part. Requête du 5 Août 1671, présentée par lesdits directeurs, employée pour écriture & production, sur la demande par eux faite auxdits jurés grainiers, avec ce qu'ils avoient écrit & produit contre la communauté des maîtres chirurgiens. Sommation de produire par lesdits jurés grainiers en charge en l'année 1670. Requête du 3 Août 1671, présentée par les jurés grainiers en charge en l'année 1670. Requête du 3 Août 1671, présentée par les jurés grainiers en charge en l'année 1671, tendante à ce que les jurés grainiers en charge, depuis & compris l'année 1664 jusqu'en l'année 1670, fussent condamnés à faire cesser la demande faite par les directeurs de l'Hôpital-Général auxdits jurés en charge en l'année 1670, que ceux en charge en l'année 1671 fussent tenus de tous leurs dommages, intérêts & dépens, tant en demandant & défendant, que de la présente sommation. Défenses des jurés grainiers, ès années 1664, 1665, 1666, 1667, 1668 & 1669. Répliques: arrêt du 12 Décembre 1671, par lequel la Cour auroit appointé les parties en droit sur leurs demandes: défenses & répliques, à écrire, produire, bailler contredits & salvations, dans le tems de l'ordonnance. Productions desdits jurés grainiers, ès années 1664, 1665, 1666, 1667, 1668 & 1669. Sommation de produire par les jurés en charge en l'année 1671. Requête du 11 Avril 1673, employée par les jurés grainiers en charge ès années 1664 & 1665, au péril & fortune des jurés grainiers en charge, depuis 1665, jusques & compris 1669, pour contredits contre la requête d'emploi pour production des directeurs de l'Hôpital-Général, sur leur demande contre les jurés grainiers, ès années 1670 & 1671 ; & encore employée par Etienne Houssaye & Antoinette Pignon, jurés grainiers en l'année 1665, pour contredits contre la production des jurés grainiers, depuis 1665, jusques & compris 1669. Ladite requête du 29 Décembre 1671, présentée par Etienne Houssaye & Antoinette Pignon, femme de Guillaume le Normand, jurés grainiers en charge, ès années 1664 & 1665, tendante à ce qu'acte leur fût donné de la dénonciation qu'ils faisoient auxdits de la Richardiere & femme Pipart, aussi jurés grainiers en charge en ladite année 1665, de la demande en sommation desdits Blery & consorts, jurés grainiers en charge, ès années 1670 & 1671, de la demande principale des directeurs de l'Hôpital; & en conséquence, que lesdits de la Richardiere & femme Pipart fussent tenus de se joindre & intervenir en cause avec eux, & d'acquitter & indemniser, pour leur part & portion, & contribuer également au paiement de tout ce que lesdits Houssaye & Pignon seroient condamnés, tant en principal, intérêts, que frais & dépens, & en ceux de la présente demande. Défenses : arrêt du 29 Mars 1672, par lequel la Cour, sur les demandes & défenses des parties, les auroit appointés en droit, à écrire & produire, bailler contredits & salvations dans le temps de l'ordonnance, & joint. Productions des parties : contredits desdits Houssaye & Pignon, par ladite requête du 11 Avril 1673, entre les jurés grainiers en charge ès années 1664 & 1665, d'une part; & les directeurs de l'Hôpital-Général, & les jurés grainiers ès années 1665, 1666, d'autre part; par lequel il auroit été ordonné que la demande principale faite par les directeurs de l'Hôpital-Général, auxdits jurés & communautés des grainiers, & leurs demandes en sommation & contre-sommation, demeureroient disjointes d'avec les autres demandes desdits directeurs contre lesdits chirurgiens, tissutiers, rubanniers & autres communautés; & en conséquence, qu'il seroit passé outre au jugement de la demande principale desdits directeurs, contre ladite communauté des jurés grainiers. Sommation & contre-sommation d'iceux, les uns contre les autres; conclusions du procureur-général du roi : tout considéré. LA COUR a ordonné & ordonne, que les maîtres & maîtresses grainiers & grainieres seront tenus de payer à l'avenir, lors de leur réception en la maîtrise, la somme de trois livres chacun, & les apprentifs vingt sols, lors de la passation de leur brevet d'apprentissage, conformément à l'arrêt du 6 Septembre 1659; & à cette fin, enjoint aux jurés dudit métier d'y tenir la main, à peine d'en répondre, en leur propre & privé nom : & dès à présent a condamné & condamne les maîtres & jurés qui ont été en charge depuis les 15 & 24 Novembre 1664, que ledit arrêt du 6 Septembre 1659 leur a été signifié, de payer, en leur propre & privé nom, ledit droit de trois livres pour chacun maître & maîtresse, & vingt sols pour chacun apprentif reçu en leurdit métier & communauté, depuis la signification dudit arrêt, jusqu'au 5 Novembre 1670, que les maîtres & apprentifs ont commencé à payer ledit droit, à la diligence des jurés de ladite année; & qu'à cette fin, les jurés dudit métier seront tenus de représenter leurs registres des réceptions des maîtres & maîtresses de leurdit métier, & iceux affirmer véritables pardevant le conseiller-rapporteur, dans quinzaine du jour de la signification du présent arrêt, au domicile de leur procureur, sauf auxdits jurés dudit métier, depuis ladite année 1664, jusqu'en l'année 1670, leurs recours contre les maîtres, maîtresses & apprentifs reçus depuis ledit jour 15 Novembre 1664, jusqu'audit jour 15 Novembre 1670, pour leur faire payer ledit droit de trois livres pour chacun maître & maîtresse, & vingt sols pour chacun apprentif : & qu'à cette fin il sera choisi & pris quatre maîtres jurés dudit métier d'entr'eux, pour en faire le recouvrement; & en conséquence, sur les demandes en sommation desdits maîtres & jurés en charge de l'année 1671 contre ceux des années 1664 & 1665, & contre-sommation contre ceux de l'année 1670, les parties hors de cour, tous dépens, de leur consentement, compensés. Fait en Parlement le trentieme Juin mil six cent soixante-treize.

ARRÊT

ARRÊT DU PARLEMENT,

CONCERNANT la taxe des marchands de vin, lors de leur réception.

Du 5 Mars 1681.

ENTRE les directeurs de l'Hôpital-Général de Paris, demandeurs aux fins de la requête par eux présentée à la Cour, le 11 Janvier 1680, tendante à ce que les défendeurs soient condamnés, en leur propre & privé nom, à représenter dans trois jours le registre contenant les noms & surnoms des marchands de vin qu'ils ont reçus, pour en connoître la quantité; pour icelle communauté être condamnée, savoir, ceux qui ont été en charge de maîtres & gardes depuis le 18 Novembre 1664, en leur propre & privé nom, à payer aux demandeurs la somme de dix livres pour chacun marchand de vin qui a été reçu depuis ledit tems, sauf leur recours contre eux, & que défense leur seroit faite de contrevenir à l'avenir à l'arrêt de la Cour du 6 Septembre 1659, qui leur a été signifié ledit jour 18 novembre 1664, à peine de cent livres d'amende chacun; sinon & à faute de représenter ledit registre dans trois jours, condamner les défendeurs & autres maîtres & gardes en charge, en leurs propres & privés noms, à payer auxdits demandeurs la somme de quatre mille livres, à laquelle ils se restreignent pour les droits dûs par les marchands de vin reçus depuis ledit jour 18 Novembre 1664, jusques audit jour 11 Janvier 1681, au payement de laquelle somme ils seront contraints, en vertu du présent arrêt, & sans qu'il en soit besoin d'autre, & les condamner aux dépens, d'une part; & les maîtres & gardes de la marchandise de vin de cette ville, défendeurs, d'autre part; après que Contet, procureur des demandeurs, & Coceu, procureur des défendeurs, ont dit, qu'en communiquant au parquet des gens du roi, ils ont demeuré d'accord de l'appointement récité par l'un deux. Oui de Lamoignon pour le procureur-général du roi.

LA COUR ordonne que l'appointement sera reçu, & suivant icelui, que la déclaration du roi du mois d'Avril 1656, & l'arrêt de la Cour du 6 Septembre 1659, seront exécutés, & suivant iceux, que les marchands de vin reçus depuis le 18 Novembre 1664, que la signification leur a été faite desdites déclaration & arrêt, paieront aux demandeurs la somme de dix livres chacun; & pour en connoître la quantité, ordonne que chacun marchand de vin représentera dans quinzaine aux gardes de ladite marchandise de vin, en leur bureau, du jour de la publication du présent arrêt, sa lettre de marchand, pour être enregistrée aux registres de la communauté des marchands de vin, & de payer la somme de dix livres, si fait n'a été, dont les maîtres & gardes demeureront responsables, lorsqu'ils auront registré lesdites lettres; sinon & à faute de représenter par lesdits marchands de vin leur lettre de marchand, dans ledit tems, les déclare déchus de cette qualité, defenses à eux de la prendre ni d'en faire la fonction, à peine de cinquante livres d'amende. Fait défenses à toutes sortes de personnes de se faire recevoir à l'avenir marchand de vin, sans faire registrer sa lettre de marchand au bureau desdits maîtres & gardes, & payer les droits dudit Hôpital; enjoint aux défendeurs d'y tenir la main, à peine d'en répondre en leurs noms. Fait en Parlement, le cinquieme Mars mil six cent quatre-vingt-un.

ARRÊT DU PARLEMENT,

Au sujet du payement du tiers de toutes les lettres de maîtrise accordées soit en faveur de mariages, naissances des enfans de France, avénement à la couronne, ou autre chose singuliere.

Du 22 Janvier 1683.

LOUIS, par la grace de Dieu, roi de France & de Navarre, au premier des huissiers de notre Cour de Parlement, ou autre notre huissier sur ce requis : savoir faisons, que vu par notredite Cour, la requête présentée par Bernard Vaultier, bourgeois de Paris ; contenant que par l'établissement de l'Hôpital-Général, nous lui avons fait don du tiers du prix & valeur de toutes les lettres de maîtrises qui auroient été & qui seroient par nous accordées & par nos successeurs, en faveur des mariages des rois & des reines, des naissances & baptêmes des dauphins & enfans de France, & des princes, & avénemens à la couronne, & autres joyeux avénemens, & cause singuliere, comme faisant partie du fonds destiné pour la nourriture & subsistance des pauvres dudit Hôpital, & les directeurs ayant besoin d'argent, le suppliant leur auroit avancé des sommes considérables, qu'il auroit empruntées à intérêts, & étant pressé de rendre lesdites sommes, lesdits directeurs, au lieu d'argent, lui auroient donné à les recouvrer sur les nommés Pierre François (à présent décédé) Philippe d'Huimille, dit Pongerville, & autres traitans généraux desdites lettres, & sur leurs sous-traitans & distributeurs desdites lettres, & redevables dudit droit, avec pouvoir d'en faire la recherche & l'établissement dans toute l'étendue du royaume sous le nom desdits directeurs ; pour raison de quoi, le suppliant auroit obtenu plusieurs arrêts sous le nom dudit Hôpital, portant condamnation de payer ledit droit ; défenses audit Pongerville & tous autres d'en vendre ni distribuer, qu'elles n'aient été contrôlées par me Jean Heuvey, commis par la Cour, ainsi qu'il est porté par lesdits arrêts, au préjudice desquelles lesdits de Pongerville, veuve & héritiers François, & autres traitans généraux, leurs procureurs & commis, n'auroient délaissé de délivrer un grand nombre desdites lettres en gros & en détail, sans la participation desdits directeurs, & sans être contrôlées, & auroient reçu les deniers en provenans, même le tiers appartenant audit Hôpital, & pour l'en frustrer, se seroient fait séparer d'avec leurs femmes, & mis leurs biens à couvert, & suscité plusieurs procès, & commis plusieurs abus & contraventions au sujet desdites lettres, ce qui auroit fait naître une contestation entre le suppliant, demandeur en restitution des sommes par lui payées & avancées auxdits pauvres, & intérêts d'icelles & dépens ; & lesdits sieurs directeurs ayant desiré terminer, auroient, par transaction du 26 Décembre 1681, accordé que le suppliant se pourvoira contre les veuve & héritiers François, veuve & héritiers Sadron, Pongerville, de Vizé, & autres traitans généraux, sous-traitans, leurs procureurs & commis préposés, ayans-cause, distributeurs & acheteurs desdites lettres, redevables dudit droit pour son remboursement & recouvrement de ce qu'ils peuvent devoir, dont lesdits sieurs directeurs auroient fait cession & transport audit suppliant, & l'auroient subrogé en leur lieu. A CES CAUSES, requéroit le suppliant, qu'il fût ordonné que les arrêts du 6 Février 1671, 14 Avril, premier & 7 Septembre 1673, 7 Septembre 1675, 26 Août 1676, 28 Septembre 1679, & 16 Février 1680, & autres donnés en conséquence, seront exécutés selon leur forme & teneur, à la requête, poursuite & diligence du suppliant, comme ayant les droits & étant subrogé au lieu & place desdits directeurs ; & pour en faciliter l'exécution, lesdits Pongerville, veuve & héritiers François, de Vizé, veuve & héritiers Sadron, & autres traitans généraux, sous-traitans desdites lettres, commis à la distribution d'icelles, payer au suppliant, en ladite qualité, le tiers du prix & valeur desdites lettres vendues & distribuées depuis l'édit d'établissement de l'Hôpital-Général, jusqu'au jour de notre déclaration du mois de Juin 1680, portant révocation de toutes les lettres de maîtrises : à cet effet, les maîtres, gardes, jurés, corps & communautés, & particuliers desdits arts & métiers, qui ont acheté & qui ont été reçus auxdits arts & métiers, en vertu desdites lettres, & qui n'ont point payé audit l'Hôpital ledit droit, contraints au payement dudit tiers, par toutes voies dues & raisonnables, & qu'ils seroient tenus d'affirmer, après le premier commandement qui leur seroit fait, sinon condamnés en tous les dépens, dommages & intérêts du suppliant. Vu aussi lesdits arrêts & autres pieces attachées à la requête, signée le Clerc, procureur; conclusions de notre procureur-général; oui le rapport de maître René le Meusnier, tout considéré : NOTREDITE COUR ordonne que lesdits arrêts des 6 Février 1671, 14 Avril, premier & 7 Septembre 1673, 7 Septembre 1675, 26 Août 1676, 28 Septembre 1679, & 16 Février 1680, & autres donnés en conséquence, seront exécutés selon leur forme & teneur, à l'encontre des débiteurs desdites lettres de maîtrises, à la poursuite, diligence & frais du suppliant, ainsi qu'il verra bon être. Si te mandons, à la requête dudit suppliant, faire tous exploits nécessaires, de ce faire te donnons pouvoir. Donné à Paris, en notredite Cour, le vingt-deuxieme jour de Janvier l'an de grace mil six cent quatre-vingt-trois, & de notre regne le quarantieme. Et plus bas, par la chambre. *Signé*, JACQUES. *Et scellé.*

ARRÊT DU PARLEMENT,

PORTANT réglement pour les aumônes dues à l'Hôpital-Général, *lors de la réception des marchands & maîtres dans les corps & communautés des arts & métiers de cette ville de Paris.*

Du 6 Juillet 1735.

LOUIS, par la grace de Dieu, roi de France & de Navarre, au premier huissier de notre Cour de Parlement, ou autres sur ce requis : savoir faisons, qu'entre les directeurs & administrateurs de l'Hôpital-Général de Paris, demandeurs aux fins de l'exploit du 27 Septembre 1734, à ce qu'il plaise ordonner que l'arrêt de notredite Cour du 18 Mai 1665 sera exécuté selon sa forme & teneur, & en conséquence, réitérer les défenses y portées de délivrer aucunes lettres de maîtrise, sans que préalablement on leur ait apporté la quittance du receveur dudit Hôpital-Général, du droit dû audit Hôpital, à peine d'en répondre en leur propre & privé nom, & que pour connoître le nombre desdits maîtres, les défendeurs ci-après nommés seront obligés de bailler de mois en mois des extraits fideles & entiers de leurs registres, sur lesquels ils puissent être contraints de payer les deniers qui n'auront point été reçus, & dont sera délivré exécutoire, sur le certificat du receveur dudit Hôpital-Général; comme aussi ordonner que lesdits défendeurs ci-après nommés seront tenus de délivrer auxdits sieurs administrateurs lesdits extraits de leurs registres, depuis vingt ans, contenant les noms des maîtres reçus dans les communautés des arts & métiers de cette ville de Paris, & ce dans un mois du jour de l'arrêt qui interviendra; sinon & à faute de ce, qu'ils seront condamnés à payer, dès à présent, par provision, la somme de *trois mille livres* entre les mains du receveur dudit Hôpital, pour les dommages & intérêts & défaut de payement desdits droits, avec dépens, d'une part; & Mes Jacques Caillet, Simon Chaillou, Philippes-Edme Caquet, Jean-Guillaume-Marin Pellerin, Jean-François Sifflet & Simon Mesnard, greffiers au Châtelet de Paris, défendeurs, d'autre; & entre lesdits sieurs administrateurs de l'Hôpital-Général, demandeurs en requête & exploit du 3 Février 1735, à ce qu'il leur soit donné acte de la sommation & dénonciation par eux faite au défendeur ci-après nommé, d'un arrêt de notredite Cour du 18 Mai 1665, de l'assignation qu'ils ont fait donner aux six greffiers du Châtelet, par exploit du 27 Septembre 1734, & des défenses fournies par les greffiers, le 20 Décembre suivant; ce faisant, qu'il sera tenu de faire cesser l'effet desdites défenses, sauf, après que ledit sieur défendeur ci-après nommé se sera expliqué, à prendre contre lui de plus amples conclusions, si le cas y échet, avec dépens, d'une part; & Me François Moreau, conseiller honoraire au Parlement, & substitut de notre procureur-général au Châtelet de Paris, défendeur, d'autre; & entre lesdits sieurs directeurs & administrateurs de l'Hôpital-Général, demandeurs en requête du 7 Mars dernier, à ce qu'il leur soit donné acte de ladite dénonciation faite par ledit sieur Moreau, par ses défenses du 25 Février précédent, qu'il n'entend pas contester l'exécution de l'arrêt de notredite Cour, du 18 Mai 1665; ordonner que, tant ledit arrêt du 18 Mai 1665, qu'un autre précédemment rendu, le 23 Septembre 1664, qui fait défenses au substitut de notre procureur-général au Châtelet de Paris, de recevoir aucuns maîtres des arts & métiers de cette ville de Paris, qu'en rapportant par eux les quittances du receveur de l'Hôpital-Général, seront exécutés selon leur forme & teneur; ce faisant, que ledit sieur Moreau sera tenu de s'expliquer, & déclarer s'il a ou n'a pas entre les mains les registres contenans les réceptions des maîtres des arts & métiers de cette ville de Paris; sinon & faute par lui de s'expliquer & de faire sa déclaration précise, & attendu la déclaration faite par lesdits greffiers du Châtelet, par leurs défenses du 20 Décembre précédent, qu'ils n'ont pas lesdits registres entre les mains, condamner ledit sieur Moreau à remettre, dans tel tems qu'il plaira à notredite Cour fixer, lesdits registres entre les mains desdits greffiers, pour en pouvoir par lesdits sieurs administrateurs prendre communication, & s'en faire délivrer les extraits dont ils auront besoin; sinon & à faute par ledit sieur Moreau d'y satisfaire dans le tems qui sera fixé par notredite Cour, le condamner à payer la somme de *trente mille livres*, par forme d'indemnité, entre les mains du receveur dudit Hôpital, & déclarer l'arrêt commun avec lesdits sieurs Caillet, Chaillou & autres greffiers du Châtelet, avec dépens, d'une part; & ledit sieur Moreau audit nom, & lesdits sieurs Caillet, Chaillou & autres greffiers du Châtelet, défendeurs, d'autre; & entre lesdits sieurs directeurs & administrateurs de l'Hôpital-Général, demandeurs en requête du 14 Mai dernier, à ce qu'il leur soit donné acte de la sommation & dénonciation qu'ils font auxdits greffiers du Châtelet des additions de défenses signifiées par ledit sieur Moreau, le 11 dudit mois de Mai; leur donner pareillement acte des déclarations & reconnoissances faites par ledit sieur Moreau par lesdites additions de défenses; attendu qu'il reconnoît avoir en sa possession les registres qui contiennent les réceptions des marchands & maîtres dans les communautés des arts & métiers de cette ville de Paris, lesquels registres devroient être entre les mains des greffiers du Châtelet, pour en être par eux délivré des extraits qui contiendroient toutes les réceptions des marchands & maîtres, depuis l'année 1714 jusqu'à présent; ordonner qu'à l'avenir lesdits greffiers seront tenus de fournir, de mois en mois, des extraits desdites réceptions des marchands & maîtres, conformément à l'arrêt du 18 Mai 1665, lequel sera exécuté selon sa forme & teneur; & attendu qu'il résulte de la même déclaration & reconnnoissance dudit sieur Moreau, portées par lesdites additions de défenses, que depuis qu'il est en place, lesdits greffiers ont toujours délivré leurs lettres de marchands & de maîtrises sur le seul terme de *bon*, écrit de la main dudit sieur Moreau, sans que lesdits greffiers se soient fait représenter les quittances du droit dû à l'Hôpital, ainsi qu'il leur est enjoint de le faire par ledit arrêt du 18 Mai 1665, ordonner que les greffiers, conformément à ce même réglement, demeureront personnellement garans & responsables de tous les droits dus audit Hôpital, qui se trouveront n'avoir pas été payés par les marchands

& maîtres qui ont été reçus depuis ladite année 1714, avec dépens, d'une part; & ledit sieur Moreau, audit nom, & lesdits sieurs Caillet & autres greffiers du Châtelet, défendeurs, d'autre; & entre lesdits sieurs Caillet & autres greffiers du Châtelet, demandeurs en requête du 24 Mai dernier, à ce qu'il plaise à notredite Cour les décharger des demandes desdits sieurs administrateurs, avec dépens, & où notredite Cour y feroit quelque difficulté, leur donner acte de ce qu'ils somment & dénoncent audit sieur Moreau les demandes contre eux formées, à la requête desdits sieurs administrateurs; leur donner pareillement acte de la déclaration faite par ledit sieur Moreau, par ses additions & défenses du 11 Mai, qu'il a en sa possession les registres qui contiennent les réceptions des maîtres des arts & métiers de la ville & fauxbourgs de Paris, lesquels registres, suivant la déclaration dudit sieur Moreau, devroient être entre les mains desdits greffiers: en conséquence, ordonner que dans le lendemain de la signification de l'arrêt qui interviendra, ledit sieur Moreau sera tenu de remettre entre les mains desdits greffiers lesdits registres; ordonner pareillement qu'eux seuls pourront y inscrire les noms des maîtres, syndics, gardes & jurés qui seront reçus; qu'eux seuls pourront aussi délivrer les lettres de maîtrise, lorsqu'elles leur seront demandées, sans que ledit sieur Moreau puisse en délivrer ni expédier aucunes, aux offres qu'ils font de donner auxdits sieurs administrateurs, tous les mois, des extraits exacts & fideles des noms des marchands & maîtres qui seront inscrits sur lesdits registres, aux offres qu'ils font aussi de né délivrer aucunes lettres de maîtrise, qu'on ne leur ait apporté la quittance du receveur de l'Hôpital, & en cas qu'il soit prononcé quelque condamnation contre eux au sujet de la demande desdits sieurs administrateurs, à ce qu'ils demeurent garans & responsables du défaut de paiement pour le passé du droit dudit Hôpital-Général, pour chaque maître & marchand qui se font recevoir; en ce cas, attendu qu'ils n'ont jamais eu les registres en leur possession, qu'ils sont toujours restés, & qu'ils sont encore en la possession dudit sieur Moreau, & que par-là il leur est impossible d'avoir une connoissance exacte des différens maîtres & marchands qui se font recevoir; condamner ledit sieur Moreau à les acquitter, garantir & indemniser des condamnations qui pourroient être contre eux prononcées, & le condamner pareillement aux dépens, même en ceux faits par les administrateurs, & que lesdits greffiers ont été obligés de faire contre eux; & que l'arrêt qui interviendra sera signifié à tous les maîtres & gardes de chaque corps, & à toutes les communautés, pour qu'elles aient à s'y conformer, d'une part; & lesdits sieurs administrateurs de l'Hôpital-Général, & ledit sieur Moreau audit nom, défendeur, d'autre; après que Regnard, avocat des administrateurs de l'Hôpital-Général de Paris, Auvray, avocat de Caillet & autres, & Lordelot, avocat de Moreau, ont été ouis, ensemble Gilbert pour notre procureur-général : NOTREDITE COUR donne acte aux parties de Regnard des déclarations & offres, tant de la partie de Lordelot, que de celles d'Auvray; ce faisant, ordonne que les lettres-patentes d'établissement desdites lettres, & autres arrêts de notredite Cour intervenus en conséquence, seront exécutés selon leur forme & teneur, notamment les arrêts des 23 Septembre 1664, & 18 Mai 1665; en conséquence, qu'à l'avenir, & à compter du premier Août prochain, il sera tenu par les greffiers de la chambre du substitut de notre procureur-général au Châtelet, un registre exact & fidele des réceptions & prestations de serment des marchands & maîtres des communautés des arts & métiers de cette ville, lequel sera coté & paraphé en la maniere ordinaire, & sur lequel lesdites réceptions & prestations de serment seront registrées jour par jour, à mesure qu'elles se feront; à l'effet de quoi ledit substitut ne pourra procéder à la réception desdits marchands & maîtres, qu'avec l'assistance d'un desdits greffiers, lequel enregistrera la réception sur le champ, & signera les lettres ou acte de prestation de serment pardevant ledit substitut, sans néanmoins qu'à l'occasion de ce, les droits qui se perçoivent pour lesdites réceptions puissent être augmentés, sous quelque prétexte que ce puisse être; fait défenses au substitut de notre procureur-général de procéder à la réception d'aucuns marchands ni maîtres, & auxdits greffiers d'en délivrer les lettres ou acte de prestation de serment, que la quittance du droit de l'Hôpital-Général ne soit rapportée & délivrée par le receveur dudit Hôpital; de laquelle représentation de quittance sera fait mention, tant sur le registre, que dans lesdites lettres ou acte de prestation de serment, à peine d'en répondre par lesdits greffiers en leur propre & privé nom; ordonne pareillement que de mois en mois, à compter du même jour premier Août prochain, lesdits greffiers seront tenus de délivrer sans frais aux parties de Regnard, un extrait du registre des réceptions, contenant les maîtres & marchands qui auroient été reçus, sur lequel extrait lesdits greffiers pourront être contraints à payer les deniers qui n'auroient été reçus, & en sera délivré exécutoire sur le certificat du receveur dudit Hôpital, dépens compensés; & avant faire droit sur le surplus, ordonne que dans un mois la partie de Lordelot fournira à celle de Regnard un état, certifié de lui, des marchands & maîtres par lui reçus depuis le premier Janvier 1715, pris sur ses registres, pour ce fait, & à faute de ce faire, être pris par les parties de Regnard telles conclusions qu'elles jugeront à propos : & le tout communiqué à notre procureur-général, être fait droit ainsi qu'il appartiendra, dépens à cet égard réservés; ordonne que le présent arrêt sera imprimé, signifié à toutes les communautés des marchands, arts & métiers de cette ville, dont les maîtres se reçoivent & prêtent serment pardevant le substitut de notre procureur-général au Châtelet, & inscrit sur le registre des réceptions & prestations de serment, qui sera tenu par lesdits greffiers. Si mandons mettre le présent à exécution. Donné en Parlement, le six Juillet mil sept trente-cinq, & de notre regne le vingtieme. Collationné par la Chambre. *Signé*, DUFRANC, avec paraphe.

Et en marge est écrit : Scellé le vingt Juillet mil sept cent trente-cinq.

Signé, GAULTIER, avec paraphe.

L'AN mil sept cent trente-cinq, le à la requête desdits sieurs directeurs & administrateurs de l'Hôpital-Général de Paris, stipulant l'intérêt desdits pauvres de l'Hôpital, qui ont élu leur domicile en leur bureau, sis dans la maison de la Pitié, membre dudit Hôpital, fauxbourg Saint-Victor : J'ai Marc Regnier, Huissier à cheval au Châtelet de Paris, y demeurant grande rue du fauxbourg Saint-Antoine, vis-à-vis la porte de l'abbaye, paroisse Sainte-Marguerite, soussigné, signifié, dénoncé, montré en l'original, & laissé copie du présent arrêt de nosseigneurs du Parlement, du six Juillet dernier, signé & scellé à

à ce que du contenu audit arrêt ils n'en ignorent, & aient à se conformer à icelui arrêt, & l'exécuter selon sa forme & teneur; & suivant icelui, payer lesdits droits ès mains du sieur Duchêne, préposé pour recevoir lesdits droits, demeurant rue Notre-Dame, au bureau desdits Enfans-Trouvés, où il recevra les Mardis, Jeudis & Samedis, depuis huit heures jusqu'à midi, & depuis trois heures jusqu'à six du soir, à peine de tous dépens, dommages & intérêts, & leur ai laissé la présente copie de signification & dudit arrêt, à ce qu'ils n'en ignorent, parlant que dessus.

ARRÊT DU PARLEMENT

En faveur de l'Hôpital-Général, *contre les corps & communautés de Paris, au sujet des brevets d'apprentissages, & des réceptions des maîtres & marchands.*

Du 9 Février 1748.

LOUIS, par la grace de Dieu, roi de France & de Navarre, au premier des huissiers de notre Cour de Parlement, ou autre huissier ou sergent sur ce requis : savoir faisons, que vu par notredite Cour la requête à elle présentée par les sieurs directeurs & administrateurs de l'Hôpital-Général de Paris, tendante à ce qu'il lui plût ordonner que l'article 42 de l'édit d'établissement dudit Hôpital-Général, du mois d'Avril 1656, enregistré en notredite Cour, le premier Septembre suivant, ensemble les arrêts des 6 Septembre 1659, 23 Septembre 1664, 18 Mai 1665, 30 Juin 1673, 5 Mars 1681 & 6 Juillet 1735, seroient exécutés selon leur forme & teneur; en conséquence, que défenses fussent faites à tous notaires de recevoir & passer aucuns brevets d'apprentissages, & aux marchands & gardes des six corps, Jurés & maîtres des communautés des arts & métiers de cette ville & fauxbourgs de Paris, de les signer & enregistrer, qu'on ne leur eût fait apparoir & justifié de la quittance du receveur de l'Hôpital-Général ; qu'il fût enjoint auxdits notaires d'en faire mention dans les expéditions qu'ils délivreroient, & aux gardes & Jurés, dans leurs enregistremens, de la représentation qui leur auroit été faite de la quittance du receveur dudit Hôpital-Général, à peine d'en répondre par les uns & par les autres personnellement en leurs noms, & de cinquante livres d'amende contre chaque contrevenant, & par chaque contravention, *applicables au profit des pauvres dudit Hôpital;* qu'il fût pareillement enjoint aux gardes des six corps, & aux jurés des communautés, de donner, tous les trois mois, au receveur dudit Hôpital, des états exacts certifiés d'eux, de tous les apprentifs qu'ils auroient faits dans leurs corps & métiers, & de tous les marchands & maîtres qu'ils auroient reçus pendant ledit tems; le tout, sous les mêmes peines d'en répondre en leurs noms personnels, & de cinquante livres d'amende, applicables comme dessus, & qu'il fût en outre ordonné que l'arrêt qui interviendroit seroit imprimé & signifié, à la requête des demandeurs, tant au syndic des notaires, qu'à toutes les communautés des marchands, arts & métiers de cette ville de Paris, lesquels seroient tenus de l'inscrire, chacun à leur égard, dans leurs registres, & de s'y conformer à l'avenir, sous les peines ci-dessus. Vu aussi les pieces attachées à ladite requête, signée Millot le jeune, procureur; conclusions de notre procureur-général : Oui le rapport de Me Louis-Valentin Devougny, conseiller, tout considéré :

NOTREDITE COUR ordonne que l'article 42 de l'édit d'établissement dudit Hôpital-Général, du mois d'Avril 1656, enregistré en icelle, le premier Septembre suivant, ensemble les arrêts de notredite Cour des 6 Septembre 1659, 23 Septembre 1664, 18 Mai 1665, 30 Juin 1673, 5 Mars 1681, & 6 Juillet 1735, seront exécutés selon leur forme & teneur; en conséquence, fait défenses à tous notaires de recevoir, passer & délivrer aucuns brevets d'apprentissages, & aux marchands & gardes des six corps, jurés & maîtres des communautés des arts & métiers de cette ville & fauxbourgs de Paris, de les signer & enregistrer, qu'on ne leur ait fait apparoir & justifié de la quittance du receveur de l'Hôpital-Général; enjoint auxdits notaires de faire mention dans les expéditions qu'ils délivreront, & aux gardes & Jurés, dans leur enregistrement, de la représentation qui leur aura été faite de la quittance du receveur dudit Hôpital-Général ; à peine d'en répondre par les uns & par les autres personnellement en leurs noms, & de cinquante livres d'amende contre chaque contrevenant, & pour chaque contravention, *applicables au profit des pauvres dudit Hôpital ;* enjoint pareillement aux gardes des six corps, & aux jurés des communautés, de donner, tous les trois mois, au receveur dudit Hôpital, des états exacts, certifiés d'eux, de tous les apprentifs qu'ils auront faits dans leurs corps & métiers, & de tous les marchands & maitres qu'ils auront reçus pendant ledit tems ; le tout sous les mêmes peines d'en répondre en leurs noms personnels, & de cinquante livres d'amende, applicables comme dessus ; ordonne en outre que le présent arrêt sera imprimé & signifié, à la requête des demandeurs, tant au syndic des notaires, qu'à toutes les communautés des marchands, arts & métiers de cette ville de Paris, lesquels seront tenus de l'inscrire, chacun à leur égard, dans leurs regiſtres, & de s'y conformer à l'avenir, sous les peines ci-dessus. Si mandons mettre le présent arrêt à due, pleine & entiere exécution, selon sa forme & teneur ; de ce faire te donnons plein & entier pouvoir. Donné en Parlement, le neuvieme jour de Février, l'an de grace mil sept cent quarante-huit, & de notre regne le trente-troisieme. Collationné. *Signé*, LANGELÉ. *Plus bas*, par la chambre, DUFRANC, avec paraphe. *Et en marge* : scellé le quatorze Février mil sept cent quarante-huit. *Signé*, RIBALLIER, avec paraphe.

ARTS ET MÉTIERS, SECONDE PARTIE.

GAGNANS MAITRISES.

EXTRAIT DE L'ÉDIT D'ÉTABLISSEMENT DE L'HOPITAL-GÉNÉRAL.

Du mois d'Avril 1656, articles 55, 57 & 58.

ART. 55. POUR, de plus, gratifier & favoriser l'établissement & subsistance dudit Hôpital-Général, voulons que chacun des corps de métiers de notredite ville & fauxbourgs de Paris, soient tenus de donner, quand ils en seront requis, deux compagnons, même les maîtresses lingeres, deux filles, pour apprendre leur métier aux enfans dudit Hôpital-Général, selon qu'ils se trouveront plus disposés ; & ce faisant, lesdits deux compagnons, & filles, acquerront la maîtrise en leurs corps & métiers, après avoir servi pendant le tems de six ans audit Hopital-Général, sur les certificats qui en seront délivrés, & signés des directeurs, jusqu'au nombre de six au moins, avec pouvoir de tenir boutique, ainsi que les autres maîtres & maîtresses, & sans aucune distinction entr'eux.

ART. 57. Voulons aussi que le corps des apothicaires, & chirurgiens, donnent chacun deux compagnons de leurdit corps, capables pour servir gratuitement audit Hôpital, & y assister les pauvres, & les officiers, domestiques d'icelui, pour les indispositions communes des pauvres, & les maladies ordinaires des officiers & domestiques ; & après pareil tems de six ans, lesdits compagnons apothicaires, & chirurgiens, gagneront pareillement leur maîtrise, sur les certificats des directeurs, en pareil nombre, & auront mêmes droits & priviléges que les autres maîtres.

ART. 58. Que ceux & celles qui auront servi de maîtres & maîtresses d'école pendant dix ans, dans l'Hôpital-Géneral, avec l'approbation des directeurs, pourront être maîtres & maîtresses dans la ville & fauxbourgs, sans autre examen, lettres & permissions que de la certification de leurs services par les directeurs.

Nota. L'arrêt du Parlement du 7 Septembre 1660, rapporté page , regle que le tems de six années pour gagner maîtrise dans les corps des chirurgiens & apothicaires, sera compté du jour que chacun desdits gagnans maîtrise sera entré à l'Hôpital, & ce, sur les certificats des directeurs, à la charge par eux, lors de leurs réceptions (à ladite place de gagnant maitrise) de subir interrogatoire & examen.

ARRÊT

ARRÊT DU PARLEMENT,

QUI ordonne que François Ruty, *compagnon maréchal de* l'Hôpital-Général, *sera reçu à la maîtrise de maréchal.*

Du 15 Mars 1724.

ENTRE les directeurs de Hôpital-Général de Paris, stipulans l'intérêt des pauvres dudit Hôpital, demandeurs en requête par eux présentée à la Cour, le 21 Août 1722, & exploit d'assignation fait en conséquence, le même jour: ladite demande tendante à ce qu'il plût à la Cour ordonner que l'édit d'établissement dudit Hôpital-Général, & l'arrêt d'enregistrement d'icelui, seroient exécutés selon leur forme & teneur; ce faisant, qu'à la premiere sommation, qui seroit faite aux défendeurs ci-après nommés, ils seroient tenus de recevoir en leur communauté François Ruty, compagnon maréchal, sur le certificat qui lui a été donné par les sieurs directeurs, le 28 Avril 1722, de ses services à l'Hôpital, pendant six années consécutives, à l'effet de quoi il prêteroit le serment, en la maniere accoutumée, entre les mains du substitut de monsieur le procureur-général du roi au châtelet, & condamner lesdits défendeurs aux dépens, d'une part; & les jurés & communauté des maîtres maréchaux ferrans de cette ville de Paris, défendeurs, d'autre part; après que Guillet de Blaru, avocat des administrateurs de l'Hôpital-Général de Paris, & Guerin, avocat des jurés & communauté des maréchaux ferrans de Paris, ont été ouis, ensemble Gilbert, pour le procureur-général du roi: LA COUR, ayant égard à la demande des parties de Blaru, ordonne que le compagnon en question sera reçu, sans chef-d'œuvre, à la maîtrise de maréchal, sur le certificat des parties de Blaru, sans tirer à conséquence; ordonne, au surplus, que l'article 55 de l'édit d'établissement de l'Hôpital-Général sera exécuté, dépens compensés. Fait en parlement, le quinzieme Mars mil sept cent vingt-quatre.

ARRÊT DU PARLEMENT,

PORTANT que la communauté des maîtres bouchers de Paris sera tenue de donner des lettres de maîtrise au nommé Nicolas Chatté, *compagnon boucher de* l'Hôpital-Général, *sans payer aucuns droits.*

Du 9 Juillet 1729.

ENTRE messieurs les directeurs & administrateurs de l'Hôpital-Général de Paris, demandeurs, suivant l'exploit du 15 mai 1728, fait en vertu de l'édit d'établissement dudit Hôpital, à ce qu'il fût ordonné que l'édit d'établissement dudit Hôpital, du mois d'Avril 1656, vérifié en la Cour, le premier Décembre suivant, seroit exécuté selon sa forme & teneur, ce faisant, & conformément à l'article 5 dudit édit, les défendeurs ci-après nommés seroient tenus, à la premiere sommation qui leur seroit faite, de recevoir en leur communauté le nommé Chatté, compagnon boucher dudit Hôpital, maître boucher, sur le certificat des demandeurs, à l'effet de quoi ledit Chatté prêteroit serment, en la maniere accoutumée, entre les mains du substitut de m. le procureur-général au châtelet de Paris, & qu'il lui seroit délivré toutes lettres de maîtrise nécessaires, avec dépens, d'une part; les jurés, syndic & communauté des maîtres bouchers de Paris, défendeurs, d'autre part; après que Regnard, avocat des administrateurs & directeurs de l'Hôpital-Général, & Sarrazin, avocat des syndics de la communauté des bouchers de Paris, ont été ouis pendant une audience, ensemble Daguesseau, pour le procureur-général du roi : LA COUR, ayant égard à la requête des parties de Regnard, ordonne que les parties de Sarrazin seront tenues de donner des lettres de maîtrise au nommé Chatté, sans leur payer aucun droit, ni exiger de lui de chef-d'œuvre, en rapportant par lui un certificat des parties de Regnard, en la maniere accoutumée; ordonne, au surplus, que l'édit de 1656, & les arrêts de réglemens de la Cour seront exécutés en leur forme & teneur; condamne les parties de Sarrazin aux dépens. Fait en Parlement, le neuf Juillet mil sept cent vingt-neuf.

ARRÊT DU PARLEMENT,

RENDU en faveur de l'Hôpital-Général *de Paris, au sujet des maîtres vitriers & peintres sur verre, &c.*

Du 26 Mars 1740.

LOUIS, par la grace de Dieu, roi de France & de Navarre, au premier huissier de notre cour de Parlement, ou autre huissier ou sergent sur ce requis : savoir faisons, qu'entre les directeurs & administrateurs de l'Hôpital-Général de Paris, demandeurs en requête du 25 Mars 1739, à ce qu'il plaise à notredite Cour ordonner que les articles 55 & 57 de l'édit de l'établissement de l'Hôpital-Général, du mois d'Avril 1656, enregistré en notredite Cour, le premier Septembre ensuivant; ensemble les lettres-patentes confirmatives des priviléges de l'Hôpital, données par nous aux mois de Juin 1710, & d'Avril 1720, & arrêts & réglemens de notredite Cour rendus à ce sujet, seront exécutés selon leur forme & teneur; en conséquence, ordonner que Jean-Baptiste du Poirier, François Gueriot, & les autres maîtres vitriers, peintres sur verre, de l'institution de l'Hôpital-Général, seront appellés dans toutes les assemblées de la communauté des maîtres vitriers, peintres sur verre, & élus, à leur tour, dans toutes les charges de ladite communauté, de la même maniere que les autres maîtres reçus par chef-d'œuvre; qu'il n'y aura aucune distinction entre eux & les autres maîtres, soit pour leur inscription sur le tableau, soit pour la réception de leurs enfans, la capitation, la visite de leurs ouvrages, & autres, & pour prévenir dorénavant les brigues, intelligences & autres voies illicites pratiquées par les maîtres reçus par chef-d'œuvre, & prohibées par l'article vingt-neuf des statuts de la communauté, ordonner qu'à la prochaine élection d'assemblee desdits jurés, ou autres subséquentes, les maîtres vitriers, peintres sur verre, seront tenus de nommer un desdits maîtres de l'institution de l'Hôpital-Général, & continueront, à l'avenir, d'en nommer un, suivant l'ordre qui s'observera entre eux, sinon qu'il sera permis auxdits sieurs directeurs & administrateurs d'en présenter un à ladite communauté, qui sera tenue de le recevoir; enjoindre aux jurés & syndic de ladite communauté, lorsqu'ils feront réimprimer la liste du tableau des maîtres, de mettre ceux de l'institution de l'Hôpital-Général dans leur ordre de réception, & sans aucune distinction; les condamner à fournir une copie imprimée des statuts de la communauté à ceux de l'institution de l'Hôpital-Général, qui n'en ont point, & à ceux qui seront reçus à l'avenir; ordonner que l'arrêt qui interviendra sera lu en la chambre du substitut de monsieur le procureur-général au Châtelet de Paris, & transcrit dans les registres des maîtres vitriers, à ce qu'ils aient à s'y conformer, à peine de cinquante livres d'amende contre chaque contrevenant, payable par les syndic & jurés de la communauté, personnellement & solidairement entre eux, & *applicable aux pauvres de l'Hôpital-Général,* avec dépens, d'une part; & les syndic, jurés & communauté des maîtres vitriers, peintres sur verre de la ville & fauxbourgs de Paris, défendeurs, d'autre; & entre François Gueriot & Jean-Baptiste du Poirier, maîtres vitriers à Paris, demandeurs en requête du 12 Juin 1739, à ce qu'il plaise à notredite Cour les recevoir parties intervenantes dans la cause d'entre les directeurs & administrateurs de l'Hôpital-Général & les syndic & communauté des maîtres vitriers, leur donner acte de ce que, pour moyens d'intervention, ils employent le contenu en leur requête, leur donner acte de ce qu'ils adherent aux conclusions desdits administrateurs; ce faisant, déclarer nulle & clandestine la réception faite d'un aspirant, le 7 Mars précédent, sept heures du matin, en la maison du nommé Picault, sans y avoir appellé lesdits Gueriot & du Poirier, & au préjudice de leur opposition, du 2 dudit mois; ordonner qu'il sera de nouveau procédé aux chef-d'œuvre & réception de l'aspirant, en leur présence, ou eux duement mandés, ainsi qu'il est d'usage, & aux frais & dépens des syndic, jurés & maîtres qu'ils auront reçus; & où notredite Cour y trouveroit la moindre difficulté, audit cas, attendu que l'aspirant ne devoit être reçu qu'en leur présence, ou eux duement appellés, condamner solidairement lesdits syndic, jurés & maîtres qui ont assisté à ladite réception, à rendre & restituer auxdits Gueriot & du Poirier les droits qui peuvent leur appartenir pour leur assistance, en trois cents livres de dommages & intérêts, & aux dépens, d'une part; & messieurs les directeurs & administrateurs de l'Hôpital-Général, & lesdits syndic, jurés & communauté desdits maîtres vitriers, défendeurs, d'autre; après que Pommier, avocat des administrateurs de l'Hôpital-Général, Badin, avocat des vitriers de l'Hôpital-Général, & Boucot, avocat de la communauté des vitriers de Paris, ont été ouis, ensemble Gilbert, pour notre procureur-général: NOTREDITE COUR reçoit les parties de Badin parties intervenantes; faisant droit sur leur intervention; ensemble sur la demande des parties de Pommier, ordonne que les édits & réglemens seront exécutés; en conséquence, que les parties de Badin, & autres maîtres vitriers, peintres sur verre, de l'institution de l'Hôpital-Général, seront appellés dans toutes les assemblées de la communauté des maîtres vitriers, peintres sur verre, de la même maniere que tous les autres maîtres reçus par chef-d'œuvre; qu'il n'y aura aucune distinction entre eux & les autres maîtres, soit pour leur inscription sur le tableau, soit pour la réception de leurs enfans, la capitation, la visite de leurs ouvrages, & autres; qu'à la prochaine assemblée d'élection des jurés, lesdits maîtres vitriers seront tenus de nommer un desdits maîtres de l'institution de l'Hôpital-Général, & continueront, à l'avenir, d'en nommer un, suivant l'ordre qui s'observe entr'eux; sinon permis auxdits administrateurs de l'Hôpital d'en présenter un à la communauté, qui sera tenue de le recevoir; condamne la communauté des maîtres vitriers à fournir copie de leurs statuts à ceux des maîtres de l'institution de l'Hôpital, qui n'en ont point, & à ceux qui seront reçus à l'avenir: ordonne que le présent arrêt sera lu en la chambre du substitut du procureur-général du roi au Châtelet, & transcrit dans les registres de la communauté des vitriers, peintres sur verre; enjoint auxdits vitriers, peintres sur verre, de s'y conformer; sur le surplus des demandes, a mis & met les parties hors de Cour, dépens compensés. Si mandons au premier des huissiers ou sergens sur ce requis mettre le présent arrêt à exécution, selon sa forme & teneur; de ce faire leur donnons pouvoir. Fait en Parlement, le vingt-six Mars, l'an de grace mil sept cent quarante, & de notre regne le vingt-cinquieme. Collationné. *Signé*, AUBERTIN. *Et plus bas*, par la Chambre. *Signé*, MIREY. *A côté est écrit:* Scellé, le trente Avril mil sept cent quarante. *Signé*, GAULTIER.

Plus bas est écrit: Le huit Avril mil sept cent quarante, signifié & baillé copie à m^e Noirot, procureur, par nous, huissier au Parlement, soussigné. *Signé*, GAROT.

Et plus bas est encore écrit: Le présent arrêt a été lu & publié en la chambre de monsieur le procureur du roi au Châtelet de Paris, l'audience tenante, & a été ordonné qu'il seroit transcrit sur le registre de la communauté des maîtres vitriers, peintres sur verre, pour être exécuté selon sa forme & teneur; enjoint auxdits maîtres de s'y conformer, & aux jurés d'y tenir la main, & de nous informer, au cas qu'il y soit contrevenu, pour y être pourvu, ainsi qu'il appartiendra. Fait le vendredi treize Mai mil sept cent quarante. *Signé*, LEGRAS.

Ledit arrêt a été transcrit sur le registre des délibérations de la communauté des maîtres vitriers, peintres sur verre de la ville de Paris, suivant le procès-verbal du sieur Grosteste, huissier-priseur, & de l'Hôpital, du 30 Juin 1740.

ARRÊT DU PARLEMENT,

RENDU en faveur de l'Hôpital-Général, *contre la communauté des maîtres charrons.*

Du 17 Mai 1741.

LOUIS, par la grace de Dieu, roi de France & de Navarre, au premier des huissiers de notre cour de Parlement, ou autre notre huissier ou sergent sur ce requis : savoir faisons, qu'entre les directeurs & administrateurs de l'Hôpital-Général de Paris, demandeurs, suivant les requête & exploit du 23 Juillet 1740, à ce qu'il fût ordonné que les articles 55 & 57 de l'édit d'établissement de l'Hôpital-Général, du mois d'Avril 1656, enregistré en notredite Cour le premier Septembre suivant, ensemble les lettres-patentes confirmatives des priviléges de l'Hôpital-Général, des mois de Juin 1710, & d'Avril 1720, arrêts & réglemens rendus en conséquence, seroient exécutés selon leur forme & teneur; ce faisant, que les jurés & maîtres de la communauté des maîtres charrons de la ville & fauxbourgs de cette ville de Paris fussent condamnés à admettre & recevoir dans leur corps, en qualité de maître charron, le nommé Antoine Boizard, comme ayant gagné sa maîtrise à l'Hôpital-Général, pour y avoir travaillé, en qualité de garçon charron, pendant l'espace de six années consécutives, y avoir servi les pauvres, & instruit les enfans en sadite qualité, pendant ledit tems, selon le certificat qui lui a été délivré, & signé au bureau, le 7 Mars 1740 : à quoi faire ils seroient contraints, par toutes voies dues & raisonnables, à la premiere requisition qui leur en seroit faite, en vertu de l'arrêt qui interviendroit; & en conséquence, que ledit Boizard, & tous les maîtres charrons de l'institution de l'Hôpital-Général, seroient appellés dans toutes les assemblées de ladite communauté des maîtres charrons, & élus, à leur tour, dans toutes les charges de ladite communauté, de la même maniere que tous les autres maîtres reçus par chef-d'œuvre; qu'il n'y auroit aucune distinction entr'eux & les autres maîtres reçus par chef-d'œuvre, soit pour l'inscription sur le tableau, soit pour la réception de leurs enfans, la capitation, la visite de leurs ouvrages, & autres, & qu'à la prochaine élection des jurés, ou autres subséquentes, les maîtres charrons seroient tenus de nommer un des maîtres de l'institution de l'Hôpital-Général, & qu'ils continueroient, à l'avenir, d'en nommer un, suivant l'ordre qui s'observe entr'eux; sinon qu'il fût permis aux demandeurs d'en présenter un à ladite communauté, qui seroit tenue de le recevoir; que ladite communauté fût en outre condamnée à fournir copie de leurs statuts à ceux des maîtres de l'institution de l'Hôpital-Général, qui n'en ont pas, & à ceux qui seroient reçus à l'avenir, & qu'il fût ordonné que l'arrêt qui interviendroit seroit lu, publié en la chambre du substitut de notre procureur-général au Châtelet, & transcrit dans les registres de ladite communauté des maîtres charrons, à ce qu'ils aient à s'y conformer, à peine de cent livres d'amende contre chaque contrevenant, payable par les syndic & jurés en charge de ladite communauté, personnellement & solidairement entr'eux, & *applicable aux pauvres de l'Hôpital-Général*, & que lesdits doyen, syndic, jurés & communauté des maîtres charrons fussent condamnés en tous les dépens, & défendeurs, d'une part; & les jurés en charge & syndic de ladite communauté des maîtres charrons de la ville & fauxbourgs de Paris, défendeurs & demandeurs en requête du 26 Août 1740, à ce qu'il leur fût donné acte de ce qu'ils s'en rapportoient à la prudence de notredite Cour, d'ordonner ce qu'elle jugeroit à propos sur la demande des sieurs administrateurs, & qu'où elle jugeroit que Boizard dût être admis dans leur communauté, il leur fût donné acte de ce qu'ils étoient prêts, & offroient de le recevoir maître, avec les mêmes droits & privileges que les autres maîtres de ladite communauté, & le tout, conformément aux statuts & réglemens d'icelle; & qu'où notredite Cour jugeroit, au contraire, que Boizard seroit de la maison de Bicêtre, & ne devroit pas être reçu, ils fussent renvoyés purement & simplement de la demande contr'eux formée, avec dépens, d'autre part; & entre ledit Augustin Boizard, demandeur en requête du 15 Mai 1741, à ce qu'il fut reçu partie intervenante en la cause d'entre lesdits directeurs & administrateurs de l'Hôpital-Général, & les jurés & communauté des maîtres charrons de Paris; qu'acte lui fût donné de ce que, pour moyens d'intervention, il employoit le contenu en sadite requête; faisant droit sur icelle, conformément aux lettres de maître à lui accordées par les sieurs directeurs & administrateurs dudit Hôpital, il seroit reçu maître charron, pour jouir de son état, ainsi que les autres maîtres, & que les jurés & communauté fussent condamnés en cinq cents livres de dommages & intérêts envers ledit Boizard, d'une part; lesdits directeurs & administrateurs de l'Hôpital-Général, & les jurés en charge & syndic de la communauté des maîtres charrons de la ville & fauxbourgs de Paris, défendeurs, d'autre part; après que Pommier, avocat des directeurs & administrateurs de l'Hôpital-Général, & Cothereau, avocat des jurés, syndic & communauté des maîtres charrons, ont été ouis, ensemble Joly de Fleury, pour notre procureur-général : NOTREDITE COUR, faisant droit sur les demandes des parties de Pommier, ordonne que les articles 55 & 57 de l'édit d'établissement de l'Hôpital-Général, du mois d'Avril 1656, enregistré en notredite Cour, le premier Septembre suivant, ensemble les lettres-patentes confirmatives des privileges dudit Hôpital, des mois de Juin 1710, & Avril 1720, arrêts & réglemens de notredite Cour rendus à ce sujet, seront exécutés selon leur forme & teneur; ce faisant, condamne les parties de Cothereau à admettre & recevoir, à la premiere requisition qui leur en sera faite, dans leurs corps & communauté, en qualité de maître charron, Antoine Boizard, l'une des parties de Pommier; en conséquence, ordonne que ledit Boizard, & tous les maîtres charrons de l'institution de l'Hôpital-Général, jouiront, sans aucune distinction, de tous les droits & privileges dont jouissent les autres maîtres reçus par chef-d'œuvre; qu'ils seront appellés, ainsi que lesdits maîtres reçus par chef-d'œuvre, aux assemblées de ladite communauté; qu'ils seront inscrits sur le tableau, & élus aux charges de ladite communauté, à leur tour, & qu'ils jouiront des mêmes droits, soit pour la réception de leurs enfans, la capitation & la visite de leurs ouvrages; ordonne que lesdites parties de Cothereau seront tenues de remettre audit Boizard, & aux autres maîtres de l'institution de l'Hôpital-Général, copie de leurs statuts; ordonne que le présent arrêt sera lu, publié en la chambre du substitut de notre procureur-Général au Châtelet, & inscrit dans les registres de la communauté des maîtres charrons; enjoint auxdits maîtres charrons de s'y conformer; sur le surplus des demandes, met les parties hors de Cour, dépens compensés entre les parties, que celles de Cothereau pourront employer en frais de jurande. Mandons mettre le présent arrêt à exécution, selon sa forme & teneur. De ce faire te donnons pouvoir. Donné en Parlement, le dix-sept Mai mil sept cent quarante-un, & de notre regne le vingt-sixieme. Collationné. *Signé*, BICQUET. Par la chambre. *Signé*, DUFRANC. *A côté est écrit*: Scellé, le cinq Juillet mil sept cent quarante-un. *Signé*, DENISET.

Plus bas est écrit: Le sept Juin mil sept cent quarante-un, signifié & baillé copie à Me Hochet, procureur, par nous, huissier en Parlement, soussigné. *Signé*, MIGNOT.

Et encore plus bas est écrit : Le présent arrêt a été lu & publié en la chambre du substitut de monsieur le procureur-général au Châtelet de Paris, séant, & l'audience tenant, ce requérant mᵉ Tardy, procureur audit Châtelet, & de messieurs les directeurs & administrateurs de l'Hôpital-Général, le vendredi 14 Juillet 1741. *Signé*, CAQUET, greffier.

Ledit arrêt a été transcrit sur le registre des délibérations de la communauté des maîtres charrons de la ville de Paris, suivant le procès-verbal du sieur Grosteste, huissier-priseur, & de l'Hôpital, du 18 Décembre 1741.

ARRÊT DU PARLEMENT,

*RENDU en faveur des directeurs & administrateurs de l'*Hôpital-Général*, contre la communauté des maîtres boulangers, &c.*

Du 10 Avril 1745.

ENTRE les sieurs directeurs & administrateurs de l'Hôpital-Général de Paris, demandeurs, suivant leur requête & exploit du 4 Septembre 1744, à ce qu'il fût ordonné que les articles 55 & 57 de l'édit d'établissement de l'Hôpital-Général, du mois d'Avril 1756, enregistré en la Cour, le premier Septembre suivant, ensemble les lettres-patentes & déclarations du roi, confirmatives des privileges dudit Hôpital, des mois de Juin 1710, & Avril 1720, arrêts & réglemens de la Cour rendus à ce sujet, seroient exécutés selon leur forme & teneur; ce faisant, que les syndic, jurés & maîtres de la communauté des maîtres boulangers de Paris fussent condamnés d'admettre & recevoir dans leur corps & communauté, à la premiere requisition qui leur en sera faite, le nommé Antoine Minard, comme ayant gagné sa maîtrise à l'Hôpital-Général, pour y avoir travaillé en qualité de garçon boulanger pendant l'espace de six années consécutives; en conséquence, il fût ordonné que ledit Minard & tous les maîtres de l'institution de l'Hôpital-Général jouiroient, sans aucune distinction, de tous les droits & privileges dont jouissent les autres maîtres reçus par chef-d'œuvre; qu'ils seroient appellés, ainsi que lesdits maîtres reçus par chef-d'œuvre, aux assemblées de ladite communauté, qu'ils seroient inscrits sur le tableau, & élus, à leur tour, aux charges de ladite communauté, & qu'ils jouiroient des mêmes droits, soit pour la réception de leurs enfans, capitation, la visite de leurs ouvrages, & autres; que lesdits syndics & jurés seroient tenus de remette audit Minard & aux autres maîtres de l'institution dudit Hôpital, copie de leurs statuts, & que l'arrêt qui interviendroit fût lu & publié en la chambre du substitut de monsieur le procureur-général, & inscrit dans les registres de la communauté desdits maîtres boulangers, auxquels il seroit enjoint de s'y conformer, & que lesdits syndics, jurés & communauté soient en outre condamnés aux dommages & intérêts dudit Minard, résultans du retard de sa réception, & de l'inexécution du bail qu'il a fait du fonds de boutique de l'un desdits maîtres boulangers, & aux dépens, d'une part; & les syndic, jurés & maîtres de la communauté des maîtres boulangers de la ville & fauxbourgs de Paris, défendeurs, d'autre part : après que Pommier, avocat des administrateurs de l'Hôpital-Général de Paris, & Babille, avocat de la communauté des maîtres boulangers de Paris, ont été ouis, Lefevre d'Ormesson, pour le procureur-général du roi : LA COUR ordonne que les articles 55 & 57 de l'édit d'établissement de l'Hôpital-Général, du mois d'Avril 1656, registré en la Cour le premier Septembre suivant, ensemble les lettres-patentes portant confirmation des privileges de l'Hôpital, des mois de Juin 1710 & Avril 1720, arrêts & réglemens de la Cour rendus à ce sujet, seront exécutés selon leur forme & teneur; ce faisant, condamne les parties de Babille d'admettre & recevoir, à la premiere réquisition qui leur en sera faite, dans leur corps & communauté, en qualité de maître boulanger, Antoine Minard; en conséquence, ordonne que ledit Minard & tous les maîtres boulangers de l'institution de l'Hôpital-Général jouiront, sans aucune distinction, de tous les droits & privileges dont jouissent les autres maîtres reçus par chef-d'œuvre; qu'ils seront appellés, ainsi que lesdits maîtres reçus par chef-d'œuvre, aux assemblées de ladite communauté; qu'ils seront inscrits sur le tableau, & élus aux charges de ladite communauté à leur tour, & qu'ils jouiront des mêmes droits, soit pour la réception de leurs enfans, la capitation, la visite de leurs ouvrages & autres; ordonne en outre que lesdites parties de Babille seront tenues de remettre auxdits Minard & autres maîtres de l'institution dudit Hôpital-Général copie de leurs statuts; ordonne que le présent arrêt sera imprimé, lu & publié en la chambre du substitut du procureur-général du roi au Châtelet, & inscrit dans les registres de la communauté des boulangers; enjoint auxdits maîtres boulangers de s'y conformer; sur la demande en dommages & intérêts, met les parties hors de Cour, condamne les parties de Babille aux dépens. Fait en Parlement le 10 Avril mil sept cent quarante-cinq. *Collationné*, LANGELÉ. *Signé*, DUFRANC, avec paraphe.

Plus bas est écrit : Le cinq Mai mil sept cent quarante-cinq, signifié & baillé copie à m^e^ Drouet, par nous, huissier au Parlement, soussigné.

Signé, GENSSE, avec paraphe.

Plus bas est encore écrit : L'an mil sept cent quarante-cinq, le 7 Mai, à la requête des sieurs directeurs & administrateurs de l'Hôpital-Général de Paris, pour lesquel domicile est élu en leur bureau de la Pitié, sis grande rue & fauxbourg Saint-Victor, nous, Nicolas-Louis-Gensse, huissier au Parlement, demeurant rue des Poitevins, paroisse Saint André-des-Arcs, avons signifié & baillé copie aux syndic, jurés & maîtres de la communauté des maîtres boulangers de la ville & fauxbourgs de Paris en leur bureau, sis quai des Grands-Augustins, en parlant au clerc & concierge de ladite communauté, lequel n'a voulu dire son nom, de ce interpellé, de l'arrêt de nosseigneurs de Parlement de Paris, étant ci-dessus, & des autres parts, à ce qu'ils n'en ignorent; leur avons aussi, en parlant que dit est, laissé copie du présent exploit, lesdits jour & an. *Signé*, GENSSE. Contrôlé à Paris, le huit Mai mil sept cent quarante-cinq. *Signé*, BAILLET.

En marge est écrit : Lu & publié en jugement, l'audience de monsieur le procureur du roi au Châtelet de Paris tenant, au desir du présent arrêt, pour être exécuté selon sa forme & teneur, le vendredi quatorzieme jour de Mai mil sept cent quarante-cinq. *Signé*, LEGRAS, avec paraphe.

Sur une autre marge est encore écrit : Le présent arrêt a été enregistré au registre des délibérations des jurés de la communauté des maîtres boulangers de la ville & fauxbourgs de Paris, aux fol. 46 & 47 dudit registre, par moi, juré en charge, soussigné, cejourd'hui dixieme Juin mil sept cent quarante-cinq. *Signé*, DESCHAMPS.

Ledit enregistrement a été fait en conséquence de la sommation faite à la communauté des maîtres boulangers de Paris, à la requête de messieurs les administrateurs de l'Hôpital-Général, par Ribert, premier huissier-audiencier de la Connétablie & Maréchaussée de France, qui en a dressé procès-verbal ledit jour dix Juin mil sept cent quarante-cinq.

ARRÊT DU PARLEMENT,

*Rendu en faveur des gagnans maîtrises de l'*Hôpital-Général, *contre le corps des apothicaires & épiciers de Paris.*

Du 26 Juillet 1747.

LOUIS, par la grace de Dieu, roi de France & de Navarre, au premier des huissiers de notre cour de Parlement, ou autre requis ; savoir faisons, qu'entre les directeurs & administrateurs de l'Hôpital-Général de Paris, demandeurs aux fins de leur requête & exploit du 16 Juillet 1746, à ce qu'en conséquence de l'article 12 du titre 2 de l'ordonnance de 1667, il leur fût permis, comme prenant le fait & cause du sieur Pierre Trevez, comme ayant gagné maîtrise d'apothicaire dans la maison de la Salpêtriere, de faire assigner en notredite Cour les maîtres & gardes des maîtres & marchands apothicaires-épiciers de cette ville & fauxbourgs de Paris, pour voir dire que les articles 55 & 57 de l'édit d'établissement dudit Hôpital-Général du mois d'Avril 1656, duement vérifié en notredite Cour, seroient exécutés selon leur forme & teneur ; en conséquence, que dans huitaine, pour tout délai, à compter du jour de la signification de l'arrêt qui interviendroit, lesdits maîtres & gardes seroient tenus de recevoir ledit sieur Pierre Trevez, maître & marchand apothicaire-épicier de cette ville & fauxbourgs de Paris, sans examen, & sans aucuns frais, & de lui délivrer son certificat de reception en la maniere accoutumée ; sinon & à faute de ce faire dans ledit tems, & icelui passé, en vertu dudit arrêt, & sans qu'il en soit besoin d'autre, que ledit sieur Trevez seroit & demeureroit reçu maître & marchand apothicaire-épicier de la ville & fauxbourgs de Paris, à la charge par lui de prêter serment en la maniere accoutumée, & de se conformer aux statuts & réglemens de la communauté desdits apothicaires-épiciers, dont ils seroient tenus de lui délivrer un exemplaire ; qu'il fût en outre ordonné qu'aussi-tôt la réception dudit sieur Trevez, il seroit inscrit sur le tableau de ladite communauté, & appellé aux assemblées, ainsi & de la même maniere que les autres maîtres & marchands apothicaires-épiciers, sans aucune distinction ; comme encore que l'arrêt qui interviendroit, seroit lu, publié en la chambre du substitut de notre procureur-général au Châtelet, & inscrit sur les registres de ladite communauté, & qu'il fût enjoint auxdits maîtres & gardes de s'y conformer ; & pour leur injuste refus, qu'ils fussent condamnés aux dommages & intérêts, & aux dépens, d'une part, & les maîtres & gardes des maîtres & marchands apothicaires-épiciers de cette ville & fauxbourgs de Paris, défendeurs, d'autre part ; après que Pommier, avocat des administrateurs de l'Hôpital-Général de Paris a demandé avantage. Oui Lefevre d'Ormesson, pour notre procureur-général ; & après que l'huissier Mathiere a rapporté avoir appellé la communauté des apothicaires-épiciers de Paris, & Caillard, leur procureur ; NOTREDITE COUR a donné défaut ; & pour le profit, ordonne que les articles 55 & 57 de l'édit d'établissement dudit Hôpital-Général, du mois d'Avril 1656, seront exécutés selon leur forme & teneur ; en conséquence, que dans huitaine, pour tout délai, les défaillans seront tenus de recevoir ledit sieur Pierre Trevez maître & marchand apothicaire-épicier de la ville & fauxbourgs de Paris, sans examen, & sans aucuns frais, & de lui délivrer son certificat de réception ; sinon & à faute de ce faire dans ledit délai, & icelui passé, en vertu du présent arrêt, sans qu'il en soit desoin d'autre, ordonne que ledit sieur Trevez sera & demeurera reçu maître & marchand apothicaire-épicier de la ville & fauxbourgs de Paris, à la charge par lui de prêter le serment en la maniere accoutumée, & de se conformer aux statuts & réglemens de la communauté des apothicaires & épiciers, dont ils seront tenus de lui délivrer un exemplaire ; ordonne en outre qu'aussi-tôt la réception dudit

dudit sieur Trevez, il sera inscrit sur le tableau de ladite communauté, & appellé aux assemblées, ainsi & de la maniere que les autres maîtres & marchands apothicaires-épiciers, sans aucune distinction : ordonne que le présent arrêt sera lu & publié en la chambre du substitut du procureur-général du roi au Châtelet, & inscrit sur les registres de ladite communauté : enjoint aux maîtres & gardes de s'y conformer; condamne les défaillans aux dépens. Si mandons mettre le présent arrêt à exécution. Donné en Parlement le ving-six Juillet, l'an de grace mil sept cent quarante-sept, & de notre regne le trente-deuxieme. Collationné. *Signé*, LANGELÉ. Par la Chambre. *Signé*, DUFRANC.

Au-dessous est écrit : Le trois Avril mil sept cent quarante-sept, signifié & baillé copie à m^e Caillard, procureur, par nous, huissier au Parlement, soussigné. *Signé*, LUSARCHE.

Le même jour ledit arrêt a été signifié aux maîtres & gardes des apothicaires-épiciers en leur bureau, cloître Sainte-Opportune. *Signé*, LUSARCHE. *A côté est écrit :* Scellé le cinq Août mil sept cent quarante-sept. *Signé*, POMMYER.

Sur la premiere page est écrit : Lu & publié à l'audience de la chambre de m. le procureur du roi au Châtelet de Paris, le dix-huit Août mil sept cent quarante-sept. *Signé*, SIFFLET.

Sur une autre marge est écrit : L'arrêt ci-joint a été par nous, Louis Ribert, premier huissier-audiencier de la Connétablie & Maréchaussée de France du palais à Paris, soussigné, inscrit sur le livre des délibérations de la communauté des maîtres & gardes des maîtres & marchands apothicaires-épiciers de la ville & fauxbourgs de Paris, suivant notre procès-verbal de cejourd'hui deux Septembre mil sept cent quarante-sept. *Signé*, RIBERT.

Sur une troisieme marge est encore écrit : Le sieur Pierre Trevez a fait & prêté à l'audience, & pardevant m. le lieutenant-général de police au Châtelet de Paris, le serment ordonné par le présent arrêt être par lui fait, en qualité de maître & marchand apothicaire en cette ville & fauxbourgs de Paris, suivant la sentence de cejourd'hui vendredi vingt-quatre novembre mil sept cent quarante-sept, qui ordonne l'exécution du présent arrêt. *Signé*, VIMONT.

ARRÊT DU PARLEMENT,

RENDU contre les jurés des maîtres tonneliers & déchargeurs de vins, qui ordonne l'admission du nommé Torillon, maître tonnelier de l'institution de l'Hôpital-Général, à la décharge des vins & autres boissons, sans faire aucune expérience; que lui, ainsi que les autres maîtres de l'institution dudit Hôpital-Général, seront inscrits sur le premier tableau, qu'ils jouiront, leurs veuves & enfans, des mêmes droits & privileges, sans distinction, que les autres maîtres reçus par chef-d'œuvre.

Du 2 Août 1749.

LOUIS, par la grace de Dieu, roi de France & de Navarre, au premier des huissiers de notre cour de Parlement, ou autre notre huissier ou sergent sur ce requis, SALUT : savoir faisons, qu'entre les directeurs & administrateurs de l'Hôpital-Général de Paris, demandeurs aux fins de leurs requête & exploit du 31 Août 1748, & encore en deux requêtes des 28 Mars & 31 Juillet 1749, à ce qu'il soit ordonné que les articles 55 & 57 de l'édit d'établissement dudit Hôpital-Général du mois d'Avril 1656, registré en notredite Cour le premier Septembre suivant, ensemble les lettres-patentes & de confirmation des privileges dudit Hôpital-Général, des mois de Juin 1710 & Avril 1720, arrêts & réglemens rendus à ce sujet, seroient exécutés selon leur forme & teneur; & attendu qu'aux termes de l'ordonnance de la ville, de 1672, tout maître tonnelier est déchargeur, & que par la sentence que la communauté des tonneliers a obtenue au Bureau de la ville, le 4 Décembre 1714, elle a fait ordonner que nul d'entre eux ne seroit admis à la décharge des vins sur les ports, s'ils n'avoient été reçus à la ville, sur la présentation des syndics, & le cautionnement d'un ancien, Romain Torillon, gagnant maîtrise de l'Hôpital-Général, a été reçu au Châtelet maître tonnelier, sur la présentation des jurés & syndic de sa communauté; qu'étant reçu maître tonnelier, il est ancien déchargeur; que par le certificat qui lui a été donné & signé par les demandeurs, ses mœurs, sa religion & son expérience sont attestées, & qu'il ne doit y avoir aucune distinction entre lui & les maîtres de ladite communauté, il soit ordonné que dans trois jours, pour toute préfixion & délai, à compter du jour de la signification de l'arrêt qui interviendra à procureur, lesdits jurés, syndic de la communauté des maîtres tonneliers, & anciens déchargeurs, seroient tenus d'admettre ledit Romain Torillon à la décharge des vins & autres boissons & liqueurs sur les ports de cette ville; & pour cet effet, le présenter, cautionner, & le faire recevoir gratuitement au Bureau de la ville, & sans frais; à ce faire, contraints par toutes voies, même par corps, sinon que le présent arrêt vaudroit lesdites présentation, caution & réception; en conséquence, il soit ordonné que ledit Torillon, & tous les autres maîtres de l'institution de l'Hôpital-Géneral jouissent, sans aucune distinction, de tous les droits & privileges dont jouissent les autres maîtres tonneliers-déchargeurs, reçus par chef-d'œuvre, tant au Châtelet qu'au Bureau de la ville, en se conformant néanmoins par lesdits gagnans maîtrise aux statuts & réglemens de ladite communauté; que lesdits maîtres de l'institution de l'Hôpital-Général seroient appellés, ainsi que les autres maîtres reçus par chef-d'œuvre, aux assemblées de ladite communauté; qu'ils seroient inscrits sur le premier tableau, à la date de leur réception, & sans aucune distinction; qu'ils seroient élus aux charges de ladite communauté à leur tour, & jouiroient des mêmes droits, privileges & prérogatives des autres maîtres, soit pour eux, ou pour leurs veuves, ou pour la réception de leurs enfans, la capitation, la visite de leurs ouvrages, & autres; qu'il soit en outre ordonné que lesdits jurés, syndic de ladite communauté des maîtres tonneliers, anciens déchargeurs, seroient tenus de remettre, dans ledit délai de trois jours, audit Torillon & autres dudit Hôpital-Général, un imprimé de leurs statuts, & que le présent arrêt seroit imprimé, lu & publié, tant en la chambre du substitut de m. le procureur-général, qu'au Bureau de l'hôtel-de-ville, & inscrit dans les registres de ladite communauté; qu'il leur soit enjoint de s'y conformer, à peine de quinze cents livres d'amende, dont les jurés en charge & les syndics demeureront responsables, en leurs propres & privés noms, sauf à monsieur le procureur-général à prendre telles autres conclusions qu'il avisera, sur & à l'occasion de ce qui se pratique par lesdits jurés & syndics, à cause de deux réceptions d'un même candidat, au Châtelet & au Bureau de la ville, & des sommes qu'ils exigent & se font payer, pour raison de cette double réception, & qu'ils soient en outre condamnés aux dépens, & défendeurs, d'une part; & les jurés & communauté desdits maîtres tonneliers & déchargeurs de vins de la ville & fauxbourgs de Paris, défendeurs & demandeurs, en requête du 17 Décembre audit an 1748, à ce que lesdits sieurs directeurs & administrateurs de l'Hôpital-Général soient déclarés non-recevables dans leur demande, subsidiairement, qu'ils en soient déboutés, & condamnés aux dépens, d'autre part; après que Pommyer, avocat des administrateurs de l'Hôpital-Général, & Coquelay, avocat des jurés & communauté des maîtres tonneliers, ont été ouis, ensemble Joly de Fleury, pour notre procureur-général : NOTREDITE COUR, ayant aucunement égard aux requêtes & demandes des parties de Pommyer, ordonne que les articles 55 & 57 de l'édit d'établissement de l'Hôpital-Général, du mois d'Avril 1656, registré en la Cour, le premier Septembre suivant, ensemble les lettres-patentes portant confirmation des privileges dudit Hôpital, des mois de Juin 1710, &

Avril 1720, arrêts & réglemens de notredite Cour, seront exécutés; en conséquence, ordonne que les parties de Coquelay seront tenues, à la premiere sommation qui sera faite au bureau de leur communauté, de présenter le nommé Torillon au Bureau de la ville, pour être admis à la décharge des vins & autres boissons & liqueurs, sur les ports de cette ville, à la charge par ledit Torillon de se conformer, pour ladite admission, à l'article premier des statuts & réglemens du Bureau de la ville, du 4 Décembre 1714, sans néanmoins qu'il puisse être tenu de faire aucune expérience pour ladite décharge; ordonne qu'à l'avenir ledit Torillon, & tous les maîtres tonneliers de l'institution de l'Hôpital-Général, jouiront, sans aucune distinction, de tous les droits & privileges dont jouissent les autres maîtres tonneliers reçus par chef-d'œuvre, tant au Châtelet, qu'au Bureau de la ville, en se conformant néanmoins par lesdits gagnans maîtrise, aux statuts & réglemens de ladite communauté & à ceux du Bureau de la ville, du 4 Décembre 1714, concernant la décharge des vins; fors & excepté, lors de leur admission, l'expérience prescrite par l'article premier, de laquelle lesdits maîtres de l'institution de l'Hôpital-Général ne pourront être tenus; ordonne pareillement que les maîtres de l'institution de l'Hôpital-Général seront appellés, ainsi que les autres maîtres reçus par chef-d'œuvre, aux assemblées de ladite communauté; qu'ils seront inscrits sur le premier tableau, à la date de leur réception, & sans aucune distinction; qu'ils seront élus aux charges de leurdite communauté à leur tems, & jouiront des autres droits & prérogatives des autres maîtres, soit pour eux personnellement, ou pour leurs veuves, soit pour la réception de leurs enfans, la capitation, la visite de leurs ouvrages, & autres droits; comme aussi que les parties de Coquelay seront tenues de remettre, dans le délai de trois jours, audit Torillon, & aux autres maîtres de l'Hôpital-Général, un imprimé de leurs statuts, même de ceux concernant la décharge des vins; ordonne que le présent arrêt sera lu & publié en la chambre du substitut du procureur-général du roi, & au Bureau de la ville, & inscrit dans le registre de la communauté des maîtres tonneliers, anciens déchargeurs, leur enjoint de s'y conformer; condamne les parties de Coquelay aux dépens. Si mandons mettre le présent arrêt à exécution, selon sa forme & teneur. De ce faire te donnons pouvoir. Donné en Parlement, le deux Août, l'an de grace mil sept cent quarante-neuf, & de notre regne le trente-quatrieme. Collationné. *Signé*, BICQUET. Par la chambre. *Signé*, DUFRANC.

Lu & enregistré à la chambre du substitut de m. le procureur-général au Châtelet de Paris, le 29 Août 1749, & au Bureau de la ville, l'audience tenant, le 23 Octobre suivant.

ARRÊT DU GRAND CONSEIL,

RENDU en faveur des gagnans maîtrises de l'Hôpital-Général, *contre la communauté des maîtres menuisiers de Paris.*

Du 22 Novembre 1754.

LOUIS, par la grace de Dieu, roi de France & de Navarre: A tous ceux qui ces présentes lettres verront, SALUT. Savoir faisons, comme par arrêt cejourd'hui donné en notre Grand-Conseil, entre nos bien amés les directeurs & administrateurs de l'Hôpital-Général de Paris, demandeurs, suivant les requête & exploit d'assignation, du 23 Mars 1754, contrôlé à Paris ledit jour, à ce qu'il soit ordonné que les articles 55 & 57 de, l'édit d'établiſſement de l'Hôpital-Général, de 1656, ſeront exécutés ſelon leur forme & teneur; ce faiſant, ordonner que les défendeurs, ci-après nommés, ſeront tenus, dans trois jours, pour toute préfixion & délai, à compter du jour de la ſignification qui leur ſera faite de l'arrêt qui interviendra, d'admettre & recevoir dans leur communauté, gratuitement, ſans frais ni chef-d'œuvre, le nommé Jacques-Auguſtin Rebout, comme ayant gagné ſa maîtriſe à l'Hôpital, pour y avoir travaillé pendant ſix années conſécutives, en qualité de compagnon menuiſier, ſuivant le certificat qui lui en a été accordé, le 7 Janvier dernier; en conſéquence, ordonner que ledit Rebout, & tous autres maîtres de l'inſtitution de l'Hôpital, jouiront, ſans aucune diſtinction, de tous les droits & priviléges dont jouiſſent les autres maîtres reçus par chef-d'œuvre; qu'ils ſeront appellés aux aſſemblées de ladite communauté; qu'ils ſeront inſcrits ſur le tableau, à la date de leur réception, ſans aucune diſtinction, notes, ni clauſes ſéparées; qu'ils ſeront élus à leur tour, & jouiront des mêmes droits & prérogatives que les autres maîtres, ſoit pour eux & leurs veuves, ou pour la réception de leurs enfans, la capitation, les viſites de leurs ouvrages, & autres, & ordonner que l'arrêt qui interviendra ſera imprimé, lu & publié en la chambre du ſubſtitut de notre procureur-général au Châtelet de Paris, & inſcrit dans les regiſtres de la communauté des défendeurs; enjoindre auxdits défendeurs de s'y conformer, ſinon qu'ils demeureront garans & reſponſables, en leurs propres & privés noms, de l'inexécution dudit arrêt, & de tous dépens, dommages & intérêts, & condamner leſdits défendeurs aux dépens, d'une part; & les principal & jurés en charge de la communauté des maîtres menuiſiers de Paris, défendeurs, d'autre part; & entre leſdits principal & jurés en charge de la communauté des maîtres menuiſiers de Paris, demandeurs, ſuivant la requête par eux préſentée en notredit Conſeil, le 6 Novembre 1754, à ce qu'il leur ſoit donné acte du conſentement porté en leur acte du 21 Mars 1754, & qu'ils réiterent, que Jacques-Auguſtin Rebout, maître de l'Hôpital-Général, ſuivant le certificat des défendeurs ci-après nommés, du 7 Janvier dernier, travaille comme maître du métier de menuiſier, & ouvre boutique, ainſi que les autres maîtres de ladite communauté, pour jouir par ledit Rebout des droits & privileges dont jouiſſent les autres maîtres, dans leſquels les demandeurs déclarent n'entendre le troubler ni inquiéter; à l'effet de quoi, le certificat à lui délivré par les défendeurs, ſera inſcrit & enregiſtré en la maniere accoutumée, duquel enregiſtrement ſera délivré expédition, ſignée des demandeurs, avec un imprimé des ſtatuts de ladite communauté, auxquels il ſera tenu de ſe conformer dans l'exercice de ſa profeſſion: au ſurplus, dans le cas où ledit Rebout perſiſteroit à demander une réception dans l'aſſemblée des jurés & anciens de la communauté, obtenir des lettres de maîtriſe, & prêter le ſerment devant le ſubſtitut de notre procureur-général au Châtelet de Paris, ainſi & de la maniere qu'il s'obſerve à l'égard de tous les autres aſpirans à ladite maîtriſe, & qu'il eſt preſcrit par les articles 24 & 30 de leurs ſtatuts, enregiſtrés en notre Parlement, ſur les concluſions de notre procureur-général, le 20 Août 1751; en ce cas, attendu que les demandeurs ſont hors d'état d'aller au contraire de leurs ſtatuts, & que c'eſt une nouveauté de la part de Rebout, d'exiger, en qualité de maître de l'Hôpital, pour ſa réception, les formalités preſcrites par leſdits articles, qui occaſionnent des frais indiſpenſables, & dont les demandeurs ſeroient comptables envers leur communauté, leſquelles formalités n'ont été obſervées juſqu'à préſent à l'égard d'aucuns maîtres de l'inſtitution de l'Hôpital, ordonner, audit cas, que ledit Rebout ſe conformera aux articles 24 & 30 deſdits ſtatuts; & en cas de plus ample conteſtation, condamner les défendeurs aux dépens, d'une part; & les directeurs & adminiſtrateurs de l'Hôpital-Général de Paris, défendeurs, d'autre part; & entre leſdits directeurs & adminiſtrateurs de l'Hôpital-Général de Paris, demandeurs en requête, par eux cejourd'hui préſentée en notredit Conſeil, à ce que les fins de conclusions par eux ci-devant prises, leur soient adjugées, avec dépens, d'une part; & les principal & jurés en charge de la communauté des maîtres menuisiers de la ville de Paris, défendeurs, d'autre part, sans que les qualités puissent nuire ni préjudicier; après que Tardif, procureur desdits directeurs & administrateurs de l'Hôpital-Général de Paris, a conclu en ses requêtes & demandes, que Dartainville, procureur desdits principal & jurés en charge de la communauté des maîtres menuisiers de la ville de Paris, a été oui, & conclu en sa requête, & que Aubert de Tourny, pour notre procureur-général, a été oui: ICELUI NOTREDIT GRAND-CONSEIL ordonne que l'article 55 de l'édit de l'Hôpital-Général, du mois d'Avril 1656 sera exécuté selon sa forme & teneur; ce faisant, que les parties de Dartainville seront tenues, dans trois jours, à compter de celui de la signification du présent arrêt, d'admettre & recevoir dans leur communauté, sans aucun frais, ni chef-d'œuvre, Jacques-Augustin Rebout, comme ayant gagné maîtrise à l'Hôpital-Général; en conséquence, ordonne que ledit Rebout, & tous maîtres de l'institution de l'Hôpital-Général, jouiront, sans aucune distinction, de tous les droits & privileges dont jouissent les autres maîtres reçus par chef-d'œuvre; qu'ils seront appellés aux assemblées de ladite communauté, & seront inscrits sur le tableau d'icelle, à la date de leur réception, sans aucune distinction, note, ni classe séparée; qu'ils seront élus aux charges de la communauté, à leur tour, jouiront des mêmes droits & prérogatives que les autres maîtres, soit pour eux, leurs veuves & la réception de leurs enfans, pour la capitation, la visite de leurs ouvrages & autres; ordonne que le présent arrêt sera imprimé, lu & publié en la chambre du substitut de notre procureur-général au Châtelet de Paris, & inscrit dans les registres de la communauté des maîtres menuisiers; enjoint aux jurés en charge de s'y conformer, à peine de rester garans, en leurs propres & privés noms, de l'inexécution du présent arrêt, & condamne lesdites parties de Dartainville aux dépens. Si donnons en mandement au premier des huissiers de notredit Conseil, en ce qui est exécutoire en notredite Cour & suite, & hors d'icelle, au premier notredit huissier ou sergent sur ce requis, qu'à la requête desdits directeurs & administrateurs de l'Hôpital-Général de Paris, le présent arrêt il mette à due & entiere exécution, selon sa forme & teneur, nonobstant oppositions généralement quelconques, pourquoi & sans préjudice desquelles ne sera différé; & en outre, faire, pour l'exécution des présentes, tous actes de justice requis. De ce faire te donnons pouvoir, sans pour ce demander visa, placet, ni pareatis, nonobstant toutes lettres à ce contraires. Donné en notredit Conseil, à Paris, le vingt-deuxieme jour de Novembre, l'an de grace mil sept cent cinquante-quatre, & de notre regne le quarante-quatrieme. Collationné, signé, par le roi, à la relation des gens de son Grand-Conseil, COUSTARD, avec grille & paraphe, & signifié à M.e Dartainville, procureur, à domicile, le vingt-six Novembre mil sept cent cinquante-quatre. *Signé*, LEPRÊTRE.

Ledit arrêt signifié aux principal & jurés en charge de la communauté des maîtres menuisiers de Paris, en leur bureau, quai de la Mégisserie, & enregistré dans les registres de ladite communauté, suivant le procès-verbal qui en a été dressé par Ranquinot Grignon, huissier au Grand-Conseil.

ARRÊT CONTRADICTOIRE DU CONSEIL,

Qui ordonne que les apothicaires gagnans maîtriſe à l'Hôpital, ſeront reçus dans leur corps ſans nouvel examen, & ſans frais, & qu'ils jouiront de tous les droits & privileges des autres maîtres, ſans aucune diſtinction.

Du 8 Mars 1756.

Vu au Conſeil d'Etat du roi, ſa majeſté y étant, l'arrêt rendu en icelui ſur la requête des maîtres & gardes du corps des apothicaires de Paris, le premier Mars 1748, par lequel ſa majeſté, ſans avoir égard à l'arrêt du Parlement de Paris, du 26 Juillet 1747, ni à tout ce qui s'en étoit enſuivi, ou pourroit s'enſuivre, a ordonné que les apothicaires qui auroient ſervi à l'Hôpital-Général pendant le tems requis, ne pourroient être reçus ni admis dans le corps des maîtres apothicaires de cette ville de Paris, qu'en faiſant par eux les expériences, ſubiſſant les examens ordinaires, & payant les droits accoutumés, ainſi que cela s'étoit pratiqué juſqu'alors; & ce, nonobſtant ce qui étoit porté par l'article 17 de l'édit d'établiſſement dudit Hôpital-Général, qui ſeroit au ſurplus exécuté ſelon ſa forme & teneur : l'exploit de ſignification dudit arrêt aux adminiſtrateurs de l'Hôpital-Général, du 8 dudit mois de Mars 1748; la requête préſentée à ſa majeſté par les directeurs & adminiſtrateurs de l'Hôpital-Général de Paris, & maiſons y unies, tendante à ce que, pour les cauſes y contenues, il plût à ſa majeſté les recevoir oppoſans audit arrêt du premier Mars 1748, &, en tant que de beſoin, à celui pareillement rendu ſur requête non communiquée, le 11 Août 1685; faiſant droit ſur ladite oppoſition, les maintenir & garder dans tous les privileges & exemptions qui leur avoient été accordés & confirmés par les lettres-patentes des 7 Avril 1656, 10 Juin 1710, & du mois d'Avril 1720; en conſéquence, ſans s'arrêter auxdits arrêts ſur requête, ordonner que les articles 55 & 57 de l'édit d'établiſſement de l'Hôpital-Général de Paris, du 7 Avril 1656, enſemble l'arrêt du Parlement, du 26 Juillet 1747, rendu en conformité deſdits articles, ſeroient exécutés ſelon leur forme & teneur; ce faiſant, que Pierre Trevez, apothicaire gagnant maîtriſe, qui avoit ſervi gratuitement, pendant ſix années, les pauvres, officiers & domeſtiques de l'Hôpital, & ceux qui les ſerviroient, après un pareil tems, ſeroient admis & reçus maîtres du corps des apothicaires de la ville & fauxbourgs de Paris, ſans difficulté, ſans aucun examen, & ſans frais, à la charge ſeulement de prêter ſerment en la maniere accoutumée, & de ſe conformer aux ſtatuts & réglemens; enjoindre aux maîtres & gardes du corps des apothicaires de les recevoir, à la premiere requiſition; leur faire défenſes, & à tous autres, d'exiger des gagnans maîtriſe de l'Hôpital aucuns droits, de quelque nature, & ſous quelque prétexte que ce pût être, à peine de reſtitution du quadruple, & de 1500 liv. d'amende, *applicable aux pauvres dudit Hôpital*, dont les maîtres, gardes & jurés en charge demeureroient reſponſables perſonnellement, & ſans que cette peine pût être réputée comminatoire; enjoindre pareillement aux gardes des apothicaires de délivrer un exemplaire de leurs ſtatuts & réglemens au ſieur Trevez, & aux gagnans maîtriſe qui viendroient après lui, de les inſcrire ſur leur tableau, de les convoquer & appeller à toutes leurs aſſemblées, ainſi que les autres maîtres, ſans aucune différence ni diſtinction entr'eux, & d'admettre leſdits gagnans maîtriſe dans toutes les charges dudit corps, en obſervant les formalités preſcrites à ce ſujet, & qui ſe pratiquoient en pareil cas; ordonner que toutes lettres néceſſaires ſeroient expédiées ſur l'arrêt qui interviendroit ſur l'inſtance, & condamner les maîtres & gardes du corps des apothicaires en tous les dépens, ladite requête ſignifiée le 13 Août 1748; autre requête des maîtres & gardes du corps des apothicaires de Paris, employée pour réponse à celle des administrateurs de l'Hôpital-Général, & tendante à ce que, pour les causes y contenues, il plût à sa majesté, sans avoir égard aux conclusions prises par lesdits administrateurs, dont ils seroient déboutés, tant par fins de non-recevoir, qu'autrement, ordonner que l'arrêt du Conseil, du premier Mars 1748, seroit exécuté selon sa forme & teneur, & condamner lesdits administrateurs en tous les dépens, ladite requête signifiée le 5 Janvier 1754. Autre requête des directeurs & administrateurs de l'Hôpital-Général, employée pour réponse à celle ci-dessus, & tendante à ce que, pour les causes y contenues, il plût à sa majesté, procédant au jugement de l'instance, & y faisant droit, sans avoir égard aux demandes, fins & conclusions des maîtres & gardes du corps des apothicaires de Paris, dans lesquelles ils seroient déclarés non-recevables, & dont ils seroient en tout cas déboutés; adjuger auxdits administrateurs celles par eux ci-devant prises, avec dépens; ladite requête signifiée le 6 Mars 1755. Mémoire imprimé pour les maîtres & gardes du corps des apothicaires, signifié le 13 Février audit an. Autre mémoire imprimé pour les administrateurs de l'Hôpital-Général, en réponse au précédent, & signifié le 6 Mars suivant. Vu aussi les pieces jointes par les parties, savoir; de la part des administrateurs de l'Hôpital-général : imprimé de lettres-patentes, du 7 Décembre 1648, portant que le nommé Barthelemi de la Combe, apothicaire de l'Hôtel-Dieu de Paris, ayant servi six années les malades actuellement & consécutivement, & ceux qui viendroient après, & serviroient d'apothicaires durant le susdit tems audit Hôtel-Dieu, ou bien à l'hôpital des Incurables, seroient admis & reçus maîtres apothicaires en la ville & fauxbourgs de Paris, par la communauté des maîtres & gardes apothicaires de ladite ville, sans difficulté, sans examen & sans frais; imprimé de l'édit d'établissement de l'Hôpital-Général de paris, du mois d'Avril 1656, portant, article 5, que chacun des corps de métiers de la ville & fauxbourgs de Paris seroit tenu de donner, quand il en seroit requis, deux compagnons pour apprendre leur métier aux enfans dudit Hôpital-Général; & qu'en ce faisant, lesdits deux compagnons acquerroient la maîtrise en leurs corps & métiers, après avoir servi pendant le tems de six ans audit Hôpital-Général, sur le certificat des directeurs, au nombre de six, au moins, avec pouvoir de tenir boutique, ainsi que les autres maîtres, & sans aucune distinction entre eux; & article 57, que les corps des apothicaires & chirurgiens donneroient aussi deux compagnons capables, pour servir gratuitement audit Hôpital, & y assister les pauvres & les officiers, domestiques d'icelui; & qu'après pareil tems de six ans, lesdits compagnons apothicaires & chirurgiens gagneroient pareillement leur maîtrise, & auroient mêmes droits & privileges que tous les autres maîtres; imprimé d'arrêt du Parlement de Paris, en faveur des maisons dudit Hôpital-Général, du 7 Septembre 1660; copies de deux délibérations du bureau dudit Hôpital-Général, pour la réception de Pierre Trevez en la place d'apothicaire gagnant maîtrise audit Hôpital, des 23 & 30 Mai 1740; arrêt du Parlement de Paris, du 26 Juillet 1747, par lequel il a été ordonné que les articles 55 & 57 de l'édit d'établissement de l'Hôpital-Général seroient exécutés selon leur forme & teneur; & en conséquence, que dans huitaine, pour tout délai, les maîtres & gardes des maîtres & marchands apothicaires-épiciers seroient tenus de recevoir ledit Trevez maître & marchand apothicaire-épicier, sans examen, & sans aucuns frais, & de lui délivrer son certificat de réception, en la maniere accoutumée; & qu'aussi-tôt ladite réception, il seroit inscrit sur le tableau de la communauté des apothicaires-épiciers, & appellé aux assemblées, ainsi & de la maniere que les autres maîtres, sans aucune distinction; sentence de la chambre de police du Châtelet de Paris, portant réception du serment dudit Trevez, du 24 Novembre 1747; imprimé de différens arrêts du Parlement, rendus en faveur des gagnans maitrise en l'Hôpital-Général, contre les communautés des maréchaux-ferrans, des bouchers, des vitriers, des charrons, des boulangers & des tonneliers, des 15 Mars 1724, 9 Juillet 1729, 26 Mars 1740, 17 Mai 1741, 10 Avril 1745, & 2 Août 1749; copie d'arrêt du Grand-Conseil pour l'Hôpital-Général, contre la communauté des menuisiers, du 22 Novembre 1754: & de la part des maîtres & gardes du corps des apothicaires, imprimé de l'arrêt du Conseil, rendu sur la requête du sieur Félix, premier chirurgien du roi, du sieur Dutertre, son lieutenant, & des Prévôt, jurés & gardes de la communauté des maîtres chirurgiens de Paris, le 11 Août 1685, par lequel, sans avoir égard à un arrêt du Parlement, du 15 Mai précédent, il a été ordonné que les chirurgiens qui auroient servi à l'Hôpital-Général, pendant le tems requis, ne pourroient être reçus, ni admis dans la communauté des chirurgiens de Paris, qu'en faisant par eux les expériences, & subissant les examens ordinaires, & payant les droits accoutumés, ainsi qu'avoient fait jusqu'alors les chirurgiens qui avoient servi aux hôpitaux qui avoient pareil droit que l'Hôpital-Général, & ce nonobstant ce qui étoit porté par l'article 57 de l'édit d'établissement dudit Hôpital-Général, qui seroit au surplus exécuté selon sa forme & teneur; imprimé de la déclaration du roi, portant réunion des maîtres marchands apothicaires-épiciers aux marchands épiciers, du 26 Avril 1692; imprimé de l'arrêt du Conseil qui a réglé l'emploi des deniers à payer par les aspirans à la maîtrise d'épicier & d'apothicaire-épicier, du 16 Décembre suivant; imprimé d'autre arrêt du Conseil, qui a autorisé les maîtres & gardes du corps des marchands apothicaires-épiciers à faire un emprunt de 130000 liv. pour l'acquit de différentes charges, du 14 Novembre 1718; imprimé de la déclaration de sa majesté, concernant la communauté des Maîtres chirurgiens de Paris, du 23 Avril 1743, & généralement tout ce qui a été écrit, dit & remis par les parties. Oui le rapport, & tout considéré, SA MAJESTÉ étant en son conseil, a reçu & reçoit les Directeurs & administrateurs de l'Hôpital-Général de Paris opposans à l'arrêt de son Conseil d'Etat, du premier Mars 1748, &, en tant que de besoin, à celui rendu sur la requête des chirurgiens de Paris, le 11 Août 1685; faisant droit sur ladite opposition, a ordonné & ordonne que les articles 55 & 57 de l'édit d'établissement dudit Hôpital-Général, ensemble l'Arrêt du Parlement de Paris, du 26 Juillet 1747, seront exécutés selon leur forme & teneur; en conséquence, que Pierre Trevez, & ceux qui ont servi ou serviront après lui ledit Hôpital-Général pendant six années consécutives, en qualité d'apothicaires gagnans maîtrise, seront admis & reçus maîtres du corps des apothicaires de la ville & fauxbourgs de Paris, sans difficulté, sans nouvel examen, & sans frais; à charge seulement de prêter serment, en la maniere accoutumée, & de se conformer aux statuts & réglemens: enjoint sa majesté aux maîtres & gardes du corps des apothicaires de les recevoir à la premiere réquisition; leur fait expresses inhibitions & défenses d'exiger, pour raison de ce, desdits gagnans maîtrise, aucuns droits, de quelque nature, & pour quelque cause & raison que ce puisse être; & ce, sous telle peine qu'il appartiendra; enjoint pareillement auxdits maîtres & gardes des apothicaires de délivrer audit Trevez & autres apothicaires gagnans maîtrise audit Hôpital-Général, un exemplaire de leurs statuts & réglemens, de les inscrire sur leur tableau, & de les convoquer à toutes leurs assemblées, ainsi que les autres maîtres de leur corps sans aucune distinction, même de les admettre dans toutes les charges dudit corps, en observant les formalités prescrites à ce sujet, & qui se pratiquent en pareil cas. Et seront, sur le présent arrêt, toutes lettres nécessaires expédiées. Fait au Conseil d'Etat du roi, sa majesté y étant, tenu à Versailles, le 8 Mars mil sept cent cinquante-six.

Signé, M. P. DE VOYER D'ARGENSON.

Extrait & collationné sur l'expédition en parchemin, réprésentée & rendue par nous, conseiller, secrétaire du roi, maison & couronne de France & de ses finance, soussigné.

ARTS

ARTS ET MÉTIERS, TROISIEME PARTIE.

APPRENTISSAGE DES ENFANS DES DEUX SEXES.

EXTRAIT DE L'ÉDIT D'ÉTABLISSEMENT DE L'HOPITAL GÉNÉRAL.

Du mois d'Avril 1656, article 56.

En cas que ledit Hôpital fût trop surchargé des enfans, selon l'avis des directeurs, ils seront mis en métier chez les maîtres, sans pouvoir prendre par eux autre chose que l'obligation de s'en servir deux ans au-pardessus le tems requis pour les apprentissages de chacun métier.

Nota. L'arrêt de vérification, du 27 Avril 1656, porte que les maîtres des métiers ne pourront être contraints forcément; mais les jurés seulement invités à placer chez les maîtres les enfans dudit Hôpital.

AUMÔNES

ORDINAIRES, EXTRAORDINAIRES, ET DE FONDATION.

EXTRAIT DE L'ÉDIT D'ÉTABLISSEMENT DE L'HOPITAL-GÉNÉRAL,

Du mois d'Avril 1656, articles 31, 34, 35, 36, 37 & 38.

ART. 31. DÉCLARONS néanmoins que tous les dons & legs faits par contrats, testamens & autres dispositions, les adjudications d'amendes, & *aumônes* faits en la ville & fauxbourgs, prévôté & vicomté de Paris, en termes généraux, *aux pauvres*, ou *à la communauté des pauvres*, sans aucune autre désignation, dont jusqu'à présent l'emploi n'aura point été fait, quoique les dispositions précedent ces présentes, de quelque tems que ce soit, & toutes celles qui se feront ci-après, seront & appartiendront audit Hôpital-Général; & en cette qualité, pourront être vendiquées par les directeurs.

ART. 34. Nous déclarons, suivant les anciens réglemens, que toutes les aumônes de fondation, soit en argent, grains, ou autre nature, dont plusieurs communautés séculieres & régulieres, & même les particuliers de notredite ville & fauxbourgs, prévôté & vicomté de Paris, sont chargés envers les pauvres, seront & appartiendront audit Hôpital-Général; & voulons qu'en cette qualité, elles puissent être vendiquées par les directeurs, ou par leur ordre, & appliquées au profit des pauvres.

ART. 35. D'autant que le soin des pauvres regarde toutes sortes de personnes, &

que, par nos ordonnances, réglemens de police & anciens arrêts, chacun est obligé de contribuer à la nourriture des pauvres, suivant ses facultés ; nous voulons & ordonnons, qu'à la réserve seulement de l'Hôtel-Dieu, & des maisons qui en dépendent, de la direction du grand bureau & des quatre mendians, ensemble des Hôpitaux de la Trinité, du Saint-Esprit, des Enfans-Rouges, de Sainte-Catherine & de Saint-Gervais : toutes les communautés séculieres & régulieres, de l'un & de l'autre sexe, de notre ville & fauxbourgs, prévôté & vicomté de Paris, & tous les corps laïques, les fabriques des églises, les chapelles & confrairies, & autres de cette nature, même les corps de métiers, & toutes autres personnes, contribuent à l'établissement & subsistance dudit œuvre, chacun à proportion de ses forces ; à quoi faire ils seront invités, & à faute de le faire volontairement, seront cotisés, selon les anciens réglemens, par notre cour de Parlement, à la requisition de notre procureur-général; pour, selon les taxes, qui seront modérément faites, en faire le recouvrement par le receveur dudit Hôpital-Général, sur les contraintes des directeurs, qui seront expédiées par le greffier; lesquelles nous validons dès-à-présent, comme pour lors, & voulons qu'elles sortent leur plein & entier effet, après que l'état en aura été arrêté par notre cour de Parlement ; pour l'exécution duquel voulons que les directeurs puissent commettre telles personnes qu'ils aviseront en chacun quartier, lesquelles seront obligées d'en faire la levée en leur propre & privé nom.

ART. 36. Permettons aux directeurs toutes quêtes, troncs, bassins, grandes & petites boîtes, en toutes les églises, carrefours & lieux publics de notredite ville, fauxbourgs, prévôté & vicomté de Paris, & qu'ils puissent mettre lesdites boîtes aux magasins, comptoirs & boutiques des marchands, aux hôtelleries & lieux des coches, aux marchés publics, halles & foires, sur les ponts, ports & passages, & en tous lieux où l'on peut être excité à faire la charité, même aux occasions des baptêmes, mariages, convois, enterremens & services, & autres de cette qualité.

ART. 37. Accordons audit Hôpital le quart des aumônes, tant du grand & petit sceau, que des marchés, baux & adjudications qui seront faites en notre Conseil, à commencer de ce aujourd'hui, & de celles dont la distribution n'est pas encore actuellement faite.

ART. 38. Le quart des amendes ou condamnations d'aumônes ordonnées pour les délits, malversations ou usurpations des eaux & forêts de France, tant pour le passé, que pour l'avenir, dont les directeurs, comme parties, pourront faire les poursuites en notre Conseil, ou ailleurs.

ARRÊT DU PARLEMENT,

POUR établir une quêteuse dans toutes les paroisses de Paris, pour les pauvres de l'Hôpital-Général.

Du 5 Décembre 1659.

VU par la Cour la requête présentée par les directeurs de l'Hôpital-Général, contenant que la nécessité en laquelle se trouve ledit Hôpital, à cause du grand nombre de pauvres, qu'ils ne peuvent refuser de recevoir, est si grande, qu'ils ont besoin de se servir de tous les moyens légitimes qui leur peuvent apporter quelque secours, entre lesquels ils ont cru que celui de mettre une quêteuse dans toutes les paroisses de cette ville & fauxbourgs, qui, toutes les fêtes & dimanches, suivroit les bassins de l'œuvre, pour cueillir les aumônes de ceux qui auront volonté de donner aux pauvres, leur apporteroit quelque petit soulagement; & bien que par la déclaration, vérifiée en la Cour, portant l'établissement de l'Hôpital-Général, ils aient droit de mettre des troncs en tous les lieux que bon leur sembleroit, & de faire des quêtes ordinaires & extraordinaires, la contribution desquelles étant purement volontaire, ne peut blesser personne; néanmoins ils ont estimé que l'établissement d'une quêteuse ordinaire en chacune paroisse, étant appuyé de l'autorité d'un arrêt, leur seroit beaucoup plus avantageux. A ces causes, requéroient les supplians, qu'il leur fût permis d'établir une femme ou fille, en chacune des paroisses de cette ville & fauxbours de Paris, qui avec les bassins de l'œuvre, quêteroit pour la nécessité dudit Hôpital-Général, avec défenses à quelques personnes que ce soit d'y apporter empêchement. Vu aussi les pieces attachées à ladite requête, signée Jouinet, procureur des supplians : oui le rapport de Me Jean Doujat, conseiller du roi en ladite Cour; tout considéré : LADITE COUR, ayant égard à ladite requête, permet aux supplians d'établir une femme ou fille en chacune des paroisses de cette ville & fauxbourgs de Paris, laquelle, après les bassins de l'œuvre, quêtera pour la nécessité dudit Hôpital-Général; fait défenses à quelques personnes que ce soit d'y apporter aucun empêchement. Fait en Parlement, le cinq Décembre mil six cent cinquante-neuf.

ARRÊT DU PARLEMENT,

PAR lequel il est ordonné que les ecclésiastiques seront invités de contribuer à la subsistance des pauvres pour cette année, & que les bourgeois de Paris paieront, pour la même subsistance, pareille somme que celle qu'ils paient pour le nettoiement des boues.

Du 26 Avril 1662.

CE jour, les gens du roi entrés, Me Denis Talon, avocat dudit seigneur, portant la parole, ont dit à la Cour, que par la déclaration dudit seigneur roi, du mois d'Avril 1656, vérifiée en ladite Cour, le premier jour de Septembre ensuivant, il est porté, en l'article 35, que toutes les communautés séculieres & régulieres, de l'un & de l'autre sexe de cette ville, prévôté & vicomté de Paris, & tous les corps laïcs, les fabriques des églises, les chapelles & confrairies, & autres, même les corps des métiers, & toutes autres personnes, contribueront à la subsistance de l'Hôpital-Général, chacun à proportion de ses forces; à quoi faire, ils seroient invités; & à faute de ce faire volontairement, seront cotisés selon les anciens réglemens de police, & arrêts rendus par la Cour, à la requisition du procureur-général, pour, selon les taxes qui seroient modérément faites, en faire le recouvrement par le receveur dudit Hôpital : en procédant à la vérification desquelles lettres, la Cour n'auroit apporté aucune modification, sinon qu'elle auroit ordonné que les bourgeois seroient seulement invités de contribuer à ladite subsistance, sans qu'ils puissent être taxés, sinon en cas de nécessité; & d'autant que cette nécessité à laquelle sont réduits les pauvres dudit Hôpital-Général, au nombre de neuf à dix mille, est à présent si grande, comme il est notoire à un chacun, qu'il est impossible qu'il subsiste davantage, s'il n'est promptement secouru; ce que les directeurs dudit Hôpital ayant représenté à l'assemblée de la police générale, tenue les 21 & 24 de ce mois, & déclaré qu'ils seroient forcés & nécessités d'ouvrir les portes dudit Hôpital, si l'assemblée ne pourvoyoit promptement à leurs pressans besoins; & ladite assemblée étant convenu qu'il étoit nécessaire de soutenir cet établissement, plusieurs propositions auroient été faites, & amplement discutées, entre lesquelles aucune n'a été trouvée plus prompte & convenable que l'exécution dudit article 35 de ladite déclaration; partant requéroient l'exécution d'icelui; comme aussi qu'il plût à la Cour de pourvoir à l'extrême disette & nécessité des pauvres des autres villes & bourgs : & s'étant retirés, la matiere mise en délibération : LA COUR a ordonné & ordonne que l'article 35 de la déclaration de l'établissement de l'Hôpital-Général, & l'arrêt de vérification sur icelle, seront exécutés; & en ce faisant, que toutes les communautés, tant séculieres que régulieres, de l'un & de l'autre sexe, les archevêques, chapitres, abbés, prieurs, chapelains, & tous autres bénéficiers de cette ville & fauxbourgs, prévôté & vicomté de Paris, ensemble tous les corps laïcs, fabriques des églises, confrairies, & autres de lad. ville & fauxbourgs, seront invités de contribuer, à proportion de leur revenu, à la subsistance, nourriture & entretien des pauvres dudit Hôpital-Général, jusques à la somme de cent mille livres, pour la présente année seulement, commencée au premier jour de Janvier dernier; & à cet effet, se taxer volontairement, & payer leur contribution ès mains du receveur de l'Hôpital-Général, savoir; la premiere demi-année dans la fin du mois de Juin prochain, & l'autre demi-année dans le dernier jour de la présente année; autrement, & à faute de se taxer dans huitaine, pour toutes préfixions & délais, ils seront taxés par les commissaires qui seront à ce députés par la Cour, & contraints au paiement de leurs taxes par saisie de leur temporel, dont le tiers sera payé, sans répétition, au receveur dudit Hôpital-Général; & à ce faire, les locataires, fermiers & autres redevables, contraints par toutes voies dues & raisonnables. Ordonne en outre que tous les propriétaires qui occupent leurs maisons, & principaux locataires qui tiennent à loyer les maisons de cette ville & fauxbougs, seront aussi tenus de payer pour la subsistance dudit Hôpital, pendant la présente année, à commencer du premier jour de Janvier dernier, pareille somme que celle à laquelle ils sont taxés pour le nettoyement des boues, lesquelles sommes seront reçues par le receveur dudit Hôpital, ou ses commis, & au paiement d'icelles, lesdits propriétaires & locataires seront contraints par les mêmes voies qu'ils sont obligés de payer leurs taxes pour le nettoiement de ladite ville. Ordonne que dans toutes les autres villes & gros bourgs du ressort seront faites assemblées de police, à la diligence des substituts dudit procureur-général, pardevant les lieutenans-généraux, & juges royaux des lieux, si fait n'a été, dans lesquelles les communautés ecclésiastiques, de l'un & de l'autre sexe, & les archevêques, évêques & bénéficiers, ensemble les habitans & bourgeois desdits lieux, seront invités de se taxer pour la subsistance des pauvres de chacune desdites villes & gros bourgs; sinon, & à faute de ce faire, seront taxés par les officiers royaux desdites villes & gros bourgs; & ce qui sera par eux ordonné, sera exécuté, nonobstant oppositions ou appellations quelconques. Et sera le présent arrêt lu & publié à son de trompe & cri public, & affiché par-tout où besoin sera, & copie d'icelui collationnée, envoyée en tous les bailliages & sénéchaussées du ressort, afin que nul n'en prétende cause d'ignorance. Fait en Parlement, le vingt-sixieme jour d'Avril mil six cent soixante-deux.

Signé, DU TILLET.

Lu & publié à son de trompe & cri public, en tous les carrefours, places & lieux accoutumés à faire cris & proclamations de justice, en cette ville & fauxbourgs de Paris, par moi, Charles Canto, crieur-juré en ladite ville, prévôté & vicomté de Paris, soussigné, accompagné de Jerôme Tronsson, juré-trompette du roi, de Pierre du Bos, commis de Jean du Bos, & Jean de Beauvais, commis d'Etienne Chappé, aussi juré-trompette, le Mercredi, troisieme jour de Mai mil six cent soixante-deux.

Signé, CANTO.

ARRÊT DU PARLEMENT,

PORTANT que les archevêque, chapitres, abbés, prieurs, & toutes les communautés de la ville de Paris, paieront, dans trois jours, la somme de cinquante mille livres au receveur de l'Hôpital-Général.

Du 30 Juin 1662.

SUR ce qui a été représenté à la Cour par le procureur-général du roi, que par arrêt du 26 Avril dernier, il a été, entre autres choses, ordonné que l'article 35 de la déclaration du roi, touchant l'établissement de l'Hôpital-Général, & arrêt de vérification d'icelle, seront exécutés; & ce faisant, que les archevêque, chapitres, abbés, prieurs, & toutes les communautés, tant séculieres que régulieres, de l'un & de l'autre sexe, & tous autres bénéficiers de cette ville & fauxbourgs, prévôté & vicomté de Paris, seront invités de contribuer, à proportion de leur revenu, à la subsistance, nourriture & entretien des pauvres dudit Hôpital-Général, jusques à la somme de cent mille livres, pour la présente année seulement, à commencer au premier jour de Janvier dernier; savoir, la premiere demi-année, dans la fin du présent mois de Juin, & l'autre demi-année, dans le dernier jour de la présente année; autrement, & à faute de ce faire dans huitaine, pour toutes préfixions & délais, qu'ils seront taxés par les commissaires à ce députés par la Cour, & contraints au paiement de leurs taxes par saisie de leur revenu temporel; & quoique ledit arrêt ait été publié & affiché aux lieux accoutumés, & qu'il soit notoire à un chacun, & notamment auxdits ecclésiastiques, qui ont même assisté à l'assemblée de la police générale, néanmoins ils n'ont tenu compte d'y satisfaire, & sont, par ce moyen, les pauvres dudit Hôpital-Général, demeurés sans secours de leur part, quoiqu'ils soient plus particuliérement obligés qu'aucuns autres, comme possédans les biens destinés & affectés par les saints décrets & constitutions canoniques, à la nourriture & subsistance des pauvres; à quoi il requiert qu'il plût à la Cour d'y pourvoir. LA COUR a ordonné & ordonne que ledit arrêt du vingt-six Avril dernier sera exécuté selon sa forme & teneur; ce faisant, que les archevêque, chapitres, abbés, prieurs, les communautés, tant séculieres que régulieres, de l'un & de l'autre sexe, & tous autres bénéficiers de cette ville & fauxbourgs, prévôté & vicomté de Paris, paieront, dans trois jours, entre les mains du receveur dudit Hôpital-Général, la somme de cinquante mille livres, pour la premiere demi-année, qui échoira au premier jour de Juillet prochain, de la somme de cent mille livres, ordonnée par ledit arrêt; sinon, & à faute de ce faire dans ledit tems de trois jours, à compter du jour de la publication d'icelui, & signification qui en sera faite aux grands-vicaires de l'archevêché de Paris; & icelui passé, en vertu du présent arrêt, sans qu'il soit besoin d'autre, ordonné qu'à la requête du procureur-général, il sera procédé par saisie du quart de leur revenu temporel, comme étant le bien & patrimoine des pauvres, au paiement duquel quart, les fermiers, locataires & autres redevables, seront contraints par toutes voies dues & raisonnables: sera le présent arrêt lu, publié à son de trompe & cri public, & affiché par-tout où besoin sera, afin que lesdits bénéficiers & communautés n'en puissent prétendre cause d'ignorance.

ARRÊT DU PARLEMENT,

Qui commet deux conseillers en la Cour pour procéder à l'exécution de l'arrêt du vingt-six Avril dernier, concernant la subsistance des pauvres de l'Hôpital-Général.

Du 7 Septembre 1662.

SUR ce qui a été remontré par le procureur-général du roi, que pour l'exécution de l'arrêt du 26 Avril dernier, par lequel il a été ordonné que toutes les communautés, tant séculieres que régulieres, de la ville, prévôté & vicomté de Paris, abbés, prieurs, & autres bénéficiers, seroient invités de contribuer à la subsistance, nourriture & entretien des pauvres de l'Hôpital-Général, jusques à la somme de cent mille livres, pour la présente année seulement, & à cet effet, de se taxer volontairement; autrement, & à faute de ce faire, ils seroient taxés par les commissaires à ce députés par la Cour, ou procédé par saisie du quart de leur revenu, il est nécessaire de nommer & députer des commissaires, afin de procéder auxdites taxes, à faute de satisfaire par lesdites communautés & bénéficiers, ou procéder par voie de saisie du quart de leur revenu, ainsi qu'il sera trouvé plus expédient par lesdits commissaires, pour le bien des pauvres : la matiere mise en délibération : LA COUR a ordonné & ordonne que ledit arrêt du 26 Avril, & autres donnés en conséquence, seront exécutés selon leur forme & teneur, & a commis & commet mes Jean Doujat & Henri de Refuges, conseillers en ladite Cour, en présence d'un des substituts du procureur-général du roi, pour procéder à l'exécution d'iceux; & ce qui sera ordonné par lesdits commissaires, ou par l'un d'iceux, en l'absence de l'autre, exécuté, nonobstant oppositions ou appellations quelconques, pour raison desquelles ne sera différé.

ARRÊT DU PARLEMENT,

Qui nomme deux conseillers de la Cour pour reconnoître l'état & situation de l'Hôpital-Général, *& en dresser leur procès-verbal.*

Du 16 Janvier 1663.

VU par la Cour la requête présentée par les directeurs de l'Hôpital-Général, contenant que depuis l'établissement dudit Hôpital, ils ont tâché, par tous moyens, d'en faire connoître la conduite à la Cour & au public, pour recevoir tous les secours & les avis qui pourroient servir à la perfection de ce grand ouvrage, avoué de tout le monde pour le plus bel établissement que l'on ait vu dans tous les siecles passés; & ne se contentant pas des mémoires & instructions qu'ils ont baillés de tems en tems, ils présenterent leur requête à la Cour, en 1659, sur laquelle furent commis m. Pierre Payen & m. Jean Doujat, pour se transporter audit Hôpital, & en connoître l'état, ce qui fut exécuté; & sur le procès-verbal desdits commissaires, intervint arrêt, le 7 de Septembre 1660, portant plusieurs réglemens que la Cour jugea être nécessaires, & lesquels les supplians ont observé très-religieusement, & apporté tous les soins possibles de leur part; de telle sorte que tous ceux qui en ont eu connoissance, ont conçu de l'étonnement, que sur un fonds de cent cinquante mille livres, d'une part, & quatre-vingt mille livres, d'autre part, de la libéralité du roi, de la reine & de plusieurs personnes pieuses; trois mille livres de rente sur la ville, & de dix mille livres par le défunt sieur de Bellievre, premier président, qui à peine pouvoient suffire pour réparer les cinq maisons dans lesquelles ledit Hôpital a été établi, & faire les premieres fournitures, & sur soixante-quatorze mille tant de livres de revenus ordinaires, & deux cens mille livres qu'il a plu au roi accorder sur les entrées de la ville de Paris, Dieu ait suscité des moyens pour la nourriture & vêtemens de soixante mille pauvres, qui ont successivement entré depuis cinq ans dans ledit Hôpital, outre les portions qui ont été baillées aux ménages mariés, jusques à ce qu'on les ait pu loger dans les bâtimens qui ont été faits par les charités de diverses personnes; mais les aumônes étant taries, dans un tems où elles étoient plus nécessaires, à cause de la disette & cherté des grains, dont le prix a presque triplé, & s'étant remarqué un refroidissement quasi général de toutes les charités, les diligences qu'on a fait pour recueillir, par des quêtes & recommandations publiques, n'ayant presque rien produit, & le secours qui avoit été résolu, sur la requête du procureur-général du roi, dans l'assemblée de police, sans que lesdits directeurs y aient rien contribué, n'ayant pas eu le succès que l'on en avoit espéré; & d'ailleurs, encore qu'on se plaigne publiquement de la mendicité, qui renouvelle dans Paris le débordement des pauvres, qui accourent de toutes parts, la populace ne laisse pas de les tirer journellement des mains des archers, de telle sorte, qu'il y a eu des archers tués & plusieurs blessés: ainsi toutes les graces que l'on a reçues de la bonté du roi, tous les commencemens si merveilleux de ce grand ouvrage, que le zele & la charité de tant de particuliers ont établi & soutenu dans ses premieres années, ne serviront qu'à en rendre la dissipation plus funeste & plus douleureuse. L'Hôpital est engagé de plus de cent cinquante mille livres, quoiqu'il ait employé en achat de bled partie des deniers qu'il avoit destinés pour achever les bâtimens commencés audit Hôpital par le sieur cardinal Mazarini, avec la permission du sieur duc de Mazarini, son neveu; & d'ailleurs, la permission d'emprunter jusques à la somme de cent mille livres, a été inutile à l'Hôpital, étant sans bled, sans argent & sans crédit; de sorte qu'ils se voient tous les jours à la veille d'être forcés de quitter l'administration, & rapporter aux pieds de la Cour les clefs de l'Hôpital; ce qu'ils ne feront jamais que dans la derniere extrémité, & demeureroient même plutôt dans ses ruines, puisqu'on en a chargé leur honneur & leur conscience; mais dans ces extrémités, ils sont plus obligés que jamais de faire connoître l'état dudit Hôpital, l'ordre & l'économie qui y ont été observés pour empêcher, & la mendicité, & la fainéantise, faire toucher plus sensiblement à tout le monde les graces que la providence divine y a répandues, le secours qui peut être nécessaire pour empêcher la chûte de ce grand ouvrage tout de Dieu, les maux qu'il a fait cesser, les biens qu'il a produit, & dont la perte seroit inestimable & irréparable, & donneroit un déplaisir perpétuel à la ville de Paris, & à toute la France, si, faute d'une assistance médiocre, on avoit laissé pour un établissement si honorable & avantageux, & préféré à une police si belle & si utile, les importunités, les désordres & l'ancienne licence de plus de vingt mille pauvres que l'Hôpital répandroit dans Paris; car quoique le nombre de ceux qui sont enfermés ne soit pas si grand, néanmoins l'Hôpital soulage Paris, non-seulement du grand nombre des pauvres qu'il nourrit, mais encore d'une multitude inconcevable qui avoit accoutumé d'y accourir de toutes parts, qui s'occupent présentement à gagner leur vie, ou sont retenus dans le pays de leur naissance, de crainte d'être renfermés. Et afin que la connoissance générale & particuliere qu'ils donneront au public, remette tous les esprits dans les premiers sentimens, & en de meilleures affections, & qu'on ne leur puisse imputer d'avoir rien omis de ce qui est en leur pouvoir, & du compte qu'ils en doivent à la Cour, pour attendre de sa justice tous les secours & tous les ordres nécessaires; requéroient qu'il plût à la Cour ordonner que deux des conseillers d'icelle se transporteroient aux cinq maisons dépendantes de l'Hôpital-Géneral, pour dresser leur procès-verbal du nombre & de la quantité des pauvres, & des officiers d'icelui, pardevant lesquels tous les registres, états & comptes, & toutes autres choses concernant l'Hôpital, seront représentés, pour le tout rapporté, y être pourvu par la Cour, ainsi qu'elle verra être à faire par raison. Oui le rapport de M. Jean Doujat, conseiller en icelle, tout considéré : LA COUR a ordonné & ordonne que mes Jean Doujat & Etienne Saintot se transporteront incessamment audit Hôpital & lieux en dépendans, pour connoître l'état d'iceux, le nombre des pauvres qui sont à présent en chacune des maisons dépendantes dudit Hôpital ; comme aussi des personnes préposées au-dedans desdites maisons pour la conduite desdits pauvres, leurs qualités & emplois, tant au spirituel qu'au temporel ; se feront représenter tous les comptes & états, tant généraux que particuliers, de la recette & dépense dudit Hôpital, pour du tout dresser procès-verbal, pour icelui vu, rapporté & communiqué au procureur-général, être ordonné ce que de raison. Fait en Parlement, le seize Janvier mil six cent soixante-trois. *Signé*, DU TILLET.

EXTRAIT

Du procès-verbal de messieurs Doujat & Saintot, *commissaires députés par la Cour, pour reconnoître l'état de l'*Hôpital-Général, *& ses urgentes nécessités.*

Du 22 Janvier 1663, & autres jours.

PAR la représentation des comptes d l'Hôpital-Général, il paroît que le premier fonds sur lequel l'Hôpital-Général a été entrepris, étoit de . . . . . 150000 ᵗᵗ

Que le roi, la reine, & plusieurs personnes de condition y donnerent encore, comme ils avoient promis, ... 80000

Que le revenu réglé & le fonds des Hôpitaux unis montant à 75000 liv, est à présent augmenté jusqu'à 25000 liv. 100000

Le droit que le roi a accordé sur l'entrée du vin 200000

Que depuis l'établissement de l'Hôpital, il y est entré soixante-trois mille cent soixante-dix-sept pauvres.

Que la plûpart étant tout nuds, on a donné des chemises à ceux même qui n'y ont demeuré qu'un jour, & des habits à ceux qui y ont sejourné.

Que dans les moindres années, il y a eu six à sept mille pauvres, & plus.

Que dans les commencemens on donnoit une livre & demie de pain, qu'on a depuis réduit à une livre & un quart, & trois onces de viande cuite ; qu'on ne donne du vin qu'aux vieillards qui passent soixante ans ; à quoi ajoutant des linges, des vêtemens, gages & nourriture des officiers, & autres dépenses ordinaires & extraordinaires pour un si grand nombre de maisons, de personnes & d'officiers, quand on ne compteroit que soixante ou quatre-vingt mille liv. pour les pauvres, cela monte à plus de six cens mille liv.

	ᵗᵗ	s	d
Qu'en 1657, qui fut la premiere année, la recette a été de . .	589536		
En 1658, la recette de	719236		
En 1659, la recette de	819419		
En 1660, la recette de	722917	3	1
En 1661, la recette de	724999	8	
En 1662, la recette de	776869	6	5
En 1657, la dépense de	586966	13	1
En 1658, la dépense de	745943	14	6
En 1659, la dépense de	834617	13	11
En 1660, la dépense de	765088	2	2
En 1661, la dépense de	754531		
En 1662, la dépense de	895922	17	11

Que

Que dans ladite dépense, est comprise celle des bâtimens, pour lesquels il n'a été pris sur les fonds de l'Hôpital & charité, que quatre-vingt-dix mille livres, qui ont été payées de deux legs faits par les feus sieurs de Saint-Firmin, & de la Place, directeurs; & ces bâtimens servent à loger seize cens pauvres.

Que les autres bâtimens ont été faits des deniers de monseigneur le cardinal Mazarin, qui a donné . . . . 160000 ₶

Un autre bâtiment, des deniers de la charité des dames, pour servir d'infirmerie. 37000

Un autre, des deniers de personnes de condition, qui ne veulent être nommées. 48000

Et tant s'en faut que ces bâtimens soient superflus, qu'au contraire dans la plûpart d'iceux les pauvres sont couchés trois & quatre dans un lit.

Et les chapelles fermées seulement d'ais de bateau, pour la meilleure partie.

Que l'Hôpital a été obligé, dans sa nécessité, de prier monsieur le duc de Mazarin, qui avoit destiné cent mille livres pour achever les bâtimens de monseigneur le cardinal, de trouver bon qu'on en prit cinquante mille livres pour avoir du pain, à la charge de remplacer.

Qu'outre cela, l'Hôpital est redevable de cent cinquante mille livres; dont il y a quatre-vingt-huit mille livres seulement pour les bleds.

Qu'il s'en dépense dans l'Hôpital quatre muids par chacun jour.

Qu'encore qu'il n'y ait ni lieu pour retirer les pauvres, ni du pain pour les nourrir, on ne laisse pas de faire ce que l'on peut pour empêcher la mendicité.

Mais ce qui la cause, est qu'il y a des personnes mal affectionnées qui publient dedans & hors de Paris, que l'Hôpital-Général sera bientôt ouvert, & les pauvres en liberté de mendier; ce qui attire les pauvres des provinces.

Que le menu peuple en arrache tous les jours des mains des archers; ce qui rend les pauvres plus insolens, comme il a été justifié par plusieurs procès-verbaux.

Que les quêtes, les troncs, & toutes les autres charités sont diminuées de plus des deux tiers.

Que dans ces extrêmités, on n'a rien omis, & de soin & de modération, pour réchauffer les charités, comme le public en est témoin.

Que l'on a fait ce que l'on a pu pour établir des manufactures & des métiers dans l'Hôpital, & que la principale raison qui en a empêché, a été la crainte de faire de nouveaux pauvres, & de faire préjudice aux artisans de Paris.

Qu'on a offert aux marchands & aux artisans toutes les mains de l'Hôpital pour s'en servir, même gratuitement.

Qu'on ne laisse pas d'occuper en de menus ouvrages tout ce qui peut travailler, même les invalides.

Que les autres Hôpitaux peuvent avoir leur dépense réglée par le nombre & la qualité des personnes qui y sont reçues.

Mais que l'Hôpital-Général est le refuge commun de tous les pauvres, vieillards, malades, incurables, estropiés, artisans qui ne peuvent plus gagner leur vie. gens de main, quand ils n'ont point à travailler, jeunes enfans qu'il faut instruire, & qui sont tous, ou la plûpart, de famille de Paris.

Et par la visite particuliere de toutes les maisons dont l'Hôpital est composé, il paroît que dans la maison de la Pitié, qui est la principale, il y a dix ecclésiastiques, & l'on est obligé d'entretenir ce nombre, à cause qu'il y a des fondations à acquitter; qu'il en faut quatre, tant pour les heures canoniales fondées, que pour gouverner les enfans, & les mener aux enterremens; deux pour la maison de Scipion, où il n'y a point de logement pour les prêtres ; enforte qu'il n'y a presque que quatre prêtres qui puissent vaquer à la maison, dont le travail est trop grand, & la conduite de toutes les maisons si pénible, que m. Abely, à présent Evêque de Rhodès, en étant Recteur, y tomba malade au bout de six mois, à cause de la grandeur du travail. Les prêtres de la Mission, & le pere Vincent, ne le voulurent point entreprendre, comme ils avoient été invités, témoignant qu'ils n'y pourroient suffire, & qu'ils seroient obligés d'abandonner les Missions.

Dans la grande Pitié sont douze cens soixante-quatorze personnes, savoir :

Deux cens trente-six infirmes, dont la plûpart travaillent.

Six cens quatre-vingt-sept travaillans à toutes sortes d'ouvrages.

Trois cens cinquante-une petites filles, qui vont à l'école.

Et trente-quatre maîtresses, sous-maîtresses, & autres officieres.

Le tout en dix-neuf dortoirs.

Dans la Petite-Pitié cent vingt enfans.

Et huit officiers ; le tout en cinq dortoirs.

Deux dépôts, l'un pour les hommes, & l'autre pour les femmes, où se reçoivent les pauvres, jusqu'à ce que l'on ait jugé, si on les doit retenir, & en quelle maison ils doivent être envoyés, ce qui fait par chacun jour.

Dans la maison de Scipion trente-quatre femmes sans enfans, & seize filles qui travaillent, cinquante femmes grosses, cent quarante-sept nourrices, deux cens enfans au pain, onze officiers.

Dans Bicêtre, que la chapelle n'est bâtie que d'ais de bateau, qu'il y a vingt-six dortoirs.

Trois cens trente-six personnes qui travaillent à différens ouvrages, couteliers, tonneliers, serruriers, menuisiers, tailleurs, drapiers, savetiers, cordonniers, faiseurs de tiretaine pour les habits des pauvres.

Cinq cens quarante enfans qui sont encore incapables du travail.

Six cens cinquante-cinq vieillards, & malades de maladies incurables.

Cent soixante-dix-sept valides, qui n'ont point d'industrie, occupés comme manœuvres, que l'on renvoie de jour à jour, après les avoir retenus huit ou quinze jours, les uns pour le châtiment, les autres pour les instruire dans les principes de la foi, dont ils sont absolument ignorans.

Dix officiers qui tirent gages de la maison, quatre Ecclésiastiques, & cent vingt-sept pauvres, qui servent pour leur pain aux ouvrages & au service de la maison, & ont double portion.

Que dans la salpêtriere sont quatre ecclésiastiques.

Deux chapelles, l'une fermée, pour la plûpart, d'ais de bateau.

Qu'en trois cours différentes, il y a cent six petits enfans.

Deux cens soixante ménages mariés.

Deux cens quatre-vingt-un imbéciles, malades de mal caduc, & autres maladies incurables.

Dix-sept cens trente-deux filles & femmes qui travaillent à toutes sortes d'ouvrages.

Outre la boulangerie qui s'y fait pour toutes les maisons.

Que dans une autre maison, où sont les enfans malades de la teigne, il y a cent seize pauvres, auxquels l'hôpital fournit toutes les nécessités.

Que dans chacune des maisons, il y a huit, dix, & jusqu'à quinze registres, par lesquels on peut reconnoître, jour par jour, la proportion de la dépense au nombre des pauvres, & un compte très-exact de tout ce qui se fait en la maison, tant pour la nourriture & vêtemens des pauvres, que pour tous les ouvrages.

Par lesquels regiſtres il ſe reconnoît qu'il y a à préſent à la charge de l'Hôpital ſix mille deux cens ſoixante-deux pauvres, ſans les officiers,

Et outre, les gages de ceux qui ſont dans les maiſons, montant ſeulement à dix-ſept mille livres, qui eſt une ſomme fort modique.

Il y a des gages du bailli des pauvres & ſes archers, & des perſonnes qui prennent ſoin des affaires, & commis des receveurs, vingt-deux mille cinq cens livres, qui eſt la meilleure condition qu'on en puiſſe avoir, les ſeuls archers étant à vingt ſols par jour, qui n'eſt preſque que leur depenſe, pour un travail continuel, & fort pénible, & le plus néceſſaire pour empêcher la mendicité.

Qu'il s'y conſomme tous les ans plus de quatorze cens muids de bled, qui, en l'année 1662, ont coûté . . . . 350300 ₶

De la viande pour deux cens dix-ſept mille ſept cens quatre-vingt-onze livres, ſans compter les portions baillées par les quartiers 82658

Du ſel, outre le franc-ſalé 8249

En bois, vin, charbon, paille & autres choſes 68344

En habits, étoffes, uſtenſiles, outre ce qui ſe manufacture, cy 60583

Sans compter les réparations, gages des eccléſiaſtiques, & toutes les dépenſes extraordinaires.

Le tout extrait, comme deſſus, du procès-verbal de meſſieurs les commiſſaires.

Signé, MARTIN.

Et bien que par cet extrait très-fidele on puiſſe connoître tout l'état de l'Hôpital, ſi, pendant ces jours de dévotion, de grace & de ſalut, on en vouloit être plus particuliérement informé, on ſupplie toutes les perſonnes de viſiter les lieux pour s'en éclaircir. Il n'y a perſonne qui ne doive être, en particulier, directeur de l'Hôpital; ceux qui le ſont par ſerment, n'ont jamais rien plus deſiré, ſinon que chacun entrât en part de cette bonne œuvre, pour y donner tous les avis, qui ſont bien ſouvent auſſi utiles que les aumônes mêmes; on en a fait des ſupplications très-inſtantes, par pluſieurs imprimés qui ont été diſtribués : mais à préſent on le demande avec plus de zele, pour déſabuſer le public des impreſſions qu'on a données, leſquelles ſeules ont été capables de diminuer cette ſainte ferveur que Paris a témoignée d'abord pour un établiſſement qui lui eſt ſi honorable & ſi utile, dont pluſieurs villes ont reçu l'exemple, & les autres ſont prêtes à le recevoir; & dans Paris, qui eſt la cité ſainte, qui a plus de fonds, de richeſſes & de vertu que tout le reſte de la France, l'Hôpital-Général eſt prêt à tomber, & l'on ſera contraint de le rompre, ſi l'on n'eſt promptement ſecouru.

Paris a trop de cœur & de bonté, d'honneur & de charité, pour ſouffrir que les autres villes lui reprochent qu'il ait manqué de puiſſance & de piété, dont il a donné l'exemple; qu'après avoir aſſiſté toutes les provinces affligées, & juſqu'aux terres les plus inconnues, par des libéralités pieuſes, qui ont été admirées par tout le monde, il ait voulu défaillir à ſes pauvres domeſtiques, & à ſes propres entrailles : qu'il ait aimé mieux nourrir les méchans pauvres, qui dérobent les aumônes, pour ſe charger de tous les crimes qui ſuivent la fainéantiſe & la mendicité, & qui peuvent attirer la colere de Dieu, que de recevoir les bénédictions que peuvent mériter le partage égal des charités, le ſoulagement aſſuré des véritables néceſſités, & des prieres innocentes.

Mais comme il n'y a pas d'apparence que le roi ſouffre la ruine d'une fondation ſi illuſtre, pour la réputation de ſon état & de ſa ville principale, tout ce qui reſte eſt de ſavoir ſi on conſervera volontairement, & avec mérite, & par un ſecours facile, qui ne peut incommoder aucuns particuliers, ce qu'il faudroit réparer avec pudeur & une plus grande dépenſe, ſi l'on en avoit ſouffert la ruine, & ſi un peuple, dont la dévotion eſt ſi tendre & si exemplaire, veut souffrir que ses pauvres soient nourris sans y contribuer, & prendre part à une œuvre dont la pratique ou l'omission doit être le prix de la bénédiction ou de la réprobation derniere. C'est Dieu qui demande pour des pauvres qui n'ont plus de voix; c'est à lui à qui il faut accorder ou refuser; c'est lui qui dira, au dernier jour : *Venez, les bien-aimés de mon pere ; vous m'avez soulagé dans la faim & dans la soif, vous m'avez logé, vous m'avez vêtu ; prenez possession du royaume que je vous ai préparé.* S. Matthieu, chap. 25.

On fera des quêtes, des assemblées; les troncs & les boîtes sont par-tout. Messieurs les curés & messieurs les prédicateurs auront la bonté, dans leurs prônes & prédications, d'exciter la charité, qui ne peut jamais être plus nécessaire & plus utile.

EXTRAIT DES REGISTRES DE PARLEMENT.

Du 18 Janvier 1663.

Vu par la Cour la requête présentée par le procureur-général du roi, contenant que par l'arrêt du 26 Avril 1662, la Cour, sur les remontrances du suppliant, & attendu la nécessité notoire des pauvres de l'Hôpital-Général, auroit ordonné que l'article 35 de la déclaration de l'établissement dudit Hôpital, & l'arrêt de vérification, seroient exécutés, &, suivant iceux, que toutes les communautés séculieres & régulieres de cette ville & fauxbourgs, prévôté & vicomté de Paris, & autres communautés, seroient invitées de contribuer, à proportion de leur revenu, à la subsistance, nourriture & entretien des pauvres dudit Hôpital-Général, jusques à la somme de cent mille livres, pour la présente année seulement, commencée au premier Janvier 1662, & à cet effet, se taxer volontairement, & payer leurs contributions ès mains du receveur dudit Hôpital; savoir, la premiere demi-année, dans la fin du mois de Juin lors prochain, & l'autre demi-année, dans le premier jour du mois de Décembre audit an 1662; que cet arrêt ayant été lu & publié en tous les endroits nécessaires pour le rendre public, il est néanmoins demeuré sans exécution; ce qui auroit obligé le suppliant de se pourvoir en la Cour, laquelle a donné son arrêt, le 30 Juin dernier, par lequel il a été ordonné que le précédent seroit exécuté; ce faisant, que les bénéficiers de cette ville de Paris paieroient cinquante mille livres au receveur dudit Hôpital-Général, & à faute de ce faire, qu'ils y seroient contraints par saisie du quart de leur revenu; mais cet arrêt étant encore demeuré sans exécution, est intervenu celui du 7 Septembre dernier, par lequel la Cour ordonne que les précédens arrêts seroient exécutés selon leur forme & teneur; & Mes Doujat & Refuges, conseillers en la Cour, commis pour procéder à l'exécution d'iceux, en conséquence desquels arrêts, le suppliant voyant que lesdits bénéficiers ne tenoient aucun compte d'y satisfaire, a fait procéder par voie de saisie & arrêt entre les mains des locataires & débiteurs des religieux de Saint Martin-des-Champs, des religieux des Blancs-Manteaux, du prieur de Saint Denis-la-Chartre, & des religieux de Sainte Catherine-des-Écoliers, faute de paiement de ladite somme de cinquante mille livres, avec assignation auxdits locataires en la Cour, pour faire leur affirmation, pour représenter leurs baux & dernieres quittances, & auxdits religieux & religieuses, pour en consentir la délivrance; & quoique toutes lesdites assignations aient été données dès le mois d'Octobre dernier, néanmoins jusques à présent, ni lesdits locataires, ni lesdits religieux & religieuses, ne se sont mis en aucun état d'obéir auxdits arrêts; ensorte que si on est obligé de suivre l'ordre des présentations, & de faire une poursuite réguliere pour obliger les locataires de faire leur affirmation & représenter leurs baux & quittances, il est sans doute qu'il se consommera un tems très-considérable

& tout-à-fait préjudiciable au soulagement des pauvres, qui sont dans l'attente de secours, sans lequel ils ne peuvent subsister. A ces causes, requéroit le suppliant être ordonné que, dans trois jours, les locataires seront tenus faire leur affirmation, représenter leurs baux & quittances pardevant les conseillers députés par la Cour, devant lesquels lesdits religieux & religieuses seront tenus de comparoir pour en consentir la délivrance ; sinon & faute de ce faire dans ledit tems, & icelui passé, lesdits locataires seront contraints, en vertu de l'arrêt qui interviendra sur la présente requête, & sans qu'il soit besoin d'autre, au paiement des sommes par eux dues, jusques à concurrence du quart du revenu entier desdits bénéfices, par toutes voies dues & raisonnables, même par corps; faisant lequel paiement, ils en seront bien & valablement quittes & déchargés. Ladite requête signée du procureur-général du roi. Oui le rapport de me Jean Doujat, conseiller du roi en ladite Cour, tout considéré : LADITE COUR a ordonné & ordonne que, dans trois jours après la signification du présent arrêt, lesdits locataires seront tenus de faire leur affirmation, représenter leurs baux & quittances pardevant lesdits conseillers députés, pardevant lesquels lesdits religieux & religieuses comparoîtront, pour en consentir la délivrance; autrement, & à faute de ce faire dans ledit tems, & icelui passé, seront lesdits locataires contraints, en vertu du présent arrêt, & sans qu'il soit besoin d'autre, au paiement des sommes par eux dues, jusqu'à concurrence du quart du revenu entier desdits bénéficiers, par toutes voies dues & raisonnables, même par corps, & faisant ledit paiement, ils en seront bien & valablement déchargés. Fait en parlement, le dix-huit Janvier mil six cent soixante-trois.

Le 1663, signifié & baillé pour copie à & à fait commandement de satisfaire au contenu dudit arrêt, dans le tems y porté, aux peines d'y être contraints par les voies y contenues, à ce qu'ils n'en ignorent.

ARRÊT DU PARLEMENT,

QUI, en conséquence du procès-verbal dressé par deux conseillers de la Cour, de l'état & situation de l'Hôpital-Général, *ordonne qu'assemblée sera faite en l'hôtel-de-ville de Paris, des personnes notables de tous les corps de ladite ville, pour donner avis sur les urgentes nécessités & subsistance dudit* Hôpital-Général.

Du 5 Mars 1663.

VU par la Cour la requête à elle présentée par les directeurs de l'Hôpital-Général de cette ville & fauxbourgs de Paris, contenant que sur la requête à eux présentée à la Cour, auroit été ordonné que deux des conseillers de ladite Cour se transporteroient audit Hôpital, & lieux en dépendans, pour connoître l'état d'icelui, le nombre des pauvres qui y étoient présens en chacune des maisons dépendantes dudit Hôpital, comme aussi des personnes préposées au-dedans desdites maisons pour la conduite desdits pauvres, leurs qualités & emplois, tant au spirituel qu'au temporel, & faire représenter tous les comptes & états, tant généraux que particuliers, de la recette & dépense dudit Hôpital, & en dresser procès-verbal; ce qui auroit été fait, ainsi qu'il paroissoit par le procès-verbal du vingt-deux Janvier. A ces causes, requéroient qu'il plût à ladite Cour pourvoir aux nécessités urgentes & subsistance dudit Hôpital. Vu aussi ledit procès-verbal, fait en exécution dudit arrêt, attaché à la requête; conclusions dudit procureur-général du roi, oui le rapport de me Jean Doujat, conseiller en ladite Cour, & tout considéré :

LA COUR a ordonné & ordonne qu'assemblée sera faite en l'hôtel de cette ville de Paris, des personnes notables de tous les corps de ladite ville, pour donner avis sur les urgentes nécessités & subsistance dudit Hôpital-Général, pour ce fait, rapporté & communiqué audit procureur-général du roi, être ordonné ce qu'il appartiendra. Fait en Parlement, le cinq Mars mil six cent soixante-trois. *Signé*, DU TILLET.

ARRÊT DU CONSEIL D'ÉTAT DU ROI,

QUI ordonne que, dans quinzaine, les prieurs, religieux & couvents de l'ordre de Saint Benoît, & autres, fourniront aux directeurs de l'Hôpital-Général, *des états des biens & revenus des aumôneries de leurs maisons, délaissés & destinés pour les pauvres.*

Du 15 Décembre 1676.

SUR la requête présentée au roi, étant en son Conseil, par les directeurs de l'Hôpital-Général de Paris, contenant qu'avant l'enfermement des pauvres dans les maisons dudit Hôpital, où il y en a à présent plus de huit mille, les religieux des abbayes, prieurés & monasteres de l'ordre de Saint Benoît, & de quelques autres ordres de la ville, fauxbourgs, banlieue, prévôté & vicomté de Paris, donnoient, deux fois par semaine, un pain d'une livre à chacun de tous les pauvres qui se présentoient; que pour faire lesdites aumônes, il y a dans chacun monastere un aumônier en titre d'office claustral, & un fonds séparé des manses des abbés & des religieux, qui ne pouvoit être diverti, ni appliqué à autre usage, & que quand lesdits religieux s'étoient voulu dispenser de faire lesdites aumônes, & diminuer la quantité ou qualité du pain, les magistrats & officiers de sa majesté & de la police les y avoient obligés par les voies de la justice, comme chose due; mais que depuis que lesdits pauvres étoient enfermés, & n'avoient plus la liberté de mendier, lesdits religieux retenoient & jouissoient induement du bien destiné pour lesdites aumônes, le revenu duquel montoit à de grandes sommes, dont ils n'avoient fait aucune raison aux pauvres dudit Hôpital-Général, depuis l'année 1656 qu'il est établi; & comme ce bien ne pouvoit être employé légitimement à autre usage que pour la nourriture & le soulagement des pauvres qui sont renfermés dans ledit Hôpital, sa majesté ayant même défendu de donner l'aumône, sur de grandes peines; requéroient lesdits directeurs de l'Hôpital-Général, qu'il plût à sa majesté ordonner que les biens des aumôneries & des abbayes & prieurés de l'ordre de Saint Benoît, & autres de ladite ville, fauxbourgs, banlieue, prévôté & vicomté de Paris, destinés pour lesdites aumônes, leur seroient délivrés, pour en jouir & user, comme des autres revenus d'icelui, & employés à l'entretien & subsistance des pauvres, & que ceux qui en ont perçu les fruits & revenus depuis l'établissement dudit Hôpital, fait en ladite année 1656, jusqu'au jour de la délivrance desdits biens, seroient tenus de restituer auxdits pauvres la juste valeur d'iceux; & pour connoître lesdits biens, & liquider lesdites restitutions, nommer tels commissaires du Conseil qu'il plairoit à sa majesté. Vu ladite requête; oui le rapport dudit sieur Colbert, conseiller, ordinaire au Conseil royal, contrôleur-général des finances: LE ROI ÉTANT EN SON CONSEIL, faisant droit sur les fins de ladite requête, a ordonné & ordonne que, dans quinzaine du jour de la signification du présent arrêt, pour toutes préfixions & délais, les prieurs, religieux & convents des abbayes & prieurés de l'ordre de Saint Benoît, & autres étant dans l'étendue de la ville, fauxbourgs, prévôté & vicomté de Paris, seront tenus de fournir aux supplians des états, par le détail, de tous les biens, droits & revenus des aumôneries de leurs maisons, & biens délaissés pour être aumônés aux pauvres, & d'autres états de ce que lesdits biens ont produit de fruits & revenus depuis ladite année 1656, jusqu'au jour de la délivrance desdits états, qui seront par eux signés & certifiés : à quoi faire, ledit tems passé, ils seront contraints, chacun en droit soi, par saisie de leur temporel, pour être lesdits états représentés par lesdits prieurs, religieux & convents, ensemble les pieces justificatives d'iceux, pardevant les sieurs Poncet, de Breteuil, de la Marguerie, de Besons, de Caumartin, de Barillon & de Pomereuil, que sa majesté a commis & députés à cet effet, qui seront communiqués aux supplians, pour y répondre, quinzaine après, & être les parties sommairement ouies pardevant le sieur Turgot, conseiller de sa majesté en ses Conseils, maître des requêtes ordinaire de son hôtel, qui en dressera son procès-verbal, & des dires & déclarations des parties ; & après en avoir communiqué auxdits sieurs commissaires, être, à son rapport, pourvu par sa majesté ce qu'il appartiendra. Fait au Conseil d'Etat du roi, sa majesté y étant, tenu à Saint-Germain-en-Laye, le quinze Décembre mil six cent soixante-seize.

Signé, COLBERT.

LOUIS, par la grace de Dieu, roi de France & de Navarre, à nos amés & féaux conseillers ordinaires en nos Conseils, les sieurs Poncet, de Breteuil, de la Marguerie, de Besons, de Caumartin, de Barillon & de Pomereuil ; & à notre aussi amé & féal conseiller en nos conseils, maître des requêtes ordinaire de notre hôtel, le sieur Turgot ; SALUT. Par l'arrêt dont l'extrait est ci-attaché sous le contrescel de notre Chancellerie, cejourd'hui donné en notre Conseil d'Etat, nous y étant, sur la requête à nous présentée en icelui par les directeurs de l'Hôpital-Général de notre bonne ville de Paris, nous avons ordonné que, dans quinzaine du jour de la signification dudit arrêt, pour toutes préfixions & délais, les prieurs, religieux & convents des abbayes & prieurés de l'ordre de Saint Benoit, & autres étant dans l'étendue de notredite ville, fauxbourgs, prévôté & vicomté de Paris, seront tenus de fournir auxdits directeurs des états, par le détail, de tous les biens, droits & revenus des aumôneries de leurs maisons, & biens délaissés & destinés pour être aumônés aux pauvres, & d'autres états de ce que lesdits biens ont produit de fruits & revenus depuis l'année 1656, jusqu'au jour de la délivrance desdits états, qui seront par eux signés & certifiés. A CES CAUSES, nous vous avons commis par ces présentes, signées de notre main, pour être lesdits états, ensemble les pieces justificatives, représentés pardevant vous par lesdits prieurs, religieux & convents ; lesquels états nous voulons être communiqués auxdits directeurs, pour y répondre quinzaine après, & être les parties sommairement ouies pardevant vous, dit le sieur Turgot, dont vous dresserez votre procès-verbal, ensemble des dires & déclarations desdites parties, pour, après en avoir communiqué, à votre rapport, être par nous pourvu ce qu'il appartiendra, conformément audit arrêt, lequel nous commandons au premier notre huissier ou sergent sur ce requis, de signifier à tous qu'il appartiendra, à ce qu'ils n'en prétendent cause d'ignorance, & faire, pour son entiere exécution, tous commandemens, sommations, contraintes par les voies y déclarées, & autres actes & exploits requis & nécessaires, sans autre permission. Voulons qu'aux copies dudit arrêt & des présentes, collationnées par l'un de nos amés & féaux conseillers & secrétaires, foi soit ajoutée comme aux originaux. Car tel est notre plaisir. Donné à Saint-Germain-en-Laye, le quinzieme jour de Décembre, l'an de grace mil six cent soixante-seize, & de notre regne le trente-quatrieme. *Signé*, LOUIS. *Et plus bas*, par le roi, COLBERT. *Et scellées du grand sceau de cire jaune.*

L'AN mil six cent soixante-dix-sept, le jour d à la requête de messieurs les directeurs de l'Hôpital-Général de cette ville de

Paris, qui ont élu leur domicile en leur bureau, en la maison de la Pitié, fauxbourg Saint-Victor de ladite ville de Paris, l'arrêt & commission expédiée sur icelui, du 15 Décembre 1676, dont les copies sont ci-dessus, ont été par moi

soussigné, montrés & signifiés, aux fins y contenues, aux sieurs prieur, religieux & convent de l'abbaye de à ce qu'ils n'en ignorent, & aient à y satisfaire, & mettre ès mains de M. Turgot de Saint-Clair, conseiller du roi en ses Conseils, maître des requêtes ordinaire de son hôtel, commissaire à ce député, demeurant rue Neuve, & paroisse S. Paul, les états, par le détail, y mentionnés, & pieces justificatives d'iceux, dans le tems porté par lesdits arrêt & commission, leur déclarant qu'à faute de ce faire, ils y seront contraints par saisie de leur temporel, suivant & ainsi qu'il est porté par ledit arrêt.

EXTRAIT

De la transaction passée, le 30 Avril 1678, devant la Fosse & son confrere, notaires au Châtelet de Paris, entre messieurs les directeurs de l'Hôpital-Général, *& les religieux du prieuré de Saint-Martin-des-Champs, pour l'aumône de cinquante-deux septiers de bled méteil par an, qu'ils s'obligent de fournir audit Hôpital.*

A ÉTÉ convenu entre les parties, que, pour satisfaire à l'arrêt du Conseil d'Etat du roi, du 15 Décembre 1676, par lequel il est ordonné que les prieurs, religieux & convents de l'ordre de Saint Benoît & autres, dans l'étendue de la ville de Paris, seront tenus, dans quinzaine du jour de la signification dudit arrêt, de fournir auxdits sieurs directeurs de l'Hôpital-Général des états, par détail, de tous les biens, droits & revenus des aumônes de leurs maisons, & biens délaissés, destinés pour être aumônés aux pauvres, & d'autres états de ce que lesdits biens ont produit de fruits & revenus, depuis l'année 1656, jusques au jour de la délivrance de ces états; lesdits religieux ont promis & promettent par ces présentes, & s'obligent, eux & leurs successeurs audit prieuré, de payer & livrer, par chacun an, audit Hôpital-Général, la quantité de bled méteil bon, loyal & marchand, pris dans les greniers dudit monastere, & payables en quatre termes égaux, de trois mois en trois mois, qui est treize septiers pour chaque terme ou quartier. Le premier terme du paiement, qui a commencé le premier jour du mois d'Avril, se fera & écherra au dernier Juin prochain; & continuera de terme en terme, pour être ledit bled employé au pain dudit Hôpital-Général; le tout à la charge, qu'au cas que lesdits religieux soient inquiétés à l'avenir par leur prieur, pour lesdits cinquante-deux septiers de bled d'aumône par chacun an, lesdits sieurs directeurs promettent & s'obligent, audit nom, de les en garantir, acquitter & indemniser; & pour le passé, lesdits religieux promettent de payer la somme de cent dix livres pour la moitié de ce qui est échu, à compter du jour de la signification dudit arrêt du Conseil d'Etat; & ce, non compris les six septiers qu'ils ont aumônés depuis peu audit Hôpital-Général, l'autre moitié leur ayant été remise par lesdits sieurs directeurs; & au moyen des présentes, lesdits sieurs directeurs ont donné pleine & entiere main-levée de toutes les saisies & arrêts faits entre les mains de leurs fermiers & autres débiteurs du revenu temporel dudit Monastere de Saint-Martin-des-Champs.

DÉCLARATION

DÉCLARATION DU ROI,

POUR réunir aux Hôpitaux les biens légués aux pauvres de la religion prétendue réformée.

Du 15 Janvier 1683.

LOUIS, par la grace de Dieu, roi de France & de Navarre : A tous ceux qui ces présentes lettres verront ; SALUT. Bien que la permission accordée à ceux de la religion prétendue réformée, par l'article 42 des particuliers de l'édit de Nantes, confirmée par l'article 12 de notre déclaration du premier jour de Février 1669, de faire des legs aux pauvres de leur religion, n'ait été donnée que dans la vue que les biens légués seroient employés à les soulager dans leurs nécessités, suivant l'intention des donateurs, néanmoins nos sujets de la religion prétendue réformée, qui composoient le consistoire de notre ville de Montpellier, se servant desdits biens à d'autres usages que ceux pourquoi ils étoient destinés, desquels ils auroient même aliéné une partie, cela auroit donné lieu à un arrêt du Parlement de Toulouse, du 12 Décembre 1681, qui a mis l'Hôpital de Montpellier en possession de tous les biens donnés aux pauvres du consistoire de ladite ville, même de ceux qui se trouveroient aliénés depuis le mois de Juin 1662, lequel arrêt nous aurions déclaré commun pour toute l'étendue de notre province de Languedoc, par notre déclaration du 30 Novembre dernier, sur les avis qui nous auroient été donnés, que ces dissipations étoient pratiquées par la plupart des consistoires ; & comme nous sommes informés que dans plusieurs autres de nos provinces, les consistoires desdits de la religion prétendue réformée emploient lesdits biens à leurs affaires particulieres, même à empêcher des conversions, étant pareillement nécessaire d'y pourvoir, & considérant que ces biens ne peuvent être mieux déposés qu'entre les mains des administrateurs des Hôpitaux, puisque, suivant l'article 22 de l'édit de Nantes, & l'article 42 de notre déclaration de 1669, ils sont obligés d'y recevoir indistinctement les pauvres de la religion pretendue réformée, comme les catholiques. A CES CAUSES, & autres à ce nous mouvans, nous avons dit, déclaré & ordonné, disons, déclarons & ordonnons, par ces présentes, signées de notre main, voulons & nous plaît, que tous les biens immeubles, rentes & pensions données ou léguées par dispositions faites entre-vifs, ou derniere volonté, aux pauvres de la religion prétendue réformée, ou aux consistoires, pour leur être distribués, lesquels se trouvant présentement possédés par les consistoires, ou aliénés depuis le mois de Juin 1662, seront délaissés aux Hôpitaux des lieux où sont lesdits consistoires, & en cas qu'il n'y en ait pas, à l'Hôpital le plus prochain, pour être administrés & régis par les directeurs & administrateurs desdits Hôpitaux, comme les autres biens qui y appartiennent, sauf le recours des acquéreurs desdits biens contre leurs vendeurs ; &, pour cet effet, nous voulons que les possesseurs desdits legs en fassent le délaissement au profit desdits Hôpitaux, dans un mois après la publication des présentes, à peine de mille livres d'amende, & de plus grande, s'il y échet, dépens, dommages & intérêts, à la charge que les pauvres de la religion prétendue réformée seront reçus dans les Hôpitaux, indifféremment des catholiques, & traités aussi charitablement que lesdits catholiques, & sans y pouvoir être contraints à changer de religion, conformément auxdits articles 22 de l'édit de Nantes, & 42 de notre déclaration du mois de Février 1669. Si donnons en mandement à nos amés & féaux conseillers, les gens tenans notre cour de Parlement de Paris, que cesdites présentes ils aient à faire lire & registrer, & le contenu en icelles faire observer & exécuter selon leur forme & teneur. Car tel est notre plaisir ; en témoin de quoi nous avons fait mettre notre fcel à cefdites préfentes. Donné à Verfailles, le quinzieme jour du mois de Janvier, l'an de grace mil fix cent quatre-vingt-trois, & de notre regne le quarantieme. *Signé*, LOUIS. *Et fur le repli*, par le roi, COLBERT. *Et fcellée du grand fceau de cire jaune.*

Regiftrées, oui & ce requérant le procureur-général du roi, pour être exécutées felon leur forme & teneur, & copies collationnées envoyées aux bailliages & fénéchauffées de ce reffort, pour y être pareillement regiftrées. Enjoint aux fubftituts du procureur-général du roi d'y tenir la main, & d'en certifier la Cour au mois. A Paris, en Parlement, le 27 Janvier 1683. Signé, DONGOIS.

VU par la Cour les lettres patentes du roi, en forme de déclaration, données à Verfailles, le 15 du préfent mois Janvier, *fignées*, LOUIS, & fur le repli, par le roi, COLBERT, & fcellées du grand fceau de cire jaune, par lefquels, pour les caufes y contenues, ledit feigneur roi auroit dit, déclaré & ordonné, veut & lui plaît, que tous les biens immeubles, rentes & penfions données & léguées par difpofitions faites entre-vifs, ou de derniere volonté, aux pauvres de la religion prétendue réformée, ou aux confiftoires, pour leur être diftribués, lefquels fe trouvent préfentement poffédes par les confiftoires, ou aliénés, depuis le mois de Juin 1662, feront délaiffés aux Hôpitaux des lieux où font lefdits confiftoires; & en cas qu'il n'y en ait pas, à l'Hôpital le plus prochain, pour être adminiftrés & régis par les directeurs & adminiftrateurs defdits Hôpitaux, comme les autres biens qui y appartiennent; fauf le recours des acquéreurs defdits biens contre leurs vendeurs, ainfi que plus au long le contiennent lefdites lettres à la Cour adreffantes : conclufions du procureur-général du roi; oui le rapport de m[e] René le Meufnier, confeiller, tout confidéré : LA COUR a ordonné & ordonne que lefdites lettres, en forme de déclaration, feront enregiftrées au greffe d'icelle, pour être exécutées felon leur forme & teneur, & copies collationnées envoyées dans les bailliages & fénéchauffées du reffort, pour y être pareillement enregiftrées : enjoint aux fubftituts du procureur-général du roi de tenir la main à leur exécution, & d'en certifier la Cour dans trois mois. Fait en parlement, le vingt-fept Janvier mil fix cent quatre-vingt-trois. *Signé*, DONGOIS.

DÉCLARATION DU ROI,

CONCERNANT les biens des Confiftoires.

Du 21 Août 1684.

LOUIS, par la grace de Dieu, roi de France & de Navarre; à tous ceux qui ces préfentes verront, SALUT. Ayant été informés que les biens donnés par ceux de la religion prétendue réformée aux pauvres de ladite religion, étoient fouvent employés aux affaires particulieres des confiftoires, qui en avoient la difpofition, & que l'on s'en fervoit même pour empêcher les converfions, nous avons eftimé à propos, pour remédier à cet abus, d'ordonner, par notre déclaration du 15 Janvier 1683, que tous les biens immeubles, rentes & penfions donnés ou légués par difpofitions faites entre-vifs, ou derniere volonté, aux pauvres de ladite religion, ou aux confiftoires, pour leur être diftribués, lefquels fe trouvoient pour lors poffédés par lefdits confiftoires, ou aliénés depuis le mois de Juin 1662, feroient délaiffés aux Hôpitaux des lieux où font les confiftoires; & en cas qu'il n'y en ait pas, à l'Hôpital le plus prochain, pour être régis & adminiftrés par les directeurs defdits Hôpitaux, comme les autres biens qui leur appartiennent, fauf le recours des acquéreurs desdits biens contre leurs vendeurs; à la charge que les pauvres de ladite religion y seroient reçus aussi bien que les catholiques, & traités avec la même charité, sans y pouvoir être contraint à changer de religion; en conséquence de laquelle déclaration les directeurs des Hôpitaux ayant un droit réel sur lesdits biens, auroient essayé de découvrir en quoi ils pouvoient consister, pour s'en mettre en possession : mais comme lesdits consistoires ont pris soin de leur en ôter la connoissénce, leur refusant la communication des registres où ils pouvoient s'en instruire, & qu'ils ont prétendu que les fonds acquis des sommes qui avoient été données pour les pauvres, ou du revenu des biens à eux légués, n'étoient point compris dans ladite déclaration, non plus que ceux qui se trouveroient avoir été donnés par ceux de ladite religion, sans expression de cause, nous avons estimé nécessaire de lever toutes ces difficultés, qui n'ont été formées, par quelques particuliers de ladite religion prétendue réformée, que dans la vue de disposer desdits biens, pour d'autres usages que ceux auxquels ils ont été destinés : & nous avous résolu en même tems d'empêcher la dissipation des biens dont jouissoient plusieurs consistoires supprimés par l'interdiction de l'exercice, sur lesquels personne n'ayant de légitime prétention, ils ne peuvent mieux être employés qu'au soulagement des pauvres. A CES CAUSES, & autres à ce nous mouvans, nous avons dit, déclaré & ordonné, disons, déclarons & ordonnons par ces présentes, signées de notre main, voulons & nous plaît, que notre déclaration du 15 Janvier 1783, soit exécutée selon sa forme & teneur; en conséquence, que tous les biens immeubles, rentes & pensions, donnés ou légués par dispositions faites entre-vifs, ou de derniere volonté, aux pauvres de ladite religion, ou aux consistoires, pour leur être distribués, lesquels se trouvoient lors possédés par lesdits consistoires, ou aliénés, depuis le mois de Juin 1662, soient délaissés aux Hôpitaux des lieux où sont les susdits consistoires; & en cas qu'il n'y en ait pas, à l'Hôpital le plus prochain. Voulons aussi que les biens qui se trouveroient avoir été acquis des deniers desdits pauvres, ou du prix de la vente des biens qui leur auroient été donnés, encore qu'ils eussent été aliénés depuis le mois de Juin 1662, appartiennent auxdit Hôpitaux, sauf le recours des acquéreurs desdits biens aliénés contre leurs vendeurs. Ordonnons en outre que les biens qui, depuis la publication de notredite déclaration, du 15 Janvier 1683, auroient été légués par lesdits de la religion prétendue réformée, sans expression de cause, soient aussi délaissés auxdits Hôpitaux, & qu'ils soient pareillement mis en possession des biens dont jouissent les consistoires supprimés par l'interdiction de l'exercice, en quoi qu'ils puissent consister, & à quelque usage qu'ils soient employés, à l'exception néanmoins de ceux qui se trouveroient avoir été vendus sans fraude; le tout à condition que les pauvres de ladite religion seront reçus dans les Hôpitaux aussi bien que les catholiques, & traités avec la même charité, sans qu'ils y puissent être contraints à changer de religion, conformément à la déclaration du 15 Janvier 1683; & après le délaissement de tous lesdits biens ci-dessus exprimés, que les détempteurs seroient tenus de faire dans un mois après la publication des présentes, à peine de mille livres d'amende, applicable auxdits Hôpitaux, & de tous dépens, dommages & intérêts, ils seroient régis & administrés par les directeurs desdits Hôpitaux, tout ainsi que les autres biens qui leur appartiennent. Et à l'égard des consistoires qui subsistent actuellement, voulons que si dans la suite aucuns d'iceux étoient supprimés par l'interdiction de l'exercice, les biens dont ils se trouveront en possession aux jour & date des présentes, soient pareillement délaissés auxdits Hôpitaux; ordonnons qu'à la premiere sommation qui sera faite par lesdits directeurs ou leurs procureurs, à ceux qui doivent être chargés des registres desdits consistoires, ou des comptes, & autres généralement quelconques, concernant les affaires de ladite religion, de leur en donner communication en présence du juge du lieu, il soient tenus d'y satisfaire, sans aucun délai ni difficulté, à peine d'y être contraints par corps, de cinq cens livres d'amende.

applicable auxdits Hôpitaux, & de suspension de l'exercice dans les lieux où il aura été contrevenu à ce que lesdits registres aient été communiqués. Si donnons en mandement à nos amés & féaux les gens tenant notre cour de Parlement de Paris, que cesdites présentes ils aient à faire lire & registrer, & le contenu en icelles faire observer & executer selon sa forme & teneur. Car tel est notre plaisir; en témoin de quoi nous avons fait mettre notre scel à cesdites présentes. Donné à Versailles, le vingt-unieme jour du mois d'Août, l'an de grace mil six cent quatre-vingt-quatre, & de notre regne le quarante-deuxieme. *Signé*, LOUIS. *Et sur le repli.* Par le roi, COLBERT.

Registrées, oui & ce requérant le procureur-général du roi, pour être exécutées selon leur forme & teneur, suivant l'arrêt de ce jour. A Paris, en Parlement, le septieme jour de Septembre mil six cent quatre-vingt-quatre. Signé, JACQUES.

EXTRAIT du troisieme chapitre, article 176, du compte de monsieur Guy, *receveur de* l'Hôpital-Général, *pendant les années 1692, 1693 & 1694.*

DES aumônes extraordinaires faites en vertu des délibérations de l'assemblée générale de police, tenue en la chambre de Saint-Louis, le 20 Novembre 1693, à cause de la cherté des grains, ordonnées être reçues par monsieur Boucot, receveur de la ville, pour être distribuées suivant les ordres de messieurs les chefs de la direction de l'Hôpital-Général.

Dudit sieur Boucot, depuis le 15 Décembre 1693, jusques & compris le 7 Septembre 1694, la somme de deux cens trente-trois mille cent trente-trois livres six sols huit deniers, en plusieurs fois, provenant des aumônes volontaires des bourgeois & habitans de la ville de Paris; savoir, &c.

EXTRAIT DES REGISTRES DU PARLEMENT,

*POUR la contribution à la subsistance des pauvres de l'*Hôpital-Général.

Du 19 Décembre 1702.

CE jour, toutes les chambres assemblées, monsieur le premier président a dit, que le roi voulant que sa déclaration, du mois de Juillet 1700, qui ordonne que les mendians & vagabonds seront renfermés dans l'Hôpital-Général de cette ville de Paris, soit exécutée, & ayant encore de nouveau défendu aux directeurs de les en laisser sortir, on avoit cru, dans la nécessité de les y faire subsister, & par la connoissance que l'on a de la grande utilité que le public reçoit de l'observation de cet ordre, que l'on pouvoit proposer, entr'autres moyens, un doublement des anciennes taxes faites vers l'année 1544, par l'arrêt de la Cour, au profit du grand bureau des pauvres de cette ville : que les officiers de police du Châtelet, & les prévôt des marchands & échevins de cette ville, mandés en la Cour, en présence des gens du roi, & ouis les uns & les autres, l'estimoient nécessaire, & l'avoient supplié de l'ordonner; & qu'en son particulier, instruit des avantages que le public recevoit d'un réglement si utile à la police & à la tranquillité de cette ville, il croyoit qu'il seroit digne du zele que la Cour montroit dans toutes les occasions où il s'agissoit du service du roi & de l'intérêt public, d'y engager, par son exemple, les habitans principaux de cette grande ville, avant d'y employer l'autorité que le roi lui avoit donnée sur ce sujet; sur quoi, la matiere mise en délibération : LA COUR a arrêté

& ordonné que tous les officiers de la compagnie paieront par doublement, pendant les deux années prochaines, au profit de Hôpital-Général, pareilles sommes que celles qu'ils paient au grand bureau des pauvres, lesquelles nouvelles sommes seront reçues par les greffiers de chacune chambre, & par eux mises ès mains du receveur de l'Hôpital-Général, dans les trois premiers mois de chacune desdites deux années. Que les gens du roi donneront avis dudit arrêté à monsieur le cardinal de Noailles, archevêque de Paris, & aux gens du roi de la chambre des Comptes & de la cour des Aides: & que monsieur le premier président prendra la peine de mander chez lui les principaux officiers du Châtelet, les prévôt des marchands & échevins de cette ville, & les principaux officiers des autres jurisdictions de cette ville, qu'il jugera à propos, pour leur donner avis de ladite contribution, afin qu'ils la proposent aux autres officiers de leurs compagnies, & aux corps & communautés qui sont de leurs jurisdictions; ensorte qu'elle puisse être également exécutée dans le même tems, & employée à la nourriture desdits pauvres mendians & vagabonds. Et à l'égard des autres personnes qui demeurent en cette ville, & qui ne sont point comprises dans aucun corps ou communauté, arrêté qu'il y sera pourvu séparément, au premier jour. Et à l'instant, les gens du roi mandés, monsieur le premier président leur a fait entendre le présent arrêt. Fait en Parlement, le dix-neuf Décembre mil sept cent deux. *Signé*, DONGOIS.

ARRÊT DU PARLEMENT,

CONCERNANT la distribution de l'aumône léguée par le sieur de Courlandon.

Du 17 Juin 1709.

LOUIS, par la grace de Dieu, roi de France & de Navarre, au premier des huissiers de notre Cour de Parlement, ou autre notre huissier ou sergent sur ce requis: savoir faisons, que le jour & date des présentes, vu par notredite Cour la requête à elle présentée par Claire de la Granche, Damoiselle, sœur & unique héritiere de défunt messire Charles de Vergeur de la Granche, son frere, chevalier, seigneur de Courlandon & de la Malmaison, chevalier de l'ordre militaire de Saint-Louis, maréchal de nos camps & armées; & Pierre Lemoine, ancien avocat en ladite Cour, exécuteur du testament dudit feu sieur de Courlandon, à ce que, pour les causes y contenues, & attendu qu'il s'agit de l'execution du contrat passé devant notaires au Châtelet, le 28 Mars 1707, par lequel lesdits supplians ont délaissé la plus grande partie des biens & effets dudit défunt de Courlandon, composant le quart d'iceux, à l'Hôpital-Général, sous plusieurs charges & conditions, il plût à notredite Cour ordonner que les sommes de six cens cinquante livres que ledit Hôpital-Général s'est chargé, par ledit contrat, de fournir, pour être distribuées, dans les cas y portés, aux provinces, tant du ressort du Parlement, autres que la Champagne, qu'à celle du Limousin, pendant chacune des années 1707, 1708, 1709 & 1710; & les sommes de six cens livres, aussi par chacun an, que ledit Hôpital leur doit fournir à perpétuité, à commencer du premier Janvier 1711, ne seront distribuées qu'à un certain nombre desdites provinces, par chacun an, en telle sorte toutesfois, qu'aucune desdites provinces ne soit excluse ni privée de ladite distribution, & qu'elles y viennent toutes les unes après les autres, & tour à tour, dans le cours de quatre années; ce faisant, que la somme de six cens cinquante livres, due pour l'année 1707, ne sera distribuée qu'aux pays & provinces de Lyonnois, Beaujollois, Mâconnois, Forez, Auvergne, Bourbonnois, la Marche & le Limousin. Que la somme de six cens cinquante livres, due pour l'année 1708, ne sera distribuée qu'aux pays & provinces d'Anjou, Touraine, Poitou,

Angoumois, Aunis & Lodunois. Que la somme de six cens cinquante livres, due pour la présente année 1709, ne sera distribuée qu'aux pays & provinces du Maine, Perche, Beauce, Orléanois, Gâtinois, Vendômois, Blaisois, Berry, Nivernois & Auxerrois : & enfin que la somme de six cens cinquante livres, qui sera due pour l'année 1710, ne sera distribuée qu'aux pays & provinces d'Artois, de Calais, de Boulogne, du comté d'Eu, de toute la Picardie & de l'Isle de France; & après que lesdites quatre années seront révolues, que l'on continuera, suivant le même ordre, & aussi dans le cours de quatre années, la distribution desdites six cens livres, que ledit Hôpital-Général doit fournir par chacun an, à perpétuité, pour les pauvres desdites provinces, à commencer du premier Janvier 1711, & qu'en payant par l'Hôpital-Général lesdites sommes, sur les quittances des personnes qui seront désignées par notre procureur-général, ainsi qu'il est porté par ledit contrat, aux fins de faire ainsi lesdites distributions, ledit Hôpital en demeurera bien & valablement quitte & déchargé. Vu aussi ledit contrat, & autres pieces attachées à ladite requête, signée desdits supplians & Luillier, procureur. Concusions de notre procureur-général; oui le rapport de Me Jérôme le Feron, tout considéré : NOTREDITE COUR ordonne que ledit contrat sera exécuté; ce faisant, pour faciliter la distribution des sommes qui doivent être fournies par l'Hôpital-Général, & destinées auxdites aumônes, que la somme de six cens cinquante livres, due pour l'année 1707, ne sera distribuée qu'aux pauvres des pays & provinces de Lyonnois, Beaujollois, Mâconnois, Forez, Auvergne, Bourbonnois, la Marche & Limousin : pareille somme de six cens cinquante livres, due pour l'année 1708, ne sera distribuée qu'aux pauvres des pays & provinces d'Anjou, Touraine, Poitou, Angoumois, Aunis & Lodunois : autre somme de six cens cinquante livres, due pour la présente année 1709, ne sera distribuée qu'aux pauvres des pays & provinces du Maine, Perche, Beauce, Orléanois, Gâtinois, Vendômois, Blaisois, Berry, Nivernois & Auxerrois; & que même somme de six cens cinquante livres, qui sera due pour l'année 1710, ne sera distribuée qu'aux pauvres des pays & provinces d'Artois, Calais, Boulogne, comté d'Eu, de toute la Picardie & de l'Isle de France; & qu'après que lesdites quatre années seront révolues, l'on continuera, suivant le même ordre, & dans le cours de quatre années successivement, la distribution de la somme de six cens livres, que l'Hôpital-Général doit fournir par chacun an, à perpétuité, pour les pauvres desdites Provinces, à commencer du premier Janvier 1711, & qu'en payant par le receveur de l'Hôpital-Général lesdites sommes, sur les quittances des personnes qui seront désignées par notre procureur-général, conformément audit contrat, l'Hôpital-Général en demeurera valablement quitte & déchargé. Si te mandons mettre le présent arrêt à due & entiere exécution, selon sa forme & teneur. De ce faire te donnons pouvoir. Donné à Paris, en notredite cour de Parlement, le dix-sept Juin, l'an de grace mil sept cent neuf, & de notre regne le soixante-septieme. Par la chambre. *Signé*, LORNE.

DÉCLARATION DU ROI,

POUR la contribution à la subsistance des pauvres de l'Hôpital-Général, *de* l'Hôtel-Dieu *& des Paroisses de Paris.*

Du 3 Septembre 1709.

LOUIS, par la grace de Dieu, roi de France & de Navarre : A tous ceux qui ces présentes lettres verront, SALUT. Par l'article 35 de nos lettres-patentes, en forme d'édit, du mois d'Avril 1656, portant établissement de l'Hôpital-Général de notre bonne ville de Paris, nous avons ordonné, qu'à la réserve seulement de l'Hôtel-Dieu & autres

Hôpitaux qui y sont énoncés, & des quatre Mendians, tous les corps & communautés, & tous les particuliers, contribueroient à l'établissement & subsistance dudit œuvre, chacun à proportion de ses forces, à quoi faire ils seroient invités, & faute de le faire volontairement, cottisés selon les anciens réglemens par notre cour de Parlement, à la requisition de notre procureur-général, ainsi qu'il est expliqué plus au long par ledit article. Et comme nous apprenons que l'Hôpital-Général est chargé d'une si grande multitude de pauvres que ses revenus ordinaires pourroient à peine suffire à en nourrir la moitié; que d'ailleurs le nombre des malades augmente dans l'Hôtel-Dieu, & qu'il n'est pas moins nécessaire de pourvoir aux besoins des pauvres des paroisses, qui, n'étant pas suffisamment secourus, retomberoient bientôt sur l'un ou l'autre de ces deux Hôpitaux, & acheveroient de les accabler; nous avons cru qu'il étoit tems de recourir à un remede dont la nécessité n'est que trop certaine, & nous souhaitons, en l'employant, que la charité de tous ceux qui sont en état de contribuer à la subsistance & au soulagement des pauvres, soit assez abondante pour nous épargner la peine d'en diminuer le mérite, en la rendant moins volontaire, & qu'ils suivent en cela l'exemple de notre cour de Parlement & de celles de nos autres cours, qui ont déja prévenu nos souhaits, en se cotisant elles-mêmes. A CES CAUSES & autres à ce nous mouvant, de l'avis de notre Conseil, & de notre certaine science, pleine puissance & autorité royale, nous avons, par ces présentes, signées de notre main, dit, déclaré & ordonné, disons, déclarons & ordonnons, voulons & nous plaît,

PREMIÉREMENT.

Que l'article 35 de nos lettres-patentes d'établissement de l'Hôpital-Général de notre bonne ville de Paris soit exécuté selon sa forme & teneur; & en conséquence, que toutes les communautés laïques & ecclésiastiques, séculieres & régulieres, de l'un & de l'autre sexe, de notre bonne ville de Paris, à la réserve seulement de celles où l'hospitalité est actuellement exercée, comme aussi tous les particuliers de quelque état & condition qu'ils soient, soient incessamment invités, ainsi qu'il sera dit ci-après, à contribuer, chacun selon ses forces, à la subsistance des deux Hôpitaux ci-dessus marqués, & des pauvres des paroisses, pendant le cours d'une année seulement, à commencer le premier Octobre prochain, jusqu'au premier Octobre 1710.

II. Ordonnons à cet effet que, dans huitaine au plus tard, à compter du jour de l'enregistrement & publication des présentes, il soit tenu, dans chaque paroisse de notredite ville, une assemblée extraordinaire, composée du curé, des marguilliers en charge, & des anciens marguilliers, dans laquelle il sera fait choix de tel nombre de notables bourgeois qu'il sera jugé nécessaire, eu égard à la grandeur de la paroisse, lesquels se transporteront chacun dans la portion de ladite paroisse qui lui sera assignée, pour y recevoir dans chaque maison les offres que ceux qui y demeurent voudront leur faire, desquelles ils tiendront un registre exact, contenant les noms de ceux qui les auront faites, & les sommes qu'ils auront déclaré vouloir donner, de mois en mois, dans lequel registre seront pareillement marqués les noms de ceux qui auront refusé de contribuer à cette aumône générale.

III. Voulons que ceux qui dans le premier Octobre prochain n'auront pas déclaré la somme qu'ils voudront y contribuer, ou qui n'auront pas fait d'offres suffisantes, soient cotisés dans les rôles qui seront faits à cet effet, en la forme qui sera réglée par notre cour de Parlement, à la requisition de notre procureur-général, conformément audit article 35 des lettres-patentes d'établissement dudit Hôpital-Général, & ce, en telle sorte, que toutes les sommes qui proviendront des offres volontaires, ou des cotisations qui seront faites pour suppléer au défaut ou insuffisance des offres, montent au moins à la somme de cinquante mille livres par mois pendant le cours de l'année ci-dessus marquée.

IV. Il sera nommé dans chaque paroisse, par l'assemblée qui sera tenue, ainsi qu'il a été dit ci-dessus, un ou plusieurs receveurs charitables, pour recevoir les aumônes de leur paroisse, & les remettre ensuite entre les mains du receveur de l'Hôtel de notre bonne ville de Paris, pour être employées aux besoins les plus pressans de l'Hôtel-Dieu, de l'Hôpital-Général, & des pauvres des paroisses, ainsi qu'il sera réglé par les chefs de la direction desdits Hôpitaux, avec les directeurs & administrateurs desdits Hôpitaux.

V. N'entendons comprendre dans les articles précédens, en ce qui regarde la forme de contribuer à l'aumône générale que nous établissons par ces présentes, les officiers de nos Cours supérieures, à l'égard desquels nous voulons que les délibérations qui y ont été ci-devant faites, ou qui y seront faites avant le premier Octobre prochain, soient exécutées selon leur forme & teneur; & seront les sommes auxquelles elles se trouveront cotisées, reçues par les greffiers desdites compagnies, ou autres personnes qu'elles jugeront à propos de commettre à cet effet, pour être ensuite remises entre les mains du receveur général de l'Hôtel de ladite ville de Paris, & employées ainsi qu'il a été dit dans l'article précédent.

VI. N'entendons aussi que ce qui sera fait en exécution de notre présente déclaration, puisse nuire ni préjudicier à la taxe ordinaire du grand bureau des pauvres, laquelle sera payée en la maniere accoutumée, & sans y rien innover; & ce, conformément à l'article 7 de nosdites lettres-patentes d'établissement de l'Hôpital-Général de notre bonne ville de Paris. Si donnons en mandement à nos amés & féaux conseillers les gens tenant notre cour de Parlement à Paris, que ces présentes ils aient à faire lire, publier & enregistrer, & le contenu en icelles garder, observer & exécuter selon leur forme & teneur. Car tel est notre plaisir : en témoin de quoi, nous avons fait mettre notre scel à cesdites présentes. Donné à Versailles, le troisieme jour de Septembre, l'an de grace mil sept cent neuf, & de notre regne le soixante-septieme. *Signé*, LOUIS. *Et plus bas*, par le roi, PHELYPEAUX. Vu au Conseil, DESMARETZ. *Et scellé du grand sceau de cire jaune.*

Registrées oui ce requérant le procureur-général du roi, pour etre exécutées selon leur forme & teneur, suivant l'arret de ce jour. A Paris, en Parlement, le sept Septembre mil sept cent neuf. Signé, DONGOIS.

DÉCLARATION DU ROI,

Pour la subsistance des pauvres de l'Hôtel-Dieu *& de* l'Hôpital-Général *de Paris.*

Du 22 Octobre 1709.

LOUIS, par la grace de Dieu, roi de France & de Navarre : à tous ceux qui ces présentes lettres verront, SALUT. Par notre déclaration du 3 Septembre dernier, nous avons ordonné que, conformément à l'article 35 des lettres-patentes d'établissement de l'Hôpital-Général de notre bonne ville de Paris, toutes les communautés laïques & ecclésiastiques, séculieres & régulieres, de l'un & de l'autre sexe, de notredite ville, à la réserve seulement de celles ou l'hospitalité est actuellement exercée; comme aussi tous les particuliers, de quelque état & condition qu'ils fussent, seroient invités à contribuer, chacun selon ses forces, à la subsistance de l'Hôtel-Dieu, de l'Hôpital-Général & des pauvres des paroisses, pendant le cours d'une année seulement, & que ceux qui, dans le premier Octobre, lors prochain, n'auroient pas déclaré la somme qu'ils voudroient y contribuer, ou qui n'auroient pas fait d'offres suffisantes, seroient cotisés par notre cour de Parlement, à la requisition de notre procureur-général, conformément audit article 35, ainsi qu'il est plus au long expliqué par notre déclaration; mais nous apprenons que les offres qui ont été

été faites en exécution de cette déclaration, sont tellement insuffisantes, que si l'on s'y arrêtoit, il n'y auroit aucune proportion entre les besoins des pauvres & les secours qu'on leur procureroit par cette voie. On nous a représenté d'ailleurs que quand on suppléeroit à l'insuffisance des offres volontaires par des cotisations forcées, suivant l'article 3 de notredite déclaration, ces cotisations, qui ne pourroient presque se faire que par états & par professions, seroient ou injustes, si on les mesuroit aux forces des personnes aisées dans chaque état, ou insuffisantes, si on les proportionnoit à la foiblesse des autres, qui composent le plus grand nombre; & qu'enfin, de quelque maniere qu'on pût régler ces cotisations, le recouvrement en seroit toujours long, à cause de la multitude des contribuables, pénible pour ceux qui en seroient chargés, sujet à un détail infini de plaintes & d'oppositions, & infructueux par le grand nombre de non-valeurs, qu'on ne pourroit éviter. Ainsi, pour procurer aux pauvres un secours qui soit également juste & proportionné à leurs besoins, & dont le recouvrement soit aussi prompt que facile, nous avons cru ne pouvoir suivre une regle, ni plus équitable en elle-même, ni plus simple dans son exécution, que d'obliger les propriétaires qui occupent leurs maisons, & les principaux locataires, à contribuer au soulagement des pauvres, à proportion de ce qu'ils payoient ci-devant pour le nettoiement des rues & l'entretien des lanternes, en accordant à ceux desdits propriétaires ou principaux locataires qui n'occupent pas entiérement les maisons dans lesquelles ils demeurent, leurs recours contre leurs locataires ou sous-locataires, à proportion des loyers qu'ils en reçoivent. Nous nous portons même d'autant plus volontiers à prendre cette voie, que nous savons qu'elle a déjà été pratiquée dans des besoins semblables, & que la même proportion que nous jugeons à propos de suivre en cette occasion, fut établie par un arrêt que notre cour de parlement rendit le 26 Avril 1662, pour assurer la subsistance des pauvres renfermés dans l'Hôpital-Général, en exécution du même article 35 des lettres-patentes d'établissement de cet Hôpital, qui a servi de fondement à notre déclaration du 3 Septembre dernier. Nous souhaiterions, à la vérité, que le secours que les pauvres recevront par cette voie fût assez grand pour pouvoir suffire non-seulement aux nécessités pressantes de l'Hôtel-Dieu & de l'Hôpital-Général, mais encore à celles des pauvres des paroisses de notre bonne ville de Paris, ainsi que nous l'avions espéré dans le tems de notre déclaration du 3 Septembre dernier; mais comme les besoins de ces deux Hôpitaux sont encore considérablement augmentés depuis ce tems-là, nous avons jugé à propos de leur appliquer entiérement ce secours, & nous croyons même entrer par-là dans l'esprit de la plupart des curés de notre bonne ville de Paris, qui, prévoyant bien que la plus grande partie du fonds qui proviendra de cette contribution générale sera consommée pour le soutien de ces deux grands Hôpitaux, craignent que si on comprend les pauvres de leurs paroisses dans le nombre de ceux qui doivent être l'objet de cette contribution, le foible secours qu'ils en recevront ne serve de prétexte à plusieurs de leurs paroissiens pour leur en refuser de plus grands, & ne les prive peut-être de la ressource qu'ils esperent de trouver dans la piété libre & volontaire des personnes charitables de leurs paroisses. A CES CAUSES, de l'avis de notre Conseil, & de notre certaine science, pleine puissance & autorité royale, nous avons, par ces présentes, signées de notre main, dit, déclaré & ordonné, disons, déclarons & ordonnons, voulons & nous plaît,

PREMIÉREMENT.

Que, sans tirer à conséquence, & pour le cours d'une année seulement, à commencer depuis le premier du présent mois d'Octobre jusqu'au premier Octobre 1710, tous propriétaires & usufruitiers occupans leurs maisons dans notre bonne ville & fauxbourgs de Paris, comme aussi tous principaux locataires ou détempteurs, de quelque état & condition que les uns & les autres soient, sans aucune exception, paieront, dans les termes ci-après marqués, le double de la somme pour laquelle les maisons qu'ils occupent étoient ci-devant employées dans les rôles des boues & lanternes, à l'effet de quoi il en sera fait de nouveaux rôles, qui seront déclarés exécutoires par notre cour de Parlement, même en tems de vacations.

II. Les propriétaires qui louent une partie de la maison qu'ils occupent, paieront la somme entiere pour laquelle la maison sera employée dans lesdits rôles, sauf leur recours contre les locataires, pour la part que lesdits locataires en doivent payer, à proportion de leurs loyers, & de ce que la portion de la maison que les propriétaires occupent en devra porter.

III. Les principaux locataires auront le même recours contre les sous-locataires, qui seront tenus d'y contribuer chacun au sol la livre de leurs baux.

IV. En cas que dans les maisons qui ne sont pas occupées par le propriétaire, il y ait plusieurs locataires qui tiennent également de lui plusieurs portions de maison, ils contribueront, chacun dans la même proportion, au paiement de la somme pour laquelle lesdites maisons seront employées dans les rôles qui seront faits en exécution des présentes.

V. Et à l'égard des maisons qui ne sont ni occupées par ceux auxquels elles appartiennent, ni actuellement louées, les propriétaires seront tenus de payer la moitié de la somme qui sera portée par le rôle, sauf à eux d'en stipuler le remboursement de leurs locataires, lorsqu'ils loueront lesdites maisons.

VI. Toutes les communautés laïques & ecclésiastiques, séculieres & régulieres, de l'un & de l'autre sexe, de notre bonne ville de Paris, à la réserve seulement de celles où l'hospitalité est actuellement exercée, seront pareillement tenues de payer le double de la somme pour laquelle elles étoient aussi employées dans les rôles des boues & lanternes, & ce, pour les maisons où elles sont établies, & qui sont comprises dans leur enceinte ; & à l'égard de celles qu'elles n'occupent pas, ou qui ne sont pas dans ladite enceinte, il en sera usé, à l'égard desdites communautés comme à l'égard des autres propriétaires, suivant ce qui a été réglé ci-dessus.

VII. Et comme il se trouve plusieurs maisons dans l'étendue des cloîtres, & dans l'enceinte de quelques communautés, qui sont occupées par différens particuliers à titre de loyer ou autrement, & qu'il est juste que ces locataires ou détempteurs contribuent comme les autres au secours des deux Hôpitaux, qui sont les principaux objets de la charité publique ; nous ordonnons qu'il sera fait incessamment des rôles particuliers, qui seront pareillement déclarés exécutoires par notre cour de Parlement, dans lesquels seront compris les principaux locataires ou détempteurs desdites maisons, sur le même pied que ceux qui occupent des maisons à peu près pareilles dans le reste de notre bonne ville de Paris ; & ce, nonobstant tous privileges, exemptions & autres causes que l'on prétendroit opposer, auxquels nous avons dérogé & dérogeons pour ce regard.

VIII. Voulons aussi que les propriétaires, principaux locataires, & autres détempteurs de maisons, qui peuvent avoir été omises dans les anciens rôles des boues & lanternes, ou qui ont été nouvellement bâties, soient sujets à la même contribution, & qu'à cet effet, il en soit pareillement dressé un rôle particulier.

IX. Le paiement des sommes qui seront portées par les rôles sera fait en deux termes, le premier, dans le mois de Novembre prochain, & le second, dans le mois de Janvier suivant.

X. Les cotisations faites par lesdits rôles seront payées par privilege & préférence à toutes créances, même à celle des propriétaires, & à nos propres deniers.

XI. Les sommes qui proviendront desdites cotisations seront employées en entier aux besoins les plus pressans de l'Hôtel-Dieu & de l'Hôpital-Général, ainsi qu'il sera réglé par les chefs des deux administrateurs, avec les administrateurs & directeurs desdits Hôpitaux; & à l'égard des pauvres des paroisses, il y sera pourvu par les soins des assemblées ordinaires de charité, établies dans les paroisses de notredite ville.

XII. Il sera nommé par lesdits chefs de la direction desdits Hôpitaux, avec lesdits directeurs & administrateurs, un receveur général & vingt receveurs particuliers sous ledit receveur général, pour recevoir, chacun dans le quartier de notredite ville de Paris qui lui sera assigné, les sommes provenantes des cotisations ci-dessus réglées, & les remettre entre les mains du receveur général, dans le tems & dans l'ordre qui sera prescrit par lesdits chefs & directeurs.

XIII. Les commissions en vertu desquelles ils agiront & feront le recouvrement & la recette des deniers provenans desdites cotisations, seront signées au moins de deux desdits chefs, & de six desdits administrateurs & directeurs.

XIV. Il sera en outre fait choix de trois administrateurs de l'Hôtel-Dieu, & autant de l'Hôpital-Général, pour avoir l'inspection des quartiers, qu'ils partageront entr'eux, ainsi qu'ils le jugeront à propos, & veiller au recouvrement des sommes portées par les rôles, à l'effet de quoi ils s'assembleront dans le bureau de l'Hôtel-Dieu aux jours & heures qu'ils estimeront nécessaires.

XV. Les oppositions qui pourront être formées à l'exécution des rôles, ne seront reçues en notre cour de Parlement, qu'en rapportant la quittance du premier paiement, qui sera jointe à la requête contenant les moyens d'opposition, sur laquelle il sera ordonné qu'elle sera communiquée au bureau particulier des six administrateurs & directeurs, pour y mettre leur réponse dans trois jours, & y être ensuite statué sur les conclusions de notre procureur-général, sans autre forme ni figure de procès.

XVI. Les comptes du receveur général seront rendus pardevant les chefs des deux administrations, & lesdits administrateurs & directeurs desdits Hôpitaux.

XVII. Voulons, au surplus, que les receveurs qui avoient été nommés dans plusieurs paroisses de notre bonne ville de Paris, en exécution de notre déclaration du 3 Septembre dernier, demeurent déchargés, en vertu des présentes, d'exercer cette fonction. Si donnons en mandement à nos amés & féaux conseillers, les gens tenant notre cour de Parlement à Paris, que ces présentes ils aient à faire lire, publier & registrer, même en tems de vacations, & le contenu en icelles garder, observer & exécuter selon leur forme & teneur, nonobstant tous édits, déclarations, réglemens & autres choses à ce contraires, auxquelles nous avons dérogé & dérogeons par cesdites présentes : car tel est notre plaisir; en témoin de quoi nous avons fait mettre notre scel à cesdites présentes. Donné à Versailles, le vingt-deuxieme jour d'Octobre, l'an de grace mil sept cent neuf, & de notre regne le soixante-septieme. *Signé*, LOUIS; *& plus bas*, par le roi, PHELYPEAUX. Vu au Conseil, DESMARETZ. *Et scellées du grand sceau de cire jaune.*

Registrées, oui & ce requérant le procureur-général du roi, pour être exécutées selon leur forme & teneur, suivant l'arrêt de ce jour. A Paris, en Parlement, en vacations, le 25 Octobre 1709. Signé GUYHOU.

ARRÊT DU PARLEMENT,

Qui ordonne l'exécution des rôles qui seront arrêtés en conséquence de la déclaration du roi, du 20 Octobre dernier, pour la subsistance des pauvres de l'Hôtel-Dieu *& de* Hôpital-Général *de la ville de Paris.*

Du 13 Novembre 1709.

Vu par la Cour la requête à elle présentée par le procureur-général du roi, contenant qu'ayant plu au roi d'ordonner, par sa déclaration du 20 Octobre dernier, registrée en la Cour le vingt-cinq dudit mois, que tous propriétaires & usufruitiers occupans leurs maisons dans cette ville & fauxbourgs de Paris, comme aussi tous principaux locataires ou détempteurs, de quelque état & condition qu'ils soient, sans aucune exception, paieroient, pour contribuer à la subsistance des pauvres de l'Hôtel-Dieu & de l'Hôpital-Général de ladite ville, le double de la somme pour laquelle les maisons qu'ils occupent étoient ci-devant employées dans les rôles des boues & lanternes, il en avoit été fait de nouveaux rôles à la diligence des administrateurs desdits Hôpitaux, pour l'exécution desquels le procureur-général du roi avoit recours à ladite Cour; requérant qu'il plût à ladite Cour d'ordonner que lesdits rôles seroient exécutés, & en conséquence, que lesdits propriétaires & usufruitiers, locataires ou détempteurs y dénommés, seroient tenus de payer, dans les termes portés par ladite déclaration, entre les mains des receveurs particuliers de chaque quartier, nommés par les administrateurs desdits Hôpitaux, les sommes pour lesquelles ils y sont cotisés; à quoi faire ils seroient contraints par toutes voies dues & raisonnables, conformément à ladite déclaration. Vu aussi ladite déclaration; la matiere mise en délibération : LADITE COUR, faisant droit sur la requête du procureur-général du roi, ordonne qu'à sa requête, lesdits rôles seront exécutés, & en conséquence, que tous lesdits propriétaires & usufruitiers, locataires ou détempteurs y dénommés, seront tenus de payer, dans les termes portés par ladite déclaration, entre les mains des receveurs particuliers de chaque quartier, nommés par lesdits administrateurs desdits Hôpitaux, les sommes pour lesquels ils y sont cotisés; à quoi faire ils seront contraints par les voies portées par ladite déclaration. Fait en Parlement, le treizieme de Novembre mil sept neuf. Collationné. *Signé*, DONGOIS.

ARRÊT DU PARLEMENT,

Rendu en exécution de la déclaration du 22 Octobre 1709, pour le paiement de la taxe établie par ladite déclaration, en faveur de l'Hôtel-Dieu *& de* l'Hôpital-General.

Du 29 Janvier 1710.

Vu par la Cour la requête à elle présentée par le procureur-général du roi, contenant que le roi ayant ordonné par l'article 4 de sa déclaration du 22 Octobre dernier, registrée en la Cour le 25 du même mois, que dans les maisons occupées par plusieurs locataires, qui tiennent tous également du propriétaire les portions de maisons qu'ils occupent, ils contribueroient, chacun à proportion des loyers qu'ils paient, au paiement de la somme pour laquelle lesdites maisons seroient employées dans les rôles qui seroient faits en exécution de cette déclaration, cet article n'a pu encore être exécuté, par la difficulté qu'on a trouvée à savoir exactement à quoi se montent les loyers qui sont payés par chacun desdits locataires, sans quoi il est impossible de faire entre eux une répartition exacte de la somme totale dont la maison qu'ils occupent est chargée, & de connoître la part & portion que chacun d'eux en doit supporter : d'ailleurs, les propriétaires qui louent une partie de la maison qu'ils occupent, & les principaux locataires étant seuls chargés de payer la somme pour laquelle ladite maison est employée dans les rôles, sauf leur recours contre les locataires ou sous-locataires, à proportion des loyers qu'ils en reçoivent, il y en a plusieurs qui ont représenté qu'il étoit nécessaire de régler la forme en laquelle ils exerceroient ce recours, & de le faire d'une maniere si simple & si sommaire, qu'elle ne fût onéreuse ni au propriétaire ou principal locataire, ni à ceux qui tiennent de lui: enfin quoique les deux termes prescrits par ladite déclaration du 22 Octobre soient presque expirés, il y a néanmoins très-peu de personnes qui se soient mis en devoir d'y satisfaire; & avant que de se porter à la fâcheuse extrémité d'user de contrainte en cette matiere, il est de l'équité & de la sagesse de la Cour de préfinir un dernier délai, dans lequel chacun des contribuables sera tenu de payer sa cotisation : mais afin que cette indulgence que la Cour aura pour eux soit plus efficace pour le soulagement des pauvres de l'Hôtel-Dieu & de l'Hôpital-Général, dont le nombre augmente tous les jours, il paroît nécessaire de n'accorder ce dernier terme, qu'à condition que ceux qui n'en profiteront pas, & contre lesquels il sera nécessaire d'user de contrainte, seront tenus de payer le double de la somme dont ils se trouveront redevables, dans le tems que la contrainte sera exercée; & il y a lieu d'espérer que cette rigueur apparente sera utile en effet aux débiteurs mêmes, puisqu'en les engageant à prévenir les contraintes, elle leur épargnera aussi les frais des poursuites auxquelles ils seroient nécessairement exposés, s'ils refusoient encore, après ce dernier avertissement, de procurer à l'Hôtel-Dieu & à l'Hôpital-Général un secours qui seroit inutile, s'il étoit plus long-tems différé. A ces causes, il plût à ladite Cour y pourvoir, suivant les conclusions par lui prises par ladite requête, signée de lui procureur-général du roi : oui le rapport de maître François Robert, conseiller; la matiere mise en délibération :

LA COUR, faisant droit sur la requête du procureur-général du roi, ordonne que dans les maisons occupées par plusieurs locataires qui tiennent tous également des propriétaires desdites maisons les portions qu'ils y louent, lesdits propriétaires seront tenus, dans huitaine après la publication du présent arrêt, de fournir au receveur du quartier dans lequel lesdites maisons sont situées, un état certifié véritable, & signé d'eux, des loyers de chaque portion desdites maisons, pour être ensuite par les six administrateurs, tant de l'Hôtel-Dieu que de l'Hôpital-Général, nommés en exécution de l'article 14 de ladite déclaration, arrêté l'état de répartition des sommes que chaque locataire sera tenu de payer, suivant laquelle répartition, il sera procédé à la recette desdites sommes par le receveur du quartier; & faute par lesdits propriétaires d'avoir fourni ledit état véritable dans ledit tems, ils seront contraints, même solidairement, en cas que la maison appartienne en commun à plusieurs propriétaires, au paiement de la somme entiere pour laquelle ladite maison est employée dans lesdits rôles. Et à l'égard des maisons qui sont divisées entre plusieurs propriétaires, dont chacun n'en possede qu'une portion, le propriétaire de chaque portion sera pareillement tenu de donner l'état des locataires qui tiennent de lui leur logement dans ladite portion. Ordonne que les propriétaires ou principaux locataires qui auront payé la part & portion dont les locataires ou sous-locataires sont tenus, pourront les contraindre pour ladite part, à proportion des loyers qu'ils en reçoivent, & ce, en vertu des rôles déclarés exécutoires par arrêt du 13 Novembre dernier, sans qu'il soit besoin d'aucune autre formalité ni procédure, auquel effet leur sera seulement délivré par le receveur du quartier un extrait du rôle concernant ladite maison & de leur quittance, lequel extrait ſera viſé au moins par deux deſdits ſix adminiſtrateurs, & ſera la contrainte faite par un huiſſier de la Cour, en laquelle, en cas de conteſtation, les parties ſe pourvoiront pour y être réglées ſommairement à l'audience, ainſi qu'il appartiendra. Seront, au ſurplus, ladite déclaration du 22 Octobre, & ledit arrêt du 13 Novembre dernier, exécutés ſelon leur forme & teneur, & en conſéquence, tous ceux qui n'ont pas encore payé les ſommes pour leſquelles les maiſons qu'ils occupent ſont employées dans leſdits rôles, ſeront tenus de payer leſdites ſommes en entier, dans le mois de Février prochain; autrement, & à faute de ce faire, ledit tems paſſé, ils y ſeront contraints par toutes voies dues & raiſonnables, en vertu du préſent arrêt, ſans qu'il en ſoit beſoin d'autre. Et ceux qui auront payé par contrainte ſeulement, même après la ſimple ſignification du rôle, avec commandement d'y ſatisfaire, ſeront tenus de payer le double de la ſomme dont ils ſe trouveront redevables, à quoi faire ils ſeront contraints par les mêmes voies; & ſera le préſent arrêt publié & affiché par-tout où beſoin ſera. Fait en Parlement, le vingt-neuvieme Janvier mil ſept cent dix. *Signé*, DONGOIS.

ARRÊT DU PARLEMENT,

CONCERNANT l'aumône qui doit être payée aux pauvres.

Du 18 Mars 1711.

VU par la Cour, la requête à elle préſentée par le procureur-général du roi, contenant qu'il reſte encore pluſieurs propriétaires & locataires de maiſons ſitués en cette ville & fauxbourgs de Paris, qui par une eſpece de dureté pour les pauvres, ont refuſé juſqu'à préſent, de payer les ſommes pour leſquelles les maiſons qu'ils occupent ſont employées dans les rôles qui ont été faits en exécution de la déclaration du roi, du 22 Octobre 1709, & déclarés exécutoires par l'arrêt de ladite Cour, du 13 Novembre ſuivant, en faveur de l'Hôtel-Dieu & de l'Hôpital-Général, ſans même que la peine portée par le dernier arrêt, de payer le double, lorſqu'on ſeroit obligé d'uſer de contrainte après la ſignification du rôle avec commandement d'y ſatisfaire, les ait pu engager à faire cette aumône, enſorte qu'il a fallu faire, à la requête du procureur-général, pluſieurs ſaiſies entre les mains de leurs locataires & autres débiteurs, pour leur épargner la peine & les frais de l'exécution, & de la vente de leurs meubles; & quoique ce dernier ménagement eût dû les exciter à s'acquitter enfin d'une dette ſi légitime, il y en a encore pluſieurs qui attendent l'effet de ces ſaiſies; & comme elles produiroient de grands frais s'il falloit en pourſuivre ſéparément l'exécution, le procureur-général du roi a cru devoir recourir à l'autorité de la Cour pour y être pourvu. A CES CAUSES, il lui plût ordonner que les propriétaires & locataires qui reſtent débiteurs de ladite aumône, ſeront tenus de payer les ſommes portées par les rôles, avec les frais de commandemens & ſaiſies, dans le cours du préſent mois de Mars, pour toute préfixion & délai, ſinon & à faute de ce faire, & ledit tems paſſé, qu'en conſéquence des ſaiſies faites à la requête du procureur-général du roi, & de celles qui par la ſuite ſeront faites, à ſa requête, pourſuite & diligence des receveurs de chaque quartier, en exécution de la déclaration du roi & des arrêts de ladite Cour, des 22 Octobre & 13 Novembre 1709, & 29 Janvier 1710, les locataires, payeurs des rentes & autres débiteurs, entre les mains deſquels leſdites ſaiſies auront été faites, ſeront contraints de payer par les voies qu'ils y ſont obligés, entre les mains deſdits receveurs, le double deſdites ſommes pour leſquelles leſdites maiſons ſont employées dans leſdits rôles, avec les frais des commandemens & ſaiſies; quoi faiſant, ils en demeureront d'autant quittes & valablement déchargés, en vertu de l'arrêt qui interviendra sur la présente requête, qui sera exécuté nonobstant toutes oppositions, saisies & empêchemens, & sans y préjudicier, ladite requête signée du procureur-général du roi. Oui le rapport de maître François Robert, conseiller, & tout considéré :

LA COUR, ayant égard à la requête du procureur-général du roi, ordonne que les propriétaires & locataires qui restent débiteurs de ladite aumône, seront tenus de payer les sommes portées par les rôles, avec les frais de commandemens & saisies, dans le cours du présent mois de Mars, pour toutes préfixions & délai, sinon & à faute de ce faire, & ledit tems passé, qu'en conséquence des saisies faites, à la requête du procureur-général du roi, & de celles qui par la suite seront faites à sa requête, poursuite & diligence des receveurs de chaque quartier, en exécution de la déclaration du roi, & des arrêts de ladite Cour, des 22 Octobre & 13 Novembre 1709, & 29 Janvier 1710, les locataires, payeurs des rentes & autres débiteurs, entre les mains desquels lesdites saisies auront été faites, seront contraints de payer par les voies qu'ils y sont obligés, entre les mains desdits receveurs, le double des sommes pour lesquelles lesdites maisons sont employées dans lesdits rôles, avec les frais des commandemens & saisies; quoi faisant, ils en demeureront d'autant quittes & valablement déchargés, en vertu du présent arrêt, lequel sera exécuté nonobstant toutes oppositions, saisies & empêchemens, & sans y préjudicier. Fait en Parlement, le dix-huitieme Mars mil sept cent onze.

Signé, DONGOIS.

ARRÊT DU PARLEMENT,

En faveur des pauvres.

Du 31 Mars 1711.

VU par la Cour la requête à elle présentée par le procureur-général du roi, contenant que me Jacques-Louis Canto, prêtre, Chanoine régulier, curé de la paroisse Saint-Médard de cette ville, ayant été, par arrêts des 19 Août 1700, 3 Juin 1701, & 8 Février 1704, nommé pour gérer les affaires & biens de la succession vacante de dame Claude Duval, veuve de Barthelemi Morand, vivant payeur des rentes assignées sur l'hôtel-de-ville, il a obtenu, sur sa requête, le 19 Mars 1708, un autre arrêt qui a ordonné qu'il rendroit compte pardevant le procureur-général du roi, de la gestion & administration qu'il a faite en conséquence, tant en recette que dépense, des biens & effets de ladite succession; & en exécution de cet arrêt, a présenté son compte, lequel ayant été examiné, clos & arrêté par le procureur-général du roi, ledit sieur Canto s'est trouvé par le *finito* dudit compte en avance de huit mille quatre cents quatre-vingt-dix-sept livres dix sols, dont il a été ordonné, par arrêt du 20 Janvier dernier, qu'il seroit remboursé sur les effets restants de ladite succession, & qu'à cette fin la rente de quatre cents soixante-quinze livres, constituée moyennant neuf mille cinq cents livres de principal, par les prévôt des marchands & échevins de cette ville, sur les aides & gabelles, par contrat passé devant de Troyes & Nera, notaires au Châtelet, le 16 Mars 1682, au profit de Jacques Marignier, avocat en la Cour, qui en a fait le même jour déclaration au profit de ladite défunte dame Morand, seroit délaissée audit Canto, aux offres par lui faites de payer, au profit de ladite succession, l'excédant de ladite somme, montant à celle de mille deux livres dix sols, à la déduction des frais de sa demande & dudit arrêt. Et comme l'examen de ce compte a fait connoître au procureur-général du roi, qu'il ne reste plus d'effets de cette succession vacante de ladite dame Morand que cette somme de mille deux livres dix sols, le contrat de deux cents cinquante livres de rente, en principal de cinq mille livres dues par la dame d'Harcourt ; & la rente de treize cents soixante-quatre livres constituée sur les aides & gabelles, par contrat du 30 Juillet 1680, au principal de vingt-sept mille cent quatre-vingt livres, chargés de onze cents cinquante livres de pension viagere, payable, savoir, trois cents cinquante livres au sieur Alexandre Parain, deux cents livres à chacune de ses deux filles, & pareille somme de deux cents livres à chacune des filles de René Parain ; qu'ainsi ce reste d'effets est fort éloigné des fonds que la défunte dame Morand avoit supposé devoir se trouver dans sa succession, & qu'elle avoit destiné, tant pour établir des prêtres dans les lieux des provinces de ce royaume les plus éloignés qui en auroient besoin, & auxquels seroit donné pour leur subsistance trois cents livres par an, que pour le soulagement des pauvres malades desdits lieux, où il ne se trouveroit point de confrérie de charité établie. Il semble qu'il seroit plus utile de se renfermer dans ce second objet de la charité de la testatrice, en destinant les revenus que les fonds restants pourront produire, au soulagement des pauvres des provinces, soit en les y faisant distribuer jusqu'à la concurrence de douze cents livres, conjointement avec l'aumône procédant du sieur Courlandon, soit en appliquant le surplus à l'Hôpital-Général, tant en considération du grand nombre de pauvres de toutes les provinces, que leurs infirmités ou le secours qu'ils cherchent dans la mendicité y attirent, & qui y reçoivent les assistances spirituelles & corporelles dont ils ont besoin, qu'à condition que les directeurs de l'Hôpital-Général se chargeront des effets restants, pour en faire le recouvrement, & fournir chaque année, lorsque lesdites pensions viageres, montant à la somme de onze cents cinquante livres, seront éteintes, sur les quittances des personnes qui seront désignées par le procureur-général du roi, la somme de douze cents livres, pour être distribuée, conjointement avec celle de douze cents livres, qu'ils sont tenus de payer pour l'exécution du legs du sieur de Courlandon, conformément à l'arrêt du 17 Juin 1709, à ces causes il plût à ladite Cour y pourvoir, suivant les conclusions par lui prises par ladite requête signée de lui procureur-général : Oui le rapport de m^e^ François Robert, conseiller : tout considéré. LA COUR ayant égard à la requête du procureur-général du roi, ordonne que ladite somme de mille deux livres dix sols, le contrat de deux cents cinquante livres de rente rachetable de cinq mille livres, dues par ladite d'Harcourt, & la rente de treize cents soixante-quatre livres, constituée sur les aides & gabelles, par contrat du 30 Juillet 1680, au principal de vingt-sept mille cent quatre-vingt livres, & les arrérages qui en sont dus & échus, demeureront & appartiendront à l'Hôpital-Général, à la charge, après que lesdites pensions viageres seront éteintes, de fournir chaque année sur les quittances des personnes qui seront désignées par le procureur-général du roi, la somme de douze cents livres, pour être distribuée, conjointement avec pareille somme de douze cents livres, qu'ils sont tenus de payer pour l'exécution du legs de Courlandon, conformément à l'arrêt du 17 Juin 1709, ensorte néanmoins que lorsque la pension viagere due audit Alexandre Parain, ou deux des autres pensions de deux cents livres seront éteintes, les directeurs de l'Hôpital-Général commenceront à payer pour ladite aumône la somme de quatre cents livres, & l'augmenteront à mesure que les autres pensions s'éteindront, de la valeur desdites pensions, jusqu'à la concurrence de ladite somme de douze cents livres ; & en conséquence leur permet de se faire immatriculer pour ladite partie de rente sur les registres de l'hôtel-de-ville. Ordonne que les débiteurs & payeurs, tant de ladite somme de mille deux livres dix sols que desdites rentes en principaux & arrérages échus, vuideront leurs mains en celles du receveur de l'Hôpital-Général ; ce faisant, ils en demeureront valablement quittes & déchargés. Fait en Parlement, le trente-un Mars mil sept cent onze. Collationné. *Signé*, LORNE.

DÉCLARATION

DÉCLARATION DU ROI,

Qui adjuge aux Hôpitaux *la totalité des biens de ceux qui seront condamnés pour crime de duel.*

Du 28 Octobre 1711.

LOUIS, par la grace de Dieu, roi de France & de Navarre : A tous ceux qui ces présentes lettres verront : SALUT. Le succès qu'il a plu à Dieu de donner aux soins que nous avons pris pour l'abolition des duels dans toute l'étendue de notre royaume, nous oblige à redoubler de plus en plus notre application pour rendre ce crime encore moins fréquent qu'il ne l'est présentement ; & comme la crainte des peines personnelles prononcées contre les coupables, quelques rigoureuses qu'elles soient, fait quelquefois moins d'impression, & qu'elle est même souvent beaucoup moins capable de détourner du crime, que la vue de tous les malheurs dont leur famille doit être accablée par leur juste punition ; nous avons résolu d'ôter à nos Juges le droit que nous leur avons attribué par l'article 13 de notre édit du mois d'Août 1679, d'adjuger sur les deux tiers des biens des condamnés pour duels, ce qui leur paroîtroit équitable pour la nourriture & entretenement de leurs femmes & de leurs enfans, afin que ceux qui ne pourront être arrêtés par les peines qui les regardent, & que leur fureur emportera jusqu'au point de n'être pas touchés de leur propre malheur, soient du moins sensibles à celui des personnes qui leur sont aussi proches, lorsqu'ils les verront privées de toute espérance de trouver dans l'indulgence & dans la commisération de leurs juges, une ressource dans leurs disgraces ; & ces mêmes considérations nous ont porté à augmenter jusqu'aux deux tiers de la valeur des biens des condamnés, l'amende qui sera adjugée sur ce qu'ils se trouveront posséder dans les provinces où la confiscation n'a pas lieu ; & afin qu'on ne puisse même se flatter, que par les dispositions que nous pourrions faire desdites confiscations & amendes, il en put jamais rien revenir aux femmes & aux enfans des condamnés pour duels, nous avons résolu d'en faire dès-à-présent, & par ces présentes, la disposition en son entier, en donnant la totalité aux Hôpitaux, croyant ne pouvoir en faire un meilleur usage que de les destiner au soulagement des pauvres. A CES CAUSES, & autres à ce nous mouvant, de notre certaine science, pleine puissance & autorité royale, nous avons, par ces présentes signées de notre main, dit, déclaré & ordonné, disons, déclarons & ordonnons, voulons & nous plaît, que nos juges ne puissent plus dorénavant rien adjuger sur les biens des condamnés pour duels, à leurs femmes ni à leurs enfans, pour leur nourriture & entretenement, pour quelque cause & sous quelque prétexte que ce soit ; voulons que sur la totalité des biens, meubles & immeubles desdits condamnés qui nous seront confisqués, il en soit pris un tiers pour l'Hôtel-Dieu de notre bonne ville de Paris, un tiers pour l'Hôpital-Général de la même ville, & un autre tiers, tant pour l'Hôpital de la ville où est le Parlement, dans le ressort duquel le crime aura été commis, que pour l'Hôpital du siege royal le plus proche du lieu du délit, lequel tiers sera partagé également entre lesdits deux Hôpitaux ; entendons néanmoins que lorsque nous serons redevables de quelque chose que ce puisse être envers lesdits condamnés, nous en demeurerons quittes & déchargés ; & que s'il se trouve dans leurs biens des marquisats, comtés ou terres titrées, relevants immédiatement de notre couronne, ils soient réunis de plein droit à notre domaine, ensemble les autres biens qu'ils posséderont qui en auront été aliénés, sans qu'ils puissent en être distraits à l'avenir, ni que lesdits Hôpitaux puissent y rien prétendre, en vertu de notre présente déclaration ;

& si les condamnés pour ledit crime de duel, possedent des biens dans les provinces de notre royaume, où la confiscation n'a pas lieu ; voulons qu'il soit pris sur lesdits biens, au profit desdits Hôpitaux, une amende qui ne pourra être moindre que des deux tiers de la valeur desdits biens, laquelle amende sera partagée entre ledit Hôtel-Dieu & lesdits Hôpitaux, pour les mêmes portions que nous avons marquées pour lesdits biens confisqués. Voulons que les frais de capture & de justice soient payés & prélevés préférablement sur la totalité desdits biens & amendes, & qu'au surplus notre édit du mois d'Août 1679, soit exécuté en ce qu'il n'y est pas dérogé par ces présentes. Si donnons en mandement à nos amés & féaux conseillers les gens tenant notre Cour de Parlement à Paris, que ces présentes ils aient à faire lire, publier & enregistrer, & le contenu en icelles garder & faire garder & observer selon leur forme & teneur, sans permettre qu'il y soit contrevenu en quelque sorte & maniere que ce soit : car tel est notre plaisir ; en témoin de quoi nous avons fait mettre notre scel à cesdites présentes. Donné à Versailles le vingt-huitieme jour d'Octobre l'an de grace mil sept cent onze, & de notre regne le soixante-neuvieme. *Signé*, LOUIS. *Et sur le repli*, par le roi, PHELYPEAUX. *Et scellée du grand sceau de cire jaune.*

ARRÊT DU PARLEMENT,

QUI ordonne que les particuliers qui n'ont pas satisfait à l'aumône ordonnée être payée en faveur des pauvres des Hôpitaux, *par déclaration du roi du mois d'Octobre 1709, & arrêt de la Cour rendu en conséquence, seront tenus de payer les sommes pour lesquelles ils ont été compris dans les roles de ladite aumône, huitaine après la signification qui leur en sera faite ; & commet les sieurs François Breton & Michel Lemire pour en faire le recouvrement.*

Du 20 Décembre 1714.

VU par la Cour la requête à elle présentée par le procureur-général du roi, contenant que nonobstant les longs délais, la modération & les ménagemens avec lesquels on a travaillé au recouvrement de l'aumône ordonnée être levée en faveur des pauvres de l'Hôtel-Dieu & de l'Hôpital-Général de Paris, par la déclaration du roi du 22 Octobre 1709, dont les rôles ont été arrêtés & déclarés exécutoires par l'arrêt du 1, Novembre suivant, un grand nombre des plus riches & des plus accommodés propriétaires & principaux locataires des maisons, & autres débiteurs imposés dans lesdits rôles, ont toujours été refusans de payer lesdites sommes pour lesquelles ils y sont employés, sans que la peine du double desdites sommes prononcée par arrêt du 29 Janvier 1710, les poursuites qui leur ont été faites, ni l'extrême besoin des pauvres desdits Hôpitaux, aient pu les engager à donner, sur un si pieux sujet, la moindre marque de leur obéissance aux ordres du roi, ni de leur charité envers les pauvres ; ce qui fait que, restant encore dû de ladite aumône une somme considérable, dont le recouvrement est d'autant plus nécessaire auxdits Hôpitaux, que se trouvant engagés dans de très-grandes dépenses, par la cherté extraordinaire de toutes les choses nécessaires à la vie, qui les oblige à recouvrer exactement ce qui leur est dû, le procureur-général du roi a cru devoir recourir à l'autorité de la Cour pour y être pourvu. A ces causes, il plût à ladite Cour ordonner que tous les propriétaires, locataires & sous-locataires, qui restent débiteurs de ladite aumône, seront tenus de payer, dans huitaine du jour de la signification de l'arrêt qui interviendra sur la présente requête, pour tout délai, les sommes pour lesquelles ils sont employés dans les rôles, sinon & à faute de ce faire, & lesdits tems passés, qu'en exécution de la déclaration du roi, & des arrêts de ladite Cour, des 22 Octobre & 15 Novembre 1709, 29 Janvier 1710, & 18 Mars 1711, ils seront contraints pour le double desdites sommes, à la requête du procureur-général du roi, par voie de saisie, exécution & vente de meubles, & les locataires & payeurs des rentes & autres débiteurs, entre les mains desquels lesdites saisies auront été faites, pareillement contraints par les voies qu'ils y sont obligés, de payer entre les mains de François Breton & Michel Lemire, receveurs de ladite aumône, le double desdites sommes pour lesquelles lesdites maisons sont employées dans lesdits rôles, avec les frais & commandemens & saisies; quoi faisant, ils en demeureront d'autant quittes & valablement déchargés, en vertu dudit arrêt, qui sera exécuté nonobant toutes oppositions, saisies & empêchemens, & sans y préjudicier; ladite requête signée du procureur-général du roi. Oui le rapport de m^e^. François Robert, conseiller, & tout considéré :

LA COUR, ayant égard à la requête du procureur-général du roi, ordonne que les propriétaires, locataires & sous-locataires qui restent débiteurs de ladite aumône, seront tenus de payer, dans huitaine du jour de la signification du présent arrêt, pour tout délai & préfixion, les sommes pour lesquelles ils sont employés dans les rôles; sinon & à faute de ce faire, & ledit tems passé, qu'en exécution de la déclaration du roi, & des arrêts de ladite Cour, des 22 Octobre & 15 Novembre 1709, 29 Janvier 1710, & 18 Mars 1711, ils seront contraints pour le double desdites sommes, à la requête du procureur-général du roi, par voie de saisie, exécution & vente de meubles, sans que ladite peine puisse être réputée comminatoire; & que les locataires, payeurs de rentes & autres débiteurs, entre les mains desquels les saisies auront été faites, seront pareillement contraints par les voies qu'ils y sont obligés, de payer entre les mains desdits Breton & Lemire, receveurs, le double desdites sommes pour lesquelles les maisons sont employées dans lesdits rôles, avec les frais de commandemens & saisies; quoi faisant, demeureront d'autant quittes & déchargés, en vertu du présent arrêt, lequel sera exécuté, nonobstant toutes oppositions, saisies & empêchemens, & sans y préjudicier : & sera le présent arrêt publié & affiché par-tout où besoin sera. Fait en Parlement, le vingtieme Décembre mil sept cent quatorze. *Signé*, DONGOIS.

ARRÊT DU PARLEMENT,

QUI permet les quêtes qui se font dans toutes les églises de Paris pour l'Hôpital-Général, *& qui fait défenses à toutes personnes que ce puisse être de troubler & empêcher lesdites quêtes, à peine de* trois cents livres d'amende, *&c.*

Du 6 Mars 1733.

VU par la Cour la requête à elle présentée par les directeurs & administrateurs de l'Hôpital-Général de cette ville de Paris, contenant que par l'article 36 de l'édit d'établissement de l'Hôpital-Général, de l'année 1656, enregistré en la Cour, ayant été permis aux directeurs dudit Hôpital toutes quêtes, troncs, bassins, grandes & petites boîtes, en toutes les églises de la ville & fauxbourgs de Paris, les pauvres dudit Hôpital en ont reçu du soulagement par le passé; mais les femmes établies pour lesdites quêtes ayant été troublées depuis quelque tems dans plusieurs églises, ils ont cru devoir recourir à l'autorité de la Cour pour y être pourvu; pourquoi auroient conclu à ce qu'il plaise à la Cour ordonner que l'article 36 de l'édit de 1656 sera exécuté selon sa forme & teneur; ce faisant, qu'il sera permis aux femmes établies par les supplians pour les quêtes dudit Hôpital, de quêter dans toutes les églises de cette ville & fauxbourgs de Paris, sans aucune exception;

faire inhibition & défenses à tous marguilliers, sacristains, prêtres, religieux mendians ou autres, & autres que ce puisse être, de troubler & empêcher lesdites quêtes, à peine de trois cens livres d'amende, applicable audit Hôpital, pour chaque trouble & empêchement, & que l'arrêt qui interviendra, sera lu & publié aux prônes des paroisses, & affiché aux portes des églises, & par-tout où besoin sera; ladite requête signée, Freret, procureur. Conclusions du procureur-général du roi; oui le rapport de m^e Nicolas-Joseph Racine, Conseiller : LA COUR ordonne que l'article 36 de l'édit de 1656, portant établissement de l'Hôpital-Général, sera exécuté selon sa forme & teneur; permet aux femmes établies par les administrateurs de l'Hôpital-Général pour les quêtes dudit Hôpital, de quêter dans toutes les églises de cette ville & fauxbourgs de Paris, sans aucune exception; fait inhibition & défenses à tous marguilliers, sacristains, supérieurs de maisons régulieres ou séculieres, prêtres, religieux mendians ou autres, & tous autres que ce puisse être, de troubler & empêcher lesdites quêtes, à peine de trois cens livres d'amende, applicable audit Hôpital-Général, pour chaque trouble & empêchement, & que l'arrêt qui interviendra, sera lu & publié aux prônes des paroisses, affiché aux portes des églises, & par-tout où besoin sera. Fait en Parlement le six Mars mil sept cent trente-trois. *Signé*, DUFRANC. Collationné *Signé*, NIVERT.

BOIS.

EXTRAIT DE L'ÉDIT D'ÉTABLISSEMENT DE L'HOPITAL-GÉNÉRAL.

Du mois d'Avril 1656, article 61.

ACCORDONS à l'Hôpital-Général six cens cordes de bois & six milliers de coterets pour leur chauffage, à prendre dans nos forêts de l'Isle-de-France & Normandie, les plus proches & les plus commodes, suivant la possibilité desdites forêts; pour cet effet, en sera fait mention au Conseil, après avoir oui les grands maîtres des Eaux & Forêts, sans qu'il soit pris aucun droit par aucuns officiers, ni pour les droits de ports & passages.

ARRÊT DU CONSEIL D'ÉTAT DU ROI.

*QUI ordonne au sieur de Cartigny, grand-maître des Eaux & Forêts de l'Isle-de-France, de marquer & délivrer aux directeurs de l'*Hôpital-Général *douze arpens de bois, au lieu de six cens cordes de bois, & de six milliers de coterets.*

Du 4 Septembre 1660.

LE roi s'étant fait représenter en son Conseil les lettres-patentes du mois d'Avril 1656, par lesquelles, entre autres choses, sa majesté a accordé au grand Hôpital de Paris la quantité de six cens cordes de bois & six milliers de coterets par chacun an, pour le chauffage des pauvres, & cuire le pain dudit Hôpital, à prendre dans ses forêts qui le pourront le plus commodément porter, de l'effet desquelles, à cet égard, ils n'ont encore pu jouir, pour ce que, par l'enregiſtrement deſdites lettres-patentes au Parlement de Paris, il a été dit que ledit chauffage ſera pris ſur les ventes ordinaires des forêts du département de l'Iſle-de-France, ſans que, pour raiſon d'icelui, les coupes en puiſſent être augmentées; ce qui auroit été cauſe que les pauvres dudit Hôpital n'auroient pu jouir juſqu'à préſent dudit chauffage, & n'en pourroient encore jouir, s'il n'y étoit ſur ce pourvu : ſa majeſté en ſon Conſeil a ordonné & ordonne au ſieur de Cartigny, grand-maître des Eaux & Forêts au département de l'Iſle-de-France, en exercice la préſente année, de ſe tranſporter inceſſamment, & ſans délai, dans les forêts de Caiſe-Maîtriſe de Compiegne, & Retz-Maîtriſe de Villiers-Cotterets, pour y marquer & délivrer aux directeurs du grand Hôpital de cette ville de Paris la quantité de douze arpens de bois de recepage, pour le chauffage de la préſente année des pauvres dudit Hôpital; ſavoir, quatre arpens dans la forêt de Caiſe, & huit arpens dans celle de Retz, ſans que pour ce leſdits directeurs ſoient tenus & obligés de payer aucuns droits aux officiers deſdites forêts, deſquels ſa majeſté les a déchargés par le préſent arrêt, ayant ſa majeſté commué leſdites ſix cens cordes de bois, & les ſix milliers de cotterets, auxdits douze arpens, leſquels il veut être délivrés comme il eſt ci-devant dit, nonobſtant oppoſitions ou appellations quelconques, dont ſi aucunes interviennent, il s'en eſt réſervé la connoiſſance à ſoi & à ſon Conſeil d'Etat, & icelle interdite & défendue à toutes ſes autres cours & juges. Fait au Conſeil d'Etat du roi, le quatre Septembre mil ſix cent ſoixante.

Commiſſion du quatre Septembre mil ſix cent ſoixante au ſieur de Cartigny de ſe tranſporter inceſſamment dans leſdites forets, aux fins que deſſus.

SENTENCE DU BUREAU DE LA VILLE,

*Qui adjuge à l'*Hôpital-Général *des bois repêchés, & non réclamés.*

Du 27 Juillet 1742.

A tous ceux qui ces préſentes lettres verront, Félix Aubery, chevalier, marquis de Vaſtan, baron de Vieux-Pont, conſeiller du roi, maître des requêtes ordinaire de ſon hôtel, prévôt des marchands, & les échevins de la ville de Paris : SALUT. Savoir faiſons, que vu la requête préſentée au bureau, par Joſeph Candolphe, commiſſionnaire de marchands de bois forains pour la proviſion de cette ville; contenant que par un jugement du bureau, du 21 Juin 1741, rendu ſur la requête du ſuppliant, & ſur les concluſions du procureur du roi, & de la ville, il a été ordonné que par le premier commiſſaire de police, & huiſſier audiencier ſur ce requis, il ſeroit dreſſé ſur les lieux où les bois y énoncés ſont actuellement dépoſés, un procès-verbal, en préſence des ſyndics des officiers des bois quarrés, des quantités, qualités & groſſeurs deſdits bois, auxquels ledit commiſſaire de police & huiſſier audiencier autoriſé d'établir le ſuppliant gardien; en conſéquence, permet audit ſuppliant de les faire enlever & conduire dans le chantier appartenant à l'Hôpital-Général de cette ville, pour leſdits bois y demeurer en dépôt pendant le cours de trois mois, à l'effet d'être réclamés par les propriétaires d'iceux, & par eux enlevés chacun en droit ſoi, après avoir auſſi rembourſé chacun à leur égard les frais que le ſuppliant aura légitimement faits pour raiſon de leur recherche, repêchage & tranſports, circonſtances & dépendances, & ledit tems paſſé, faute de réclamation de tout ou de partie deſdits bois, ordonner que le ſuppliant ſera tenu de ſe pourvoir au bureau pour être ordonné ce qu'il appartiendra. En conſéquence de ce jugement, le ſuppliant a fait dreſſer un procès-verbal, le 4 Juillet 1741, en préſence du ſieur Morin, l'un des syndics des officiers des bois quarrés, & des nommés Clairet & Helouin leurs commis, par lequel il a fait constater les quantités des bois non-réclamés, leurs numéros, & le transport qu'il en a fait faire sur-le-champ dans le chantier appartenant à l'Hôpital-Général de cette ville, ces bois sont restés en dépôt dans ce chantier depuis ce tems, & ils n'ont point été réclamés. Le délai de trois mois prescrit par le jugement du bureau étant expiré, il n'y a point à douter que ces bois sont abandonnés par ceux à qui ils peuvent appartenir, & comme le suppliant a intérêt d'être déchargé d'iceux, & d'être remboursé des frais qu'il a faits à leur occasion, il requéroit qu'il nous plût, vu notre jugement susdaté, & le procès-verbal fait en conséquence ledit jour 4 Juillet 1741, ordonner que les bois transportés dans le chantier appartenant à l'Hôpital-Général de cette ville, non-réclamés, appartiendront audit Hôpital-Général, par forme de confiscation; & à cet effet, autoriser le suppliant à lui en faire la livraison, quoi faisant, il en demeurera bien & valablement déchargé, en lui remboursant toutesfois par ledit Hôpital-Général, les frais de repêchage, transport, & autres qu'il a légitimement faits à l'occasion d'iceux; ladite requête signée Gandolphe & Davault, procureur en ce bureau. Vu aussi les pieces énoncées en ladite requête, ensemble le procès-verbal dressé le 10 Juillet 1741, la lecture & publication de ladite sentence, ledit procès-verbal, signé Balige; contrôlé le 12, signé Piton; vu aussi l'imprimé en forme de placard ou affiche de ladite sentence, conclusions du procureur du roi & de la ville. Nous ordonnons que les bois transportés dans le chantier appartenant à l'Hôpital-Général de cette ville, non-reclamés, appartiendront audit Hôpital par forme de confiscation, & à cet effet autorisons le suppliant à lui en faire la livraison, quoi faisant, il en demeurera bien & valablement déchargé, en lui remboursant toutefois, par ledit Hôpital-Général, les frais de repêchage, transport & autres qu'il a légitimement faits, à l'occasion d'iceux: ce fut fait & donné au bureau de la ville de Paris, le vingt-septieme jour de Juillet, mil sept cent quarante-deux. *Signé* TAITBOUT, & scellé le premier Août suivant. *Signé*, CHASTANNIER.

CHEFS

DE LA DIRECTION DE L'HOPITAL-GÉNÉRAL.

EXTRAIT DE L'ÉDIT D'ÉTABLISSEMENT DE L'HOPITAL-GÉNÉRAL.

Du mois d'Avril 1656, article 2.

POUR réussir avec succès à l'établissement d'un si grand dessein, nous avons nommé & nommons par ces présentes, notre amé & féal le sieur Bellievre, chevalier, notre conseiller en tous nos conseils, & premier président en notre Parlement; & notre amé & féal le sieur Foucquet, aussi notre conseiller en tous nos conseils, & notre procureur-général, pour être eux & leurs successeurs esdites charges, chefs de la direction dudit Hôpital.

DÉCLARATION DU ROI,

Par laquelle m. l'archevêque de Paris est nommé l'un des chefs de l'Hôpital-Général.

Du 22 Avril 1673.

LOUIS, par la grace de Dieu, roi de France & de Navarre : A tous ceux qui ces présentes lettres verront ; SALUT. Les directeurs de l'Hôpital-Général de notre bonne ville de Paris, nous ont fait remontrer que cet Hôpital ayant été établi dans un tems où il n'y avoit point d'archevêque dans l'église de Paris, nous aurions nommé pour seuls chefs de son administration, nos amés & féaux conseillers en notre Conseil d'Etat, les premier président & procureur-général en notre Cour de Parlement de Paris. Mais comme depuis ce tems le siége archiépiscopal a été rempli, & qu'outre la protection qu'ils esperent que cet Hôpital recevra de tous ceux qui tiendront cette place, si avec l'obligation de leur caractere pour toutes les œuvres de piété, on les y engage encore plus particuliérement en leur donnant la part qui convient à leur dignité dans la direction d'une œuvre si pieuse & si importante au public ; le zele & l'affection avec laquelle notre cher & bien amé messire François de Harlay, archevêque de Paris, lui procure en toutes occasions tous les avantages & tous les secours qui dépendent de son autorité, les oblige de nous supplier encore avec plus d'instance de commencer en sa personne à leur accorder cette grace. A ces causes, voulant donner en toutes rencontres des marques de la satisfaction que nous recevons d'un établissement si utile & si avantageux, tant à notre bonne ville de Paris, qu'à toutes les autres provinces de notre royaume ; nous, de l'avis de notre Conseil, & de notre grace spéciale, pleine puissance & autorité royale, avons dit & déclaré, disons & déclarons, voulons & nous plaît que ledit messire François de Harlay, à présent archevêque de Paris, & ses successeurs, entrent dorénavant en la direction de l'Hôpital-Général, pour y être l'un des chefs & y tenir la place qui appartient à leur dignité, voulant au surplus que notre édit du mois d'Avril mil six cent cinquante-six, concernant le nombre des chefs & directeurs dudit Hôpital-Général, soit exécuté selon sa forme & teneur, & sans y apporter aucun changement pour quelque cause & occasion que ce soit.

DÉCLARATION DU ROI,

Qui nomme pour chefs de l'Hôpital-Général *mm. les premiers présidens de la Chambre des Comptes & Cour des Aides, & mm. le lieutenant-général de police & prévôt des marchands.*

Du mois de Janvier 1690.

LOUIS, par la grace de Dieu, roi de France & de Navarre : A tous présens & à venir. SALUT. L'affection que nous avons pour l'Hôpital-Général par nous fondé & établi dans notre bonne ville de Paris, nous engageant à lui donner toute la protection qui lui est nécessaire, nous avons estimé à propos d'ajouter quelques-uns des principaux magistrats de notredite ville à ceux que nous avons chargés de son administration, dans le tems de son établissement, non-seulement pour augmenter les secours que nous desirons qu'il trouve suivant les regles de la justice, dans toutes nos Cours où les affaires peuvent être portées, mais encore pour les relations nécessaires que cet Hôpital a avec la police, & le bon ordre de notre bonne ville de Paris. A ces causes, de l'avis de notre Conseil, & de notre certaine science, pleine puissance, & autorité royale, nous avons dit, déclaré, statué & ordonné, disons, déclarons, statuons & ordonnons, voulons & nous plaît, que nos amés & féaux conseillers en notre Conseil d'Etat, & premiers présidens en la Chambre de nos comptes & cour des Aides, comme aussi le lieutenant de police &

le prévôt des marchands de notre bonne ville de Paris, aient la principale administration & direction dudit Hôpital-Général, ainsi que les chefs que nous y avons ci-devant établis; & ce, en conséquence de leurs charges, & sans qu'il soit besoin d'autre élection ni prestation de serment; ordonnons que tous les chefs & les directeurs dudit Hôpital s'assembleront une fois chaque semaine, aux jour & heure dont ils conviendront, dans le lieu qui sera destiné pour ce sujet dans la maison archiépiscopale, & une fois par mois dans l'une des trois maisons dudit Hôpital-Général, pour y donner les ordres, & y prendre les résolutions les plus utiles pour son administration & gouvernement. Voulons que l'on commence au premier bureau qui se tiendra après la mort de l'un des directeurs dudit Hôpital, à procéder à l'élection de celui qui lui devra succéder, & qu'elle soit achevée dans les deux bureaux suivans, par ceux qui s'y trouveront présens. Ordonnons en outre que les réglemens donnés pour le gouvernement dudit Hôpital, & notamment ceux qui regardent l'instruction & le travail des pauvres enfans, durant qu'il est nécessaire de les y garder, ceux qui concernent la correction des fils & des filles des bourgeois & artisans de notre ville de Paris, la punition des femmes de vie scandaleuse, & celle des gueux & gueuses qui mandient par fainéantise, y soient ponctuellement exécutés.

CHIRURGIENS DE L'HOPITAL-GÉNÉRAL.

Art. 57. de l'édit d'établissement. Voulons que le corps des chirurgiens donne deux compagnons dudit corps, &c. *Voyez* cet article au mot ARTS & MÉTIERS, *page 40.*

ARRÊT DU PARLEMENT,

Rendu contre la communauté des maîtres chirurgiens, confirmatif de l'art. 57 de l'édit d'établissement de l'Hôpital-Général.

Du 15 Mai 1685. La Cour ordonne que l'édit d'établissement de l'Hôpital-Général, du mois d'Avril 1656, & arrêt de vérification d'icelui, du 1er Septembre suivant, seront exécutés selon leur forme & teneur; ce faisant, que Bouret ayant servi audit Hôpital, en qualité de gagnant maîtrise en chirurgie le tems porté par l'édit, sera reçu dans la communauté des maîtres chirurgiens de cette ville, & jouira des mêmes droits & privileges que les autres maîtres. Ordonne en outre, que ledit Bouret, suivant ses offres, ainsi que ceux qui voudront être admis par la suite dans ladite communauté, mettront 150 livres dans la bourse commune.

Extraits de deux lettres adressées à m. l'archeveque de Paris, par m. d'Argenson, ministre & secrétaire d'Etat, relativement à une contestation survenue entre l'administration de l'Hôpital-Général & le corps des chirurgiens, au sujet de la nomination aux places de gagnans maîtrises, & d'aspirans aux concours.

Du 6 Décembre 1750. Sa Majesté maintient les administrateurs dans la possession de choisir les aspirans pour les concours, & de nommer aux places vacantes, ensuite de l'examen qui sera fait de la capacité des sujets en la forme ordinaire, &c. *Signé*, D'ARGENSON.

Du 26 Janvier 1751. Sa Majesté, en réglant que l'usage qui s'est observé jusqu'ici dans l'Hôpital, pour la nomination aux places de chirurgien, continuera d'avoir lieu, a jugé qu'il suffisoit que je vous en donnasse avis, ce que j'ai fait par ma lettre du 6 Décembre de l'année derniere, & que ce n'étoit pas le cas d'obtenir un arrêt du Conseil, pour suivre un usage subsistant, &c. *Signé*, D'ARGENSON.

CINQUANTIEME.

EXTRAIT DE LA DÉCLARATION DU ROI,

POUR la décharge du cinquantieme.

Du 8 Octobre 1726.

DISONS que tous les biens eccléfiaftiques des bénéficiers, des communautés féculieres & régulieres, de l'un & l'autre fexe, des fabriques, des fondations, des confréries & des Hôpitaux, n'ont été & n'ont pu être compris dans la déclaration du 5 Juin 1725, pour la levée du cinquantieme.

COLOMBIERS,

ET MOULINS A EAU ET A VENT.

EXTRAIT DE L'ÉDIT D'ÉTABLISSEMENT DE L'HOPITAL-GÉNÉRAL.

Du mois d'Avril 1656, article 49.

LEUR accordons le droit de faire bâtir volets & colombiers à pied, & moulins à vent ou à eau, fi befoin eft, dans l'étendue dudit Hôpital-Général, membres & lieux en dépendans, fans qu'il puiffe être donné aucun empêchement.

COMPROMIS.

EXTRAIT DE L'ÉDIT D'ÉTABLISSEMENT DE L'HOPITAL-GÉNÉRAL.

Du mois d'Avril 1656, articles 70, 71 & 47.

ART. 70. LES notaires enverront pareillement au bureau les extraits des compromis & des contrats, où il y aura ftipulation de peines, qui pourront être vendiquées par ledit Hôpital-Général.

ART. 71. Pourront les directeurs agir efdits noms, ou intervenir, comme bon leur femblera, pour la demande, condamnation & paiement des peines qui auront été ftipulées par le compromis ou autres actes, ou expressément, ou tacitement, au profit dudit Hôpital; contre ceux qui se trouveront y avoir contrevenu, & pour toutes les autres choses, où ledit Hôpital pourra avoir intérêt directement ni indirectement.

ART. 47. Leur donnons pouvoir de transiger, compromettre avec peine, composer & accorder de tout ce qui dépend des biens & effets, meubles ou immeubles dudit Hôpital-Général, & de tous les procès & différends qui peuvent être mus, & qui pourroient ci-après se mouvoir, sans aucune exception, comme s'ils étoient faits entre majeurs, pour leur propre intérêt.

CURÉS ET DROITS PAROCHIAUX,

APPARTENANTS A L'HOPITAL.

ARRÊT DU PARLEMENT,

*RENDU entre l'*Hôpital-Général, *& les Curés de Saint-Médard, Saint-Martin, & Gentilly.*

Du 4 Septembre 1741.

LOUIS, par la grace de Dieu, roi de France & de Navarre : Au premier des huissiers de notre Cour de Parlement, ou autre huissier ou sergent sur ce requis; savoir faisons, que vu par notredite Cour la requête présentée par les directeurs & administrateurs de l'Hôpital-Général de la ville de Paris, & maisons y unies, à ce qu'il plût à notredite Cour homologuer la transaction passée devant du Tartre & Doyen, notaires au Châtelet de Paris, le 28 Août 1741, entre les supplians, d'une part; messire Dominique Gerbault, prêtre, curé de la paroisse de Saint-Médard, à Paris; Pierre-Denis Etienne, prêtre, curé de la paroisse de Saint-Martin; & Charles Galland, prêtre, curé de la paroisse du Grand-Gentilly, d'autre, pour être exécutée selon sa forme & teneur; ce faisant, conformément à icelle, ordonner que ladite transaction & l'arrêt qui interviendra seront enregistrés dans les registres des fondations desdites paroisses de Saint-Médard, Saint-Martin & Gentilly, par l'huissier porteur dudit arrêt, & qu'à cet effet lesdits sieurs curés seront tenus de représenter lesdits registres, ainsi qu'ils se sont obligés par ladite transaction, à ce faire contraints : vu aussi les pieces attachées à ladite requête signée BASLY, procureur.

Ensuit la teneur de ladite Transaction.

PARDEVANT les conseillers notaires du roi à Paris soussignés, furent présens messieurs les directeurs & administrateurs de l'Hôpital-Général de cette ville, & maisons y unies, représentés par messire Jacques Chauvelin, prieur du prieuré de Saint-Belin; m[e] Antoine-Louis Leleu, procureur du roi, honoraire en la Chambre du Domaine; Philippe Quillet de Blaru, écuyer, ancien avocat au Parlement; Henri de Besset, écuyer, sieur de la Chapelle-Millon; m[e] Augustin-Guillaume Denyau, avocat au Parlement; m[e] Charles Arrault, avocat au Parlement; messire Julien-Gabriel le Doubre, me des Comptes; messire Jean-Baptiste-Pierre Lambert, correcteur des Comptes; Alexandre-Jean Remy, écuyer, notaire honoraire, ancien échevin; messire Denis-François Benoist, conseiller au Châtelet; & Jean-Louis Pelet, écuyer, avocat au Parlement & aux Conseils du roi, conseiller de ville, ancien échevin, d'une part; & messire Dominique Gerbault, prieur curé de la paroisse de Saint-Médard à Paris, y demeurant en son presbytere; messire Pierre-Denis Estienne, prêtre, curé de la paroisse de Saint-Martin, fauxbourg Saint-Marcel à Paris, y demeurant en son presbytere; & messire Charles Galland, prêtre, curé du village & paroisse du grand Gentilly, y demeurant; lesquelles parties ont dit : savoir, de la part desdits sieurs directeurs & administrateurs, que suivant l'édit d'établissement de l'Hôpital-Général, du mois d'Avril 1656, enregistré au Parlement par arrêt du premier Septembre suivant, & dans toutes les autres Cours, tant souveraines qu'inférieures; ledit Hôpital & les maisons dépendantes d'icelui, sont exemptes de la supériorité, visite & jurisdiction, tant de la générale réformation, que de la grande aumônerie, & de tous autres, auxquels le roi en a interdit toute connoissance & jurisdiction par l'article 6. Que par l'article 23 le roi a distrait tous les lieux qui composent l'Hôpital-Général, des paroisses sur le territoire desquelles ils sont situés, en confiant le soin & l'instruction spirituelle des pauvres à des prêtres particuliers, & ordonnant qu'ils auroient l'administration des sacremens, sous l'autorité & jurisdiction de monsieur l'archevêque, qui leur accorderoit à cet effet tous privileges & exemptions ordinaires en pareil cas; que par cet article le roi avoit désigné les prêtres missionnaires de Saint-Lazare; mais que leur supérieur-général ayant témoigné qu'il ne pourroit accepter la conduite spirituelle des pauvres de l'Hôpital, parce que ses prêtres avoient assez d'emploi, le bureau eut recours à messieurs les grands-vicaires, le siege vacant, & il fut de concert choisi un recteur & des prêtres particuliers, qui, en conséquence de leur nomination & des pouvoirs qui leur furent donnés, exercerent leurs fonctions dans l'intérieur des maisons de l'Hôpital. Que suivant l'article 24, ces prêtres sont autorisés à recevoir les testamens des officiers, domestiques ou pauvres, ce qui leur a été confirmé par l'article 25 de la nouvelle ordonnance du mois d'Août 1735; enfin, que par l'article 25 de l'édit, tous les prêtres de l'Hôpital sont mis sous l'autorité & dépendance des directeurs, quant à la police & discipline temporelle, avec défenses de s'immiscer ni faire aucune fonction dans l'Hôpital-Général, sans au préalable avoir été présentés, approuvés & reçus au bureau. Que suivant les différens réglemens faits par les vicaires-généraux de messieurs les archevêques de Paris, en 1659, 1662, & 1667, il a été accordé au recteur de l'Hôpital-Général, relativement à l'édit d'établissement, le pouvoir de publier ou faire publier & proclamer les bancs, recevoir & faire solemniser les mariages qui se présenteroient à faire dans les maisons de l'Hôpital-Général, avec injonction de faire tenir trois registres dans chaque maison, l'un pour les baptêmes, l'autre pour les mariages, & le troisieme pour les morts; à l'effet de quoi, il a été dit que le recteur commettroit un prêtre dans chacune des maisons pour tenir lesdits registres, & que les semainiers lui donneroient un mémoire des baptêmes, mariages & morts faits & arrivés dans leur semaine. Que ces réglemens peuvent être regardés comme la suite & l'exécution d'une sentence contradictoire de l'officialité, en forme de réglement, du premier Septembre 1641, qui décharge messire Henri de Cuigy, prieur-curé de la paroisse de Saint-Médard, de la cure des ames des chapelains, pauvres & domestiques de l'Hôpital de la Pitié, & ordonne que les chapelains ou l'un d'eux qui seroit approuvé de monsieur l'archevêque ou de ses grands-vicaires, aura le soin & administration des sacremens desdits pauvres & communauté, à la charge par les directeurs de donner acte de reconnoissance comme ledit Hôpital de la Pitié est situé dans l'étendue de la paroisse de Saint-Médard, de porter ou faire porter par chacun an, le jour de Saint-Médard, vingt-cinq sols au sieur curé, pour tous droits paroissiaux. Que lors de ce réglement le lieu du bon secours ou refuge étoit toléré dans l'intérieur de la Pitié ; mais qu'il y a été établi par lettres-patentes du mois d'Avril 1665, & ensuite transporté à côté de ladite maison, rue du puits-de-l'hermite ; par autres lettres-patentes du mois de Juillet 1691, duement enregistrées au Parlement, sous la conduite & direction du recteur de l'Hôpital-Général, quant au spirituel, & des directeurs pour le temporel, de la même maniere & ainsi qu'il se pratique dans les autres maisons de l'Hôpital. Que l'Hôpital de Scipion servoit à loger les vieillards infirmes avant 1656, que depuis on y a mis les enfans à la mammelle, les nourrices & les femmes grosses ; que dès 1675 la maison ne servoit qu'à la boulangerie & à la boucherie, & cependant les prêtres de l'Hôpital, désignés par le recteur, de l'agrément du bureau, y ont toujours exercé leurs fonctions, comme dans les autres maisons, ainsi qu'on le voit par les registres de baptêmes & abjurations, & singuliérement par celui qui se trouve paraphé en tête par le sieur Forlier, lors recteur, le premier Octobre 1667, arrêté & signé à la fin par le sieur de Brierre, recteur, le 10 Octobre 1704 : par lequel il paroît que du premier Octobre 1667, au 20 Août 1702, il est mort à Scipion trois cens soixante-cinq personnes qui ont toutes été enterrées dans le cimetiere ou dans la chapelle de ladite maison. Qu'en 1658 il fut passé une premiere transaction avec le sieur curé de Gentilly, qui s'étoit réservé la faculté d'aller processionnellement, le jour de Saint Jean-Baptiste, célébrer la grand'messe dans l'église de Bicêtre ; mais que les changemens survenus dans ladite maison, par l'établissement de celles de force & de correction que le roi y avoit fait construire, ne permettant plus l'exécution de cette clause, par autre acte en forme de transaction, passée devant du Tartre & son confrere, notaires à Paris, le 6 Septembre 1736, messire Charles Galland, prêtre, curé de la paroisse du grand Gentilly, avoit renoncé, tant pour lui que pour ses successeurs, à la faculté accordée par l'acte de 1658, & qu'en conséquence on seroit obligé de lui payer par chacun an douze livres de rente par forme d'indemnité de l'inexécution de ladite clause, outre les douze livres & le cierge, accordés par le traité de 1658, en reconnoissance de ce que la maison de Bicêtre étoit bâtie dans l'étendue du territoire de sa paroisse. Que le 19 Juillet 1688, il fut pareillement passé un acte, sous signature privée, en forme de transaction, avec messire Charles Germ, curé de la paroisse Saint Martin, fauxbourg Saint Marcel, contrôlé à Paris par Blondelu, le 26 du présent mois, & par lequel il fut convenu que tous les ans, le jour de la translation de Saint Martin, un officier de la Salpêtriere, porteroit un cierge d'une demi-livre, auquel seroient attachés deux écus d'or, qu'il présenteroit à l'offrande de la messe paroissiale, pour reconnoissance de tous les droits que ledit sieur curé pouvoit prétendre, tant sur la maison de Saint Denis de la Salpêtriere, que sur celle de Sainte-Marthe, dite Scipion, pauvres officiers & domestiques d'icelle, sans exception. Que dans ces circonstances il n'y avoit pas lieu de douter un instant du droit de l'Hôpital-Général, puisque les deux puissances avoient également concouru à son établissement, & que d'ailleurs par les différens actes passés avec messieurs les curés, sur les paroisses desquels sont situées lesdites maisons, qui composent aujourd'hui l'Hôpital-Général, ils avoient eux-mêmes consenti à la désunion portée par l'édit de 1656, confirmé par les différens réglemens de messieurs les vicaires-généraux de messieurs les archevêques. Que cependant de tems à autres, l'Hôpital avoit été troublé dans ses droits, privileges & possessions par aucuns de messieurs les curés. Que pour prévenir tous procès à l'avenir avec messieurs les curés, & assurer à perpétuité & irrévocablement les droits, privileges & possessions de l'Hôpital, messieurs les directeurs se sont déterminés à faire assigner au Parlement messieurs du Quenet, Estienne & Galland, curés des paroisses de Saint-Médard, Saint-Martin, & de Gentilly, par exploit de Gensse huissier de la Cour, du 27 Février 1741, en conséquence de l'ordonnance étant au bas de la requête par eux présentée à la Cour, par laquelle ils ont conclu que les articles 4, 5, 6, 23, 24, 25, 26 & 28 de l'édit d'établissement de l'Hôpital-Général du mois d'Avril 1656, enregistré au Parlement, le premier Septembre suivant, & dans toutes les autres Cours, tant souveraines qu'inférieures, ensemble les réglemens concernant les fonctions & pouvoirs du recteur & des prêtres des différentes maisons qui composent ledit Hôpital-Général, faits & arrêtés par messieurs les archevêques de Paris ou leurs vicaires-généraux, en 1659, 1662 & 1667, soient exécutés selon leur forme & teneur, avec lesdits sieurs curés & leurs successeurs auxdites cures à l'avenir, & qu'en homologuant, en tant que besoin est ou seroit, la sentence de réglement de l'officialité, du premier Septembre 1641, & les transactions des 19 Juillet 1698, du. . . . . 1658, & 6 Septembre 1736, il soit ordonné qu'elles seroient pareillement exécutées, avec lesdits sieurs curés & leurs successeurs auxdites cures à l'avenir, aux offres de leur payer à chaque échéance les sommes portées par lesdites sentences & transactions, par forme de reconnoissance, ainsi qu'il étoit expliqué auxdits actes; en conséquence, que défenses seroient faites auxdits sieurs curés & à leurs successeurs à l'avenir, de troubler, sous quelques prétextes que ce soit, le recteur & les prêtres de l'Hôpital dans le droit & possession dans lesquels ils sont d'administrer tous les sacremens dans l'intérieur, aux domiciliés & résidens dans les maisons qui composent l'Hôpital-Général, à peine de saisie de leur temporel, & de tous dépens, dommages & intérêts, appliquables au profit des pauvres; & que pour assurer l'entiere exécution, tant de l'édit d'établissement de l'Hôpital, que des réglemens de l'ordinaire, faits & rendus en conséquence, ensemble de l'arrêt qui interviendroit sur ladite demande, il soit ordonné que ledit arrêt seroit transcrit sur les registres des fondations desdites paroisses de Saint-Médard, Saint-Martin, & de Gentilly, dont & du tout seroit dressé procès-verbal par l'huissier porteur du même arrêt. Que depuis cette assignation, messire Duquenet, curé de Saint-Médard, étant décédé, ils ont, par autre exploit de Griveau, huissier, du 30 Mai 1741, fait assigner messire Gerbault, son successeur en ladite cure, en reprise d'instance & suivant la requête, & en vertu de l'ordonnance étant au bas d'icelle, du même jour; & enfin que par autre exploit dudit Griveau, du même jour 30 Mai, lesdits sieurs administrateurs ont fait déclarer auxdits sieurs Estienne & Galland, qu'attendu le décès de m[e] Freret, m[e] Basly occuperoit pour eux au lieu dudit défunt m[e] Freret, sur les demandes & assignations dont est question. Et de la part desdits sieurs curés de Saint-Médard, Saint-Martin, & Gentilly, a été dit qu'ils auroient de bonnes raisons à opposer à la demande de messieurs les administrateurs, puisque d'un côté il ne paroît pas qu'ils aient obtenu de lettres-patentes particulieres, pour la désunion des maisons de l'Hôpital d'avec leurs paroisses, & que de l'autre, quand on supposeroit cette désunion valablement faite par l'édit d'établissement, cela ne donneroit pas un droit au recteur & aux prêtres particuliers de l'Hôpital, d'administrer le sacrement de mariage dans l'intérieur des maisons de l'Hôpital, au préjudice des curés des paroisses, sur le territoire desquelles lesdites maisons sont situées; & qu'au contraire ce droit appartient aux seuls curés desdites paroisses, à l'exclusion du recteur & des prêtres de l'Hôpital, dont les fonctions se réduisent à l'instruction spirituelle des pauvres. Qu'il est vrai que l'édit d'établissement porte que les prêtres de l'Hôpital auront l'administration des sacremens, mais que ces termes généraux ne peuvent être étendus au sacrement de mariage, puisque les Hôpitaux n'ont été fondés & établis que pour y recevoir les vieillards des deux sexes, les pauvres infirmes, & les enfans. Que dans ces circonstances, lesdits sieurs curés ont pu, ainsi que leurs prédécesseurs, marier les personnes de l'Hôpital, qui se sont présentés à eux pour ce sujet, comme domiciliés dans leurs paroisses, sans les obliger à rapporter aucuns certificats des publications de bancs dans les maisons de l'Hôpital, & sans que pour cela messieurs les administrateurs aient droit de s'en plaindre, ni de prétendre avoir été troublés dans les droits & privileges accordés à leurs Prêtres. A quoi ayant été repliqué par messieurs les administrateurs, que la désunion de l'Hôpital ayant été faite par l'édit d'établissement, il étoit inutile d'avoir des lettres particulieres, & que lesdits sieurs curés ne pouvoient interpréter ni restraindre les termes généraux des sacremens; que par ces termes le recteur & les prêtres de l'Hôpital, avoient le droit d'administrer réellement tous les sacremens, sans exception d'aucuns, & qu'ils étoient seuls en état de le faire, aux termes mêmes, tant de l'article 6, qui exempte toutes les maisons de l'Hôpital de la supériorité, visite & jurisdiction, tant de la générale réformation que de la grande aumônerie, & de tous autres, auxquels le roi en a interdit toute connoissance & jurisdiction, que des réglemens de l'ordinaire, par lesquels il est permis au recteur de publier & faire publier bancs, solemniser & faire solemniser mariages dans les maisons de l'Hôpital; que les pauvres, sans exception d'aucuns, ainsi que les officiers & domestiques, tant qu'ils demeuroient dans les maisons de l'Hôpital, n'avoient point d'autres domiciles ni d'autres paroisses que l'Hôpital, & par conséquent qu'ils ne pouvoient être mariés ailleurs sans une permission du recteur, & un certificat de publication de bancs à l'Hôpital, ainsi qu'il se pratique dans les paroisses. Et voulant les parties prévenir & terminer tous procès entre elles, & éviter à l'avenir toutes contestations, & après avoir pris communication de part & d'autre, tant de l'édit d'établissement de l'Hôpital-Général, des réglemens faits & rendus par messieurs les archevêques ou leurs grands-vicaires, au sujet des fonctions & pouvoir du recteur & des prêtres dudit Hôpital, que de la sentence de réglement & transaction susdatées, ensemble des requêtes, pieces & mémoires respectifs desdites parties, elles sont convenues & demeurées d'accord de ce qui suit; c'est à savoir, que lesdits sieurs curés de Saint-Médard, Saint-Martin & Gentilly, ont renoncé & renoncent, en tant que besoin est ou seroit, tant pour eux que pour leurs successeurs auxdites cures à l'avenir, à pouvoir exercer aucunes fonctions spirituelles dans les maisons qui composent l'Hôpital-Général, & administrer les sacremens à aucuns sujets & domiciliés dans lesdites maisons, soit pauvres, officiers ou domestiques, que du consentement & sur le certificat du recteur ou des prêtres dudit Hôpital, ainsi & comme il se pratique entre curés de différentes paroisses; consentant au contraire, que le recteur & les prêtres dudit Hôpital, continuent à exercer leurs fonctions dans l'intérieur desdites maisons, & à y administrer tous les sacremens, & même celui de mariage, aux pauvres, officiers & domestiques qui s'y marieront, relativement tant à l'édit d'établissement de l'Hôpital qu'aux réglemens de l'ordinaire, & aux sentences & transactions passées à ce sujet, entre & avec leurs prédécesseurs curés auxdites cures de Saint-Martin, Saint-Médard & Gentilly, dont aussi, en tant que besoin est ou seroit, ils consentent l'exécution, tant pour eux que pour leurs successeurs à l'avenir, à la charge de leur payer réguliérement & à leurs successeurs auxdites cures, les redevances portées auxdits actes, & ainsi qu'elles seront convenues ci-après, en reconnoissance de ce que les différentes maisons qui composent aujourd'hui l'Hôpital-Général, sont situées sur leurs paroisses, consentant en outre que messieurs les administrateurs se fassent autoriser par l'arrêt d'homologation de la présente transaction, à la faire enregistrer sur les registres de fondations de leurs paroisses; s'obligeant à cet effet de représenter leurs régistres, lorsqu'ils en seront requis; & voulant, par messieurs les administrateurs, traiter également messieurs les curés, ils se sont par ces présentes obligés audit nom, de leur faire porter annuellement; savoir, à monsieur le curé de Saint-Médard, & à ses successeurs à l'avenir, la somme de douze livres, & un cierge d'une demi-livre, le jour de Saint-Médard de chacune année, au lieu de vingt-cinq sols qui lui étoient accordés par la sentence de réglement de l'ordinaire, du premier Septembre 1641, en reconnoissance de ce que les maisons de la Pitié & de

Sainte Pélagie, sont bâties dans l'étendue du territoire de sa paroisse. A monsieur le curé de Saint-Martin & à ses successeurs à l'avenir, pareille somme de douze livres, & un cierge d'une demi-livre, le jour de la translation de Saint-Martin, de chacune année, ainsi & comme il est expliqué par la transaction de 1688, au lieu de deux écus d'or portés par ledit acte, aussi en reconnoissance de ce que les maisons de Saint-Louis de la Salpêtriere & Sainte-Marthe, dite Scipion, sont bâties dans l'étendue du territoire de sa paroisse. Il sera aussi payé à monsieur le curé du grand Gentilly & à ses successeurs à ladite cure, à l'avenir par chacun an, au jour & fête de Saint-Jean-Baptiste, la somme de douze livres, & lui sera porté par l'économe ou autre officier de Bicêtre, un cierge de cire blanche du poids d'une livre, à l'offrande le jour de Saint-Saturnin, conformément au traité du 22 Juin 1658. Plus, lui sera payé & à ses successeurs une autre somme de douze livres chaque année le jour de Saint-Jean-Baptiste, pour les causes énoncées en la transaction du 6 Septembre 1736, le tout pour redevance & en reconnoissance de ce que la maison de Saint-Jean-Baptiste de Bicêtre, est bâtie dans l'étendue du terroir de sa paroisse. Au paiement desquelles redevances, lesdits sieurs administrateurs ont affecté, obligé & hypothéqué tous les biens & revenus dudit Hôpital. A été convenu, entre les parties, que l'homologation de la présente transaction sera faite à la requête & aux frais de messieurs les directeurs & administrateurs de l'Hôpital, sans répétition. Et au moyen des présentes, tous procès, instances & contestations entre les parties, demeurent éteints entr'elles, sans répétition de frais & dépens de part & d'autre, lesquels demeurent compensés. Car ainsi, & pour l'exécution des présentes, les parties ont élu leur domicile; savoir, lesdits sieurs directeurs & administrateurs, tant pour eux que pour leurs successeurs, en la maison de la Pitié, chef-lieu dudit Hôpital, sise grande rue du fauxbourg Saint-Victor; & lesdits sieurs curés de Saint-Médard, Saint-Martin & de Gentilly, aussi tant pour eux que pour leurs successeurs esdites cures, chacun en leurdit presbytere, auxquels lieux, promettant, obligeant chacun en droit soi esdits noms: renonçant. Fait & passé à Paris, à l'égard desdits sieurs administrateurs en leur bureau tenu en ladite maison de la Pitié; & desdits sieurs curés, chacun en leurdite demeure ci-devant déclarée, l'an mil sept cent quarante-un, le vingt-huitieme jour d'Août, après midi, & ont signé: la minute des présentes demeurée à m^e du Tartre le jeune, l'un des notaires soussignés. *Signé*, DOYEN, & DU TARTRE, *avec paraphes.* En marge est écrit: scellé le premier Septembre mil sept cent quaranre-un, reçu huit sols, *avec paraphe.*

Conclusions de notre procureur-général: oui le rapport de m^e Aimé-Jean-Jacques Severt, conseiller, tout considéré: NOTREDITE COUR homologue ladite transaction du 28 Août 1741, pour être exécutée selon sa forme & teneur, & conformément à icelle; ordonne que ladite transaction, ensemble le présent arrêt, seront enregistrés dans les registres des fondations desdites paroisses de Saint-Médard, Saint-Martin & Gentilly, par l'huissier porteur du présent arrêt, à la représentation desdits registres lesdits curés contraints, ainsi qu'ils se sont obligés par ladite transaction. Te mandons mettre le présent arrêt à exécution, selon sa forme & teneur. Donné en notredite Cour de Parlement, le quatre Septembre, l'an de grace mil sept cent quarante-un, & de notre regne le vingt-septieme. Collationné. *Signé*, PELLETIER. Par la Chambre. YSABEAU.

Ladite transaction, ainsi que l'arrêt d'homologation d'icelle, ont été signifiés aux curés de Saint-Médard, de Saint-Martin, & du Grand-Gentilly, & enregistrés eux présens; savoir, dans le registre des fondations de la paroisse de Saint-Martin, & dans les doubles registres des baptêmes, mariages & sépultures des paroisses de Saint-

Médard & du Grand-Gentilly ; le tout suivant qu'il est plus au long expliqué dans les procès-verbaux qui en ont été dressés par le sieur Jérôme Garrot, *huissier ordinaire du roi, en sa Cour & Grand'Chambre du Parlement à Paris, les dix-neuf & trente Janvier mil sept cent quarante-deux.*

DIRECTEURS ET ADMINISTRATEURS.

EXTRAIT DE L'ÉDIT D'ÉTABLISSEMENT DE L'HOPITAL GÉNÉRAL.

Du mois d'Avril 1656, articles 3, 73, 79 & 80.

ART. 3. NOUS avons commis & commettons avec eux (*mm. les chefs nommés par l'article précédent*) pour directeurs & perpétuels administrateurs, nos amés & féaux le Chassier, notre conseiller & maître ordinaire en notre Chambre des Comptes; Charles Loiseau, conseiller en notre Cour des Aides; Jean-Marie l'Hoste, ancien avocat en notre Parlement; Christophe Duplessis, sieur de Montbart, conseiller en nos Conseils; Bertrand Drouard, notre conseiller & maître-d'hôtel ordinaire; Jean de Gomont, avocat en notredite Cour; Claude Chomel, notre conseiller, ci-devant trésorier des ligues des Suisses & Grisons; Jean Delaplace, notre conseiller & secrétaire; Antoine Pajot, sieur de la Chapelle; Gabriel de Gaulmont, sieur de Chevanes; Louis Seguier, sieur de Saint-Firmin; Nicolas Barbier, notre conseiller & receveur des gages des officiers de notre Cour des Aides; Jean Leveque & Denis Pichon, anciens consuls, marchands, bourgeois de Paris; Sébastien Cramoisy, ancien juge-consul, ancien échevin, marchand, bourgeois de Paris; Henri Gillot, ancien juge-consul, marchand, bourgeois de Paris; Jacques Laugeois, ancien consul, marchand, bourgeois de Paris; Jean le Marchand, bourgeois de Paris; Claude Patin, ancien consul, marchand, bourgeois de Paris; André Levieux, ancien consul, ancien échevin, marchand, bourgeois de Paris; Jacques Poignant, bourgeois de Paris; Christophe Maillet, ancien consul, marchand, bourgeois de Paris; Antoine Vitré, marchand, bourgeois de Paris; Jacques Belin, bourgeois de Paris; Sauveur de Burlimagny, écuyer; & Louis Collart, bourgeois de Paris.

ART. 73. Afin que les directeurs soient d'autant plus obligés au soin des pauvres, & de tous les emplois que nous leur confions par ces présentes, nous voulons qu'eux & leurs successeurs à perpétuité, fassent le serment en Parlement, & qu'ils y soient à cet effet présentés par notre procureur-général.

ART. 79. Nous voulons que les directeurs soient à toujours, & même leur receveur, durant le tems de sa recette, ou après vingt années de service, en notre spéciale protection & sauve-garde; & afin qu'ils ne puissent être distraits d'un service si important, entendons & nous plaît, qu'en cette qualité de directeurs & de receveurs, ils jouissent, chacun en particulier, du privilege de *committimus* du grand sceau en nos requêtes de l'hôtel ou du palais à Paris, à leur choix, & qu'ils y puissent faire renvoyer ou évoquer leurs causes de tous nos Parlemens & lieux de notre royaume.

ART. 80. Voulons aussi qu'ils soient exempts de tutelle, curatelle, guets, fortifications, gardes aux portes, & généralement de toutes taxes de ville & autres contributions publiques, de quelque qualité & maniere qu'elles puissent être, privilégiées ou non, quoique non ici exprimées.

EXTRAITS

EXTRAITS DU RÉGLEMENT DU CONSEIL.

Du mois d'Avril 1656, articles 30, 33 & 39.

ART. 30. LES directeurs prendront leur rang & séance dans le bureau & ailleurs, pour le fait dudit Hôpital, selon l'ordre qu'ils sont nommés & désignés par les lettres; & à l'avenir, selon celui de réception, sans aucune distinction de qualité.

ART. 33. Lorsqu'il y aura une place vacante par le décès d'aucun des directeurs, l'huissier en avertira tous les directeurs, pour, au jour du bureau suivant, proposer les personnes les plus capables pour la remplir, & en la prochaine séance, en être fait réduction au nombre de quatre; au bureau suivant, être procédé à l'élection de l'un des quatre, par billets ou bulletins secrets de ceux qui seront présents; laquelle élection ne pourra être valable, qu'elle ne soit aux deux tiers des voix au moins.

ART. 39. Pour plus grande facilité de la direction, soulagement des directeurs, & bien des pauvres, les emplois & commissions de l'Hôpital seront partagés & distribués à chacun des directeurs, selon qu'il sera estimé plus convenable à leurs talens, dont ils tâcheront de s'acquitter avec soin & diligence, pour en rendre compte à chacune séance.

ARRÊT DU PARLEMENT,

PORTANT défenses d'imprimer aucune chose concernant l'Hôpital-Général, *sans l'ordre par écrit des directeurs.*

Du 12 Avril 1657.

SUR la remontrance faite par le procureur-général du roi, qu'encore que l'établissement de l'Hôpital-Général des pauvres soit très-avantageux à l'église & au public, & même aux pauvres, qui par ce moyen seront assurés des moyens de leur instruction au salut, & de leur logement, nourriture & subsistance; néanmoins comme il n'y a point de bons desseins qui ne soient traversés, quelques particuliers prennent delà occasion d'exciter des mouvemens dans les esprits, soit afin d'empêcher ou de retarder une si sainte entreprise, soit afin de se servir de ce prétexte en autre chose, que sans aucune permission ni ordre, ils ont fait publier dans la ville & fauxbourgs de Paris un arrêt qui fut donné en 1618. LA COUR a fait inhibitions & défenses à toutes personnes d'imprimer, vendre, ni débiter aucune chose concernant ledit Hôpital-Général, directement ni indirectement, s'il n'y en a ordre par écrit signé au moins de deux des directeurs dudit Hôpital, à peine d'être procédé criminellement contre toutes sortes de personnes, & d'être punis comme perturbateurs du repos public. Fait en Parlement le douzieme jour d'Avril mil six cent cinquante-sept. *Signé,* GUYET.

ARRÊT DU PARLEMENT,

PORTANT défenses de faire des significations aux Directeurs, ailleurs qu'au bureau de la Pitié.

Du 18 Avril 1657.

VU par la Cour la requête à elle présentée par les directeurs de l'Hôpital-Général de cette ville de Paris, contenant qu'encore que par les lettres d'établissement dudit Hôpital, du mois d'Avril 1656, vérifiées en ladite Cour, le premier Septembre, & publiées en l'audience, le 4 Décembre ensuivant, il soit expressément défendu à tous notaires, huissiers & sergens de faire aucune sommation, offres, significations, ni exploits concernant ledit Hôpital-Général, ailleurs qu'au bureau d'icelui, avec défenses de les faire aux directeurs en particulier, ni en leurs maisons, à peine de nullité; néanmoins des sergens ne laissent de faire des exploits de signification aux directeurs, & en leurs maisons. Conclusions du procureur-général du roi; & tout considéré : LADITE COUR, en conséquence desdites lettres, vérifiées en icelle, fait très-expresses inhibitions & défenses à tous notaires, huissiers & sergens de faire aucune sommation, offres, signification, ni exploit concernant ledit Hôpital-Général, ailleurs qu'au bureau de la Pitié, sis au fauxbourg Saint-Victor, & non aux directeurs en particulier, ni en leurs maisons, à peine de nullité & d'amende, & de tous dépens, dommages & intérêts contre les contrevenans, ordonne que ce présent arrêt sera signifié au Syndic des notaires, & aux maîtres de la communauté des huissiers & sergens, afin que lesdits notaires, huissiers & sergens n'en prétendent cause d'ignorance.

EXTRAIT DE LA DÉCLARATION DU ROI,

Du mois de Janvier 1690.

VOULONS que l'on commence au premier bureau qui se tiendra après la mort de l'un des directeurs dudit Hôpital, à procéder à l'élection de celui qui devra lui succéder, & qu'elle soit achevée dans les deux bureaux suivans, par ceux qui s'y trouveront présens.

LETTRES-PATENTES

PORTANT confirmation du droit de committimus *au grand sceau, en faveur des directeurs, administrateurs, & du receveur de* l'Hôpital-Général *établi à Paris.*

Du mois de Novembre 1724.

LOUIS, par la grace de Dieu, roi de France & de Navarre : A tous présens & à venir, SALUT : nos chers & bien amés les directeurs & administrateurs de l'Hôpital-Général, nous ont fait représenter que le feu roi, notre très-honoré seigneur & bisayeul, ayant, par édit du mois d'Avril 1656, établi en notre bonne ville de Paris un Hôpital-Général, dans lequel seroient renfermés les pauvres de l'un & de l'autre sexe, & prévoyant que le succès & la perfection de cet établissement ne dépendoient pas moins de l'application, des soins, & de la vigilance de ceux qui seroient nommés pour son administration, que des bienfaits & des libéralités qu'il pourroit recevoir, ordonna par ledit édit, que les directeurs dudit Hôpital, & même leur receveur, durant le tems de sa recette, ou après vingt années de service, jouiroient, chacun en particulier, du droit de *committimus* au grand sceau, aux requêtes de notre hôtel, ou de notre palais à Paris, à leur choix, afin qu'ils ne pussent être distraits du service important que demande leur administration, & des ordres qu'ils sont obligés de donner pour la conservation du temporel, & l'observation des réglemens qui ont été faits pour la conduite dudit Hôpital.

Que quoiqu'ils n'aient pas été compris dans le nombre de ceux à qui le feu roi, par son ordonnance du mois d'Août 1669, a conservé le privilege de *committimus*, ils n'ont pas laissé d'en obtenir des lettres au grand sceau, quand ils en ont eu besoin; mais comme on pourroit faire difficulté de leur accorder à l'avenir de semblables lettres, sur le fondement de cette omission, ils nous ont très-humblement fait supplier de vouloir bien les rétablir dans ce droit, & leur accorder à cet effet toutes lettres nécessaires; à quoi ayant égard, & voulant les traiter favorablement en considération, tant de leur assiduité & de leur zele pour le service des pauvres dudit Hôpital, que des nouveaux soins que demande d'eux l'exécution de notre déclaration concernant les mendians & vagabonds, du 18 Juillet dernier. POUR CES CAUSES, de l'avis de notre Conseil, nous avons de notre grace spéciale, pleine puissance & autorité royale ordonné, & par ces présentes signées de notre main, ordonnons, voulons & nous plaît, que les directeurs & administrateurs de l'Hôpital-Général des pauvres, établi en cette ville de Paris, & leur receveur, durant le tems de sa recette, ou après vingt années de service, soient & demeurent maintenus & conservés, comme nous les maintenons & conservons dans le droit & privilege de *committimus* du grand sceau en nos requêtes de l'hôtel ou du palais à Paris, à leur choix, pour en jouir par chacun d'eux en particulier, & pour ceux qui leur succéderont dans la direction & administration dudit Hôpital à perpétuité, de même & tout ainsi qu'ils en ont joui ou dû jouir, en vertu de l'édit du mois d'Avril 1656; lesquels droit & privilege nous avons, des mêmes pouvoir & autorité que dessus, approuvés & confirmés, approuvons & confirmons par cesdites présentes. Si donnons en mandement à nos amés & féaux conseillers les gens tenans notre Cour de Parlement à Paris, & à tous autres officiers qu'il appartiendra, que ces présentes ils aient à faire registrer, & de leur contenu jouir & user lesdits directeurs & administrateurs, & leur receveur, pleinement, paisiblement & perpétuellement, cessant & faisant cesser tous troubles & empêchemens, nonobstant notredite ordonnance du mois d'Août 1669, & autres à ce contraires, auxquelles nous avons dérogé & dérogeons par cesdites présentes: car tel est notre plaisir. Et afin que ce soit chose ferme & stable à toujours, nous avons fait mettre notre scel à cesdites présentes. Données à Fontainebeau au mois de Novembre l'an de grace mil sept cent vingt-quatre, & de notre regne le dixieme, *Signé*, LOUIS. *Et sur le rempli*, par le roi, PHELYPEAUX. *Visa*, FLEURIAU, pour confirmation du droit de *committimus* en faveur des directeurs de l'Hôpital-Général de Paris, & scellées du grand seau de cire verte, en lacs de soie rouge & verte.

Registrées, oui le procureur-général du roi, pour jouir par lesdits directeurs & administrateurs dudit Hôpital-Général, *& le receveur, durant le tems de sa recette, ou après vingt années de service, & ceux qui leur succéderont dans la direction, administration & recette dudit Hôpital, à perpétuité, de l'effet & contenu esdites lettres, ainsi qu'ils en ont ci-devant bien & duement joui & usé, usent & jouissent encore à présent, & être exécutées selon leur forme & teneur, suivant l'arrêt de ce jour. A Paris, en Parlement, le six Mars mil sept cent vingt-cinq.*

ORDONNANCE DE M. L'INTENDANT DE LA VILLE DE PARIS.

Qui caffè & annulle une précédente ordonnance, par laquelle on avoit prononcé une contrainte par corps & une condamnation folidaire contre meffieurs les adminiftrateurs de l'Hôpital-Général.

Du 8 Avril 1781.

LOUIS-Benigne-François Berthier, furintendant des maifon & finances de la reine, chevalier, confeiller du roi en fes confeils, maître des requêtes ordinaire de fon hôtel, intendant de juftice, police & finance de la généralité de Paris; fur ce qui nous a été repréfenté par le fieur Defmagny, agent des affaires de l'Hôpital-Général de Paris, qu'il a été furpris à notre religion, le 3 Mars dernier, une ordonnance par défaut, par laquelle nous aurions condamné meffieurs les adminiftrateurs dudit Hôpital, SOLIDAIREMENT ET PAR CORPS, COMME POUR LES PROPRES AFFAIRES DE SA MAJESTÉ, à payer, par privilege & préférence à tous créanciers, au fieur Salavy-de-Ferrieres, ancien entrepreneur des étapes en la généralité de Paris, la fomme de quatre mille quatre-vingt-fix livres deux fols un denier, avec les intérêts, à compter du jour de la demande, pour différentes créances fur la mineure Percheron, à lui adjugées par notre ordonnance du 23 Avril 1770, vu l'arrêté, foufcrit par les pere & mere de ladite mineure.

Le 18 Novembre fuivant, tandis que pour raifon de la répétition de ladite créance il étoit en inftance au Châtelet, où étoit pendant l'ordre du prix des immeubles de ladite mineure Percheron qui depuis a été remis ès mains defdits fieurs adminiftrateurs, en vertu d'un arrêt du Parlement de Paris, à la charge des oppofitions formées par les différens créanciers, du nombre defquels eft ledit Salavy, qui ayant procédé volontairement dans les tribunaux ordinaires, n'a pû ni dû fe pourvoir devant nous pour le même objet; tout confidéré: NOUS avons déclaré notre ordonnance du 3 Mars dernier, nulle & non avenue; en conféquence faifons défenfes audit fieur Salavy de mettre ladite ordonnance à exécution, fauf à lui à fe pourvoir, ainfi qu'il appartiendra devant les juges qui en doivent connoître, pour le paiement de fes créances, défenfes réfervées au contraire. Fait à Paris, en notre hôtel, le vingt-huit Avril mil fept cent quatre-vingt-un. *Signé*, BERTHIER.

DONS ET LEGS
FAITS A L'HOPITAL-GÉNÉRAL.

EXTRAITS DE L'ÉDIT D'ÉTABLISSEMENT DE L'HOPITAL-GÉNÉRAL,

Du mois d'Avril 1656, articles 31, 32, 45 & 69.

ART. 31. DÉCLARONS néanmoins que tous les dons & legs faits par contrats, teftamens & autres difpofitions, les adjudications d'amendes & aumônes faites en la ville & fauxbourgs, prévôté & vicomté de Paris, en termes généraux, aux pauvres ou à la communauté des pauvres, fans aucune autre deftination, dont jufqu'à préfent l'emploi n'aura point été fait, quoique les dispositions précedent ces présentes de quelque tems que ce soit, & toutes celles qui se feront ci-après, seront & appartiendront audit Hôpital-Général, &, en cette qualité, pourront être vendiquées par les directeurs.

ART. 32. Enjoignons aux curés, vicaires & notaires qui recevront des testaments, d'avertir les testateurs, sans néanmoins les y obliger, de faire quelques legs aux pauvres, & de faire mention dans les testaments que l'avertissement en aura été fait, à peine de nullité.

ART. 45. Permettons aux receveurs de recevoir tous dons, legs & gratifications universelles & particulieres, soit par testament, donations entre-vifs, ou à cause de mort, ou par quelqu'autre acte que ce soit, & en faire les acceptations, recouvrement ou poursuites nécessaires.

ART. 69. Les notaires & autres qui auront reçu des testaments & autres actes où il y aura des legs, en enverront pareillement les extraits au Bureau, sous pareilles peines.

Nota. L'arrêt de vérification du premier Septembre 1656, porte que la peine de nullité statuée par lesdites lettres, contre les curés, vicaires & notaires qui auront manqué d'avertir les testateurs de se souvenir des pauvres dudit Hôpital-Général, & d'en faire mention dans leurs actes, sera changée & convertie en quatre livres parisis d'amende contre lesdits curés, vicaires & notaires contrevenans.

EXTRAIT DE L'ARRÊT DU PARLEMENT.

Du 7 Septembre 1660.

LADITE COUR déclare appartenir audit Hôpital-Général tout ce qui a été ou sera donné pour les pauvres, dont l'application particuliere n'aura point été faite par écrit par les donateurs ou testateurs, sans que les exécuteurs ou autres en puissent autrement disposer.

Ladite Cour ordonne que les notaires qui recevront les testaments, seront tenus d'avertir les testateurs de laisser quelqu'aumône audit Hôpital-Général, à peine de quatre livres parisis d'amende contre lesdits notaires contrevenants, & en feront mention dans lesdits testamens.

ARRÊT DU PARLEMENT,

PORTANT que les anciens réglements & arrêts donnés au sujet des testaments & autres actes contenants des legs, aumones & dispositions, en faveur des Hôpitaux & des églises, seront exécutés.

Du 18 Novembre 1662.

SUR ce qui a été représenté à la Cour par le procureur-général du roi, qu'encore que plusieurs particuliers laissent par leurs testaments & ordonnances de derniere volonté, des legs & aumônes au profit des pauvres qui sont détenus dans les prisons, & de ceux qui sont dans les hôpitaux, même aux églises, il se trouve néanmoins qu'il y en a fort peu d'exécutés, soit par l'intelligence qui est entre les héritiers & les exécuteurs testamentaires desdits défunts, à l'effet de partager entr'eux, & appliquer à leur profit injustement les choses qui sont ainsi léguées, soit autrement; ce qui ne peut passer que pour un recelé & un sacrilege manifeste, puisqu'ils retiennent par ce moyen ce qui est destiné pour les nécessités des pauvres, & l'entretenement des hôpitaux & des églises. Que ce manque d'exécution arrive aussi par la négligence des notaires, qui recevant les testamens & autres actes qui contiennent ces dispositions pieuses, ne lui en donnent pas avis, ainsi qu'ils y sont tenus par plusieurs réglements & arrêts de la Cour. Requéroit qu'il y fût pourvu, tant pour la ville de Paris, que pour tous les autres lieux du ressort, & à cet effet, les curés, vicaires, notaires, & autres personnes tenus d'en donner avis à ses substituts. Lui retiré, la matiere mise en délibération : LADITE COUR a ordonné & ordonne, que les anciens réglemenrs feront exécutés, nommément l'arrêt du 23 Février 1687 ; ce faisant, enjoint à tous curés, vicaires, notaires, & autres personnes publiques, qui auront reçu & recevront ci-après des testaments & autres actes contenant des legs, aumônes ou dispositions au profit des hôpitaux, églises, communautés & prisonniers, de le faire savoir au procureur-général du roi, incontinent qu'iceux testaments ou autres actes auront lieu, & seront venus à leur connoissance. Et pour les dispositions faites ci-devant, que les notaires, curés, vicaires en feront perquisition dans leurs minutes, depuis vingt ans, dans deux mois du jour de la signification & publication du présent arrêt, & seront tenus lesdits curés, vicaires, notaires & autres personnes publiques, mettre ès mains dudit procureur-général du roi, des copies desdits testaments & dispositions en bonnes & dues formes, pour en faire les poursuites nécessaires, à peine de répondre en leurs noms des dépens, dommages & intérêts ; que même les héritiers, exécuteurs testamentaires, & tous autres qui auront connoissance desdits testaments & dispositions des dernieres volontés, faits sous seings privés, en feront déclaration dans huitaine, à peine d'être condamnés en leurs noms au paiement du quadruple envers lesdits pauvres, & être procédé contr'eux pour les recelés, selon la rigueur des ordonnances; & contre lesdits notaires & autres personnes publiques, de cent cinquante livres d'amende, dont sera délivré exécutoire, applicable le tiers au profit des pauvres de l'Hôtel-Dieu, le tiers aux pauvres prisonniers, & le tiers au Grand-Hôpital. Et sera le présent arrêt signifié au syndic des notaires du Châtelet, & publié aux prônes des paroisses, & partout ailleurs où besoin sera, à ce qu'aucun n'en prétende cause d'ignorance. Ordonne en outre ladite Cour, que le présent arrêt sera exécuté par toutes les villes & lieux du ressort, &, pour cet effet, que copies collationnées seront envoyées dans tous les bailliages & sénéchaussées, pour, à la diligence des substituts dudit procureur-général, être lues, publiées, registrées, & exécutées; & ce faisant, les curés, vicaires, notaires, & autres personnes qui recevront des testaments & dispositions où il y aura des legs pies, tenus d'en avertir lesdits substituts, dans pareil tems, & sous les mêmes peines. Fait en Parlement le dix-huit Novembre mil six cent soixante-deux, & sera l'arrêt exécuté sur l'extrait d'icelui.

Signé, ROBERT.

Collationné à l'original par moi conseiller & secrétaire du roi, maison & couronne de France, & de ses finances.

ARRÊT DU PARLEMENT,

CONTRADICTOIRE avec les curés & marguilliers de Saint-Roch, confirmatif de l'article XXXI *de l'édit d'établissement de* l'Hôpital-Général, *pour les legs faits aux pauvres, sans autre désignation particuliere.*

Du premier Avril 1669.

ENTRE les directeurs de l'Hôpital-Général de Paris, appellants d'une sentence rendue au Châtelet de Paris, le 18 Mai 1666, d'une part; & les Marguilliers de l'œuvre & fabrique de l'église de Saint-Roch de cette ville de Paris, intimés, d'autre. Et entre messire Jean Coignez, curé, les dames de la charité de la paroisse de Saint-Roch, Jean Gron, écuyer, sieur de Beaufort, exécuteur testamentaire de défunt François Trouillet, Jean le Fevre, héritier & exécuteur du testament de défunt Mathurin Moiron & consorts, fondateurs d'obits avec aumônes, demandeurs en requête du 27 Mars dernier, tendante à ce qu'il plût à la Cour les recevoir parties intervenantes en la cause d'appel d'entre les appellants & les intimés ci-dessus nommés; faisant droit sur ladite intervention, confirmer ladite sentence d'une part, & les directeurs dudit Hôpital-Général, marguilliers & curé de ladite paroisse de Saint-Roch, défendeurs d'autre, sans que les qualités puissent nuire ni préjudicier aux parties; après que de Montiers pour les administrateurs de l'Hôpital-Général, de Renusson pour les curé & marguilliers, & de Muridon pour lesdites dames de la charité & fondateurs, ont été ouis, ensemble Bignon pour le procureur-général du roi; la Cour a mis & met l'appellation & ce dont a été appellé au néant, émendant ordonne que toutes les fondations faites aux pauvres de ladite paroisse de Saint-Roch en général, seront délivrées aux administrateurs de l'Hôpital-Général, & celles faites aux pauvres honteux ou malades de la même paroisse, seront délivrées aux curé & marguilliers, pour être par eux employées selon l'intention des fondateurs. Fait en Parlement le premier jour d'Avril mil six cent soixante-neuf.

ARRÊT DU PARLEMENT,

EN *faveur des Hôpitaux, du grand bureau des pauvres, & des prisonniers de Paris; portant qu'il sera délivré des extraits des testaments où il y aura des legs pour les Hôpitaux, aux dépens des successions, & que les directeurs, en cas de legs universel, pourront assister aux inventaires & levée des scellés.*

Du 3 Février 1691.

SUR ce qui a été remontré par le procureur-général du roi, qu'encore que par plusieurs arrêts de la Cour il ait été ordonné que les notaires du Châtelet & autres qui peuvent avoir connoissance des legs faits aux Hôpitaux, au grand bureau des pauvres, & aux prisonniers détenus dans les prisons de cette ville de Paris, seront tenus d'en avertir les administrateurs desdits Hôpitaux, & les géoliers desdites prisons; cependant lesdits arrêts demeurent sans exécution, & les pauvres & les prisonniers privés du secours qu'ils ont droit d'attendre de la charité de ceux qui font lesdits legs, par la négligence desdits notaires & autres personnes à exécuter lesdits arrêts; à quoi étant nécessaire de pourvoir, requéroit qu'il plût à la Cour d'y pourvoir, sur les conclusions par lui prises par écrit: Vu lesdites conclusions; oui le rapport de m. Etienne Daurat, conseiller; la matiere mise en délibération: LADITE COUR a ordonné & ordonne, que le lieutenant-civil du Châtelet, ou, en son absence, celui des Juges qui fera l'ouverture des testaments cachetés, ou qui paraphera les testaments olographes qui lui seront présentés pour être déposés entre les mains d'un notaire, fera mention dans le procès-verbal qui sera dressé, des legs faits aux Hôpitaux, au grand bureau des pauvres, & aux prisonniers des prisons de cette ville de Paris, & des fondations ordonnées par le testament, dont il fera incessamment donner un extrait au substitut du procureur-général du roi au Châtelet, qui sera tenu de le remettre entre les mains dudit procureur-général; que tous les exécuteurs testamentaires seront tenus, dans huitaine après qu'ils auront eu connoissance d'un testament où le testateur aura fait quelque legs en faveur des Hôpitaux, du grand bureau des pauvres, ou des prisonniers, de faire signifier dans huitaine, après l'ouverture, au bureau des administrateurs, & au concierge ou greffier de la géole desdites prisons, un extrait du testament concernant ledit legs, & ce aux frais de la succession, à peine de demeurer responsables des dépens, dommages & intérêts depuis le jour de l'ouverture du testament, jusqu'à celui auquel il aura fait signifier l'extrait dudit testament; que lorsqu'il n'y aura point d'exécuteurs nommés par le testament, les notaires ou les commissaires qui en auront connoissance, seront tenus, sur les peines ci-dessus, de faire signifier au bureau des Hôpitaux, grand bureau des pauvres, & au greffe de la géole desdites prisons, avant la levée des scellés & confection de l'inventaire, un extrait du testament contenant les legs à eux faits, aux dépens de la succession, & en faire mention dans le commencement des procès-verbaux de la levée du scellé, & dans les inventaires; que lorsque le legs fait aux Hôpitaux, ou à l'un d'eux, ou au grand bureau des pauvres, sera universel des meubles ou immeubles, ils seront appellés, à la diligence de l'exécuteur testamentaire, ou du poursuivant, & pourront assister à la levée des scellés & inventaires par l'un des directeurs, ou aux frais de la succession, s'ils y font venir un procureur, & que lorsque le legs sera d'une somme mobiliaire, ou d'un corps certain, ils formeront seulement leur opposition à la conservation de leurs droits; & les commissaires & notaires, & autres officiers, mettront à part les titres concernant les legs particuliers; & si l'un des directeurs y assiste pour faire la perquisition du titre concernant le legs, ce sera sans frais, pour être les titres mis ès mains des directeurs, ou par provision, ou après la délivrance du legs, ainsi qu'il sera ordonné. Ordonne que le présent arrêt sera lu & publié au Châtelet de Paris & en la communauté des notaires de cette ville; enjoint au substitut du procureur-général du roi d'y tenir la main, & d'en certifier la Cour dans huitaine. Fait en Parlement le troisieme Février mil six cent quatre-vingt-onze. *Signé,* DUFRANC. Et par collation, BAILLIF.

Collationné par nous écuyer, conseiller-secrétaire du roi, maison, couronne de France & de ses finances.

ARRÊT DU PARLEMENT,

QUI enjoint à tous curés, vicaires, notaires & autres qui recevront des testaments contenans des legs, aumônes ou dispositions au profit des Hôpitaux, *d'en donner des extraits en forme à m. le procureur-général, ou à ses substituts.*

Du 7 Septembre 1701.

SUR ce qui a été remontré à la Cour par le procureur-général du roi, qu'encore que par plusieurs arrêts & principalement par ceux des 18 Novembre 1662, & 10 Janvier 1668, il ait été enjoint à tous curés, vicaires, notaires & autres personnes publiques qui reçoivent des testaments & actes dans lesquels il est fait des legs, aumônes, donations, fondations & dispositions, au profit des Hôpitaux, églises, communautés, prisonniers & personnes qui sont dans la nécessité, de lui en donner connoissance, aussi-tôt après que lesdites dispositions auront lieu, & de lui délivrer copie en bonne forme desdits actes, afin de prendre soin de mettre à exécution la volonté des testateurs; cependant un réglement si utile est presque tombé en oubli, ensorte qu'il est à craindre qu'on ne s'accoutume à négliger l'exécution des dernieres & pieuses volontés des testateurs, & à priver le public du secours & de l'utilité que l'on en peut attendre, si la Cour ne juge à propos d'y pourvoir, en renouvellant l'exécution des anciens réglements. Lui retiré, la matiere mise en délibération : LA COUR a ordonné & ordonne, que lesdits arrêts des 18 Novembre 1662, & 10 Janvier 1668, seront exécutés selon leur forme & teneur; ce faisant, enjoint à tous curés, vicaires, notaires & autres personnes publiques qui recevront des testaments & autres actes contenant des legs, aumônes ou dispositions au profit des Hôpitaux, églises, communautés, prisonniers & personnes qui sont dans la nécessité, d'en donner avis au procureur-général du roi, aussitôt que lesdits testaments ou autres actes auront lieu & seront venus à leur connoissance, & de lui mettre ès mains des extraits en bonne forme desdits testaments & dispositions; pour faire ensuite les poursuites nécessaires, à peine de répondre en leurs noms, des dépens, dommages & intérêts; ordonne en outre que les héritiers, exécuteurs testamentaires, & tous autres qui auront connoissance desdits testaments & dispositions des dernieres volontés, faites sous seing privé, en feront déclaration dans huitaine, à peine d'être condamnés

damnés en leurs noms au paiement du quadruple envers les pauvres, & être procédé contr'eux, pour les receles, selon la rigueur des ordonnances, & contre lesdits notaires & autres personnes publiques, de trois cents livres d'amende, dont sera délivré exécutoire en vertu du présent arrêt, sans qu'il en soit besoin d'autre, applicable le tiers au profit de l'Hôtel-Dieu, le tiers aux pauvres prisonniers, & le tiers à l'Hôpital-Général; que le présent arrêt sera signifié au syndic des notaires du Châtelet, & publié à son de trompe, ès carrefours & lieux accoutumés de cette ville & fauxbourgs de Paris, à ce qu'aucun n'en prétende cause d'ignorance, lequel sera aussi exécuté par toutes les villes & lieux du ressort; à cette fin copies collationnées seront envoyées dans tous les bailliages & sénéchaussées, pour y être, à la diligence des substituts du procureur-général du roi, lu, publié, registré & exécuté; & ce faisant, les curés, vicaires, notaires & autres personnes qui recevront des testaments où il y aura des legs pieux, tenus d'en avertir lesdits substituts dans pareil tems, sous les mêmes peines.

ARRÊT DU CONSEIL D'ÉTAT DU ROI,

PORTANT que les extraits des testamens contenans des fondations & legs pieux en faveur des Hôpitaux, *qui seront délivrés aux procureurs-généraux du roi, ou à leurs substitus, seront contrôlés par le fermier des droits de contrôle, sans prendre aucuns droits.*

Du 7 Mars 1702.

SUR ce qui a été représenté au Roi en son Conseil, que par plusieurs arrêts du Parlement de Paris, notamment par ceux des années 1662 & 1668, les notaires ou les curés qui reçoivent des testamens dans lesquels il y a des fondations ou legs pieux, ont été chargés d'en avertir le procureur-général du roi en ladite Cour, ou ses substituts, afin qu'ils prissent soin de leur exécution; que par autre arrêt du 7 Septembre 1701, sur les remontrances dudit procureur-général, ladite Cour auroit renouvellé lesdites injonctions; mais que comme la plûpart des notaires font difficulté de délivrer les extraits desdits testamens, sans les avoir fait contrôler, dans la crainte d'encourir la peine portée par les édits & déclarations portant établissement du contrôle des actes des notaires; qu'ainsi ledit procureur-général & ses substituts ne pouvant être chargés de faire l'avance desdits droits de contrôle, sans espérance d'en être remboursés, en cet état il étoit à craindre qu'un dessein aussi louable que celui de l'exécution des dernieres volontés des testateurs, à l'égard des legs pieux & des fondations, dont l'objet étoit le soulagement des pauvres, ne demeurât sans effet, si sa majesté n'avoit la bonté d'y pourvoir. Vu le dire de Chapelet, fermier des droits de contrôle des actes des notaires, par lequel il consent que lesdits extraits soient contrôlés *gratis*, pourvu qu'ils ne contiennent que ce qui concerne les legs faits en faveur des pauvres. Oui le rapport du sieur Fleuriau d'Armenonville, conseiller ordinaire au Conseil Royal, directeur des finances : le roi en son Conseil a ordonné & ordonne que ledit Chapelet, ses commis & préposés, seront tenus de contrôler, sans prendre aucuns droits, les extraits des testaments contenans des fondations & legs pieux, en faveur des pauvres & Hôpitaux, qui seront délivrés par les notaires qui les auront reçus, ou autres personnes publiques, aux procureurs-généraux de sa majesté dans les cours de Parlement du royaume, ou à leurs substituts, à condition néanmoins que lesdits extraits ne contiendront que ce qui concerne lesdites fondations & legs pieux. Enjoint sa majesté aux sieurs intendans & commissaires départis dans les provinces de tenir la main à l'exécution du présent arrêt.

ARRÊT DU CONSEIL D'ÉTAT DU ROI,

Qui ordonne que les extraits testamentaires contenans des fondations & legs pieux en faveur des pauvres & Hôpitaux, *qui seront délivrés aux procureurs-généraux du roi, ou à leurs Substituts, seront scellés* gratis *par le fermier des droits du sceau.*

Du 21 Août 1703.

SUR ce qui a été représenté au roi en son Conseil, que par arrêt du 7 Mars 1702, sa majesté a ordonné que le fermier des droits de contrôle des actes des notaires, ses commis & préposés, seroient tenus de contrôler, sans prendre aucuns droits, les extraits des testaments contenans des fondations & legs pieux en faveur des pauvres & Hôpitaux, qui seroient délivrés par les notaires qui les auroient reçus, ou autres personnes publiques, aux procureurs-généraux de sa majesté, des Parlemens, ou à leurs substituts, à condition néanmoins que lesdits extraits ne contiendront que ce qui concerne lesdites fondations & legs pieux; mais que la grace qu'il a plu à sa majesté de faire par cet arrêt aux pauvres ne seroit pas entiere, s'il ne lui plaisoit exempter pareillement lesdits extraits des droits du sceau; à quoi voulant pourvoir; OUI LE RAPPORT du sieur Fleuriau d'Armenonville, conseiller ordinaire au Conseil Royal, directeur des finances: sa majesté, en son Conseil, a ordonné & ordonne que les extraits des testamens contenans des fondations & legs pieux en faveur des pauvres & des Hôpitaux, ordonnés par ledit arrêt du Conseil, du 7 Mars dernier, être contrôlés sans frais, pour être délivrés aux procureurs-généraux de sa majesté, des cours de Parlement, ou à leurs substituts, seront aussi scellés par le fermier des droits du sceau, sans prendre lesdits droits, à condition que, conformément audit Arrêt du 7 Mars 1702, lesdits extraits ne contiendront que ce qui concerne lesdites fondations & legs pieux; à quoi sa majesté enjoint aux sieurs intendans & commissaires départis dans les provinces & généralités du royaume de tenir la main.

ARRÊT DU PARLEMENT,

*Qui adjuge à l'*Hôpital *les biens que la dame de Riberac a laissés aux pauvres, sans autre désignation.*

Du 20 Mars 1709.

ENTRE les directeurs de l'Hôpital-Général de Paris, stipulans l'intérêt des pauvres dudit Hôpital, demandeurs aux fins de l'exploit du 29 Décembre dernier, à ce qu'il plût à la Cour ordonner que les deniers que la dame Renée-Antoinette de Grevel, veuve de Messire Antoine Deydie, chevalier, vicomte de Riberac, a destinés par son testament & codicille être distribués aux pauvres, seront déclarés appartenir audit Hôpital, en vertu de l'article 31 de l'édit d'établissement d'icelui, & qu'en conséquence de l'empêchement fait ci-devant entre les mains du défendeur, le 28 Novembre dernier, défenses lui soient faites de faire par lui-même aucunes distributions desdits deniers, à peine d'en demeurer responsable envers ledit Hôpital-Général, lequel défendeur sera tenu de donner connoissance entiere aux demandeurs de tout ce qui sera par lui fait au sujet de l'exécution testamentaire dont est question, avec dépens, d'une part; & Jean-Baptiste Gaston de Bray, sieur de la Brimoudiere, exécuteur testamentaire de ladite dame vicomtesse de Riberac, défendeur, d'autre part. Après que Guyot de Chesne, avocat pour les directeurs de l'Hôpital-Général de cette ville de Paris, & Bougler, avocat pour Gaston de Bray, ont été ouis ; LA COUR ayant égard à la requête des parties de Guyot de Chesne, a déclaré le legs fait par ladite dame Grevel de Riberac du surplus de ses biens, pour être distribués aux pauvres, par son exécuteur testamentaire, appartenir à l'Hôpital-Général, suivant l'article 31 de l'édit de son établissement ; & en conséquence, ordonne qu'après les dettes & legs particuliers de ladite dame de Riberac acquittés, le surplus sera payé aux parties de Guyot de Chesne, & sera la partie de Bougler remboursée de ses frais, comme frais d'exécution testamentaire. Fait en Parlement, le vingtieme jour de Mars mil sept cent neuf.

ARRÊT DU PARLEMENT,

QUI juge qu'un legs fait aux pauvres, sans désignation, hors la ville de Paris, dans la prévôté & vicomté, appartient à l'Hôpital-Général.

Du 9 Mars 1776.

LOUIS, par la grace de Dieu, roi de France & de Navarre, au premier huissier de notre cour de Parlement, ou autre notre huissier ou sergent sur ce requis, SALUT : savoir faisons qu'entre les directeurs & administrateurs de l'Hôpital-Général de Paris, demandeurs suivant leur exploit d'assignation donné en la Cour, le 18 Septembre 1775, tendant à ce que main-levée pure & simple fût faite aux demandeurs de l'opposition formée par le defendeur ci-après nommé, à la remise d'un legs de mille livres, fait en faveur des pauvres par Henriette-Françoise Faudras Chateautiers, par son testament olographe du 17 Mars 1773 ; que nonobstant ladite opposition, & toutes autres faites ou à faire de la part du défendeur, la somme de mille livres seroit remise à l'Hôpital-Général, sur la quittance du receveur charitable, à quoi faire, & vuider leurs mains, tous dépositaires seroient contraints ; quoi faisant, déchargés, & que ledit défendeur fût condamné par forme de dommages-intérêts aux intérêts de ladite somme, à compter du 8 Juillet 1775, jour de la délivrance consentie par l'héritiere de ladite Chateautiers, & aux dépens, & aux fins de requête du 23 Janvier dernier, tendante à ce qu'il fût ordonné que nonobstant l'opposition formée par le défendeur ci-après nommé, non-seulement la somme de mille livres, mais encore la somme nécessaire pour l'habillement de cent pauvres, seroit aussi remise au receveur charitable de l'Hôpital-Général, d'une part ; & Edme Poussignon, procureur-fiscal de Vitry-sur-Seine, défendeur, suivant les écritures signifiées, du 8 Janvier dernier, d'autre part ; & entre les curé, marguilliers, syndics & habitans du village de Vitry, demandeurs en intervention aux fins de requête, du 6 Février dernier, tendante à ce qu'il plût à la Cour déclarer les directeurs de l'Hôpital-Général non-recevables dans leur demande, ou en tout cas les en débouter ; qu'il leur fût permis de faire assigner la dame veuve du marquis de Lusignan, héritiere de ladite demoiselle Chateautiers, pour déclarer l'arrêt à intervenir commun, & ordonner que la délivrance seroit faite, tant aux supplians, qu'audit Poussignon, audit nom, & pour les pauvres de Vitry, des deux legs que la feue demoiselle de Chateautiers a fait aux pauvres, par son testament olographe du 17 Mai 1773, l'un de mille livres, & l'autre de l'habillement de cent pauvres ; & en conséquence, condamner ladite dame veuve de Lusignan à payer aux supplians, premiérement la somme de mille livres, une fois payée, par le legs fait en argent ; deuxiémement, celle de deux mille cent livres, à laquelle les supplians se restraignent pour le second, aux offres de remplir les intentions de la testatrice ; troisiémement, aux intérêts desdites deux sommes, & aux dépens, d'une part ; & lesdits sieurs directeurs & ladite dame veuve de Lusignan, défendeurs, d'autre part ; & entre Marie-Louise-Alexandrine de Faudras, veuve de Lusignan, héritiere de Henriette-Françoise de Chateautiers, demanderesse en requête d'intervention, du 24 Février dernier; ladite requête tendante à ce qu'il lui fût donné acte de ses offres & consentement, que la somme de mille livres par elle déposée à m[e] Trutat, notaire, par acte du 11 Juillet 1775, ensemble mille livres, ou telle autre somme qu'il plairoit à la Cour fixer pour l'habillement de cent pauvres, également léguée par le testament de feue demoiselle Faudras de Chateautiers, du 17 Mai 1773, fût remise & délivrée par ledit m[e] Trutat à ceux desdits administrateurs de l'Hôpital-Général, ou des administrateurs des pauvres de Vitry, qui seront jugés être légataires de ladite feue demoiselle de Chateautiers, dont quittance & décharge en seroit donnée à la suppliante, & encore de ce qu'elle consentoit que l'arrêt à intervenir fût déclaré commun avec elle, pour être exécuté selon sa forme & teneur; en conséquence, que les habitans de Vitry fussent déboutés de leur demande à son égard, & que ceux qui succomberoient, fussent condamnés en tous les dépens, d'une part; & les directeurs de l'Hôpital-Général, & les habitans de Vitry, défendeurs, d'autre part, sans que les qualités puissent nuire, ni préjudicier aux parties; après que Marguet, avocat de l'Hôpital-Général, de Calonne, avocat de Poussignon, & autres, & Mollé, avocat de ladite de Lusignan, ont été ouis, ensemble Joly de Fleury pour le procureur-général du Roi: NOTREDITE COUR reçoit les intervenans, parties intervenantes, donne acte aux parties de leurs consentemens respectifs; en conséquence, fait main-levée pure & simple de l'opposition formée à la requête d'Edme Poussignon, l'une des parties de Calonne, par exploit du 7 Juin dernier, à la délivrance des deux legs dont est question; ce faisant, ordonne que les deux legs, l'un de mille livres, & l'autre de l'habillement de cent pauvres, faits par Henriette-Françoise de Faudras de Chateautiers, par son testament olographe du 10 Mai 1773, appartiendront aux pauvres de l'Hôpital-Général; en conséquence, ordonne qu'à remettre & payer auxdites parties de Marguet, ès mains du receveur charitable dudit Hôpital la somme de mille livres, à lui déposée pour le montant du premier desdits deux legs, sera Trutat, notaire de Paris, contraint par toutes voies dues & raisonnables; quoi faisant, il en sera & demeurera valablement quitte & déchargé; donne acte auxdites parties de Marguet de ce qu'elles consentent que le second legs d'habillement de cent pauvres soit remis auxdites parties de Calonne; en conséquence, condamne ladite partie de Mollé à payer à celle de Calonne la somme de douze cents livres, à laquelle la Cour a arbitré la valeur dudit legs d'habillement de cent pauvres, pour être ladite somme de douze cents livres distribuée aux pauvres du village de Vitry, en la maniere ordinaire; sur le surplus des demandes, met les parties hors de Cour, dépens entre toutes les parties compensés. Si mandons au premier huissier de notredite cour de Parlement, ou autre notre huissier ou sergent sur ce requis, mettre le présent arrêt à exécution. Fait & donné en notredite cour de Parlement le neuf Mars mille sept cent soixante-seize, & de notre regne le deuxieme. Collationné. *Signé*, BARRÉ. *Plus bas*, par la Chambre.

Signé, YSABEAU.

EAUX, PREMIERE PARTIE.

DIFFÉRENTES DISTRIBUTIONS DES EAUX DANS LES MAISONS DE L'HOPITAL-GÉNÉRAL.

EXTRAIT DE L'ÉDIT D'ÉTABLISSEMENT DE L'HOPITAL-GÉNÉRAL.

Du mois d'Avril 1656, article 50.

Et parce que ledit Hôpital-Général aura besoin de plus grande quantité d'eaux que celles qui sont maintenant esdites maisons, nous leur accordons & concédons le droit de ce qui sera nécessaire d'y être augmenté, & voulons que la délivrance leur en soit faite, soit des regards, ou du château des eaux de Rongis, ou autres lieux, par le prévôt des marchands, ou échevins de notre ville de Paris, ou par le sieur Francine, notre intendant des eaux, ou autre qu'il appartiendra.

HOPITAL-GÉNÉRAL, ET MAISONS DE LA PITIÉ ET SCIPION.

ORDONNANCE *du Bureau de l'hôtel-de-ville au maître des œuvres, garde des fontaines publiques de la ville de Paris, de délivrer six lignes d'eau en superficie à* l'Hôpital *des pauvres enfermés.*

Du 19 Mai 1638.

DE PAR LES PRÉVOT DES MARCHANDS ET ÉCHEVINS DE LA VILLE DE PARIS.

Il *est ordonné* à Augustin Guillain, maître des œuvres, garde & ayant charge des fontaines d'icelle ville, de délivrer à l'Hôpital des pauvres enfermés, la quantité de six lignes d'eau en superficie, pour laquelle ils sont employés dans le projet de l'état par nous fait de la nouvelle distribution desdites eaux, à prendre au lieu le plus convenable & moins incommode pour le public que faire se pourra. Fait au Bureau de la ville, ce dix-neuvieme jour de Mai mil six cent trente-huit. *Signé*, LEMAIRE.

ACTE

PAR lequel les religieux de Saint-Victor ont consenti que l'Hôpital de la Pitié *fasse passer dans leurs tuyaux, depuis la fontaine de Sainte-Génevieve jusqu'en leur abbaye; les six lignes d'eau concédées audit* Hôpital *par la ville, à condition de payer moitié des réparations, & de faire conduire aux frais dudit* Hôpital *lesdites six lignes d'eau, depuis l'abbaye Saint-Victor jusqu'à la Pitié.*

Du 1er Juillet 1638.

PARDEVANT Pierre Huart le jeune, & Philbert Perrier, notaires gardes-notes du roi notre sire, en son Châtelet de Paris, soussignés, furent présens en leurs personnes Mesſieurs les vénérables Religieux, prieur & couvent de l'abbaye Saint-Victor lès Paris, à ſavoir; vénérable & religieuſe perſonne frere Jean de Toulouſe, grand-prieur; frere Denis Roſſignol, ſous-prieur; frere Jean Cornu, frere Charles Boynin, frere Martin Boſcheron, frere Antoine Deſrieux, chaulbrier & receveur-général; frere Michel Sevin, cellérier; frere Charles Sauvage, ſolliciteur des affaires; frere François Fuvernau, frere Pierre Hardy, frere Philippes Gourreau, frere Robert Deſquartes, frere Charles Eruiſſant, & frere Jacques Loncet, tous religieux-prêtres, faiſant & repréſentant, quant à préſent, la plus grande & ſaine partie deſdits ſieurs, aſſemblés au ſon du timbre au collocatoire de ladite abbaye, lieu accoutumé, d'une part; & honorables hommes Louis Haire, Jean Lineſque, Louis de Compans, Claude Foucault, & Denis Pichon, bourgeois de Paris, au nom & comme à préſent maîtres, gouverneurs & adminiſtrateurs des pauvres enfermés de cette ville & fauxbourgs de Paris, ſous les autoriſations de noſſeigneurs les premier préſident & procureur-général, d'autre part; diſant leſdites parties, même leſdits ſieurs adminiſtrateurs de l'Hôpital de la Pitié, que pour la néceſſité des pauvres étant audit Hôpital, ils auroient obtenu de meſſieurs les prévôt des Marchands & échevins une conceſſion de ſix lignes d'eau en ſuperficie pour l'uſage de ladite maiſon, pour laquelle quantité ils auroient été employés dans l'état de diſtribution pour ce fait, à prendre au regard & réſervoir de la fontaine publique, aſſis au mont de Sainte-Genevieve, & de la conduire à leur frais & dépens en leurdite maiſon & Hôpital, aſſis au fauxbourg de Saint-Victor; & d'autant qu'ils ne le pourroient faire qu'avec de grands frais & dépens pour la diſtance des lieux, ils auroient eu recours auxdits religieux, prieur & couvent de l'abbaye de Saint-Victor, pour les induire à faire la charité aux pauvres, & permettre que leſdites ſix lignes d'eau fuſſent incorporées audit regard de Sainte-Genevieve dans leur tuyau; cela fait, leur être rendu en pareille quantité au baſſinet qui eſt dans leur maiſon, ſous le portail allant à leur baſſe-cour, où eſt leur réſervoir, & par ce moyen être ſoulagés de la dépenſe ci-deſſus, duquel lieu les adminiſtrateurs la feront conduire à leurs frais & dépens, juſques audit Hôpital : à quoi leſdits ſieurs religieux voulant contribuer en tant qu'à eux eſt poſſible, en la conſidération des pauvres, ils l'avoient volontairement & libéralement accordé, aux clauſes & conditions qui enſuivent; c'eſt à ſavoir, que délivrance ſera faite de ladite quantité de ſix lignes d'eau, concédée audit Hôpital de la Pitié, & incorporée audit réſervoir & fontaine publique de Sainte-Genevieve, avec celle deſdits religieux de Saint-Victor, de laquelle ils ſont en jouiſſance & poſſeſſion, pour être conduite & couler dans les tuyaux jà faits par leſdits religieux juſques en leur maiſon & abbaye, de laquelle commodité leſdits ſieurs religieux, prieur & couvent veulent & entendent que dorénavant il ſoit permis auxdits ſieurs adminiſtrateurs, à eux & à leurs ſucceſſeurs, faire paſſer leſdites ſix lignes d'eau qu'ils ont obtenues, & non plus, par les tuyaux deſdits ſieurs religieux, tant & ſi longuement que les fontaines de Rongis auront cours, ſans aucune garantie quelconque envers leſdits ſieurs adminiſtrateurs de la Pitié, & ſans auſſi aucune diminution de la quantité d'eau qui appartient auxdits ſieurs religieux, & ne pourront leſdits adminiſtrateurs prétendre aucune propriété auxdits tuyaux, ains appartiendront auxdits ſieurs religieux, pour eux ſeuls en diſpoſer ainſi qu'ils aviſeront bon être, comme à eux appartenant: en cas que leſdites eaux de Rongis vinſſent à manquer, d'autant que la dépenſe en a été faite par eux, à la charge néanmoins que pour l'avenir la dépenſe qu'il conviendra faire pour l'entretenement deſdits tuyaux & regards, depuis ladite fontaine de Sainte-Genevieve, juſques audit couvent de Saint-Victor, même le relevement du pavé, ſera ſupporté également à communs frais, lorſqu'il ſera beſoin d'y travailler pour l'entretenement d'iceux; que pour la diſtribution deſdites ſix lignes d'eau, deſtinées pour ledit Hôpital de la Pitié, il ſera fait une cuvette de diſtribution fermant à deux clefs ſur un même reſſort, dont leſdits ſieurs religieux en auront l'une, & leſdits administrateurs l'autre, aux frais desdits administrateurs, dans laquelle seront percés les trous de distribution, tant desdits sieurs religieux, selon leur concession de dix lignes, & lesdits sieurs administrateurs de la Pitié pour les six lignes ci-dessus, & non plus, sur une même ligne, droite par haut, & où le trou de chacune concession percé en rond pourra tomber par bas, suivant la démonstration insérée en la minute des présentes, & en endroit figuré, & non autrement; & en cas que lesdits religieux par ci-après voulussent accommoder aucuns de leurs amis pour le passage d'eau dans leursdits tuyaux, lesdits administrateurs de la Pitié ne le pourront empêcher, comme n'ayant rien à la propriété desdits tuyaux jusques en leurdite maison & couvent; même en tel cas seront toujours contribuables, comme dit est, à la moitié des frais, pour la réfection desdits regards, tuyaux & pavé, depuis lequel lieu lesdits administrateurs de la Pitié pourront faire conduire à leurs frais & dépens, & ainsi que bon leur semblera, lesdites six lignes d'eau jusques en leur maison & Hôpital, & sans que ci-après, pour quelque nouvelle concession & augmentation d'eau, ils puissent prétendre aucune faveur & permission desdits religieux, pour y en faire passer plus grande quantité que lesdites six lignes d'eau, lesquelles en cas que ci-après lesdits administrateurs de la Pitié voulussent la retirer, en ce cas ils seront tenus de remettre le tuyau qui entre dans le bassinet commun en l'état qu'il est à présent, à leurs frais & dépens; c'est à savoir, une ventouse à la porte, de neuf pieds de haut, enfermée dans un pillier de pierres de taille, où il y a deux robinets par bas, l'un pour la ventouse, & l'autre pour tirer l'eau à la porte, quand besoin est; le tout & suivant la figure qui est faite & mise au marge de la minute du présent contrat ci en droit figuré, & lequel contrat lesdits sieurs administrateurs fourniront en bonne forme, à leurs frais & dépens, auxdits sieurs religieux; car ainsi a été dit, convenu & accordé entre les parties, en faisant & passant ces présentes, promettant, &c. obligeant, &c. rendant, &c. Fait & passé en ladite abbaye Saint-Victor, l'an mil six cent trente-huit, le premier jour de Juillet après-midi, & ont lesdits sieurs religieux de Saint-Victor & sieurs administrateurs signé la la minute des présentes, demeurée vers ledit Perrier, l'un des notaires soussignés. *Signé*, HUART & PERRIER.

ARRÊT DU PARLEMENT,

Qui ordonne qu'avant que le college de Navarre puisse faire fermer les rues Clopin & du Bon-Puits, il fera changer & lever les tuyaux passant de présent à la rue Chapon, & servant à conduire les eaux de l'abbaye Saint-Victor & pauvres enfermés, & les feront, à leurs frais & dépens, refaire & réédifier par la rue qui descend devant la principale porte dudit college, pour aller gagner & joindre les tuyaux par où lesdites eaux se conduisent à présent à la porte Saint-Victor.

Du 7 Septembre 1640.

ENTRE les grand maître, proviseur, principaux & boursiers du college royal de Navarre, demandeurs en exécution d'arrêt du quatorzieme jour de Décembre 1639, & à l'entérinement d'une requête du vingt-deuxieme jour dudit mois, d'une part; & les abbé, religieux, prieur & couvent de Sainte-Genevieve du Mont en cette ville de Paris, tant en leur nom que prenant le fait & cause pour m[e] Pierre Cadot, avocat & greffier de ladite abbaye de Sainte-Genevieve, leur locataire, d'une maison sise au coin de la rue Clopin, ledit Cadot, Pierre Lucas dit Saint-Denis, exempt du lieutenant-criminel de robe-courte au Châtelet de Paris, Guillaume Cisterne, garde des plaisirs du roi, en la garenne du Louvre, Mathurin Anglard, sergent, garde & garennier du bois de Vincenne, Antoine Aurias,

Guillaume Etienne, Mathurin Godin, au nom & comme disant avoir charge de Nicole Maguerre sa mere, Guy le Coudois à cause de Catherine Gaudin sa femme, & Marie Gaubin, Robert Mallet, bourgeois de Paris, Pierre Dugué, marchand de vin, bourgeois de Paris, Pierre Baufono, maître savetier, & Marie Guyard, veuve de feu Jean Duterre, marchand de vin, & aussi bourgeois de Paris ; les doyen, chanoines & chapitre de l'église de Paris, Martine Guerin, veuve de feu Maurice Gousselin, vivant marchand de vin, bourgeois de Paris, Jacques Villery & Jacques Dufresnay, à cause de leurs femmes, maître Nicolas Laffilé, prêtre-chanoine en l'église Saint-Honoré de Paris, maître Etienne Cuissot, huissier ordinaire du roi en ses Chambre des Comptes & Trésor à Paris, Claude Dupuis, veuve de défunt Charles Brochard, tant en son nom que comme tutrice de ses enfants, maître Jean-Alexandre, prêtre, maître-ès-arts en l'université de Paris, & principal au college de Tournay, tous opposants ; & encore les religieux, prieur & couvent de l'abbaye royale de Saint-Victor-lès-Paris, les gouverneurs des pauvres enfermés de cette ville de Paris, & les prévôt des marchands & échevins de cettedite ville de Paris, intervenants d'autre part. Vu par la Cour ledit arrêt du quatorzieme jour de décembre, par lequel il est ordonné que les lettres-patentes des mois de Mars 1638, d'Avril & de Juillet audit an 1739, pour l'union des colleges de Boncourt & de Tournay audit college de Navarre, & pour la permission de faire fermer & enclorre dans iceux la rue Clopin en la longueur de soixante-quatre toises ; comme aussi de clorre la rue du Bon-Puits à l'extrémité des maisons du college du grand & petit Navarre, & à cette fin unit & annexe sa majesté audit college de Navarre ladite rue Chapon, à la charge d'indemniser, par lesdits grand maître, proviseur, principaux & boursiers, selon leurs offres, les sieurs hauts-justiciers qui ont droit de justice & censives esdites rues Clopin & du Bon-Puits, ensemble les particuliers desquels il seroit besoin d'acheter les maisons, qui pourront y avoir intérêt, suivant l'avis des trésoriers de France, seront registrées au greffe de ladite Cour, pour être exécutées selon leur forme & teneur, & néanmoins que lesdits du college ne pourront faire fermer & clorre la rue Clopin, qu'au préalable ils n'aient remboursé actuellement les opposants des dommages & intérêts par eux prétendus, pour lesquels les parties contesteront pardevant le conseiller en icelle pour ce commis. Ladite requête dudit jour vingt-deuxieme dudit mois, tendante à ce que lesdits opposants fussent assignés pardevant ledit conseiller, pour contester sur leursdits dommages & intérêt, suivant ledit arrêt, sinon & à faute de ce faire par eux, qu'ils seroient déboutés de leurs oppositions, avec dépens, & permis auxdits de Navarre de faire clorre & fermer ladite rue. Procès-verbal du vingt-neuvieme dudit mois de décembre & autres jours suivants, contenant les comparutions desdites parties, & les dires & requisitions d'aucunes d'icelles, & pour être chacun dédommagés du préjudice qu'ils pourroient recevoir à cause de ladite clôture & fermeture de ladite rue Clopin, & de celle du Bon-Puits. Savoir, lesdits de Sainte-Genevieve, doyen & chapitre de Paris, comme seigneurs hauts-justiciers des lieux ; & encore iceux de Sainte-Genevieve comme propriétaires de ladite maison sise au coin d'en-haut de ladite rue Clopin dans la rue Bordet où demeure ledit Cadot, leur greffier, lesdites Martine Guerin, Jacques Villery & Charles Defresnay, à cause de leurs femmes, pour le prix & valeur d'une maison à eux appartenante, sise dans ladite rue Clopin, enclavée dans ledit college de Boncourt ; & encore ladite Guerin pour la jouissance & usufruit sa vie durant d'une autre maison dont la propriété appartient audit college de Boncourt. Et lesdits Laffilé, Cuissot, Dupuis, Pierre Lucas, Mathurin Anglart & les autres opposants comme propriétaires des maisons sises dans les rues d'Arras, rue du Bon-Puits, rue Traversine, & autres rues circonvoisines & adjacentes, pour le préjudice que tous en général, & chacun d'eux en particulier en peuvent recevoir : repliques desdits de Navarre, & contestations desdites parties ; sur quoi ledit conseiller auroit ordonné que ledit arrêt de vérification, sondit procès-verbal, & ce que bon sembleroit auxdites parties, seroit

mis

mis pardevant lui, pour en être fait rapport à la Cour, & par elle être ordonné ce que de raison. Les écritures & productions desdits de Navarre, Sainte-Genevieve, & Cador, doyen & chapitre de l'église de Paris, Martine Guerin, Villery & Dufresnay, Cuissot, Jean Alexandre, Robert, Mallet, Pierre Lucas, Mathurin Anglart, & de tous les autres opposants, à l'exception dudit Laffilé & de ladite Dupuis, qui ont été forclos. Requête de ladite Guerin & desdits Villery & Dufresnay, du quatrieme jour de Juillet dernier, par laquelle ils déclarent que pour se libérer de procès, ils sont prêts & acceptent de vendre & délaisser ladite maison enclavée dans ledit college de Boncourt, pour la somme de huit mille cinq cents livres, qu'elle a été estimée par le procès-verbal de descente des trésoriers de France, & du rapport du maître des œuvres de maçonnerie, daté du 17 Juillet 1638, sans préjudice de leurs dommages & intérêts, pour lesquels ils sont prêts de convenir d'experts, offrant, en leur payant ladite somme & les avertissant trois mois auparavant, qu'ils voudront faire travailler à ladite clôture, de laisser icelle maison libre & vague; & sans préjudice aussi à ladite veuve pour l'usufruit de la maison dont elle jouit à présent, & de ses dommages & intérêts; sur quoi auroit été donné acte aux suppliants, & ordonné ladite requête être communiquée & mise au sac : les requêtes d'intervention & conclusions desdits de Saint-Victor & gouverneurs des pauvres enfermés, tendant à ce qu'il fût ordonné que les passages d'eau de la fontaine de Rongis par lesdites rue Bordet, rue Clopin & rue d'Arras, où en sont apposés les canaux & tuyaux, par où journellement affluent lesdites eaux en leurs maisons, leur seront maintenus & conservés en leur entier, pour, si besoin est, y voir & travailler selon & ainsi qu'il est ordinaire & accoutumé ès occasions, avec dépens, dommages & intérêts. Réponses & défenses desdits de Navarre, appointement en droit, & joint au principal, écritures & productions des parties. La requête de moyens desdits prévôt des marchands & échevins, tendante à ce que lesdits de Navarre soient condamnés, en s'accommodant desdites rue Clopin & rue du Bon-Puits, de satisfaire lesdits religieux de Saint-Victor, & autres qu'il appartiendra, de leursdites demandes & conclusions. Réponses, appointement en droit, & joint aussi audit principal, portant acte auxdites parties, de ce que, pour écritures & productions, ils ont respectivement employé ce qui auroit déjà été écrit & produit en ladite instance principale, avec ladite requête d'intervention : conclusions du procureur-général, & tout considéré, dit a été, LA COUR, sans avoir égard aux oppositions desdits Lucas, Cisterne, Anglart, Aurias, Guillaume Etienne, Mathurin Gaudin, esdits noms, Guy le Coudois, & Catherine Gaudin sa femme, Marie Gaudin, Robert Mallet, Pierre Dugué, Pierre Bausour, Marie Guyard, Nicolas Laffilé, Etienne Cuissot, Claude Dupuis veuve, & Jean-Alexandre Prestre, & à l'intervention desdits prévôt des marchands & échevins de cette ville de Paris, a ordonné & ordonne que ledit arrêt du quatorzieme jour de Décembre 1639, sera exécuté, & en ce faisant ladite rue Clopin fermée en la longueur de soixante-quatre toises, & celle du Bon-Puits à l'extrémité des maisons dudit college du grand & petit Navarre, ainsi qu'il est désigné par le plan de Villedot, maître des œuvres de maçonnerie, en date du 17 Juillet 1638, pour demeurer lesdites rues unies à perpétuité audit college de Navarre, auquel sont annexés lesdits colleges de Boncourt & Tournay, après toutefois que lesdits de Navarre auront payé comptant à ladite Martine Guerin, veuve, & auxdits Villery & Dufresnay, ses gendres, la somme de huit mille cinq cents livres pour le prix de leurdite maison sise au-dedans de ladite rue Clopin, en conséquence de leur consentement porté par ladite requête dudit jour quatorzieme Juillet dernier, & après aussi qu'ils auront payé le droit d'amortissement d'icelle aux seigneurs en la censive desquels elle est assise, & sans qu'ils puissent déloger lesdits de Villery & Dufresnay, qu'un quartier après celui dans lequel ils auront fait le paiement de ladite somme, pour lequel quartier iceux Villery & Dufresnay ne seront tenus d'aucuns loyers. Ordonne ladite Cour que lesdits du college de Navarre donneront à ladite Martine

Guerin une maison de pareille grandeur & valeur que celle qu'elle occupe à présent proche & au-dedans de la paroisse Saint-Etienne, pour en jouir par elle, par maniere d'usufruit, & sa vie durant, comme de celle dont elle jouit à présent, & où elle est demeurante, dépendante dudit college de Boncourt, comme pareillement qu'ils feront faire à leurs frais & dépens un puits de grandeur compétente, & au lieu qui sera trouvé le plus commode pour lesdites rues d'Arras, Traversine & autres, pour le service du public; & aussi *qu'à leurs frais & dépens ils feront changer & lever les tuyaux passant de présent dans ladite rue Clopin, servant à la conduite des eaux desdits de Saint-Victor & pauvres enfermés, & les feront, à leursdits frais & dépens, refaire & réédifier, poser & passer par la rue qui descend devant la principale porte dudit college de Navarre, & de là, par le commencement de ladite rue Traversine, jusques le long de la rue Saint-Nicolas du Chardonnet, pour du long de la rue Saint-Victor aller gagner & joindre les tuyaux par où lesdites eaux se conduisent à présent par la porte Saint-Victor, & sans qu'ils puissent en aucune façon faire fermer & clorre lesdites rues, qu'ils n'aient satisfait à tout ce qui est ci-dessus.* Ordonne aussi qu'ils laisseront à perpétuité auxdits religieux, abbé & couvent de Sainte-Genevieve, & audit Cadot leur greffier, les vues de ladite maison où demeure ledit Cadot, ainsi qu'elles sont à présent; comme pareillement les égouts d'icelle maison. Et avant faire droit sur les prétentions desdits de Sainte-Genevieve & du chapitre de Paris, pour raison des dommages & intérêts qu'ils prétendent, à cause de leurs justices, au moyen de ladite clôture; ordonne que les parties contesteront plus amplement pardevant ledit conseiller à ce commis: pour ce fait & rapporté, ordonner ce que de raison, & le tout sans dépens. Prononcé le septieme Septembre mil six cent quarante. *Signé*, GUYET.

SENTENCE DU BUREAU DE LA VILLE,

QUI, *sur la requête de mm. les gouverneurs & administrateurs des Hôpitaux des pauvres enfermés, accorde & fait concession, pour l'usage & commodité de* l'Hôpital de la Pitié, *d'un cours d'eau de quatre lignes, faisant, avec six lignes qui lui ont précédemment été concédées, un cours de dix lignes d'eau en superficie.*

Du 15 Janvier 1653.

A tous ceux qui ces présentes lettres verront: Antoine Lefebvre, conseiller du roi en ses conseils d'état & privé, & en sa cour de Parlement, prévôt des marchands; les échevins de la ville de Paris; conseillers de ladite ville; commissaires députés pour la distribution des eaux des fontaines publiques d'icelle: SALUT. Savoir faisons, que vu la requête à nous faite & présentée par les gouverneurs & administrateurs des Hôpitaux des pauvres enfermés, contenant que, dès le 20 Mai 1638, il leur fut accordé par la ville six lignes d'eau en superficie, pour l'usage & commodité desdits Hôpitaux; mais comme le nombre des pauvres est accru depuis ce tems-là de plus de moitié, ils requéroient qu'il nous plût leur augmenter leurs eaux à proportion, n'en ayant à présent, à beaucoup près, de ce qui leur en fait besoin. Considéré le contenu en ladite requête, vu la concession précédente; oui sur ce le procureur du roi & de la ville en ses conclusions. Avons de nouveau donné & concédé, donnons & concédons par ces présentes aux Hôpitaux des pauvres enfermés, quatre lignes d'eau en superficie, faisant, avec ce qui leur a été ci-devant concédé, un cours de dix lignes d'eau en superficie, à prendre par bassinet au regard le plus convenable & moins incommode au public que faire ce pourra, pour être menées & conduites dans l'Hôpital de la Pitié, pour l'usage & commodité d'icelui, à leurs frais & dépens; laquelle quantité de dix lignes d'eau en superficie, contenue auxdites deux conceſſions, ſera employée dans l'état de la diſtribution des eaux publiques de ladite ville, provenant des fontaines de Rongis, ſuivant les lettres-patentes du roi, du 26 Mai 1635, pour en jouir à toujours & perpétuité. Si donnons en mandement à Pierre le Maiſtre, maître des œuvres de la ville, garde, & ayant charge ſous nous des fontaines publiques d'icelle; & à André Rameau, maître plombier à Paris, & ordinaire de ladite ville, d'exécuter ces préſentes de point en point, ſelon leur forme & teneur, ſitôt qu'ils en ſeront requis; en témoin de quoi nous avons mis à ceſdites préſentes le ſcel de ladite prévôté des marchands. Ce fut fait & donné au bureau de la ville, le quinzieme Janvier mil ſix cent cinquante-trois. *Signé*, LE MAIRE.

CONCESSION

De dix lignes d'eau en ſuperficie, faite par la ville à l'Hôpital de Scipion, *provenant des fontaines de Rongis.*

Du 10 Juillet 1657.

A tous ceux qui ces préſentes lettres verront: Alexandre de Seve, chevalier, ſeigneur de Chatignonville & de Chaſtillon-le-roi, conſeiller ordinaire du roi en ſes conſeils, & directeur de ſes finances, prévôt des marchands; les échevins & conſeillers de la ville de Paris, commiſſaires députés pour les eaux publiques de ladite ville: SALUT. Sur ce qui nous a été repréſenté par le procureur du roi & de la ville, qu'il eſt néceſſaire, pour la ſubſiſtance des pauvres qui ſont de préſent en l'Hôpital de Scipion, de leur accorder de l'eau des fontaines publiques de ladite ville, une quantité ſuffiſante, requérant y vouloir pourvoir; ſur quoi, oui le procureur du roi & de ladite ville en ſes concluſions: avons donné & concédé, donnons & concédons par ces préſentes un cours de dix lignes d'eau en ſuperficie, à prendre par baſſins au regard le plus proche & commode dudit Hôpital de Scipion, & icelle faire conduire par un tuyau particulier en icelui, pour l'uſage & commodité des pauvres, aux frais & dépens dudit Hôpital, laquelle conceſſion ſera couchée & employée ſur l'état des nouvelles eaux provenant des fontaines de Rungis, ſuivant les lettres-patentes du roi du 26 Mai 1635, pour en jouir à toujours. Si donnons en mandement à Pierre le Maiſtre, maître des œuvres de la ville, garde, & ayant charge ſous nous des fontaines d'icelle, ou celui que nous avons commis en ſa charge, pendant ſon indiſpoſition, & à André Rameau, maître plombier ordinaire de la ville, d'exécuter ces préſentes de point en point, ſelon leur forme & teneur, le plutôt que faire ce pourra; en témoin de ce, nous avons mis à ces préſentes le ſcel de ladite prévôté des marchands. Ce fut fait & donné au bureau de la ville, le dixieme jour de Juillet mil ſix cent cinquante-ſept. *Signé*, LE MAIRE.

CONCESSION

De dix lignes d'eau en ſuperficie, faite par la ville à la maiſon de l'Hôpital de la Pitié, *faiſant, avec dix lignes précédemment accordées, en tout vingt lignes, provenant des fontaines de Rongis.*

Du 10 Juillet 1657.

A tous ceux qui ces préſentes lettres verront: Alexandre de Seve, chevalier, ſeigneur de Chatignonville & de Chaſtillon-le-roi, conſeiller ordinaire du roi en tous ſes conſeils & directeur de ſes finances, prévôt des marchands; les échevins de la ville de Paris,

& conseillers d'icelle, commissaires députés pour les eaux publiques de ladite ville; sur ce qui nous a été représenté par le procureur du roi & de ladite ville, que la quantité des pauvres qui s'est augmentée depuis quelque tems dans l'Hôpital de la Pitié, est si nombreuse, que les dix lignes d'eau en superficie qui leur ont été ci-devant accordées n'est pas suffisante pour y subvenir, étant à propos d'y en ajouter quelque quantité, afin que rien ne leur défaille de ce côté là; oui sur ce ledit procureur du roi en ses conclusions, & l'affaire mise en délibération, AVONS de nouveau donné & concédé, donnons & concédons par ces présentes, par augmentation, un cours de dix lignes d'eau en superficie, pour joindre aux autres dix lignes qui leur ont par ci-devant été accordées par ladite ville, en tout vingt lignes, provenant des fontaines de Rongis, à prendre par bassins, au même regard de la premiere, & conduite par les mêmes tuyaux audit Hôpital de la Pitié, pour l'usage & commodité d'icelui, lesquelles concessions seront couchées & employées sur l'état de la nouvelle distribution desdites eaux provenant des sources de Rongis, suivant les lettres-patentes du roi, du 26 Mai 1635, pour en jouir à toujours. Si donnons en mandement à Pierre le Maistre, maître des œuvres de la ville, garde, & ayant charge sous nous des fontaines d'icelle, ou à celui que nous avons commis en sa charge, pendant son indisposition, & à André Rameau, maître plombier ordinaire de ladite ville, d'exécuter ces présentes de point en point, selon leur forme & teneur, le plutôt que faire ce pourra; en témoin de ce, nous avons mis à ces présentes le sel de ladite prévôté des marchands; ce fut fait & donné au bureau de la ville, le dixieme jour de Juillet mil six cent cinquante-sept. *Signé*, LE MAIRE.

EXTRAIT DE LA DISTRIBUTION DES EAUX,

PORTÉ aux arrêtés du bureau de la ville, le 2 Juin 1673, par lequel il en est concédé à la Pitié *&* Hôpital-Général, *cinquante lignes.*

Du 2 Juin 1673.

DE l'état général de la distribution des eaux des sources de Rongis, Pré Saint-Gervais, Belleville, & de celles qui sont élevées de la riviere de Seine, tant pour les fontaines publiques que concessions faites aux communautés & aux particuliers; arrêté au bureau de la ville, le deuxieme Juin mil six cent soixante-treize, en a été extrait ce qui suit, par moi greffier de la ville de Paris, soussigné:

La Pitié & l'Hôpital-Général, cinquante lignes; ci. . . . . 50 lignes

Fait & délivré au greffe de la ville, le seize Août mil six cent soixante-dix-huit. *Signé*, LANGLOIS,

---

SENTENCE DU BUREAU DE LA VILLE,

*QUI, en confirmant la concession de cinquante lignes d'eau pour les maisons de l'*Hôpital-Général, *de la* Pitié *&* Scipion, *fait une nouvelle concession de vingt lignes d'eau en superficie, par augmentation de la maison de Scipion, le tout faisant soixante-dix lignes à prendre, au regard de la fontaine de Saint-Victor.*

Du 3 Avril 1724.

A tous ceux qui ces présentes lettres verront: Pierre-Antoine de Castagnere, chevalier, marquis de Château-Neuf & de Marolles, conseiller d'état, prévôt des marchands; & les échevins de la ville de Paris; commissaires pour la distribution des eaux des fontaines publiques : SALUT. Savoir faisons, que sur la requête présentée par les directeurs & administrateurs de l'Hôpital-Général de Paris, contenant que par l'édit d'établissement de l'Hôpital-Général, du mois d'Avril 1656, le feu roi ayant donné à l'Hôpital la maison de la Pitié, où étoient déjà renfermés les pauvres mendians, & celle de Scipion où se fait le pain, où se tient la boucherie, & où il y a cent ou cent-vingt ouvriers employés pour le fort du ménage, & pour les plus gros ouvrages de l'Hôpital, sa majesté lui a accordé la quantité d'eau nécessaire, & a ordonné que la délivrance en seroit par nous faite ou par qui il appartiendroit; que la maison de la Pitié n'ayant lors que dix lignes d'eau, nous en accordâmes encore dix lignes, le dixieme Juillet 1657, pour ladite maison de la Pitié, & dix autres lignes pour celle de Scipion, à prendre par bassinet au regard le plus proche & le plus commode pour ladite maison; que suivant l'état de distribution des eaux des sources, tant de Rongis, Pré Saint-Gervais & Belleville, que de la riviere de Seine, arrêté au bureau de la ville, le 2 Juin 1673 la maison de la Pitié & l'Hôpital-Général sont employés pour cinquante lignes, & que cette eau se tire ou doit se tirer du réservoir de la fontaine Saint-Victor, dont les eaux viennent de celui de Saint-Severin qui les reçoit de la pompe du pont Notre-Dame; soit que ces cinquante lignes ne soient pas suffisantes pour la maison de la Pitié où il y a mille à douze cens personnes, ou qu'elles ne soient pas fidélement fournies, les pauvres en manquent souvent, & elle est obligée dans ces occasions de se servir d'eau de puits qui cause des maux de bouche aux enfans, & la maison n'en tire aucun secours; que cette maison cependant mérite beaucoup d'attention : il y a un très-grand nombre d'ouvriers qui ont besoin d'eau, & il est indispensable d'en avoir, principalement pour le pain qui se fait avec de l'eau de puits, & dont la qualité souffre, & est, par conséquent, bien moindre qu'elle ne le seroit, si on y employoit de l'eau de source ou de riviere, incomparablement meilleure pour le pain qui est la nourriture la plus précieuse & la plus nécessaire que l'on puisse donner aux pauvres, assez à plaindre d'ailleurs, pour ne pas mêler son principal aliment d'une eau qui ne se corrompt que trop souvent, lorsqu'on peut lui en donner de meilleure; pourquoi requéroient les supplians, audit nom, qu'il nous plût leur accorder pour la maison de Scipion, la quantité d'eau nécessaire pour la fabrique du pain qui s'y cuit pour plus de dix mille personnes par jour, & pour les autres choses dont on a besoin dans ladite maison; & à cet effet commettre qui nous jugerons à propos, pour connoître ce qui s'en fournit actuellement à la maison de la Pitié, & ce qu'il est nécessaire d'y ajouter pour le bien & la commodité de l'une & l'autre de ces maisons. Conclusions du procureur du roi & de la ville : NOUS AVONS, de son consentement, confirmé & confirmons, par ces présentes, lesdites trois maisons de l'Hôpital-Général, de la Pitié & Scipion, dans la jouissance des cinquante lignes d'eau de riviere en superficie dont elles sont en possession; & donné, concédé & octroyé, donnons, concédons & octroyons par ces présentes, auxdites trois maisons, vingt lignes d'eau de riviere par augmentation, pour l'usage & commodité de celle de Scipion, & faire en tout un cours de soixante-dix lignes d'eau de riviere en superficie, à prendre par bassinet au regard de la fontaine Saint-Victor, & être conduit, aux frais & dépens dudit Hôpital, depuis ledit regard jusqu'auxdites trois maisons, & en jouir pour l'usage & commodité d'icelles. Si donnons en mandement à m^e Jean Beausire, conseiller du roi, architecte, maître général des bâtimens de l'hôtel-de-ville, garde, ayant charge des eaux & fontaines publiques de ladite ville, de jauger & délivrer lesdites soixante-dix lignes d'eau de riviere en superficie, auxdites trois maisons de l'Hôpital-Général, de la Pitié & Scipion, de les employer pour ladite quantité dans l'état de distribution des eaux des fontaines publiques de cette ville, & de tenir la main à l'exécution des présentes; en témoin de quoi nous avons fait ſceller ces préſentes du ſel de ladite prévôté des marchands. Ce fut fait & donné au bureau de la ville, le troiſieme jour d'Avril mil ſept cent vingt-quatre. *Signé*, TAITBOUT. *Et ſur le repli*, Je, conſeiller du roi, architecte, maître général des bâtimens de l'hôtel de cette ville de Paris, garde, ayant charge des eaux & fontaines publiques d'icelle, certifie à tous qu'il appartiendra, avoir cejourd'hui jaugé au baſſinet de la fontaine Saint-Victor, les vingt lignes d'eau d'augmentation, mentionnée en la préſente conceſſion, & délivrées à meſſieurs les adminiſtrateurs, cejourd'hui quinze Mai mil ſept cent vingt-quatre. *Signé*, BEAUSIRE.

SENTENCE DU BUREAU DE LA VILLE,

*QUI, en viſitant & confirmant les différentes conceſſions d'eau faites à l'*Hôpital-Général *pour les maiſons de la Pitié & de Scipion, ordonne que les ſoixante-dix lignes d'eau en total leur ſeront délivrées diſtinctement par ſix ouvertures de jauges faites, dans un baſſin particulier à celle des fontaines ou regards qui leur ſera le plus commode.*

Du 19 Juillet 1735.

A tous ceux qui ces préſentes lettres verront: Michel-Etienne Turgot, chevalier, ſeigneur de Souſmons, Bons, Uſſy, Potigny, Perriers, Brucourt & autres lieux, conſeiller du roi en ſes conſeils, préſident au parlement & en la ſeconde des requêtes du palais, prévôt des marchands; & les échevins de la ville de Paris. SALUT. Savoir faiſons, que vu la requête préſentée au bureau par les directeurs & adminiſtrateurs de l'Hôpital-Général, contenant qu'en exécution du jugement que nous avons rendu le 21 Juillet 1733, par lequel nous aurions ordonné que toutes perſonnes prétendant avoir droit de prendre & recevoir des eaux dans les fontaines & regards publics, ſeront tenues nous en préſenter les titres en vertu deſquels elles jouiſſent des eaux; ils avoient remis les titres de conceſſion de ſoixante-dix lignes d'eau que nous avons accordées en différens tems à l'Hôpital, ſous les différentes dénominations de maiſons de la Pitié, Scipion, & autres, appartenant toutes, & faiſant également partie de l'Hôpital, les 19 Mai 1638, 3 Janvier 1653, 10 Juillet 1657, 2 Juin 1673, & 3 Avril 1724; & comme il leur eſt important d'aſſurer les conceſſions, de maniere qu'ils ne puiſſent plus y être troublés, & qu'ils puiſſent en tirer le ſecours & l'avantage dont ils ont beſoin, & que nous aurions eu intention de procurer aux pauvres de l'Hôpital, conformément à l'édit d'établiſſement dudit Hôpital, du mois d'Avril 1656; ils nous préſentoient ladite requête pour y être pourvu; à ces cauſes ils requéroient qu'il nous plaiſe les maintenir & confirmer dans la jouiſſance des ſoixante-dix lignes d'eau portées par les brevets, conceſſions, états & diſtributions d'eau, les 19 Mai 1638, 3 Janvier 1653, 10 Juillet 1657, 2 Juin 1673, & 3 Avril 1724, contenant le tout enſemble ladite quantité de ſoixante-dix lignes d'eau en ſuperficie, provenant des eaux de la riviere, pour l'uſage & commodité des maiſons de la Pitié & de Scipion, dépendantes & faiſant partie dudit Hôpital-Général; en conſéquence les confirmer en la poſſeſſion & jouiſſance deſdites eaux, même les leur accorder, en tant que de beſoin, par forme de nouvelle conceſſion pour tout ou partie, s'il eſt ainſi par nous jugé à propos; ce faiſant, ordonner qu'ils ſeroient employés audit nom pour ladite quantité de ſoixante-dix lignes d'eau dans l'état de diſtribution qui en ſera par nous faite: ladite requête ſignée Houallé, procureur en ce bureau. Vu auſſi notre jugement du 21 Juillet 1733, & mandement du bureau du 19 Mai 1638, par lequel il eſt ordonné à Auguſtin Guillain, maître des œuvres, garde, & ayant charge des fontaines de cette ville, de délivrer à l'Hôpital des pauvres enfermés la quantité de ſix lignes d'eau en superficie, pour laquelle ils sont employés dans le projet de l'état par le bureau fait de la nouvelle distribution desdites eaux à prendre au lieu le plus convenable & moins incommode pour le public que faire ce pourra. Le brevet du 15 Janvier 1653, dans le vu de la minute duquel est ladite concession, datée par erreur du 20 desdits mois & an 1638, avec rature non approuvée, de chiffres qui l'indiquoient d'un jour encore postérieur, & du même mois, portant de nouveau don & concession aux Hôpitaux des pauvres enfermés, de quatre lignes d'eau en superficie, à prendre par bassinet au regard le plus convenable & moins incommode au public que faire ce pourra, pour être menées & conduites dans l'Hôpital de la Pitié, pour l'usage & commodité d'icelui, à leurs frais & dépens; laquelle quantité de dix lignes d'eau en superficie, contenues auxdites concessions, sera employée dans l'état de la distribution des eaux publiques de ladite ville, provenant des fontaines de Rongis, pour en jouir à toujours & perpétuité. L'édit du mois d'Avril 1656, par l'article 50 duquel il est dit que, parce que l'Hôpital-Général des pauvres aura besoin de plus grande quantité d'eau que celles qui étoient alors ès-maisons énoncées audit édit, le roi leur accorde & concede le droit de ce qu'il sera nécessaire d'y être augmenté, & veut que la délivrance leur en soit faite, soit des regards, ou du château des eaux de Rungis, ou autres lieux, par les prévôt des marchands, ou échevins de la ville de Paris, ou par le sieur Frauchine, son intendant des eaux, ou autre qu'il appartiendra; ledit édit regiſtré au Parlement le 4 Décembre suivant. Le jugement du bureau du 10 Juillet 1657, rendu sur la requête présentée par les directeurs de l'Hôpital-Général de Paris, tendant à ce qu'il plut au bureau ordonner par augmentation telle quantité d'eau qu'il lui plairoit pour l'Hôpital de la Pitié, & pour celui de Scipion, où ils n'en avoient point, pour être prise par bassinet aux réservoirs les plus commodes pour lesdits Hôpitaux; par lequel jugement il est dit qu'attendu qu'il n'étoit apparu à la ville de la qualité prétendue par les supplians, il ne pouvoit être pourvu sur leur requête, la minute de laquelle se trouve en partie bâtonnée, & au bas d'icelle les signatures subsistent saines & entieres. Autre brevet du même jour 10 Juillet 1657, par lequel, sur ce qui a été représenté au bureau par le procureur du roi & de la ville, que la quantité des pauvres qui s'étoit augmentée depuis quelque tems dans l'Hôpital de la Pitié étoit si nombreuse, que les dix lignes d'eau en superficie qui leur avoient été ci-devant accordées, n'étoient pas suffisantes pour y subvenir, étant à propos d'y en ajouter quelque quantité, afin que rien ne leur défaille de ce côté-là, il a été de nouveau donné & concédé par augmentation, un cours de dix lignes d'eau en superficie, pour joindre aux autres dix lignes qui leur avoient par ci-devant été accordées par ladite ville, faisant en tout vingt lignes, provenant des fontaines de Rungis, à prendre par bassinet au même regard de la premiere, & conduite par les mêmes tuyaux audit Hôpital de la Pitié, pour l'usage & commodité d'icelui; lesquelles concessions seront couchées & employées sur l'état de la nouvelle distribution desdites eaux provenant des sources de Rongis, pour en jouir à toujours. Autre brevet aussi du même jour 10 Juillet 1657, par lequel, sur ce qui a été pareillement remontré au bureau par le procureur du roi & de la ville, qu'il étoit nécessaire, pour la subsistance des pauvres qui étoient alors en l'hôpital de Scipion, de leur accorder de l'eau des fontaines publiques de ladite ville une quantité suffisante, requérant y vouloir pourvoir; il a été donné & concédé un cours d'eau de dix lignes en superficie, à prendre par bassinet, au regard le plus proche & commode dudit Hôpital de Scipion, & icelle faire conduire par un tuyau particulier en icelui, pour l'usage & commodité des pauvres, aux frais & dépens dudit Hôpital, laquelle concession sera couchée & employée sur l'état des nouvelles eaux provenant des fontaines de Rongis pour en jouir à toujours; & l'état général de la distribution des eaux, arrêté au bureau de la ville, le 2 Juin 1673, dans lequel la Pitié & l'Hôpital-Général sont compris pour cinquante lignes de crues, provenant des ſources de Rungis. Autre brevet du 3 Avril 1724, par lequel les trois maiſons de l'Hôpital-Général, de la Pitié & Scipion ont été confirmées dans la jouiſſance des cinquante lignes d'eau de riviere en ſuperficie, dont elles étoient en poſſeſſion ; & il a été donné, concédé & octroyé auxdites trois maiſons vingt lignes d'eau de riviere, par augmentation, pour l'uſage & commodité de celle de Scipion, & faire en tout un cours de ſoixante-dix lignes d'eau de riviere en ſuperficie, à prendre par baſſinet, au regard de la fontaine de Saint-Victor, & être conduites aux frais & dépens dudit Hôpital, depuis ledit regard juſqu'auxdites trois maiſons, & en jouir pour l'uſage & commodité d'icelles. Le jugement du bureau, du 21 Octobre audit an 1735, portant que ledit édit du mois d'Avril 1656, enſemble le réglement du 27 dudit mois, regiſtrés en parlement ledit jour 4 Décembre audit an, ſeront enregiſtrés au greffe dudit bureau, pour être exécutés ſelon leur forme & teneur. Concluſions du procureur du roi & de la ville : NOUS AVONS, de ſon conſentement maintenu & confirmé, maintenons & confirmons les ſuppliants dans la jouiſſance d'un cours de ſix lignes d'eau en ſuperficie, d'une part; d'un autre cours de quatre lignes d'eau en ſuperficie, d'autre part; d'un autre cours de dix lignes d'eau en ſuperficie, d'autre part ; d'un autre cours de dix lignes d'eau en ſuperficie, d'autre part ; & encore d'un autre cours de vingt lignes d'eau en ſuperficie, d'autre part ; comme auſſi leur donnons, concédons & octroyons le cours de vingt lignes d'eau en ſuperficie, d'autre part, mentionné, par augmentation, à ceux ci-deſſus audit état général, du 2 Juin 1673 ; le tout provenant des eaux de la riviere, tant que les maiſons dites de la Pitié & Scipion, dépendantes dudit Hôpital-Général, ſubſiſteront, pour l'uſage & commodité d'icelles ſeulement; en conſéquence, ordonnons qu'elles ſeront employées, pour chacune deſdites quantités, ſéparément dans l'état de diſtribution qui ſera par nous fait, & qu'elles ſeront délivrées diſtinctement par ſix ouvertures de jauges faites dans un baſſin particulier à celui des fontaines, ou à celui des regards, qui leur ſera le plus commode, ſuivant l'ordre des dates deſdits mandemens & brevets de conceſſion, & du préſent brevet auſſi de conceſſion deſdites vingt lignes d'eau en ſuperficie, à la charge qu'ils ſeront tenus d'en faire & entretenir les conduits par un ou pluſieurs tuyaux particuliers, à leurs frais & dépens, à prendre à la ſortie deſdites fontaines, ou deſdits regards. Si donnons en mandement au garde ayant charge des eaux & fontaines publiques de cette ville de tenir la main à l'exécution des préſentes; en témoin de quoi nous avons fait mettre à ces préſentes le ſcel de la prévôté des marchands. Ce fut fait & donné au Bureau de l'hôtel-de-ville de Paris, le dix-neuvieme jour de Juillet mil ſept cent trente-cinq. *Signé*, TAITBOUT.

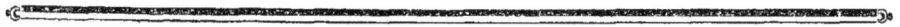

HOPITAL DES ENFANS-TROUVÉS
DU FAUXBOURG SAINT-ANTOINE.

SENTENCE DU BUREAU DE LA VILLE,

PORTANT conceſſion de douze lignes d'eau en ſuperficie, en faveur de la maiſon de l'Hôpital des Enfans-Trouvés, *ſiſe fauxbourg Saint-Antoine.*

Du 22 Août 1724.

A tous ceux qui ces préſentes lettres verront; PIERRE-ANTOINE DE CASTAGNERE, chevalier, marquis de Château-Neuf & de Marolles, conſeiller d'état, prévôt des marchands, & échevins de la ville de Paris, commiſſaire pour la diſtribution des eaux des fontaines publiques

publiques de ladite ville, SALUT. Savoir faisons, que pour concourir à l'entretien de l'Hôpital des Enfans-Trouvés, sis fauxbourg Saint-Antoine, nous avons donné, concédé & octroyé, donnons, concédons & octroyons par ces présentes audit Hôpital un cours de douze lignes d'eau en superficie, pour en jouir pour l'usage & commodité d'icelui, à prendre devant ledit Hôpital, par un tuyau particulier, d'un pouce de diametre, branché sur celui de la ville, allant à la fontaine devant l'abbaye Saint-Antoine, pour être conduit dans ledit Hôpital, délivré & jaugé en cuivreau par un robinet de jauge, & enfermé dans une caisse de menuiserie, sous la clef du garde des fontaines publiques de cette ville, & placé à un endroit convenable dans ledit Hôpital; le tout à ses frais & dépens, & à la charge que la ville & le garde de ses fontaines auront la liberté d'en faire la visite toutes fois & quantes ils le jugeront à propos. Si donnons en mandement à me Jean Beausire, conseiller du roi, architecte, maître général des bâtimens de ladite ville, garde ayant charge des eaux des fontaines publiques d'icelle, jauger & délivrer comme il est dit ci-dessus, lesdites douze lignes en superficie pour ledit Hôpital, de l'employer pour ladite quantité dans l'état de distribution des eaux des fontaines publiques de ladite ville, & de tenir la main à l'exécution des présentes. En témoin de quoi nous avons fait sceller ces présentes du scel de ladite prévôté des marchands. Ce fut fait & donné au Bureau de la ville, le vingt-deuxieme jour d'Août mil sept cent vingt-quatre. *Signé*, TAITBOUT.

SENTENCE DU BUREAU DE LA VILLE,

CONFIRMATIVE du brevet de concession de douze lignes d'eau pour l'usage de la maison des Enfans-Trouvés *du fauxbourg Saint-Antoine.*

Du 12 Décembre 1738.

A tous ceux qui ces présentes lettres verront; MICHEL-ETIENNE TURGOT, chevalier, marquis de Sousmons, seigneur de Saint-Germain-sur-Eaulne, Vanermille & autres lieux, conseiller d'état, prévôt des marchands, & les échevins de la ville de Paris, SALUT. Savoir faisons, que vu le jugement de ce Bureau, du 21 Juillet 1733, le brevet du 22 Août 1724, par lequel il a été donné, concédé & octroyé à l'Hôpital des Enfans-Trouvés, sis fauxbourg Saint-Antoine, un cours de douze lignes d'eau en superficie, pour en jouir par l'usage & commodité d'icelui, à prendre devant ledit Hôpital, par un tuyau particulier, d'un pouce de diametre, branché sur celui de la ville, allant à la fontaine devant l'abbaye Saint-Antoine, pour être conduit dans ledit Hôpital, délivré & jaugé en cuivreau par un robinet de jauge, & enfermé dans une caisse de menuiserie, sous la clef du garde des fontaines publiques de cette ville, & placé à un endroit convenable dans ledit Hôpital; le tout à ses frais & dépens, à la charge que la ville & le garde de ses fontaines auront la liberté d'en faire la visite toutes fois & quantes ils le jugeront à propos; ledit brevet représenté par les sieurs directeurs de l'Hôpital-Général des pauvres, établi en cette ville: conclusions du procureur du Roi & de la ville.

Nous avons, de son consentement, maintenus & confirmés, maintenons & confirmons les sieurs directeurs de l'Hôpital-Général des pauvres établi en cette ville, dans la jouissance d'un cours de douze lignes d'eau en superficie, provenant des eaux de la riviere, tant que l'Hôpital des Enfans-Trouvés, établi dans la grande rue du fauxbourg Saint-Antoine, subsistera, pour l'usage & commodité d'icelui seulement; en conséquence, ordonnons qu'ils seront employés, pour ladite quantité, dans l'état de distribution qui sera par nous fait, & qu'elle leur sera délivrée par une ouverture de jauge faite dans un bassinet particulier, placé dans une cassette, disposée dans une chambre au premier étage d'un petit corps-de-logis situé dans la basse-cour dudit Hôpital, joignant la porte cochere d'entrée d'icelle, à la charge par eux de faire & entretenir à leurs frais & dépens, tant ladite cassette, que la conduite, les robinets & ventouses nécessaires, à prendre sur le tuyau de conduite publique ; que les clefs de ladite cassette seront remises & déposées au greffe de la ville, & qu'ils seront tenus de souffrir & laisser faire la visite de ladite cassette toutes fois & quantes il sera jugé à propos par le Bureau, & à sa premiere requisition. Si donnons en mandement au garde ayant charge des eaux & fontaines publiques, de tenir la main à l'exécution des présentes : en temoin de quoi nous avons fait sceller ces présentes du scel de la prévôté des marchands. Fait & donné au bureau de la ville de Paris le douzieme jour de Décembre mil sept cent trente-huit. *Signé*, TAITBOUT.

HOPITAL DES ENFANS-TROUVÉS,

RUE NOTRE-DAME.

SENTENCE DU BUREAU DE LA VILLE,

QUI, *en confirmant la concession de six lignes d'eau faite à* l'Hôpital des Enfans-Trouvés, *établi rue Notre-Dame, le 24 Mai 1710, lui accorde & concede douze autres lignes d'eau, faisant ensemble un cours de dix-huit lignes d'eau.*

Du 7 Juin 1763.

A tous ceux qui ces présentes verront : JEAN-BAPTISTE-ELIE CAMUS DE PONT-CARRÉ, chevalier, seigneur de Viarmes, Seugy, Beloy & autres lieux, conseiller d'état, prévôt des marchands, & les Echevins de la ville de Paris, SALUT. Savoir faisons, que vu la requête à nous présentée par les administrateurs de l'Hôpital-Général de cette ville, & celui des Enfans-Trouvés y unis, contenant que le 24 Mai 1710, le Bureau a eu la bonté d'accorder à la maison des Enfans-Trouvés de la couche, rue Notre-Dame, une concession de six lignes d'eau, laquelle a été confirmée par lettres du 29 Février 1736 ; qu'en l'année 1748, cette maison ayant été considérablement augmentée par le nouveau bâtiment, le Bureau a eu la charité d'accorder une augmentation de douze lignes d'eau dont cette maison a joui depuis ce tems, avec les six lignes précédemment accordées ; mais que comme il n'a point été délivré de lettres de cette nouvelle concession, & qu'il est intéressant pour cette maison de se mettre en regle à cet égard : A CES CAUSES, requéroient les les supplians qu'il nous plût accorder à ladite maison des Enfans-Trouvés des lettres de confirmation des six lignes d'eau d'ancienne concession, & de douze autres lignes verbalement accordées, & qui sont jaugées depuis 1748, ladite requête signée Davault, procureur en ce Bureau ; vu aussi lesdits jugemens des 24 Mai 1710, & 29 Février 1736 : conclusions du procureur du Roi & de la ville.

Nous avons, de son consentement, outre la quantité de six lignes d'eau concédée & confirmée par lesdits jugemens des 24 Mai 1710, & 29 Février 1736, audit Hôpital desdits Enfans-Trouvés, établi en cette ville, rue Notre-Dame, concédé & accordé en faveur dudit Hôpital, gratuitement, & pour son usage seulement, la quantité de douze lignes d'eau, pour, avec les six lignes anciennes, faire en totalité dix-huit lignes, à les prendre & réunir en un seul cours, qui sera jaugé à la cuvette que la ville a fait établir dans l'intérieur dudit Hôpital, par le commis à l'exercice & fonctions de maître-général des bâtimens de la ville, garde ayant charge des fontaines publiques, dans un même bassinet, lequel sera fait & entretenu, ensemble ladite eau conduite, aux frais dudit Hôpital, dans son réservoir. Si donnons en mandement audit commis, garde ayant charge des eaux & fontaines publiques, de tenir la main à l'exécution des présentes : en témoin de quoi avons fait sceller ces présentes du scel de la prévôté des marchands. Ce fut fait & donné au Bureau de la ville de Paris, le mardi septieme jour de Juin mil sept cent soixante-trois. *Signé*, TAITBOUT.

HOPITAL DU SAINT-ESPRIT.

SENTENCE DU BUREAU DE LA VILLE,

QUI, *sur la requête de mm. les directeurs & administrateurs de* l'Hôpital du Saint-Esprit, *accorde & fait concession audit Hôpital d'un cours d'eau de six lignes, à prendre à la fontaine, place de Greve; & ordonnance portant que les six lignes d'eau seront prises à la fontaine de la porte Baudoyer.*

Du 28 Juin 1633.

A tous ceux qui ces présentes verront : MICHEL MOREAU, conseiller du Roi en ses conseils d'état & privé, lieutenant-civil de la ville, prévôté & vicomté de Paris, prévôt des marchands, & les Echevins de ladite ville, SALUT. Savoir faisons, que vu la requête à nous faite & présentée par mm. les gouverneurs & administrateurs de l'Hôpital du Saint-Esprit, en Greve, tendante à ce que pour les causes & considérations y contenues, il nous plût leur accorder un cours d'eau pour faire conduire en la maison dudit Hôpital, pour l'usage & commodité d'icelui. NOUS, sur ce oui, & ce consentant le procureur du Roi & de la ville, avons auxdits sieurs gouverneurs & administrateurs donné, concédé & octroyé, donnons, concédons & octroyons par ces présentes un cours de six lignes d'eau, venant des sources-fontaines de Rongis, qui seront prises & dérivées du regard étant dans la place de Greve, menées & conduites par un petit tuyau particulier en la maison dudit Hôpital, pour l'usage & commodité d'icelui; le tout aux frais & dépens dudit Hôpital, pour desdites six lignes d'eau présentement concédées, jouir par icelui Hôpital du Saint-Esprit à toujours & perpétuité. Si donnons en mandement à Augustin Guillain, maître des œuvres de ladite ville, ayant la charge & garde des fontaines publiques d'icelle, d'exécuter ces présentes selon leur forme & teneur : en témoin de ce, nous avons mis à ces présentes le scel de ladite prévôté des marchands; & donné au Bureau de la ville le mardi vingt-huitieme jour de Juin 1633. *Signé*, CLEMENT. *Et au dos est écrit.* De par les prévôt des marchands & échevins de la ville de Paris, il est ordonné à Augustin Guillain, maître des œuvres de la ville, ayant la charge des fontaines publiques d'icelle, de faire l'application d'un tuyau de la fontaine du Saint-Esprit dans la fontaine de la porte Baudoyer, au lieu qu'elle étoit à prendre à la fontaine de la Greve, par le titre de la concession; le tout conformément aux réglement & lettres de déclaration du Roi. Fait au Bureau de la ville le ving-un Août mil six cent trente-trois. *Signé*, CLEMENT. *Ensuite est encore écrit.* La présente ordonnance a été par l'officier susdit soussigné, mise à exécution.

Signé, GUILLAIN.

SENTENCE DU BUREAU DE LA VILLE,

*Qui permet à l'administration de l'*Hôpital du Saint-Esprit, *de dériver de la cuvette étant dans la cuisine de l'Hôtel-de-ville, le cours des six lignes d'eau dont ledit Hôpital a droit de jouir.*

Du 2 Juin 1742.

A tous ceux qui ces présentes lettres verront : FELIX AUBERY, chevalier, marquis de Vastan, baron de Vieil-Pont, conseiller du roi en ses conseils, maître des requêtes honoraire de son hôtel, prévôt des marchands, & les échevins de la ville de Paris : SALUT. Savoir faisons, que vu la requête à nous présentée par les sieurs directeurs de l'Hôpital-Général : contenant qu'ayant un cours de six lignes d'eau pour leur maison du Saint-Esprit, ils desireroient, pour une plus grande commodité de cette maison, & épargner les frais considérables du rétablissement des conduites de cette eau, la prendre dans la cuvette de l'hôtel de cette ville, en faisant par eux les dépenses nécessaires pour la conduite : A CES CAUSES, les supplians requéroient qu'il nous plaise de vouloir bien avoir la bonté, avec notre charité ordinaire pour les pauvres, leur accorder la permission de prendre leurs six lignes d'eau, dans lesquelles ils ont été confirmés par notre sentence du 30 Mars 1734, & de la tirer de la cuvette de la maison & hôtel de cette ville, en faisant, par les supplians, les frais & dépens de la conduite nécessaire en leur maison & Hôpital du Saint-Esprit ; ladite requête signée Houalle, procureur en ce bureau ; Vu aussi le brevet du 30 Mars 1734, & les pieces visées audit brevet ; l'ordonnance du 9 Mars 1742, portant que par le bureau il sera fait transport dans la fontaine construite au marché du cimetiere Saint-Jean, dans le regard de laquelle les six lignes d'eau en question sont délivrées, ensuite dans le lieu de l'hôtel-de-ville où est placée la cuvette de distribution dont il s'agit, & dans l'endroit dudit Hôpital du Saint-Esprit, où arrivent lesdites six lignes d'eau, & en présence du procureur du roi, que le maître général des bâtimens de la ville, garde, ayant charge des eaux & fontaines publiques d'icelles, seroit appellé, lequel fera les opérations nécessaires pour connoître quelle différence il y a de la distance de ladite fontaine appellée du cimetiere Saint-Jean, & de ladite cuvette étant dans ledit hôtel-de-ville, audit endroit dudit Hôpital, où lesdites six lignes d'eau sont reçues, levera plan des lieux où seront marquées lesdites distances à la route que tient actuellement le tuyau particulier qui conduit lesdites six lignes d'eau, & celle que pourroit suivre celui que les supplians demandent à dériver de ladite cuvette, qu'il donnera son rapport, auquel il joindra son avis, & qu'il sera dressé procès-verbal du tout, pour ce fait, communiqué au procureur du roi & de la ville, être par nous ordonné ce que de raison. Le rapport dudit maître général des bâtimens de la ville, contenant son avis, du 17 Mars dernier, le plan par lui levé y joint, le procès-verbal fait par nous le même jour 17 Mai dernier ; conclusions du procureur du roi & de la ville.

. * Nous avons permis aux supplians, audit nom, de dériver de la cuvette étant dans l'intérieur de la grande cuisine de l'hôtel-de-ville, le cours de six lignes d'eau en superficie, dont l'Hôpital du Saint-Esprit a droit de jouir, à l'effet de quoi il sera formé un bassinet particulier dans ladite cuvette, dans lequel bassinet sera jaugée ladite quantité, par une ouverture faite dans une languette de cuivre ; sera en outre posé un tuyau descendant d'un pouce & demi de diametre, depuis ladite cuvette jusqu'à la sortie du pied du mur de ladite cuisine qui a face sur la ruelle qui sépare l'église paroissiale de Saint-Jean en greve, d'avec l'hôtel-de-ville, & ce, aux frais & dépens de la ville, à la charge que les supplians audit nom seront tenus de faire & entretenir la conduite dudit cours d'eau par un tuyau particulier, à leurs frais & dépens, à prendre à la sortie du pied dudit mur de ladite cuisine, lequel tuyau passera le long de ladite ruelle, ensuite sous le seuil de la porte de ladite ruelle, ayant ouverture vis-à-vis la rue des vieilles garnisons, pour être introduit dans ledit Hôpital, par ladite rue des vieilles garnisons; comme aussi à la charge que ledit tuyau, dans toute la longueur de ladite ruelle, & jusqu'à la sortie d'icelle, ne pourra être couvert, ni même appliqué contre le mur de l'hôtel-de-ville, mais qu'il sera posé des potences de fer, scellées dans ledit mur de l'hôtel-de-ville avec ménagement, ensorte que ledit tuyau soit apparent & isolé dudit mur; ordonnons que l'ouverture de jauge faite dans le bassinet particulier aux supplians, audit nom, dans la fontaine du cimetiere Saint-Jean, à l'effet de la distribution dudit cours de six lignes d'eau en superficie, sera supprimée. Jouiront les supplians & leurs successeurs audit nom de la grace, tant qu'il plaira au bureau seulement, & à la premiere requisition qui leur sera faite, ils seront tenus de faire enlever ladite conduite, depuis la sortie dudit mur de l'hôtel de cette ville, jusqu'au pavé joignant extérieurement le seuil de ladite porte, ayant ouverture vis-à-vis la rue des vieilles garnisons; sauf auxdits supplians, audit nom, de dériver alors ledit cours de six lignes d'eau en superficie à celle des fontaines, ou à celui des regards qui leur sera le plus commode, conformément audit brevet du 30 Mars 1734, sans qu'aucun laps de tems, quel qu'il soit, puisse acquérir aux supplians, audit nom, aucun droit de jauge dudit cours de six lignes d'eau en superficie à ladite cuvette, ni de passage dudit tuyau dans l'étendue de ladite ruelle, ni faire aucun titre contre le bureau directement ni indirectement. Si donnons mandement au garde ayant charge des eaux & fontaines publiques de cette ville, de tenir la main à l'exécution des présentes; en témoin de quoi nous avons fait mettre à ces présentes le scel de la prévôté des marchands. Ce fut fait & donné au bureau de la ville de Paris, le deuxieme jour de Juin mil sept cent quarante-deux. *Signé*, TAITBOUT, *avec paraphe. En marge est écrit*, Contrôlé.

MAISON DES ENFANS-ROUGES.

SENTENCE DU BUREAU DE LA VILLE,

QUI, *en considération du consentement donné par messieurs les directeurs de l'*Hôpital-Général, *à la construction d'un regard à l'*Hôpital des Enfans-Rouges, *fait concession audit Hopital des Enfans-Rouges, d'un cours d'eau de douze lignes.*

Du 20 Mars 1736.

A tous ceux qui ces présentes lettres verront: MICHEL-ETIENNE TURGOT, chevalier, seigneur de Sousmons, Bons, Ussy, Potigny, Perrieres, Brucourt & autres lieux, conseiller du roi en ses conseils, président au Parlement & en la seconde Chambre des requêtes du palais, prévôt des marchands, & les échevins de la ville de Paris. SALUT. savoir faisons, que nous aurions mis en considération le consentement verbal des sieurs directeurs de l'Hôpital-Général des pauvres, établi en cette ville, que nous, pour & au nom de la ville, fassions construire un regard public dans une maison appartenante à l'Hôpital, dit des Enfans-Rouges, uni audit Hôpital-Général, sise près l'église dudit Hôpital, rue porte-foin, consentement auquel ils ont toujours souhaité & souhaitent encore donner une perpétuelle stabilité, par une délibération en bonne forme: qu'ils auroient eu pour motifs de concourir avec nous à la commodité des bourgeois & habitans de ce quartier, ayant droit de nous de dériver des cours d'eau des fontaines & regards publics, & en même-tems d'éviter la dépense considérable qui résulteroit d'une excessive longueur de conduite & de l'entretien d'icelle, pour la jouiſſance d'un cours d'eau que nous avons réſolu d'accorder auxdits ſieurs directeurs de l'Hôpital-Général, pour le ſoulagement dudit Hôpital des Enfans-Rouges, dont l'établiſſement eſt très-néceſſaire pour la ſubſiſtance & éducation deſdits enfans; & comme ledit regard eſt preſque dans ſa perfection, & que notre intention eſt que ledit Hôpital jouiſſe de ce ſecours auſſitôt que l'eau pourra couler dans ledit regard. NOUS pour ces cauſes, & autres à ce nous mouvans; oui, & conſentant le procureur du roi & de la ville, avons donné, concédé & octroyé, donnons, concédons & octroyons par ces préſentes aux ſieurs directeurs de l'Hôpital-Général des pauvres, établi en cette ville, un cours de douze lignes d'eau en ſuperficie, provenant des eaux de la riviere, pour en jouir par eux, tant que ledit Hôpital des Enfans-Rouges, établi en cette ville, rue du grand chantier, ſubſiſtera, pour l'uſage & commodité d'icelui ſeulement; en conſéquence, ordonnons qu'ils feront employés pour ladite quantité dans l'état de diſtribution qui ſera par nous fait, & qu'elle leur ſera faite dans un baſſinet particulier au regard dit des Enfans-Rouges; à la charge qu'ils ſeront tenus d'en faire & entretenir la conduite par un tuyau particulier, à leurs frais & dépens, à prendre à la ſortie dudit regard. Si donnons en mandement au garde ayant charge des eaux & fontaines publiques de cette ville, de tenir la main à l'exécution des préſentes, en témoin de quoi nous avons fait mettre à ces préſentes le ſcel de la prévôté des marchands. Fait & donné au bureau de la ville, le vingtieme jour de Mars mil ſept cent trente-ſix. *Signé*, TAITBOUT.

EAUX, ET CONCESSIONS SUR LES RIVIERES, SECONDE PARTIE.

BATEAU A LESSIVE, PORT DE L'HOPITAL, ET CANAL DE LA RIVIERE DE BIEVRE.

SENTENCE DU BUREAU DE LA VILLE,

*QUI accorde à l'*Hôpital-Général *l'uſage d'un bateau à leſſive ſur la Seine, entre la rue de Seine & le ponceau, à la charge de 5 ſols de redevance par an au domaine de la ville.*

Du 8 Novembre 1659.

A tous ceux qui ces préſentes lettres verront: ALEXANDRE SEVE, chevalier, ſeigneur de Chatignonville, & de Chaſtillon-le-Roi, conſeiller ordinaire du roi en ſes conſeils & direction de ſes finances, prévôt des marchands; & les échevins de la ville de Paris. SALUT. Savoir faiſons, ſur ce que le procureur du roi & de la ville nous a remontré que les pauvres de l'Hôpital-Général de ladite ville & fauxbourgs de Paris ſouffroient grande incommodité ès maiſons où ils étoient renfermés pour ni avoir aucun lieu où ils puſſent laver leurs linges, d'où pouvoit arriver pluſieurs inconvéniens, & pour iceux prévenir, auroit requis qu'il fût pourvu d'un bateau à leſſive, pour la commodité dudit Hôpital, au lieu le plus proche d'icelui, que faire ce pourroit, qui ſeroit déſigné par Richard le Noble, l'un des maîtres des ponts de cette ville, lequel ſe tranſporteroit ſur les lieux, & après avoir vu le rapport dudit le Noble, maître des ponts, du quatrieme de ce mois, avons, à la requiſition dudit procureur du roi & de la ville, donné, concédé & octroyé, donnons, concédons & octroyons par ces préſentes, aux pauvres dudit Hôpital-Général, l'uſage d'un bateau de vingt ſelles à laver leſſive, qui ſera placé ſur la riviere entre la rue de Seine & le ponceau, suivant ledit rapport du maître des ponts susdaté, pour jouir de l'usage dudit bateau, tant & si longuement qu'il nous plaira, à la charge de payer cinq sols de redevance, par chacun an, au domaine de la ville, & de ne nuire à la navigation. Si donnons en mandement, à tous qu'il appartiendra, requérons tous autres que de ladite place & bateau de selles à laver lessive, ils souffrent & laissent l'usage auxdits pauvres, ainsi que dit est, tant qu'il nous plaira, sans leur donner aucun empêchement au contraire. En témoin de ce, nous avons mis à ces présentes le sel de ladite prévôté des marchands. Ce fut fait & donné, au bureau de la ville, le huitieme jour de Novembre mil six cent cinquante-neuf. *Signé*, LE MAIRE.

SENTENCE DU BUREAU DE LA VILLE,

QUI, *sur la requête de mm. les directeurs de l'*Hôpital-Général, *leur permet de faire placer le bateau à lessive au-dessus de la riviere des Gobelins; & accorde un port audit lieu, pour la décharge des marchandises & provisions dudit Hôpital.*

Du 9 Août 1700.

A tous ceux qui ces présentes lettres verront, CLAUDE BOSCQ, chevalier, seigneur d'Ivry-sur-Seine, conseiller du roi en ses conseils, & son procureur-général en sa Cour des Aides, prévôt des marchands & les échevins de la ville de Paris, SALUT. Savoir faisons, que vu la requête à nous présentée par les sieurs directeurs de l'Hôpital-Général, contenant que le bateau servant à laver les lessives dudit Hôpital, se trouvant placé au-dessous de l'embouchure de la petite riviere des Gobelins, qui est toujours bourbeuse & infecte, par les tanneries & teintures qui se font le long de cette riviere, le linge des pauvres ne pouvoit être bien blanchi; & ce défaut de blanchissage leur coûtant beaucoup d'incommodité, & leur causant des maladies, le Roi en ayant été informé auroit eu la bonté, pour mettre les sieurs supplians en état de placer ledit bateau au-dessus de l'embouchure de ladite riviere, & pour faciliter les voitures du linge & des provisions dudit Hôpital, de leur permettre de faire paver le chemin & la chaussée qui vont de la riviere à la maison de la Salpêtriere, même d'en faire employer le fonds sur les états du pavé; & d'autant que lesdits sieurs supplians avoient lieu d'espérer qu'ils nous trouveroient également favorables à l'exécution de ce projet qui sera d'une si grande utilité aux pauvres de l'Hôpital, requéroient qu'il nous plût leur permettre de faire monter ledit bateau au-dessus du pont sous lequel passe la riviere des Gobelins, & d'en marquer l'emplacement dans l'endroit où, par l'élévation du pont & du parapet, il pourroit être à couvert des cordages qui servent à tirer les bateaux qui remontent même pour la commodité de la décharge & de la voiture des provisions de l'Hôpital-Général, de faire un port dans la riviere de Seine, vis-à-vis la chaussée qui conduit à la Salpêtriere, lequel auroit onze toises du haut de la berge à l'eau, sur quatorze toises de largeur. Avant faire droit sur la requête aurions, ce requérant le procureur du roi & de la ville qui en auroit eu communication, ordonné que les lieux en question seroient vus & visités en notre présence & d'aucuns des sieurs supplians, pour ce duement appellés par le maître des œuvres de ladite ville, & de deux huissiers buissonniers, dont seroit dressé procès-verbal, pour ce fait & communiqué audit procureur du roi & de la ville, être par nous ordonné ce qu'il appartiendroit; & vu aussi notre procès-verbal de ladite visite par nous faite desdits lieux, le sixieme Juillet dernier; le rapport dudit maître des œuvres de la ville dudit jour, & le plan par lui levé de nos ordres d'iceux: conclusions dudit procureur du roi & de la ville, auquel le tout a été communiqué, AVONS, de son consentement, permis & permettons auxdits sieurs supplians de faire remonter ledit bateau de selles à laver lessive, servant audit Hôpital, au-dessus du ponceau sous lequel passe la riviere des Gobelins, & de faire un port vis-à-vis la chaussée qui conduit à la Salpêtriere, dans la longueur suffisante pour la décharge des provisions de ladite maison, suivant l'avis dudit maître des œuvres de la ville, porté en sondit rapport qui sera transcrit en fin des présentes. Fait & donné au Bureau de la ville, le neuvieme jour d'Août mil sept cent.

Ensuit la teneur du Rapport.

EN vertu du jugement préparatoire de messieurs les prévôt des marchands & échevins de cette ville de Paris, daté du seizieme jour de Juillet 1700, rendu sur les conclusions de m. le procureur du roi & de la ville, sur la requête de messieurs les directeurs de l'Hôpital-Général, & pour les causes y portées, leur permettre de faire placer leur bateau pour le blanchissage dudit Hôpital, au-dessus de l'embouchure de la riviere des Gobelins, & de leur marquer l'étendue d'un port pour la décharge des provisions dudit Hôpital, vis-à-vis la chaussée qui les y conduit; par lequel jugement il m'est enjoint de me transporer sur les lieux dont est question, pour prendre les mesures d'iceux, même en faire plan & figure, dresser mon rapport, & donner mon avis pour être présenté au bureau de la ville, & par mesdits sieurs ordonné ce qu'il leur plaira; & pour y satisfaire : Je, Jean Beausire, conseiller de sa majesté, architecte, maître général de ses bâtimens & de ladite ville, me suis transporté sur les lieux dont est question cejourd'hui, où étant en la présence de mesdits sieurs du bureau de la ville, & de messieurs les administrateurs dénommés, & du sieur Barthelemi leur architecte, assisté de mes aides, j'ai à l'instant vu & visité l'étendue du rivage du côté dudit Hôpital, depuis le dessous du ponceau de la riviere des Gobelins jusqu'au-dessus de la chaussée qui conduit audit Hôpital, même fait, par mes gens, prendre toutes les mesures nécessaires, & dressé plan figuré desdits lieux, & de moi certifié véritable, pour être joint au présent rapport que j'ai fait & rendu, ainsi qu'il suit :

PREMIÉREMENT,

J'ai trouvé que le ponceau de la riviere des Gobelins, servant de passage au grand chemin le long de la riviere, sous lequel se décharge l'eau de ladite riviere des Gobelins, que j'ai remarqué être noire, grasse & bourbeuse, ce qui provient des tanneries, mégisserie & teinture, qui se font le long de cette petite riviere des Gobelins; que le gros mur de la culée du côté de l'arche, le long du cours de la riviere de Seine, est en mauvais état, & dont les murs de parapet sont en appentis & tombent en ruine; savoir, du côté d'amont-l'eau, de six toises & demie de long, & de cinq toises & demie du côté d'aval, le tout ou environ; & aussi trouvé qu'il seroit nécessaire de mettre un fil de pieux depuis ledit mur de parapet, du côté d'amont-l'eau, jusqu'à quinze toises de long, tant pour soutenir le chemin que pour garantir le bateau des blanchisseuses de l'insulte des cordes du remontage des coches & traits de bateaux : pourquoi mon avis est, sous le bon plaisir de mesdits sieurs, qu'il en soit donné avis à m. le contrôleur-général, pour être fait aux dépens de sa majesté, étant une dépendance des ponts & chaussées. Plus, j'ai pris les mesures de l'espace depuis ledit ponceau des Gobelins jusqu'à quinze toises au-delà du milieu de la chaussée qui conduit audit Hôpital, j'ai trouvé qu'il y a soixante-quatre toises ou environ, & qu'à cet endroit la chaussée du grand chemin se trouve être de quatre à cinq toises de large, depuis la berge des terres, le long du grand chemin, jusqu'au bord de la berge haute de la riviere de Seine, & que cette berge est en pente douce & en glacis jusqu'au bord de la riviere, & d'un terrein de sable & commode pour y pouvoir placer non-seulement le bateau à lessive dont est question, mais encore y faire tel port qu'il plaira à mesdits sieurs

ſieurs du bureau de la ville, octroyer ſans porter préjudice à la navigation, & du tout fait & dreſſé mon plan en conformité, pour être ſur le tout par meſdits ſieurs ordonné ſuivant leur prudence ordinaire. Ce fait & préſenté au bureau de la ville les jour & an ſuſdits.

Signé, BEAUSIRE. *Et encore ſigné*, TAITBOUT.

DÉLIBÉRATION

Des ſyndics & intéreſſés à la conſervation de la riviere de Bievre, portant reconnoiſſance des privileges de l'Hôpital, *énoncés en l'article 62 de l'édit d'établiſſement.*

EXTRAIT

Du regiſtre des délibérations des ſyndics des intéreſſés à la conſervation des eaux de la riviere de Bievre, dite *des Gobelins.*

Du dimanche, 23 Avril 1747, quatre heures après-midi, à l'iſſue des vêpres, en la ſalle de meſſieurs les marguiliers de Saint-Médard.

En l'aſſemblée de meſſieurs les ſyndics des intéreſſés à la conſervation des eaux de la riviere de Bievre, dite *des Gobelins, tant anciens qu'actuellement en charge, convoquée par billets, en la maniere accoutumée, par Claude Henry, ſergent à garde de ladite riviere, ſuivant qu'il appert par ſon certificat de cejourd'hui, qui eſt joint à la délibération qui ſuit, en laquelle s'eſt trouvé monſieur Patin, garde des archives, agent des affaires de* l'Hôpital-Général *de Paris, & greffier du bureau dudit* Hôpital.

Sur ce qui a été repréſenté par meſſieurs Jean-Alexandre de Julienne, maître & marchand teinturier de grand & bon teint, à Paris; Edme Huguet, marchand tanneur, à Paris, & Jean Guet, maître & marchand mégiſſier, à Paris, ſyndics en charge des intéreſſés à la conſervation des eaux de la riviere de Bievre, *dite* des Gobelins, que meſſieurs les adminiſtrateurs de l'Hôpital-Général, dont la maiſon de Scipion fait partie, ayant eu connoiſſance de l'arrêt du Conſeil du roi, du 25 Octobre 1746, rendu au ſujet du pavé à neuf, & d'autres ouvrages néceſſaires au nettoiement & rétabliſſement du fauxru de la riviere de Bievre, *dite* des Gobelins, depuis ſon embouchure, juſqu'à ſa jonction à ladite riviere, dans les fauxbourgs Saint-Marcel & Saint-Victor, & par conſéquent de la déliberation de la compagnie, du 30 Novembre 1745, faite au ſujet deſdits ouvrages, comme étant ladite délibération viſée dans ledit arrêt du Conſeil, & prétendant que c'eſt mal-propos que d'un côté il eſt dit par ladite déliberation, que ledit Hôpital de Scipion ſeroit tenu de tenir l'égoût, depuis la grille juſqu'au fauxru, propre & libre pour l'écoulement des eaux, ſi mieux il n'aimoit contribuer aux frais dudit établiſſement, ſuivant qu'il ſeroit eſtimé devoir être à ſa charge; & d'un autre côté, que ledit arrêt du Conſeil ait ordonné que meſſieurs les adminiſtrateurs de la maiſon de Scipion ſeroient tenus de faire inceſſamment curer, nettoyer & rétablir le canal de conduite de l'égoût de ladite maiſon dans ledit fauxru, de lui donner la pente qui ſeroit jugée convenable, même de l'élargir ſi beſoin étoit; & cela fondé ſur ce que, par les privileges dudit Hôpital, il étoit exempt de toutes charges publiques & particulieres, contenues dans l'article 62 de l'édit de ſon établiſſement, du mois d'Avril 1656, enregiſtré au Parlament, & dans toutes les Cours & juriſdictions; leſdits ſieurs adminiſtrateurs ont fait une délibération en leur bureau, le 16 Mars dernier, par laquelle il a été arrêté que leſdits ſyndics ſeroient informés par le greffier du bureau des privileges de l'Hôpital, & requis d'en faire mention dans leurs regiſtres, même d'inſérer dans la délibération qu'ils feroient à ce ſujet, que c'étoit faute d'en avoir eu connoiſſance qu'ils ont compris l'Hôpital de Scipion dans leur délibération du 30 Novembre 1745, qui a ſervi à l'arrêt du 25 Octobre 1746, duquel ils n'entendent aucunement ſe ſervir contre ledit Hôpital, ſinon & à faute par leſdits ſyndics de ſatisfaire à ce que deſſus, il leur ſeroit ſignifié copie de l'article 62 de l'édit d'établiſſement dudit Hôpital, contenant ſes privileges, & formé oppoſition à l'arrêt dudit jour, 25 Octobre 1746; & néanmoins meſſieurs les adminiſtrateurs conſidérant qu'il eſt queſtion du bien public, que les exhalaiſons corrompues du canal ou fauxru ſont capables de cauſer beaucoup de maladies, que les dépenſes qui ſont faites volontairement par les riverains ont pour principe la ſalubrité de l'air, le bureau, ſans tirer à conſéquence, ni aucunement déroger à ſes privileges, dans leſquels, au contraire, il entend être conſervé; & en ſatisfaiſant par leſdits ſyndics à ce qui étoit ci-devant preſcrit, a arrêté que le canal de conduite des eaux des rues de Scipion & de Fer-à-Moulins ſeroit fait & pavé, depuis la grille dormante de la rue Fer-à-Moulin juſques dans le fauxru, aux dépens de l'Hôpital, de laquelle délibération leſdits ſieurs ſyndics ayant été arrêté; & ayant jugé néceſſaire de convoquer la préſente aſſemblée, pour prendre ſur ce l'avis de la compagnie; ils ont en même-tems prié ledit ſieur Patin de vouloir bien s'y trouver, & d'y apporter leſdits réglemens, & copie de la délibération de Meſſieurs les adminiſtrateurs, afin d'en faire lecture en la préſente aſſemblée, à laquelle priere ledit ſieur Patin a bien voulu déférer.

SUR QUOI, & après que leſdits ſieurs ſyndics ont eu communication par meſſieurs les adminiſtrateurs de l'Hôpital-Général, dont la maiſon de Scipion fait partie, repréſentés par ledit ſieur Patin, des privileges dudit Hôpital-Général, & ſinguliérement de l'exemption de toutes charges publiques & particulieres, contenues ſous l'article 62 de l'édit de ſon établiſſement, du mois d'Avril 1656, enregiſtré au Parlement & dans toutes les Cours & juriſdictions, dont lecture a été préſentement faite, enſemble de la délibération du bureau dudit Hôpital, du 16 Mars dernier, par laquelle, comme il a été ci-deſſus obſervé, ledit ſieur Patin, en qualité de greffier du bureau dudit Hopital, a été autoriſé à faire ladite communication, & toutes les requiſitions néceſſaires pour la conſervation des privileges dudit Hôpital, la compagnie a déclaré que c'eſt par un défaut de connoiſſance de ſes privileges, qu'elle a compris la maiſon de Scipion dans la délibération du 30 Novembre 1745, ſur le fondement de laquelle l'arrêt du 25 Octobre 1746 a été rendu. Que pour ne donner aucune atteinte aux privileges dudit Hôpital, ni donner lieu à un procès avec la direction, la compagnie déclare encore, que par ſa délibération du 30 Novembre 1745, elle n'a entendu & n'entend actuellement donner aucune atteinte aux privileges dudit Hôpital, & que l'arrêt du 25 Octobre 1746 n'eſt point du fait de ladite compagnie; pourquoi, & à ſon égard, elle n'entend aucunement s'en ſervir contre ledit Hôpital ſeulement; & néanmoins attendu qu'il s'agit du bien public dans ce qui a été fait & ordonné à l'occaſion du fauxru, la compagnie eſpere que meſſieurs les adminiſtrateurs de l'Hôpital-Général & maiſon de Scipion, voudront bien entrer dans la dépenſe qui reſte à faire dans cette occaſion, *non comme aſſujettis à cette contribution*, mais par les motifs du bien public, & de la ſalubrité de l'air qui en réſulte, ainſi qu'ils l'ont arrêté par ladite délibération dudit jour, 16 Mars dernier, de laquelle elle prie meſſieurs les adminiſtrateurs leur donner copie en forme, promettant de remettre ſemblable copie de la préſente délibération, pour ſervir & valoir reſpectivement à meſſieurs les adminiſtrateurs & aux ſyndics de la riviere de Bievre, ce que de raiſon, ſans néanmoins approuver aucuns des termes employés dans ladite délibération, qui peuvent être préjudiciables auxdits ſieurs ſyndics; défenſes par ledit ſieur Patin, pour ledit Hôpital, à ce contraires; & ont leſdits ſieurs ſyndics ſigné avec m^e Poultier, leur procureur au Parlement, qui étoit auſſi préſent, & à ce mandé pour dreſſer la préſente délibération, ainſi que le ſieur Patin. *Signés*,

J. A. JULIENE, EDME-FRANÇOIS HUGUET, JEAN DORIGNY, JEAN GUYET, BAPTISTE GERMEAU, FREMIN, LOUIS CAFRAUR, PIERRE CHEVALIER, HUBERT BESCHEPOIX, PATIN, POULTIER. *Et plus bas est écrit*, contrôlé à Paris, le 3 Mai 1747; reçu douze sols. *Signé*, BLONDELU.

Je, soussigné, procureur au Parlement & desdits sieur syndics en charge des intéressés à la conservation des eaux de la riviere de Bievre, certifie que la copie ci-dessus & des autres parts, est conforme à l'original; ainsi transcrit sur ledit registre des délibérations: en foi de quoi j'ai signé le présent. A Paris, ce quatre Mai mil sept cent quarante-sept. Signé, *POULTIER.*

ECCLÉSIASTIQUES.

EXTRAIT DE L'ÉDIT D'ÉTABLISSEMENT DE L'HOPITAL-GÉNÉRAL.

Du mois d'Avril 1656, articles 23, 24, 25 & 26.

ART. 23. COMME nous prenons soin du salut des pauvres qui doivent être enfermés, aussi-bien que de leur établissement & subsistance, ayant dès y a long-tems reconnu la bénédiction que Dieu a donnée au travail des prêtres missionnaires de Saint-Lazare, les grands fruits qu'ils ont faits jusqu'à présent pour le secours des pauvres, & sur l'espérance que nous avons qu'ils continueront & augmenteront à l'avenir. VOULONS qu'ils aient le soin & l'instruction du spirituel, pour l'assistance & consolation des pauvres de l'Hôpital-Général & lieux qui en dépendent, & qu'ils aient l'administration des sacremens, sous l'autorité & jurisdiction spirituelle du sieur archevêque de Paris, auquel ils seront présentés par le général des missionnaires, & par lui approuvés; & leur seront tous privileges & exemptions ordinaires en pareil cas accordés.

ART. 24. Pourront les prêtres qui seront commis audit Hôpital-Général, recevoir les testamens dans icelui, & dans les lieux qui en dépendent, soit des officiers ou domestiques, ou des pauvres & autres y étant, en ce qu'ils pourront tester; & seront lesdits testamens valables, comme s'ils étoient holographes ou passés pardevant notaires, curés ou vicaires, dérogeant, pour ce regard seulement, aux ordonnances & coutumes contraires.

ART. 25. Seront tous lesdits prêtres missionnaires & autres, à l'égard de la police & discipline temporelle concernant l'Hôpital, sous l'entiere dépendance des directeurs, en qualité de supérieurs, au bureau desquels ils seront présentés, approuvés & reçus, & par eux employés sur l'état de la maison, sans qu'ils puissent auparavant s'immiscer en aucune fonction dans ledit Hôpital-Général, ni après prendre aucune rétribution.

ART. 26. Lorsque le supérieur desdits missionnaires, ou, en son absence, celui qui sera par lui commis, viendra au bureau pour chose concernant le spirituel, ou ce qui en dépend; il y aura voix délibérative en ce qui sera par lui proposé, & lui sera, pour cela, donné séance après le plus ancien de ceux des directeurs perpétuels, qui y seront lors présens.

Extrait du réglement du 27 Avril 1656, article 23.

Seront tenus les prêtres qui desserviront audit Hôpital, conduire les enfans aux enterremens dans la ville & fauxbourgs; & sera le droit de rétribution ou assistance, reçu par le receveur de l'Hôpital.

ARRÊT DU PARLEMENT,

*Qui ordonne que les Eccléſiaſtiques ſeront tenus de célébrer, aux heures & jours preſcrits par l'adminiſtration, les différens ſervices qui doivent ſe dire dans l'*Hôpital.

Du 2 Septembre 1762.

Vu par la Cour la requête préſentée par les directeurs de l'Hôpital-Général, &c. LA COUR a ordonné & ordonne que l'arrêt du 23 Août dernier ſera exécuté, fait défenſes d'y contrevenir; & ſeront les eccléſiaſtiques dudit Hôpital-Général tenus célébrer les ſervices qui leur ſeront déclarés par les ſupplians, ſinon permis de les faire dire par autres prêtres, & prendre leurs rétributions ſur les gages deſdits eccléſiaſtiques. Fait en Parlement le deuxieme jour de Septembre mil ſept cent ſoixante-deux.

ENTRÉES.

DROITS ET REVENUS ATTRIBUÉS A L'HOPITAL-GÉNÉRAL.

DÉCLARATION DU ROI,

Qui accorde la continuation de la levée de cinq ſols par chaque muid de vin, pendant neuf années conſécutives.

Du 15 Novembre 1648.

Louis, par la grace de Dieu, Roi de France & de Navarre : A nos amés & féaux conſeillers les gens tenant notre Cour des Aides, Salut. Par nos lettres-patentes du dernier jour d'Avril 1639, vérifiées où beſoin a été, le feu Roi, d'heureuſe mémoire, notre très-honoré ſeigneur & pere, auroit continué la levée des cinq ſols ſur chaque muid de vin entrant dans notre ville & fauxbourgs de Paris, durant neuf années, à compter du jour de l'expiration d'autres précédentes lettres, pour être les deniers en provenans employés, ſavoir; les deux tiers à la nourriture & entretenement des pauvres enfermés; & l'autre tiers, à la nourriture des pauvres vieilles gens de l'Hôpital de Saint-Germain-des-Prés, & continuation des petites maiſons néceſſaires à bâtir en icelui, ſans divertiſſement, ni emploi à d'autres effets; & d'autant que les neuf années portées par leſdites lettres, ſont expirées au dernier jour du mois de Septembre dernier paſſé, & que les mêmes néceſſités, non-ſeulement continuent, mais augmentent journellement dans leſdits Hôpitaux, par la quantité des pauvres qui y affluent continuellement de toutes parts. A CES CAUSES, ayant été bien informés que, ſans la continuation de ce ſecours, il ſeroit impoſſible de ſubvenir aux dépenſes néceſſaires pour la nourriture & entretenement deſdits pauvres, nous avons, de l'avis de la reine régente, notre très-honorée dame & mere, par ces préſentes, ſignées de notre main, accordé & octroyé, accordons & octroyons la continuation de la levée deſdits cinq ſols ſur chaque muid de vin entrant en notredite ville & fauxbourgs de Paris, durant neuf années conſécutives, à commencer du jour de l'expiration des neuf dernieres, portées par leſdites lettres-patentes du dernier jour d'Avril 1639, pour les deniers qui en proviendront durant ledit tems, être employés, à savoir ; les deux tiers à la nourriture & entretenement desdits pauvres enfermés, & l'autre tiers à la nourriture des pauvres vieilles gens étant dans l'Hôpital de Saint-Germain-des-Prés, & continuation des petites maisons qui sont nécessaires à bâtir audit Hôpital, sans que lesdits deniers puissent être employés à autres effets. Si vous mandons & enjoignons que ces présentes ayez à vérifier & faire registrer, & du contenu en icelles jouir les maîtres administrateurs & receveurs desdits pauvres pleinement & paisiblement, contraignant & faisant contraindre au paiement desdits cinq sols tous ceux qu'il appartiendra, & qui pour ce seront à contraindre : car tel est notre plaisir. Donné à Paris le quinzieme jour de Novembre, l'an de grace mil six cent quarante-huit, & de notre regne le sixieme *Signé*, LOUIS. *Et plus bas*, par le Roi, la reine régente sa mere présente. PHELIPEAUX. *Et scellées.*

DECLARATION DU ROI,

PORTANT qu'il sera imposé, pendant trois ans, le droit de vingt sols par augmentation sur chaque muid de vin entrant dans Paris, au profit de l'Hôpital-Général.

Du 11 Février 1658.

LOUIS, par la grace de Dieu, roi de France & de Navarre : A tous ceux qui ces présentes lettres verront, SALUT. Après avoir, avec les assistances extraordinaires du ciel, dissipé heureusement les troubles & les factions du dedans de notre état, qui étoient les premiers obstacles à la paix générale de la chrétienté, à laquelle tous nos soins & tous nos desirs tendent continuellement, nous avons jugé que rien ne pouvoit être si digne de notre reconnoissance envers Dieu, ni si digne de sa gloire, de la consolation des bonnes ames, & de l'ornement public, que de remédier aux abus & désordres causés avec tant de scandale à l'église & à la religion, par le libertinage des pauvres mendians de notre bonne ville & fauxbourgs de Paris, ainsi que nous avons fait par notre édit du mois d'Avril 1656, par lequel nous en avons ordonné le renfermement dans un Hôpital-Général ; & comme nous avons considéré dans l'établissement & le progrès de cette entreprise, que par son poids, & par la qualité de dépense, elle devoit être l'ouvrage de notre prévoyance royale, & ne pouvoit jamais réussir que par le secours de notre munificence, & par une contribution publique ; nous nous sommes aussi déclarés le fondateur & le protecteur de ce grand œuvre, & proposés d'en soutenir la charge, par les moyens qui dépendent de notre autorité, ce que nous avons assez fait connoître par les octrois & concessions mentionnés en notredit édit & déclarations intervenues en conséquence en faveur dudit Hôpital-Général, par les précautions apportées pour sa subsistance, & par les soins paternels & charitables que nous avons pris de l'exécution de notredit edit, laquelle se trouve à présent si fort avancée, que chacun est convaincu, que par la continuation des bénédictions qu'il a plu à Dieu de répandre sur ce dessein, & par la pratique des moyens dont on peut user pour arrêter le fonds de la dépense annuelle, il est très-facile de rendre ledit établissement aussi solide & d'aussi longue durée qu'on se l'est proposé dans son institution ; mais ledit renfermement étant de ces entreprises dont on ne peut point prévoir toute la dépense qui requiert journellement de nouveaux efforts, & qui menace de ruine par le moindre manquement de fonds qui doit les soutenir ; nous avons été informés que les frais du seul établissement ont monté à des sommes immenses, qui ont épuisé les contributions notables que la piété chrétienne y a fait découler de divers endroits, qu'il n'y a aucun revenu audit Hôpital, que celui de la maison de la Pitié, qui est fort peu de chose en comparaison du nécessaire pour sa subsistance, & qu'enfin le fonds de ladite ſubſiſtance ne paroiſſant pas aſſuré au public & aux particuliers, on craint, avec beaucoup de raiſon, la chûte dudit établiſſement; & cette crainte eſt d'autant plus préjudiciable, qu'elle refroidit la charité des particuliers envers ledit Hôpital-Général, & détourne les bienfaits & les libéralités qui y affluéroient de toutes parts, ſi on étoit perſuadé, par quelque démonſtration ſenſible, qu'il pût ſubſiſter à l'avenir, & être garanti des accidens qui attaquent toujours les grands ouvrages; de ſorte que pour diſſiper cette crainte, prévenir leſdits accidens, témoigner au public que nous n'aurons rien ſi fort à cœur que la manutention dudit établiſſement, faire ſentir audit Hôpital-Général les effets de notre fondation & protection, & inviter tous nos ſujets de concourir à nos intentions, par les dons & bienfaits proportionnés à leurs forces & à leur piété; Nous avons réſolu de pourvoir à ſa ſubſiſtance quotidienne par la deſtination d'un fonds, dont on puiſſe faire un état ſi certain, qu'il y en ait toujours ſuffiſamment, & que faute de ce ſecours, il ne tombe dans aucun relâchement ou abandonnement, comme il eſt arrivé du renfermement deſdits pauvres, ordonné & commencé en l'année 1612, pour n'avoir pas uſé de cette précaution & prévoyance; & parce que ladite ſubſiſtance doit être néceſſairement préſente, & dont les adminiſtrateurs puiſſent faire un fondement certain, & par conſéquent d'autre nature que les revenus caſuels & douteux, il nous a ſemblé qu'il ne peut y avoir de plus aſſuré moyen, & qui ſoit moins à la foule de nos ſujets, qu'une attribution de droit au profit dudit Hôpital-Général ſur le vin que l'on fera entrer dans notredite ville & fauxbourgs de Paris, puiſqu'en effet cette maniere de levée n'excepte perſonne de tous ceux qui en ſont tenus, & ſe trouvera proportionnée aux forces des contribuables, ſelon leur dépenſe perſonnelle & domeſtique. A CES CAUSES; ſavoir faiſons, qu'ayant mis cette affaire en délibération dans notre Conſeil, de l'avis d'icelui, & de notre certaine ſcience, pleine puiſſance & autorité royale, nous avons dit, déclaré & ordonné, & par ces préſentes, ſignées de notre main, diſons, déclarons & ordonnons, voulons & nous plaît, qu'il ſoit impoſé pendant trois années conſécutives, par augmentation au profit de l'Hôpital-Général, par forme d'aumône univerſelle & contribution publique, pieuſe & charitable, à commencer du jour de la publication de ceſdites préſentes, le droit de vingt ſols ſur chaque muid de vin que l'on fera entrer en notredite ville & fauxbourgs de Paris, tant par eau que par terre, laquelle impoſition nous deſtinons & affectons ſpécialement à la ſubſiſtance & entretenement dudit Hôpital-Général, pour être levée & cueillie par les fermiers de notre ferme des entrées, avec les autres droits qui ſe levent ſur le vin de notredite ville & fauxbourgs de Paris, & les deniers être mis ès mains du ſieur Arondeau, receveur-général dudit Hôpital-Général, ſur ſes quittances, par leſdits fermiers, au fur & à meſure qu'ils recevront leſdits deniers. Voulons auſſi, par la conſidération de la deſtination & emploi de ladite impoſition, qui n'a point d'autre cauſe qu'une aumône générale & univerſelle, de laquelle perſonne ne peut & ne doit être exempt, ſelon les anciens réglemens & ordonnances ſur le fait des pauvres, vérifiés partout où beſoin ſera & a été, que leſdits vingt ſols ſoient payés par les voies accoutumées, comme pour nos deniers & affaires, & généralement par toutes ſortes de perſonnes, exemptes ou non exemptes, privilégiées ou non privilégiées, eccléſiaſtiques, gentilshommes, officiers de nos cours ſouveraines & ſubalternes, notaires & ſecrétaires de nos maiſons & couronne de France, anciens & nouveaux domeſtiques, & commenſaux des maiſons royales, & autres tels qu'ils ſoient, ou puiſſent être, ſans aucune exception ni réſervé, quoique non exprimés, même ſur le vin deſtiné pour l'uſage deſdites maiſons royales, & celle des princes & officiers de la couronne, deſdites compagnies ſouveraines, & des maiſons & communautés ſéculieres, nonobſtant tous privileges, à quoi nous dérogeons pour ce regard, & ſans tirer à conſéquence, attendu la deſtination deſdits deniers.

LETTRES DE JUSSION DE LA COUR DES AIDES,

POUR l'enregiſtrement de la déclaration du Roi du 11 Février 1658.

Du 5 Avril 1658.

Regiſtrées le ſix deſdits mois & an, du très-exprès commandement du roi.

LOUIS, par la grace de Dieu, roi de France & de Navarre : A nos amés & féaux conſeillers les gens tenant notre Cour des Aides à Paris, SALUT. Par nos lettres-patentes en forme de déclaration du 11 Février dernier à vous adreſſantes, nous avons, pour les conſidérations y contenues, ordonné qu'il ſera impoſé pendant trois années conſécutives, par augmentation, au profit de l'Hôpital-Général de l'enfermement des pauvres de notre bonne ville de Paris, dont nous nous ſommes déclarés fondateur & protecteur, & par forme d'aumône univerſelle, & contribution publique, pieuſe & charitable, à commencer du jour de la publication de noſdites lettres, vingt ſols ſur chaque muid de vin que l'on fera entrer dans ladite ville & fauxbourgs de Paris, tant par eau que par terre, laquelle impoſition ſera payée par toutes ſortes de perſonnes, exemptées, & non exemptées, nonobſtant tous privileges, auxquels nous avons dérogé pour ce regard, pour être ces deniers employés à la ſubſiſtance quotidienne dudit Hôpital-Général, ainſi qu'il eſt plus au long contenu par leſdites lettres ; leſquelles vous ayant été préſentées, à l'effet de l'enregiſtrement & vérification d'icelles, vous avez, par votre arrêt du 20 Mars enſuivant, intervenu ſur les oppoſitions formées audit enregiſtrement, tant par nos fermiers des entrées de la ville & fauxbourgs, qu'autres prétendus privileges, ordonné noſdites lettres être regiſtrées au greffe de notredite Cour, pour jouir par ledit Hôpital-Général du droit de dix ſols ſur chaque muid de vin ſeulement, avec pluſieurs autres modifications, reſtitutions & conditions y contenues, & entr'autres que les communautés de la ville de Paris, qui ont obtenu des lettres-patentes, de nous bien & duement vérifiées en notredite Cour, portant exemption du droit d'entrée du vin pour la proviſion de leurs maiſons, jouiront de l'exemption des droits d'entrée du vin, ainſi qu'ils en ont ci-devant bien & duement joui, jouiſſent & uſent encore à préſent, ſuivant & conformément à nos déclarations & arrêt de vérification de notredite Cour, même dudit droit de dix ſols ſur chaque muid de vin entrant dans ladite ville & fauxbourgs de Paris ; ce qui eſt contraire à notre intention, laquelle eſt d'aſſurer la ſubſiſtance dudit Hôpital-Général, par la voie que nous avons jugé la plus convenable dans l'état préſent de nos affaires, & dans la néceſſité où nous nous ſommes trouvés de pourvoir à ladite ſubſiſtance, autant pour rendre l'entrepriſe ſolide, que pour en prévenir la ruine, & pour convier tous nos ſujets, à notre exemple, d'y faire affluer leurs charités : ayant de plus conſidéré dans l'exécution de la propoſition de cet expédient, qu'il ne pourroit être à charge ni au public, ni aux particuliers, en vue du grand bien qui réſulte univerſellement dudit établiſſement, & la deſtination des deniers provenans dudit droit de vingt ſols, dont la levée eſt d'autant plus favorable & privilégiée, qu'il eſt de notoriété publique que ledit Hôpital-Général ne peut ſubſiſter que par le moyen de ce ſecours extraordinaire, & que par le manquement de ſa ſubſiſtance, il arriveroit une chûte de ce grand œuvre, qui ſeroit irréparable & ſans remede, à notre grand déplaiſir & des gens de bien. A CES CAUSES deſirant faire reſſentir audit Hôpital-général les bons & efficaces effets de notre fondation & protection, conformément auxdites lettres de déclaration, en attendant que nous puiſſions, par d'autres moyens, lui établir une plus grande & plus ſolide ſubſiſtance ; & après avoir fait examiner en notre Conſeil votredit arrêt, ci-attaché ſous le contre-ſcel de notre Chancellerie, de l'avis d'icelui, nous vous mandons, & très-expreſſément enjoignons par ces préſentes ſignées de notre main, qui vous ſerviront de derniere & finale juſſion, ſans vous arrêter à votre arrêt du 30 Mars dernier, modifications & reſtrictions, & autres charges & conditions y contenues, ni aux motifs que vous pouvez avoir eus pour délibérer ſuivant icelui, vous ayez à procéder inceſſamment à la vérification & enregiſtrement pur & & ſimple de noſdites lettres de déclaration, du 11 Février dernier, ſelon leur forme & teneur, pour jouir par ledit Hôpital-Général des vingt ſols ſur chacun muid de vin entrant dans notredite ville & fauxbourgs de Paris, & être l'impoſition faite & levée par augmentation des droits qui ſe levent ſur leſdits vins, en la forme & maniere portée par noſdites lettres, même ſur les exempts & non exempts, à la réſerve des vins deſtinés pour la proviſion des religieux mendians, pour raiſon de quoi ils jouiront de leurs privileges, & les deniers reçus par nos fermiers des entrées, & payés par eux au receveur-général dudit Hôpital, de quartier en quartier, ſuivant le fonds qui en ſera employé dans les états de notredite ferme, qui ſeront arrêtés en notre Conſeil, ſans y plus apporter de longueur, refus, reſtrictions, modification, ni difficultés. Enjoignons à notre procureur-général de faire pardevant vous, pour l'exécution des préſentes, toutes les requiſitions, pourſuites & diligences néceſſaires : car tel eſt notre plaiſir. Donné à Paris le cinq d'Avril, l'an de grace mil ſix cent cinquante-huit, & de notre regne le quinzieme. *Signé*, LOUIS. *Et plus bas*, par le roi, GUENEGAUD. *Et à côté eſt écrit*, lues, publiées & regiſtrées, du très-exprès commandement du roi, porté par m. le prince de Conty, aſſiſté du ſieur maréchal de Villeroy, & des ſieurs d'Aligre & de Verthamont, conſeillers du roi en ſes Conſeils; oui, & ce conſentant ſon procureur-général, pour être exécutées ſelon leur forme & teneur.

LETTRES-PATENTES SUR ARRÊT,

*PORTANT qu'au lieu des vingt ſols accordés ſur chaque muid de vin entrant à Paris, il ſera payé, par le fermier des Aides, la ſomme de deux cens mille livres par an, de quinzaine en quinzaine, au receveur de l'*Hôpital-Général.

Du 9 Février 1675.

LOUIS par la grace de Dieu, roi de France & de Navarre : A nos amés & feaux conſeillers, les gens tenans notre chambre des Comptes & cour des Aides à Paris, SALUT. Nous aurions par notre déclaration du 11 Février 1658, ordonné pour la ſubſiſtance & entretenement de l'Hôpital-Général de notre bonne ville de Paris, la levée & impoſition de vingt ſols par chacun muid de vin, entrant tant par eau que par terre dans ladite ville & fauxbourgs, pour être leſdits vingt ſols levés par le fermier de nos droits d'entrées, & les deniers en provenans, mis ès mains du receveur dudit Hôpital-Général au fur & à meſure de la recette; & depuis nous aurions par arrêt de notre Conſeil, du 16 Mai enſuivant, joint leſdits vingt ſols à ladite ferme des entrées, & réglé que ſur iceux ledit fermier paieroit annuellement audit Hôpital-Général, la ſomme de deux cens mille livres, enſuite de quoi ladite ſomme auroit été employée dans les états de ladite ferme, & payée au receveur général dudit Hôpital, pour fournir aux dépenſes journalieres d'icelui; ce qui auroit été exécuté depuis l'établiſſement deſdits vingt ſols juſques au dernier Septembre dernier, que m^e Marin Dufreſnoy, à préſent fermier deſdites entrées, aides & autres fermes unies, auroit fait difficulté de payer leſdits deux cens mille livres, de quinzaine en quinzaine, ſous prétexte de faire rapporter aux directeurs dudit Hôpital-Général, les titres en vertu deſquels ils prétendent en jouir, ce qui eſt directement contraire à notre intention, laquelle n'a été, en établissant lesdits vingt sols, que pour subvenir à la subsistance & entretenement dudit Hôpital-Général, au lieu desquels il a été employé deux cens mille livres, dans les états desdites fermes des entrées qui ont été payées sans difficulté audit Hôpital, par les précédens fermiers, de quinzaine en quinzaine; & d'autant que ledit Hôpital est présentement chargé de près de huit mille pauvres, pour l'entretenement desquels il est obligé à des dépenses journalieres & très-considérables, qui ne peuvent recevoir aucun retardement, sans lesquelles on seroit contraint d'abandonner ce grand ouvrage, dont le public reçoit une très-particuliere utilité. A CES CAUSES, après avoir fait voir en notre Conseil notredite déclaration dudit jour 11 Février 1658, l'arrêt dudit Conseil du 17 Mai ensuivant, ensemble les certificats de nos précédens fermiers des entrées, portans qu'ils ont payé ladite somme de deux cens mille livres, de quinzaine en quinzaine; de l'avis de notre Conseil, & suivant l'arrêt donné en icelui, le 9 du présent mois, ci-attaché sous le contre-scel de notre Chancellerie, & de notre pleine puissance & autorité royale; nous avons par ces présentes signées de notre main, dit & ordonné, disons & ordonnons, voulons & nous plaît, qu'à commencer du premier jour d'Octobre dernier, de l'année 1674, ledit Dufresnoy paie chacune année, pendant son bail, au receveur dudit Hôpital-Général, & sur ses quittances, la somme de deux cens mille livres, de quinzaine en quinzaine, ainsi que les précédens fermiers des aides & entrées ont fait depuis l'établissement dudit Hôpital-Général, & qu'à ce faire ledit Dufresnoy & ses cautions soient contraints par les voies, & ainsi qu'il est accoutumé pour nos propres deniers & affaires, moyennant quoi il en demeurera bien & valablement déchargé, & lui fournissant par le receveur dudit Hôpital, une fois seulement, extrait de l'état que nous faisons expédier annuellement pour la distribution des deniers de ladite ferme, dans lequel ladite somme est employée, & copie collationnée dudit arrêt & des présentes.

EXTRAIT DE L'ORDONNANCE DE 1680,

*SUR le fait des entrées, aides & autres droits, par laquelle le roi attribue à perpétuité à l'*Hôpital-Général :

1°. *Le droit de cinq sols par muid de vin, accordé aux pauvres par plusieurs précédentes déclarations, & notamment par celle du 6 Mai 1648.*

2°. *Les vingt sols par muid de vin, accordés à l'*Hôpital-Général *par la déclaration du 11 Février 1658, & pour lesquels les fermiers-généraux donnent annuellement à l'*Hôpital *une somme de 200,000 #, ainsi qu'il est statué par les lettres-patentes du 9 Février 1675.*

ARTICLE PREMIER.

NOS droits d'entrée, y compris les deux sols, & les huit sols de l'ancien & du nouveau barrage, les quarante-cinq sols des rivieres, les cinq sols du bureau des pauvres, les vingt sols de l'Hôpital-Général, & l'augmentation, seront levés sous le seul nom de droits d'entrée, à raison de dix-huit livres pour chaque muid de vin, entrant par eau, & quinze livres par chacun muid de vin, entrant par terre; vingt-quatre livres par chacun muid de vin muscat, Cioutat, Condrieu, d'Arbois, d'Espagne, & autre vins de liqueur, tant par eau que par terre; & deux sols pour chacun muid de verjus, & pour les autres vaisseaux à proportion; le tout mesure de Paris, en ce non compris nos droits de gros.

DÉCLARATION DU ROI,

PORTANT attribution à l'Hôpital & à l'Hôtel-Dieu, de trente sols sur chaque muid de vin entrant dans Paris.

Du 28 Janvier 1690.

LOUIS par la grace de Dieu, roi de France & de Navarre : A tous ceux qui ces présentes verront. SALUT. Nous avons estimé nécessaire pour les causes contenues en notre de défendre aux administrateurs de tous les Hôpitaux de recevoir à l'avenir aucune somme d'argent à fonds perdu, & d'en constituer des rentes viageres à un denier plus onéreux que celui qui est réglé par nos ordonnances ; mais comme cette prévoyance, si salutaire pour l'avenir, ôte présentement à l'Hôtel-Dieu, & même à l'Hôpital-Général de notre bonne ville, un secours qui aidoit à soutenir les grandes dépenses que l'on est obligé d'y faire pour les besoins des pauvres, & pour le paiement des dettes qui ont été constituées de cette sorte : nous avons estimé nécessaire de pourvoir à leur subsistance par des moyens plus solides, jusqu'à ce que les dettes dont ils demeurent chargés étant éteintes par la mort de ceux qui en sont créanciers, les biens qui leurs appartiennent se trouvent suffisans pour en soutenir la dépense ordinaire ; & comme tous les habitans de notre bonne ville de Paris sont obligés, suivant la loi commune de notre royaume, de faire subsister les véritables pauvres qui s'y rencontrent, & que l'Hôtel-Dieu & l'Hôpital-Général sont également nécessaires pour le soulagement de ceux que l'on y reçoit : A CES CAUSES, de l'avis de notre Conseil, & de notre certaine science, pleine puissance & autorité royale, nous avons dit, déclaré & ordonné, & par ces présentes signées de notre main, disons, déclarons & ordonnons, voulons & nous plaît ; qu'à commencer du premier jour du mois de Février de la présente année, il soit levé durant trois années & huit mois consécutifs, jusques & compris le dernier Septembre 1693, trente sols sur chaque muid de vin qui entrera en notredite ville & fauxbourgs de Paris, tant par eau que par terre, & qu'ils soient reçus par les fermiers de notre ferme des entrées, avec les autres droits qui sont déjà imposés sur le vin, & que les deniers qui en proviendront seront remis & délivrés entre les mains, tant du receveur de l'Hôpital-Général, que de celui de l'Hôtel-Dieu, suivant les parts & portions qui en seront par nous réglées & ordonnées pour chacun desdits Hôpitaux. Voulons que la somme à laquelle se trouvera monter la portion desdits deniers que nous destinons pour lesdits Hôtel-Dieu & Hôpital-Général, soit employée sans aucun divertissement, tant à l'entretien des pauvres & malades, qu'au paiement des arrérages des dettes & rentes viageres dont ils sont chargés, sans qu'il en puisse être diverti ni employé aucune somme à autre usage, pour quelque cause & sous quelque prétexte que ce puisse être. Ordonnons que lesdits trente sols seront payés comme nos propres deniers, & par toutes sortes de personnes exemptes & non exemptes, privilégiées ou non privilégiées, ecclésiastiques, gentilshommes, officiers de nos Cours, notaires & secrétaires de nos maisons & couronne de France, domestiques & commensaux des maisons royales, & autres quels qu'ils soient ou puissent être, sans aucune exception ni réserve, quoique non exprimées, même sur le vin destiné pour l'usage desdites maisons royales, & celles des princes & officiers de la couronne, desdites compagnies, & des maisons & communautés séculieres & régulieres, nonobstant tous privileges à ce contraires, auxquels nous dérogeons pour ce regard & sans tirer à conséquence, attendu la destination desdits deniers. Si donnons en mandement à nos amés & féaux conseillers les gens tenans notre Cour des Aides à Paris, que ces présentes ils aient à faire regiſtrer, le contenu en icelles garder & obſerver ſelon leur forme & teneur, nonobſtant tous édits & déclarations, auxquels nous avons dérogé & dérogeons, & tous empêchemens contraires : Car tel eſt notre plaiſir. En témoin de quoi nous avons fait mettre notre ſcel à ceſdites préſentes. Donné à Verſailles le vingt-huitieme jour de Janvier, l'an de grace mil ſix cent quatre-vingt-dix ; & de notre regne le quarante-ſeptieme. *Signé*, LOUIS. *Et plus bas*, par le roi, COLBERT. *Et ſcellée du grand ſceau de cire jaune.*

Autres déclarations du roi pour ledit octroi de trente ſols, des 5 Septembre 1693, 28 Octobre 1696, 27 Octobre 1699, 16 Septembre 1702, 11 Août 1705, 28 Août 1708, 11 Août 1711, 4 Septembre 1714, 3 Octobre 1716, 22 Septembre 1718, 30 Septembre 1720, 12 Septembre 1724, 28 Septembre 1728, 5 Mars 1732, 26 Août 1738, 24 Septembre 1744, 16 Juillet 1750, 24 Août 1756, 30 Juillet 1762, 19 Août 1774, 20 Septembre 1780, & 15 Août 1781.

ARRÊT DU CONSEIL D'ÉTAT DU ROI.

*Qui ordonne que du produit de l'octroi de trente ſols ſur chacun muid de vin, ordonné être levé par la déclaration du 5 Septembre 1693, il ſera continué d'être fait diſtraction au profit de l'*Hôpital des Enfans-Trouvés, *par chacune année de la jouiſſance d'icelui ; ſavoir, de la quatorzieme partie de ce qui en eſt touché par l'*Hôtel-Dieu, *& de la cinquieme partie de ce qui eſt reçu par l'*Hôpital-Général, *leſquelles ſommes diſtraites ſeront payées par chacun receveur de l'*Hôtel-Dieu *& de l'*Hôpital-Général, *à meſure qu'ils les auront reçues du fermier de la ferme des Aides, au receveur de l'*Hôpital des Enfans-Trouvés, *ſur ſes ſimples quittances.*

Du 7 Juin 1695.

VU par le roi en ſon Conſeil ſa déclaration du 27 Janvier 1690, par laquelle ſa majeſté auroit ordonné que pendant trois années huit mois, qui commenceroient au premier Février 1690, & finiroient au dernier Septembre 1693, il ſeroit levé trente ſols ſur chacun muid de vin entrant en la ville & fauxbourgs de Paris, pour être les deniers qui en proviendroient, payés & délivrés, tant au receveur de l'Hôtel-Dieu qu'à celui de l'Hôpital-Général, ſuivant les parts qui ſeroient réglées auxdits Hôpitaux ; l'arrêt du conſeil du dernier dudit mois de Janvier, portant que la perception deſdits trente ſols ſeroit faite par m. Chriſtophe Charriere, fermier-général des Aides, conjointement avec les autres droits d'entrée ; autre arrêt dudit Conſeil du 28 Mars 1691, par lequel ſa majeſté auroit ordonné que ledit Charriere paieroit la ſomme de trois cens quatre-vingt mille livres, pour le produit deſdits droits par chacune des trois années commencées au premier Octobre 1690, & qui finiroient au dernier Septembre 1693 ; ſavoir quatorze parts, (les 19 faiſant le tout) au receveur de l'Hôtel-Dieu de Paris, & les cinq parts reſtantes au receveur de l'Hôpital-Général de ladite ville, ſur leurs ſimples quittances. Autre arrêt du Conſeil du 26 Juin 1691, par lequel ſa majeſté a ordonné que ſur les trois cens quatre-vingt mille livres, provenant dudit octroi de trente ſols ſur chacun muid de vin, ordonné être levé par ladite déclaration du 28 Janvier 1690, il en ſeroit payé par chacune année de jouiſſance la ſomme de trente-quatre mille livres au receveur des Enfans-Trouvés, ſur ſes ſimples quittances ; ſavoir, vingt mille livres par le receveur de l'Hôtel-Dieu, & quatorze mille livres par celui de l'Hôpital-Général, en douze paiemens égaux de mois en mois, & que moyennant leſdits paiemens, leſdits receveurs en demeureroient valablement déchargés, en vertu dudit arrêt & la déclaration de sa majesté du 5 Septembre 1693, par laquelle elle auroit accordé la continuation du même octroi. Et oui le rapport du sieur Phelippeaux de Pontchartrain, conseiller ordinaire du roi en tous ses Conseils, & au Conseil royal, contrôleur général de finances : LE ROI en son Conseil, a ordonné & ordonne que du produit dudit octroi de trente sols sur chacun muid de vin, ordonné être levé par sa déclaration du 5 Septembre 1693, il sera continué d'en faire distraction au profit de l'Hôpital des Enfans-Trouvés, par chacune année de la jouissance d'icelui ; savoir, de la quatorzieme partie de ce qui en est touché par l'Hôtel-Dieu, & de la cinquieme partie de ce qui en est reçu par l'Hôpital-Général, lesquelles sommes distraites seront payées par chacun receveur de l'Hôtel-Dieu, & de l'Hôpital-Général, à mesure qu'ils les auront reçues du fermier de la ferme des Aides, au receveur de l'Hôpital des Enfans-Trouvés, sur ses simples quittances, à commencer du jour qu'ils en ont joui, en vertu de ladite déclaration du 5 Septembre 1693 ; & moyennant lesdits paiemens, lesdits receveurs en demeureront bien & valablement déchargés en vertu du présent arrêt. Fait au Conseil d'état du roi, tenu à Versailles le septieme jour de Juin mil six cent quatre-vingt-quinze. Collationné. *Signé*, DU JARDIN, *avec paraphe.*

DÉCLARATION DU ROI,

QUI ordonne qu'il sera levé vingt sols sur chaque cent pesant d'huile, en faveur de l'Hôpital-Général, pendant quatre années.

Du 3 Décembre 1702.

LOUIS, par la grace de Dieu, roi de France & de Navarre : A tous ceux qui ces présentes lettres verront : SALUT. Les revenus ordinaires de l'Hôpital-Général de notre bonne ville de Paris, ne pouvant qu'à peine suffire à la nourriture & à l'entretien des pauvres de ladite ville, qui y sont renfermés, la dépense extraordinaire dont il se trouve chargé, tant par notre déclaration du 25 Juillet 1700, que par divers ordres particuliers qui tendent à assurer la tranquillité publique, & à purger ladite ville de ceux qui la pourroient troubler, nous oblige de lui procurer de nouveaux secours, en imposant sur les marchandises les moins chargées un droit modique par proportion à ce que chacun en consomme pour son usage. A CES CAUSES, & autres à ce nous mouvans, & de notre certaine science, pleine puissance & autorité royale, nous avons dit, déclaré & ordonné, & par ces présentes signées de notre main, disons, déclarons, ordonnons, voulons & nous plaît qu'il soit levé au profit de l'Hôpital-Général de notre bonne ville de Paris, pendant l'espace de quatre années entieres & consécutives, à compter du jour de l'enregistrement des présentes, un droit de vingt sols par cent livres pesant d'huile d'olives, de noix, de navette, de baleine, & toutes autres généralement quelconques, qui entreront en notre bonne ville, fauxbourgs & banlieue de Paris, tant par eau que par terre pour quelque usage que ce soit, même sur celles qui passeront debout. Voulons que ledit droit soit payé à l'arrivée par toutes personnes privilégiées & non privilégiées au fermier-général de nos Aides, ses sous-fermiers, commis & préposés, lesquels seront tenus d'en faire la perception & régie comme de nos droits, & les deniers en provenans remis au fur & à mesure de la perception d'iceux entre les mains du receveur dudit Hôpital-Général, moyennant quoi ils en demeureront bien & valablement déchargés sur les quittances dudit receveur, le tout sans frais. Si donnons en mandement à nos amés & féaux conseillers, les gens tenans notre Cour des Aides à Paris, que ces présentes ils aient à faire lire, publier & enregistrer, & le contenu en icelles faire garder & exécuter selon ſa forme & teneur, ceſſant & faiſant ceſſer tous troubles & empêchemens qui pourroient être mis ou donnés, nonobſtant toutes choſes à ce contraires, auxquelles nous avons dérogé & dérogeons par ces préſentes : car tel eſt notre plaiſir; en témoin de quoi nous avons fait mettre notre ſcel à ceſdites préſentes. *Signé* LOUIS. *Et plus bas*, Par le roi, PHELYPEAUX. Vu au Conſeil. CHAMILLARD. *Et ſcellé du grand ſceau de cire jaune.*

Regiſtrées en la Cour des Aides, oui & ce requérant le procureur-général du roi, pour être exécutées ſelon leur forme & teneur, ſans que les deniers provenans deſdites levées, puiſſent être employés à autres effets qu'à celui de leur deſtination; & après le tems porté par leſdites lettres expiré, eſt fait défenſes de percevoir leſdits droits, ſinon en vertu d'autres lettres-patentes bien & duement vérifiées en ladite Cour. A Paris, le ſeizieme Décembre mil ſept cent deux. Signé, ROBERT.

Autres déclarations du roi, pour l'octroi de cinq ſols ſeulement ſur chaque cent peſant d'huile, des 14 Juillet 1711, & 12 Juillet 1712, regiſtrées en la Cour des Aides.

Ce droit a été ſupprimé en 1713.

DÉCLARATION DU ROI,

*QUI ordonne qu'il ſera levé dix ſols d'augmentation ſur chaque muid de vin entrant à Paris, au profit de l'*Hôpital-Général, *pendant neuf années.*

Du 3 Décembre 1702.

LOUIS, par la grace de Dieu, roi de France & de Navarre : A tous ceux qui ces préſentes lettres verront, SALUT. La fainéantiſe & la mendicité donnant occaſion à la plûpart des crimes qui ſe commettent, nous avons eſtimé qu'il n'étoit pas moins néceſſaire pour la correction des mœurs, que pour la sûreté publique d'en arrêter le cours, ſur-tout dans notre bonne ville de Paris, où la facilité qu'on a de ſe cacher dans la multitude, attire de toutes parts des perſonnes qui n'oſent paroître dans le pays de leur naiſſance; ainſi après avoir établi des peines contre les mendians & les vagabonds par pluſieurs de nos ordonnances, nous avons donné en dernier lieu notre déclaration du 25 Juillet 1700, par laquelle, afin que les mendians ne puſſent ſe flatter de ſortir des Hôpitaux-généraux où ils auroient été conduits, nous avons enjoint à ceux qui en ont la direction de les y retenir, avec défenſes très-expreſſes de leur en permettre la ſortie, même ſous prétexte de manque de fonds, auquel cas de beſoin il ſeroit par nous pourvu; ce qui s'eſt exécuté dans notredite ville de Paris, avec une telle exactitude qu'on n'y voit preſque plus de mendians, les adminiſtrateurs de l'Hôpital-Général y ayant retenu tous ceux qui y ont été conduits de quelques provinces qu'ils fuſſent, enſorte qu'il y en a eu juſques au nombre de huit & neuf mille; mais quelques ſoins que prennent leſdits adminiſtrateurs pour en ménager le revenu avec toute l'économie poſſible, il ne peut ſuffire à une dépenſe auſſi conſidérable, ſans un ſecours extraordinaire & proportionné à tant de beſoins; & d'autant qu'il importe à l'ordre public & au bien de notre ſervice que notredite ville de Paris, demeure purgée des mendians & des vagabonds qui y trouveroient leur ſubſiſtance par des moyens criminels, & en troubleroient néceſſairement la tranquillité, nous avons cru devoir aſſurer l'exécution de notredite déclaration par un nouvel octroi, qui, en pourvoyant à la nourriture des mendians que l'on tient renfermés, mettra les adminiſtrateurs en état de continuer & d'augmenter leur charité envers les véritables pauvres de notre bonne ville de Paris. A CES CAUSES, & de notre certaine ſcience, pleine puiſſance & autorité royale, nous avons dit, déclaré & ordonné, & par ces préſentes ſignées de notre main, diſons, déclarons, ordonnons, voulons & nous plaît, qu'à commencer au premier Janvier de l'année prochaine, il ſoit levé durant neuf annés conſécutives, juſques & compris le dernier Décembre 1711, dix ſols d'augmnetation ſur chaque muid de vin qui entrera en notredite ville & fauxbourgs de Paris, tant par eau que par terre, & qu'ils ſoient reçus par les fermiers de notre ferme des entrées, avec les autres droits qui ſont déjà impoſés ſur le vin, & que les deniers qui en proviendront, ſoient remis & délivrés entre les mains du receveur de l'Hôpital-Général : ordonnons que leſdits dix ſols ſeront payés comme nos propres deniers, & par toutes ſortes de perſonnes, exemptes, ou non exemptes, privilégiées, ou non privilégiées, eccléſiaſtiques, gentilshommes, officiers de nos Cours, notaires & ſecrétaires de nos maiſons & couronne de France, domeſtiques & commenſaux des maiſons royales, & autres, tels qu'ils ſoient, ou puiſſent être, ſans aucune exception, ni réſerve, quoique non exprimées, même ſur le vin deſtiné pour l'uſage deſdites maiſons royales, & celles des princes & officiers de la couronne, deſdites compagnies, & des maiſons & communautés ſéculieres & régulieres, nonobſtant tous privileges à ce contraires, auxquels nous dérogeons pour ce regard, & ſans tirer à conſéquence, attendu la deſtination deſdits deniers. Si donnons en mandement à nos amés & féaux conſeillers, les gens tenant notre Cour des Aides à Paris, que ces préſentes ils aient à regiſtrer, & le contenu en icelles garder & obſerver ſelon ſa forme & teneur, nonobſtant toutes choſes à ce contraires, auxquelles nous avons dérogé & dérogeons par ces préſentes; car tel eſt notre plaiſir : en témoin de quoi nous avons fait mettre notre ſcel à ceſdites préſentes. Donné à Verſailles le troiſieme jour de Décembre, l'an de grace mil ſept cent deux, & de notre regne le ſoixantieme. *Signé*, LOUIS. *Et plus bas*, par le roi, PHELYPEAUX. Vu au Conſeil, CHAMILLART. *Et ſcellées du grand ſceau de cire jaune.*

Autres déclarations du roi, pour ledit octroi de dix ſols, des 29 Septembre 1711, 4 Septembre 1714, 3 Octobre 1716, 2 Septembre 1718, 30 Septembre 1720, 28 Septembre 1728, 5 Mars 1732, 26 Avril 1738, 24 Septembre 1744, 16 Août 1750, 24 Août 1756, 30 Juillet 1762, & 19 Août 1774. Lettres-patentes du 22 Juillet 1780, & déclaration du 22 Juin 1783, toutes regiſtrées à la Cour.

DÉCLARATION DU ROI,

PORTANT qu'il ſera levé cinq ſols ſur chaque cent de foin qui entrera dans Paris pendant quatre années, en faveur de l'Hôpital-Général.

Du 5 Décembre 1702.

LOUIS, par la grace de Dieu, roi de France & de Navarre : A tous ceux qui ces préſentes lettres verront, SALUT. Dans la néceſſité indiſpenſable où nous nous trouvons de ſoutenir l'Hôpital-Général de notre bonne ville de Paris, pour empêcher que la tranquillité publique ne ſoit troublée par les vagabonds & mendians qui y viendroient de tout pays, ſi l'on ceſſoit de les renfermer, nous avons cru lui devoir attribuer cinq ſols ſur le foin, dont la perception ſera d'autant moins à charge au public, que le droit eſt modique, & ſe répand ſur un plus grand nombre de perſonnes. A CES CAUSES, & autres à ce nous mouvans, de notre certaine ſcience, pleine puiſſance & autorité royale, nous avons par ces préſentes, ſignées de notre main, dit, déclaré & ordonné, diſons, déclarons, voulons & nous plaît, qu'il soit levé au profit de l'Hôpital-Général de notre bonne ville de Paris, pendant l'espace de quatre années entieres & consécutives, à commencer du jour de l'enregistrement des présentes, cinq sols de droit par chaque cent de bottes de foin, à prendre sur tous les foins arrivans & entrans en la ville, fauxbourgs & banlieue de Paris, tant par eau que par terre, même sur celles qui passent debout, pour être consommées ailleurs, sans que les communautés ecclésiastiques & religieuses, ni aucunes personnes, de quelque qualité & condition qu'elles soient, puissent être exemptes dudit droit, sous prétexte de charges, de privileges, ni pour aucune autre cause, à la réserve du foin des bourgeois provenant des terres à eux appartenantes, qu'ils font faire & façonner à leurs dépens, & qu'ils font venir pour leur provision seulement. Ordonnons que ledit droit de cinq sols sera payé à l'instant de leur arrivée, tant par eau que par terre, dans ladite ville, fauxbourgs & banlieue de Paris, au fermier-général de nos fermes unies, ses sous-fermiers, commis & préposés, lesquels seront tenus d'en faire la perception & régie, comme de nos droits; & les deniers en provenans, remis, au fur & à mesure de la perception d'iceux, entre les mains du receveur dudit Hôpital-Général, moyennant quoi, ils en demeureront bien & valablement déchargés, sur les quittances dudit receveur: le tout sans frais. Donné à Versailles, le cinq Décembre mil sept cent deux.

Déclaration pour le même droit, du 28 Décembre 1706.
Autre déclaration, du 20 Janvier 1711.
Autre déclaration, du 27 Novembre 1714.
Autre déclaration, du 22 Septembre 1718.
Autre déclaration, du 18 Novembre 1722.
Autre déclaration, du 15 Décembre 1726.
Autre déclaration, du de 12 Décembre 1734.
Autre déclaration, du 26 Août 1738.
Autre déclaration, du 23 Octobre 1742.
Autre déclaration, du 24 Décembre 1746.
Autre déclaration, du 23 Août 1750.
Autre déclaration, du 3 Novembre 1754.
Autre déclaration, du 18 Avril 1758.
Autre déclaration, du 23 Août 1764.
Autre déclaration, du 22 Avril 1770.
Autre déclaration, du 7 Août 1776.
Autre déclaration, du 18 Août 1782.

DÉCLARATION DU ROI,

PORTANT attribution à l'Hôpital-Général *de trois sols par jour sur chaque carosse de louage.*

Du 30 Décembre 1702.

LOUIS, par la grace de Dieu, roi de France & de Navarre: A tous ceux qui ces présentes lettres verront, SALUT. Les besoins pressans de l'Hôpital-Général de notre bonne ville de Paris, dont la conservation n'est pas moins nécessaire pour y maintenir l'ordre public, que pour subvenir à la subsistance des pauvres, qui en sont le premier objet, nous obligent d'avoir recours à de nouveaux moyens pour leur procurer quelque utilité, sans être à charge au peuple; & parmi ces moyens extraordinaires, nous n'en avons point trouvé de plus convenable, que d'imposer un droit de trois sols par jour sur les carosses de louage de Paris, tant sur ceux qui se louent par heure, & qui sont exposés dans les rues & places de notredite ville de Paris, que ceux qui se louent sous les remises par journée & demi-journée, lesquels à présent n'ont payé aucune rétribution, quoique les propriétaires desdits carosses par heure eussent prétendu qu'ils faisoient partie des dons & privilege que nous leur avons accordés, & à leurs auteurs, lequel droit ne tombant que sur les voitures publiques, établies pour la commodité des habitans de ladite ville, n'intéresse que ceux qui sont en état de s'en servir. A CES CAUSES, & de notre certaine science, pleine puissance & autorité royale, NOUS AVONS par ces présentes, signées de notre main, dit & ordonné, disons & ordonnons, voulons & nous plaît, qu'il soit levé, au profit de l'Hôpital-Général de notre bonne ville de Paris, pendant l'espace de quatre années entieres & consécutives, à commencer du premier jour de l'année prochaine 1703, trois sols par jour sur chacun des carosses qui se louent à l'heure sur les places publiques de notredite ville de Paris, même sur chaque carosse appellé de remise, attelé de deux chevaux, & qui se louent dans les maisons par journée, demi-journée & au mois; lequel droit sera perçu par les propriétaires du privilege desdits carosses par heure, leurs commis & préposés, lesquels seront tenus d'en remettre & payer par chacune desdites quatre années, & de quartier en quartier, audit Hôpital-Général, ès mains du receveur d'icelui, la somme de dix mille livres, franche & quitte, & à leurs risques, périls & fortunes; & le surplus de ce qui proviendra dudit droit, si surplus y a, demeurera auxdits propriétaires pour frais de régie; duquel surplus, en tant que besoin est, ou seroit, nous leur avons fait & faisons don par ces présentes: voulons que les administrateurs dudit Hôpital-Général ne puissent demander aucun compte auxdits propriétaires, sous prétexte de l'attribution ci-dessus portée & ordonnée, ni pour aucune autre cause & occasion que ce soit, sans laquelle clause & condition nous n'eussions donné ces présentes; ne pourront néanmoins lesdits propriétaires se dispenser de payer audit Hôpital-Général ladite somme de dix mille livres par chacune desdites quatre années, pour quelque raison, prétexte & occasion que ce puisse être. Et pour aucunement dédommager ceux à qui appartiennent lesdits carosses de place, leur avons permis & permettons par ces présentes, de se faire payer vingt-un sols par heure, au lieu de vingt sols qu'ils percevoient, à condition néanmoins qu'ils ne prendront toujours que vingt-cinq sols pour la premiere heure; & lorsque lesdits carosses de places seront loués par demi-journée, leur sera loisible de se faire payer cent sols, au lieu de quatre livres dix sols, sans néanmoins qu'on les puisse payer à la demi-journée, lorsque l'on les gardera plus tard que dix heures du soir; faisant très-expresse défenses à toutes personnes qui louent des carosses de remise, de louer aucun carosse attelé de chevaux dans notredite ville & fauxbourgs de Paris, sans en avoir auparavant fait leur déclaration auxdits propriétaires des carosses par heure, & leur soumission de payer ladite rétribution de trois sols par jour, à peine de cinq cents livres d'amende, & de confiscation desdits carosses & chevaux: & si, pour l'exécution des présentes, il survient quelques contestations, voulons qu'elles soient portées devant notre prévôt de Paris, ou son lieutenant-général de police, en la maniere accoutumée, sauf l'appel au Parlement. Si donnons en mandement à nos amés & féaux conseillers, les gens tenant notre cour de Parlement, que ces présentes ils aient à faire lire, publier & enregistrer, & le contenu en icelles faire exécuter selon leur forme & teneur, nonobstant toutes choses à ce contraires, auxquelles nous avons dérogé & dérogeons par ces présentes; car tel est notre plaisir, en témoin de quoi nous avons fait mettre notre scel à cesdites présentes. Donné à Versailles le trentieme jour de Décembre, l'an de grace mille sept cent deux, & de notre regne le soixantieme. *Signé*, LOUIS. *Et plus bas*, par le roi, PHELYPEAUX. Vu au Conseil, CHAMILLART. *Et scellé du grand sceau de cire jaune.*

Autres

Autre déclaration du roi pour le même don, des 28 Décembre 1706, 13 Janvier 1711, 27 Novembre 1714, 22 Septembre 1718, 29 Mai 1725, 9 Janvier 1731, 8 Septembre 1736, 28 Octobre 1742, 31 Octobre 1748, 24 Octobre 1754, 4 Mai 1760, 4 Avril 1766, 28 Avril 1772, & lettres-patentes du 17 Avril 1777, pour le cours de trente années, sur le pied de quinze mille livres.

DÉCLARATION DU ROI,

*Qui accorde à l'*Hôpital-Général *de Paris le vingtieme par augmentation de tous droits anciens & nouveaux, qui se levent dans l'intérieur & aux entrées de Paris, suivant ce que prescrit la déclaration du 29 Octobre 1709, pour le dixieme des mêmes droits.*

Du 3 Janvier 1711.

LOUIS, par la grace de Dieu, roi de France & de Navarre : A tous ceux qui ces présentes lettres verront, SALUT. Par notre déclaration du 29 Octobre 1709, nous avons ordonné qu'à compter du 15 Novembre lors prochain, jusqu'au dernier Décembre de l'année 1710, il seroit perçu le dixieme par augmentation de tous les droits & augmentations de droits anciens & nouveaux, exprimés dans ladite déclaration, qui se levent dans notre bonne ville de Paris, soit à notre profit, ou des officiers par nous créés, soit pour le compte des communautés & autres personnes généralement quelconques; à la charge que les deniers qui en proviendroient, serviroient à procurer l'abondance des grains, par le moyen des achats qui seroient faits dans les pays étrangers, sans qu'ils pussent être appliqués à aucuns autres usages. Ce moyen ayant été employé, suivant les intentions marquées par notredite déclaration, nous l'avons tellement regardé comme un secours uniquement destiné au soulagement des habitans de notre bonne ville de Paris, & principalement des pauvres, que malgré les pressans besoins de l'état dans la conjoncture présente, nous avons refusé d'accepter des offres très-avantageuses qui nous ont été faites, si nous avions voulu proroger la levée de ce droit pendant un certain nombre d'années. Mais depuis que nous avons rejetté ces offres, nous avons été informés de l'extrémité à laquelle l'Hôpital-Général de notredite ville de Paris se trouve réduit, soit par le nombre des pauvres dont il a été chargé pendant les années 1709 & 1710, qui a monté, en certains tems, jusqu'à plus de quatorze mille, soit par la cherté excessive des grains & autres denrées, soit enfin par la diminution des octrois que nous lui avons accordés sur les vins qui entrent dans notre bonne ville de Paris, causée par la stérilité presque entiere des vignes depuis plusieurs années, ensorte que cet Hôpital ne pouvoit plus subsister avec ses revenus présens, qu'en prenant le parti d'en faire sortir au moins trois mille pauvres, & de n'y en plus recevoir aucun; ce qui seroit non-seulement contraire à l'humanité, & très-onéreux au public, mais encore très-dangereux par rapport à la sûreté & à la salubrité de notre bonne ville de Paris; & comme le principal objet de notre déclaration du 29 Octobre 1709, a été le bien de cette grande ville & le secours des pauvres, nous avons cru suivre toujours le même objet, quoique d'une maniere différente, en ordonnant, au profit dudit Hôpital-Général, & pendant le cours de l'année présente seulement, la continuation du droit établi par cette déclaration; avec cette différence néanmoins, qu'on n'en levera que la moitié, c'est-à-dire le vingtieme, au lieu du dixieme. Nous espérons que cette moitié employée aux plus pressans besoins de cet Hôpital, avec la bonne & sage économie des administrateurs qui le gouvernent, pourra suffire pour les mettre en état de soutenir une œuvre si nécessaire au public : & nous nous portons d'autant plus volontiers à prendre cette voie pour procurer un si grand bien, que cette nouvelle charge, presque insensible à chacun de ceux qui la porteront, & toujours proportionnée à leur dépense & consommation, nous dispensera de renouveller l'exécution de notre déclaration du 22 Octobre 1709, par laquelle nous avions été obligés de pourvoir aux besoins des pauvres pour l'année 1710, d'une maniere beaucoup plus onéreuse au public, que celle que nous avons résolu d'établir par notre présente déclaration, A CES CAUSES, & autres à ce nous mouvans, de l'avis de notre conseil, & de notre certaine science, pleine puissance & autorité royale, nous avons, par ces présentes signées de notre main, dit, déclaré & ordonné, disons, déclarons & ordonnons, voulons & nous plaît, qu'à commencer du premier du présent mois de Janvier, jusques & compris le dernier jour de Décembre de cette année, il soit perçu, au profit de l'Hôpital-Général de notre bonne ville de Paris, le vingtieme par augmentation de tous les droits, anciens & nouveaux, qui se levent, tant dans l'intérieur de notredite ville & fauxbourgs de Paris, qu'aux entrées & sur les ports & quais, même dans les halles, places, foires & marchés de la même ville & fauxbourgs, soit à notre profit ou des officiers par nous créés, soit pour le compte des communautés, & au profit de toutes personnes généralement quelconques, ainsi & en la maniere qu'il est prescrit par notredite déclaration du 29 Octobre 1709, pour le dixieme des mêmes droits. Si donnons en mandement à nos amés & féaux conseillers, les gens tenans notre Cour de Parlement, Chambre des Comptes & Cour des Aides à Paris, que ces présentes ils fassent lire, publier & registrer, & le contenu en icelles garder & observer selon leur forme & teneur, nonobstant tous édits, déclarations, arrêts, & autres choses à ce contraires, auxquels nous avons dérogé & derogeons par ces présentes, aux copies desquelles, collationnées par l'un de nos amés & féaux conseillers secrétaires, voulons que foi soit ajoutée comme à l'original : car tel est notre plaisir. En témoin de quoi, nous avons fait mettre notre scel à cesdites présentes. Donné à Versailles le troisieme jour de Janvier, l'an de grace mil sept cent onze, & de notre regne le soixante-huitieme. *Signé*, LOUIS. *Et plus bas*, par le roi, PHELYPEAUX. Vu au Conseil, DESMARETZ. *Et scellé du grand sceau de cire jaune.*

Autres déclarations pour le même octroi des 15 Décembre 1711, 27 Décembre 1712, 8 Août 1713, 22 Décembre 1714, 14 Décembre 1715, 25 Décembre 1719, 5 Octobre 1722, 11 Décembre 1725, 21 Décembre 1728, 5 Mars 1732, 26 Août 1738, 24 Septembre 1744, 16 Août 1750, 7 Novembre 1756, 30 Juillet 1762, premier Janvier 1768, & 19 Août 1774 : toutes registrées en Parlement. Lettres-patentes du 22 Juillet 1780, & déclaration du 22 Juin 1783.

Nota. Par délibérations du Bureau de l'Hôpital-Général, des 25 Janvier 1723, & 17 Avril 1730, il a été arrêté, sur le rapport de m. le procureur-général, que pour se conformer aux volontés du roi, annoncées par ce magistrat, il sera annuellement payé au receveur des galériens une somme de dix mille livres, à prendre sur le droit de vingtieme accordé à l'Hôpital par la déclaration ci-dessus, renouvellée par celle du 5 Octobre 1722.

ARRÊT DU CONSEIL D'ÉTAT DU ROI,

*QUI ordonne que la régie & perception des droits de vingtieme & fort denier, ordonnés être perçus par déclaration du 3 Janvier 1711, sera faite sous l'inspection & direction de messieurs les administrateurs de l'*Hôpital-Général.

Du 24 Janvier 1711.

LE roi s'étant fait représenter en son conseil la déclaration du 3 du présent mois, qui ordonne qu'à commencer du premier dudit mois, & jusqu'au dernier Décembre prochain, il sera perçu & levé au profit de l'Hôpital-Général de sa bonne ville de Paris, le vingtieme ou sol pour livre par augmentation de tous les droits anciens & nouveaux, qui se levent, tant dans l'intérieur de ladite ville & fauxbourgs de Paris, qu'aux entrées & sur les ports & quais, même dans les halles, places & marchés de la même ville & fauxbourgs, soit au profit de sa majesté ou des officiers qui ont été créés, soit pour le compte des communautés & au profit de toutes personnes généralement quelconques, ainsi & en la maniere qu'il a été prescrit par la déclaration de sa majesté du 29 Octobre 1709, pour la perception du dixieme des mêmes droits, & comme il est nécessaire de pourvoir à la sûreté & facilité de la perception de ce droit : oui le rapport du sieur Desmaretz, conseiller ordinaire au Conseil royal, contrôleur-général des finances. Le roi en son Conseil, a ordonné & ordonne, que sous l'inspection & direction des sieurs administrateurs de l'Hôpital-Général, ledit droit, ainsi qu'il est établi par la déclaration du trois du présent mois, sera levé & perçu sur le pied du vingtieme de tous les droits anciens & nouveaux, exprimés & non exprimés par la déclaration du 29 Octobre 1709, même de ceux qui ont été établis depuis ladite déclaration, soit que lesdits droits se levent dans l'intérieur de ladite ville, fauxbourgs & entrées de Paris, ou sur les ports & quais, halles, places & marchés de la même ville, fauxbourgs & banlieue, tant au profit de sa majesté ou des officiers qui ont été créés, que pour le compte des communautés, ou au profit de toutes personnes généralement quelconques ; & pour faciliter auxdits sieurs directeurs la perception & levée dudit droit de vingtieme ou sol pour livre par augmentation, sa majesté a ordonné & ordonne qu'elle sera faite par les commis & préposés de me Charles Ysembert, chargé de la régie de ses fermes, & par les officiers, syndics & receveurs des officiers & communautés de la ville & fauxbourgs de Paris, fermiers, traitans, ou propriétaires d'aucuns desdits droits, chacun en ce qui les concerne, *lesquels seront tenus de payer le produit dudit vingtieme par augmentation desdits droits, à la fin de chacune semaine, au receveur général dudit Hôpital, sur ses simples quittances, pour compter de ladite recette auxdits sieurs administrateurs*, ainsi que des autres revenus dudit Hôpital : ordonne sa majesté qu'au paiement du produit dudit vingtieme, lesdits commis, officiers & communautés seront contraints, en vertu du présent arrêt, à la fin de chacune semaine, comme pour les propres deniers & affaires de sa majesté, même tenus, chacun à leur égard, de fournir & délivrer, à la fin de chacune semaine, auxdits sieurs administrateurs, ou à ceux qui seront par eux commis, des états du produit dudit vingtieme, certifiés véritables ; comme aussi de communiquer leurs registres, toutefois & quantes qu'ils en seront requis, à quoi ils seront pareillement contraints, comme pour deniers royaux, *auxquels commis dudit Ysembert, officiers & communautés, il sera accordé une remise de deux deniers pour livre de la recette actuelle dudit vingtieme*, pour tous frais de régie & autres frais & faux-frais généralement quelconques ; & faute par lesdits commis, syndics ou receveurs des communautés de satisfaire exactement à ce qui est porté par le présent arrêt, il sera loisible auxdits sieurs administrateurs de commettre à la perception & levée dudit droit, telles personnes qu'ils jugeront à propos. Veut en outre sa majesté, que les contestations qui surviendront pour raison de la perception dudit droit de vingtieme, circonstances & dépendances, soient jugées, en premiere instance, par le sieur d'Argenson, conseiller d'état, lieutenant-général de police, & par le sieur Bignon, aussi conseiller d'état & prévôt des marchands, qu'elle a commis & commet à cet effet, chacun en ce qui le concerne, & par appel au Conseil, en interdisant la connoissance à toutes ses Cours & autres juges, & sera le présent arrêt lu, publié & affiché par-tout où besoin sera, à ce qu'aucun n'en ignore. Fait au Conseil d'Etat du roi, tenu à Versailles le vingt-quatrieme jour de Janvier mil sept cent onze. Collationné. *Signé*, GOUJON.

Collationné à l'original, par nous écuyer, conseiller-secrétaire du roi, maison, couronne de France & de ses finances.

ORDONNANCE
DE MESSIEURS LES COMMISSAIRES DU CONSEIL,

PORTANT que l'Hôpital-Général *continuera d'être employé pour la somme de deux cents mille livres dans les états des charges assignées sur la ferme générale des aides.*

Du 12 Juin 1719.

NOUS, commissaires-généraux, députés par arrêts du Conseil des 21 Avril 1716 & 20 Mars 1717, pour procéder à la liquidation & vérification des rentes, gages, pensions & autres charges employées dans les états du roi, en vertu du pouvoir à nous donné par l'édit du mois de Janvier 1716, & desdits arrêts du Conseil, avons ordonné & ordonnons que la somme de deux cents mille livres, accordée par le roi à l'Hôpital-Général par chacun an, pour sa subsistance, continuera de lui être payée sans retranchement, auquel effet l'emploi en sera fait dans les états des charges assignées sur la ferme générale des aides en la maniere accoutumée.

DÉCLARATION DU ROI,

POUR faire jouir l'Hôpital-Général *& celui des* Enfans-Trouvés *de Paris des droits sur le bois & le charbon, & du vingtieme sur tous les droits qui se levent dans cette ville & fauxbourgs, jusques & compris l'année 1723.*

Du 25 Décembre 1719.

LOUIS, par la grace de Dieu, roi de France & de Navarre : A tous ceux qui ces présentes lettres verront, SALUT. La protection singuliere que le feu Roi, de glorieuse mémoire, notre très-honoré seigneur & bisayeul, a donnée à l'Hôpital-Général, & à celui des Enfans-Trouvés de notre bonne ville de Paris, depuis leur établissement, dont il avoit reconnu de plus en plus l'utilité pour l'ordre public, & le soulagement de toutes sortes de pauvres, nous engageant à y donner une aussi favorable attention, nous avons reçu avec une grande satisfaction, dès notre avénement à la couronne, le compte que les directeurs de ces deux Hôpitaux nous ont rendu des soins qu'ils continuoient de prendre pour en maintenir l'ordre & l'économie, & de l'impossibilité de soutenir de leurs revenus ordinaires le grand nombre de pauvres dont ils étoient chargés; ce qui nous porta à leur accorder, par notre déclaration du 14 Décembre 1715, la continuation de la levée du vingtieme sur tous les droits qui se levoient dans l'intérieur & aux entrées de notre bonne ville de Paris, à l'exception des vins & autres boissons, pendant les années 1716, 1717, 1718 & 1719. Nous avons regardé comme une sage prévoyance la très-humble remontrance qu'ils nous ont faite, que le nombre de ces pauvres montant à plus de onze mille personnes, dont la dépense générale estimée seulement sur le pied de six sols chaque jour par personne, y compris les ecclésiastiques, officiers & gens de service, monte à la somme de 1210000 livres; & les revenus annuels, les casuels compris, ne pouvant aller qu'à la somme de 830000 livres, il se trouvoit un manque de fonds de 380000 livres, auquel le secours qu'ils ont tiré du produit de ce droit de vingtieme n'a pas suppléé à la moitié, parce que déduction faite de la somme de 600000 liv. & intérêts de ladite somme, qu'ils étoient chargés, par la même déclaration, de payer aux sieurs du Moulins & de

Laye, pour leur remboursement des achats de bleds étrangers qu'ils avoient faits pour la provision de Paris dans les années 1713 & 1714, il n'en est resté de net au profit de ces deux Hôpitaux, que le somme de 140911 liv. par chacune desdites années; ensorte qu'ils ont été obligés pour fournir au surplus de la dépense nécessaire pour leur subsistance, d'y employer près de 300000 liv. qu'ils ont reçu pendant le cours de ces quatre années, provenans des rachats des rentes constituées qui leur étoient dues par différens particuliers; que comme ce manque de fonds subsistera encore dans les années suivantes, qu'il augmentera même considérablement la prochaine, par la cherté des denrées nécessaires à la nourriture des pauvres; que le nombre desdits pauvres dont ces deux Hôpitaux ont été chargés depuis plus de dix ans, est encore égal, & qu'il est à craindre que cette cherté n'augmente, sans qu'ils puissent le diminuer, parce que n'étant composé que d'enfans, de vieillards & de personnes qui, par toutes sortes d'infirmités, sont encore plus dignes de compassion, ou de vagabonds & mendians, dont il est très-important pour la tranquillité publique d'arrêter la fainéantise & les désordres, ils n'en pourroient faire, sans de très-grands inconvéniens, une réduction qui iroit à plus de trois mille pour proportionner le nombre restant à leurs revenus ordinaires, ils nous ont très-humblement suppliés de vouloir bien leur accorder pendant les années 1720, 1721, 1722 & 1723, la continuation de la levée du vingtieme, par augmentation sur ce qui reste des droits qui se perçoivent dans l'intérieur & aux entrées de la ville de Paris, & qui sont diminués de plus d'un tiers par la suppression de plusieurs droits que nous avons faite, à l'exception des vins & autres liqueurs; & nous avons bien voulu leur donner ces nouvelles marques de l'affection que nous avons pour ces Hôpitaux, si nécessaires au public, le secours de ce droit de vingtieme étant le plus facile & le moins onéreux, parce qu'il est presque insensible à chacun de ceux qui y contribuent. A CES CAUSES & autres à ce nous mouvans, de l'avis de notre très-cher & très amé-oncle le duc d'Orléans, petit-fils de France, régent; de notre très-cher & très-amé oncle le duc de Chartres, premier prince de notre sang; de notre très-cher & très-amé cousin le duc de Bourbon, de notre très-cher & très-amé cousin le prince de Conti, prince de notre sang; de notre très-cher & très-amé oncle le Comte de Toulouse, prince légitimé, & autres pairs de France, grands & notables personnages de notre royaume, & de notre certaine science, pleine puissance & autorité royale, NOUS AVONS par ces présentes, signées de notre main, dit, statué & ordonné, disons, statuons & ordonnons, que la perception de quatre sols sur chaque voie de bois, & d'un sol huit deniers sur chaque voie de charbon, fixée par la sentence rendue par les prévôt des marchands, & échevins de notre bonne ville de Paris, le seizieme Septembre 1719, en exécution de notre édit du même mois, & du droit de vingtieme par augmentation de tous les droits anciens & nouveaux, qui subsistent & se levent, tant dans l'intérieur de la ville & fauxbourgs de Paris, qu'aux entrées & sur les ports, quais, halles, places & marchés de la même ville, soit à notre profit, ou au profit des officiers par nous créés & réservés, ou autres, & de toutes personnes généralement quelconques, soit continuée au profit de l'Hôpital-Général, pendant les années 1720, 1721, 1722 & 1723, ainsi & en la même maniere qu'il a été ordonné, tant par notre déclaration du 19 Octobre 1709, que par celles des 3 Janvier & 15 Décembre 1711, 27 Décembre 1712, 8 Août 1714, 2 Juillet & 13 Décembre 1715, & arrêts rendus en conséquence, à l'exception néanmoins des vins, eaux-de-vie, liqueurs & autres boissons qui entreront dans ladite ville & fauxbourgs de Paris, lesquels demeureront exempts dudit droit de vingtieme: Voulons qu'après le dernier Décembre de l'année 1723, la le levée du dudit droit de vingtieme, soit & demeure supprimée, sans qu'elle puisse être continuée pour quelque cause, & sous quelque prétexte que ce soit. Si donnons en mandement à nos amés & féaux les gens tenans notre Cour de Parlement, Chambre des

Comptes & Cour des Aides, que ces présentes ils fassent lire, publier & enregistrer, & le contenu en icelles garder & observer selon leur forme & teneur, nonobstant tous édits, déclarations, arrêts & autres choses à ce contraires, auxquelles nous avons dérogé & dérogeons par ces présentes; aux copies desquelles collationnées par l'un de nos amés conseillers-secrétaires voulons que foi soit ajoutée comme à l'original : car tel est notre plaisir; en témoin de quoi nous avons fait mettre notre scel à cesdites présentes. Donné à Paris le vingt-cinquieme jour de Décembre, l'an de grace mil sept cent dix-neuf, & de notre regne le cinquieme. *Signé*, LOUIS. *Par le roi*, le duc d'Orléans, régent, présent.

Signé, PHELYPEAUX.

Même objet que la déclaration du roi du 3 Janvier 1711.

ORDONNANCE
DE MESSIEURS LES COMMISSAIRES DU CONSEIL,

*PORTANT que la somme de vingt-cinq mille cinq cens livres par an, à laquelle le droit de cinq sols sur chaque muid de sel attribué à l'*Hôpital, *a été fixé, continuera d'être employée dans les états des charges assignées sur la ferme générale des aides.*

Du 2 Mai 1720.

NOUS commissaires généraux députés par arrêt du Conseil, des 21 Avril 1716, & 20 Mars 1717, pour procéder à la liquidation & vérification des rentes, gages, pensions & autres charges employées dans les états du roi, en vertu du pouvoir à nous donné par l'édit du mois de Janvier 1716, & desdits arrêts du Conseil, nous avons ordonné & ordonnons que la somme de vingt-cinq mille cinq cens livres par an, à laquelle le droit de cinq sols sur chaque muid de sel attribué à l'Hôpital-Général, a été fixé, continuera de lui être payée sans aucun retranchement, auquel effet l'emploi en sera fait dans les états des charges assignées sur la ferme générale des Aides, en la maniere accoutumée.

DÉCLARATION DU ROI,

*PORTANT attribution de dix sols par voie de bois, & de deux sols par voie de charbon, à l'*Hôpital-Général.

Du 3 Janvier 1728.

LOUIS, par la grace de Dieu, roi de France & de Navarre : A tous ceux qui ces présentes lettres verront, SALUT. Les directeurs de l'Hôpital-Général de notre bonne ville de Paris, nous ayant fait de très-humbles remontrances sur l'impossibilité où ils sont par l'insuffisance de leurs revenus, de subvenir à la nourriture & entretien du grand nombre de pauvres dont ils sont chargés; & nous ayant supplié, au cas que nous ne puissions les aider de nos propres fonds, de leur accorder le vingtieme par augmentation des droits qui se perçoivent sur les vins & boissons, ou le doublement du vingtieme dont ils jouissent, sur tous les droits que paient les autres denrées & marchandises, en vertu de la déclaration du 11 Décembre 1725. Nous avons reconnu qu'il étoit nécessaire de pourvoir incessamment à leurs besoins, par quelques secours extraordinaires, qui puissent les mettre en état de soutenir un établissement si utile; & ne pouvant prendre ce secours ſur nos revenus ordinaires, dont la deſtination eſt faite pour les dépenſes indiſpenſables de notre état, nous n'avons point trouvé de moyen moins onéreux que celui d'une impoſition ſur les denrées qui ſont le moins chargées de droits. A CES CAUSES, de l'avis de notre Conſeil, & de notre certaine ſcience, pleine puiſſance & autorité royale, nous avons par ces préſentes, ſignées de notre main, dit, déclaré & ordonné, diſons, déclarons & ordonnons, voulons & nous plaît : qu'il ſoit perçu, au profit dudit Hôpital, pendant le courant de la préſente année 1728 ſeulement, *dix ſols par chaque voie de bois à brûler, & deux ſols par chaque voie de charbon de bois*, qui ſeront vendus ſur les ports, quais & chantiers de la ville de Paris, & ſur leſdits bois & charbons de bois qui y entreront, & qui y ſeront vendus pendant le courant de ladite année 1728, leſdits droits payables, moitié par les marchands de bois & de charbon, & l'autre moitié par les acheteurs. Voulons qu'après le dernier Décembre 1728, leſdits droits ſoient & demeurent ſupprimés. Si donnons en mandement à nos amés & féaux conſeillers les gens tenans notre Cour de Parlement, Chambre de nos Comptes & Cour des Aides à Paris, que ces préſentes ils faſſent lire, publier & regiſtrer, & le contenu en icelles garder & obſerver ſelon ſa forme & teneur, nonobſtant tous édits, déclarations, arrêts & autres choſes à ce contraires, auxquels nous avons dérogé & dérogeons par ces préſentes; aux copies deſquelles collationnées par l'un de nos amés & féaux conſeillers-ſecrétaires, voulons que foi ſoit ajoutée comme à l'original : car tel eſt notre plaiſir; en témoin de quoi nous avons fait mettre le ſcel à ceſdites préſentes. Donné à Marly, le troiſieme jour de Janvier, l'an de grace mil ſept cent vingt-huit, & de notre regne le treizieme. *Signé*, LOUIS. *Et plus bas*, par le roi, PHELYPEAUX. Vu au Conſeil, LE PELLETIER. *Et ſcellée du grand ſceau de cire jaune.*

Déclarations du roi pour le même octroi, des 21 Décembre 1728, 20 Décembre 1729, 26 Novembre 1730, 18 Décembre 1731, & 2 Décembre 1732.

Autres déclarations du roi pour l'octroi de dix ſols par voie de bois ſeulement, des 22 Décembre 1733, 12 Décembre 1734, 13 Novembre 1735, 4 Décembre 1736, 10 Décembre 1737, 26 Août 1738, 23 Octobre 1742, 28 Décembre 1745, 31 Octobre 1748, 26 Décembre 1752, 8 Août 1755, 18 Avril 1758, 23 Août 1764, 3 Mai 1770, 7 Août 1776, & 18 Août 1782; toutes regiſtrées au parlement.

EXTRAIT DE L'ÉDIT DU ROI,

CONCERNANT les offices & les droits ſur les ports, quais, halles & marchés de la ville de Paris, donné à Verſailles au mois de Février 1760, regiſtré au Parlement le 31 Mars ſuivant.

ART. 7. ORDONNONS qu'à commencer du jour de l'enregiſtrement de notre préſent édit, les droits ſur les œufs, beurre & fromages, rétablis par notre édit du mois de Décembre 1743, & ceux dont la perception a été ordonnée par notre édit du mois de Septembre 1747, ſeront levés & perçus à notre profit, conformément au tarif énoncé en l'article 6, juſqu'au premier Janvier 1782. Voulons que ſur le produit deſdits droits il ſoit prélevé chaque année au profit de l'Hôpital-Général de notre bonne ville de Paris, la ſomme de cent quatre-vingt mille livres, juſqu'à ce qu'il en ait été par nous autrement ordonné.

ORDRE

*De paiement de 15000 livres par mois, à cause des 180,000 livres accordés à l'*Hôpital-Général, *par l'édit du mois de Février 1760, sur le produit des œufs, beurre & fromage.*

Du 19 Mars 1760.

Le sieur Brulé, receveur du bureau de la halle, est autorisé à payer à m. Judde, receveur charitable de l'Hôpital-Général, sur sa quittance, la somme de quinze mille livres par mois, à compter du premier Juin pour le mois d'Avril, à cause de cent quatre-vingt mille livres accordés audit Hôpital-Général par l'édit du mois de Février dernier sur le produit des œufs, beure & fromage, de laquelle somme de quinze mille livres il lui sera tenu compte par m. Hasson, caissier de la régie, en rapportant la quittance du receveur charitable dudit Hôpital. Fait au bureau d'assemblée, à Paris le dix-neuf Mai mil sept cent soixante. *Signés* de Lisle, Baron, Virly, Monginot, de Pommery, de la Motte, de la Chesnaye, Masson, Garville, le Roy.

EXTRAIT DE LA DÉCLARATION DU ROI,

Concernant la fixation des droits sur les papiers-cartons.

Du premier Mars 1771.

ART. 10. Les papiers & cartons entrans dans notre bonne ville, fauxbourgs & banlieue de Paris, paieront, outre les droits portés audit tarif, le vingtieme attribué à l'Hôpital-Général de laditte ville, & en sus les six sols pour livre tels qu'ils se perçoivent sur les autres droits aux entrées d'icelle, & sera le produit, tant du droit principal que desdits six sols pour livre, spécialement affecté au paiement des capitaux & arrérages des finances & créances mentionnées en l'article 2 des présentes. Ne seront sujets auxdits vingtieme & six sols pour livre les cartons qui seront justifiés avoir été fabriqués dans quelques-uns des lieux compris audit état.

DÉCLARATION DU ROI,

*Portant attribution de différens droits pendant trois années en faveur de l'*Hôpital-Général *& des* Enfans-Trouvés.

Du 26 Juillet 1771.

Louis, par la grace de Dieu, roi de France & de Navarre : A tous ceux qui ces présentes lettres verront, Salut. Les directeurs & administrateurs de l'Hôpital-Général de notre bonne ville de Paris nous ont exposé, dès l'année 1756, qu'ils avoient la douleur de voir périr un grand nombre d'Enfans-Trouvés, faute de moyens suffisans pour subvenir à leurs besoins; que la diminution annuelle de près de deux cens mille livres sur le produit de leur loterie, la suppression presqu'entiere des aumônes, & la nécessité d'employer aux besoins pressans les capitaux des rentes qui leur avoient été remboursées, avoient dès-lors réduit leur revenu total à trois cens dix-sept mille livres, tandis que la dépense annuelle excédoit six cens mille livres, à raison de six mille enfans

fans exiſtans. Ils nous expoſerent encore que la cauſe principale de la perte des enfans étoit le trop grand nombre raſſemblé dans un même lieu; que pour prévenir cet inconvénient il ſeroit utile de porter le mois de nourrice de la premiere année à ſept livres, & de répandre les enfans dans les campagnes, au ſortir de ſévrage, chez les laboureurs & fabricans qui voudroient s'en, charger moyennant une penſion modique. Des vues auſſi ſages mériterent notre approbation; mais l'incertitude ſur l'augmentation de dépenſes qu'elles occaſionneroient, nous firent ſuſpendre les arrangemens néceſſaires pour aſſurer à cet établiſſement des revenus proportionnés à ſon beſoin; c'eſt pourquoi nous nous en tînmes à lui faire donner proviſoirement un ſecours de vingt mille livres par mois, pris ſur nos revenus ordinaires. Le zele des adminiſtrateurs a pleinement ſecondé nos intentions; les Enfans-Trouvés ont été conſervés, & on a éprouvé, depuis pluſieurs années, qu'il n'en périt pas un ſur cent de ceux qui ſe ſont répandus dans les campagnes, à quarante livres de penſion, enſorte que leur nombre eſt à ce jour de dix mille quatre cens vingt-cinq; les avantages d'une progreſſion auſſi utile au bien général de notre royaume, & particuliérement aux campagnes dont elle multiplie les habitans & augmente l'aiſance par les ſommes qu'elle y répand, mérite toute notre protection, & que nous encouragions le zele des adminiſtrateurs, en leur fourniſſant les moyens de la continuer. L'Hôpital-Général de notre bonne ville de Paris eſt encore un objet digne également de notre protection. Nous avons été informés que cet aſyle de la vieilleſſe indigente, & néceſſaire à la ſûreté publique, en ce qu'il eſt la priſon de ceux qui en troublent l'ordre, eſt au moment de ne pouvoir plus ſubſiſter, ſoit par le nombre des priſonniers & des pauvres dont il a été chargé depuis quatre années, ſoit par la cherté des grains & des autres denrées, laquelle, depuis le même tems, a entraîné un ſurcroît de dépenſes de plus de deux millions, ſoit enfin par la diminution des octrois que nous lui avons ci-devant accordés pour la ſubſiſtance; qu'indépendamment de ces circonſtances générales, ledit Hôpital a été, par arrêt de notre Cour de Parlement, du 28 Août 1767, nouvellement chargé de l'entretien total des infirmeries des priſonniers des deux ſexes qui y ſont enfermés, ce qui eſt une augmentation conſidérable de dépenſe, enſorte que dans l'état actuel ledit Hôpital ne peut ſubſiſter avec ſes revenus; que cependant, pour arrêter les progrès des maladies contagieuſes dans le centre de notre bonne ville de Paris, il ſeroit convenable d'envoyer auxdites infirmeries les galeriens & les malades de la Conciergerie, du Fort-l'Evêque, & des autres priſons intérieures de ladite ville, ce qui ſeroit encore une nouvelle charge: & comme le ſecours néceſſaire à ces différens objets eſt trop conſidérable pour que nous puiſſions le prendre ſur nos revenus ordinaires, dont l'application eſt faite aux charges indiſpenſables de notre état; que d'ailleurs le feu roi notre très-honoré ſeigneur & biſaïeul, ainſi que nous, depuis notre avénement à la couronne, avons toujours reconnu l'importance deſdits Hôpitaux, & la néceſſité d'aſſurer leur ſubſtance quotidienne, par la deſtination d'un fonds certain, établi ſur une contribution publique, attendu que l'entretien des pauvres eſt une charge générale & univerſelle dont perſonne ne peut être exempt; nous avons eſtimé que l'expédient le plus ſage ſeroit d'aſſigner le ſecours, dont leſdits Hôpitaux ont beſoin, ſur pluſieurs objets différens de conſommation, enſorte que la charge ſur chaque partie ſoit inſenſible & proportionnée aux forces des contribuables, ſelon leur dépenſe perſonnelle & domeſtique. A CES CAUSES, & autres à ce nous mouvant, de l'avis de notre Conſeil, & de notre certaine ſcience, pleine puiſſance & autorité royale, nous avons dit, déclaré & ordonné, & par ces préſentes ſignées de notre main, diſons, déclarons & ordonnons, voulons & nous plaît ce qui ſuit:

ARTICLE PREMIER.

A commencer du jour de la publication des présentes, il sera perçu, pendant l'espace de trois années consécutives, au profit de l'Hôpital-Général & des Enfans-Trouvés de notre bonne ville de Paris, le doublement du vingtieme accordé audit Hôpital-Général par déclaration du 3 Janvier 1711, & autres nos déclarations subséquentes, de tous les droits anciens & nouveaux qui se levent, tant dans notredite ville & fauxbourgs de Paris, qu'aux entrées & sur les ports & quais, même dans les halles, places, foires & marchés de la même ville, fauxbourgs & banlieue, soit à notre profit ou au profit des officiers par nous créés & réservés, ou autres, & de toutes personnes généralement quelconques, aussi & de la même maniere que ledit vingtieme a été perçu & se perçoit actuellement au profit dudit Hôpital, sans aucune novation ni diminution, conformément aux déclarations des 3 Janvier & 15 Décembre 1711, 25 Décembre 1719, & autres qui ont prorogé successivement la perception desdits droits de vingtiemes, à l'exception des droits sur les vins, eau-de-vie, liqueurs & autres boissons.

ART. II. Il sera de même levé, à commencer du jour de la publication des présentes, pendant trois années consécutives, au profit dudit Hôpital-Général des Enfans-Trouvés, vingt sols par muid de vin & liqueurs entrant dans Paris, tant par terre que par eau, en sus de ce qui a été ci-devant accordé auxdits Hôpitaux, dans les quarante-cinq sols levés au profit des pauvres, dont ils continueront de jouir comme par le passé.

ART. III. Il sera de même perçu, à compter dudit jour, au profit desdits deux Hôpitaux, six sols par voie de bois marchand & du crû, en sus des droits précédemment établis au profit de l'Hôpital-Général sur lesdits bois, & dont il continuera de jouir comme par le passé, à l'exception néanmoins des falourdes, qui demeureront exemptes dudit droit de six sols établi par le présent article. Tous lesquels droits ci-dessus seront perçus par les receveurs des entrées de Paris, & autres, aux mêmes conditions & remises qui leur ont été accordées pour les droits dont ils font le recouvrement au profit dudit Hôpital-Général.

ART. IV. Et comme la situation de l'Hôpital-Général, & celle des Enfans-Trouvés doivent varier suivant les circonstances, ensorte que dans des tems ils auront besoin d'un secours plus ou moins considérable, qu'il s'agit encore de pourvoir aux infirmeries des gens de force & des prisons, de discuter les besoins de ces différens objets, & de régler ce qu'il conviendra y appliquer, nous voulons & ordonnons que par le receveur charitable de l'Hôpital-Général, il soit fourni, de semaine en semaine, un bordereau de la recette du produit desdits droits, semblable à celui qu'il fournit des revenus de l'Hôpital, lequel bordereau sera remis aux administrateurs de l'Hôpital, chargés de l'inspection de la caisse, & servira à former un état de recette par chaque mois, lequel état sera représenté dans le grand bureau de l'administration, tenu dans la maison archiépiscopale de Paris, pour y être, par le bureau assemblé, fait & arrêté chaque mois un état de répartition entre les Enfans-Trouvés & l'Hôpital-Général, en proportion de leurs besoins. Si donnons en mandement à nos amés & féaux conseillers les gens tenans notre Cour de Parlement à Paris, que ces présentes ils aient à faire lire, publier & enregistrer, & le contenu en icelles faire exécuter selon leur forme & teneur, nonobstant toutes choses à ce contraires, auxquelles nous avons dérogé & dérogeons par ces présentes, aux copies desquelles, collationnées par l'un de nos amés & féaux conseillers-secrétaires, voulons que foi soit ajoutée comme à l'original : car tel est notre plaisir; en témoin de quoi nous avons fait mettre notre scel à cesdites présentes. Donné à Compiegne le vingt-sixieme jour du mois de Juillet, l'an de grace mil sept cent soixante-onze, & de notre regne le cinquante-sixieme. *Signé*, LOUIS. *Et plus bas* : par le roi, PHELYPEAUX. Vu au Conseil, TERRAY. *Et scellée du grand sceau de cire jaune.*

Registrée, oui, ce requérant le procureur-général du roi, pour être exécutée selon sa forme & teneur, aux charges, clauses & conditions y portées, suivant l'arrêt de ce jour. A Paris, en Parlement, toutes les Chambres assemblées, le trois août mil sept cent soixante-onze.

Cette déclaration a été renouvellée par une autre, du douze Décembre mil sept cent soixante-treize, par les lettres-patentes du vingt-deux Juillet mil sept cent quatre-vingt, & par la déclaration du roi, du vingt-deux Juin mil sept cent quatre-vingt-trois, toutes registrées en la Cour du Parlement.

DÉCLARATION DU ROI,

PORTANT prorogation pour six annees, qui commenceront au premier Août 1774, de différens droits en faveur de l'Hôpital-Général *& des* Enfans-Trouvés, *établis par la déclaration du 26 Juillet 1771.*

Du 12 Décembre 1773.

LOUIS, par la grace de Dieu, roi de France & de Navarre : A tous ceux qui ces présentes lettres verront, SALUT. Les directeurs & administrateurs de l'Hôpital-Général de notre bonne ville de Paris, & des Enfans-Trouvés, nous ayant fait connoître que les raisons & circonstances qui les avoient portés à nous faire des représentations, en 1771, pour subvenir à la subsistance des Enfans-Trouvés, des personnes renfermées à l'Hôpital-Général, & à l'entretien total des infirmeries des deux sexes, & qui nous avoient déterminé à leur accorder, par notre déclaration du 26 Juillet 1771, registrée en notre cour de Parlement le 3 Août suivant, le doublement du vingtieme qu'ils percevoient, en vertu de la déclaration du 3 Janvier 1771, & autres subséquentes, sur différens droits anciens & nouveaux, vingt sols par muid de vin & liqueur, & dix sols par voie de bois marchand, étant encore les mêmes, ils nous supplioient de vouloir bien leur proroger, pendant six années, à compter du premier Août 1774, la perception de ces différens droits. Nous nous déterminons d'autant plus aisément à leur accorder ce nouveau secours, que nous sentons la nécessité qu'il y a de soutenir ces établissemens, si utiles à l'humanité & au bien public. A CES CAUSES & autres à ce nous mouvant, de l'avis de notre conseil, & de notre certaine science, pleine puissance & autorité royale, NOUS AVONS dit, déclaré & ordonné, & par ces présentes, signées de notre main, disons, déclarons & ordonnons, voulons & nous plaît :

ARTICLE PREMIER.

Que la perception ordonnée par notre déclaration du 26 Juillet 1771, du doublement du vingtieme accordé audit Hopital-Général & aux Enfans-Trouvés, par notre déclaration du 3 Janvier 1771, & autres subséquentes, soit continuée & prorogée pendant l'espace de six années consécutives, au profit dudit Hôpital-Général & des Enfans-Trouvés, qui commenceront au premier Août 1774, & finiront au 3 Juillet 1780, de tous les droits anciens & nouveaux qui se levent, tant dans notredite ville & fauxbourgs de Paris, qu'aux entrées & sur les ports & quais, même dans les halles, places, foires & marchés de la même ville, fauxbourgs & banlieue, soit à notre profit, ou au profit des officiers par nous créés & réservés, ou autres, & de toutes personnes généralement quelconques, ainsi & de la même maniere que ledit vingtieme a été perçu, & se perçoit actuellement au profit dudit Hôpital, sans aucune novation, ni diminution, conformément aux déclarations des 3 Janvier & 15 Décembre 1711, 25 Décembre 1719, & autres qui ont prorogé successivement la perception desdits droits de vingtieme, à l'exception seulement des droits sur les vins, eaux-de-vie, liqueurs & autres boissons.

ART. II. Il sera de même levé, à compter du premier Août 1774, pendant six années consécutives, au profit dudit Hôpital-Général & des Enfans-Trouvés, vingt sols par muid de vin & liqueur entrant dans Paris, tant par terre que par eau, en sus de ce qui a été ci-devant accordé auxdits Hôpitaux dans les quarante-cinq sols levés au profit des des pauvres, dont ils continueront de jouir comme par le passé.

ART. III. Il sera de meme perçu, à compter dudit jour premier Août 1774, au profit desdits deux Hôpitaux, six sols par voie de bois marchand, & du crû, en sus des droits précédemment établis au profit de l'Hôpital-Général sur lesdits bois, & dont il continuera de jouir comme par le passé, à l'exemption néanmoins des falourdes, qui demeureront exemptes dudit droit de six sols, établi par l'article 3 de notre déclaration dudit jour 26 Juillet 1771; tous lesquels droits ci-dessus seront perçus par les receveurs des entrées de Paris & autres, aux mêmes conditions & remises qui leur ont été accordées pour les droits dont ils font le recouvrement au profit dudit Hôpital-Général.

ART. IV. Et comme la situation de l'Hôpital-Général & celle des Enfans-Trouvés doivent varier, suivant les circonstances, ensorte que dans des tems ils auront besoin d'un secours plus ou moins considérable, qu'il s'agit encore de pourvoir aux infirmeries des gens de force & des prisons, de discuter les besoins de ces différens objets, & de régler ce qu'il conviendra y appliquer : Nous voulons & ordonnons que par le receveur charitable de l'Hôpital-Général il continue d'être fourni, toutes les semaines, un bordereau de la recette du produit desdits droits, semblable à celui qu'il fournit des revenus de l'Hôpital, lequel bordereau sera remis aux administrateurs de l'Hôpital, chargés de l'inspection de la caisse, & servira à former un état de recette par chaque mois, lequel état sera représenté dans le grand bureau de l'administration, tenu dans la maison archiépiscopale de Paris, pour y être, par ledit bureau assemblé, fait & arrêté chaque mois un état de répartition entre les Enfans-Trouvés & l'Hôpital-Général, en proportion de leurs besoins. Si donnons en mandement à nos ames & féaux conseillers les gens tenans notre cour de Parlement à Paris, que ces présentes ils aient à faire lire, publier & registrer, & le contenu en icelles faire exécuter selon leur forme & teneur, nonobstant toutes choses à ce contraires, auxquels nous avons dérogé & dérogeons par ces présentes; aux copies desquelles collationnées par l'un de nos amés & féaux conseillers-secrétaires, voulons que foi soit ajoutée comme à l'original ; car tel est notre plaisir : en témoin de quoi nous avons fait mettre notre scel à cesdites présentes. Donné à Versailles le douzieme jour du mois de Décembre, l'an de grace mil sept cent soixante-treize, & de notre regne le cinquante-huitieme. *Signé*, LOUIS. *Et plus bas*, par le roi. *Signé*, PHELIPEAUX. Vu au Conseil, TERRAY. *Et scellée du grand sceau de cire jaune.*

Registrée, oui, ce requérant le procureur-général du roi, pour être exécutée selon sa forme & teneur, suivant l'arrêt de ce jour. A Paris, en Parlement, toutes les Chambres assemblées, le treize Avril mil sept cent soixante-quatorze.

Signé, LEJAY.

Collationné par nous Chevalier, conseiller-secrétaire du roi, son protonotaire, & greffier en chef civil de sa Cour de Parlement.

ARRÊT DU CONSEIL D'ÉTAT DU ROI,

ET LETTRES-PATENTES SUR ICELUI,

*Qui ordonnent qu'à compter de huitaine après la publication desdites lettres-patentes, il sera payé, au profit de l'*Hôpital-Général, *un droit de vingt livres par quintal sur toute la melasse qui entrera dans la ville, fauxbourgs & banlieue de Paris.*

Du 14 Mars 1777.

LE roi étant informé que nonobstant les défenses portées par les réglemens, il s'est élevé dans la ville & fauxbourgs de Paris, un grand nombre de laboratoires où l'on distille de la melasse fermentée, pour en tirer des eaux-de-vie simples, rectifiées, & esprit-de-vin; que ces liqueurs passent ensuite dans le commerce, où elles sont employées aux mêmes usages que les eaux-de-vie & esprit-de-vin ordinaires; que ces fabrications clandestines ont déjà occasionné des chûtes notables dans le produit des droits d'entrée sur les eaux-de-vie & esprit-de-vin, & qu'elles menaceroient ces droits d'un anéantissement prochain, s'il n'y étoit pourvu; que la melasse n'est point un objet de premiere nécessité; qu'elle n'est point employée dans les arts; que ses usages sont très-limités, & qu'elle peut être remplacée avec avantage, dans tous les cas, par le sucre, la cassonade & le miel: sa majesté a jugé que l'imposition d'un droit à l'entrée de Paris, sur cette matiere, représentatif de celui qui seroit dû à la fabrication de l'eau-de-vie qui en provient, si cette fabrication étoit permise, seroit le moyen le plus simple, sans être à charge au peuple, de faire tomber ces fabrications intérieures, de prévenir, dans Paris, des recherches & des visites contraires à la liberté naturelle; enfin, d'éviter aux citoyens l'occasion de procès qui peuvent opérer leur ruine, à quoi voulant pourvoir: oui le rapport du sieur Taboureau, conseiller d'état & ordinaire du Conseil royal, contrôleur-général des finances.

LE ROI, ÉTANT EN SON CONSEIL, a ordonné & ordonne qu'à compter de huitaine après la publication du présent arrêt, il sera payé au profit de l'Hôpital-Général un droit de vingt livres par quintal sur toute la melasse qui entrera dans la ville, fauxbourgs & banlieue de Paris, lequel droit sera perçu par l'adjudicataire des fermes générales, pour en compter, dans la forme accoutumée, aux administrateurs dudit Hôpital, & seront, sur le présent arrêt, toutes lettres nécessaires expédiées. Fait au Conseil d'état du roi, sa majesté y étant, tenu à Versailles le quatorzieme Mars mil sept cent soixante-dix-sept.

Signé, AMELOT.

LETTRES-PATENTES.

LOUIS, par la grace de Dieu, roi de France & de Navarre: A nos amés & féaux conseillers, les gens tenant notre Cour des Aides à Paris, SALUT: Ayant été informés que nonobstant les défenses portées par les réglemens, il s'étoit élevé dans notre bonne ville & fauxbourgs de Paris, un grand nombre de laboratoires où l'on distilloit de la melasse fermentée, pour en retirer des eaux-de-vie simples, rectifiées, & esprit-de-vin; que ces liqueurs passoient ensuite dans le commerce, où elles étoient employées aux mêmes usages que les eaux-de-vie, & esprit-de-vin ordinaires; que ces fabrications clandestines avoient déjà occasionné des chûtes notables dans le produit de nos droits d'entrée sur les eaux-de-vie & esprit-de-vin, & qu'elles menaçoient ces droits d'un anéantissement prochain, s'il n'y étoit pourvu; sur quoi nous aurions fait connoître nos intentions par l'arrêt de cejourd'hui, rendu en notre Conseil, nous y étant, pour l'exécution duquel nous aurions ordonné que toutes lettres nécessaires seroient expédiées. A CES CAUSES, & autres à ce nous mouvant, de l'avis de notre Conseil, qui a vu ledit arrêt ci-attaché sous le contre-scel de notre Chancellerie, & de notre certaine science, pleine puissance & autorité royale, nous avons, conformément à icelui, ordonné, & par ces présentes signées de notre main, ordonnons qu'à compter de huitaine après la publication des présentes, il sera payé, au profit de l'Hôpital-Général, un droit de vingt livres par quintal sur toute la melasse qui entrera dans notre bonne ville, fauxbourgs & banlieue de Paris, & que ledit droit sera perçu par l'adjudicataire de nos fermes générales, pour en compter, dans la forme ordinaire, aux administrateurs dudit Hôpital. Si vous mandons que ces présentes vous ayez à faire registrer, & le contenu en icelles garder & exécuter selon leur forme & teneur. Car tel est notre plaisir. Donné à Versailles le quatorzieme jour de Mars, l'an de grace mil sept cent soixante-dix-sept, & de notre regne le troisieme. *Signé*, LOUIS. Par le roi, AMELOT, vu au Conseil, TABOUREAU.

Registrées, oui, & ce requérant le procureur-général du roi, pour être exécutées selon leur forme & teneur, à la charge que les contestations qui naîtront, concernant la perception dudit droit, seront portées, en premiere instance, en l'Election, & par appel en la Cour, & copies collationnées desdites lettres, seront renvoyées au siege de l'Election de Paris, pour y être lues, publiées & registrées, l'audience tenant : enjoint au substitut du procureur-général du roi, d'y tenir la main, & de certifier la Cour de ses diligences au mois. Fait à Paris, en la Cour des Aides, les chambres assemblées, le seize Avril mil sept cent soixante-dix-sept. Collationné. *Signé*, LE PRINCE, *avec paraphe.*

EXTRAIT DES LETTRES-PATENTES DU ROI,

DONNÉES à Versailles le 17 Février 1779, concernant les carrosses de places, & les droits qui y sont attachés.

ART. 2. NOUS avons autorisé & autorisons ledit Perreau, de percevoir pendant lesdites trente années, à compter dudit jour premier Avril 1779, par chaque carrosse appellé *de remise*, six sols par jour, dans la même forme & maniere que se perçoivent les deux sols six deniers auxquels ont été réduits trois sols établis par la déclaration du 30 Décembre 1702; à la charge par lui de payer, sans aucun retranchement ni déductions quelconques, pour quelque cause que ce puisse être, PENDANT LES MÊMES TRENTE ANNÉES, A L'HOPITAL-GÉNÉRAL DE NOTRE BONNE VILLE DE PARIS, annuellement & par quartier, entre les mains & sur la quittance du receveur dudit Hôpital, quinze mille livres au lieu de dix mille livres accordées audit Hôpital par la déclaration du 30 Décembre 1702.

LETTRES-PATENTES DU ROI,

*PORTANT prorogation, pendant trois ans, des droits d'octrois accordés à l'*Hôpital-Général *& à celui des* Enfans-Trouvés *de la ville de Paris.*

Du 22 Juillet 1780.

LOUIS, par la grace de Dieu, roi de France & de Navarre : A tous ceux qui ces présentes lettres verront, SALUT. Les directeurs & administrateurs de l'Hôpital-Général, nous ayant demandé le renouvellement des octrois que nous leur avons ci-devant accordés, & dont le terme expire cette année, nous avons cru qu'avant d'y consentir nous devions examiner l'état des recettes & des dépenses de cet établissement, & nous faire rendre compte, avec soin, des autres parties essentielles de son administration. Cet examen nous a fait connoître le zele pur avec lequel les administrateurs de l'Hôpital-Général s'occupent de leurs fonctions. Mais, comme il n'est aucune manutention étendue qui ne soit susceptible d'être perfectionnée, nous avons envisagé comme une de nos obligations de profiter d'une époque où nous continuons à cette maison des secours considérables, à la charge de nos peuples, pour apposer à ce bienfait des conditions essentielles à la perfection de l'ordre & au soulagement de la misere.

En conséquence, étant instruits que, faute d'infirmeries, tous les pauvres auxquels les maisons de la Salpêtriere, Bicêtre & la Pitié servent d'asyles, sont portés à l'Hôtel-Dieu, lorsqu'ils tombent malades; & voulant prévenir ces déplacemens & ces transports, dont les fâcheux inconvéniens se font sur-tout sentir dans les saisons rigoureuses, nous avons cru devoir ordonner que l'administration de l'Hôpital-Général eût à faire préparer incessamment, dans chacune de ces diverses maisons, des infirmeries proportionnées au nombre de leurs malades; & d'après la connoissance que nous avons prise du local qu'on pourroit y destiner, nous avons vu avec satisfaction qu'il étoit assez étendu pour que chacun fût seul dans un lit: Nous avons envisagé ces établissemens comme une œuvre de charité, d'autant plus essentielle, que le nombre des malades que l'on transporte de ces maisons à l'Hôtel-Dieu, se monte annuellement à près de quatre mille.

Nous voulons de plus que l'administration de l'Hôpital-Général fasse construire à la Salpêtriere les loges nécessaires, pour que les infortunées dont l'esprit est aliéné, n'y soient plus exposées aux injures de l'air.

Enfin, ayant pris soin nouvellement de préparer, à nos frais, à l'Hôpital de Bicêtre, des salles plus vastes pour les paralytiques, & les personnes attaquées du cancer & de l'épilepsie, afin d'empêcher, par ces précautions, que des malades de tout âge, & affligés de maux différens, fussent, comme auparavant, confondus, & souvent resserrés dans les mêmes lits, nous exigeons de l'administration de Hôpital-Général que ces établissemens soient entretenus & conservés tels qu'ils sont maintenant, conformément à la délibération prise à ce sujet.

Fixant ensuite notre attention sur les principales dépenses de l'Hôpital-Général, nous avons remarqué que celle des bâtimens s'étoit montée, depuis long-tems, à des sommes considérables; & ne pouvant être indifférent à l'emploi d'un revenu formé principalement de nos concessions & de nos bienfaits, nous avons jugé essentiel d'ordonner que l'administration n'entreprendroit plus de constructions nouvelles, sans notre approbation, & que l'exécution n'auroit lieu que par adjudication au rabais, la seule forme convenable pour une grande administration.

Nous croyons, d'après l'examen que nous avons fait des revenus & des dépenses de l'Hôpital-Général, qu'il est en état, par ses propres ressources, de satisfaire aux diverses charges que nous lui imposons; & d'ailleurs, comme tout ce que nous exigeons de cette administration tient aux devoirs de la charité la plus indispensable, les mêmes motifs qui nous engagent à continuer aujourd'hui ses octrois, nous détermineroient à venir à son secours, s'il étoit nécessaire.

Nous avons aussi jugé à propos d'ordonner que tous les ans les comptes de recette & de dépenses de l'Hôpital-Général seroient imprimés, afin d'honorer ainsi, par cette publicité, une administration sage & éclairée, & afin d'exciter d'autant plus les aumônes & les charités, en mettant au grand jour l'étendue des besoins des pauvres, & les soins qu'on appporte dans la distribution des secours qui leur sont destinés.

Enfin, nous nous réservons de faire connoître nos intentions sur l'octroi commun entre l'Hôpital-Général & l'Hôtel-Dieu, lorsque nous aurons achevé les examens dont nous sommes occupés, relativement à cette derniere maison ; & d'après les connoissances que nous avons déjà prises, nous espérons pouvoir ordonner incessamment d'autres améliorations intéressantes pour l'humanité, & cheres à notre bienfaisance. A CES CAUSES & autres à ce nous mouvant, de l'avis de notre conseil, & de notre certaine science, pleine puissance & autorité royale, nous avons dit, déclaré & ordonné, & par ces présentes, signées de notre main, disons, déclarons, ordonnons, voulons & nous plaît ce qui suit :

ARTICLE PREMIER.

Les droits d'octroi ci-devant accordés à l'Hôpital-Général & à celui des Enfans-Trouvés de notre bonne ville de Paris, consistant dans le vingtieme sur les entrées, le doublement d'icelui, vingt sols par muid de vin & liqueurs, & six sols par voie de bois, continueront d'être perçus à leur profit, ainsi & de la même maniere qu'ils l'ont été jusqu'à présent, ou dû l'être, & ce pendant trois années consécutives, savoir ; pour le vingtieme, à commencer au premier Janvier 1781, jusques & compris le 31 Décembre 1783 ; & pour les autres droits, dont la répartition entre lesdits deux Hôpitaux sera faite comme par le passé, à commencer au premier Août prochain, jusques & compris le 31 Juillet 1783.

ART. II. Le droit de dix sols d'augmentation sur chaque muid de vin entrant dans ladite ville & fauxbougs de Paris, accordé audit Hôpital-Général, par la déclartion du 3 Décembre 1702 continuera également d'être perçu à son profit, ainsi & de la même maniere qu'il l'a été jusqu'à présent, ou dû l'être, & ce pendant trois années consécutives, qui commenceront au premier Octobre 1780, & finiront au 30 Septembre 1783.

ART. III. Il sera, ainsi qu'il a été convenu avec les administrateurs, incessamment établi dans chacune des maisons de la Salpêtriere, de Bicêtre & de la Pitié, dépendantes dudit Hôpital-Général, différentes infirmeries, pour y traiter & soigner tous les pauvres malades de chacune desdites maisons ; En conséquence, nous voulons que les constructions, réparations & distributions nécessaires pour former ces infirmeries, soient faites suivant & conformément aux plans & devis qui seront dressés par les ordres desdits administrateurs, & que nous aurons approuvés ; & que la construction des loges pour les folles, & des salles pour les femmes épileptiques étant à la Salpêtriere, soit continuée suivant le plan commencé : ordonnons en outre, que toutes lesdites constructions, réparations & distributions, seront adjugées publiquement au rabais par lesdits administrateurs, en leur bureau, & d'après des affiches & publications, ainsi qu'il est d'usage en pareil cas.

ART. IV. Aussi-tôt que lesdites infirmeries seront en état d'être habitées, nous voulons & ordonnons que tous les malades desdites maisons y soient traités & soignés chacun seul dans un lit. Faisons défenses, à compter de cette époque, de plus en envoyer à l'Hôtel-Dieu, sous quelque prétexte que ce soit, ou puisse être.

ART. V. Les établissemens exécutés à nos frais dans l'Hôpital de Bicêtre pour les paralytiques, & les pauvres attaqués du cancer & de l'épilepsie, seront entretenus & conservés, conformément aux vues qui nous ont déterminés à cette dépense, & ainsi qu'il a été réglé par la délibération prise à ce sujet par les administrateurs.

ART. VI. Voulons & ordonnons qu'à l'avenir il ne puisse être fait dans les maisons dudit Hôpital-Général aucunes reconstructions, nouvelles constructions, ou grosses réparations, qu'elles n'aient été préalablement par nous autorisées, d'après les plans & devis qui nous seront représentés, & qu'il soit procédé à l'adjudication au rabais desdites reconstructions, nouvelles constructions, ou grosses réparations, ainsi qu'il est dit en l'article III ci-dessus.

ART,

Art. VII. Les états de situation de l'Hôpital-Général & de celui des Enfans-Trouvés seront imprimés tous les ans à notre imprimerie royale, & à nos frais. Ces états contiendront 1°. le nombre des pauvres valides, ou infirmes, de chacune des maisons dudit Hôpital-Général, celui des enfans étans dans les deux maisons de l'Hôpital des Enfans-Trouvés, en nourrice ou en pension, ainsi que la quantité des personnes attachées & employées au service desdits Hôpitaux : 2°. les recettes & dépenses de toute nature des différentes maisons desdits Hôpitaux, avec des observations sur tous les objets qui en seront susceptibles. Si donnons en mandement à nos amés & féaux conseillers les gens tenans notre cour de Parlement à Paris, que ces présentes ils aient à faire lire, publier & regis-trer, & le contenu en icelles faire exécuter selon leur forme & teneur, nonobstant toutes choses à ce contraires, auxquelles nous avons dérogé & dérogeons par ces présentes; aux copies desquelles, collationnées par un de nos amés & féaux conseillers-secrétaires, voulons que foi soit ajoutée; car tel est notre plaisir : en témoin de quoi nous avons fait mettre notre scel à cesdites présentes. Donné à Versailles le vingt-deuxieme jour de Juillet, l'an de grace mille sept cent quatre-vingt, & de notre regne le septieme. *Signé*, LOUIS. *Et plus bas :* par le roi, AMELOT. Vu au Conseil, PHELYPEAUX. *Et scellées du grand sceau de cire jaune.*

Registrées, oui, & ce requérant le procureur-général du roi, pour être exécutées selon leur forme & teneur, suivant l'arrêt de ce jour. A Paris, en Parlement, les Grand'-Chambre & Tournelle assemblées, le vingt-cinq Juillet mil sept cent quatre-vingt.

Signé, ISABEAU.

DROITS ET PRIVILEGES.

PRODUIT DES VACHES LAITIERES.

LETTRE DE M. DELAITRE, déposée aux archives, suivant la délibération du 28 Mai 1781.

Du 25 Mai 1781.

J'AI l'honneur de vous donner avis, monsieur, que la compagnie a pris le parti d'abonner le droit de revente sur les vaches laitieres, dont le produit commun n'avoit monté, pendant le bail dernier, qu'à 8900 liv. par année, & qu'elle a porté le prix du bail à 11000 liv. Elle y a compris le dixieme de l'Hôpital sur le même pied, & elle a ainsi procuré à l'administration une augmentation proportionnée à celle qu'elle a obtenue pour elle-même. Le prix de l'abonnement doit être versé entre les mains de m. Durand, qui vous en comptera. Quoique cette marche soit celle qui a été suivie avec les fermiers des voitures de la cour, avec l'entrepreneur du pavé de Paris, & avec tous les redevables que la convenance de la régie engage à abonner, je n'ai pas moins cru devoir vous informer du bail qui vient d'être passé, & de l'augmentation qui en est résultée, afin que vous puissiez en faire part à mm. les administrateurs, & prendre leur vœu sur cet arrangement. Je vous serai très-obligé de me marquer, le plus promptement qu'il vous sera possible, ce qu'ils en auront pensé, la ferme générale n'ayant d'autre objet que celui de faire prospérer ses droits, avec autant de soin que ceux compris dans son bail.

J'ai l'honneur d'être, &c. *Signé*, DELAITRE.

DÉCLARATION DU ROI,

Qui ordonne la continuation de la perception de trente sols par muid de vin entrant dans la ville & fauxbourgs de Paris, pendant cinq années trois mois, à commencer du premier Octobre 1781, en faveur de l'Hôtel-Dieu, *& de* l'Hôpital-Général.

Du 15 Août 1781.

LOUIS, par la grace de Dieu, roi de France & de Navarre : A tous ceux qui ces présentes lettres verront, SALUT. Par la déclaration du 28 Janvier 1690, le roi Louis XIV, de glorieuse mémoire, voulant procurer à l'Hôtel-Dieu & à l'Hôpital-Général de notre bonne ville & fauxbourgs de Paris les secours dont ils auroient besoin pour la subsistance des pauvres, établit en leur faveur la levée d'un droit de trente sols par muid de vin entrant dans la ville & fauxbourgs de Paris, dont la continuation & perception ont été ordonnées par plusieurs déclarations, & en dernier lieu, par celle du 20 Septembre 1780, qui a ordonné que lesdits droits continueroient d'être perçus jusqu'au premier Octobre prochain : & comme les mêmes motifs subsistent encore aujourd'hui, nous avons résolu de continuer & d'ordonner la levée du même droit à leur profit, pendant le reste du bail courant de notre ferme générale : A CES CAUSES & autres à ce nous mouvant, de l'avis de notre Conseil, de notre certaine science, pleine puissance & autorité royale, NOUS AVONS par ces présentes, signées de notre main, dit, déclaré & ordonné, disons, déclarons & ordonnons, voulons & nous plaît, que la levée de trente sols par muid de vin entrant dans notre bonne ville & fauxbourgs de Paris, par eau & par terre, soit continuée par l'adjudicataire de notre ferme générale, ses commis & préposés, sans aucuns frais, ni remises, attendu la faveur des pauvres, & ce pendant cinq années trois mois, à commencer du premier Octobre 1781, jusques & compris le dernier Décembre 1786. Voulons que les deniers qui en proviendront soient délivrés, tant au receveur de l'Hôtel-Dieu qu'à celui de l'Hôpital-Général, suivant la répartition d'usage entre lesdits deux Hôpitaux, & que lesdits deniers soient employés conformément aux dispositions de nos précédentes déclarations : ordonnons que lesdits trente sols par muid de vin seront payés comme pour nos propres deniers & affaires, par toutes sortes de personnes exemptes & non exemptes, privilégiées & non privilégiées, gentilshommes, nobles, officiers de nos Cours, notaires & secrétaires de nos maison, couronne de France & de nos finances, domestiques & commensaux de nos maisons royales, & tous autres, quelques titres & exemptions qu'ils aient, ou puissent avoir, sans aucunes exceptions ni réserves, quoique non exprimées, même sur les vins destinés pour nous, à l'usage des maisons royales, des princes & officiers de la couronne, desdites compagnies, des maisons & communautés séculieres & régulieres, nonobstant tous privileges à ce contraires, auxquels nous avons dérogé & dérogeons, sans tirer à conséquence, à cause de la destination. Si donnons en mandement à nos amés & féaux conseillers les gens tenans notre cour de Parlement à Paris, que ces présentes ils aient à faire registrer, & le contenu en icelles garder & observer selon leur forme & teneur, nonobstant tous édits & déclarations à ce contraires, auxquels nous avons dérogé & dérogeons par ces présentes; aux copies desquelles, collationnées par l'un de nos amés & féaux conseillers-secrétaires, voulons que foi soit ajoutée comme à l'original; car tel est notre plaisir : en foi de quoi nous avons fait mettre notre scel à cesdites présentes. Donné à Versailles, le quinzieme jour du mois d'Août, l'an de grace mil sept cent quatre-vingt-un, & de notre regne le huitieme. *Signé*, LOUIS. *Et plus :* par le roi, AMELOT. Vu au Conseil, PHELYPEAUX. *Et scellée du grand sceau de cire jaune.*

Regîstrée, ouï & ce réquérant le procureur-général du roi, pour être exécutée selon sa forme & teneur, suivant l'Arrêt de ce jour. A Paris, en Parlement, les Grand'-Chambre & Tournelle assemblées, le ving-huit Août mil sept cent quatre-ving-un.

Signé, DUFRANC.

DÉCLARATION DU ROI,

*PORTANT prorogation, pour six années, à compter du premier Janvier 1783, du droit de dix sols par chaque voie de bois à brûler, vendue sur les ports, quais & chantiers de la ville de Paris, en faveur de l'*Hôpital-Général *de la même ville.*

Du 18 Août 1782.

LOUIS, par la grace de Dieu, roi de France & de Navarre: A tous ceux qui ces présentes lettres verront; SALUT. Par notre déclaration du 7 Août 1776, nous avons prorogé pour six années, à commencer du premier Janvier 1777, la perception de dix sols par voie de bois à brûler qui seroit vendue sur les ports, quais & chantiers de notre bonne ville de Paris; ledit droit payable au profit de l'Hôpital-Général de ladite ville, moitié par les marchands de bois, & moitié par les acheteurs. Nous avons ordonné, par la même déclaration, que ce droit demeureroit supprimé après le dernier Décembre 1782: mais, comme les dépenses indispensables dudit Hôpital, dont nous nous sommes fait rendre compte, ne peuvent être acquittées sur ses revenus ordinaires, nous sommes obligés de proroger encore pour six années la perception de dix sols par voie de bois à brûler. A CES CAUSES, de l'avis de notre Conseil, de notre certaine science, pleine puissance & autorité royale, nous avons par ces présentes, signées de notre main, dit, déclaré & ordonné, disons, déclarons & ordonnons, voulons & nous plaît; que ledit droit de dix sols par voie de bois à brûler, qui sera vendue sur les ports, quais & chantiers de la ville de Paris, continuera d'être perçu pendant six années, à commencer du premier Janvier 1783, au profit dudit Hôpital-Général, conformément aux déclarations des 3 Janvier, 21 Décembre 1728, & autres subséquentes, ledit droit payable, ainsi qu'il a été ordonné par lesdites déclarations; savoir, moitié par les marchands de bois, & moitié par les acheteurs: voulons qu'après le dernier Décembre 1788, ledit droit demeure éteint & supprimé. Si donnons en mandement à nos amés & féaux conseillers, les gens tenant nos Cour de Parlement, Chambre des Comptes & Cour des Aides à Paris, que ces présentes ils aient à faire lire, publier & registrer, & le contenu en icelles garder & observer selon sa forme & teneur, nonobstant tous édits, déclarations, arrêts & autres choses à ce contraires, auxquelles nous avons dérogé & dérogeons par ces présentes; aux copies desquelles, collationnées par un de nos amés & féaux conseillers-secrétaires, voulons que foi soit ajoutée comme à l'original: car tel est notre plaisir; en témoin de quoi nous avons fait mettre notre scel à cesdites présentes. Donné à Versailles, le dix-huitieme jour du mois d'Août, l'an de grace mil sept cent quatre-vingt-deux, & de notre regne le neuvieme. *Signé*, LOUIS. *Et plus bas:* par le roi, AMELOT. Vu au Conseil, JOLY DE FLEURY. *Et scellées du grand sceau de cire jaune.*

Registrée, ouï & ce requérant le procureur-général du roi, pour être exécutée selon sa forme & teneur, suivant l'arrêt de ce jour. A Paris, en Parlement, les Grand'chambre & Tournelle assemblées, le vingt-sept Août mil sept cent quatre-vingt-deux.

Signé, YSABEAU.

DÉCLARATION DU ROI,

*Qui continue pour six années, en faveur de l'*Hôpital-Général *de Paris, la levée de cinq sols par chaque cent de bottes de foin.*

Du 18 Août 1782.

LOUIS, par la grace de Dieu, roi de France & de Navarre : A tous ceux qui ces présentes lettres verront ; SALUT. Par notre déclaration du 7 Août 1776, nous avons ordonné qu'il seroit levé, au profit de l'Hôpital-Général de notre bonne ville de Paris, pendant le tems de six années entieres & consécutives, à compter du premier Janvier 1777, cinq sols de droit par chaque cent de bottes de foin entrant en notredite ville, fauxbourgs & banlieue de Paris, ledit droit établi par la déclaration du 5 Décembre 1702, & successivement prorogé par les déclarations subséquentes; & comme lesdites six années doivent expirer le dernier Décembre prochain, que les besoins dudit Hôpital sont augmentés, & qu'ils exigent la continuation du même secours, les administrateurs nous ont très-humblement fait supplier de vouloir bien le leur continuer pour le tems de six années. A CES CAUSES, & autres à ce nous mouvant, & de notre certaine science, pleine puissance & autorité royale, nous avons, par ces présentes signées de notre main, dit, déclaré & ordonné, disons, déclarons & ordonnons, voulons & nous plaît qu'il soit levé, au profit de l'Hôpital-Général de notre bonne ville de Paris, pendant six années entieres & consécutives, à compter du premier Janvier 1783, cinq sols de droit par chaque cent de bottes de foin, à prendre sur tous les foins arrivant & entrant dans ladite ville, tant par eau que par terre, même sur ceux qui passent debout pour être consommés ailleurs, sans que les communautés séculieres & régulieres ou ecclésiastiques, ni aucunes autres personnes de quelque qualité & condition qu'elles soient, puissent être exemptes de ce droit, sous prétexte de charge ou de privilege, ni pour aucunes autres causes, à la réserve du foin des bourgeois provenant des terres à eux appartenantes, qu'ils font faire & façonner pour leur provision seulement. Ordonnons que ledit droit de cinq sols sera payé à l'instant de l'arrivée, tant par eau que par terre, dans ladite ville, fauxbourgs & banlieue de Paris, au fermier général des fermes unies, ses commis & préposés; lesquels seront tenus d'en faire la perception & régie comme de nos deniers; & les deniers en provenans, être remis à fur & mesure de la perception d'iceux entre les mains du receveur de l'Hôpital-Général, & sur ses quittances ; au moyen de quoi ils demeureront bien & valablement déchargés ; le tout sans frais. Si donnons en mandement à nos amés & féaux conseillers les gens tenant notre Cour des Aides à Paris, que ces présentes ils aient à faire registrer, & le contenu en icelles faire exécuter, nonobstant toutes choses à ce contraires, auxquelles nous avons dérogé & dérogeons par ces présentes; car tel est notre plaisir, en témoin de quoi nous avons fait mettre notre scel à cesdites présentes. Donnée à Versailles le dix-huitieme jour du mois d'Août, l'an de grace mil sept cent quatre-vingt-deux, & de notre regne le neuvieme. *Signé*, LOUIS. *Et plus bas*, par le roi, AMELOT. Vu au Conseil, JOLY DE FLEURY. *Et scellée du grand sceau de cire jaune.*

Registrée, oui & ce requérant le procureur-général du roi, pour être exécutée selon sa forme & teneur. Fait à Paris, en la premiere Chambre de la Cour des Aides, le vingt-huitieme jour d'Août mil sept cent quatre-vingt-deux. Collationné. Signé, LEPRINCE.

ARRÊT DU CONSEIL D'ÉTAT DU ROI,

PORTANT modération de droits sur les charbons de terre entrans dans la ville de Paris, ou dans la banlieue.

Du 16 Mars 1783.

LE roi étant informé que les droits qui se perçoivent sur les charbons de terre qui entrent dans la ville de Paris, ou dans la banlieue, sont trop considérables, à proportion de la valeur de cette espece de charbon, dont l'usage n'est pas moins utile aux habitans, qu'il est nécessaire aux différentes manufactures & fabriques, sa majesté a jugé à propos de les modérer. A quoi voulant pourvoir : oui le rapport du sieur Joly de Fleury, conseiller d'état ordinaire, & au Conseil royal des finances; LE ROI étant en son Conseil, a ordonné & ordonne : qu'à compter du jour de la publication du présent arrêt, les droits sur les charbons de terre, destinés pour l'approvisionnement de Paris, & de la banlieue, demeureront réduits; savoir, ceux qui entreront dans la ville de Paris, à la somme de huit livres, compris le droit de domaine & les dix sols pour livre, au lieu de vingt-une livre dix sols; & ceux qui entreront dans la banlieue, à la somme de quatre livres, compris les sols pour livre; se réservant sa majesté de fixer l'indemnité qui pourra être due, tant à la ville de Paris, qu'à l'Hôpital-Général, & à l'adjudicataire des fermes générales. Fait au Conseil d'état du roi, sa majesté y étant, tenu à Versailles, le seizieme jour de Mars mil sept cent quatre-vingt-trois. *Signé*, AMELOT.

DÉCLARATION DU ROI,

*PORTANT prorogation, pendant trois ans, des droits d'octrois, accordés à l'*Hôpital-Général, *& à celui des* Enfans-Trouvés *de la ville de Paris.*

Du 22 Juin 1783.

LOUIS, par la grace de Dieu, roi de France & de Navarre : A tous ceux qui ces présentes lettres verront; SALUT. Les directeurs & administrateurs de l'Hôpital-Général de notre bonne ville de Paris, & des Enfans-Trouvés, nous ont représenté que la jouissance des octrois, à eux ci-devant accordés, & prorogée pour trois ans, par nos lettres-patentes du 22 Juillet 1780, expirant cette année; les besoins toujours subsistans dudit Hôpital-Général, & les frais des différens établissemens & constructions que nous avons ordonnés dans chacune des maisons de la Salpêtriere, de Bicêtre & de la Pitié, rendoient indispensable la prorogation de ces mêmes octrois, qu'ils nous ont en conséquence supplié de vouloir bien leur accorder; après nous être fait rendre compte de la situation actuelle dudit Hôpital-Général, & des dépenses qui restent à faire pour l'exécution de nosdites lettres-patentes du 22 Juillet 1780, nous avons reconnu la nécessité d'ordonner le renouvellement qui nous est demandé, en enjoignant en même tems auxdits administrateurs de se conformer promptement à ce que nous leur avions précédemment prescrit. A CES CAUSES, & autres à ce nous mouvant, de l'avis de notre Conseil, & de notre certaine science, pleine puissance & autorité royale, nous avons dit, déclaré & ordonné, & par ces présentes signées de notre main, disons, déclarons & ordonnons, voulons & nous plaît ce qui suit.

ARTICLE PREMIER.

Les droits d'octrois, ci-devant accordés à l'Hôpital-Général, & à celui des Enfans-

Trouvés de notre bonne ville de Paris, consistant dans le vingtieme sur les entrées, le doublement d'icelui, vingt sols par muid de vin & liqueurs, & six sols par voie de bois, continueront d'être perçus à leur profit, ainsi & de la même maniere qu'ils l'ont été jusqu'à présent, ou dû l'être, & ce, pendant trois années consécutives; savoir, pour le vingtieme, à commencer au premier Janvier 1784, jusques & compris le 31 Décembre 1786; & pour les autres droits, à commencer du premier Août prochain, jusques & compris le 31 Juillet 1786. Voulons que la répartition du produit desdits droits, entre lesdits deux Hôpitaux, soit faite comme par le passé.

ART. II. Le droit de dix sols d'augmentation sur chaque muid de vin, entrant dans ladite ville & fauxbourgs de Paris, accordé audit Hôpital-Général, par la déclaration du trois Décembre 1702, continuera également d'être perçu à son profit, ainsi & de la même maniere qu'il l'a été jusqu'à présent, ou dû l'être, & ce, pendant trois années consécutives, qui commenceront au premier Octobre 1783, & finiront le 30 Septembre 1786.

ART. III. Ordonnons que les articles 3, 4, 5, 6 & 7 de nos lettres-patentes du 22 Juillet 1780, seront exécutés selon leur forme & teneur: voulons en conséquence que les recteurs & administrateurs dudit Hôpital-Général soient tenus de s'y conformer, & notamment de mettre à fin, le plutôt qu'il sera possible, les différens établissemens & constructions mentionnés en l'article 3 desdites lettres-patentes. Si donnons en mandement à nos amés & féaux conseillers les gens tenans notre Cour de Parlement à Paris, que ces présentes ils aient à faire lire, publier & registrer, & le contenu en icelles faire exécuter selon leur forme & teneur, nonobstant toutes choses à ce contraires, auxquelles nous avons dérogé & dérogeons par ces présentes; aux copies desquelles, collationnées par un de nos amés & féaux conseillers-secrétaires, voulons que foi soit ajoutée comme à l'original: car tel est notre plaisir; en témoin de quoi nous avons fait mettre notre scel à cesdites présentes. Donné à Versailles le vingt-deuxieme jour de Juin, l'an de grace mil sept cent quatre-vingt-trois, & de notre regne le dixieme. *Signé*, LOUIS. *Et plus bas:* par le roi, AMELOT. Vu au Conseil, LEFEVRE D'ORMESSON. *Et scellée du grand sceau de cire jaune.*

Registrée, oui & ce requérant le procureur-général du roi, pour être exécutée selon sa forme & teneur, suivant l'arrêt de ce jour. A Paris, en Parlement, les Grand'chambre & Tournelle assemblées, le huit Juillet mil sept cent quatre-vingt-trois.

Signé, YSABEAU.

EXEMPTIONS, *DROITS ET PRIVILEGES.*

EXTRAIT DE L'ÉDIT D'ÉTABLISSEMENT DE L'HOPITAL-GENERAL.

Du mois d'Avril 1656, articles 51, 52, 54, 59, 62, 63, 64, 65, 67 & 68.

ART. 51. NOUS avons amorti, & amortissons par ces présentes, en tant que besoin seroit, les maisons & lieux de la Pitié, du Refuge, Scipion, la Savonnerie & Bicêtre, présentement donnés, & tous les lieux & domaines qui en dépendent, en quelques lieux & endroits qu'ils puissent être situés, & même dès-à-présent, les autre maisons, places, rentes & autres immeubles qui ont été & qui pourront être donnés, légués ou délaissés audit Hôpital-Général, qui seront acquis par les directeurs, à présent & à l'avenir; sans que pour raison de ce, ils soient tenus nous payer aucun droit d'amortissement, ni même payer aucun droit d'indemnité, lods & ventes, ni treizieme, lods ni mi-lods, quints ni requints, rachapts ni reliefs, pour ce qui est ou sera en notre domaine, & nonobstant toutes aliénations ou engagemens; sans aussi payer francs-fiefs, ni nouveaux acquêts, ban & arriere ban, ni autres droits quelconques, qui nous sont ou pourroient être dus, dont nous les déchargeons, & en tant que besoin est, ou seroit, en avons fait, & faisons dès-à-présent, comme pour lors, dès-lors comme à présent, don audit Hôpital-Général, encore que le tout ne soit ici particuliérement spécifié, ni encore échu, nonobstant toutes loix & ordonnances à ce contraires, auxquelles pour ce regard nous dérogeons.

ART. 52. Seront néanmoins tenus les directeurs d'indemniser les seigneurs particuliers des biens par nous amortis, si aucuns se trouvent mouvans, ou relevans, ou tenans d'eux; laquelle indemnité, pour les particuliers, nous réglons dès-à-présent au dixieme, tant pour les fiefs que pour les rotures, & sans qu'il puisse être prétendu, homme vivant & mourant, ni aucun droit de quint, rachat, ni relief, ni autres droits seigneuriaux, tant que lesdits fiefs ou rotures appartiendront audit Hôpital-Général, ni même pour la premiere mutation qui en seroit faite, nonobstant toutes loix, arrêts & réglemens contraires, à quoi nous avons dérogé en faveur dudit Hôpital-Général seulement, & sans tirer à conséquence pour quelque corps & communauté, ni pour quelque particulier que ce puisse être. L'arrêt de vérification porte : *Suivant les ordonnances & les coutumes.*

ART. 54. Lesquelles manufactures nous avons exemptées de payer aucun droit de sol pour livre, anciens ou nouveaux, ni droit d'Aides, douanne ou autres, de quelque nature qu'ils puissent être, même de toutes visites, conformément aux exemptions de l'Hôpital de Lyon.

ART. 59. Nous avons, ledit Hôpital-Général, & les pauvres enfermés en icelui affranchis, quittés, exemptés & déchargés, affranchissons, quittons, exemptons & déchargeons de tous subsides, impositions & droits d'entrée, tant à Paris qu'ailleurs, par eau & par terre, des ports, ponts, péages, octrois de ville, barrages, ponts & passages mis & à mettre, & de toutes autres choses généralement quelconques, dont ils pourroient être tenus pour leurs vivres & provisions, même pour leur vin, jusqu'à la concurrence de mille muids de vin par chacun an, si tant ils en ont besoin, que de bois à brûler & à bâtir, charbons, foins, cendres, & autres denrées & commodités nécessaires ou utiles, qui seront portés & conduits dans ledit Hôpital-Général, membres unis, & lieux qui en dépendent, pour la nourriture, entretenement, secours & assistance desdits pauvres, officiers & domestiques de ladite maison, sur les certificats des directeurs, jusqu'au nombre de six au moins; quoiqu'il soit dit que les droits seront payés par les privilégiés & non privilégiés, exempts & non exempts; à quoi pour ce regard, avons dérogé, en considération des pauvres.

ART. 62. Nous déchargeons & déclarons aussi ledit Hôpital-Général & lieux qui en dépendent, & qui y seront ci-après unis, exempts de tous droits de guet, gardes, fortifications, boues, pavés, chandelles, canal, fermetures de ville & fauxbourgs, & généralement de toutes contributions publiques ou particulieres, telles qu'elles puissent être, quoique non ci-exprimés, pour de tous lesdits droits, privileges & exemptions, jouir par ledit Hôpital-Général, entiérement & sans réserve : défendons très-expressément à tous nos fermiers, receveurs, ou autres, d'en prendre ou exiger aucune chose, à peine de restitution du quadruple, & de tous dépens, dommages & intérêts, tant contre les commis, ou autres qui les auront reçus en leurs propres & privés noms, que contre les fermiers ou associés, & leurs cautions, conjointement & séparément, au choix des directeurs.

ART. 63. Nous avons par ces présentes exempté, & exemptons ledit Hôpital-Général & lieux qui en dépendent, ensemble les maisons & fermes y appartenans, & qui appartiendront ci-après, de tous les logemens, passages, aides & contributions de gens de guerre, en quelques lieux & provinces qu'ils soient situés, & pour quelque cause que ce soit, dans les villes, bourgs, villages & hameaux; & serviront lesdites présentes de sauve-garde particuliere, avec défenses très-expresses aux généraux & lieutenans-généraux de nos armées, maréchaux de camps, mestres de camps, capitaines, lieutenans & autres officiers, commissaires & conducteurs des troupes, & soldats d'y loger; & aux maires, lieutenans, échevins, syndics & autres de délivrer aucuns logemens, taxes, aides ou contributions. Enjoignons à nos gouverneurs des provinces, villes & châteaux, d'y tenir la main, le tout à peine de désobéissance, d'être procédé extraordinairement contre les contrevenans, & de les rendre solidairement responsables, en leurs propres & privés noms, tant de la restitution de ce qui y auroit été pris, enlevé ou reçu, que de tous dépens, dommages & intérêts. Pourquoi nous permettons aux directeurs d'en faire informer, ou dresser procès-verbaux, & d'en faire les poursuites en tels lieux & ainsi qu'ils aviseront; & afin que personne n'en prétende cause d'ignorance, seront mis sur les portes desdites maisons & fermes, les panonceaux de nos armes, contenant les sauves-gardes & exécutions, avec les clauses ci-dessus.

ART. 64. Faisons aussi défenses à tous habitans, asséeurs & collecteurs des paroisses, & tous autres, de taxer ou imposer, ni faire taxer, ni faire imposer aux rôles des tailles, taillon, subsistances, ustenciles, ni d'autres deniers ordinaires ou extraordinaires, soit pour nous, ou pour particuliers, levés ou à lever, de quelque nature qu'ils soient, les fermiers, sous-fermiers, receveurs ou commis dudit Hôpital-Général, fermes, maisons & lieux en dépendans; mais en cas qu'ils soient contribuables, ils seront taxés d'office modérément par les élus, & eu égard à leurs biens; sans y considérer les biens & revenus en tout ou partie dudit Hôpital-Général, que nous voulons en être entiérement exempts, à peine d'en répondre par lesdits asséeurs, collecteurs & autres, & même par les principaux habitans des paroisses solidairement, en leurs propres & privés noms, & d'être contraints par saisies, exécutions & vente de leurs biens, meubles & immeubles, & emprisonnement de leurs personnes, à la restitution des deniers qui auroient été payés, & de tous dépens, dommages & intérêts, même en cas de surtaux des taxes, qui auroient été faites d'office: pourquoi nous permettons aux directeurs d'intervenir ou de prendre leur fait à cause, & de procéder directement en notre Cour des Aides, sans qu'il soit besoin d'interjetter aucunes appellations.

ART. 65. Défendons à tous salpêtriers d'entrer dans les maisons & fermes dépendantes dudit Hôpital-Général, pour y cueillir, ni chercher du salpêtre, à peine de punition corporelle.

ART. 67. Que toutes les expéditions dont ledit Hôpital-Général aura besoin en nos grands & petits sceaux, & en toutes justices, jurisdictions ordinaires & extraordinaires, lui soient gratuitement délivrées, sans même qu'il soit pris aucune chose pour la façon, minute, parchemin, ni grosse, signatures & scel des actes, quoique les autres exempts & privilégiés en puissent être tenus.

ART. 68. Enjoignons aux greffiers de toutes les justices & jurisdictions ordinaires ou extraordinaires de la ville, fauxbourgs, prévôté & vicomté de Paris, d'envoyer au bureau les extraits des arrêts, jugemens, sentences & autres, où il y aura adjudication d'amendes ou aumônes, ou quelques applications au profit dudit Hôpital ou des Hôpitaux ou des pauvres, & de les délivrer gratuitement, à peine d'en répondre par les refusans ou négligeans en leurs propres & privés noms, & de tous dépens, dommages & intérêts.

ÉNUMÉRATION

*Des exemptions & privileges de l'*Hôpital*, contenus dans les réglemens qui composent cet article, accordés, confirmés & renouvellés par les rois Louis XIV, Louis XV & Louis XVI.*

ALIGNEMENS de Paris.
Amortissement.
Ban & arriere-ban, & autres droits mis & à mettre.
Bois à brûler, à bâtir, charbons, foins & toutes autres consommations.
Boues & lanternes.
Droit de contrainte, comme pour les affaires de sa majesté.
Droits seigneuriaux dus au roi.
Droits de visite & douane.
Droits & impositions quelconques sur les vins & autres comestibles.
Droits de guet, garde, fortifications, boues & lanternes des villes.
Droits de petits & grands sceaux.
Droits de scel des actes.
Droits de greffe & expéditions dans toutes les jurisdictions.
Droits de décimes.
Droits du pont de Joigny, de Pont-sur-Yonne, & autres
Droits de gros.
Droits de pied-fourché.
Droits de barrage.
Droits de courtage & jaugeage.
Droits d'Aides.
Droits sur les soudes.
Droits sur le poisson & marée.
Droits sur la filasse.
Droits des gardes-bateaux-metteurs-à-port.
Droits de joyeux-avénemens.
Droit contre les lettres de répi & arrêts de surséances.
Droits d'inspecteurs aux boucheries.
Droits d'entrée sur les vins & autres.
Droits d'octrois à Orléans sur les vins, huiles & autres objets de consommation.
Droits de contrôle & insinuation.
Droits d'augmentation de voiture par eau, de Rouen à Paris.
Droits d'octrois & péages, à Châlons.
Droits de contrôle & ensaisinement des domaines & bois.
Droits des mesureurs de grains.
Droits d'octroi sur le vin, à Lagny.
Drdits sur les cuirs.
Droits sur les œufs.
Droits de minages.
Droits de marc d'or.
Droits d'acquérir, vendre & aliéner. *Voyez* les mots ACQUISITIONS & ALIÉNATIONS.
Exemption des visites des salpêtriers.
Franc-salé.
Logement de gens de guerre.
Lods & ventes dus au roi.
Sols pour livre, anciens & nouveaux.
Tailles des fermages & autres droits ordinaires ou extraordinaires.
Vingtieme, dixieme. *Voyez* le mot RENTES.

DÉCLARATION DE FRANÇOIS PREMIER,

Qui décharge de toutes décimes, dons gratuits, &c. les Hôpitaux *qui ne sont pas érigés en titre de bénéfice.*

Du 17 Juin 1544.

FRANÇOIS, par la grace de Dieu, roi de France : A tous ceux qui ces présentes lettres verront; SALUT. Notre très-cher & féal cousin, & grand aumônier, le cardinal de Meudon, nous a dit & remontré qu'en procédant par nos amés & féaux conseillers, les archevêques, évêques, & autres prélats de notre royaume, à la taxe & cottisation des décimes, par forme de don gratuit à nous octroyées en l'assemblée du clergé de leurs dioceses, pour ce congregé chacun à son regard, & aussi par les gouverneurs, maires & échevins, & autres ayant le gouvernement de la république de plusieurs villes de notre royaume, à la taxe, cottisation & imposition des emprunts qu'il nous a convenu lever sur nos sujets, à notre très-grand regret, auroient, chacun en son égard, taxé, cottisé & imposé esdites décimes & emprunts, plusieurs maisons, hôpitaux, hôtels-dieu, maladreries, léproseries, & autres semblables de notre royaume, à la grande diminution de la nourriture, hospitalité & entretenement des pauvres, & des réparations des lieux, parce que les maîtres, administrateurs & gouverneurs desdits Hôtels-Dieu, &c. sont tenus sujets, selon les fondations & intentions des fondateurs, nourrir & alimenter les pauvres malades, fournir de lits & de couchers, faire faire les réparations, & y employer le revenu, & en sont comptables à nous, ou à notre grand-aumônier, & autres par lui députés, pour le reliquat du revenu d'iceux, si aucun s'en trouve être mis & employé, ainsi que par notre grand-aumônier, ou esdits commis, sera avisé & ordonné; & si iceux Hôtels-Dieu, Hôpitaux, maladreries & autres étoient sujets auxdits emprunts, dons gratuits & décimes, seroit indirectement diminuer leur nourriture & entretenement & aliment, qui seroit contre notre intention, considéré qu'entre toutes choses & affaires de notre royaume, ayant toujours eu pour le dû & acquit de notre conscience en plus grande & singuliere considération le fait & état des pauvres malades, mandians, lépreux & autres, même que nous, & nos prédécesseurs sommes fondateurs, dotateurs & augmentateurs de la plus grande partie d'iceux Hôtels-Dieu, &c. & conservateurs des autres fondés par plusieurs princes, ducs, comtes, barons, chapitres, communautés, & autres dévots chrétiens de notre royaume.

Pour ce est-il que nous, pour les causes que dessus, avons déclaré & déclarons, après avoir eu sur ce l'avis & délibération de notre Conseil privé, que n'avons aucunement entendu & n'entendons lesdits Hôtels-Dieu, Hôpitaux, maladreries, léproseries & autres de semblable qualité, non érigés en titre de bénéfice, être compris, en quelque sorte & maniere que ce soit; & autant que besoin est, les avons par ces présentes, de notre certaine science, pleine puissance & autorité royale, d'iceux dons gratuits, décimes & emprunts, exemptés & exemptons. Et si aucuns deniers ont été pris & levés, au moyen desdites impositions, voulons iceux être restitués & rendus par ceux qui les ont reçus, incontinent & sans délai, entre les mains desdits administrateurs, en contraignant à ce faire tous ceux qui pour ce seront à contraindre, par toutes voies dues & raisonnables. Et par ces mêmes présentes, défendons à nosdits conseillers les archevêques, évêques & autres prélats, maires, échevins & autres, de non à l'avenir, en quelque sorte & maniere que ce soit, taxer, cottiser ni imposer, par forme de décimes, emprunts ou autrement, icelles Maisons-Dieu, Hôpitaux, maladreries, léproseries & autres de pareille & semblable qualité, non érigés en titre de bénéfice, comme dit est. Donné à Paris, le dix-sept Juin, l'an de grace mil cinq cent quarante-quatre, & du notre regne le trente-un. Par le roi en son Conseil. *Signé*, DE NEUVILLE.

Lecta, publicata & enregistrata, audito procuratore-generali regis hoc requirente, Parisiis, in Parlam. 23 die Maii ann. Dom. 1545. Signé, DE MARLE.

ARRÊT DU CONSEIL D'ÉTAT DU ROI.

Qui décharge l'Hôpital *de tous les droits de villes, même des quarante sols de Joigny, sol pour livre, & de tous autres droits.*

Du 19 Novembre 1657.

SUR la requête présentée au roi en son Conseil, par les directeurs & administrateurs de l'Hôpital-Général de Paris, contenant que sa majesté, ayant, par son édit d'établissement dudit Hôpital, accordé aux supplians la quantité de mille muids de vin pour la provision des pauvres, sans être tenus d'en payer aucuns droits; néanmoins le nommé Charles Fleury, soi-disant fermier des droits de sels par muid, ordonnés être levés par déclaration du mois de Juillet 1656, sur les vins qui passeront au pont de Joigny, auroit obtenu arrêt du Conseil du 4 Août dernier, portant que ledit octroi de sel sera perçu au pont de Joigny, sur tous les vins qui passeront, soit qu'ils appartiennent aux religieux ou autres, de quelque qualité ou condition qu'ils soient, sans exception, ce qui porte un très-grand préjudice audit Hôpital, attendu qu'en conséquence d'icelui, il a exigé ledit droit sur quatre cens vingt-cinq muids qui ont passé pour ledit Hôpital, ainsi qu'il paroît par l'exploit du 24 Octobre dernier, & du reçu dudit droit par m. Jacques Suel, fermier, montant à cent soixante-deux livres, compris le sol pour livre dudit droit, requérans qu'il plaise à sa majesté sur ce leur pourvoir; vu ladite requête, ledit arrêt du 4 Août dernier; autre arrêt dudit Conseil, du 10 Novembre dernier, par lequel sa majesté a déchargé dudit droit les pauvres de l'Hôtel-Dieu de Paris, & oui le rapport du sieur Mauroy, conseiller ordinaire de sa majesté en ses conseils, intendant des finances; LE ROI en son Conseil, ayant égard à ladite requête, a déchargé & décharge les directeurs & administrateurs dudit Hôpital-Général de tous les droits de villes, même des quarante sols de Joigny, sol pour livre, & tous autres droits, généralement quelconques, sans aucuns excepter; & ce, jusqu'à la concurrence desdits mille muids de vin, nonobstant ledit arrêt du Conseil, dudit jour quatrieme Août dernier, en exécution duquel sa majesté n'a entendu comprendre le vin pour la provision dudit Hôpital-Général, & en ce faisant, sera ledit Suel, fermier, contraint à la restitution des cent soixante-deux livres par lui exigés, comme pour les propres deniers & affaires de sa majesté, en vertu du présent arrêt. Fait au Conseil d'état du roi, le dix-neuf Novembre mil six cent cinquante-sept.

ARRÊT DU CONSEIL D'ÉTAT DU ROI,

Qui décharge l'Hôpital-Général *de Paris de tous droits d'octrois, dons & concession du royaume, droits de* parisis *de la riviere d'Yonne, Seine, & de Loing, du droit de sol pour livre par muid de vin passant sous les ponts de Pont-sur-Yonne, accordé aux habitans, & de tous autres droits généralement quelconques, sans aucuns excepter, jusqu'à la concurrence de mille muids de vin, condamne les propriétaires & fermiers à la restitution des sommes reçues, & leur défend, & à tous autres, d'exiger aucuns droits sur les vins & autres provisions dudit* Hôpital-Général, *à peine de répétition, trois mille livres d'amende, & de tous dépens, dommages & intérêts.*

Du 3 Juillet 1658.

SUR la requête présentée au roi, en son Conseil, par les directeurs de l'Hôpital-Général, contenant que sa majesté ayant, par son édit d'établissement dudit Hôpital, accordé aux supplians la quantité de mille muids de vin pour la provision des pauvres, sans être tenus d'en payer aucuns droits, néanmoins le nommé Charles Charmolue, se disant porteur des quittances du trésorier de l'épargne, pour le recouvrement de la premiere moitié du revenu des dons, concessions & octrois, tant anciens que nouveaux, & deniers communs des villes, bourgs & communautés de ce royaume, & Jean de Rupy, se prétendant propriétaire du droit de *Parisis*, des rivieres d'Yonne, Seine & Loing, auroient obtenu arrêt du Conseil, le 9 Mars dernier, sur ce que quelques particuliers, officiers, ecclésiastiques, communautés de religieux & Hôpitaux, qui ont obtenu des lettres-patentes de sa majesté, prétendans être exempts desdits droits, refusent de les payer, & intentent journellement des procès contre eux en la Cour des Aides & Grand Conseil, où ils ont été assignés à la requête des religieux Jacobins, & de m. César Chappelain, secrétaire du roi, qui y ont obtenu quelques arrêts par défaut; le roi a déchargé lesdits supplians des assignations à eux données en ladite Cour des Aides & Grand-Conseil, à la requête desdits Jacobins & Chappelain, & autres; a cassé & annullé tout ce qui a été fait en conséquence: ordonne que lesdites déclarations & arrêts, rendus pour la levée desdits droits seront exécutés, lesdits Jacobins, religieux mendians, Hôpitaux, Chappelain & autres, de quelque qualité & condition qu'ils soient, contraints au paiement desdits droits, avec défenses aux parties de plus se pourvoir en ladite Cour des Aides & Grand-Conseil: en vertu duquel arrêt, & autres précédens des 21 Décembre 1647, Décembre 1652, 28 Juin & 5 Novembre 1653, dernier Mars & 21 Mai 1654, lesdits Charles Charmolue & Jean de Rupy & autres, le sieur maréchal du Plessis-Praslin, qui se prétend donataire de l'autre moitié des octrois, dons & concessions de ce royaume, & m. Guillaume Prud'homme & consorts, adjudicataires d'un sol pour chacun muid de vin, passant sous les ponts de Pont-sur-Yonne, octroyé par sa majesté à la communauté des habitans dudit pont, ont exigé lesdits droits sur deux cens vingt-huit muids de vin, qui ont passé pour la provision dudit Hôpital, ainsi qu'il paroît par les exploits des dernier Mai dernier, & 2 du mois de Juin, aussi dernier, & du reçu de m. Nicolas de Turmenie, commis dudit de Rupy à Villeneuve, de la somme de trente-sept livres sept sols, du reçu de m. Daniel Clement l'aîné, procureur & commis audit Villeneuve, desdits Charmolue & sieur Maréchal du Plessis, de la somme de quarante-sept livres dix-neuf sols six deniers; d'autre reçu de m. Guillaume Jarry, commis pour sa majesté, & dudit sieur Maréchal du Plessis, à Pont-sur-Yonne, de la somme de trente-trois livres quinze sols; & d'autre reçu de m. Guillaume Prud'homme ou de Barry, huissier, de la somme de onze livres cinq sols; ce qui porte un préjudice notable audit Hôpital-Général: requérant qu'il plaise à sa majesté leur pourvoir. Vu ladite requête, ledit arrêt du 9 Mars dernier; autre arrêt dudit Conseil, du 17 Novembre aussi dernier, par lequel sa majesté a déchargé ledit Hôpital-Général de tous les droits des villes, même des quarante sols de Joigny, sol pour livre, & de tous autres droits généralement quelconques, sans aucuns excepter, avec restitution des sommes exigées par m. Jacques Saclet, fermier dudit droit de quarante sols. Deux autres arrêts dudit Conseil, des 10 Novembre & 27 Mars aussi dernier, par lesquels sadite majesté a déchargé de tous lesdits droits les pauvres de l'Hôtel-Dieu de Paris: & les exploits de saisie susdatés. Oui le rapport du sieur de Mauroy, conseiller ordinaire de sa majesté en ses Conseils, intendant des finances: LE ROI en son Conseil, ayant égard à ladite requête, a déchargé & décharge ledit Hôpital-Général, de tous droits d'octrois, dons & concessions de ce royaume, droits de *Parisis*, des rivieres d'Yonne, Seine & Loing, & du droit du sol pour livre, pour chacun muid de vin, passant sous les ponts de Pont-sur-Yonne, accordé aux habitans dudit pont, & de tous autres droits généralement quelconques, sans aucuns excepter; & ce jusqu'à la concurrence desdits mille muids de vin, nonobstant ledit arrêt du Conseil dudit jour 9 Mars dernier, édits, déclarations & autres arrêts susdatés, rendus en conséquence pour la levée desdits droits, en exécution desquels sa majesté n'a entendu comprendre le vin & autres choses pour la provision dudit Hôpital-Général ; & en ce faisant seront lesdits Charmolue, sieur Maréchal du Plessis-Praslin, de Rupy & de Turmenie, Clement & Jarry, leurs commis, ensemble la communauté desdits habitans de Pont-sur-Yonne, m. Guillaume Prud'homme & Barry huissier, contraints à la restitution desdites sommes de trente-sept livres dix sols, quarante-sept livres dix-neuf sols six deniers, trente-trois livres quinze sols, & onze livres cinq sols, chacun à leur égard, par eux exigées, comme pour les propres deniers & affaires de sa majesté, en vertu du présent arrêt : faisant très-expresses inhibitions & défenses à tous fermiers, porteurs de quittances, propriétaires de dons & octrois, & autres de quelque qualité qu'ils puissent être, d'exiger aucuns droits sur les vins & autres provisions dudit Hôpital-Général, à peine de répétition, trois mille livres d'amende, & de tous dépens, dommages & intérêts. Fait au Conseil d'état du roi, tenu à Paris, le troisieme jour de Juillet mil six cent cinquante-huit. Collationné. *Signé*, BOUEX.

LOUIS, par la grace de Dieu, roi de France & de Navarre : au premier des huissiers de notre Conseil, ou autre huissier ou sergent sur ce requis. Nous te mandons & commandons que l'arrêt dont l'extrait est ci-attaché sous le contre-scel de notre Chancellerie, cejourd'hui donné en notre Conseil d'état, sur la requête à nous présentée par les directeurs de l'Hôpital-Général, tu signifies au sieur Maréchal du Plessis-Praslin, aux nommés Charmolue, de Rupy & de Turmenie, Clement & Jarry, leurs commis, Guillaume Prud'homme & Barry, y dénommés, ensemble à la communauté des habitans de Pont-sur-Yonne ; & à tous autres qu'il appartiendra, à ce qu'ils n'en prétendent cause d'ignorance ; & fais, pour l'exécution dudit arrêt, de la décharge & restitution y portée, tous commandemens, sommations, contraintes, par les voies y déclarées, & défenses sur les peines y contenues, & autres actes & exploits nécessaires, sans autre permission ; & sera ajouté foi comme aux originaux, aux copies dudit arrêt & des présentes collationnées par l'un de nos amés & féaux conseillers & secrétaires : car tel est notre plaisir. Donné à Paris, le troisieme jour de Juillet, l'an de grace mil six cent cinquante-huit, & de notre regne le seizieme. *Signé*, par le roi en son Conseil, BOUEX, *avec grille & paraphe. Et scellé.*

ARRÊT DU CONSEIL D'ÉTAT DU ROI,

QUI *ordonne que* l'Hôpital-Général *jouira de la perception des quarante sols par muid de vin, & d'un sol six deniers pour livre dudit droit qui se leve à Joigny, jusqu'à la concurrence de mille muids.*

Du 6 Novembre 1659.

SUR la requête présentée au roi, en son Conseil, par les directeurs de l'Hôpital-Général de Paris, contenant que sa majesté ayant, par son édit d'établissement dudit Hôpital, accordé aux supplians la quantité de mille muids de vin pour la provision des pauvres, sans être tenus d'en payer aucuns droits, néanmoins, le nommé Jean Aubry, soi-disant adjudicataire des quarante sols par muid de vin, passant dessous & dessus le pont de Joigny, & d'un sol six deniers pour livre dudit droit, auroit obtenu arrêt du Conseil, en date du 30 Août dernier ; & en vertu d'icelui, fait saisir & arrêter la quantité de cent quinze muids de vin, qui ont passé pour ledit Hôpital, ainsi qu'il paroît par l'exploit ſigné le Breton & Condeloup, du 11 Octobre dernier, & du reçu dudit droit par ledit Condeloup, & du ſol ſix deniers pour livre; ce qui porte grand préjudice audit Hôpital, qui a été déchargé deſdits droits par arrêt dudit Conſeil, en date du 17 Novembre 1657; requérant qu'il plaiſe à ſa majeſté ſur ce leur pourvoir. Vu ladite requête, ledit arrêt du 17 Novembre 1657, ledit exploit de ſaiſie, & oui le rapport du ſieur Bordier, conſeiller ordinaire de ſa majeſté en ſes conſeils, intendant des finances. LE ROI, en ſon Conſeil, ayant égard à la requête deſdits ſieurs directeurs, a ordonné & ordonne qu'ils jouiront de la perception des quarante ſols ſur muid de vin, & ſol ſix deniers pour livre dudit droit qui ſe leve à Joigny, juſqu'à la concurrence de mille muids de vin, conformément à la déclaration de ſa majeſté, portant établiſſement dudit Hôpital, nonobſtant ledit arrêt du 30 Août dernier, en exécution duquel ſa majeſté n'a entendu comprendre le vin pour la proviſion de l'Hôpital-Général, & ſeront leſdits Aubry, Condeloup, ſon commis, & les intéreſſés en ladite ferme, contraints à la reſtitution deſdits droits, que le nommé Pierre Badinier l'aîné, marchand de vin, voiturier par eau, a été contraint de payer, pour éviter le dépériſſement deſdits cent quinze muids de vin, comme pour les propres deniers & affaires de ſa majeſté, en vertu du préſent arrêt, & qu'en rapportant par le fermier le certificat du bureau dudit Hôpital, qu'il aura fait paſſer ladite quantité de vin, il lui ſera tenu compte ſur le prix de ſon bail, de la ſomme à laquelle montent leſdits droits, laquelle, à cet effet, ſera employée en la dépenſe de l'état qui ſera arrêté, à la décharge deſdits fermiers. Fait au Conſeil d'Etat du Roi, le ſeizieme Novembre mil ſix cent cinquante-ſept.

ARRÊT DU CONSEIL D'ÉTAT DU ROI,

QUI déclare nuls les billets que le receveur du gros a exigé des directeurs de l'Hôpital-Général, *pour le paiement de ce droit.*

Du 4 Septembre 1660.

SUR la requête préſentée au roi, en ſon conſeil, par les directeurs de l'Hôpital-Général de la ville & fauxbourgs de Paris, contenant que, par les lettres-patentes de ſa majeſté, du mois d'Avril 1656, enregiſtrée en ſa cour de Parlement le premier Septembre audit an, & en ſa cour des Aides, le 11 Décembre 1657, ledit Hôpital-Général a exemption du droit d'entrée pour mille muids de vin par chacun an, & de toutes autres impoſitions, ſubſides, & droits généralement quelconques, tant anciens que modernes, ſans aucune réſerve · néanmoins le receveur du gros au bureau de Paris a exigé de trois deſdits directeurs des promeſſes particulieres, des 25 Mars & 14 Avril 1660, de lui payer les droits du gros des vins achetés & deſtinés pour ledit Hôpital-Général, ou lui fournir une indemnité, afin de lui ſervir de décharge valable envers m. Claude Bulot, en diminution du prix de ſon bail, leſquelles promeſſes ne peuvent pas ſubſiſter, ayant été faites dans une néceſſité preſſante de retirer le vin, à faute de quoi il auroit dépéri, & auroit été perdu en partie, joint les droits d'exemption, & que de plus les bourgeois même ne doivent point de gros pour le vin qu'ils font venir pour leur proviſion, tellement que le vin acheté & deſtiné pour l'Hôpital-Général ne devroit aucune choſe, quand il n'auroit point de privileges. Vu les lettres-patentes, arrêts & copie des promeſſes des 25 Mars & 14 Avril 1660, l'une de 998 liv. 16 ſols 8 deniers, pour cent quatre-vingt-un muids de vin, ſignés Marchand & Poignant; & l'autre de 260 liv. pour cinquante-cinq muids de vin, ſignés Marchand, Poignant & Vitrey: Oui le rapport du ſieur Martin, intendant des finances, & tout conſidéré: LE ROI, en ſon Conſeil, a déclaré les billets desdits directeurs & autres, si aucuns y a, nuls, & de nul effet, les décharge du contenu en iceux, & ordonne qu'ils leur seront rendus & restitués; à ce faire le receveur du gros au bureau de Paris, & ses commis, contraints par toutes voies dues & raisonnables, & même par emprisonnement de leurs personnes. Fait sa majesté très-expresses inhibitions & défenses audit receveur, & à tous autres, de plus retenir le vin acheté & destiné pour l'Hôpital-Général, ni d'en prétendre aucun droit, à peine de tous dépens, dommages & intérêts. Fait au Conseil d'Etat du Roi, tenu à Fontainebleau le quatre Septembre mil six cent soixante.

ACTE SOUS SEING-PRIVÉ
DE L'ADJUDICATAIRE GÉNÉRAL DES AIDES,

PAR lequel il remet à l'Hôpital *les cinq huitiemes du pied-fourché.*

Du 14 Octobre 1666.

MAITRE Jean Rousselin, fermier-général des aides de France, entrées de Paris & pied-fourché, & autres fermes y jointes, pour contribuer de sa part à la manutention du Grand-Hôpital des pauvres de cette ville de Paris, a résolu, pendant qu'il jouira de son bail, d'accorder franchement & quittement le quart de la totalité des droits de pied-fourché, de la quantité des bestiaux qui sont tués à Paris pour la provision des maisons dépendantes dudit Hôpital-Général, à laquelle proportion il a arbitré la consommation de la maison de Bicêtre, tant que ce qui s'y trouvera sera pris des abbatis des bestiaux faits à Paris; & pour les trois quarts restans, il se contentera d'en recevoir la moitié des droits de pied-fourché, l'autre moitié étant par lui accordée auxdits pauvres, en pure charité, sans prétention de leur en faire jamais payer aucune chose.

ARRÊT DU PARLEMENT,

QUI condamne le fermier du barrage de Paris, à restituer ce qu'il a reçu pour des marchandises destinées pour l'Hôpital-Général.

Du 19 Juillet 1668.

ENTRE les directeurs de l'Hôpital-Général, demandeurs en la requête du 6 du présent mois, tendante à ce qu'il plaise à la Cour ordonner que les lettres-patentes & déclarations du roi, portant établissement dudit Hôpital-Général, vérifiées en la Cour, & arrêt rendu en conséquence, seront exécutés selon leur forme & teneur; ce faisant, que conformément à iceux, défenses seront faites aux défendeurs ci-après nommés, de troubler à l'avenir les demandeurs dans les exemptions, franchises & libertés à eux octroyées, à peine de restitution du quadruple de ce qui se trouvera avoir été par eux payé, mille livres d'amende, dommages & intérêts, & dès à présent condamner ledit défendeur, son commis, ses coobligés solidairement, à leur restituer la somme de soixante-dix livres quatorze sols, portée par les quittances d'icelui défendeur, des 13 Août & 15 Septembre 1660, 26 Février & 28 Mars 1667, avec le triple d'icelle somme, suivant les deux lettres, applicable à la subsistance des pauvres dudit Hôpital, avec dépens, d'une part; & m. le Normand, fermier du barrage de cette ville de Paris, ses commis & coobligés, défendeurs, d'autre part, sans que les qualités puissent nuire, ni préjudicier; après que

Guechery, pour le demandeur, & Tanton, pour le défendeur, ont été ouis, ensemble Talon, pour le procureur-général : LA COUR a condamné & condamne la partie de Tanton à rendre ce qu'elle a reçu pour les marchandises venues à Paris pour l'Hôpital-Général ; & à cet effet, que les lettres des directeurs seront représentées, & aux dépens. Fait en Parlement, le dix-neuf Juillet mil six cent soixante-huit.

ARRÊT DU CONSEIL D'ÉTAT DU ROI,

PORTANT exemption des droits de courtage & jaugeage.

Du 2 Janvier 1675.

SUR la requête présentée au roi, en son Conseil, par les directeurs de l'Hôpital-Général de Paris, contenant que ledit Hôpital & maisons en dépendantes sont exempts, jusqu'à la concurrence des quantités de vins accordées pour la provision desdites maisons, de tous droits d'entrées, péages & passages, & autres droits qui se levent sur chacun muid de vin ; au préjudice de quoi m[e] Martin du Fresnoy, soi-disant fermier des droits attribués aux offices de jaugeurs de futailles, & de courtiers de vins, cidres, eaux-de-vie, bieres & autres boissons & liqueurs, créés par l'édit du mois de Février 1674, prétend faire payer lesdits droits auxdits supplians, pour raison des vins achetés pour la provision dudit Hôpital-Général & maisons en dépendantes ; le tout en vertu dudit édit & des arrêts du Conseil des 22 Mai & 22 Septembre audit an ; ce qui seroit contre l'intention de sa majesté, qui a toujours confirmé les privileges anciens & nouveaux accordés audit Hôpital-Général pour raison des droits créés & à créer sur les vins & autres choses nécessaires pour la provision desdites maisons. A CES CAUSES, requéroient les supplians leur être sur ce pourvu. Vu ladite requête, ledit édit du mois de Février 1674, les arrêts du Conseil des 22 Mai & 22 Septembre ensuivant ; oui le rapport du sieur Colbert, conseiller ordinaire au conseil royal, contrôleur-général des finances, & tout considéré : LE ROI, en son Conseil, ayant égard à ladite requête, a ordonné & ordonne que ledit Hopital-Général & maisons en dépendantes, jouiront de l'exemption desdits droits de courtage & jaugeage, pour la quantité des vins nécessaires pour la provision desdites maisons contenue aux états arrêtés au Conseil de sa majesté ; fait défenses audit du Fresnoy, fermier-général des aides, ses sous-fermiers & commis, & autres qu'il appartiendra, d'en faire aucune levée, à peine d'être contraint à la restitution, & de tous dépens, dommages & intérêts. Fait au Conseil d'Etat du Roi, tenu à Saint-Germain-en-Laye, le deuxieme jour jour de Janvier mil six cent soixante-quinze. *Signé par collation*, BERRYER.

LOUIS, par la grace de Dieu, roi de France & de Navarre, au premier des huissiers de nos Conseils, ou autre notre huissier ou sergent sur ce requis : Nous te mandons & commandons que l'arrêt dont l'extrait est ci-attaché sous le contrescel de notre Chancellerie, cejourd'hui donné en notre Conseil d'Etat, sur la requête à nous présentée par les directeurs de l'Hôpital-Général de notre bonne ville de Paris, tu signifies à m[e] Martin du Fresnoy, y dénommé, & tous autres qu'il appartiendra, à ce qu'ils n'en prétendent cause d'ignorance, & fais pour l'entiere exécution dudit arrêt, tous commandemens, sommations & défenses y portées, sur les peines y contenues, & autres actes & exploits requis & nécessaires, sans autre permission ; & sera ajouté foi, comme aux originaux, aux copies collationnées par l'un de nos amés & féaux conseillers & secrétaires : Car tel est notre plaisir. Donné à Saint-Germain-en-Laye, le deuxieme jour de Janvier, l'an de grace mil six cent soixante-quinze, & de notre regne le trente-deuxieme. *Signé*, par le roi en son Conseil, BERRYER. *Et scellé en queue de cire jaune, & contre-scellé.*

DÉCLARATION

DÉCLARATION DU ROI,

PORTANT que les lettres d'état, répi & surséance, accordées par le roi, n'auront point lieu à l'égard de l'Hôpital-Général *de Paris.*

Du 23 Mars 1680.

LOUIS, par la grace de Dieu, roi de France & de Navarre : A tous ceux qui ces présentes lettres verront, SALUT. Les directeurs & administrateurs de l'Hôtel-Dieu, de l'Hôpital-Général, & de celui des Enfans-Trouvés de notre bonne ville de Paris, nous ayant fait remontrer qu'il leur étoit presqu'impossible de soutenir les dépenses nécessaires à faire pour le soulagement des pauvres desdits Hôpitaux, par les grandes difficultés qu'ils ont de recevoir les sommes qui y sont dues, tant à cause des rentes constituées des deniers appartenans aux pauvres, que des dons & legs qui leur ont été faits ; & après en avoir fait examiner les causes, il a été reconnu que cela procédoit en partie des arrêts & surséances, & des fréquentes lettres d'état & de répi, qui sont obtenues par aucuns des débiteurs ; & comme les directeurs desdits Hôpitaux se trouvent, par ce moyen, dans l'impuissance de faire payer ce qui est dû aux pauvres, ils sont hors d'état de satisfaire à ceux qui ont fourni les denrées & marchandises nécessaires pour leur subsistance & entretien ; ils perdent leur crédit, & en même-tems les moyens de soutenir des dépenses si utiles & indispensables. A CES CAUSES, de l'avis de notre Conseil, & de notre grace spéciale, pleine puissance & autorité royale, NOUS AVONS par ces présentes, signées de notre main, dit, statué & ordonné, disons, statuons & ordonnons, voulons & nous plaît, que nonobstant les surséances accordées par arrêt, lettres d'état, de répi, ou autrement, en quelque sorte & maniere que ce soit, & qui le pourront être à l'avenir, les directeurs de l'Hôtel-Dieu, de l'Hôpital-Général, & de celui des Enfans-Trouvés de notre bonne ville de Paris, puissent faire payer les sommes dues aux Hôpitaux, lesquels nous avons exceptés & exceptons de l'effet desdits arrêts & lettres, lesquels nous n'entendons accorder, ni avoir lieu à cet égard ; nonobstant lesquels les débiteurs seront contraints au paiement de ce qu'ils doivent auxdits Hôpitaux, par les voies qu'ils y sont obligés. Si donnons en mandement à nos amés & féaux conseillers, les gens tenant notre cour de Parlement à Paris, que ces présentes ils aient à faire lire, publier & registrer, & le contenu en icelles garder & observer selon leur forme & teneur, sans souffrir qu'il y soit contrevenu en aucune sorte ni maniere que ce soit, ou puisse être, cessant & faisant cesser tous troubles & empêchemens au contraire. Donné à Saint-Germain-en-Laye, le vingt-troisieme jour de Mars, l'an de grace mil six cent quatre-vingt, & de notre regne le trente-septieme. *Signé* LOUIS. *Et plus bas*, par le roi, COLBERT.

Registrées, oui le procureur-général du roi, pour être exécutées selon leur forme & teneur, suivant l'arrêt de ce jour. A Paris, en Parlement, le douzieme Avril mil six cent quatre-vingt.

Signé, *JACQUES.*

SENTENCE CONTRADICTOIRE DE LA CHAMBRE DU DOMAINE,

QUI condamne le fermier du domaine & barrage de la ville de Paris, à la restitution des droits par lui perçus sur trente-deux balles de soudes, destinées pour l'Hôpital-Général.

Du 16 Décembre 1683.

LA Chambre du trésor au palais à Paris : A tous ceux qui ces présentes lettres verront : SALUT. Savoir faisons, qu'entre les directeurs de l'Hôpital-Général de cette ville de Paris, demandeurs en requête du 3 Septembre dernier, à ce qu'il plût à la Chambre condamner le défendeur ci-après nommé, par corps, à rendre & restituer aux demandeurs la somme de six livres seize sols, qu'il a exigée du sieur Delisle, économe dudit Hôpital, par les mains de Pierre Morin, pour trente-deux balles de soudes, arrivées à Paris, le premier Juin dernier, dans le bateau dudit Morin, & condamner ledit défendeur aux dépens, par me François Contet, leur procureur, d'une part; & m. Dumanie, commis à la recette des droits de domaine & barrage en cette ville de Paris, défendeur, par me François le Bas, son procureur, d'autre part; & ne pourront les qualités nuire, ni préjudicier : LA CHAMBRE, parties ouies, ensemble le procureur du roi, a condamné & condamne la partie de le Bas à rendre & restituer à celles de Contet les six livres seize sols pour les droits de marchandises dont est question; & ayant égard au requisitoire du procureur du roi, ordonne que ladite partie de le Bas sera tenue de donner, ou faire donner par ses commis décharges des passeports qui leur seront présentés par les parties de Contet, & à faute de ce faire, leur permet de faire signifier lesdites décharges, aux frais de ladite partie de le Bas, dépens compensés. Si mandons au premier huissier, ou sergent royal sur ce requis, mettre le présent jugement à exécution; de ce faire lui donnons pouvoir. Donné à Paris, en la Chambre & sous le scel dudit trésor, le quinzieme Décembre mil six cent quatre-vingt-trois. Collationné. *Signé*, LE TOURNEUR, *avec paraphe.*

ARRÊT PROVISOIRE DE LA COUR DES AIDES,

*QUI, en ordonnant l'exécution d'un précédent arrêt, condamne les sous-fermiers de poisson & marée, à rendre les soixante-dix barils de harengs, les molues & saumons arrivés au port de la Conférence, pour la provision de l'*Hôpital-Général, *en faisant, par messieurs les administrateurs, les soumissions de payer les droits, s'il est ainsi dit en fin de cause; à ce faire contraints par toutes voies, même par corps, jusqu'à ce qu'autrement par le roi en ait été ordonné.*

Du 17 Février 1688.

ENTRE les directeurs de l'Hôpital-Général de cette ville de Paris, demandeurs aux fins de la requête par eux présentée à la Cour le 16 du présent mois, tendante à ce qu'il lui plût ordonner que son arrêt du 13 du présent mois de Février, seroit exécuté selon sa forme & teneur; & que sans avoir égard à la réponse faite par les défendeurs ci-après nommés, au commandement qui en a été fait ledit jour 16 Février, en vertu dudit arrêt, de soixante-dix barils de harengs en question, ensemble les cinq tonnes de molues & cinq gonnes de saumon arrivés au port proche la porte de la Conférence, pour partie de la provision des pauvres dudit Hôpital, seront baillés & délivrés aux demandeurs; à ce faire les fermiers, sous-fermiers ou les commis contraints par corps, nonobstant toutes saisies & oppositions, empêchemens faits ou à faire, dont ils auront main-levée, & condamner les fermiers & sous-fermiers aux dommages & intérêts des demandeurs, & aux dépens d'une part, & les fermiers-généraux des Aides, Michel Tabouelle, & les sous-fermiers de poisson & marée, défendeurs d'autre, sans que les qualités puissent préjudicier; après que Contet, procureur des demandeurs, a requis défaut, & qu'il a été rapporté par Terrier, huissier, avoir appellé les défaillans & Boileau le jeune leur procureur. LA COUR a donné défaut contre les défendeurs & défaillans, &, pour le profit d'icelui, ayant égard à la requête des parties de Contet, a ordonné & ordonne que son arrêt du 13 du présent mois, sera exécuté selon sa forme & teneur; ce faisant, qu'ils seront tenus, par provision & sans préjudice des droits des parties au principal, de rendre ou faire rendre les soixante-dix barils de harengs & les molues & saumons arrivés au port de la Conférence, pour la provision de l'Hôpital-Général de cette ville, suivant le certificat qui en sera baillé par les parties de Contet, si fait n'a été, en faisant par eux les soumissions de payer les droits, s'il est ainsi dit en fin de cause. A ce faire contraints par toutes voies, même par corps, le tout jusqu'à ce qu'autrement par le roi en ait été ordonné, dépens réservés. Fait à Paris en la premiere chambre de la Cour des Aides, le dix-sept Février mil six cent quatre-vingt-huit. Collationné. *Signé*, DUMOULIN.

SOUMISSION

En vertu de l'arrêt du Parlement du 10 Juillet 1692, à l'effet de main-levée de saisie de filasse, faite à la requête des jurés en titres d'office des maîtresses filasseuses.

Du 15 Juillet 1692.

AUJOURD'HUI est comparu au greffe de la Cour me François Contet, procureur en icelle, & des directeurs de l'Hôpital-Général de cette ville de Paris; lequel, au moyen du pouvoir à lui donné par les directeurs dudit Hôpital-Général, par leur délibération du dix du présent mois, a déclaré que pour satisfaire à l'arrêt par eux obtenu le huit du présent mois, par lequel la Cour, entr'autres choses, fait main-levée audit Hôpital des saisies faites de filasses, à la requête des jurés en titres d'office des maîtresses filasseuses de cette ville, à la caution du temporel dudit Hôpital, ledit Contet, audit nom, a fait les soumissions requises & nécessaires, & a fait élection de domicile en sa maison, sise rue du Cocq, paroisse Saint-Jean-en-Greve, dont il a requis acte. Fait en Parlement, le quinze Juillet mil six cent quatre-vingt-douze. Collationné. *Signé*, DU TILLET.

SENTENCE CONTRADICTOIRE
DE LA CHAMBRE DU DOMAINE,
CONTRE LE FERMIER DU DOMAINE ET BARRAGE DE PARIS.

Qui décharge l'Hôpital-Général *du paiement du droit domanial ou d'arrivage d'un bateau chargé de farine pour la provision & consommation de* l'Hôpital-Général.

Du 31 Décembre 1695.

LES présidens-trésoriers-généraux de France en la généralité de Paris, tenans la chambre du domaine & trésor au Palais à Paris. A tous ceux qui ces présentes lettres verront;

SALUT. Savoir faiſons, qu'entre les directeurs de l'Hôpital-Général de cette ville de Paris, demandeurs en requête du dix-ſept Décembre préſent mois, tendante à ce qu'il plût à la Chambre leur donner acte de leur déclaration qu'ils prenoient le fait & cauſe d'André Deſchars, meunier à Charenton; ce faiſant, en conſéquence de l'édit d'établiſſement dudit Hôpital-Général, du mois d'Avril 1656, ordonner que le bateau de farine dont eſt queſtion, ſera déclaré exempt de tous droits, & au ſurplus que les ſentences de la Chambre, rendues entre ledit Deſchars, ſeront exécutées ſelon leur forme & teneur, & condamner les défendeurs aux dommages & intérêts des demandeurs & aux dépens; & encore demandeurs en requête judiciaire par eux faite à la Chambre à fin d'oppoſition à l'exécution de la ſentence de la Chambre, rendue entre ledit Deſchars & les défendeurs, le 26 Novembre dernier, en ce qu'elle ordonne le paiement des droits dudit bateau en queſtion, par m^e^ François Contet leur procureur d'une part, & Etienne Richer, fermier du domaine, & les nommés Jacques Bavin & Vaſſal, gardes & commis du bureau de la patache, ſur la riviere de Seine, proche la Tournelle de cette ville de Paris, défendeurs, par m^e^ Nicolas Roux, leur procureur, d'autre part, ſans que les qualités puiſſent nuire ni préjudicier: LA CHAMBRE, parties ouies, enſemble le Febvre pour le procureur du roi, a donné acte aux parties de Contet de leur priſe de fait & cauſe, & en conſéquence les a reçus oppoſans à la ſentence de la Chambre, en ce qu'elle les condamne à payer le droit du bateau; faiſant droit ſur l'oppoſition, a déchargé de payer le droit du bateau, & ſera néanmoins le voiturier tenu de faire ſa déclaration, & remettre entre les mains des commis de la partie de Roux, le certificat des directeurs, dépens compenſés. Si mandons au premier des huiſſiers de la chambre, autre huiſſier ou ſergent royal ſur ce requis, mettre ces préſentes à due & entiere exécution, ſelon leur forme & teneur, & de ce faire lui donnons pouvoir & commiſſion. En témoin de quoi nous avons fait mettre & appoſer le ſcel de ladite Chambre à ceſdites préſentes qui furent faites & données en la Chambre du Domaine & Tréſor au Palais à Paris, le trente-un Décembre mil ſix cent quatre-vingt-quinze. Collationné. *Signé*, LE DROICT, *avec paraphe.*

ARRÊT DU CONSEIL,

QUI décharge l'Hôpital-Général *du droit de joyeux-avénement.*

Du 3 Mai 1698.

SUR la requête préſentée au roi en ſon Conſeil, par les directeurs de l'Hôpital-Général, contenant que, quoique par arrêt contradictoire, rendu au Conſeil de ſa majeſté, le 6 Février 1675, & par lettres-patentes données en conſéquence deſdits mois & an, ils aient été maintenus en la propriété de quatre étaux à boucheries, ſis rue des Boucheries, fauxbourg Saint-Germain, & qu'ils aient été par le même arrêt déchargés de tous droits, tant ceux prétendus pour lors par le ſieur Viallet, fermier des domaines de ſa majeſté, que de tous autres à l'avenir, néanmoins en exécution de l'arrêt du Conſeil du 9 Décembre 1692, leſdits quatre étaux auroient été compris dans un rôle arrêté au Conſeil, & taxés à la ſomme de quatre mille livres, pour le recouvrement de laquelle le ſieur Guillebert, commis prépoſé à la pourſuite de ces droits, auroit fait pluſieurs ſaiſies entre les mains des fermiers & locataires deſdits étaux, leſquels, ſous ce prétexte, refuſent de payer aux ſupplians le prix de leurs baux, quoique deſtiné à la ſubſiſtance des pauvres dudit Hôpital: A CES CAUSES, requéroient qu'il plût à ſa majeſté, en continuant ſes graces audit Hôpital, le maintenir en l'exemption deſdits droits, en conſéquence le décharger du paiement deſdites taxes, faiſant aux ſupplians pleine & entiere main-levée desdites saisies, & ordonner en outre que, si quelque chose se trouve avoir été reçu pour raison de ce, par ledit Guillebert, restitution en sera faite aux supplians. Vu ladite requête, ensemble ledit arrêt du Conseil, du 6 Février 1675, lesdites lettres-patentes, & autres pieces attachées à ladite requête : oui le rapport du sieur Phelypeaux-de-Pontchartrain, conseiller ordinaire au Conseil royal, contrôleur général des finances. LE ROI en son Conseil, ayant égard à ladite requête, a déchargé & décharge lesdits directeurs de l'Hôpital-Général de Paris, de ladite taxe de quatre mille livres, pour laquelle ils ont été compris dans ledit rôle, à cause desdits quatre étaux, leur fait main-levée des saisies faites pour raison de ce, & ordonne que les deniers qui peuvent avoir été reçus à compte de ladite taxe, leur seront rendus, à quoi faire ledit Guillebert & ses cautions, seront contraints par les voies ordinaires, comme pour les deniers & affaires de sa majesté ; & ce faisant, ils en demeureront bien & valablement quittes & déchargés : & sera le présent arrêt exécuté, nonobstant oppositions ou empêchemens quelconques, dont si aucuns interviennent, sa majesté s'en réserve la connoissance, & icelle interdit à toutes ses Cours & juges. Fait au Conseil d'état du roi, tenu à Marly, le troisieme jour de Mai mil six cent quatre-vingt-dix-huit. Collationné. *Signé*, DUJARDIN.

TRANSACTION

ENTRE les directeurs de l'Hôpital-Général, *& les gardes-bateaux, metteurs-à port, touchant l'exemption de l'*Hôpital, *homologuée en Parlement, le sept desdits mois & an.*

Du 5 Septembre 1701.

LOUIS, par la grace de Dieu, roi de France & de Navarre ; savoir faisons, que vu par la Cour la requête à elle présentée par les directeurs de l'Hôpital-Général de cette ville de Paris, à ce qu'il plût à ladite Cour homologuer la transaction passée pardevant Belot & Guyot, notaires au Châtelet, le 5 du présent mois, entre les supplians & les officiers gardes-bateaux, metteurs à port de la ville, fauxbourgs & banlieue de Paris, touchant les droits qui leur ont été accordés, & dont l'Hôpital-Général est exempt, pour être exécutée selon sa forme & teneur ; vu aussi ladite transaction du cinquieme Septembre présent mois, attachée à ladite requête, signée Conter, procureur ; conclusions du procureur-général du roi, oui le rapport de me François Hennequin, conseiller, tout considéré, ensuit la teneur de ladite transaction.

PARDEVANT les conseillers du roi, notaires à Paris, soussignés ; furent présens sieurs Etienne Ricart, demeurant rue de la Mortellerie, paroisse Saint-Paul, Etienne Moreau, demeurant sur le quai des Ormes, susdite paroisse, tous deux officiers gardes-bateaux metteurs à port de la ville, fauxbourgs & banlieue de Paris, syndics en charge de leur communauté ; sieur Jean-Baptiste le Roy, demeurant port & paroisse Saint-Paul, aussi officier, garde-batteaux, metteur à port de ladite ville, fauxbourgs & banlieue de Paris, receveur général de ladite communauté ; & sieur Louis des Champs, propriétaire de l'un desdits offices de garde-batteaux, metteur à port, demeurant à Paris sur l'aîle du Pont-Marie, paroisse Saint-Louis, tant en leurs noms, esdites qualités, qu'en vertu du pouvoir à eux donné par ladite communauté desdits officiers gardes-batteaux, metteurs à port de ladite ville, fauxbourgs & banlieue de Paris, par délibération faite en leur assemblée au bureau à l'ordinaire, du 28 Août dernier 1701, écrite sur leurs registres des délibérations de leurdite communauté, extrait de laquelle délibération, signée Moreau, collationnée par Geoffroy & Vatry, notaires au Châtelet de Paris, le 30 dudit mois d'Août dernier, scellée, & demeurée annexée à la minute des présentes, lesquels, ès noms & qualités, pour prévenir l'opposition que messieurs les directeurs de l'Hôpital-Général de cette ville de Paris, vouloient former à la clause contenue dans la déclaration que le roi a accordée auxdits officiers, qui assujettit les Hôpitaux en général aux droits qui leur sont attribués, prétendant que ladite clause est contraire à l'exemption & franchissement de tous droits accordés audit Hôpital-Général par l'article 59 de son établissement, de l'année 1656, & lesdits officiers représentés par lesdits comparans susnommés, desirant concourir au bien des pauvres dudit Hôpital-Général, ont déclaré, comme par ces présentes, iceux comparans, esdits noms, & en vertu dudit pouvoir de leur communauté, déclarent qu'ils n'entendent point se servir de ladite clause contre le privilege dudit Hôpital-Général, lorsqu'ils ne seront point requis de faire leur travail ordinaire de mettage à port, tant pour tous les batteaux chargés de toutes sortes de provisions qui arriveront pour ledit Hôpital-Général, au port Saint-Louis, construit & entretenu aux dépens dudit Hôpital, que pour tous les batteaux chargés de bled qui arriveront pour ledit Hôpital-Général au port de la Halle au vin, aussi construit & entretenu aux dépens dudit Hôpital, en faisant connoître auxdits officiers par les lettres de voiture, marchés & certificats de six de messieurs les directeurs dudit Hôpital-Général, de la destination desdites provisions pour ledit Hôpital, sauf, en cas que lesdits officiers fussent requis mettre lesdits batteaux à port pour l'Hôpital, ou que les batteaux qui arriveront auxdits ports contiennent d'autres provisions ou marchandises que celles destinées pour ledit Hôpital-Général, à se faire payer de leurs droits, conformément à la déclaration du roi, ce qui a été ainsi accepté & consenti par lesdits sieurs directeurs de l'Hôpital-Général, représentés par m. me Claude le Febvre, conseiller du roi audit Châtelet; Pierre Soubeyran, conseiller du roi, trésorier général de l'argenterie de sa majesté; Henri David & Philippe Gourdon, écuyers, conseillers, secrétaires du roi, maison, couronne de France, & de ses finances; m. me Charles Collin, conseiller du roi, substitut de m. le procureur-général; m. Louis de Paris, bourgeois de Paris; Charles de Poirel, écuyer, sieur de Granval, fermier général, à ce presens, car ainsi a été convenu; & afin que la présente convention soit stable & exécutée entre lesdites parties, elles ont, esdits noms & qualités, consenti qu'elle soit homologuée partout où besoin sera; pourquoi faire & requérir, elles ont constitué leur procureur le porteur d'icelles, lui en donnant pouvoir, sans que la présente convention & consentement puisse nuire ni préjudicier auxdits officiers, à l'égard de toutes autres personnes, n'ayant été par eux donné qu'en faveur & considération des pauvres dudit Hôpital-Général; promettant, obligeant chacun en droit soi, esdits noms & qualités, renonçant. Fait & passé à Paris, au Bureau dudit Hôpital-Général, tenu en la maison de Notre-Dame de Pitié, l'an mil sept cent un, le cinquieme jour du mois de Septembre après midi, & ont signé la minute des présentes demeurée à Guyot, l'un des notaires soussignés, averti de l'enregistrement suivant l'édit. *Signé*, BELOT & GUYOT. *Scellé le meme jour, avec paraphe.*

Ladite Cour a homologué & homologue ladite transaction dudit jour cinq Septembre, présent mois, pour être exécutée selon sa forme & teneur: mandons au premier des huissiers ou sergent sur ce requis, mettre le présent arrêt à exécution, de ce faire te donnons pouvoir. Donné en Parlement, le sept Septembre, l'an de grace mil sept cent un.

ÉDIT DU ROI,

PORTANT création des offices d'inspecteurs aux boucheries dans les villes & bourgs fermés du royaume, & décharge les Hôpitaux *des droits attribués auxdits offices.*

Du mois de Février 1704.

LOUIS, par la grace de Dieu, roi de France & de Navarre: A tous présens & à venir, SALUT. Les rois nos prédécesseurs ont fait en différens tems plusieurs réglemens de police sur le fait des boucheries, & créé plusieurs offices pour veiller à la qualité des viandes qui sont exposées en vente pour la consommation de nos sujets : mais l'exécution de ces réglemens a été tellement négligée depuis la réunion qui a été faite à nos fermes des droits attribués à ces offices, que nous avons résolu, pour remédier aux abus qui s'introduisent journellement dans le débit des viandes, d'établir tant dans notre bonne ville de Paris, que dans toutes les villes & bourgs fermés de notre royaume, des offices d'inspecteurs aux boucheries, pour tenir la main à l'exécution des réglemens faits sur cette matiere; & afin que les fonctions en soient faites avec plus d'exactitude, nous avons en même tems jugé à propos de les réunir & incorporer aux corps desdites villes & bourgs, pour en être l'exercice fait par ceux qui seront commis à cet effet par les maires, échevins, consuls & autres officiers municipaux desdites villes & bourgs; ce qui d'une part nous produira un secours considérable, par la finance que nous tirerons desdites villes & bourgs, pour la réunion desdits offices, & d'autre part, procurera un avantage encore plus considérable auxdites villes & bourgs, lesquels au moyen du revenu annuel qui proviendra des droits attribués auxdits offices, pourront s'acquitter en peu d'années des dettes qu'elles ont contractées, soit pour le bien de notre service ou pour leurs affaires particulieres, ou l'employer au paiement de leurs tailles & autres impositions ordinaires, ainsi qu'il sera estimé plus à propos pour leur soulagement. A CES CAUSES, & autres à ce nous mouvans, de notre certaine science, pleine puissance & autorité royale, nous avons par le présent édit perpétuel & irrévocable, créé & érigé, créons & érigeons en titre d'offices formés & héréditaires, des inspecteurs aux boucheries tant de notre bonne ville & fauxbourgs de Paris, que des autres villes & bourgs fermés de notre royaume, terres & seigneuries de notre obéissance, en tel nombre qu'il sera jugé nécessaire, & réglé par les rôles que nous ferons arrêter en notre Conseil, pour veiller à la qualité des viandes qui y sont debitées par les bouchers, & tenir la main à l'exécution des réglemens de police faits sur cette matiere; à l'effet de quoi les bouchers établis dans lesdites villes & bourgs, seront tenus de faire leurs déclarations aux bureaux qui seront pour ce établis aux entrées desdites villes & bourgs, de tous les bœufs, vaches, veaux, genisses, moutons, brebis & chevres, qu'ils ameneront ou qui leur seront amenés par les forains, & d'en payer les droits qui seront ci-après réglés, le tout à peine de trois cens livres d'amende pour chacune contravention, & de confiscation des bestiaux qui n'auront point été déclarés ; auquel effet permettons auxdits inspecteurs d'en faire la vérification, ainsi que bon leur semblera. Défendons à toutes personnes autres que les bouchers de profession, de vendre de la viande en détail, & auxdits bouchers de tuer leurs viandes ailleurs qu'aux tueries & lieux à ce destinés, ni d'en faire le débit ailleurs qu'aux étaux & lieux publics, à peine de confiscation, & de trois cens livres d'amende. Enjoignons à tous juges à qui la connoissance de la police des boucheries appartient, de condamner les contrevenans aux peines portées par le présent édit, sans aucune remise ni modération, & ce sur les procès-verbaux desdits inspecteurs, leurs commis & préposés, auxquels sera ajouté foi, jusqu'à l'inscription de faux. Avons attribué & attribuons auxdits inspecteurs trois livres par chaque bœuf & vache, douze sols par chaque veau & genisse, & quatre sols par chaque mouton, brebis & chevre qui entreront & se consommeront tant en notre bonne ville & fauxbourgs de Paris, que dans celles de Lyon, Rouen, Caen, Bordeaux, Montauban, Toulouse, Montpellier, Marseille, Aix, Grenoble, Dijon, Metz, Besançon, Nantes, Rennes, Tours, Angers, le Mans, Poitiers, la Rochelle, Orléans, Châlons, Reims, Troyes, Amiens, Soissons, Moulins, Riom, Clermont, Limoges; & quant aux autres villes & bourgs fermés de notre royaume, quarante sols seulement par bœuf & vache, & pareils droits que dessus par veaux, genisses, moutons, brebis & chevres. Voulons que lesdits droits leur soient payés comptant, ou à leurs commis & préposés dans les bureaux qui seront établis à cet effet aux entrées desdites villes & bourgs. N'entendons néanmoins que les viandes pour la nourriture des pauvres renfermés dans les Hôpitaux & Hôtels-Dieu de notre royaume soient sujettes au paiement desdits droits, dont nous les déchargeons expressément, jusqu'à concurrence de leur juste consommation, ainsi qu'elle sera par nous réglée. N'entendons pareillement assujettir auxdits droits les viandes qui seront salées pour servir aux armemens de mer. Et afin d'assurer aux villes & bourgs de notre royaume, dans lesquels nous voulons que lesdits offices soient établis, les avantages que nous nous sommes proposés de leur procurer par cet établissement, nous avons, de la même autorité que dessus, réuni & réunissons lesdits officiers d'inspecteurs des boucheries, créés par le présent édit, ensemble les fonctions & droits y attribués, aux corps & communautés desdites villes & bourgs, pour en jouir & disposer comme de leurs autres biens & revenus patrimoniaux, à la charge de nous payer les sommes auxquelles la finance en sera réglée par les rôles que nous ferons arrêter en notre Conseil, en quatre termes & paiemens égaux, de six mois en six mois, le premier comptant, auquel effet voulons que par les sieurs intendans & commissaires départis dans nos provinces & généralités, ou ceux qui seront par eux subdélégués à cet effet, il soit procédé, avec les formalités ordinaires & après les publications requises, à l'adjudication des droits attribués auxdits offices, à commencer du premier Avril prochain, au profit de ceux qui se chargeront du paiement de ladite finance, & deux sols pour livre, dans les termes ci-dessus, moyennant une jouissance de moins de durée, & feront la condition desdites villes & bourgs meilleure; après quoi, voulons que le revenu desdits droits soit baillé à ferme au profit desdites villes & bourgs, pour en être le produit employé à l'acquittement de leurs charges, & au paiement de leurs dettes ou autres emplois qui seront jugés les plus utiles pour leur avantage. Si donnons en mandement à nos amés & féaux conseillers, les gens tenans notre Cour de Parlement, Chambre de nos Comptes & Cour des Aides à Paris, que notre présent édit ils aient à faire lire, publier & registrer, & le contenu en icelui faire exécuter selon sa forme & teneur, sans permettre qu'il y soit contrevenu en quelque maniere que ce soit, nonobstant tous édits, déclarations, réglemens, & autres choses à ce contraires, auxquelles nous avons dérogé & dérogeons par le présent édit; car tel est notre plaisir: & afin que ce soit chose ferme & stable à toujours, nous y avons fait mettre notre scel. Donné à Versailles au mois de Février, l'an de grace mil sept cent quatre, & de notre regne le soixante-unieme. *Signé*, LOUIS. *Et plus bas:* par le roi, PHELYPEAUX. *Visa*, PHELYPEAUX. Vu au Conseil, CHAMILLART. *Et scellé du grand sceau de cire verte, en lacs de soie rouge & verte.*

Registrée, oui, & ce requérant le procureur-général du roi, pour être exécutée selon sa forme & teneur, & copies collationnées envoyées aux bailliages & sénéchaussées du ressort, pour y être lues, publiées & registrées. Enjoint aux substituts du procureur-

général

général du roi, d'y tenir la main, & d'en certifier la cour dans un mois, ſuivant l'arrêt de ce jour. A Paris, en Parlement, le ſept Mai mil ſept cent quatre.

Signé, DONGOIS.

ARRÊT DU CONSEIL D'ÉTAT DU ROI,

POUR l'augmentation de cinq cens muids de vin, pendant une année, exempts de tous droits.

Du 19 Février 1704.

SUR la requête préſentée au roi en ſon Conſeil, par les directeurs de l'Hôpital-Général de Paris, contenant que les mille muids de vin dont il a plu à ſa majeſté accorder le privilege par chacun an, par ſes lettres-patentes de l'établiſſement dudit Hôpital, de l'année 1656, ne pouvant ſuffire au grand nombre de pauvres qui y ſont renfermés, par l'augmentation qui y eſt ſurvenue, principalement depuis la déclaration de ſa majeſté concernant les mendians, à l'exécution de laquelle les directeurs tiennent la main avec toute l'attention poſſible, ils ſe trouveroient hors d'état de continuer la proviſion de vin qu'il leur eſt néceſſaire, s'ils étoient obligés d'en payer les droits d'entrée, ce qui les oblige d'avoir recours à ſa majeſté, à ce qu'il lui plaiſe, en continuant ſes charités & ſes bontés envers ledit Hôpital, de lui accorder une augmentation dudit privilege : Vu ladite requête, & oui le rapport du ſieur Chamillart, conſeiller ordinaire au Conſeil royal, contrôleur général des finances. LE ROI en ſon Conſeil, ayant égard à ladite requête, a ordonné & ordonne qu'outre les mille muids de vin de privilege accordés audit Hôpital-Général, par l'édit d'établiſſement d'icelui, dont l'emploi eſt fait dans l'état des privileges pour l'entrée du vin de la préſente année, leſdits ſieurs directeurs pourront dans le courant de la préſente année faire entrer cinq cens muids de vin d'augmentation pour la conſommation dudit Hôpital, ſans payer aucuns droits d'entrée, dont ils demeureront déchargés, en vertu du préſent arrêt, ſur les certificats deſdits ſieurs directeurs, rapportant leſquels, il ſera tenu compte deſdits droits à m. Charles Ferreau, fermier-général des Aides & entrées, ſur le prix de ſon bail, à raiſon de dix-ſept livres quinze ſols, par chaque muid de vin d'entrée à Paris, & de cinquante-trois ſols neuf deniers, pour les droits du pont de Joigny.

ARRÊTS DE LA COUR DES AIDES,

Qui condamnent Pierre Pottier, Pierre Perrine *&* Nicolas La Riviere, *successivement fermiers des aides & domaines de l'élection d'Orléans, & leurs cautions, même par corps, à rendre & restituer à l'*Hôpital-Général *de Paris, les droits de passe-debout, octrois & autres, perçus par leurs commis sur les vins, eaux-de-vie, huiles, chanvres, poivre, confitures, prunes, morues & autres marchandises passant debout par la ville d'Orléans, ou sous les ponts de ladite ville, pour la provision, nourriture & entretien des pauvres dudit Hôpital, avec les intérêts, du jour des demandes : leur font défenses, & aux autres fermiers & sous-fermiers, d'exiger à l'avenir de pareils droits sur les marchandises destinées pour la provision des pauvres dudit Hôpital, conformément aux lettres-patentes d'établissement d'icelui, à peine de tous dépens, dommages & intérêts ; & les condamnent en tous les dépens.*

Des 8 Mars 1702, & 19 Décembre 1704.

L'arrêt du dix-neuf Décembre mil sept cent quatre, ordonne qu'il sera lu, publié & regisiré au greffe de l'élection d'Orléans, à la diligence du substitut du procureur-général en ladite élection.

Nota. Les droits d'octroi dont il s'agit, consistent en onze sols par poinçon de vin, vingt-deux sols par poinçon d'eau-de-vie passant debout par la ville, fauxbourgs & franchises d'Orléans, ou sous les ponts de ladite ville, & en droits de péages sur les vins, marchandises & denrées.

LOUIS, par la grace de Dieu, roi de France & de Navarre : Au premier des huissiers de notre Cour des Aides, ou autre notre huissier ou sergent royal sur ce requis. Comparans judiciairement en notredite Cour les directeurs de l'Hôpital-Général de cette ville de Paris, appellans d'une sentence rendue en l'élection d'Orléans, le 7 Janvier 1700, & de tout ce qui s'en est ensuivi, & demandeurs aux fins de la commission par eux obtenue en Chancellerie, le 31 Décembre ensuivant, & exploit fait en conséquence, le 19 Janvier 1701 : ladite commission tendante à ce plût à la Cour, en infirmant ladite sentence, condamner l'intimé & ses cautions ci-après nommés, par corps, à rendre & restituer aux appellans, ou à leur receveur dudit Hôpital-Général, la somme de huit cens quinze livres sept sols six deniers par lui exigée, & ses commis, pour prétendus droits de passe-debout, octrois & autres, à cause de plusieurs vins destinés pour la fourniture dudit Hôpital-Général, suivant six quittances de ses commis, des 31 Décembre 1699, 14 & 15 Avril, 21 Septembre, 20 & 24 Novembre 1700, avec les intérêts du jour des paiemens : faire défenses audit intimé de plus exiger aucuns droits sur tous les vins & autres marchandises passans sous le pont d'Orléans, destinés à la nourriture & entretien des pauvres dudit Hôpital-Général, conformément à l'édit d'établissement d'icelui : & pour l'avoir fait, condamner ledit intimé & ses cautions aux dommages & intérêts des appellans, & aux dépens, d'une part ; & Pierre Pottier, fermier des Aides de l'élection d'Orléans, & ses cautions, intimés & défendeurs, d'autre part. Et encore entre ledit Pottier & ses cautions, demandeurs en requête du 21 Janvier 1702, à fin d'opposition à l'arrêt par défaut obtenu par lesdits sieurs directeurs de l'Hôpital-Général de Paris, le 30 Décembre dernier, signifié le 14 dudit mois de Janvier dernier, d'une part, & lesdits sieurs directeurs de l'Hôpital-Général, défendeurs, d'autre part ; ne pourront les qualités préjudicier : après que Gueau avocat des directeurs de l'Hôpital-Général, Gondoüin pour les intimés & appellans, ont été ouis ; ensemble le Haguais de Queritot pour notre procureur-général, en ses conclusions : NOTREDITE COUR a reçu & reçoit la partie de Gondoüin opposante à l'exécution de l'arrêt par défaut, du 30 Décembre dernier, & dont est question ; faisant droit sur l'opposition, a mis & met l'appellation & ce dont a été appellé au néant ; émendant, faisant droit sur la requête desdites parties de Gueau, condamne celle de Gondoüin & ses cautions, même par corps, à rendre & restituer auxdites parties de Gueau, la somme de huit cens quinze livres sept sols six deniers, si tant se monte les quittances du commis à la recette de ladite partie de Gondoüin, & par lui exigée pour prétendus droits sur les vins passant debout par la ville d'Orléans ou sous les ponts de ladite ville, pour la provision des pauvres de l'Hôpital-Général de la ville de Paris, & aux intérêts de ladite somme, à compter du jour de la demande : a fait & fait inhibitions & défenses auxdites parties de Gondoüin, d'exiger à l'avenir de pareils droits sur les vins qui passeront par ladite ville ou sous les ponts de ladite ville d'Orléans, pour la provision des pauvres dudit Hôpital-Général de la ville de Paris, conformément aux lettres-patentes de nous, portant établissement dudit Hôpital, vérifiées en icelle, à peine de tous dépens, dommages & intérêts : condamne lesdites parties de Gondoüin en tous les dépens. Si te mandons mettre le présent arrêt à exécution selon sa forme & teneur, de ce faire te donnons pouvoir. Donné à Paris, en la premiere Chambre de notredite Cour des Aides, le huitieme jour de Mars, l'an de grace mil sept cent deux, & de notre regne le cinquante-neuvieme. Collationné, par la Cour des Aides, *Signé*, ROBERT, & *scellé*.

EXTRAIT DES REGISTRES DE LA COUR DES AIDES,

Du 19 Décembre 1704.

LOUIS, par la grace de Dieu, roi de France & de Navarre : Au premier huissier de notre Cour des Aides, ou autre sur ce requis, SALUT. Comparans judiciairement en notredite Cour les directeurs de l'Hôpital-Général de Paris, demandeurs aux fins de l'exploit du 13 Mai 1702, fait en vertu de l'édit d'établissement dudit Hôpital-Général, tendant à ce qu'il plût à la Cour déclarer l'arrêt contradictoire du 8 Mars précédent, rendu au profit des demandeurs, contre Pierre Pottier, ci-devant fermier des Aides & domaines d'Orléans, commun avec les défendeurs, nouveaux fermiers desdits droits : ce faisant, les condamner solidairement & par corps, à rendre & restituer audit Hôpital-Général la somme de sept cens vingt-deux livres quinze sols par eux exigée pour lesdits droits, suivant quatre quittances signées Masset & Sallet, des 23 Mai & 17 Octobre 1701, 11 Janvier 1702, avec les intérêts du jour de la demande, à raison de l'ordonnance ; leur faire défenses d'exiger à l'avenir aucuns droits sur les vins & autres provisions qui passeront par la ville & sous les ponts d'Orléans, pour les provisions dudit Hôpital-Général ; & en conséquence, décharger le sieur Troüilleur, pourvoyeur dudit Hôpital-Général, purement & simplement, des soumissions par lui faites de payer les droits prétendus sur les six cens pieces de vin & busses d'eau-de-vie, quinze milliers de chanvre, passés audit mois de Mai sous lesdits ponts d'Orléans, pour la provision & subsistance dudit Hôpital-Général ; & condamner les défendeurs aux dépens, d'une part ; & Pierre Perrine, fermier des Aides de l'élection d'Orléans, le sieur Gourdin, receveur-général des droits desdites Aides & domaines, & les intéressés & cautions du bail dudit Perrine, défendeurs, d'autre. Et entre ledit Perrine, fermier des Aides d'Orléans, & ses cautions, opposans à l'exécution de l'arrêt contr'eux obtenu par les défendeurs, le 12 Décembre 1702, suivant les réponses faites par les sieurs Charpentier & Boullin, deux desdites cautions, aux commandemens à eux faits le 15 Avril dernier, d'une part, & lesdits directeurs de l'Hôpital, défendeurs, d'autre. Et entre lesdits sieurs directeurs de l'Hôpital-Général, demandeurs en requêtes des 6 & 31 Mai dernier, à ce que ledit Perrine & ses cautions fussent déclarés non-recevables en leurs susdites oppositions : que, sans s'y arrêter, il plût à la Cour ordonner que ledit arrêt du 12 Décembre 1702, ensemble celui rendu contradictoirement avec ledit Pottier & ses cautions, au profit dudit Hôpital-Général, ledit jour 8 Mars précédent, seroient déclarés communs avec les défendeurs, & exécutés selon leur forme & teneur; & en conséquence, condamner ledit Perrine & ses cautions, solidairement & par corps, à rendre & restituer auxdits sieurs directeurs, entre les mains du receveur dudit Hôpital-Général, la somme de mille vingt-neuf livres dix sols trois deniers, par eux exigée pour prétendus droits dont ledit Hôpital-Général est exempt, portée en sept quittances de leurs receveurs & commis, des 20, 24 Novembre 1700, 23, 24 Mai, 17 Octobre 1701, & 11 Janvier 1702, avec les intérêts desdites sommes, des jours de chaque paiement, & en tous les dépens. Condamner pareillement Nicolas la Riviere & ses cautions, solidairement & par corps, à rendre & restituer auxdits directeurs, entre les mains du receveur dudit Hôpital-Général, la somme de quatre cens cinquante-une livres huit sols trois deniers, par eux exigée pour pareils prétendus droits, suivant quatre quittances de leurs commis, des 29 Novembre, 18, 28 Décembre 1703, & 24 Avril 1704, avec les intérêts du jour de chaque paiement, aux dommages-intérêts dudit Hôpital, & aux dépens; leur faire défenses aux uns & aux autres d'exiger à l'avenir aucuns droits sur les vins, huiles, & autres provisions destinées pour ledit Hôpital-Général, & qui passeront par-dessus ou dessous ledit pont d'Orléans, sur telles peines qu'il plaira à la Cour; & pour rendre l'arrêt qui interviendra, notoire & public, ordonner qu'il sera registré au greffe de l'election d'Orléans, à quoi faire sera le greffier de ladite élection contraint, nonobstant oppositions ou empêchemens quelconques, pour lesquels ne sera différé, d'une part; & ledit Perrine & ses cautions, & Nicolas de la Riviere aussi fermier des Aides de l'élection d'Orléans, & ses cautions, défendeurs, d'autre. Et entre ledit de la Riviere & ses cautions, demandeurs en requête du vingt-septieme jour d'Octobre dernier, à fin d'opposition à l'exécution de l'arrêt contre lui obtenu par lesdits sieurs directeurs, le 2 Septembre précédent, signifié le 25 dudit mois d'Octobre, d'une part; & lesdits sieurs directeurs de l'Hôpital-Général, défendeurs, d'autre. Et entre ledit Perrine & ses cautions, demandeurs en deux requêtes desdits jours 27 Octobre & 12 Novembre ensuivant; la premiere à fin d'opposition à l'exécution dudit arrêt du 2 Septembre, & la seconde, à ce qu'en réitérant l'opposition ci-devant formée par le sieur Boullin, l'une desdites cautions, ledit jour 15 Avril dernier, à l'exécution dudit arrêt du 12 Décembre 1702, il plût à la cour recevoir ledit Perrine & ses cautions opposans à l'exécution dudit arrêt, déclarer la procédure sur laquelle il est intervenu, nulle, & débouter les défendeurs de leurs demandes, d'une part; & les directeurs de l'Hôpital-Général de Paris, défendeurs, d'autre part; ne pourront les qualités préjudicier; après que Gueau, avocat des directeurs de l'Hôpital-Général, Andrieu, avocat, pour Perrine & ses cautions, ont respectivement été ouis, en leurs moyens, défenses & repliques, & requis défaut à l'encontre des défaillans : & pour le profit, que les conclusions par eux prises leur soient adjugées, & qu'il a été rapporté par Campion, huissier, avoir appellé lesdits défaillans & leur procureur : LA COUR a reçu & reçoit les parties d'Andrieu seulement opposantes à l'exécution des arrêts des 12 Décembre 1702, & 2 Septembre dernier, en refondant les frais & dépens bien & légitimement faits, ordonne que l'arrêt contradictoire du 8 Mars de ladite année 1702, sera exécuté selon sa forme & teneur; ce faisant, a condamné & condamne les parties d'Andrieu, solidairement entr'eux, & par corps, à rendre & restituer aux parties de Gueau, la somme de mille vingt livres dix sols trois deniers, exigée pour prétendus droits pris sur les vins, huiles, poivre, confitures, & autres marchandises pour la provision de l'Hôpital-Général, suivant les quittances de leurs commis, si tant se montent lesdites quittances, avec les intérêts de ladite somme, du jour de la demande. Fait défenses auxdites parties d'Andieu, & autres fermiers & sous-fermiers, d'exiger à l'avenir de pareils droits sur les marchandises destinées pour la provision dudit Hôpital-Général, conformément aux lettres-patentes d'établissement dudit Hôpital, bien & duement vérifiées en ladite Cour. A donné défaut à l'encontre des défaillans; & pour le profit, reçoit pareillement lesdits défaillans opposans, à leur égard, audit arrêt du 2 Septembre dernier: en refondant les dépens adjugés par icelui, & au principal, les condamne aussi solidairement, & par corps, à rendre & restituer auxdites parties de Gueau, la somme de quatre cens cinquante-une livres huit sols neuf deniers, aussi par eux exigée pour prétendus droits sur les vins, huiles, prunes, confitures, morues, chanvres, & autres marchandises pour la provision dudit Hôpital-Général, avec les intérêts desdites sommes, du jour des demandes: & pour l'avoir fait, condamne lesdites parties d'Andrieu, & les défaillans, entr'eux solidairement, pour dommages & intérêts desdites parties de Gueau, en tous les dépens contr'eux faits, chacun à leur égard. Et sera le présent arrêt lu, publié & registré au greffe de l'élection d'Orléans, à la diligence du substitut du procureur-général en ladite élection, à ce qu'aucun n'en ignore. Fait à Paris, en la premiere chambre de ladite Cour des Aides, le dix-neuvieme Décembre mil sept cent quatre. Collationné. Par la Cour des Aides, *Signé*, ROBERT. *Et scellé.*

ARRÊT DU CONSEIL D'ÉTAT DU ROI,

*DONNÉ en faveur de l'*Hôtel-Dieu, *& de l'*Hôpital-Général *de Paris, & des maisons dépendantes de leur administration, portant confirmation de tous leurs privileges & exemptions, & défenses à tous officiers d'exiger aucuns droits pour raison des marchandises, provisions & autres choses destinées à l'usage desdits Hôpitaux.*

Du 30 Mars 1706.

SUR ce qui a été représenté au roi, étant en son Conseil, qu'entre les privileges accordés par sa majesté & par les rois ses prédécesseurs à l'Hôtel-Dieu de Paris, à l'Hôpital-Général de ladite ville, & aux maisons dépendantes de l'administration & direction desdits Hôpitaux, le plus considérable, le mieux établi, & le plus nécessaire pour le bien des pauvres, consiste dans la liberté qui leur a été accordée & confirmée dans tous les tems, d'acheter & faire conduire, tant par eau que par terre, auxdits Hôpitaux & Maisons en dépendantes, toutes denrées & provisions nécessaires pour la nourriture & l'entretien des pauvres, sans en payer aucus droits, péages, ni autres impositions; que dès les années 1248, 1255, & 1269, le roi Saint-Louis accorda cette exemption à l'Hôtel-Dieu dans les termes les plus favorables; que cette même exemption a été confirmée par les rois Philippes-le-Long, Charles-le-Bel, Charles V, & Charles VI, par leurs lettres-patentes des années 1325, 1353, 1363, 1367, 1376, 1409 & 1419, que le roi François I considérant ces exemptions comme dues de droit à l'Hôtel-Dieu, en a fait une maxime qui a toujours depuis servi de regle, que sous prétexte de la clause, d'exempts & non exempts, qui se trouveroit insérée dans les édits, l'Hôtel-Dieu ne seroit point réputé compris; que le roi Henri II, les rois ses successeurs, & le feu roi, pere de sa majesté, ont suivi l'exemple de leurs prédécesseurs, par leurs lettres-patentes des mois de Mars 1554, Juillet 1605, Juin 1633, & Avril 1637; & sa majesté toujours attentive aux besoins de l'Hôtel-Dieu, s'est fait un soin particulier d'en conserver & même d'en augmenter tous les privileges par ses lettres-patentes des années 1646, &

1704, & par plusieurs arrêts de son Conseil, & notamment par ceux des 15 Novembre 1656, 10 Novembre 1657, 9 Juin 1663, 15 Janvier 1671, & 17 Novembre 1674. Que par l'édit d'établissement de l'Hôpital-Général, du mois d'Avril 1656, le roi lui accorda tous les mêmes privileges, avec pareille clause, que ledit Hôpital en jouiroit, encore qu'il fût dit que les droits seroient payés par les privilégiés & non privilégiés, exempts & non exempts, à quoi pour ce regard, sa majesté auroit dérogé en faveur des pauvres. Que nonobstant des privileges si bien établis, les mouleurs & autres officiers sur le bois, les mesureurs & porteurs de charbon, les jaugeurs, rouleurs & déchargeurs de vin, les mesureurs & porteurs de grains, les contrôleurs de la marchandise de foin, les auneurs de toiles, les gardes de nuit, metteurs à ports, & autres officiers de la ville de Paris, veulent exiger leurs droits, & pour en être payés font des procès auxdits Hôpitaux, & aux marchands & voituriers qui sont chargés de faire leurs provisions & fournitures, à cause que les édits & déclarations qui en ordonnent la perception, portent qu'ils seront payés par les exempts & non exempts, & que par les édits & déclarations des mois de Juin 1703, Février, Mars & Mai 1704, il est dit que les officiers sur le bois, les mesureurs & porteurs de charbon, & les jaugeurs de vin seront payés de la moitié de leurs droits, aux offres qu'ils faisoient de travailler, quoique cela ne puisse être entendu, qu'au cas qu'ils fussent requis de faire leurs fonctions dans lesdits Hôpitaux, aux privileges desquels sa majesté n'a point entendu donner atteinte; ce qui est un trouble dans la possession immémoriale, où sont lesdits Hôpitaux, de leurs privileges & exemptions, & une contravention formelle aux édits, déclarations & lettres-patentes, qui les ont établis; que la conséquence seroit infinie pour lesdits Hôpitaux, si les officiers, communautés, traitans, & tous autres qui levent des droits sur le public, prétendoient donner atteinte à ces exemptions si anciennes, si favorables, si nécessaires, confirmées par tant de titres, conservées & augmentées dans tous les tems par la piété & la charité de tous les rois; & que les administrateurs & directeurs desdits Hôpitaux avoient tout lieu d'espérer de la piété du roi que sa majesté auroit pour les pauvres desdits Hôpitaux, la bonté de les y maintenir, de leur faire pleine & entiere main-levée des saisies faites & à faire sur leurs revenus, à la requête desdits officiers, & en conséquence ordonner que les payeurs des rentes de l'hôtel-de-ville, locataires & autres débiteurs, seront tenus de vuider leurs mains en celles des receveurs desdits Hôpitaux; quoi faisant, ils en demeureront valablement déchargés. Vu lesdits édits, déclarations, lettres-patentes & arrêts contenant les privileges desdits Hôpitaux, ensemble les édits, déclarations & réglemens qui ont créé lesdits officiers, & les droits dont il s'agit : oui le rapport du sieur Chamillart, conseiller ordinaire au conseil royal, contrôleur-général des finances. LE ROI étant en son Conseil, a maintenu & gardé, maintient & garde lesdits Hôtel-Dieu & Hôpital-Général de Paris, & les Maisons dépendantes de l'administration & direction desdits Hôpitaux, dans tous les privileges & exemptions qui leur ont été accordés & octroyés, & en conséquence a défendu & défend très-expressément à tous lesdits officiers de la ville de Paris, sans aucune exception, d'exiger aucuns droits, de quelque nature & sous quelque prétexte que ce puisse être, même en vertu desdits édits & déclarations des mois de Juin 1703, Février, Mars & Mai 1704, & autres édits, déclarations & arrêts, pour raison des marchandises, denrées & autres choses généralement quelconques qui seront destinées pour l'usage desdits Hôpitaux, & les maisons en dépendantes, suivant les certificats signés de six des administrateurs & directeurs d'iceux, ni de troubler ou inquieter à cette occasion les marchands & voituriers qui seront chargés de livrer & voiturer lesdites marchandises, denrées & autres choses pour lesdits Hôpitaux & Maisons en dépendantes, à peine de quinze cens livres d'amende, applicable à leur profit par moitié, & de tous dépens, dommages & intérêts; ce faisant, sa majesté a fait auxdits administrateurs & directeurs pleine & entiere main-levée des saisies faites & à faire sur lesdits Hôpitaux, pour raison desdits droits, & en conséquence ordonne que les payeurs des rentes de l'hôtel-de-ville, locataires & autres débiteurs, seront tenus de vuider leurs mains en celles des receveurs desdits Hôpitaux, quoi faisant, ils en demeureront valablement déchargés; entend toutefois sa majesté que ceux desdits officiers qui seront appellés auxdits Hôpitaux & Maisons en dépendantes, pour y faire leurs fonctions, soient payés de la moitié de leurs droits, lors seulement qu'ils auront été appellés à faire leurs fonctions, & sans qu'ils puissent prétendre qu'on soit obligé de les y appeller. Fait au Conseil d'état du roi, sa majesté y étant, tenu à Versailles, le trentieme jour de Mars mil sept cent six. *Signé*, PHELYPEAUX.

LOUIS, par la grace de Dieu, roi de France & de Navarre : Au premier notre huissier ou sergent sur ce requis. Nous te mandons & commandons par ces présentes signées de notre main, que l'arrêt dont l'extrait est ci-attaché sous le contre-scel de notre Chancellerie, cejourd'hui donné en notre Conseil d'état, nous y étant, tu signifies à tous qu'il appartiendra, à ce qu'ils n'en ignorent, & fasses pour son entiere exécution tous actes & exploits nécessaires, sans demander autre permission : car tel est notre plaisir. Donné à Versailles le trentieme jour de Mars, l'an de grace mil sept cent six, & de notre regne le soixante & troisieme. *Signé*, LOUIS. *Et plus bas*, par le roi, PHELYPEAUX. *Et scellé du grand sceau de cire jaune.*

ARRÊT DU CONSEIL D'ÉTAT DU ROI,

PORTANT *que l'adjudicataire des droits d'inspecteurs aux boucheries, paiera tous les ans la somme de quatre mille trois cents vingt-quatre livres dix sols à* l'Hôpital-Général.

Du 14 Septembre 1706.

VU au Conseil d'Etat du Roi l'arrêt rendu en icelui, le 4 Juillet 1705, par lequel il a ordonné que la somme de dix mille livres, à laquelle sa majesté a fixé le droit des inspecteurs aux boucheries, pour les bestiaux qui se consomment dans les Hôpitaux de la ville & fauxbourgs de Paris, seroit payée, chaque année, suivant la répartition portée par ledit Arrêt, par Elie Biest, adjudicataire desdits droits d'inspecteurs aux boucheries, pendant six années neuf mois, pour lequel tems ledit droit lui a été adjugé, moyennant douze cents mille liv. qu'il a payés au trésor royal, à la décharge des prévôt des marchands & échevins de la ville de Paris; la requête présentée par les supérieure & religieuses Hospitalieres de Sainte-Catherine de la rue Saint-Denis, tendante à ce qu'il plaise à sa majesté ordonner que ledit Hôpital qui a été omis dans la répartition dudit arrêt, du 4 Juillet 1705, participera, à cause de la viande qui s'y consomme, de même que les autres Hôpitaux, dans les dix mille livres que ledit Biest est tenu de payer, & l'état contenant le nombre de bestiaux qui se consomment actuellement pour la subsistance dudit Hôpital Sainte-Catherine, certifié des supérieurs & administrateurs d'icelui, joint à la requête : oui le rapport du sieur Chamillart, Conseiller au Conseil Royal, contrôleur-général des finances. LE ROI, en son Conseil, a ordonné & ordonne que ledit arrêt, du 4 Juillet 1705, sera exécuté selon sa forme & teneur, pour la premiere année de l'adjudication dudit Biest seulement; & qu'à l'égard des cinq dernieres années, & neuf mois d'icelle, ladite somme de dix mille livres sera payée par ledit Biest, par chacune desdites cinq dernieres années, & pour les neuf mois, à proportion, savoir; quatre mille trois cents vingt-quatre livres dix sols à l'Hôpital-Général, d'où dépendent ceux de la Pitié, Scipion, les Enfans-Trouvés, près Notre-Dame, les Enfans-Trouvés du fauxbourg Saint-Antoine, les Enfans-Rouges, les Enfans du Saint-Esprit; trois mille six cents trente livres huit sols à l'Hôtel-Dieu, d'où dépend l'Hôpital des Incurables; cent quatre-vingts livres à l'Hôpital des Petites-Maisons; cent quarante-sept liv. à l'Hôpital de la Trinité, rue Saint-Denis; quatre cents vingt-deux liv. quatre sols à celui de la Charité des hommes; deux cents quatre-vingt-une livres douze sols à celui de Saint-Julien & Sainte-Basile, du fauxbourg Saint-Marcel; cent soixante-seize liv. trois sols à l'Hôpital Saint-Anastase, dit l'Hôtel-Dieu de Saint-Gervais; cent trois livres à l'Hôpital de la Providence, rue de l'Arbalêtre, fauxbourg Saint-Marceau; cent quatre-vingt-cinq livres cinq sols aux Hospitalieres de Saint-Joseph de la Roquette; cent quatre-vingt-dix livres aux Filles du Bon-Pasteur, rue du Chasse-Midi; quatre-vingt-une livres quatorze sols aux Filles de la Miséricorde; cent dix-sept livres seize sols à l'Hôpital de la Charité Notre-Dame, place royale; cent trente livres huit sols à celui de l'Assomption Notre-Dame de la Charité des Convalescens, rue du Bacq, fauxbourg Saint-Germain; & cent trente livres à l'Hôpital Sainte-Catherine, rue Saint-Denis; lesquelles sommes seront payées sur les quittances des préposés à la recette & administration desdits Hôpitaux; & en remettant par ledit Bieft lesdites quittances au greffe de l'hôtel-de-ville, il en demeurera bien & valablement déchargé. Fait au Conseil d'État du Roi, le quatorze Septembre mil sept cent six.

LETTRES-PATENTES DU ROI,

Qui maintiennent l'Hôpital-Général, *ceux des* Enfans-Trouvés, *du* Saint-Esprit, *& autres de la même direction, dans leurs privileges & exemptions, pour raison des marchandises & denrées de leur consommation.*

Du 10 Juin 1710.

LOUIS, par la grace de Dieu, roi de France & de Navarre : A tous ceux qui ces présentes lettres verront, SALUT. Nos chers & bien-aimés les directeurs de l'Hôpital-Général de notre bonne ville de Paris, nous ont très-humblement fait remontrer que l'affection que nous avons toujours eue pour l'établissement de cet Hôpital, que les rois nos prédécesseurs avoient beaucoup desiré, sans avoir eu la consolation de le voir accompli comme il l'a été, en exécution de notre édit du mois d'Avril 1656, nous ayant porté à lui accorder dès-lors tous les privileges & exemptions qui pouvoient contribuer à le soutenir & l'augmenter; les secours importans que nous avons connu que le public en recevoit, nous ont porté à lui donner, conjointement avec l'Hôtel-Dieu de notre bonne ville de Paris, de nouvelles marques de notre protection, par l'arrêt de notre Conseil, du 30 Mars 1706, qui ordonne, en faveur de ces deux principaux Hôpitaux, & des maisons dépendantes de leur administration, la confirmation de tous leurs privileges & exemptions, & fait défenses à tous officiers de ladite ville de Paris, sans aucune exception, d'exiger aucuns droits, de quelque nature, & sous quelque prétexte que ce puisse être. Nous avons cependant été informés qu'au préjudice de tous ces privileges, d'un côté les préposés pour l'exécution de notre édit du mois de Mai dernier, portant création des charges des vérificateurs des lettres de voitures des marchandises qui arrivent à Paris, vouloient exiger des droits sur les marchandises destinées pour la fourniture & l'usage des pauvres desdits Hôpitaux; que d'un autre côté les fermiers des greffes des insinuations, créés par notre édit du mois de Décembre 1703, prétendoient assujettir lesdits Hôpitaux à payer les droits d'insinuations pour les dons & legs à eux faits, excédant la somme de trois cents livres, sous prétexte de de l'article 3 de notre déclaration du mois de Mars 1708, & que pareillement le traitant des droits d'enregistrement des biens aliénés de nos domaines, vouloit aussi exiger desdits Hôpitaux les droits attribués pour ces enregistremens, au sujet des maisons qu'ils possedent dans la ville de Paris; & comme notre intention n'a point été que les pauvres de ces Hôpitaux soient sujets à aucuns de ces droits, ni autres, de quelque qualité, & sous quelque prétexte que ce puisse être, nous aurions déjà pourvu sur la très-humble remontrance que les administrateurs de l'Hôtel-Dieu nous en ont faite, à la décharge de l'Hôtel-Dieu & de l'Hôpital des Incurables, tant par notre arrêt du Conseil, que par nos lettres-patentes des 3 & 25 Septembre dernier, par lesquelles nous avons maintenu ledit Hôtel-Dieu & l'Hôpital des Incurables y joint, dans tous les droits, privileges & exemptions qui leur ont été par nous accordés; & en conséquence, avons fait très-expresses défenses à tous officiers, fermiers, receveurs & autres, sans exception, d'exiger aucuns droits, de quelque nature, & sous quelque prétexte que ce puisse être, pour raison des marchandises, denrées & provisions destinées pour l'usage desdits Hôpitaux, suivant les certificats signés de six desdits administrateurs, ni de troubler & inquiéter pour raison de ce les marchands ou voituriers chargés de livrer ou voiturer lesdites marchandises & autres choses pour lesdits Hôpitaux; comme aussi nous avons enjoint au fermier des greffes des insinuations, créé par notre édit du mois de Décembre 1703, & au traitant des droits d'enregistrement des biens aliénés de notre domaine, leurs commis & préposés, d'expédier & enregistrer gratuitement tous contrats & autres actes concernant ces deux Hôpitaux, à peine de tous dépens, dommages & intérêts. Et desirant traiter aussi favorablement l'Hôpital-Général, & les maisons qui sont sous la même administration, nous avons reçu avec plaisir la très-humble supplication que les directeurs nous ont faite de leur accorder de semblables lettres-patentes. A CES CAUSES, de l'avis de notre Conseil, qui a vu ledit arrêt du 30 Mars 1706, & lettres-patentes du 25 Septembre dernier, ci-attachés sous le contre-scel de notre Chancellerie, NOUS, de notre grace spéciale, pleine puissance & autorité royale, conformément audit arrêt de notre Conseil, & auxdites lettres-patentes, AVONS par ces présentes, signées de notre main, maintenu & maintenons ledit Hôpital-Général de Paris, & les Hôpitaux & maisons du Saint-Esprit, des Enfans-Trouvés, Enfans-Rouges & Refuge, qui sont sous la même direction, dans tous les droits, privileges & exemptions qui leur ont été par nous accordés; & en conséquence, nous avons, suivant & conformément audit arrêt de notre Conseil du 30 Mars 1706, fait & faisons très-expresses défenses à tous officiers de la ville de Paris, fermiers, receveurs, & autres commis & préposés à la perception des droits à eux attribués, d'exiger aucun droit, de quelque nature, & sous quelque prétexte que ce puisse être, pour raison des marchandises, denrées & provisions destinées pour l'usage desd. Hôpitaux, suivant les certificats signés de six des exposans, ni de troubler & inquiéter les marchands & voituriers chargés de livrer ou voiturer lesdites marchandises, & autres choses, pour lesdits Hôpitaux; comme aussi nous avons enjoint & enjoignons au fermier des greffes des insinuations, créés par notre édit du mois de Décembre 1703, & au traitant des droits d'enregistrement des biens aliénés de notre domaine, leurs commis & préposés, d'expédier & d'enregistrer gratuitement tous contrats & autres actes concernans lesdits Hôpitaux, à peine de tous dépens, dommages & intérêts. Si donnons en mandement à nos amés & féaux conseillers, les gens tenans nos cours de Parlement, Chambre des Comptes & cour des Aides à Paris, & autres nos officiers & justiciers qu'il appartiendra, que ces présentes ils fassent lire, publier, registrer, & de leur contenu, jouir & user ledit Hôpital-Général & les Hôpitaux & maisons du Saint-Esprit, Enfans-Trouvés, Enfans-Rouges & Refuge, de notre bonne ville de Paris, pleinement & paisiblement, cessant & faisant cesser toutes choses à ce contraires : voulons qu'aux copies collationnées de ces présentes par l'un de nos amés & féaux conseillers-secrétaires, foi soit ajoutée comme aux originaux :

car tel est notre plaisir; en témoin de quoi, nous avons fait mettre notre scel. Donné à Versailles le dixieme jour de Juin, l'an de grace mil sept cent dix, & de notre regne le soixante-huitieme. *Signé*, LOUIS. *Et plus bas*, par le roi, PHELYPEAUX. Vu au Conseil, DESMARETZ. *Et scellé du grand sceau de cire jaune*

Registrées, oui & ce requérant le procureur-général du roi, pour être exécutées selon leur forme & teneur, suivant l'arrêt de ce jour. A Paris, en Parlement, le dix Juillet mil sept cent dix.

Signé, *DONGOIS.*

Registrées en la Chambre des Comptes, oui le procureur-général du roi, pour être exécutées selon leur forme & teneur, le neuf Août mil sept cent dix.

Signe, *RICHER.*

ARRÊT DE LA COUR DES AIDES,

QUI déclare bonnes & valables les offres faites par mm. les administrateurs de l'Hôpital-Général *aux officiers & maîtres voituriers par eau de Rouen à Paris à dix liv. par millier de beurre, ordonne qu'à l'avenir lesdits voituriers seront tenus de se contenter de dix livres par millier, sinon permet auxdits administrateurs de se servir des premiers voituriers, sans qu'ils puissent être troublés.*

Du 26 Janvier 1711.

LOUIS, par la grace de Dieu, roi de France & de Navarre; au premier huissier de notre cour des Aides, ou autre huissier ou sergent royal sur ce requis : vu par notredite Cour le défaut obtenu au greffe d'icelle, le 12 Novembre 1710, par les directeurs de l'Hôpital-Général de Paris, demandeurs aux fins de l'exploit du 31 Octobre dernier, fait en vertu de l'édit d'établissement dudit Hôpital-Général, contre les officiers & maîtres voituriers par eau de Paris à Rouen, & de Rouen à Paris, défendeurs & défaillans ; & faute de comparoir après que les délais de l'ordonnance sont expirés, vu aussi ledit exploit susdaté, demande & inventaire faits sur le profit dudit défaut, oui le rapport de Me..... le Jarcel, conseiller, & tout considéré : NOTREDITE COUR a déclaré & déclare ledit défaut avoir été bien & duement obtenu ; & adjugeant le profit d'icelui, déclare les offres faites par les demandeurs, à deniers découverts, de payer aux défendeurs la somme de cent trente-deux livres dix sols pour la voiture de deux cents cinquante pots de beurre, d'une part; & deux cents quatre-vingts pots, d'autre, à raison de dix livres par millier de beurre, composé de quarante pots, bonnes & valables : ce faisant, ordonne à l'avenir que lesdits défendeurs seront tenus de se contenter de dix livres par millier; sinon, & à faute de ce faire, permet aux demandeurs de se servir des premieres voitures qu'ils trouveront pour les marchandises concernant la nourriture & subsistance dudit Hôpital-Général, sans qu'ils puissent être troublés par les défendeurs; & en conséquence, décharge les demandeurs des demandes & assignation à eux données pardevant les Prévôt des marchands & Echevins de cette ville de Paris, à la requête des défendeurs, les déboute desdites demandes par eux formées, & les condamne aux dépens de l'instance dudit défaut, & de tout ce qui a suivi. Si te mandons de mettre le présent Arrêt à exécution. Donné à Paris, en la premiere chambre de notre cour des Aides, le vingt-six Janvier mil sept cent onze, & de notre regne le soixante-huitieme. Collationné. *Signé*, DOMIER.

ARRÊT DE LA COUR DES AIDES,

Qui décharge l'Hôpital-Général *de l'imposition de taille exigée par les collecteurs de la dame Dervieux, qui faisoit valoir une terre de* l'Hôpital, *située à Santeny.*

Du 23 Décembre 1713.

LOUIS, par la grace de Dieu, roi de France & de Navarre; au premier huissier de notre cour des Aides, ou autres sur ce requis : vu par notredite Cour la requête à elle présentée par les directeurs de l'Hôpital-Général, & de celui du Saint-Esprit y uni, de cette ville de Paris, ayant pris le fait & cause de la dame Dervieux, leur domestique en la ferme de Senteny, à ce qu'il plût à notredite Cour les recevoir opposans à l'itératif commandement fait à ladite Dervieux le 19 Décembre présent mois, quoique décédée plusieurs jours auparavant, & ce en adhérant à leurs premieres oppositions & demandes, ordonne que sur icelle les parties auront audience au premier jour; & cependant, attendu le privilege des supplians, porté par l'édit d'établissement dudit Hôpital-Général, suivant lequel leurs *fermiers & domestiques*, & toutes les terres, maisons & fermes dépendantes dudit Hôpital-Général, sont exempts de tailles & de tous autres impôts; lequel édit a été bien & duement signifié auxdits habitans, dès avant la confection de leur rôle; faire défenses de procéder à la vente des grains & autres choses saisies en la ferme des supplians, passer outre, ni faire poursuites ailleurs qu'en notredite Cour, à peine de mille livres d'amende, dépens, dommages & intérêts : vu aussi les pieces attachées à ladite requête, signée Contet, conclusions du procureur-général du Roi ; oui le rapport de maître Vincent-Pierre Mignon, conseiller, & tout considéré : NOTREDITE COUR ayant égard à ladite requête, a reçu & reçoit les supplians opposans à l'itératif commandement fait à la dame Dervieux le 19 du présent mois de Décembre, ordonne que sur icelles les parties auront audience au premier jour; fait défenses de procéder à la vente des grains & autres choses saisies en la ferme des supplians, passer outre, ni faire poursuites ailleurs qu'en notredite Cour, à peine de cinq cents livres d'amende, dépens, dommages & intérêts. Si mandons mettre le présent arrêt à exécution. Donné à Paris, en la premiere chambre de notredite Cour des Aides, le vingt-trois Décembre mil sept cent treize, & de notre regne le soixante-neuvieme. Par la cour des Aides. *Signé*, LEMAITRE & collationné.

ARRÊT DU PARLEMENT,

Contradictoire avec le fermier-général des droits d'octrois & péages de la ville de Châlons, pour l'exemption de tous droits de péages & autres sur les grains destinés pour la subsistance des pauvres de l'Hôpital-Général

Du 19 Juillet 1714.

ENTRE nous les directeurs de l'Hôpital-Général de cette ville de Paris, demandeurs aux fins de la commission de chancellerie, & exploit fait en conséquence, des 28 Juin & 3 Juillet 1713, ladite commission tendante à ce que les privileges accordés audit Hôpital, seroient exécutés; ce faisant, que défenses seroient faites au défendeur ci-après nommé, & tous autres, de prendre & percevoir aucuns droits d'octrois & péage sur les grains destinés pour la subsistance des pauvres dudit Hôpital, & de troubler les voituriers, qu'ils seroient tenus de laisser passer, sans les troubler, inquiéter, ni retarder, & qu'ils seroient condamnés à rendre & restituer les droits qu'ils s'étoient fait payer au préjudice dudit Hôpital, aux dommages-intérêts envers les pauvres, & aux dépens, d'une part; & Pierre Tauxier, fermier-général des droits d'octrois de la ville & fauxbourgs de Châlons, défendeur, d'autre; & entre ledit Tauxier, incidemment demandeur, suivant ses défenses du 24 Mars 1714, tendantes à ce que les commissions d'achats ne pourront être données à ceux qui font négoce; & que ceux qui auront des commissions pour faire des achats de grains, seront tenus de les faire enregistrer au bureau dudit Tauxier, pour sur icelles être fait mention des qualités qui passeront, dont les sacs seront marqués pour ledit Hôpital, sans pouvoir être vendus ni négociés ailleurs & à d'autres, & telles autres précautions que la Cour & messieurs les gens du roi trouveront à propos, par leur prudence, pour éviter la fraude; & encore ledit Tauxier, opposant, par acte du 11 Mai 1714, à l'arrêt par défaut du 17 Avril précédent, d'une autre part; & lesdits directeurs de l'Hôpital-Général, défendeurs & demandeurs en requête du 15 Janvier 1714, à ce que ledit Tauxier soit tenu de venir conclure sur l'opposition ci-dessus, dont il seroit débouté avec dépens, d'une part; & ledit Tauxier, défendeur, d'autre: après que Roux, procureur de l'Hôpital-Général, a demandé la réception de l'appointement avisé contradictoirement au parquet des gens du Roi, avec Chevrel, procureur de Tauxier, & paraphé de Chauvelin, pour le procureur-général du Roi, & signifié le 13 Juillet présent mois, à Chevrel, procureur: LA COUR ordonne que l'appointement sera reçu; & suivant icelui, a reçu la partie de Chevrel opposante à l'arrêt par défaut au principal, sans s'arrêter à la demande formée par la partie de Chevrel, dont elle l'a débouté; ordonne que le privilege accordé à l'Hôpital-Général par l'édit de son établissement sera exécuté; en conséquence, fait défenses à la partie de Chevrel, & à tous autres fermiers des octrois, de percevoir aucuns droits d'octrois sur la quantité de grains fixés par les commissions délivrées par les parties de Roux, & destinés pour la subsistance des pauvres de l'Hôpital-Général; leur enjoint de laisser passer les voituriers chargés de la conduite desdits grains, sans les inquiéter ni retenir, en leur rementtant néanmoins par lesdits voituriers des certificats des préposés aux achats, de la quantité des grains qu'ils voitureront; condamne la partie de Chevrel à restituer les droits par elle perçus, & aux dépens, pour tous dommages-intérêts. Fait en Parlement, le dix-neuf Juillet mil sept cent quatorze.

SENTENCE DE L'ÉLECTION DE PARIS,

QUI décharge l'Hôpital-Grnéral *de la taille à laquelle il avoit été imposé, à cause d'une ferme qu'il faisoit valoir au village de Santeny.*

Du 11 Janvier 1716.

A tous ceux qui ces présentes lettres verront; à tous présidens, lieutenans, assesseurs, élus & conseillers du roi notre sire, sur le fait des aides & tailles en cette cité & élection de Paris, SALUT. Savoir faisons, que nous avons donné & donnons défaut à m^e Gilles Lefebvre, procureur de messieurs les directeurs & administrateurs de l'Hôpital-Général de Paris, propriétaires de la ferme du Saint-Esprit, en la paroisse de Santeny, demandeurs suivant l'exploit de Daguet, huissier à Brie-Comte-Robert, du 30 du présent mois, contrôlé audit lieu le même jour, par placet présenté au greffe de ce siege cejourd'hui, à ce qu'attendu les privileges accordés en faveur dudit Hôpital; & faute de fermiers pour ladite ferme du Saint-Esprit, qu'ils sont obligés de faire par leurs mains; il fût fait défenses de comprendre, ni imposer au rôle des tailles dudit lieu de Santeny, & autres impositions faites en leurs noms, ou de celui d'exploitance & faisant valoir, ni autrement, à peine par lesdits collateurs & autres d'être responsables en leurs noms de tous dépens, dommages & intérêts à l'encontre des habitans de ladite paroisse de Santeny, défendeurs, & à défaut de comparans, ni procureurs pour eux, ajournés à huitaine non comparans, ni procureurs pour eux, appellés & attendus en la maniere accoutumée. Nous, attendu les privileges accordés en faveur des parties de Lefebvre, faisons inhibitions & défenses aux défaillans & à leurs collecteurs de la présente année & les suivantes, de comprendre ni imposer par leurs rôles des tailles & autres impositions les parties de Lefebvre pour raison de ladite ferme du Saint-Esprit à eux appartenante, fait en leur nom, ou sur celui d'exploitant, faisant valoir ni autrement, en se conformant néanmoins par lesdites parties de Lefebvre aux réglemens, & ne faisant acte dérogeant à leurs privileges, à peine par les collecteurs & contrevenans de supporter la cote en leurs propres & privés noms, & de tous dépens, dommages & intérêts, & sera la présente sentence exécutée, nonobstant oppositions ou appellations quelconques par autre jugement. Mandons au premier huissier, ou sergent sur ce requis, mettre ces présentes à exécution ; en témoin de quoi nous avons fait sceller ces presentes. Ce fut fait & donné en l'élection de Paris, l'audience tenant, le onze Janvier mille sept cent seize. *Signé*, GUYARD. Scellé le 14 Janvier 1716. *Signés*, MARBRE, CRAMOISY.

L'AN mil sept cent seize le dix-huitieme jour de Janvier, avant midi, la présente sentence a été, à la requête desdits sieurs directeurs & administrateurs de l'Hôpital-Général de Paris, qui ont élu leur domicile, à l'effet des présentes, en la maison de la ferme du Saint-Esprit, sise en la paroisse de Santeny, par moi Nicolas Doguet, premier huissier-audiencier aux Eaux & Forêts de Brie-Comte-Robert, présidial, soussigné, lue, montrée, signifiée, & d'icelle baillé & laissé copie aux syndics, marguilliers, manans & habitans de la paroisse dudit Santeny, en parlant pour eux à Henri Tierce, leur syndic électif, & à Henri Jacquemin, l'aîné, & Germain Chevret, assesseurs & collecteurs des tailles de la paroisse de Santeny, nommés pour la présente année 1716, en parlant pour eux à la personne dudit Chevret, l'un d'iceux, en leurs domiciles audit lieu, où je me suis exprès transporté, distant dudit Brie-Comte-Rober, ma demeure ordinaire, d'une lieue, à ce que du contenu en ladite sentence ils n'en ignorent, & auxquels habitans, èsdits noms, parlant comme dessus, j'ai réitéré ladite sentence y mentionnée, sur les peines y contenues, & leur ai, à chacun d'eux, laissé séparément copie, tant de la sentence, que du présent exploit. *Signé*, DOGUET. Contrôlé à Brie-Comte-Robert, ce dix-huit Janvier mil sept cent seize. *Signé*, PLACET.

LETTRES-PATENTES SUR ARRÊT,

*PORTANT confirmatian de privilege en faveur de l'*Hôpital-Général *de Paris.*

Du mois d'Avril 1720.

LOUIS, par la grace de Dieu, roi de France & de Navarre : A tous présens & à venir, SALUT. Nos chers & bien amés les directeurs de l'Hôpital-Général de notre bonne ville de Paris, nous ont fait remontrer que par l'arrêt de notre Conseil d'Etat du 23 Février 1720, rendu sur leur requête, contenant que par les lettres-patentes, en forme d'édit, du feu roi notre très-honoré seigneur & bisaïeul, du 7 Avril 1656, publiées pour l'établissement dudit Hôpital, & enregistrées dans toutes les Cours, notredit seigneur & bisaïeul a affranchi, quitté, exempté & déchargé de tous subsides, impositions, droits d'entrées, tant à Paris qu'ailleurs, par eau & par terre, des ports, péages, octrois de villes, barrages, ponts & passages mis & à mettre, & de toutes autres choses généralement quelconques, dont ledit Hôpital pourroit être tenu pour les vivres & provisions, même pour les vins, jusqu'à concurrence de mille muids par an, bois à brûler & à bâtir, charbon, foin, cendres & autres denrées & commodités nécessaires & utiles pour la subsistance & entretien des pauvres, officiers & domestiques dudit Hôpital-Général, des membres qui y sont unis, & des lieux qui en dépendent, quoiq'uil soit dit que les droits seront payés par les privilégiés & non privilégiés, exempts & non exempts, à quoi, pour ce regard, notredit seigneur & bisaïeul a dérogé, en considération des pauvres; lesquels privileges & exemptions ont été confirmés par des lettres-patentes du feu roi notre seigneur & bisaïeul, du 10 Juin 1710. Cependant Armand Pillavoine, fermier-général de nos fermes unies, prétend que ces privileges & exemptions sont compris dans la révocation prononcée par l'article V de notre édit du mois d'Août 1717, &, sous ce prétexte, il exige des soumissions pour le paiement des droits des provisions qui sont nécessaires audit Hôpital, & avoit même sommé les exposans, le 9 Décembre dernier, de lui déclarer s'ils avoient obtenu nos lettres-patentes de confirmation de leurs privileges, depuis notredit édit du mois d'Août 1717, & de lui en donner copie; que comme ces difficultés du fermier sont très-préjudiciables aux pauvres dudit Hôpital, par les retardemens qu'elles apportent à ses provisions, & que la protection dont nous l'avons honoré, ne peut faire présumer que nous ayons eu intention de lui ôter des privileges qui, étant une partie de sa dotation, & sans lesquels cette maison ne pourroit se soutenir, sur-tout dans le tems où les denrées sont à un prix excessif, il nous auroit plu déclarer n'avoir entendu révoquer les exemptions & privileges accordés audit Hôpital-Général de Paris, & lieux en dépendans, par les lettres-patentes des 7 Avril 1656, & 10 Juin 1710. Ce faisant, aurions ordonné que lesdites lettres-patentes seront exécutées selon leur forme & teneur, & en conséquence, que ledit Hôpital-Général de Paris jouira à l'avenir, comme il a joui & dû jouir par le passé, de toutes les exemptions & privileges qui lui ont été accordés & confirmés par lesdites lettres-patentes, nonobstant ce qui est porté par les articles IV & V de notre édit du mois d'Août 1717, auxquels nous aurions dérogé pour ce regard, en tant que besoin est ou seroit, par ledit arrêt de notre Conseil d'Etat dudit jour 23 Février dernier, & ordonné que, pour l'exécution d'icelui, toutes lettres nécessaires seront expédiées, lesquelles lesdits exposans nous ont très-humblement fait supplier leur vouloir accorder. A CES CAUSES, de l'avis de notre très-cher & très-amé oncle le duc d'Orléans, petit-fils de France, régent; de notre très-cher & très-amé oncle le duc de Chartres, premier prince de notre sang; de notre très-cher & très-amé cousin le duc de Bourbon, de notre très-cher & très-amé cousin le prince de Conti, princes de notre sang; de notre très-cher & très-amé oncle le comte de Toulouse, prince légitimé, & autres pairs de France, grands & notables personnages de notre royaume, & de notre Conseil, qui a vu ledit arrêt du 23 Février dernier, ci-attaché sous le contre-scel de notre Chancellerie, nous avons, conformément à icelui, déclaré & déclarons par ces présentes signées de notre main, n'avoir entendu révoquer les exemptions & privileges accordés à l'Hôpital-Général de notredite ville de Paris, & lieux en dépendans, par les lettres-patentes des 7 Avril 1656, & 10 Juin 1710 : voulons & ordonnons que lesdites lettres-patentes soient exécutées selon leur forme & teneur, & en conséqnence, que ledit Hôpital-Général de Paris jouisse à l'avenir, comme il a joui & dû jouir par le passé, de toutes les exemptions & privileges qui lui ont été accordés & confirmés par lesdites lettres-patentes, nonobstant ce qui est porté par les articles IV & V de notre édit du mois d'Août 1717, auquel nous avons dérogé & dérogeons par cesdites présentes, pour ce regard, en tant que besoin est ou seroit. Si donnons en mandement à nos amés & féaux conseillers les gens tenans nos Cours de Parlement & Cour des Aides à Paris, que ces présentes ils aient à faire enregistrer, pour être exécutées selon leur forme & teneur, & que du contenu en icelles & audit arrêt, ils fassent jouir & user lesdits exposans pleinement, paisiblement & perpétuellement, cessant & faisant cesser tous troubles & empêchemens contraires : Car tel est notre plaisir. Et afin que ce soit chose ferme & stable à toujours, nous avons fait mettre notre scel à cesdites présentes. Données à Paris au mois d'Avril, l'an de grace mil sept cent vingt, & de notre regne le cinquieme. *Signé*, LOUIS. *Et sur le repli*, Par le roi, LE DUC D'ORLÉANS, régent, présent ; PHELYPEAUX. *Visa*, M. R. DE VOYER D'ARGENSON (pour confirmation de privilege à l'Hôpital-Général de Paris). Vu au Conseil, Law. Et scellées du grand sceau de cire verte, en lacs de soie rouge & verte.

Registrée, oui, ce requérant le procureur-général du roi, pour être exécutées selon leur forme & teneur, suivant l'arrêt de ce jour. A Paris, en Parlement, le vingt-neuf Avril mil sept cent vingt. Signé, GILBERT.

EXTRAIT DES REGISTRES DU CONSEIL D'ÉTAT.

SUR la requête présentée au roi étant en son Conseil, par les directeurs de l'Hôpital-Général de Paris : contenant que par les lettres-patentes du feu roi, en forme d'édit, du 7 Avril 1656, publiées pour l'établissement dudit Hôpital, & enregistrées dans toutes les Cours, sa majesté a affranchi, quitté, exempté & déchargé de tous subsides, impositions, droits d'entrées, tant à Paris qu'ailleurs, par eau & par terre, des ports, péages, octrois de villes, barrages, ponts & passages mis & à mettre, & de toutes autres choses généralement quelconques, dont ledit Hôpital pourroit être tenu pour les vivres & provisions, même pour les vins, jusqu'à concurrence de mille muids par an, bois à brûler & à bâtir, charbon, foin, cendres & autres denrées & commodités nécessaires & utiles pour la subsistance & entretien des pauvres, officiers & domestiques de l'Hôpital-Général, des membres qui y sont unis, & des lieux qui en dépendent, quoiqu'il soit dit que les droits seront payés par les privilégiés & non privilégiés, exempts & non exempts, à quoi, pour ce regard, sa majesté a dérogé, en considération des pauvres ; lesquels privileges & exemptions ont été confirmés par des lettres-patentes du feu roi, du 10 Juin 1710. Cependant Armand Pillavoine, fermier-général des fermes unies, prétend que ces privileges & exemptions sont comprises dans la révocation prononcée par l'article V de l'édit du mois d'Août 1717, &, sous ce prétexte, il exige des soumissions pour le paiement des droits des provisions qui sont nécessaires audit Hôpital ; & il a même sommé les supplians, le 9 Décembre dernier, de lui déclarer s'ils ont obtenu des lettres-patentes de confirmation de leurs privileges, depuis l'édit du mois d'Août 1717, & de lui en donner copie. Comme ces difficultés du fermier sont très-préjudiciables aux pauvres de l'Hôpital, par les retardemens qu'elles apportent à ses provisions, & que la protection dont sa majesté l'a honoré, ne peut faire présumer qu'elle ait eu intention de lui ôter des privileges qui étant une partie de sa dotation, & sans lesquels cette maison ne pourroit se soutenir, sur-tout dans le tems où toutes les denrées sont à un prix excessif, les supplians esperent de la justice de sa majesté & de sa charité pour les pauvres, qu'elle déclarera sa volonté à cet égard. A CES CAUSES, requerent les supplians qu'il plaise à sa majesté dire & déclarer que son intention n'a point été de révoquer les exemptions & privileges accordés à l'Hôpital-Général de Paris, & lieux en dépendans, par les lettres-patentes du 7 Avril 1656, confirmées par celles du 10 Juin 1710 ; ce faisant, ordonner que lesdites lettres-patentes seront exécutées selon leur forme & teneur, & en conséquence, que l'Hôpital-Général jouira à l'avenir, comme par le passé, de toutes les exemptions & privileges qui lui ont été accordés & confirmés par lesdites lettres-patentes, nonobstant ce qui est porté par les articles IV & V de l'édit du mois d'Août

1717, auxquels il plaira à sa majesté de déroger, pour ce regard seulement. Vu ladite requête & les pieces y attachées : oui le rapport du sieur Law, conseiller du roi en tous ses Conseils, contrôleur-général des finances. LE ROI, étant en son Conseil, de l'avis de m. le duc d'Orléans, régent, a déclaré & déclare n'avoir entendu révoquer les exemptions & privileges accordés à l'Hôpital-Général de Paris, & lieux en dépendans, par les lettres-patentes des 7 Avril 1656, & 10 Juin 1710 ; ce faisant, ordonne que lesdites lettres-patentes seront exécutées selon leur forme & teneur ; & en conséquence, que l'Hôpital-Général de Paris jouira à l'avenir, comme il a joui & dû jouir par le passé, de toutes les exemptions & privileges qui lui ont été accordés & confirmés par lesdites lettres-patentes, nonobstant ce qui est porté par les articles IV & V de l'édit du mois d'Août 1717, auxquels sa majesté a dérogé & déroge, pour ce regard, en tant que besoin est ou seroit ; &, pour l'exécution du présent arrêt, seront toutes lettres nécessaires expédiées. Fait au Conseil d'Etat du roi, sa majesté y étant, tenu à Paris le vingt-troisieme jour de Février mil sept cent vingt. *Signé*, PHELYPEAUX.

Enregistrées au contrôle général des finances, par nous écuyer, conseiller du roi, garde des registres du contrôle général des finances. A Paris, le dix-neuf Mars mil sept cent vingt. Signé, SOUBEYRAN.

Registrées, oui, ce requérant le procureur-général du roi, pour être exécutées selon leur forme & teneur, suivant l'arrêt de ce jour. A Paris, en Parlement, ce vingt-neuvieme Avril mil sept cent vingt. Signé, GILBERT.

Registrées en la cour des Aides, oui le procureur-général du roi, pour être exécutées selon leur forme & teneur. A Paris, ce seizieme Mai mil sept cent vingt. Collationné.

Signé, OLIVIER.

TRAITÉ

FAIT le 23 Mai 1731, avec messieurs les administrateurs de l'Hôpital-Général, *& messieurs les fermiers-généraux, qui fixe la remise du pied-fourché à sept mille livres par an, & à quatorze mille livres pour les quatre sols pour livre, tant qu'ils subsisteront.*

L'HÔPITAL-GÉNÉRAL paie les droits d'entrées sur le bestial à pied-fourché, destiné pour sa consommation, au fur & à mesure de l'entrée desdits bestiaux.

La boucherie dudit Hôpital est établie à Scipion, pour l'entrée.

Suivant un ancien usage, les quittances desdites entrées ont éte remises, après l'année révolue, au bureau général des Aides, & il a été fait sur icelles un état des quantités & différentes natures de bestial, dont les droits ont été payés au nom dudit Hôpital-Général.

Il a été rendu à l'Hôpital-Général le quart desdits droits, à quoi a été arbitré la consommation de la maison de Bicêtre, qui est située sur le taillable, hors l'entrée, & qui tire sa consommation des abbatis de bestiaux de la boucherie de Scipion.

Sur les trois autres quarts restans, la ferme générale a bien voulu en rendre & accorder la moitié à titre de grace & de charité.

Pour éviter à l'avenir le détail d'un compte & toutes discussions, il a été convenu entre messieurs les administrateurs dudit Hôpital-Général, & les cautions du bail de Pierre Charlier & de Nicolas Desboves, qu'il sera payé annuellement audit Hôpital-Général, par lesdites

lesdites cautions, tant que lesdits baux dureront, pour tenir lieu desdites remises, la somme de sept mille livres d'une part, pour le principal desdits droits, & celle de quatorze cens livres d'autre part, pour les quatre sols pour livre, en quatre paiemens égaux de quartier en quartier, à compter du premier Octobre dernier, le paiement de laquelle somme de quatorze mille livres cessera, à compter du jour que lesdits quatre sols pour livre seront supprimés.

Qu'au cas qu'il fût établi par la suite une boucherie à la maison de Bicêtre, ou que cette maison ne tirât plus sa provision & consommation de la boucherie de Scipion, il sera alors diminué deux mille huit cens livres, sur lesdites sept mille livres, & les quatre sols pour livre desdites deux mille huit cens livres.

Au moyen de quoi les droits d'entrée sur le bestial à pied-fourché, destiné pour ledit Hôpital-Général & ses dépendances, continueront d'être payés en entier comptant, à l'ordinaire, au fur & à mesure de l'entrée. Fait & arrêté double, à Paris ce vingt-troisieme Mai mil sept cent trente-un.

ARRÊT DU CONSEIL D'ÉTAT DU ROI,

QUI accorde à l'Hôpital-Général, *pour cette fois seulement, l'exemption de tous droits d'entrées pour quatre cens muids de vin, au-delà des mille muids ordinaires, & des cinq cens muids d'augmentation par an.*

Du 27 Octobre 1733.

SUR la requête présentée au roi, en son Conseil, par les directeurs & administrateurs de l'Hôpital-Général de la ville de Paris, contenant que l'augmentation du nombre des pauvres est telle, que les mille muids de vin dont sa majesté a accordé l'exemption des entrées de Paris, & des droits du pont de Joigny & droits rétablis, au moyen de l'emploi qui en est fait annuellement dans ses états, & les cinq cens muids pour lesquels elle accorde pareille exemption, en vertu d'arrêts du Conseil qui s'en expédient cette année, n'étant pas suffisans, ils supplient très-humblement sa majesté de vouloir bien leur accorder, pour la présente année 1733, l'exemption des mêmes droits pour la quantité de mille muids de vin qu'ils ont été obligés de faire venir dans le mois de Juin dernier, pour être en état de commencer la distribution des vins dans les différentes Maisons de l'Hôpital, parce qu'au 30 Septembre dernier est fini le marché d'entreprise qui avoit été fait pour cette fourniture, & pour prouver le besoin qu'ils ont de cette augmentation, ils rapportent un état par lequel sa majesté connoîtra la différence qui se trouve entre le nombre de pauvres qui étoient dans les Hôpitaux en l'année 1720, & ceux qui y sont renfermés aujourd'hui; qu'aussi depuis 1720, il n'y a pas eu d'années dans lesquelles les supplians n'aient été obligés de payer à la ferme les droits de cent-cinquante muids ou environ, & que ce fut sur ces raisons qu'en l'année 1726, sa majesté eut la bonté de leur accorder l'exemption des droits d'entrées de quatre cens muids par extraordinaire, & pour les années précédentes; & comme la nécessité est encore plus grande aujourd'hui, ils esperent que sa majesté voudra bien leur accorder pour cette année seulement la grace qu'ils demandent, ce qui les mettra en état, par leur économie, de ne la pas importuner pendant plusieurs années pour pareille demande. Oui le rapport du sieur Orry, conseiller d'état & ordinaire au conseil royal, contrôleur-général des finances: **LE ROI** en son Conseil, par grace, pour cette fois seulement, & sans tirer à conséquence, a accordé à l'Hôpital-Général de Paris, l'exemption des droits d'entrées, & droits rétablis dans la ville de Paris, & des droits du pont de Joigny, pour quatre cens muids de vin, outre la quantité de mille muids pour laquelle ledit Hôpital a été employé dans l'état des entrées de l'année 1733, & de cinq cens muids dont l'exemption lui a été accordée par arrêt du 12 Août dernier; Ordonne sa majesté, qu'il sera tenu compte à m. Nicolas Desboues, adjudicataire de la ferme générale, du montant desdits droits pour ladite quantité de quatre cens muids de vin sur le prix de l'année 1733, de ladite ferme générale, en rapportant, avec copie collationnée du présent arrêt, les certificats des directeurs dudit Hôpital, en la maniere ordinaire.

ARRÊT DU PARLEMENT,

CONFIRMATIF du privilege qui appartient à l'Hôpital-Général, *d'être payé, par préférence à tous autres créanciers, des droits qui lui sont attribués, & de contraindre par corps tous les redevables de ces droits.*

Du 23 Août 1741.

LOUIS, par la grace de Dieu, roi de France & de Navarre: Au premier des huissiers de notre Cour de Parlement, ou autre huissier ou sergent sur ce requis; savoir faisons, qu'entre François Rousseau, marchand de bois pour la provision de Paris, poursuivant la préférence des deniers saisis sur Louis de Lyon, aussi marchand de bois à Paris, & Marie-Madelaine Feron, sa femme, demandeurs aux fins de la commission & exploit des 4 & 10 Octobre 1738, des requête & exploits des 20 Décembre suivant, 29 & 30 Janvier, 14 & 23 Février, 6 Mars, 8 & 17 Avril 1739, à ce que les défendeurs ci-après nommés fussent tenus d'apporter titres & exploit en vertu desquels ils ont formé opposition sur les bois & deniers saisis appartenans auxdits de Lyon & sa femme, sinon & à faute de ce faire, que main-levée pure & simple en seroit faite, ou qu'en tout cas ledit Rousseau seroit payé par privilege & préférence à eux, sur les deniers saisis, de la somme de douze cens livres de principal à lui due, ensemble des intérêts, frais & mises d'exécution & dépens, & que les contestans fussent condamnés aux dépens, qu'il auroit en tout cas la liberté d'employer en frais, privileges de poursuites, de préférence, d'une part; & Claude Lavie, marchand de bois à Saint-Liebeau, Jean Moreau & Elisabeth Poucy sa femme, André Rousseau admodiateur de la terre de Coursan, Edme Bathery, marchand de bois à Clamecy, les directeurs & administrateurs de l'Hôpital-Général de Paris, Jean Tramblay, marchand à Paris, François Mouillefert, marchand à Saint-Liebeau, Jean-Baptiste Bazille, marchand à Joigny, Nicolas Godot, marchand de bois à Paris, & Nicolas Desestres, marchand charpentier à Paris, Louis de Lyon & Marie-Madelaine Feron sa femme, défendeurs d'autre part; & entre ledit François Rousseau poursuivant, demandeur aux fins de la requête & exploit du 23 Août 1730, à ce que la saisie faite, à la requête dudit Rousseau, par procès-verbal du 18 du même mois d'Août, des bois appartenans audit de Lyon, étans sur le port de Brinon, marqués K, soit déclarée bonne & valable, ce faisant que sur le prix provenant de la vente desdits bois, ledit Rousseau seroit payé de la somme de douze cens livres de principal à lui due, ensemble de ses intérêts, frais & mises d'exécution d'une part; & Louis de Lyon, partie saisie, défendeur, d'autre part; & entre ledit Nicolas Desestres, demandeur en requête du 18 Avril 1739, à ce que l'arrêt qui interviendroit sur sa demande en préférence par lui formée, fut déclaré commun avec François Valois, ci-après nommé, d'une part; & François Valois, bourgeois de Paris, défendeur d'autre part; & entre Léonard Robert, Thomas Roger, & Antoine le Franc, sergent & caporal des gardes de jour & de nuit sur les ports de Paris, demandeurs aux fins de l'exploit donné au Châtelet de Paris, le

14 Janvier 1740, sur lequel il a été ordonné que les parties procéderont en la Cour, par arrêt du 16 du même mois de Janvier, & demandeurs en requête du 18 Février suivant, à ce que ledit Rousseau fût condamné à leur payer quatre cens cinquante-quatre livres dix sols, pour dix mois trois jours de garde des bois, ensemble leurs frais & dépens, & que pour faciliter le paiement, il fût ordonné que sur les deniers saisis, étant ès-mains de me Doyen, notaire au Châtelet, ils seroient payés de ladite somme par privilege & préférence, d'une part; & ledit François Rousseau poursuivant, Louis de Lyon, partie saisie, & les créanciers opposans, défendeurs, d'autre part; & entre ledit François Rousseau, poursuivant, demandeur en requête des 26, 28 Janvier, & 20 Avril 1739, à ce que les ci-après nommés fussent tenus d'apporter titres & exploits, en vertu desquels ils ont saisi sur ledit de Lyon & sa femme; & Nicolas Desboves, ci-devant fermier-général des fermes-unies de France, & Jacques Forceville, fermier-général desdites fermes-unies, défendeurs, d'autre part; & entre Claude Lavie, demandeur en requête du 23 Juillet 1740, à ce qu'il soit payé, par privilege & préférence à tous créanciers, de la somme de deux mille cinquante-deux livres, avec les intérêts & dépens, d'une part; & ledit François Rousseau, poursuivant, Louis de Lyon, partie saisie, & les créanciers opposans, défendeurs, d'autre part; & entre Léonard Robert, sergent des gardes des ports de Paris, & Françoise Bardin sa femme, auparavant femme de Joseph Lhermite, demandeurs en requête du 2 Septembre 1740, à ce qu'ils fussent payés de la somme de cent deux livres, portée par le billet fait à leur profit par lesdits de Lyon & sa femme, le 25 Janvier 1739, avec les intérêts & dépens, d'une part; & François Rousseau poursuivant, Louis de Lyon, partie saisie, & les créanciers opposans, défendeurs, & ledit François Rousseau, demandeur en requête du 23 Novembre 1740, à ce que les arrêts des 7 & 19 Mai précédens, fussent déclarés communs avec lesdits Robert & sa femme, d'autre part, & entre ledit François Rousseau poursuivant, demandeur en requêtes des 3 Février & 16 Mai 1740, à ce que sur la somme de cinq mille huit cens quatre-vingt-dix livres quatre sols, déposée ès-mains de Doyen, notaire, il fût payé, aux termes de l'arrêt du 19 Janvier 1739, par privilege & préférence à tous créanciers, des frais de garde, tirage & empilage des bois dont étoit question, ensemble de ceux faits pour y parvenir, & de tous les frais de poursuites & mises d'exécution faits pour parvenir à ladite vente, & que pour parvenir à la contribution entre tous les créanciers, les parties fussent renvoyées devant tel ancien avocat qu'il plairoit à notredite Cour de nommer, & que les contestans fussent condamnés aux dépens, que ledit Rousseau pourroit employer en frais privilégiés de poursuite & de préférence, d'une part, & lesdits de Lyon & sa femme parties saisies, Claude de Lavie & autres créanciers ci-dessus nommés, défendeurs d'autre part; & entre ledit Valois, demandeur en requête du 23 Mars 1740, à ce que sur les deniers consignés il fût payé, par privilege & préférence à tous créanciers, de la somme de douze cens livres de principal, ensemble des intérêts & frais, d'une part; & François Rousseau poursuivant, Louis de Lyon & sa femme, partie saisie, & les créanciers opposans, défendeurs, d'autre part; & entre ledit André Rousseau, demandeur en requête du 24 Mai 1740, à ce qu'il fût payé, par privilege & préférence à tous créanciers, de la somme de mille cent quatorze livres dix-neuf de principal, avec les intérêts, frais & mises d'exécution, d'une part; & ledit François Rousseau, poursuivant, ledit de Lyon & sa femme, parties saisies, & les créanciers opposans, défendeurs, d'autre part; & entre Marin Petit, compagnon de riviere, demeurant à Brinon-l'Archevêque, gardien des bois saisis, établi par procès-verbal du 18 Août 1738, demandeur en requête du 14 Mai 1740, à ce que, sur les deniers provenans de la vente desdits bois, auxquels il a été établi gardien par ledit procès-verbal du 18 Août 1738, il fût payé, par privilege & préférence à tous créanciers, de la somme de quatre cents quatre-vingt-neuf livres, d'une part,

& soixante-six livres cinq sols, d'autre; ensemble de ses frais, d'une part; & ledit François Rousseau, poursuivant, ledit de Lyon, partie saisie, & les créanciers opposans, défendeurs, d'autre part; & entre ledit François Rousseau, poursuivant, demandeur en requête & exploit des 29 & 30 Juillet 1740, & 3 Mars 1741, à ce que le défendeur ci-après nommé, fût tenu d'apporter titres & exploit en vertu desquels il s'est opposé à la délivrance des deniers saisis, & à ce qu'il fût déclaré non recevable dans la demande en privilege & préférence par lui prétendue, & défendeur, d'une part; & Pierre de Lyon, voiturier, demeurant à Brinon-l'Archevêque, défendeur & demandeur en requête, du 16 Févriet 1741, à ce que, sur les deniers saisis, il fût payé par privilege & préférence de la somme de mille deux cens une livres huit sols de principal, ensemble de ses frais, intérêts & dépens, d'autre part; & entre Nicolas Godot, demandeur en requête, du 20 Décembre 1740, à ce qu'il fût payé de la somme de cent vingt livres, par privilege & préférence à tous créanciers, avec les intérêts, pour sa quote-part, due par Louis de Lyon, des frais de construction, des arrêts faits dans la riviere pour la voiture des bois, & aux dépens, & lesdits François Rousseau, poursuivant, Louis de Lyon, partie saisie, & les autres créanciers opposans, défendeurs, d'autre part; & entre les directeurs & administrateurs de l'Hôpital-Général de Paris, demandeurs en requête du 26 Avril 1741, à ce que, sur les biens saisis, ils fussent payés, par privilege & préférence, de la somme de cinq cents soixante-quatorze livres cinq sols trois deniers de principal, ensemble des intérêts & frais, d'une dart; & lesdits François Rousseau, poursuivant, Louis de Lyon, partie saisie, & les autres créanciers opposans, défendeurs, d'autre part : après que Regnaud, procureur de François Rousseau, a demandé la réception de l'appointement, signé Dains, ancien avôcat, devant lequel les parties ont été renvoyées, par arrêts des 8 Janvier, 7 & 19 Mai, 12, 29 Juillet & 24 Novembre 1740, 7 Janvier, 27 Février, 17 Mars & 29 Avril 1741, pour en passer par son avis; qu'en exécution, elles lui ont respectivement remis leurs pieces & mémoires, à l'exception de Nicolas Desestres, Jean Moreau & sa femme, Louis de Lyon & Marie-Madeleine Feron, sa femme, parties saisies, quoiqu'ils aient été sommés de le faire, par actes des 18 Juin, 26 Août, premier Septembre & 12 Novembre 1740, ledit appointement signifié à Bassy, Denoux, Fournier, Corbeil, Beaudeau, de Beaubois, Audry, Henry, Dominé, Noirot, Champenois, Colinet & Chambette, procureurs : NOTREDITE COUR ordonne que l'appointement sera reçu; & suivant icelui, faisant droit sur la préférence & distribution de la somme de cinq mille huit cents quatre-vingt-dix livres quatre sols, provenant de la vente faite, par procès-verbal du 11 Mars 1739 & jours suivans, des bois saisis sur ledit Louis de Lyon, tant à Paris, dans l'isle des Cygnes, que sur le port de Brinon-l'Archevêque, & déposée entre les mains de m^e Doyen, notaire au Châtelet de Paris, les 6 Octobre & 5 Décembre 1739, en exécution de l'arrêt de la Cour du 19 Janvier précédent, à la déduction toutefois de ce qui a été payé auxdits Desbarres & Forceville, en exécution de l'arrêt contradictoire dudit jour 7 Mai 1740; ordonne que ledit François Rousseau, poursuivant, sera payé & remboursé, par privilege & préférence à tous créanciers, de tous & un chacun les frais de poursuite & dépens, bien & légitimement faits à l'occasion desdits bois, & en la présente instance, du coût, scel & signification du présent arrêt, & de ceux qu'il sera obligé de faire pour l'exécution d'icelui; le tout suivant la taxe qui en sera faite dans quinzaine, tant avec ledit de Lyon, partie saisie, qu'avec le procureur plus ancien : plus sera ledit François Rousseau, payé, par privilege & préférence, de la somme de cinq cents trente livres dix sols, pour la dépense faite à l'occasion du tirage, empilage desdits bois vendus en l'isle des Cygnes, suivant le procès-verbal de Girault, huissier en cette Cour, daté au commencement du 9 de Décembre 1730, dont le remboursement par privilege est ordonné par ledit arrêt du 19 Janvier 1739, en ce non compris les autres frais faits par ledit

Girault, pour la conduite des bois dans l'isle des Cygnes, lesquels seront réglés avec ceux des privilégiés ci-dessus adjugés, après lesdits frais privilégiés acquittés. Sera payé André Rousseau, par privilege & préférence, de la somme de mille quarante-cinq livres quatre sols six deniers, pour les frais de jettage, tirage & mise en état de flot sur ledit port de Brinon, de trois mille quatre-vingt-quatre cordes trois quarts, à raison de cinquante-quatre sols quatre deniers la corde, suivant le compte fait avec les intéressés audit flot, le 18 Novembre 1738, dont la condamnation est portée par la sentence du bureau de la ville, du 5 Décembre suivant. Plus de cent onze livres quatre sols 6 deniers, contenues en un exécutoire dudit bureau de la ville, du 30 Mai 1739. Plus celle de trente-trois livres trois deniers, pour dépens taxés par exécutoire du 15 Juin 1740, & adjugés par l'arrêt du 19 Janvier 1739. Plus, pour les intérêts à compter du 12 Août 1738, jour de la demande, jusqu'au jour du présent arrêt, cent cinquante-sept livres seize sols, & de la somme de quarante-sept livres à laquelle la Cour a réglé les frais faits par ledit André Rousseau. Par même privilege & préférence, sera payé ledit Nicolas Godot de la somme de cent vingt livres pour la cotte-part dudit Louis de Lyon, des frais de contribution des arrêts audit port de Brinon, pour recevoir les bois arrivés au mois de Juillet 1738, au paiement de laquelle somme de cent vingt livres ledit de Lyon a été condamné par sentence du bureau de la ville, du 24 Avril suivant. Plus, de quatorze livres trois sols quatre deniers, pour les intérêts de ladite somme, depuis le 9 Avril 1739, jour de la demande, jusqu'au jour du présent arrêt. Plus de sept livres onze sols trois deniers, pour les dépens liquidés par ladite sentence, & trente livres pour ceux faits en la Cour. Sera aussi payé, par même privilege & préférence, Marin Petit, compagnon de riviere, de la somme de trois cens vingt-une livres, pour les frais de garde des bois saisis sur le port de Brinon, depuis le 18 Août 1738, jour qu'il en a été établi gardien, jusqu'au 9 Juillet 1739, qu'il en a été déchargé, sauf aux créanciers dudit de Lyon, partie saisie, à se faire rendre par ledit François Rousseau la somme de vingt-quatre livres pour le tems que ladite garde a subsisté de trop, faute d'avoir fait signifier audit Petit l'adjudication faite à son profit desdits bois; de vingt livres pour les frais du voyage que ledit Marin Petit a fait en cette ville de Paris, pour suivre partie desdits bois, dont l'enlévement avoit été fait, & de la somme de vingt-quatre livres à laquelle la Cour a fixé & liquidé tous les frais faits par ledit Marin Petit. Par même privilege & préférence, seront payés Léonard Robert, Thomas Roger, sergent & gardes de jour & de nuit, & Antoine le Franc, caporal, de deux mille deux livres, pour frais de gardes desdits bois conduits dans l'isle aux Cygnes, le 9 Décembre 1738, jour qu'ils ont été établis gardiens, jusqu'au premier Juillet suivant, sauf leur recours pour le surplus du tems qu'ils ont gardé lesdits bois, contre ledit François Rousseau, adjudicataire d'iceux, & de la somme de soixante livres à laquelle la Cour a liquidé & fixé les frais par lui faits. *Enfin les directeurs & administrateurs de* l'Hôpital-Général *de Paris, seront payés, par privilege & préférence à tous autres créanciers ci-après, de la somme de cinq cens soixante-quatorze livres cinq sols trois deniers, portée en la contrainte décernée contre Louis de Lyon, le 22 Novembre 1738, à lui signifiée le 24 dudit mois, de celle de huit livres dix-neuf sols sept deniers, pour les intérêts de ladite somme principale, à compter seulement du 26 Avril dernier, jour de la demande, jusqu'au jour du présent arrêt, & des frais & dépens que la Cour a liquidés & fixés à trente-deux livres.* Quant au surplus de ladite somme de cinq mille huit cens quatre-vingt-dix livres quatre sols, ordonne qu'elle sera contribuée entre les créanciers ci-après, au marc la livre du montant de leurs créances, tant en principaux qu'intérêts seulement, en la maniere accoutumée, par Chauvenu, commis du greffe, nommé par la Cour pour faire ladite contribution, & que lesdits créanciers y seront employés; savoir, ledit François Rousseau à raison de douze cens livres pour le contenu en une lettre-de-change tirée, le 5 Novembre

1737, par ledit François Rousseau sur ledit Louis de Lyon, par lui acceptée, sur lui présentée le 9 Mars 1738, au sujet de laquelle ont été rendues, aux Consuls, trois sentences des 11, 14 & 25 Avril suivant, & acquittée par ledit Rousseau le 29 Mai audit an 1738, suivant la quittance dudit jour, passée devant Notaires au Châtelet, portant subrogation de cent quatre-vingt-treize livres six sols huit deniers, pour les intérêts, à compter du jour de ladite quittance seulement, jusqu'au jour du présent arrêt; François Valois, comme cessionnaire de Thomas Motte, à raison de pareille somme de douze cens livres, contenue en une autre lettre-de-change tirée par ledit Rousseau sur ledit de Lyon, ledit jour 5 Novembre 1737, & sur lui protestée le 30 Avril 1738, au paiement de laquelle ledit Louis de Lyon a été condamné envers ledit Motte, par sentences des Consuls des 7 & 23 Mai 1738. Plus de cent quatre-vingt-dix-huit livres trois sols quatre deniers pour les intérêts, depuis le 30 Avril 1738, jour du protêt, jusqu'au jour du présent arrêt. Ledit Claude Lavie, à raison de la somme de deux mille cent cinquante-deux livres pour le contenu en différentes lettres-de-change, au paiement de laquelle somme ledit Louis de Lyon a été condamné par sentence du bureau de la ville, du 20 Mars 1739, de celle de deux cens soixante livres huit deniers, à laquelle montent les intérêts d'icelle, à compter du 19 dudit mois de Mars 1739, jusqu'au jour du présent arrêt. Ledit François Mouillefert, à raison de la somme de trois cens livres, contenue au billet fait à son profit, le 15 Mars 1738, & dont la condamnation a été prononcée par la sentence des Consuls de la ville de Troyes, en justifiant par ledit Mouillefert du paiement desdites trois cens livres en l'acquit dudit de Lyon, de quarante-deux livres neuf sols deux deniers pour le montant des intérêts, à compter du 20 Octobre audit an 1738, jour du protêt jusqu'au jour du présent arrêt, & de pareille somme de trois cens livres, contenue en un autre billet dudit de Lyon au profit dudit Mouillefert, dudit jour 15 Mars 1738. Ledit Pierre de Lyon à raison de la somme de douze cens une livre huit sols, au profit duquel ledit Louis de Lyon son frere a été condamné par sentence du bureau de la ville, du 23 Décembre 1739, de celle de cent livres deux sols deux deniers pour le montant des intérêts, à compter du 16 dudit mois de Décembre jusqu'au jour du présent arrêt. Ledit Jean-Baptiste Bazille, à raison de la somme de sept mille vingt-quatre livres en quoi ledit de Lyon a été condamné envers ledit Bazille, par sentences des Consuls des 9, 12 & 20 Mai 1738, pour le contenu en trois billets dudit de Lyon, du 27 Mars 1737, de valeur de cinq mille vingt-quatre livres, & deux mille livres en une lettre-de-change du 26 Août 1737. Plus, de celle de treize cens trente-sept livres quinze sols sept deniers, pour le montant des intérêts desdites sept mille vingt-quatre livres, des jours des protêts jusqu'au jour du présent arrêt. Ledit Jean Tramblay, à raison de seize cens livres pour le contenu en un billet de pareille somme, fait par ledit de Lyon au profit dudit Tramblay, & au paiement de laquelle somme ledit de Lyon a été condamné par sentence des Consuls du 2 Juin 1738, & de celle de deux cens cinquante-sept livres quatre sols deux deniers pour le montant des intérêts, à compter du jour de ladite sentence jusqu'au jour du présent arrêt. Ledit Edme Bathery, à raison de la somme de trois cens livres qui lui reste due par ledit de Lyon, de celle de neuf cens soixante-quinze livres, au paiement de laquelle somme ledit de Lyon a été condamné par sentence du bureau de la ville du 16 Septembre 1738, pour reste de la somme de douze cens livres, contenue en un billet fait par ledit Louis de Lyon, au profit dudit Bathery, du 12 Juillet audit an 1738, & de la somme de quarante-trois livres dix-huit sols quatre deniers, pour les intérêts de ladite somme de trois cens livres, à compter du 15 dudit mois de Septembre 1738, jusqu'au jour du présent arrrêt. Ledit Léonard Robert & Françoise Bardin, auparavant veuve de Joseph Lhermitte, à raison de la somme de cent deux livres, portée au billet solidaire dudit de Lyon & Madeleine Feron sa femme, au profit de ladite veuve Lhermitte, le 25 Janvier 1739, au paiement de laquelle somme de cent deux livres lesdits de Lyon & sa femme ont été condamnés par sentence des Consuls de Paris, du 5 Octobre audit an 1739, & de celle de neuf livres onze sols six deniers pour le montant des intérêts, à compter du jour de la demande, jusqu'au jour du présent arrêt ; à payer & vuider ses mains en celle desdits créanciers, ainsi qu'il est ci-devant ordonné, sera ledit Doyen, notaire, contraint, quoi faisant déchargé; sur le surplus des autres demandes, fins & conclusions sus-nommées, met les parties hors de Cour. Ordonne que lesdits créanciers employés dans ladite préférence & distribution de deniers, seront tenus d'affirmer pardevant m. Charles Daverdoing, conseiller, que les sommes pour lesquelles ils sont employés, leur sont bien & légitimement dues, qu'ils n'ont rien reçu sur icelles, & qu'ils ne prêtent leurs noms directement ni indirectement à la partie saisie ; déclare le présent arrêt commun avec ledit de Lyon, partie saisie, & Marie-Madeleine Feron sa femme, lesquels n'ont point satisfait aux sommations qui ont été faites de joindre leurs sacs & pieces, & ont été les sacs & pieces des créanciers sus-nommés, rendus à leurs procureurs. Si mandons mettre le présent arrêt à due & entiere exécution, selon sa forme & teneur ; de ce faire te donnons pouvoir. Donné en notredite cour de Parlement, le vingt-trois Août, l'an de grace mil sept cent quarante-un, & de notre regne le vingt-sixieme. Collationné. *Signé*, LAURENT. Par la chambre. *Signé*, DUFRANC, le six Septembre mil sept cent quarante-un.

*Signifié à m*es *Basly, Denoux, Fournier, Corbeil, Bandeau, de Beaubois, Audry, Henry, Dominé, Noirot, Champenois, Colinet & Chambette, procureurs, par nous huissier au Parlement.* Signé, JANNET, *avec paraphe.*

Et le onze décembre mil sept cent quarante-un, signifié & baillé copie à m. le Sénéchal, procureur, par nous huissier en Parlement, soussigné. Signé, GRIVAULT.

ARRÊT DU PARLEMENT,

*QUI décharge l'*Hôpital *des droits de contrôle, ensaisinement & enregistrement prétendus par le receveur des domaines & bois.*

Du 26 Février 1746.

LOUIS, par la grace de Dieu, roi de France & de Navarre : Au premier des huissiers de notre Cour de Parlement, ou autre, notre huissier ou sergent sur ce requis. SAVOIR FAISONS, qu'entre me Jacques le Riche, conseiller du roi, receveur général des domaines & bois de la généralité de Paris, demandeur aux fins de l'exploit d'assignation donnée en la chambre du domaine à Paris, le 3 Février 1745, à ce que la saisie & arrêt faits à sa requête, par exploit du même jour, entre les mains de Pierre Aubert, boucher à Paris, locataire de la moitié d'une maison & étal situés au Cimetiere de Saint Jean de cette ville, sur les sieurs directeurs & administrateurs de l'Hôpital - Général du Saint-Esprit, faute de paiement fait audit sieur le Riche, de la somme de trente livres à lui prétendue due pour le droit de contrôle & d'ensaisinement de la donation faite audit Hôpital du Saint-Esprit, de ladite moitié de maison & étal, par Marguerite-Angelique Favier, veuve d'Isaac-Léonard Prevost, par acte du 10 Mai 1742, soit déclarée bonne & valable ; en conséquence, que les deniers & loyers que ledit Aubert affirmera devoir, lui seront baillés & délivrés jusqu'à concurrence des causes de sa saisie, frais, mises d'exécution & dépens, ladite demande évoquée en notredite Cour par arrêt du 7 Mai audit an, d'une part; & lesdits sieurs directeurs & administrateurs de l'Hôpital-Général de Paris, défendeurs & demandeurs, suivant la requête insérée dans ledit arrêt, à ce qu'ils fussent reçus opposans aux sentences par défaut contr'eux obtenues en ladite Chambre du Domaine, & que toute la procédure fût déclarée nulle, avec dépens, d'autre part; & entre lesdits sieurs directeurs & administrateurs dudit Hôpital-Général, demandeurs en requête du 11 Février 1746, à ce qu'ils fussent reçus opposans à toute la procédure faite par ledit sieur le Riche, & aux sentences, faute de comparoir, obtenues en ladite Chambre du Domaine : faisant droit sur l'opposition, la procédure & lesdites sentences fussent déclarées nulles, irrégulieres & contraires à l'arrêt de notredite Cour, du 18 Avril 1657; au principal, qu'ils seroient déchargés du droit de contrôle & d'ensaisinement prétendu par ledit sieur le Riche, pour raison de la donation de ladite moitié de maison & étal, faite audit Hôpital-Général; en conséquence, qu'il leur fût fait main-levée de la saisie & arrêt dudit sieur le Riche, entre les mains dudit Aubert, avec dommages, intérêts & dépens, d'une part; & ledit sieur le Riche, défendeur d'autre part; & entre ledit Pierre Aubert, demandeur en requête du huit dudit mois de Février, à ce qu'il fût reçu partie intervenante en ladite cause, faisant droit sur son intervention, il lui fût donné acte de ce que sur le tout il se rapporte à la prudence de notredite Cour, aux offres de payer les loyers qu'il doit à qui il sera ordonné, & que les contestans soient condamnés aux dépens, d'une part; & lesdits sieurs directeurs & administrateurs de l'Hôpital-Général, & ledit sieur le Riche, défendeur, d'autre part; après que Pommyer, avocat des administrateurs de l'Hôpital-Général, & Bazin, avocat de Jacques le Riche ont été ouis, ensemble le Febvre d'Ormesson, pour notre procureur-général, NOTREDITE COUR reçoit les parties de Pommyer opposantes à la procédure faite par la partie de Bazin, & aux sentences par défaut, faute de comparoir, obtenues en la Chambre du Domaine, faisant droit sur ladite opposition, déclare ladite procédure & lesdites sentences nulles; en conséquence, décharge les parties de Pommyer du droit de contrôle & d'ensaisinement, demandé par la partie de Bazin, pour raison de la donation faite aux parties de Pommyer, de la moitié de la maison & étal dont est question, fait main-levée pure & simple aux parties de Pommyer de la saisie-arrêt de la partie de Bazin, faite ès mains de Aubert, locataire de ladite maison & étal, condamne la partie de Bazin aux dépens. Si mandons mettre notre présent arrêt à due & entiere exécution, de ce faire te donnons plein & entier pouvoir. Donné en notredite Cour de Parlement, le vingt-sixieme jour de Février, l'an de grace mil sept cent quarante-six, & de notre regne le trente-unieme. Collationné. *Signé*, DE SANTEUL. Par la Chambre. *Signé*, DUFRANC. *Et plus bas est écrit*, le sept Mars mil sept cent quarante-six, signifié à mes Monnaye & Blanchard, procureurs, par nous huissier en Parlement. *Signé*, BLASERY.

L'AN mil sept cent quarante-six, le sept Mars, à la requête des sieurs directeurs & administrateurs de l'Hôpital-Général *de Paris, pour lesquels domicile est élu en leur bureau de la Pitié, sis rue & fauxbourg Saint-Victor, nous Claude-Adrien Seguin, huissier en Parlement, demeurant rue de la Harpe, paroisse Saint-Severin, soussigné, avons signifié & baillé copie à me Jacques le Riche, receveur général des domaines & bois de la généralité de Paris, y demeurant rue Vivienne, en son domicile en parlant à un portier qui n'a voulu dire son nom, de ce interpellé, de l'arrêt de Nosseigneurs de Parlement de Paris, contradictoirement rendu entre les parties, le vingt-six Février dernier, duement collationné par de Santeul, & signé par la Chambre, Dufranc, à ce qu'il n'en ignore, & lui ai au bas, aussi en parlant que dit est, laissé copie du présent exploit, lesdits jour & an.* Signé, SEGUIN. *Et au dos est écrit :* Contrôlé à Paris le sept Mars mil sept cent quarante-six.

Collationné aux originaux par nous écuyer, conseiller-secrétaire du roi, maison, couronne de France, & de ses finances.

TRANSACTION

TRANSACTION PROVISOIRE

ENTRE l'Hôpital & les officiers mesureurs de grains, par laqulle il leur est accordé, par chacun an, la somme de 500 livres.

Du 20 Juin 1746.

PARDEVANT les conseillers du roi, notaires à Paris, soussignés : furent présens messieurs les directeurs & administrateurs de l'Hôpital-Général de Paris, & des Maisons y unies, représentés par me Antoine-Louis Leleu, procureur du roi honoraire en la chambre du domaine, Henri de Besset, écuyer, sieur de la Chapelle-Milon, Julien-Gabriel le Doubre, maître des Comptes, Augustin-Etienne Guerrey, auditeur des Comptes, & Denis-François Benoist, conseiller au Châtelet, d'une part;

Et sieur Pierre Buignet, demeurant à Paris rue & paroisse Saint-Sauveur, sieur Pierre Charpin, demeurant aussi à Paris, rue & paroisse Saint-Paul, & sieur Jean-Pierre Barbery-la-Tour, demeurant à Paris, petite rue de Taranne, paroisse Saint-Sulpice, tous trois syndics de la communauté des officiers *mesureurs, contrôleurs & visiteurs des grains & farines* de la ville, banlieue & fauxbourgs de Paris, représentans ladite communauté, suivant la délibération arrêtée dans leur assemblée convoquée & tenue en leur bureau général du port de la Grêve, le 11 Août 1744, l'original de laquelle contrôlé cejourd'hui à Paris, par Blondelu, représentée par lesdits sieurs Buignet, Charpin & Latour, comparans, est demeuré joint à la minute des présentes, après avoir été d'eux certifiée véritable; signée & paraphée, *ne varietur*, en la présence desdits notaires, d'autre part.

Lesquels ont dit, qu'aux termes de l'art. 59 de l'édit d'établissement de l'Hôpital-Général, du mois d'Avril 1656, enregistré dans toutes les Cours, au Châtelet, & au Bureau de la ville, d'un arrêt du Conseil du 30 Mars 1706, & des lettres-patentes des 10 Juin 1710, & Avril 1720, les pauvres ont été affranchis & déchargés de tous subsides, impositions & droits d'entrées des ports, ponts, péages, octrois-de-ville mis & à mettre, & de toute autre chose généralement quelconque; ce qui a donné lieu à quelque difficulté entre l'Hôpital & les officiers mesureurs de grains qui se prétendent seuls en état de faire les mesurages sur les ports de cette ville, comme étant un fait de police; encore qu'il soit dit par l'arrêt du 30 Mars 1706, dont l'exécution a été ordonnée par les lettres-patentes de 1710, que les officiers de la ville de Paris ne seront payés d'un demi droit qu'au cas qu'ils auront été appellés à faire leurs fonctions, & sans qu'ils puissent prétendre que l'Hôpital soit obligé de les y appeller.

Et voulant lesdits sieurs directeurs & administrateurs éviter les difficultés qui pourroient leur arriver avec leurs fournisseurs, pourvoyeurs, mariniers ou conducteurs des bleds & grains destinés pour la provision & subsistance des pauvres de l'Hôpital-général, sans se départir des privileges accordés & confirmés aux pauvres dudit Hôpital, dans lesquels ils entendent être conservés & maintenus, sans préjudice des droits & prétentions des mesureurs au contraire, les parties sont convenues & demeurées d'accord de ce qui suit :

C'est à savoir, que lesdits sieurs Buignet, Charpin & Latour, en vertu du pouvoir à eux donné par ladite délibération ci-annexée, s'obligent, pour & au nom de ladite communauté des officiers mesureurs, de se transporter ou l'un d'eux avec ceux des officiers préposés, & de service en semaine, à l'instant de l'avertissement qui leur sera donné par le pourvoyeur, inspecteur ou garde-magasin des bleds de l'Hôpital, sur les ports, à l'heure qui leur sera indiquée, pour y faire en personne, avec leurs mesures, les mesurages dont ils seront requis, & de délivrer auxdits sieurs administrateurs ou aux perſonnes prépoſées de leur part, un certificat en forme authentique de la quantité de grains, graines & grenailles qu'ils auront meſuré.

Et de leur part, leſdits ſieurs directeurs & adminiſtrateurs dudit Hôpital s'obligent eſdits noms de faire *payer annuellement à ladite communauté, la ſomme de cinq cens livres*, par forme de ſalaire, pour les meſurages que leſdits ſieurs Buignet, Charpin & Latour ſe ſont ſoumis de faire à l'arrivée des bleds & autres grains pour la proviſion des pauvres, à quelque quantité qu'elle puiſſe ſe monter, ſans que leſdits officiers-meſureurs puiſſent prétendre par la ſuite aucun ſupplément de ſalaire, par forme de gratification ou de dédommagement, pour taxes imprévues, ou ſous quelque autre prétexte que ce ſoit ou puiſſe être; à quoi leſdits Buignet, Charpin & Latour, eſdits noms, ont renoncé & renoncent par ces préſentes, tant pour eux que pour les officiers qui pourront être par la ſuite admis à ladite communauté; & pour l'exécution des préſentes, les parties ont élu domicile; ſavoir, leſdits ſieurs adminiſtrateurs en la maiſon de la Pitié, chef-lieu dudit Hôpital, ſiſe grande rue Saint-Victor, & leſdits ſieurs Buignet, Charpin & Latour audit bureau de ladite communauté, auxquels lieux, nonobſtant

Fait & paſſé, à Paris, ſavoir, à l'égard deſdits ſieurs adminiſtrateurs, audit Bureau de la Pitié, & des autres parties, auſſi audit Bureau, *l'an mil ſept cent quarante-ſix, le vingtieme jour de Juin*, après midi, & ont ſigné la minute des préſentes demeurée à m^e^ Dutartre jeune, notaire.

Suit la teneur de ladite Délibération.

NOUS officiers meſureurs, controleurs & viſiteurs des grains & farines de la ville, fauxbourgs & banlieue de Paris, ſouſſignés, étans cejourd'hui *onze Août mil ſept cent quarante-quatre*, en l'aſſemblée convoquée en notre bureau général du port de la Greve, par les ſieurs Buignet, Charpin & Latour, le ſieur Neveu, l'un deſdits ſyndics, étant malade, leſquels ſyndics nous ayant repréſenté qu'étant ſur le point de terminer les différens qui s'étoient mus entre meſſieurs les adminiſtrateurs de l'Hôpital-Général de cette ville, & notredite communauté, au ſujet du meſurage des grains qui arrivent en cette ville pour la proviſion dudit Hôpital-Général, ce qu'ils ne pouvoient faire ſans être autoriſés par ladite communauté, & qu'ils requéroient de nous officiers ſouſſignés, un pouvoir à cet effet. Nous, après avoir entendu noſdits ſieurs ſyndics en leurs dires & raiſons, avons, par ces préſentes, donné & donnons pouvoir auxdits ſieurs Buignet, Charpin & Latour, ſyndics en charge de notredite communauté, de traiter & tranſiger avec meſſieurs les adminiſtrateurs de l'Hôpital-Général de cette ville de Paris, de faire avec ces meſſieurs tel arrangement qu'ils jugeront le plus convenable pour l'intérêt & le bien de notredite communauté, ayant le tout pour agréable. Fait & arrêté en notredit bureau général du port de la Greve, les jour & an que deſſus, ainſi ſignés P. Blaye, Cholet, Delaſalle, Falize, Guiot, J. Tavaut, Ducajoux, Richet, Deſvay, Duval, Hanroux, Delamontze, Arboral, Amion, Deſeyne, Gervais, F. François, Cornus, Belhomme, Bayart, Hubert, A. Rouſſeau, Gallande, Gallande jeune, Lemain, Hezbaul, Soré, Muzizet, Roze, Brebant, Mouret, Davin, F. Gabeau, Deaubigny, Vaconulier, Berthelemy, Pingau, Dallemagne, Benignes, Saint-Martin, Jouy, N. B. Peigné, Bailleux, Boinet, Jubeaux, Alexandre, Fleuriau, J. Havart, Pajot, Fery, Debourge & Juhel; & à côté eſt écrit : contrôlé à Paris, le treize Juin mil ſept cent quarante-ſix. Reçu douze ſols. *Signé*, BLONDELU, *avec paraphe.*

L'original de ladite délibération eſt annexé à la minute de l'acte, dont expédition eſt des autres parts, après avoir été ladite délibération certifiée véritable, ſignée & paraphée des parties & des notaires soussignés, le tout demeuré à me Dutartre jeune, l'un desdits notaires. *Signés* CARON & DUTARTRE. *Et scellé.*

COPIE

De l'ordre donné par les aliénataires des droits d'octrois des offices municipaux de la généralité de Paris, de rembourser à l'Hôpital-Général *les droits exigés par les commis sur des vins à Lagny, riviere de Marne, & perçus à différens bureaux sur les rivieresd 'Yonne & Seine.*

Du 24 Mai 1748.

M. Léonard, caissier général de l'aliénation des drois d'octrois des offices municipaux de la généralité de Paris, paiera à m. Reneux, économe de la Pitié, la somme de quatre cens trente-cinq livres cinq sols huit deniers, pour le montant des droits perçus sur des vins destinés pour l'Hôpital-Général, & lui sera ladite somme passée en dépense dans son compte de la premiere année de ladite aliénation, en rapportant le présent, quittancé dudit sieur Reneux. Fait à Paris, le vingt-quatre Mai mil sept cent quarante-huit. Bon pour 435 liv. 5 sols 8 den. *Signés*, DE BOISEMONT, CHARDON, TALON & GIGOT.

ARRÊT DE LA COUR DES AIDES,

Qui ordonne l'exécution des édits, déclarations, arrêts & réglemens concernant les privileges de l'Hôtel-Dieu, *de* l'Hôpital des Incurables, *&* *de* l'Hôpital-Général *de Paris.*

Reçoit les administrateurs desdits Hôpitaux *opposans aux contraintes décernées par* Louis Valade, *régisseur du droit sur les cuirs, contre* Louis Dorigny & Nicolas Bouillerot, *marchands tanneurs, pour raison des cuirs par eux vendus auxdits* Hôpitaux, *pour l'usage de leurs pauvres & de leurs annexes.*

Fait défenses audit Valade *de décerner à l'avenir de pareilles contraintes, à peine de tous dépens, dommages & intérêts, & le condamne aux dépens.*

Du 9 Avril 1764.

LOUIS, par la grace de Dieu, roi de France & de Navarre : Au premier huissier de notre Cour des Aides à Paris, ou autre notre huissier ou sergent sur ce requis. Savoir faisons que entre les maîtres, gouverneurs & administrateurs de l'Hôtel-Dieu & de l'Hôpital des Incurables de Paris, demandeurs aux fins de la requête énoncée dans l'arrêt du Parlement, du 17 Décembre 1760, & exploit d'assignation donné en conséquence le même jour; sur laquelle demande il a été ordonné que les parties procéderoient en la Cour, par arrêt du 9 Janvier 1761, & exploit d'assignation donné en conséquence, le 28 du même mois : tendante ladite demande à ce qu'il plût à la Cour leur donner acte de ce qu'ils prenoient le fait & cause de Louis Dorigny, marchand Tanneur à Paris; ce faisant, qu'il leur fut permis, en conséquence du privilege de l'Hôtel-Dieu & des Incurables, de faire assigner en la Cour le défendeur ci-après nommé & qualifié, pour voir dire que les édits & déclarations enregistrés en la Cour, ensemble les arrêts & réglemens, notamment celui du 7 Septembre 1742, concernant les privileges & exemptions accordés à l'Hôtel-Dieu & à l'Hôpital des Incurables, seront exécutés selon leur forme & teneur; ce faisant, que les demandeurs seroient reçus opposans à l'exécution de la contrainte décernée le 11 Décembre 1760, par le directeur général des droits sur les cuirs, réunis par l'édit du mois d'Août 1759, à l'encontre dudit Dorigny, en ce qui concerne les marchandises de cuirs destinées pour l'usage de l'Hôtel-Dieu & des Incurables: faisant droit sur l'opposition, déclarer ladite contrainte à cet égard nulle, décharger ledit sieur Dorigny de l'effet d'icelle, faire défenses audit directeur général des droits sur les cuirs, au régisseur, & à tous autres, d'en décerner à l'avenir de pareilles, pour raison des cuirs & autres marchandises & denrées destinées pour l'usage, nourriture & entretien des pauvres malades de l'Hôtel-Dieu & de l'Hôpital des Incurables, à peine de nullité, dommages, intérêts & dépens; condamner le défendeur ci-après nommé aux dommages, intérêts de l'Hôtel-Dieu, à donner par déclaration, & aux dépens; & Jean Valade, régisseur du droit unique sur les cuirs, défendeur d'autre part, & les directeurs & administrateurs de l'Hôpital-Général de Paris, demandeurs aux fins de la requête énoncée en l'arrêt du Parlement, du 19 Décembre 1760, & exploit d'assignation donné en conséquence, le 20 du même mois; sur laquelle demande il a été ordonné que les parties procéderoient en la Cour par l'arrêt dudit jour 9 Janvier 1761, & exploit d'assignation donné en conséquence, le 28 du même mois, tendante ladite demande à ce qu'il plût à la Cour donner acte aux demandeurs de ce qu'ils prenoient le fait & cause de Nicolas Bouillerot, marchand Tanneur à Paris; ce faisant, qu'il fût permis en conséquence du privilege de l'Hôpital-Général, de faire assigner le défendeur ci après-nommé, pour voir dire que les édits & déclarations enregistrés en la Cour, ensemble les arrêts & réglemens concernant les privileges & exemptions accordés à l'Hôpital-Général & ses annexes, seront exécutés selon leur forme & teneur; ce faisant, que les demandeurs seroient reçus opposans à l'exécution de la contrainte décernée le 11 Décembre 1760 par le directeur général des droits sur les cuirs, réunis par l'édit du mois d'Août 1759, à l'encontre dudit Bouillerot, en ce qui concerne les cuirs destinés pour l'usage de l'Hôpital-Général, & ses annexes: faisant droit sur l'opposition, déclarer ladite contrainte à cet égard nulle, décharger ledit Bouillerot de l'effet d'icelle, faire défenses au directeur général des droits sur les cuirs, au régisseur, & tous autres, d'en décerner à l'avenir de pareilles, pour raison des cuirs & autres marchandises & denrées destinées pour l'usage, nourriture & entretien des pauvres de l'Hôpital-Général & ses annexes, à peine de nullité, dommages, intérêts & dépens; condamner le défendeur ci-après aux dommages de l'Hôpital-Général, à donner par déclaration, & aux dépens d'une part; & ledit sieur Valade ès-noms défendeur d'autre part; & entre ledit sieur Valade, demandeur aux fins de sa requête du 9 Février 1764, tendante à ce qu'il fût reçu opposant aux arrêts surpris sur requêtes non communiquées par les défendeurs ci-après nommés, les 17 & 19 Décembre 1760, en ce qu'ils font défenses d'exécuter les contraintes, passer outre, & faire poursuites ailleurs qu'au Parlement, faisant droit sur l'opposition, lever les défenses, & au principal déclarer l'Hôpital-Général, l'Hôtel-Dieu & les Incurables non-recevables dans leurs demandes, ou en tout cas les en débouter, ordonner que l'édit du mois d'Août 1759, sera exécuté selon sa forme & teneur; en conséquence, ordonner que les contraintes décernées à la requête du demandeur, à l'encontre desdits Louis Dorigny & Nicolas Bouillerot, marchands Tanneurs à Paris, le 11 Décembre 1760, pour raison du droit par eux dû à la fabrication des marchandises par eux vendues, seront exécutées contre lesdits Dorigny & Bouillerot, selon leur forme & teneur, & condamner l'Hôpital-Général, l'Hôtel-Dieu & les Incurables en tous les dépens, d'une part; les directeurs & administrateurs de l'Hôpital-Général, & les maîtres, gouverneurs & administrateurs de l'Hôtel-

Dieu & de l'Hôpital des Incurables de Paris, défendeurs, d'autre part; & encore entre les maîtres, gouverneurs & administrateurs de l'Hôtel-Dieu & de l'Hôpital des Incurables de Paris, demandeurs aux fins de leur requête du 31 Mars 1764, employée tant pour replique aux défenses du régisseur du 9 Janvier dernier, que pour fins de non-recevoir, & en tant que besoin est ou seroit pour défenses contre la demande portée par sa requête du 9 Février suivant, tendante à ce que, sans s'arrêter à la susdite demande du régisseur, dans laquelle il seroit déclaré non-recevable & mal-fondé, ou dont en tout cas il seroit débouté, adjuger aux demandeurs les fins & conclusions par eux prises par leur requête visée dans l'arrêt du 17 Décembre 1760, & condamner ledit régisseur en tous les dépens, d'une part; & ledit Jean Valade, régisseur pour nous du droit unique sur les cuirs, défendeur d'autre part; sans que les qualités puissent nuire ni préjudicier aux parties. Après que Marguet, avocat des directeurs & administrateurs de l'Hôpital-Général de Paris, Doulcet, avocat des maîtres, gouverneurs & administrateurs de l'Hôtel-Dieu & de l'Hôpital des Incurables de Paris, & Milley, avocat de Jean Valade, ont été ouis, ensemble Boula de Mareuil pour notre procureur général.

NOTREDITE COUR, ayant égard aux demandes des parties de Marguet & de Doulcet, leur donne acte de leur prise de fait & cause pour Bouillerot & Dorigny : ordonne que les édits & déclarations enregistrés en la Cour, ensemble les arrêts & réglemens d'icelle concernant les privileges accordés à l'Hôtel-Dieu, à l'Hôpital des Incurables, à l'Hôpital-Général & leurs annexes, seront exécutés selon leur forme & teneur : en conséquence reçoit les parties de Marguet & de Doulcet opposantes aux contraintes décernées par la partie de Milley contre lesdits Bouillerot & Dorigny, pour raison des cuirs par eux vendus à l'Hôtel-Dieu, aux Incurables, & à l'Hôpital-Général, pour l'usage des pauvres desdits Hôpitaux & leurs annexes. Fait défenses à la partie de Milley de décerner à l'avenir de pareilles contraintes, pour raison des cuirs, marchandises & denrées destinées pour l'usage & nourriture des pauvres desdits Hôpitaux & leurs annexes, à peine de tous dépens, dommages & intérêts; à la charge par les parties de Marguet & de Doulcet, de se conformer aux édits, déclarations, arrêts & réglemens concernant les privileges accordés auxdits Hôpitaux de l'Hôtel-Dieu, des Incurables, l'Hôpital-Général & leurs annexes. Condamne la partie de Milley aux dépens envers lesdites parties de Marguet & Doulcet. Si mandons, mettre le présent arrêt à due & entiere exécution, de ce faire donnons pouvoir. Donné à Paris, en la premiere chambre de notre Cour des Aides, le neuvieme jour d'Avril, l'an de grace mil sept cent soixante-quatre, & de notre regne le quarante-neuvieme. Collationné avec paraphe. Par la Cour des Aides. *Signé*, CAMUS, avec paraphe. *Au-dessous est écrit*: le seize Avril mil sept cent soixante-quatre, signifié & baillé copie à m^es Cousin & de la Madeleine, procureurs. *Signé*, LAUVRAY, avec paraphe. *Et en marge est écrit* : scellé le neuf Mai mil sept cent soixante-quatre. *Signé*, LEVIÉ, *avec paraphe.*

En marge du pénultieme feuillet verso est écrit :

L'AN mil sept cent soixante-quatre, se seizieme jour d'Avril, à la requête de messieurs les maîtres, gouverneurs & administrateurs de l'Hôtel-Dieu & de l'Hôpital des Incurables de Paris, pour lesquels domicile est élu en leur Bureau, situé à Paris, rue Saint-Christophe, parvis Notre-Dame, paroisse de Sainte-Marie-Madelaine, en la Cité; j'ai Jean-Baptiste-Sébastien de la Place, huissier en la Cour des Aides de Paris, y demeurant rue de Seine, paroisse Saint-Sulpice, soussigné, signifié, baillé & laissé copie de l'arrêt ci-à-côté, & des autres parts, au sieur Jean Valade, régisseur pour le roi du droit unique sur les cuirs, en son bureau général & domicile, sis à Paris, rue de Clery, paroisse Saint-Eustache, en parlant à un portier qui n'a voulu dire son nom, de ce sommé, & au sieur Louis Dorigny marchand Tanneur, demeurant à Paris, rue Censier, fauxbourg Saint-Marcel, en son domicile, en parlant à un garçon qui n'a voulu dire son nom, de ce sommé, à ce que du contenu audit arrêt, lesdits sieurs Valade & Dorigny n'en ignorent, je leur ai, en parlant comme dessus, à chacun séparément, laissé copie ensemble du présent exploit. Signé, DE LA PLACE; & contrôlé à Paris, le dix-sept Avril mil sept cent soixante-quatre.

Signé, DUTITRE.

ORDONNANCE DU ROI,

PAR laquelle sa majesté ordonne la restitution des sommes exigées de l'Hôpital-Général *pour le rachat des boues & lanternes.*

Du 22 Juillet 1770.

IL est ordonné au garde de mon trésor royal, m^e^ Charles-Pierre Savalette de Magnanville, de payer comptant aux administrateurs de l'Hôpital-Général de ma ville de Paris, la somme de cent quarante-quatre mille cinquante-sept livres dix-huit sols, que j'ai accordée audit Hôpital-Général pour la remise de pareille somme, à laquelle les maisons appartenantes audit Hôpital, situées dans la ville de Paris, ont été taxées, tant pour le rachat que pour le paiement des douze années d'arrérages & frais de la taxe des boues & lanternes; & rapportant la présente endossée, ladite somme de cent quarante-quatre mille cinquante-sept livres dix-huit sols sera employée au premier acquit de comptant qui sera expédié par certification à la décharge dudit sieur de Magnanville. Fait à Compiegne, le ving-deux Juillet mil sept cent soixante-dix. Comptant au trésor royal. Bon. *Signé*, LOUIS.

DÉCISION DU CONSEIL,

QUI, sur le rapport de m. Debonnaire de Forges, ayant égard aux privileges de l'Hôpital-Général, *décharge celui des* Enfans-Trouvés *y uni, des drois de lods & & ventes d'une maison à lui délaissée, rue Géoffroy-l'Asnier, dans la censive de sa majesté.*

Du 9 Février 1781.

L'ÉDIT de 1656 est si formel, la possession de l'Hôpital si constante, & cet établissement si favorable, qu'il y a lieu d'ordonner qu'il en sera usé comme par le passé, à la charge par l'Hôpital-Général de présenter ses titres à l'ensaisinement, sans qu'il soit perçu aucuns droits pour cette formalité.

Pour ampliation. *Signé*, DEBONNAIRE DE FORGES.

ORDRE DE REMBOURSEMENT DE DROITS SUR LES ŒUFS

PAR DÉCISION DU CONSEIL,

Les fermiers-généraux ayant été tenus de restituer les droits qu'ils avoient perçus à la halle sur les œufs destinés à la provision de l'Hôpital-Général.

Ensuit la teneur de l'ordre qu'ils ont donné pour la restitution de ces droits.

Du 26 Mai 1781.

La compagnie ayant bien voulu consentir au remboursement des droits perçus sur les œufs amenés à la halle pour l'approvisionnement de l'Hôpital-Général, pendant les six années du bail de David, m. Colin de Saint-Marc, receveur-général des fermes, paiera à mm. les administrateurs la somme de quatorze mille cinq cens trente livres six sols quatre deniers, à laquelle ont monté les droits payés au receveur de la halle sur la quantité de trois millions deux cens cinquante-sept mille neuf cens œufs, à trente-quatre livres le millier, qui en a été enlevée pour ledit approvisionnement; laquelle somme de quatorze mille cinq cens livres six sols quatre deniers sera allouée en dépense à mondit sieur de Saint-Marc, dans le compte qu'il tiendra de ses recettes de la sixieme année du bail de David, en rapportant le présent quittancé du receveur de l'Hôpital. Fait & arrêté en l'assemblée tenue à l'hôtel des fermes à Paris, le seize Mai 1781. Bon pour la somme de quatorze mille cinq cens livres six sols quatre deniers. *Signé*, Maziere, Faventines, Douet, Paulze, Chalut de Verin, Lavoisier & Boullongne.

ARRÊT DE LA COUR DES AIDES,

Qui décharge l'Hôpital-Général *des droits de mesurage qui lui étoient demandés par les régisseurs de ces droits dans la ville de Pont-Sainte-Maxence, sur des grains destinés à l'approvisionnement dudit* Hôpital.

Du 28 Juin 1782.

Louis, par la grace de Dieu, roi de France & de Navarre: Au premier huissier de notre cour des Aides sur ce requis: Savoir faisons, qu'entre le sieur Henri Clavel, régisseur de la régie générale, & Jean-Louis Bedel, son subrogé, & receveur des droits de Pont-Sainte-Maxence, demandeurs, suivant les exploits d'assignations donnés aux ci-après nommés, en l'élection de Senlis, les 23 Février, 11 Avril, 8 Mai & 21 Juillet derniers, d'une part; le sieur Antoine-Pierre Nicolle, commissionnaire de grains pour l'approvisionnement de la ville de Paris, demeurant en ladite ville de Pont-Sainte-Maxence, défendeur, d'autre part; & entre ledit sieur Nicolle, demandeur aux fins des requête, paréatis & exploit, des 18, 22 & 26 Mai 1781, d'une part; lesdits sieurs Clavel & Bedel, & les administrateurs de l'Hôpital-Général de Paris, défendeurs, chacun à leur égard, d'autre part; en ce que par lesdits sieurs administrateurs, par la requête signifiée le 11 Janvier dernier, il a été avancé qu'ils ont chargé ledit sieur Nicolle de fournir ledit Hôpital de la quantité de grains qui lui est nécessaire pour sa consommation, & que le droit de mesurage prétendu par lesdits sieurs Clavel & Bedel, ne peut être dû, tant parce que ledit Hôpital est exempt, aux termes de l'article 59 de l'édit du mois d'Avril 1656, registré en notredite Cour le 11 Décembre suivant, que parce que le droit de mesurage n'est exigible qu'en cas de vente & livraison, & qu'il ne se fait à Pont-Sainte-Maxence aucune vente, ni livraison de grains, que ledit sieur Nicole expédie audit Hôpital, &c.

sans que les qualités puissent nuire ni préjudicier aux parties, après que Debonnieres, avocat du sieur Nicole ; Marguet, avocat des administrateurs de l'Hôpital-Général de Paris, & Treilhard, avocat de Clavel & Bedel, ont été ouis pendant l'audience, ensemble Favre de Rochefort, pour notre procureur-général.

NOTREDITE COUR reçoit les parties de Marguet parties intervenantes, & les parties de Marguet & Treilhard opposantes à l'arrêt par défaut; au principal, donne acte aux parties de Marguet de la déclaration judiciairement faite par celles de Treilhard, qu'elles n'entendent point contester les privileges de l'Hôpital-Général ; en conséquence, maintient & garde lesdites parties de Marguet dans les droits & privileges à elles accordés par l'édit de 1656, & autres réglemens postérieurs; fait défenses aux parties de Treilhard de les y troubler ; reçoit la partie de Debonnieres opposante aux contraintes contre elle données par les parties de Treilhard ; ensemble, aux commandemens faits en vertu d'icelles : faisant droit sur l'opposition, déclare nuls les procès-verbaux de saisies, des 7, 17 Février, 3, 5, 28 Avril, & 16 Juillet 1781 ; fait main-levée d'icelles, condamne les parties de Treilhard à restituer à celle de Debonnieres les sommes que ladite partie de Debonnieres justifiera avoir payées en vertu desdites contraintes ; ordonne que le présent arrêt sera imprimé, publié & affiché, jusqu'à concurrence de cinquante exemplaires, tant en cette ville, qu'en celle de Pont-Sainte-Maxence, aux frais & dépens desdites parties de Treilhard ; condamne lesdites parties de Treilhard en tous les dépens envers toutes les parties, les met hors de Cour. Si mandons mettre le présent arrêt à exécution ; de ce faire donnons pouvoir. Donné à Paris, en la premiere Chambre, le vingt-huit Juin, l'an de grace mil sept cent quatre-ving-deux, & de notre regne le neuvieme. Collationné, par la Cour des Aides, *Signé*, OUTREQUIN. Scellé le six Juillet mil sept cent quatre-vingt-deux, *Signé*, GUENARD. Pour copie conforme à l'original, *Signé*, LENOS.

ARRÊT DU CONSEIL D'ÉTAT DU ROI,

QUI accorde pendant trois ans trois mois, qui finiront le dernier jour de 1783, l'exemption du droit de cinq cens muids de vin par an, en sus des mille muids accordés par l'état annuellement arrêté au Conseil.

Du 24 Septembre 1782.

SUR la requête présentée au roi, en son Conseil, par les directeurs & administrateurs de l'Hôpital-Général de Paris, contenant que ledit Hôpital a été compris pendant plusieurs années, pour la quantité de mille muids de vin dans l'état arrêté annuellement au Conseil, pour l'exemption des droits d'entrée à Paris; mais que cette quantité ayant été reconnue insuffisante, relativement au nombre des pauvres renfermés dans les différentes maisons de cet Hôpital, elle a été augmentée de cinq cens muids en 1704 ; & que cette augmentation a été continuée par différens arrêts du Conseil, qui ont été successivement rendus ; & entr'autres, par celui du 12 Juin 1774, qui porte que, pendant six années, dont la derniere est expirée au dernier Septembre 1780, ledit Hôpital jouira de l'exemption & décharge des droits du pont de Joigny, de ceux d'entrées, droits rétablis & autres, à Paris, & de tous autres généralement quelconques sur la route, tant par eau que par terre, sur lesdits cinq cens muids de vin d'augmentation, ainsi & de la même maniere que pour les mille muids de vin de privilege accordés audit Hôpital; que le nombre des pauvres augmentant journellement, au lieu de diminuer, les supplians requéroient, à ces causes, qu'il plût à sa majesté, de vouloir bien y pourvoir, en ordonnant que ladite exemption continuera, comme par le passé, d'avoir lieu pour quinze cens muids de de vin. Vu la requête & ledit arrêt du 12 Juin 1774; oui le rapport du sieur Joly de Fleury, conseiller au conseil d'état ordinaire, & au conseil royal des finances : LE ROI, en son Conseil, a ordonné & ordonne, par grace, & sans tirer à conséquence, qu'outre les mille muids de vin de privilege accordés à l'Hôpital-Général de Paris, dont l'emploi se fait dans l'état des privilégiés, ledit Hôpital pourra, sur les certificats desdis directeurs & administrateurs, faire entrer, pendant trois années & trois mois, qui ont commencé le premier octobre 1780, & finiront le dernier Décembre 1783, la quantité de seize cents vingt muids de vin d'augmentation de privilege pour sa consommation, savoir; cent vingt-cinq muids pour les trois derniers mois de l'année 1780, lesquels ont été joints à la premiere année du bail de Salzard, & cinq cents muids pour chacune des trois années suivantes, pour raison desquels ledit Hôpital jouira de l'exemption & décharge des droits du pont de Joigny, & de ceux d'entrées à Paris, droits rétablis & autres à Paris, & de tous autres généralement quelconques sur la route, tant par eau que par terre, ainsi & de la même maniere que ledit Hôpital en jouit pour les mille muids de vin de privilege à lui accordés, conformément à l'édit du mois d'Avril 1656, & autres lettres-patentes du 18 Juin 1710, & du mois d'Avril 1720. Ordonne sa majesté qu'il sera tenu compte à l'adjudicataire des fermes-générales, sur le prix de son bail, du montant des droits d'entrée à Paris de ladite augmentation de cinq cents muids, sur le même pied qu'ils sont fixés pour les mille muids, dont la franchise est accordée audit Hôpital par les états des privilégiés, qui sont annuellement arrêtés au Conseil. Fait au Conseil d'Etat du Roi, tenu à la Muette, le vingt-quatre Septembre mil sept cent quatre-vingt-deux. *Signé*, MASSU, *avec paraphe.* Collationné, *avec paraphe.*

LETTRES-PATENTES,

PORTANT confirmation des privileges accordés à l'Hôpital-Général, *&* Hôpitaux *y unis.*

Du mois de Novembre 1782.

LOUIS, par la grace de Dieu, roi de France & de Navarre : A tous présents & à venir, SALUT. Nos très-chers & bien-aimés les administrateurs de l'Hôpital-Général nous ont très-humblement fait exposer, qu'excité par les motifs les plus pieux & les plus respectables, le roi Louis XIV, de très-glorieuse mémoire, par son édit du mois d'Avril 1656, ayant fondé l'établissement de l'Hôpital-Général, y avoit attaché, ainsi qu'aux autres maisons hospitalieres, qu'il avoit jugé à propos d'y réunir, différens privileges & exemptions : qu'à son exemple, & sentant toute l'utilité de cet établissement, notre très-honoré seigneur & aieul le roi Louis XV, s'étoit également signalé par son atachement audit Hôpital-Général, tant en renouvellant les privileges ci-dessus, qu'en y ajoutant tous ceux qui pouvoient dépendre de lui. Ils nous ont encore exposé que les charges immenses de cet Hôpital, l'augmentation progressive dans le prix de tous les objets nécessaires à sa consommation, ainsi que le nombre des pauvres qui ne cessoient d'y chercher leur retraite, méritoient de plus en plus nos secours & notre attention : que d'un autre côté, le défaut de renouvellement de ces privileges, les exposoit à une foule de contestations qui, soit par les frais qu'elles occasionnoient, soit par les longueurs & les obstacles qu'elles apportoient dans le service dudit Hôpital, faisoient à ses intérêts le plus notable préjudice; & desirant traiter favorablement lesdits exposans, & leur témoigner que l'avantage des pauvres ne nous est pas moins cher qu'aux rois nos prédécesseurs, & que nous ne sommes pas moins diſpoſés à leur accorder nos ſecours & notre protection, nous avons reçu avec plaiſir la requête & ſupplication deſdits adminiſtrateurs. A CES CAUSES, de l'avis de notre Conſeil, qui a vu ledit édit de 1656, l'arrêt du Conſeil d'Etat, du 30 Mars 1706, les lettres-patentes du 10 Juin 1710, & celles du mois d'Avril 1720, ci-attachés ſous le contre-ſcel de notre chancellerie, & de notre grace ſpéciale, pleine puiſſance & autorité royale, nous avons maintenu, & par ces préſentes, ſignées de notre main, maintenons ledit Hôpital-Général de Paris, & les hôpitaux & maiſons du Saint-Eſprit, des Enfans-Trouvés, Enfans-Rouges, Refuge & Hôpital de Saint-Jacques, qui ſont ſous la même direction, dans tous les droits, privileges & exemptions qui leur ont été accordés, & dont ils ont joui juſqu'à ce jour, en vertu des édits, arrêts du Conſeil d'état & lettres-patentes, les confirmant & renouvellant. Voulons qu'ils ſoient exécutés ſuivant leur forme & teneur, en rempliſſant les formalités néceſſaires, pour prévenir les abus de l'exemption de nos droits, leſquelles formalités conſiſteront à faire conduire en droiture audit Hôpital-Général, ou lieux en dépendans, les marchandiſes ou denrées de toute eſpece, avec des lettres de voiture conſtatant cette deſtination, & ſous la condition encore, que les marchandiſes ou denrées ſeroient accompagnées de certificats ſignés de ſix des adminiſtrateurs, à l'effet de juſtifier qu'elles ſont pour la conſommation dudit Hôpital-Général, dépendances ou annexes; au ſurplus, faiſons défenſes à qui que ce ſoit, & ſous tel prétexte que ce puiſſe être, de troubler leſdits Hôpitaux dans la jouiſſance & libre exercice de tous leſdits privileges & exemptions. Si donnons en mandement à nos amés & féaux conſeillers, les gens tenans notre cour de Parlement, chambre des Comptes & cour des Aides à Paris, & autres nos officiers & juſticiers qu'il appartiendra, que ces préſentes ils faſſent lire, publier & regiſtrer, & de leur contenu jouir & uſer ledit Hôpital-Général, & les hôpitaux & maiſons du Saint-Eſprit, Enfans-Trouvés, Enfans-Rouges, Réfuge & Hôpital de Saint-Jacques de notre bonne ville de Paris, pleinement, paiſiblement & perpétuellement, ceſſant & faiſant ceſſer tous troubles & empêchemens, & nonobſtant toutes choſes à ce contraires. Voulons qu'aux copies collationnées des préſentes, par l'un de nos amés & féaux conſeillers-ſecrétaires, foi ſoit ajoutée comme aux originaux. Car tel eſt notre plaiſir, & afin que ce ſoit choſe ferme & ſtable à toujours, nous avons fait mettre notre ſcel à ceſdites préſentes. Donné à Verſailles, au mois de Novembre, l'an de grace mil ſept cent quatre-vingt-deux, & de notre regne le neuvieme. *Signé*, LOUIS. Viſa. *Signé*, HUE DE MIROMENIL. *Et plus bas*, par le roi. *Signé*, AMELOT.

Regiſtrées, ce requérant le procureur-général du roi, pour jouir, par les impétrans, de leur effet & contenu, & être exécutées ſelon leur forme & teneur, aux charges, clauſes & conditions y portées, ſuivant l'arrêt de ce jour. A Paris, en Parlement, le trente Décembre mil ſept cent quatre-vingt-deux. Signé, DUFRANC.

Regiſtrées en la chambre des Comptes, oui le procureur-géneral du roi, pour jouir par les impétrans, en leurdite qualité, de l'effet & contenu en icelles, aux charges; clauſes & conditions y portées, le dix-ſept Mars mil ſept cent quatre-vingt-trois.

Signé, MARSOLAN.

Regiſtrées au greffe de la cour des Aides, oui ce requérant le procureur-général du roi, pour être exécutées ſelon leur forme & teneur, aux charges y portées. Fait en la premiere chambre de la cour des Aides, ce ſeptieme jour de Mai mil ſept cent quatre-vingt-trois. Signé, OUTREQUIN.

EXTRAIT DE LA DÉCLARATION DU ROI,

CONCERNANT les alignemens & ouvertures des rues de Paris.

Du 10 Avril 1783.

ART. 4. CHACUN des propriétaires de maisons, bâtimens & murs de clôture situés sur les rues, sera tenu de contribuer aux frais des plans ordonnés, au prorata des toises de face de sa propriété, laquelle contribution nous avons fixée, à l'égard des plans à lever, à cinq sols par toises de maisons & bâtimens de face sur la rue; & pareillement à trois sols par toise de mur de clôture, & à la moitié seulement pour les plans déjà levés, & qui seront seulement recollés. N'entendons que puissent être assujettis à ladite contribution les édifices ou établissemens publics, ni les maisons appartenantes aux Hôpitaux.

DROIT DE MARC D'OR.

LETTRE de m. D'ORMESSON, contrôleur-général des finances, par laquelle l'Hôpital-Général *est déclaré exempt du droit de marc d'or pour des lettres-patentes qui l'autorisent à former une rue au lieu de la ruelle dite* de la Muette.

Du 17 Juin 1783.

J'AI reçu, messieurs, la lettre que vous m'avez écrite; vous desirez savoir ce qui a été décidé sur la demande que vous avez faite de l'exemption du droit de marc d'or pour les lettres-patentes qui vous ont autorisés à former, au lieu de la ruelle, dite *de la Muette*, une nouvelle rue du même nom, pour l'avantage du service de l'Hôpital-Général. J'ai mandé, messieurs, à monseigneur le garde-des-sceaux, le 15 Avril dernier, que l'intention du roi étoit qu'il ne fût point payé de marc d'or pour le sceau de ces lettres-patentes, ainsi qu'il avoit été précédemment ordonné par sa majesté, pour différens renouvellemens d'octrois, & autres objets intéressans les Hôpitaux de Paris.

Je suis très-parfaitement, &c. *Signé*, D'ORMESSON.

FONDS ET ÉTABLISSEMENS,

PREMIERE PARTIE.

DONS des Hôpitaux, *& autres biens; concessions de différens autres droits & profits.*

EXTRAIT DE L'ÉDIT D'ÉTABLISSEMENT DE L'HOPITAL-GÉNÉRAL.

Du mois d'Avril 1656, articles 28, 29, 33 & 44.

ART. 28. D'AUTANT que l'expérience a fait connoître que les principaux manquemens qui ont été à l'exécution des desseins que l'on avoit eu ci-devant d'enfermer les pauvres, sont procédés des défauts d'établissement suffisant, & de la subsistance nécesfaire ; nous avons donné audit Hôpital-Général tous les biens, droits, revenus, profits & émolumens, tant en fonds, que fruits ordinaires, casuels & extraordinaires, de quelque titre & qualité qu'ils puissent être dus, échus & à écheoir, appartenans ou qui peuvent appartenir maintenant ou ci-après, aux Maisons & Hôpitaux de la Pitié, du Refuge, de la Savonnerie, Scipion, Bicêtre, membres & lieux qui en dépendent ; desquels biens, droits & revenus, les receveurs, fermiers, locataires & debiteurs, seront tenus de donner compte ou état, & d'en faire le paiement ou la délivrance, chacun ainsi qu'il y peut être obligé, auxdits directeurs, ou à leurs ordres : & en ce faisant, en demeureront lesdits receveurs, fermiers, locataires & debiteurs, valablement quittes & déchargés envers & contre tous ; & seront tous les baux & sous-baux confirmés ou résolus, ainsi qu'il sera délibéré par les directeurs, pour le plus grand avantage de l'Hôpital.

ART. 29. Appartiendront pareillement audit Hôpital-Général tous les lits, meubles, couvertures, matelats, paillasses, linges, ustencilles de cuisine, ménage & autres desdites Maisons & Hôpitaux, & lieux qui en dépendent, de toutes lesquelles choses sera fait inventaire par l'ordre des directeurs, nonobstant l'opposition & l'empêchement de tous ceux qui voudroient prétendre y avoir intérêt.

ART. 33. Donnons audit Hôpital-Général toutes les maisons, lieux, droits, fonds & revenus affectés aux pauvres, pour le soulagement d'iceux, perceptibles dans notredite ville & fauxbourgs, prévôté & vicomté de Paris, qui sont à présent, ou se trouveront ci-après abandonnés, usurpés ou employés à autre usage, que celui de leur fondation, & même ceux qui sont à présent ou se trouveront ci-après destitués de légitimes administrateurs, tant de l'un que de l'autre sexe, soit de notre fondation ou autres.

ART. 44. Déclarons appartenir audit Hôpital-Général, à l'exclusion de collatéraux, les biens-meubles desdits pauvres qui décéderont, tant audit Hôpital, que dehors, après avoir été à l'aumône d'icelui pendant un an, sans que les uns ni les autres en puissent disposer par donation entre-vifs ou testament, ni faire aucune promesse, obligation, ni contrats, que pour cause légitime, & par le consentement des directeurs, à peine de nullité.

Nota. L'arrêt de vérification porte que cet article n'aura lieu que pour les meubles qu'ils auront lorsqu'ils auront été reçus à ladite aumône, & qu'ils auroient acquis dans ledit Hôpital, & non pour ceux qui pourroient leur être échus d'ailleurs.

ACQUISITION DE LA MAISON DE SCIPION,

PAR contrat passé devant Parque, notaire au Châtelet de Paris, & son confrere;

Du 30 Avril *1639.*

JEAN-BAUDOUIN, conseilller du roi, référendaire en la Chancellerie de France, au nom & comme fondé de procuration de dame Marguerite Cousinet, veuve de messire François d'Amboise, chevalier, a vendu à l'administration des pauvres enfermés de la ville de Paris, ce acceptant par messire Nicolas Lejay, premier président du parlement de Paris, messire Mathieu Mollé, procureur-général audit parlement, les sieurs Louis Hacte, Jean Levêque, Louis Decompans, Claude Foucault, Denis Pichon & Sebastien Cramoisy, gouverneurs & administrateurs desdits pauvres enfermés :

Un corps de logis composé de plusieurs chambres basses & hautes, greniers, galleries hautes & basses, allant du petit logis au grand, cours & jardin, le tout renfermé de murs, ainsi que lesdits logis & bâtimens, cours & jardin se poursuivent & comportent, situé au fauxbourg Saint-Marcel vulgairement appellé l'hôtel Scipion, ou sont de présent les pauvres enfermés.

LETTRES-PATENTES,

*PORTANT don de la Salpêtriere à l'*Hôpital - Général.

Avril 1656.

LOUIS, par la grace de Dieu, roi de France & de Navarre : A tous présens & à venir; SALUT. Nous avons, par notre édit du présent mois d'Avril, pour l'établissement général des pauvres de notre bonne ville de Paris, uni les Hôpitaux & maisons de la grande & petite Pitié, sises au fauxbourg Saint-Victor, de Scipion au fauxbourg Saint-Marcel, de la Savonnerie proche Chaillot, de Bicêtre proche Gentilly, & les membres en dépendans, avec toutes les exemptions, attributions de droit, & autres choses que nous avons cru nécessaires pour favoriser un si favorable dessein, si desiré, & depuis si long-tems attendu ; & comme nous avons toujours souhaité cet établissement, nous y avons déjà affecté, par notre brevet du premier Juillet 1653, les lieux & emplacemens de la Salpêtriere, dit le petit arsenal; & desirant aussi, tant qu'il nous sera possible, faciliter l'exécution de cette œuvre, que nous estimons digne de nous & de notre magnificence royale, par les fruits qu'il doit produire, & pour la gloire de Dieu, & pour le bien de la police, pourvoir à tous ses besoins, & d'en augmenter tous les jours les bienfaits, nous avons, par ces présentes, & de notre grace spéciale, pleine puissance & autorité royale, *donné, octroyé & uni, donnons, octroyons & unissons audit Hôpital-Général*, lesdits lieux & emplacemens de la Salpêtriere, dits le petit arsenal, sis au fauxbourg Saint-Victor, vis-à-vis notre grand arsenal, & tous les bâtimens & héritages qui en dépendent, & qui y peuvent appartenir, tant au dedans qu'au dehors, avec tous les droits que nous y pouvons prétendre, à quelque titre que ce puisse être, sans aucune exception ni réserve, nonobstant toutes lettres, brevets, arrêts, unions, affectations, & autres choses à ce contraires, à quoi nous avons, par ces présentes, expressément dérogé & dérogeons ; voulons que la voirie, qui, par tolérance ou autrement, est à présent sur les terres joignantes lesdits emplacemens, soit transférée ailleurs, ensorte que les pauvres, officiers & domestiques de l'Hôpital, n'en reçoivent aucune incommodité; que les directeurs dudit Hôpital, conformément à notre édit, du mois d'Avril dernier, puissent prendre les héritages de proche en proche, selon leurs besoins, ou la commodité de l'œuvre, en payant la juste valeur, ou par accommodement avec les propriétaires, ou par estimation qui en sera faite par gens à ce connoissant, dont les parties conviendront, si les propriétaires refusent de s'en accommoder à l'amiable ; permettons auxdits directeurs de tirer & conduire un fossé ou canal de la riviere, en droite ligne ou autrement, suivant la pente qui sera nécessaire pour conduire jusqu'audit lieu de la Salpêtriere, & un autre canal pour le retour dans la riviere, pour la nécessité ou plus grande commodité dudit Hôpital, de bâtir & avoir deux moulins sur bateaux, vis-à-vis dudit lieu de la Salpêtriere, & deux moulins à vent, dans la maison ou aux environs d'icelle, aux endroits qui se trouveront les plus commodes. Leur accordons en outre droit de pêche dans la riviere de Seine, depuis le Pont-Marie en remontant jusqu'à Conflans; comme aussi d'avoir un bac au-dessus de notre grand arsenal, pour de-là passer les hommes, chevaux, bestiaux, carrosses, charrettes, marchandises, & autres choses, à l'autre côté de la riviere, sur le quartier Saint-Victor, avec les droits ordinaires & accoutumés qui seront réglés par notre cour de parlement, au profit des pauvres, & pour le soulagement de nos sujets, selon la pancarte qui en sera dressée, & si aucune concession avoit été par nous faite, nous la révoquons par ces présentes; donnons pareillement, & unissons, en tant que besoin seroit, audit Hôpital-Général, la maison & Hôpital Saint-Jacques, sise rue Saint-Denis, à Paris, & tous les biens, droits & revenus en dépendans, en satisfaisant par les administrateurs dudit Hôpital-Général, aux fondations, tant pour les pélerins, que pour les trésoriers, chanoines, chapelains & autres bénéficiers dudit Hôpital Saint-Jacques aux pélerins ; donnons encore, & unissons la maison, dite l'hôtel de Bourgogne, & autres maisons & revenus appartenans & dépendans de la confrairie, dite la Passion, lui octroyons & attribuons pareillement le droit de lever & prendre sur chaque jeu de paulme & de boule, de notredite ville & fauxbourgs, dix livres par chacun an; révoquons tous autres dons & concessions qui pourroient avoir été faits, pour ce regard, le tout avec les décharges des droits d'amortissement, & autres privileges & exemptions que nous avons accordés audit Hôpital-Général, par nosdites lettres-patentes dudit présent mois d'Avril, que nous confirmons, en tant que besoin seroit, par ces présentes; donnons aussi audit Hôpital-Général, le tiers de toutes les confiscations, tant de celles qui nous sont adjugées, quand même nous en aurions fait don, en cas que les dons ne soient pas encore registrés, que de celles qui nous seront adjugées ci-après, à quelque titre & pour quelque cause que ce puisse être, sans aucune exception ni réserve; plus, le dixieme de tous les droits d'aubaine, deshérence ou bâtardise, même ceux ci-devant expédiés & non encore registrés, révoquant pout tout ce que dessus, toutes autres lettres de don & concession à ce contraires, dérogeant expressément à toutes choses contraires, même aux dérogatoires des dérogatoires. Si donnons en mandement à nos amés & féaux conseillers les gens tenans notre Cour de Parlement, Chambre des Comptes & Cour des Aides, présidens & trésoriers de France, à Paris, & autres nos officiers qu'il appartiendra, chacun en droit soi, d'enregistrer ces présentes, & les faire exécuter selon leur forme & teneur, & du contenu en icelles, faire jouir & user paisiblement ledit Hôpital-Général, tout ainsi que des autres choses portées par notre édit du présent mois d'Avril, à la diligence de notre procureur-général, auquel nous enjoignons de tenir la main, car tel est notre plaisir; & afin que ce soit chose ferme & stable à toujours, nous avons fait mettre notre scel à cesdites présentes, sauf en autres choses notre droit & l'autrui en tout. Donné à Paris, au mois d'Avril, l'an de grace mil six cent cinquante-six, & de notre regne le treizieme. *Signé*, LOUIS. Et sur le repli, par le roi, *Signé*, GUENEGAUD. *Et plus bas*, Collationné à l'original par nous conseiller secrétaire du roi, Maison, Couronne de France, & de ses finances. *Signé*, LECARON.

LETTRES-PATENTES,

*Qui réunissent à l'*Hôpital-Général *les biens de différentes communautés & lieux claustraux, dont la suppression étoit ordonnée.*

Du 20 Mars 1671.

LOUIS, par la grace de Dieu, roi de France & de Navarre: A tous présens & à venir; SALUT. Le feu sieur archevêque de Paris ayant été informé des désordres qui se passoient dans les monasteres du Verbe Incarné, des Bénédictines de la Consolation, des Chanoinesses régulieres de l'ordre de Saint-Augustin, dites de Sainte-Anne, & dans les hospices de la mere Sainte-Ursule-de-Charonne, de la mere Maillard & de l'Annonciation, & dans les communautés de la dame Cossart, auroit député ses grands-vicaires pour en faire la visite, informer & dresser leurs procès-verbaux, lesquels lui ayant été rapportés, ces désordres lui auroient été plus particuliérement connus, même que les lieux claustraux n'y étoient pas réguliers, qu'il n'y avoit en chacune de ces maisons qu'un très-petit nombre de religieuſes ramaſſées de divers ordres, leſquelles ne pouvoient former une véritable & légitime communauté, que le ſervice divin ne s'y faiſoit pas, & que pluſieurs deſdites maiſons n'étant pas, ſuffiſamment dotées, les ſupérieures d'elles avoient été contraintes de prendre toutes ſortes de penſionnaires ſéculieres, pour, par ce moyen, trouver leur ſubſiſtance; ce qu'étant venu à la connoiſſance de notre procureur-général du parlement de Paris, il en auroit fait ſa remontrance audit Parlement, ſur laquelle ſeroit intervenu arrêt le dix-ſeptieme jour de Juin 1670, portant ſuppreſſion de tous leſdits monaſteres, en conſéquence duquel arrêt ledit feu ſieur archevêque auroit rendu ſon ordonnance; le dix-huitieme dudit mois, par laquelle il auroit enjoint à quelques-unes des religieuſes deſdites maiſons de ſe retirer dans leur monaſtere de profeſſion, & aux autres d'aller demeurer dans ledit monaſtere du Verbe Incarné pour y vivre réguliérement ſous l'obéiſſance de la ſupérieure qu'il y mettroit, & ſans néanmoins qu'on y pût recevoir de novices, ſon intention n'étant ſeulement que de donner retraite dans ce monaſtere aux religieuſes deſdites maiſons ſupprimées, & les y faire vivre ſelon leurs obligations, régulieres; pour, après leur mort, faire la deſtination des fonds, rentes, biens & revenus deſdites maiſons, la meilleure qu'il ſe pourroit, afin que le public en puiſſe tirer avantage; depuis lequel tems il auroit été reconnu que les religieuſes retirées dans ledit monaſtere du Verbe Incarné, étoient dans une très-grande néceſſité, & hors de tous moyens de ſubſiſter ſans une aſſiſtance conſidérable, qu'il pouvoit y arriver des accidens très-fâcheux, s'il n'y étoit promptement pourvu, en mettant les biens, fonds & revenus deſdites maiſons ſous l'adminiſtration & conduite des directeurs d'une communauté qui fût en état de les faire valoir, pour y demeurer unis, après le décès deſdites religieuſes; & pendant leurs vies, leur fournir ce qui ſeroit néceſſaire pour faire le ſervice divin, & pour leur entretien & ſubſiſtance: ſur quoi le grand-vicaire dudit archevêque de Paris, le ſiege étant vacant, auroit, le vingt-ſeptieme Janvier dernier, rendu ſon ordonnance, par laquelle il auroit deſtiné & appliqué à l'Hôpital-Général de notre bonne ville de Paris, tous les biens, tant meubles qu'immeubles, de quelque nature qu'ils puiſſent être, & en quoi qu'ils puiſſent conſiſter, appartenans auxdits monaſteres ſupprimés, pour être tous leſdits biens, meubles & immeubles employés au profit des pauvres dudit Hôpital: à la charge toutesfois que ledit Hôpital-Général & les adminiſtrateurs d'icelui, ſeront tenus de faire acquitter fidélement les meſſes & prieres qui ſe devoient faire dans leſdites maiſons ſupprimées, & à quoi elles étoient tenues par leurs fondations, ſi aucunes ſe rencontroient, & de fournir généralement tout ce qui ſeroit néceſſaire tant pour le ſervice divin, que pour l'entretien, ſubſiſtance & autres frais qu'il conviendroit faire au ſujet des religieuſes deſdites maiſons ſupprimées, dont les penſions de celles auxquelles il en avoit été accordé, ſeroient reçues pendant leurs vies, par le receveur dudit Hôpital-Général; & deſirant que la ſuppreſſion deſdits monaſteres ſoit ponctuellement exécutée, & que leſdites religieuſes ſoient miſes & établies dans une maiſon fermée, proportionnée au nombre d'icelles, qui ſera choiſie & miſe en bon état par les ordres du ſieur archevêque de Paris, & qu'il leur ſoit fourni en argent ou eſpeces tout ce qui leur ſera néceſſaire, ainſi qu'il ſera réglé par lui ou par ſon grand-vicaire. A CES CAUSES, de l'avis de notre Conſeil qui a vu les procés-verbaux, ordonnances & arrêts ci-deſſus datés, & de notre certaine ſcience, pleine puiſſance & autorité royale, nous avons par ces préſentes, ſignées de notre main, approuvé & confirmé, approuvons & confirmons la ſuppreſſion deſdits monaſteres du Verbe Incarné, des Bénédictines de la Conſolation, des chanoineſſes régulieres de l'ordre de Saint-Auguſtin, dites de Sainte-Anne, & des hoſpices de la mere Sainte-Urſule-de-Charonne, de la mere Maillard & de l'Annonciation, & de la communauté de la dame Coſſart, pour demeurer, leſdites religieuſes, pendant leur vie dans une maiſon & clôture qui leur ſera deſtinée par le ſieur archevêque de Paris, & y unies, ſuivant les regles qui leur ſeront par lui ordonnées, & avons, par ces mêmes préſentes, uni & incorporé, uniſſons & incorporons audit Hôpital-Général tous les fonds, biens & revenus, meubles & immeubles appartenans auxdites maiſons, pour en jouir & diſpoſer à perpétuité, ainſi que des autres biens dudit Hôpital, à la charge que par les ordres des directeurs d'icelui, il ſera fourni aux dépens dudit Hôpital-Général tout ce qui ſera réglé & ordonné par ledit ſieur archevêque de Paris, pour acquitter les meſſes & prieres auxquelles leſdits monaſteres pouvoient être tenus par leurs fondations, s'il y en a, pour le ſervice divin & ordinaire, & pour la ſubſiſtance & entretien deſdites religieuſes, & généralement tout ce qui ſera néceſſaire pour ladite maiſon, même pour mettre icelle en état que leſdites religieuſes y ſoient commodément logées, & en une clôture aſſurée ; & ſeront les penſions des religieuſes, auxquelles il en a été accordé, payées pendant leur vie au receveur dudit Hôpital-Général, à quoi faire les débiteurs ſeront contraints par les voies & ainſi qu'ils y ſont obligés, & en cas qu'il intervienne procès ou différens ſur l'exécution des préſentes, circonſtances & dépendances, les parties ſe pourvoiront en premiere inſtance en la Grand'Chambre de notre Parlement de Paris, ſuivant le privilege par nous accordé audit Hôpital-Général par ſon établiſſement. Si donnons en mandement à nos amés & féaux, les gens tenans notredite Cour de Parlement à Paris, que ces préſentes ils faſſent lire, publier & regiſtrer, & le contenu en icelles, garder & obſerver de point en point, ſelon leur forme & teneur, nonobſtant oppoſitions, appellations, & tous autres empêchemens généralement quelconques, pour leſquels nous ne voulons être différé ; Car tel eſt notre plaiſir : en témoin de quoi nous avons fait mettre notre ſcel à ceſdites préſentes. Données à Saint-Germain-en-Laye, le vingtieme jour de Mars, l'an de grace mil ſix cent ſoixante-onze, & de notre regne le vingt-huit. *Signé*, LOUIS. *Au-deſſous eſt écrit :* par le roi, *Signé*, COLBERT, *avec paraphe. Viſa, Signé*, SEGUIER.

Plus bas eſt encore écrit : Regiſtrées, oui & ce requérant le procureur-général du roi, pour être exécutées ſelon leur forme & teneur, ſuivant l'arrêt de la Cour. A Paris, en Parlement, le quatre Septembre mil ſix cent ſoixante-onze. *Signé*, ROBERT, *avec paraphe.*

ORDONNANCE DE M. L'ARCHEVÊQUE DE PARIS,

QUI ſtatue ſur le jour où l'Hôpital-Général *entrera en jouiſſance des biens des communautés ſupprimées, & fixe les charges dont il doit être tenu pour prix de cette conceſſion.*

Du 12 Décembre 1671.

FRANÇOIS, par la grace de Dieu, & du S. Siege apoſtolique, archevêque de Paris : A tous ceux qui ces préſentes lettres verront, SALUT, en Notre-Seigneur. Sur ce qui nous a été remontré par les directeurs de l'Hôpital-Général de Paris, que feu notre très-honoré prédéceſſeur auroit, pour pluſieurs raiſons importantes, par ſon ordonnance, ſupprimé les monaſteres du Verbe Incarné, des Bénédictines de la Conſolation, des Chanoineſſes régulieres de S. Auguſtin, dites de Sainte-Anne, & les hoſpices de Charonne, de l'Annonciade, des dix Vertus, de la mere Sainte-Urſule, de la mere Maillard, & la communauté de la dame Coſſard, toutes leſdites maiſons ſiſes dans les fauxbourgs de cette ville de Paris, le Parlement en auroit appuyé l'exécution par ſon arrêt du 17 Juin 1670. Sur les mêmes raiſons ſubſiſtantes encore, nous aurions donné notre ordonnance du 18 Juillet dernier, par laquelle nous aurions deſtiné, appliqué, uni, incorporé tous les biens, tant meubles qu'immeubles, dépendans deſdits monaſteres, communautés & hoſpices, audit Hôpital-Général,

Hôpital-Général, aux conditions exprimées dans notredite ordonnance; & par lettres-patentes du roi, du 20 Mars dernier, enregiſtrées au Parlement, le 4 Septembre en ſuivant, ſadite majeſté auroit autoriſé la deſtination & application deſdits biens, audit Hôpital, & l'exécution de tout ce qui avoit été fait par notredit prédéceſſeur & par nous, pour être fait, de notre autorité archiépiſcopale, tel réglement que nous aviſerions bon être, tant ſur l'acquit des fondations auxquelles leſdites maiſons pourroient être tenues, ſervice divin & ordinaire, & ſur la regle, ſubſiſtance & entretien deſdites religieuſes, même pour leur logement & leur clôture, & généralement à tout ce que ledit Hôpital-Général ſera obligé de ſubvenir, en conſéquence de ladite deſtination & union deſdits biens; & étant néceſſaire de pourvoir promptement aux néceſſités urgentes de la plus grande partie des religieuſes deſdites maiſons, leur établir une regle pour vivre en commun dans l'une deſdites maiſons telle que nous voudrons choiſir, ſuivant leſdites lettres-patentes & arrêts, & en même tems mettre leſdits directeurs en poſſeſſion des biens & revenus deſdites maiſons & penſions deſdites religieuſes qui en ont; preſcrire & déterminer les obligations & les charges auxquelles ſera tenu ledit Hôpital. Vu par nous ladite requête, les ſuſdites ordonnances, lettres-patentes & arrêts, le tout mûrement conſidéré & examiné, nous avons dit, déclaré, réglé & ordonné, diſons, déclarons, réglons & ordonnons, ce qui enſuit:

1°. Que ledit Hôpital-Général entrera en poſſeſſion & jouiſſance des biens-meubles & immeubles des monaſteres, communautés & hoſpices ſupprimés, du premier jour du préſent mois de Décembre, duquel jour les penſions des religieuſes, les fruits, revenus, louages des maiſons, intérêts de deniers, & autres biens généralement quelconques, lui appartiendront, ſans aucune choſe en retenir ni réſerver; auquel effet les titres des fondations deſdites maiſons, de leur revenu & deſdites penſions, ſeront inceſſamment mis & dépoſés au tréſor dudit Hôpital-Général, pour s'en ſervir par leſdits directeurs, & y avoir recours quand beſoin ſera.

2°. Si dans toutes leſdites maiſons il y a des ornemens & meubles plus qu'il n'en ſera beſoin pour celle où ſeront miſes leſdites religieuſes, les directeurs dudit Hôpital-Général les pourront vendre ou diſpoſer, ainſi que bon leur ſemblera, au profit d'icelui.

3°. Les religieuſes qui compoſent les communautés des monaſteres & hoſpices ſupprimés, ſe pourvoiront inceſſamment pardevant nous, pour obtenir nos obédiences, & retourner dans les maiſons de leurs profeſſions, pour y demeurer & y pratiquer leurs regles, ſous l'obéiſſance de leurs ſupérieures; ſinon elles ſeront tenues de ſe retirer, au plus tard dans quinzaine, dans la maiſon du Verbe Incarné, au fauxbourg de Saint-Germain, que nous leur avons, quant à préſent deſtiné, pour y demeurer & vivre dans l'obſervance de la regle de Saint Auguſtin, ſous la direction de la ſupérieure que nous y établirons, laquelle regle nous avons choiſie pour y être obſervée avec uniformité; & ſera ladite maiſon ſous notre obéiſſance, viſite, correction & entiere dépendance, & de nos ſucceſſeurs archevêques de Paris, ou de nos grands-vicaires, ou autres telles perſonnes qui auront pouvoir de nous.

4°. Les bâtimens de ladite maiſon ſeront réparés & mis en état, aux dépens dudit Hôpital-Général, pour loger réguliérement le nombre des religieuſes que nous jugerons à propos y devoir demeurer.

5°. Sera par nous établi une ſupérieure pour régir & gouverner ladite maiſon, ſans que les religieuſes puiſſent prétendre d'en avoir l'élection; & en cas de mort ou de deſtitution, elles en recevront une de nous, ſoit du même couvent, ſoit de tel autre que nous eſtimerons à propos de la choiſir, pour le bon gouvernement d'icelle maiſon, en laquelle il ne pourra être reçu aucunes novices ni profeſſes, ſous quelque prétexte que ce ſoit.

6°. Toutes les religieuſes qui ſeront dans ladite maiſon, y vivront en commun & de même maniere, prendront ſéance, ſelon leur ancienneté de profeſſion, & porteront toutes au chœur un manteau noir.

7°. Le prêtre sera de nous approuvé pour dire journellement la messe conventuelle, & confesser les religieuses, & recevra sa rétribution, pour son entretien, de l'Hôpital-Général; comme aussi un sacristain ou serviteur laïque, pour le dehors, & une ou deux femmes pour la cuisine & pour servir au-dedans: lesquelles personnes seront choisies par nous.

8°. Les directeurs dudit Hôpital-Général seront tenus de fournir pour la subsistance de chacune desdites religieuses, & pour autant qu'il y en aura dans ladite maison, & des servantes d'icelles, cinq quarterons de pain de froment, qui sera livré frais de deux jours; une livre de viande, bœuf, mouton & veau, aux jours gras; & pour les jours maigres, des vivres à proportion, & chopine de vin & du fruit selon la saison, si tant elles en ont besoin; & pour le chapelain & sacristain, chacun une livre & demie de pain, cinq quarterons de viande ou d'autres vivres à proportion, & cinq demi-setiers de vin, avec du bois pour la cuisine & le chauffage de ladite maison; fourniront de la cire pour l'église, de l'huile & de la chandelle, du sel, du vinaigre, & toutes les autres nécessités de ladite maison.

9°. Seront encore tenus lesdits directeurs de fournir le linge pour le service de ladite église & maison; les étoffes, toiles, fil, soie & autres fournitures pour l'entretien desdites religieuses, même leurs souliers, mulles de chambre, & autres choses dont elles auront besoin.

10°. Lesdits directeurs seront tenus & obligés d'entretenir la maison & la chapelle de toutes réparations & couvertures, de fournir les ornemens & le luminaire de la chapelle; d'entretenir les religieuses de vêtemens, linges, lits, meubles, ustensiles, & faire généralement toutes les autres dépenses nécessaires pour la subsistance & entretien desdites religieuses, officieres & servantes.

11°. Nous ordonnons à la supérieure qui sera par nous établie en ladite maison, religieuses & officieres d'icelle, de ménager & économiser, autant qu'il leur sera possible, tout ce qui leur sera fourni dudit Hôpital-Général, tant pour leur subsistance qu'entretien, étant le bien des pauvres qu'elles sont obligées de conserver pour en prendre seulement ce qui leur sera nécessaire, sans dissipation ni profusion.

12°. Les directeurs seront tenus de faire acquitter les fondations auxquelles les susdites maisons étoient obligées avant leur suppression, suivant les titres des fondations, & qu'il viendra à leur connoissance.

13°. Arrivant le décès de chacune des religieuses, du jour de leur décès la fourniture diminuera à proportion.

14°. Et afin que le présent réglement soit observé selon sa forme & teneur, nous ordonnons au sieur de Benjamin, notre official & grand-vicaire, & autres nos officiers, de tenir la main à ce qu'il soit ponctuellement exécuté. Donné à Paris, en notre palais archiépiscopal, le douzieme jour de Décembre mil six cent onze. *Signé*, L'ARCHEVÊQUE DE PARIS. *Et plus bas*, par Monseigneur. *Signé*, MORAND, *avec paraphe.*

DON

*FAIT par le roi à l'*Hôpital-Général, *d'une portion de l'emplacement & démolition du temple de Charenton.*

Du 8 Novembre 1685.

AUJOURD'HUI, huitieme jour du mois de Novembre 1685, le roi étant à Fontainebleau, voulant employer le plus utilement qu'il sera possible les bâtimens, emplacemens & dépendances du Temple & du Consistoire que ceux de la religion prétendue réformée, avoient ci-devant au bourg de Charenton, sa majesté en a accordé & fait don à l'Hôpital-Général & à la maison des Nouvelles Catholiques de Paris; savoir, à l'Hôpital-Général, l'emplacement du Temple, & toute la partie du préau, étant depuis l'encoignure de la maison du Consistoire, en tirant une ligne droite jusqu'à la riviere de Marne, & tout ce qui est au-delà de la ligne du côté du Temple, appartenant audit Consistoire: & de plus, la propriété des quatre maisons qui ont été bâties sur le fonds dudit Consistoire, & concédées aux sieurs de Lorme, Pellissary, de Saint-Hilaire, Grosleste, de la Bussiere & Bezard, à condition d'en jouir eux & leurs femmes leur vie durant, & la place qui est devant lesdites maisons; & aux Nouvelles-Catholiques, le cimetiere du côté de la rue de Charenton, la maison du Consistoire & tout ce qui est au-delà, en tirant ladite ligne droite depuis l'encoignure du mur du Consistoire jusques à la riviere de Marne, & tout ce qui est au-delà de ladite ligne appartenant audit Consistoire, pour en jouir par ledit Hôpital-Général & les Nouvelles-Catholiques, chacun en la partie qui leur est donnée, pleinement & paisiblement, sans pour ce, payer aucuns droits d'amortissement, soit que ledit Hôpital-Général acquiere la part des sœurs Nouvelles-Catholiques, ou que lesdites sœurs Nouvelles-Catholiques acquierent la part dudit Hôpital-Général, dont sa majesté leur a fait don & remise, à quelque somme qu'ils se puissent monter, m'ayant, sa majesté, commandé de leur expédier toutes lettres nécessaires, & cependant le présent brevet qu'elle a signé de sa main, & fait contresigner par moi conseiller-secrétaire, & de ses commandemens & finances. *Signé*, LOUIS. *Plus bas*, COLBERT.

ARRÊT DU PARLEMENT,

*Qui attribue à l'*Hôpital-Général *différens fonds & capitaux de rentes destinés aux pauvres malades des lieux où il n'y auroit pas de confrairies de charité d'établies.*

Du 31 Mars 1711.

Vu par la Cour, la requête à elle présentée par le procureur-général du roi, contenant, que mᵉ Jacques-Louis Canto, prêtre, chanoine régulier, curé de la paroisse Saint-Médard de cette ville, ayant été, par arrêts des 19 Août 1700, 3 Juin 1701, & 8 Février 1704, nommé pour gérer les affaires & biens de la succession vacante de dame Claude Duval, veuve de Barthelemi Morand, vivant, payeur des rentes assignées sur l'hôtel-de-ville, il a obtenu sur sa requête, le 19 Mars 1708, un autre arrêt qui a ordonné qu'il rendroit compte pardevant le procureur général du roi de la gestion & administration qu'il avoit faite en conséquence, tant en recette que dépense des biens & effets de ladite succession; & en exécution de cet arrêt, a présenté son compte, lequel ayant été examiné, clos & arrêté par le procureur général du roi, ledit sieur Canto s'est trouvé par le *finito* dudit compte en avance de la somme de huit mille quatre cens quatre-vingt-dix-sept livres dix sols, dont il a été ordonné, par arrêt du 20 Janvier dernier, qu'il seroit remboursé sur les effets restans de ladite succession, & qu'à cette fin la rente de quatre cens soixante-quinze livres constituée, moyennant neuf mille cinq cens livres de principal, par les prévôt des marchands & échevins de cette ville, sur les Aides & Gabelles, par contrat passé devant de Troyes & Nera, notaires au Châtelet, le 16 Mars 1682, au profit de Jacques Marignier, avocat en la Cour, qui en a fait le même jour déclaration au profit de ladite défunte dame Morand, seroit délaissé audit Canto, aux offres par lui faites de payer au profit de ladite succession l'excédant de ladite somme, montant à celle de mille deux livres dix sols, à la déduction des frais de sa demande & dudit arrêt. Et comme l'examen de ce compte a fait connoître au procureur général du roi, qu'il ne reste plus d'effets de cette succession vacante de ladite dame Morand que cette somme de mille deux livres dix sols, le contrat de deux cens cinquante livres de rente, en principal de cinq mille livres dues par la dame d'Harcourt, & la rente de treize cens soixante-quatre livres constituée sur les Aides & Gabelles, par contrat du 30 Juillet 1680, au principal de vingt-sept mille cent quatre-vingt livres chargés de onze cens cinquante livres de pension viagere, payable, savoir, trois cens cinquante livres au sieur Alexandre Parain, deux cens livres à chacune de ses deux filles, & pareille somme de deux cens livres à chacune des filles de René Parain; qu'ainsi ce reste d'effets est fort éloigné des fonds que la défunte dame Morand avoit supposé devoir se trouver dans sa succession, & qu'elle avoit destinés, tant pour établir des prêtres dans les lieux des provinces de ce royaume les plus éloignés qui en auroient besoin, & auxquels seroit donné pour leur subsistance trois cens livres par an, que pour le soulagement des pauvres malades desdits lieux, où il ne se trouveroit point de confrairie de charité établie. Il semble qu'il seroit plus utile de se renfermer dans ce second objet de la charité de la testatrice en destinant les revenus, que les fonds restans pourront produire, au soulagement des pauvres des provinces, soit en les y faisant distribuer jusqu'à la concurrence de douze cens livres, conjointement avec l'aumône procédant du sieur Courlandon, soit en appliquant le surplus à l'Hôpital-Général, tant en considération du grand nombre de pauvres de toutes les provinces que leurs infirmités ou le secours qu'ils cherchent dans la mendicité y attirent, & qui y reçoivent les assistances spirituelles & corporelles dont ils ont besoin, qu'à condition que les directeurs de l'Hôpital-Général se chargeront des effets restans pour en faire le recouvrement, & fournir chaque année, lorsque lesdites pensions viageres montant à la somme de onze cens cinquante livres seront éteintes, sur les quittances des personnes qui seront désignées par le procureur général du roi, la somme de douze cens livres pour être distribuée conjointement avec celle de douze cens livres qu'ils sont tenus de payer pour l'exécution du legs du sieur de Courlandon, conformément à l'arrêt du 17 Juin 1709, à ces causes il plût à ladite Cour y pourvoir, suivant les conclusions par lui prises par ladite requête signée de lui procureur-général: oui le rapport de maître François Robert, conseiller, tout considéré: LA COUR ayant égard à la requête du procureur-général du roi, ordonne que ladite somme de mille deux livres dix sols, le contrat de deux cens cinquante livres de rente, rachetable de cinq mille livres dues par ladite d'Harcourt, & la rente de treize cens soixante-quatre livres constituée sur les Aides & Gabelles, par contrat du 30 Juillet 1680, au principal de vingt-sept mille cent quatre-vingt livres, & les arrérages qui en sont dus & échus, demeureront & appartiendront à l'Hôpital-Général, à la charge, après que lesdites pensions viageres seront éteintes, de fournir chaque année, sur les quittances des personnes qui seront désignées par le procureur-général du roi, la somme de douze cens livres, pour être distribuée conjointement avec pareille somme de douze cens livres qu'ils sont tenus de payer pour l'exécution du legs de Courlandon, conformément à l'arrêt du 17 Juin 1709, ensorte néanmoins que lorsque la pension viagere, due audit Alexandre Parain, ou deux des autres pensions de deux cens livres seront éteintes, les directeurs de l'Hôpital-Général commenceront à payer pour ladite aumône la somme de quatre cens livres, & l'augmenteront à mesure que les autres pensions s'éteindront de la valeur desdites pensions, jusqu'à la concurrence de ladite somme de douze cens livres; & en conséquence leur permet de se faire immatriculer pour ladite partie de rente sur les registres de l'hôtel-de-ville. Ordonne que les débiteurs & payeurs, tant de ladite somme de mille deux livres dix sols, que desdites rentes en principaux & arrérages échus, vuideront leurs mains en celles du receveur de l'Hôpital-Général; ce faisant, ils en demeureront valablement quittes & déchargés. Fait en Parlement, le trente-un Mars mil sept cent onze. Collationné. *Signé*, LORNE.

ARRÊT DU PARLEMENT,

Qui supprime la confrairie de Saint Sébastien ès églises de Saint Thomas du Louvre & des Quinze-Vingts; ordonne que les deniers déposés entre les mains du receveur de ladite confrairie, si aucuns y a, ensemble les vases sacrés, ornemens & argenterie dont est question, demeureront confisqués au profit de l'Hôpital-Général.

Du 5 Janvier 1732.

ENTRE Etienne Dupuis, Jean Reconseil, Jacques Vigault, Pierre Racine, Jean le Contre & consorts, doyen, syndic, trésoriers-comptables, maîtres en charge, & confreres de la confrairie royale de la Sainte-Vierge, Saint-Roch & Saint-Sébastien, établie en l'église de l'Hôpital-Royal des Quinze-Vingts ès Paris, appellans d'une sentence rendue au Châtelet de Paris, le 31 Décembre 1728, d'une part; & François Martinet, Martin Froges, Claude Bouin, Michel Ducret, Louis Piou, Joseph Rostain, Jean Collardet, Pierre Deschamps, Philippes Brue, Claude Bruet Dumousset, François Fontaine, Pierre Chaunet, Jacques Bonvallet, & autres confreres de ladite confrairie, établie en l'église royale, collégiale & paroissiale de Saint-Thomas du Louvre, intimés, d'autre part; & entre Jean-François Martinet, Froget, Bouin, Pion, Rostaing, Collardet & autres, demandeurs en requête du 8 Avril 1729, à ce qu'entre autres choses il leur fût donné acte de ce qu'ils consentoient que ladite sentence fut infirmée & en évocation du principal, & n'empêchoient que les conclusions prises par lesdits Dupuis & consorts ne leur fussent adjugées, & défendeurs, d'une part; & lesdits Dupuis & consorts, défendeurs & demandeurs en requête du 9 dudit mois d'Avril, à ce qu'il leur fût donné acte desdits consentemens, reconnoissances & déclarations portées par la requête desdits Martinet & autres, & que les conclusions prises par celle dudit jour 9 Avril leur fussent adjugées, d'autre part; & entre Pierre-Jacques l'Evêque, directeur des diligences par eau de Rouen à Paris, demandeur en requête du 26 Novembre dernier, à fin d'intervention en la cause ci-dessus, que faisant droit sur son intervention, il lui fût donné acte de ce qu'il adhéroit aux conclusions prises par lesdits Cathierry & autres, d'une part; & lesdits Dupuis & consorts, défendeurs d'autre. Et entre lesdits l'Evêque, Grou-Fontaine, Panel, Goujon, Cathierry & autres, demandeurs en requête du 19 Juillet dernier, d'une part; lesdits Dupuis & autres, défendeurs d'autre; & entre lesdits Dupuis & consorts esdits noms, demandeurs en requête du 20 dudit mois de Janvier, d'une part; & lesdits Martinet & consorts, défendeurs, d'autre part; & entre lesdits Grou, Ducret & autres, demandeurs en requête du 7 du présent mois de Février, à fin d'intervention en la même cause, d'une part; & lesdits Dupuis & consors, d'autre; & entre lesdits Dupuis, Jean Reconseil & autres, demandeurs en requête du 6 Juin 1731, tendante à ce qu'il plût à la Cour, faute par les défendeurs ci-après nommés, d'avoir satisfait aux arrêts de la Cour, des 18 Février & 10 Mars dernier, & sommations faites en conséquence, & suivant iceux, d'avoir remis entre les mains de m. le procureur-général tous les titres concernant la confrairie, qu'ils ont entre les mains, les condamner par corps à les remettre dans le délai qu'il plairoit à la Cour fixer, & aux dommages & intérêts & dépens, d'une part; & François Martinet & consorts, confreres de ladite confrairie y réunis, & depuis retournés en l'église de Saint-Thomas du Louvre, défendeurs, d'autre part; & entre lesdits Martinet & consorts, demandeurs en requête du 20 Juillet 1731, à fin d'opposition à l'arrêt par défaut contr'eux surpris par lesdits Dupuis & consorts, le 9 Juin précédent, signifiée le 12 dudit mois de Juillet, & défendeurs, d'une part; & encore entre lesdits

Dupuis & consorts, défendeurs & demandeurs en requête du 24 Décembre dernier, à ce que faute par lesdits Martinet & consorts d'avoir satisfait aux arrêts des 18 Février 1730, & 10 Mars 1731, ils soient condamnés, & par corps, de remettre dès-lors entre les mains dudit Dupuis, les ornemens, vases, argenterie & autres effets mentionnés dans la requête des supplians, du 9 Février 1729, & aux dépens, d'autre part; après que Ohanlon, avocat de Racine & autres, & Catien, avocat de Martinet & consorts, ont été ouis, ensemble Joly de Fleury pour le procureur-général du roi.

LA COUR a mis & met l'appellation, & ce dont a été appellé au néant, émendant, évoquant le principal, & y faisant droit, déboute les parties respectivement de leurs demandes, & faisant droit sur le requisitoire du procureur-général du roi, fait défenses à toutes les parties de prendre la qualité de confreres de la prétendue confrairie de Saint-Sébastien, leur fait défenses de s'assembler; ordonne que les deniers déposés entre les mains des receveurs, si aucuns y a, ensemble les vases sacrés, ornemens & argenterie dont est question, seront & demeureront confisqués au profit de l'Hôpital-Général, dépens néanmoins entre les parties compensés. Fait en Parlement, le cinq Janvier mil sept cent trente-deux. *Signé*, DUFRANC. Collationné. *Signé*, GIRARD.

LETTRES-PATENTES,

PORTANT réunion d'une portion de la rue du Battoir à la maison de la Pitié.

Du mois d'Août 1782.

LOUIS, par la grace de Dieu, roi de France & de Navarre : A tous présens & à venir; SALUT. Nos chers & bien amés les directeurs & administrateurs de l'Hôpital-Général de notre bonne ville de Paris, nous ont très-humblement fait représenter que par nos lettres-patentes du 22 Juillet 1780, registrées au Parlement le 25 du même mois, portant prorogation des droits d'octrois accordés à l'Hôpital-Général, & à celui des Enfans-Trouvés, nous aurions entr'autres choses ordonné l'établissement d'infirmeries dans chacune des maisons de la Salpêtriere, de Bicêtre & de la Pitié; qu'ils n'ont point perdu de vue cet établissement, mais que le local actuel de la maison de la Pitié ne leur laisse pas la facilité de placer dans son intérieur la buanderie & la pharmacie, qui sont l'une & l'autre indispensables pour le service de son infirmerie & celui de toute la maison : qu'ils se trouvent forcés de transporter ces deux emplois dans une des maisons dudit Hôpital, ci-devant occupée par la communauté de Saint-François de Sales, mais que le service de l'infirmerie deviendroit presqu'impraticable, parce que cette réunion se trouve séparée de celle de la Pitié par une partie de la rue du Battoir; que le seul moyen de les mettre dans le cas d'exécuter ce plan, seroit d'ordonner la réunion de cette maison à celle de la Pitié, en autorisant lesdits administrateurs de reunir ces deux maisons, en supprimant la portion de ladite rue du Battoir qui les sépare, & la réunissant aussi auxdites deux maisons; qu'il y a d'autant moins d'inconvénient à leur accorder cette grace, qu'il ne se trouve dans cette portion de rue aucune maison particuliere, qu'elle est entierement bordée d'un côté par la maison de la Pitié, & de l'autre par la maison dite de Saint-François de Sales, qu'elle n'est presque d'aucun usage pour le public, qui d'ailleurs trouvera trois autres rues dans la même direction, qui n'ont pas plus de trente toises de distance entr'elles, suivant qu'il est justifié par le plan qu'ils ont fait lever, qui démontre que les rues du Jardin du Roi, de la Fontaine & de la Clef ont la même direction que la rue du Battoir. A CES CAUSES, de l'avis de notre Conseil, qui a vu le plan des rues adjacentes, lesdites maisons de la Pitié & de Saint-François de Sales, ci-attaché ſous le contre-ſcel de notre Chancellerie, de notre grace ſpéciale, pleine puiſſance & autorité royale, avons autoriſé & autoriſons leſdits directeurs & adminiſtrateurs de l'Hôpital-Général, à réunir à ladite maiſon de la Pitié, ladite maiſon de Saint-François de Sales, en enclavant dans icelles la portion de la rue du Battoir qui les ſépare actuellement, faiſant, en tant que beſoin eſt ou ſeroit, don & ceſſion de ladite portion de rue audit Hôpital-Général, ſans que pour raiſon de ce, il ſoit tenu de nous payer aucune indemnité, lods & ventes, ou autres, ſi aucuns pouvoient être dus, conformément aux diſpoſitions de l'article 51 de l'édit d'établiſſement dudit Hôpital-Général, du mois d'Avril 1656; regiſtré en notre Cour le premier Septembre ſuivant. Si donnons en mandement à nos amés & féaux conſeillers, les gens tenans notre Cour de Parlement à Paris, que ces préſentes ils aient à faire regiſtrer, & le contenu en icelles, garder, obſerver & exécuter : car tel eſt notre plaiſir; & afin que ce ſoit choſe ferme & ſtable à toujours, nous avons fait mettre notre ſcel à ceſdites préſentes. Donné à Verſailles, au mois d'Août, l'an de grace mil ſept cent quatre-vingt-deux, & de notre regne le neuvieme. *Signé*, LOUIS. *Et plus bas*, par le roi, *Signé*, AMELOT. *Viſa*, HUE DE MIROMESNIL.

Regiſtrées, ce conſentant le procureur-général du roi, pour jouir, par les impétrans, de leur effet & contenu, & être exécutées ſelon leur forme & teneur, ſuivant l'arrêt de ce jour. A Paris, en Parlement, le trois Septembre mil ſept cent quatre-vingt-deux.

Signé, DUFRANC.

LETTRES-PATENTES,

APPROBATIVES des délibérations priſes aux bureaux de l'Hôpital-Général *& de* l'Hôtel-Dieu *de Paris, pour élargir la ruelle de la Muette, & lui donner vingt-quatre pieds de large, leſquelles ordonnent que les propriétaires de terreins de l'autre côté du cimetiere, à meſure des reconſtructions, ſe retireront, chacun en droit ſoi, de ſix pieds.*

Du 4 Mars 1783.

LOUIS, par la grace de Dieu, roi de France & de Navarre : A tous ceux qui ces préſentes lettres verront; SALUT. Nos chers & bien amés les adminiſtrateurs de l'Hôpital-Général, nous ont fait expoſer que les proviſions de l'Hôpital-Général qui arrivent par eau à Paris, ſont ordinairement déchargées ſur un port, ſitué dans le voiſinage de la Garre, & conduites delà à la maiſon de Scipion, qui eſt le lieu de fabrication & d'entrepôt des principaux comeſtibles de l'Hôpital, mais que pour ſe rendre à ladite maiſon de Scipion, on eſt obligé de prendre par la barriere Saint-Victor, & de remonter enſuite pluſieurs rues du fauxbourg Saint-Marcel, auſſi longues que tortueuſes, qui pendant l'hiver ſur-tout, mettent ſouvent les chevaux en péril, & font éprouver beaucoup de longueur, de dépenſes & de difficultés dans le ſervice; que pour remédier à ces inconvéniens, les expoſans ont penſé qu'il ſeroit poſſible d'élargir la ruelle, appellée de la Muette, qui n'eſt aujourd'hui pratiquable qu'aux gens de pied, & d'en former une rue, qui donneroit paſſage aux voitures; que cette ruelle a ſon ouverture, par un bout, rue Saint-Victor, à une diſtance de la barriere, & aboutit de l'autre devant la porte de la maiſon de Scipion, & borne dans toute ſa longueur le mur fermant les deux côtés du cimetiere de Clamard, qu'ainſi il eſt aiſé de juger qu'en y établiſſant une rue, on épargneroit aux voitures un grand circuit, & l'on conduiroit ſans embarras, comme ſans danger, toutes les proviſions de l'Hôpital, par la traverſe la plus abrégée. Les expoſans, pénétrés de l'utilité que l'ouverture de cette rue procureroit à l'Hôpital, & dont les habitans du quartier ne retireroient pas moins d'avantage, ont fait proposer à l'administration de l'Hôtel-Dieu, de leur laisser prendre sur le terrein du cimetiere de Clamard, le long de la ruelle de la Muette, autant de terrein qu'il seroit nécessaire pour donner actuellement à ladite ruelle vingt-quatre pieds de largeur, & de lui céder en échange la même contenance de terrein, à prendre sur celui qui appartient à l'Hôpital-Général, en face de la maison de Scipion, de maniere que le cimetiere de Clamard ne perdroit point de son étendue, & reprendroit d'un côté ce qu'il perdroit de l'autre. Ils ont en outre offert de faire, aux frais de l'Hôpital, la reconstruction des murs dans toute l'étendue du terrein du cimetiere de Clamard, qui leur seroit cédé par l'administration de l'Hôtel-Dieu, sauf néanmoins à l'administration, ainsi qu'elle y a consenti, à entrer pour moitié dans les frais de construction du surplus des autres murs de clôture que nécessitera l'échange projetté. Ces échanges & conventions ayant été arrêtés par délibérations des deux administrations de l'Hôpital-Général, & de l'Hôtel-Dieu, des 30 Août, 5 Septembre 1781, & 12 Juin 1782, les exposans osent se flatter que nous voudrons bien, en les approuvant & confirmant, ordonner que ladite nouvelle rue dont ils proposent l'exécution, sera établie aux lieu & place de ladite ruelle de la Muette, pourquoi ils nous ont très-humblement fait supplier de leur accorder nos lettres sur ce nécessaires. A CES CAUSES, de l'avis de notre Conseil qui a vu lesdites délibérations ci-dessus énoncées, du 30 Août, 5 Septembre 1781, & 12 Juin 1782, ensemble le plan du terrein sur lequel est tracée dans toute sa longueur & largeur, la nouvelle rue dont il s'agit, le tout ci-attaché sous le contre-scel de notre Chancellerie, & de notre grace spéciale, pleine puissance & autorité royale, nous avons dit, statué & ordonné, & par ces présentes signées de notre main, disons, statuons & ordonnons, voulons & nous plaît ce qui suit.

ARTICLE PREMIER.

Approuvons & autorisons l'échange des terreins convenus entre lesdits administrateurs de l'Hôpital-Général de Paris, & lesdits administrateurs de l'Hôtel-Dieu de la même ville, pour être exécuté, aux clauses, charges & conditions portées en leurs délibérations des 30 Août, 5 Septembre 1781, & 12 Juin 1782.

ART. 2. Il sera formé au lieu de la ruelle, dite de la Muette, une nouvelle rue de même nom, pour l'établissement de laquelle il sera ajouté à l'emplacement & largeur actuelle de ladite ruelle, une lisiere à prendre sur le terrein du cimetiere de Clamard, & sur celui appartenant à l'Hôpital-Général, tel & ainsi qu'il est figuré au plan attaché sous le contre-scel des présentes, pour donner à ladite rue, de ce côté, un alignement droit dans toute sa longueur, depuis la rue Saint-Victor jusqu'à la rue devant Scipion, & vingt-quatre pieds de largeur.

ART. 3. Et pour procurer par la suite trente pieds de largeur, conformément à notre déclaration du 16 Mai 1765, voulons & ordonnons que les propriétaires des terreins de l'autre côté de ladite rue, soient tenus, chacun en droit soi, de se retirer, à fur & à mesure des reconstructions des murs de clôture ou nouveaux établissemens, de maniere à donner à ladite rue ladite largeur de trente pieds, depuis ladite rue Saint-Victor jusqu'à celle devant Scipion; entendons au surplus que les retranchemens auxquels nous assujettissons chacun desdits propriétaires, soient dès-à-présent marqués & indiqués, pour être exécutés quand il y aura lieu.

ART. 4. Le pavé de ladite rue étant fait d'abord dans son ouverture de vingt-quatre pieds de largeur, aux frais dudit Hôpital-Général, & ensuite sur le surplus de son ouverture, quand il y aura lieu, aux dépens des propriétaires de terreins de l'autre côté, sera employé pour son entretien & renouvellement sur les états à notre charge, & il y sera

ſera établi la police, illumination & nettoiement, ainſi que dans les autres rues de la ville & fauxbourgs de Paris.

ART. 5. Les allignemens de ladite rue de la Muette, ſeront marqués en préſence des prévôt des marchands & échevins de la ville de Paris, & du ſieur Hébert de Hauteclair, tréſorier de France, que nous avons pour ce commis, par le maître général des bâtimens de la ville; & les pentes du pavé ſeront réglées en préſence des mêmes commiſſaires, par ledit maître général des bâtimens, & par l'inſpecteur-général du pavé de Paris.

ART. 6. Enjoignons aux préſidens, tréſoriers de France, & aux prévôt des marchands & échevins de la ville de Paris, de ſe conformer & tenir la main en ce qui concerne l'établiſſement de ladite rue de la Muette, à l'exécution des préſentes & dudit plan, dont copie ſera dépoſée en leurs greffes. Si donnons en mandement à nos amés & féaux conſeillers, les gens tenant notre Cour de Parlement à Paris, que ces préſentes ils aient à faire regiſtrer, & le contenu en icelles, garder & obſerver ſelon ſa forme & teneur, ceſſant & faiſant ceſſer tous troubles & empêchemens, & nonobſtant toutes choſes à ce contraires : car tel eſt notre plaiſir ; en témoin de quoi nous avons fait mettre notre ſcel à ceſdites préſentes. Donné à Verſailles, le quatorzieme jour de Mars, l'an de grace mil ſept cent quatre-vingt-trois, & de notre regne le neuvieme. *Signé*, LOUIS. *Et plus bas*, par le roi, *Signé*, AMELOT.

ORDONNANCE DE M. DE JUIGNÉ,

ARCHEVÊQUE DE PARIS,

PORTANT autoriſation de prendre partie du cimetiere de Clamard, pour l'établiſſement de la rue de la Muette.

Du 17 Juillet 1783.

ANTOINE-ELÉONORE-LÉON LE CLERC DE JUIGNÉ, par la miſéricorde divine, & par la grace du ſaint-ſiege apoſtolique, archevêque de Paris, duc de Saint-Cloud, pair de France, &c. Vu la requête à nous préſentée par les ſieurs adminiſtrateurs de l'Hôpital-Général, expoſitive qu'ils auroient obtenu de ſa majeſté des lettres-patentes qui les autoriſent à faire pratiquer devant la maiſon de Scipion, une rue de trente pieds de largeur, en place de la ruelle de la Muette, qui n'a ſervi juſqu'ici que d'un ſimple paſſage aux gens de pied ; mais que l'élargiſſement de cette ruelle ne pouvant ſe faire qu'en prenant une portion du cimetiere de Clamard qu'elle borne dans toute ſa longueur, ils ſeroient convenus avec les ſieurs adminiſtrateurs de l'Hôtel-Dieu, à qui le cimetiere de Clamard appartient, de prendre ſur ledit cimetiere autant de terrein qu'il ſeroit néceſſaire pour donner à la nouvelle rue la largeur preſcrite par les lettres-patentes de ſa majeſté, & de leur céder en échange la même continence de terrein, à prendre ſur celui qui appartient à l'Hôpital-Général, en face de la maiſon de Scipion, de maniere que le cimetiere de Clamard ne perdroit rien de ſon étendue, & reprendroit d'un côté ce qu'il perdroit de l'autre ; concluant ladite requête, à ce qu'il nous plaiſe accorder toutes permiſſions & autoriſations néceſſaires aux fins d'icelle. Vu auſſi l'extrait du regiſtre des délibérations du bureau de l'Hôpital-Général, tenu à l'archevêché, le jeudi 30 Août 1781, concernant le projet d'établiſſement de la nouvelle rue ci-deſſus mentionnée, l'extrait des regiſtres des délibérations du bureau de l'Hôtel-Dieu de Paris, des 5 Septembre 1781, 5 Octobre de la même année, & 12 Juin 1782, contenant le conſentement dudit bureau à l'échange propoſé par les ſieurs adminiſtrateurs de l'Hôpital-Général, les lettres-patentes de sa majesté, données à Versailles le 14 Mars dernier, signées Louis, & plus bas, par le roi, Amelot, qui autorisent l'établissement d'une rue au lieu de la ruelle de la Muette, le procès-verbal du sieur Asseline, notre vicaire-général, en date du lundi 7 du présent mois de Juillet, contenant son transport sur les lieux, l'examen par lui fait de la commodité ou incommodité de l'échange proposé, comme aussi de la quantité de terrein qu'il faudroit prendre sur le cimetiere de Clamard dans la longueur de la ruelle de la Muette, & reprendre sur celui qui appartient à l'Hôpital-Général, vis-à-vis de la maison de Scipion, pour être réuni audit cimetiere, afin qu'il ne perde rien de son étendue; tout vu & considéré, nous avons autorisé & autorisons par ces présentes les administrateurs de l'Hôpital-Général, à prendre, du consentement des administrateurs de l'Hôtel-Dieu de Paris, un espace de cent deux toises en superficie sur le cimetiere de Clamard, dans la direction & suivant la longueur de la ruelle de la Muette, à l'effet de donner à la rue qui doit être établie, aux lieu & place de ladite ruelle, la largeur prescrite par les lettres-patentes de sa majesté; aux charges & conditions que par les administrateurs de l'Hôpital-Général, il sera rendu & réuni au cimetiere de Clamard, la même continence de terrein, à prendre sur celui qui appartient audit Hôpital-Général, en face de la maison de Scipion, de maniere que le susdit cimetiere ne souffre aucune diminution dans son étendue; que toutes les croix & épitaphes qui se trouvent le long du mur de Clamard, qui doit être abattu, dans la direction de la ruelle de la Muette, seront exactement replacées aux endroits correspondans du nouveau mur de clôture qui sera construit le long de la nouvelle rue; que durant la bâtisse des nouveaux murs de clôture, ledit cimetiere demeurera toujours entiérement clos & fermé, qu'il sera veillé à ce que les ouvriers se comportent avec la décence requise; que pardevant tel commissaire qu'il nous plaira nommer, il sera procédé à l'exhumation des corps & ossemens qui ont été enterrés le long du mur de clôture qui borne la ruelle de la Muette, & à moins de trente pieds de distance dudit mur, depuis la seconde porte d'entrée du cimetiere, jusques & compris la longueur de dix toises, pour être lesdits corps & ossemens inhumés de nouveau dans une fosse préparée à cet effet, en remplissant les formalités, & observant les cérémonies requises en pareil cas; que tout l'espace qui sera pris sur le cimetiere de Clamard, pour former la nouvelle rue, sera fouillé à la profondeur de six pieds au moins, & que les terres provenantes de ladite fouille, seront passées à la claie, ou portées en dedans du susdit cimetiere de Clamart, au-delà du nouveau mur de clôture. Donné à Paris, en notre palais archiépiscopal, sous notre seing, le sceau de nos armes, & le contre-seing de notre secrétaire, le dix-sept Juillet mil sept cent quatre-vingt-trois. *Signé*, ANTOINE-ELÉONORE DE JUIGNÉ, archevêque de Paris. Par monseigneur, *Signé*, LECOURT, *avec paraphe.*

FONDS ET ÉTABLISSEMENS,

SECONDE PARTIE.

HALLE AUX GRAINS ET MOULINS DE CORBEIL.

ARRÊT DU CONSEIL D'ÉTAT DU ROI,

*PAR lequel le roi, en acceptant l'abandon qui lui est fait par les intéressés en la manufacture des buffles à Corbeil, des moulins & dépendances, sa majesté les cede & transporte à l'*Hôpital-Général.

Plus, le moulin dit le Moulin du Roi, *les matériaux & emplacement de l'ancien château dudit Corbeil, cours d'eau & autres objets.*

Du 21 Mars 1769.

SUR la requête présentée au Roi, en son Conseil, par les intéressés en la manufacture des buffles établie à Corbeil, contenant que par des lettres-patentes du mois de Juillet 1667, il auroit été permis à Antoine Delahaye d'établir dans la ville de Corbeil & autres endroits, pendant quinze années, une manufacture de peaux de buffles, avec les moulins à vent, à eaux, & autres machines nécessaires pour l'apprêt des peaux; que pour faciliter cet établissement, le roi lui auroit accordé, par les mêmes lettres, la jouissance, pendant le même tems, d'un moulin que sa majesté faisoit construire à Corbeil, au lieu de celui qui y existoit, & qu'elle avoit fait démolir, à la charge de payer annuellement les loyers de cet ancien moulin à l'engagiste du domaine de Corbeil, duquel il dépendoit; que par d'autres lettres du mois de Janvier 1686, ce privilege fut prorogé pour trente ans en faveur d'Evrar Jabach, qui avoit été subrogé à Delahaye, à la charge de payer à sa majesté, pour raison de cette concession & des bâtiments qui lui seroient délaissés, une somme de vingt-deux mille livres en buffles, outre celle de dix-huit mille cinq cens dix-neuf livres 15 sols, qui avoit été déboursée par lui & ses associés pour la construction des moulins de ladite manufacture, au-delà des trente-cinq mille livres que sa majesté avoit accordées pour partie de la construction de ces moulins, de l'emploi desquelles il fut en en conséquence déchargé, ainsi que de toute répétition envers le roi; que moyennant le paiement de ces vingt-deux mille livres, sa majesté ordonna, par les mêmes lettres, que le corps de bâtiment du moulin de ladite manufacture, ensemble les machines, ustensiles, matériaux, & généralement tout ce qui se trouvoit en dépendre à l'expiration desdites trente années, appartiendroient audit Jabach, ses hoirs & ayans cause, pour par eux en faire & disposer comme bon leur sembleroit; qu'à la mort dudit Jabach, cette manufacture a passé à Anne-Marie Jabach, sa fille & héritiere, alors veuve de Nicolas Fourment, & ensuite au sieur Rémigeau de Montois, comme mari de Jacqueline Fourment, fille de ladite veuve Fourment; qu'un arrêt du Conseil, du 30 Juillet 1709, confirma ledit Montois dans la jouissance dudit privilege, qui fut prorogé pour vingt ans en sa faveur, par un autre arrêt du 12 Juillet 1718, à la charge par lui, sa veuve, héritiers, ou ayans cause, de continuer, par chacun an, le paiement de la somme de mille livres à l'engagiste du domaine de Corbeil, pour lui tenir lieu de loyer du moulin à bled, en place duquel avoit été construit celui servant alors à l'exploitation de ladite manufacture : qu'à l'expiration de cette prorogation, sa majesté en accorda une nouvelle pour vingt ans à la veuve Montois, par arrêt du 19 Août 1739, aussi à condition de payer annuellement à l'engagiste du domaine de Corbeil ladite somme de mille livres; que cette manufacture est passée, avec un terrein attenant, qui lui sert d'étendoir, concédé depuis par ledit engagiste pour une rente de dix livres à Charles Tassin, comme s'en étant rendu adjudicataire, par sentence du Châtelet de Paris du 29 Juillet 1757, sur la folle enchere d'un sieur Vrard, à qui les créanciers de la veuve Montois l'avoient vendu; que Tassin forma, en 1750, une société avec les sieurs Stoffel & de Cagny, auxquels il céda tous ses intérêts, ainsi que la propriété de la manufacture, le 10 Mai 1751; qu'ils prirent alors pour associé le sieur Joly, & que le sieur Stoffel, qui se retira alors, fut remplacé par le sieur Billecoq; que les affaires de ce dernier, ainsi que celles du sieur de Cagny, s'étant dérangées, la dame veuve Joly, qui se trouvoit leur créanciere de sommes considérables, se pourvut en Parlement, pour être autorisée à vendre la manufacture, qui ne travailloit déja plus depuis nombre d'années, & obtint, par arrêt du 5 Juin 1767, la permission d'en faire faire la vente, en présence des sieurs de Cagny & de Billecoq, lesquels y avoient consenti, par actes sous seings privés des 19 Mai & 4 Juin 1768; qu'elle fut faite au prix de cinquante mille livres, & à la charge d'acquitter la rente de mille liv. qu'ils devoient au domaine de Corbeil, à compter du premier Juin 1768, & à condition que ladite somme de cinquante mille livres leur seroit payée, selon qu'il seroit réglé entre eux, ou ordonné par justice, & emporteroit intérêt à quatre pour cent, du même jour jusqu'au remboursement; mais que comme les bâtimens pouvoient convenir à sa majesté pour quelqu'autre établissement utile, & avoient fait partie de son domaine, ils croyoient devoir lui proposer de les reprendre sur le même pied, & aux mêmes conditions : requéroient à ces causes les supplians, qu'il plût à sa Majesté accepter l'abandon qu'ils lui font des moulins & autres bâtimens de ladite manufacture, de ses machines & ustensiles, & des terreins & cours d'eau en dépendans; en conséquence, les décharger de la rente de mille dix livres, dont ils étoient tenus envers le domaine de Corbeil, à compter du premier Juin 1768, fixer le prix desdits bâtimens à 50000 livres, & pourvoir à leur paiement de lad. somme. Vu ladite requête, les lettres-patentes du mois du juillet 1667 & Janvier 1686, les arrêts du Conseil, des 30 Juillet 1709, 12 Juillet 1718, & 19 Août 1739; l'arrêt du Parlement de Paris, du 5 Juin 1767, les consentemens des sieurs de Cagny & Billecocq, des 19 Mai & 4 Juin 1768, & autres pieces y énoncées & jointes; ensemble une autre requête présentée au Conseil, par les directeurs & administrateurs de l'Hôpital-Général de Paris, contenant que pour l'approvisionnement des grains, & la fabrication des farines nécessaires pour la consommation de cet Hôpital, il étoit indispensable d'avoir des moulins & des greniers dans un même lieu, à la proximité de Paris, que les terreins & bâtimens de la manufacture de buffles, établie à Corbeil, seroient très-propres pour remplir cet objet; qu'ils étoient instruits qu'on avoit offert à sa majesté de la lui abandonner au prix de cinquante mille livres, qu'ils croyoient en conséquence pouvoir supplier sa majesté de les céder à l'Hôpital, pour les posséder à titre de propriété incommutable, comme les intéressés en ladite manufacture le possédoient, à la charge de continuer le paiement de la rente de mille dix livres, dont les intéressés étoient tenus envers le domaine de Corbeil, & de rembourser, soit à sa majesté, soit à eux, la somme de cinquante mille livres pour la valeur des bâtimens; qu'ils desireroient que sa majesté voulût bien désunir du domaine de Corbeil, & lui aliéner quelques objets en dépendans, qui seroient également nécessaires à l'Hôpital pour l'établissement qu'elle se propose pour en jouir au même titre de propriété, sous une rente de dix-huit cens livres; que ces objets consistent en un moulin à farine, dit le moulin du roi, une partie du grand bras de la riviere d'Etampes, & en l'ancien château de Corbeil; que les supplians consentoient même de payer en outre une somme de douze cens livres pour l'indemnité qui pouvoit être due au fermier de ce château, & qu'ils espéroient avec d'autant plus de confiance, que sa majesté voudroit bien consentir à ces conditions, au profit de l'Hôpital, la cession & aliénation qu'ils sollicitoient pour cette maison, que le duc de Villeroy, engagiste actuel du domaine de Corbeil, y consentoit; qu'il n'étoit pas possible de faire un meilleur usage des bâtimens de la manufacture, que celui auquel on les destinoit, & qu'enfin l'établissement dont l'Hôpital s'occupoit, seroit très-utile; qu'il étoit également important que sa majesté les autorisât à faire sur ces emplacemens telles constructions & établissemens de moulins, greniers & autres bâtimens nécessaires au service dudit Hôpital, pour qu'ils pussent en retirer toute l'utilité qu'ils en espéroient. Par la même requête les administrateurs auroient requis, en conséquence, qu'il plût à sa majesté faire toute cession & transport à l'Hôpital-Général, des moulins, bâtimens, matériaux, machines & ustensiles de la manufacture des buffles, établie à Corbeil, de la partie du cours d'eau du grand bras de la riviere d'Etampes, à prendre depuis le pont de Corbeil jusqu'à la riviere de Seine, ensemble du terrein où sont construits lesdits bâtimens, borné d'un bout par la voie publique du pont de Corbeil, de l'autre par la riviere de Seine, à droite par la riviere d'Etampes, & à gauche par un bassin fermé avec des écluses pour fournir un passage aux bateaux nécessaires pour le service du moulin à poudre, & deux autres terreins servans d'étendoirs, l'un pour les buffles, & l'autre pour les peaux de mouton : le premier non-enclos, situé sur la place, aboutissant d'un bout à la grande porte d'entrée de la manufacture, d'autre au port de la riviere de Seine, borné à droite par un chemin servant au tirage des bateaux, & à gauche par le chemin de la porte de Paris à la Seine, & le second borné d'un bout par la place en face des Récolets, de l'autre par le port de la riviere de Seine, à droite par le grand chemin de la porte de Paris à la riviere de Seine, & à gauche par un autre grand chemin descendant de la place des Récolets à la riviere de Seine, pour du tout jouir par ledit Hôpital à perpétuité, & à titre de propriété incommutable, de même que les intéressés en ladite manufacture de buffles en jouissoient; aux offres par ledit Hôpital de continuer au domaine de Corbeil, du jour qui sera fixé par sa majesté, la rente de mille dix livres, dont lesdits intéressés étoient tenus envers le domaine, & de payer à sa majesté ou auxdits intéressés la somme de cinquante mille livres, dans le tems & de la maniere qui sera par elle déterminée, comme aussi faire concession audit Hôpital de la partie du cours d'eau du grand bras de la riviere d'Etampes, depuis le pont de Corbeil jusqu'à la Seine, laquelle partie de cours d'eau est séparée de celle appartenante à la manufacture, par un avant-bec construit en pierres au-dessous du pont de Corbeil, d'un moulin à farine, dit le moulin du roi, & des matériaux & emplacement du vieux château de Corbeil, cour, vieux édifices & terreins dépendans tant dudit vieux château que dudit moulin, sans en rien excepter ni réserver, tous lesquels objets dépendans du domaine de Corbeil, en seront & demeureront en conséquence distraits & désunis, aux offres par ledit Hôpital, de payer au domaine, du jour qui sera fixé, une rente de dix-huit cens livres pour prix de ladite concession, & en outre une somme de douze cens livres pour l'indemnité due au fermier du domaine dudit Corbeil, à cause de la cessation de jouissance du château, & leur permettre de faire sur lesdits emplacemens telles constructions & établissemens de maisons, greniers & autres bâtimens nécessaires au service dudit Hôpital. Vu aussi copie du contrat d'engagement du domaine de Corbeil, du 15 Juillet 1553, extrait du contrat de revente dudit domaine, passé au profit du sieur maréchal de Villeroy, le 22 Janvier 1658, & le consentement donné au nom du sieur duc de Villeroy, engagiste actuel dudit domaine, le 12 Août 1767 : Oui le rapport du sieur Maynon d'Invaux, conseiller ordinaire au Conseil royal, contrôleur général des finances. LE ROI en son Conseil, a accepté & accepte l'abandon fait à sa majesté, par les intéressés en la manufacture de buffles, établie à Corbeil, des moulins, bâtimens, matériaux, terreins, cours d'eau, machines & ustensiles de ladite manufacture; & ayant égard à la demande des directeurs & administrateurs de l'Hôpital-Général de Paris, sa majesté les a cédés & transportés audit Hôpital, pour en jouir à perpétuité & à titre de propriété incommutable, de même que les intéressés en ladite manufacture en jouissoient, à la charge de servir & acquitter à leur décharge, à compter du premier Juin 1768, la rente de mille livres dont ils étoient tenus envers le domaine de Corbeil, entre les mains du sieur duc de Villeroy, tant qu'il sera engagiste du domaine de Corbeil, & ensuite à sa majesté, & de payer en outre auxdits intéressés la somme de cinquante mille livres à laquelle sa majesté a fixé & fixe le prix de la rétrocession par eux à elle faite, avec les intérêts à quatre pour cent, depuis ledit jour premier Juin 1768, jusqu'au paiement, pour le tout être réparti, ainsi qu'il sera réglé entre eux ou ordonné par justice; comme aussi, fait sa majesté concession audit Hôpital, du moulin, dit le moulin du roi, sis à Corbeil, des matériaux & emplacement du vieux château de Corbeil, cour, vieux édifices & terreins dépendans tant dudit château que dudit moulin, & de la partie du cours d'eau du grand bras de la riviere d'Etampes, depuis le pont de Corbeil jusqu'à la riviere de Seine, tous lesquels objets sa majesté a en conséquence distraits & désunis du domaine de Corbeil, pour en jouir par ledit Hôpital au même titre de propriété incommutable, à perpétuité, à la charge de payer, à compter du premier Janvier 1768, au sieur duc de Villeroy, tant qu'il sera engagiste dudit domaine de Corbeil, & ensuite à sa majesté, une rente de dix-huit cens livres, & de payer en outre audit sieur duc de Villeroy, une somme de douze cens livres, pour l'indemnité due à son fermier dudit domaine, à cause de la distraction dudit château, dont il avoit droit de jouir; permet au surplus sa majesté audit Hôpital de faire sur lesdits emplacemens telles constructions & établissemens de moulins, greniers & autres bâtimens nécessaires au service dudit Hôpital, & seront sur le présent, arrêt, toutes lettres-patentes nécessaires expédiées. Fait au Conseil d'état du roi, tenu à Versailles, le vingt-un Mars mil sept cent soixante-neuf. *Signé*, BERGERES. Collationné. *un paraphe.*

LETTRES-PATENTES,

PORTANT concession à l'Hôpital-Général, 1°. *des moulins, bâtimens, &c. de la manufacture de buffles à Corbeil; 2°. des moulins, dits moulins du roi audit lieu.*

Du mois d'Avril 1769.

LOUIS, par la grace de Dieu, roi de France & de Navarre : A nos amés & féaux conseillers les gens tenant notre cour de Parlement à Paris, & autres officiers qu'il appartiendra, SALUT. Nos amés les directeurs & administrateurs de l'Hôpital-Général de Paris nous ont fait exposer que pour l'approvisionnement des grains & la fabrication des farines pour la consommation de cet Hôpital, il étoit indispensable d'avoir des moulins & des grains dans un même lieu, & à la proximité de Paris; que les terreins, bâtimens & cours d'eau de la manufacture de buffles établie à Corbeil, dont les intéressés nous ont offert l'abandonnement & rétrocession, ayant été désunis du domaine de Corbeil, seroient très-propres pour remplir cet objet, en y ajoutant quelques parties & emplacemens qui seroient encore désunis de ce domaine, & concédés audit Hôpital-Général, & qu'il étoit également important que nous les autorisassions à faire sur cet emplacement telles constructions & établissemens de moulins & autres bâtimens nécessaires au service dudit Hôpital : pourquoi nous aurions, par arrêt de notre Conseil du 21 Mars dernier, statué sur les fins & conclusions des requêtes y insérées, tant desdits intéressés, que desdits directeurs & administrateurs, pour l'exécution duquel nous aurions ordonné que toutes lettres nécessaires seroient expédiées, lesquelles les exposans nous ont très-humblement fait supplier de leur accorder. A CES CAUSES, de l'avis de notre Conseil, qui a vu ledit arrêt du 21 Mars dernier, ci-attaché sous le contre-scel de notre Chancellerie, nous avons, conformément à icelui, de notre grace spéciale, pleine puissance & autorité royale, accepté, & par ces présentes, signées de notre main, acceptons l'abandon à nous fait par les intéressés en la manufacture de buffles établie à Corbeil, des moulins, bâtimens, matériaux, terreins, cours d'eau, machines & ustensiles de ladite manufacture; & voulans traiter favorablement ledit Hôpital-Général, nous les lui avons cédés & transportés, cédons & transportons par ces présentes, pour en jouir à perpétuité, à titre de propriété incommutable, de même que les intéressés en ladite manufacture en jouissoient, à la charge de servir & acquitter à leur décharge, à compter du premier Juin 1768, la rente de mille dix livres, dont ils étoient tenus envers le domaine de Corbeil, entre les mains de notre cher bien-amé cousin duc de Villeroy, tant qu'il sera engagiste du domaine de Corbeil, & ensuite à nous, & de payer en outre auxdits intéressés la somme cinquante mille livres, à laquelle nous avons fixé & fixons par ces présentes le prix de la rétrocession par eux à nous faite, avec les intérêts à quatre pour cent, depuis ledit jour premier Juin 1768, jusqu'au paiement, pour le tout être réparti, ainsi qu'il sera réglé entr'eux, ou ordonné par justice, comme aussi nous avons fait & faisons par ces présentes concession audit Hôpital-Général du moulin, dit le moulin du roi, sis à Corbeil, cours, vieux édifices & terreins dépendans, tant dudit château que dudit moulin, & de la partie du cours d'eau de la grande riviere d'Etampes, depuis le pont de Corbeil jusqu'à la riviere de Seine, laquelle partie d'eau est séparée de celle appartenante à ladite manufacture par un avant-bec construit en pierre au-dessus du pont de Corbeil; tous lesquels objets nous avons en conséquence distraits & désunis, distrayons & désunissons par ces présentes du domaine de Corbeil, pour en jouir par ledit Hôpital au même titre de propriété incommutable à perpétuité, à la charge de payer, à compter du premier Janvier 1768, à notredit cousin duc de Villeroy, tant qu'il sera engagiste du domaine de Corbeil, & ensuite à nous, une rente de *dix-huit cents livres*, & de payer en outre à notredit cousin une somme de douze cents livres, pour indemnité due à son fermier dudit domaine, à cause de la distraction dudit château, dont il avoit droit de jouir : permettons au surplus audit Hôpital-Général de faire faire sur lesdits emplacemens telles constructions & établissemens de moulins, greniers & autres bâtimens nécessaires au service dudit Hôpital, & de passer & signer par lesdits directeurs & administrateurs tous actes, conventions, marchés & traités qu'ils jugeront à propos pour ce sujet & le bien & l'avantage dudit Hôpital. Si vous mandons que ces présentes vous ayez à faire registrer, & le contenu en icelles; ensemble audit arrêt faire jouir & user l'Hôpital-Général pleinement & paisiblement, cessant & faisant cesser tous troubles & empêchemens contraires : car tel est notre plaisir. Donné à Versailles, au mois d'Avril, l'an de grace mil sept cent soixante-neuf, & de notre regne le cinquante-quatrieme. *Signé*, LOUIS. *plus bas*, par le roi, *Signé*, AMELOT. *Visa*, MIROMESNIL.

Registrées, oui le procureur-général du roi pour jouir par les impétrans de l'effet & contenu en icelles, & être exécutées selon leur forme & teneur, aux charges, clauses & conditions y portées, & sous les réserves énoncées en l'arrêt de ce jour, conformément à icelui. A Paris, en Parlement, ce vingt Août mil sept cent soxante-dix.

Signé, *DUFRANC.*

LETTRES-PATENTES,

CONFIRMATIVES de la propriété des moulins de Corbeil & dépendances.

Du 14 Septembre 1772.

LOUIS, par la grace de Dieu, roi de France & de Navarre : A tous ceux qui ces présentes lettres verront, SALUT. Nos amés les directeurs & administrateurs de l'Hôpital-Général de Paris nous ont fait exposer que par arrêt de notre Conseil d'Etat du 21 Mars 1767, & par nos lettres-Patentes, données à Versailles au mois d'Avril 1769, signées de nous, contre-signées Phelypeaux, duement enregistrées en Parlement, le 21 Août 1770, ils ont acquis, à titre de cession, abandonnement & transport, les moulins, bâtimens, matériaux, terreins, cours d'eaux, machines & ustensiles, composans & appartenans à la manufacture de buffles établie à Corbeil, consistans 1°. dans la partie du cours du grand bras de la riviere d'Etampes, à prendre depuis le pont de Corbeil, jusqu'à la riviere de Seine, 2°. dans le terrein où sont construits lesdits bâtimens & moulins, bornés d'un bout par la voie publique du pont de Corbeil; de l'autre, par la riviere de Seine : à droite, pat la riviere d'Etampes ; à gauche, par un bassin formé avec des écluses, pour fournir un passage aux bateaux nécessaires au service du moulin à poudre; 3°. en deux terreins servans d'étendoir aux peaux de ladite manufacture, le premier, non enclos, situé sur la place, aboutissant d'un bout à la grande porte d'entrée de la manufacture; d'autre, au port de ladite riviere de Seine; borné à droite par un chemin servant au tirage des bateaux; à gauche, par le chemin de la porte de Paris à la Seine : le second, borné d'un bout par la place en face des récollets; de l'autre, par le port de la riviere de Seine; à droite, par le grand chemin de la porte de Paris à ladite riviere; & à gauche, par un autre grand chemin descendant des récollets à ladite riviere, appartenances & dépendances, sans en rien réserver, ainsi que les intéressés en ladite manufacture nous en ont fait la cession, que nous avons acceptée, & dont nous avons fait le don, cession, abandonnement & transport, à titre de propriété incommutable, auxdits exposans pour ledit Hôpital, aux termes dudit arrêt, & lettres-patentes, avec faculté de faire sur lesdit emplacemens telles constructions & établissemens de moulins, & autres bâtimens nécessaires au service dudit Hôpital, aux conditions & charges 1°. de servir & acquitter, à la décharge desdits intéressés, à compter du premier Juin 1768, la rente de mille dix livres, dont lesdits intéressés étoient tenus envers le domaine de Corbeil, duquel lesdits objets cédés ont été désunis, & de continuer le paiement de ladite rente entre les mains de notre très-cher & bien-amé cousin le Duc de Villeroy, tant qu'il sera engagiste du domaine de Corbeil, & ensuite à nous, en cas de réunion; 2°. de payer aux intéressés en ladite manufacture la somme de cinquante mille livres, à laquelle nous avons fixé, par nosdites lettres-patentes, le prix de la rétrocession à nous faite par lesdits intéressés, avec l'intérêt à quatre pour cent, depuis ledit jour premier Juin 1768, jusqu'au paiement de ladite somme, laquelle jointe à celle de vingt mille deux cens liv. montant du principal de ladite rente de mille dix livres, forme celle de soixante-dix mille deux cens livres, prix total de ladite cession & transport, pour en jouir en toute propriété eux & ayans cause, comme de chose leur appartenante, à compter du premier Juin 1768, lesquels moulins, bâtimens, matériaux, terreins, cours d'eau, machines, ustensiles, appartenances & dépendances, appartenoient auxdits intéressés en ladite manufacture de buffles, notamment aux nommés Cagny & Billecocq, sur lesquels la veuve Joly, leur créanciere, avoit été autorisée à en poursuivre le vente, par arrêt du 5 Juin 1767, en leur présence,

ſence ; à quoi ils avoient conſenti par actes ſous ſeings privés des 19 Mai & 4 Juin 1768, auxquels Cagny & Billecocq leſdits objets appartenoient ; ſavoir, à Billecocq, comme ayant remplacé, dans l'intérêt & la ſociété de la manufacture, le ſieur Stoffel, en 1765, & au nommé Cagny, comme ayant tous les droits cédés au nommé Taſſin en ladite manufacture, par acte du 10 Mai 1751, & ayant aſſocié ledit Joly, & continué ladite ſociété, tant avec lui qu'avec Stoffel, juſques à la ceſſion de celui-ci à Billecocq ; auquel Charles Taſſin ladite manufacture avoit appartenu, comme s'en étant rendu adjudicataire, par ſentence du Châtelet, du 29 Juillet 1747, ſur la folle-enchere du ſieur Viard auquel les créanciers de ladite dame veuve Dumontois l'avoient vendue ; laquelle veuve Dumontois étoit propriétaire, comme veuve du ſieur Rémigeau Dumontois ; & ayant été confirmés l'un & l'autre dans la jouiſſance de ladite manufacture, par arrêt du Conſeil du 12 Juin 1718, qui leur accordoit une prorogation de vingt années du privilege d'icelle ; & ladite dame veuve, après le décès de ſon mari, ayant obtenu autre prorogation de vingt années, par arrêt du 19 Août 1739, auquel Remigeau Dumontois ladite manufacture avoit appartenu du chef de Jacqueline Fourment ſa femme, comme fille de Marie Jabach, veuve de Nicolas Fourment, à laquelle Marie Jabach le tout avoit appartenu, comme fille & héritiere de Gerard Jabach, auquel le privilege de ladite manufacture avoit été prorogé pour trente années, par nos lettres-patentes de Janvier 1686, par leſquelles il avoit été ſubrogé à Antoine Delahaye, premier conceſſionnaire dudit privilege, cours d'eau, moulins & dépendances, pour quinze années, aux termes de nos lettres-patentes de Juillet 1767, ainſi qu'il eſt plus au long énoncé audit arrêt de notre Conſeil, & lettres-patentes expédiées ſur icelui, dont extrait, aux termes de notredit édit du mois de Juin 1771, a été expoſé pendant deux mois en l'auditoire du Châtelet de Paris, ſuivant le certificat de Deſprez, greffier, du 29 Juillet 1772, demeuré annexé à la minute des préſentes : & pour par leſdits expoſans jouir deſdits moulins, bâtimens, matériaux, terreins, cours d'eaux & dépendances, s'en mettre en poſſeſſion, & en purger les privileges & hypotheques, ſuivant & conformément à l'édit du mois de Juin 1771, nous ont très-humblement fait ſupplier de vouloir bien leur accorder nos lettres ſur ce néceſſaires. A CES CAUSES, de l'avis de notre Conſeil, qui a vu leſdits arrêts & lettres-patentes, & autres pieces ci-attachées ſous le contre-ſcel de notre Chancellerie, nous avons ratifié leſdits arrêts & lettres patentes ; voulons qu'ils ſoient exécutés ſelon leur teneur : ce faiſant, que leſdits expoſans & leurs ayans cauſes ſoient & demeurent propriétaires incommutables deſdits moulins, bâtimens, matériaux, terreins, cours d'eau, machines & uſtenſiles de la manufacture, circonſtances & dépendances, en jouiſſent & diſpoſent, comme de choſe à eux appartenante, purgée de tous privileges & hypotheques, ſuivant & conformément à notre édit du mois de Juin 1771. Mandons à nos amés conſeillers en notre Châtelet de Paris, qu'ils aient à faire jouir leſdits expoſans de l'effet des préſentes : car tel eſt notre plaiſir ; en témoin de quoi nous avons fait mettre notre ſcel à ceſdites préſentes. Donné à Paris le quatorzieme jour de Septembre, l'an de grace mil ſept cent ſoixante-douze, & de notre regne le cinquante-huitieme. Par le roi. *Signé*, LAUREZ.

ARRÊT DU CONSEIL D'ÉTAT DU ROI,

*Qui permet la conſtruction d'une halle à Corbeil, ſur le terrein, place des récollets, appartenant à l'*Hôpital-Général, *& ordonne que le marché qui ſe tient le vendredi de chaque ſemaine, ſera transféré au jeudi.*

Du mois de Juin 1781.

LOUIS, par la grace de Dieu, roi de France & de Navarre : A tous préſens & à venir, SALUT. Nos chers & bien-amés les adminiſtrateurs de l'Hôpital-Général de notre bonne ville de Paris, nous ont représenté que le marché de Corbeil, qui étoit autrefois très-considérable, est presque réduit à rien, soit à cause du trop haut prix du droit de minage que l'ordre de Malte perçoit sur ce marché, soit à cause de son emplacement, qui est fort resserré, & d'un accès très-difficile; que les officiers municipaux de ladite ville se sont occupés depuis long-tems des moyens de le transférer sur la place des Récollets, qui appartient à l'Hôpital-Général de Paris, & qui est le lieu le plus commode que l'on puisse choisir pour cet usage; mais que ladite ville de Corbeil ne s'étant pas trouvé en état de faire l'acquisition de ce terrein, & d'y faire construire une halle & des boutiques, les officiers municipaux ont engagé les supplians à se charger de cette dépense, en consentant à ce que l'on perçoive, au profit de l'Hôpital, un droit de mise en halle & d'enmagasinage, qui sera proportionné au prix de l'emplacement & des frais que la construction de la halle occasionnera. Lesdits sieurs exposans nous ont en outre représenté qu'il se tient deux marchés par semaine à Corbeil, savoir, le mardi & le vendredi; qu'il s'en tient pareillement un le vendredi à Brie-Comte-Robert, qui est tout près de Corbeil, & qu'il paroît convenable, pour la commodité des marchands, de transporter à un autre jour le marché qui se tient le vendredi à Corbeil; pourquoi les exposans nous ont très-humblement supplié de leur permettre de transférer le marché au bled de ladite ville de Corbeil sur ledit terrein, appellé la place des Récollets, de concéder au profit dudit Hôpital-Général de Paris un droit de mise en halle & d'enmagasinage sur les grains qui seront apportés audit marché; enfin, de transporter au jeudi le marché qui se tient dans ladite ville de Corbeil, le vendredi de chaque semaine. A CES CAUSES, de l'avis de notre Conseil, qui a vu la délibération prise par lesdits officiers municipaux, le 2 Mars de l'année derniere, ci-attachée sous le contre-scel de notre Chancellerie, nous avons permis, & par ces présentes, signées de notre main, permettons auxdits officiers municipaux de transférer le marché au bled de la ville de Corbeil sur le terrein appellé la place des récollets, & auxdits administrateurs de faire construire sur ladite place tous les bâtimens nécessaires au service dudit marché; autorisons lesdits officiers municipaux & habitans de ladite ville à concéder, en faveur de l'Hôpital-Général de notre bonne ville de Paris, un droit de mise en halle & d'enmagasinage sur les grains qui sont apportés au marché de ladite ville, lequel droit sera proportionné au prix de l'emplacement & des frais que la construction de ladite halle occasionnera. Ordonnons en outre que le marché qui se tient à Corbeil le vendredi de chaque semaine sera transféré au jeudi aussi de chaque semaine; dérogeons à cet effet, & pour ce regard seulement, à tous édits, déclarations, arrêts & réglemens à ce contraires. Si donnons en mandement à nos amés & féaux conseillers les gens tenans notre cour de Parlement à Paris, que ces présentes ils aient à enregistrer, & du contenu en icelles faire jouir & user lesdits exposans, les officiers municipaux & habitans de ladite ville, & leurs successeurs, pleinement, paisiblement & perpétuellement; car tel est notre plaisir. Et afin que ce soit chose ferme & stable à toujours, nous avons fait mettre notre scel à cesdites présentes. Donné à Versailles au mois de Juin, l'an de grace mil sept cent quatre-vingt-un, & de notre regne le huitieme. *Signé*, LOUIS. *Plus bas*, par le roi. *Visa*, HUE DE MIROMENIL. *Signé*, AMELOT.

Registrées, ce requérant le procureur-général du roi, pour jouir par les impétrans de leur effet & contenu, & être exécutées selon leur forme & teneur, suivant l'arret de ce jour. A Paris, en Parlement, le vingt-huit Juin mil sept cent quatre-vingt-deux.

Signé, *ISABEAU.*

ARRÊT DU CONSEIL D'ÉTAT DU ROI,

PORTANT concession par le roi à l'Hôpital-Général, d'un terrein contenant quatre-vingt toises, situé à Corbeil, sous la redevance au profit du domaine de sa majesté de six deniers de cens par toise quarrée.

Du 29 Avril 1783.

SUR la requête présentée au roi, en son Conseil, par les directeurs & administrateur de l'Hôpital-Général de la ville de Paris, contenant que le long de la chaussée allants d'Essonne au pont des Récollets, & traversant la place dite des Récollets, située à Corbeil, il existe un terrein vacant, dépendant du domaine de sa majesté, contenant quatre-vingts toises de superficie, ou environ; que ce terrein borde, dans toute sa longueur, celui appartenant à l'Hôpital, & destiné à la halle aux grains que par des lettres-patentes, du mois de Juin 1781, les supplians ont été autorisés à faire construire; que pour exécuter la construction de cette halle, & afin de donner à l'emplacement l'étendue qui est nécessaire au service, la réunion de ladite portion de terrein de quatre-vingts toises à celui qui appartient à l'Hôpital, paroît indispensable; que dans cette circonstance, ils esperent que sa majesté voudra bien leur en faire la concession, & avec d'autant moins de difficulté, qu'ils ne la demandent que pour en disposer en faveur du public. Requéroient, à ces causes, les supplians, qu'il plût à sa majesté leur faire concession du terrein vacant situé à Corbeil, le long de la chaussée allant d'Essonne au pont des Récollets, & traversant la place dite des Récollets, ledit terrein consistant en environ quatre-vingts toises de superficie, & bordant celui appartenant à l'Hôpital, destiné à la halle aux grains, pour par les supplians, en leur qualité, jouir dudit terrein à titre d'accensement & de propriété incommutable, à la charge de payer au domaine de sa majesté telle redevance qu'il plairoit à sa majesté leur imposer. Vu ladite requête, ensemble le plan du terrein dont la concession est demandée, oui le rapport du sieur Lefebvre d'Ormesson, conseiller d'état & ordinaire au Conseil Royal, contrôleur-général des finances; LE ROI, en son Conseil, ayant égard à la requête, a fait & fait concession aux supplians, ès noms & qualités qu'ils procedent, du terrein énoncé & détaillé en ladite requête, contenant environ quatre-vingts toises de superficie, pour par eux & leurs ayans causes en jouir à titre d'accensement & de propriété incommutable, à la charge de payer au domaine de sa majesté, à compter du jour du présent arrêt, un cens annuel & perpétuel de six deniers par toise quarrée dudit terrein, ledit cens payable tant que les supplians en demeureront propriétaires, double tous les quarante ans, pour tenir lieu à sa majesté des droits seigneuriaux casuels, & en cas de vente de leur part, emportant droits seigneuriaux aux mutations, suivant la coutume des lieux; à la charge en outre par les supplians de faire procéder à leurs frais aux mesurage & arpentage dudit terrein, & à la levée du plan figuratif d'icelui par un ingénieur ou arpenteur royal, qui sera à cet effet nommé par le sieur intendant & commissaire départi en la généralité de Paris, de déposer au greffe du bureau des finances de ladite ville, lesdits plan & procès-verbal, comme aussi d'y faire enregistrer le présent arrêt, & de fournir une copie collationnée d'icelui à Jean-Vincent René, chargé de la régie & administration des domaines de sa majesté. Fait au Conseil d'Etat du Roi, tenu à Versailles le vingt-neuf Avril mil sept cent quatre-vingt-trois. *Signé*, LEMAITRE.

Enregistré au Bureau des finances le 23 Septembre 1785. Signé, *DE SAINT-PERE.*

LETTRES-PATENTES,

PORTANT réduction du droit de minage dans la ville de Corbeil.

Du mois de Mai 1783.

LOUIS, par la grace de Dieu, roi de France & de Navarre : A tous préſens & à venir, SALUT. Notre cher & bien-amé le ſieur Jacques-Armand de Rogres de Champignel, grand-tréſorier de l'ordre de Malte, nos chers & biens-amés les directeurs & adminiſtrateurs de l'Hôpital-Général de notre bonne ville de Paris, & les maire, échevins & habitans de la ville de Corbeil, nous ont repréſenté que la ſituation déſavantageuſe du marché au bled de cette derniere ville ayant déterminé ſes officiers municipaux à le transférer dans un autre lieu, ils choiſirent la place des Récollets, dont ledit Hôpital-Général eſt propriétaire ; que comme les revenus de ladite ville de Corbeil ne ſuffiſoient pas pour faire conſtruire dans cet emplacement une halle & les autres bâtimens qu'exige un établiſſement de cette nature, les adminiſtrateurs de l'Hôpital-Général de notredite ville de Paris ſe chargerent d'en faire les frais, moyennant qu'il ſeroit établi un droit de halle & d'enmagaſinage en faveur dudit Hôpital ; ce que nous avons bien voulu approuver par nos lettres-patentes du mois de Juin 1781, qui ont été enregiſtrées en notre cour de Parlement de Paris, le 28 Juin de l'année derniere ; que pour aſſurer d'autant plus à ladite ville de Corbeil les avantages que ce nouvel établiſſement doit lui procurer, leſdits adminiſtrateurs & leſdits officiers municipaux avoient demandé à l'ordre de Malte la réduction d'un droit de minage qu'il percevoit ſur les grains apportés audit marché, & qui conſiſtoit dans le quarante-huitieme du prix de la choſe vendue ; que ledit ordre ayant conſenti à cette réduction, notre couſin, le grand-maître d'icelui, auroit rendu, le premier octobre de l'année derniere, un décret, par lequel il auroit réduit & modéré ledit droit de minage du quarante-huitieme au cent quarante-quatrieme, à condition que cette réduction n'auroit lieu qu'après l'entiere conſtruction du nouveau marché, & des bâtimens qui pouvoient lui être néceſſaires ; que l'on conviendroit d'un tems précis, dans lequel cette conſtruction devroit être faite : que les officiers municipaux de ladite ville s'engageroient à réparer, entretenir & rétablir ledit marché, batimens & dépendance ; que ces conditions ſeroient ſpécifiées dans un acte public, qui ſeroit paſſé entre le grand-tréſorier dudit ordre & les officiers municipaux de Corbeil, & que ledit acte ſeroit ratifié par les adminiſtrateurs dudit Hôpital-Général de Paris ; enfin, qu'ils eſpéroient que nous voudrions bien confirmer ledit décret, dont le bien public eſt l'unique objet, & leur accorder nos lettres ſur ce néceſſaires. A CES CAUSES, de l'avis de notre Conſeil, qui a vu l'expédition de noſdites lettres-patentes du mois de Juin 1781, l'arrêt d'enregiſtrement d'icelles du 28 Juin de l'année derniere, le décret de notre couſin, le grand-maître de Malte, du premier Octobre dernier, & le projet d'acte qui doit être paſſé entre ledit grand-treſorier de l'ordre de Malte, leſdits adminiſtrateurs de l'Hôpital-Général de Paris, & les maire, échevins & habitans de ladite ville de Corbeil, portant, en conſéquence dudit décret, réduction à perpétuité du droit de minage du quarante-huitieme au cent quarante-quatrieme ; le tout ci-attaché ſous le ſceau de notre contre-ſcel de notre Chancellerie, nous avons approuvé & confirmé, & par ces préſentes, ſignées de notre main, approuvons & confirmons ledit décret ; voulons qu'il ſoit exécuté en toutes ſes charges, clauſes & conditions ; permettons, en conſéquence, audit grand-tréſorier de l'ordre de Malte, auxdits adminiſtrateurs de l'Hôpital-Général, & auxdits officiers municipaux de Corbeil, de paſſer tout acte public & relatif aux conditions portées audit décret, conforme au projet dudit acte : autoriſons, en conſéquence, leſdits officiers municipaux à délaisser & abandonner, par ledit acte, à l'Hôpital-Général de Paris, tous droits de propriété que ladite ville de Corbeil peut avoir, tant sur ledit marché, que sur portion du terrein faisant partie de la place des Récollets, appartenante à l'Hôpital-Général de Paris, pour par lesdits administrateurs en jouir & disposer en toute propriété : autorisons pareillement lesdits administrateurs de l'Hôpital-Général à s'obliger, tant vis-à-vis de l'ordre de Malte, que vis-à-vis les officiers municipaux de Corbeil, à la construction & entretien, réparations & rétablissement de la halle aux grains, ordonnée par nos lettres-patentes du mois de Juin 1781, dérogeons à cet effet, & pour ce regard seulement, à tous édits, déclarations, arrêts & réglemens à ce contraires. Si donnons en mandement à nos amés & féaux conseillers les gens tenans notre cour de Parlement de Paris, que ces présentes ils aient à enregistrer, & du contenu en icelles faire jouir & user ledit ordre de Malte, ledit Hôpital-Général de notre bonne ville de Paris, & notredite ville de Corbeil, pleinement, paisiblement & perpétuellement, sans leur donner, ni souffrir qu'il leur soit donné aucun trouble ni empêchement, pour quelque cause ou raison que ce soit ; car tel est notre plaisir. Et afin que ce soit chose ferme & stable à toujours, nous avons fait mettre notre scel à cesdites présentes. Donné à Versailles au mois de Mai, l'an de grace mil sept cent quatre-vingt-trois, & de notre regne le neuvieme. *Signé*, LOUIS. *Plus bas*, par le roi. *Signé*, AMELOT. *Visa*, HUE DE MIROMESNIL.

Registré, ce consentant le procureur-général du Roi, pour jouir par les impétrans de leur effet & contenu, & être exécuté selon leur forme & teneur, aux charges, clauses & conditions y portées, & à la charge de rapporter par lesdits en la Cour l'acte qui sera passé en vertu desdites lettres-patentes, conformément audit projet attaché sous leur contre-scel, pour y être homologué, si faire se doit, suivant l'arret de ce jour. A Paris, en Parlement, le 5 Septembre 1783. Signé, *DUFRANC.*

Enregistré au Bureau des Finances le 23 Septembre 1785. Signé, *DE SAINT-PERE.*

ORDONNANCE DES TRÉSORIERS DE FRANCE,

QUI permet la construction de la halle aux grains de Corbeil.

Du 13 Novembre 1783.

FRANÇOIS RUA, chevalier, trésorier de France, général des finances, grand-voyer en la généralité de Paris, commissaire député par sa majesté pour la direction des ponts & chaussées. Sur la requête présentée par le sieur Gaubert, entrepreneur de bâtimens, & adjudicataire de la halle aux bleds de Corbeil, afin de procéder à l'alignement de la chaussée publique, actuellement allant de la riviere au pont des Récollets, pour la construction de la halle sur la place des Récollets, ordonnée par les lettres-patentes du mois de Juin 1781, registrées au Parlement, le 28 Juin 1782.

Vu la copie collationnée desdites lettres-patentes, qui permet de transférer le marché aux bleds sur le terrein appellé la place des Récollets, & aux administrateurs de l'Hôpital Général de Paris, propriétaires de ce terrein, d'y faire construire tous les bâtimens nécessaires au service de ce marché : la délibération du bureau de l'Hôpital-Général, du 13 Octobre dernier, qui autorise l'adjudicataire de ladite halle à nous demander l'alignement de la chaussée publique, actuellement allant de la riviere au pont des Recollets. Le plan annexé auxdites pieces, & le rapport du sieur Badon, ingénieur du département, vu de M. Peronnet, premier ingénieur, en date du 26 Octobre dernier, qui constate que le chemin devant & longeant la place des Récollets, où la halle doit être construite, est une chaussée, pavée de grès, à l'entretien du roi, que cette chaussée a de longueur, sur les deux côtés de la place, ensemble & en retour, suivant les courbes indiquées au plan, cent vingt-huit toises en pavés de grès, savoir ; la premiere à la sortie du pont, quarante-trois pieds, sur dix-huit pieds de large ; & le surplus sur deux toises seulement, & qu'il arbitre que la largeur du chemin autour de la place peut être fixée à trente pieds, & que les bornes qui doivent être plantées par l'adjudicataire de la halle, d'après la délibération de l'Hôpital-Général, peuvent être fixées à quinze pieds, à compter du milieu de la chaussée, suivant les courbes marquées au plan, jusqu'à ce qu'on puisse, par un autre projet, faire supprimer cette partie de chaussée sur la longueur de la place.

NOUS avons permis au suppliant la construction de la nouvelle halle, sous la condition que le chemin autour de la place de cette halle sera de la largeur de trente pieds, & que les bornes que le suppliant doit faire planter, aux termes de son adjudication, seront placées à quinze pieds, à compter du milieu de la chaussée, suivant les courbes désignées au plan annexé ; défendons de faire sur ce chemin aucune saillie, ni avance quelconque, & à tous ouvriers, plâtriers, maçons, d'embarrasser par leurs matériaux la voie publique, & de nuire au service du marché, pendant tout le cours de cette nouvelle construction ; tenu le suppliant de se conformer à notre présente ordonnance, & de la représenter à la premiere réquisition à l'ingénieur du département ou autre par lui commis pour tracer l'alignement ci-dessus, ou procéder au récolement, d'après son exécution. Donné à Paris, en notre hôtel, ce jeudi 13 Novembre 1783. *Signé,* RUA.

TRAITÉ

ENTRE les maire, échevins & habitans de la ville de Corbeil ; d'une part.

*MM. les administrateurs de l'*Hôpital-Général, *d'autre part.*

ET M. de Champignelles, grand-bailli de l'ordre de Malte, encore d'autre part ; relativement à la réduction du droit de minage dans la ville de Corbeil.

Des 17 & 20 Novembre 1783.

PARDEVANT les conseillers du roi, notaires au Châtelet de Paris, soussignés, furent présens Simon Briere, conseiller du roi, maire de la ville de Corbeil, y demeurant, étant ce jour à Paris, agissant tant en sa qualité de maire, que comme fondé du pouvoir spécial des échevins, assesseurs & habitans de la ville & fauxbourgs de Corbeil, suivant la délibération prise en l'hôtel commun de ladite ville, ensuite d'un projet des présentes, le 22 Janvier 1783, dont une expédition délivrée par le sieur Marsault, greffier, est demeurée jointe à la minute des présentes, après avoir été dudit sieur Briere certifiée véritable, signée & paraphée en présence des notaires soussignés.

Messieurs les directeurs & administrateurs de l'Hôpital-Général de Paris, représentés par Alexandre-Pierre Henri, secrétaire du roi & greffier en chef de la Chambre des Comptes ; Antoine-François Lemoine de la Clariere, conseiller du roi en sa Cour des Aides ; Jean-Baptiste-Pierre-Joseph de Malezieux, auditeur des Comptes ; Antoine-Pierre du Tremblai de Rubelles, aussi auditeur des Comptes ; Claude de Bernieres, contrôleur-général des ponts & chaussées de France ; Jacques-Guillaume-Raphaël Bocheron, payeur des rentes ; Antoine Delamotte, & Antoine-Marie de Bourges, anciens Juges-Consuls.

Et religieux seigneur messire Jacques-Armand Rogres Lusignan, bailli de Champignelles, brigadier des armées du roi, grand'croix & grand-trésorier de l'ordre de Malte, & en cette qualité titulaire du bénéfice de Saint-Jean en Lisle-Lis-Corbeil, de la commanderie de Louvia, Vaumion, Cernay & autres, demeurant à Paris, en son hôtel, boulevard de la Chaussée d'Antin, paroisse Saint-Eustache, agissant mondit seigneur bailli de Champignelles pour & au nom de l'ordre de Malte, en vertu du décret de son éminence le digne grand-maitre, & de son vénérable conseil, en date du premier Octobre 1782, dont l'original, partie Italien & partie François, est demeuré annexé à la minute des préſentes, avec une traduction de l'Italien en François, faite cejourd'hui par M. Henri, interprete du roi, après que ſur ces deux pièces il a été fait mention de ladite annexe par les notaires ſouſſignés;

Leſquels ont dit & arrêté ce qui ſuit :

Le marché de Corbeil qui étoit autrefois conſidérable, ſe trouvant preſque réduit à rien, ſoit à cauſe du trop haut prix du droit de minage que l'ordre de Malte y perçoit, ſoit à cauſe de ſon emplacement, qui eſt fort reſſerré & d'un accès très-difficile, les officiers municipaux de ladite ville ſe ſont occupés depuis long-tems des moyens de le transférer ſur la place des Récollets, qui appartient à l'Hôpital-Général de Paris, & qui eſt le lieu le plus commode que l'on puiſſe choiſir pour cet uſage, mais la ville de Corbeil n'étant pas en état de faire l'acquiſition de ce terrein, ni d'y faire conſtruire une halle & dépendances, le maire & les échevins ont, par une délibération du 2 Mars 1780, engagé l'adminiſtration à ſe charger de cette dépenſe, & à ſolliciter auprès de l'ordre de Maltte une modération aſſez forte ſur le prix du minage, pour ſe mettre au pair, même à quelque choſe de moins, avec celui qui ſe leve dans les lieux circonvoiſins, en conſentant à ce que l'on perçut, au profit de l'Hôpital, un droit de miſe en halle & d'enmagaſinage, qui ſeroit proportionné au prix de l'emplacement, & des frais que la conſtruction de la halle occaſionneroit.

Cette délibération des officiers municipaux a été confirmée & ratifiée par une autre, priſe en l'aſſemblée générale des habitans de la ville & fauxbourgs de Corbeil, le 22 Mai 1781.

En conſéquence de ces délibérations, l'adminiſtration de l'Hôpital a ſollicité & obtenu des lettres-patentes du roi, données à Verſailles au mois de Juin 1781, par leſquelles ſa majeſté a permis aux officiers municipaux de Corbeil de transférer le marché au bled de leur ville, ſur le terrein appellé la place des Récollets, & à l'adminiſtration de l'Hôpital, de faire conſtruire ſur cette place tous les bâtimens néceſſaires au ſervice du marché, a autoriſé les officiers municipaux, & habitans de Corbeil, à concéder, en faveur de l'Hôpital-Général, un droit de miſe en halle, & d'enmagaſinage, ſur les grains qui ſeroient apportés au marché de ladite ville, lequel droit ſeroit proportionné au prix de l'emplacement & des frais que la conſtruction de halle occaſionneroit; enfin a ordonné que le marché qui ſe tient à Corbeil le vendredi de chaque ſemaine, ſeroit transféré au jeudi auſſi de chaque ſemaine.

Le parlement, avant de procéder à l'enregiſtrement deſdites lettres-patentes, a ordonné, par un arrêt proviſoire du 3 Septembre 1781, que d'office, à la requête du procureur-général, pourſuite & diligence de ſon ſubſtitut en la prévoté royale de Corbeil, & pardevant le premier de ladite juſtice, il ſeroit informé de la commodité ou incommodité qui pouvoit réſulter de la tranſlation dudit marché au bled de la ville de Corbeil, ſur l'emplacement appartenant à l'Hôpital-Général, appellé la place des Récollets, & de la tranſlation du marché ordinaire qui ſe tient en ladite ville de Corbeil le vendredi de chaque ſemaine au jeudi, auſſi de chaque ſemaine, dans laquelle information il ſeroit auſſi enquis ſi à quatre lieues à la ronde de Corbeil il n'y avoit point le jeudi d'autres marchés auxquels ladite tranſlation pût nuire ou préjudicier, comme auſſi que les impétrans ſeroient tenus de rapporter en la Cour un état ou tarif des droits de miſe en halle & d'enmagaſinage qu'ils ſe propoſoient de faire percevoir ſur les grains apportés audit marché.

L'information ordonnée par cet arrêt a été faite pardevant M. Robert de Courville, prévôt de la ville, prévôté & châtellenie royale de Corbeil, ſuivant ſon procès-verbal daté du 10 Septembre 1781; & il en eſt réſulté que la tranſlation projettée ne pouvoit être que favorable au commerce, utile au public, & avantageuſe à l'Hôpital; qu'il n'y a, à quatre lieues à la ronde de Corbeil, le jeudi, d'autre marché au bled que celui de Ris, qui eſt ſi peu conſidérable, qu'il n'y a ordinairement qu'une ſeule perſonne qui y expoſe du grain, & qu'il ne s'y en débite communément que quatre ou ſix ſeptiers par chaque jour de marché.

L'adminiſtration de l'Hôpital, par ſa délibération priſe au bureau de l'archevêché, le 16

Mai 1782, a, pour satisfaire audit arrêt provisoire, proposé de fixer le droit de hallage à raison de deux sols par septier de grain de toutes natures, mesure de Corbeil, & celui d'enmagasinage sur le pied d'un sol par septier, même mesure, pour chaque mois commencé de resserre, dans le cas où les approvisionnemens de l'Hôpital-Général lui permettroient d'en louer le tout ou partie.

Le parlement, par un second arrêt du 28 Juin 1782, a ordonné l'enregistrement au greffe de la Cour des lettres-patentes du mois de Juin 1781, pour être exécutées selon leur forme & teneur, & jouir par les impétrans de l'effet & contenu en icelles, a autorisé en conséquence l'administration de l'Hôpital-Général à faire percevoir au profit de l'Hôpital un droit de mise en halle sur le marché de Corbeil, à raison de deux sols par septier de bled, orge, avoine, ou autres grains, mesure de Corbeil, comme aussi dans le cas où elle feroit construire des greniers au-dessus de la halle, & ne les emploieroit pas pour le service de l'Hôpital, ou ne les comprendroit pas dans la location des moulins; l'a autorisée pareillement à faire percevoir, au profit de l'Hôpital, un droit d'enmagasinage ou resserre, à raison d'un sol par septier de grain, mesure de Corbeil, par chaque mois de resserre; enfin a permis à l'administration de l'Hôpital de faire imprimer, publier & afficher, tant les lettres-patentes que l'arrêt d'enregistrement, en la ville de Corbeil, & par-tout où besoin seroit.

L'administration de l'Hôpital a sollicité aussi, auprès de l'ordre de Malte, la diminution du droit de minage que l'ordre perçoit dans le marché de Corbeil, & elle est parvenue à obtenir du grand-maître, & de son vénérable conseil, un décret le premier Octobre 1782, qui réduit le droit de quarante-huitieme au cent quarante-quatrieme de la chose, aux conditions y exprimées, que l'on rappellera ci-après.

Ainsi le projet présenté par la ville de Corbeil a reçu toutes les approbations dont il avoit besoin pour être exécuté. Le roi par ses lettres-patentes, le parlement par son arrêt d'enregistrement, l'ordre de Malte par son décret, lui ont donné la sanction nécessaire; il ne s'agit donc plus que de le réaliser; c'est ce que les parties vont faire par ces présentes.

A CES CAUSES, ledit sieur Briere, audit nom, & comme représentant la ville de Corbeil, a délaissé & abandonné à l'Hôpital-Général de Paris, ce accepté par mesdits sieurs administrateurs, la portion de terrein qui appartient à la ville de Corbeil, dans la place des Récollets, pour, en conséquence de cet abandon, demeurer par l'Hôpital seul propriétaire de la totalité de ladite place, ledit sieur Briere, audit nom, lui cédant tous les droits de propriété de la ville de Corbeil à cet égard; à la charge par l'Hôpital de payer les cens dus sur ladite partie de terrein, & d'acquitter tous les droits auxquels le présent abandon pourra donner ouverture.

De leur part, Messieurs les administrateurs de l'Hôpital s'engagent, dans leursdites qualités, de faire construire aux dépens de l'Hôpital, sur ladite place des Récollets de Corbeil, une halle & des greniers, suivant & conformément aux plans & devis qu'ils en ont arrêté dans leur assemblée tenue à l'archevêché le 16 Mai 1782, & d'en parachever la construction dans l'espace de deux années, à compter de l'époque de la signature du présent traité.

Aussi-tôt que ces bâtimens seront construits, le marché au bled qui se tient à Corbeil le vendredi de chaque semaine, y sera transféré le jeudi aussi de chaque semaine.

L'Hôpital-Général, comme propriétaire de la halle, sera chargé à perpétuité d'entretenir lesdits bâtimens de toutes réparations, même de les reconstruire, quand il en sera besoin.

L'Hôpital-Général aura & lui appartiendra, & la ville de Corbeil lui concede, en tant que de besoin, les droits de mise en halle & d'enmagasinage fixés par l'arrêt d'enregistrement des lettres-patentes ci-dessus énoncées.

En considération de ce que dessus, le vénérable grand-trésorier de l'ordre de Malte, autorisé par le décret de l'ordre, du premier Octobre 1782, a réduit & modéré à perpétuité le minage que l'ordre a droit de recevoir dans le marché de Corbeil du quarante-huitieme

huitieme au cent quarante-quatrieme de la chose ou des grains qui seront vendus dans ledit marché & dépendances, à condition 1°. que ladite réduction n'aura lieu qu'après l'entiere confection du nouveau marché, & à l'ouverture d'icelui; 2°. que ce nouveau marché sera construit & parachevé au plus tard d'ici à deux ans; & 3°. que l'Hôpital sera tenu de le réparer, entretenir & rebâtir, quand il en sera besoin.

Déclare à cet égard mondit sieur le bailli de Champignelles, qu'attendu que le droit de minage appartenant à l'ordre de Malte, doit s'exercer, non-seulement sur le marché & sous la halle, mais encore dans toute la ville, il entend que la présente réduction ait lieu sur les ventes de tous les grains qui pourront y être apportés, son intention étant qu'on jouisse de cet avantage, tant sous la halle & sur le marché, que sur le port, & dans toutes les parties de la ville; le tout en vue du bien public, & du soulagement de la ville de Corbeil, à laquelle il prend le plus grand intérêt.

Ces présentes sont passées en conséquence des lettres-patentes données par le roi au mois de Mai de la présente année, registrées en Parlement le 5 Septembre dernier, par lesquelles sa majesté a autorisé les parties à passer & signer ces présentes, conformément au projet qui en est resté attaché sous le contre-scel desdites lettres, dont une copie collationnée par M. Henri, secrétaire du roi, est demeurée annexée à la minute des présentes, après mention faite sur icelle de ladite annexe, par les notaires soussignés.

Et pour l'exécution des présentes, les parties ont élu domicile; savoir, mesdits sieurs administrateurs en leur bureau, à la Pitié, ledit sieur Briere, audit nom, à l'hôtel-de-ville de Corbeil, & M. le grand-trésorier de l'ordre de Malte, en sa demeure susdite.

Auxquels lieux nonobstant, promettant, obligeant, renonçant, fait & passé à Paris, savoir, à l'égard de mesdits sieurs administrateurs, & dudit sieur Briere au bureau tenu à la Pitié, l'an mil sept cent quatre-vingt-trois, le dix-sept Novembre après-midi; & pour M. le grand-trésorier de l'ordre de Malte, en sa demeure, le vingt du même mois, & ont signé la minute des présentes, demeurée à Me Picquais, l'un desdits notaires soussignés, qui a délivré ces présentes cejourd'hui treize Décembre mil sept cent quatre-vingt-quatre. *Signé*, PICQUAIS & BEVIERE.

Le traité ci-dessus a été homologué par arrêt du Parlement du 12 Décembre 1784. Collationné. *Signé*, YSABEAU.

OUVERTURE DE LA HALLE AUX GRAINS DE CORBEIL.

Du premier Novembre 1784.

LE Public est averti que la halle aux grains de Corbeil, nouvellement construite sur la place des Récollets, proche la riviere de Seine, en vertu des lettres-patentes accordées par sa majesté à l'Hôpital-Général de Paris, ouvrira, pour la premiere fois, le jeudi 18 Novembre 1784.

Le marché des grains continuera d'avoir lieu dans cette place tous les jeudis de chaque semaine.

Cette halle, fermée & environnée de grilles, offre, dans sa partie supérieure, de vastes greniers où les grains pourront être enmagasinés, & où les marchands trouveront l'avantage de les travailler, dans le cas où ils auroient avarié sur la route.

Le droit de mise en halle sera de deux sols par septier de bled.

Le droit d'enmagasinage dans les greniers sera, pour chaque mois commencé, à raison d'un sol par septier.

Le droit de minage, autrefois fixé dans la ville & le port de Corbeil sur le pied du quarante-huitieme de la mesure des grains, ne sera dorénavant exigé que sur celui du cent quarante-quatrieme.

Personne n'ignore les facilités qu'offrent la ville & le port de Corbeil, soit pour la vente des grains, soit pour leur transport, tant par eau que par terre, dans tous les lieux où l'on veut les faire parvenir.

On connoît également toutes les facilités, pour la mouture, qui se rencontrent dans Corbeil & dans ses environs.

ARRÊT DU CONSEIL D'ÉTAT DU ROI,

*PORTANT concession & accensement au profit de l'*Hôpital-Général, *de différentes portions de terreins dans le domaine du Roi, à Corbeil.*

Du 5 Avril 1785.

SUR la requête présentée au roi en son Conseil par les administrateurs de l'Hôpital-Général de Paris, &c. Vu ladite requête, & un plan des lieux, qui constate qu'il y a sept parties de terrein qui dépendent du domaine : vu aussi l'avis du sieur intendant & commissaire départi en la généralité de Paris, & le mémoire des administrateurs des domaines. Oui le rapport du sieur de Calonne : LE ROI en son Conseil, ayant aucunement égard à la demande des administrateurs de l'Hôpital-Général de Paris, a fait & fait concession audit Hôpital des portions de terrein, numérotées 1, 2 & 3, sur le plan des lieux, qui demeurera annexé au présent arrêt, comme aussi des trois quarts de la portion du terrein numérotée 5 sur ledit plan, du tiers de celle numérotée 6, & de la totalité de celle numérotée 7, pour par ledit Hôpital en jouir à titre d'accensement, à la charge de payer au domaine un cens annuel & perpétuel de trois deniers par toise quarrée desdites portions de terrein, payable double tous les quarante ans, pour tenir lieu des droits seigneuriaux aux mutations, à l'effet de quoi il sera tenu de faire faire un arpentage desdits terreins, de l'autorité du sieur intendant & commissaire départi en la généralité de Paris : ledit cens emportant lods & ventes aux mutations, suivant la coutume de Paris, dans le cas seulement où ledit Hôpital mettroit le tout ou partie desdits terreins hors de ses mains. Ordonne que les administrateurs dudit Hôpital seront tenus de faire enrégistrer le présent arrêt au Bureau des finances de Paris, & d'en remettre une copie collationnée à François Mellin, chargé de la régie & administration des domaines de sa majesté. *Signé*, LEMAITRE.

Enregistré au Bureau des Finances, le 23 Septembre 1785. Signé, DE SAINT-PERE.

FRANC-SALÉ.

EXTRAIT DE L'ÉDIT D'ÉTABLISSEMENT DE L'HOPITAL-GÉNÉRAL.

Du mois d'Avril 1656.

ART, *60.* ACCORDONS aussi audit Hôpital-Général le droit de franc-salé, pour le sel nécessaire à la provision d'icelui, jusqu'à la concurrence de quatre muids de sel par chacun an, si tant ils en ont besoin, à prendre au grenier de notre ville de Paris, dont nous voulons que le bail général de nos gabelles soit chargé, sans qu'il en soit payé aucune chose que le prix du marchand, & sans tirer à conséquence à l'égard d'autres.

ARRÊT DU CONSEIL D'ÉTAT DU ROI,

PORTANT que l'Hôpital-Général *jouira de quatre muids de sel de franc-salé, en payant seulement quatre livres dix sols par minot.*

Du 17 Mai 1657.

SUR ce qui a été représenté au roi en son Conseil, que sa majesté ayant par son édit du mois d'Avril 1656, portant établissement de l'Hôpital-Général en la ville de Paris, accordé audit Hôpital un droit de franc-salé pour le sel nécessaire à la provision d'icelui, jusques à la concurrence de quatre muids de sel par chacun an, à prendre au grenier à sel de ladite ville, dont le bail général des gabelles seroit chargé, sans qu'il en soit payé aucune chose que le prix du marchand, me Simon le Noir, adjudicataire du bail général desdites gabelles, se seroit opposé à la vérification dudit édit, pour ce qui regardoit ledit franc-salé, prétendant que comme ce don est nouvelle charge de son bail, il n'en peut être tenu, si ce n'est qu'il plût à sa majesté lui tenir compte de la somme de six mille huit cens trente-deux livres, à quoi montent les droits desdits quatre muids de sel, dont il doit jouir audit grenier de Paris; surquoi vu ledit édit, le bail général desdites gabelles fait audit le Noir, arrêt dudit Conseil du 7 Avril 1655, & l'opposition dudit le Noir à la vérification dudit édit. Oui le rapport du sieur Mauroy, conseiller ordinaire de sa majesté en ses conseils, & intendant des finances : LE ROI en son Conseil, a ordonné & ordonne que ledit édit du mois d'Avril 1656, portant établissement dudit Hôpital, sera exécuté, & qu'il jouira desdits quatre muids de sel de franc-salé, à prendre par chacun an dans le grenier à sel de Paris, sans en payer que le prix du marchand seulement, montant à huit cens soixante-quatre livres, qui est à raison de quatre livres dix sols par Minot, tout ainsi que l'Hôtel-Dieu de Paris; pour lesquels quatre muids de sel, sa majesté tiendra compte à me Simon le Noir, adjudicataire général desdites gabelles, de la somme de six mille huit cens trente-deux livres, à laquelle montent les droits dont il doit jouir pour lesdits quatre muids; laquelle somme de six mille huit cens trente-deux livres, sera employée en dépense dans les états desdites gabelles, qui s'expédieront par chacun an audit Conseil pendant ledit bail, à commencer au premier Janvier de la présente année. Fait au Conseil d'état, tenu à Paris le dix-septieme jour de Mai mil six cens cinquante-sept.

DÉCLARATION DU ROI,

PORTANT octroi de quatre muids de sel, outre les quatre premiers, à la charge d'en fournir aux maisons des Enfans-Trouvés.

Du 16 Juin 1670.

LOUIS, par la grace de Dieu, roi de France & de Navarre : A tous ceux qui ces présentes lettres verront. Les directeurs de l'Hôpital-Général de notre bonne ville de Paris, nous ayant représenté qu'outre les quatre muids de sel de franc-salé que nous leur avons ci-devant accordé par nos lettres-patentes du 17 Mai 1657, pour aider à faire subsister les pauvres enfermés dans les maisons dudit Hôpital, ils ont été obligés pendant les années dernieres d'en acheter dans les greniers une quantité considérable, lesdits quatre muids n'ayant pas été suffisans pour le grand nombre des pauvres, officiers, serviteurs & domestiques desdites maisons, qui se sont trouvés monter à beaucoup plus qu'il n'avoit été fait état dans le tems de l'établissement dudit Hôpital, ce qui augmente même tous les jours; lesdits directeurs nous ayant très-humblement supplié de leur augmenter ledit franc-salé encore de quatre muids de sel, en considération de l'union que nous avons fait audit Hôpital-Général de celui des Enfans-Trouvés. A CES CAUSES, & autres bonnes considérations à ce nous mouvans, nous avons donné & octroyé, & par ces présentes signées de notre main, donnons & octroyons audit Hôpital-Général, quatre muids de sel à prendre par chacun an au grenier à sel de Paris, outre les quatre muids que nous lui avons ci-devant accordé, pour être le tout fourni sur les certifications des directeurs dudit Hôpital-Général, ainsi qu'il est accoutumé. A la charge par lesdits directeurs nommés, pour servir audit Hôpital des Enfans-Trouvés & des filles de la Charité, d'en faire fournir ce qui en sera nécessaire pour l'usage desdites maisons, sur les certificats des directeurs nommés pour servir audit Hôpital des Enfans-Trouvés.

ARRÊT DU CONSEIL D'ÉTAT DU ROI,

PORTANT octroi de cinq muids de sel d'augmentation.

Du 11 Avril 1702.

SUR la requête présentée au roi, en son Conseil, par les administrateurs de l'Hôpital-Général de Paris, contenant que le nombre des pauvres enfermés dans les différentes maisons qui en dépendent, est tellement augmenté depuis quelques années, & particuliérement depuis qu'il a plu à sa majesté, par sa déclaration du 25 Juillet 1700, arrêter le libertinage des gueux, fainéans & vagabonds; qu'avec tous les secours extraordinaires que ledit Hôpital a reçu de la charité des fideles, de l'économie & industrie desdits administrateurs, il ne leur est pas possible de subvenir à toute la dépense qu'ils ne peuvent éviter de faire pour en nourrir une si grande quantité, ce qui oblige les supplians d'avoir recours à sa majesté, à ce qu'il lui plaise, en continuant ses charités envers ledit Hôpital, lui accorder comme elle a eu la bonté de faire ci-devant en pareils besoins, quelques muids de sel par augmentation pour l'année commencée au premier Octobre mil sept cent un, & qui finira au dernier Septembre prochain, outre & par-dessus les huit muids de gratification ordinaire; Vu ladite requête, & oui le rapport du sieur Chamillart, conseiller ordinaire au Conseil royal, contrôleur-général des finances. LE ROI, en son Conseil, ayant égard à ladite requête, a ordonné & ordonne, que par m. Thomas Templier, fermier-général des gabelles de France, ou le receveur du grenier à sel de Paris, il sera fait délivrance audit Hôpital-Général, de la quantité de cinq muids de sel d'augmentation pendant l'année commencée le premier Octobre 1701, & qui finira le dernier Septembre prochain, outre & par-dessus les huit muids employés dans l'état des francs-salés, sans aucuns frais ni droits, & que du prix desdits cinq muids, il sera tenu compte audit Templier sur le prix de son bail, en rapportant le présent arrêt, & le certificat de délivrance desdits directeurs dudit Hôpital. Donné à Versailles, le onze Avril mil sept cent deux.

EXTRAIT DE L'ÉTAT DES FRANCS-SALÉS,

Accordés par privileges & concessions aux Hôpitaux, *maisons religieuses & autres, arrêté au Conseil, le douze Octobre mil sept cent trente-neuf, pour l'année mil sept cent quarante. A été extrait ce qui suit :*

GRENIER A SEL DE PARIS.

Aux administrateurs de l'Hôpital-Général, & à celui des Enfans-Trouvés, à Paris, la quantité de huit muids de sel accordés par concessions & lettres-patentes des rois prédécesseurs de sa majesté, employés au présent état, en payant le prix du marchand, de quatre livres dix sols par minot, conformément à l'état arrêté au Conseil, le vingt-trois Juin mil six cent quatre-vingt-dix-neuf, ci . . . . 8 muids.

De celui des gratifications & aumônes, arrêté ledit jour pour ladite année, a été extrait ce qui suit :

GRENIER A SEL DE PARIS.

Aux administrateurs de l'Hôpital-Général, & à celui des Enfans-Trouvés, la quantité de cinq muids de sel par augmentation, outre les huit muids accordés audit Hôpital par plusieurs arrêts du Conseil, & notamment par celui du deux Avril mil sept cent dix-neuf, sans payer aucuns droits, ci . . . . 5 muids.

EXTRAIT DES FRANCS-SALÉS,

A commencer l'année 1782.

Sur le mémoire présenté au Conseil par messieurs les administrateurs de l'Hôpital-Général, il a été accordé dix minots de sel pour la consommation de la maison de l'Hospice de Vaugirard, à commencer en mil sept cent quatre-vingt-deux. L'ordre donné par le ministre, à ce sujet, à la ferme générale, est conçu ainsi : » employer l'Hospice de Vaugirard pour » dix minots de sel dans l'état des francs-salés de gratification & aumône, à compter de » l'année courante ».

HÔPITAL-GÉNÉRAL.

ÉDIT DU ROI,

Portant établissement de l'Hôpital-Général, *pour le renfermement des pauvres mendians de la ville & fauxbourgs de Paris.*

Donné à Paris, au mois d'Avril 1656, vérifié en Parlement le premier Septembre ensuivant, & en toutes les autres Cours souveraines.

Louis, par la grace de Dieu, roi de France & de Navarre : A tous présens & à venir, Salut. Les rois nos prédécesseurs ont fait, depuis le dernier siecle, plusieurs ordonnances de police, sur le fait des pauvres de notre bonne ville de Paris, & travaillé, par leur zele, autant que par leur autorité, pour empêcher la mendicité & l'oisiveté, comme les sources de tous les désordres. Et bien que nos Compagnies souveraines aient appuyé par leurs soins l'exécution de ces ordonnances, elles se sont trouvées néanmoins, par la suite des tems, infructueuses & sans effet, soit par le manquement des fonds nécessaires à la subsistance d'un si grand dessein, soit par le défaut d'une direction bien établie & convenable à la qualité de l'œuvre. Desorte que dans les derniers tems, & sous le regne du défunt roi notre très-honoré seigneur & pere d'heureuse mémoire, le mal s'étant encore accru par la licence publique, & par le déréglement des mœurs, l'on reconnut que le principal défaut de l'exécution de cette police provenoit de ce que les mendians avoient la liberté de vaguer par-tout, & que les soulagemens qui étoient procurés n'empêchoient pas la mendicité secrette, & ne faisoient point cesser leur oisiveté. Sur ce fondement fut projetté & exécuté le louable dessein de les renfermer dans la maison de la Pitié, & lieux qui en dépendent; & lettres-patentes accordées pour cet effet en 1612, registrées en notre cour de Parlement de Paris, suivant lesquelles les pauvres furent enfermés; & la direction commise à de bons & notables bourgeois qui successivement, les uns après les autres, ont apporté toute leur industrie & bonne conduite pour faire réussir ce dessein. Et toutefois, quelques efforts qu'ils aient pu faire, il n'a eu son effet que pendant cinq ou six années, & encore très-imparfaitement, tant par le défaut d'emploi des pauvres dans les œuvres publiques & manufactures, que pour ce que les directeurs n'étoient point appuyés des pouvoirs & de l'autorité nécessaire à la grandeur de l'entreprise, & que par la suite des désordres & le malheur des guerres, le nombre des pauvres soit augmenté au-delà de la créance commune & ordinaire, & que le mal se soit rendu plus grand que le remede. Desorte que le libertinage des mendians est venu jusqu'à l'excès, par un malheureux abandon à toutes sortes de crimes, qui attirent la malédiction de Dieu sur les états, quand ils sont impunis. L'expérience ayant fait connoître aux personnes qui se sont occupées dans ces charitables emplois, que plusieurs d'entr'eux, de l'un & de l'autre sexe, habitent ensemble sans mariage, beaucoup de leurs enfans sont sans baptême, & ils vivent presque tous dans l'ignorance de la religion, le mépris des sacremens, & dans l'habitude continuelle de toutes sortes de vices. C'est pourquoi, comme nous sommes redevables à la miséricorde divine de tant de graces, & d'une visible protection qu'elle a fait paroître sur notre conduite à l'avénement, & dans l'heureux cours de notre regne, par le succès de nos armes & le bonheur de nos victoires, nous croyons être plus obligés de lui témoigner nos reconnoissances par une royale & chrétienne application aux choses qui regardent son honneur & son service : considérans ces pauvres mendians comme membres vivans de Jesus-Christ, & non pas comme membres inutiles de l'état; & agissans dans la conduite d'un si grand œuvre, non par ordre de police, mais par le seul motif de la charité.

PREMIÉREMENT.

A CES CAUSES, après avoir fait examiner toutes les anciennes ordonnances & réglemens sur le fait des pauvres, par grands & notables personnages, & autres intelligens & expérimentés en ces matieres, ensemble les expédiens les plus convenables dans la misere des tems, pour travailler à ce dessein & le faire réussir avec succès à la gloire de Dieu, & au bien public. De notre certaine science, propre mouvement, pleine puissance & autorité royale : VOULONS & ordonnons, que les pauvres mendians valides & invalides, de l'un & de l'autre sexe, soient enfermés dans un Hôpital pour être employés aux ouvrages, manufactures & autres travaux, selon leur pouvoir, ainsi qu'il est amplement contenu au réglement, signé de notre main, attaché sous le contre-scel des présentes, que nous voulons être exécuté selon sa forme & teneur.

II. Pour réussir avec succès à l'établissement d'un si grand dessein, nous avons nommé & nommons par ces présentes, notre amé & féal le sieur Bellievre, chevalier, notre conseiller en tous nos Conseils, & premier président en notre Parlement; & notre amé & féal le sieur Foucquet, aussi notre conseiller en tous nos Conseils, & notre procureur-général, pour être eux & leurs successeurs esdites charges, chefs de la direction dudit Hôpital.

III. Nous avons aussi commis & commettons avec eux, pour directeurs & perpétuels administrateurs, nos amés & féux Christophe l'Eschassier notre conseiller, & maître ordinaire en notre Chambre des Comptes; Charles Loyseau, notre conseiller en notre cour des Aides; Jean-Marie Lhoste, ancien avocat en notre Parlement; Christophe du Plessis, sieur de Montbart, conseiller en nos Conseils; Bertrand Drouard notre conseiller & maitre-d'hôtel ordinaire; Jean de Gomont, avocat en notredite Cour; Claude Chomel notre conseiller, ci-devant trésorier des ligues des Suisses & Grisons; Jean de la Place notre conseiller & secrétaire; Antoine Pajot, sieur de la Chapelle; Gabriel de Gaulmont, sieur de Chevanes; Louis Seguier, sieur de Saint-Firmin; Nicolas Barbier notre conseiller & receveur des gages des officiers de notre cour des Aides; Jean Levesque, & Denis Pichon, anciens consuls, marchands, bourgeois de Paris; Sébastien Cramoisy, ancien juge-consul, ancien échevin, marchand, bourgeois de Paris; Henri Gillot, ancien consul, marchand, bourgeois de Paris; Jacques Laugeois, ancien consul, marchand, bourgeois de Paris; Jean le Marchand, bourgeois de Paris; Claude Patin, ancien consul, marchand, bourgeois de Paris; André le Vieux, ancien consul, ancien échevin, marchand, bourgeois de Paris; Jacques Poignant, bourgeois de Paris; Christophe Maillet, ancien consul, marchand, bourgeois de Paris; Antoine Vitré, marchand, bourgeois de Paris; Jacques Belin, bourgeois de Paris; Sauveur de Burlamaguy, écuyer; & Louis Collard, bourgeois de Paris.

IV. Et pour enfermer les pauvres qui seront de la qualité d'être enfermés, suivant le réglement, nous avons donné & donnons par ces présentes, la maison & hôpital, tant de la grande & petite Pitié, que du Refuge, sis au fauxbourg Saint-Victor, la maison & hôpital de Scipion, & la maison de la Savonnerie, avec tous les lieux, places, jardins, maisons & bâtimens qui en dépendent, ensemble les maisons & emplacemens de Bicêtre, circonstances & dépendances, que nous avons ci-devant donnés, pour la retraite des Enfans-Trouvés, en attendant que les pauvres fussent renfermés. A quoi lesdits bâtimens & lieux de Bicêtre ont été par nous affectés: révoquant, en tant que besoin seroit, tous autres brevets & concessions qui pourroient en avoir été obtenues, en faveur des pauvres soldats estropiés, ou pour quelqu'autre cause ou prétexte: dérogeans à toutes lettres à ce contraires.

V. Voulons que les lieux servans à enfermer les pauvres, soient nommés l'Hôpital-Général des pauvres; que l'inscription en soit mise avec l'écusson de nos armes sur le portail de la maison de la Pitié, & membres qui en dépendent.

VI: Entendons être conservateur & protecteur dudit Hôpital-Général, & des lieux qui en dépendent, comme étans de notre fondation royale, & néanmoins qu'ils ne dépendent en façon quelconque de notre grand aumônier, ni d'aucuns de nos officiers; mais qu'ils soient totalement exempts de la supériorité, visite & jurisdiction des officiers de la générale réformation, & aussi de la grande aumônerie, & de tous autres, auxquels nous en interdisons toute connoissance & jurisdiction, en quelque façon & maniere que ce puisse être.

VII. Déclarons que nous n'entendons, par ces présentes, toucher en quoi que ce soit à la direction & administration du grand bureau de notre bonne ville de Paris, lequel demeurera en son entier, comme il étoit auparavant, fors & excepté pour le fait des pauvres mendians, dont nous lui interdisons toute connoissance, police & jurisdiction.

VIII. Nous avons, en ce faisant, éteint & supprimé, éteignons & supprimons, par ces présentes, la direction & administration des directeurs de la maison & hôpital de la Pitié, sis au fauxbourg Saint-Victor & lieux qui en dépendent, des soins & intégrité desquels nous sommes tellement satisfaits, que nous les avons ci-dessus compris dans le nombre des directeurs.

IX. Faisons très-expresses inhibitions & défenses à toutes personnes de tous sexes, lieux & âges, de quelque qualité & naissance, & en quelque état qu'ils puissent être, valides ou invalides, malades ou convalescens, curables ou incurables, de mendier dans la ville & fauxbourgs de Paris, ni dans les églises, ni aux portes d'icelles, aux portes des maisons, ni dans les rues, ni ailleurs publiquement, ni en secret, de jour ou de nuit, sans aucune exception des fêtes solemnelles, pardons ou jubilés, ni d'assemblées, foires ou marchés, *ni* pour quelqu'autre cause ou prétexte que ce soit; à peine du fouet contre les contrevenans, pour la premiere fois; & pour la seconde fois, des galeres contre les hommes & garçons, & du bannissement contre les femmes & les filles.

X. Si aucuns alloient mendier dans les maisons, nous permettons & expressément commandons aux propriétaires & locataires, à leurs domestiques & autres, de retenir lesdits mendians jusqu'à ce que les directeurs ou officiers ci-après nommés en soient avertis, pour leur imposer les peines ci-dessus, suivant l'exigence des cas.

XI. N'entendons comprendre dans lesdites défenses ci-dessus, les quêtes pour l'Hôtel-Dieu, & lieux qui en dépendent; celles pour le grand bureau des pauvres, & lieux aussi qui en dépendent; les aveugles de l'hôpital des Quinze-Vingts, les enfans des hôpitaux de la Trinité, du Saint-Esprit, & des Enfans-Rouges, les religieux mendians, les religieuses de l'*Ave-Maria*, & autres qui ont droits de troncs ou de quêtes, lesquels nous en avons seulement exceptés, les défendans généralement à tous autres; & à la charge que les aveugles, les enfans & autres ayans droits de quêtes, demeureront aux portes des églises, ou près de leurs troncs; avec défenses de demander ailleurs dans les églises, à peine d'être déchus de leurs droits.

XII. Nous donnons & attribuons aux directeurs par nous ci-devant nommés, & commis pour ledit Hôpital-Général, & à leurs successeurs qui seront aussi perpétuels durant leur vie, tout pouvoir & autorité de direction & administration, connoissance, jurisdiction, police, correction & châtiment, sur tous les pauvres mendians de notre ville & fauxbourgs de Paris, tant dedans que dehors ledit Hôpital-Général, & exclusivement, privativement & indépendamment de la direction du grand bureau, & de toute autre direction de police de notre ville, fauxbourgs, prévôté & vicomté de Paris.

XIII. Auront pour cet effet les directeurs, poteaux & carcans, prisons & basses-fosses dans ledit Hôpital-Général, & lieux qui en dépendent, comme ils aviseront; sans que l'appel puisse être reçu des ordonnances qui seront par eux rendues pour le dedans dudit Hôpital; & quant à celles qui interviendront pour le dehors, elles seront exécutées selon leur forme & teneur, nonobstant oppositions ou appellations quelconques, faites ou à faire, & sans préjudice d'icelles, & pour lesquelles, nonobstant aussi toutes défenses & prises à partie, ne sera différé.

XIV. Auront les directeurs un bailli de l'Hôpital, sergens des pauvres, gardes aux portes & aux avenues, avec hallebardes & autres armes convenables, & tous autres officiers nécessaires, tant pour exécuter leurs ordonnances, que pour faire les captures des mendians, & conduire en l'Hôpital ou lieux qui en dépendent, ceux qui doivent y être admis, renvoyer, chasser ou arrêter ceux qui en doivent être exclus, & accompagner les passans, ainsi qu'il est porté par le réglement ci-attaché. Lesquels bailli, sergens, gardes & autres officiers, seront institués ou destitués à la volonté des directeurs, & sans qu'ils soient aucunement dépendans du bailli des pauvres du grand bureau, ni autres officiers ou juges, pour le fait de leurs charges.

XV.

XV. Enjoignons aux baillif & autres officiers qui seront commis par les directeurs, de faire exacte perquisition chacun jour, avec les sergens dudit Hôpital, pour empêcher toutes sortes de mendians par les rues, & ponctuellement exécuter le contenu en ces présentes, & au réglement ci-attaché, à peine d'être chassés & punis, sans qu'ils puissent prendre aucune chose des pauvres, ni autres, ni les favoriser ou souffrir, ni aussi les maltraiter; le tout sur peine de punition corporelle.

XVI. Pourront les directeurs avoir dans notredite ville & fauxbourgs, telles maisons & lieux que bon leur semblera, pour la garde des pauvres, jusques à ce qu'il en ait été par eux ordonné, pour les admettre en l'Hôpital-Général, ou pour les conduire en d'autres lieux, ou pour les renvoyer ou chasser de la ville & fauxbourgs.

XVII. Faisons inhibitions & défenses à toutes personnes, de quelque qualité & condition qu'ils soient, de donner l'aumône manuellement aux mendians dans les rues & lieux ci-dessus, nonobstant tout motif de compassion, nécessité pressante, ou autre prétexte que ce puisse être, à peine de quatre livres parisis d'amende, applicable au profit de l'Hôpital, au paiement de laquelle ils seront contraints & sans déport, en vertu des ordonnances des directeurs, sur le rapport de leurs officiers.

XVIII. Défendons pareillement aux propriétaires & locataires des maisons, & à tous autres, de loger, retirer, ni retenir chez eux, après les publications des présentes, les pauvres qui sont ou seroient mendians, à peine de cent livres d'amende pour la premiere fois, de trois cens livres pour la seconde, & de plus grande en cas de récidive, le tout applicable au profit des pauvres dudit Hôpital-Général; pour raison de quoi les propriétaires, locataires & autres, pourront être contraints par saisies de leurs biens & emprisonnemens de leurs personnes, en vertu des présentes, & des ordonnances des directeurs.

XIX. Commandons aux sergens du bureau, & tous autres officiers de justice, de saisir, en vertu des présentes, & de l'ordonnance des directeurs, les lits, matelats, couvertures & paillasses dans lesquels auront été couchés les pauvres chez les particuliers qui leur auront donné retraite, au préjudice des présentes: & voulons que le tout, sans aucune formalité de justice, soit enlevé & appliqué au profit des pauvres dudit Hopital-Général, sans espérance de répétition.

XX. Défendons aux soldats de nos gardes, même aux bourgeois de notredite ville & fauxbourgs, & à toutes personnes, de quelque qualité ou condition qu'elles soient, de molester, injurier, ni maltraiter le bailli, officiers, ni aucun de ceux qui seront employés pour prendre ou conduire, renvoyer, chasser ou accompagner les pauvres, & d'empêcher l'exécution du réglement général ou des ordonnances particulieres des directeurs, à peine d'être emprisonnés sur le champ, & procédé criminellement contre eux, à la requête des directeurs, & aux pauvres de faire résistance, sur peine d'être punis, ainsi que les directeurs aviseront.

XXI. Ordonnons aux chevalier du guet, prévôt de l'isle, prévôt des maréchaux, lieutenant-criminel de robe-courte, leurs exempts & archers, commissaires du Châtelet, huissiers, sergens, & autres ministres de justice & de police, & même à tous nos sujets, de donner main-forte auxdits bailli de l'Hôpital & sergens des pauvres, pour l'exécution, tant des présentes que du réglement général, & des ordonnances particulieres des directeurs, pour raison dudit Hôpital, s'ils en ont besoin, soit pour la capture des pauvres, ou celle d'autres personnes, qui se trouveront contrevenir aux articles précédens, soit pour les saisies, exécutions ou autrement, à peine d'en répondre par les refusans ou dilayans en leurs propres & privés noms, & d'amende arbitraire.

XXII. Enjoignons aux commissaires des quartiers, quarteniers, dixainiers, cinquanteniers & autres, de ne laisser habiter personne dans leur quartier, qu'ils n'aient préalablement vérifié au bureau de la police d'avoir du bien, industrie ou vacation suffisante pour se nourrir, & ſubvenir à leurs familles; excepté les pauvres honteux, aſſiſtés des paroiſſes, ou d'ailleurs, & les pauvres mariés, à préſent mendians, qui ſeront à l'aumône dudit Hôpital-Général, ſuivant le certificat qu'ils en rapporteront; à peine d'en répondre par leſdits commiſſaires des quartiers, quarteniers & autres, en leurs propres & privés noms, & dont ils apporteront tous les mois les rôles au bureau dudit Hôpital, à peine de quarante-huit livres pariſis contre chacun de ceux qui ſe trouveront y manquer. Enjoignons aux directeurs d'avoir un ſoin particulier de l'exécution du préſent article.

XXIII. Comme nous prenons ſoin du ſalut des pauvres qui doivent être enfermés, auſſi-bien que de leur établiſſement & ſubſiſtance, ayant dès il y a long-tems reconnu la bénédiction que Dieu a donnée au travail des prêtres-miſſionnaires de Saint-Lazare, les grands fruits qu'ils ont faits juſques à préſent pour le ſecours des pauvres, & ſur l'eſpérance que nous avons qu'ils continueront, & augmenteront à l'avenir, voulons qu'ils aient le ſoin & l'inſtruction du ſpirituel pour l'aſſiſtance & conſolation des pauvres de l'Hôpital-Général, & lieux qui en dépendent, & qu'ils aient l'adminiſtration des ſacremens, ſous l'autorité & juriſdiction ſpirituelle du ſieur archevêque de Paris, auquel ils ſeront préſentés par le général deſdits miſſionnaires, & par lui approuvés, & leur ſeront tous privileges & exemptions ordinaires en pareil cas accordés.

XXIV. Pourront les prêtres qui ſeront commis audit Hôpital-Général recevoir les teſtamens dans icelui, & dans les lieux qui en dépendent, ſoit des officiers ou domeſtiques, ou des pauvres & autres, y étans, en ce qu'ils pourront teſter; & ſeront leſdits teſtamens valables, comme s'ils étoient holographes, ou paſſés pardevant notaires, curés, ou vicaires, dérogeant, pour ce regard ſeulement, aux ordonnances & coutumes à ce contraires.

XXV. Seront tous leſdits prêtres-miſſionnaires & autres, à l'égard de la police & diſcipline temporelle concernant l'Hôpital, ſous l'entiere dépendance des directeurs, en qualité de ſupérieurs, au bureau deſquels ils ſeront préſentés, approuvés & reçus, & par eux employés ſur l'état de la maiſon, ſans qu'ils puiſſent auparavant s'immiſcer en aucune fonction dans ledit Hôpital-Général, ni après prendre aucune rétribution.

XXVI. Lorſque le ſuperieur deſdits miſſionnaires, ou en ſon abſence, celui qui ſera par lui commis, viendra au bureau pour choſe concernant le ſpirituel, ou ce qui en dépend, il y aura voix délibérative en ce qui ſera par lui propoſé, & lui ſera pour cela donné ſéance, après le plus ancien de ceux des directeurs perpétuels, qui y ſeront lors préſens.

XXVII. Pour ſecourir les femmes & les filles qui ſeront enfermées dans ledit Hôpital-Général, & lieux qui en dépendent, les directeurs pourront employer les perſonnes de même ſexe qu'ils trouveront être les plus propres aux ſecours & aſſiſtance des pauvres, ſous les mêmes ordres & dépendance totale deſdits directeurs.

XXVIII. D'autant que l'expérience a fait connoître que les principaux manquemens qui ont été à l'exécution des deſſeins que l'on avoit eu ci-devant d'enfermer les pauvres, ſont procédés des défauts d'établiſſement ſuffiſant, & de la ſubſiſtance néceſſaire, nous avons donné audit Hôpital-Général tous les biens, droits, profits, revenus & émolumens, tant en fonds que fruits ordinaires, caſuels & extraordinaires, de quelque titre & qualité qu'ils puiſſent être, dus, échus, & à écheoir, appartenans, ou qui peuvent appartenir maintenant, ou ci-après, aux maiſons & Hôpitaux de la pitié, du Refuge, de la Savonnerie, Scipion, Bicêtre, membres & lieux qui en dépendent; deſquels biens, droits & revenus les receveurs, fermiers, locataires & débiteurs ſeront tenus de donner compte ou état, & d'en faire le paiement ou la délivrance, chacun ainſi qu'il y peut être obligé, auxdits directeurs, ou à leurs ordres; & ce faiſant, demeureront leſdits receveurs, fermiers, locataires & débiteurs valablement quittes & déchargés envers & contre tous; &

feront tous les baux & fous-baux confirmés ou réfolus, ainfi qu'il fera délibéré par les directeurs, pour le plus grand avantage de l'Hôpital.

XXIX. Appartiendront pareillement audit Hôpital-Général tous les lits, meubles, couvertures, matelats, paillaffes, linges, uftenfiles de cuifine & de ménage, & autres defdites maifons & Hôpitaux, & lieux qui en dépendent, de toutes lefquelles chofes fera fait inventaire par l'ordre des directeurs, nonobftant l'oppofition & l'empêchement de tous ceux qui voudroient prétendre y avoir intérêt.

XXX. Voulons que ledit Hôpital-Général foit compris au nombre des autres Hôpitaux de la ville & fauxbourgs de Paris, pour en avoir tous les mêmes droits, prérogatives & privileges, & participer avec eux à tous les legs, donations, fondations & aumônes faits & à faire aux Hôpitaux en général.

XXXI. Déclarons néanmoins que tous les dons & legs faits par contrats, teftamens & autres difpofitions, les adjudications d'amendes & aumônes faites en la ville & fauxbourgs, prévôté & vicomté de Paris, en termes généraux, aux pauvres, ou à la communauté des pauvres, fans aucune autre défignation, dont jufqu'à préfent l'emploi n'aura point été fait, quoique les difpofitions précédent ces préfentes de quelque tems que ce foit, & toutes celles qui fe feront ci-après, feront & appartiendront audit Hôpital-Général; & en cette qualité, pourront être vendiquées par les directeurs.

XXXII. Enjoignons aux curés, vicaires & notaires qui recevront des teftamens, d'avertir les teftateurs, fans néanmoins les y obliger, de faire quelque legs aux pauvres, & de faire mention dans les teftamens que l'avertiffement en aura été fait, à peine de nullité.

XXXIII. Donnons audit Hôpital-Général toutes les maifons, lieux, fonds, droits & revenus affectés aux pauvres, pour le foulagement d'iceux, perceptibles dans notredite ville & fauxbourgs, prévôté & vicomté de Paris, qui font à préfent, ou fe trouveront ci-après abandonnés, ufurpés ou employés à autre ufage que celui de leur fondation, & même ceux qui font à préfent, ou fe trouveront ci-après deftitués de legitimes adminiftrateurs, tant de l'un que de l'autre fexe, foit de notre fondation ou autres.

XXXIV. Nous déclarons, fuivant les anciens réglemens, que toutes les aumônes de fondation, foit en argent, grains, ou autre nature, dont plufieurs communautés féculieres & régulieres, & même les particuliers de notredite ville & fauxbourgs, prévôté & vicomté de Paris, font chargés envers les pauvres, feront & appartiendront audit Hôpital-Général, & voulons qu'en cette qualité, elles puiffent être vendiquées par les directeurs, ou par leur ordre, & appliquées au profit des pauvres.

XXXV. D'autant que ce foin des pauvres regarde toutes fortes de perfonnes, & que par nos ordonnances, réglemens de police & anciens arrêts, chacun eft obligé de contribuer à la nourriture des pauvres, fuivant fes facultés : nous voulons & ordonnons qu'à la réferve feulement de l'Hôtel-Dieu, & des maifons qui en dépendent, de la direction du grand bureau, & des quatre mendians; enfemble des Hôpitaux de la Trinité, du Saint-Efprit, des Enfans-Rouges, de Sainte-Catherine & de Saint-Gervais; toutes les communautés féculieres & régulieres de l'un & de l'autre fexe, de notre ville & fauxbourgs, prévôté & vicomté de Paris, & tous corps laïques, les fabriques des églifes, les chapelles & confrairies, & autres de cette nature, même les corps des métiers, & toutes autres perfonnes contribuent à l'établiffement & fubfiftance dudit œuvre, chacun à proportion de fes forces, à quoi faire ils font invités; & à faute de le faire volontairement, feront cotifés felon les anciens réglemens, par notre cour de Parlement, à la requifition de notre procureur-général, pour, felon les taxes qui feront modérément faites, en faire le recouvrement par le receveur dudit Hôpital-Général, fur les contraintes des directeurs, qui feront expédiées par le greffier, lefquelles nous validons dès à préfent, comme pour lors, & voulons qu'elles sortent leur plein & entier effet, après que l'état en aura été arrêté par notre cour de Parlement; pour l'exécution duquel voulons que les directeurs puissent commettre telles personnes qu'ils aviseront en chacun quartier, lesquelles seront obligées d'en faire la levée en leur propre & privé nom.

XXXVI. Permettons aux directeurs toutes quêtes, troncs, bassins, grandes & petites boîtes en toutes les églises, carrefours & lieux publics de notre ville, fauxbourgs, prévôté & vicomté de Paris, & qu'ils puissent mettre lesdites boîtes aux magasins, comptoirs & boutiques des marchands, aux hôtelleries & lieux des coches, aux marchés publics, halles & foires, sur les ponts, ports & passages, & en tous lieux où l'on peut être excité à faire la charité, même aux occasions des baptêmes, mariages, convois, enterremens & services, & autres de cette qualité.

XXXVII. Accordons audit Hôpital le quart des aumônes, tant du grand & petit sceau, que des marchés, baux & adjudications qui seront faites en notre Conseil, à commencer de cejourd'hui, & de celles dont la distribution n'est pas encore actuellement faite.

XXXVIII. Le quart des amendes ou condamnations d'aumônes ordonnées pour les délits, malversations ou usurpations des Eaux & Forêts de France, tant pour le passé que pour l'avenir, dont les directeurs, comme parties, pourront faire les poursuites en notre Conseil ou ailleurs.

XXXIX. Le quart des amendes de police, & de toutes les marchandises ou autres choses qui seront déclarées acquises & confisquées.

XL. Comme aussi le tiers de toutes les lettres de maîtrises qui sont & seront par nous ci-après, & par les rois nos prédécesseurs, données & registrées en notre Parlement, soit en faveur de mariage, naissance des enfans de France, avénement à la couronne, ou autre cause singuliere, entendant en ce comprendre celles ci-devant par nous données, & non registrées.

XLI. Tous officiers qui seront reçus en nos compagnies souveraines, établies en notre ville de Paris, autres que ceux desdites compagnies, & aussi ceux qui seront reçus dans les sieges & jurisdictions subalternes, ordinaires & extraordinaires, pareillement établies hors notredite ville, seront tenus, à leur réception, donner quelque somme modique audit Hôpital-Général, dont ils seront obligés de rapporter la quittance auparavant que l'arrêt ou jugement de leur réception leur soit délivré, laquelle somme ou taxe sera arbitrée par nosdites compagnies souveraines, chacun en ce qui les regarde, & rôle dressé d'icelles, eu égard à la qualité desdits officiers.

XLII. Voulons aussi que tous compagnons de métiers, lors de leurs brevets d'apprentissage, & les maîtres, lors de leurs chef-d'œuvre, expérience ou jurande, soient tenus aussi donner quelque somme modique audit Hôpital-Général, & en rapporter pareillement la quittance, auparavant que lesdits brevets d'apprentissage, ou lettres de maîtrise, ne leur soient délivrés; le tout selon la taxe & rôle qui en sera arrêté par notre cour de Parlement, à proportion des métiers, & pourvu par icelle à l'assurance du recouvrement desdites cotes & contributions.

XLIII. Permettons auxdits directeurs de faire faire par le bailli de l'Hôpital, & sergent des pauvres, les inventaires & ventes des biens des pauvres qui décéderont, tant audit Hôpital que dehors, après avoir été à l'aumône d'icelui pendant un an.

XLIV. Déclarons appartenir audit Hôpital-Général, à l'exclusion des collatéraux, les biens-meubles desdits pauvres qui décéderont, tant audit Hôpital que dehors, après avoir été à l'aumône d'icelui pendant un an, sans que les uns, ni les autres en puissent disposer par donation entre-vifs, ou testament, ni faire aucune promesse, obligation, ni contrats, que pour cause légitime, & par le consentement des directeurs, à peine de nullité.

XLV. Permettons aux directeurs, de recevoir tous dons, legs & gratifications universelles, ou particulieres, soit par testament, donations entre-vifs, ou à cause de mort, ou par quelque autre acte que ce soit, & en faire les acceptations, recouvremens, ou poursuites nécessaires

XLVI. Permettons aussi d'acquérir, échanger, vendre, ou aliéner par les directeurs tous héritages, tant fiefs que rotures, ou franc-aleu, avec les droits de justice, jurisdiction, censives, ou autres, en quelque lieu, ou de quelque qualité qu'ils puissent être, rentes foncieres & constituées, acquérir de notre domaine, ou de quelque personne que ce soit, & ordonner & disposer de tous les biens, meubles & immeubles dudit Hôpital, selon qu'ils jugeront être à propos pour le plus grand avantage d'icelui, & sans qu'ils en soient responsables, ni tenus d'en rendre aucun compte à quelque personne que ce soit.

XLVII. Leur donnons pouvoir de transiger, compromettre avec peine, composer & accorder de tout ce qui dépend des biens & effets, meubles ou immeubles dudit Hôpital-Général, & de tous les procès & différends qui peuvent être mus, & qui pourroient ci-après se mouvoir, sans aucune exception, lesquels compromis nous validons, comme s'ils étoient faits entre majeurs, pour leur propre intérêt.

XLVIII. Comme aussi de prendre des terres de proche en proche, pour la necessité ou commodité dudit Hôpital-Général, en payant par eux la juste valeur, suivant l'estition qui en sera faite, au cas que les propriétaires voisins fissent refus d'en traiter à l'amiable, même de faire voûte & arcades au-dessus, ou au-dessous des rues joignantes. les maisons & héritages qu'ils ont à présent, ou auront ci-après.

XLIX. Leur accordons le droit de faire bâtir volets & colombiers à pied, & moulins à vent ou à eau, si besoin est, dans l'étendue dudit Hôpital-Général, membres & lieux en dépendans, sans qu'il puisse être donné aucun empêchement.

L. Et parce que ledit Hôpital-Général aura besoin de plus grande quantité d'eaux que celles qui sont maintenant èsdites maisons, nous leur accordons & concédons le droit de ce qui sera nécessaire d'y être augmenté, & voulons que la délivrance leur en soit faite, soit des regards ou du château des eaux de Rongis, ou autres lieux, par le prévôt des marchands, ou échevins de notre ville de Paris, ou par le sieur Francine, notre intendant des eaux, ou autres qu'il appartiendra.

LI. Nous avons amorti & amortissons par ces présentes, en tant que besoin seroit, les maisons & lieux de la Pitié, du Refuge, Scipion, la Savonnerie & Bicêtre, présentement donnés, & tous les lieux & domaines qui en dépendent, en quelques lieux & endroits qu'ils puissent être situés, & même dès à présent, les autres maisons, places, rentes, & autres immeubles qui ont été & qui pourront être donnés, légués ou délaissés audit Hôpital-Général, qui seront acquis par les directeurs à présent & à l'avenir, sans que pour raison de ce, ils soient tenus nous payer aucun droit d'amortissement, ni même payer aucune indemnité, lods & ventes, ni treizeme, lods ni mi-lods, quints ni requints, rachats, ni reliefs, pour ce qui est ou sera en notre domaine, & nonobstant toutes aliénations ou engagemens; sans aussi payer francs-fiefs, ni nouveaux acquêts, ban ni arriere-ban, ni autres droits quelconques, qui nous sont ou pourroient être dus, dont nous les déchargeons, & en tant que besoin est ou seroit, en avons fait & faisons dès à présent comme pour lors, dès lors comme à présent, don audit Hôpital-Général, encore que le tout ne soit ici particuliérement spécifié, ni encore échu, nonobstant toutes loix & ordondonnances à ce contraires, auxquelles, pour ce regard, nous dérogeons.

LII. Seront néanmoins tenus les directeurs d'indemniser les Seigneurs particuliers des biens par nous amortis, si aucuns se trouvent mouvans, relevans, ou tenans d'eux, laquelle indemnité, pour les particuliers, nous réglons dès à présent au dixieme, tant pour les fiefs que pour les rotures, & sans qu'il puisse être prétendu homme vivant & mourant, ni aucun droit de quint, rachat, ni relief, ni aucuns autres droits seigneuriaux, vant que lesdits fiefs ou rotures appartiendront audit Hôpital-Général, ni même pour la premiere mutation qui en seroit faite, nonobstant toutes loix, arrêts & réglemens contraires, à quoi nous avons dérogé en faveur dudit Hôpital-Général seulement, & sans tirer à conséquence pour quelque corps & communauté, ni pour quelques particuliers que ce puisse être.

LIII. Permettons & donnons pouvoir aux directeurs de faire & fabriquer dans l'étendue dudit Hôpital, & des lieux en dépendans, toutes sortes de manufactures, & de les faire vendre & débiter au profit des pauvres d'icelui.

LIV. Lesquelles manufactures nous avons exemptées de payer aucun droit de sol pour livre, anciens ou nouveaux, ni droit d'aide, douanes ou autres, de quelque nature qu'ils puissent être, même de toutes visites, conformément aux exemptions de l'Hôpital de Lyon.

LV. Pour de plus gratifier & favoriser l'établissement & subsistance dudit Hôpital-Général, voulons que chacun des corps de métiers de notredite ville & fauxbourg de Paris soient tenus de donner, quand ils en seront requis, deux compagnons, même les maîtresses lingeres deux filles, pour apprendre leur métier aux enfans dudit Hôpital-Général, selon qu'ils se trouveront plus disposés; & ce faisant, lesdits deux compagnons & filles acquerront la maîtrise en leurs corps & métiers, après avoir servi pendant le tems de six ans audit Hôpital-Général, sur les certificats qui en seront délivrés & signés des directeurs, jusqu'au nombre de six au moins, avec pouvoir de tenir boutique, ainsi que les autres maîtres & maîtresses, & sans aucune distinction entre eux.

LVI. En cas que l'Hôpital-Général fût trop surchargé d'enfans, selon l'avis des directeurs, ils seront mis en métier chez les maîtres, sans pouvoir prendre par eux autre chose que l'obligation de s'en servir deux ans au par-dessus le temps requis pour les apprentissages de chacun métier.

LVII. Voulons aussi que le corps des apothicaires & chirurgiens donnent chacun deux compagnons de leurdit corps, capables pour servir gratuitement audit Hôpital, & y assister les pauvres, & les officiers & domestiques d'icelui, pour les indispositions communes des pauvres, & les maladies ordinaires des officiers & domestiques; & après pareil tems de six ans, lesdits compagnons apothicaires & chirurgiens gagneront pareillement leur maîtrise, sur les certificats des directeurs en pareil nombre, & auront mêmes droits & privileges que tous les autres maîtres.

LVIII. Que ceux & celles qui auront servi de maîtres & maîtresses d'école pendant dix ans dans l'Hôpital-Général, avec l'approbation des directeurs, pourront être maîtres & maîtresses dans la ville & fauxbourgs, sans autre examen, lettres & permission, que de la certification de leurs services par les directeurs.

LIX. Nous avons ledit Hôpital, & les pauvres enfermés, affranchis, quittés, exemptés & déchargés, affranchissons, quittons, exemptons & déchargeons de tous subsides, impositions & droits d'entrée, tant à Paris qu'ailleurs, par eau & par terre, des ports, ponts, péages, octrois de villes, barrages, ponts & passages, mis & à mettre, & de toutes autres choses généralement quelconques, dont ils pourroient être tenus pour leurs vivres & provisions, même pour leur vin, jusques à la concurrence de mille muids de vin par chacun an, si tant ils en ont besoin, que de bois à brûler & à bâtir, charbons, foins, cendres, & autres denrées & commodités nécessaires ou utiles, qui seront portés & conduits dans ledit Hôpital-Général, membres unis, & lieux qui en dépendent, pour la nourriture, entretenement, secours & assistance desdits pauvres, officiers & domestiques de ladite maison, sur les certificats des directeurs, jusques au nombre de six au moins; quoiqu'il soit dit que les droits seront payés par les privilégiés & non privilégiés, exempts & non exempts; à quoi, pour ce regard, avons dérogé, en considération des pauvres.

LX. Accordons aussi audit Hôpital-Général, le droit de franc-salé, pour le sel néceſſaire à la proviſion d'icelui, juſqu'à la concurrence de quatre muids de ſel, par chacun an, ſi tant ils en ont beſoin, à prendre au grenier de notre ville de Paris; dont nous voulons que le bail général de nos gabelles ſoit chargé, ſans qu'il en ſoit payé aucune choſe que le prix du marchand, & ſans tirer à conſéquence à l'égard d'autres.

LXI. Accordons encore audit Hôpital-Général, ſix cens cordes de bois, & ſix milliers de coterets, par chacun an, pour le chauffage, à prendre dans nos forêts de l'Iſle-de-France & Normandie, les plus proches & les plus commodes, ſuivant la poſſibilité deſdites forêts; pour cet effet, en ſera fait état au Conſeil, après avoir oui les grands-maîtres deſdites Eaux & Forêts, ſans qu'il ſoit pris aucun droit par aucuns officiers, ni pour les droits des ports & paſſages comme deſſus.

LXII. Nous déchargeons & déclarons auſſi ledit Hôpital-Général & lieux qui en dépendent, & qui y ſeront ci-après unis, exempts de tous droits de guet, gardes, fortifications, boues, pavés, chandelles, canal, fermetures de ville & fauxbourgs, & généralement de toutes contributions publiques ou particulieres, telles qu'elles puiſſent être, quoique non ci-exprimés, pour de tous leſdits droits, privileges & exemptions, jouir par ledit Hôpital-Général, entiérement & ſans réſerve : défendons très-expreſſément à tous nos fermiers, receveurs, ou autres, d'en prendre ou exiger aucune choſe, à peine de reſtitution du quadruple, & de tous dépens, dommages & intérêts, tant contre les commis ou autres qui les auront reçus en leurs propres & privés noms, que contre les fermiers ou aſſociés, & leurs cautions conjointement ou ſéparément, au choix des directeurs.

LXIII. Nous avons par ces préſentes, exempté & exemptons ledit Hôpital-Général, & lieux qui en dépendent; enſemble les maiſons & fermes y appartenantes & qui appartiendront ci-après, de tous les logemens, paſſages, aides & contributions de gens de guerre, en quelques lieux & provinces qu'elles ſoient ſituées, & pour quelque cauſe que ce ſoit, dans les villes, bourgs, villages & hameaux; & ſerviront leſdites préſentes de ſauve-garde particuliere; avec défenſes très-expreſſes aux généraux & lieutenans-généraux de nos armées, maréchaux de camp, meſtres de camp, capitaines, lieutenans & autres officiers, commiſſaires & conducteurs des troupes, & ſoldats d'y loger; & aux maires, lieutenans, échevins, ſyndics & autres, de délivrer aucuns logemens, taxes, aides ou contributions. Enjoignons à nos gouverneurs des provinces, villes & châteaux, d'y tenir la main, le tout à peine de déſobéiſſance, d'être procédé extraordinairement contre les contrevenans, & de les rendre ſolidairement reſponſables en leurs propres & privés noms, tant de la reſtitution de ce qui y auroit été pris, enlevé ou reçu, que de tous dépens, dommages & intérêts. Pourquoi nous permettons aux directeurs d'en faire informer, ou dreſſer procès-verbaux, & d'en faire les pourſuites en tels lieux qu'ils aviſeront; & afin que perſonne n'en prétende cauſe d'ignorance, ſeront mis ſur les portes deſdites maiſons & fermes, les panonceaux de nos armes, contenant les ſauves-gardes & exemptions, avec les clauſes ci-deſſus.

LXIV. Faiſons auſſi défenſes à tous habitans, aſſéeurs & collecteurs des paroiſſes, & tous autres, de taxer ou impoſer, ni faire taxer, ni impoſer aux rôles des tailles, taillon, ſubſiſtances, uſtenciles, ni autres deniers ordinaires ou extraordinaires, ſoit pour nous, ou pour particuliers, levés ou à lever, de quelque nature qu'ils ſoient, les fermiers, ſous-fermiers, receveurs ou commis dudit Hôpital-Général, fermes, maiſons & lieux en dépendans; mais en cas qu'ils ſoient contribuables, ils ſeront taxés d'office modérément par les élus; & eu égard à leurs biens, ſans y conſidérer les biens & revenus, en tout ou partie, dudit Hôpital-Général, que nous voulons en être entiérement exempts; à peine d'en répondre par leſdits aſſéeurs, collecteurs & autres, & même par les principaux habitans des paroiſſes ſolidairement, en leurs propres & privés noms, &

d'être contraints par saisies, exécutions & ventes de leurs biens, meubles & immeubles, & emprisonnement de leurs personnes, à la restitution des deniers qui auroient été payés, & de tous dépens, dommages & intérêts ; même en cas de surtaux des taxes, qui auroient été faites d'office ; pourquoi nous permettons aux directeurs d'intervenir, ou de prendre le fait à cause, & de procéder directement en notre Cour des Aides, sans qu'il soit besoin d'interjetter aucunes appellations.

LXV. Défendons à tous salpêtriers, d'entrer dans les maisons & fermes dépendans dudit Hôpital-Général, pour y cueillir, ni chercher du salpêtre, à peine de punition corporelle.

LXVI. Voulons & entendons, que pour la plus grande conservation des biens, affaires, droits, exemptions & privileges dudit Hôpital-Général, tous les procès & différends concernans icelui, tant pour les biens & droits, propriétés & revenus, privileges ou exemptions, ou exécution des présentes, circonstances & dépendances, en demandant ou en défendant, même en cas d'intervention où ledit Hôpital seroit intéressé pour matieres personnelles, réelles ou mixtes, sans exception, soient traités en premiere instance, tant en la Grand'Chambre de notre Parlement, qu'en notre Cour des Aides à Paris, selon la qualité desdits procès & différends ; sans qu'ils puissent être traduits & commencés ailleurs, ni pardevant autres juges tels qu'ils soient, encore que ce fût hors l'étendue & ressort de nosdites Cours ; attribuant pour cet effet toute Cour, Jurisdiction & connoissance à ladite Grand'Chambre de notre Parlement, & à notredite Cour des Aides à Paris, chacun à son égard, & icelles interdisons & défendons à toutes autres Cours & Juges.

LXVII. Que toutes les expéditions dont ledit Hôpital-Général aura besoin en nos grands & petits sceaux, & en toutes justices, Jurisdictions ordinaires & extraordinaires, lui soient gratuitement délivrées, sans même qu'il soit pris aucune chose pour la façon, minute, parchemin, ni grosse, signatures & scel des actes, quoique les autres exempts & privilégiés en puissent être tenus.

LXVIII. Enjoignons aux greffiers de toutes les justices & jurisdictions ordinaires ou extraordinaires de la ville, fauxbourgs, prévôté & vicomté de Paris, d'envoyer au bureau les extraits des arrêts, jugemens, sentences & autres, où il y aura adjudication d'amendes ou aumônes, ou quelques applications au profit dudit Hôpital, ou des Hôpitaux, ou des pauvres, & de les délivrer gratuitement : à peine d'en répondre par les refusans ou négligens, en leurs propres & privés noms, & de tous dépens, dommages & intérêts.

LXIX. Les notaires & autres qui auront reçu des testamens & autres actes où il y aura des legs, en enverront pareillement les extraits au bureau, sous pareilles peines.

LXX. Ils enverront pareillement au bureau les extraits des compromis & des contrats, où il y aura stipulation de peines, qui pourront être vendiqués par ledit Hôpital-Général.

LXXI. Pourront les directeurs agir esdits noms, ou intervenir comme bon leur semblera, pour la demande, condamnation & paiement des peines qui auront été stipulées par le compromis ou autres actes, ou expressément, ou tacitement, au profit dudit Hôpital, contre ceux qui se trouveront y avoir contrevenu, & pour toutes les autres choses où ledit Hôpital pourra avoir intérêt, directement ou indirectement.

LXXII. Défendons à tous notaires, huissiers & sergens, de faire aucunes sommations offres, significations, ni exploits, concernans ledit Hôpital-Général, ailleurs qu'au bureau d'icelui ; avec défenses de les faire aux directeurs en particulier, ni en leur maison, à peine de nullité.

LXXIII. Afin que les directeurs soient d'autant plus obligés au soin des pauvres, & de tous les emplois que nous leur confions par ces présentes, nous voulons qu'eux & leurs

leurs ſucceſſeurs à perpétuité, faſſent le ſerment en Parlement, & qu'ils y ſoient à cet effet préſentés par notre procureur-général.

LXXIV. Pourront les directeurs s'aſſembler, toutefois & quantes que bon leur ſemblera, & qu'ils le trouveront à propos, en la maiſon de la Pitié, au Bureau qui y eſt maintenant, ou en autres lieux dépendans dudit Hôpital-Général, pour y propoſer, délibérer & réſoudre les affaires, ainſi qu'ils aviſeront.

LXXV. Voulons auſſi qu'ils puiſſent avoir une ou pluſieurs maiſons dans cette ville ou fauxbourgs, en tels lieux qu'ils jugeront plus commodes, pour y tenir leur bureau & aſſemblée ordinaire, comme en l'Hôpital-Général & lieux qui en dépendent.

LXXVI. Ils auront un receveur, un greffier, des huiſſiers ou autres officiers du bureau, tels qu'ils jugeront néceſſaires pour le ſervice, tant au-dedans qu'au dehors, leſquels ſeront deſtituables, à la volonté des directeurs.

LXXVII. Fera le receveur, à cauſe du maniement, ſerment au Parlement, y étant auſſi préſenté par notre procureur-général, ſans néanmoins qu'à cauſe de ce, ni autrement, il ſoit comptable ailleurs qu'au Bureau; faiſant défenſes à toutes autres perſonnes qu'aux directeurs, de prendre connoiſſance des revenus, comptes & biens, préſens & à venir, & de quelque qualité qu'ils ſoient.

LXXVIII. Le greffier & autres officiers feront le ſerment au Bureau ſeulement, entre les mains de celui qui préſidera; & ſera par chacun d'eux ſatisfait au réglement attaché aux préſentes.

LXXIX. Nous voulons que les directeurs ſoient à toujours, & même leur receveur, durant le tems de ſa recette, ou après vingt années de ſervice en notre ſpéciale protection & ſauve-garde; & afin qu'ils ne puiſſent être diſtraits d'un ſervice ſi important, entendons & nous plaît qu'en cette qualité de directeurs & de receveur, ils jouiſſent, chacun en particulier, du privilege de *committimus*, du grand ſceau en nos Requêtes de l'Hôtel ou du Palais à Paris, à leur choix, & qu'ils y puiſſent faire renvoyer ou évoquer leurs cauſes de tous nos parlemens, & lieux de notre royaume.

LXXX. Voulons auſſi qu'ils ſoient exempts de tutelle, curatelle, guets, fortifications, gardes aux portes, & généralement de toutes taxes de ville & autres contributions publiques, de quelque qualité & maniere qu'elles puiſſent être, privilégiées on non, quoique non ici exprimées.

LXXXI. Et pour le regard des greffier, officiers & domeſtiques: nous leur accordons par le même motif le privilege de garde-gardienne, pardevant notre prévôt de Paris, ſans qu'ils puiſſent être divertis ailleurs, ſoit en demandant, défendant, ou en cas d'intervention, tant & ſi longuement qu'ils ſerviront audit Hôpital, ou après vingt ans de ſervice.

LXXXII. Et que pendant le même tems, ils jouiſſent auſſi de toutes exemptions de tutelles, curatelles, guets, fortifications, gardes aux portes, & généralement de toutes contributions publiques.

LXXXIII. Pourront les directeurs, faire tous réglemens de police & ſtatuts, non contraires à ces préſentes & au réglement attaché ſous le contre-ſcel, pour le gouvernement & direction dudit Hôpital-Général, tant au-dedans d'icelui, & lieux en dépendans; ſoit pour l'établiſſement ou ſubſiſtance deſdits pauvres, ou pour les mettre en leur devoir; qu'au dehors, pour empêcher leur mendicité publique ou ſecrette, & la continuation de leurs déſordres; leſquels réglemens & ſtatuts nous voulons être gardés, obſervés, & entretenus inviolablement par tous ceux qu'il appartiendra. Si donnons en mandement à nos amés & féaux conſeillers, les gens tenant notre Cour de Parlement, Chambre des Comptes & Cour des Aides, que ces préſentes ils faſſent lire, enregiſtrer, garder, obſerver & entretenir, ſelon leur forme & teneur, à la diligence de notre procureur-général ; auquel nous enjoignons d'y tenir la main. Mandons à nos amés & féaux conseillers, les présidens, trésoriers de France à Paris, de faire pareillement registrer lesdites lettres, & de l'amortissement & exemption de francs-fiefs, & nouveaux acquêts, & don des droits à nous dus, jouir & user par ledit Hôpital-Général, cessant & faisant cesser tous troubles & empêchemens; dérogeant expressément à tout ce qui pourroit être contraire à ces présentes, & aux dérogatoires. Car tel est notre plaisir. Donné à Paris, au mois d'Avril, l'an de grace mil six cent cinquante-six, & de notre regne le treizieme. *Signé*, LOUIS. *Et plus bas*, par le roi, DE GUENEGAUD. *Et scellé du grand sceau de cire verte.*

RÉGLEMENT

Que le roi veut être observé pour l'Hôpital-Général *de Paris.*

PREMIÉREMENT.

DÉFENSES sont faites à toutes personnes, généralement quelconques, de mendier dans la ville & fauxbourgs de Paris, ainsi qu'il est porté par les lettres-patentes de sa majesté, de cejourd'hui, & sur les peines y contenues.

II. Les prêtres mendians seront renvoyés en leurs diocèses, pour y être pourvu par leurs prélats & par le clergé.

III. Les mendians qui sont des lieux où les pauvres sont enfermés, ou bien de ceux auxquels il y a, ou doit avoir fonds pour leur subsistance, y seront renvoyés, encore qu'ils soient demeurans dans la ville & fauxbourgs de Paris, si mieux ils n'aiment renoncer à la mendicité.

IV. Les vagabonds & gens sans aveu seront chassés, suivant les ordonnances & réglemens.

V. Les pauvres mendians mariés ne seront admis dans l'Hôpital-Général ; mais s'ils ne peuvent gagner leur vie, leur sera donné, du fonds de l'Hôpital, l'aumône nécessaire pour leur subsistance, ou pour aider à icelle, jusqu'à la concurrence de ce qui leur en pourroit manquer, suivant l'avis des directeurs & administrateurs dudit Hôpital-Général, avec défenses auxdits mariés de mendier, sur peine du fouet, & à la charge que ceux & celles qui recevront l'aumône de l'Hôpital, seront tenus s'employer & appliquer aux choses qui concerneront le service ou profit d'icelui, selon l'ordre des directeurs, quand ils le trouveront plus expédient, pour le bien de l'Hôpital.

VI. Ne seront reçus audit Hôpital-Général, les pauvres mendians affligés de lepre, ou de maladie contagieuse, ou mal vénérien ; mais seront, à la diligence des directeurs de l'Hôpital, renvoyés à ceux qui en doivent avoir le soin, de sorte qu'ils ne puissent mendier.

VII. Tous les autres pauvres mendians, valides & invalides, de quelqu'âge qu'ils soient, de l'un & l'autre sexe, qui se trouveront dans la ville & fauxbourgs de Paris, lors de l'établissement de l'Hôpital-Général, qui ne pourront gagner leur vie, seront enfermés dans ledit Hôpital & lieux qui en dépendent, pour être employés aux œuvres publiques, manufactures & service dudit Hôpital, selon l'ordre des directeurs.

VIII. Les femmes mendiantes, abandonnées de leurs maris, seront reçues audit Hôpital.

IX. Les mendians aveugles & incurables, seront pareillement reçus audit Hôpital-Général, jusqu'à ce qu'il y ait place, pour les admettre aux Hôpitaux des Quinze-Vingts, & des Incurables, par l'avis & consentement des directeurs desdits Hôpitaux.

X. Sera donné aux passans l'aumône de passade, sauf leur retraire aux Hôpitaux de Saint-Gervais & Sainte-Catherine, durant le tems porté par les fondations, & sans pouvoir mendier.

XI. Ceux qui sont affligés du mal des écrouelles, pourront (savoir les étrangers durant un mois, & les François durant quinze jours) demeurer en cette ville & fauxbourgs de Paris, auparavant les fêtes solemnelles, auxquelles le roi a accoutumé de les toucher; avec défenses de mendier pendant ce tems, à peine d'être chassés, & seront tenus vuider, trois jours après la cérémonie accomplie, sur les mêmes peines; leur sera cependant donné l'aumône du fonds dudit Hôpital, s'il est jugé par les directeurs qu'ils en aient besoin pour leur subsistance.

XII. Sera fait registre par le portier ou autre personne préposée par les directeurs de chaque Maison, dépendante de l'Hôpital-Général, de tous les pauvres qui y entreront; auquel registre seront mis les noms, âges, naissances, conditions & demeures des pauvres.

XIII. Sera aussi fait registre de ceux qui sortiront desdites maisons, ou qui y seront décédés.

XIV. Sera ajouté foi auxdits registres, ainsi qu'à ceux des paroisses, suivant les ordonnances, & aux extraits signés du greffier, & pour cet effet, seront tous les feuillets desdits registres paraphés par deux directeurs.

XV. Les pauvres ne sortiront de l'Hôpital, & lieux en dépendans, que par l'ordre des directeurs, ou de ceux qui seront par eux commis.

XVI. Les lieux de l'Hôpital-Général, & de tous les membres qui en dépendent, seront distingués en places séparées, selon la diversité des sexes, des sains & des infirmes, du travail & manufactures.

XVII. Seront les heures du lever & du coucher, des prieres, du travail & des repas des pauvres enfermés, assignées par les directeurs, ou par leur ordre, sans qu'il y puisse être contrevenu par les pauvres.

XVIII. Pour tenir les pauvres chacun en leur devoir, pourront les directeurs choisir les personnes qu'ils jugeront plus capables d'avoir le soin & direction en chacune salle ou dortoir, en qualité de maîtres ou maîtresses, selon le sexe & âge de ceux ou celles qui seront esdites salles ou dortoirs; auxquels il est enjoint, à peine de châtiment, d'obéir auxdits maîtres ou maîtresses, ou autres subordonnés en leur lieu, & y apporteront les directeurs telle autre conduite qu'ils jugeront convenable, pour le bien dudit Hôpital & des pauvres.

XIX. Pour exciter les pauvres enfermés de travailler aux manufactures avec plus d'assiduité & d'affection, ceux qui auront atteint l'âge de seize ans en l'un ou l'autre sexe, auront le tiers du profit de leur travail, sans qu'il leur soit rien diminué, ni pris aucune chose par les maîtres & maîtresses qui seront préposés par les directeurs, ou autres officiers de l'Hôpital, sous peine d'être chassés, ou telle autre peine que les directeurs aviseront; & à l'égard des deux autres tiers, ils appartiendront à l'Hôpital.

XX. Les lits & couvertures, nourritures & habits, ne seront point donnés par faveur & recommandation, ni ôtés par aversion ni haine; mais seront distribués à tous les pauvres également, à proportion de leur âge, emploi, sexe, besoin ou infirmités; si ce n'est par ordre des directeurs, pour motif de récompense ou de correction, selon leur prudence.

XXI. Pourront les directeurs, faire recueillir le reste des tables des particuliers & communautés de la ville & fauxbourgs, pour aider à la nourriture & subsistance des pauvres.

XXII. Pourront aussi les enfans & autres pauvres dudit Hôpital-Général, aller aux enterremens dans la ville & fauxbourgs, lorsqu'ils y seront mandés, en tel nombre qu'on en desirera.

XXIII. Seront tenus les prêtres qui déſerviront audit Hôpital, y conduire les enfans, & ſera le droit de rétribution ou aſſiſtance, reçu par le receveur de l'Hôpital.

XXIV. Seront leſdits enfans & pauvres dudit Hôpital, appellés enfans & pauvres de l'Hôpital-Général, & vêtus de robes griſes, avec bonnets gris, & auront chacun ſur leurs robes une marque générale, avec un chiffre particulier.

XXV. Les directeurs pourront donner tels ſalaires, gratifications & récompenſes qu'ils aviſeront aux officiers & domeſtiques, & à ceux qui rendront ſervice audit Hôpital, ſans qu'ils ſoient obligés de donner autre choſe, que ce qui aura été par eux promis, & s'ils jugeoient à propos de ſe ſervir des pauvres enfermés, ſoit hommes ou femmes, pour officiers & domeſtiques, ils pourront leur donner au-dedans ou au-dehors tels emplois qu'ils aviſeront.

XXVI. Pourront les directeurs ordonner tous les châtimens & peines publiques ou particulieres, dans ledit Hôpital-Général, & lieux qui en dépendent, contre les pauvres, en cas de contravention à l'ordre qui leur aura été donné, ou aux choſes qui leur auront été commiſes, même en cas de déſobéiſſance, inſolence ou autres ſcandales, les chaſſer, avec déſenſes de mendier, ſur peine du fouet pour la premiere fois, & pour la ſeconde, des galeres contre les hommes, & de banniſſement contre les femmes; & en cas de récidive, de telle autre peine qu'il ſera aviſé.

XXVII. Les pauvres dudit Hôpital, lorſqu'ils ſeront malades de maladie formée, ſeront envoyés à l'Hôtel-Dieu, pour y être traités, & après leur convaleſcence, ramenés audit Hôpital-Général, & ſera fait mention ſur le regiſtre de leur ſortie & de leur retour.

XXVIII. Il y aura audit Hôpital-Général un lieu particulier d'infirmerie, pour les indiſpoſitions communes des pauvres, & un autre pour les officiers & domeſtiques malades dudit Hôpital.

XXIX. Les directeurs s'aſſembleront au moins deux fois la ſemaine, pour délibérer & réſoudre ſur ce qui ſe préſentera des affaires concernant la police, ou le bien dudit Hôpital-Général. Seront, outre ce, tenus de veiller inceſſamment, chacun dans l'emploi qu'il lui ſera donné par la Compagnie, à ce que les pauvres & les biens dudit Hôpital ſoient toujours entretenus & adminiſtrés avec grande circonſpection, aſſiduité & économie.

XXX. Les directeurs prendront leur rang & ſéance dans le Bureau & ailleurs, pour le fait dudit Hôpital, ſelon l'ordre qu'ils ſont nommés & déſignés par les lettres; & à l'avenir, ſelon celui de réception, ſans aucune diſtinction de qualité.

XXXI. Sera tenu regiſtre des délibérations de chacune ſéance, par le greffier du Bureau, & les réſultats ſignés, tant par celui qui préſidera, que par trois autres plus anciens de ceux qui ſeront préſens; ſans que le greffier en puiſſe donner extraits ni copies, que par ordre de la Compagnie.

XXXII. Aux affaires communes, ès jours ordinaires du Bureau, pourront les directeurs délibérer & réſoudre au nombre de ſept; & aux affaires importantes, de dix au moins, après que les préſens & abſens auront été convoqués.

XXXIII. Lorſqu'il y aura une place vacante par le décès d'aucun des directeurs, l'huiſſier en avertira tous les directeurs, pour, au jour du Bureau ſuivant, propoſer les perſonnes les plus capables pour la remplir, & en la prochaine ſéance, en être fait réduction au nombre de quatre, par billets ou bulletins ſecrets de ceux qui ſeront préſens; laquelle élection ne pourra être valable, qu'elle ne ſoit aux deux tiers des voix au moins.

XXXIV. Pourront les directeurs choiſir un receveur de l'Hôpital-Général, tel que bon leur ſemblera, bourgeois ou à gages, l'un & l'autre deſtituable à volonté, & ſans que ledit receveur, pendant le tems de ſon emploi, puiſſe être du nombre des directeurs, ni avoir ſéance, ni voix délibérative.

XXXV. Sera tenu le receveur, donner un état de la recette & dépenſe, toutes & quantes fois qu'il en ſera requis par les directeurs, dont il ſera obligé de ſuivre entiérement les ordres; de rendre compte au Bureau d'année en année, & lors de la préſentation, l'affirmer véritable, en prêtant le ſerment pardevant celui qui préſidera.

XXXVI. Ne ſera tenu le receveur, faire aucune avance de ſes deniers; mais s'il y avoit manque de fonds pour les choſes néceſſaires audit Hôpital, les adminiſtrateurs pourront faire emprunt à titre & conſtitution de rente ou autrement, & y affecter les biens dudit Hôpital.

XXXVII. Pourront auſſi les directeurs choiſir un greffier, qui aura une place ſéparée pour écrire les délibérations, ſans qu'il puiſſe être du nombre des directeurs, ni avoir ſéance, ni voix délibérative pendant ſon emploi, & ſera tenu d'obéir aux ordres des directeurs.

XXXVIII. Seront tenus les bailli de l'Hôpital, ſergens des pauvres, & autres officiers, ſe trouver au Bureau des directeurs, quand ils ſeront mandés, & à eux enjoint d'exécuter tout ce qui leur ſera ordonné par les directeurs.

XXXIX. Pour plus grande facilité de la direction, ſoulagement des directeurs, & bien des pauvres, les emplois & commiſſions de l'Hôpital ſeront partagés & diſtribués à chacun des directeurs, ſelon qu'il ſera eſtimé plus convenable à leurs talens, dont ils tâcheront de s'acquitter avec ſoin & diligence, pour en rendre compte à chacune ſéance. Donné à Paris, le vingt-ſeptieme jour d'Avril mil ſix cent cinquante-ſix. *Signés*, LOUIS. *Et plus bas*, par le roi, DE GUENEGAUD.

LETTRE DU ROI,

Aux directeurs & adminiſtrateurs perpétuels de l'Hôpital-Général *des pauvres.*

Du 4 Mai 1656.

DE PAR LE ROI,

Nos amés & féaux, la clôture des pauvres mendians de notre bonne ville & fauxbourgs de Paris, ayant été jugée par nous abſolument néceſſaire, pour la gloire de Dieu, & de la religion catholique, pour leur ſoulagement dans leurs beſoins & néceſſités, & pour la conſolation des ames dévotes & charitables, qui ont été ſcandaliſées, avec beaucoup de raiſon, du libertinage, de la mendicité & de l'oiſiveté des pauvres : nous avons par nos lettres-patentes du préſent mois, adreſſantes à notre Cour de Parlement, ordonné que leſdits pauvres mendians de l'un & de l'autre ſexe, valides & invalides, de notredite ville & fauxbourgs, ſeront enfermés dans une ou pluſieurs maiſons, ſous le titre d'Hôpital-Général, duquel nous vous avons nommés & établis directeurs & adminiſtrateurs perpétuels, pour en uſer, diſpoſer & ordonner, conformément à ce qui eſt porté par noſdites lettres, & au réglement attaché ſous notre contre-ſcel; nous étant promis de votre piété & de votre zele & affection au bien de notre ſervice & du public, que vous vous y emploierez vigoureuſement, & n'obmettrez rien de ce qui doit contribuer à l'accompliſſement d'un ſi ſaint œuvre, & de notre volonté & intention ſur ce ſujet; & que nous & le public retirerons bientôt de votre entremiſe & application audit fait, les fruits qui en ſont ſi impatiemment attendus par les gens de bien: ce que nous vous ordonnons & enjoignons par cette lettre, toutes choſes ceſſantes & poſtpoſées; &

qu'en attendant la vérification & l'enregiſtrement de noſdites lettres-patentes & réglement en notredite Cour de Parlement, vous ayez à vous aſſembler en tel lieu, & aux jours & heures que vous trouverez à propos, pour conférer entre vous ſur l'exécution deſdites lettres-patentes & réglement de point en point, ſelon leur forme & teneur, entrer en icelle, l'avancer & faciliter ſelon le pouvoir & autorité qui vous eſt donnée, préparer, diſpoſer, diriger, & ordonner de toutes les choſes requiſes & néceſſaires pour y parvenir; enſorte qu'il n'y ſoit apporté aucun dilaiement, & que nous recevions la ſatisfaction de voir inceſſamment les premiers effets de votre direction & adminiſtration; ſi n'y faites faute : car tel eſt notre plaiſir. Donné à Paris, le quatrieme jour de Mai mil ſix cent cinquante-ſix. *Signé*, LOUIS. *Et plus bas*, DE GUENEGAUD.

ARRÊT DU PARLEMENT,

PORTANT vérification des lettres-patentes en forme d'édit, données le 27 Avril 1656, & réglement y attaché, pour l'enfermement des pauvres mendians de la ville & fauxbourgs de Paris.

Du premier Septembre 1656.

VU par la Cour les letttres-patentes en forme d'édit, données à Paris, le 27 Avril 1656. *Signées* LOUIS. *Et plus bas*, par le roi, DE GUENEGAUD, & ſcellées du grand ſceau de cire verte, par leſquelles & pour les cauſes y contenues, ledit ſeigneur roi auroit ordonné que les pauvres mendians, valides & invalides, de l'un & l'autre ſexe, de cette ville & fauxbourgs de Paris, ſeroient enfermés dans un Hôpital-Général, pour être employés, ſelon leur pouvoir, aux ouvrages, manufactures & autres travaux, ſous la direction & conduite des directeurs, par ledit ſeigneur choiſis & nommés; & conformément au réglement attaché ſous le contre-ſcel deſdites lettres, ainſi que plus au long eſt porté par icelles : concluſions du procureur-général du roi. Ladite Cour ayant égard aux concluſions dudit procureur-général, a ordonné & ordonne, que leſdites lettres ſeront lues, publiées & regiſtrées, pour être exécutées ſelon leur forme & teneur; & copies collationnées à l'original, envoyées aux bailliages & ſénéchauſſées de ce reſſort, pour y être pareillement lues, publiées & regiſtrées, à la diligence des ſubſtituts dudit procureur-général, qui ſeront tenus certifier la Cour, avoir ce fait, au mois; ſans néanmoins que les directeurs nommés par icelles puiſſent prendre aucune Cour ni Juriſdiction ſur autres que les pauvres enfermés dans ledit Hôpital-Général, & ſur les autres pauvres qui ſeront trouvés au-dehors contrevenans aux défenſes portées par leſdites lettres & par ledit réglement, & ce, par forme de châtiment & correction ſeulement, & à la charge que où il y aura lieu d'ordonner des peines afflictives qui duſſent être exécutées au dehors dudit Hôpital, leſdits directeurs ſeront tenus les faire juger par le lieutenant-criminel & officiers du Châtelet, & autres juges qui en doivent connoître; ce qui ſera fait ſommairement & ſans frais : & à la charge que les prêtres qui ſeront nommés par leſdits directeurs, & admis pour l'adminiſtration des ſacremens & ſervice dudit Hôpital-Général, ſeront tenus, pour la validité des teſtamens qu'ils pourront recevoir, appeller avec eux lors de la réception deſdits teſtamens, le nombre des témoins requis par la coutume de Paris : comme auſſi ſera la peine de nullité portée par leſdites lettres, contre les curés, vicaires & notaires qui auront manqué d'avertir les teſtateurs de ſe ſouvenir des pauvres dudit Hôpital, & d'en faire mention dans leurs actes, changée & convertie en quatre livres pariſis d'amende contre leſdits curés, vicaires & notaires contrevenans; que les bourgeois ſeront ſeulement invités de contribuer à l'établiſſement & ſubſiſtance dudit œuvre, ſans qu'ils puiſſent être taxés, ſinon en cas de néceſſité : & quant aux meubles des pauvres qui décéderont, ou dans ledit Hôpital, ou hors d'icelui, & après avoir été à l'aumône d'icelui, pendant un an, qui ſont déclarés appartenir audit Hôpital, à l'excluſion des collatéraux ; que cet article n'aura lieu que pour les meubles qu'ils avoient lorſqu'ils ont été reçus à ladite aumône, & qu'ils auroient acquis dans ledit Hôpital, & non pour ceux qui leur pourroient être échus d'ailleurs ; & seront leſdits pauvres, après qu'ils auront acquis, ou leur ſera échu des facultés ſuffiſantes pour vivre hors la mendicité, ou qu'ils auront trouvé le moyen de gagner leur vie, tenus de ſe retirer dudit Hôpital, pour vivre de leur travail, & du bien qui leur ſera ſurvenu, ſans qu'ils puiſſent mendier, ſur les peines de l'édit. Ordonne que les ſeigneurs auxquels il ſera dû des indemnités pour les acquiſitions faites en leurs fiefs ou cenſives par ledit Hôpital, ou pour autres diſpoſitions faites en ſa faveur, pour leſquelles il leur ſera dû des droits d'indemnité, ne pourront être contraints de quitter leurs droits à moindre prix que celui qui leur eſt dû par les ordonnances & coutumes. Comme auſſi ne pourront être les maîtres des métiers contraints par leſdits directeurs de prendre forcément les enfans dudit Hôpital, ſans rétribution ; mais ſeront ſeulement les jurés des corps de chacun métier, invités de chercher place chez les maîtres de leur vacation, pour les enfans dudit Hôpital, aux conditions deſdites lettres. Le chauffage, accordé audit Hôpital, ſera pris ſur les ventes ordinaires des forêts, ſans que, pour raiſon d'icelui, les coupes en puiſſent être augmentées. Leſdits directeurs ne jouiront de l'exemption des tutelles & curatelles, guets & gardes, & autres privileges à eux accordés, que tant & ſi longuement qu'ils ſeront directeurs dudit Hôpital ; & ne pourront prétendre l'exemption des boues, chandelles, pauvres ni taxes de ville, pendant même leur adminiſtration, ſi d'ailleurs ils n'en ſont exemptés. Fait en Parlement, le premier jour de Septembre mil ſix cent cinquante-ſix. *Signé*, DU TILLET. Et à côté, *Nihil. Pro Deo.*

Arrêt de vérification en la Chambre des Comptes.

Lues, publiées & regiſtrées en la Chambre des Comptes, oui & requérant le procureur-général du roi, par commandement de ſa majeſté, porté par monſieur le duc d'Orléans ſon frere unique, venu exprès en ladite Chambre, aſſiſté du ſieur Pleſſis-Praſlin, maréchal de France, & des ſieurs d'Ormeſſon & de la Foſſe, conſeillers d'état.

Arrêt de vérification au Grand Conſeil.

Le Conſeil a ordonné & ordonne, que leſdites lettres en forme d'édit & réglement, ſeront lues & publiées en l'audience dudit Conſeil, & regiſtrées ès regiſtres d'icelui, pour y être gardées & obſervées ſelon leur forme & teneur, aux charges & conditions portées par la déclaration du roi, du 21 Mars 1657, & arrêt d'enregiſtrement & vérification d'icelle, du 5 Décembre audit an. Prononcé à Paris, le 9 Janvier 1658. *Signé*, HERBIN. *Gratis.*

Arrêt de vérification en la Cour des Aides.

La Cour a ordonné leſdites lettres être regiſtrées au greffe d'icelle, pour être exécutées ſelon leur forme & teneur, aux charges & modifications contenues en l'arrêt. Prononcé l'onzieme Décembre 1657. *Et au bas eſt écrit :*

La Cour a arrêté, que les officiers qui ſeront reçus en icelle, en leur charge & office, ſeront ſeulement excités de donner quelque choſe, par aumône, audit Hôpital, après la réception d'iceux, & ſans être obligés d'en rapporter quittance.

Arrêt de vérification en la Cour des Monnoies.

La Cour, ayant égard aux concluſions du procureur-général, a ordonné & ordonne que leſdites lettres & réglemens ſeront lus, publiés & regiſtrés, aux charges & modifications qui ensuivent, &c. Fait en la Cour des Monnoies, les semestres assemblés, le dix-neuf Décembre mil six cent cinquante-sept. *Signé*, BOULLÉ. *Gratis.*

Acte d'enregistrement de l'édit & réglement, au bureau des finances.

Les président, trésoriers de France, &c. Nous avons ordonné lesdites lettres, ensemble le réglement attaché sous le contre-scel d'icelles, être registrés, pour jouir par ledit Hôpital-Général de l'effet & contenu esdites lettres, selon leur forme & teneur, à la charge que, &c. Fait au bureau des finances, à Paris, l'onzieme jour d'Août mil six cent cinquante-neuf. *Signé*, FORMER, HACHETTE, BELIN, DE LEGRIT. *Et plus bas :* Par mesdits sieurs, SENSIER. *Pro Deo.*

Enregistrement de l'édit au Siege de la table de marbre du Palais.

Les grands-maîtres, enquêteurs, généraux, réformateurs, &c. Dit a été, que lesdites lettres, ensemble l'arrêt de la cour de Parlement, de vérification d'icelles, seront registrées au greffe d'icelle Cour, pour être exécutées selon leur forme & teneur, à la charge que, &c. Donné audit Siege, sous le scel y ordonné, le seize Juillet mil six cent cinquante-six.

Signé, CHAUDUN.

Acte d'enregistrement de l'édit & réglement, au Châtelet.

Lu, publié en jugement, l'audience tenant au parc-civil & présidial du Châtelet de Paris; ce requérant le procureur du roi, &c. Et registré au greffe civil de ladite audience, le mercredi vingt-six Juillet mil six cent soixante-deux. *Signé*, SEGOING.

Arrêt d'enregistrement de l'édit & réglement, au greffe du bureau de la ville.

Les prévôt & échevins de la ville, &c. Ordonnons que ledit édit & réglement seront enregistrés au greffe du bureau de la ville, le 21 Octobre mil sept cent trente-trois.

ARRÊT DU PARLEMENT,

POUR *l'exécution de l'établissement de* l'Hôpital-Général *des pauvres mendians.*

Du 18 Avril 1657.

SUR les remontrances faites à la Cour par le procureur-général du Roi, que par l'édit du mois d'Avril 1656, & le réglement y attaché, vérifiés en ladite Cour, le premier Septembre, lus & publiés, l'audience tenant, le 4 Décembre ensuivant : tous les moyens possibles ont été apportés pour ôter, par motifs de religion, de charité & de police, dans la ville & fauxbourgs de Paris, la mendicité & l'oisiveté des pauvres; & que par les directeurs de l'Hôpital-Général y établi, il a été, suivant les ordres du roi, travaillé à ce qui étoit nécessaire pour l'exécution desdites lettres & réglement. Vu les Arrêts des 15 Septembre 1612, 3 Avril 1618, & 10 Février 1626.

PREMIÉREMENT.

LA COUR, en conséquence desdites lettres & réglemens du mois d'Avril 1656, & Arrêt de vérification du premier Septembre, enjoint à tous les pauvres mendians, valides & invalides, de quelque âge qu'ils soient, de l'un & de l'autre sexe, de se rendre depuis le lundi septieme jour de Mai prochain, huit heures du matin, jusqu'au treizieme dudit mois inclus, dans la cour de l'Hôpital Notre-Dame de la Pitié, au fauxbourg Saint-Victor, pour être par les directeurs envoyés & départis aux maisons dépendantes dudit

dudit Hôpital-Général : auxquelles ils y ſeront logés, nourris, entretenus, inſtruits & employés aux ouvrages, manufactures & ſervices dudit Hôpital-Général, ſelon qu'il leur ſera ordonné.

II. Fait la Cour très-expreſſes inhibitions & défenſes aux pauvres, & à toutes autres perſonnes, de s'attrouper, faire aucune inſolence, ni ſcandale, ſoit dehors ou dedans ledit Hôpital-Général, de s'oppoſer, par quelque voie que ce ſoit, à l'établiſſement d'icelui, & aux ordres qui ſeront donnés, à peine d'être procédé criminellement contr'eux, & punis comme perturbateurs du repos public.

III. Que les pauvres mendians qui ne ſe ſeront point volontairement rendus, depuis le lundi ſeptieme Mai juſqu'au treizieme dudit mois inclus, dans la maiſon de la Pitié, y ſeront contraints & conduits par les bailli & archers de l'Hôpital-Général, & autres officiers de police, à commencer du lundi 14 Mai.

IV. Après lequel jour, & à l'avenir, très-expreſſes inhibitions & défenſes ſont faites à toutes perſonnes de tous ſexes, lieux & âges, de quelque qualité, & en quelque état qu'ils puiſſent être, valides ou invalides, malades ou convaleſcens, curables ou incurables, de mendier dans la ville & fauxbourgs de Paris, dans les égliſes, ni aux portes d'icelles, aux portes des maiſons, ou dans les rues, ni ailleurs, publiquement ou en ſecret, de jour ou de nuit, ſans aucune exception de fêtes ſolemnelles, pardons ou jubilés, d'aſſemblées, foires ou marchés, ni pour quelque autre cauſe ou prétexte que ce ſoit, à peine du fouet contre les contrevenans, pour la premiere fois ; pour la ſeconde, des galeres contre les hommes & garçons, & du banniſſement contre les femmes & filles.

V. Défenſes ſont faites à toutes perſonnes, de quelque qualité & condition qu'elles ſoient, de donner l'aumône manuellement aux pauvres mendians dans les rues, ni dans les égliſes, ou aux portes d'icelles, ou autres lieux ci-deſſus, ſous tel prétexte que ce ſoit, à peine de quatre livres pariſis d'amende, payable ſans déport ; à quoi les contrevenans ſeront contraints, conformément aux lettres, & à l'arrêt de vérification.

VI. Enjoint aux locataires & propriétaires, leurs domeſtiques & autres, d'enfermer les pauvres qui iront mendier dans les maiſons, ſous quelque prétexte que ce ſoit, & les retenir, juſqu'à ce que les directeurs ou leurs officiers, ou autres de police, en ſoient avertis, pour leur impoſer les peines portées par l'édit, ſuivant l'exigence des cas.

VII. Seront ſeulement exceptées des défenſes ci-deſſus, les quêtes pour l'Hôtel-Dieu & lieux qui en dépendent ; celles pour le grand bureau des pauvres, & lieux auſſi qui en dépendent ; les aveugles de l'Hôpital des Quinze-vingts, les enfans des Hôpitaux de la Trinité, du Saint-Eſprit & des Enfans-Rouges ; les religieux mendians & autres, qui ont droit de troncs ou de quêtes, aux termes portés par leſdites lettres, qui ſont de ſe tenir à leurs troncs, ou aux portes, à peine d'en être déchus, le défendant généralement à tous autres.

VIII. Que conformément auxdites lettres, & à l'arrêt du premier Septembre, les directeurs dudit Hôpital-Général auront le pouvoir & autorité de direction & adminiſtration, connoiſſance, police, correction & châtiment ſur tous les pauvres mendians de la ville & fauxbourgs de Paris, tant dedans que dehors ledit Hôpital-Général excluſivement, privativement & indépendamment de la direction du grand bureau.

IX. Enjoint au bailli dudit Hôpital-Général, & autres officiers qui ſeront commis par leſdits directeurs, de faire exacte perquiſition chacun jour avec les archers dudit Hôpital, pour empêcher toutes ſortes de mendians par les rues, & ponctuellement exécuter le contenu aux lettres & au réglement, à peine d'être chaſſés & punis ; ſans qu'ils puiſſent prendre aucune choſe des pauvres, ni autres, ni les favoriſer ou ſouffrir, ni auſſi les maltraiter, ſur peine de punition corporelle.

X. Pourront les directeurs avoir dans la ville & fauxbourgs telles maiſons & lieux que bon leur ſemblera, pour la garde des pauvres, juſqu'à ce qu'il en ait été par eux ordonné pour les admettre en l'Hôpital-Général, ou pour les conduire ou envoyer en d'autres lieux, ſelon les lettres & le réglement.

XI. Défenſes ſont faites aux propriétaires & locataires des maiſons, & à tous autres, de loger, retirer, ni retenir chez eux, après ledit jour 13 Mai prochain, les pauvres qui ſont ou ſeront mendians, à peine de cent livres d'amende pour la premiere fois, de trois cens livres pour la ſeconde, & de plus grande en cas de récidive; le tout applicable au profit des pauvres dudit Hôpital-Général; pour raiſon de quoi les propriétaires, locataires & autres pourront être contraints par ſaiſie de leurs biens & empriſonnement de leurs perſonnes, conformément auxdites lettres.

XII. Enjoint aux directeurs de faire ſaiſir les lits, matelats, couvertures & paillaſſes, dans leſquels auront été couchés les pauvres chez les particuliers qui leur auront donné retraite, après ledit jour 13 Mai; que le tout, ſans aucune formalité de juſtice, ſera enlevé & appliqué au profit des pauvres dudit Hôpital-Général, ſans eſpérance de reſtitution.

XIII. Défenſes aux ſoldats des gardes, même aux bourgeois de la ville & fauxbourgs, & à toutes autres perſonnes, de quelque qualité & condition qu'elles ſoient, de moleſter, injurier, ni maltraiter le bailli, officiers, ni aucun de ceux qui ſeront employés pour prendre, conduire, envoyer, ou accompagner les pauvres, & d'empêcher l'exécution des lettres & du réglement général y attaché, & des arrêts intervenus en conſéquence, ou des ordonnances particulieres des directeurs; à peine d'être empriſonnés ſur le champ, & procédé criminellement contre eux, à la requête des directeurs; & aux pauvres de faire réſiſtance, ſur peine d'être punis.

XIV. Enjoint aux prévôt de Paris, lieutenant-civil, lieutenant-criminel, lieutenant-criminel de robe-courte, & autres officiers du Châtelet, à tous autres, même aux bourgeois, de prêter main-forte pour l'exécution des lettres, du réglement & des arrêts, ſoit pour la capture des pauvres, ou celle d'autres perſonnes qui ſe trouveront contrevenir au préſent arrêt, ſoit pour les ſaiſies, exécutions, ou autrement, à peine d'en répondre par les refuſans ou dilayans en leurs propres & privés noms, & d'amendes arbitraires.

XV. Enjoint aux commiſſaires, & à tous autres officiers, de ne laiſſer habiter perſonne dans leurs quartiers, qu'il n'ait préalablement vérifié à la police d'avoir du bien, ou vacation ſuffiſante pour ſe nourrir & ſubvenir à leur famille, excepté les pauvres honteux, aſſiſtés des paroiſſes, ou d'ailleurs, ſans pouvoir mendier de jour, ni de nuit, à peine du fouet; le tout conformément auxdites lettres-patentes du mois d'avril 1656, qui ſeront exécutées ſelon leur forme & teneur, aux termes portés par ledit arrêt de vérification d'icelles, du premier Septembre enſuivant.

XVI. Enjoint à tous les vagabonds & gens ſans aveu, aux pauvres mendians, & à tous autres, qui ſortiront de la ville & fauxbourgs de Paris, de ſe retirer hors la banlieue, prévôté & vicomté de Paris.

XVII. Avec défenſes de ne demeurer plus d'une nuit dans les Hôpitaux, ou fermes deſdits Hôpitaux, & aux adminiſtrateurs, fermiers, locataires & autres, de les y laiſſer, ni ſouffrir davantage. Enjoint aux officiers des lieux d'en faire la viſite, & d'en certifier la procureur-général du roi, ou ſes ſubſtituts ſur les lieux.

XVIII. Leur fait auſſi défenſes, & à toutes perſonnes, de s'attrouper en quelque lieu que ce puiſſe être du reſſort de la Cour, à peine du fouet, des galeres, ou de baniſſement, & de plus grande peine, s'il y échet.

XIX. Enjoint aux prévôts des maréchaux, autres officiers & archers de s'en ſaiſir, en cas de contravention aux lettres, au réglement ou au préſent arrêt.

XX. Lequel ſera lu, publié & affiché par les carrefours, à ſon de trompe & cri public, par trois jours de marché conſécutifs, auparavant ledit jour lundi ſeptieme Mai prochain.

XXI. Qu'il sera pareillement lu, publié & affiché dans les provinces du ressort de la Cour, à la diligence des substituts du procureur-général, qui seront tenus d'en certifier la Cour dans le mois, à peine d'en répondre en leurs propres & privés noms; le tout à ce que personne n'en prétende cause d'ignorance. Fait en Parlement, le dix-huit Avril mil six cent cinquante-sept.

LETTRES-PATENTES,

QUI commettent m. le premier président du Parlement, deux conseillers de Grand'-Chambre, m. le procureur-général, deux officiers de la Chambre des Comptes, deux conseillers de la Cour des Aides, m. le prévôt de Paris ou son lieutenant, & m. le prévôt des marchands, à l'effet de s'assembler une fois par mois, délibérer & ordonner ce qui sera convenable à l'établissement de l'Hôpital, *& remédier aux abus touchant les pauvres.*

Du 28 Mai 1612.

LOUIS, par la grace de Dieu, roi de France & de Navarre : A nos amés & féaux conseillers les gens tenans notre Cour de Parlement à Paris, SALUT. Les rois nos prédécesseurs ayant entr'autres œuvres pieuses qui les ont rendus recommandables à la postérité, eu soin particulier du bien des hôpitaux, maladeries & autres revenus destinés à la nourriture & entretenement des pauvres de cestuy notre royaume, ont, suivant les occurrences, fait divers réglemens & ordonnances pour la commodité de leurs personnes & biens, & commis le soin de l'observation d'icelles à leurs procureurs-généraux qu'ils ont obligés particuliérement à tenir la main qu'il ne s'y commît aucun abus ou malversation ; de quoi s'étant toujours dignement acquittés, n'ont pu néanmoins empêcher, quelques arrêts qu'ayez donné à leur requête sur ce sujet, que la malice des mendians n'ait surmonté leur vigilance, aimant mieux vaguer & caimander par les villes, que travailler & employer leurs forces pour gaigner leur vie, abusant de la dévotion & charité des gens de bien qui leur font de si grandes aumônes qu'ils leur donnent moyen de vivre sans travail & sans soin, d'où vient qu'ils se retirent tous ès villes ; & quelques valides qu'ils soient, se donnent licence de remplir les rues, les églises & autres lieux publics, à la honte & très-grande incommodité des habitans, spécialement de notre bonne ville de Paris, en laquelle de toutes parts ils abondent en affluence, d'où seroient ensuivis, comme ils sont à craindre, plusieurs inconvéniens que leur ordinaire fréquentation apporte à la santé, auxquels étant pourvu par l'établissement de quelque bon ordre en notre ville capitale, il nous seroit d'autant plus facile de l'apporter au reste de notre royaume. Dont notre très-honorée dame & mere, la reine régente, ayant eu avis par aucuns de nos officiers, continuant d'exercer sa bonté & piété accoutumée, a desiré, pour apporter à ce désordre un remede salutaire, que les pauvres de notredite bonne ville de Paris soient enfermés en certains lieux, pour y être nourris & entretenus sans vaguer ailleurs ; ayant, à cette fin, fait choix de quelques maisons, & donné fonds pour les meubler & accommoder. Ce qu'avons jugé devoir être entiérement exécuté comme chose très-agréable à Dieu, & grandement utile au bien public. A CES CAUSES, desirant favoriser, autant qu'il nous sera possible, le soulagement des vrais pauvres, & le châtiment des mauvais & mendians valides qui dérobent aux vrais nécessiteux le fruit de la charité de nos bons sujets ; de notre certaine science, propre mouvement, pleine puissance & autorité royale, voulons, vous mandons, & expressément enjoignons par ces présentes pour ce signées de notre main, que, en la forme ancienne & accoutumée, notre premier président, & en son absence l'un de nos autres présidens, & deux conseillers de la Grand'Chambre, nos avocats & procureur-général, s'assemblent, une fois chaque mois, en tel lieu qu'ils jugeront le plus commode, pour appellés avec eux deux de nos amés & féaux des gens de nos Comptes, deux conseillers de notre Cour des Aides, notre prévôt de Paris ou ses lieutenants civil & criminel, & le substitut de notredit procureur-général audit Châtelet, ensemble le prévôt des marchands de notre bonne ville de Paris, délibérer & résoudre ce qu'ils aviseront être de plus propre & convenable sur ce qui sera proposé par notre procureur-général; voulons que ce qui sera par eux résolu en ladite assemblée, soit exécuté réellement & de fait, & qu'ils continuent à faire ladite assemblée en la même forme, une fois chaque mois, tant qu'il sera nécessaire. Mandons à nos Président & procureur-général, que si, durant le cours du mois, il survenoit quelque chose qui méritât prompt remede, ils y pourvoient, attendant la prochaine assemblée; ensorte que notre volonté & charitable intention de notredite dame & mere soient entiérement exécutées; & afin que ladite assemblée puisse plus facilement pourvoir à ce que nous desirons, nous avons fait dresser les principaux articles de notre intention, iceux signés de notre main, ci-attachés sous le contre-scel de notre Chancellerie, auxquels pourra être ci-après ajouté ce qui sera ordonné être à faire par raison, lesquels voulons être regiftrés & exécutés, à la diligence de notre procureur-général, auquel enjoignons y tenir la main, toutes choses cessantes & proposées : de ce faire vous donnons pouvoir, mandons à tous nos justiciers, officiers, sujets, qu'à vous ce faisant ils obéissent. Car tel est notre plaisir. Donné à Paris, le vingt-huit Mai, l'an de grace mil six cent douze, & de notre regne le troisieme. *Signé*, LOUIS. *Plus bas*, par le roi, la reine régente, sa mere, présente. *Signé*, PHELYPEAUX.

Regiftrées, oui, ce requérant le procureur-général du roi, pour être exécutées selon leur forme & teneur, le trois Décembre mil six cent douze.

STATUTS

Pour les Hôpitaux *des pauvres enfermés.*

DANS les Hôpitaux des pauvres enfermés, n'y seront que ceux qui justifieront être natifs de la ville, prévôté & vicomté de Paris, ou bien qui y auront si long-tems séjourné, qu'ils auroient vraisemblablement perdu l'espérance de toute autre retraite; & tous les autres seront tenus pour forains, & châtiés exemplairement, étans trouvés mendians dans ladite ville & fauxbourgs, après le tems qui leur aura été donné pour se retirer.

Ces Hôpitaux seront distingués en trois maisons séparées; savoir, pour en l'une d'icelles être mis les hommes valides; en l'autre les femmes, filles & enfans mâles au-dessous de huit ans; & en la troisieme, les hommes & femmes malades de maladie incurable, & tellement invalides qu'ils ne puissent travailler en aucun ouvrage.

Et pour l'administration & gouvernement desdits Hôpitaux, sera choisi tel nombre de bons & notables bourgeois qui sera estimé nécessaire, pour avoir le soin des bâtimens, vivres, vêtemens & mœurs desdits pauvres enfermés, lesquels prêteront le serment à la Cour.

Sera aussi choisi personne capable pour recevoir & manier les deniers destinés à l'entretenement desdits Hôpitaux, lequel sera tenu d'en rendre compte à la maniere de celui du grand bureau des pauvres.

Quatre prêtres seront habitués esdites maisons, nourris, entretenus & gagés, qui célébreront la messe chacun jour, entre six & sept heures du matin, laquelle lesdits pauvres seront tenus entendre.

Et aux jours de fêtes & dimanches, y seront faites prédications par les religieux de cette ville alternativement.

Seront lesdits pauvres enfermés, nourris le plus austerement que faire se pourra, pour ne les entretenir en leur oisiveté ; & leur sera fourni, par chacun an, deux paires d'habits complets de toile & de bure, selon la saison, ainsi qu'il sera avisé par lesdits gouverneurs.

Les hommes seront employés à travailler à moudre du bled aux moulins à bras qui seront dressés dans les Hôpitaux, brasser de la biere, scier des ais, & à battre du ciment, & autres ouvrages.

Les femmes & filles & petits enfans au-dessous de huit ans, travailleront à filer, faire bas d'estame, boutons & autres ouvrages dont il n'y a métier juré.

Pour vaquer auxdits ouvrages seront tenus se lever, depuis le premier Octobre jusques au premier Mars, à six heures du matin ; & depuis ledit premier Mars jusques au premier Octobre, à cinq heures du matin, pour travailler jusques à sept heures du soir, plutôt ou plus tard, s'il est ordonné par les maîtres ou gouverneurs.

Les hommes, femmes & enfans, tant mâles que femelles, fourniront à celui qui sera préposé par lesdits maîtres & gouverneurs, la besogne qui leur sera ordonnée par chacun jour ; autrement seront châtiés, à la discrétion des maîtres & gouverneurs.

Et, pour les contenir en devoir, seront choisis par les maîtres & gouverneurs, entre iceux pauvres, les plus retenus ; savoir, un pour chaque vingtaine, qui aura le soin & répondra des actions des autres ; pour avoir aussi la garde des paillasses, couvertures, draps & autres linges, auxquels sera fait telle gratification que lesdits gouverneurs aviseront.

Sera fait registre, par le portier de chacune maison, de tous les pauvres qui entreront en icelles, auxquels le nom, surnom, âge, stature & poil sera désigné.

Les malades desdits Hôpitaux seront portés en l'Hôtel-Dieu, & là reçus & traités comme les autres.

Seront faites défenses à tous pauvres, même à ceux de l'aumône générale, de mendier publiquement ; &, pour en empêcher la contravention, sera enjoint au bailli des pauvres, faire exacte perquisition chacun jour avec ses sergens, & de conduire prisonniers tous ceux qu'il trouvera mendiant par les rues : permis à tous autres sergens faire le même, pour être contre lesdits pauvres procédé extraordinairement.

Fait & arrêté par le roi, la reine régente sa mere présente. A Paris, le vingt-six Août mil six cent douze. *Signé*, LOUIS. *Et plus bas*, PHELYPEAUX.

ARRÊT DU PARLEMENT,

Qui fait défenses à Marie Boisoin *de se dire & qualifier* directrice de l'Hôpital des écrouellés, *& d'établir aucune croix, inscription à sa porte ni ailleurs, & de poser aucuns troncs, écriteau ou autrement.*

Du 27 Mars 1657.

SUR ce qui a été remontré à la Cour par le procureur-général, qu'encore que par la déclaration du roi vérifiée en icelle, concernant l'établissement d'un Hôpital-Général, pour le renfermement des pauvres mendians de la ville & fauxbourgs de Paris, il ait été pourvu à ce que les pauvres mendians, de toutes qualités, y soient reçus, logés, nourris & entretenus, & qu'il y ait même un article exprès, en la déclaration, pour les pauvres mendians affligés des écrouelles qui y doivent être accueillis comme les autres, & logés en des lieux séparés, pour empêcher qu'ils ne communiquent leur mal aux autres, & que par les soins & diligence des directeurs, nommés par le roi, pour la conduite & administration dudit Hôpital, toutes les choses soient disposées pour faire le renfermement général, incontinent après les fêtes ; néanmoins il a eu avis qu'une femme, nommée Boiſoin, dite la Picarde, qui prétend avoir eu autrefois le mal des écrouelles, & en eſt guérie il y a plus de dix ans, après avoir cherché retraite en pluſieurs monaſteres de filles, où elle n'a pu demeurer, ſe veut ingérer de ſon autorité, quoique pauvre, & ſans aucuns biens, d'établir un Hôpital en cette ville, dont elle ſe qualifie directrice, & y reçoit les pauvres enfans orphelins, affligés de cette maladie, pour procurer leur guériſon, les nourrir, inſtruire, & apprendre à gagner leur vie, & dans ce deſſein, après avoir tenté inutilement de s'établir en divers quartiers de la ville & fauxbourgs, dont elle a été chaſſée par les voiſins, a enfin trouvé une maiſon dans la rue Saint-Honoré, proche l'égliſe de Saint-Roch, où elle veut s'établir, à la prochaine fête de Pâques, en mettant une croix & des troncs devant ſa porte ; & pour ce que cette entrepriſe, qui ne peut avoir pour motif qu'un intérêt particulier, qui va à ſéduire & tromper le ſimple peuple, & exiger, ſous ce prétexte, des charités & aumônes qui n'auront qu'une mauvaiſe application, & que d'ailleurs aucun établiſſement d'Hôpital ne ſe peut faire en cette ville & fauxbourgs, ni ailleurs, que par lettres-patentes vérifiées en la Cour, avec connoiſſance de cauſe, & que celui projetté inconſidérément par cette femme eſt inutile, puiſque par l'établiſſement de l'Hôpital-Général il a été pourvu aux pauvres mendians affligés des écrouelles, requiert que très-expreſſes inhibitions & défenſes ſoient faites à ladite Boiſoin de ſe dire & qualifier directrice dudit prétendu Hôpital des écrouellés, de faire mettre à la porte de la maiſon où elle demeure, ni ailleurs, aucune croix ou inſcription, ni de poſer aucuns troncs à la porte de ſadite maiſon, ni en aucunes des paroiſſes ou égliſes de cette ville & fauxbourgs, ſous les peines portées par les ordonnances. LA COUR a fait & fait très-expreſſes inhibitions & défenſes à ladite Boiſoin de ſe dire & qualifier directrice dudit prétendu Hôpital des écrouellés, de faire mettre à la porte de la maiſon où elle demeure, ou ailleurs, aucune croix ou inſcription, ni de poſer aucuns troncs avec écriteau, ou autrement, à la porte de ſadite maiſon, ni en aucune des paroiſſes, égliſes ou monaſteres de cette ville & fauxbourgs, ſous les peines portées par les ordonnances & autres arbitraires. Fait en Parlement, le vingt-ſeptieme Mars mil ſix cent cinquante-ſept. *Signé*, GUYET.

ARRÊT DU PARLEMENT,

*SUR le rapport des commiſſaires de la Cour, députés pour viſiter les maiſons de l'*Hôpital.

Du 7 Septembre 1660.

VU par la Cour l'arrêt d'icelle du cinquieme Août dernier, obtenu par les directeurs de l'Hôpital-Général ; par lequel auroit été ordonné, que m^es^ Pierre Payen & Jean Doujat, conſeillers en ladite Cour, ſe tranſporteroient inceſſamment audit Hôpital-Général, & lieux en dépendans, pour connoître de l'état d'iceux, le nombre des pauvres qui ſont de préſent en chacune des maiſons dépendantes dudit Hôpital ; comme auſſi des perſonnes prépoſées au-dedans deſdites maiſons, pour la conduite deſdits pauvres, tant au ſpirituel qu'au temporel ; enſemble des officiers, de leurs qualités & emplois ; ſe feroient repréſenter les comptes qui avoient été rendus, de la recette & dépenſe dudit Hôpital, & l'état ſommaire de celui qui eſt à rendre pour la préſente année, & de tout dreſſer procès-verbal, pour icelui vu, rapporté & communiqué au procureur-général du roi, être ordonné ce que de raiſon. Procès-verbal fait par leſdits m^es^ Pierre Payen & Jean Doujat, conſeillers, le vingtieme Août dernier, en préſence de l'un des ſubſtituts, contenant le transport par eux fait audit Hôpital-Général, & lieux en dépendans, où ils auroient reconnu l'état d'iceux, le nombre des pauvres qui y étoient lors, & dans chacune des maisons dépendantes dudit Hôpital-Général; même les personnes préposées au-dedans desdites maisons, à l'effet de la conduite desdits pauvres, tant au spirituel que temporel, des officiers, de leurs qualités & emplois; & la représentation à eux faite des comptes qui auroient été rendus, de la recette & dépense dudit Hôpital, même l'état sommaire de celui qui étoit à rendre en ladite année 1659; l'état & inventaire général des meubles & ustensiles de la maison de Saint-Jean-Baptiste dudit Hôpital; l'état & inventaire des ornemens de l'église, servans à la chapelle de ladite maison de Saint-Jean-Baptiste dudit Hôpital-Général; l'état des corps-de-logis & pavillons de ladite maison; l'état de la maison de Notre-Dame de Pitié dudit Hôpital-Général; l'inventaire des meubles, ustensiles & linges étant dans les dortoirs dudit Hôpital de la Pitié, & autres lieux; celui des meubles de la Sacristie dudit Hôpital; les registres qui y sont tenus; l'état de la maison de la petite Pitié, dépendante dudit Hôpital-Général; l'inventaire des meubles & ustensiles de ladite maison; la description de la maison de Saint-Denis, dite la Salpêtriere, de l'Hôpital-Général; les registres de ladite maison; l'inventaire des ornemens d'église de ladite maison de Saint-Denis, fait au mois de Février dernier; l'état de la maison de Saint-Nicolas, dite la Savonnerie, dépendante dudit Hôpital-Général; l'inventaire des meubles & ustensiles de ladite maison, avec celui des ornemens, argenterie & linges servans à l'église de ladite maison; l'état de la maison de Sainte-Marthe, dite Scipion, de l'Hôpital-Général; les inventaires des meubles & ustensiles de ladite maison, & des ornemens de l'église d'icelle, & le mémoire des registres que l'on tient dans ladite maison; sommaires des comptes rendus par m. Mathieu Arondeau, receveur de l'Hôpital-Général, pour les années 1657 & 1658 : le mémoire des fondations faites, tant en l'Hôpital de Notre-Dame de Pitié, qu'audit Hôpital-Général, depuis son établissement; l'état des sommes de deniers provenus des rachats de rentes & fonds appartenans audit Hôpital-Général, consommés à l'acquit de ses dettes, en l'année 1659; l'état des dettes dues par ledit Hôpital; l'état de la dispensation du sel, qui se fait dans les cinq maisons dudit Hôpital-Général, & dans les cantons de la ville, pour les mendians mariés, & pour la maison des pauvres teigneux; avec l'état des officiers & pauvres de la maison de la Pitié; & l'état de ce qui a été payé par le receveur de l'Hôpital-Général, en l'année 1658, pour la rétribution des ecclésiastiques, gages des officiers, & appointemens des archers dudit Hôpital, extrait du neuvieme chapitre de dépense du compte rendu pour ladite année : conclusions du procureur-général du roi; ouï le rapport de m^e^ Jeau Doujat, conseiller du roi en ladite Cour, & tout considéré : LADITE COUR a donné acte aux directeurs de l'Hôpital-Général de leurs déclarations, dires, protestations, remontrances, & requisitoires insérés au procès-verbal des commissaires de ladite Cour, des 24 & vingt-cinquieme Août, & septieme Septembre 1659, ordonné qu'ils feront diligence de faire vuider les oppositions formées à l'enregistrement des lettres-patentes de don de la maison de la Salpêtriere, à présent dite de Saint-Denis, & des places, droits, & autres choses y mentionnées : qu'ils se pourvoiront pardevers le roi, pour obtenir la permission d'enfermer les mendians mariés, & des fonds suffisans pour satisfaire, tant au paiement de ce qui est dû, qu'à la subsistance dudit Hôpital-Général; même pour l'augmentation de l'exemption du vin, outre les mille muids par chacun an; & du franc-salé, outre les quatre muids de sel, aussi par chacun an, accordés par ledit seigneur roi audit Hôpital-Général; & pour joindre la ruelle qui sépare les maisons & jeu de paulme nouvellement acquis, au fauxbourg de Saint-Victor à l'Hôpital de la Pitié : ensemble, pour faire les chaussées du pavé des longueurs & largeurs nécessaires; savoir, depuis le grand chemin de Ville-Neuve jusques à la maison de Bicêtre, dit Saint-

Jean-Baptiste ; le chemin d'en haut, allant à la maison de la Salpêtriere, dite de Saint-Denis, au-dessus du marché aux chevaux du fauxbourg Saint-Victor, & la rue de la maison de Scipion, à présent dite de Sainte-Marthe; que la voierie qui est proche de ladite maison de la Salpêtriere, étant dans le ressort de la Justice de l'abbaye de Sainte-Genevieve, sera changée du lieu où elle est à présent, & portée plus loin, & mise en lieu commode, ensorte que le public ni les pauvres n'en soient point incommodés. Que toutes les communautés séculieres & régulieres, de l'un & l'autre sexe, non exceptées par les lettres d'établissement dudit Hôpital, & les corps laïcs, les fabriques des églises, les chapelles & confrairies, & les corps des métiers, tant de la ville que des fauxbourgs de Paris, seront taxés, suivant les lettres du mois d'Avril 1656, sans que les bourgeois en particulier soient sujets à aucune taxe, sinon en cas de très-grande nécessité, & qu'il en fût besoin, pour empêcher la chûte dudit Hôpital-Général ; auquel ladite Cour déclare appartenir tout ce qui a été, ou sera donné pour les pauvres, dont l'application particuliere n'aura point été faite par écrit, par les donateurs ou testateurs, sans que les exécuteurs, ou autres, en puissent autrement disposer. Enjoint au prévôt de Paris de procéder incessamment & sans délai, à l'enregistrement desdites lettres d'établissement de l'Hôpital-Général, du mois d'Avril 1656, & de l'arrêt intervenu sur icelles, le premier Septembre ensuivant ; & au substitut du procureur-général au Châtelet, d'y tenir la main, & d'en certifier la Cour au mois. Que le tems de six années, pour gagner les maîtrises des garçons apothicaires & chirurgiens, & de tous les ouvriers, sera compté du jour que chacun desdits garçons sera actuellement audit Hôpital ; & ce, sur les certificats des directeurs, encore qu'il n'y ait eu jusques à présent aucun interrogatoire ni réception des garçons apothicaires, ni chirurgiens, à la charge de subir par lui, en exécution du présent arrêt, l'interrogatoire & examen, & ainsi qu'il s'observe à l'Hôtel-Dieu de Paris. Que l'arrêt de ladite Cour, du sixieme Septembre, touchant la réception des officiers de police, des six corps des marchands, des apprentifs, & des maîtres-jurés de ladite ville & fauxbourgs de Paris, sera exécuté selon sa forme & teneur. Que les notaires qui recevront les testamens, seront tenus d'avertir les testateurs, de laisser quelque aumône audit Hôpital-Général, à peine de quatre livres *parisis* d'amende contre lesdits notaires contrevenans, & en feront mention dans lesdits testamens : LADITE COUR fait très-expresses inhibitions & défenses à toutes personnes de mendier, à peine du fouet ; ce qui sera exécuté, nonobstant oppositions ou appellations quelconques : & à cette fin, enjoint au bailli & archers des pauvres d'en faire une exacte perquisition, & à tous officiers & bourgeois de leur prêter main-forte ; & en cas de besoin, sera procédé extraordinairement contre toutes personnes qui empêcheront ci-après lesdits bailli & archers de prendre & conduire les pauvres, & les contrevenans punis exemplairement. Que conformément à l'arrêt de ladite Cour, du 27 Novembre dernier, les pauvres mendians valides, les fainéans & vagabonds, les soldats estropiés, & les pauvres mendians qui ne sont nés, ni demeurans en ladite ville & fauxbourgs de Paris depuis un an, seront tenus de se retirer au lieu de leur naissance, dans quinze jours après la publication qui sera faite du présent arrêt, pour tout délai, à peine du fouet, sinon au cas qu'ils renoncent à la mendicité; & si après ladite renonciation ils sont trouvés mendians, ils seront pris, & publiquement fustigés : enjoint aux commissaires du Châtelet, & autres officiers de prêter main-forte pour lesdites captures, à peine d'en répondre en leurs propres & privés noms. LADITE COUR fait très-expresses défenses à toutes personnes, de donner manuellement l'aumône à aucuns pauvres trouvés mendians publiquement ou secretement, sous quelque prétexte que ce soit ; en cas de contravention, la peine de quatre livres *parisis*, portée par la déclaration, déclarée encourue contre les contrevenans ; & outre, sera informé & procédé contr'eux extraordinairement. Que sur le tout, les bailli, briga-

diers

diers & archers dudit Hôpital-Général dresseront leurs procès-verbaux, sur lesquels il sera décreté, suivant l'arrêt du vingt-septieme Novembre 1659. Que nouvelle estimation sera faite de la maison des nommés Robert & Aymard, joignant celle de la Pitié; & que l'avance du mur de Pelletier, au-devant de la maison de Scipion, sera incessamment démoli, si fait n'a été, & le mur rétabli en droite ligne, aux frais & dépens dudit Hôpital-Général. L'arrêt de ladite Cour du sixieme Septembre 1659, touchant les femmes grosses atteintes du mal vénérien, sera exécuté, & pourvu d'un lieu pour enfermer les fols & folles qui sont à présent ou seront ci-après audit Hôpital-Général. Au surplus, ordonne que les lettres, réglemens & arrêts de ladite Cour, concernans ledit Hôpital-Général, seront exécutés selon leur forme & teneur; avec défenses à toutes personnes d'y contrevenir, sur les peines y contenues, & sans qu'aucun en puisse obtenir décharge ni modération: & à cette fin lesdites lettres du mois d'Avril 1656, l'arrêt d'enregistrement d'icelles, & autres arrêts donnés en conséquence, & le présent, seront lus & publiés à son de trompe & cri public, & affichés par tout où besoin sera, afin que personne n'en prétende cause d'ignorance. Fait en Parlement, le septieme Septembre mil six cent soixante. *Signé, par collation*, DU TILLET.

ARRÊT DU CONSEIL D'ÉTAT DU ROI,

*PAR lequel le roi reprend en ses mains la maison de la Savonnerie dont il avoit fait don à l'*Hôpital, *sauf à l'indemniser sur les mémoires qui seront remis entre les mains du surintendant des bâtimens de sa majesté.*

Du 22 Août 1673.

SUR la requête présentée au roi, étant en son Conseil, par les directeurs de l'Hôpital-Général de sa bonne ville de Paris, contenant qu'en l'année 1664, sa majesté a rétabli en la maison de la Savonnerie, dépendante dudit Hôpital, la manufacture des ouvrages des tapis de Turquie & autres ouvrages de levant, lequel feu Simon Lourdet auroit commencé l'établissement en l'année 1627, & ensuite dudit rétablissement, il a été passé un traité pardevant notaires, le 2 Mars de la derniere 1664, entre le sieur Colbert, surintendant & ordonnateur-général des bâtimens, arts & manufactures de France, faisant & stipulant pour & au nom de sa majesté, & les sieurs directeurs dudit Hôpital-Général; & ledit Simon Lourdet, & Philippes Lourdet son fils, contenant les conditions lors convenues pour ledit rétablissement, en exécution duquel traité lesdits directeurs ont fourni dudit Hôpital-Général le nombre d'enfans pour servir d'apprentifs en ladite manufacture, pourvu incessamment & également à leur nourriture & éducation, avec le chapelain, & le nombre d'officiers nécessaires, ce qui a été & est charge très-onéreuse audit Hôpital-Général, sans que jusques à présent il soit venu, sinon très-peu de chose à son profit, de ce que lesdits Lourdet s'étoient obligés de payer en considération du travail desdits apprentifs ou autrement pour l'avantage particulier de ses apprentifs; le décès desdits sieurs Lourdet, pere & fils, étant arrivé, le sieur Dupont, tapissier, travaillant auxdits ouvrages, y a été établi, conjointement avec la veuve dudit Lourdet fils, avec lesquels les clauses & conventions stipulées audit traité du mois de Mars 1664, ont été exécutées de la part desdits sieurs directeurs, sans aucun autre succès ni avantage pour ledit Hôpital-Général, qui se trouve, par ce moyen, surchargé des réparations de ladite maison de la Savonnerie, & d'une dépense quotidienne qui revient par chacun an à plus de dix mille livres, de maniere qu'ils ne peuvent se promettre d'y subvenir à l'avenir, les besoins & les charges dudit Hôpital-Général augmentant journellement, & les revenus, dons & aumônes diminuant notablement, ensorte qu'ils se trouvent contraints d'avoir recours aux bontés de sa majesté, & la supplient très-humblement de reprendre à soi ladite maison de la Savonnerie & ses dépendances, dont elle a fait don audit Hôpital-Général par l'édit de son établissement du mois d'Avril 1656, vérifié en Parlement le premier Septembre ensuivant, & en ce faisant, le décharger de la nourriture & entretenement desdits apprentifs, & des officiers qu'ils ont jusques à présent entretenus aux frais dudit Hôpital-Général, en ladite maison, espérant de cette même bonté, & de la justice & charité de sa majesté, qu'elle pourvoira à l'indemnité dudit Hôpital-Général, soit pour le récompenser du don qu'elle lui a fait de ladite maison de la Savonnerie & ses dépendances, & pour l'indemniser des grandes dépenses qu'il a été obligé de faire pour la nourriture, entretenement & éducation desdits apprentifs, depuis ledit rétablissement jusques à présent, qui se monte à plus de quatre-vingt-dix mille livres. Vu ladite requête, signée desdits directeurs, l'édit du mois d'Avril 1656, portant établissement dudit Hôpital-Général, & entr'autres choses, don en faveur d'icelui, de ladite maison de la Savonnerie, le traité du dernier Mars 1664, plusieurs extraits tirés des livres journaux de la recette & dépense dudit Hôpital-Général, pour cette partie de la Savonnerie, justificatives de la dépense que lesdits sieurs directeurs ont été obligés de faire pour les réparations d'icelle, nourriture & entretenement desdits apprentifs & officiers de ladite maison, & tout considéré. LE ROI étant en son Conseil, ayant égard à la requête & supplication desdits directeurs, a ordonné & ordonne qu'ils demeureront déchargés, à commencer du premier jour de Septembre prochain, de l'exécution dudit traité, du dernier Mars 1664; & a sa majesté repris & retenu en ses mains ladite maison de la Savonnerie & ses dépendances, pour en faire & disposer à sa volonté, & pourvoir suivant les ordres qu'il lui plaira donner audit sieur surintendant de ses bâtimens, à la manutention de ladite manufacture, entretenement & nourriture desdits apprentifs, sauf à sa majesté à faire considération de ce qu'il écherra pour l'indemnité dudit Hôpital-Général, pour lui tenir lieu du don qu'elle lui avoit fait de ladite maison de la Savonnerie, & de récompense des dépenses faites au sujet desdits apprentifs, pourquoi lesdits directeurs remettront incessamment leurs mémoires ès-mains dudit sieur surintendant des bâtimens, sur lesquels leur sera pourvu par sa majesté ainsi qu'elle avisera bon être. Veut sa majesté que le nombre des petits enfans délivrés auxdites manufactures, par ledit traité du dernier Mars 1664, soit fourni par lesdits directeurs, présens & à venir, au sieur surintendant de ses bâtimens, à mesure qu'il le jugera nécessaire, dont il leur délivrera ses certificats, & que pendant le tems de leur épreuve, s'ils ne se trouvent propres auxdites manufactures, ils soient par ses ordres renvoyés audit Hôpital-Général. Fait au Conseil d'état du roi, sa majesté y étant, tenu à Nanci le vingt-deuxieme jour d'Août mil six cent soixante-treize. *Signé*, COLBERT.

ORDRE

De la procession des maisons de la Salpêtriere, Bicêtre, *& de la* Pitié, *pour le jubilé de l'année 1729.*

Du dimanche 22 Mai 1729.

IL y aura trois bannieres pour les trois maisons, & elles marcheront sur une même ligne.

Immédiatement devant les bannieres, seront trois suisses.

Après les bannieres, les pauvres marcheront quatre à quatre.

SAVOIR,

1. Les jeunes garçons des trois maisons réunies.
2. Les hommes.
3. Les femmes.
4. Les filles.
5. Celles des officieres qui n'auront point de fonction dans le corps de la procession, & les supérieures suivront immédiatement les pauvres, & précéderont la croix, qui sera seule pour les trois maisons réunies.
6. Le clergé des trois maisons.
7. Les administrateurs.
8. Les officiers des trois maisons.

Les enfans de chœur des trois maisons réunies, partie en aubes, & partie en surplis, marcheront entre la croix & le clergé.

La procession sera fermée par trois suisses, & par quatre hallebardiers; le surplus des hallebardiers & des archers de robe-courte, seront distribués sur les aîles de la procession, tant pour exécuter les ordres qui leur seront donnés, que pour faire observer la marche dans l'ordre ci-dessus, par les pauvres.

Le clergé des trois maisons, ensemble les administrateurs, se rendront à la Salpêtriere, le dimanche matin à dix heures précises, pour se ranger en ordre de procession, & en partir à une heure.

Les pauvres ne pourront se trouver à la procession, que vêtus de l'habit de l'Hôpital.

Par la rue Poliveau.

La rue du Jardin du Roi.

A la Pitié, où les garçons de cette maison se joindront à la procession, avec les garçons des autres maisons, dans l'ordre ci-dessus marqué.

LA MARCHE.

La rue Saint-Victor.

La place Maubert.

La rue Galande.

Le petit-Pont.

La rue Neuve-Notre-Dame.

On entrera dans l'église Notre-Dame par la porte qui est à main droite du côté de l'Hôtel-Dieu.

On fera le tour du chœur du côté de l'archevêché.

On sortira de l'église par la porte du cadran du côté du cloître Notre-Dame.

Tourner à gauche en sortant de Notre-Dame, passer par la grande porte du cloître.

De-là, rue Saint-Christophe.

Rue de la Calendre.

Rue de la Barillerie.

Pont Saint-Michel,

Rue Saint-André-des-Arcs.

Rue Hautefeuille.

On entrera dans l'église des Cordeliers par la porte qui est vis-à-vis la rue Hautefeuille.

On fera le tour du chœur.

On sortira par la grande porte, rue de l'Observance.

On tournera à gauche pour monter la butte, & gagner la rue des Fossés de m. le Prince.

La Fontaine Saint-Michel, entrer dans les Jacobins.

On sortira des Jacobins par la porte qui est dans la rue Saint-Jacques.

Rue Saint-Etiennne-des-Grès, entrer dans Sainte-Genevieve.

On sortira par Saint-Etienne-du-Mont, pour retourner à la Salpêtriere, dans l'ordre de procession.

DÉCLARATION DU ROI,

PORTANT réglement pour l'administration de l'Hôpital-Général *de la ville de Paris.*

Du 24 Mars 1751.

LOUIS, par la grace de Dieu, roi de France & de Navarre : A tous ceux qui ces présentes lettres verront, SALUT. Le feu roi, notre très-honoré seigneur & bisaieul, ayant par son édit du mois d'Avril 1656, établi un Hôpital-Général dans notre bonne ville de Paris, pour y recevoir & enfermer les pauvres qui n'ont point d'asile, & qui sont obligés de mendier, il auroit, soit par le même édit, soit par des réglemens attachés sous le contre-scel d'icelui, & par d'autres déclarations ou lettres-patentes postérieures, fait plusieurs ordonnances pour la conduite & gouvernement dudit Hôpital. Cet ouvrage si saint, si utile pour la religion & pour l'état, a eu jusqu'ici le succès qu'on en pouvoit attendre pour le soulagement & l'entretien des pauvres de notre bonne ville de Paris; mais il a été nécessaire par des circonstances particulieres d'apporter de tems en tems quelques changemens à la forme de cette administration. Par l'article 23 dudit édit, il est porté que le soin & l'instruction du spirituel de l'Hôpital-Général sera confié aux prêtres de la mission de Saint-Lazare, sous l'autorité & jurisdiction des archevêques de Paris. Ce réglement n'a pû avoir d'exécution, parce que les prêtres missionnaires de Saint-Lazare représenterent alors que la multitude des missions & d'emplois dont ils étoient chargés ne leur permettoit pas d'entreprendre le soin d'un nouvel établissement qu'on prévoyoit déjà devoir devenir très-considérable par son objet, & qu'ils ne pourroient donner un assez grand nombre de prêtres pour le desservir. Il fallut recourir à l'autorité ecclésiastique pour prendre d'autres mesures pour le gouvernement spirituel de cette maison; les fonctions archiépiscopales étant exercées alors par les grands-vicaires, ils établirent un certain nombre de prêtres pour l'administration des sacremens dans l'Hôpital, & pour l'instruction des pauvres qui y étoient renfermés. Ils mirent à la tête de ces pauvres un recteur, qui seroit à la nomination pure & simple des archevêques de Paris, lesquels pourroient le destituer quand ils jugeroient à propos, & ils firent plusieurs réglemens pour la conduite de ces prêtres, & pour les fonctions qu'ils doivent avoir dans la maison. Par le même édit du mois d'Avril 1656, le feu roi avoit nommé ceux qui devoient avoir la conduite & l'administration du temporel dudit Hôpital en qualité de directeurs, & avoit réglé leur pouvoir & leur autorité sous la direction du premier président de notre Parlement de Paris, & de notre procureur-général en ladite Cour, qui devoient être les chefs de l'administration. Par une déclaration du 29 Avril 1673, les archevêques de Paris ont été aggrégés à l'administration en qualité de chefs, ainsi que le premier président & notre procureur-général en notre Cour de Parlement; & depuis par une autre déclaration du mois de Janvier 1690, le premier président de notre Chambre des Comptes, & celui de notre Cour des Aides, le lieutenant-général de police, & le prévôt des marchands de notre bonne ville de Paris, ont été pareillement établis chefs de l'administration, avec l'archevêque de Paris, le premier président, & notre procureur-général en notre Cour de Parlement. Cette derniere déclaration porte que tous les chefs & directeurs de l'Hôpital s'assembleront une fois chaque semaine, aux jour & heure dont ils conviendront, dans le lieu qui sera destiné pour ce sujet dans la maison archiépiscopale, & une fois le mois dans l'une des trois maisons dudit Hôpital-Général, pour y donner les ordres, & prendre les résolutions les plus utiles pour son gouvernement & administration. Cette disposition n'ayant pas eu depuis quelque tems une entiere exécution, il s'est élevé plusieurs difficultés dans la forme de l'administration, principalement sur l'autorité qui doit appartenir à l'archevêque de Paris dans le gouvernement spirituel dudit Hôpital, soit pour la nomination du recteur, & des prêtres établis pour les fonctions qui concernent le spirituel de la maison, soit pour la nomination des prédicateurs, l'approbation de ceux qui sont chargés d'enseigner les enfans, & autres choses qui dépendent de la Jurisdiction ecclésiastique, suivant les ordonnances de notre royaume, & principalement suivant l'édit du mois d'Avril 1695. Le zele & l'attention que nous aurons toujours pour le bien & l'avantage de nos sujets, principalement pour les habitans de notre bonne ville de Paris, nous engagent de veiller particuliérement à la conservation d'un établissement si digne de la piété du roi, notre très-honoré seigneur & bisaïeul; & comme il s'en est déclaré fondateur & protecteur, nous, à l'exemple d'un prince dont nous regarderons toujours la vie & les actions comme le modele de notre conduite, & connoissant par nous mêmes l'utilité de l'établissement de l'Hôpital-Général, pour faire subsister des malheureux qui n'ont aucun bien, & pour arrêter dans notre royaume le cours de la mendicité & de l'oisiveté, source des plus grands maux, après nous être fait représenter l'édit du mois d'Avril 1656, les déclarations & réglemens postérieurs à cet édit, & après nous être fait rendre compte des difficultées survenues sur l'interprétation dudit édit, & des déclarations & réglemens postérieurs, nous avons cru devoir expliquer nos intentions sur plusieurs points concernans cette administration. A CES CAUSES, & autres considérations à ce nous mouvantes, de l'avis de notre Conseil, & de notre certaine science, pleine puissance & autorité royale, nous avons par les présentes, signées de notre main, dit, déclaré & ordonné, disons, déclarons & ordonnons, voulons & nous plaît ce qui suit.

ARTICLE PREMIER.

L'autorité & jurisdiction spirituelle sur l'Hôpital-Général, appartiendra à notre cousin l'archevêque de Paris, & à ses successeurs dans le siege archiépiscopal; & les réglemens que lui & ses successeurs audit archevêché jugeront à propos de faire pour la conduite spirituelle, administration des sacremens, & célébration du service divin, seront exécutés conformément à l'article 29 de l'édit du mois d'Avril 1695.

II. Aucun prêtre, séculier ni régulier, ne pourra prêcher dans les églises des maisons dépendantes ou réunies audit Hôpital-Général, qu'il n'ait été nommé à cet effet par ledit sieur archevêque de Paris, & ses successeurs.

III. Aucun maître ou maîtresse d'école ne pourra y enseigner le catéchisme, qu'il ne soit approuvé par le recteur dudit Hôpital; & pourront ledit sieur archevêque & ses successeurs, ou leurs grands-vicaires, les destituer s'ils ne sont pas satisfaits de leur doctrine, de leurs mœurs, & en établir d'autres à leurs places.

IV. La nomination & destitution du recteur & des prêtres destinés aux fonctions ecclésiastiques dans l'Hôpital & dans les maisons qui sont réunies, appartiendra audit sieur archevêque de Paris, & à ses successeurs audit archevêché; & lorsqu'ils auront fait la nomination d'un recteur, ils en feront part aux chefs de l'administration & aux directeurs, dans le premier bureau qui se tiendra en la maison archiépiscopale.

V. Le recteur & les prêtres commis pour desservir l'Hôpital sous lui, ne pourront s'ingérer de faire aucune fonction dans ledit Hôpital, qu'ils ne se soient présentés au bureau particulier des directeurs, pour être par eux employés sur l'état de la maison. Exhortons le recteur & autres prêtres, & néanmoins leur enjoignons d'avoir pour lesdits directeurs la déférence qui leur est due ; de les regarder comme leurs supérieurs dans le temporel, & en conséquence, de se conformer à tout ce qu'ils leur prescriront pour l'ordre, la police & la discipline dans ledit Hôpital.

VI. Les assemblées des directeurs de l'Hôpital-Général se tiendront, comme par le passé, dans les maisons de la Pitié & du Saint-Esprit, aux jours & heures accoutumés ; mais il n'y sera rien ordonné dans les matieres importantes que provisoirement, & qu'il n'en ait été délibéré dans les assemblées générales qui doivent se tenir dans la maison archiépiscopale, où toutes lesdites matieres seront rapportées.

VII. Sous le nom de matieres importantes, déclarons comprendre la nomination à faire des directeurs, quand le cas y échéra, & du receveur charitable dudit Hôpital-Général, la nomination des économes & supérieurs de chacune des maisons dépendantes dudit Hôpital, l'approvisionnement des différentes maisons, & les marchés qui seront à faire à ce sujet, la construction des nouveaux bâtimens, ou réédifications considérables, l'acceptation des donations & des legs faits audit Hôpital, les aliénations, les acquisitions ou les emprunts qui seront à faire, les procès & instances à intenter ou à soutenir, la police & la discipline générale desdites maisons, & autres objets semblables.

VIII. La déclaration du mois de Février 1680, sera exécutée selon sa forme & teneur ; en conséquence, ordonnons que tous les chefs & directeurs de l'Hôpital-Général seront tenus de s'assembler en la maison archiépiscopale, une fois la semaine, ou même plus souvent, s'il est jugé nécessaire, pour y régler les matieres qui ne doivent point être décidées définitivement dans les assemblées particulieres.

IX. On commencera lesdites assemblées par faire lecture de la délibération prise dans la derniere assemblée tenue en ladite maison archiépiscopale, & de celles prises dans les assemblées tenues en la maison de la Pitié & du Saint-Esprit, depuis la derniere assemblée générale. Il sera fait ensuite rapport des matieres qui doivent être traitées dans ladite assemblée, & on opinera sur chacune de ces affaires en particulier.

X. L'édit du mois de Juin 1670, portant établissement de l'Hôpital des Enfans-Trouvés, & réunion d'icelui à l'Hôpital-Général, ensemble les deux déclarations du 23 Mars 1680, l'une portant réunion des revenus de l'Hôpital des Enfans-Rouges à celui des Enfans-Trouvés ; & l'autre portant union de l'administration de l'Hôpital du Saint-Esprit à celle de l'Hôpital-Général, seront exécutées ; en conséquence, voulons que les biens appartenans auxdits Hôpitaux soient administrés par les directeurs de l'Hôpital-Général, ainsi & en la maniere portée esdits édits & déclarations, & que toutes les affaires importantes qui concerneront lesdits Hôpitaux soient portées aux assemblées qui se tiennent en la maison archiépiscopale, & qu'elles y soient traitées & décidées en la même forme que les affaires concernant l'Hôpital-Général.

XI. Les délibérations prises dans les assemblées qui se tiendront en la maison archiépiscopale seront signées par notre cousin l'archevêque de Paris, ou, en son absence, par celui des chefs qui aura présidé à l'assemblée.

XII. Seront toutes les délibérations, tant celles prises en l'assemblée qui se tient dans la maison archiépiscopale, que celles qui se tiennent ès maisons de la Pitié & du Saint-Esprit, transcrites dans un registre particulier ; lequel registre, ensemble les minutes desdites délibérations, seront déposés dans les archives de l'Hôpital-Général.

XIII. Les chefs de l'administration visiteront, au moins une fois tous les mois, les maisons de l'Hôpital-Général & des Hôpitaux qui y sont unis, soit tous ensemble, soit l'un d'eux ; ils se feront représenter, lors desdites visites, les registres particuliers de l'administration de chaque maison ; recevront les plaintes qui seront faites contre les officiers, officieres & autres; s'informeront si lesdits officiers, officieres & autres s'acquittent de leur devoir & de leur emploi avec exactitude; si les pauvres sont traités avec humanité; si on observe les réglemens concernant la police & la discipline de chaque maison : ils pourront sur ce donner les ordres qu'ils jugeront nécessaires; & à la premiere assemblée qui se tiendra en la maison archiépiscopale, à la suite de chaque visite, ils rapporteront ce qu'ils y auront ordonné, pour être, sur ce qu'ils représenteront, prises les délibérations les plus utiles pour l'administration.

XIV. L'Hôpital-Général continuera d'être régi & administré par les chefs & directeurs nés dudit Hôpital, suivant ce qui est porté par l'article 2 de l'édit du mois d'Avril 1656, par la déclaration du 29 Avril 1673, & par celle du mois de Janvier 1690.

XV. A l'égard des directeurs électifs, le choix en sera fait comme par le passé; mais le nombre n'en sera point fixé, & il pourra être augmenté, ainsi qu'il sera jugé nécessaire par une délibération faite au bureau qui se tient en la maison archiépiscopale.

XVI. Desirant néanmoins pourvoir, pour cette fois, à la nomination desdits directeurs électifs, nous avons nommé, par ces présentes, pour directeurs & administrateurs les sieurs Canclaux notre conseiller en notre Grand Conseil; Ravault, banquier-expéditionnaire en Cour de Rome; Gondouin, l'un de nos conseillers-secrétaires; de la Chaussée, intéressé dans nos affaires; Millin, ancien procureur au Parlement, que nous avons déjà nommé, par provision, en ladite qualité, par arrêt de notre Conseil d'Etat du 6 Septembre 1749, attaché sous le contre-scel des présentes, pour conjointement avec le sieur Boffrand notre architecte, & inspecteur-général des ponts & chaussées; le sieur le Boullanger de Chaumont notre conseiller-maître en notre Chambre des Comptes; le sieur de la Haye, fermier-général de nos fermes unies; le sieur Benoist, conseiller au Châtelet; le sieur de Bonnaire notre conseiller en notre Grand Conseil; le sieur Guillier notre conseiller en notre Cour des Aides, & le sieur Baron, intéressé dans nos fermes, anciens directeurs; régir & gouverner les affaires dudit Hôpital; & seront tenus les nouveaux directeurs par nous nommés, & ceux qui seront élus dans la suite, de prêter serment en notre cour de Parlement, en la maniere accoutumée, & conformément à l'article 73 de l'édit du mois d'Avril 1656.

XVII. Il sera fait, tous les ans au moins, un état général des personnes qui seront actuellement dans chacune des maisons dudit Hôpital-Général, dans lequel état seront compris non-seulement les pauvres, mais les ecclésiastiques, les supérieurs, officiers, officieres, économes, gouvernantes, servantes, domestiques, ouvriers, chirurgiens, apothicaires, & généralement tous ceux qui sont employés à l'administration de chaque maison & service des pauvres. Il sera fait aussi mention de chaque classe différente des personnes, en distinguant celles qui sont au réfectoire, de la quantité & qualité de la nourriture qui leur est donnée; & enfin des appointemens ou gages de ceux qui servent dans lesdites maisons. Voulons que ledit état général soit présenté au premier bureau qui se tiendra à l'archevêché au commencement de chaque année, pour y être approuvé, s'il y échet, ou y être fait tels changemens qu'il conviendra, par délibération dudit bureau.

XVIII. Voulons au surplus que l'édit du mois d'Avril 1656, pour l'établissement dudit Hôpital-Général, les réglemens attachés sous le contre-scel dudit édit, & ceux faits depuis ledit établissement, tant par le feu roi notre très-honoré seigneur & bisaïeul, que par nous & notre cour de Parlement, même par les chefs & directeurs de l'Hôpital-Général, ensemble les réglemens faits pour les Hôpitaux unis à l'Hôpital-Général, soient exécutés en ce qui n'est pas contairre à ces présentes. Si donnons en mandement à nos amés & féaux conseillers, les gens tenans notre cour de Parlement à Paris, que ces présentes ils aient à faire lire, publier & registrer, & le contenu en icelles garder & observer selon leur forme & teneur. Car tel est notre plaisir, en témoin de quoi nous avons fait mettre notre scel à cesdites présentes. Donné à Versailles, le vingt-quatrieme jour du mois de

Mars, l'an de grace mil ſept cent cinquante-un, & de notre regne le trente-ſixieme. *Signé*, LOUIS. *Et plus bas*, Par le roi, DE VOYER D'ARGENSON. *Et ſcellé du grand ſceau de cire jaune.*

Regiſtrée, oui ce requérant le procureur-général du roi, pour être exécutée aux charges, reſtrictions & modifications portées en l'arrêt de ce jour. A Paris, en Parlement, le vingt Juillet mil ſept cent cinquante-un. Signé, DUFRANC.

EXTRAIT DES REGISTRES DU PARLEMENT.

Du 20 Juillet 1751.

VU par la Cour, toutes les Chambres aſſemblées, la déclaration du roi, donnée à Verſailles, le vingt-quatrieme jour du mois de Mars 1751, *ſignée*, LOUIS. *Et plus bas*, par le roi, DE VOYER DARGENSON, & ſcellée du grand ſceau de cire jaune, par laquelle pour les cauſes y contenues, le ſeigneur roi a dit, déclaré & ordonné, veut & lui plaît, article premier, que l'autorité & juriſdiction ſpirituelle ſur l'Hôpital-Général, appartiendra à l'archevêque de Paris & à ſes ſucceſſeurs dans le ſiége archiépiſcopal, & les réglemens que lui & ſes ſucceſſeurs audit archevêché, jugeront à propos de faire pour la conduite ſpirituelle, adminiſtration des ſacremens, & célébration du ſervice divin, ſeront exécutés conformément à l'article 29 de l'édit du mois d'Avril 1695, ainſi qu'il eſt plus au long contenu en ladite déclaration en dix-huit articles à la Cour adreſſante : concluſions du procureur-général du roi, oui le rapport de m^e Louis-Charles-Vincent de Salaberry, conſeiller, tout conſidéré. LA COUR ordonne que ladite déclaration ſera regiſtrée au greffe d'icelle, pour être exécutée aux charges, reſtrictions & modifications qui en ſuivent : que le premier article n'aura lieu que conformément aux articles 29, 30 & 34 de l'édit de 1695 : que les articles 2 & 3 concernant les prédicateurs & les maîtres & maîtreſſes d'école, ne ſeront exécutés que conformément à l'article 11 de l'édit du mois de Décembre 1606, & aux articles 10 & 25 de l'édit du mois d'Avril 1695 : que l'archevêque de Paris ne jouira de la nomination du recteur & des prêtres, portée par l'article 4, qu'à titre de conceſſion à lui faite par le roi, de l'exercice du droit appartenant audit ſeigneur roi, comme étant ledit Hôpital de fondation royale, ſuivant l'article 6 de l'édit de 1656, & qu'à la charge que le recteur & les prêtres, en cas de contravention de leur part à l'article 25 de l'édit de 1656, ſeront changés ; ſi par une délibération des directeurs dudit Hôpital, il eſt arrêté qu'il convient faire ledit changement. Que les articles 6 & 7 ne ſeront exécutés que conformément à ce qui a été pratiqué juſqu'à préſent dans l'adminiſtration dudit Hôpital, en exécution de l'édit de 1656, & du réglement attaché ſous le contre-ſcel d'icelui, notamment des articles 29 & 32 dudit réglement de 1656, & ſans préjudicier aux autres aſſemblées preſcrites par la déclaration du 23 Mars 1680, tant pour les jours, que pour les lieux où elles doivent être tenues. Que l'article 10 ne ſera exécuté que conformément à ce qui eſt ordonné pour l'adminiſtration dudit Hôpital des Enfans-Trouvés, par l'édit du mois de Juin 1670. Que l'article 11 n'aura lieu qu'à la charge que toutes les délibérations ſeront arrêtées à la pluralité des ſuffrages, & ſeront ſignées par celui qui y aura préſidé, & par trois des plus anciens directeurs préſens, conformément à l'article 31 du réglement de 1656. Que l'article 12 ſera pareillement exécuté à l'égard des délibérations qui ſeront priſes dans toutes autres maiſons que celles qui ſont dénommées dans ledit article, conformément à l'édit de 1656, & à ladite déclaration du 23 Mars 1780. Que l'article l'article 13 ne sera exécuté qu'à la charge qu'il sera tenu un registre particulier des ordres qui seront donnés par les chefs de l'administration, lors de leurs visites, lesquels ordres seront signés par eux sur ledit registre. Que les articles 14, 15 & 16 ne seront exécutés que conformément à ce qui est ordonné par les articles 2 & 3 de l'édit de 1656, & par la déclaration du 29 Avril 1673, & qu'en conséquence, ceux nommés pour directeurs & perpétuels administrateurs, par l'article 16 de la présente déclaration, qui n'ont point encore prêté serment en la Cour, seront tenus de le prêter incessamment, pour, avec ceux qui ont ci-devant prêté ledit serment, completer le nombre de vingt-six, qui a été déterminé par ledit édit de 1656, & la déclaration de 1673, sans que ledit nombre puisse être augmenté, à moins qu'il n'en ait été référé en la Cour, sur la représentation desdits directeurs qui jugeroient ladite augmentation convenable, pour le plus grand avantage de l'administration dudit Hôpital, & au surplus, sans approbation des prétendus décrets & réglemens concernant ledit Hôpital, qui n'auroient été homologués ni enregistrés en la Cour. Fait en Parlement le vingt Juillet mil sept cent cinquante-un. *Signé*, DUFRANC.

Nota. La déclaration du roi, du 15 Mars 1758, rapportée page de ce recueil, ordonne que, nonobstant toutes choses à ce contraires, on se réglera en tout, & gouvernera à l'avenir, pour tout ce qui concerne l'administration de l'Hôpital-Général & autres y unies, comme on se régloit & gouvernoit avant l'année 1749.

ÉDIT DU ROI,

CONCERNANT la vente des immeubles des Hôpitaux *du royaume.*

Donné à Versailles, au mois de Janvier 1780.

LOUIS, par la grace de Dieu, roi de France & de Navarre : A tous présens & à venir ; SALUT. Nous étant fait rendre compte de la situation des finances des divers Hôpitaux de notre royaume, nous avons vu, avec peine, que le plus grand nombre n'avoit pas des revenus proportionnés à ses besoins, ce qui mettoit ces maisons dans la nécessité, ou de restreindre leurs œuvres de bienfaisance, ou de solliciter fréquemment les secours du gouvernement. En même-tems nous avons remarqué qu'une partie de leurs capitaux consistoit en immeubles, sorte de biens qui, sur-tout entre les mains d'une administration collective & changeante, dont les soins ne peuvent jamais égaler l'activité de l'intérêt personnel, ne procuroient qu'un très-modique revenu, & assujettissoient à des frais considérables d'entretien & de réparations ; qu'il étoit même des Hôpitaux qui jouissoient de droits purement honorifiques, possession absolument vaine & indifférente pour eux, & que l'avantage des pauvres invitoit à convertir en un revenu réel ; qu'enfin on ne pouvoit se dissimuler que si le foible produit des immeubles peut être préféré par des particuliers, en raison de la plus grande solidité qu'ils croient appercevoir dans ce genre d'emploi, il n'étoit pas raisonnable de soumettre à un pareil sacrifice le revenu des maisons hospitalieres, puisque, par les titres privilégiés qu'elles réunissent, leur fortune ne pourroit être exposée à aucun événement, toutes les fois qu'elle seroit liée à celle de l'Etat.

Nous avons donc pensé que, si nous pouvions augmenter les ressources applicables au soulagement des pauvres, sans donner aucune atteinte à la sûreté de leurs capitaux, nous remplirions un des objets les plus dignes de notre bienfaisance ; & nous avons cru qu'un des moyens efficaces d'atteindre à ce but, seroit que les diverses administrations d'Hôpitaux procédassent, à mesure d'occasions convenables, à la vente des immeubles dont elles sont en possession ; & en même-tems que nous avons jugé à propos de les y autoriser sans distinction, nous avons cherché à leur présenter un emploi du produit de ces ventes qui fût à la fois solide, avantageux, susceptible d'accroissement, & conforme aux loix établies pour les deniers des communautés ; en conséquence nous avons ordonné qu'à mesure que ces ventes auroient lieu, d'après les délibérations des diverses administrations d'Hôpitaux, le produit en fût appliqué, par préférence, à l'acquittement de leurs dettes, aux constructions des lieux claustraux que nous aurions autorisées ; &, quant au surplus, sans ôter à ces administrations la liberté de le placer dans les effets prescrits par l'édit de 1749, nous les autorisons à en faire verser le montant dans la caisse générale de nos domaines, pour le fonds en être employé à rentrer avec équité dans la partie de nos domaines aliénés à trop vil prix, ou pour nous aider à faire de nouveaux traités avec les engagistes.

L'utilité essentielle & permanente que l'Etat & nos finances retireront ainsi de l'emploi de ces capitaux, prêtera une nouvelle force aux engagemens que nous prendrons envers les maisons hospitalieres : &, quoique des engagemens de cette nature fussent déjà suffisamment garantis par la religion, la politique & l'ordre public, nous avons résolu d'y joindre encore toute la sanction que les loix & les formes les plus respectables de notre royaume peuvent nous présenter.

C'est pour remplir ce but, que nous voulons qu'à l'égard des fonds qui seront versés dans la caisse de nos domaines, il soit passé un contrat particulier en faveur de chaque maison de charité, lequel contrat, revêtu de lettres-patentes, déclarera que les deniers fournis sont le bien des pauvres, & la dette la plus sacrée de notre Etat.

Il y sera de plus stipulé que les intérêts seront payés tous les trois mois, exempts à jamais de toute retenue, avec affectation spéciale & privilégiée sur les revenus de nosdits domaines, en autorisant même, dans tous les tems, nos cours de Parlement à décerner des exécutoires sur ces mêmes revenus, dans le cas du moindre retard de paiement, de maniere que la tutelle du bien des pauvres continue à leur être particuliérement remise.

Au moyen de ces diverses précautions, nous avons pensé que toute espece d'inquiétude seroit d'autant moins fondée, qu'une grande partie des biens des Hôpitaux, consistant en octrois, exemptions & franchises, repose uniquement sur la simple continuation de notre protection & de notre libéralité.

Et quoique parmi les immeubles des Hôpitaux il y ait un grand nombre de maisons, & dont, par conséquent, une partie du capital dépérit par le tems, cependant, dans la vue de prévenir toute espece d'objections relatives aux effets généraux de l'augmentation progressive du numéraire, & desirant que les Hôpitaux de notre royaume conservent en entier, & dans tous les tems, le fruit de nos dispositions bienfaisantes, nous leur avons encore assuré le dédommagement de l'augmentation progressive que l'on peut attendre dans la valeur des immeubles ; & à cet effet, nous voulons que tous les vingt-cinq ans l'engagement que nous avons pris envers les maisons hospitalieres, soit augmenté d'un dixieme en capital & arrérages, & qu'à chacune des révolutions susdites, il soit passé un nouveau contrat, conforme à cette promesse, & pareillement revêtu de lettres-patentes, à moins toutefois que quelques-unes de ces maisons renonçant à l'augmentation dont nous venons de faire mention, ne desirassent, par préférence, que les arrérages des contrats constitués à leur profit, fussent stipulés en mesure de grains, dont la quotité seroit déterminée d'une maniere invariable, soit de gré à gré, soit en raison du prix moyen de cette denrée, depuis les dix années antérieures à la passation du contrat.

Nous pouvons d'autant plus aisément laisser l'alternative de ces conditions, qu'au moyen du genre d'emploi que nous nous proposons de faire des deniers versés dans la caisse de nos domaines, nous profiterons nous-mêmes de l'augmentation qui pourroit survenir au prix des denrées ; & nous procurerons encore à nos finances un avantage progressif, en faisant rentrer dans la circulation générale cette somme considérable d'immeubles, qui, dans la main des Hôpitaux, ne contribuoient aux besoins de l'état, ni par des lods & ventes, ni par les vingtiemes, ni par aucune autre espece d'imposition.

Nous consentons cependant à affranchir des droits seigneuriaux & de centieme denier la premiere vente des immeubles.

Nous avons vu d'ailleurs avec plaisir que l'administration de l'Hôpital-Général de notre bonne ville de Paris, à qui nous avons bien voulu communiquer ce projet de loi, en avoit adopté toutes les principales dispositions; & nous aimons à nous persuader que les autres maisons hospitalieres se porteront successivement à suivre cet exemple, sur-tout si elles considerent qu'elles ne pourroient, avec justice, demander des prolongations & des augmentations d'impôts à charge à nos peuples, tandis qu'elles négligeroient d'accroître leurs revenus par des moyens simples & raisonnables, qui s'accordent avec le bien de l'état, & que nos vues générales d'administration leur présentent.

Enfin, nous avons remarqué avec satisfaction que les mêmes dispositions qui augmenteroient le revenu des Hôpitaux, déchargeroient en même-tems les administrateurs de ces maisons des soins journaliers nécessaires pour la manutention & la conservation d'immeubles aussi multipliés; au moyen de quoi, toute leur attention pourroit être dirigée vers les détails de bienfaisance & de charité, qui influent si essentiellement sur le sort des pauvres, & le soulagement des malades. A CES CAUSES, & autres à ce nous mouvant, de l'avis de notre Conseil, & de notre certaine science, pleine puissance & autorité royale, nous avons, par notre présent Edit, perpétuel & irrévocable, dit, statué & ordonné, disons, statuons & ordonnons, voulons & nous plaît ce qui suit.

ARTICLE PREMIER.

Nous autorisons tous les Hôpitaux de notre Royaume, sans distinction, à procéder, à mesure d'occasions convenables, & par voie d'encheres publiques, à la vente de tous leurs immeubles réels.

II. Nous voulons que le produit de ces ventes soit appliqué, par préférence, au remboursement des dettes des Hôpitaux, ou aux nouvelles constructions des lieux claustraux que nous aurions autorisées; & pour ce qui restera dudit produit, nous autorisons les administrateurs desdits Hôpitaux, ou à le placer dans les effets prescrits par l'édit de 1749, ou à le verser dans la caisse générale de nos domaines.

III. Il sera passé par les commissaires de notre Conseil, au profit de l'Hôpital, ou maison de charité, dont les fonds auroient été versés dans ladite caisse, contrat de constitution, dont les arrérages, qui courront à compter du jour du versement dans ladite caisse de nos domaines, seront fixés à raison de cinq pour cent, & déclarés exempts & affranchis de toutes retenues présentes & à venir. Voulons que tous les vingt-cinq ans, depuis la date du contrat constitué en faveur d'un Hôpital, & pour les causes mentionnées au présent article, il en soit passé un nouveau à son profit, & dans les mêmes termes, mais avec accroissement d'un dixieme en capital & arrérages, sur les capitaux & arrérages primitifs desdits contrats.

IV. Si néanmoins quelques-uns des Hôpitaux préféroient aux contrats ci-dessus, avec les accroissemens qui y sont attribués, des contrats dont les arrérages seroient stipulés en mesures de grains, nous autorisons les commissaires de notre Conseil à souscrire des contrats de cette nature; dérogeant à cet effet, en faveur des pauvres seulement, à l'ordonnance de 1565, & à toutes loix postérieures qui auroient défendu de constituer des rentes en grains pour prêt de deniers; & en ce cas, nous voulons qu'à l'époque de chacune de ces constitutions particulieres, la quotité des mesures de grains, représentant les intérêts en especes à cinq pour cent, & devant former la rente perpétuelle du capital de la constitution, soit déterminée irrévocablement, soit de gré à gré, soit en raison du prix moyen du septier de bled, résultant des différens prix de cette denrée, pendant les dix années antérieures à la passation du contrat.

V. Le paiement de ces rentes sera néanmoins fait en especes, dont la quotité sera déterminée, à leur échéance, sur le prix courant des grains à cette époque, & de la même maniere que s'acquittent ordinairement les rentes en grains.

VI. Dans les contrats ci-dessus mentionnés, seront énoncés la vente de l'immeuble, le versement du prix dans la caisse de nos domaines, l'affectation & privilege sur les revenus d'iceux, le paiement des arrérages du principal tous les trois mois, & généralement tout ce qui sera nécessaire pour assurer à chacun desdits Hôpitaux, ou maisons de charité, & leurs capitaux, & le paiement des rentes qui leur seront constituées.

VII. Le caissier de l'administration de nos domaines sera tenu de payer, tous les trois mois, les arrérages desdits contrats, par préférence à nos propres deniers, sur les simples quittances du receveur, ou préposé desdits Hôpitaux; & dans le cas de retard de paiement desdits arrérages, autorisons nos cours de Parlement à décerner sur les revenus de nos domaines, d'après les requisitoires de nos procureurs-généraux, exécutoire du montant des arrérages échus.

VIII. Ordonnons que les immeubles desdits Hôpitaux demeureront affranchis & exempts, pour la premiere mutation seulement, des droits d'insinuation & de centieme denier, auxquels les ventes qui en seront faites pourroient donner lieu; comme aussi que ceux desdits immeubles qui se trouveront situés dans notre mouvance, demeureront également affranchis & exempts, pour la premiere mutation seulement, des droits de lods & ventes qui pourroient être dus, à raison desdites ventes.

IX. Voulons que les deniers qui, conformément à ce qui est ci-dessus ordonné, auront été versés dans la caisse de nos domaines, soient incessamment employés au remboursement des finances pour lesquelles telle partie de nos domaines qui seroit par nous déterminée, auroit été aliénée ou engagée par les rois nos prédécesseurs, ainsi & de la maniere qu'il sera par nous plus particuliérement prescrit & avec déclaration, dans les arrêts de liquidation & quittances de remboursement, de l'origine des deniers qui auront été employés au remboursement. Si donnons en mandement à nos amés & féaux conseillers les gens tenant notre cour de Parlement à Paris, que notre présent édit ils aient à faire lire, publier & registrer, & le contenu en icelui garder & observer selon sa forme & teneur: car tel est notre plaisir; & afin que ce soit chose ferme & stable à toujours, nous y avons fait mettre notre scel. Donné à Versailles, au mois de Janvier, l'an de grace mil sept cent quatre-vingt, & de notre regne le sixieme. *Signé*, LOUIS. *Et plus bas :* par le roi, AMELOT. *Visa,* HUE DE MIROMESNIL *Et scellées du grand sceau de cire verte, en lacs de soie rouge & verte.*

Registré, oui & ce requérant le procureur-général du roi, pour être exécuté selon sa forme & teneur; & copies collationnées envoyées aux bailliages & sénéchaussées du ressort, pour y être lu, publié & registré. Enjoint aux substituts du procureur-général du roi d'y tenir la main, & d'en certifier la Cour dans le mois, suivant l'arrêt de ce jour. A Paris, en Parlement, toutes les Chambres assemblées, le quatorze Janvier mil sept cent quatre-vingt. Signé, DUFRANC.

ARRÊT DU PARLEMENT,

Qui homologue la délibération prise par mm. les directeurs & administrateurs de l'Hôpital-Général; *& ordonnance de m. l'archevêque de Paris, au sujet des enfans de la maison de la Pitié, qui seront mandés pour aller aux convois dans les paroisses de Paris.*

Du 15 Décembre 1784.

LOUIS, par la grace de Dieu, roi de France & de Navarre : au premier huissier de notre cour de Parlement, ou autre notre huissier ou sergent sur ce requis. : Savoir faisons, vu par notredite Cour la requête présentée par les directeurs & administrateurs de l'Hôpital, tendante à ce qu'il lui plût homologuer la délibération prise au bureau de l'Hôpital-Général le 5 Août dernier, & l'ordonnance de m. l'archevêque de Paris, du 24 Novembre aussi dernier, qui en ordonne l'exécution, pour être lesdites délibération & ordonnance exécutées selon leur forme & teneur : vu aussi les pieces attachées à la requête, signée **BRULÉ DE BAUNE**, procureur des supplians; conclusions de notre procureur-général.

SUIT LA TENEUR DESDITES DÉLIBÉRATION ET ORDONNANCE.

EXTRAIT des registres des délibérations du bureau de l'Hôpital-Général, *tenu à l'archevêché, le jeudi cinq Août mil sept cent quatre-vingt-quatre.*

M. Bassy a dit : Messieurs, l'article 22 du réglement qui a été arrêté au Conseil en 1656, pour assurer l'exécution de l'édit d'établissement de l'Hôpital-Général, porte que, » pourront les enfans & autres pauvres de l'Hôpital aller aux enterremens à Paris, lorsqu'ils y seront mandés, & en tel nombre que l'on desirera ».

Les expressions du réglement indiquent une simple faculté de le part de l'administration d'envoyer ses pauvres, de même qu'une entiere liberté de la part des fabriques & paroisses de les mander, ou de ne les pas mander.

Dans le fait, il paroît que les enfans de la Pitié ont d'abord été mandés fréquemment pour les convois; mais leur possession, à cet égard, se borne maintenant à dix-neuf des paroisses, & les autres préferent les enfans de leur charité.

Dans le nombre des dix-neuf paroisses, celles de Saint-Sulpice & de Saint-Benoît ne se servent plus des enfans de la Pitié que pour les convois de plus de douze, ou même de dix-huit Prêtres.

Le prix qui y est payé est de dix sols par chaque enfant pour la premiere douzaine, & d'un sol seulement au-delà de ce nombre.

L'usage des paroisses de Saint-Etienne-du-Mont & Saint-Martin, au fauxbourg Saint-Marcel, est qu'il soit payé quatre livres douze sols pour la premiere douzaine d'enfans; savoir, trois livres pour le droit de sortie, une livre pour l'ecclésiastique qui les conduit, & un sol pour chaque enfant; que le conducteur ait un cierge, lorsque les autres ecclésiastiques du convoi en ont, & que s'il est fourni des flambeaux neufs, il en soit donné deux à la Pitié pour tous ses enfans, quel que soit le nombre de ceux qui sont allés à l'enterrement.

La paroisse de Saint-Médard, autre des dix-neuf qui emploient les enfans de la Pitié, paie le même honoraire pour le droit de sortie, pour l'ecclésiastique conducteur, & pour la premiere douzaine des enfans.

Leur nombre eſt-il de douze douzaines? le paiement total eſt de neuf livres, & il ſe leve douze livres pour trois douzaines, à raiſon de cinq ſols par chaque enfant.

Le traitement qui eſt fait à l'adminiſtration pour les convois de la paroiſſe Saint-Jacques-du-Haut-Pas, eſt plus foible; la fabrique, ou toute perſonne ou corps qui y reçoit les émolumens des convois, retient une partie de la ſomme que la famille du défunt a acquittée. L'on en a la preuve par rapport au convoi de M. Cochin, curé de cette paroiſſe, décédé le 5 Juin 1783, & lors du convoi duquel il a été payé quatorze livres deux ſols pour huit douzaines d'enfans, au lieu qu'il n'a été remis à l'adminiſtration que ſept livres deux ſols.

Il eſt auſſi à remarquer que chacun des quatre-vingt-ſeize enfans avoit à la main un flambeau, dont la dépenſe, pour la famille, ſe trouve compriſe au mémoire de la cire; au lieu qu'il n'a été abandonné à l'adminiſtration que deux flambeaux, ſuivant, eſt-il dit, l'uſage.

Les exemples de gains qui ſont faits ſur l'adminiſtration par les fabriques ou par les clercs des convois ſont nombreux.

Ce qui ſe pratique à la paroiſſe de Saint-André, qui differe encore de celle de Saint-Jacques, eſt de payer cinq livres pour la ſortie des enfans, une livre pour l'eccléſiaſtique qui les accompagne, un ſol ſeulement par enfant, & deux ſols pour celui qui porte la croix.

Une rétribution auſſi modique que celle qui eſt perçue par l'Hôpital pour les convois des différentes paroiſſes de Paris, ne lui rend qu'environ ſeize cens livres par année; & il y a à diminuer ſur cette ſomme, non-ſeulement des dépenſes extraordinaires, qui ſont occaſionnées à la maiſon de la Pitié par la ſortie des enfans, pour leurs vêtemens & chauſſures, mais auſſi pour les deux flambeaux que l'Hôpital eſt obligé de fournir toutes les fois que la cire du convoi eſt ce qu'on appelle *vieille cire*.

Une conſidération plus importante encore, concerne la ſanté des enfans, qui ſouffrent de déplacemens multipliés, de rentrées tardives, de ce qu'ils ſe trouvent expoſés à la pluie, au froid, & ſujets à manger tard.

L'inconvénient eſt égal, quant à l'éducation des enfans, qu'empêchent ou retardent des ſorties fréquentes, d'ailleurs de nature à exciter l'eſprit de diſſipation ou de légéreté.

D'après ces diverſes motifs, nous vous propoſons, ſinon de refuſer d'envoyer les enfans de la Pitié aux enterremens, au moins de rendre les envois plus rares & plus utiles pour l'adminiſtration, par un réglement qui contiendra les quatre diſpoſitions que voici.

1°. La rétribution de la premiere douzaine d'enfans ſera fixée à ſix ſols par enfant, & celle pour le nombre des enfans au-delà de cette premiere douzaine, le ſera à cinq ſols auſſi par enfant, prix déjà réglé pour les enfans-trouvés.

2°. Il ſera payé une livre pour chacun des Prêtres qui conduiront des enfans, & il ne pourra être confié que trois douzaines d'enfans au même eccléſiaſtique.

3°. Il ſera attribué un ſol par augmentation pour chaque enfant qui portera le ſurplis aux convois.

4°. Il ſera fourni à l'Hôpital pour chaque douzaine d'enfant, deux flambeaux, ſoit que la cire ſoit nouvelle ou vieille.

On a vu par le tableau ci-deſſus donné des prix actuels, que dans certaines paroiſſes, telle que Saint-Médard, les rétributions ſont pour le moins égales à celles que l'on vient de propoſer. Il eſt naturel qu'il y ait de l'uniformité entre les paroiſſes; & la juſtice veut que l'adminiſtration reçoive un avantage de l'emploi des enfans.

Cependant, on le répete, elle feroit l'entier ſacrifice de cet avantage à leur bien, du côté de la ſanté & de l'éducation, s'il lui convenoit de refuſer clairement une nature d'aumône qui a été prévue & autoriſée par une loi du prince, à l'époque de l'établiſſement de l'Hôpital-Général.

Sur quoi la matiere mise en délibération, le bureau a arrêté qu'il sera adressé à monseigneur l'archevêque une expédition de la présente délibération, en le priant de vouloir bien s'occuper du réglement nécessaire à cet objet.

Au-dessous est écrit : Délivré par moi, greffier du bureau, soussigné, *signé*, Aubry Dumesnil, avec paraphe. *Et au-dessous est encore écrit* : Nous soussignés, curés de Paris, acquiesçons à la délibération faite par messieurs les administrateurs de la maison de la Pitié, & veillerons à ce que les enfans demandés par les familles des défunts soient payés ainsi qu'il est dit ci-dessus *Signés*, F. de Tersac, curé de Saint-Sulpice; Aubry, curé de Saint-Louis-en-l'Isle; F. Brocas, curé de Saint-Benoît; Coutault, curé de Saint-Germain-le-Vieux; Cantuel de Blemur, curé de Saint-Severin; Antheaume, cure de Saint-Jacques-du-haut-Pas; de la Roue, curé de Saint-Côme; Thoré, curé de Saint-Hilaire.

Antoine-Eléonor-Léon le Clerc de Juygné, par la miséricorde divine, & par la grace du saint-siege apostolique, archevêque de Paris, duc de Saint-Cloud, pair de France, &c. Vu la délibération ci-contre, ensemble l'acquiescement de messieurs les curés de Paris y joint, nous avons approuvé & autorisé, approuvons & autorisons les quatre dispositions y contenues; & en conséquence, ordonnons qu'elles seront exécutées selon leur forme & teneur. Donné à Paris, sous notre seing, le sceau de nos armes, & le contre-seing de notre secrétaire, le 24 Novembre 1784. *Signé*, E. L., archevêque de Paris. *Et plus bas*, par monseigneur, Lecourt, avec paraphe. *En marge*, est l'impression du scel de m. l'archevêque de Paris.

Oui le rapport de m^e Pierre Lattaignant, conseiller; tout considéré.

Notredite Cour a homologué & homologue les délibération & ordonnance susdatées, pour être exécutées selon leur forme & teneur. Si mandons mettre le présent arrêt à exécution; de ce faire te donnons pouvoir. Donné en notredite cour de Parlement, le quinze Décembre, l'an de grace mil sept cent quatre-vingt-quatre, & de notre regne le onzieme. Collationné, *Signé*, Lutton. Par la Chambre, *Signé*, Ysabeau.

HOPITAL DES ENFANS-TROUVÉS,

PREMIERE PARTIE.

ÉTABLISSEMENT ET RÉUNION A L'HOPITAL-GÉNÉRAL; DONS DU ROI, & RÉGLEMENS QUI LE CONCERNENT.

ÉDIT DU ROI,

*Pour l'établissement de l'*Hôpital des Enfans-Trouvés, *uni à l'*Hôpital-Général.

Du mois de Juin 1670.

Louis, par la grace de Dieu, roi de France & de Navarre : A tous présens & à venir; Salut. Comme il n'y a point de devoir plus naturel ni plus conforme à la piété chrétienne, que d'avoir soin des pauvres enfans exposés, que leur foiblesse & leur infortune rendent également dignes de compassion, les rois nos prédécesseurs ont pourvu à l'établissement & à la fondation de certaines maisons & Hôpitaux, où ils pussent être reçus pour y être élevés avec piété : en quoi leurs bonnes intentions ont été suivies par notre Cour de Parlement de Paris, qui, conformément aux anciennes coutumes de notre royaume, auroit ordonné par son arrêt du treizieme Août 1552, que les seigneurs hauts-justiciers dans l'étendue de notre bonne ville & fauxbourgs de Paris, contribueroient chacun de quelque somme aux frais nécessaires pour l'entretien, subsistance & éducation des enfans exposés dans l'étendue de leur haute-justice : & depuis le feu roi notre très-honoré seigneur & pere, voyant combien il étoit important de conserver la vie de ces malheureux destitués du secours des personnes mêmes desquelles ils l'ont reçue, leur auroit donné la somme de trois mille livres, & mille livres aux sœurs de la Charité qui les servent, à prendre chaque année, par forme de fief & aumône, sur le domaine de Gonesse. Et considérant combien leur conservation étoit avantageuse, puisques les uns pouvoient devenir soldats & servir dans nos troupes, les autres ouvriers ou habitans des Colonies que nous établissons pour le bien du commerce de notre royaume; nous leur aurions encore donné par nos lettres-patentes du mois de Juin 1644, huit mille livres à prendre par chacun an sur nos cinq grosses fermes. Mais comme notre bonne ville de Paris s'est beaucoup accrue depuis ce tems, & que le nombre des enfans exposés s'est fort augmenté, la dépense que l'on a été obligé de faire depuis quelques années pour leur nourriture, s'est trouvée monter à plus de quarante mille livres par chacun an, sans qu'il y ait presque aucun autre fonds pour y subvenir que les aumônes de plusieurs dames pieuses, les charités desquelles excitées par le feu sieur Vincent, premier supérieur-général de la Mission, & instituteur des Filles de la Charité, ont contribué de notables sommes de leurs biens & de leurs soins & peines à la nourriture & éducation de ces enfans. Notre Cour de Parlement de Paris auroit estimé nécessaire de convertir l'entretenement & subsistance que les hauts-justiciers sont obligés de donner aux enfans exposés dans l'étendue de leur haute-justice, en une somme de quinze mille livres annuellement, pour être mise ès-mains de personnes pieuses, qui charitablement en prennent soin, suivant son arrêt du 3 Mai 1667. Ce que nous aurions confirmé par arrêt rendu en notre Conseil le 20 Novembre 1668. Mais comme l'établissement de cette maison n'a point été spécialement autorisé par nos lettres-patentes, quoique nous l'ayons approuvé par les dons que nous y avons faits, étans bien-aise de maintenir & confirmer un si bon œuvre, & de l'établir le plus solidement qu'il nous sera possible. A CES CAUSES, & autres bonnes considérasions à ce nous mouvans, & de notre grace spéciale, pleine puissance & autorité royale, nous avons, par ces présentes signées de notre main, dit, déclaré, statué & ordonné, disons, déclarons, statuons & ordonnons l'Hôpital des Enfans-Trouvés, l'un des Hôpitaux de notre bonne ville de Paris : voulons qu'en cette qualité il puisse agir, contracter, vendre, aliéner, acheter, acquérir, comparoir en jugement, & y procéder, recevoir toutes donations & legs universels & particuliers ; & généralement faire tous autres actes dont les Hôpitaux de notredite ville & fauxbourgs de Paris sont capables : confirmons & renouvellons, en tant que besoin est ou seroit, les donations faites auxdits enfans par le feu roi notre très-honoré seigneur & pere, & par nous : ensemble toutes autres donations, legs ou autres actes quelconques passés à leur profit, que nous voulons être réputés valables & avoir leur effet, comme si ledit Hôpital avoit été établi en vertu de nos lettres-patentes. Ordonnons que des sommes de quatre mille livres, & huit mille livres données auxdits Enfans-Trouvés par le feu roi & par nous, il en sera dorénavant payé par chacun an, de quartier en quartier, à commencer du premier Janvier prochain, la somme de onze mille livres au receveur dudit Hôpital des Enfans-Trouvés, & mille livres à la supérieure desdites Sœurs de la Charité, sur leurs simples quittances, le tout à prendre, savoir, quatre mille livres sur le domaine de Gonesse, comme il s'est fait ci-devant, & huit mille livres sur nos cinq grosses fermes. Voulons que les sommes portées par l'arrêt du parlement de Paris, du 3 Mai 1667, & de notre Conseil d'état, du 20 Novembre 1668, soient aussi payées, de quartier en quartier, ès-mains du receveur desdits Enfans-

Enfans-Trouvés, par les seigneurs hauts-justiciers de notredite ville de Paris, leurs receveurs & fermiers, ou autres qui feront la recette de leurs revenus, & qu'à ce faire ils soient contraints, ainsi qu'il est accoutumé; savoir, trois mille livres par chacun an pour toutes les justices de l'archevêché; deux mille livres pour celle du chapitre de l'église de Paris; trois mille livres pour celle de l'abbaye Saint-Germain-des-Prés; douze cens livres pour celle de l'abbaye Saint-Victor; quinze cens livres pour celle de l'abbaye Sainte-Genevieve; quinze cens livres pour celle du grand-prieuré de France; deux mille cinq cens livres pour celle du prieuré Saint-Martin; six cens livres pour celle du prieuré de Saint-Denis-de-la-Chartre; cent livres pour celle de l'abbaye de Thiron; cinquante livres pour celle de l'abbaye de Montmartre; cent livres pour celle du chapitre de Saint-Marcel; cent cinquante livres pour celle du chapitre de Saint-Mederic; cent livres pour celle du chapitre de Saint-Benoît; cent livres pour celles de l'abbaye Saint-Denis, sans que les sommes ci-dessus puissent être augmentées à l'avenir, pour quelque cause, & sous quelque prétexte que ce soit. Et à ce moyen lesdits seigneurs hauts-justiciers demeureront déchargés du paiement des sommes portées par l'arrêt dudit Parlement, du 13 Août 1452. Ordonnons que la direction dudit Hôpital des Enfans-Trouvés sera faite par les directeurs de l'Hôpital-Général, auquel nous l'avons uni & unissons par ces présentes. Mais comme elle ne desire pas un si grand nombre de personnes, voulons que le premier président & notre procureur-général en notre Parlement de Paris, en prennent soin avec quatre directeurs dudit Hôpital-Général qui seront nommés au Bureau d'icelui, ainsi que les commissaires des autres maisons dudit Hôpital-Général, & y serviront pendant trois ans, s'il n'est trouvé à propos de les continuer, après ledit tems expiré, pour le bien des affaires desdits Enfans-Trouvés. Et feront pendant ce tems toutes les choses nécessaires pour ladite administration, à la réserve néanmoins des acquisitions d'immeubles ou aliénations de ceux qui appartiennent ou appartiendront ci-après audit Hôpital des Enfans-Trouvés, lesquels ne pourront être être arrêtés que dans le Bureau dudit Hôpital-Général. Voulons pareillement que lesdits premier président, procureur-général, & quatre directeurs, choisissent un receveur charitable du revenu desdits Enfans-Trouvés, qui en fera la recette, & en rendra compte, chacune année, trois mois après icelle expirée, au Bureau dudit Hôpital-Général, auquel compte les officiers des seigneurs hauts-justiciers de notredite ville de Paris, pourront assister, si bon leur semble, auquel effet ils seront avertis du jour que lesdits comptes seront examinés & arrêtés. Et comme plusieurs dames de piété ont pris très-grand soin jusqu'à présent desdits Enfans-Trouvés, & contribué notablement à leur nourriture & éducation, nous les exhortons, autant qu'il nous est possible, de continuer leurs zele & charitables soins envers lesdits Enfans, ainsi qu'elles ont fait par le passé, pour avoir part à ladite administration, suivant les articles de réglement ci-attachés sous le contre-scel de notre Chancellerie, que nous voulons être exécutés selon leur forme & teneur. Si donnons en mandement aux gens tenans notre Cour de Parlement, & Chambre des Comptes de Paris, que ces présentes ils aient à faire lire, publier, registrer & observer selon leur forme & teneur, nonobstant tous édits, déclarations, arrêts & autres choses à ce contraires, auxquelles nous avons dérogé & dérogeons par ces présentes : car tel est notre plaisir. Et afin que ce soit chose ferme & stable à toujours, nous y avons fait mettre notre scel. Donné à Saint-Germain-en-Laye, au mois de Juin, l'an de grace mil six cent soixante-dix, & de notre regne le vingt-huitieme. *Signé*, LOUIS. *Et sur le repli*, par le roi, COLBERT.

Lues, publiées & registrées, oui & ce requérant le procureur-général du roi, pour être exécutées selon leur forme & teneur, suivant l'arrêt de ce jour. A Paris, en Parlement, le dix-huitieme jour d'Août mil six cent soixante-dix. Signé, ROBERT.

ARRÊT ET RÉGLEMENT DU CONSEIL D'ÉTAT,

En exécution dudit édit pour les Enfans-Trouvés.

Du 21 Juillet 1670.

Le roi étant en son Conseil d'Etat, voulant pourvoir à la direction & administration de l'Hôpital des Enfans-Trouvés de la ville de Paris, ordonné être établi par sa déclaration du présent mois, a ordonné & ordonne ce qui ensuit.

ARTICLE PREMIER.

Les administrateurs & receveurs feront les poursuites & diligences nécessaires pour la recette du bien qui appartiendra à l'Hôpital des Enfans-Trouvés; & pourront intenter pour cet effet telles actions qu'ils estimeront nécessaires.

II. Feront les marchés des bâtimens neufs, & auront soin de toutes les réparations qu'il conviendra faire aux anciens.

III. Feront la dépense de l'Hôpital, tant à l'égard des Enfans, que des personnes qui les servent.

IV. Visiteront toutes les semaines le registre où l'on écrit le nom des Enfans-Trouvés, que l'on apporte dans l'Hôpital; & après l'avoir vérifié sur les procès-verbaux des commissaires du Châtelet & ordonnances des officiers qui en doivent connoître, en parapheront les feuilles, & feront mettre lesdits procès-verbaux dans le lieu qui sera destiné pour les garder.

V. Examineront tous les mois la recette & dépense dudit Hôpital, & en arrêteront les comptes.

VI. Les dames qui seront choisies par celles de la Charité, pour avoir soin desdits Enfans pendant quatre ans, iront les visiter le plus souvent qu'il leur sera possible.

VII. Prendront garde que les sœurs de la Charité qui y seront, les servent bien & leur administrent toutes les choses nécessaires.

VIII. Auront soin que les sœurs de la Charité aillent visiter les Enfans qui seront mis en nourrice hors dudit Hôpital, dans les tems qu'elles estimeront à propos, & se feront rendre compte de l'état auquel elles les auront trouvés, & des nécessités dont ils pourront avoir besoin, pour y pourvoir, ainsi qu'elles le jugeront nécessaire.

IX. Feront les marchés qu'elles jugeront à propos pour leur nourriture, tant à Paris qu'à la campagne.

X. Acheteront les toiles, étoffes, bonnets & autres choses nécessaires pour l'habillement desdits enfans, de l'argent qui leur sera mis à cet effet entre les mains par le receveur, par ordre des administrateurs, dont elles lui donneront un récépissé, lequel il leur rendra, en lui remettant un bref état de l'emploi qu'elles en auront fait, pour être inséré dans son compte.

XI. Pourront recevoir les charités qui seront faites audit Hôpital, par des personnes qui ne voudront être nommées, & les remettront entre les mains du receveur, qui s'en chargera dans son compte. Fait au Conseil d'Etat du roi, sa majesté y étant, tenu à Saint-Germain-en-Laye, le vingt-unieme jour de Juillet mil six cent soixante-dix. *Signé*, COLBERT.

LETTRES-PATENTES,

*PORTANT don au profit de l'*Hôpital des Enfans-Trouvés, *à titre de fief & aumône, d'une somme de quatre mille livres, à prendre sur la ferme & châtellenie de Gonesse.*

Du mois de Juillet 1642.

LOUIS, par la grace de Dieu, roi de France & de Navarre : A tous présens & à venir, SALUT. Ayant été informé par personnes de grande piété & dévotion, que le peu de soin qui a été apporté jusques à présent à la nourriture & entretenement des Enfans-Trouvés, exposés dans notre bonne ville & fauxbourgs de Paris, a été non-seulement cause que depuis plusieurs années il seroit presque impossible d'en trouver un bien petit nombre qui ait été garanti de la mort, à cause de l'extrême nécessité où ils étoient réduits. Mais encore l'on a su qu'il en a été vendu pour être supposés & servir à d'autres mauvais effets, ce qui auroit porté plusieurs dames officieres de la Charité de l'Hôtel-Dieu de ladite ville, de prendre soin desdits enfans, & y auroient travaillé avec tant de zele & de charitable affection, qu'il s'en éleve à présent un grand nombre ; & voulant, autant qu'il nous est possible, en l'état présent de nos affaires, contribuer à l'établissement d'un si louable & pieux dessein, qui a pour objet la gloire de notre seigneur, & la charité chrétienne. A CES CAUSES, nous avons donné, transporté, délaissé, & par ces présentes signées de notre main, donnons, transportons & délaissons à toujours auxdits pauvres Enfans-Trouvés de notredite ville de Paris, par forme de fief & aumônes, la somme de quatre mille livres, à prendre par chacun an sur la ferme & châtellenie de Gonesse, dépendante de la ferme générale du domaine de Paris, laquelle nous voulons être employée, à savoir, trois mille livres à la nourriture & entretenement desdits Enfans, & mille livres pour la nourriture, logement & entretenement des filles servantes de la Charité, destinées pour être près lesdits Enfans-Trouvés, & pour assister les pauvres des paroisses ; laquelle ferme de Gonesse nous avons particuliérement affectée & engagée, affectons & engageons par ces présentes, pour en jouir, à commencer du premier jour de Janvier de la présente année, & être ladite somme payée de quartier en quartier par les fermiers de ladite ferme de la châtellenie de Gonesse, auxdites dames officieres de la charité de l'Hôtel-Dieu, sur leurs simples quittances, lesquelles les fermiers-généraux de notre domaine de Paris, ou receveurs d'icelui, seront tenus prendre pour deniers comptans, sur le prix de ladite ferme, qui ne pourra à l'avenir être adjugée qu'à condition expresse de ladite charge, sans que le paiement de ladite somme de quatre mille livres puisse être diminuée pour quelque cause & occasion que ce soit, attendu la qualité & nature de ladite partie. Si donnons en mandement à nos amés & féaux conseillers, les gens tenans notre Cour de Parlement, Chambre des Comptes, présidens, trésoriers de France en la généralité de Paris, que ces présentes ils fassent enregistrer, garder & entretenir, chacun en droit soi, comme il appartiendra, cessant & faisant cesser tous empêchemens au contraire, nonobstant quelconques édits, réglemens, ordonnances, arrêts & lettres à ce contraires, auxquelles nous avons dérogé & dérogeons pour ce regard, car tel est notre plaisir ; & afin que ce soit chose ferme & stable à toujours, nous avons fait mettre notre scel à ces présentes, sauf en autres choses notre droit & l'autrui en toutes. Donné à Fontainebleau, au mois de Juillet l'an de grace mil six cens quarante-deux, & de notre regne le trente-troisieme. *Signé*, LOUIS. *Sur le repli est écrit*, par le roi, *Signé*,

Registrées en la Chambre des Comptes, oui le procureur-général du roi, pour être

exécutées, à la charge que celui qui sera commis à la recette, sera tenu, avant que de recevoir lesdites quatre mille livres, de mettre ès mains du receveur ou fermier du domaine, sa nomination en bonne & due forme. Le vingt-cinquieme jour d'Octobre mil six cent quarante-deux. Signé, *BOURLON*, avec grille & paraphe.

Regiſtrées au Bureau des finances de la généralité de Paris, du consentement du procureur du roi, pour être exécutées & avoir lieu, du premier Juillet dernier, à prendre & recevoir lesdites quatre mille livres, par chacun an, des mains des receveurs du domaine de Paris, de quartier en quartier, concurremment avec les autres fiefs & aumônes affectés & assignés sur le revenu de la châtellenie de Gonesse, par celui qui nous sera nommé & présenté par les dames de la Charite de l'Hôtel-Dieu, pour faire la recette desdites quatre mille livres, après qu'il nous aura fait regiſtrer sondit pouvoir en ce Bureau. Le cinquieme jour de Mars mil six cent quarante-trois. Signé, LE BRET, DE BUGNON, FRYON, DE SANTEUL, HARDY, FRAGNYER, HACHETTE, QUALLIÉ, par mesdits sieurs, *signé*, CONCIER.

LETTRES-PATENTES,

*PORTANT don au profit de l'*Hôpital des Enfans-Trouvés, *d'une somme de huit mille livres, à prendre annuellement sur le revenu des cinq grosses fermes.*

Du mois de Juin 1644.

LOUIS, par la grace de Dieu, roi de France & de Navarre : A tous présens & à venir; SALUT. Le feu roi, notre honoré seigneur & pere, ayant été informé par personnes de grande piété & dévotion, de la misere extrême à laquelle ont été réduits par le passé les pauvres Enfans-Trouvés de notre bonne ville de Paris, qui a été telle & si grande, que faute d'avoir eu de quoi les nourrir & élever, la plus grande partie seroient morts de faim & nécessité; il auroit, par ses lettres-patentes du mois de Juillet 1642, vérifiées où besoin a été, fait don & aumône auxdits pauvres Enfans-Trouvés de la somme de quatre mille livres par chacun an, à prendre sur la châtellenie de Gonesse, dépendante du domaine de Paris, ce qui a été cause, avec les aumônes des particuliers, que la plus grande partie desdits Enfans-Trouvés ont depuis été élevés, & qu'il y en a à présent plus de quatre cens, la nourriture & entretien desquels monte, par chacun an, à plus de vingt-huit mille livres; ensorte que comme lesdites quatre mille livres, & les aumônes desdits particuliers, ne peuvent, à beaucoup près, subvenir à une si grande dépense, cet ouvrage d'une signalée piété & charité, seroit sur le point d'être abandonné, si de notre part nous ne contribuons à le faire subsister. A CES CAUSES, imitant la piété & charité de notredit seigneur & pere, qui sont vertus vraiement royales, avons donné, transporté & délaissé, & par ces présentes signées de notre main, donnons, transportons & délaissons à toujours auxdits pauvres Enfans-Trouvés de notredite ville de Paris, par forme d'aumône, la somme de huit mille livres de rente par chacun an, à commencer à en jouir du premier Janvier dernier passé, & ainsi continuer d'année en année, sans aucune diminution ni retranchement, pour quelque cause & occasion que ce soit ou puisse être, à prendre sur les cinq grosses fermes, pour être employée à la nourriture & education desdits Enfans-Trouvés, sans pouvoir être divertie ni employée ailleurs, lesquelles huit mille livres seront reçues par la trésoriere de la Charité desdits Enfans-Trouvés. Si donnons en mandement à nos amés & féaux conseillers les gens tenans notre Chambre des Comptes & Cour des Aides de Paris, que ces présentes ils aient à enregiſtrer, garder &

entretenir, selon leur forme & teneur, chacun en droit soit, comme il appartiendra, cessant & faisant cesser tous empêchemens contraires, nonobstant quelques édits, réglemens, ordonnances & lettres à ce contraires, auxquelles nous avons dérogé & dérogeons pour ce regard, car tel est notre plaisir; & afin que ce soit chose ferme & stable à toujours, nous avons fait mettre notre scel à cesdites présentes, sauf en autres choses notre droit & l'autrui en toutes. Donné à Ruel, au mois de Juin mil six cent quarante-quatre, & de notre regne le deuxieme. *Signé*, LOUIS. *Sur le repli est écrit*, par le roi, la reine régente sa mere, présente. *Signé*,

Registrées en la Chambre des Comptes, oui le procureur-général du roi, suivant l'arrêt sur ce fait, le trentieme jour de décembre mil six cent quarante-quatre.

Signé, BOURLON, avec griffe & paraphe.

ARRÊT DU PARLEMENT,

QUI fait défenses à tous messagers, rouliers, voituriers & conducteurs de coches, tant par eau que par terre, d'amener à Paris aucuns enfans qu'ils n'en aient les noms & surnoms sur leurs livres, avec les noms & surnoms de ceux qui les en auront chargés, & l'adresse de ceux entre les mains desquels ils les devront remettre dans Paris, à peine de punition corporelle.

Du 8 Février 1663.

SUR ce qui a été remontré par le procureur-général du roi, qu'encore qu'il soit de l'ordre, de la charité & de la justice, que chaque ville & province nourisse ses pauvres, & que le refuge qui a été donné dans l'Hopital-Général de cette ville de Paris, aux pauvres de diverses provinces qui y ont abordé, n'ait été que dans la nécessité pressante & pour un tems; & que tant par l'établissement dudit Hôpital-Général, que par les réglement intervenus ensuite, il soit ordonné que les pauvres seront renvoyés dans leur pays: il a été averti par les directeurs dudit Hôpital, qu'on a, suivant une nouvelle fraude, pour la surcharge dudit Hôpital, & qui peut être dans le public & dans le particulier, de très-périlleuse conséquence, savoir que les messagers, voituriers & les conducteurs de coches, tant par eau que par terre, amenent tous les jours en cette ville, presque de tous les endroits du royaume, des enfans de tous âges, de l'un & l'autre sexe, qu'ils exposent dans les places publiques & dans les églises, afin que les archers qui sont proposés pour prendre les pauvres, les trouvant mandians, les menent à l'Hôpital, où il y en a déjà un très-grand nombre, dont on ne sauroit apprendre ni le nom ni le surnom, pour ce qu'à peine peuvent-ils aller ni parler, & d'autant que l'Hôpital n'est pas seulement intéressé dans ce désordre, mais il peut arriver de notables inconvéniens par l'exposition, perte & larcin des enfans qui sont traduits de la sorte; il a requis qu'il plut à la Cour ordonner que très-expresses défenses soient faites à tous messagers, rouliers, voituriers & conducteurs de coches, d'amener aucuns enfans, sans en avoir fait écrire les noms, surnoms & demeures de ceux qui les auront chargés desdits enfans, & l'adresse de ceux entre les mains desquels ils les devront remettre, à peine de punition corporelle & de deux mille livres d'amende, au profit de l'Hôpital-Général, payable par corps; la matiere mise en délibération. LA COUR a fait très-expresses inhibitions & défenses à tous messagers, rouliers, voituriers & conducteurs de coches, tant par eau que par terre, d'amener à Paris aucuns enfans qu'ils n'en aient fait écrire les noms & surnoms sur leurs livres, avec les noms, surnoms & demeures de ceux qui les auront chargés sur les lieux, & l'adresse de ceux entre les mains desquels ils les devront remettre dans Paris, à peine de punition corporelle, & de mille livres d'amende, au profit de Hôpital-Général, au paiement de laquelle ils seront contraints par corps; & sera le présent arrêt, lu, publié & affiché par la ville & fauxbourg de Paris, & copies collationnées, envoyées aux bailliages & sénéchaussées, pour être lues, publiées, & enjoint aux substituts du procureur-général d'y tenir la main, & d'en certifier la Cour. Fait en Parlement, le huit février mil six cent soixante-trois. *Signé*, DU TILLET.

ARRÊT DU PARLEMENT,

CONCERNANT la nourriture des Enfans-Trouvés.

Du 3 Mai 1667.

SUR le rapport fait à la Cour par le conseiller commis, d'un arrêt d'icelle, intervenu le dernier jour de Mars dernier, sur la remontrance faite par le procureur-général du roi, ledit jour, à ce qu'attendu que par arrêt d'icelle, du 13 Août 1652, les seigneurs hauts-justiciers de cette ville de Paris auroient été condamnés, de leur consentement, à payer la somme de douze cens livres pour la nourriture & entretien des enfans exposés en cette ville, mais que depuis, le nombre desdits enfans s'étant accru jusques-là qu'il y en avoit eu en diverses années cinq à six cens, qu'en la présente année il y en avoit plus de quatre cens cinquante, que ladite somme de douze cens livres avec celle de onze mille livres que le roi qui avoit la moindre étendue de haute-justice en cette ville, payoit tous les ans pour l'entretien & nourriture desdits enfans, n'étoit un secours suffisant, lesdits entretien & nourriture montans à trente ou quarante mille livres par an, & qu'ainsi il y avoit lieu de faire assigner en ladite Cour tous lesdits seigneurs hauts-justiciers, pour aviser & régler entr'eux, à proportion de leurs seigneuries, quelque somme plus considérable; ledit arrêt du troisieme Mars dernier, par lequel il auroit été ordonné que lesdits seigneurs hauts-justiciers seroient assignés en ladite Cour, à la requête dudit procureur-général du Roi, & en viendroient, par leurs procureurs fiscaux ou autres personnes, au vendredi onze dudit mois de Mars, pour eux ouis, & ledit procureur-général, être reglé ainsi qu'il appartiendroit; les assignations données à la requête en conséquence & aux fins dudit arrêt, les 8 & 9 dudit mois de Mars, au sieur archevêque de Paris, aux doyen, chanoines & chapitre de l'Eglise de Paris, religieux de Saint-Germain-des-Prés, tant pour eux que pour le sieur abbé de ladite abbaye; religieux, abbé du couvent de Sainte-Genevieve; religieux, prieur & couvent de Saint-Victor; religieux de Saint-Lazare; religieux de Saint-Martin-des-Champs; religieux de Saint-Marcel, les sieurs commandeurs du Temple; les religieux de Saint-Jean-de-Latran; les chanoines & chapitre de Sainte-Opportune; les chanoines & chapitre de Saint-Benoît; le prieur de Saint-Denis-de-la-Chartre; le sieur de Verneuil, abbé de Tiron, & les dames abbesse & religieuses de Saint-Antoine-des-Champs. Après avoir oui, en présence des gens du Roi, les procureurs fiscaux de l'archevêque de Paris, du chapitre de Paris, des abbés de Saint-Germain-des-Prez, de Saint-Victor & du Temple, & le lieutenant de Sainte-Genevieve; & que les autres assignés ne sont comparus, ni aucuns officiers pour eux. Ledit arrêt du 13 Août 1652, par lequel le sieur archevêque de Paris, le chapitre de Paris, les religieux, abbé & couvent de Saint-Germain-des-Prés, les religieux & prieur de Saint-Victor, les religieux & abbé de Saint-Magloire, ceux de Sainte-Genevieve-du-Mont, & de Tiron, les religieuses & abbesse du couvent de Montmartre, le sieur grand prieur de France, les religieux, prieur & couvent de Saint-Martin-des-Champs, ceux de Saint-Denis-de-la-Chartre, du couvent de Saint-Eloy, de Notre-Dame-des-Champs & de Saint-Lazare, les doyen, chanoines & chapitre de Saint-Marcel, les chefcier & chanoines de Saint-Médéric, les chanoines de Saint-Benoît-le-bien-tourné, auroient été condamnés de payer & continuer par chacun an, en trois termes, la somme de neuf cens soixante livres *Parisis*, sauf à faire ci-après plus grande somme s'il y écheoit, pour contribuer à la nourriture, éducation & entretenement desdits enfans exposés de cette ville & fauxbourgs de Paris. L'état de la dépense faite pour lesdits Enfans-Trouvés, ès années 1663, 1664, 1665 & 1666; savoir, pour l'année 1663, en laquelle il s'étoit trouvé quatre cens deux enfans, la somme de vingt mille quatre cens quarante-cinq livres neuf sols. Pour l'année 1664, en laquelle il s'étoit trouvé cinq cens enfans, la somme de vingt-cinq mille sept cens trente-six livres huit sols. Pour l'année 1665, en laquelle il s'étoit trouvé cinq cens quarante sept enfans, la somme de trente-deux mille trois cens cinq livres cinq sols. Et pour l'année 1666, en laquelle il s'étoit trouvé, depuis le premier jour de Janvier de ladite année, jusqu'au dernier Novembre audit an, quatre cens vingt-quatre enfans, la somme de trente-sept mille cinq cens trente-trois livres sept sols: ensuite duquel état de dépense & écrit, un état de la recette de chacunes desdites années, se montant seulement à douze mille neuf cens quatre-vingt sept livres dix sols par chacun an; conclusions dudit procureur général du roi, oui le rapport de M. Pierre de Brilhac, conseiller en ladite Cour, la matiere mise en délibération. LADITE COUR ordonne que pour subvenir à la nourriture & entretien desdits pauvres Enfans-Trouvés, par forme de provision, & jusqu'à ce que par la Cour autrement en ait été ordonné: les sieurs haut-justiciers de la ville & fauxbourgs de Paris paieront; savoir, l'archevêque de Paris, trois mille livres; le chapitre de l'église de Paris, deux mille livres; l'abbé & religieux de Saint-Germain-des-Prez, trois mille livres; les abbé & religieux de Saint-Victor, douze cens livres; les abbé & religieux de Sainte-Genevieve, quinze cent livres; le grand prieur de France, quinze cent livres; les prieur & religieux de Saint-Martin-des-Champs, quinze cens livres; le prieur de Saint-Denis de la Chartre, six cens livres; l'abbé & religieux de Tiron, cent livres; l'abbesse de Montmartre cinquante livres; le chapitre de Saint-Marcel, cent livres; le chapitre Saint-Medericcent cinquante livres; le chapitre Saint-Benoît cent livres; l'abbé de Saint-Denis en France, deux cent livres; au paiement desquelles sommes, à commencer du premier Janvier de la présente année, seront les fermiers & receveurs desdits haut-justiciers contraints par les voies qu'ils sont obligés par leurs baux. La recette desquelles sommes & autres destinées audit entretien sera faite par M. Rousseau, bourgeois de Paris, que la Cour a commis pour cet effet, pendant deux ans, lequel & ceux qui seront ci-après nommés à faire ladite recette, feront serment en ladite Cour, de bien & fidellement administrer ladite recette, & en rendront compte d'année en année pardevant le premier président, le doyen de ladite Cour & le plus ancien conseiller d'église, & le procureur-général en icelle, quoi faisant, ils en seront bien & valablement déchargés. FAIT en Parlement, le trois Mai mil six cent soixante-sept. *Signé*, ROBERT.

ARRÊT DU PARLEMENT,

PORTANT que les seigneurs hauts-justiciers seront tenus de satisfaire à la dépense & nourriture des enfans dont les peres & meres seront inconnus, & qui se trouveront exposés au-dedans de leurs terres: moyennant quoi les Hôpitaux *en demeureront déchargés.*

Du 3 Septembre 1667.

SUR ce que le procureur-général du roi a remontré à la Cour, qu'encore que la dépense pour la nourriture des enfans exposés, dont les peres & meres sont inconnus, soit à la charge des seigneurs hauts-justiciers, dans la haute-justice desquels ils sont trouvés; néanmoins beaucoup desdits hauts-justiciers tâchent à s'en décharger & la rejetter sur les Hôpitaux des lieux établis au-dedans de leurs terres, & par ainsi font porter aux pauvres une dépense de laquelle ils ne sont tenus, ce qui apporte un préjudice notable, & diminue le revenu affecté à la nourriture desdits pauvres, empêche qu'ils ne puissent être secourus, & que l'on ne puisse recevoir ausdits Hôpitaux si grand nombre desdits pauvres qu'il seroit fait, cessant ladite dépense, à quoi il requéroit être pourvu : la matiere mise en délibération. **LA COUR** a ordonné & ordonne que tous les seigneurs hauts-justiciers seront tenus de satisfaire à la dépense & nourriture des enfans dont les peres & meres seront inconnus, qui se trouveront exposés au-dedans de leurs terres, de laquelle les Hôpitaux des pauvres établis ausdites terres, ou proche d'icelles, demeureront déchargés : & en cas que lesdits enfans, ainsi exposés, y soient portés & nourris, ordonne qu'à la diligence du substitut du procureur-général, ou des procureurs fiscaux desdits lieux, lesdits hauts-justiciers seront sommés de fournir à la dépense desdits enfans; autrement & à faute de ce, que par ceux qui auront soin de la dépense des pauvres desdits Hôpitaux, il sera fait un état séparé de la dépense desdits enfans, lequel sera arrêté par eux & les administrateurs desdits Hôpitaux, sur lequel sera, à la diligence desdits substituts ou procureurs fiscaux de chacun desdits lieux, de trois mois en trois mois, délivré exécutoire contre lesdits seigneurs hauts-justiciers, de la somme à laquelle se montera la dépense faite pendant lesdits trois mois, pour la nourriture desdits enfans-trouvés, au paiement de laquelle lesdits hauts-justiciers, même leurs fermiers, seront, à la diligence desdits administrateurs, contraints par toute voies dues & raisonnables, nonobstant toutes avances qu'ils pourroient prétendre avoir faites, & toutes saisies faites ou à faire & par préférence à toutes dettes, auxquels fermiers déduction sera faite de la somme qu'ils auront payée pour raison de ce, sur le prix de leur bail, si d'ailleurs ils n'en sont chargés. Et à cette fin sera le présent arrêt lu & publié ès bailliages & sénéchaussées du ressort, à la diligence des substituts du procureur-général, qui seront tenus d'en certifier la Cour au mois, & de tenir la main à l'exécution, à peine d'en répondre en leurs noms. **FAIT** en Parlement, le troisieme Septembre mil six cent soixante-sept. *Signé*, ROBERT.

ARRÊT DU PARLEMENT,

QUI ordonne l'exécution de l'arrêt du 3 Mai 1667, portant que les seigneurs haut-justiciers de la ville & fauxbourgs de Paris, seront cotisés pour la nourriture & entretien des Enfans-Trouvés, *& que les fermiers & receveurs desdits seigneurs seront tenus de payer incessamment les sommes fixées par ledit arrêt.*

Du 23 Juin 1668.

VU par la Cour la requête présentée par le procurenr-général du roi ; contenant que faute par les seigneurs hauts-justiciers de cette ville & fauxbourgs de Paris, de satisfaire au paiement des sommes esquelles chacun d'eux en particulier a été cotisé pour la nourriture & entretien des Enfans-Trouvés en cette ville & fauxbourgs, par arrêt du 3 Mai 1667, le suppliant auroit été obligé de faire procéder par voie de saisie entre les mains des receveurs desdits seigneurs ; mais comme, nonobstant lesdites saisies, lesdits fermiers & receveurs ne vouloient payer, à moins que l'on ne procedât par voies de contrainte, à l'encontre d'eux: A CES CAUSES requéroit ledit suppliant qu'il fût ordonné, que faute par les fermiers & receveurs de payer les sommes portées par l'arrêt du 3 Mai, ils y seroient contraints par toutes voies dues & raisonnables, comme dépositaires de deniers publics, même par saisie & vente de leurs meubles : vu aussi ledit arrêt & autres pieces attachées à ladite requête signée dudit suppliant : oui le rapport de Me Charles de Saveuse, conseiller; tout considéré,

déré. LA COUR a ordonné & ordonne que l'arrêt du 3 Mai sera exécuté, & les fermiers & receveurs desdits seigneurs hauts-justiciers de la ville & fauxbourgs de Paris, tenus de payer incessamment lesdites sommes portées par ledit arrêt; à ce faire contraints par toutes voies dues & raisonnables, même par saisie & vente de leurs meubles. FAIT en Parlement le vingt-trois Juin mil six cent soixante-huit. Collationné. *Signé*, DU TILLET.

ACQUISITIONS PAR L'ADMINISTRATION DE L'HÔPITAL-GÉNÉRAL,

POUR former la maison de la Couche, *située rue Neuve Notre-Dame.*

Du 24 Février 1672.

PAR contrat passé devant m^e Gallois & son confrere, notaires au Châtelet de Paris, le 24 Février 1672.

Appert, messieurs les directeurs de l'Hôpital-Général & de celui des Enfans-Trouvés y uni, avoir acquis, à titre d'échange, de m^e Nicolas Pinette, conseiller du roi en ses conseils, & de m^e Jean de Mouhers, avocat en Parlement, la maison de la Marguerite, sise à Paris, rue neuve Notre-Dame.

Du 23 Mars 1688.

Par contrat passé devant m^e Torinon & son confrere, notaires au Châtelet, le 23 Mars 1688.

Appert, messieurs les directeurs de l'Hôpital-Général pour l'Hôpital des Enfans-Trouvés, avoir acquis de messieurs les grand-prieur, & chanoines réguliers de l'abbaye Saint-Victor, une maison, sise à Paris, rue neuve Notre-Dame, où pendoit autrefois pour enseigne l'image Saint-Victor.

EXTRAIT DU RÉGLEMENT DU CONSEIL D'ÉTAT,

*PORTANT réunion des cinq colleges des secrétaires du roi, & attribution d'une aumône de cinquante livres, à chaque réception, au profit de l'*Hôpital des Enfans-Trouvés.

Du 24 Avril 1672.

LE préposé par nos secrétaires pour recevoir le marc-d'or, recevra encore de chacun des récipiendaires, la somme de cinquante livres, pour les pauvres des Enfans-Trouvés de notre bonne ville de Paris, qui seront payés par lui, de quartier en quartier, au receveur dudit Hôpital, sur ses simples quittances.

ACQUISITIONS PAR L'ADMINISTRATION DE L'HÔPITAL-GÉNÉRAL,

POUR former la maison des Enfans-Trouvés, *située rue & fauxbourg Saint-Antoine.*

Du 26 Septembre 1674.

VENTE devant m^es Carnot & Mouffle, notaires au Châtelet de Paris, par m. le Masson, contrôleur-général des gabelles de France, & par la dame Dangesne son épouse, à messieurs les directeurs & administrateurs de l'Hôpital-Général de Paris, pour celui des Enfans-Trouvés, étant sous leur administration, d'une grande maison & dépendances, sise au fauxbourg Saint-Antoine, ayant sa principale entrée sur la rue de Charenton.

Du 2 Mai 1676.

Cession & abandonnement, devant Mouffle & son confrere, notaires à Paris, par messieurs les directeurs & administrateurs de l'Hôpital-Général, à très-haute & très-puissante dame, madame la chanceliere d'Aligre, de huit cens soixante toises de terrein, dépendant de l'acquisition ci-dessus, pour en jouir sa vie durant seulement, & à la charge que toutes les constructions & bâtimens qu'elle aura fait établir, retourneront & appartiendront, au jour de son décès, audit Hôpital des Enfants-Trouvés.

Du 13 Août 1714.

Autre vente, faite devant Masson & Dutartre, notaires à Paris, par Vincent Chollet, maître jardinier, & Marie Granger, sa femme, à l'Hôpital-Général de Paris, pour celui des Enfans-Trouvés y uni, d'un grand emplacement, clos de murs, dont l'entrée est sur la rue de Charenton.

ARRÊT DU CONSEIL D'ÉTAT DU ROI,

*PORTANT don à l'*Hôpital des Enfans-Trouvés *de Paris, d'une somme de vingt mille livres, à prendre annuellement sur les domaines de sa majesté.*

Du premier Décembre 1674.

LE ROI ayant par son édit du mois de Février dernier 1674, réuni à la justice royale des Châtelets de Paris, toutes les hautes-justices de l'archevêché, du chapitre Notre-Dame, & des abbayes, prieurés & chapitres dans la ville, fauxbourgs & banlieue de Paris; & sa majesté s'étant chargée de l'indemnité qui pouvoit appartenir auxdits hauts-justiciers, à cause de ladite union, & particuliérement de les acquitter des sommes qu'ils étoient tenus de payer, pour aider à la subsistance & entretien des Enfans-Trouvés, montantes pour chacune année à la somme de quinze mille livres, distribuée sur chacun desdits hauts-justiciers, par la déclaration de sa majesté, expédiée pour l'établissement de l'Hôpital desdits Enfants-Trouvés, registrée au Parlement de Paris, & où besoin a été; lequel paiement lesdits hauts-justiciers ont cessé de faire depuis le premier Janvier dernier; & sa majesté étant d'ailleurs informée que le nombre desdits Enfans-Trouvés est notablement augmenté depuis ledit établissement par les soins des dames de Charité & des directeurs établis à icelui, pourquoi il a besoin de secours, les revenus ordinaires de cet Hôpital nouvellement établi, n'étant pas suffisans à beaucoup près pour en soutenir les dépenses. Oui le rapport du sieur Colbert, conseiller ordinaire, contrôleur-général des finances. LE ROI étant en son Conseil, a ordonné & ordonne qu'au lieu des sommes qui se paient par les hauts-justiciers de la ville, fauxbourgs & banlieue de Paris, pour aider à la nourriture & entretien des Enfans-Trouvés, dont ils demeureront déchargés; il sera employé dans l'état des charges du domaine de Paris au chapitre des fiefs & aumônes, la somme de vingt mille livres pour chacune année, pour être payée au receveur desdits Enfans-Trouvés, de quartier en quartier, sur ses simples quittances, sans aucun retranchement ni modération, sous quelque prétexte que ce soit, à commencer du premier Janvier prochain 1675, & pour l'année présente qui finira au dernier du présent mois. Ordonne sa majesté qu'il sera payé pareille somme de vingt mille livres audit receveur de l'Hôpital, par me Claude Vialet, fermier-général des domaines de France, dont il lui sera tenu compte sur le revenu des greffes desdits Châtelets de Paris, & amendes jugées auxdits sieges, pendant l'année présente, & en rapportant copie collationnée du présent arrêt, & la quittance du receveur dudit Hôpital, ladite somme sera passée dans ses états & comptes, où il appartiendra, & pour l'exécution du présent arrêt, seront toutes lettres nécessaires expédiées. Fait au Conseil d'état du roi, sa majesté y étant, tenu à Saint-Germain-en-Laye le premier jour de Décembre mil six cent soixante-quatorze. *Signé*, COLBERT. *Au dessous est écrit :*

Enregistré au Bureau des finances de la généralité de Paris, du consentement du procureur du roi, pour être exécuté selon sa forme & teneur, le seizieme jour de Juin mil six cent quatre-vingt-deux. Signés, DE VAROQUIER, DUFOUR, RABOUIN & ROBINEAU, *avec paraphe.* Au-dessous est écrit : *par mesdits sieurs.* Signé, LEDROIN, *avec paraphe.*

LETTRES-PATENTES,

*CONFIRMATIVES du don fait par le roi à l'*Hôpital des Enfans-Trouvés, *d'une somme de vingt mille livres, à prendre annuellement sur les domaines de sa majesté.*

Du 12 Février 1675.

LOUIS, par la grace de Dieu, roi de France & de Navarre ; A nos amés & féaux conseillers, les gens tenans notre Cour de Parlement à Paris. SALUT. Ayant par notre édit du mois de Février 1674, réuni à la justice royale des Châtelets de Paris, toutes les hautes-justices de l'archevêché, chapitre Notre-Dame, & des abbayes, prieurés & chapitres de la ville, fauxbourgs & banlieue de Paris, nous nous serions chargés de l'indemnité qui pouvoit appartenir auxdits hauts-justiciers, à cause de ladite union, & particuliérement de les acquitter des sommes qu'ils étoient tenus payer pour aider à la subsistance & entretien des Enfans-Trouvés, montant par chacune année à la somme de quinze mille livres distribuée sur chacun desdits hauts-justiciers, par notre déclaration expédiée pour l'établissement de l'Hôpital des Enfans-Trouvés, registrée où besoin a été ; lequel paiement lesdits hauts-justiciers auroient cessé de faire depuis le premier Janvier de ladite année 1674 ; & ayant été d'ailleurs informé que le nombre desdits Enfans-Trouvés étoit notablement augmenté depuis ledit établissement, par les soins des dames de Charité & des directeurs établis à icelui, & que les revenus dudit Hôpital n'étoient pas à beaucoup près suffisans pour en soutenir les dépenses ; pourquoi par arrêt de notre Conseil d'état, du premier Décembre 1674, nous aurions ordonné qu'au lieu des sommes qui se payoient par lesdits hauts-justiciers, pour aider à la nourriture & entretien desdits Enfans-Trouvés, dont ils demeureroient déchargés, il seroit employé par chacun an dans l'état des charges de notre domaine de Paris, au chapitre des fiefs & aumônes, la somme de vingt mille livres, à commencer du premier Janvier de la présente année 1675, pour être payée au receveur desdits Enfans-Trouvés, de quartier en quartier, sur ses simples quittances, sans aucun retranchement ni modération, pour quelque prétexte que ce fût ; comme aussi que pour ladite année 1674, il seroit encore payé audit receveur dudit Hôpital, pareille somme de vingt mille livres, par me Claude Vialet, fermier-général de nos domaines de France, dont lui seroit tenu compte sur le revenu des greffes desdits Châtelets, & amendes jugées auxdits sieges pendant ladite année, en rapportant la quittance dudit receveur, & copie collationnée dudit arrêt. A CES CAUSES, desirant faire jouir ledit Hôpital des Enfans-Trouvés, desdites sommes de vingt mille livres pour aider à la nourriture & entretien d'icelui, nous avons par ces présentes, signées de notre main, conformément à l'arrêt de notre Conseil, du premier Décembre dernier, ordonné qu'à commencer du premier Janvier de la présente année, il sera laissé fonds par chacun an dans l'état des charges assignées sur notre domaine de Paris, au chapitre des fiefs & aumônes, de la somme de vingt mille livres, pour la nourriture & entretien des Enfans-Trouvés dudit Hôpital, qui sera payée de quartier en quartier, sur les simples quittances du receveur d'icelui, sans aucune difficulté, par le trésorier-général de nos domaines, ou commis à l'exercice de ladite charge; comme aussi pour l'année derniere 1674, il sera payé par ledit Vialet pareille somme de vingt mille livres sur la quittance dudit receveur, en rapportant laquelle, ladite somme lui sera passée & allouée dans ses états & comptes, aussi sans aucune difficulté. Si vous mandons, & très-expressément enjoignons, que cesdites présentes vous ayez à registrer, & du contenu en icelles, faire jouir & user ledit Hôpital pleinement & paisiblement, nonobstant toutes choses à ce contraires, car tel est notre plaisir. Donné à Saint-Germain-en-Laye, le douzieme jour de Février, l'an de grace mil six cent soixante-quinze, & de notre regne le trente-deuxieme. *Signé*, LOUIS. *Plus bas*, par le roi, *Signé*, COLBERT. *Au-dessous est écrit :*

Registrées en la Chambre des Comptes, oui le procureur-général du roi, pour jouir, par ledit Hôpital, *de l'effet & contenu en icelles, selon leur forme & teneur. Le vingt-neuvieme jour de Mars mil six cent soixante-quinze.* Signé, RICHER, *avec grille & paraphe.* A côté est encore écrit :

Registrées au Bureau des finances de la généralité de Paris, en conséquence des lettres de relief d'adresse sur icelle, du douze des présens mois & an, du consentement du procureur du roi, le sixieme jour de Juin mil six cent quatre-vingt-deux. Signé, DE VAROQUIER, DUFOUR, RABOUIN & ROBINEAU, *avec paraphe.* Au-dessous est écrit : *par mesdits sieurs.* Signé, LEDROIN, *avec paraphe.* En marge est écrit: *Représentées le vingt-un Octobre mil sept cent quarante-un, transcrites & insérées dans les registres de la Chambre des Comptes, en exécution de la déclaration du roi, du 14 Mars 1741, & suivant l'avis de la Chambre, dudit jour 21 Octobre 1743, dont acte.*

Signé, NOBLET, avec paraphe.

Sur un double des lettres-patentes ci-dessus, étant également en forme, *signé* LOUIS; *& plus bas*, par le roi. *Signé*, COLBERT. Est aussi écrit au bas desdites lettres :

Registrées, oui le procureur-général du roi, pour être exécutées selon leur forme & teneur. Fait en Parlement, le premier Avril mil six cent soixante-quinze.

EXTRAIT

*DU registre des délibérations du bureau de l'*Hôpital-Général.

Du 16 Juillet 1676.

CEJOURD'HUI a été apporté au Bureau la somme de trois mille livres, faisant partie de sept mille cinq cens livres dues à l'Hôpital des Enfans-Trouvés, par messieurs les doyen, chanoines, & chapitre de l'église de Paris, à cause de leur haute-justice, les quatre mille cinq cens livres restans leur ayant été remis, au moyen de ce qu'ils ont consenti l'augmentation de deux troncs nouveaux dans le milieu de la nef de leur église, l'un pour l'Hôpital-Général, & l'autre pour celui desdits Enfans-Trouvés, outre les cinq autres qui sont dans ladite église avec la couche, & en conséquence de l'acte capitulaire qu'ils ont donné, en date du 10 Juillet 1675, & suivant les délibérations & consentement du Bureau de l'Hôpital-Général, tenu en l'hôtel, & présence de monseigneur l'archevêque de Paris.

Domini decanus & capitulum Ecclesiæ Parisiensis concedunt dominis directoribus Hospitalis-Generalis & Infantium repertorum duas novas apponi facere arculas, vulgò Troncs, *in Ecclesia Parisiensi, ità ut sint quatuor arculæ prædicto Hospitali-Generali, & tres pro Infantibus repertis; idque pro bonis & laudabilibus rationibus, & in locis ubi non sunt collocatæ. Actum in capitulo, die decimâ Julii, anno millesimo sexentigimo septuagesimo-quinto.* Signé, MOYREAU, secretarius.

DON DU ROI A L'HOPITAL DES ENFANS-TROUVÉS,

D'UN secours annuel de cent vingt mille livres, sur le trésor royal.

Du 9 Mars 1767.

CE secours est établi par un bon de sa majesté, dont l'original est déposé au bureau des ordonnances du contrôle-général, & qui est conçu en ces termes :

« Il résulte de l'examen des états remis au contrôleur-général, pour lui faire connoître » les dépenses relatives à la conservation des Enfans-Trouvés, qu'un secours de cent » vingt mille livres, à raison de dix mille livres par mois, joint aux cent cinquante » mille livres assignés sur la caisse d'escompte, suffira pour assurer toutes les dépenses de » cet établissement. Sa majesté est suppliée de vouloir bien l'approuver ».

De la main du roi est écrit : Bon

Nota. Outre ce secours le roi en avoit assigné un de cent cinquante mille livres sur la caisse d'escompte, établie par arrêt du Conseil d'état du premier Janvier 1767, article 34 & dernier; il a cessé avec cette caisse en 1769 ; & cette perte a été remplacée par les portions que l'Hôpital des Enfans-Trouvés a à prendre dans différens droits attribués à l'Hôpital-Général. *Voyez* les mots ENTREE, DROITS & ENTRÉES.

ARRÊT DU CONSEIL D'ÉTAT DU ROI,

QUI fait défenses à tous messagers & voituriers, sous peine de mille livres d'amende, de se charger d'aucun enfant abandonné & nouvellement né, à moins que ce ne soit pour le conduire en nourrice, ou à l'Hôpital des Enfans-Trouvés *le plus voisin.*

Du 10 Janvier 1779.

Extrait des registres du Conseil d'état.

DANS le compte que l'on a commencé à rendre au roi, des maisons de charité, sa majesté a fixé ses premiers regards sur l'état de ces enfans abandonnés, qui n'ont d'autre appui que sa protection; & elle n'a pu apprendre sans douleur, que dans un des objets les plus intéressans de l'administration publique, il s'étoit introduit un abus contraire à tous les principes de l'humanité, & qu'elle ne pouvoit trop promptement réprimer.

Sa majesté est informée qu'il vient tous les ans à la maison des Enfans-Trouvés de Paris, plus de deux mille enfans nés dans des provinces très-éloignées de la capitale : ces enfans, que les soins paternels pourroient à peine défendre contre les dangers d'un âge si tendre, sont remis sans précautions, & dans toutes les saisons, à des voituriers publics, distraits par d'autres intérêts, & obligés d'être long-tems en route; de maniere que ces malheureuses victimes de l'insensibilité de leurs parens, souffrent tellement d'un pareil transport, que près des neuf dixiemes périssent avant l'âge de trois mois.

Sa majesté a regretté sensiblement de n'avoir pas été plutôt instruite de ces tristes circonstances; &, pressée d'y remédier, elle veut qu'à compter du premier Octobre prochain, il soit défendu à tous voituriers, ou à toute autre personne, de transporter aucun enfant abandonné, ailleurs qu'à l'Hôpital le plus prochain, ou à tel autre de la généralité, désigné particuliérement pour ce genre de secours; & si cette disposition, que les devoirs de l'humanité rendent indispensable, obligeoit quelque maison de charité de province, à une augmentation de dépense qui surpasât ses revenus, sa majesté y pourvoira la premiere année, de son trésor royal, & se fera rendre compte, dans l'intervalle, des moyens qui pourroient y suppléer d'une maniere constante & certaine.

Sa majesté, après avoir ainsi remédié à un mal si pressant, n'a pu s'empêcher de jetter un coup-d'œil plus général sur cette partie essentielle de l'ordre public. Elle a remarqué avec peine, que le nombre des enfans exposés augmentoit tous les jours, & que la plûpart provenoient aujourd'hui de nœuds légitimes, de maniere que les asyles institués, dans l'origine, pour prévenir les crimes auxquels la crainte de la honte pouvoit induire une mere égarée, devenoient par degrés des dépôts favorables à l'indifférence criminelle des parens; que par un tel abus cependant, la charge de l'état s'accroissoit, & de telle sorte que dans les grandes villes, l'entretien de cette multitude d'enfans n'avoit plus de proportion, ni avec les fonds destinés à ces établissemens, ni avec la mesure de soins & d'attention dont une administration publique est susceptible; qu'enfin il résultoit encore d'un pareil désordre, qu'en même tems que les enfans perdoient cette protection paternelle, qui ne peut jamais être remplacée, les meres de ces enfans, renonçant, pour la plûpart, aux moyens de nourrir que la nature leur a confiés, il devenoit de plus en plus difficile d'y suppléer, & de pourvoir à la premiere subsistance de cette quantité d'enfans livrés aux soins des Hôpitaux.

Les dangereuses conséquences d'un pareil abus n'ont pu échapper à l'attention de sa majesté. Elle examinera, dans sa sagesse, quelles seroient les précautions nécessaires pour mettre un frein à cette dépravation : & voulant néanmoins éviter, s'il est possible, d'avoir à déployer, à cet égard, la sévérité des loix, elle a jugé à propos de commencer par enjoindre aux curés, à leurs vicaires, & à tous ceux qui ont droit d'exhortation sur les peuples, de redoubler de zele pour opposer à ce pernicieux déréglement, & les préceptes de la religion, & les secours de la charité, afin de parvenir, autant qu'il est en eux, à détourner de ces crimes cachés, auxquels les loix ne peuvent atteindre que par des recherches rigoureuses, mais qui deviendroient cependant indispensables, si les efforts des ministres de la religion, & tous les moyens de bonté que sa majesté emploie, n'arrêtoient point les progrès d'un si grand désordre. A quoi voulant pourvoir : oui le rapport du sieur Moreau de Beaumont, conseiller d'état ordinaire, & au Conseil royal des finances. LE ROI étant en son Conseil, a ordonné & ordonne ce qui suit :

ARTICLE PREMIER.

A commencer du premier octobre prochain, sa majesté fait très-expresses inhibitions & défenses à tous voituriers, messagers & autres personnes, de se charger d'enfans qui viennent de naître, ou autres abandonnés, si ce n'est pour être remis à des nourrices, ou pour être portés à l'Hôpital d'Enfans-Trouvés le plus voisin, à peine de mille livres d'amende, au profit de tout autre Hôpital auquel ils porteroient ces enfans; ou, si ces voituriers sont saisis en route, au profit de l'Hôpital d'Enfans-Trouvés le plus près du lieu de la saisie; auquel Hôpital, par conséquent, ces enfans devroient être portés. Ordonne sa majesté, aux officiers & cavaliers de maréchaussée, de tenir la main à l'exécution du présent arrêt.

II. Si les dispositions de l'article ci-dessus, occasionnent une dépense extraordinaire à quelques Hôpitaux de province, & si cette dépense excede leurs revenus, sa majesté veut qu'en attendant qu'il y soit pourvu d'une maniere stable, & d'après le compte qui lui sera rendu à cet effet, le fonds nécessaire soit payé de son trésor royal, la premiere année, soit par assignation sur le domaine, soit autrement. Enjoint sa majesté aux sieurs commissaires départis dans les provinces, de prendre les précautions convenables pour l'exécution des dispositions du présent arrêt, en se conformant aux ordres particuliers qui leur seront donnés à cet effet de la part de sa majesté. Fait au Conseil d'état du roi, sa majesté y étant, tenu à Versailles, le dix Janvier mil sept cent soixante-dix-neuf. *Signé*, AMELOT.

HOPITAL DES ENFANS-TROUVÉS,

SECONDE PARTIE.

LOTERIE DES ENFANS-TROUVÉS, ET SON ÉTABLISSEMENT.

LETTRE

De m. DE *Mesmes, premier président du parlement de Paris, & l'un des chefs de l'administration de l'*Hôpital-Général, *pour l'établissement de la loterie des* Enfans-Trouvés.

Du 23 Avril 1717.

SUR les représentations que m. le cardinal de Noailles, m. le procureur-général, & moi, avons faites à S. A. R. monseigneur le régent, de l'extrêmité de misere où se trouvent les Enfants-Trouvés, elle a bien voulu vous accorder la permission de faire une lotterie qui se tirera de mois en mois. Vous pouvez donc, m., rendre, quand vous le jugerez à propos, votre lotterie publique, en faire afficher, & distribuer les imprimés, & enfin faire toutes les autres choses que vous estimerez propres à procurer aux pauvres une plus grande utilité. Je vous exhorte à ne pas perdre de tems.

Je vous prie de me croire, &c. *Signé*, DEMESMES.

PUBLICATION DE LA LOTERIE DES ENFANS-TROUVÉS,

ANNÉE 1717.

PAR PERMISSION DU ROI,

*LOTERIE accordée en faveur de l'*Hôpital des Enfans-Trouvés.

BILLET *de vingt-cinq sols.*

LE nombre des enfans qui ont été exposés, & qui dans des années s'est trouvé monter quelques fois jusques à deux mille, a causé une dépense si forte au-dessus des revenus ordinaires de cet Hôpital, & des aumônes qui y ont été faites, qu'il se trouve redevable aux nourrices de la campagne, de sommes trés-considérables, aussi bien qu'à plusieurs marchands pour les vêtures desdits enfans.

Le roi ayant été informé par les directeurs de cet Hôpital, de cette triste situation, a eu la bonté, de l'avis de monseigneur le duc d'Orléans, régent, d'accorder une loterie, pour soutenir cet établissement digne d'une charité & d'une attention particulieres.

Chaque billet de cette loterie sera de *vingt-cinq sols*, dont on retirera cinq sols au profit dudit Hôpital.

Elle s'ouvrira le premier Mai prochain, sera tirée chaque mois, en l'état qu'elle se trouvera, & continuée ainsi de mois en mois.

Le premier lot sera de la dixieme partie du fonds, dont le reste sera distribué en différens lots, dans le plus grand nombre qu'il se pourra, par proportion à la recette, ensorte que les moindres lots seront de cent livres.

Les directeurs de cet Hôpital auront soin de faire compter les receveurs particuliers de ladite loterie, & d'en faire mettre les fonds en dépôt dans la maison des Enfans-Trouvés, près Notre-Dame, pour en acquitter les lots, qui seront payés en especes sonnantes, & sans aucune diminution.

A la fin de chaque mois on donnera avis du fonds de la recette, de la distribution qui sera faite des lots, & du jour qu'elle sera tirée en présence des administrateurs de cet Hôpital, dans la grand'salle de l'archevêché, où tous les intéressés pourront assister.

ARRÊT DU CONSEIL D'ÉTAT DU ROI,

*Qui attribue à l'*Hôpital des Enfans-Trouvés *le profit des lots non réclamés.*

Du 20 Septembre 1727.

SUR ce qui a été représenté au roi, en son Conseil, par les administrateurs de l'Hôpital-Général, que le nombre des Enfans-Trouvés étant augmenté par la conjoncture des tems, il n'est pas possible de suffire aux besoins pressans desdits Enfans, ni au paiement des nourrices auxquelles il est dû des sommes très-considérables, le revenu de l'Hôpital des Enfans-Trouvés n'étant pas d'ailleurs suffisant, à beaucoup près, pour leur paiement, ils sont obligés de supplier sa majesté de leur accorder les lots non reclamés de la loterie desdits Enfans-Trouvés; à quoi sa majesté ayant égard, & voulant favorablement traiter cet Hôpital, qui mérite particuliérement sa protection. Oui le rapport du sieur le Peletier, conseiller d'état ordinaire, & au Conseil royal, contrôleur-général des finances. Sa majesté étant en son Conseil, a ordonné & ordonne que les lots non-reclamés de la loterie des Enfans-Trouvés, depuis son établissement jusqu'au jour de son extinction, demeureront au profit dudit Hôpital des Enfans-Trouvés, & que les porteurs en seront déchus, six mois après que chaque partie de ladite loterie aura été tirée, pour être le montant desdits lots non-reclamés, joint au bénéfice, & employé aux besoins dudit Hôpital, sa majesté lui en faisant don après six mois expirés, sans qu'il soit besoin d'en faire publier de nouvelles listes; & sera le présent arrêt exécuté, nonobstant opposition ou appellation quelconque, lu, publié & affiché par-tout où besoin sera, à ce que personne n'en ignore. Fait au Conseil d'état du roi, sa majesté y étant, tenu à Versailles le vingt-sixieme jour d'Août mil sept cent vingt-sept. *Signé*, PHELYPEAUX.

Le présent arrêt a été lu & publié à son de trompe & cri public, dans tous les lieux & carrefours ordinaires & accoutumés, par moi Aymé-Richard Girault, *huissier à cheval au Châtelet de Paris, commis à l'exercice de la charge de juré-crieur ordinaire du roi de la ville, prévôté & vicomté de Paris, y demeurant, place Baudoyer, paroisse Saint-Gervais,*

Gervais, accompagné de Louis Ambezar, Claude Craponne, *jurés-trompettes, &* Louis-François Ambezar, *commis-trompette. Le vingt Septembre mil sept cent vingt-sept, & affiché lesdits jour & an esdits lieux.* Signé, GIRAULT.

ORDONNANCE
DE M. LE LIEUTENANT-GÉNÉRAL DE POLICE,
Commissaire du roi, en cette partie, concernant les loteries.

Du 8 Novembre 1747.

SUR ce qui nous a été remontré par le procureur-Général en la commission, qu'il est nécessaire de réformer quelques abus qui se sont introduits dans la distribution des billets & sociétés de billets des trois loteries établies à Paris, avec la permission du roi, en faveur du bâtiment de l'église de Saint-Sulpice, de l'Hôpital des Enfans-Trouvés, & de plusieurs communautés religieuses; que ces abus proviennent, premiérement de ce qu'il s'établit des receveurs sans titre ni qualité, sous le nom de quelques receveurs particuliers qui les commettent, & leur confient des billets pour distribuer, sans l'approbation des directeurs, & de ceux qui ont la manutention des loteries. Secondement, que plusieurs receveurs font des sociétés d'un billet, qu'ils distribuent par vingtieme, & en tirent plus de vingt sols, au préjudice du public & des loteries. Troisiémement, qu'un nombre de colporteurs sans qualité & sans titre, débitent dans Paris des billets & des sociétés de loterie. Quatriémement, que plusieurs receveurs particuliers, & même des colporteurs, paient, moyennant une rétribution, les lots qui ne sont payables que par les receveurs-généraux, ce qui tourne tant au détriment du public qui en doit être payé sans aucune diminution, qu'aux risques desdits receveurs particuliers & colporteurs, à cause des saisies & oppositions qui se trouvent quelquefois sur ces lots, formées entre les mains des receveurs-généraux : que pour obvier à l'avenir à ces abus, il requiert qu'il soit défendu à tous receveurs particuliers des loteries, d'établir hors de chez eux des bureaux sous leurs noms, & d'en tenir ailleurs que dans le lieu de leur demeure ordinaire ; & à tous particuliers, tels qu'ils soient, d'ouvrir des bureaux de recette avec placards & étalages, sous le nom de receveurs, & sans l'agrément des directeurs de loteries, ou de ceux qui en ont la manutention ; d'ordonner que les receveurs en titre feront seuls des sociétés, dont les moindres seront de cinq billets, & où l'on ne pourra donner intérêt pour moins de cinq sols, comme il se pratiquoit anciennement, & qu'il ne soit permis qu'à des colporteurs agréés & portans des plaques, de colporter des billets & des sociétés de billets de loteries; qu'il soit défendu aux receveurs particuliers de rien exiger pour le paiement des lots, ni même d'en payer aucun, ce qui n'est point de leurs fonctions, le tout à peine d'amende, de destitution, & de plus grande peine, s'il y écheoit.

Nous, lieutenant-général de police, & commissaire du roi en cette partie, défendons à toutes personnes de tenir des bureaux des trois loteries, sans être agréés des directeurs-généraux, ou de ceux qui en ont la manutention, sous peine d'amende : faisons défenses à tous receveurs particuliers desdites trois loteries, de commettre qui que ce soit pour tenir des sous-bureaux en leurs noms, dans aucun quartier de Paris, sous peine d'amende & de destitution, ou autre plus grande peine, s'il y écheoit ; & à tous particuliers qui ne seront point receveurs en titre, de tenir bureaux avec placards ou autrement, soit en leur nom ou pour quelque receveur que ce soit : enjoignons à tous ceux qui en ont tenu jusqu'à présent de cette sorte, d'ôter leurs placards ou étalages, aussitôt la publication de la présente ordonnance, & de cesser de débiter aucuns billets ou sociétés de quelque maniere que ce soit : faisons pareillement défenses à tous receveurs particuliers de faire des sociétés qui soient moindres de cinq billets, & dans lesquelles ils puissent intéresser pour moins de cinq sols. Ne pourront lesdits receveurs particuliers faire distribuer des billets & sociétés de billets que signés d'eux, & par des colporteurs connus & portans des plaques, dont ils demeureront civilement responsables : faisons très-expresses inhibitions & défenses à tous colporteurs sans exception, de débiter dans le public des billets ou sociétés de billets signés d'autres que des receveurs particuliers, & tels que dessus, sous quelque prétexte que ce soit : faisons pareillement défenses à tous receveurs & colporteurs de rien exiger directement ni indirectement pour le paiement des lots, ni d'en payer aucun, le tout à peine d'amende, de destitution, & de plus grande peine, s'il y écheoit. Enjoignons aux commissaires du Châtelet, & autres officiers de police, de tenir la main à l'exécution de la présente ordonnance, qui sera imprimée, lue, publiée & affichée par-tout où besoin sera, à ce que personne n'en prétende cause d'ignorance. Ce fut fait & donné par nous Nicolas-René Berryer, chevalier, conseiller du roi en tous ses conseils, maître des requêtes ordinaires en son hôtel, lieutenant-général de police de la ville, prévôté & vicomté de Paris, commissaire du roi en cette partie, le huitieme jour de Novembre mil sept cent quarante-sept. *Signé*, BERRYER, MOREAU.

ARRÊT DU CONSEIL D'ÉTAT DU ROI,

QUI ordonne qu'à compter du premier Mars 1755, les billets des trois loteries qui se tirent chaque mois dans la ville de Paris, seront augmentés d'un cinquieme, & demeureront fixés à vingt-quatre sols.

Du 9 Décembre 1754.

SUR la requête présentée au roi, étant en son Conseil, par les abbé & chanoines réguliers de Sainte-Genevieve, contenant que les bâtimens de leur église menacent une ruine tellement prochaine, que la réédification en est devenue indispensable ; que les fideles ne la fréquentent plus sans quelque crainte, & sans former des vœux pour sa reconstruction ; que dans l'impossibilité où sont les abbé & chanoines de Sainte-Genevieve, par la médiocrité de leurs revenus, de fournir à une dépense si considérable, ils ne peuvent avoir de ressource plus assurée que celle de recourir à la piété de sa majesté, en la suppliant de vouloir bien y pourvoir de la maniere qui lui paroîtra la plus convenable. Et sa majesté voulant conserver une église précieuse aux habitans de sa bonne ville de Paris, par leur confiance dans la patrone de cette capitale, & donner, à l'exemple des rois ses prédécesseurs, des marques de sa protection à une abbaye qui tient depuis si long-tems un rang distingué dans l'église de France, elle a jugé qu'il ne pouvoit y avoir de moyen plus facile & moins onéreux que celui qui a été déjà employé pour le soutien d'autres établissemens également favorables. Oui le rapport du sieur Moreau de Séchelles, conseiller d'état, & ordinaire au Conseil royal, contrôleur-général des finances, sa majesté étant en son Conseil, a ordonné & ordonne qu'à compter du premier Mars de l'année prochaine 1755, les billets des trois loteries qui se tirent chaque mois dans la ville de Paris, seront augmentés d'un cinquieme, & demeureront fixés à vingt-quatre sols, pour être le produit de la moitié de cette augmentation, appliqué, sans déduction d'aucuns frais, au profit des abbé & chanoines réguliers de Sainte-Genevieve, & être par eux employé uniquement & sans divertissement, à la reconstruction de leur église, & le surplus de ladite augmentation, servir sans diminution ni retenue, sous quelque prétexte que ce soit, à former de nouveaux lots qui seront distribués en la maniere ordinaire. Veut & entend ſa majeſté que leſdites loteries continuent & ſoient tirées ſans interruption, dans la même forme qui a eu lieu juſqu'à préſent, & ſous l'adminiſtration des mêmes perſonnes qui y ont été prépoſées, leſquelles pourront continuer ou révoquer les receveurs, & en établir d'autres, s'il eſt jugé néceſſaire, tant à Paris que dans les provinces. Ordonne ſa majeſté que le produit de la moitié de ladite augmentation ſur chaque billet, ſera remis, un mois après les tirages, au procureur de ladite abbaye, ou à telle autre perſonne qui ſera par elle nommée à cet effet, ſuivant la recette réelle & effective qui aura été faite, tant à Paris que dans les provinces, & qui ſera conſtatée par des bordereaux affirmés véritables, leſquels ſeront repréſentés devant le ſieur lieutenant-général de police de la ville de Paris, pour être par lui vérifiés, viſés & approuvés; enjoint ſa majeſté audit ſieur lieutenant-général de police, de tenir la main à l'exécution du préſent arrêt, & de faire obſerver les réglemens rendus ſur le fait des loteries, contre les receveurs, diſtributeurs ou colporteurs de billets, & tous autres; attribuant d'abondant audit lieutenant-général de police de la ville de Paris, toute cour, juriſdiction & connoiſſance, que ſa majeſté interdit à toutes ſes Cours & autres juges, ſauf l'appel au Conſeil; faiſant défenſes de ſe pourvoir ailleurs, à peine de nullité, caſſation de procédures, trois mille livres d'amende, & de tous dépens, dommages & intérêts. Fait au Conſeil d'état du roi, ſa majeſté y étant, tenu à Verſailles le neuvieme jour de Décembre mil ſept cent cinquante-quatre.

Signé, M. P. DE VOYER D'ARGENSON.

EXTRAIT DE L'ARRÊT DU CONSEIL D'ÉTAT DU ROI,

PORTANT ſuppreſſion, à compter des premier & ſix Août prochain, des loteries de l'Ecole royale militaire, de l'Hôtel-de-ville de Paris, de la Générale d'aſſociation, & de celle des Communautés religieuſes.

CRÉATION d'une nouvelle loterie, ſous le nom de Loterie royale de France, *dont le premier tirage ſera fait le premier Septembre prochain.*

ET union à la régie de la loterie royale, des loteries des Enfans-Trouvés *& de* Piété, *qui ſont conſervées.*

Du 30 Juin 1776.

ART. 5. LES loteries des Enfans-Trouvés & de Piété, que ſa majeſté confirme & maintient, juſqu'à ce qu'il en ſoit par elle autrement ordonné, ſeront réunies à la régie de la loterie royale, à compter du premier Août prochain; à cet effet, les adminiſtrateurs-généraux prendront poſſeſſion deſdites loteries, audit jour, ſous le nom d'Antoine Blanquet; & ſeront tenus les régiſſeurs & receveurs d'icelles, de donner auxdits adminiſtrateurs-généraux, communication des regiſtres & états qui ont ſervi à la régie deſdites loteries: Veut & entend ſa majeſté que les tirages deſdites loteries des Enfans-Trouvés & de Piété, ſoient faits aux époques accoutumées, & dans le même lieu où ſe fera le tirage de la loterie royale, en préſence du ſieur lieutenant-général de police, & des intendant & adminiſtrateurs de ladite loterie royale.

Ss 2

ARRÊT DU CONSEIL D'ÉTAT DU ROI,

*Qui liquide à la somme de 172,367 livres 7 sols 8 deniers, l'indemnité revenant annuellement à l'*Hôpital des Enfans-Trouvés, *& à Sainte-Genevieve, pour la réunion de la loterie des Enfans-Trouvés à la loterie royale de France; de laquelle somme il en revient à l'*Hôpital des Enfans-Trouvés, *celle de 97,602 livres 5 sols 4 den. faisant avec celle de 42,632 liv. 12 sols 4 den. que sa majesté, par ledit arrêt, accorde pour secours audit* Hôpital des Enfans-Trouvés, *la somme de 140,234 liv. 17 sols 8 den. & l'indemnité à Sainte-Genevieve, montant à 74,765 liv. 2 s. 4 den. le tout faisant 215000 livres.*

Du 6 Avril 1777.

LE ROI ayant ordonné, par l'article 5 de l'arrêt rendu en son conseil, le 30 Juin 1776, portant établissement de la loterie royale de France, que la loterie des Enfans-Trouvés sera réunie à la régie de la derniere loterie royale, à compter du premier Août 1776, & par l'article 6, qu'il sera payé annuellement par le receveur général de ladite loterie royale aux établissemens auxquels les loteries supprimées ou réunies avoient été accordées, la somme à laquelle se trouvera monter l'année commune formée sur les dix dernieres années. Vu les ordres en vertu desquels la derniere loterie des Enfans-Trouvés a été établie le premier Mai 1717, l'arrêt du conseil du 26 Août 1727, par lequel il a été ordonné que les lots non réclamés de ladite loterie, depuis son établissement, jusqu'au jour de son extinction, demeureront au profit de l'Hôpital des Enfans-Trouvés, & que les porteurs des billets desdits lots non réclamés en seront déchus, six mois après le tirage, dans lequel lesdits lots seront sortis, pour être le montant desdits lots non-réclamés joint au bénéfice de la derniere loterie & employé aux besoins dudit Hôpital. L'arrêt du conseil du 9 Décembre 1754, par lequel sa majesté auroit ordonné qu'à compter du premier Mars 1755, les billets des trois loteries de Saint-Sulpice, des Communautés Religieuses & des Enfans-Trouvés qui avoient été distribués sur le pied de vingt sols le billet, seroient augmentés d'un cinquieme & demeureroient fixés à vingt-quatre sols, pour être le produit de la moitié de ladite augmentation appliqué, sans déduction d'aucuns frais, au profit de l'abbaye Sainte-Genevieve, & être employé uniquement & sans aucun divertissement à la reconstruction de son église, & le surplus de ladite augmentation servir, sans aucune diminution ni retenue, sous quelque prétexte que ce soit, à former de nouveaux lots qui seroient distribués en la maniere ordinaire. Vu pareillement les comptes arrêtés par les administrateurs dudit Hôpital, tant du produit de ladite loterie, à la suite de chaque tirage, que des lots non-réclamés, ensemble le résultat de la vérification desdits comptes, qui constate que le bénéfice de ladite loterie, provenant de la retenue de quinze pour cent, faite sur le montant des billets de ladite loterie, pendant lesdites dix années, ainsi que celui des lots non-réclamés a monté, déduction faite de tous frais & des pertes de certains tirages, à la somme de 1723,673 l. 17 s. 8 d. ce qui établi l'année commune du produit de ladite loterie, pendant lesdites dix dernieres années, à la somme de 172,367 livres 3 sols 8 deniers, dont, pour ledit Hôpital, celle de 97,602 livres 5 sols 4 deniers, & pour Sainte-Genevieve, celle de 74,765 liv. 2 sols 4 d. Vu aussi les représentations des administrateurs dudit Hôpital des Enfans-Trouvés, contenant que l'insuffisance du fonds destiné à son entretien est augmenté considérablement, depuis que la concurrence & la multiplication des loteries nouvellement établies ont réduit le bénéfice de celle des Enfans-Trouvés, à moins de 100,000 livres, tandis qu'on l'avoit vu monter à 300,000 livres, & que l'année commune montoit encore en 1754 à près de

240,000 liv. qu'à la suite d'une diminution aussi considérable dans son revenu, cet Hopital s'étant trouvé forcé, pour se soutenir, de consommer le douzieme de Sainte-Genevieve, la recette effective a été composée, durant les dix dernieres années, de l'entier produit de ladite loterie, & que si son indemnité étoit fixée strictement à la somme qui devoit lui revenir sur le produit desdites dix dernieres années, il se trouveroit privé tout à la fois d'une portion considérable de son revenu & de l'espérance des améliorations qu'il attendoit de quelques changemens avantageux à ladite loterie, que son indemnité, à quelque somme qu'elle soit fixée, ne sauroit l'être dans une juste proportion avec son objet, attendu que la suppression ordonnée par l'arrêt du 30 Juin dernier, de trois des petites loteries, pour ne laisser subsister que celle des Enfans-Trouvés & de Piété, à nécessairement dû en augmenter de beaucoup le produit, que la maniere la plus simple & la plus juste, de pourvoir à son indemnité, seroit de lui rendre sa loterie, ou au moins d'obliger les administrateurs de la loterie royale à tenir compte à cet Hôpital de l'entier produit de la derniere loterie; & sa majesté s'étant fait représenter les états de recette & dépense de la derniere loterie, depuis sa réunion à la loterie royale, par lesquels sa majesté auroit vu que l'annuel d'icelle produit, pouvoit être estimé à la somme de 200,000 livres. Oui le rapport du sieur Taboureau, conseiller d'état & ordinaire au conseil royal, contrôleur-général des finances; sa majesté étant en son conseil, a liquidé & liquide à la somme de 172,367 livres 7 sols 8 deniers, l'indemnité due à cause de la réunion de la derniere loterie à la loterie royale; & cependant sa majesté voulant venir au secours dudit Hôpital des Enfans-Trouvés, elle lui a accordé & accorde, en outre de la somme de 97,602 l. 5 s. 4 d. qui doit lui revenir dans la répartition de ladite indemnité, celle de 42,632 l. 12 s. 4 den. pour former ensemble celle de 140,234 liv. 17 sols 8 deniers, au profit dudit Hôpital; laquelle somme, jointe à celle 74,765 liv. 2 sols 4 den. revenant à Sainte-Genevieve, l'indemnité totale de la derniere loterie sera & demeurera fixée à la somme de 215,000 liv. Ordonne sa majesté que les produits de la loterie royale, & ceux des loteries y réunies, seront & demeureront spécialement affectés & hypothéqués à l'acquittement de ladite somme de 215,000 livres; laquelle somme sera payée annuellement, à compter du premier Août 1776, & de mois en mois, à raison d'un douzieme pour chacun, par le receveur-général de ladite loterie royale, entre les mains du sequestre qui sera nommé par sa majesté & sera passée & allouée dans les comptes dudit receveur-général, sur les simples quittances dudit sequestre. Veut & entend sa majesté que le montant des huit mois échus au premier du présent mois desdites indemnités & supplément, soit acquitté en un seul & même paiement par ledit receveur-général de la loterie royale, entre les mains dudit sequestre, pour être lesdites sommes distribuées & employées, conformément à ce qui est porté par le présent arrêt & autres postérieurs, sur les ordres de sa majesté, & jusqu'à ce que par elle il en soit autrement ordonné. Fait au conseil d'état du roi, sa majesté y étant, tenu à Versailles le sixieme jour d'Avril mil sept cent soixante dix-sept. *Signé*, BERTIN.

ARRÊT DU CONSEIL D'ÉTAT DU ROI,

Qui nomme me Poultier, notaire, pour toucher les indemnités accordées aux différens propriétaires des loteries réunies à la loterie royale, & pour en faire la distribution, conformément à ce qui en appartient à chacun d'eux.

Du 26 Avril 1777.

LE ROI ayant par arrêts rendus en son Conseil, les 31 Mars & 6 Avril 1777, pourvu aux indemnités dues aux établissemens qui participoient aux bénéfices des loteries de Piété, d'Association-Générale, Communautés Religieuses, & des Enfans-Trouvés; supprimées ou réunies à la loterie royale de France, lesquelles indemnités ont été fixées, savoir, pour la loterie de Piété à *cinq cens cinq mille cinq cens cinquante-deux livres, cinq sols, sept deniers*, dont *deux cens dix-neuf mille deux cens quatre-vingt-douze livres, douze sols, un denier* à Sainte-Genevieve; *cent vingt-deux mille huit cens soixante-dix-sept livres, onze sols, neuf deniers*, à la Madeleine de la ville l'Evêque, & *cent soixante-trois mille trois cens quatre-vingt-quatre livres, un sol, neuf deniers*, pour œuvres de piété; pour la loterie Générale-d'Association, à *deux cens soixante-cinq mille trois cens soixante-trois livres, deux sols, deux deniers*; pour celle des Communautés Religieuses, à *cent quatre-vingt-neuf mille cinq cens quatre-vingt-six livres*, dont *cent dix mille livres* auxdites Communautés; *soixante-dix mille huit cens cinquante-une livres* à Sainte-Genevieve; & *huit mille six cens soixante-quinze livres* aux filles du Bon-Pasteur de Paris, aux filles du Bon-Pasteur de Lyon, de la Providence, & des Nouvelles-Catholiques de ladite ville de Lyon; & pour celle des Enfans-Trouvés, à *deux cens quinze mille livres*, dont *cent quarante-mille deux cens trente-quatre livres, dix-sept sols, huit deniers* auxdits Enfans-Trouvés, & *soixante-quatre mille sept cens soixante-cinq livres deux sols, quatre deniers* à Sainte-Genevieve. Sa majesté auroit en même-tems ordonné que lesdites sommes, faisant celle de *onze cens soixante-quinze mille quatre cens quarante-une livres, sept sols, neuf deniers*, seroient, à compter du premier Août 1776, payées par le caissier de ladite loterie royale, à raison d'un douzieme par chaque mois, au sequestre qu'elle jugeroit à propos de nommer à cet effet.

Et comme le sieur Poultier, notaire au Châtelet de Paris, auroit déjà été, par arrêts des premier Novembre 1762, & 4 Avril 1767, nommé en ladite qualité, pour recevoir les deniers provenans desdites loteries de Piété, d'Association-Générale, des Communautés Religieuses, & de la portion qui en revenoit à Sainte-Genevieve, sa majesté à jugé à propos de lui continuer les mêmes fonctions, & d'y réunir en même-tems la recette de l'indemnité particuliere, accordée auxdits Enfans-Trouvés.

Oui le rapport: LE ROI étant en son Conseil, a commis & commet le sieur Poultier, notaire au Châtelet de Paris, pour, en qualité de sequestre, recevoir annuellement du caissier de la loterie royale de France, la somme de *onze cens soixante-quinze mille quatre cens quarante-une livres, sept sols, neuf deniers*, faisant le montant des indemnités fixées pour les loteries de Piété, d'Association-Générale, des Communautés Religieuses & des Enfans-Trouvés, & ce, à raison d'un douzieme par mois, à commencer du premier Août dernier, pour, sur toutes lesdites sommes, être par lui payées & acquittées, jusques à concurrence, celles assignées à Sainte-Genevieve, à la Madeleine de la Ville-l'Evêque, aux Communautés Religieuses, aux Enfans-Trouvés, aux filles du Bon-Basteur de Paris, aux filles du Bon-Pasteur de Lyon, de la Providence & des Nouvelles-Catholiques de ladite ville de Lyon, suivant & ainsi qu'il est ordonné par les susdits arrêts du Conseil, & le surplus, dont la disposition est libre, payé en vertu des ordonnances qui seront payées & délivrées par le sieur lieutenant-général de police, d'après les ordres de sa majesté, lesquels paiemens seront passés & alloués au sieur Poultier dans les comptes qu'il rendra à la fin de chaque année audit sieur lieutenant-général de police, en justifiant des quittances à l'ordinaire. Fait au Conseil d'état du roi, sa majesté y étant, tenu à Versailles le vingt-six Avril mil sept cent soixante-dix-sept. *Signé*, BERTIN.

Collationné sur l'original en parchemin de l'arrêt ci-dessus, par nous écuyer, conseiller-secrétaire du roi, maison, couronne de France & de ses finances.

Signé, SIFFLET DE BERVILLE.

HOPITAL DES ENFANS-TROUVÉS,

TROISIEME PARTIE.

RÉUNIONS DE DIFFÉRENS ÉTABLISSEMENS, ET RÉGLEMENS EN DÉPENDANS.

CONFRAIRIE DE LA PASSION.

ARRÊT DU CONSEIL D'ÉTAT DU ROI,

Qui unit à l'Hôpital-Général *les revenus de la confrairie de la Passion & Résurrection de Notre Seigneur, pour être lesdits revenus employés à la nourriture & entretien des* Enfans-Trouvés.

Du 14 Avril 1676.

LE roi s'étant fait représenter les lettres-patentes de Charles VI, du mois de Décembre 1402, portant permission aux confreres de la confrairie de la passion & résurrection de Notre-Seigneur, fondée en l'église de la Trinité, à Paris, de faire la représentation desdits mysteres en public; l'édit du mois de Septembre 1543; l'acte de délibération desdits confreres de la passion, du 18 Juillet 1548; contrat d'acquisition fait en conséquence par lesdits confreres, au nom & au profit de la confrairie, de la place & masure de l'hôtel de Bourgogne; arrêt du parlement, du 7 de Novembre 1548, portant défenses aux confreres de la passion de représenter les mysteres sacrés, & qui leur permet seulement de représenter les histoires profanes, honnêtes & licites, avec défenses à tous autres de jouer ni représenter en la ville, fauxbourgs & banlieue de Paris, si ce n'est sous le nom, & au profit de la confrairie; lettres-patentes de François I, de confirmation des privileges accordés à ladite confrairie, du mois de Janvier de l'année 1518; autres lettres-patentes de Henri II, du mois de Janvier 1554; de François II, du mois de Mars 1559; lettres d'amortissement de Charles IX, du mois de Janvier 1566; arrêts d'enregistrement d'icelles; autres lettres de confirmation des privileges de Henri IV, du mois d'Avril 1597, & de Louis XIII, de Décembre 1612; autres lettres d'amortissement, du mois d'Avril 1640; arrêts d'enregistrement desdites lettres; autres lettres-patentes du 28 Janvier 1641; arrêts du Conseil des 7 Novembre 1627, 26 Décembre 1629, 7 Novembre 1642, 5 Mars & 24 de Mai 1675; état des biens & revenus, ensemble des charges & dettes de la confrairie, remis devant le sieur de la Reynie, par les confreres de la passion, qui sont à présent en charge, en exécution desdits arrêts; plusieurs comptes rendus par lesdits confreres, des revenus de la confrairie; édit du mois d'Avril 1656, pour l'établissement de l'Hôpital-Général de Paris; procès-verbal dudit sieur de la Reynie, contenant son avis sur le fait de ladite confrairie, & de l'administration de ses biens, du 30 Novembre 1675, & autres pieces mentionnées audit avis; & sa majesté voulant pourvoir à ce que lesdits biens & revenus de ladite confrairie de la passion & résurrection de Notre-Seigneur, qui étoient ci-devant employés aux représentations desdits mysteres, & qui sont sans aucune destination, ne soient dissipés en des dépenses inutiles & superflues, & voulant pourvoir au contraire à ce qu'ils soient bien & duement administrés, & que l'emploi desdits revenus soit fait selon l'esprit & suivant la disposition des ordonnances, au soulagement & à la nourriture des pauvres: SA MAJESTÉ étant en son Conseil, a ordonné & ordonne, que l'entiere administration des biens & revenus de ladite confrairie de la passion

& résurrection de Notre-Seigneur, sera & demeurera à l'avenir unie à l'administration des autres biens de l'Hôpital-Général de Paris, pour être lesdits biens & revenus, employés (la charge du service divin déduite & satisfaite,) à la nourriture & entretien des pauvres de l'Hôpital des Enfans-Trouvés; & en conséquence, sa majesté a déchargé & décharge les soi-disans maîtres, gouverneurs de ladite confrairie, de l'administration pour l'avenir, de ses biens & revenus; ordonne que dans quinzaine du jour de la signification de l'arrêt, ils seront tenus de remettre entre les mains des administrateurs de l'Hôpital-Général, tous les titres qu'ils ont, concernant la propriété desdits biens; ensemble tous les ornemens & autres effets de ladite confrairie, & dont il sera fait inventaire; le tout à la charge par lesdits administrateurs de l'Hôpital-Général, de faire célébrer le service divin, & de payer aux créanciers légitimes de ladite confrairie, les rentes & dettes dont elle se trouvera chargée, & sans déroger aux privileges & hypotheques desdits créanciers; & pour connoître la qualité desdites dettes, quels sont les créanciers, ce qui leur a été payé, ou ce qui leur reste dû, sa majesté ordonne, que les comptes de l'administration des biens & revenus de la confrairie, qui ont été rendus depuis les dix dernieres années; ensemble un état de ce qui en aura été reçu & employé par lesdits gouverneurs, pendant le cours de la présente année, jusqu'au jour de la signification de l'arrêt, seront représentés par-devant le sieur de la Reynie, que sa majesté a commis & député pour être lesdits comptes & états par lui revus, vérifiés & examinés, en présence desdits administrateurs, & des soi-disans maîtres & gouverneurs de ladite confrairie, pour du tout en être par lui dressé procès-verbal; & en cas de contestation, après en avoir communiqué au sieur Pussort, être fait droit à son rapport au Conseil, ainsi que de raison; & cependant sa majesté en tant que de besoin, a fait très-expresses défenses aux prétendus maîtres, gouverneurs & confreres de la passion & résurrection de Notre-Seigneur, d'en prendre la qualité à l'avenir, ni de troubler les administrateurs dudit Hôpital-Général, en la possession, jouissance & entiere administration des biens de ladite confrairie: ordonne que le présent arrêt sera exécuté, nonobstant oppositions ou appellations quelconques, dont s'il en intervient aucunes, sa majesté s'en est réservé la connoissance à sa personne, & icelle interdite à toutes ses Cours & juges; & seront aussi expédiées pour l'exécution de l'arrêt, toutes lettres à ce nécessaires. Fait au Conseil d'état du roi, sa majesté y étant, tenu à Saint-Germain-en-Laye le quatorzieme jour d'Avril mil six cent soixante-seize. *Signé*, COLBERT.

ENFANS-ROUGES.

DÉCLARATION DU ROI,

*PORTANT union de l'administration des biens de l'*Hôpital des Enfans-Rouges, *à celle de l'*Hôpital des Enfans-Trouvés.

Du 20 Mai 1680.

LOUIS, par la grace de Dieu, roi de France & de Navarre: A tous ceux qui ces présentes lettres verront; SALUT. L'Hôpital des Enfans-Rouges de notre bonne ville de Paris, ayant été fondé par le roi François I, dès l'année 1536, pour y élever les pauvres Enfans dont les peres & meres étrangers meurent dans l'Hôtel-Dieu de ladite ville; cette pieuse intention n'auroit pas été exécutée dans la suite, & l'on y a reçu seulement quelques Enfans, suivant que les administrateurs ont estimé à propos de les choisir; & comme il n'est pas raisonnable que l'Hôtel-Dieu, chargé d'une grande dépense pour les pauvres malades

malades de ladite ville, soit encore obligé d'avoir soin des pauvres Enfans de cette qualité, ni que l'on les porte à l'Hôpital des Enfans-Trouvés, établi depuis peu d'années en ladite ville, & qui se trouve présentement chargé de plus de deux mille trois cens Enfans, entre lesquels il y en a un très-grand nombre de cette qualité, sans qu'ils jouissent des biens destinés à cet effet pour en soutenir partie de la dépense. A CES CAUSES, & après avoir fait mettre cette affaire en délibération en notre Conseil, de l'avis d'icelui, & de notre certaine science, pleine puissance & autorité royale, nous avons joint & uni, joignons & unissons par ces présentes, signées de notre main, l'administration des Enfans-Rouges, fondés en notre bonne ville de Paris, à celle de l'Hôpital des Enfans-Trouvés, pour être faite dorénavant par les directeurs de l'Hôpital-Général, commis pour avoir la direction des Enfans-Trouvés, à la charge d'en employer les biens à la nourriture des Enfans orphelins, dont les peres & meres étrangers meurent dans l'Hôtel-Dieu, & à celle des autres Enfans exposés ou abandonnés s'il y en avoit de reste; leur permettons de disposer à cet effet des fonds & revenus desdits biens, & de les gouverner en la même maniere qu'ils ont promis de gouverner ceux dudit Hôpital-Général & de celui des Enfans-Trouvés; à la charge de faire acquitter toutes les fondations de services & autres qui se trouveront faites dans ledit Hôpital des Enfans-Rouges, ainsi qu'il a été fait jusqu'à cette heure, & qu'il sera réglé, si besoin est, par notre très-cher & bien amé cousin l'archevêque de Paris; & seront les Enfans étans audit Hôpital des Enfans-Rouges, transférés à l'Hôpital Général de Paris, pour y être instruits, nourris & élevés, ainsi que les autres pauvres d'icelui. Si donnons en mandement à nos amés & féaux conseillers, les gens tenans notre Cour de Parlement à Paris, que ces présentes ils aient à faire lire, publier & registrer, & le contenu en icelles garder & observer de point en point, selon leur forme & teneur, sans y contrevenir ni permettre qu'il y soit contrevenu en aucune sorte ni maniere que ce soit, nonobstant tous édits, déclarations, arrêts & réglemens à ce contraires, auxquels & aux dérogatoires des dérogatoires y contenus, nous avons dérogé & dérogeons par ces présentes. Car tel est notre plaisir. Donné à Saint-Germain-en-Laye le vingt-troisieme jour de Mars l'an de grace mil six cent quatre-vingt.

ARRÊT DU PARLEMENT,

Qui permet de faire quêter dans les églises & paroisses de Paris, pour les enfans nommés Enfans-de-Dieu, *à présent dits* Rouges.

Du 11 Décembre 1538.

Ce jour ont été présentées à la Cour lettres missives données au château du Louvre, le onzieme jour du mois de Décembre, par lesquelles le roi mande à ladite Cour, & très-expressément enjoint qu'elle permette de faire quêter par les églises de Paris, pour les Enfans nommés les Enfans-de-Dieu, délaissés de leur peres & meres décédés à l'Hôtel-Dieu de Paris, tout ainsi que l'on fait pour les pauvres d'icelle ville; la matiere mise en délibération: LA COUR a permis & permet aux maîtres & gouverneurs desdits petits Enfans de pouvoir faire & faire faire quêtes par les églises & paroisses de ladite ville de Paris, ainsi que l'on fait pour les pauvres d'icelles, à la charge toutefois d'en rendre compte par lesdits Gouverneurs, pour le reliquat être employé comme la Cour verra être à faire par raison.

DÉCLARATION DU ROI FRANÇOIS PREMIER,

*PORTANT permiſſion de recevoir à l'*Hôpital des Enfans-de-Dieu , *à préſent nommés* Rouges , *des enfans orphelins , pauvres & indigens des villages de la banlieue de Paris , indépendamment des enfans étrangers dont les peres & meres meurent à l'*Hôtel-Dieu.

Du 22 Juin 1541.

FRANÇOIS, par la grace de Dieu, roi de France ; A nos amés & féaux conſeillers, les gens de notre Cour de Parlement, de nos Comptes, prévôt de Paris & autres ; SALUT & dilection, comme ainſi ſoit que dès l'an 1534, le dernier jour de Janvier, nous ayant donné à la grande priere & requête de notre très-chere ſœur & unique la reine de Navarre, des deniers des condamnations des uſures, la ſomme de trois mille ſix cens livres tournois, pour l'employer à l'achat d'une maiſon en notre bonne ville de Paris, pour retirer & loger les pauvres Enfans orphelins étrangers, que leurs peres & meres malades venant à l'Hôtel-Dieu de Paris pour être panſés, délaiſſoient après leur trépas, ſans aide ni ſecours de perſonne, à l'occaſion de quoi, & pour le gros air qui eſt à l'Hôtel-Dieu, ils mouroient quelque peu de tems après, ſans nul excepter, comme nous eſt apparu par information ſur ce faite par notre ordonnance, & pour éviter pour l'avenir ces inconvéniens, auroit été ladite maiſon achetée pour y retirer telles manieres d'Enfans orphelins, ce qui auroit été fait juſqu'ici, par perſonnages auxquels en aurions donné la charge, & pour ce que, en faiſant ladite premiere fondation n'auroit point été dit par nous qu'il n'y auroit en ladite maiſon autres Enfans orphelins que ceux qui ſeroient tirés dudit Hôtel-Dieu, & que nous avons été avertis que de ceux qui en ont été tirés juſqu'ici, nos bons bourgeois & bourgeoiſes de Paris en prennent beaucoup, tant pour s'en ſervir, que pour apprendre leur métier ; & quelquefois en douent, quand ils n'ont point d'enfans, pour les nourrir pour l'amour de Dieu, tellement que ledit nombre reçu eſt fort diminué, & pour nourrir cette charité qui a été commencée, qui vient de Dieu, & non des hommes, & la multiplier tous les jours de plus en plus, & croître le nombre des Enfans pauvres orphelins étrangers, qui n'ont biens, meubles ni immeubles, & leur faire apprendre la loi de Dieu, bonnes mœurs & conditions, qu'ils ſoient gens de bien pour l'avenir, & que Dieu premiérement, nous & la choſe publique en puiſſions être ſervis en pluſieurs manieres ci-après ; nous avons ſtatué & ordonné, ſtatuons & ordonnons, voulons & nous plaît, qu'il ſoit loiſible à celui qui de préſent a le gouvernement de ladite maiſon & Hôpital des Enfans-de-Dieu, & à ſes ſucceſſeurs, afin que charité ne ſoit point oiſive, de prendre des Enfans orphelins étrangers, pauvres & indigens, outre ceux tirés dudit Hôtel-Dieu, qui ſeront des villages en la banlieue de Paris ſeulement, car les Enfans orphelins de ladite ville & fauxbourgs, ſe reçoivent en l'Hôpital, dit Saint-Eſprit de tout tems, & là où il ne ſe trouveroit aſſez d'Enfans en ladite banlieue, pour remplir ladite maiſon & Hôpital des Enfans-de-Dieu, nous voulons & nous plaît, que l'on en puiſſe prendre par charité des autres villages prochains de ladite ville & du dioceſe, & proche de Paris, juſqu'à l'âge de dix ou douze ans & au-deſſous, & tant que ladite maiſon en pourra loger, porter & nourrir, eſpérant que Notre Seigneur, qui eſt charité lui-même, leur aidera à vivre, & qu'ils feront du fruit à lui & à nous, & à la choſe publique de notre royaume comme ſujets ; & pour ce que nous avons été averti que ledit Hôpital eſt pauvre, & qu'il n'a revenu ſuffiſant pour nourrir & alimenter leſdits Enfans, nous voulons & nous plaît qu'il ſoit loiſible aux gouverneurs dudit Hôpital qui ſont & ſeront ci-après, d'envoyer tous les jours, comme font les Quinze-Vingts, qui sont de fondation royale, comme ledit Hôpital, parmi ladite ville de Paris, & par les sept quartiers d'icelle, par ordre, tels personnages qu'ils aviseront, pour quêter & demander le pain pour lesdits Enfans, & aumônes pour leur vivre, & ce, au lieu des religieux des Billettes, qui seulement par ci-devant quêtoient leur pain pour la pauvreté qu'ils avoient, mais à présent & depuis vingt-un an en ça ne quêtent plus, parce qu'ils sont hors de pauvreté, & ont dequoi vivre; nous voulons aussi, & nous plaît, qu'il soit loisible auxdits gouverneurs de faire quêter les dimanches & fêtes, par les églises & paroisses des villages dudit diocese, desquels il y aura des Enfans nourris audit Hôpital, afin que la charité soit réciproque. Donné à Paris le vingt-deux Juin mil cinq cent quarante-un.

LETTRES-PATENTES,

PORTANT suppression de l'Hôpital des Enfans-Rouges, *& union de ses biens & & revenus à* l'Hôpital des Enfans-Trouvés *de Paris.*

Du mois de Mai 1772.

LOUIS, par la grace de Dieu, roi de France & de Navarre : A tous présens & à venir, SALUT. Nos chers & bien-aimés les directeurs & administrateurs de l'Hôpital-Général de notre bonne ville de Paris nous ont fait exposer que le nombre des enfans abandonnés qui sont journellement présentés à l'Hôpital des Enfans-Trouvés, dont l'administration est unie à celle dudit Hôpital-Général, s'est tellement accru depuis plusieurs années, que les revenus fixes & casuels dudit Hôpital des Enfans-Trouvés sont absolument insuffisans pour en soutenir les charges; qu'entre les moyens auxquels on peut avoir recours pour y subvenir, il n'en est point de plus naturel & de plus juste, que de supprimer l'Hôpital *dit* des Enfans-Rouges, & d'en unir les biens & revenus à celui des Enfans-Trouvés; qu'en effet, la maison des Enfans-Rouges ne fut fondée par François I, l'un de nos prédécesseurs, en 1536, que pour élever les pauvres enfans, dont les peres & meres étrangers mouroient à l'Hôtel-Dieu; à quoi ce Prince ajouta, par sa déclaration du 22 Juin 1541, qu'on y recevroit aussi des enfans orphelins & pauvres de la banlieue de Paris & des villages circonvoisins; que cela n'étoit nécessaire alors, que parce que l'Hôpital-Général & celui des Enfans-Trouvés n'existoient pas encore; mais ces deux grands établissemens ayant été fondés, l'un en 1656, l'autre en 1670, Louis XIV, notre illustre Bisaïeul, considérant qu'il étoit plus utile au public qu'il n'y eût pas tant de maisons différentes destinées pour les mêmes objets, ordonna, par ses lettres-patentes du 23 Mars 1680, que l'administration des Enfans-Rouges seroit unie à celle des Enfans-Ttrouvés; permit en conséquence aux directeurs & administrateurs de disposer des fonds & revenus de cette maison, ordonnant même que les enfans qui y étoient, seroient transférés à l'Hôpital-Général, pour y être instruits, nourris & élevés, ainsi que les autres pauvres d'icelui; qu'on auroit dû dès-lors consommer cette suppression & réunion, avec d'autant plus de raison, que les revenus de la maison des Enfans-Rouges ne suffisoient pas, à beaucoup près, pour le soutien d'un établissement séparé, ainsi que cela est vérifié par les registres de recette & de dépense, qui prouvent, suivant une année commune, depuis 1765, jusqu'à present, que la dépense annuelle de l'Hôpital des Enfans-Rouges monte à vingt-six mille six cens vingt-neuf liv. treize sols, & qu'il n'a que onze mille trois cens quatre-vingt liv. quatre sols de revenus, tant fixes que casuels; ensorte qu'il ne subsiste qu'au moyen d'un supplément de quinze mille deux cens quarante-quatre livres dix-neuf sols, qui lui est fourni chaque année, tant par l'Hôpital-Général que par celui des Enfans-Trouvés; que dans ces circonſtances, les expoſans auroient pu croire être ſuffiſamment autoriſés, en leur qualité d'adminiſtrateurs, par les lettres-patentes du 23 Mars 1680, à procéder à une ſuppreſſion & union trop long-tems différée; mais que leur attention reſpectueuſe ſur tout ce qui peut concerner un établiſſement qui eſt de notre fondation, les a portés à attendre qu'il nous plût leur marquer ſur ce nos intentions : à l'effet de quoi ils nous ont très-humblement fait ſupplier de leur accorder nos lettres ſur ce néceſſaires. A CES CAUSES, de l'avis de notre Conſeil, qui a vu la délibération priſe à ce ſujet dans le bureau de l'Hôpital-Général, le 23 Mars dernier, dont expédition eſt ci-attachée ſous le contre-ſcel de notre Chancellerie, & de notre grace ſpéciale, pleine puiſſance & autorité royale, nous avons éteint & ſupprimé, & par ces préſentes, ſignées de notre main, éteignons & ſupprimons l'Hôpital *dit* des Enfans-Rouges, ſitué dans notre bonne ville de Paris, & avons unis & uniſſons les biens & revenus d'icelui à ceux de l'Hôpital des Enfans-Trouvés de ladite ville, pour être régis & adminiſtrés par les directeurs & adminiſtrateurs de l'Hôpital-Général; en conſequence, ordonnons que les enfans étans actuellement audit Hôpital des Enfans-Rouges, ſeront transférés, & ceux de pareille qualité qui ſe préſenteront à l'avenir, reçus à l'Hôpital-Général de Paris, pour y être inſtruits, nourris & élévés, ainſi que les autres pauvres d'icelui : autoriſons leſdits directeurs & adminiſtrateurs à régir & gouverner les biens dudit Hôpital des Enfans-Rouges, avec les mêmes pouvoirs qui leur ſont accordés pour régir & gouverner ceux de l'Hôpital des Enfans-Trouvés, auxquels ils ſeront unis, & diſpoſer de tout le mobilier, ainſi que des terreins & bâtimens dudit Hôpital des Enfans-Rouges, à la charge toutefois de l'acquit des fondations, ainſi qu'il ſera réglé par notre très-cher & bien-amé couſin le ſieur archevêque de Paris; ordonnons au ſurplus que les lettres-patentes du 27 Mai 1541, enregiſtrés le 2 Juin ſuivant, & l'arrêt du 6 Mars 1733, portant permiſſion de quêter pour leſdits Enfans-Rouges dans toutes les égliſes de notre bonne ville & fauxbourgs de Paris, ſeront exécutés au profit de l'Hôpital des Enfans-Trouvés; & en conſéquence, permettons aux femmes qui ſeront établies par leſdits directeurs & adminiſtrateurs, de quêter pour leſdits Enfans-Trouvés dans toures les égliſes de ladite ville & fauxbourgs de Paris, ſans aucune exception : faiſons défenſes à tous marguilliers, ſacriſtains, ſupérieurs de maiſons régulieres ou ſéculieres, prêtres, religieux mendians, ou autres que ce puiſſe être, de troubler & empêcher leſdites quêtes, à peine de trois cens livres d'amende, applicable audit Hôpital des Enfans-Trouvés, pour chaque trouble & empêchement. Si donnons en mandement à nos amés & féaux conſeillers les gens tenans notre cour de Parlement à Paris, que ces préſentes ils aient à faire regiſtrer, & du contenu en icelles jouir & uſer ledit Hôpital des Enfans-Trouvés pleinement, paiſiblement & perpétuellement, ceſſant & faiſant ceſſer tous troubles & empêchemens, & nonobſtant toutes choſes à ce contraires : car tel notre plaiſir; & afin que ce ſoit choſe ferme & ſtable à toujours, nous avons fait mettre notre ſcel à ceſdites préſentes. Donné à Verſailles au mois de Mai, l'an de grace mil ſept cent ſoixante-douze, & de notre regne le cinquante-ſeptieme. *Signé*, LOUIS. *Et plus bas*, par le roi, PHELYPEAUX. *& Viſa*, DE MAUPEOU. *Et ſcellées du grand ſceau de cire verte, en lacs de ſoie rouge & verte.*

Regiſtrées, oui ce requérant le procureur-général du roi, pour être exécutées ſelon leur forme & teneur, ſuivant l'arrêt de ce jour. A Paris, en Parlement, le cinq Juin mil ſept cent ſoixante-douze. Signé, VANDIVE.

HOPITAL DE SAINT-JACQUES.

LETTRES-PATENTES,

*PORTANT union des biens de l'*Hôpital de Saint-Jacques *à celui des* Enfans-Trouvés, *& permiſſion aux adminiſtrateurs de cette maiſon, d'acquérir des terrein & bâtiment pour y recevoir les enfans nouveaux-nés, atteints de maladies communicables.*

Du mois de Mai 1781.

LOUIS, par la grace de Dieu, roi de France & de Navarre : A tous préſens & à venir, SALUT. Notre attention à maintenir les fondations qui ont été faites pour le ſoulagement des pauvres, & les diriger, autant qu'il eſt poſſible, vers le bien public, nous auroit porté à nous faire repréſenter en notre Conſeil les lettres-patentes du 15 Avril 1734, concernant l'Hôpital & l'égliſe Saint-Jacques de notre bonne ville de Paris. Par ces lettres-patentes, le feu roi, notre auguſte aïeul, auroit révoqué l'union & incorporation qui avoit été faite, par l'édit du mois d'Avril 1722, des biens de cet Hôpital à l'ordre de Notre-Dame du Mont-Carmel & de Saint-Lazarre-de-Jéruſalem ; il auroit ordonné que, ſuivant l'intention des fondateurs, l'hoſpitalité ſeroit inceſſamment rétablie & entrenue audit Hôpital Saint-Jacques, pour le ſoulagement & la ſubſiſtance des pauvres; il auroit défendu aux bénéficiers qui le deſſervoient, de prendre le qualité de chanoines, & de qualifier cette égliſe de collégiale; & par proviſion, il auroit ordonné que les biens en ſeroient régis & adminiſtrés par deux ſubſtituts de notre procureur-général, leſquels nommeroient conjointement une perſonne ſolvable pour recevoir tous les revenus dudit Hôpital, & en acquitter les charges, & auxquels ledit receveur ſeroit tenu de rendre compte; mais on auroit jugé, dans la ſuite, que l'hoſpitalité ne pouvoit pas être rétablie dans cette maiſon, à cauſe de la vétuſté des bâtimens, dont la reconſtruction auroit conſommé le fonds de la dotation; enſorte qu'il étoit néceſſaire de faire de ces biens un autre emploi, qui fût également conforme à leur deſtination ; & comme il n'eſt point à Paris d'établiſſement de charité qui ait plus de beſoin, & qui mérite plus d'être ſecouru que celui des Enfans-Trouvés, eu égard au grand nombre d'enfans dont il eſt ſurchargé, l'intention du feu roi auroit été d'y unir & d'y incorporer ces biens. A ce juſte motif, il s'en joint un nouveau, qui acheve de nous déterminer à réaliſer cette diſpoſition. Les adminiſtrateurs de Hôpital-Général, auquel celui des Enfans-Trouvés eſt uni, toujours attentifs à perfectionner cet aſyle de l'enfance abandonnée, & à en écarter tous les dangers, nous ont fait repréſenter qu'un grand nombre des enfans qu'on y amene étans infectés, en naiſſant, du germe de la corruption de leurs peres & meres, ne doivent ni être livrés à des nourrices auxquelles ils les communiquent, ni reſter confondus avec les autres enfans qui ſeroient expoſés à cette contagion; & qu'ainſi il ſeroit néceſſaire de former, à la proximité de Paris, un établiſſement, où tous les enfans qu'on ſoupçonneroit, ſoit par la viſite & l'inſpection, ſoit par les témoignages des accoucheurs & ſages-femmes, être atteints de ce venin, ſeroient, incontinent après leur expoſition, tranſportés pour y être nourris avec du lait, & toutes les précautions néceſſaires pour leur conſerver la vie, autant qu'il ſeroit poſſible, & prévenir toute eſpece de contagion. Un deſſein qui tend auſſi directement au bien de l'humanité ne pouvant s'exécuter ſans un ſecours extraordinaire, nous avons jugé ne pouvoir faire un uſage plus légitime de notre autorité & de la protection que nous devons à ces enfans, qui, ſans être coupables, ſont les plus infortunés de nos ſujets, qu'en réaliſant un don si conforme à l'intention des fondateurs, & qui mettra les administrateurs en état de remplir des vues si dignes de notre approbation ; nous pourvoirons en même-tems à ce que les fondations qui ont pu être faites dans l'église de cet Hôpital y soient acquittées, ainsi qu'à la subsistance du trésorier, & de ceux des chapelains qui peuvent encore exister. A CES CAUSES, de l'avis de notre Conseil, & de notre grace spéciale, pleine puissance & autorité royale, nous avons, par ces présentes, signées de notre main, uni & incorporé, unissons & incorporons à l'Hôpital des Enfans-Trouvés, dont l'administration est unie à celle de l'Hôpital-Général de notre bonne ville de Paris, tous les biens & les droits utiles ci-devant appartenans à l'Hôpital Saint-Jacques, pour être régis & administrés par les directeurs & administrateurs de l'Hôpital-Général, à commencer du premier Juillet prochain, & les revenus échus & à échoir en être par eux appliqués à perpétuité à la subsistance & entretien des enfans abandonnés, de la même maniere que tous les autres biens & revenus dudit Hôpital des Enfans-Trouvés, à l'effet de quoi, tous les baux, papiers & renseignemens concernant lesdits biens seront remis incessamment, par ceux qui en sont chargés, auxdits directeurs & administrateurs, qui leur en donneront décharge sur un inventaire qui en sera dressé; & les receveurs qui en ont touchés & toucheront les revenus jusqu'audit jour premier Juillet prochain, après avoir rendu leurs comptes, ainsi qu'il est ordoné par lettres-patentes du 15 Avril 1734, seront tenus de verser le reliquat desdits comptes, si aucun y a, dans la caisse dudit Hôpital des Enfans-Trouvés, dont il leur sera pareillement donné par lesdits administrateurs, bonne & valable décharge. Voulons & entendons que les services, messes, obits & fondations faites dans l'église dudit Hôpital Saint-Jacques, continuent a y être acquittés par le trésorier, & ceux des chapelains qui peuvent encore exister, & que leurs honoraires leur soient payés, comme par le passé, par lesdits amninistrateurs, sur les revenus des biens dudit Hôpital. Autorisons lesdits directeurs & administrateurs à acquérir incessamment, pour & au nom de l'Hôpital des Enfans-Trouvés, dans la proximité de notre bonne ville de Paris, un lieu qui, par ses bâtimens & emplacemens, puisse être rendu propre à recevoir tous les enfans qui, à mesure qu'ils seront amenés audit Hôpital, seront reconnus, soit par la visite & inspection, soit par les témoignages des accoucheurs & sages-femmes, pouvoir être atteints de maladies communicables, à l'effet d'y être nourris & élevés sans nourrices, & avec du lait, en employant toutes les précautions nécessaires pour leur conserver la vie, & prévenir toute contagion. Si donnons en mandement à nos amés & féaux conseillers les gens tenans notre cour de Parlement à Paris, que ces présentes ils aient à faire registrer, & du contenu en icelles faire jouir & user ledit Hôpital des Enfans-Trouvés pleinement, paisiblement & perpétuellement, cessant & faisant cesser tous troubles & empêchement, & nonobstant toutes choses à ce contraires : car tel est notre plaisir; en témoin de quoi nous avons fait mettre notre scel à cesdites présentes. Donné à Marly au mois de Mai, l'an de grace mil sept cent quatre-vingt-un, & de notre regne le septieme. *Signé*, LOUIS. *Et plus bas*; par le roi, AMELOT. *Visa*, HUE DE MIROMENIL : *& scellées du grand sceau de cire verte, en lacs de soie rouge & verte.*

Registrées, oui & ce requérant le procureur-général du roi, pour être exécutées selon leur forme & teneur, suivant l'arrêt de ce jour. A Paris, en Parlement, les Grand'-Chambre & Tournelle assemblées, le vingt-cinq Mai mil sept cent quatre-vingt-un.

Signé, DUFRANC.

ARRÊT DU PARLEMENT,

Qui déboute les nommés Troullé, Hory, Minet & Rivet, *se disans* syndics, administrateurs, confreres, pélerins, propriétaires, fondateurs & patrons de l'Hôpital Saint-Jacques *à Paris, des oppositions par eux formées à l'arrêt d'enregistrement des lettres-patentes du mois de Mai 1781, qui unissent les biens de l'*Hôpital Saint-Jacques, *à celui des* Enfans-Trouvés; *ordonne l'exécution desdites lettres-patentes & de l'arrêt d'enregistrement d'icelles; déclare nulles les nominations faites par lesdits* Troullé *& consorts, à la trésorerie de l'église Saint-Jacques-de-l'Hôpital, & à deux chapellenies de ladite église.*

Du 27 Janvier 1784.

LOUIS, par la grace de Dieu, roi de France & de Navarre : Au premier huissier de notre Cour de Parlement, ou autre notre huissier ou sergent sur ce requis; savoir faisons, que entre m^e^ Daniel-Pierre Denoux, avocat en Parlement, premier archi-prêtre du diocese de Paris, curé de la paroisse de la Madeleine, en la Cité, appellant comme d'abus du refus de *visa* de la trésorerie de Saint-Jacques-de-l'Hôpital, d'une part; messire Antoine-Eléonore-Léon le Clerc de Juigné, archevêque de Paris, duc de Saint-Cloud, pair de France, intimé, d'autre part; entre m^es^ Havet & Marbail, appellans comme d'abus du refus d'institution de chapelles dans l'Hôpital Saint-Jacques, d'une part; & ledit m^e^ Denoux, intimé, d'autre part; entre Jacques Troullé, Joseph Hory, Jérôme Minet & Jean Rivet, se disans syndics, administrateurs, confreres, pélerins, propriétaires, fondateurs & patrons de l'Hôpital Saint-Jacques à Paris, opposans à l'arrêt de notredite Cour, portant enregistrement de nos lettres-patentes du mois de Mai 1781, qui unissent les biens de l'Hôpital Saint-Jacques à celui des Enfans-Trouvés, d'une part; & notre procureur-général, défendeur, d'autre part; entre les directeurs & administrateurs de l'Hôpital-Général & de celui des Enfans-Trouvés, demandeurs en requête du 21 Mai 1783, tendante à ce qu'ils fussent reçus parties intervenantes dans la cause pendante en notredite Cour, entre les défendeurs ci-après nommés, sur l'opposition formée par ledit Troullé & consorts, à l'arrêt d'enregistrement de nos lettres-patentes du mois de Mai 1781, & sur l'appel comme d'abus interjetté par m^e^ Denoux, du refus à lui fait par m. l'archevêque, de l'institution sur la nomination faite de sa personne, à la trésorerie de Saint-Jacques-de l'Hôpital, par les soi-disans pélerins de Saint-Jacques, il leur fût donné acte de ce que, pour moyens d'intervention, ils employoient le contenu en leur requête, & y faisant droit, sans avoir égard à l'opposition desdits Troullé, Rivet, Hory & Minet, à l'arrêt d'enregistrement de nos lettres-patentes du mois de Mai 1781, dans laquelle ils seroient déclarés non-recevables & mal-fondés, il fût ordonné que lesdites lettres-patentes seroient exécutées selon leur forme & teneur, ce faisant, en tant que touchoit l'appel comme d'abus, interjetté par ledit m^e^ Denoux & lesdits m^es^ Havet & Marbail, ils y fussent déclarés non-recevables, & condamnés en l'amende de soixante-quinze livres, ou en tous cas, & subsidiairement il fût dit qu'il n'y avoit abus, & ils fussent condamnés en l'amende ordinaire de douze livres, les demandeurs fussent en tant que de besoin reçus opposans aux arrêts obtenus par lesdits m^es^ Denoux, Havet & Marbail, qui les avoient autorisés à prendre possession civile de la trésorerie & de deux chapelles de Saint-Jacques-de-l'Hôpital; faisant droit sur ladite opposition, les nominations faites par lesdits Troullet, Rivet, Hory & Minet, de m^e^ Denoux, à la trésorerie de Saint-Jacques-de-l'Hôpital, & desdits m^e^ Havet & Marbail, à des chapelles dudit Hôpital, fussent déclarées nulles, & de nul effet, défenses fussent faites auxdits Troullet, Rivet, Hory & Minet de plus à l'avenir faire de pareilles nominations, & de s'immiscer dans l'administration des biens & revenus dudit Hôpital Saint-Jacques, sous telles peines qu'il appartiendroit ; défenses fussent pareillement faites audit m^e Denoux de s'immiscer dans les fonctions de trésorier, & auxdits m^es Havet & Marbail, dans les fonctions de chapelains dudit Hôpital ; & lesdits Troullet, Rivet, Hory, Minet, & m^es Denoux, Havet & Marbail, fussent condamnés aux dépens faits par les demandeurs envers toutes les parties, d'une part ; lesdits Troullet, Hory, Rivet & Minet, m^e Denoux, m^e Havet, m^e Marbail, m. l'archevêque de Paris, & notre procureur-général, défendeurs, d'autre part ; entre m. l'archevêque de Paris, demandeur en requête du 3 Juin 1783, tendante à ce qu'il lui fût donné acte de ce que, sur les interventions & demandes des directeurs & administrateurs de l'Hôpital-Général & des Enfans-Trouvés, il s'en rapportoit à la prudence de notredite Cour, comme aussi il lui fût donné acte de ce que lesdits administrateurs concluoient à ce que les appellans fussent déclarés non-recevables dans leur appel comme d'abus, ou en tout cas, à ce qu'il fût dit qu'il n'y avoit abus ; faisant droit sur ledit appel comme d'abus, sans s'arrêter ni avoir égard aux requêtes & demandes de m^e Denoux & des sieurs Havet & Marbail, lesdits m^es Denoux, Havet & Marbail fussent déclarés purement & simplement non-recevables dans lesdits appels, ou en tout cas, & subsidiairement seulement il fût dit qu'il n'y avoit abus, & les appellans fussent condamnés en l'amende de soixante-quinze livres, & au surplus il fût donné acte à m. l'archevêque de Paris, de ce qu'aux risques, périls & fortunes de m^es Denoux, Havet & Marbail, il sommoit & dénonçoit auxdits administrateurs de l'Hôpital-Général & des Enfans-Trouvés, lesdits appels comme d'abus, ensemble les arrêts surpris sur requêtes non-communiquées, qui leur permettoient de prendre possession civile de la trésorerie & de deux chapelles de Saint-Jacques-de-l'Hôpital, ensemble les requêtes signifiées à l'appui de leurdit appel, à ce qu'ils n'en ignorassent ; il lui fût encore donné acte de ce que, aux risques, périls & fortune des directeurs & administrateurs de l'Hôpital-Général & des Enfans-Trouvés, il sommoit & dénonçoit leur requête du 21 Mai précédent, auxdits m^es Denoux, Havet & Marbail, à ce qu'ils n'en ignorassent ; en conséquence ledit m^e Denoux, lesdits sieurs Havet & Marbail fussent condamnés en tous les dépens faits & à faire contre toutes les parties, tant en demandant & défendant, que des sommations & dénonciations, d'une part ; lesdits m^es Denoux, Havet & Marbail, les directeurs & administrateurs de l'Hôpital-Général & des Enfans-Trouvés, défendeurs, d'autre part ; entre lesdits Troullet, Rivet, Hory & Minet, demandeurs en requête du 10 Décembre dernier, tendante à ce que les défendeurs, ci-après nommés, fussent déclarés purement & simplement non-recevables dans leurs interventions & demandes, ou en tout cas, & subsidiairement seulement déboutés, & condamnés aux dépens que les demandeurs pourroient employer en *frais d'administration*, d'une part ; m. l'archevêque de Paris & les administrateurs de l'Hôpital-Général, défendeurs, d'autre part ; entre ledit m^e Denoux, demandeur en requête du 9 Janvier présent mois, tendante à ce qu'il fût reçu partie intervenante dans les contestations pendantes en notredite Cour, entre m. l'archevêque de Paris, les administrateurs de l'Hôpital-Général, les sieurs Troullé, Hory, Rivet & Minet, sur l'opposition formée par ces quatre derniers, à l'enregistrement de toutes lettres-patentes, il lui fut donné acte de ce que pour moyens d'intervention il employoit le contenu en sa requête, & lui fût donné acte de la déclaration faite par les administrateurs de l'Hôpital-Général, par leur requête du 21 Mai 1783, que la confrairie des pélerins n'avoit point été nommément supprimée par aucune loi, ce faisant, les conclusions par lui ci-devant prises lui fussent adjugées ; en conséquence les administrateurs de l'Hôpital-Général fussent déclarés non-recevables dans leurs interventions & demandes, ou en tout cas déboutés ; comme aussi il lui fût donné acte de ce qu'aux risques, périls & fortune de m. l'archevêque & desdits administrateurs, il sommoit & dénonçoit aux prétendus pélerins

de

de Saint-Jacques-de-l'Hôpital. Premiérement le refus de m. l'archevêque de Paris, porté en l'acte du 8 Octobre 1782 ; secondement, l'appel comme d'abus par lui interjetté dudit refus ; troisiémement, l'intervention des administrateurs de l'Hôpital-Général, à ce que les prétendus pélerins n'en ignorassent, eussent à intervenir, se joindre à lui, prendre son fait & cause, faire valoir la nomination par eux faite, faire proscrire le refus de m. l'archevêque de Paris, & les interventions & demandes desdits administrateurs de l'Hôpital-Général ; & dans tous les cas, celui qui succomberoit fût condamné aux dépens, d'une part ; m. l'archevêque de Paris, les administrateurs de l'Hôpital-Général, & les sieurs Troullet, Hory, Minet & Rivet ès-noms, défendeurs, d'autre part ; & entre lesdits Troullet, Hory, Minet & Rivet, ès-noms, demandeurs en requête du 12 dudit mois de Janvier, tendante à ce qu'ils fussent reçus parties intervenantes dans les contestations d'entre les défendeurs ci-après nommés, il leur fût donné acte de ce que, pour moyens d'intervention, ils employoient le contenu en leur requête du 22 Juin 1782, signifiée à notre procureur-général, ensemble les moyens déduits par m^e^ Denoux, au soutien de son appel ; il leur fût pareillement donné acte de l'aveu & reconnoissance portée par la requête des administrateurs de l'Hôpital-Général, que la confrairie des pélerins n'avoit pas été nommément supprimée par aucune loi ; ce faisant, sans s'arrêter ni avoir égard aux interventions & demandes de m. l'archevêque de Paris, ni à celle des administrateurs de l'Hôpital-Général, dans lesquelles ils seroient déclarés purement & simplement non-recevables, ou dont en tout cas ils seroient déboutés, les conclusions par eux prises leur fussent adjugées, il leur fut donné acte de ce qu'ils sommoient & dénonçoient à m. l'archevêque de Paris, & aux administrateurs de l'Hôpital-Général, tant l'appel comme d'abus, que les demandes de m^e^ Denoux, ensemble ladite requête, à ce qu'ils n'en ignorassent, & m. l'archevêque de Paris, & lesdits administrateurs de l'Hôpital-Général, fussent condamnés, chacun à leur égard, aux dépens que les demandeurs pourroient employer en frais d'administration, d'une part ; m. l'archevêque de Paris, les administrateurs de l'Hôpital-Général, & m^e^ Denoux, défendeurs, d'autre part ; après que Debonnieres, avocat des pélerins de Saint-Jacques, fondés en la ville de Paris, Courtin, avocat de l'Hôpital-Général de Paris, & Martineau, avocat de Denoux, Havet & Marbail, & de la Fourniere, avocat de l'archevêque de Paris, ont été ouis pendant cinq audiences, ensemble Daguesseau pour notre procureur-général.

NOTREDITE COUR reçoit les intervenans parties intervenantes, en tant que touche les oppositions des parties de Debonnieres, les y a déclaré non-recevables, ainsi que dans leurs demandes, en conséquence ordonne que les lettres-patentes du mois de Mai 1781, ensemble l'arrêt d'enregistrement d'icelles seront exécutées selon leur forme & teneur, en tant que touche l'appel comme d'abus du refus de provisions, fait à Denoux, l'une des parties de Martineau ; par la partie de la Fourniere, dit qu'il n'y a abus, condamne ledit Denoux en l'amende, en tant que touche les appels comme d'abus desdits Havet & Marbail, autres parties de Martineau, dit pareillement qu'il n'y a abus, & les condamne en l'amende ; reçoit les parties de Courtin opposantes à l'exécution des arrêts obtenus par les parties de Martineau, faisant droit sur ladite opposition, déclare nulles les nominations faites par les parties de Debonnieres, de la personne dudit Denoux à la tréforerie de Saint-Jacques-de-l'Hôpital, & desdits Havet & Marbail, à des chapelles de ce même Hôpital ; condamne les parties de Debonnieres & de Martineau, chacun à leur égard, en tous les dépens envers celles de Courtin & de la Fourniere, même en ceux faits, les unes à l'encontre des autres, & en ceux faits vis-à-vis notre procureur-général. Si mandons, mettre le présent arrêt à exécution. Donné en Parlement le vingt-sept Janvier, l'an de grace mil sept cent quatre-vingt-quatre, & de notre regne le dixieme. Par la Chambre, *Signé*, DUFRANC. Collationné. *Signé*, DURANT.

HOPITAL DES ENFANS-TROUVÉS,

QUATRIEME PARTIE.

*Principaux réglemens faits par le bureau de l'*Hôpital-Général*, concernant le gouvernement & l'administration des* Enfans-Trouvés, *& maisons y réunies.*

EXTRAIT

*Des regiſtres des délibérations du bureau de l'*Hôpital-Général *de Paris, & de celui des* Enfans-Trouvés, *qui y eſt uni.*

Du 21 Juillet 1703.

A la ſéance tenue au palais archiépiſcopal :

L'ATTENTION continuelle que l'on a pour la conſervation des Enfans-Trouvés ayant fait juger néceſſaire & important de continuer les viſites qui ſe font de temps en temps des Enfans-Trouvés mis en nourrice à la campagne, tant pour s'aſſurer de l'état deſdits Enfans, que pour être informé du ſoin qu'en prennent les nourrices, & de la ſanté deſdits Enfans :

Le bureau a arrêté que ladite viſite ſera faite, & que meſſieurs les directeurs commettront pour la faire deux des ſœurs de la charité, du nombre de celles chargées du ſoin de la maiſon de la couche des Enfans-Trouvés, qui ſe tranſporteront ſur les lieux inceſſamment, avec les ordres, pouvoirs & précautions néceſſaires.

Délivré par moi greffier du bureau dudit Hôpital-Général, *ſouſſigné.*
Signé, VILLETTE, *avec paraphe.*

Nous, ſouſſignés directeurs de l'Hôpital-Général de cette ville de Paris & de celui des Enfans-Trouvés qui y eſt uni, conformément à ce qui a été arrêté au bureau général, dont l'extrait eſt ci-deſſus, avons commis & commettons ſœurs
filles de la charité, du nombre de celles chargées du ſoin de la maiſon de la couche deſdits Enfans-Trouvés, pour ſe tranſporter inceſſamment, accompagnées de perſonnes vulgairement appellées meneurs ou meneuſes de ces nourrices, dans les villes, bourgs, villages & hameaux où leſdits enfans ſont en nourrice, dans les provinces de Picardie, Normandie, & ailleurs, contenus dans les états qui leur en ſeront donnés, ſe faire repréſenter leſdits Enfans par ceux qui en ſont chargés, pour connoître s'ils ſont en bon état, ſi les nourrices ont ſuffiſamment du lait, ſi elles ont grand ſoin deſdits enfans & les tiennent proprement, ſi elles conſervent bien leurs hardes, & les raccommodent, lorſqu'il en ont beſoin, ſe faire aſſiſter des chirurgiens & de ſage-femmes ſi elles le jugent à propos, pour examiner & viſiter leſdites nourrices & enfans; retirer ceux deſdits enfans qu'elles croiront devoir être changés; retirer auſſi leurs hardes, leur ſuppléer s'ils en ont beſoin, pour remettre leſdits enfans & hardes entre les mains d'autres meilleures nourrices, aux prix & conditions ordinaires, & ſi pour retirer leſdits enfans & hardes il y avoit refus ou réſiſtance de la part deſdites nourrices, leurs maris ou autres, & que leſdites ſœurs ne puſſent s'en faire faire raiſon par elles-mêmes, requérir, comme nous requérons, meſſieurs les juges & autres officiers de juſtice & de police des lieux, des les aſſiſter de leur autorité pour leur faire rendre

justice; lesdits Hôpitaux étans sous la protection du roi qui les a fondés, & nous a établis pour les diriger & conserver; requérir aussi messieurs les curés des lieux de leur délivrer charitablement & gratuitement les extraits de ceux desdits enfans qui seront morts & auront été enterrés dans leurs cimetieres, afin que nous en puissions faire décharger les registres de leurs réceptions; nous espérons que lesdits sieurs curés, juges & autres officiers qui seront requis, voudront bien charitablement assister lesdites sœurs de leurs secours & protection dont nous les prions, & en foi de quoi nous avons signé ces présentes & scellées, fait contre-signer par le greffier du bureau, & sceller du scel dudit Hôpital. A Paris, ce vingt-troisieme jour de Juillet mil sept cent trois. ainsi *signé*, BERTHELOT, LEFEBURE, SOUBEYRAT, LEBEUF, DAVID, GOURDON, COLLIN, ROLLAND ET DEGRANDNAL. *Et plus bas*, par mesdits sieurs les directeurs de l'Hôpital-Général, VILLETTE, greffier, avec paraphe & scellé.

EXTRAIT

*Des registres des séances du bureau de l'*Hôpital-Général *de Paris.*

Du 9 Janvier 1704.

A la séance tenue au palais archiépiscopal:

LE bureau ayant été informé, tant par les sœurs de la couche des Enfans-Trouvés, que par messieurs de l'Essart & de Paris, commissaires de cette maison, qu'à cause du dégel & de la mauvaise saison, les nourrices de la campagne n'osoient se mettre sur les chemins, cependant que mercredi dernier il s'étoit trouvé cinquante-sept enfans dans la maison de la couche, & encore aujourd'hui cinquante qui souffroient beaucoup par le manquement des nourrices.

A délibéré que pour secourir ces pauvres enfans, en pareille occasion, il sera cherché avec diligence des nourrices dans la ville & fauxbourgs qui puissent allaiter lesdits enfans auxquelles sera payé, ce qui sera jugé à propos par les dames qui ont la bonté & la charité d'en prendre soin.

Délivré par moi greffier du bureau dudit Hôpital-Général, *soussigné.*
Signé, VILLETTE, *avec paraphe.*

EXTRAIT

*Des registres des séances du bureau de l'*Hôpital-Genéral *de Paris.*

Du 3 Mai 1712.

A la séance tenue au palais archiépiscopal:

LE BUREAU s'étant extraordinairement assemblé pour délibérer sur l'état de l'Hôpital des Enfans-Trouvés, m. Soubeyran a représenté que m. de Lessart & feu m de Paris en ayant bien voulu prendre, depuis plusieurs années, un soin particulier, comme les plus anciens commissaires de cet Hôpital, la perte que l'Hôpital a faite de m. de Paris, avant qu'il eût pu achever l'examen dont il s'étoit chargé, tant des comptes de m. Molien, receveur, que des procès-verbaux de la derniere visite qui a été faite par les sœurs de la Charité, des Enfans-Ttrouvés qui sont confiés aux soins des nourrices de la campagne, a été cause que l'on n'a pu encore rendre au bureau un compte aussi exact qu'il seroit à desirer de l'état de cet Hôpital, & que le double examen que m. de Lessart a la bonté de continuer demandant encore beaucoup de temps & de travail, il est nécessaire de nommer un nombre de commissaires suffisans pour en partager la peine avec lui, & donner les soins ordinaires que l'administration de cet Hôpital demande pour en fournir l'ordre & l'économie; que cependant l'application que M. de Lessart y a donné avec beaucoup de charité, depuis plusieurs années, lui en ayant rendu l'état & les besoins toujours présens, il pourroit en informer le Bureau avec assez d'exactitude pour le mettre en état de prendre les autres délibérations les plus convenables au bien de cet Hôpital, & au zele que madame la princesse & plusieurs dames de piéte ont témoigné avoir d'y concourir.

M. de Lessart a ensuite expliqué l'ordre qui s'observe à la maison de la Couche, où les enfans exposés sont apportés, en vertu des procès-verbaux que les commissaires du Châtelet sont chargés d'en dresser; le travail exact & successif que demande l'enregistrement de ces procès-verbaux; les soins que les sœurs de la Charité prennent de ces enfans, jusqu'à ce qu'ils soient mis entre les mains des nourrices de la campagne; la difficulté qu'il y a de leur donner tous les secours qui leur sont nécessaires dans les temps d'hiver & de la moisson, où les nourrices ne viennent pas en nombre suffisant; la nécessité qu'il y auroit d'y remédier, en faisant de nouveaux efforts pour leur donner des secours dans la maison du fauxbourg Saint-Antoine; qu'il seroit même à desirer que l'on rendît cette maison plus utile qu'elle ne l'a été jusqu'à présent, en la destinant encore aux enfans infirmes qui seront ramenés de la campagne, pour les rétablir & fortifier avant de les envoyer dans les maisons de l'Hôpital-Général; que par le calcul général qu'il a fait, tant des procès-verbaux de visite des enfans envoyés à la campagne jusqu'au premier Juin 1711, que des registres de la maison de la Couche, depuis ledit jour, jusqu'à la fin de Mars dernier, le nombre des enfans qui sont à la campagne s'est trouvé monter à trois mille cinquante-six; savoir, deux mille deux cens cinquante-quatre au-dessous de trois ans, & huit cens deux au-dessus, pour la nourriture desquels il reste dû aux nourrices environ cent dix mille livres, quoique depuis le retour des sœurs qui ont fait la visite, il leur ait été payé, par le secours de l'Hôpital-Général, soixante-treize mille cinq cens livres; & qu'il seroit à souhaiter que l'Hôpital-Général pût faire de nouveaux efforts pour aider celui des Enfant-Trouvés à achever ce paiement, afin d'engager, par ce moyen, les nourrices à avoir plus de soin des enfans dont elles sont chargées.

M. Collin a sur cela représenté au Bureau, que la direction de l'Hôpital des Enfans-Trouvés a été unie à celle de l'Hôpital-Général. L'esprit de la direction a toujours été de regarder les Enfans-Trouvés avec le même zele & la même affection que les pauvres de l'Hôpital-Général, dont ils font une partie considérable, y ayans toujours été reçus au retour de la campagne, confondus avec les enfans légitimes, & élevés avec le même soin; qu'outre ce secours, l'Hôpital-Général s'est toujours proposé de suppléer, autant qu'il pourroit, au défaut des revenus de celui des Enfans-Trouvés, lorsqu'ils ne seroient pas suffisans pour le paiement des nourrices de la campagne, qui en ont soin, & même avec tant de préférence, que les sommes que l'Hôpital-Général a fournies à celui des Enfans-Trouvés pour ce supplément, depuis le mois de Janvier 1707, jusqu'à la fin d'Avril dernier, se trouvent monter, par le calcul exact qu'il en a fait, à celle de deux cens quatre-vingt-huit mille livres; qu'il croit encore si important pour le soutien & le bon ordre de cet Hôpital d'achever de payer ce qui reste dû aux nourrices de la campagne, qu'il ne fait pas de difficulté de proposer au Bureau de destiner à ce paiement ce qui est dû à l'Hôpital-Général par mm. les fermiers-généraux, qui se monte à près de quatre-vingt mille livres; & qu'il faut espérer que les Dames de piété qui, à l'exemple de la princesse, veulent bien prendre part à la direction de l'Hôpital des Enfans-Trouvés, voyant les efforts considérables que l'Hôpital-Général fait pour le soutenir, redoubleront leur zele

& leur charité pour l'Hôpital des Enfans-Trouvés, & voudront bien les étendre jusqu'à l'Hôpital-Général, dont il est à desirer qu'elles connoissent, par elles-mêmes, le bon ordre & l'économie qu'on tâche d'y maintenir.

SUR QUOI la compagnie ayant délibéré, a nommé pour directeurs - commissaires de l'Hôpital des Enfans - Trouvés mm. Collin, de Lessart, Blanquet & Chauvelin, & arrêté que tous les trois ans on en nommera deux nouveaux à la place de deux anciens, si le Bureau le juge à propos, ainsi qu'il est porté par la déclaration du roi du mois de Juin 1670, portant union de la direction de l'Hôpital des Enfans-Trouvés à celle de l'Hôpital-Général.

Que l'on achevera incessamment le dépouillement des procès - verbaux de la derniere visite faite par les sœurs de la Charité, & des registres de la maison de la Couche, pour connoître exactement le nombre des enfans qui sont en campagne, & ce qui est dû aux nourrices jusqu'à la fin de Décembre dernier, & que l'on emploiera à leur paiement, jusqu'à concurrence, les sommes qui sont dues par mm. les fermiers - généraux, tant à l'Hôpital-Général, qu'à celui des Enfans - Trouvés.

Qu'il sera fait ensuite un second état de ce qui se trouvera dû aux nourrices depuis le premier Janvier suivant, jusqu'à la fin de Mars dernier, pour être aussi pourvu à leur paiement.

Qu'à l'avenir, les directeurs-commissaires de l'Hôpital des Enfans-Trouvés rapporteront tous les trois mois au Bureau général un bref état de la recette & dépense de cet Hopital, & de ce qui sera actuellement dû aux nourrices, pour y être pareillement pourvu.

Que l'on continuera de faire faire tous les ans, par deux sœurs de la Charité, la visite chez les nourrices de la campagne, qui sont chargées des Enfans-Ttrouvés ; & qu'à cet effet, si-tôt que le dépouillement des procès-verbaux de la derniere aura été achevé, l'on fera dresser les états qui seront nécessaires pour les y envoyer.

Que la maison du fauxbourg Saint-Antoine sera uniquement destinée aux enfans qui seront ramenés de la campagne infirmes, pour y demeurer tant qu'ils seront convalescens; & lorsqu'ils seront rétablis, être envoyés dans les maisons de l'Hôpital-Général.

Que l'on aura dans cette maison le nombre de vaches qui y sera nécessaire, pour y donner aux enfans nouvellement exposés, qui y seront envoyés dans les saisons d'hiver & de la moisson, les secours dont ils auront besoin, jusqu'à ce que les nourrices de la campagne viennent en nombre suffisant.

Qu'il sera fait tous les mois, par les commissaires de cet Hôpital, une visite dans cette maison du fauxbourg Saint - Antoine, pour examiner les enfans qui se trouveront assez bien rétablis pour être envoyés dans les maisons de l'Hôpital-Général, & y donner les ordres nécessaires pour la conduite & l'énonomie de cette maison, dont la sœur Guerin sera principalement chargée, comme supérieure de cette maison, ainsi que de celle de la Couche.

Que les dames seront suppliées de se trouver à ces visites, & y donner leurs avis & conseils pour le bien de cette maison, auxquels mm. les commissaires auront tous les égards qui sont dus à leur zele & à leur charité.

Et que mm. les commissaires de cette maison iront, au nom du Bureau, rendre à madame la princesse les très-humbles actions de graces qui lui sont dues pour la protection dont elle veut bien honorer cet Hôpital, & lui en demander la continuation, qu'ils prieront aussi les dames de piété qui veulent bien prendre part à cette administration, de continuer d'y donner leur attention, conformément au réglement qu'il a plu au roi d'autoriser par sa déclaration du mois de Juin 1670, qui laisse principalement à leur charité le soin des nourrices, de la nourriture, de l'habillement & de l'entretien des enfans, même d'étendre leur zele jusqu'aux nourrices de la campagne, en engageant les dames qui ont des terres en Normandie & en Picardie de faire veiller sur les nourrissons qui se trouveront dans leur voisinage, afin que, par cette attention, elles aient un plus grand soin des enfans dont elles sont chargées.

Délibéré par moi greffier du bureau dudit Hôpital-Général, *soussigné.*
Signé, VILLETTE, *avec paraphe.*

RÉGLEMENS

*FAITS par le bureau de l'*Hôpital des Enfans-Trouvés, *pour être observés, lors de l'envoi des filles dudit Hôpital, en apprentissage, & lorsqu'elles sont confiées à ceux qui les demandent pour les élever.*

TROUSSEAU ET SOMME POUR LES FILLES PLACÉES depuis l'âge de huit ans jusqu'à celui de quinze.

PAR délibérations des 19 Août 1733, & 25 Octobre 1752, il a été arrêté, à l'égard des filles qui seront placées, depuis l'âge de huit ans jusqu'à quinze ans, que ceux à qui elles seront confiées, seront tenus de leur donner trois cens livres en argent, une fois payé, lorsqu'elles auront atteint l'âge de vingt-cinq ans accomplis, & de leur fournir audit âge de vingt-cinq ans, un trousseau, composé de quatre chemises, quatre garnitures de tête, huit bonnets, dont quatre piqués & quatre unis; quatre cornettes de nuit, quatre mouchoirs de col, quatre mouchoirs de poche, une robe & un jupon de siamoise, un autre jupon, un corps, deux tabliers, deux paires de bas de laine tricotés, deux paires de souliers, dont une neuve & l'autre remontée. Le tout neuf, & sans préjudice des autres hardes & linges qu'elles auront à leur usage, à la fin de leur engagement; plus, un lit garni de sa couchette, paillasse, un matelas de laine, un traversin de coutil rempli de plumes, une couverture de laine & deux paires de draps.

TROUSSEAU ET SOMME POUR LES FILLES PLACÉES depuis l'âge de quinze ans jusqu'à celui de vingt-cinq accomplis.

Par autres délibérations des 10 Novembre 1742, & 30 Octobre 1753, il a été arrêté, à l'égard des filles qui seront placées à l'âge de quinze ans, & jusqu'à vingt-cinq ans, que ceux à qui elles seront confiées, seront tenus de leur donner deux cens livres en argent, une fois payé, lorsqu'elles auront atteint ledit âge de vingt-cinq ans, & de leur fournir audit âge accompli, un trousseau, composé de six chemises, six garnitures de tête, huit bonnets, dont quatre piqués & quatre unis, quatre cornettes de nuit, six mouchoirs de col, six mouchoirs de poche, une robe & un jupon de siamoise, un autre jupon, un corps, deux tabliers, deux paires de bas de laine tricotés, deux paires de souliers, dont une neuve & l'autre remontée : le tout neuf, & sans préjudice des autres hardes & linges qu'elles auront à leur usage à la fin de leur engagement.

Et par les délibérations des 19 Août 1733, & 10 Novembre 1742, ci-devant datées, il a été arrêté que la maison fournira à chacune des filles qui seront placées par le Bureau, & lors de leur engagement, un trousseau tel qu'il est expliqué & détaillé par lesdites délibérations, & par celle des 25 Octobre 1752, & 30 Octobre 1753; & que les actes d'engagement desdites filles seront faits pardevant notaire.

EXTRAIT

*Du registre des délibérations du bureau de l'*Hôpital - Général*, à la séance tenue au bureau de l'archevéché, le 7 Janvier 1761.*

M. RAVAULT a dit que le Bureau, par délibération du 27 Février dernier, avoit établi une commission pour aviser aux moyens de soulager l'Hôpital, & de diminuer ses charges, soit par une plus grande économie, soit par de plus grandes précautions sur l'admission des pauvres, & sur les moyens de les occuper par des travaux utils à eux-mêmes, & à l'Hôpital.

Que messieurs Merlet, Baron, Duperon, Decuisy, Devin, Doutremont, & lui, composoient cette commission, & qu'ils avoient eu plusieurs conférences pour en remplir l'objet.

Que le travail de la commission avoit déjà produit des effets avantageux ; que l'économie étoit observée plus exactement dans les maisons ; que l'oisiveté en étoit bannie, principalement à Bicêtre, où les pauvres s'occupoient actuellement à fabriquer des Lacets; qu'ils trouvoient dans ce genre d'ouvrage, un travail facile, qui leur procuroit des secours, & qui devenoit utile à la maison.

Mais que le sort des Enfans exposés, avoit paru à la commission mériter la premiere & la plus sérieuse attention, tant par rapport à leur conservation, qui avoit toujours excité celle du gouvernement, que par l'économie qui doit résulter du projet de réglement, qu'il va avoir l'honneur de proposer au Bureau.

Que les Enfans exposés sont des victimes innocentes de la misere, ou de la débauche de ceux qui leur donnent la naissance; que dans tous les tems ils ont fait parler en leur faveur l'humanité & la religion; que toutes les nations les ont protégés, & que les seigneurs hauts-justiciers ont même été chargés de contribuer aux frais nécessaires pour leur entretien, leur subsistance, & leur éducation; que le Parlement leur imposa cette charge par différens arrêts, notamment par ceux des treize Août 1552, 3 Mai & 3 Septembre 1667, & 23 Juin 1668.

Que les rois avoient fondé & établi des maisons & des Hôpitaux pour y recevoir les Enfans exposés, & les élever dans la piété ; que leur nombre n'étoit pas alors bien considérable ; que les arrêts de la Cour de 1667 & 1668, constatent qu'en 1663 il n'y en avoit que 442 ; en 1664, 500 ; en 1665, 547 ; & en 1666, 424.

Qu'en 1670, le roi Louis XIV, par son édit du mois de Juin, enregistré au Parlement le 18 Août de la même année, établit à perpétuité l'Hôpital des Enfans-Trouvés, & l'unit à l'Hôpital-Général ; que sa majesté considéroit en cet établissement l'avantage que l'Etat pouvoit retirer de la conservation de ces Enfans; en ce que les uns pouvoient devenir soldats & servir dans les troupes; & les autres former des ouvriers & des habitans des Colonies, qu'elle établissoit alors pour le bien du commerce du royaume.

Qu'il y a dans Paris deux maisons destinées particuliérement pour les Enfans-Trouvés ; l'une, rue neuve Notre-Dame, appellée la maison de la Couche, où on apporte les nouveaux nés exposés, & ceux qui naissent à l'Hôtel-Dieu, & dans les lieux de force de la Salpêtriere ; que le Bureau envoie ces Enfans en nourrice dans différentes provinces; que de ceux qu'on rapporte de sévrage, on en réserve soixante ou soixante-dix qu'on éleve dans cette maison de la Couche ; & que les autres sont envoyés dans la maison des Enfans-Trouvés du fauxbourg Saint-Antoine, qui en contient sept à huit cens, tant garçons que filles.

Que les Enfans exposés sont sous la protection de l'Etat, qu'ils lui appartiennent d'une maniere particuliere, & que le gouvernement en tireroit beaucoup d'utilité, en les employant à leur véritable destination. Que le nombre de ces Enfans, qui, il y a cent ans, n'étoit que de cinq à six cens, est aujourd'hui de plus de neuf mille, chaque année en produisant cinq à six mille de toutes les provinces du royaume ; qu'il y en a actuellement au moins six mille en nourrice & en sevrage, d'où on est en usage de les retirer à l'âge de cinq à six ans pour les disperser dans les différentes maisons de l'Hôpital-Général, & que le plus grand nombre est envoyé, les garçons à la Pitié, & les filles à la Salpêtriere, lorsque celle du fauxbourg Saint-Antoine est remplie.

Que dans ces maisons, on leur enseigne le catéchisme, à lire & à écrire, qu'on les fait travailler à différens ouvrages, suivant leur âge & leur sexe, jusqu'à ce qu'on trouve des occasions de les placer chez des maîtres & maîtresses, pour y apprendre des métiers qui les mettent en état de gagner leur vie ; que ces occasions ne sont pas fréquentes ; que la plupart des filles restent à la Salpêtriere jusqu'à l'âge de vingt-cinq ans, & qu'alors se regardant comme libres & affranchies, elles disposent d'elles-mêmes ; que les garçons, parvenus à un âge formé, se trouvent sans métier, sans professions & sans aucune utilité ; qu'une partie s'évade, & que ceux que le Bureau met en métier, se regardant aussi comme libres & affranchis, se répandent dans Paris & dans les provinces, que la misere les rend vagabonds & libertins, qu'abandonnés à eux-mêmes, ils se livrent à toutes sortes de vices, & que souvent leur fin est tragique.

Que la commission a aussi observé que ces Enfans, passant les premieres années de leur enfance dans les campagnes, ne connoissent d'autre patrie que les lieux où ils ont été élevés, que c'est les expatrier que de les en retirer à l'âge de cinq à six ans, que l'expérience prouve que le changement d'air en fait périr un grand nombre, par celui qu'ils respirent dans les maisons de la Pitié & de la Salpêtriere ; que leur conservation est très-intéressante pour l'Etat ; que le moyen le plus certain de la procurer & de les rendre utiles à la patrie, c'est de les laisser dans les lieux où ils sont élevés dès leur naissance, & de destiner les garçons, soit au labourage, soit à des métiers, ou à devenir soldats ; & d'employer les filles à des ouvrages convenables à leur sexe. Que la destination proposée pour les garçons est d'autant plus nécessaire, que les campagnes sont désertes ; & la plupart des terres incultes, faute de cultivateurs ; que le feu roi Louis XIV, en fondant l'Hôpital des Enfans-Trouvés, par son édit du mois de Juin 1670, les destinoit à être soldats, à servir dans les troupes, & à former des ouvriers & des habitans des Colonies ; & qu'en adoptant l'avis de la commission, ce sera se conformer aux vues du fondateur ; que jusqu'à présent ces objets, quoique bien dignes de la sagesse du gouvernement, n'ont point été remplis ; que l'Etat est privé des secours qu'il pourroit tirer de ces Enfans, dont la moitié & peut être les deux tiers sont légitimes, mais qui ayant été abandonnés par leurs parens, & élevés aux dépens de l'Hôpital des Enfans-Trouvés, doivent aller de pas égal, & être soumis à la même discipline.

Que l'avis de la commission étoit de faire à cet effet un réglement, suivant le pouvoir qui en est accordé à l'administration par l'article 83 de l'édit de 1656.

Qu'elle en avoit dressé le projet, dont elle prioit le bureau de faire faire la lecture, & de le mettre en délibération.

Après le rapport de m. Ravault, lecture ayant été faite, tant de la délibération du 27 Février 1760, que du projet de réglement dressé par la commission.

La matiere mise en délibération, le bureau l'a unanimement approuvé, & a ordonné qu'il sera transcrit à la suite de la présente délibération, pour être incessamment exécuté en tout ce qu'il contient.

RÉGLEMENT.

RÉGLEMENT *concernant les* Enfans-Trouvés, *arrêté au bureau de l'administration de l'*Hôpital-Général, *tenu à l'archevêché le 7 Janvier 1761.*

ARTICLE PREMIER.

Les Enfans exposés continueront d'être reçus à la maison de la Couche, rue Neuve-Notre-Dame, & d'être envoyés en nourrice & sevrage dans les provinces, conformément à l'édit d'établissement dudit Hôpital, & suivant l'usage.

II. Lorsqu'ils auront atteint l'âge de six ans, il en sera ramené à Paris le nombre suffisant de l'un & de l'autre sexe, pour être envoyés à la maison du fauxbourg Saint-Antoine, & en être réparti dans celle de la Couche, autant qu'il en sera nécessaire pour le service.

III. Les autres Enfans, lorsqu'ils auront aussi atteint l'âge de six ans, seront confiés aux bourgeois, laboureurs, marchands ou artisans qui les demanderont pour les élever jusqu'à l'age de vingt-cinq ans. Il sera payé par an, par forme de pension, pour chaque enfant, par l'Hôpital-Général; savoir, pour les garçons quarante livres jusqu'à douze ans, & trente livres depuis l'âge de douze jusqu'à quatorze accomplis; & à l'égard des filles, il sera aussi payé par l'Hôpital-Général quarante livres par an jusqu'à l'âge de seize ans accomplis, étant présumable que les garçons parvenus à quatorze ans, & les filles à seize ans, seront alors en état d'être utiles à ceux qui s'en chargeront, & auxquels tous lesdits Enfans seront soumis, & rendront l'obéissance, comme les Enfans la doivent à leurs peres & meres.

IV. La caisse de l'Hôpital des Enfans-Trouvés fera les avances desdites pensions, dont elle sera remboursée par celle de l'Hôpital-Général tous les six mois, sur des états arrêtés par le bureau des Enfans-Trouvés; & outre lesdites pensions, il sera payé par la caisse de l'Hôpital des Enfans-Trouvés, & sans recours sur celle de l'Hôpital-Général, la somme de trente livres pour chaque Enfant lorsqu'il fera sa premiere communion, pour fournir à son habillement, laquelle somme de trente livres ne sera payée cependant que sur un certificat du sieur curé de la paroisse où l'enfant sera élevé, attestant sa bonne conduite & ses bonnes dispositions pour faire sa premiere communion; & sera ledit certificat légalisé par le juge ordinaire de la jurisdiction.

V. Ceux qui se présenteront pour se charger d'un ou de plusieurs Enfans-Trouvés, seront tenus de s'adresser, par eux ou par leur fondé de procuration spéciale, au bureau des Enfans-Trouvés à Paris, & de justifier par le certificat de m. leur curé, duement légalisé, de leurs bonnes vie & mœurs, & qu'ils sont en état de loger, nourrir & entretenir lesdits enfans, & de leur apprendre ou faire apprendre un métier, ou de les occuper à des ouvrages de campagne, convenables à leur sexe, & de leur donner une bonne éducation.

VI. Les délibérations, en vertu desquelles le bureau de l'Hôpital des Enfans-Trouvés confiera les Enfans qui seront demandés, seront portées sur un registre cotté & paraphé par un de messieurs les directeurs-commissaires; elles contiendront les noms de chaque Enfant, la date de sa réception à la maison, son numéro & son âge. Il y sera fait mention du tems & du lieu où il aura été mis en nourrice & en sevrage; elles contiendront aussi les noms, surnoms, qualités & demeures de ceux qui se présenteront pour les élever, les certificats qu'ils rapporteront, dont il sera pareillement fait mention dans la délibération, seront mis en liasse, & conservés dans les archives de la maison des Enfans-Trouvés, sous le numéro de l'Enfant, de celui de la délibération & du registre où elle ſera tranſcrite, elle ſera ſignée par celui qui s'en chargera, ou par ſon fondé de procuration, & il lui en ſera délivré une expédition par le greffier du bureau des Enfans-Trouvés.

VII. Ceux qui ſe chargeront deſdits Enfans ſeront tenus de les faire inſtruire dans la religion catholique, apoſtolique & romaine, & de leur donner la même éducation qu'ils doivent à leurs propres enfans, ſoit en employant les garçons au même travail de labourage & de la culture des terres; & les Filles aux ouvrages de la baſſe-cour & des champs, ſi ces Enfans ſont élevés dans les campagnes; ſoit en leur appprenant leurs propres métiers, s'ils ſont élevés dans les villes ou bourgs, ou en leur faiſant apprendre d'autres métiers convenables à leur ſexe, & capables de leur procurer les moyens de ſubſiſter par la ſuite.

VIII. Ils ſeront tenus de rapporter ou d'envoyer, tous les ſix mois, au bureau des Enfans-Trouvés à Paris, un certificat du ſieur curé, ſyndic & des marguilliers de leur paroiſſe, duement légaliſé, atteſtant l'exiſtence, l'état de ſanté ou de maladie, les diſpoſitions de l'Enfant & les progrès de ſon éducation, faute de quoi la penſion ne leur ſera point payée. L'adminiſtration eſpere qu'en faveur des pauvres & de l'utilité que le public retirera de ce réglement, meſſieurs les curés & officiers royaux voudront bien, par charité, fournir & légaliſer *gratis*, les certificats qui leur ſeront demandés & préſentés.

IX. Ceux qui, après s'être obligés envers l'adminiſtration de l'Hôpital de ſe charger deſdits Enfans, négligeroient d'en prendre ſoin & d'en rendre compte au bureau tous les ſix mois, ſeront contrains par les voies de droit d'exécuter les charges, clauſes & conditions de leur engagement; & s'ils ſont mécontens, ou que les Enfans aient, de leur part, des plaintes à faire, ils s'adreſſeront réciproquement à m. le procureur du roi du lieu, qui, le cas arrivant, eſt prié d'avoir la charité de les entendre & d'envoyer ſon avis au bureau des Enfans-Trouvés, qui décidera ſur le parti qu'il conviendra de prendre; & les délibérations qui ſeront priſes par le bureau, en conſéquence de l'avis de m. le procureur du roi, ſeront exécutées en toute leur forme & teneur.

X. Ceux qui ſeront chargés deſdits Enfans, ne pourront leur faire contracter aucun engagement par mariage ou autrement, ni leſdits Enfans eux-mêmes en contracter ſans le conſentement du bureau; mais s'il ſe préſente des occaſions de les établir, ils les propoſeront au bureau de l'adminiſtration des Enfans-Trouvés, ſous l'autorité duquel ils ſeront juſqu'à l'âge de vingt-cinq ans accomplis; & ſi le Bureau trouve convenable le parti qui ſera propoſé pour l'établiſſement deſdits Enfans, il donnera ſon conſentement par délibération, dont il ſera délivré une expédition par le greffier du bureau.

XI. Le décès deſdits Enfans arrivant, celui qui en étoit chargé, ſera tenu d'en informer auſſi-tôt le bureau, & d'y envoyer l'extrait mortuaire légaliſé par le juge royal.

XII. S'il y a néceſſité de retirer leſdits Enfans, ſoit par la mort de celui qui en étoit chargé, ſoit par le dérangement de ſes affaires, ou autrement, le ſieur curé de la paroiſſe voudra bien en donner avis au Bureau, qui aviſera aux moyens de placer ailleurs les Enfans, ou de les faire revenir à Paris, pour être envoyés dans les maiſons de l'Hôpital, ſuivant l'exigence des cas.

XIII. La conſervation des Enfans & l'utilité que l'état peut s'en promettre, étant l'objet du préſent réglement, & l'adminiſtration conſidérant que, pour en favoriſer l'exécution, il ſeroit néceſſaire de procurer quelque avantage à ceux qui ſe chargeront de les élever; elle a arrêté que ſa majeſté ſera très-humblement ſuppliée de rendre une ordonnance portant l'exemption de milice pour leurs enfans propres.

La préſente délibération & le réglement fait & arrêté en conſéquence, ſeront imprimés & envoyés par-tout où beſoin ſera.

Délivré par moi, greffier du bureau, ſouſſigné, RENEUX.

COPIE

De la lettre écrite à messieurs les intendans des provinces, par m. le duc DE CHOISEUL.

A Versailles, le 5 Avril 1761.

SUR le compte que j'ai rendu au roi, monsieur, du réglement que messieurs les administrateurs de l'Hôpital-Général de Paris viennent de renouveller, pour la conservation des Enfans-Trouvés, & sur la demande qu'ils ont faite de l'exemption de la milice pour les Enfans propres des particuliers qui se chargeront d'élever ces Enfans-Trouvés, sa majesté ayant reconnu qu'un pareil privilege accordé aux familles ne pourroit qu'augmenter la population des provinces, & favoriser la culture des terres, elle a réglé :

Qu'un Enfant-Trouvé mâle, lequel parvenu à l'âge de seize ans, aura toutes les qualités nécessaires pour porter les armes, sera admis à tirer au sort de la milice, au lieu & place d'un des enfans propres, freres ou neveux de tout chef de famille qui l'aura élevé dans sa maison.

Que ce chef de famille aura la liberté de dispenser de tirer à la milice, celui de ses enfans propres, freres ou neveux, vivant dans sa maison, ou à sa charge, qu'il voudra faire représenter par ledit Enfant-Trouvé.

Et que si un chef de famille se charge d'élever dans sa maison plusieurs Enfans-Trouvés, ladite exemption aura lieu pour autant de ses enfans propres, freres ou neveux, qu'il aura d'Enfans-Trouvés à présenter, ayant l'âge & les qualités ci-dessus prescrites.

L'intention de sa majesté étant d'ailleurs que cette exemption ait lieu, non-seulement par rapport aux Enfans-Trouvés sortant de l'Hôpital-Général de Paris, mais encore par rapport à tous ceux qui, étant à la charge des autres Hôpitaux, communautés ou seigneurs, dans les provinces du royaume, auront été confiés par eux à des chefs de famille, sous les mêmes conditions.

Je vous prie de prendre connoissance des particuliers & chefs de famille qui, dans l'étendue de votre département, se chargeront de la conservation & de l'éducation de ces Enfans, afin qu'ils puissent jouir, dans l'occasion, de l'avantage que sa majesté veut bien leur accorder, en cette considération. J'ai l'honneur d'être, &c.

RÉGLEMENT

CONCERNANT les nourrices & les meneurs des Enfans-Trouvés, *arrêté au bureau de l'administration de l'*Hôpital des Enfans-Trouvés, *le 24 Septembre 1765.*

ARTICLE PREMIER.

LES nourrices qui se présenteront à l'Hôpital des Enfans-Trouvés, pour élever des enfans de cet Hôpital, seront tenues de représenter le certificat de messieurs les curé ou desservant de leur paroisse, ou, à son défaut, du syndic & de deux principaux habitans, certifié véritable par le meneur du département de leur domicile, attestant leurs vie, mœurs & religion; qu'elles sont en état d'élever l'enfant qui leur sera confié, & l'âge de leur dernier enfant. Celles qui se présenteront audit Hôpital avec de faux certificats, seront dénoncées à la justice, & punies suivant la rigueur des ordonnances.

II. Celles qui, à cause de leurs occupations, ne pourront faire le voyage de Paris, ni accompagner les meneurs, remettront auxdits meneurs le certificat mentionné en l'article premier, pour, sur icelui, leur être envoyé des enfans; mais celles qui se présenteront elles-mêmes seront préférées.

III. Aucune nourrice ne pourra se charger de plus d'un enfant à allaiter.

IV. Les enfans resteront en nourrice & en sevrage jusqu'à l'âge de cinq ans accomplis; après lequel tems, les nourrices les remettront au meneur du département de leur domicile, pour les ramener audit Hôpital; hors néanmoins les mois de Décembre, Janvier & Février durant lesquels il ne sera ramené aucun enfant, à cause de la rigueur de la saison.

V. Pendant les années de nourriture des enfans, les mois seront payés; savoir, depuis la naissance jusqu'à un an accompli 7 livres; depuis un an jusqu'à deux accomplis 5 livres; & depuis lesdits âges & au-dessus 4 livres 10 sols. Sera toujours le premier mois payé 7 livres & d'avance, à cause des frais de transport de l'enfant: & il sera fourni, d'année en année, une robe & linge nécessaire pour l'habillement de chaque enfant.

VI. Dans le cas de décès des enfans, les nourrices renverront par le meneur de leur département, audit Hôpital, un mois au plus tard après le décès, les hardes & linges des enfans, les extraits mortuaires, les bulles imprimées, & billets en parchemin qui leur auront été donnés en prenant les enfans, à peine de n'être pas payées des mois de nourriture qui pourroient leur être dûs, & d'être poursuivies pour la restitution des hardes & linge des enfans.

VII. Lorsque les enfans auront atteint l'âge de cinq ans, & que les nourrices les remettront aux meneurs, pour les ramener à l'Hôpital, elles se conformeront à l'article précédent pour les remises des hardes & billets.

VIII. Messieurs les curés sont priés d'avoir la charité de donner gratuitement leur certificat aux nourrices qui s'adresseront à eux pour prendre des enfans de cet Hôpital; d'étendre leur zele & leur attention sur ces enfans infortunés, & sur les nourrices qui en seront chargées; de donner avis au bureau, des contraventions au présent réglement, dont leur sera envoyé un exemplaire; de l'informer de tous les abus qui leur seront connus, même de ceux qui peuvent n'avoir pas été prévus; & en cas de décès des enfans, de se contenter de la rétribution de 20 sols pour les frais d'inhumation, l'Hôpital n'en pouvant donner une plus forte, à cause des dépenses considérables qu'il est obligé de faire chaque année pour la nourriture & l'habillement du grand nombre d'enfans dont il est chargé.

IX. Les nourrices qui après les cinq années de nourriture & de sevrage des enfans qu'elles auront élevés, voudront les garder, seront tenus d'en donner avis à messieurs les curés, & de prendre leurs certificats, ou, à leur défaut, du syndic & de deux principaux habitans, attestant qu'elles sont en état de s'en charger, de les nourrir & entretenir; lesquels certificats elles remettront aux meneurs, pour par eux les présenter au bureau, & sur iceux être arrêté ce qu'il appartiendra, & être fait les actes d'engagement conformément à la délibération du bureau du 7 Janvier 1761.

X. Ceux qui voudront faire la commission de meneur des nourrices des Enfans-Trouvés, se présenteront au bureau de l'administration dudit Hôpital, avec un certificat de m. le curé de leur domicile, légalisé du juge royal, attestant leurs vie, mœurs & religion, leurs suffisance & capacité, qu'ils savent lire & écrire, & qu'ils sont capables de la remplir avec fidélité & exactitude; donneront un état de leurs biens, bonne & suffisante caution pour les sommes, hardes & linges qui leur seront remis pour les enfans & pour les nourrices; feront leur soumission devant les notaires à Paris de se conformer au présent réglement; & feront élection de domicile à Paris.

XI. Les meneurs, dans les trois mois au plus tard de leur admission à la commission, se présenteront à messieurs les curés des paroisses de leur département, à l'effet de s'en faire connoître, & les visiteront au moins une fois tous les six mois, tant pour prendre leurs avis sur la conduite des nourrices qui voudroient avoir des Enfans-Trouvés, que pour les informer de celles qu'ils en auront chargées, comme aussi du nombre des enfans qu'ils auront placés dans leurs paroisses.

XII. Chaque meneur sera tenu de chercher, amener & conduire audit Hôpital, le plus de nourrices qu'il en pourra trouver dans les paroisses & hameaux des environs du lieu de sa demeure, dont l'arrondissement ne pourra être de plus de quatre à cinq lieues, à quoi l'étendue de son département demeurera borné pour la commodité & le soulagement des nourrices.

XIII. Les meneurs viendront tous les quinze jours audit Hôpital, & y ameneront les nourrices qu'ils auront trouvées.

XIV. Ils continueront de retenir sur le premier mois 40 sols pour le port de chaque enfant qu'ils conduiront avec les nourrices qui seront venues s'en charger à Paris.

XV. A l'égard des enfans qui leur seront donnés pour les nourrices qui ne pourront venir s'en charger elles-mêmes à Paris, les meneurs retiendront 6 livres sur les 7 livres du premier mois, pour les indemniser des frais des femmes qu'ils amenent avec eux, & de leur retour dans leur domicile, & les vingt 20 sols de surplus seront par eux donnés à la nourrice à laquelle ils remettront l'enfant.

XVI. Ils paieront exactement & fidélement aux nourrices les sommes qui leur seront délivrées au bureau, & qui seront employées dans les états ou bordereaux qui leur seront remis à cet effet, sans autre retenue que le sol pour livre à eux accordé par le précédent réglement, à l'égard des enfans en nourrice & en sevrage.

XVII. Quant aux enfans placés, en exécution de la délibération du 7 Janvier 1761, le bureau de l'Hôpital continuera de payer aux meneurs six deniers pour livre des sommes qu'ils seront chargés de remettre pour la pension desdits enfans.

XVIII. Les nourrices ne seront employées dans lesdits états ou bordereaux, qu'après qu'il sera apparu au bureau, des certificats de l'existence des enfans, signés de messieurs les curés, ou à leur défaut, du syndic & de deux principaux habitans de la paroisse.

XIX. Lorſque les nourrices ſe préſenteront elles-mêmes au bureau avec pareils certificats pour recevoir les mois qui leur ſeront dûs, le paiement leur en ſera fait, ſous la retenue du ſol pour livre accordé aux meneurs.

XX. Leſdits meneurs ſeront tenus de rapporter au bureau les états & bordereaux mentionnés ès articles précédens, un mois au plus tard après qu'ils leur auront été remis, & les certifieront au bas en ces termes : « Je certifie avoir payé, pour les enfans mentionnés au préſent bordereau, ce qu'il y a de marqué pour chacun d'eux ».

XXI. S'il ſe trouvoit ſur leſdits bordereaux quelques articles que les meneurs n'euſſent pas payés, ils remettront les ſommes non payées ès-mains de la ſœur ſupérieure de la maiſon de la Couche, qui les en déchargera ; & ladite ſupérieure, après en avoir rendu compte au bureau, payera les perſonnes qui réclameront leſdites ſommes, & à qui elles ſe trouveront dues, ſuivant l'examen qui en ſera fait ſur les regiſtres de la maiſon.

XXII. Les meneurs ne pourront payer les nourrices en bled, orge ou autre marchandiſes & denrées, de quelqu'eſpece qu'elles ſoient, à peine de révocation.

XXIII. Ils remettront exactement aux nourrices, les robes & linges qui leur ſeront donnés pour les enfans, pour le port de chacune deſquelles il leur ſera payé par les nourrices cinq ſols, à eux accordés par le préſent réglement, & certifieront, comme en l'article XX, les avoir remis.

XXIV. Ils feront, au moins tous les ſix mois, la viſite des enfans, tant de ceux qui ſont en nourrice & en ſevrage, que de ceux qui ſont placés, en exécution de la délibération du 7 Janvier 1761, à l'effet de connoître l'état des enfans, & ſi ceux qui en ſont chargés les élevent avec ſoin; dont ils rendront compte au bureau, & rapporteront les certificats de meſſieurs les curés, ou à leur défaut, du ſyndic & de deux principaux habitans de la paroiſſe, atteſtant qu'ils ont fait leur viſite; & les meneurs feront mention ſur les billets ou bulles, de l'état des enfans, & du jour qu'ils les auront viſités.

XXV. Pour faciliter aux meneurs le moyen de faire la viſite des enfans & leur ôter tout prétexte de s'en diſpenſer, il leur ſera donné au bureau, toutes les fois qu'il ameneront des nourrices, une feuille contenant les noms, ſurnoms & âges des enfans, les noms des nourrices, de leurs maris & le lieu de leur demeure, pour ladite feuille être par eux tranſcrite dans un regiſtre qu'ils tiendront à cet effet, ainſi que font les meneurs des enfans des bourgeois.

XXVI. Il leur ſera donné une pareille feuille des enfans qui ſeront donnés aux nourrices qui viendront audit Hôpital ſans être accompagnées de leur meneur, pour en faire l'uſage énoncé en l'article précédent.

XXVII. Si dans le cours de leurs viſites ils ſont obligés de changer les enfans de nourrices par le défaut de ſoin de celles qui en ſeroient chargées, ou pour autres cauſes légitimes, ils en donneront avis à meſſieurs les curés, pour ſur leurs avis les donner à d'autres nourrices; & ils feront mention de ces changemens ſur les billets ou bulles imprimées, & du jour qu'ils les auront faits, leſquels billets ou bulles ils rapporteront au bureau, pour en être fait mention tant ſur le double deſdits billets ou bulles étant audit Hôpital, que dans les regiſtres d'icelui.

XXVIII. Ils n'exigeront rien des nouvelles nourrices auxquelles ils donneront les enfans par ces changemens, ſous prétexte de leur droit ſur le premier mois, à peine de reſtitution, & de révocation de leur commiſſion.

XXIX. En cas de décès des enfans, dont avis doit leur être donné par les nourrices, ils rapporteront, à leur premier voyage à Paris, les hardes & linges deſdits enfans, leurs extraits mortuaires, les bulles imprimées & billets en parchemin, afin que les regiſtres dudit Hôpital puissent être déchargés, le tout à peine de restitution de la valeur desdits linges & hardes.

XXX. Lorsque les enfans auront atteints l'âge de cinq ans, & qu'ils seront demandés par d'autres personnes que celles qui les auront nourris & sevrés, pour s'en charger en conformité de la délibération du 7 Janvier 1761, elles seront tenues d'en donner avis à messieurs leurs curés, & de prendre leur certificat, ou à leur défaut, du syndic & de deux principaux habitans de la paroisse, certifié véritable par le meneur du département de leur domicile, attestant leurs vie & mœurs & religion, & qu'elles sont en état de s'en charger, de les nourrir & entretenir, lesquels certificats elles remettront aux meneurs, qui les apporteront au bureau, pour sur iceux y être arrêté ce qu'il appartiendra.

XXXI. Pourront lesdits meneurs, d'après ces certificats, placer par provision, des enfans chez les nourrices qui les auront élevés, ou chez d'autres personnes qui les auroient demandés, & lors de leur premier voyage à Paris, ils rapporteront au bureau lesdits certificats, & feront mention sur les bulles, du jour qu'ils auront donné les enfans, des noms, professions & demeures de ceux qu'ils en auront chargés, & rapporteront au bureau lesdites bulles, pour être fait les actes d'engagement, conformément à la délibération du bureau du 7 Janvier 1761.

XXXII. Les enfans que les nourrices ne voudront garder après les cinq années expirées, & que les meneurs n'auront pas eu occasion de placer, seront par eux ramenés audit Hôpital, & il leur sera payé par les nourrices trois liv. pour frais de retour de chaque enfant, conformément au précédent réglement.

XXXIII. Lorsque les nourrices rameneront elles-mêmes audit Hôpital les enfans qu'elles auront élevés, elles seront payées des mois à elles dûs sans la retenue de trois liv. énoncées en l'article ci-dessus; mais leur sera retenu le sol pour livre accordé aux meneurs sur lesdits mois.

XXXIV. Ne pourront les meneurs, prendre ou exiger des nourrices autres droits que ceux qui leur sont accordés par le présent réglement, à peine de révocation de leur commission, & d'être poursuivis pour la restitution de ce qu'ils auroient pris & reçu au-delà.

XXXV. Il sera remis par la sœur supérieure de la maison de la Couche, un exemplaire collé sur du carton, du présent réglement, à chacun des meneurs, qui sera tenu de lui en donner son reçu, & de le placer dans le lieu le plus apparent de sa maison, pour en donner connoissance aux personnes qui sont & seront chargés d'Enfans-Trouvés, & leur recommander de s'y conformer, chacun en ce qui les concerne.

EXTRAIT

*Du registre des délibérations du bureau de l'*Hôpital-Général, *tenu à l'archevêché, le 3 Août 1772.*

M. Josson a dit que le bureau, par délibération du 7 Janvier 1761, contenant réglement pour l'engagement des Enfans-Trouvés, placés dans les campagnes, a arrêté, par l'article 3, que les enfans seroient confiés, dès l'âge de six ans, aux bourgeois, laboureurs, marchands ou artisans qui les demanderoient, pour les élever jusqu'à l'âge de vingt-cinq ans; qu'il seroit payé par an, par forme de pension, savoir, pour les garçons quarante livres jusqu'à douze ans, & trente livres depuis cet âge jusqu'à celui de quatorze accomplis; &,

pour les filles, la même somme de quarante livres jusqu'à l'âge de seize ans accomplis: étant présumable, est-il dit, que les garçons parvenus à quatorze ans, & les filles à seize, seroient alors en état d'être utiles à ceux qui s'en chargeroient.

Que l'expérience de onze années faisoit connoître qu'il n'étoit pas possible de retenir en service, dans les campagnes, des enfans jusqu'à vingt-cinq ans, sans leur donner d'autres gages que leur entretien, sur-tout des garçons auxquels l'amour de la liberté & l'envie de gagner de l'argent, faisoient bientôt oublier leur engagement avec ceux à qui ils sont donnés, & les portent à quitter, quand ils sont parvenus à l'âge de seize à dix-huit ans.

Que la même expérience faisoit encore connoître qu'un grand nombre de garçons placés, étoient renvoyés, après le tems expiré du paiement de la pension, nonobstant tous les avantages accordés par le roi à ceux qui se chargeroient des garçons, en déchargeant leurs enfans, leurs freres ou neveux, du tirage de la milice; que ce découragement, de la part des laboureurs, pourroit être attribué au tems éloigné pour jouir par eux de l'exemption de la milice.

Que lors de la publicité, dans les campagnes, de l'avantage accordé à ceux qui prendroient un ou plusieurs enfans garçons, les nourrices & autres habitans s'en sont chargés dans la confiance que, du moment qu'ils en étoient chargés, leurs enfans, freres ou neveux jouiroient de l'exemption du tirage de la milice; mais depuis, ayant été instruits que cette exemption ne pouvoit avoir lieu que lorsque l'Enfant-Trouvé seroit parvenu à l'âge requis, & auroit les qualités propres pour tirer à la milice en leur lieu & place, ce tems leur ayant paru trop éloigné, ils ont mieux aimé prendre & se charger des filles.

Que d'ailleurs la différence de la pension des garçons à celle des filles, dont la durée va jusqu'à seize ans, étoit encore un obstacle aux gens de la campagne, de prendre des garçons dont il n'est pas possible de tirer du service aussi promptement que des filles, qui peuvent être employées dans l'intérieur des maisons, ou dans des manufactures, dès l'âge le plus tendre.

Que d'après ces observations il pense, 1°. que tant que l'engagement des enfans dans les campagnes demeurera fixé à l'âge de vingt-cinq ans, il sera impossible de les retenir chez leurs maîtres jusqu'à cet âge; qu'il seroit utile de diminuer ce tems, & de le borner à l'âge de vingt ans, & que, parvenus à cet âge, les personnes qui s'en seroient chargés, & qui voudroient les garder, ne pourroient les y obliger, qu'en leur donnant des gages.

2°. Que d'après l'expérience acquise, qu'il a été placé deux tiers de filles contre un tiers de garçons, il y auroit lieu d'espérer qu'en établissant la pension des garçons au même taux, & jusqu'au même âge des filles, les gens de la campagne se détermineroient plus volontiers à se charger d'un plus grand nombre de garçons.

SUR QUOI, vu la délibération du 7 Janvier 1761, le registre des Enfans-Trouvés placés dans les campagnes, par lequel il est constaté qu'il n'y a présentement que 645 garçons contre 966 filles placés dans les campagnes, a ARRÊTÉ qu'à compter de ce jour, l'engagement des enfans qui seront donnés dans les campagnes & villes de provinces, à ceux qui voudront s'en charger, sera borné à l'âge de vingt ans accomplis; passé lequel tems, les personnes qui s'en seront chargées, & qui voudront les garder, ne pourront les y contraindre qu'en leur payant les gages que l'usage du pays dans lequel ils seront placés, accorde à ceux du pareil âge, & aux services dont ils seront capables; & où ils refuseroient de leur donner ces gages, a été arrêté que les meneurs pourront les placer le plus avantageusement possible, après en avoir donné avis au bureau d'administration des Enfans-Trouvés, sous l'autorité duquel lesdits enfans continueront de demeurer jusqu'à l'âge de vingt-cinq ans; que la pension des garçons, comme celle des filles, sera payée sur le même pied de quarante livres par année, jusqu'à l'âge de seize ans accomplis, & que la la délibération du 7 Janvier 1761, sera exécutée en ce qui n'est pas dérogé par la présente, dont expédition sera envoyée au greffier du bureau des Enfans-Trouvés.

Délivré par moi soussigné, greffier du Bureau. Signé, SASSERIE, *avec paraphe.*

EXTRAIT

*Du registre des délibérations du bureau de l'*Hôpital-Général, *tenu à l'archevêché, le lundi 14 Décembre 1772.*

M. D'OUTREMONT a exposé que m. Josson & lui, ayant été chargés par le Bureau de rechercher les causes de la multiplication prodigieuse des enfans dont l'Hôpital des Enfans-Trouvés est surchargé, & les moyens qu'on pourroit employer pour soulager cet établissement d'un excès de dépense qu'il ne peut absolument supporter, ils ont reconnu que l'envoi qui se fait à Paris des enfans qui y affluent des provinces les plus éloignées, est un abus, on peut dire même un désordre, auquel il est indispensable de remedier incessamment.

Qu'il n'est pas douteux que l'Hôpital des Enfans-Trouvés n'a été fondé que pour cette capitale. L'édit de son établissement, qui est du mois de Juin 1670, en contient la preuve, puisque la dotation qui lui fut accordée, consistoit dans une taxe qui ne fut imposée que sur les seigneurs des hautes-justices de la ville de Paris, & qui, depuis leur réunion au Châtelet, est acquittée par le domaine.

Qu'aussi dans les premiers tems qui suivirent cet établissement, le nombre des enfans qui étoient présentés & reçus chaque année, n'étoit pas considérable. En 1670, il ne fut que de 312; en 1680, il monta à 890; & à la fin du dernier siecle, il n'excédoit pas 15 ou 1600.

Qu'il s'est ensuite successivement accru, mais par un progrès qui, dans les dernieres années, a été beaucoup plus rapide que dans les précédentes.

Qu'en 1740, le nombre étoit de 3150; en 1750, il n'étoit augmenté que jusqu'à 3789; mais en 1760, il a été de 5032; en 1770, de 6918, & à juger de la présente année par ce qui a été amené d'enfans jusqu'à ce jour, ils pourront monter jusqu'à 8000.

Que la cause principale d'une multiplication si excessive, c'est qu'on amene chaque jour à Paris, des Enfans-Trouvés des provinces, & même des plus éloignées, ainsi qu'on en peut juger par un relevé de ce qui en a été envoyé mois par mois, pendant la présente année, jusqu'au premier Novembre dernier.

Que le nombre de ces enfans arrivés de province, monte à 2350 pour dix mois seulement; & comme, dans le même espace de tems, la totalité des enfans présentés est de 6459, il en résulte qu'il y en a plus d'un tiers qui viennent des provinces.

Qu'il ne s'est donc jamais présenté de question plus intéressante pour l'administration, que celle de savoir si on continuera à recevoir ces enfans pour lesquels la fondation n'est pas faite, ou si on prendra des mesures pour qu'il n'en soit plus envoyé.

Que deux motifs également impérieux, paroissent ne laisser subsister aucun doute sur ce point: d'un côté, l'impossibilité absolue où est l'Hôpital des Enfans-Trouvés de subvenir à un tel surcroît de charge; d'un autre, la conservation de l'état & de la vie même des enfans.

Que quant au défaut de faculté, on ne doit pas être surpris qu'un Hôpital qui n'a été fondé que pour recevoir les enfans exposés à Paris, n'ait ni les revenus ni les emplacemens nécessaires pour contenir & élever ceux d'un grand nombre de provinces.

Qu'en effet, il exifte à préfent 10634 enfans à la charge de l'Hôpital des Enfans-Trouvés; favoir, 8255 en nourrice ou en fevrage, 1656 placés en penfion dans les campagnes, & 723 dans les deux maifons, près Notre-Dame & au fauxbourg Saint-Antoine (indépendamment de tous ceux qui, eu égard à leur âge plus avancé, font envoyés à la Pitié & à la Salpêtriere).

Que pour fubvenir à de fi grandes charges, l'Hôpital des Enfans-Trouvés, n'a en revenus tant fixes que cafuels, qu'environ moitié de ce qui eft néceffaire pour fa dépenfe; & l'Hôpital-Général, qui y fupplée par toutes les provifions de bouche qu'il fournit, en eft lui-même obéré.

Que fi les revenus de l'Hôpital des Enfans-Trouvés font infuffifans pour une telle multitude, fes emplacemens ne le font pas moins. On ne peut avoir, dans la maifon de la couche près Notre-Dame, un affez grand nombre de nourrices pour allaiter les enfans qu'on y apporte à tous les inftans du jour ou de la nuit. Ceux qui font en nourrice ou en fevrage, excédant le nombre de 8000, la maifon du fauxbourg Saint-Antoine où on doit les ramener, à l'âge de fix ans, ne pouvant en contenir que 5 à 600, n'eft pas affez vafte pour tous ceux qui devroient y être reçus; on eft forcé d'envoyer un grand nombre de garçons à la Pitié, & de filles à la Salpêtriere, où ils deviennent à la charge de l'Hôpital-Général qui manque lui-même de lieux pour les contenir, en forte que les deux adminiftrations en font également incommodées.

Mais que tous ces inconvéniens font encore peu fenfibles, en comparaifon de ceux que l'extraction d'un fi grand nombre d'enfans des provinces entraîne pour leur état & même pour leur vie.

Que ces enfans font envoyés des généralités les plus éloignées, telles que d'Auvergne, de Bretagne, de Flandre, de Lorraine, d'Alface, des Trois-Evêchés, &c. non feulement par les peres & meres qui les abandonnent, mais par les hauts-jufticiers qui feroient tenus de les élever, & par quelques Hôpitaux même de ces provinces; qu'on en charge des commiffionnaires qui ne font autorifés par aucuns juges, qui la plupart ne favent pas lire; en forte que, ou ils n'ont point d'extraits baptiftaires, ou ceux qu'ils rapportent, ne s'accordent ni avec l'âge ni avec le fexe de l'enfant; que pendant ces longues routes qu'on leur fait faire dans des paniers ou dans des voitures ouvertes à toutes les injures de l'air, ils n'ont point de nourrices qui les allaitent, & ce n'eft fouvent qu'avec du vin qu'on les nourrit; que cette barbarie en fait périr un grand nombre dans le chemin, & que les autres, épuifés par les fatigues du voyage, n'arrivent que languiffans, & nous avons la douleur de voir qu'ils meurent en beaucoup plus grand nombre que ceux qui font de Paris; en forte qu'outre la furcharge des Hôpitaux de Paris & le dépeuplement des provinces que ce défordre entraîne, l'ordre public & l'humanité en fouffrent également.

Qu'à la vérité, cet abus eft ancien, puifqu'on voit que, par un arrêt du Parlement, du 8 Août 1663, il fut défendu aux meffagers, rouliers, voituriers, conducteurs de coche, tant par eau que par terre, d'amener à Paris aucuns enfans, qu'ils n'en euffent fait écrire les noms & furnoms fur leurs livres, avec les noms, furnoms & demeures de ceux qui les en auroient chargés fur les lieux, & l'adreffe de ceux entre les mains defquels ils devroient les remettre à Paris.

Mais que ce réglement n'étoit en quelque forte que provifoire, m. le procureur-général, fur le réquifitoire duquel il fut rendu, ayant obfervé « qu'il étoit de l'ordre, de la charité » & de la juftice que chaque ville & province nourrît fes pauvres; que le refuge qui avoit » été donné dans l'Hôpital-Général de Paris aux pauvres des provinces qui y avoient » abordé, n'étoit que dans la néceffité preffante & pour un tems, & que ce n'étoit que » par une fraude inventée contre les réglemens, que de tous les endroits du royaume ou

» amenoit à Paris & on y exposoit des enfans, ce qui pouvoit être, dans le public & » dans le particulier, de très-périlleuse conséquence. »

Que dans le tems que le ministere public réclamoit ainsi l'autorité des regles, l'abus ne faisoit encore que de naître, puisque cet arrêt est de 1663, & la totalité des enfans reçus à l'Hôpital des Enfans-Trouvés de Paris, pendant l'année 1670, ne monta qu'à 312, au lieu que, dans la présente année, les seuls enfans envoyés des provinces, dans le cours de dix mois, montent à 2350, en sorte que cette charge, qui pouvoit être supportable dans ces premiers tems de l'établissement de l'Hôpital des Enfans-Trouvés, se trouve à présent hors de toute proportion avec ses facultés, & ne pourroit qu'en entraîner la ruine.

SUR QUOI, la matiere mise en délibération, vu les états qui ont été représentés, & attendu que l'Hôpital des Enfans-Trouvés de Paris n'a été fondé que pour les enfans exposés de cette capitale, à quoi ses revenus, tant fixes que casuels, ne peuvent pas même suffire; qu'il est de l'ordre & de la justice, que les Enfans-Trouvés qui sont nés dans les provinces, y soient élevés aux frais des seigneurs hauts-justiciers ou des Hopitaux & communautés, & que le transport qui s'en fait abusivement à Paris, ne peut être, à tous égards, que très-funeste aux enfans.

Il a été arrêté qu'il sera incessamment écrit à messieurs les secrétaires-d'état & à m. le contrôleur-général des finances, auxquels il sera en même-tems adressé des expéditions de la présente délibération, pour les inviter à donner des ordres, chacun dans les généraliés de leurs départemens, pour que, passé le premier Avril 1773, il ne soit plus envoyé à Paris, sous aucun prétexte, aucuns Enfans-Trouvés desdites généralités, sous telles peines qu'il plaira à sa majesté de prononcer contre les messagers, rouliers, voituriers & conducteurs de coches, tant par eau que par terre, avec injonction aux officiers des maréchaussées, d'arrêter les personnes qui s'en seroient ainsi chargées, & de conduire lesdits enfans dans les Hôpitaux les plus prochains, qui seront tenus de les recevoir.

Et que cependant, si, passé ce terme du premier Avril 1773, il arrivoit à Paris des Enfans-Trouvés desdites provinces, l'Hôpital des Enfans-Trouvés les recevra, afin qu'ils ne restent pas abandonnés, & sans aucunement tirer à conséquence; mais les commissaires du Châtelet, auxquels les conducteurs se seront adressés, en déposeront au greffe de l'Hôpital des Enfans-Trouvés, un procès-verbal circonstancié, dans lequel leurs noms & surnoms, ceux des personnes qui les leur auront remis, & le lieu de la naissance ou de l'exposition des enfans seront exposés, pour que le bureau, sur le rapport qui lui en sera fait sans délai, soit en état de faire, sur une telle contravention, telles diligences ou réclamations qu'il avisera.

Suit la teneur de la lettre écrite à mm. les secrétaires-d'état, & à m. le contrôleur-général.

MONSIEUR,

L'Administration réunie de l'Hôpital-Général & de celui des Enfans-Trouvés, n'a pu voir qu'avec une peine extrême un abus qui s'accroît tous les jours, & qui entraîne les plus funestes inconvéniens. On envoie, des provinces du royaume, & même des plus éloignées, une multitude d'enfans à l'Hôpital des Enfans-Trouvés de Paris. Cet établissement, qui n'a été fondé que pour la ville de Paris, n'a ni les revenus, ni les emplacemens nécessaires pour recevoir ceux de tout le royaume; & cette surcharge qui augmente chaque année, ne pourroit qu'en entraîner la ruine. Mais ce qui est encore plus touchant, c'est l'état & la vie même de ces enfans, qui sont en danger pendant les longues routes qu'on leur fait parcourir ; en ſorte que leur ſort n'eſt pas moins intéreſſé que l'ordre public, à les faire élever dans le lieu de leur naiſſance, ſuivant la regle qui aſſujettit chaque province à l'acquittement de ſes charges. Vous verrez, monſieur, le tableau de ce déſordre dans la délibération dont nous joignons ici une expédition, & nous eſpérons de votre juſtice, que vous voudrez bien donner les ordres néceſſaires pour le faire promptement ceſſer dans les généralités de votre département. L'adminiſtration a pris en même-tems la précaution néceſſaire pour que, ſi, malgré la défenſe, il en étoit encore envoyé, après le terme que vous aurez fixé, ils ne fuſſent pas abandonnés : mais cette reſtriction que l'humanité a ſuggérée, ne doit rien faire relâcher de la rigueur de la regle que vous établirez contre ceux qui pourroient l'enfreindre.

Nous attendons la réponſe dont vous voudrez bien nous honorer.

Nous ſommes avec reſpect,

MONSIEUR,

Vos très-humbles & très-obéiſſans ſerviteurs. *Signé*, CHR. arch. de Paris, & autres adminiſtrateurs.

Délivré par le ſouſſigné, greffier du bureau. J. SASSERIE.

EXTRAIT

*Du regiſtre des délibérations du bureau de l'*Hôpital-Général, *tenu à l'archevêché, le premier Mars 1773.*

M. JOSSON a dit que depuis près de deux ans le nombre des nourrices, pour les Enfans-Trouvés, étoit conſidérablement diminué; que cette diminution étoit telle, que ceux des meneurs qui, dans les années précédentes, amenoient, chaque voyage qu'ils faiſoient à Paris, vingt à trente nourrices, n'en amenoient que ſept à huit; que d'autres de ces meneurs en amenoient deux à trois, & les autres n'en amenoient aucunes, aſſurant tous qu'ils n'en trouvoient point qui vouluſſent ſe louer pour les Enfans-Trouvés, par la préférence qu'elles donnent aux enfans bourgeois.

Que par l'examen qui a été fait des cauſes qui ont pu donner lieu à cette diminution de nourrices, on en a remarqué quatre qui méritent l'attention du bureau.

La premiere, le modique ſalaire que la maiſon paie pour les mois de nourriture des enfans, depuis & compris la ſeconde année, juſqu'à la ſixieme & ſeptieme, que le tems du ſevrage doit finir.

La ſeconde, l'éloignement que l'Hôpital a été obligé d'apporter, les années précédentes, pour le paiement des nourrices, faute de ſecours.

La troiſieme, le refus conſtant & perſévérant d'un grand nombre de curés, de donner aux nourrices de leur paroiſſe des certificats pour nourrir & élever des Enfans-Trouvés, n'en voulant point dans leur paroiſſe.

La quatrieme, l'établiſſement fait en 1770, d'un bureau de direction pour les nourrices des enfans des bourgeois & artiſans de cette ville, auquel les nourrices ſe louent par préférence à celui des Enfans-Trouvés, tant à cauſe du ſalaire des mois de nourriture, qui eſt plus conſidérable, que des profits qu'elles retirent du baptême des enfans.

Que la diminution des nourrices, pour les Enfans-Trouvés, avoit cauſé la perte de 2650 enfans qui étoient morts dans la maiſon en l'année 1772, ſur 7676 qui y ont été reçus durant le cours de l'année derniere ; ce qui fait près du tiers du nombre des enfans reçus.

Que la conservation des enfans avoit toujours fait le principal objet auquel l'administration donnoit tous ses soins, & qu'elle voyoit avec douleur la perte que l'Hôpital faisoit chaque année d'un si grand nombre d'enfans, qui sont autant de sujets perdus pour l'état.

Que le véritable moyen d'éviter cette perte, aussi funeste à l'état & à la religion, seroit d'attirer à cet Hôpital des nourrices en nombre suffisant, pour prendre, nourrir & élever les enfans qu'on y reçoit chaque année ; ce qui ne se pouvoit faire qu'en augmentant le salaire des nourrices pour les mois de nourritures des enfans durant les années de sevrage, lesquelles se comptent ordinairement depuis & compris la seconde année, jusqu'à la sixieme & septieme qu'il doit finir ; & en même tems l'honoraire de messieurs les curés pour les frais funéraires des enfans qui décedent dans leurs paroisses.

Qu'en l'année 1764 il y eut une semblable diminution de nourrices ; que l'administration, après avoir examiné d'où elle pouvoit provenir, a reconnu que la médiocrité du salaire que la maison payoit pour les mois de nourriture des enfans, en étoit la principale cause : il fut arrêté, par délibération du bureau tenu à l'archevêché, le 5 Septembre de la même année, qu'à commencer au premier Octobre suivant, les mois de la premiere année seulement, seroient payés sur le pied de sept livres par mois, au lieu de six livres ; le Bureau considérant alors que la premiere année de nourriture étoit la plus embarrassante pour les nourrices.

Que cette augmentation du prix des mois pour la premiere année, avoit attiré un plus grand nombre de nourrices dans le cours des années suivantes, & jusqu'en l'année 1770; auquel tems elles se sont ralenties, & ne sont venues qu'en très-petit nombre, tant à cause de la cherté actuelle des vivres, que pour les causes ci-dessus expliquées.

Qu'il pensoit qu'il seroit à propos, en laissant subsister le prix de la premiere année à sept livres par mois, de fixer, pour l'avenir, le prix des mois de nourriture de la seconde année à six livres par mois, au lieu de cinq livres prix actuel ; celui des années suivantes à cinq livres par mois, au lieu de quatre livres dix sols, prix actuel ; & de fixer aussi, pour l'avenir, l'honoraire des curés, pour les frais funéraires des enfans, à quarante sols au lieu de vingt sols, prix actuel que la maison paie.

Que ces deux augmentations ensemble pourront former chaque année celle de cinquante à soixante mille livres aux dépenses ordinaires de la maison, mais que l'administration aura la consolation de conserver la vie à plus de 3000 enfans par année.

SUR QUOI, la matiere mise en délibération, le bureau considérant l'importance de conserver la vie des enfans qu'on reçoit journellement dans l'Hôpital des Enfans-Trouvés, a arrêté qu'à commencer du premier du présent mois de Mars 1773, les mois de nourriture des enfans en nourrice & en sevrage, seront payés à raison de six livres par mois pendant la deuxieme année.

Et ceux de la troisieme année & suivantes, jusqu'à la sixieme & septieme année que doit finir le tems du sevrage, à raison de cinq livres par mois.

Et a sursis à délibérer sur l'augmentation de l'honoraire de messieurs les curés pour les frais funéraires des enfans qui décedent dans leurs paroisses.

Arrêté en outre, qu'expédition des présentes sera envoyée à l'économe des Enfans-Trouvés.

Délivré par le soussigné, greffier du Bureau. Signé, SASSERIE.

EXTRAIT DES REGISTRES DU PARLEMENT.

Du 14 Juin 1773.

VU par la Cour la requête présentée par le procureur-général du roi, contenant, que les administrateurs du bureau de l'Hôpital-Général avoient, le 7 Juin 1773, fait une délibération dont l'objet étoit de veiller à la conservation & à la sûreté des Enfans-Trouvés; qu'elle contenoit un réglement d'autant plus important, qu'il intéressoit l'humanité, & tendoit à prévenir les abus qui pourroient s'introduire dans cette partie d'administration. A CES CAUSES, requéroit le procureur-général du roi, qu'il plût à la Cour homologuer la délibération du bureau de l'Hôpital-Général, du 7 Juin 1773, pour être exécutée selon sa forme & teneur, & que copies collationnées d'icelle soient envoyées aux bailliages, sénéchaussées & autres sieges du ressort de la Cour, pour y être lue, publiée & registrée, & qu'il soit enjoint à ses substituts d'y tenir la main & d'en certifier la Cour dans le mois; comme aussi que copies collationnées soient envoyées aux conseils supérieurs, pour y être pareillement lue, publiée & registrée, conformément à l'édit du mois de Février 1771. Ladite requête signée du procureur-général du roi. Vu aussi ladite délibération.

SUIT LA TENEUR DE LADITE DÉLIBÉRATION.

*Extrait du registre des délibérations du bureau de l'*Hôpital-Général, *du lundi 7 Juin 1773, à la séance tenue au bureau de l'archevêché, où étoient présens m. l'archevêque, m. le premier président, m. le procureur-général, m. le lieutenant-général de police, m. le prévôt des marchands, & mm. Baron, secrétaire du roi, Gondouin, secrétaire du roi, Josson, auditeur des comptes, Basly, contrôleur des restes de la chambre des comptes, ancien échevin, Vieillard, ancien échevin & payeur des rentes, tous directeurs & administrateurs dudit Hopital-Général.*

M. Josson a dit que par délibération du 15 Mars 1773, le bureau avoit établi une commission pour, en attendant qu'il puisse être remédié aux inconvéniens qu'entraîne avec elle la multiplicité des enfans apportés à l'Hôpital des Enfans-Trouvés, desquels enfans le nombre s'accroît tous les jours, il fût, par la commission, avisé aux moyens les plus praticables pour veiller provisoirement à la conservation & au bien-être desdits enfans, tant de ceux confiés aux nourrices, que de ceux mis en pension après avoir atteint l'âge de six à sept ans; que parmi ces moyens un paroissoit particuliérement utile; savoir, celui de faire faire des tournées pour visiter les enfans, nourrissons & pensionnaires, vérifier si les nourrices & autres personnes chargées d'Enfans-Trouvés en ont les soins convenables, & pour s'assurer de la fidélité des meneurs à remplir les devoirs de leur commission; qu'en conséquence ayant été estimé que les inspecteurs préposés pour la visite des nourrissons, enfans des bourgeois de Paris, pouvoient, sans déranger leurs marches, visiter en même-tems les Enfans-Trouvés, lesquels sont pour la plupart, ou dans les mêmes paroisses de la campagne que les enfans bourgeois, ou au moins dans les paroisses voisines les unes des autres; que d'ailleurs le nombre des Enfans-Trouvés étant considérablement augmenté, on ne pouvoit espérer d'avoir des Sœurs en nombre suffisant, formées pour les opérations de ces tournées, & qu'indépendamment de ce qu'il y avoit lieu de présumer que des inspecteurs seroient plus robustes pour soutenir les fatigues de ces travaux, on étoit encore dans le cas d'attendre de l'expérience des inspecteurs pour les enfans bourgeois, qu'ils se comporteroient avec la circonspection & l'intelligence que l'on peut desirer; que m. le lieutenant-général de police ayant bien voulu non-seulement consentir à ce que les inspecteurs par lui commis en exécution de la déclaration du roi du 24 Juillet 1769, pour la visite des nourrissons, enfans des bourgeois de Paris, visitassent aussi les Enfans-Trouvés, mais encore se prêter à ce que le nombre desdits inspecteurs fût augmenté, pour qu'une opération ne préjudiciât point à l'autre, m. Doutremont & lui qui composoient ladite commission, avoient eu différentes conférences avec les sieurs Framboisier de Lessert, & Framboisier de Beaunay, directeurs du bureau général des nourrices pour les enfans des bourgeois de Paris, dont une en présence de m. le lieutenant-général de police, afin de régler les honoraires desdits inspecteurs & la forme de leurs opérations, comme aussi de déterminer les devoirs qu'il convient leur prescrire.

Que l'avis de la commission étoit de faire à cet effet un réglement, suivant le pouvoir qui en est accordé à l'administration par l'article 83 de l'édit de 1656; qu'elle en avoit dressé le projet, dont il prioit le bureau de faire faire la lecture, & de le mettre en délibération.

Après le rapport de m. Josson, lecture ayant été faite, tant de la délibération du 24 Septembre 1765, portant réglement pour les meneurs & les nourrices, que du projet de réglement dressé par la commission, la matiere mise en délibération, le bureau l'a unanimement approuvé & ordonné qu'il sera transcrit à la suite de la présente délibération, pour être exécuté en tout ce qu'il contient.

Réglement concernant les inspecteurs de tournées pour la visite des Enfans-Trouvés, arrêté au bureau de l'administration de l'Hôpital-Général, tenu à l'archevêché, le 7 Juin 1773.

ARTICLE PREMIER.

Il sera fait, à commencer du premier Juillet de la présente année, des tournées dans les villes, bourgs, villages & hameaux où il y a des enfans appartenans à l'Hôpital des Enfans-Trouvés, afin d'y visiter lesdits enfans, inspecter les nourrices & vérifier l'exercice des meneurs; à cet effet, il sera expédié aux inspecteurs préposés pour la visite des nourrissons, enfans des bourgeois de la ville de Paris, une commission des administrateurs-commissaires des Enfans-Trouvés, en vertu de laquelle ils seront autorisés à visiter les Enfans-Trouvés, en même-tems & de la même maniere qu'ils inspectent les enfans des bourgeois de Paris.

II. Les inspecteurs vérifieront l'exercice des meneurs des Enfans-Trouvés, & à cet effet ils se feront accompagner & conduire par eux chez les nourrices qu'ils obligeront de leur représenter leurs nourrissons pour s'assurer s'ils sont en bon état, si elles en ont bien soin, si elles les tiennent proprement, si elles conservent bien leurs hardes & les raccommodent lorsqu'il en est besoin, & si elles ont des berceaux & gardes-feu. Lesdits inspecteurs se feront également accompagner & conduire par les meneurs chez tous les laboureurs, artisans & autres particuliers qui ont des Enfans-Trouvés en pension chez eux, afin de constater si lesdits enfans sont en bon état, bien nourris, soignés, instruits & éduqués, & si les laboureurs, artisans & autres particuliers sont exacts à remplir les engagemens qu'ils ont contractés avec l'Hôpital, en prenant lesdits nourrissons; & pendant le cours de la visite des enfans, les meneurs qui accompagneront les inspecteurs, seront défrayés par lesdits inspecteurs, tant pour leur nourriture que pour celle de leurs chevaux.

III. Pourront lesdits inspecteurs appeller des chirurgiens s'ils le jugent à propos, pour traiter, examiner & médicamenter les enfans qui leur paroîtront en avoir besoin, comme aussi retirer les enfans qu'ils croiront devoir être changés de nourrices, par lesquelles ils feront remettre les hardes desdits enfans aux nouvelles nourrices, qu'eux ou les meneurs auront choisies pour s'en charger, aux prix & conditions ordinaires, dans lequel cas de changement ils prendront l'avis de messieurs les curés; & si pour retirer lesdits enfans ils éprouvoient quelques refus de la part desdites nourrices, ils pourront requérir la maréchaussée pour les contraindre à l'obéissance, auquel cas la course des cavaliers sera aux frais desdites nourrices, & leurs maris en seront provisoirement responsables, même par la voie d'emprisonnement.

IV. Aussi-tôt la tournée dans l'arrondissement d'un meneur finie, les inspecteurs rendront compte de leurs opérations au bureau de l'Hôpital des Enfans-Trouvés, en y envoyant leurs états ou journaux d'inspection d'eux certifiés, avec leursdites observations, lesquels états seront par eux faits sur les imprimés qui leur seront à cet effet délivrés, & dont ils emporteront toujours avec eux une suffisante quantité.

V. Pour parvenir à la formation desdits états ou journaux & la faciliter, il sera, par le greffier des Enfans-Trouvés, remis ou envoyé à chacun des meneurs, des registres, tant pour les enfans mis en nourrice que pour les pensionnaires. Ces registres imprimés dans la forme du modele qui a été présenté à l'administration & par elle adopté, seront cotés & paraphés par premier & dernier par les administrateurs-commissaires pour l'Hôpital des Enfans-Trouvés, dans lesquels registres seront inscrits au bureau dudit Hôpital, à raison d'un enfant par page, tous les enfans mis en nourrice dans l'arrondissement dudit meneur, qui sera tenu d'apporter lesdits registres toutes les fois qu'il viendra en recette, afin que les nouveaux enfans mis & envoyés sous sa conduite y soient enregistrés successivement dans l'ordre de leur envoi en nourrice. A la fin desdits registres qui tiendront lieu des bordereaux qu'on délivroit aux meneurs & qui présenteront un tableau de comptabilité en forme de compte ouvert avec chaque nourrice, il y aura deux tables, savoir, une par ordre successif des pages, contenant d'abord le nom de famille des enfans & ensuite leurs noms de baptême, & l'autre table sera par ordre alphabétique des paroisses où les enfans seront en nourrice; laquelle table indiquera toutes les pages des enregistremens des enfans qui se trouveront être en nourrice dans la même paroisse.

VI. Il sera expédié, comme par le passé, pour chacune des nourrices une feuille ou bulle, où les meneurs seront tenus de noter tous les paiemens qu'ils feront aux nourrices, dont ils justifieront par attestation de messieurs les curés, vicaires ou desservans, marguilliers ou syndics des paroisses desdites nourrices, ou par attestation des inspecteurs, lorsqu'il sera fait en leur présence quelques paiemens par les meneurs; les inspecteurs viseront toutes les feuilles ou bulles de chaque nourrice, & ils y écriront une note signée d'eux; laquelle pareille à celle de leur journal de tournée, contiendra mention de l'état des enfans, lors de leurs visites.

VII. Les inspecteurs se présenteront chez tous messieurs les curés ou desservans des paroisses où il y a des Enfans-Trouvés, afin de recevoir les plaintes, le cas échéant, desdits sieurs curés ou desservans, soit contre les nourrices, soit contre les meneurs, desquelles plaintes les inspecteurs tiendront note pour y être fait droit par le bureau, à qui ils en rendront compte, ainsi que de l'avis de messieurs les curés sur les abus qui seroient à leur connoissance; en même-tems les inspecteurs les prieront de la part de l'administration, de vouloir bien étendre leurs soins charitables & tutélaires sur les Enfans-Trouvés, qui, étant abandonnés par leurs auteurs, n'en sont que plus dignes de la protection de l'état & de l'assistance de tous ses sujets.

VIII Les inspecteurs seront attentifs à prévenir le bureau de leurs marches, du lieu où l'on pourra leur faire passer les ordres de l'administration, ainsi que du tems où ils cesseront leurs tournées & des causes qui les y détermineront, afin que la correspondance qui sera entretenue avec eux ne souffre aucun retard.

La présente délibération & le réglement fait & arrêté, en conséquence seront imprimés &

& exemplaires délivrés à chacun des inspecteurs & des meneurs, pour qu'ils aient à s'y conformer. Au-dessous est écrit, délivré par moi soussigné, greffier du bureau, *signé*, SASSERIE, avec paraphe.

Oui le rapport de m^e^ Louis-Jacques Langelé, conseiller : tout considéré.

LA COUR a homologué & homologue ladite délibération du 7 Juin présent mois, pour être exécutée selon sa forme & teneur, & copies collationnées d'icelle envoyées aux bailliages & sénéchaussées, pour y être lue, publiée & enregistrée; enjoint aux substituts du procureur-général du roi d'y tenir la main, & d'en certifier la Cour dans le mois, & aussi copies collationnées envoyées aux conseils supérieurs, pour y être pareillement lue, publiée & registrée, conformément à l'édit de Février 1771. FAIT en Parlement, le quatorze Juin mil sept cent soixante-treize. Collationné, LUTTON. *Signé*, VANDIVE.

Collationné par nous chevalier, conseiller-secrétaire du roi, son protonotaire & greffier en chef civil de sa cour de Parlement.

EXTRAIT

*Du registre des délibérations du bureau de l'*Hôpital-Général*, tenu à l'archevêché, le Lundi 19 Juillet. 1773.*

M. JOSSON a dit, que depuis long-tems on reçoit aux Enfans-Trouvés les enfans qui y sont envoyés, en vertu de procès-verbaux de commissaires au Châtelet; que cette voie, qui étoit très-sage dans son origine, a peu-à-peu tellement été étendue, qu'on s'est permis d'y en envoyer de tout âge; ce qui est contraire à l'institution de cet Hôpital, qui n'a été établi que pour les enfans nouveaux-nés & destitués de secours.

Qu'il conviendroit de faire un réglement qui rétablît les choses dans leur premier état, en prenant les précautions nécessaires, à l'égard des enfans d'un âge plus avancé, qui ne doivent pas y être admis.

SUR QUOI, la matiere mise en délibération, le bureau a arrêté que les enfans au-dessous de cinq ans, continueront d'être reçus aux Enfans-Trouvés, sur les procès-verbaux des commissaires; & que quant à ceux au-dessus de cinq ans, les commissaires indiqueront verbalement aux personnes qui les leur présenteront, de les conduire, savoir, les garçons à la Pitié, & les filles à la Salpêtriere; lesquels garçons & filles y seront reçus, par provision, par les économes & supérieures desdites maisons, qui en feront leur rapport au bureau suivant, à la Pitié, où il sera procédé à la réception définitive de ceux qui sont dans le cas d'y être admis, & au renvoi de ceux qui n'ont pas lieu d'y prétendre. Et m. le lieutenant-général de police a été prié de donner ses ordres, en conséquence, aux commissaires du Châtelet.

Délivré par moi soussigné, greffier du bureau. SASSERIE.

EXTRAIT

*Du registre des délibérations du bureau de l'*Hôpital-Général*, tenu à l'archevêché, le 31 Janvier. 1774.*

M. JOSSON a dit, qu'en exécution de la délibération du 7 Juin dernier, dont l'objet étoit de veiller à la conservation & à la sûreté des Enfans-Trouvés, en leur procurant un plus grand nombre de nourrices, & en accélérant les tournées des visites, quatre inspecteurs, de ceux préposés pour la visite des nourrissons, enfans des bourgeois de Paris, s'étant transportés, en vertu de la commission qui leur en avoit été donnée par l'administration, dans les provinces de Picardie, Normandie & Bourgogne, ils avoient visité les Enfans-Trouvés étans dans l'arrondissement de dix meneurs, faisans partie de vingt-deux que l'Hôpital des Enfans-Trouvés a seulement dans ces provinces.

Que mm. de la Chaussée, d'Outremont, Basly & lui, avoient tenu plusieurs assemblées au bureau des Enfans-Trouvés, pour faire l'examen des journaux de ces inspecteurs, des différens procès-verbaux par eux envoyés pendant le cours de leurs visites, & des registres fournis aux meneurs.

Qu'ils y avoient reconnu 1°. Que ces quatre inspecteurs, dans l'espace de quatre mois, n'avoient visité que 2305 Enfans-Trouvés, tant de ceux en nourrice, que de ceux placés chez les laboureurs; ce qui faisoit douter de la possibilité de compléter une visite générale, à moins de quatre années, eu égard au nombre de dix mille & plus d'Enfans-Trouvés actuellement existans.

2°. Que la dépense occasionnée pour la visite de ce petit nombre d'enfans, montoit à une somme de 3169 liv.; savoir, 2305 liv. pour 2305 enfans visités, 564 liv. pour la formation des registres, & 300 liv. pour le paiement de deux commis surnuméraires; ce qui démontroit que le nombre des enfans visités ne faisant pas le quart du total existant, il faudroit au moins quadrupler la somme déjà dépensée, qui monteroit à plus de 12000 l. pour faire une visite générale, qu'il seroit essentiel de faire au moins dans l'espace de deux années, & qui seroit tout-à-fait inutile, en la partageant en un plus grand nombre d'années.

3°. Que la tenue des registres déterminés par l'art. V du réglement, fait en conséquence de ladite délibération du 9 Juin dernier, étoit impraticable, à cause du nombre plus considérable des meneurs, & de la trop grande quantité d'enfans dont ils sont chargés.

4°. Que presque tous mm. les curés ne sont point disposés à donner des certificats aux nourriciers, pour venir chercher à Paris des Enfans-Trouvés, & que la modique rétribution de vingt sols qui leur est payée pour les inhumations, en est la cause principale.

5°. Que la cherté actuelle des vivres occasionne la rareté des nourrices, parce que, malgré l'avantage qu'elles ont d'avoir, à la fin de leur nourriture, plusieurs enfans en sevrage, elles ne peuvent se retirer sur la dépense, étant obligées de remettre aux meneurs le sol pour livre des mois qu'elles reçoivent.

6°. Que l'abondance des nourrices dépendant de mm. les curés, il seroit nécessaire d'intéresser leur suffrage par l'augmentation du prix des inhumations, qui paroît être le plus de leur gré, par la raison qu'ils aiment mieux recevoir des émolumens, à titre de rétribution, qu'à titre de gratification.

7°. Que l'usage de donner des enfans par commission, est meurtrier pour les enfans, parce qu'ils sont peu & souvent point du tout allaités dans la route, & parce qu'au moyen du bénéfice du premier mois, que les meneurs font sur les enfans de commission, ils ont intérêt de ne point amener à Paris autant de nourrices qu'ils pourroient.

8°. Que les enfans se trouvent souvent nus l'hiver, par l'usage de ne leur fournir qu'une vêture chaque année, à commencer du moment de leur envoi en nourrice, de sorte que les enfans envoyés dans le printems ou dans l'été, se trouvent n'avoir que de mauvaises hardes pour l'hiver; pourquoi il conviendroit que, sans avoir égard à l'échéance des vêtures, elles fussent délivrées à l'entrée de l'hiver.

9°. Que la remise des six deniers pour livre, accordée aux meneurs sur le montant de la pension des enfans placés chez les laboureurs, est insuffisante pour les indemniser de la dépense que leur occasionne leur transport chez les personnes qui ont de ces enfans, & des peines qu'ils se donnent pour les placer convenablement. Que la disproportion qu'il y a entre ce bénéfice & ce qu'ils font en ramenant les enfans à l'Hôpital, pour le retour desquels ils reçoivent 3 liv. par tête, doit leur faire préférer de les ramener, plutôt que de prendre la peine de leur chercher des places; au lieu qu'en leur accordant le sol pour livre, cela leur donneroit de l'émulation, & le nombre des enfans placés augmenteroit.

M. Josson a ajouté, que tous les inconvéniens dont il vient de faire le récit, d'après le rapport des inspecteurs, étoient, depuis long-tems, connus du bureau des Enfans-Trouvés, qui, en différens tems, en a fait ses représentations au ministere, pour en obtenir les secours nécessaires à les faire cesser; qu'au moyen de ceux qui ont eté accordés, l'administration s'est déterminée, par sa délibération du 5 Septembre 1764, à fixer les mois de nourrice de la premiere année, à 7 liv., au lieu de 6 liv.; & par son autre délibération du premier Mars 1773, à fixer les mois de la seconde année, à 6 liv., au lieu de 5 liv., & ceux de la troisieme année & suivantes, à 5 liv., au lieu de 4 liv. 10 s.; & a surcis à délibérer sur l'augmentation de l'honoraire de messieurs les curés, pour inhumations.

Que d'après ces considérations, il croit devoir proposer au bureau, de se contenter de l'essai qui vient d'être fait de la nouvelle inspection, qui, sans rien diminuer du travail ordinaire des commis & des meneurs, l'a augmenté d'une foule d'opérations superflues, & qui contrarient, à chaque instant, l'ordre des opérations journalieres, en y apportant un retard considérable; & de suivre, pour les visites, l'ancienne forme, qui, au moyen de quelques légers changemens, sera moins dispendieuse, & remplira les vues de l'administration. Que les sœurs chargées ci-devant de ce travail, & notamment par le réglement étant ensuite de l'édit de 1670, portant établissement de l'Hôpital des Enfans-Trouvés, s'offrent à le reprendre, à des conditions désintéressées; qu'elles demandent qu'il leur soit alloué seulement leur dépense qu'elles évaluent, en se procurant plus de commodités qu'elles ne faisoient avant, à 2400 liv. seulement, pour chaque visite générale; ce qui fait le quart tout au plus de ce qu'il en coûteroit pour l'inspection nouvelle, sans compter les frais de régie qui n'auroient plus lieu; qu'il pense que les visites regardant principalement les nourrices & les enfans, semblent devoir être plus particuliérement du ressort des personnes du sexe; que les sœurs, par leur état dans l'Hôpital, ont une autorité immédiate sur les nourrices; que par-là, elles sont dans le cas d'être plus respectées & mieux obéies; qu'enfin l'administration est sûre de trouver en elles des personnes qui, n'ayant point d'intérêts à concilier, mais uniquement dévouées au bien de la chose, seront plus propres que d'autres à la seconder dans ses vues.

Que sur les autres objets, dont il vient de parler, il ne doit point laisser ignorer au bureau, qu'ils occasionneront une augmentation de dépense d'environ 30000 liv.; savoir, 25000 liv. pour la remise du sol pour livre aux meneurs, & le surplus pour l'honoraire de mm. les Curés.

SUR tout ce que dessus, la matiere mise en délibération, le bureau desirant être à portée de connoître la forme des visites qui sera la plus avantageuse pour la conservation des Enfans-Trouvés, la sûreté des nourrices, & entretenir la vigilance des meneurs, a arrêté: 1°. Qu'à commencer du premier Mai prochain, les tournées des visites seront faites conformément à la délibération du 7 Juin dernier, & au réglement arrêté en conséquence; savoir, dans la province de Picardie, par les sœurs de la charité qui seront à cet effet choisies par les administrateurs des Enfans-Trouvés; & dans celle de Normandie, par les inspecteurs auxquels ils en ont déjà donné la commission, & ce sur les états & bordereaux qui leur seront à cet effet fournis dans la forme qui sera réglée par les administrateurs.

2°. Qu'à compter du premier Avril prochain, l'administration des Enfans-Trouvés sera chargée de payer aux meneurs un sol pour livre, au lieu de six deniers qui leur eſt accordé par la délibération du 7 Mars 1763, ſur le montant de la penſion des enfans placés.

3°. Qu'à compter du même jour, l'honoraire de mm. les curés, pour les inhumations des Enfans-Trouvés, ſera payé ſur le pied de trois liv. ſur leſquelles ils ſeront chargés d'acquitter les menus frais aux ſerviteurs de l'égliſe.

4°. Que ſans avoir égard à l'échéance des vêtures des enfans de ſevrage, elles ſeroient à l'avenir délivrées à l'entrée de l'hiver.

Sur les autres propoſitions, mm. les adminiſtrateurs des Enfans-Trouvés ont été priés de faire un nouvel examen, & d'aviſer aux moyens les plus efficaces d'y parvenir.

Délivré par moi ſouſſigné, greffier du bureau. SASSERIE.

RÉGLEMENT

CONCERNANT les Enfans-Trouvés *de Paris, arrêté au bureau de l'adminiſtration, le 28 Mars 1774.*

NOURRICES.

ARTICLE PREMIER.

LES nourrices qui ſe préſenteront pour élever des Enfans-Trouvés, ſeront tenues de repréſenter un certificat de mm. les curés ou deſſervans des paroiſſes où elles ſont domiciliées, ou, à leur défaut, des ſyndics & de deux principaux habitans, atteſtant leur vie, mœurs & religion; qu'elles ſont en état d'allaiter l'enfant qui leur ſera confié, & l'âge de leur dernier enfant, ou de leur dernier nourriſſon. Celles qui ſe préſenteront audit Hôpital avec de faux certificats, ſeront dénoncées à la juſtice, & punies ſuivant la rigueur des ordonnances.

II. Pour prévenir les omiſſions dans les certificats, & épargner les frais de ceux qui les délivreront, il ſera diſtribué, par les meneurs, à mm. les curés, deſſervans & ſyndics des paroiſſes de leurs arrondiſſemens reſpectifs, des imprimés conformes au modele qui eſt enſuite du préſent réglement, pour, les blancs être remplis ſuivant les indications.

III. Nonobſtant la repréſentation des certificats par les nourrices, leur lait ſera viſité & examiné, le jour ou le lendemain de leur arrivée, par des ſœurs commiſes à cet effet; &, incontinent après cet examen, les nourrices admiſes dépoſeront leurs certificats au bureau, où ils ſeront enliaſſés & mis dans des caſes diſtinguées par meneurs, pour ſervir à l'enregiſtrement des nourrices au bureau. Et pour prévenir toute ſurpriſe de la part de celles qui auront été refuſées, la ſœur qui aura examiné le lait, mettra ſon *viſa* au dos des certificats des nourrices approuvées; au moyen de quoi les certificats non viſés, ne ſeront point acceptés. Il en ſera de même des certificats qui auront plus d'un mois de date.

IV. Les nourrices qui, à cauſe de leurs occupations, ou par autre empêchement, ne pourront faire le voyage de Paris, remettront leurs certificats aux meneurs, pour ſur iceux leur être envoyé des enfans, s'il y en a de trop pour les nourrices préſentes; mais ſeront préférées aux autres nourrices abſentes, celles qui ſeront en couche d'un enfant qui ſeroit décédé, & en général celles dont le lait ſera le plus nouveau.

V. Aucune nourrice ne pourra ſe diſpenſer de l'exécution de l'article premier, ſous le titre qu'elle a déjà des enfans de l'Hopital, ou qu'elle y eſt connue.

VI. Aucun extrait mortuaire ne pourra tenir lieu de certificat.

VII. On ne pourra différer les départs des enfans en nourrice, pour quelque cauſe & ſous quelque prétexte que ce ſoit, quand il y en aura dans l'Hôpital un nombre ſuffiſant pour les nourrices présentes. En conséquence, lorsqu'un meneur aura au bureau, ou ailleurs, des affaires qui le retiendront & qui l'empêcheront de partir le jour où ses nourrices pourront être pourvues d'enfans, alors, ou il laissera partir sa voiture, ou il cédera son tour à un autre meneur.

VIII. Les enfans tout nouvellement nés, seront donnés, de préférence, par commission; ces enfans n'ayant pas un besoin si pressant d'être allaités, & étant par conséquent plus en état de pouvoir mieux se passer de nourrices durant le voyage, que ceux qui ont déjà plusieurs jours.

IX. Aucune nourrice ne pourra se charger de plus d'un enfant à allaiter; & il ne lui en sera accordé aucun autre sur le même lait, que celui qu'elle nourrit actuellement, n'ait au moins six mois, & ne soit en état d'être sevré.

X. On continuera de confier à des sevreuses les enfans à qui des maladies ou des accidens auront ôté l'usage de tetter, & ceux de la part de qui il y auroit à craindre pour les nourrices, pourvu qu'il soit attesté que ces sevreuses ont une vache.

XI. Aucune nourrice ne pourra garder à la fois un nourrisson de l'Hôpital & un nourrisson bourgeois, quand même l'un des deux seroit sevré; mais elle sera obligée d'opter pour l'un ou pour l'autre.

XII. Conformément à la delibération du 5 Septembre 1764, & à celle du 10 Mars 1773, les mois de nourriture des enfans seront payés, savoir, depuis la naissance jusqu'à un an accompli, à raison de sept livres; depuis un an jusqu'à deux accomplis, à raison de six livres; & depuis deux ans & au-delà, à raison de cinq livres chacun, excepté le premier mois qui sera payé huit livres aux nourrices qui viendront elles-mêmes; & sera le premier mois toujours payé d'avance, à cause des frais du transport des enfans.

XIII. On continuera de donner aux nourrices des feuilles imprimées, nommées vulgairement *bulles*, & d'en conserver des doubles au bureau; une longue expérience ayant prouvé l'utilité de ces feuilles, eu égard aux renseignemens qu'elles contiennent; & elles tiendront lieu de billets de renvoi vis-à-vis de mm. les curés qui pourront se les faire représenter, soit pour connoître les enfans, soit pour attester leur existence ou leur décès. Et à ce que mm. les curés ne prétendent cause d'ignorance des nourrissons de l'Hôpital qui seront dans leurs paroisses, les nourrices seront tenues de leur représenter, dans les huit jours au plus tard après leur retour, ou après la réception des enfans qui leur auront été apportés, les bulles de ces nouveaux nourrissons, sur lesquelles mm. les curés sont priés de mettre leur *visa*, après avoir confronté le parchemin de chaque enfant avec la bulle qui leur sera représentée, observant, en cas de diversité de noms, de s'en rapporter à ceux qui seront portés sur le billet en parchemin.

XIV. Dans le cas où une nourrice, ne pouvant plus allaiter le nourrisson qui lui aura été confié, le céderoit à une autre nourrice, cette derniere en informera au plutôt son meneur, & se présentera aussi, dans les huit jours au plus tard, à m. le curé de sa paroisse, aux fins de l'article précédent. Et la premiere nourrice ne pourra rien exiger de la seconde, pour raison de cette cession, à peine de restitution; au surplus, elle lui remettra fidélement & exactement les hardes & linges, ainsi que le billet en parchemin de l'enfant & la bulle mentionnée en l'article précédent.

XV. Les enfans à qui il surviendra quelques accidens ou quelques maladies, autres que celles dont la contagion seroit dangereuse pour les nourrices, seront traités sur les lieux, pourvu que, dans le cas où la maladie seroit considérable, il en soit auparavant donné avis au bureau; & dans le cas de traitement sur les lieux, les chirurgiens qui voudront se faire payer, dresseront un mémoire de leurs frais & visites; & après l'avoir fait viser & certifier véritable par mm. les curés ou desservans, ils en chargeront les meneurs, pour être remis au bureau, & y être réglé par le chirurgien ordinaire de l'Hôpital.

XVI. A l'égard des enfans qui se trouveront attaqués de maladies contagieuses & dangereuses pour les nourrices, ils seront ramenés à Paris, pour être traités dans les maisons de l'Hôpital-Général.

VÊTEMENS.

XVII. Les vêtemens des enfans, consisteront, savoir :

La layette, en une couverture de laine blanche, deux langes d'étoffe, deux langes piqués, six couches, quatre bandes, quatre béguins, quatre tours-de-col, quatre chemises en brassieres, une brassiere d'étoffe blanche, quatre cornettes & un bonnet de laine.

La premiere robe, en une piquure de corps recouverte de droguet brun avec un jupon pareil, une chemisette de revêche blanche, quatre chemises, quatre béguins, quatre mouchoirs, quatre tours-de-col, deux paires de bas de laine blanche, & en outre deux couches & deux langes.

La seconde robe, en une piquure recouverte comme ci-dessus, & un double jupon, dont celui de dessous sera de tirtaine, deux chemises, deux béguins, deux mouchoirs de col, deux cornettes, un bonnet & deux paires de bas de laine.

La troisieme & la quatrieme robe, seront composées comme la seconde.

La cinquieme robe & les suivantes, consisteront en une robe-de-chambre de droguet brun, comme les autres robes, une chemisette de revêche blanche, deux chemises, deux béguins, deux mouchoirs, un bonnet & une paire de bas de laine.

XVIII. Il sera donné dix sols, lors de la livraison de chaque vêture, pour les souliers de l'Enfant.

XIX. La premiere robe se délivrera dans le neuvieme mois de l'Enfant, & les autres d'année en année, excepté la troisieme & les suivantes, dont la livraison échéroit en hiver jusqu'à la fin de Mars, lesquelles, sans égard aux époques de la derniere livraison, seront délivrées dans le courant des mois d'Octobre & de Novembre, attendu la rigueur de cette saison.

XX. Dans la quinzaine au plus tard du décès des enfans, les nourrices remettront à leurs meneurs, les hardes & linges des enfans décédés, leurs extraits-mortuaires, ainsi que les bulles imprimées & billets en parchemin qui leur auront été donnés en prenant les Enfans ; à peine de n'être point payées des mois de nourriture qui pourroient leur être dûs.

XXI. Les nourrices à qui l'on aura retiré les enfans, soit pour les donner à d'autre, soit pour les ramener à l'Hôpital, &c. seront tenues de se conformer à l'article précédent, sous les mêmes peines.

ENFANS-PLACÉS.

XXII. Quand les Enfans seront parvenus à leur sixieme année, les nourrices qui voudront les garder à la pension, conformément au réglement de l'Hôpital-Général, du 7 Janvier 1761, seront tenues d'en donner avis à mm. les curés ou desservans, & de prendre leurs certificats, ou, à leur défaut, ceux des syndics & de deux principaux habitans, attestant qu'elles sont en état de s'en charger, de les nourrir & entretenir ; lesquels certificats elles remettront aux meneurs avec les bulles des enfans, pour par ceux-ci les présenter au bureau, & sur iceux être arrêté ce que de raison, & être dressé, s'il y a lieu, des actes d'engagement, conformément audit réglement.

XXIII. Les nourrices qui, dans le cas de l'article précédent, ne voudront garder, par acte d'engagement, les enfans qu'elles auront nourris, les remettront aux meneurs, pour par ceux-ci les placer chez d'autres personnes qui leur en auront demandé.

XXIV. Les personnes qui voudront avoir des Enfans-Trouvés à la pension, seront tenues de se conformer à ce qui est prescrit aux nourrices par l'article 22, pour ce qui regarde le certificat.

XXV. Conformément à la délibération du bureau de l'Hôpital-Général, du 3 Août 1772, la pension des garçons sera payée comme celle des filles, à raison de quarante livres par année, jusqu'à l'age de seize ans; & les uns comme les autres, ne seront engagés que jusqu'à vingt ans: après lequel âge, les personnes qui en seront chargées, ne pourront les contraindre de rester chez elles, qu'en leur payant des gages suivant l'usage du pays, & à proportion des services qu'ils seront en état de rendre.

XXVI. Les enfans qui seront entrés dans leur sixieme année, & que les meneurs n'auront pu trouver occasion de placer, ceux même qui, étant placés, se trouveroient mal soignés par ceux qui en seroient chargés, soit à cause de leur grande pauvreté, soit à cause de leur négligence, seront ramenés à l'Hôpital, & envoyés dans la maison du fauxbourg Saint-Antoine, pour y être élevés, & ensuite placés dans les villes & provinces où l'on en demandera; le tout conformément à la délibération du bureau de l'Hôpital des Enfans-Trouvés, du 16 Avril 1766; observant néanmoins qu'il ne sera ramené aucun enfant dans les mois de Décembre, Janvier & Février, à cause de la rigueur de la saison; & par rapport aux enfans placés, qu'il n'en sera retiré ni ramené que d'après les ordres exprès & par écrit du bureau de l'administration; étant important que sans sa participation & sans des raisons valables, il ne soit porté atteinte aux engagemens contractés entre l'administration & les personnes à qui les enfans auront été accordés. Et seront les meneurs responsables des contraventions au présent article.

MM. LES CURÉS.

XXVII. La rétribution de messieurs les curés & desservans pour l'inhumation, tant des enfans en nourrice & en sevrage qu'à la pension, sera de trois livres, sur lesquels ils acquitteront les menus frais des serviteurs de leur église; le tout conformément à la délibération du bureau de l'Hôpital-Général du 31 Janvier 1774.

XXVIII. Lesdits sieurs curés & desservans, sont priés d'avoir la charité de donner gratuitement leurs certificats aux nourrices qui s'adresseront à eux pour prendre des enfans de cet Hôpital, ainsi qu'aux personnes qui voudront s'en charger, en conformité du réglement du 7 Janvier 1761; d'étendre leur zele & leur attention sur ces enfans infortunés, & sur les nourrices & autres personnes qui en seront chargées, de donner avis au bureau, des contraventions au présent réglement, dont leur sera envoyé un exemplaire, comme aussi des abus qui pourroient n'avoir pas été prévus.

XXIX. Ils sont encore priés d'attester, aussi gratuitement, la vie ou le décès des enfans; & dans le premier cas, de faire leurs certificats sur les bulles, dans la colonne destinée à cet objet; ce qu'ils pourront faire en peu de mots, à peu près en ces termes: *l'enfant se porte bien*, ou *est malade*, ce....... Quant aux certificats de mort, ils pourront les placer en tel endroit de la bulle qu'il leur plaira. Que s'ils ont quelques observations plus amples à faire, soit par rapport aux enfans, soit par rapport aux nourrices & aux meneurs, ils auront la bonte de les écrire sur un papier en forme de note ou de lettre, & de les adresser directement à messieurs les administrateurs de l'Hôpital des Enfans-Trouvés, ou au greffier du bureau dudit Hôpital.

LES MENEURS.

XXX. Ceux qui voudront exercer la commission de meneur, de nourrice des Enfans-Trouvés, se présenteront au Bureau de l'administration dudit Hôpital, avec un certificat de m. le curé de leur domicile, légalisé du juge royal, attestant leur vie, mœurs &

religion, suffisance & capacité, qu'ils savent lire & écrire, & qu'ils sont capables de remplir cette commission avec exactitude & fidélité; donneront un état de leur bien, avec bonne & suffisante caution, pour les sommes, hardes & linges qui leur seront remis pour les enfans & pour les nourrices; feront leur soumission devant notaires à Paris, de se conformer au présent réglement, & feront élection de domicile à Paris.

XXXI. Les meneurs seront tenus de chercher, amener & conduire audit Hôpital, le plus de nourrices qu'ils pourront trouver dans les paroisses & hameaux des environs de leur demeure, dont l'arrondissement ne pourra s'étendre à plus de quatre à cinq lieues de chez eux; à quoi il a été borné pour la commodité & le soulagement des nourrices.

XXXII. Ils viendront tous les quinze jours audit Hôpital, & y ameneront les nourrices qu'ils auront trouvées.

XXXIII. Dans les trois mois au plus tard de leur admission à la commission, ils se présenteront à messieurs les curés des paroisses de leur département, à l'effet de s'en faire connoître; & au moins une fois tous les six mois, ils les visiteront ainsi que les enfans qui seront en nourrice, en sevrage & à la pension; de l'état desquels enfans ils rendront compte au bureau, comme aussi, si ceux qui en sont chargés les élevent avec soin. Ils rapporteront les certificats de messieurs les curés, ou à leur défaut, des syndics & de deux principaux habitans, attestant qu'ils ont fait leur visite; & feront mention sur les bulles de l'état des Enfans, & du jour qu'ils les auront visités. Ils donneront de plus avis au bureau, des mutations de messieurs les curés ou desservans.

XXXIV. Si dans le cours de leurs visites, ils sont obligés de changer les enfans de nourrices, par le défaut de soin de celles qui en seront chargées, ou pour autres causes légitimes, ils en informeront messieurs les curés ou desservans, pour, sur leur avis, les donner à d'autres nourrices. Ils feront mention de ces changemens & du jour qu'ils les auront faits, tant sur les bulles que sur le registre des envois, dont sera ci-après parlé; afin que lors de la représentation de ces bulles & de ce registre au bureau, il puisse être fait pareille mention sur les doubles desdites bulles & sur les registres d'icelui.

XXXV. Dès que les meneurs auront eu avis des changemens mentionnés en l'article 14, ils se transporteront aussi-tôt sur les lieux, pour s'assurer si la nouvelle nourrice est en état d'allaiter, ou si elle n'allaite pas déjà un autre enfant; & au surplus ils se conformeront à ce qui est prescrit par l'article précédent.

XXXVI. Pourront lesdits meneurs, d'après les certificats exigés par les articles 22 & 24, placer par provision les enfans chez les nourrices qui les auront élevés, ou chez d'autres personnes qui en auront demandé; & lors de leur premier voyage à Paris, ils rapporteront au bureau lesdits certificats, ensemble les bulles des enfans, sur lesquelles ils auront fait mention du jour qu'ils auront placé les enfans, aux fins dudit article 22.

XXXVII. Les meneurs auront chacun deux sortes de registres, l'un pour y inscrire les enfans envoyés en nourrice & placés à la pension dans leur arrondissement; l'autre pour y inscrire les paiemens qui leur seront faits pour les nourrices & autres personnes qui en seront chargées; lesquels registres seront cottés & paraphés par premier & dernier feuillet, par l'un de mm. les administrateurs de cet Hôpital.

Les pages du premier, qui sera intitulé *registre des envois*, seront partagées en cinq colonnes, dont la premiere indiquera la date de l'envoi des enfans; la seconde, les paroisses où sont domiciliées les nourrices ou autres personnes qui seront chargées des enfans; la troisieme, les noms des enfans, ceux des nourrices & de leurs maris, ou d'autres d'autres personnes chez qui les enfans seront placés; la quatrieme, les numéros sous lesquels les enfans auront été enregistrés à l'Hôpital, & le quantieme du registre de réception; enfin la cinquieme sera destinée à des observations, telles que la date du décès des enfans, de leur retour, &c.

Les articles de ce registre seront espacés de maniere que chaque page n'en contiendra que huit, afin qu'on puisse faire mention des changemens de nourrices, à la suite de l'article de chaque enfant.

Les pages du second registre, qui sera intitulé *registre des bordereaux*, seront aussi partagées en cinq colonnes, dont la premiere indiquera les pages du premier registre, auxquelles chaque article de celui-ci correspondra; la seconde, les paroisses; la troisieme, les noms des nourrices; la quatrieme, les noms des enfans, & la cinquieme, les sommes réglées.

Quant au nombre des articles contenus en chaque page de ce registre, il ne sera point limité.

XXXVIII. Pour s'assurer de la forme de ces registres, ils seront dressés & tenus par les commis du bureau; à cet effet, les meneurs rapporteront le premier toutes les fois qu'ils viendront ou qu'ils enverront leurs voitures avec des nourrices; & le second, toutes les fois qu'ils viendront en recette.

XXXIX. Les nourrices & autres personnes chargées d'Enfans-Trouvés, ne seront employées dans les bordereaux qu'après qu'il sera apparu au bureau de l'existence des enfans, par les certificats de mm. les curés ou desservans, ou, à leur défaut, des syndics & de deux principaux habitans.

XL. Les meneurs paieront exactement & fidélement aux personnes employées dans les bordereaux, les sommes qui s'y trouveront portées pour elles, à peine d'en répondre eux ou leurs cautions. Ils auront soin de décharger chaque article de leurs bordereaux, ainsi que les paiemens portés sur les bulles, en indiquant à qui ils auront payé; & un mois au plus tard après la confection des bordereaux, ils les certifieront au bas, en ces termes: « Je certifie avoir payé, pour les enfans dénommés au présent bordereau, ce qu'il y a de » marqué pour chacun d'eux ». Le quel certificat servira de titre contr'eux, en cas d'infidélité.

XLI. S'il se trouvoit sur lesdits bordereaux quelques articles non-réclamés, dans ce cas ils remettront le montant de ces articles ès-mains de la sœur supérieure de la maison de la Couche, qui les en déchargera, & qui après en avoir fait recette & en avoir rendu compte au bureau, paiera les personnes qui en feront la réclamation, après toutefois que par l'examen fait sur les registres de l'Hôpital, il paroîtra constant que les sommes qu'elles réclameront leur sont légitimement dues.

XLII. Les meneurs ne pourront payer les nourrices en bled, orge ou autres denrées & marchandises, de quelque nature qu'elles soient, à peine de révocation; excepté quand il s'agira d'habillement de la premiere communion des enfans placés à la pension, lequel ils pourront fournir ou faire fournir, si les personnes chargées de ces enfans négligeoient de le faire, à condition toute fois qu'ils tireront un mémoire exact & fidele des marchandises qu'ils auront fournies ou fait fournir pour cet objet; lequel mémoire ils feront certifier véritable par le marchand & par m. le curé de la paroisse.

XLIII. Ils remettront exactement aux nourrices les robes & linges qui leur seront délivrés pour les enfans, & ils en certifieront la remise sur les bulles, de la même maniere qu'il est dit article XL, par rapport aux paiemens. Pareillement dès qu'ils auront eu avis du décès des enfans, ils retireront des mains des nourrices qui n'auroient pas été ponctuelles à se conformer à l'article XX, les hardes & linges desdits enfans, leurs extraits-mortuaires, les bulles imprimées & les billets en parchemin; & rapporteront le tout à leur premier voyage à Paris, à peine d'être pourſuivis pour la reſtitution deſdites hardes & linges.

XLIV. Ils continueront de retenir ſur le premier mois 40 ſols pour le port de chaque enfant qu'ils conduiront avec les nourrices qui ſeront venues s'en charger à Paris. A l'égard des enfans qui leur ſeront confiés pour les nourrices qui n'auront pu venir elles-mêmes, ils retiendront les ſept livres du premier mois, pour les indemniſer des frais de leur voyage tant en venant qu'en s'en retournant.

XLV. Ils continueront pareillement de jouir du droit de ſol pour livre, ſur les mois de nourriture, lequel ils retiendront par leurs mains, en payant les nourrices, ou qui ſera retenu pour eux, quand les nourrices recevront elles-mêmes au bureau, les mois qui leur ſeront dûs.

XLVI. Ils ſe feront auſſi payer par les nourrices, le port des robes qu'ils leur remettront à raiſon de cinq ſols pour chacune, comme auſſi trois livres pour les frais de retour des enfans qu'ils rameneront à Paris, en ſe chargeant toute fois de la nourriture des enfans.

XLVII. Le bureau deſirant de plus en plus l'exécution du réglement du 7 Janvier 1761, & pour engager les meneurs à chercher des occaſions de placer des enfans dans les campagnes, leur a accordé le ſol pour livre de la penſion des enfans placés dans leurs départemens reſpectifs, lequel leur ſera payé par l'Hôpital en ſus de ladite penſion. Et dans le cas où un meneur trouvant peu d'occaſions de placer des enfans, en céderoit à un meneur voiſin qui auroit plus d'occaſions que lui, les trois livres mentionnées en l'article précédent lui ſeront toujours attribuées, comme s'il eût ramené l'enfant à l'Hôpital.

XLVIII. Ne pourront les meneurs prendre ni exiger des nourrices autres droits que ceux qui leur ſont attribués par le préſent réglement, notamment des nourrices à qui ils donneront des enfans par changement, ſous prétexte de leur droit ſur le premier mois, non plus que des perſonnes à qui ils confieront proviſoirement des enfans à la penſion; à peine de révocation de leur commiſſion, & d'être pourſuivis pour la reſtitution de ce qu'ils auront pris & reçu au-delà.

LES VISITES.

XLIX. Il ſera fait tous les ans par les ſœurs de la charité ou autres perſonnes commiſes par le bureau d'adminiſtration, des tournées dans les villes, bourgs, villages & hameaux où il y a des enfans de cet Hôpital, pour y viſiter les enfans, inſpecter les nourrices & vérifier l'exercice des meneurs; à cet effet, il ſera dreſſé chaque année des rôles ou états diſtribués par paroiſſes, des enfans exiſtans, tant en nourrice & en ſevrage, qu'à la penſion, dans les provinces où le bureau ſe propoſera de faire faire les tournées. Deſquels rôles ou états, chaque page ſera partagée en cinq colonnes, dont la premiere indiquera les pages du regiſtre des envois dont eſt parlé article XXXVII; la ſeconde, les noms des nourrices & de leurs maris; la troiſieme, les noms des enfans, leur âge, le dernier paiement fait, & la derniere robe délivrée; la quatrieme, les numéros ſous leſquels les enfans ſont enregiſtrés à l'Hôpital, avec le quantieme du regiſtre; & la cinquieme, ſera deſtinée aux obſervations à faire lors de la viſite. Il ſera auſſi expédié tous les ans aux perſonnes choiſies & nommées par le bureau, une commiſſion des adminiſtrateurs dudit Hôpital, en vertu de laquelle elles ſeront autoriſées à faire ces viſites.

L. Les ſœurs chargées de l'inſpection ci-deſſus, ſe feront accompagner par les meneur, dans tous les lieux où il y aura des enfans de l'Hôpital; & en arrivant dans une paroiſſe, elles ſe tranſporteront d'abord chez m. le curé ou deſſervant, afin de recevoir ſes avis ou les plaintes qu'il auroit à faire concernant les nourrices & le meneur, dont elles tiendront note. Elles profiteront de cette occasion pour prier mm. les curés, de la part de l'administration, de vouloir bien étendre leurs soins charitables sur les Enfans-Trouvés, qui étans abandonnés par leurs auteurs, n'en sont que plus dignes de la protection de l'état & de l'assistance de tous ses sujets. Elles iront chez les nourrices & autres personnes chargées d'Enfans-Trouvés, & se feront représenter les Enfans, pour s'assurer s'ils sont en bon état, si les nourrices & les particuliers qui en sont chargés, s'acquittent des devoirs qui leurs sont prescrits par le présent réglement & par les actes d'engagement qu'ils ont contracté avec l'Hôpital, dont elles feront note, tant sur les rôles mentionnés en l'article XLIX, que sur les bulles imprimées, qui sont entre les mains des nourrices. Elles pourront appeller des chirurgiens pour examiner, traiter & médicamenter les enfans qui paroîtront en avoir besoin. Elles recevront aussi les plaintes que les nourrices ou autres personnes porteront contre les meneurs, & réciproquement les plaintes de ceux-ci contre les nourrices & les particuliers, dont elles tiendront pareillement note. Elles pourront retirer les enfans qu'elles croiront devoir être changés de nourrices, les exhortant de prendre sur ce l'avis de mm. les curés. Elles pourront aussi, d'après l'avis de mm. les curés, changer provisoirement les enfans à la pension qu'elles trouveront mal placés, soit à cause de la négligence, soit à cause de la grande pauvreté de ceux qui en auront été chargés; & dans ce cas elles auront soin d'exiger des personnes chez qui elles les placeront, des certificats de bonne vie, mœurs & facultés, pour sur iceux, ensemble sur les observations desdites sœurs, être statué définitivement par le bureau; & dans le cas de changement comme dans celui du décès des enfans, elles retireront les hardes des enfans, soit pour les remettre aux nouvelles nourrices, soit pour les renvoyer à l'Hôpital. Que si pour retirer les enfans ou les hardes, elles éprouvoient de la résistance de la part desdites nourrices; dans ce cas elles pourroient requérir main-forte, s'il en étoit besoin, aux frais desdites nourrices ou de leurs maris.

LI. Pendant tout le tems que durera l'inspection d'un meneur, il sera défrayé entiérement, tant pour sa nourriture que pour la nourriture & le louage des chevaux qu'il fournira; en conséquence les frais d'inspection seront alloués en dépense à la sœur supérieure de la maison de la Couche, sur le mémoire qui lui en aura été fourni par les sœurs qui auront fait les tournées, après avoir été par elle certifié véritable.

LII. L'inspection d'un meneur achevée, les sœurs renverront au bureau les rôles mentionnés en l'article XLIX, émargés de leurs observations, indépendamment des avis qu'elles auront reçu & des observations générales qu'elles auront été à portée de faire, tant par rapport à la conservation & au bien-être des enfans, que par rapport au bon ordre.

LIII. La sœur supérieure communiquera au bureau, les avis qui lui seront mandés par les sœurs qui seront en tournée, comme aussi les lettres qui lui seront adressées en tout tems, soit par mm. les curés, soit par toute autre personne, concernant l'administration de cet Hôpital, pour être par le bureau statué ce que de raison.

LIV. Il sera envoyé un exemplaire du présent réglement, à chacun de mm. les curés ou desservans des paroisses où il y a des Enfans-Trouvés : l'administration les priant de vouloir bien en faire lecture au prône de leur paroisse, au moins deux fois l'année. Il en sera pareillement remis un exemplaire à chacun des meneurs, qui seront tenus de le communiquer à toutes les personnes qui sont & seront chargées d'Enfans-Trouvés, à l'effet de s'y conformer, chacun en ce qui le concerne.

Modele du certificat d'allaitement.

(1) Curé, Desservant ou Syndic.

JE soussigné (1) de la paroisse de Diocèse d Election de Gabelle d Poste de Certifie que la nommée femme de est de la paroisse de qu'elle & son mari sont de la religion Catholique, Apostolique & Romaine, & de bonnes mœurs; qu'elle est en état d'allaiter l'enfant qu'on voudra bien lui confier au bureau des Enfans-Trouvés; que l'âge de son lait est de mois; qu'elle (2) en foi de quoi j'ai signé, à ce 17

(2) N'a point de nourrisson, ou que l'âge du dernier nourrisson de l'Hôpital, qu'elle a chez elle, est de mois, & qu'il est en état d'être sevré.

EXTRAIT

*Du registre des délibérations du bureau de l'*Hôpital des Enfans-Trouvés, *tenu dans la maison de la Couche, le mardi 2 Mai 1775.*

M. JOSSON a dit que le sujet pour lequel le bureau a été convoqué par extraordinaire à cejourd'hui, étoit la disette où se trouve l'Hôpital d'un nombre suffisant de nourrices, pour prendre & élever les enfans que l'on reçoit chaque jour, & que l'on garde dans la maison jusqu'à l'arrivée des nourrices de la campagne; & la perte que l'Hôpital fait chaque année dans la maison, du tiers des enfans reçus, dont cette disette de nourrices est la principal cause.

Qu'un sujet aussi important mérite toute l'attention du bureau, & exige de prendre les moyens propres pour remédier à ces tristes inconvéniens.

Que la disette des nourrices est aujourd'hui la même que celle que l'Hôpital a éprouvé en 1764, & qui s'est renouvellée en l'année 1768, depuis lequel tems la mortalité des enfans dans la maison, augmente d'année en année.

Qu'en l'année 1764 & suivantes, jusques & compris 1772, il a été apporté audit Hôpital 56800 enfans. Que dans ce nombre 16200 ont été amenés des villes & provinces éloignées; de tout âge, & de l'un & l'autre sexe, ce qui fait près du tiers du nombre reçu dans le cours de ces neuf années.

Qu'en la même année 1772, le bureau ayant reconnu que l'envoi des enfans à Paris, des villes & provinces, étoit un abus & même un désordre auquel il étoit indispensable de remédier incessamment, attendu la surcharge qu'il causoit à l'Hôpital, & l'augmentation qu'il faisoit aux dépenses annuelles d'icelui; & encore au défaut d'emplacement pour les contenir. Sur l'exposé qui en fut fait par m. d'Outremont & lui, au bureau tenu à l'archevêché le 14 Décembre de la même année, il fut arrêté, par délibération du même jour, qu'il seroit incessamment écrit à mm. les secrétaires d'état, & à m. le contrôleur-général, pour les inviter à donner des ordres, chacun dans les généralités de leurs départemens, pour faire cesser ces désordres; ce qui avoit été fait, mais n'avoit eu d'effet qu'en l'année 1773 seulement, dans le courant de laquelle il n'avoit été reçu que 5989 enfans, dont 1348 des provinces, au lieu qu'en l'année précédente on en avoit reçu 7676, dont 2799 amenés des provinces.

Qu'en l'année 1774, sur les 6332 enfans qui ont été reçus, il en a été amené 1940 des villes & provinces, & le plus grand nombre envoyé par les hôpitaux & maisons où ils devoient être élevés.

Que sur les 2431 enfans qui ont été reçus depuis le premier Janvier de la présente année 1775, jusqu'au premier Mai suivant, il en est mort 853 dans la maison.

Qu'en réunissant le nombre des enfans reçus pendant les années 1769 & suivantes, jusqués & compris l'année 1772, à celui reçu depuis le premier Janvier de la présente année 1775, jusqu'au premier Mai suivant, le nombre des enfans reçus est de . . . . . . 42750.

Le nombre des morts, dans la maison, pendant ces six ans quatre mois, est de . . 13481; ce qui fait près du tiers pour chaque année.

Qu'en l'année 1764, vu le grand nombre des enfans morts dans la maison pendant les années précédentes, faute de nourrices, le bureau considérant que la premiere année de nourriture des enfans étoit la plus pénible & la plus embarrassante pour les nourrices, & qu'en augmentant le prix des mois de cette premiere année, ce moyen pourroit attirer les nourrices; lequel moyen a été proposé au bureau de l'Hôpital-Général, tenu à l'archevêché le 5 Septembre de la même année 1764, il fut arrêté qu'à commencer au premier Octobre suivant, les mois de la premiere année de nourriture des enfans seroient payés à raison de sept livres au lieu de six livres.

Que cette augmentation avoit en effet procuré un plus grand nombre de nourrices, mais que cela n'avoit duré que jusqu'en l'année 1765, duquel tems le nombre des nourrices s'est ralenti durant les années 1766 & 1767, & partie de l'année 1768, dans laquelle année 1768, il a été établi à Paris un bureau de direction pour les nourrices des enfans des bourgeois; auquel bureau les nourrices des campagnes ont été attirées par les avantages qui leur ont été annoncés lors de la publication faite dans les villes & villages des provinces, de l'établissement de ce bureau. Ensorte que depuis l'établissement de ce bureau, la disette des nourrices pour les Enfans-Trouvés, n'a fait qu'augmenter, & elle est telle aujourd'hui, que le meneur qui, avant cet établissement, amenoit au bureau des Enfans-Trouvés vingt à trente nourrices chaque voyage qu'il faisoit à Paris, n'en amene plus que sept à huit, d'autres quatre à cinq, & quelques-uns n'en amenent point.

Que chacun des meneurs, au nombre de vingt-deux qui exercent cette commission, assure qu'il n'en trouve point dans son canton qui veulent se charger des Enfans-Trouvés. Le plus grand nombre & les meilleures nourrices aiment mieux se louer pour les enfans des bourgeois, étant défrayées de tous droits & frais de port d'enfans & de paquets; au lieu qu'en se chargeant des Enfans-Trouvés, elles auroient à payer quarante sols aux meneurs pour le port de leurs enfans, & d'autres frais qui sont pris sur les mois de nourritures, dont le prix est au-dessous de celui des enfans bourgeois.

Qu'en l'année 1773, le bureau touché du grand nombre d'enfans morts dans la maison pendant les années 1769, jusqu'en l'année 1772, & pensant qu'en augmentant le prix des mois de nourriture des enfans pendant la seconde & la troisieme année, & les suivantes jusqu'à la sixieme & septieme que le tems du sevrage doit finir, cela pourroit attirer les nourrices & en procurer un plus grand nombre. Ce moyen ayant été proposé au bureau de l'Hôpital-Général, tenu à l'archevêché le 6 Mars de la même année 1773, il fut arrêté qu'à compter du premier du même mois de Mars, les mois de la seconde année de nourriture seroient payés à raison de six livres au lieu de cinq livres; ceux de la troisieme année & les suivantes jusqu'à la sixieme & la septieme, à raison de cinq livres, au lieu de quatre livres dix sols.

Que cette augmentation n'avoit point opéré tout l'effet que le bureau en attendoit, & que dans le cours de l'année 1774, & les quatre premiers mois de la présente année 1775, il n'est venu que trois mille quatre-vingt-onze nourrices prendre des enfans; savoir, deux mille deux cens soixante-onze en 1774, & huit cens vingt depuis le premier Janvier jusqu'au premier Mai suivant : ensorte que le manque de nourrices audit jour premier Mai 1775, est le même qu'en l'année 1764, & la mortalité des enfans, dans la maison, beaucoup plus considérable, attendu l'augmentation du nombre des enfans que l'on reçoit chaque année.

Que sur les avis ci-devant donnés au bureau, que la disette des nourrices provenoit aussi du refus que font mm. les curés de donner leur certificat aux nourrices pour prendre & se charger des Enfans-Trouvés, parce que dans le cas du décès des enfans, on ne leur payoit que vingt sols pour les frais d'inhumations, tandis que le bureau de la direction des nourrices des enfans de bourgeois, leur payoit cinq livres pour l'enterrement des enfans de bourgeois; le bureau ayant considéré le préjudice que le refus de mm. les curés pouvoit causer au bien & à la conservation des enfans, & estimant qu'en augmentant leur honoraire pour l'inhumation des enfans, ce pourroit être un moyen pour procurer à l'Hôpital un plus grand nombre de nourrices. Ce moyen ayant été proposé au bureau de l'Hôpital-Général, tenu à l'archevêché le 31 Janvier 1774, il fut arrêté qu'à compter du premier Avril de la même année 1774, l'honoraire de mm. les curés, pour les inhumations des Enfans-Trouvés, seroit payé sur le pied de trois livres, sur laquelle somme ils seroient chargés d'acquitter les menus frais des serviteurs de l'église.

Que les sœurs de la charité qui ont été commises par le bureau l'année derniere, pour faire la visite des enfans qui sont en nourrice & en sevrage dans une partie des provinces de Picardie & de Normandie, & de ceux placés à la pension dans lesdites provinces, après avoir rendu compte au bureau de l'état de santé des enfans, des soins des nourrices qui en sont chargées, de la conduite des meneurs dans les fonctions de leur commission, du peu d'ordre & d'exactitude qu'elles ont remarqué de la part du nommé Valeur, l'un d'eux, & de la visite particuliere qu'elles ont faites à mm. les curés, pour les prier de donner aux nourrices leurs certificats pour prendre & se charger des Enfans-Trouvés (ce que plusieurs leur ont promis de faire); elles ont représenté au bureau que ce qui pouvoit causer aujourd'hui la disette des nourrices que l'Hôpital éprouve, étoit les droits & frais que les nourrices sont obligées de payer aux meneurs pour le port des enfans & des paquets, & le sol pour livre sur l'argent que les meneurs leur portent; tous lesquels droits & frais sont pris sur les mois de nourriture des enfans: le prix desquels, quoiqu'augmenté, suffit à peine pour fournir à leur subsistance, & à celle des enfans qui leur sont confiés, eu égard à la misere qui regne dans les campagnes, & à la cherté des vivres sur les routes.

Que de tous les droits & frais que les nourrices paient aux meneurs, les quarante sols pour le port de leurs enfans, lors de leur retour à Paris en leur demeure, est celui contre lequel elles reclament & demandent d'être déchargées, observant que les quarante sols sont pris sur les huit livres qu'on leur donne pour le premier mois de nourriture de l'enfant qui leur est confié; ensorte que les six livres qui leur restent ne les dédommagent aucunement des frais de leur voyage de chez elles à Paris, & de leur retour de Paris en leur demeure.

Qu'il est deux tems dans l'année où il est difficile de trouver des nourrices qui veulent se louer pour les Enfans-Trouvés : ces tems sont la moisson & la saison d'hiver, & elles ne peuvent être attirées qu'en leur accordant une récompense qui les dédommage du dérangement de leur ménage dans le tems de la moisson, & de leurs peines dans la saison de l'hiver.

Qu'en déchargeant les nourrices des quarante sols qu'elles paient pour le port des enfans, & accordant pareils quarante sols à toutes celles qui viendroient prendre des enfans dans le tems de la moisson, qui est ordinairement Juillet & Août, & pendant les mois de Décembre, Janvier & Février, lesdites sœurs assurent le bureau que cette récompense procurera à l'Hôpital un grand nombre de nourrices, & qu'il n'en manquera point dans toutes les saisons de l'année.

M. Josson a ajouté, que par le calcul qu'il a fait de la dépense que cette récompense occasionneroit chaque année si elle étoit accordée aux nourrices relativement au nombre des enfans que l'on donne aux nourrices qui viennent elles-mêmes les prendre à l'Hôpital, elle formeroit un objet de douze à quinze mille livres par année.

Que d'après le récit qu'il vient de faire, tant du compte rendu par les sœurs de la charité, de la visite par elles faite des enfans; l'année derniere, & de leurs observations, que de la situation actuelle de l'Hôpital, par rapport à la disette des nourrices, & aux funestes effets qui en résultent, le bureau étoit en état de délibérer sur les moyens proposés pour attirer les nourrices, & éviter la mort des enfans, la perte desquels répugne à l'humanité & à la religion.

La matiere mise en délibération, le bureau considérant le grand nombre d'enfans que l'on reçoit chaque année, le préjudice notable que la disette de nourrices cause à leur salut & à leur conservation, & la perte que l'Hôpital fait chaque année dans la maison, de près du tiers de ces enfans, faute de nourrices, A ARRÊTÉ,

1°. Qu'à commencer du premier de ce mois, les nourrices qui seront amenées par les meneurs, seront & demeureront déchargées du paiement des quarante sols accordés aux meneurs par le réglement du 2 Mai 1713, & renouvellé par ceux des 24 Septembre 1765, article 14, & 28 Mars 1774, article 44, lesquels quarante sols seront payés aux meneurs par l'Hôpital.

2°. Que pendant les mois de Juillet & Août de chaque année, tems ordinaire de la moisson, & pendant les mois de Décembre, Janvier & Février de chaque année, tems de la saison d'hiver, il sera payé par l'Hôpital quarante sols à chacune des nourrices qui viendra à Paris, à laquelle il sera donné à nourrir & élever un enfant dudit Hôpital, & ce en sus des huit livres du premier mois de nourriture de l'enfant, & qu'elle sera pareillement déchargée du paiement des quarante sols pour le port de l'enfant qui lui sera donné; & ce à commencer du premier Juillet de la présente année, pour le tems de la moisson, & du premier Décembre aussi de la présente année, pour la saison de l'hiver.

3°. Et que mention de la présente délibération, en ce qui regarde la décharge des quarante sols aux meneurs sur les mois de nourrices, & l'augmentation des quarante sols aux nourrices qui viendront dans les mois d'été & d'hiver, y mentionnées, sera ajoutée dans le corps des bulles des nourrices.

Délivré par moi, greffier du bureau, soussigné. DUCHESNE.

RÉGLEMENT

CONCERNANT les meneurs & leurs cautions, arrêté au bureau de l'Hôpital des Enfans-Trouvés.

Du 10 Avril 1776.

ARTICLE PREMIER.

A l'avenir il ne sera nommé aucun meneur de nourrices pour les Enfans-Trouvés, qu'au préalable ils n'aient fait, conjointement & solidairement avec leurs femmes, s'ils sont mariés, leur soumission & obligation devant notaires à Paris, conformément à l'article 30 du réglement du 28 Mars 1774; lesdits meneurs seront tenus de déclarer, par le même acte, leurs biens & ceux de leurs femmes, ainsi que les hypotheques dont ils pourroient être grevés.

II. Chacun des meneurs sera pareillement tenu de fournir, avant que d'entrer en l'exercice de la commission, bonne & suffisante caution, qui se soumettra exactement aux clauses & conditions qui vont être imposées par le présent réglement; & si la caution se trouve mariée, lors du cautionnement, elle sera tenue de faire intervenir sa femme, qui se soumettra aux mêmes obligations.

III. Les cautionnemens qui seront présentés par lesdits meneurs, ne pourront être au-dessous de la somme de trois mille livres pour ceux des meneurs dont le maniement en argent n'excéderoit pas la somme de douze mille livres annuellement; & pour les meneurs dont le maniement annuel en argent seroit plus considérable, le bureau se réserve d'en fixer le montant, de maniere toutefois que le cautionnement ne soit jamais au-dessous du quart de ce qui seroit confié au meneur, soit en argent, soit en effets.

IV. Dans le cas où le bureau jugeroit insuffisantes ou douteuses quelques-unes des cautions qui ont été ou seront fournies par la suite, soit parce que le maniement des meneurs qu'elles auroient cautionné augmenteroit, soit parce que l'objet fourni pour répondre diminueroit de valeur, soit parce que les affaires de ces cautions se dérangeroient, soit enfin pour quelque autre motif que ce puisse être, dont le bureau ne sera jamais tenu de rendre aucun compte; en ce cas, les meneurs seront tenus, à la premiere requisition qui leur en sera faite de la part du bureau, de fournir de nouvelles cautions dans l'espace de six mois, en se conformant exactement au présent réglement.

V. Dans le cas où quelques-unes des cautions fournies par les meneurs, ou les héritiers desdites cautions, viendroient à se désister de leur cautionnement, lequel désistement ne pourroit avoir d'effet qu'au bout de six mois, à compter du jour de la signification qui en sera faite au bureau de la Pitié, chef-lieu de l'Hôpital-Général; les meneurs seront tenus d'en présenter de nouvelles dans le même délai de six mois, à peine de destitution de leur commission; comme aussi lesdits meneurs seront tenus, sous la même peine, dans tous les cas de décès des cautions, d'en informer le bureau, au plus tard dans le délai d'un mois.

VI. Les cautions qui seront présentées par les meneurs, seront tenues de s'obliger solidairement avec les meneurs & leurs femmes, aux mêmes charges, clauses & conditions qu'eux, pour raison de leurs maniemens, jusqu'à concurrence de la somme qui sera fixée pour leur cautionnement, pour sûreté duquel elles seront tenues de présenter des immeubles de valeur suffisante, qu'elles affecteront spécialement, & qu'elles déclareront francs & quittes de toutes dettes, ou n'être point hypothéqués de façon à empêcher le bureau de pouvoir exercer sur iceux tous recours; pourquoi les cautions seront obligées d'énoncer les dettes hypothécaires dont elles pourroient être tenues, au moment de leur cautionnement.

VII.

VII. Les meneurs & les cautions dont les épouses seroient mineures, lors de leurs actes de soumission & de cautionnement, seront tenus de se soumettre à leur faire contracter les mêmes obligations qu'eux, dans les trois mois de leur majorité; & à cet effet, le tems de leur majorité sera annoncé par lesdits actes de soumission & de cautionnement.

VIII. Encore que par l'article 2 & les suivans, les meneurs en général aient été soumis à fournir une caution; néanmoins le bureau se réserve la liberté de les en dispenser en tout ou en partie, dans le cas où ils justifieroient de biens personnels, francs & quittes, & suffisans pour répondre de leur maniement

IX. Attendu que quelques-uns des meneurs actuels & les femmes d'aucuns d'eux n'ont pas remis de soumission, lesdits meneurs & leurs femmes seront tenus de fournir leurs actes de soumission & obligation solidaire, dans la forme ci-devant indiquée, se réservant le bureau d'exiger une caution de ceux des meneurs qui n'en ont pas présenté, s'il ne juge à propos de les en dispenser, d'après la connoissance qu'il aura de leur fortune & entiere solvabilité.

X. Chaque meneur continuera de compter au bureau en la forme prescrite par l'article 40 du réglement du 28 Mars 1774; & sera tenu en outre de certifier l'acquittement des bordereaux qui seront dressés sur le journal où sont portés lesdits bordereaux, & à la suite d'iceux. Au surplus, il se conformera audit réglement en tout ce qui n'y est point dérogé par la présente délibération.

HOPITAL DU SAINT-ESPRIT.

DÉCLARATION DU ROI,

PORTANT union de l'administration des biens de l'Hôpital du Saint-Esprit, *à celle de* l'Hôpital-Général *de Paris.*

Du 23 Mars 1680.

Registrée en Parlement le douze Avril 1680.

LOUIS, par la grace de Dieu, roi de France & de Navarre: A tous ceux qui ces présentes verront; SALUT. L'Hôpital du Saint-Esprit ayant été établi dans notre bonne ville de Paris, par la piété de plusieurs personnes qui ont donné, dans la suite des tems, des biens considérables pour y nourrir & faire instruire, en la religion catholique, apostolique & romaine, & en différens métiers, des enfans orphelins de l'un & l'autre sexe, originaires de cette ville; les administrateurs qui ont eu l'administration, y en ont entretenu jusqu'à cette heure plus de deux cens, & leur bonne conduite en a fait considérablement augmenter les revenus; mais comme il se trouve un plus grand nombre d'enfans de cette qualité dans l'Hôpital-Général de notre bonne ville de Paris, dont ceux qui sont présentement dans ledit Hôpital du Saint-Esprit, n'augmenteroient pas beaucoup la dépense, y ayant toutes les personnes nécessaires pour en avoir soin, & les instruire aux différens métiers, dont on les jugeroit capables, & qu'ainsi on en pourroit recevoir un beaucoup plus grand nombre, que l'on ne l'a pu faire jusqu'à présent dans l'Hôpital du Saint-Esprit. Considérant d'ailleurs qu'il est plus utile au public qu'il n'y ait pas tant de différentes maisons destinées pour les mêmes objets, & qu'il sera plus avantageux pour l'exécution des fondations, & la conservation des biens donnés à cette maison, que son administration qui n'a été faite jusqu'à cette heure que par trois personnes, soit jointe à celle de l'Hôpital-Général, dont notre très-cher & bien amé cousin l'archevêque de Paris, & notre amé & féal conseiller en notre conseil d'état & premier président en notre cour de Parlement, ont la principale direction avec autres principaux magistrats & personnes de piété & capacité singuliere, y joignant encore les trois directeurs dudit Hôpital du Saint-Esprit, de la conduite & administration desquels nous demeurons entiérement satisfaits, & particuliérement de celle de notre amé & féal conseiller en notre cour de Parlement de Paris le sieur Méliand. A CES CAUSES, & après avoir fait mettre cette affaire en délibération en notre conseil, de l'avis d'icelui, & de notre certaine science, pleine puissance, & autorité royale, nous avons joint & uni, joignons & unissons par ces présentes, signées de de notre main, l'administration & gouvernement des biens de l'Hôpital du Saint-Esprit, à celle de l'Hôpital-Général de notre bonne ville de Paris; voulons qu'ils les puissent gouverner, & disposer du fonds, & des revenus d'iceux, & en la même maniere qu'il leur est permis de ceux dudit Hôpital-Général; à la charge qu'ils feront acquiter toutes les fondations des services, & autres qui pourroient avoir été faites, en la même maniere qu'elles l'ont été jusqu'à cette heure, & qu'il sera réglé, si besoin est, par notredit très-cher & bien amé cousin l'archevêque de Paris, & d'entretenir toujours & faire instruire dans ledit Hôpital-Général, au moins quatre cens orphelins de pere & de mere de cette ville de Paris, lesquels porteront un bonnet rouge, pour marque qu'ils y sont nourris des revenus dudit Hôpital du Saint-Esprit. Voulons en outre que notre amé & féal le sieur Méliand, conseiller en notre cour de Parlement de Paris, m. Langlois, greffier en l'hôtel de notre ville de Paris, & Jacques Rillart, administrateurs dudit Hôpital du Saint-Esprit, soient incorporés dans la direction dudit Hôpital-Général, pour y remplir trois des places qui y sont présentement vacantes, & y aient rang & séance du jour qu'ils ont été reçus administrateurs dudit Hôpital du Saint-Esprit: SI DONNONS EN MANDEMENT à nos amés & féaux conseillers les gens tenans notre cour de Parlement de Paris, que ces présentes ils aient à faire lire, publier & registrer, & le contenu en icelles garder & observer de point en point, selon leur forme & teneur, sans y contrevenir, ni permettre qu'il y soit contrevenu, en aucune sorte ni maniere que ce soit, nonobstant tous édits, déclarations, arrêts & réglemens à ce contraires, auxquels, & aux dérogatoires des dérogatoires y contenus, nous avons dérogé & dérogeons par ces présentes. CAR tel est notre plaisir.

LETTRES-PATENTES,

CONFIRMATIVES d'une ordonnance de l'évêque de Paris, portant approbation d'une confrairie pour secourir les pauvres enfans de la capitale.

Du mois de Mars 1362.

CAROLUS PRIMOGENITUS, & locum tenens Regis Francorum, Dux Normaniæ & Delphinus Viennensis, notum facimus Universis præsentibus & futuris, nos vidisse quasdam litteras sigillo reverendi patris Episcopi Parisiensis dicti domini nostri consiliarii ac nostri sigillatas sanas & integras, ut primâ facie apparebat, tenorem qui sequitur, continentes. Universis Christi fidelibus præsentes litteras inspecturis. Joannes, Dei gratiâ, Parisiensis episcopus, SALUTEM in Filio Virginis gloriosæ. Quoniam, ut ait Apostolus, omnes stabimus antè tribunal Christi recepturi, prout in corpore gesserimus, sive bonum fuerit, sive malum, oportet diem illum missionis extremæ, dùm in carne vivimus, nos in misericordiæ actibus prevenire, & ita copiose seminare in terris, quod fructum centesimum tandem recolligere valeamus in cœlis, in hocque firmæ! spei anchoram jacentes quod, justa Apostolum, qui parcè seminat, parcè & metet, & qui seminat in benedictionibus, de benedictionibus & metet vitam æternam. Cum igitur, prout est nobis à fide dignis personis intimatum, per vicos & plateas urbis Parisiensis innumerabilium pauperum calamitas, ab anno quam maxime Christi sexagesimo, tantum invaluerit, quod utriusque sexûs parvuli ac juvenes orphani & alii, puellæ, mulieres cujuslibet ætatis, hospitio carentes, in plateâ communi nec sub tecto morabantur: Ex hoc sunt consecuti, ut intelleximus, casus nedum mirabiles, immò etiam miserabiles, quos non sine gemitu pii cordis auribus attentis referimus: Nam passim juventulæ mulieres, aliæ raptæ per garciones & virlatæ, exinde lupanaris maculantur infamiâ: præterea tempore hiemali frigoris, plurimi reperti sunt puelli & puellæ, hi frigore extincti, hi adhuc palpitantes, à mortuis juxta se quærentes auxilium & non invenientes, simul moriebantur. Multi vero puelli, si mortis tam horrendæ evaserunt gladium, in petigine tantum seu scabie capitum putrescentes, ut abominabiles à cunctis hominibus repulsam patiuntur; quibus infortuniis seu calamitatibus tam lamentabilibus in dicta civitate ante de remedio non fuerat provisum; Nam & si Domus Dei recipiat infirmos, & in hospitalibus aliis viri sani vagabundi per noctem, attamen communiter & antea non fuerant mulieres, puellæ, pueri seu orphani recepti hospitio, seu de necessitatibus erepti prælibatis, cum tamen magis pium sit & necessarium mulieres quam viros, parvulos quam grandævos, quam alios, sub tecto pernoctare & eis subvenire. Has ergo tam graves penurias pauperum atque calamitates quam plurimæ personæ fideles & devotæ oculo pii cordis intuentes, inceperunt ab anno quo supra & deinceps, predictis impendere pueris & orphanis remedium salutis corporalis proposse; & primo in domibus suis recolligentes quotquot quisque poterat, in ipsis pietatis opera exercebant: tandem in unâ domo pro eis comparatâ, grandem multitudinem, quando quoque quingintos, quadringentos, trecentos recipere curârunt, & cum sumptibus suis eos pane reficere, igne calefacere & capita curare; matres cum decesserunt, sepelire, parvulos enutrire; & postquàm sanati aut nutriti, alieni servitio, seu artificio mancipare; ùndè plusquàm ducenti, prout intelleximus, jam sunt in uno anno prædicti assignati, qui per hoc tam mortis pœnæ quam etiam furti seu stupri culpæ evadunt pericula: verum quia actores tam bonorum operum non valent ampliùs pro eis continuendis expensâs ministrare, ne tam pia opera, tamque meritoria atque necessaria penitùs deficiant, prudentium virorum & discretorum tam religiosorum magistrorum in Theologiâ, quamque secularium utentes consilio, fuit deliberatum inter eos quod sine gravamine alicujus personæ per unam confratriam posset pro perpetuò prædictis pauperibus immò & quam pluribus aliis provideri, cujus confratriæ, ut ab his accepimus qui fieri procurant illam, modus vel usus hic erit. Primò propter salutem animarum quærendam quod nullus qui aliquo excommunicationis vinculo est obligatus, confrater admittatur: & quod si postquàm fuerit admissus, accidat eum hâc sententiâ innodari, nisi infrà spatium decem dierum ad plus se absolvi procuret, à dictâ confratriâ penitùs expellatur per hujus confratriæ magistros & rectores. Solvet autem quilibet pro suo introitu duos solidos Parisienses, & sic anno quolibet, quo data pecunia tota in operibus pietatis prædictis collecta convertetur. Si autem contingerit, his expletis, habere aliquid residui, cuilibet debili de novâ domo Dei Parisiensi exeunti, quantùm facultas erit, panis cum potagio & duo denarii tribuentur, ut per hoc convalescat, & ne propter relapsum ipsius in langorem, eadem domus Dei iterùm oneretur. Item ipsis expletis, ubi de pecuniâ aliquid supererit, personis verecundis, honestis pauperibus villæ manageriis illa distribuetur. Pro hujusmodi ergo confratriâ creandâ per viros venerabiles & difcretores tam religiofos, quam feculares, ut puta, fratrem Amandum de ordine Minorum, Jacobum de Avenciaco ordinis heremitarum, Guillemmum Bouguini ordinis Prædicatorum in Theologiâ, magiftros, Læurentium Gadet, Petrum Devillanolio, Petrum Marefcalli Campforem, Guillemmum Bafin, Burgen Parifienfes, & alios quam plures, nobis tam humiliter, quam etiam devote extitit fupplicatum, quantenùs ipfi poffint auctoritate noftrâ & licentiâ prædictam confratriam fundare & creare duntaxat inter ipfos, feculares & cives. Nos qui cunctis pauperibus femper compatimur, præhabitâ maturâ deliberatione cum pluribus peritis, præfatæ fupplicationi tam piæ tamque juftæ & rationi confonæ dictorum fupplicantium mifericorditer & favorabiliter annuere volentes, prædictis fupplicantibus conceffimus, & tenore præfentium concedimus de gratiâ fpeciali, quod ipfi dictam confratriam fundare poffint & valeant auctoritate noftrâ in urbe Parifienfi modo & formâ, quibus eft in aliis pluribus confratriis fieri confuetum, & fub modis omnibus feu conditionibus fupradictis & aliis addendis, ficut nobis & ipfis fupplicantibus meliùs videbitur ad pauperum omnium expedire juvamen, noftro & cujuflibet duntaxat prælati feu Domini jure falvo; & ad hoc ut fideles fortiùs annuant ad tantas inopias pauperum fublevandas & iftam *confratriam* fuftinendam, nos de mifericordiâ Dei atque Beatæ Virginis & Sanctorum omnium confidentes, omnibus & fingulis confratribus, fororibus & benefactoribus prædictæ confratriæ, verè pœnitentibus & confeffis, auctoritate noftrâ quadraginta dies de injunctis omnibus fibi pœnitentiis mifericorditer in Domino relaxamus. In cujus rei teftimonium, figillum noftrum litteris præfentibus duximus apponendum. Datum Parifiis, in domo noftrâ epifcopali decimâ-feptimâ die menfis Februarii, anno Domini millefimo trecentefimo fexagefimo-fecundo. *Quibus litteris per nos vifis* & contentis in ipfis diligenter attentis ac dependentibus ex eifdem, nobis plenius expofitis, nos opus hujufmodi pium & laudabile reputantes, & ipfum augmentare & fovere ex intimo cordis cupientes & volentes, dictam confratriam & omnia & fingula fuprà fcripta laudamus & ratificamus, ac de fpeciali gratiâ, certâ fcientiâ noftrâ, & auctoritate regiâ quâ fungimur, in quantum & prout meliùs poffumus, confirmamus, confratribus ipfius confratriæ præfentibus & futuris ex ampliori gratiâ tenore præfentium concedentes, ut ipfi magiftros pro dictâ confratriâ gubernandâ ac operibus hofpitalis faciendis, procuratorefque unum vel plures pro caufis & negotiis eorumdem profequendis & defendendis, eligere & ordinare nec-non plures ipforum confratrum ad audiendum compotes & rationem de omnibus receptis & miffis dictorum confratriæ & hofpitalis, & univerfaliter pro omnibus ad ipfos pertinentibus tractandis & ordinandis convocare & fimul convenire tot & tales. toties & quoties opus fuerit eis videbitur expedire, valeant pro utilitate evidenti ipforum confratriæ & hofpitalis : fuper quibus & fingulis præmiffis faciendis, dictis confratribus modernis & futuris plenariam concedimus poteftatem, mandantes præpofito Parifienfi, cæterifque jufticiariis & officiariis modernis & futuris ac eorum loca tenentibus, fervientibufque ac fubditis dicti regni & noftris, ac quofvis alios rogantes quatenùs confratres, fervitores & univerfa & fingula negotia dictorum confratriæ & hofpitalis fuftineant, foveant & amicabiliter tractent, & iifdem confratribus & fervitoribus in omnibus fuis agendis ratione dictorum confratriæ & hofpitalis confilium, auxilium & favorem miniftrent quoties opus fuerit & fuerint requifiti. Quod ut firmum & ftabile permaneat perpetuo, figillum noftrum præfentibus duximus apponendum, falvo in aliis jure dicti Domini noftri & noftro, & in omnibus quolibet alieno. Datum Parifiis, anno Domini millefimo trecentefimo fexagefimo-fecundo menfe Martii. *Signé fur le repli :* Per Dominum Ducem ex deliberatione confilii. *Signé*, MARNEIL. *Et au-deffous :* Collatio facta eft cum originali. *Scellé fur lacs de foie verte & jaune, en cire verte.*

ACQUISITION DE LA MAISON DU SAINT-ESPRIT,

PAR contrat passé devant Desrame & Pierre de Saint-Omer, *notaires à Paris.*

Du 27 Juin 1363.

APPERT noble & puissant prince monseigneur Bernard, comte de Vantadour & de Montpensier; & sage sire Dimanche de Châtillon, conseiller du roi, avoir acquis pour & au nom de la confrairie & Hôpital du Saint-Esprit nouvellement commencés, de Pierre de Douay, bourgeois de Paris, & autres.

Une grande maison ou hôtel à deux pignons devant & derriere, une grange & toutes ses appartenances & dépendances, situés à Paris dans la place de Greve, tenans d'une part au grand hôtel des grands piliers qui jadis fut au Dauphin de Vienne, dit aujourd'hui l'hôtel de la ville, &c.

LETTRES-PATENTES,

CONFIRMATIVES de la fondation de la confrairie du Saint-Esprit & de sa destination à ne recevoir que les enfans orphelins, procréés en légitime mariage.

Du 4 Août 1445.

CHARLES, par la grace de Dieu, roi de France; SAVOIR faisons à tous présens & avenir; nous avons reçu l'humble supplication des quatre confraires, maître gouverneurs de l'Hôpital du Saint-Esprit en Greve, en notre ville de Paris, contenant comme de long-tems, c'est à savoir de quatre-vingt-dix à cent ans & ou environ; plusieurs bons bourgeois & habitans de notre bonne ville de Paris, mus de grande aumône, charité & compassion, voyant & considérant les indigences & pauvretés, avenues souventes fois à plusieurs indigentes & très-pauvres créatures, comme femmes, filles, & aussi à pauvres enfans orphelins de peres & de meres procréés en & de loyal mariage, & non ayant aucuns parens ou amis qui les pussent ou eussent de quoi gouverner ni alimenter, dont plusieurs grands & pitieux inconvénients s'en ensuivoient; aviserent maniere d'avoir & trouver maison ou habitation, & lieu propre & convenable en notredite ville de Paris, pour principalement loger & héberger de nuit pauvres femmes pélerines, & autres filles passant leur chemin; & aussi par maniere d'augmentation d'icelle fondation, pour y recevoir lesdits pauvres orphelins, tels que dit est. Pour ce que alors en icelle notre ville n'avoit lieu pour lesdites pauvres femmes, tant pélerines que autres filles, lesquelles choses iceux, bons bourgeois & habitans de notredite ville, ayant pitié & compassion de ce que dit est, garnis d'envie & de charité, firent tant & pourchasserent, que au lieu nommé de présent hôtel & hôpital du Saint-Esprit en Grêve, qui, ainsi par la grace de Dieu fut appellé, seroit & fût dès-lors fait & levé lieu ou hôpital & habitation pour y recevoir & loger de nuit lesdites pauvres femmes & filles, lesdits pauvres enfans orphelins de peres & de meres nés & procréés en & de loyal mariage, & non ayant aucuns parens ou amis qui les pussent ou eussent de quoi les nourrir, comme dit est dessus, & depuis le commencement de ce que dit est, & tant par le moyen de ce, comme d'une confrairie, qui dès-lors fut constituée & établie, tant par l'autorité de notre Saint Pere le Pape & l'évêque de Paris, qui pour lors étoient, comme autrement, furent établis quatre bourgeois de notredite ville de Paris, confraires d'icelle confrairie, pour le gouvernement d'iceux hôpital & confrairie, desquels on change de deux ans en deux ans les deux anciens, & y en met les deux nouveaux, lesquels maîtres & gouverneurs, n'ont & n'eurent aucuns gages ni profits pour ce faire; mais tant seulement le font en l'honneur de Dieu & de sainte charité, & pour ce que ledit hôtel ou hôpital a été grandement & notablement gouverné ès œuvres & bienfaits des susdites. Aucunes dévotes personnes y ont fait plusieurs biens & œuvres charitables & méritoires, & tellement que l'on y a fait & encore font, chacun jour incessamment les sept œuvres de miséricorde, avec plusieurs biens spirituels, comme dire messe, services, prieres & oraisons, où nous & notre lignée sommes accompagnés & participans, entre lesquelles œuvres & y étoient & sont reçus lesdits pauvres orphelins de peres & de meres, tant fils que filles nés & procréés en loyal mariage, & non ayans aucuns parens & amis qui bien leur pussent faire, ainsi que devant est dit; lesquels pauvres enfans orphelins & orphelines sont audit Hôpital couches, levés, vêtus & chaussés, alimentés & gouvernés de toutes choses à eux nécessaires, introduits & appris à l'école, tant de l'art de musique que autrement, & après mis à aucun métier pour pouvoir & savoir gagner leur vie honnêtement au tems avenir, & encore quand lesdites filles orphelines sont en l'âge de marier, on les marie du mieux que l'on peut, selon leur état, aux dépens dudit Hôpital, où il y a toujours très-grande quantité tant d'enfans à nourrir, à l'école, & à métier, comme autrement, dont ledit Hôpital est moult chargé; & pour ce que ladite regle a été bien maintenue & gardée, & plusieurs bons valets & compagnons de métiers sont venus & ont envoyé & envoyent audit Hôpital pour demander les filles orphelines dudit lieu & à les avoir en mariage, pour ce qu'elles sont approuvées être nées & venues de loyal mariage par la regle toute notoire, qui, d'ancienneté a été gardée de recevoir audit Hôpital enfans approuvés être nés en loyal mariage, & non autres, comme dit est, & a été tout notoire d'ancienneté; & quant aux orphelins mâles, quant ils sont en l'âge d'avoir tonsure, on les mene pardevant l'évêque de Paris qui la leur baille, & les tonsure pour ladite cause, comme enfans approuvés être nés en loyal mariage, & combien que la fondation dudit lieu du Saint-Esprit fût, & eût été faite & fondée anciennement par la délibération de plusieurs notables docteurs en théologie, religieux, bourgeois & autres vaillantes personnes de conseil, confraires de ladite confrairie; sur ce faite, tant par l'autorité des dessusdites notre Saint Pere le Pape & l'évêque de Paris, comme dénué & de nos prédécesseurs rois de France, & que lesdits maîtres & gouverneurs en ayent joui & usé par moult longtems, & néanmoins puis certain tems ça il est avenu que l'on a voulu & veut contraindre iceux maîtres & gouverneurs dudit Hôpital du Saint-Esprit, à prendre & recevoir aucuns petits enfans étant en maillot & autrement, dont on a trouvé les aucuns parmi la ville de Paris, & les autres, on a apporté aux huis dudit lieu du Saint-Esprit, & s'efforcent aucunes & même notre procureur en notre châtelet de Paris, de les faire prendre & recevoir par lesdits maîtres & gouverneurs audit lieu du Saint-Esprit, tout ainsi que si lesdits enfans étoient approuvés être de bon & loyal mariage, en fuyant à l'ordonnance de ladite fondation, dont on ne sert rien, ne encore qui pis est, si lesdits enfans sont baptisés ou non, ayant été tout notoire que lesdits enfans sont illégitimes & bâtards, lesquels les peres & meres d'iceux font jetter ainsi interpositement & nuitamment, & exposer à val les rues; & à l'occasion de ce notredit procureur audit châtelet, s'efforce d'entretenir & mettre en procès lesdits maîtres & gouverneurs, & les a, ou son prédécesseur, au pourchas ou instigation d'aucuns particuliers, par maniere de provision & sans préjudice de leurs droits, voulu contraindre & contraint de par notre cour de Parlement, à laquelle ils avoient de ladite contrainte appellé, à recevoir aucuns Enfans-Trouvés & non approuvés tels que dit est, & ja soit ce que de tout ancienneté c'en ait accoutumé pour lesdits enfans ainsi trouvés & inconnus, quêter en l'église de Paris, en certain lit étant à l'entrée de ladite église par certaines personnes, qui des aumônes & charités qu'ils en reçoivent, ils les ont accoutumé, gouverner & nourrir, en criant publiquement aux passans, pardevant le lieu ou iceux enfans sont, ces mots, *faites bien à ces pauvres Enfans-Trouvés*, qui est signe & demontrance évident, que ledit Hôpital n'a ou doit avoir aucune charge de tels Enfans-Trouvés & autres que dit est dessus, & n'est tenu aucunement recevoir, & laquelle chose si ainsi faite & tolérée, étoit, seroit directement venu contre la volonté & intention des fondateurs dudit Hôpital, au grand grief & préjudice desdits pauvres orphelins & orphelines nés en loyal mariage, qui ils sont & doivent être reçus, pour ce que le lieu, ne les aumônes & revenus d'icelui ne pourroient pour la multitude qui y soit à ce suffire : mais seroit comme, dit est, une confusion qui en bref mettroit à ruine, pauvreté & toute adnihilation, ledit lieu & seroit totalement défrauder les fondateurs; & si seroit aussi en grand grief & préjudice d'aucunes bonnes dévotes créatures, qui, à leur dévotion, ont donné & aumôné du leur, à fonder messes, services, prieres & oraison qui sont célébrés en la chapelle dudit Hôpital; & faudroit que lesdits services dont lesdits maîtres d'icelui Hôpital se sont obligés de iceux faire faire & continuer, & qui, pour ladite cause, ont obligé les revenus dudit Hôpital cessassent, & que les revenus ordonnés pour la fondation desdits services fussent employés à nourrir & gouverner lesdits enfans bâtards, illégitimes, dont pourroit avenir qu'il y en auroit si grande quantité, parce que moult de gens s'abandonneroient & feroient moins de difficulté de eux abandonner à pécher, quand ils verroient que tels enfans bâtards seroient nourris davantage, & qu'ils n'en auroient pas la charge premiere, ni sollicitude, que tels Hôpitaux ne le sauroient, ne pourroient porter ni soutenir, mêmement, que les rentes dudit Hôpital tant par le fait de la guerre, que autrement sont dues, diminuent tellement, sont & de si petite valeur à présent, que ce n'eussent été en partie les augmentations & fondations pour lesdits services divins, ont été faites audit Hôpital par aucunes bonnes créatures dévotes qui ont eu & acheté leur vie audit lieu des biens, desquels & en partie des revenus de leurs susdites fondations, ledit Hôpital a été soutenu & lesdits pauvres orphelins légitimes étant & qui ont été audit Hôpital nourris, gouvernés & administrés le tems passé, eux convenu par pauvreté plusieurs fois clore ledit Hôpital & tout cesser; & par ce moyen se lesdits bâtards y étoient reçus, le bon renom, état & gouvernement dudit Hôpital seroit & demeureroit du tout admobile, & ledit Hôpital en voie de brief venu, en toute confusion, misere & perdition qui seroit chose moulte pitieuse, de petit exemple, dommageable & déshonorable à notredite ville de Paris, & sur ce n'étoit pourvu de remede convenable, comme lesdits maîtres & gouverneurs nous ont fait remontrer, en nous requérant humblement sur ce notre grace & provision; pour ce est-il que nous ces choses considérées, & en sur ce admis & délibérations de conseil, inclinant à la supplication d'iceux maîtres & gouverneurs, qui attendu dites fondation & les autres causes dessus touchées est bien juste, raisonnable & consonnante à raison, voulant aussi de notre pouvoir obvier auxdites charges & entreprises que on leur a voulu & veut bailler, ainsi que dit est, & éviter à toute renommée de blâme, qui audit Hôpital pourroit avenir à cause de ladite macule de bâtardie, & aussi à la division, qui, au tems avenir viendroit & sourdroit entre lesdits enfans légitimes & les illégitimes & autres plusieurs grands dangers & périls, qui, à cause des choses dessusdites & autres, plusieurs pourroient sourdre & avenir chacun jour; parquoi lesdits bienfaits, œuvres charitables & aumônes pourroient cesser par défaut de non tenir de garder ledit Hôpital & les pauvres orphelins & orphelines nés & procréés en loyal mariage, & tels que dit est dessus, en leurs droits & usages; & aussi pour éviter que les messes, services, prieres & oraison, & les revenus ordonnés & baillés pour ledit service faire, tant peu qu'il en est demeuré, ne cessent & ne soient tournés ni employés ailleurs que à iceux services faire. AVONS VOULU & ordonné, voulons & ordonnons & en tant que nécessité en seroit par maniere de statut, édit ou ordonnance, & de notre spéciale, pleine puissance & autorité royale; octroié & octroyons audit Hôpital du Saint-Esprit, que iceux maîtres & gouverneurs, tant préfens, comme ceux à venir, foient & feront maintenus, gardés & défendus de par nous au gouvernement dudit Hôpital & des droits, revenus & adminiftrations d'icelui, pour en jouir & ufer à toujours, mais perpétuellement & fans ce qu'ils foient, ne puiffent être contraints à y prendre ou recevoir aucuns enfans orphelins ou orphelines, s'ils ne font procréés, en & de loyal mariage, & non ayans parens ou amis qui les puiffent nourrir & gouverner, comme dit eft deffus, & tout ainfi & en la maniere qui a toujours été faite & continuée, & fans ce que aucune chofe foit faite ou innovée au contraire. SI DONNONS en mandement par ces mêmes préfentes, à nos amés & féaux confeillers les gens de notre Parlement, au prévôt de Paris & à tous nos autres jufticers ou à leurs lieutenants, préfens & avenir & à chacun d'eux, fi comme à celui appartiendra, que nos préfentes volontés, ftatut, édit & ordonnance ils entretiennent & gardent, & faffent garder & entretenir de point en point & d'icelui faffent, fouffrent & laiffent ledit Hôpital & les maîtres & gouverneurs d'icelui préfens & à venir, jouir & ufer à toujours pleinement & paifiblement, fans les contraindre ni fouffrir être contraints, moleftés & empêchés en aucune maniere au contraire, en impofant filence perpétuel à toujours à notredit procureur préfent & à venir, & à tous autres qu'il appartiendra; nonobftant quelques procès pendans & meus entre notredit procureur audit châtelet, & lefdits maîtres & gouverneurs dudit Hôpital; lefquels fe aucuns pour ces caufes deffufdites, en y a, admettons & mettons du tout au néant, de notredite grace fpéciale par cefdites préfentes : & afin que ce foit ferme & ftable à toujours, nous avons fait mettre notre fcel à icelles, fauf en autres chofes, notre droit & l'autrui en toutes. DONNÉ à l'Epine-les-Châalons, le feptieme jour d'Août, l'an de grace quatorze cent quarante-cinq, & de notre regne le vingt-troifieme, par le roi en fon confeil, *figné*, DELALOERE, avec paraphe; un grand fceau attaché par & avec lacs de foie rouge & verte.

ÉDIT DU ROI CHARLES IX,

PORTANT que les effets mobiliers des enfans de l'Hôpital du Saint-Efprit, *qui y décéderont, appartiendront audit Hôpital.*

Du mois de Juillet 1566.

CHARLES, par la grace de Dieu, roi de France & de Navarre : A tous préfens & à venir, SALUT, favoir faifons. Nous avons reçu l'humble fupplication des maîtres & gouverneurs de l'Hôpital du Saint-Efprit en notre ville de Paris ; contenant ledit Hôpital avoir ci-devant été fondé pour recevoir tous les pauvres enfans orphelins de peres & de meres, nés en loyal mariage, étans de ladite ville & fauxbourgs de Paris, pour y être nourris, alimentés, & leur faire apprendre état & métier, pour gagner leur vie, même de marier les pauvres filles, & faire autres œuvres charitables ; ce que les expofans auroient de leur part fait & continué jufqu'à préfent qu'ils fe voient du tout dénués de moyen & pouvoir, à caufe de l'exceffif nombre defdits pauvres enfans qui y affluent de tous endroits indifféremment de ladite ville & fauxbourgs, & la grande charge qu'ils ont pour le peu de charité & amitié qu'ont envers eux aucuns de leurs parens, lefquels encore qu'ils foient riches & aifés, & qu'ils aient moyen de les nourrir & entretenir; néanmoins ils les profternent, abandonnent, & contraignent lefdits maîtres & gouverneurs à les recevoir pour être nourris & fubftantés des biens des pauvres dudit Hôpital; & avenant que lefdits enfans décedent audit Hôpital, ou qu'ils s'en retirent, font leurfdits parens prompts & diligens à recueillir & percevoir fi peu de bien, que lefdits enfans ont, & qui leur échéent pendant le tems qu'ils font demeurans audit Hôpital, fe rendans du tout ingrats du bien &

& faveur qu'ils ont auparavant reçu de ladite maison, jusqu'à refuser & dénier le remboursement des frais & grosses réparations nécessaires qui ont été faites des deniers dudit Hôpital, pour le soutenement de leurs maisons & héritages, conservation de leurs droits & frais de procès faits pour la licitation & défense de leur bien ; desorte que, si pour ce lesdits maîtres & gouverneurs en veulent avoir quelque chose, il leur convient avoir procès contr'eux & leursdits parens, y faire beaucoup de frais, ce qui tourne au grand préjudice & diminution du bien des autres pauvres d'icelui Hôpital ; & davantage, y a le plus souvent aucuns desdits enfans ainsi reçus, mal nés & conditionnés, lesquels, après que lesdits maîtres & gouverneurs les ont mis en métier & service pour apprendre à l'avenir à gagner leur vie, se débauchent, quittent & abandonnent leurs maîtres & maîtresses ainsi à eux baillés, & se remettent ailleurs, où bon leur semble, retournans après à ladite maison tout nuds, pour être habillés pour la seconde fois, demeurans vagadonds & débauchés, en danger même les filles d'être violées & perdues, ou bien s'accordent & se marient à leur gré & volonté, sans que lesdits maîtres & gouverneurs en aient connoissance, sinon quand ils viennent querir & demander leurs droits de mariage, de ce qui est accoutumé de leur donner ; de quoi lesdits maîtres & gouverneurs en reçoivent grand regret & déplaisir, comme étant chose abusive, contre l'intention desdits fondateurs, dont n'en peut avenir que toute ruine, misere & calamité, qui seroit chose grandement dommageable & de mauvais exemple pour ladite ville de Paris. Nous requérans, A CES CAUSES, sur ce très-humblement leur pourvoir. Pour ce, est-il que nous, ces choses considérées, inclinans libéralement à la supplication & requête desdits maîtres & gouverneurs dudit Hôpital, desirans iceux maintenir, garder & défendre en tout ce que métier sera, & obvier aux inconvéniens susdits, avons, par l'avis & délibération des gens de notre Conseil, dit, statué & ordonné, disons, statuons & ordonnons, voulons & nous plaît, que, advenant le décès & trépas d'aucuns desdits enfans, pendant le tems qu'ils seront nourris & entretenus audit Hôpital, les biens, meubles & choses qui sont réputées mobiliaires, qu'ils auront & leur seront lors échus, soient & demeurent audit Hôpital, & qu'ils en puissent user, ainsi que des autres biens de ladite maison, sans que les parens & héritiers desdits enfans décédés, y puissent ci-après prétendre, répéter, quereller, ou demander aucune chose, se contentans de retirer les héritages & choses immobiliaires, appartenans & avenus auxdits enfans ; réservé toutefois à nos Juges, selon l'exigence des cas & circonstances du fait, d'en adjuger partie ou portion audit Hôpital, pour l'indignité des parens qui se seroient si avant oubliés de l'amitié & devoir qu'ils doivent auxdits enfans, & les avoir exposés & délaissés en telle nécessité, que, sans l'aide dudit Hôpital, ils eussent été en danger de perdre leur avancement, vie & honneur ; & pour le regard des autres enfans qui se retirent avec leursdits biens, pour lesquels auront été faites plusieurs grosses réparations, pour l'entretenement de leurs maisons & héritages & frais de procès, pour la conservation & soutenement de leurs droits & successions, voulons qu'au préalable & avant que rentrer en la jouissance d'iceux lieux, ils soient tenus & contraints rembourser auxdits maîtres & gouverneurs les deniers qu'ils auront payés pour lesdites grosses réparations nécessaires ; ensemble les frais des procès faits pour l'assurance & soutenement de leursdits droits, iceux liquidés ; &, à faute de ce faire, ordonnons que lesdits lieux & héritages ainsi réparés, seront vendus par décret, au plus offrant & dernier enchérisseur, en la maniere accoutumée ; & que, sur le prix de la vente d'iceux, lesdits deniers seront préalablement pris & remboursés, sans que pour ce nos juges en puissent dispenser ni exempter aucuns ; ce que leur avons très-expressément inhibé & défendu, inhibons & défendons par cesdites présentes : & outre, voulons & ordonnons que lesdits enfans, fils & filles, qui se seront, ainsi que dit est, mal gouvernés & débauchés du lieu & service où ils avoient été mis pour apprendre, ou qui se marieront à leur gré & vouloir, au déçu desdits maîtres &

gouverneurs, ſoient privés & déboutés des libéralités, droits de mariages & autres bienfaits que leſdits maîtres & gouverneurs ont accoutumé leur donner, comme eux en étans du tout rendus indignes & incapables. Si donnons en mandement, par ces mêmes préſentes, à nos amés & féaux conſeillers les gens tenans notre cour de Parlement, prévôt de Paris, & à tous nos autres juſticiers, officiers & ſujets, ou à leurs lieutenans, préſens ou à venir, & à chacun d'eux, ſi comme à lui appartiendra, que notre préſente volonté, ſtatut & ordonnance irrévocable, ils faſſent lire, publier & enregiſtrer, garder & obſerver de point en point, ſelon leur forme & teneur, & de ce ils faſſent, ſouffrent & laiſſent jouir ledit Hôpital & les maîtres & gouverneurs d'icelui, préſens & à venir, pleinement & paiſiblement, ſans les contraindre, ni ſouffrir être contraints, moleſtés ou empêchés en aucune maniere; au contraire, ains ſi aucuns procès étoient, pour raiſon de ce, pendans & indécis pardevant eux, voulons être jugés, finis & terminés, ainſi que dit eſt, impoſant à ces fins ſilence à notre procureur-général préſent & à venir, & à tous autres qu'il appartiendra, nonobſtant tous jugemens & arrêts à ce contraires, auxquels, pour cet effet, avons dérogé & dérogeons, & ne voulons aucunement préjudicier auxdits expoſans, au cas ſuſdit, de notre grace ſpéciale, pleine puiſſance & autorité royale, par ces préſentes; & afin que ce ſoit choſe ferme & ſtable à toujours, nous avons fait mettre notre ſcel à icelles, ſauf en autres choſes notre droit, & l'autrui en toutes. Donné à Paris, au mois de Juillet, l'an de grace mil cinq cent ſoixante-ſix, & de notre regne le ſixieme; *ainſi ſigné ſur le repli*, Par le roi en ſon Conſeil, BOURDIN. *Viſa contentes*, NICOLAS; *& ſcellées du grand ſcel en cire verte, ſur lacs de ſoie rouge & verte*, lues, publiées & enregiſtrées, oui ce conſentant & requérant le procureur-général du roi. A Paris, en Parlement, le ſixieme jour de Septembre, l'an mil cinq cent ſoixante-ſix, *ainſi ſigné*, DU TILLET. Collationné, paraphé.

EXTRAIT

*Du regiſtre des délibérations du bureau des affaires de l'*Hôpital-Général, *tenu au* Saint-Eſprit: *concernant les qualités requiſes aux enfans orphelins, pour être reçus audit* Hôpital.

Du premier Août 1726.

M. CRESTIENNOT a dit que, ſuivant la délibération du onze Juillet dernier, il a vu & examiné, avec toute l'exactitude qui lui a été poſſible, les regiſtres concernans les enfans orphelins de l'un & de l'autre ſexe, qui ont été admis à entrer juſqu'à préſent à l'Hôpital du Saint-Eſprit, & l'uſage qui s'eſt toujours pratiqué au ſujet de leurs réceptions; du contenu auxquels regiſtres ayant fait ſon rapport, & particuliérement de deux délibérations des 4 Mars 1688, & 22 Mars 1691. La matiere miſe en délibération:

La compagnie a délibéré & arrêté, qu'en conformité deſdites deux délibérations inſcrites dans le regiſtre commencé le premier Janvier 1681, les enfans orphelins ne ſeront point reçus audit Hôpital ſans avoir les qualités ci-après déclarées.

Premiérement, que les enfans orphelins qui ſeront préſentés par leurs parens, pour entrer dans l'Hôpital du Saint-Eſprit, ſeront natifs de la ville & fauxbourgs de Paris, & nés en légitime mariage.

2°. Qu'ils ſeront orphelins de pere & de mere.

3°. Qu'ils ſeront viſités par le chirurgien de la maiſon, qui atteſtera qu'ils n'ont aucune infirmité, & en cas qu'ils s'en trouvent, ils n'entreront point audit Hôpital.

4°. Que les garçons ſeront reçus depuis l'âge de trois ans juſqu'à huit, & n'en ſera point reçu au-dessus dudit âge de huit ans. Les filles seront aussi reçues depuis l'âge de trois ans jusqu'à sept, & non au-dessus dudit âge de sept ans.

5°. Tous les parens qui auront présenté les enfans, donneront un mémoire de leurs biens, meubles & immeubles, avec les titres, & retireront lesdits enfans au cas qu'ils deviennent incorrigibles.

Pieces nécessaires pour faire recevoir un enfant au Saint-Esprit :

L'acte de célébration du mariage du pere & de la mere.

L'extrait mortuaire du pere & de la mere.

Et l'extrait baptistaire de l'enfant.

DÉLIBÉRATION

CONCERNANT l'emploi d'une somme de 10000 livres, remise au sieur Picault, économe de l'Hôpital du Saint-Esprit.

Du 16 Avril 1733.

M. LELEU a dit, qu'il a été chargé, au bureau tenu en la maison de la Pitié, Lundi dernier, de rendre compte du rapport que m. l'abbé Nouet y a fait, au sujet d'une somme de 10000 *liv.* remise au sieur Picault, économe de l'Hôpital du Saint-Esprit, pour les pauvres de cette maison, le 7 du présent mois, de la part d'une personne qui n'a pas voulu être connue.

Que, quoique les fonds & les revenus de cet Hôpital soient unis à l'Hôpital-Général, & que la direction tire journellement de la masse commune de ses revenus, dont ceux du Saint-Esprit font partie, dequoi fournir à l'entretien & à la subsistance des pauvres de toutes les maisons qui y sont unies; & notamment à ceux de l'Hôpital du Saint-Esprit qui y est pareillement uni; cependant la destination de cette somme désignée pour être employée à l'entretien & à la subsistance des pauvres qui sont dans la maison du Saint-Esprit, a paru mériter d'être portée à ce bureau, pour fixer & pour déterminer la maniere dont l'emploi en sera fait, pour se conformer le plus exactement que faire se pourra à l'intention & à la volonté de la personne qui l'a donnée, avec une désignation si précise & si marquée.

Et pour donner au bureau tout l'éclaircissement que cette disposition peut recevoir, & le mettre à portée de se déterminer sur l'emploi de ces 10000 *livres*, il a observé que celui qui a apporté les deniers au sieur Picault, lui a présenté en même-tems un écrit, au bas duquel il lui a fait mettre son nom, ayant ordre de le remporter signé; ce qui a été fait par le sieur Picault, qui en effet a mis son reçu au bas de l'écrit, comme on le lui a demandé, & l'a daté *du 7 Avril*, jour qu'il a reçu lesdits 10000 *livres*.

Cet écrit étoit conçu en ces termes :

J'AI reçu la somme de 10000 liv., pour employer à l'entretien & subsistance des pauvres de l'Hôpital du Saint-Esprit. *Fait à Paris, ce 7 Avril 1733.*

Sur quoi, aprés avoir oui le sieur Picault, présent au bureau, & lecture faite de la copie de l'écrit susdit, il a été arrêté :

1°. Que la somme de 10000 *liv.* apportée au sieur Picault, le 7 du présent mois d'Avril, sera par lui remise à m. Sautreau, receveur charitable de l'Hôpital-Général, auquel est uni celui du Saint-Esprit, pour être employée à l'entretien & à la subsistance des pauvres, dont les enfans du Saint-Esprit font partie; quoi faisant & rapportant par lui le récepissé dudit sieur Sautreau, il demeurera bien & valablement quitte & déchargé desdites 10000 *livres*.

2°. Qu'au moyen & en considération de cette aumône faite en faveur & pour les pauvres de l'Hôpital du Saint-Esprit, les quatorze livres qu'il est d'usage de retenir à la sortie des enfans, sur ce qu'ils ont apporté en y entrant, cesseront d'être retenus à l'avenir; & qu'en sortant on leur donnera en entier la somme qu'ils ont apportée en entrant.

3°. Qu'outre la remise que l'Hôpital leur fait de ces quatorze livres, il sera encore donné trente livres à chacun de ceux d'entre ces enfans qui sortiront pour s'établir ou pour apprendre un métier, lorsqu'ils n'auront que deux cens livres, ou au-dessous, & non à ceux qui auront deux cens livres & plus; soit qu'ils les aient apportées en entrant, soit qu'elles leur soient échues ou avenues par succession, donation, fondation ou autrement, pendant le tems qu'ils auront demeuré dans la maison du Saint-Esprit. FAIT & arrêté lesdits jour & an, & délivré par moi greffier dudit bureau soussigné. *Signé,* DE CHARLIEU.

Laquelle somme de 10000 liv. le sieur Picault a remise audit sieur Sautreau, suivant son reçu du 8 Mai 1733.

ARRÊT DU PARLEMENT,

PORTANT que les effets mobiliers des enfans de l'Hôpital du Saint-Esprit *qui y décéderont, appartiendront audit Hôpital.*

Du 17 Août 1737.

LOUIS, par la grace de Dieu, roi de France & de Navarre : Au premier des huissiers de notre Cour de Parlement, ou autre huissier ou sergent sur ce requis; savoir faisons, qu'entre Guillaume Courcault, notre conseiller contre-garde en la chambre de la monnoie, établie à Riom en Auvergne, & damoiselle Louise Courcault, fille majeure, se disant héritiere de Louise Malguelle, décédée dans l'Hôpital du Saint-Esprit, demandeurs aux fins des requêtes & exploit du 24 Janvier 1733, donnés aux requêtes de l'hôtel, & évoqués en notredite Cour par arrêt du 7 Février 1733, à ce qu'il plaise à notredite Cour ordonner qu'une sentence des requêtes de l'hôtel, du 18 Décembre 1732, sera déclarée commune avec les défendeurs ci-après nommés, & exécutée selon sa forme & teneur; ce faisant, qu'ils seront condamnés de leur remettre les deniers, titres, jugemens & effets qu'ils ont entre les mains, appartenans à ladite Malguelle, autres néanmoins que les meubles que ladite Malguelle pouvoit avoir lorsqu'elle est entrée dans ledit Hôpital, ou qu'elle peut avoir acquis par son travail pendant le tems qu'elle est restée dans ledit Hôpital, aux offres d'en donner bonne & valable décharge, & les condamner en leurs dommages & intérêts, résultans du refus qu'ils font de les remettre, avec dépens, & défendeurs d'une part; & les directeurs & administrateurs de l'Hôpital-Général & de celui du Saint-Esprit y réuni, défendeurs & demandeurs en requête du 22 Décembre 1736, à ce qu'il plaise à notredite Cour ordonner que l'édit de Charles IX du mois de Septembre 1566, enregistré en notredite Cour, le 6 Septembre audit an 1566, sera exécuté selon sa forme & teneur, leur donner acte des offres qu'ils ont toujours fait & qu'ils réiterent, de remettre aux héritiers de ladite Louise Malguelle, les titres & pieces justificatives des immeubles qui pouvoient appartenir à ladite Louise Malguelle; en conséquence, débouter lesdits sieur & damoiselle Courcault, du surplus de leurs demandes; ce faisant, que les meubles & effets mobiliers appartenans à ladite Louise Malguelle, tant ceux à elle appartenans lors de son entrée audit Hôpital, que ceux à elle échus depuis son entrée audit Hôpital, demeureront

& appartiendront audit Hôpital du Saint-Esprit, aux termes dudit édit, & condamner lesdits sieur & damoiselle Courcault aux dépens d'autre part; après que Lordelot, Avocat de Guillaume & Louise Courcault, & Pommier, Avocat des directeurs & administrateurs de l'Hôpital-Général ont été ouis; ensemble Joly de Fleury, pour notre procureur-général, NOTREDITE COUR ordonne que l'édit du 15 Juillet 1566, sera exécuté selon sa forme & teneur; donne acte aux parties de Pommier de leurs offres, de remettre aux parties de Lordelot, les titres & pieces justificatives des immeubles, concernant la succession dont est question; en conséquence sur la demande des parties de Lordelot, à ce que les meubles & autres effets mobiliers dépendans de ladite succession, leur soient remis, met les parties hors de Cour, tous dépens compensés. FAIT en Parlement le dix-septieme jour d'Août mil sept cent trente-sept.

ARRÊT DU PARLEMENT,

*RENDU entre messieurs les directeurs & administrateurs de l'*Hôpital-Général, *& de celui du* Saint-Esprit *y uni, d'une part ; &* Jean Anselme Avisse *& consorts, d'autre part.*

Au sujet de la restitution des deniers appartenans aux enfans décédés au Saint-Esprit, *accordée à leurs freres & sœurs élevés dans la même maison.*

Du 3 Mars 1742.

LOUIS, par la grace de Dieu, roi de France & de Navarre : Au premier huissier de notre cour de Parlement, autre huissier ou sergent sur ce requis; savoir faisons, qu'entre Jean-Anselme Avisse, loueur de carosses à Paris, fils & héritier pour un septieme de défunt Louis Avisse, vivant aussi loueur de carosses, & de Françoise le Marié sa femme, ses pere & mere, & héritier pour un cinquieme de Jean-Louis & Louis-Jacques Avisse ses freres, décédés mineurs, lesquels étoient aussi héritiers chacun pour un septieme, de leurs pere & mere, Anselme Avisse, soldat au régiment royal de la marine, aussi fils & héritier pour un septieme desdits défunts Louis Avisse & Françoise le Marié ses pere & mere, & pour un cinquieme desdits défunts Jean-Louis & Louis-Jacques Avisse ses freres, & Charles-Vincent, marchand de chevaux, & Louise Regnault sa femme, avant veuve de Louis Avisse, aussi marchand de chevaux, au nom & comme tuteurs conjointement de Louise Avisse, seule fille mineure & unique héritiere dudit défunt Louis Avisse son pere, laquelle étoit héritiere pour un pareil septieme desdits défunts Louis Avisse & Françoise le Marié sa femme, ses pere & mere, & pour un cinquieme desdits défunts Jean-Louis & Louis-Jacques Avisse ses freres, demandeurs, suivant l'exploit d'assignation donné au châtelet le 16 Décembre 1741, sur laquelle par arrêts des dix-neuvieme dudit mois, & premier Février dernier, il a été ordonné que les parties procéderoient en la maniere accoutumée; ledit exploit tendant à ce que les défendeurs ci-après nommés soient condamnés, ès noms & qualités qu'ils procedent, de remettre à chacun des demandeurs la somme de onze cens quarante-neuf livres huit sols sept deniers, pour le cinquieme à eux appartenant dans celle de cinq mille sept cent quarante-sept livres trois sols qui revenoit auxdits Jean-Louis & Louis-Jacques Avisse leurs freres, décédés à l'Hôpital du Saint-Esprit; savoir, ledit Jean-Louis Avisse, le 6 Août 1714, & ledit Louis-Jacques Avisse, le 15 Décembre 1715, faisant partie de la somme de vingt mille cent quinze l. quatre s. six d. qui avoit été remise auxdits sieurs administrateurs, lorsqu'ils sont entrés, le premier Décembre 1712, audit Hôpital du Saint-Esprit, aux offres que faisoient lesdits demandeurs de leur donner bonnes & valables quittances & décharges aux intérêts de ladite somme, & aux dépens d'une part, & les sieurs directeurs & administrateurs de l'Hôpital-Général auquel est uni celui du Saint-Esprit, défendeurs d'autre part; après que Marchand, avocat de Jean-Anselme Avisse & consorts, & Pommyer, avocat de l'Hôpital-Général ont été ouis, ensemble le Fevre d'Ormesson pour le procureur-général du roi. NOTREDITE COUR donne acte aux parties de Pommyer de ce qu'elles s'en rapportent à la prudence de la Cour; en conséquence les condamne à payer à celles de Marchand, la somme de six mille livres dont il s'agit, dépens néanmoins compensés. SI MANDONS mettre le présent arrêt à exécution. De ce faire donnons pouvoir. DONNÉ en notredite cour de Parlement le trois Mars l'an de grace mil sept cent quarante-deux, & de notre regne le vingt-septieme. Collationné, *Signé*, SANCEY. Par la chambre. *Signé*, DUFRANC.

HOPITAL DE SAINTE-PÉLAGIE.

LETTRES-PATENTES,

PORTANT qu'il sera fait choix dans la maison de la Pitié, *ou autre emplacement & bâtimens acquis par les directeurs d'un lieu où les femmes & filles débauchées qui seront envoyées par l'autorité du Présidial du Châtelet, ou de la cour de Parlement, seront enfermées; lequel lieu sera appellé* la Maison du Refuge, *sera sous la direction, quant au spirituel, du recteur de la* Pitié, *& fera partie de ladite* Maison de la Pitié, *sans néanmoins que les donations, legs & gratifications qui seront faits à ladite* Maisondu Refuge, *puissent être appliqués à autre usage qu'à ladite* Maison.

Avril 1665.

LOUIS, par la grace de Dieu, roi de France & de Navarre : A tous présens & à venir, SALUT. Nous avons, par nos lettres-patentes en forme d'édit, données à Paris au mois d'Avril 1656, registrées en nos compagnies souveraines, établi un Hôpital-Général pour le renfermement des pauvres mendians de l'un & l'autre sexe de cette ville & fauxbourgs de Paris, auquel à cette fin nous avons donné l'Hôpital & maison de la Pitié, celles de Scipion, de la Savonnerie & de Bicêtre, avec toutes leurs appartenances & dépendances; & comme, lors de cet établissement, notre dessein n'étoit que de renfermer les pauvres mandians, & d'ôter par ce moyen la mendicité publique & particuliere; aussi les directeurs qui avoient été par nous nommés pour faire ce renfermement, s'y sont tellement appliqués qu'en peu de tems & suivant notre volonté, ils ont purgé cette ville & fauxbourgs de tous les pauvres mendians, vagabonds & autres qu'auparavant on rencontroit en tous endroits, dont nous avons sujet d'être contens & satisfaits, ainsi que de la conduite qu'ils ont tenu depuis pour la manutention de ce grand ouvrage, qui, ayant été soutenu, durant des tems fort difficiles par nos libéralités & bienfaits, a servi d'exemple aux principales villes de notre royaume, où de semblables établissemens ont été faits. Mais nous avons su depuis que lesdits directeurs s'étant vus d'abord accablés d'un très-grand nombre de pauvres, & n'ayans point de lieux suffisans pour les retirer, que ceux qui leur avoient été par nous donnés à cet effet, ils ont été nécessités de les employer au logement des pauvres, & notamment deux cours, avec les bâtimens qui étoient aux environs, dépendans de la maison de la Pitié, qui étoient appellées le Refuge & le Bon-Secours que les anciens administrateurs avoient destinés & appliqués à l'enfermement des femmes & filles débauchées qui leur étoient envoyées, tellement que ces lieux, qui, pour de bonnes

& justes causes, avoient été employés à cet usage, jusques au jour de ce nouvel établissement, se trouvans à présent remplis de pauvres mendians, le public a été privé du secours de cette maison, dont l'expérience avoit fait connoître l'utilité, & dont la suppression, ou plutôt le changement d'usage s'est aussi trouvé fort préjudiciable : ce qui a fait que plusieurs plaintes nous en ayant été faites, nous avons estimé être obligés, pour arrêter le cours de ces désordres, & prévenir le mal qui en pourroit arriver, de rétablir cette maison. SAVOIR FAISONS que nous, pour ces causes & autres à ce nous mouvans, de l'avis de notre conseil, & de notre certaine science, pleine puissance & autorité royale, avons dit & déclaré, disons & déclarons, voulons & nous plaît, que lesdits directeurs fassent incessamment choix dans ladite maison de la Pitié, batimens ou places qu'ils ont acquises depuis l'établissement dudit Hôpital-Général, d'un lieu qu'ils jugeront le plus propre & le plus sûr pour l'enfermement des filles & femmes débauchées qui leur seront envoyées par l'autorité, soit du prévôt de Paris, & gens tenant le présidial au châtelet de ladite ville, ou des gens tenans notre cour de Parlement de Paris, pour être lesdites femmes & filles employées aux ouvrages convenables à leur condition; lesquelles n'en pourront être tirées que par l'ordre des mêmes magistrats; auquel lieu ainsi choisi, lequel sera appellé la maison du Refuge, & qui fera partie de la maison de la Pitié, comme il faisoit ci-devant, seront faits les logemens & accommodemens nécessaires pour la garde des personnes de cette qualité, sans néanmoins que les donnations, legs & autres gratifications qui seront faites à ladite maison du Refuge, & qui seront particuliérement affectées & destinées pour la subsistance d'icelle, puissent-être appliqués à autre usage; & à cet effet, pourront lesdits directeurs établir telle personne que bon leur semblera pour faire la recette des deniers qui procéderont desdites donnations, legs & autres charités & aumônes, sans qu'elles puissent être employées ailleurs qu'à la subsistance & aux besoins de ladite maison du Refuge; laquelle pour ce qui regarde le spirituel, nous voulons être sous la conduite & direction du recteur dudit Hôpital-Général, ainsi que sont les autres maisons qui en dépendent; voulons aussi que lesdits directeurs puissent accepter pour ladite maison du Refuge, les fondations qui pourront y être faites, même contracter pour le bien, utilité & avantage d'icelle, avec telles personnes & sous telles conditions qu'ils aviseront bon être. SI DONNONS EN MANDEMENT à nos amés & féaux les gens tenans notre cour de Parlement à Paris, auxdits prévôt de Paris, & gens tenans le siege présidial audit lieu, que ces présentes ils aient à faire enregistrer purement & simplement, & le contenu en icelles garder & observer, sans permettre qu'il y soit contrevenu en aucune maniere. Car tel est notre plaisir; & afin que ce soit chose ferme & stable à toujours, nous avons fait mettre notre scel à ces présentes, sauf en autre chose notre droit & l'autrui en toutes. DONNÉ à Paris, au mois d'Avril, l'an de grace mil six cent soixante-cinq, & de notre regne le vingt-deuxieme, *signé* LOUIS, & sur le repli, par le roi, *signé* LE TELLIER; *visa*, *signé* SÉGUIER, pour servir aux lettres de rétablissement de la maison du Refuge, pour recevoir les femmes & filles débauchées qui leur seront envoyées par arrêt du Parlement de Paris ou jugement du présidial; & au-dessous est encore écrit, registrées oui le procureur-général du roi pour être exécutées selon leur forme & teneur, à Paris, en Parlement le 5 Juin 1665, *signé* DUTILLET.

MANDEMENT

DE MONSEIGNEUR L'ARCHEVÊQUE DE PARIS,

POUR les besoins de la maison de Refuge, *établie dans l'*Hôpital de la Pitié.

Du 13 Décembre 1670.

HARDOUIN DE PEREFIXE, par la grace de Dieu & du Saint-Siege apostolique, archevêque de Paris : A tous curés ou vicaires de cette ville & fauxbourgs, SALUT en Notre-Seigneur. Le public est assez informé qu'il y a quelques années que plusieurs personnes de piété ont entrepris l'établissement d'une maison de Refuge, dans l'Hôpital de la Pitié de cette ville, pour y renfermer les femmes & les filles qui vivent dans le déréglement & la débauche. Cette œuvre a été jusqu'ici d'une très-grande utilité, d'autant que celles qui y ont été renfermées y ont toujours été conduites avec tant de soin, d'exactitude & de charité, pour le spirituel & pour le temporel ; que grand nombre d'elles rentrant dans leurs obligations & leur devoir, ont pleuré leurs péchés & fait pénitence dans la douleur & l'amertume du souvenir de leurs fautes passées. C'est ce qui a encouragé & porté ces mêmes personnes à faire de grandes dépenses, pour y bâtir plusieurs logemens, les meubler & les fournir de toutes les choses nécessaires, d'y mettre plusieurs officieres pour leur garde & pour leur service, & maintenir parmi elles l'ordre & la paix. Mais comme l'on se voit présentement dans l'impuissance de soutenir cet établissement, les charités étant beaucoup diminuées, il est de notre obligation de faire connoître qu'il est tout-à-fait important que l'on s'intéresse pour le maintenir, puisque par ce moyen l'on empêche une infinité de maux & de désordres, qui autrement se répandroient dans toute cette grande ville, par le déréglement de ces femmes débauchées ; & que par-là l'on procure une infinité de très-grands biens. A CES CAUSES, pour satisfaire au mouvement de notre sollicitude pastorale qui se doit étendre sur tous les besoins de notre diocèse, & favoriser les pieux desseins de ceux qui ont entrepris ledit établissement, nous vous mandons de faire connoître à tous vos paroissiens, en vos prônes & assemblées de paroisse, & par le moyen de vos prédicateurs en leurs sermons, le mérite, l'importance & la nécessité de cette œuvre ; & de les exhorter, le plus fortement que vous pourrez, à l'appuyer de tout leur pouvoir, la soutenir & la fonder par leurs bienfaits, afin que cette maison de Refuge où le vice est détruit, puisse s'augmenter de jour en jour, & que le public en reçoive tout l'avantage que l'on en peut attendre. Donné à Paris, en notre palais archiépiscopal, sous le sceau de nos armes & le seing de notre secrétaire ordinaire, le treizieme jour de Décembre mil six cent soixante-dix. *Signé*, HARDOUIN, archevêque de Paris. *Et plus bas*, par mondit Seigneur, PETIT.

ARRÊT DU PARLEMENT,

PAR lequel il est permis aux commissaires de la maison du Refuge, *d'user, par forme de correction, des peines portées par les lettres & déclaration du roi pour l'établissement de l'*Hôpital-Général.

Du 31 Juillet 1671.

VU par la Cour la requête présentée par les directeurs de l'Hôpital-Général de Paris, commissaires nommés pour la maison du Refuge dudit Hôpital, à ce que, pour les causes y contenues, il plût à la Cour permettre aux supplians commissaires de ladite maison, d'user, par forme de correction, des peines portées par les lettres-patentes & déclaration du roi pour l'établissement dudit Hôpital-Général, & arrêt de vérification de la Cour; vu aussi ladite requête, signée JOUIS, & autres pieces y attachées; conclusions du procureur-général. Oui le rapport de m[e] Edouard Granger, & tout considéré. LA COUR a permis & permet aux supplians & commissaires de la maison du Refuge, d'user, par forme de correction, des peines portées par les lettres & déclaration du roi pour l'établissement de l'Hôpital-Général, & arrêt de vérification de la Cour; & sera le présent arrêt exécuté sur l'extrait d'icelui. Fait en Parlement, le 21 Juillet 1671. Collationné. *Signé* DUTILLET.

TRANSACTION

PAR laquelle mm. les administrateurs cedent différentes maisons par eux acquises, pour bâtir la maison du Refuge, dite de Sainte-Pélagie; *& stipulation de différentes conventions & réglemens concernant le gouvernement de cet* Hôpital.

Du 22 Mai 1680.

PARDEVANT les conseillers du roi, notaires, gardes-notes à Paris, soussignés: furent présens illustrissime & révérendissime François de Harlai, duc & pair de France, commandeur des ordres de sa majesté, archevêque de Paris; haut & puissant seigneur messire Nicolas Potier, chevalier, seigneur de Novion, conseiller du roi en tous ses conseils, premier président en sa cour de Parlement; Antoine de Padot, écuyer, sieur de la Chapelle; Nicolas Barbier, ci-devant conseiller, secrétaire du roi; sieur Jacques Laugeois, bourgeois de Paris; sieur André Levieulx, ancien échevin & ancien juge consul de cette ville; messire René de Voyer, seigneur d'Argenson; messire Louis Berrier, conseiller du roi en ses conseils, secrétaire du conseil d'état & finances de sa majesté; Jean le Caron, écuyer, conseiller, secrétaire du roi; messire m[e]. Aimé Bolin, conseiller du roi, trésorier de France, à Paris; messire Claude Dalesso, nagueres conseiller du roi en sa cour de Parlement; m[e]. Michel Petit, avocat en Parlement; messire Jean-Antoine Ranchin, conseiller du roi en ses conseils, secrétaire du conseil d'état & finances de sa majesté; messire m[e]. Etienne Petitpas, conseiller du roi en son châtelet de Paris; Jean Husson, écuyer, conseiller, secrétaire du roi, messire Jacques Guilloyre, conseiller du roi en ses conseils, ci-devant secrétaire des commandemens de son altesse royale madame duchesse douairiere d'Orléans; & Jean Petitpied, écuyer, conseiller, secrétaire du roi, tous directeurs de l'Hôpital-Général de cette ville de Paris & de la maison du Refuge, nagueres établie dans celle de la Pitié, membre dépendant dudit Hôpital-Général, d'une part; dame Marie Bonneau, veuve de messire Jean-Jacques de Beauharnois, chevalier, seigneur de Miramion, conseiller du roi en sa cour de Parlement, demeurant à Paris sur le quai de la Tournelle, paroisse Saint-Nicolas-du-Chardonnet; & dame Marie Blondeau, veuve de messire Michel d'Aligre, vivant, chevalier, seigneur de Boislandry, conseiller du roi en ses conseils, maître des requêtes ordinaire de son hôtel, demeurant à Paris, rue de la Verrerie, stipulantes, tant pour elles que pour madame femme de m. Brier, payeur des gages de nosseigneurs de Parlement, toutes trois dames charitables de ladite maison du Refuge, d'autre part: DISANS lesdites parties, que le roi, par ses lettres-patentes du mois d'Avril 1665, auroit voulu & ordonné que lesdits directeurs fissent choix, dans la maison de la Pitié, bâtimens ou places qu'ils ont acquis depuis l'établissement dudit Hôpital-Général, d'un lieu qu'ils jugeroient le plus propre & le plus sûr pour l'enfermement des filles & femmes débauchées, qui leur seroient envoyées par l'autorité; soit du prévôt de Paris, & gens tenans le siége Présidial au Châtelet, ou des gens tenans sa cour de Parlement, lequel lieu seroit appellé la maison du Refuge, & feroit partie de la maison de la pitié, sans néanmoins que les donations, legs & autres gratifications qui seront faites à ladite maison du Refuge, & qui seront particuliérement affectées & destinées pour la subsistance d'icelle, puissent être appliquées à autre usage; à cette fin, qu'ils pourront accepter, pour ladite maison, les fondations qui y pourront être faites, même contracter pour le bien & utilité d'icelle, établir toutes personnes que bon leur semblera, pour faire la recette des deniers qui procéderont desdites donations, legs & autres charités, selon qu'il est plus à plein déclaré auxdites lettres enregistrées en la cour de Parlement, par arrêt du 5 Janvier audit an 1665; & pour ce que l'établissement dudit Refuge avoit été desiré & espéré long-tems auparavant par quelques notables dames charitables de cette ville de Paris, lesquelles considérant l'utilité de cet établissement, auroient formé le dessein d'y concourir & le soutenir par leurs aumônes, elles auroient, pour cet effet, sous le nom de damoiselle Marie de Sita, veuve de m^e^. messire Jacques Viole, conseiller du roi au Châtelet, leur collegue charitable, passé contrat avec les sieurs directeurs, dès le 18 Juin 1664, pardevant Lamothe & Monnier, notaires, par lequel ladite damoiselle Viole se seroit obligée, en son propre & privé nom, de payer, en l'acquit dudit Hôpital-Général, la somme de *dix mille livres* aux héritiers du sieur Robert, pour le prix de l'acquisition faite par lesdits sieurs directeurs, d'une maison sise rue Saint-Victor, qui lui appartenoit, enclavée dans ladite maison de la Pitié; plus la somme de quinze mille livres, pour le rachat de sept cens cinquante livres de rente donnée par l'Hôpital en échange d'autre acquisition par lui faite du sieur Aymart, d'une maison joignant celle dudit Robert, aussi enclavée dans ladite maison de la Pitié; plus se seroit chargée ladite damoiselle de payer le prix d'une autre petite maison faisant face sur la rue Françoise, jusqu'à concurrence de deux mille livres; & encore se seroit obligée de payer la somme de dix mille livres, pour les accommodemens des maisons acquises desdits sieurs Aymart & Robert, ensemble de celle joignant, où étoient lors les vieilles femmes, appellée la Pitié des femmes, & de la Petite-Maison attenant, faisant le coin de la rue Françoise, dortoirs & cellules convenables au dessein, & capables, suivant les plan & devis qui en ont été faits, de contenir soixante cellules qui seront pour les forcées, & soixante lits pour les volontaires; comme aussi pour la construction des murs de séparation dudit Refuge dans les autres logemens de la Pitié, & autres murs de séparation des forcées d'avec les volontaires, & pour les lits, matelats, couvertures & autres meubles nécessaires pour ledit Refuge; le tout à condition que lesdites maisons réunies des sieurs Aymart & Robert, de la Pitié des femmes, & Petite-Maison, rue Françoise, seront à perpétuité appliquées & affectées au dessein dudit Refuge, tant pour les filles & femmes volontaires, que pour les forcées; demeurant néanmoins auxdits sieurs directeurs la faculté de transférer ailleurs ledit Refuge, ou dans les maisons de l'Hôpital, pour la plus grande commodité du dessein, ou selon les bienfaits & fondations qui pourroient survenir, y comprenant les mêmes cellules pour les forcées & places pour les volontaires; auquel cas, les mêmes droits de nomination contenus audit contrat, de faculté de subroger les paroisses de Paris, demeureront acquis auxdites dames, & conservés sur icelui, comme subrogés à celui qui sera établi ès maisons acquises des sieurs Aymart & Robert; ce qui se fera néanmoins avec la participation de ladite damoiselle Viole & autres dames survivantes; que ladite damoiselle Viole & deux des dames jointes avec elle, qu'elle pourra nommer, auront droit de mettre dans ledit Refuge trente filles ou femmes volontaires qui se trouveront dans le désordre des mœurs & le desir de se convertir, en payant, pour la nourriture & habillement de chacune d'elles, quatre-vingt livres par chacun an ; & à l'égard des filles ou femmes de la même qualité qui doivent être mises de force, elles auront pareillement droit d'en pouvoir nommer & faire entrer dans lesdites cellules jusqu'à pareil nombre de trente, en payant, pour la nourriture & habillement de chacune d'elles, cent livres par chacun an ; que ladite nomination se fera par ladite damoiselle Viole, pendant sa vie, &, après son décès, par lesdites dames survivantes ou l'une d'elles ; que les filles & femmes qui auront ainsi été nommées & reçues audit Refuge, n'en seront point retirées par l'ordre desdits sieurs directeurs, sans la participation desdites dames ; qu'en cas de décès ou de démission de l'une desdites trois dames, les deux survivantes en pourront nommer une troisieme qui aura le même droit, conjointement avec elles, & ce successivement, pendant vingt-cinq années, en fin desquelles ladite subrogation cessera, & demeurera le droit de nomination consommé en la personne de celle des trois dames qui se trouvera alors vivante, & à la derniere survivante d'icelles ; que ladite demoiselle Viole, ou lesdites dames pourront faire remise de leur droit de nomination, pendant lesdites vingt-cinq années, à mm. les curés pour les paroisses de cette ville & fauxbourgs, jusqu'à concurrence de quinze cellules pour les forcées, & de quinze places pour les volontaires, auxquels sieurs curés, en ce cas, le droit de nomination demeurera acquis à perpétuité pour les paroissiens, ainsi qu'il se pratique à l'Hôtel-Dieu & aux Incurables, en payant, après le décès de la derniere desdites dames survivantes, la somme dont lors il sera convenu avec le bureau, pour la nourriture & entretien de chacune des filles & femmes volontaires ou forcées ; qu'il y aura un receveur particulier commis par lesdits sieurs directeurs, pour faire la recette & dépense des fonds qui appartiendront à ladite maison du Refuge ; qu'en cas qu'il se trouve des pensions excédantes celles ci-dessus pour les volontaires & forcées, elles seront employées à leurs besoins & meilleure nourriture, & le revenant-bon employé dans la recette des fonds dudit Refuge, ayant été expressément déclaré par lesdits sieurs directeurs, & accordé par ladite damoiselle Viole, èsdits noms, qu'ils n'entendent point être tenus à aucune subsistance de ladite maison de Refuge, que sur les fonds & bienfaits qui y seront donnés & appliqués, selon que le tout est plus amplement déclaré audit contrat. En exécution duquel, ladite damoiselle Viole auroit nommé deux dames ; savoir, madame la duchesse d'Aiguillon défunte & ladite dame de Miramion, & fourni à noble homme Matthieu Arondeau, receveur dudit Hôpital-Général, la somme de quinze mille livres, qui auroit été par lui employée, de l'ordre desdits sieurs directeurs, au remboursement fait à François Aymart, sieur de la Grange-Bauvais, & damoiselle Marie Périchon, sa femme, de sept cens cinquante livres de rente, dont quatre cens livres de rente étoient dues par les religieux Sainte-Catherine-du-val-des-Ecoliers, & trois cens cinquante livres de rente par le sieur Boivinet & sa femme, baillées par ledit Hôpital, en échange d'une maison rue Saint-Victor, à eux délaissée par ledit Aymart & sa femme, & depuis comprise dans ladite maison du Refuge, par contrat du 27 Octobre 1663, & desquelles rentes, par ce moyen, ledit Aymart & sa femme auroient fait rétrocession, au profit dudit Hôpital-Général, par contrat du 11 Août 1665, tous deux passés pardevant ledit Monnier & son collegue. Plus ladite damoiselle Viole auroit fourni à m^e^. Florentin Bonnot, receveur dudit Hôpital, la somme de dix mille livres, qu'il auroit payée à m^e^. Jean Prioux, procureur en Parlement, pour le principal de cinq cens livres de rente à lui constituées par lesdits sieurs directeurs, par contrat passé pardevant les mêmes notaires, le 13 Mai audit an 1665, moyennant pareille somme de dix mille livres qui auroit été payée à m^e^. Charles Bourgeot, avocat au Conseil, & à damoiselle Elisabeth Robert, sa femme, pour le prix d'une maison sise grande rue Saint-Victor, vis-à-vis le jardin du roi, qu'ils avoient délaissée audit Hôpital, & depuis comprise dans ladite maison du Refuge, par contrat dudit jour 13 Mai 1665, portant subrogation en faveur dudit sieur Prioux, qui auroit donné quittance desdites dix mille livres, par laquelle lesdits sieurs directeurs auroient déclaré qu'elles avoient été fournies par ladite damoiselle Viole, par contrat passé pardevant lesdits notaires, le 22 Février 1666. Plus, ladite damoiselle Viole auroit fourni, par les mains de m. du Plessis-Montbar en celles du sieur Perdrigeon, receveur de ladite maison du Refuge, la somme de deux mille livres, qu'elle s'étoit obligée aussi payer pour l'acquisition qui a aussi été depuis faite par l'Hôpital, de Jeanne Moreau, veuve de Pierre Labbé, d'une maison, rue Françoise, où étoit pour enseigne l'*étrier*, par contrat du 3 Octobre 1665, passé par devant ledit Monnier, faite moyennant la somme de trois mille cinq cens livres, dont le surplus, montant à quinze cens livres, auroit été payé d'autres deniers fournis par ledit sieur du Plessis, dont recette & dépense a été faite par les comptes des receveurs de ladite maison du Refuge, des années 1665, 1666 & 1667, dans lesquels sont rapportées les quittances de ladite veuve Labbé & de ses créanciers, du paiement de ladite somme de trois mille cinq cens livres; & encore ladite damoiselle Viole a fourni la somme de dix mille livres par les mains dudit sieur de Pajot, l'un desdits sieurs directeurs, en acquit des quittances de maçons, charpentiers, couvreurs, menuisiers, serruriers & autres ouvriers qui ont fait les augmentations & accommodemens à ladite maison du Refuge, & qu'elle s'étoit aussi obligée payer, par ledit contrat du dix-huit Juin mil six cent soixante-quatre, dont a été fait recette par le compte dudit sieur Perdrigeon, des six mois échus le dernier Décembre 1666, par le moyen desquelles acquisitions, augmentations & accommodemens, cedit établissement du Refuge auroit été, & ladite maison & lieux ont servi depuis ledit tems au renfermement des filles & femmes débauchées, au desir de ses lettres-patentes, & en conformité des stipulations portées par ledit contrat du 18 Juin, fait avec ladite demoiselle Viole; & ayant lesdits sieurs directeurs fait plusieurs fois réflexion que l'entrée ou sortie desdites filles & femmes débauchées en ladite maison du Refuge, ne se pouvant faire qu'en passant au travers des cours de la maison de la Pitié, elles étoient vues par les pauvres filles de cette maison, & que le voisinage desdites filles & femmes débauchées, pouvoit dans quelques occasions, laisser quelques mauvaises impressions dans l'esprit desdites pauvres filles, ils auroient pensé qu'il étoit de leur prudence & charité de trouver les moyens de transférer ladite maison du Refuge hors celle de la Pitié, dont ils se seroient expliqué auxdites dames charitables, lesquelles touchées de ces sentimens, seroient convenues de la nécessité de cette translation, & d'y pourvoir au plutôt; & en attendant, cesdites dames, représentées pour lors par ladite dame duchesse d'Aiguillon, ladite demoiselle Viole, mesdemoiselles Leschassier, Lagrandiere & Couturier, auroient, avec aucuns desdits sieurs directeurs & commissaires de ladite maison du Refuge, fait un acte sous leurs seings-privés, le 18 Août 1672, par lequel ils auroient réglé & arrêté le remboursement à faire par l'Hôpital, pour le prix des maisons acquises des sieur & demoiselle Aymart, du sieur Bourgeot, sa femme, héritiers du sieur Robert, comprises dans ladite maison du Refuge, ensemble pour celle où étoit pour enseigne l'*étrier*, non comprise dans ladite maison du Refuge, & droits seigneuriaux, même pour toutes les impenses & améliorations faites en ladite maison, circonstances & dépendances, à la somme de quarante mille livres, payable par ledit Hôpital-Général, & employée par l'ordre desdites dames & desdits sieurs directeurs du Refuge, incessamment en l'achapt d'une place & construction des bâtimens nécessaires pour l'établissement dudit Refuge, & y transférer les filles, femmes débauchées, aussitôt que les lieux seroient en état de les y recevoir; par les soins desdites dames; & cependant que cesdites filles & femmes demeureroient audit Refuge de la Pitié, & lors de ladite translation, pourront lesdites dames & lesdits sieurs directeurs faire enlever la démolition des celules & portes d'icelles, les lits, linge, vaisselle, batterie de cuisine, meubles, même les armoires & cabinets, tablettes & autres ustensiles qui leur pourront servir pour meubler ladite nouvelle maison, & moyennant ce, lesdites maisons acquises desdits sieurs Aymart & Robert, & celle de l'*étrier*, demeureront en pleine propriété audit Hôpital-Général; depuis lequel acte, en vue de faire la translation dudit Refuge dans quelque emplacement proche ladite maison de la Pitié, lesdits sieurs directeurs, par l'avis desdites dames charitables, auroient acquis du sieur Pierre Moüe, maître barbier-étuviste, & de Françoise Veron sa femme, une maison sise fauxbourg Saint-Marcel, faisant l'un des coins de la rue de la clef, vulgairement appellée l'hôtel jaune, consistante en quatre petits corps-de-logis & jardin, moyennant neuf mille livres, par contrat du 24 Septembre 1672, passé pardevant ledit Monnier & son collegue, notaires; plus de m. Jean Garbe, médecin, & de demoiselle Catherine Guignard sa femme, deux maisons & jardin en ladite rue Françoise, moyennant cinq mille cinq cens livres, par contrat du 6 Octobre audit an, passé pardevant ledit Monnier & son collegue, notaires; & de me Pierre Gillet, procureur au Parlement, & damoiselle Elisabeth Corillon sa femme, deux maisons & jardin, l'une rue de la Clef, & l'autre en masure, rue Coupeaux, moyennant six mille livres, par contrat passé pardevant ledit Monnier & son collegue, notaires, le troisieme Août 1678, desquelles maisons & lieux lesdits sieurs directeurs ont joui depuis lesdites acquisitions, comme ils font encore à présent, en attendant l'occasion de les fournir aux derniers jusques à ladite somme de quarante mille livres pour la translation dudit Refuge, & comme cependant par l'affluence des pauvres, ils ont eu besoin pour les loger desdites maisons où étoit le Refuge dans la Pitié, ils auroient été obligés de faire faire des logemens & cellules en la maison de Saint-Denis de la Salpêtriere, membre dépendant dudit Hôpital, où ils ont, il y a environ six mois, fait transférer par forme de dépôt, les femmes & filles débauchées qui étoient en ladite maison du Refuge de la Pitié, au nombre de vingt-sept, après en avoir donné avis à ladite dame de Miramion, & auxdites dames de Boislandry & Brice, par elle nommées au lieu de ladite dame duchesse d'Aiguillon & de ladite damoiselle Viole, défuntes; & à présent que lesdits sieurs directeurs sont prêts de fournir ladite somme de quarante mille livres, tant en argent qu'en emplacement, pour parvenir à la translation dudit Refuge hors de l'Hôpital, ils en ont donné avis auxdites dames charitables, lesquelles avec lesdits sieurs directeurs, ont fait & convenu ce qui ensuit: c'est à savoir, que lesdits sieurs directeurs, au nom dudit Hôpital-Général, ont subrogé & subrogent par ces présentes lesdites dames charitables, ce acceptant, aux acquisitions par eux faites dudit Moüe & sa femme, desdits Simos & damoiselle Garbe & Gillet, desdites maisons & jardins ci-devant déclarés, pour en jouir du premier jour de Juillet prochain, & à cet effet ils les mettent en leurs droits, noms, raisons, actions & hypotheques, & lesquels maisons & jardins ainsi acquis, toutes lesdites parties destinent & appliquent par ces présentes, pour l'établissement à toujours de ladite maison du Refuge, sous le titre de Sainte-Pélagie, pour y renfermer les filles & femmes dans le désordre des mœurs, & y loger les officiers & officieres; lesdites maisons acceptées pour la somme de vingt mille sept cens cinquante-huit livres, savoir ladite maison & jardin, acquis desdits Moüe & sa femme, pour la somme de onze mille cent dix livres, y compris les droits d'indemnité, & de lods & ventes payés par lesdits sieurs directeurs à messieurs les abbé & religieux de Sainte-Genevieve, seigneurs censitaires desdites maisons & jardin; lesdites deux maisons & jardin, acquis dudit sieur Garbe & sa femme, pour la somme de sept mille deux cens quarante-huit livres, y compris les droits de lods & ventes & d'indemnité, payés aussi par lesdits sieurs directeurs auxdits sieurs de Sainte-Genevieve, tant comme seigneurs censitaires, qu'à cause du droit de bien-venue & retenue qu'ils avoient sur lesdites maisons; & pour lesdites deux maisons & jardin acquis desdits sieur &

damoiſelle Gillet, la ſomme de deux mille quatre cens livre , à la charge que ladite maiſon du Refuge ſera & demeurera chargée de payer auxdits ſieur & damoiſelle Gillet, cent cinquante livres de rente, montant en principal, au denier vingt-quatre, à trois mille ſix cens livres, à eux reſtant dues du prix de ladite acquiſition, à commencer à en payer les arrérages dudit jour premier Juillet prochain venant, & outre à la charge des cens & rentes foncieres qui ſe trouveront être dues ſur leſdites maiſons & jardins préſentement délaiſſés, & du tout en acquitter ledit Hôpital-Général , même des droits de lods & ventes & droit d'indemnité dues à cauſe de l'acquiſition faite deſdits ſieur & damoiſelle Gillet; & quant à la ſomme de vingt mille livres que leſdits ſieurs directeurs dudit Hôpital ont encore à fournir en deniers comptans à ladite maiſon du Refuge, & qu'ils ont déclaré leur avoir été délivrés par les dames religieuſes Carmelites, dites la Mere-de-Dieu, rue Chapon, auxquelles ils en ont conſtitué mille livres de rente au nom dudit Hôpital , par contrat du ſixieme Septembre 1679, leſdits ſieurs directeurs deſirans les compter & délivrer préſentement auxdites dames, leſdites dames ont prié leſdits ſieurs directeurs de les faire retenir & garder comme dépôt, ſans en payer intérêts, par Pierre Maréchal Benier, conſeiller, ſecrétaire du roi, receveur dudit Hôpital à ce préſent; à quoi ſeroient condeſcendus leſdits ſieurs directeurs, & en effet ladite ſomme de vingt mille livres eſt demeurée ès-mains dudit ſieur Maréchal qui s'en charge comme dépoſitaire , pour la refournir par les ordres deſdites dames & deſdits ſieurs directeurs, pour le bâtiment d'une nouvelle maiſon de Refuge eſdites maiſons & emplacement délaiſſés, qui demeureront ſubrogés à cette fin , au lieu deſdites maiſons & emplacement où étoit ladite maiſon du Refuge de la Pitié, & moyennant leſdits vingt mille livres, & celle de vingt mille ſept cens cinquante-huit livres fournie en la valeur deſdites maiſons & héritages délaiſſés; leſdites maiſons acquiſes deſdits ſieur & damoiſelle Aymart, dudit Bourgeot & ſa femme, & de ladite veuve l'Abbé , leurs appartenances & dépendances , places & lieux qui compoſent ladite maiſon où étoit ce Refuge dans la Pitié, ſans exception , demeureront & appartiendront en pleine propriété, & à toujours, audit Hôpital-Général, pour en diſpoſer par leſdits ſieurs directeurs comme des autres biens dudit Hôpital, aux charges des cens & charges foncieres, ſi aucunes ſont dues, & au ſurplus, francs & quittes de toutes dettes & charges de ladite maiſon du Refuge; & d'autant que leſdits vingt mille livres en argent , & vingt mille ſept cens cinquante-huit livres en héritages excédant de ſept cens cinquante-huit livres , celle de quarante mille livres promiſe, ceſdites dames charitables ont quitté & abandonné au profit dudit Hôpital-Général les poteaux & autres bois qui ſervoient de cloiſonages ès cellules & autres lieux de ladite maiſon du Refuge à la Pitié, déclarés dans un bref état qui en a été fait par le ſieur Dubuiſſon , délivré auxdits ſieurs directeurs qui ſe contentent dudit bois, pour ladite ſomme de ſept cens cinquante-huit livres; & à leur requiſition, leſdites dames charitables ont ſubrogé & ſubrogent leſdites dames religieuſes Carmelites en leurs droits, privileges & hypotheques ſur leſdites maiſons où étoit le Refuge de la Pitié, ſans néanmoins aucune garantie, recours ni reſtitution de deniers, pour quelques cauſes que ce ſoit , reconnoiſſant leſdits ſieurs directeurs de l'Hôpital, avoir en leur poſſeſſion les contrats, décret, titres & papiers concernant leſdites maiſons; & en ce faiſant, leſdites dames charitables & leſdits ſieurs directeurs, ſont convenus que l'établiſſement & bâtimens des maiſons & lieux pour ſervir audit Refuge , ſeront faits inceſſamment ſur les emplacemens nouvellement acquis, par l'ordre deſdites dames & deſdits ſieurs directeurs, ſuivant les plan, devis & marché qui en ſeront arrêtés entr'eux ; & qu'auxdits bâtimens ſeront employés leſdits vingt mille livres & autres plus grandes ſommes qui proviendront d'aumônes & dons qui pourront être faits à cette fin ; & laquelle maiſon ſera appellée la maiſon du Refuge-de-Sainte-Pélagie, deſtinée

& appliquée pour toujours pour le renfermement desdites filles & femmes débauchées & dans le désordre des mœurs, sans que ladite destination puisse être changée pour quelques causes & sous quelque prétexte que ce soit; & comme cet établissement est de grande utilité au public, lesdites dames continueront & acheveront cet œuvre qu'elles ont si heureusement commencé; & a été le présent contrat fait sans déroger au droit de nomination, de subrogation, & autres clauses & conditions apposées au contrat dudit jour 18 Juin, en ce qui en reste à exécuter, & qu'il n'y est autrement stipulé par ces présentes, & aux restrictions ci-après, savoir, qu'au lieu de trente filles ou femmes débauchées & de force, & de trente filles ou femmes dans le désordre, qui entreront volontairement, que lesdites dames charitables, suivant ledit contrat du 18 Juin 1664, ont droit de faire entrer dans ladite maison, faisant ensemble soixante personnes, lesdites dames restraignent volontairement ledit droit au nombre de vingt-quatre personnes, savoir douze de force & douze volontaires, y compris les places pour lesquelles lesdites dames & leurs prédécesseurs ont subrogé aucunes paroisses de Paris en leur nomination; pour chacune desquelles douze filles ou femmes de force de ladite nomination, lesdites dames paieront à l'avenir cent cinquante livres de pension par chacun an, & pour chacune desdites filles ou femmes volontaires de ladite nomination, cent vingt livres aussi de pension au lieu de cent livres pour les premieres, & de quatre-vingt livres pour les secondes stipulées par ledit contrat du 18 Juin; le surplus des cellules & logemens de ladite nomination, seront à la disposition desdits sieurs directeurs-commissaires, pour y loger & entretenir des filles & femmes de cette qualité, aux pensions qui seront convenues au profit de ladite maison du Refuge de Sainte-Pélagie; & ont été les contrats d'acquisitions faites desdits sieurs & damoiselles Garbe, Gillet & Moüe, titres & papiers concernans icelles, déclarés particuliérement en un bref inventaire, & signé double des parties, mis dans le trésor des papiers de ladite maison du Refuge, du consentement des parties, sans préjudice des rentes dues par ledit Hôpital-Général à ladite maison du Refuge, montantes à neuf cens livres par an, rachetables de vingt mille quatre cens livres, provenans, savoir, six cens livres de rente de la fondation de m. Dufour, & trois cens livres de rente de la fondation de m. Hardy; & d'autant que le principal motif de l'établissement de ladite maison du Refuge a été non-seulement d'y retirer les filles & femmes débauchées, & leur ôter les occasions de demeurer en cet état, mais aussi de les faire instruire de leur croyance & mysteres de notre religion, & les porter par des conseils salutaires à entrer dans une vie pénitente, & ayant lesdites dames considéré qu'il y a plusieurs couvents de filles religieuses, lesquelles dans les occasions ont fait paroître avoir talent pour de pareils emplois, & elles en auroient fait recherche & trouvé, que de plusieurs couvents l'on leur en a offert, dans la vue de concourir à un si pieux dessein, & pour ce qu'elles ne peuvent & ne desirent entrer dans aucun engagement, ni faire choix desdites religieuses, qu'avec la participation & consentement desdits sieurs directeurs, elles leur en auroient fait la proposition, & auroient trouvé bon de recevoir & admettre des religieuses au service de ladite maison, selon le choix qui en seroit fait de celles qui se présenteroient; pour raison de quoi, ils ont fait les pactions & conventions qui ensuivent. C'est-à-savoir, que lesdites dames charitables nommeront & présenteront à monseigneur l'archevêque, des religieuses, pour leur donner telle commission qu'il trouvera à propos pour ledit emploi, s'il les en juge capables, & ensuite être présentées aux sieurs directeurs, & reçues à ladite maison, aux conditions suivantes. Savoir, que les dames supérieures & religieuses du couvent dont seront tirées lesdites religieuses, avec la permission de monseigneur leur évêque diocésain, s'obligeront de fournir, sitôt que ladite maison de Refuge aura été bâtie, nombre de religieuses professes de leur couvent, capables pour demeurer en ladite maison du Refuge de Sainte-Pélagie, y instruire lesdites filles & femmes débauchées, de leur croyance & des mysteres de notre religion; leur insinuer une vie pénitente, les former & entretenir au travail des ouvrages convenables à leur talent, dans les heures où elles ne seront pas occupées à leurs exercices de piété, pour en bannir l'oisiveté; & lequel nombre de religieuses pourra être à présent de quatre, & à l'avenir de six, si besoin est, sans que ledit nombre puisse être augmenté, pour quelque cause & sous quelque prétexte que ce soit; & arrivant le décès d'aucunes desdites religieuses, ou que, par maladie, infirmité ou autrement, elles ne pussent plus faire ledit exercice, ledit couvent sera prié de remplir le nombre tel que dessus, sans pour ce prétendre aucune rétribution ni autres choses quelconques, sinon leur logement, nourriture & entretenement, aux dépens de ladite maison du Refuge, lesquelles religieuses uniront avec l'habit de leur ordre, selon les statuts de ladite maison, sans qu'elles puissent y recevoir aucunes filles ou femmes en noviciat & profession, ni autres personnes que celles qui seront envoyées sur les billets de mm. les directeurs-commissaires de ladite maison, ni d'y établir ni donner aucune marque de couvent & communauté réguliere. Que si quelques-unes des filles ou femmes du Refuge, étant bien converties, avoient mouvement de se faire religieuses, elles pourront aller accomplir leur vocation dans un monastere qui voudra bien les recevoir, & ne pourront l'accomplir ni être reçues religieuses de ladite maison, l'intention de toutes les parties étant que ladite maison du Refuge demeure à perpétuité séculiere, comme elle a toujours été, sans pouvoir être convertie en monastere ni hospice, pour quelque cause & sous quelque prétexte que ce soit, à quoi elles renonceront pour elles & leurs successerisses, & déclareront qu'elles n'ont accepté de faire faire lesdits exercice & service par lesdites religieuses de leur couvent, que par charité & pour travailler à la conversion desdites filles & femmes, & leur faire garder les regles & statuts de ladite maison, tels qu'ils seront réglés, pour le spirituel, par monseigneur l'archevêque, &, pour le temporel, par lesdits sieurs directeurs; que lesdites religieuses n'auront & ne pourront avoir aucune part & droit aux maniement & direction des biens temporels & revenus de ladite maison, qui demeureront tout entiers, comme ils sont, entre les mains des sieurs directeurs, conformément à la déclaration du roi pour l'établissement de ladite maison; que tous les contrats de donations & autres contrats & actes, pour raison des biens & droits de ladite maison, seront faits & acceptés par lesdits sieurs directeurs & personnes de ceux d'eux qui seront nommés par le bureau pour commissaires, pour & au nom de ladite maison séculiere du Refuge, sous le titre de Sainte-Pélagie. S'il arrivoit que lesdites dames supérieure & religieuses vinssent, avec la participation de mm. leurs supérieurs, à retirer leurs religieuses employées en ladite maison du Refuge, & ne desirassent plus en subroger d'autres pour le service d'icelle maison, & aussi que lesdits sieurs directeurs & dames charitables, par des raisons & considérations de prudence, jugeassent à propos de ne plus demander leurs offices pour ledit exercice, lesdites dames charitables & les sieurs directeurs & leurs successeurs nommeront & présenteront à monseigneur l'archevêque des religieuses d'autres couvens, qui voudront bien entrer en cet emploi, pour leur donner telle commission que monseigneur trouvera à propos, s'il les en juge capables, comme il a été dit ci-dessus, aux mêmes charges, clauses, conditions & stipulations ci-devant exprimées; & pour d'autant plus affermir & autoriser l'exécution du présent contrat, lesdits sieurs directeurs pourront, si bon leur semble, poursuivre l'obtention des lettres-patentes du roi pour l'approbation, ratification & confirmation d'icelui, même tous arrêts de nosseigneurs de la cour de Parlement, pour l'enregistrement du présent contrat & lettres-patentes; & à l'effet de demander ledit enregistrement, les parties constituant leur procureur le porteur des présentes, & ont lesdits sieurs directeurs retiré la déclaration par eux faite par ledit contrat du 18 Juin 1664, & accordé par lesdites dames comparantes, qu'ils n'entendent point être tenus

tenus à aucune chose pour les bâtimens, édifices, établissemens, subsistances, charges ni autres dépenses de ladite maison du Refuge, que sur les fonds & bienfaits qui y ont été & pourront être faits & appliqués. Et pour l'exécution des présentes, les parties éliront leurs domiciles irrévocablement; savoir lesdits sieurs directeurs, en la maison de la Pitié, sise fauxbourg Saint-Victor, & les dames charitables, en la maison de ladite dame de Miramion ci-devant déclarée, auxquels lieux nonobstant, promettant, obligeant & renonçant. Ce fait & passé au bureau desdits sieurs, le 22 Mai 1680, après midi, & ont signé la minute des présentes, demeurée audit Monnier, l'un des Notaires soussignés. *Signés*, GARNIER & MONNIER.

LETTRES-PATENTES,

PORTANT permission de recevoir dans l'Hôpital de Sainte-Pélagie *les personnes du sexe qui s'offriront d'y demeurer pour se retirer du désordre.*

Du 14 Août 1691.

LOUIS, par la grace de Dieu, roi de France & de Navarre : A tous présens & à venir; SALUT. Nous avons, par nos lettres-patentes, en forme d'édit, données à Paris au mois d'Avril 1665, registrées en notre Cour de Parlement, établi la maison appellée le Refuge, dans une de celles qui dépendent de l'Hôpital-Général de notre bonne ville de Paris, pour y renfermer les femmes & filles débauchées qui y seroient envoyées par l'autorité du prévôt de Paris, ou gens tenans le siége présidial au Châtelet de ladite ville, ou des gens tenans notre Cour de Parlement à Paris; & le bon ordre & la discipline que les directeurs de l'Hôpital-Général ont jusqu'à présent fait observer dans cette maison, l'ont rendue encore plus utile que l'on ne l'avoit espéré, ensorte que plusieurs filles & femmes desirant se retirer du déréglement dans lequel elles auroient eu la foiblesse de tomber, se sont présentées volontairement pour y être reçues, & trouver dans cet asile tous les secours que le zele & la charité de ceux qui en ont la conduite leur peuvent procurer, pour mener une vie réglée & chrétienne, ce qui a porté plusieurs personnes charitables qui ont connu le double avantage que cette maison produiroit tant pour les femmes & filles qui seroient envoyées par autorité de justice, que pour celles qui y viendroient volontairement, à fonder ci-devant des places pour ces dernieres qui n'avoient pas le moyen de payer pension, & quelques dames de piété, touchées du desir d'étendre ce secours encore plus loin, & d'en faire jouir les plus pauvres, ont proposé aux directeurs de l'Hôpital-Général de louer une maison proche & dépendante du Refuge pour les y recevoir & traiter charitablement, de la mettre en état d'y en pouvoir loger jusques à dix-huit ou vingt, de faire bâtir pour leur usage une aîle de la chapelle du Refuge, conforme à celle qui est déjà faite, & de fournir généralement tout ce qui sera nécessaire pour leur nourriture, meubles & entretien, sans qu'il en puisse rien coûter à la maison du Refuge, ni à l'Hôpital-Général. Les directeurs ayant trouvé cette proposition avantageuse, & conforme au desir qu'ils ont de rendre l'Hôpital-Général le plus utile qu'il leur est possible à la gloire de Dieu, à notre service & au public, nous ont très-humblement remontré que pour la pouvoir accepter, ils auroient besoin de nouvelles lettres-patentes, par lesquelles il nous plût autoriser & confirmer l'usage qui est pratiqué dans la maison du Refuge, d'y recevoir les filles & femmes qui se présentent volontairement, dans les dispositions ci-dessus marquées; les premieres lettres que nous leur avons accordées, au mois d'Avril 1665, ne faisant mention que des filles & femmes qui y seroient renfermées par autorité de justice. Et comme nous employons avec joie le pouvoir qu'il a plu à Dieu de nous donner pour toutes le choses qui regardent son service & l'avantage de nos sujets, que d'ailleurs cet établissement nous paroît très-louable & fort utile au public, & que nous l'avons même déjà autorisé par un article des reglemens faits pour la maison de la Salpêtriere, & confirmés par nos lettres-patentes du 20 Avril 1684; savoir faisons que, POUR CES CAUSES, & autres à ce nous mouvant, de l'avis de notre Conseil, & de notre certaine science, pleine puissance & autorité royale, avons par ces présentes signées de notre main, agréé & confirmé, agréons & confirmons ledit établissement de la maison du Refuge; permettons aux directeurs de l'Hôpital-Général d'y recevoir non-seulement les filles & femmes qui y seront envoyées par autorité de justice, ainsi qu'il est porté par nos lettres-patentes du mois d'Avril 1665, mais encore celles qui se présenteront volontairement dans le dessein de se retirer du déréglement dans lequel elles avoient eu la foiblesse de tomber, pour être occupées à des ouvrages convenables, & y mener une vie chrétienne, conformément aux reglemens qui y sont observés, sous la conduite & direction du recteur de l'Hôpital-Général, pour ce qui regarde le spirituel, & desdits directeurs, pour le temporel, ainsi qu'il se pratique dans les autres maisons qui en dépendent. A cette fin, lesdites filles & femmes seront présentées aux directeurs-commissaires de ladite maison, les jours qu'ils y tiendront bureau, & par eux interrogées sur les dispositions dans lesquelles elles demanderont d'y entrer, & ensuite admises, s'il est ainsi ordonné, sur le rapport qui en sera fait au bureau général suivant, dont sera fait mention sur le registre des réceptions de ladite maison, sur lequel lesdites filles & femmes signeront, si elles savent signer, pour marque de leur consentement, & seront gardées dans ladite maison tant qu'elles persisteront dans la volonté d'y rester, & qu'il sera pourvu à leur subsistance & entretien, ensorte qu'il n'en puisse rien coûter à l'Hôpital-Général, ni à ladite maison du Refuge, & sans qu'on les y puisse retenir après qu'elles auront demandé permission d'en sortir. Voulons aussi que lesdits directeurs puissent accepter pour ladite maison du Refuge, les fondations qui pourront y être faites pour l'entretien desdites filles & femmes, même contracter pour le bien & utilité de ladite maison avec telles personnes, & à telles conditions qu'ils verront bon être. Si donnons en mandement à nos amés & féaux conseillers, les gens tenans notre Cour de Parlement à Paris, audit prévôt de Paris, & gens tenans le siege Présidial audit lieu, que ces présentes ils aient à faire enregistrer purement & simplement, & le contenu en icelles, faire entretenir, garder & observer, sans permettre qu'il y soit contrevenu en aucune maniere. Car tel est notre plaisir; & afin que ce soit chose ferme & stable à toujours, nous y avons fait mettre notre scel. Donné à Versailles au mois de Juillet, l'an de grace mil six cent quatre-vingt-onze, & de notre regne le quarante-neuvieme. *Signé*, LOUIS. *Et sur le repli est écrit*, par le roi, PHELYPEAUX. *Visa*. BOUCHERAT. Pour lettres portant permission à la maison du Refuge à Paris, pour accepter des legs & union d'une maison. *Signé*, PHELYPEAUX. *Et sur le même repli est écrit*. Registrées, oui le procureur-général du roi, pour être exécutées selon leur forme & teneur, suivant l'arrêt de ce jour. A Paris en Parlement, le quatorze Août mil six cent quatre-vingt-onze. *Signé*, DU TILLET, *avec paraphe*.

LETTRES-PATENTES,

*CONFIRMATIVES des fondations & réglemens de l'*Hôpital de Sainte-Pélagie.

Mai 1703.

LOUIS, par la grace de Dieu, roi de France & de Navarre : A tous présens & à venir. SALUT. Nos chers & bien amés les directeurs de l'Hôpital-Général de notre bonne ville de Paris, nous ont fait exposer que par nos lettres-patentes des mois d'Avril 1665, & Juillet 1691, nous ayant plu d'établir & confirmer la maison du Refuge-de-Sainte-Pélagie sous leur direction & conduite, non-seulement pour y renfermer les femmes & filles qui y seroient envoyées en vertu de nos lettres de cachet, ou par autorité de justice, mais encore pour y recevoir celles qui voudroient se retirer du déréglement où elles auroient eu la foiblesse de tomber, cet établissement s'est maintenu jusques à présent avec tant de succès, que plusieurs personnes charitables, édifiées du bien qui se pratique dans cette maison, auroient fondé quelques places pour ces dernieres qui n'auroient pas le moyen de payer pension. Quelques autres voulant porter ce secours encore plus loin, en vue d'affermir dans cette maison l'esprit de pénitence, & le bon ordre qui s'y trouve, auroient fondé sept places d'officieres, pour être remplies par autant de personnes qui en seroient jugées capables, lesquelles étant assurées de trouver par ce moyen un établissement solide, seront plus disposées à se dévouer entiérement au service de l'une & de l'autre communauté, renfermées dans cette maison, & auroient même fait construire à leurs frais & dépens un nouveau bâtiment, qui, conservant avec plus de sûreté la séparation de l'une d'avec l'autre, & empêchant tout commerce au dehors, contribuera beaucoup à maintenir la tranquillité qui y est si nécessaire. Les exposans pour contribuer de leur part, autant qu'il leur est possible, au soutien & au bon ordre d'une maison aussi édifiante, par rapport à la religion, qu'elle est utile au bien du public, auroient fait rédiger de nouveaux réglemens, afin d'assurer à l'avenir le gouvernement & la police de cette maison, lesquels ont été vus & approuvés par notre très-cher & amé cousin le cardinal de Noailles, archevêque de Paris, & arrêtées au bureau général dudit Hôpital, les 29 & dernier Mars de la présente année 1703. Mais comme lesdites fondations & ces réglemens semblent donner une nouvelle forme à la conduite de cette maison, ils nous ont très-humblement supplié leur vouloir accorder nos lettres de confirmation sur ce nécessaires. A CES CAUSES, voulant seconder les pieuses & louables intentions des exposans, & de plus en plus contribuer à l'augmentation du bien qui se pratique dans cette maison; de notre grace spéciale, pleine puissance & autorité royale, nous avons agréé, approuvé & confirmé, agréons, approuvons & confirmons par ces présentes signées de notre main, les contrats de donations & fondations faits au profit de cette maison, les 21 Juin & 20 Décembre 1700, dernier Mars de la présente année 1703, ensemble lesdits réglemens ci-attachées sous le contre-scel de notre chancellerie; voulons & nous plaît qu'ils sortent leur plein & entiere effet, & soient gardés, observés & exécutés selon leur forme & teneur; avons en outre, en tant que de besoin, permis & permettons par ces mêmes présentes, aux exposans, d'accepter tous legs, fondations & contrats, pour le bien & avantage de ladite maison, avec telles personnes & à telles conditions qu'ils jugeront à propos, tant par rapport aux femmes & filles qui s'y retireront de bonne volonté, qu'à l'égard de celles qui y seront conduites & renfermées par nos ordres ou par autorité de justice. Si donnons en mandement à nos amés & féaux conseillers les gens tenans notre Cour de Parlement à Paris, que ces présentes ils aient à registrer, & de leur conteuu faire jouir & user lesdits exposans & ceux qui leur succéderont en ladite qualité, pleinement, paisiblement & perpétuellement, cessant & faisant cesser tous troubles & empêchemens à ce contraires, & sans souffrir qu'il y soit contrevenu en aucune maniere. Car tel est notre plaisir; & afin que ce soit chose ferme & stable à toujours, nous avons fait mettre notre scel à cesdites présentes. Donné à Versailles au mois de Mai, l'an de grace mil sept cent trois, & de notre regne le soixante-unieme. *Signé*, LOUIS. *Et sur le repli est écrit:* par le roi, PHELYPEAUX. *Et sur le même repli est aussi écrit: Visa.* PHELYPEAUX, pour confirmation de réglemens pour la maison du Refuge à Paris. *Et sur le même repli est encore écrit:* registrées & ce requérant le procureur-général du roi, pour jouir par les impétrans & ceux qui leur succéderont en ladite qualité de directeurs de l'Hôpital-général de cette ville de Paris, de leur effet & contenu, & être exécutées selon leur forme & teneur, suivant l'arrêt de cejour. A Paris, en Parlement, le vingt-huit Juin mil sept cent trois. *Signé*, DONGOIS, *avec paraphe. Et au dos est écrit :* enregistré, le six de Juin mil sept cent trois. *Signé*, GOURDON, *aussi avec paraphe.*

MALADIES,

ÉCROUELLES, MAL-VÉNÉRIEN, MALADES ENVOYÉS A L'HÔTEL-DIEU, INFIRMERIES.

EXTRAIT DU RÉGLEMENT DE 1656.

ART. 6. NE seront reçus audit Hôpital-Général les pauvres mendians affligés de lepres ou de maladie contagieuse, ou mal-vénérien; mais seront, à la diligence des directeurs de l'Hôpital, renvoyés à ceux qui en doivent avoir le soin, de sorte qu'ils ne puissent mendier.

ART. 9. Les mendians aveugles & incurables, seront pareillement reçus audit Hôpital-Général, jusqu'à ce qu'il y ait place pour les admettre aux Hôpitaux des Quinze-Vingts & des Incurables, par l'avis & consentement des directeurs desdits Hôpitaux.

ART. 11. Ceux qui sont affligés du mal des écrouelles, pourront; savoir, les étrangers durant un mois, & les françois durant quinze jours, demeurer en cette ville & fauxbourgs de Paris, avant les fêtes solemnelles, auxquelles le roi a accoutumé de les toucher, avec défense de mendier pendant ce tems, à peine d'être chassés, & seront tenus vuider trois jours après la cérémonie accomplie, sur les mêmes peines; leur sera cependant donné l'aumône du fonds dudit Hôpital, s'il est jugé par les directeurs qu'ils en aient besoin pour leur subsistance.

ART. 27. Les pauvres dudit Hôpital, lorsqu'ils seront malades de maladie formée, seront envoyés à l'Hôtel-Dieu, pour y être traités, & après leur convalescence, ramenés audit Hôpital-Général, & sera fait mention sur le registre de leur sortie & de leur retour.

ART. 28. Il y aura audit Hôpital-Général un lieu particulier d'infirmerie, pour les indispositions communes des pauvres, & une autre pour les officiers & domestiques malades dudit Hôpital.

EXTRAIT

*Des regiſtres du greffe du bureau de l'*Hôtel-Dieu *de Paris, au ſujet des pauvres malades des maiſons deſtinées pour les pauvres valides.*

Du 19 Septembre 1612.

Cejourd'hui ſuſdit, que monſeigneur le premier préſident a propoſé à la compagnie qu'il eſt néceſſaire que les pauvres qui demeureront malades aux maiſons deſtinées pour les pauvres valides, ſoient apportés à l'Hôtel-Dieu de Paris, tant par les amballeurs dudit Hôtel-Dieu que autres, pour être penſés & médicamentés de leurs maladies ; & à cet effet ſeront mis à un côté de la ſalle Saint-Thomas, en lits à part, & ſeront leurs habits ſerrés en lieux ſéparés des autres, pour être rendus à qui il appartiendra ; ſeront pareillement tenus les chapelains dudit Hôtel-Dieu, de tranſcrire les noms deſdits malades en leur entier, en un cahier à part de leur regiſtre, avec le jour de leur arrivée, & le lieu d'où ils viennent, pour y avoir recours, quand beſoin ſera : ce que ladite compagnie a ordonné être fait. Ce fut fait & ordonné par monſeigneur le premier préſident, meſſieurs Sanguin, Marcel, Deſprés, Saintot, Perrot, les an & jour deſſus dits. *Signé*, Bezart, greffier.

ARRÊT DU PARLEMENT,

Portant ordre au grand Bureau de recevoir, ſur les billets des directeurs de l'Hôpital-Général, *les pauvres affligés du mal-vénérien.*

Du 6 Décembre 1659.

Vu par la Cour, la requête préſentée par le procureur-général du roi, contenant qu'il eſt beſoin de pourvoir de lieu où ſeroient miſes les perſonnes qui ſont atteintes du mal-vénérien, d'autant que par l'article ſixieme du réglement de l'Hôpital-Général, il eſt dit que les malades du mal-vénérien ne pourront être reçus audit Hôpital-Général, & que les adminiſtrateurs du grand Bureau des pauvres font refus de recevoir les femmes groſſes qui ſe préſentent atteintes dudit mal, parce qu'on ne peut faire les grands remedes à cauſe du grand péril où ſeroit leur fruit, & que par leur réglement ils ne doivent recevoir que deux des malades de cette qualité par chaque jour de Bureau, &c. Oui le rapport de m[e] Charles de Saveuſe conſeiller; tout conſidéré : ladite Cour a ordonné & ordonne que ledit grand Bureau des pauvres ſera tenu recevoir les femmes groſſes qui ſe trouveront atteintes dudit mal-vénérien pour les faire paſſer par des remedes doux juſques à leur accouchement; comme auſſi ceux & celles qui n'auroient que les approches dudit mal, afin d'empêcher le péril de leur communication, & qui ſe préſenteront ſur les billets des adminiſtrateurs dudit Hôpital-Général; & ſera le réglement d'icelui exécuté ſans préjudice de l'exécution de celui du grand Bureau en autres choſes. Fait en Parlement le ſixieme de Septembre mil ſix cent cinquante-neuf.

EXTRAIT DE L'ARRÊT DU PARLEMENT,

CONCERNANT les pauvres attaqués de mal-vénérien, ainsi que les fous & folles.

Du 7 Septembre 1660.

L'ARRÊT de notredite Cour du 6 Septembre 1659, touchant les femmes grosses, atteintes du mal vénérien sera exécuté ; & il sera pourvu d'un lieu pour enfermer les fous & les folles qui sont à présent, ou seront ci-après audit Hôpital-Général.

ARRÊT DU PARLEMENT,

QUI fait défenses à tous conducteurs, rouliers & autres, d'amener à l'Hôpital-Général de Paris aucuns enfans malades, aveugles ou estropiés, sans avoir fait écrire sur leurs livres les noms & demeures de ceux qui leur auront remis lesdits enfans.

Du 23 Novembre 1695.

SUR ce qui a été remontré par le procureur-général du roi, qu'il a été averti par les directeurs de l'Hôpital-Général qu'ils ont reconnu par l'examen qu'ils ont fait des pauvres qui sont envoyés par la voie de l'Hôtel-Dieu dans les maisons de la Pitié & de la Salpêtriere, qu'il s'y trouve plusieurs enfans, & même des personnes de tous âges, de l'un & l'autre sexe, aveugles, insensés, ou affligés d'autres maladies, qui sont amenés de différentes provinces en cette ville de Paris, par les messagers, voituriers & conducteurs des coches, & laissés à l'Hôtel-Dieu, sous prétexte de leurs infirmités, ou de l'abandonnement dans lequel ils se trouvent ; & toutes ces personnes n'étant point l'objet de l'Hôtel-Dieu, les administrateurs sont obligés de les envoyer, par forme de dépôt, à l'Hôpital-Général, lequel se trouve par-là surchargé d'un grand nombre d'enfans, & d'autres pauvres, dans un âge peu avancé, n'étant pas possible de les congédier, attendu le bas-âge des uns & les infirmités des autres ; ensorte que ces pauvres qui, selon l'ordre de la charité & de la justice, devroient être nourris & secourus par chaque ville & province de leur naissance, remplissent les places de ceux de la ville & fauxbourgs de Paris, pour lesquels l'Hôpital-Général a été principalement établi : que ce désordre ayant été représenté à la Cour dès l'année 1663, elle y pourvut par son arrêt du 8 Février de la même année, portant défenses à tous messagers & voituriers, tant par eau que par terre, d'amener des pauvres à Paris, qu'avec les précautions raisonnables, pour prévenir cet abus, & tous les inconvéniens qui en peuvent suivre, & qui sont expliqués ; & comme il paroît que ce désordre continue, par le peu d'attention que les messagers ont pour l'exécution de cet arrêt, il a requis qu'il plût à la Cour d'y pourvoir, de renouveller la disposition du même arrêt, & réitérer les défenses qui y sont portées. Lui retiré, la matiere mise en délibération, LADITE COUR a ordonné & ordonne que ledit arrêt du 8 Février 1663 sera exécuté selon sa forme & teneur ; & en conséquence, fait très-expresses inhibitions & défenses à tous messagers, rouliers, voituriers & conducteurs de coches, tant par eau que par terre, d'amener à Paris aucuns enfans, ni aucuns pauvres, aveugles, estropiés, défigurés, ou atteints d'autres maladies ou infirmités apparentes, qu'ils n'en aient fait écrire les noms & surnoms sur les livres, avec leurs noms, surnoms & demeures de ceux qui les en auront chargés sur les lieux, & l'adresse de ceux entre les mains desquels ils les devront remettre à Paris, à peine de punition corporelle, & de mille livres d'amende, au profit de l'Hôpital-Général, au paiement de laquelle ils seront contraints par corps. Ordonne que le présent arrêt sera lu, publié & affiché où besoin sera, & copies collationnées envoyées aux bailliages & sénéchaussées du ressort, pour y être lu & publié. Enjoint aux substituts du procureur-général du roi d'y tenir la main, & d'en certifier la Cour. Fait en Parlement le vingt-troisieme Novembre mil six cent quatre-vingt-quinze. Collationné. *Signé*, DUJARDIN.

ARRÊT DU PARLEMENT,

*QUI regle que les personnes de l'un & de l'autre sexe, détenues de force dans les maisons de l'*Hôpital-Général, *attaquées de maladies formées, seront dorénavant traitées dans les maisons dudit Hôpital; à l'effet de quoi sa majesté se propose d'y établir des infirmeries, & d'accorder à cet établissement des secours proportionnés à cette nouvelle cause de dépense.*

Du 28 Août 1767.

LOUIS, par la grace de Dieu, roi de France & de Navarre, au premier huissier de notre Cour de Parlement, ou autre notre huissier ou sergent sur ce requis, savoir faisons: Qu'entre les directeurs & administrateurs de l'Hôpital-Général de Paris, demandeurs aux fins des requête, ordonnance & exploit du 14 Décembre 1763, tendante ladite requête à ce qu'il leur fût permis de faire assigner en notredite Cour les défendeurs ci-après nommés, pour voir dire que l'édit d'établissement dudit Hôpital-Général du mois d'Avril 1656, enregistré en notredite Cour, & les réglemens faits en conséquence, seront exécutés selon leur forme & teneur; ce faisant, que lesdits défendeurs soient tenus de recevoir dans ledit Hôtel-Dieu, ou dans telle de ses annexes qu'ils jugeroient à propos, les malades libres & de force de maladies formées, pour y être traités, & après leur convalescence ramenés audit Hôpital-Général; & en cas de contestations, que les contestans fussent condamnés aux dépens d'une part; & les maîtres, gouverneurs & administrateurs de l'Hôtel-Dieu de Paris & ses annexes, défendeurs d'autre part.

Après que Marguet, avocat des administrateurs de l'Hôpital-Général, & Savin, avocat des administrateurs de l'Hôtel-Dieu, ont été ouis pendant cinq audiences, ensemble Joly de Fleury pour notre procureur-général.

NOTREDITE COUR, sur la demande des parties de Marguet, met les parties hors de Cour, dépens compensés, sauf aux parties de Marguet à se pourvoir par devers nous, à l'effet d'obtenir de nous les secours nécessaires, pour établir, dans le lieu qu'il nous plaira déterminer à cette fin, une infirmerie pour les personnes de l'un & de l'autre sexe, détenues de force dans les maisons de l'Hôpital-Général. SI MANDONS mettre le présent arrêt à exécution. DONNÉ en notredite cour de Parlement, le vingt-huit Août mil sept cent soixante-sept, & de notre regne le cinquante-deuxieme. Collationné *signé*, JOLIMET, avec paraphe. Et par la chambre, *signé*, DUFRANC. *Au dessous est écrit*:

Le treize Avril mil sept cent soixante-huit, signifié & baillé copie à m[e] de la Magdeleine, procureur, par nous huissier au Parlement soussigné, *signé* JARRY.

EXTRAIT DES LETTRES-PATENTES DU ROI,

*POUR l'établissement des infirmeries dans les maisons dépendantes de l'*Hôpital-Général.

Du 22 Juillet 1780.

ART. 3 IL sera, ainsi qu'il a été convenu avec les administrateurs, incessamment établi dans chacune des maisons de la Salpêtriere, de Bicêtre & de la Pitié, dépendantes dudit Hôpital-Général, différentes infirmeries pour y traiter & soigner tous les pauvres malades de chacune desdites maisons; en conséquence nous voulons que les constructions, réparations & distributions nécessaires pour former ces infirmeries, soient faites, suivant & conformément aux plans & devis qui seront dressés par les ordres desdits administrateurs, & que nous aurons approuvés; & que la construction des loges pour les folles, & des salles pour les femmes épileptiques étant à la Salpêtriere, soit continuée, suivant le plan commencé; ordonnons en outre que toutes lesdites constructions, réparations & distributions, seront adjugées publiquement au rabais par lesdits administrateurs, en leur bureau, & d'après des affiches & publications, ainsi qu'il est d'usage en pareil cas.

ART. 4. Aussi-tôt que lesdites infirmeries seront en état d'être habitées, nous voulons & ordonnons que tous les malades desdites maisons y soient traités & soignés chacun seul dans un lit. Faisons défenses, à compter de cette époque, de plus en envoyer à l'Hôtel-Dieu, sous quelque prétexte que ce soit ou puisse être.

MANUFACTURES.

EXTRAIT DE L'ÉDIT D'ÉTABLISSEMENT DE L'HOPITAL-GÉNÉRAL.

Du mois d'Avril 1656, articles 53 & 54.

ART. 53. PERMETTONS & donnons pouvoir aux directeurs de faire & fabriquer dans l'étendue dudit Hôpital, & des lieux en dépendans, toutes sortes de manufactures, & les faire vendre & débiter au profit des pauvres d'icelui.

ART. 54. Lesquelles manufactures, nous avons exceptées de payer aucun droit de sol pour livre, anciens ou nouveaux, droit d'aide, douanes ou autres, de quelque nature qu'ils puissent être, même de toutes visites, conformément aux exemptions de l'Hôpital de Lyon.

EXTRAIT DU RÉGLEMENT DU 27 AVRIL 1656.

ART. 29. POUR exciter les pauvres enfermés de travailler aux manufactures avec plus d'assiduité & d'affection, ceux qui auront atteint l'âge de seize ans, en l'un ou l'autre sexe, auront le tiers du profit de leur travail, sans qu'il leur soit rien diminué ni pris aucune chose par les maîtres & maitresses qui seront préposés par les directeurs ou autres officiers de l'Hôpital, sous peine d'être chassés, ou telle autre peine que les directeurs aviseront; & à l'égard des deux autres tiers, ils appartiendront à l'Hôpital.

ARRÊT DU CONSEIL D'ÉTAT DU ROI,

PORTANT Réglement pour les Manufactures établies dans l'Hôpital-Général *de Paris.*

Du 3 Août 1750.

SUR la requête présentée au roi, étant en son Conseil, par les directeurs & administrateurs de l'Hôpital-Général de Paris; contenant, que la faculté de pouvoir faire travailler toutes sortes de manufactures, & d'en faire vendre & débiter les ouvrages au profit des pauvres dudit Hôpital, est un des principaux privileges qui lui ont été accordés par l'édit de son établissement du mois d'Avril 1656. Que les supplians, jaloux dans toutes leurs fonctions, de répondre aux vues du ministere, n'ont rien négligé dans tous les tems pour faire usage de cette faculté; convaincus d'ailleurs de tous les avantages qui en pouvoient résulter, en détournant les pauvres de leur misere, & en les arrachant à l'oisiveté, source de toutes sortes de vices dans l'Hôpital: qu'en effet, on a vu, depuis près d'un siecle, plusieurs établissemens de manufactures dans l'Hôpital, quelques-uns même suivis avec succès pendant les premieres années: que celui commencé en 1734, a fait pour six cens mille livres d'ouvrages en fort peu de tems; qu'il avoit pour objet l'habillement de partie des troupes du roi, que les ministres en paroissoient contens, & qu'il subsiste encore aujourd'hui dans ledit Hôpital quelques métiers qui font de bonnes étoffes; mais qu'aucuns de ces établissemens ne sont arrivés au point de perfection desirable, pour remplir les justes idées du gouvernement, en accordant le privilege: que l'expérience ayant fait découvrir plusieurs abus dans ces premiers établissemens de manufactures, les supplians avoient successivement donné tous leurs soins à les réparer, & à en prévenir de nouveaux: qu'ils avoient remarqué qu'un des plus grands inconvéniens qui s'étoient opposés à leurs progrès, étoit le défaut d'engagement, pour un tems certain & déterminé, des sujets dudit Hôpital destinés aux différentes opérations de ces manufactures, & la liberté qu'ils avoient de sortir à leur gré, & quand ils le jugeoient à propos: qu'il faut au moins six mois pour former un sujet, & le mettre en état de travailler, quelques bonnes dispositions qu'il ait par lui-même; pendant ce tems, combien son peu d'expérience ne coûte-t-il pas à l'Hôpital? quel déchet dans la matiere qu'il prépare? quelle défectuosité dans sa qualité? que s'il lui est libre de quitter l'Hôpital, quand il a commencé à savoir son métier, les établissemens n'auront que des éleves & des apprentifs, jamais d'ouvriers formés, & par conséquent les opérations seront toujours mal dirigées pour la qualité & le produit: que l'Hôpital loge, nourrit & entretient les pauvres qui ont besoin de son secours, qu'il ne semble pas devoir être d'une condition inférieure à celles des maîtres de Paris: que ceux-ci ont la faculté d'engager leurs apprentifs pendant un tems: que la communauté des horlogers les engage pour six ans, celle des orfevres les engage pour huit, afin de dédommager les maîtres, par les dernieres années de l'apprentissage, des pertes qu'ils ont souffertes, & des soins qu'ils se sont donnés pour rendre ces apprentifs capables du travail auquel ils sont destinés: qu'au reste, si les supplians demandent à être autorisés à retenir ces sujets pendant un certain tems, c'est moins pour le profit particulier de l'Hôpital, que pour l'avantage du sujet même; qu'il est constant qu'il sera plus fort & plus en état de gagner sa vie, après un apprentissage formé dans un intervalle compétant, que s'il lui est permis de quitter l'Hôpital à son gré, suivant son caprice & son ennui, pour passer chez différens maîtres: que cette liberté mal entendue, & ces variations, sont toujours la source du désordre

& de l'incapacité; que si au contraire il reste à l'Hôpital un tems propre à former ce sujet, il acquerra plus d'expérience, il deviendra plus habile : & comme il est d'usage de lui donner le tiers du produit de son travail, il trouvera un motif d'attachement & d'émulation dans ce profit, qui sera plus ou moins considérable, à proportion de sa capacité & de son intelligence ; que ces principes sont si constans, que le Conseil en a fait l'objet d'un réglement particulier, le 2 Janvier 1749. Mais que comme l'autorité des directeurs & administrateurs de l'Hôpital-Général ne s'étend que sur les pauvres qui y sont renfermés, qu'elle cesse dès qu'ils en sont sortis, & que la plupart sont redemandés sous différens prétextes par leurs parens & leurs amis : que quelques-uns même, dès qu'ils ont acquis quelques connoissances, sont aussi-tôt sollicités & subornés par les différens maîtres qui habitent aux environs dudit Hôpital ; il est indispensable, pour le soutien des établissemens de manufactures que les supplians se disposent à former dans ledit Hôpital, que le roi veuille bien expliquer ses intentions à cet égard, d'une façon à assurer le bien du service en cette partie, & à rendre ces établissemens aussi avantageux à l'état en général, qu'utiles en particulier à ceux qui y seront employés. A CES CAUSES, requéroient les supplians qu'il plût à sa majesté ordonner que les pauvres dudit Hôpital, de l'un & de l'autre sexe, qui auront été nommés & choisis par les directeurs & administrateurs, pour travailler aux établissemens de manufactures, seront inscrits sur un registre tenu à cet effet, & ne pourront sortir dudit Hôpital, pour quelque cause & sous quelque prétexte que ce soit, qu'après six années entieres & consécutives, depuis le jour qu'ils auront été inscrits sur ledit registre, à peine de six mois de prison pour la premiere fois, & de plus grande peine en cas de récidive : qu'après lesdites six années révolues, & qu'ils auront donné des preuves de leur capacité, il leur sera permis d'aller travailler où bon leur semblera, en avertissant toutefois, un mois auparavant, qu'ils ne veulent pas continuer ; & seront tenus de prendre un certificat de l'un des directeurs & administrateurs, qui justifie qu'ils ont accompli lesdites six années : faire défenses à tous maîtres & ouvriers, de quelqu'espece qu'ils soient, d'occuper ou recevoir aucun pauvre dudit Hôpital, pour filer, carder, servir & être occupé à aucun travail, de quelque nature qu'il puisse être, qu'il ne leur soit apparu d'une permission expresse & par écrit, d'un desdits directeurs & administrateurs-commissaires desdites manufactures, à peine de cinq cens livres d'amende contre le maître ou ouvrier, applicable audit Hôpital, & de six mois de prison contre le pauvre. Permettre auxdits directeurs & administrateurs, de revendiquer les pauvres qui se seront évadés en quelque lieu, & chez quelque maître ou ouvrier qu'ils se soient retirés dans Paris ou dans les provinces ; ordonner qu'ils seront tenus de les rendre à la premiere sommation qui leur en sera faite, à peine de cinq cens livres d'amende, applicable comme dessus, & de six mois de prison contre lesdits pauvres ainsi évadés : que si lesdits directeurs & administrateurs jugent à propos d'employer au service desdites manufactures, quelques ouvriers qui ne soient pas dudit Hôpital, ces ouvriers ne pourront quitter l'ouvrage, qu'au préalable ils n'aient achevé les pieces qu'ils auront commencées, s'ils sont tisseurs, & s'ils ne le sont pas, qu'ils n'aient perfectionné les ouvrages qui leur auront été confiés. Vu ladite requête, l'édit d'établissement de l'Hôpital-Général de Paris du mois d'Avril 1656, & l'arrêt du Conseil du 2 Janvier 1749, portant réglement pour les compagnons & ouvriers qui travaillent dans les fabriques & manufactures du royaume : Oui le rapport du sieur de Machault conseiller ordinaire au Conseil royal, contrôleur général des finances. LE ROI, étant en son Conseil, a ordonné & ordonne ce qui suit :

ARTICLE PREMIER.

Les pauvres de l'Hôpital-Général de Paris, de l'un & l'autre sexe, qui auront été nommés & choisis par les directeurs & administrateurs dudit Hôpital, pour travailler à des établissemens de fabriques & manufactures, seront inscrits sur un registre tenu à cet effet, & ne pourront sortir dudit Hôpital, pour quelque cause & sur quelque prétexte que ce soit, qu'après six années entieres & consécutives, depuis le jour qu'ils auront été inscrits sur ledit registre; à peine de six mois de prison pour la premiere fois, & de plus grande peine en cas de récidive.

II. Après lesdites six années révolues, & que les pauvres auront donné des preuves de leur capacité, il leur sera permis d'aller travailler où bon leur semblera, en avertissant toutefois un mois auparavant, qu'ils ne veulent pas continuer; & seront tenus de prendre un certificat de l'un desdits directeurs & administrateurs, qui justifie qu'ils ont accompli lesdites six années.

III. Fait sa majesté très-expresses inhibitions & défenses à tous maîtres & ouvriers, de quelqu'espece qu'ils soient, d'occuper ou recevoir aucun pauvre dudit Hôpital, pour carder, filer, servir & être occupé à aucun travail, de quelque nature qu'il puisse être, qu'il ne leur soit apparu d'une permission expresse & par écrit, d'un desdits directeurs & administrateurs commissaires desdites manufactures; à peine de cinq cens livres d'amende contre le maître ou ouvrier, applicable audit Hôpital, & de six mois de prison pour le pauvre.

IV. Permet auxdits directeurs & administrateurs, de revendiquer les pauvres dudit Hôpital, qui se seront évadés en quelque lieu, & chez quelque maître ou ouvrier qu'ils se soient retirés dans Paris ou dans les provinces. Ordonne qu'ils seront tenus de les rendre, à la premiere sommation qui leur en sera faite; à peine de cinq cens livres d'amende, applicable comme dessus, & de six mois de prison contre les pauvres ainsi évadés.

V. Si les directeurs & administrateurs jugent à propos d'employer au service desdites fabriques ou manufactures, quelques ouvriers qui ne soient pas dudit Hôpital, ces ouvriers ne pourront quitter l'ouvrage, qu'au préalable ils n'aient achevé les pieces qu'ils auront commencées, s'ils sont tisseurs, & s'ils ne le sont pas, qu'ils n'aient perfectionné les autres ouvrages qui leur auront été confiés. Enjoint sa majesté au sieur lieutenant-général de police de la ville de Paris, & aux sieurs intendans & commissaires départis dans les provinces, de tenir la main à l'exécution du présent arrêt, sur lequel toutes lettres nécessaires seront expédiées. Fait au Conseil d'état du roi, sa majesté y étant, tenu à Versailles le troisieme jour d'Août mil sept cens cinquante. *Signé*, M. P. DE VOYER D'ARGENSON.

LOUIS, par la grace de Dieu, roi de France & de Navarre, dauphin de Viennois, comte de Valentinois & Diois, Provence, Forcalquier & terres adjacentes: A notre amé & féal conseiller en nos conseils, le sieur lieutenant-général de police de notre bonne ville, prevôté & vicomté de Paris, & aux sieurs intendans & commissaires départis pour l'exécution de nos ordres dans les provinces & généralités de notre royaume. SALUT. Nous vous mandons & enjoignons par ces présentes, signées de nous, de tenir, chacun en droit soi, la main à l'exécution de l'arrêt ci-attaché sous le contre-scel de notre Chancellerie, cejourd'hui rendu en notre Conseil d'état, nous y étant, pour les causes y contenues. Commandons au premier notre huissier ou sergent sur ce requis, de signifier ledit arrêt à tous qu'il appartiendra, à ce que personne n'en ignore; & de faire en outre, pour l'entiere exécution d'icelui, tous exploits, commandemens, sommations & autres actes nécessaires, sans autre permission, nonobstant clameur de haro, chartre normande, & lettres à ce contraires. Voulons qu'aux copies dudit arrêt & des présentes, collationnées par l'un de nos amés & féaux conseillers-secrétaires, foi soit ajoutée comme aux originaux : car tel eſt notre plaiſir. Donné à Verſailles le troiſieme jour d'Août, l'an de grace mil ſept cent cinquante, & de notre regne le trente-cinquieme. *Signé*, LOUIS. *Et plus bas*, par le roi, dauphin, comte de Provence. *Signé*, M. P. DE VOYER D'ARGENSON. *Et ſcellé.*

NICOLAS-RENÉ BERRYER, chevalier, conſeiller du roi en ſes conſeils, maître des requêtes ordinaires de ſon hôtel, lieutenant-général de police de la ville, prévôté & vicomté de Paris :

Vu l'arrêt du conſeil ci-deſſus, nous ordonnons qu'il ſera exécuté ſelon ſa forme & teneur, imprimé, lu, publié & affiché par-tout où beſoin ſera, à ce que perſonne n'en ignore. Fait à Paris, en notre hôtel, le dix-ſept Septembre mil ſept cent cinquante. Signé, *BERRYER.*

MENDIANS, MENDICITÉ, VAGABONDS.

PREMIERE PARTIE..

EXTRAIT DE L'ÉDIT D'ÉTABLISSEMENT DE L'HOPITAL-GÉNÉRAL.

Du mois d'Avril 1656, articles 1, 4, 5, 9, 10, 11, 16, 17, 18 & 19.

ART. I. A ces cauſes, après avoir fait examiner toutes les anciennes ordonnances & réglemens ſur le fait des pauvres, par grands & notables perſonnages, & autres intelligens expérimentés en ces matieres, enſemble les expédiens plus convenables dans la miſere des tems, pour travailler à ce deſſein, & le faire réuſſir avec ſuccès à la gloire de Dieu & au bien du public ; de notre certaine ſcience, propre mouvement, pleine puiſſance & autorité royale : voulons & ordonnons que les pauvres mendians valides & invalides, de l'un & l'autre ſexe, ſoient enfermés dans un Hôpital, pour être employés aux ouvrages, manufactures & autres travaux, ſelon leur pouvoir, & ainſi qu'il eſt amplement contenu au réglement, ſigné de notre main, attaché ſous le contre-ſcel des préſentes, que nous voulons être exécuté ſelon ſa forme & teneur.

ART. 4. Et pour enfermer les pauvres qui ſeront de qualité à être enfermés, ſuivant le réglement, nous avons donné & donnons par ces préſentes la maiſon & Hôpital, tant de la grande & petite Pitié, que du Refuge, ſis au fauxbourg Saint-Victor, la maiſon & Hôpital de Scipion, & la maiſon de la Savonnerie, avec tous les lieux, places, jardins, maiſons & bâtimens qui en dépendent, enſemble les maiſons & emplacemens de Bicêtre, circonſtances & dépendances, que nous avons ci-devant donnés pour la retraite des Enfans-Trouvés, en attendant que les pauvres fuſſent enfermés : à quoi leſdits bâtimens & lieux de Bicêtre ont été par nous affectés, révoquant, en tant que beſoin ſeroit, tous autres brevets & conceſſions qui pourroient en avoir été obtenus en faveur des pauvres ſoldats eſtropiés, ou pour quelque autre cauſe ou prétexte, dérogeant à toutes lettres à ce contraires.

ART. 5. Voulons que les lieux ſervant à enfermer les pauvres ſoient nommés *Hôpital-*

Général des pauvres, que l'inſcription en ſoit miſe avec l'écuſſon de nos armes ſur le portail de la maiſon de la Pitié, & membres qui en dépendent.

ART. 9. Faiſons très-expreſſes inhibitions & défenſes à toutes perſonnes de tous ſexes, lieux & âge, de quelque qualité & naiſſance, & en quelque état qu'ils puiſſent être, valides ou invalides, malades ou convaleſcens, curables ou incurables, de mendier dans la ville & fauxbourgs de Paris, ni dans les égliſes, ni aux portes d'icelles, aux portes des maiſons, ni dans les rues, ni ailleurs, publiquement ni en ſecret, de jour ou de nuit, ſans aucune exception des fêtes ſolemnelles, pardons ou jubilés, ni d'aſſemblées, foires ou marchés, ni pour quelque autre cauſe ou prétexte que ce ſoit, à peine du fouet contre les contrevenans pour la premiere fois; & pour la ſeconde fois, des galeres, contre les hommes & garçons, & du banniſſement contre les femmes & les filles.

ART. 10. Si aucuns alloient mendier dans les maiſons, nous permettons & expreſſément commandons aux propriétaires & locataires, à leurs domeſtiques & autres, de retenir leſdits mendians, juſqu'à ce que les directeurs & officiers ci-après nommés en ſoient avertis, pour leur impoſer les peines ci-deſſus, ſuivant l'exigence des cas.

ART. 11. N'entendons comprendre dans leſdites défenſes ci-deſſus les quêtes pour l'Hôtel-Dieu, & lieux qui en dépendent; celles pour le grand-bureau des pauvres, & lieux auſſi qui en dépendent; les aveugles de l'Hôpital des Quinze-Vingts, les enfans des Hôpitaux de la Trinité, du Saint-Eſprit & des Enfans-Rouges, les Religieux mendians, les Religieuſes de l'Ave-Maria, & autres, qui ont droit de troncs, ou de quête, leſquels nous en avons ſeulement exceptés, le défendant généralement à tous autres; & à la charge que les aveugles, les enfans & autres ayant droit de quêtes, demeureront aux portes des égliſes, ou près de leurs troncs, avec défenſes de demander ailleurs que dans les égliſes, à peine d'être déchus de leurs droits.

ART. 16. Pourront les directeurs avoir dans notredite ville & fauxbourgs telles maiſons & lieux que bon leur ſemblera pour la garde des pauvres, juſqu'à ce qu'il en ait été par eux ordonné, pour les admettre en l'Hôpital-Général, ou pour les conduire en d'autres lieux, ou pour les renvoyer ou chaſſer de la ville & fauxbourgs.

ART. 17. Faiſons inhibitions & défenſes à toutes perſonnes, de quelque qualité & condition qu'elles ſoient, de donner l'aumône manuellement aux mendians dans les rues & lieux ci-deſſus, nonobſtant tout motif de compaſſion, néceſſité preſſante, ou autre prétexte que ce puiſſe être, à peine de quatre livres pariſis d'amende, applicable au profit de l'Hôpital, au paiement de laquelle ils ſeront contraints & ſans déport, en vertu des ordonnances des directeurs, ſur le rapport de leurs officiers.

ART. 18. Défendons pareillement aux propriétaires & locataires des maiſons & à tous autres, de loger, retirer, ni retenir chez eux, après les publications des préſentes, les pauvres qui ſont ou ſeroient mendians, à peine de cent livres d'amende pour la premiere fois, de trois cens livres pour la ſeconde, & de plus grande, en cas de récidive, le tout applicable au profit des pauvres dudit Hôpital-Général; pour raiſon de quoi les propriétaires, locataires & autres, pourront être contraints par ſaiſie de leurs biens, & empriſonnement de leurs perſonnes, en vertu des préſentes, & des ordonnances des directeurs.

ART. 19. Commandons aux ſergens du bureau & tous autres officiers de juſtice de ſaiſir, en vertu des préſentes & de l'ordonnance des directeurs, les lits, matelas, couvertures & paillaſſes, dans leſquels auront été couchés les pauvres chez les particuliers qui leur auront donné retraite, au préjudice des préſentes; & voulons que le tout, ſans aucune formalité de juſtice, ſoit enlevé & appliqué au profit des pauvres dudit Hôpital-Général, ſans eſpérance de répétition.

EXTRAIT DU RÉGLEMENT DU CONSEIL DU ROI.

Du 20 Avril 1656.

ARTICLE PREMIER.

DÉFENSES feront faites à toutes perfonnes généralement quelconques, de mendier dans la ville & fauxbours de Paris, ainfi qu'il eft porté par les lettres-patentes de fa majefté de cejourd'hui, & fur les peines y portées.

III. Les mendians qui font des lieux où les pauvres font enfermés, ou bien de ceux auxquels il y a ou doit avoir fonds pour leur fubfiftance, y feront renvoyés, encore qu'ils foient demeurans dans la ville & fauxbourgs de Paris, fi mieux ils n'aiment renoncer à la mendicité.

IV. Les vagabonds & gens fans aveu feront chaffés, fuivant les ordonnances.

V. Les pauvres mendians mariés ne feront admis dans l'Hôpital-Général; mais s'ils ne peuvent gagner leur vie, leur fera donné du fonds de l'Hôpital l'aumône néceffaire pour leur fubfiftance, ou pour aider à icelle, jufqu'à la concurrence de ce qui pourroit leur en manquer, fuivant l'avis des directeurs & adminiftrateurs dudit l'Hopital-Général, avec défenfes auxdits mariés de mendier, fur peine du fouet, & à la charge que ceux & celles qui recevront l'aumône de l'Hôpital, feront tenus s'employer & appliquer aux chofes qui concerneront le fervice ou profit d'icelui, félon l'ordre des directeurs, quand ils le trouveront plus expédient pour le bien de l'Hôpital.

VII. Tous les autres pauvres mendians valides & invalides, de quelque âge qu'ils foient, de l'un & de l'autre fexe, qui fe trouveront dans la ville & fauxbourgs de Paris, lors de l'établiffement de l'Hôpital-Général, qui ne pourront gagner leur vie, feront enfermés dans ledit Hôpital & lieux qui en dépendent, pour être employés aux œuvres publiques, manufactures & fervice dudit Hôpital, felon l'ordre des directeurs.

VIII. Les femmes mendiantes, abandonnées de leurs maris, feront reçues audit Hôpital.

X. Sera donné aux paffans l'aumône de paffade, fauf leur retraite aux Hôpitaux de Saint-Gervais & Sainte-Catherine, durant le tems porté par les fondations, & fans pouvoir mendier.

ARRÊT DU PARLEMENT,

*Concernant l'édit d'établissement de l'*Hôpital-Général.

Du 18 Avril 1657.

SUR les remontrances faites à la Cour par le procureur-général du roi, que par l'édit du mois d'Avril 1656, & le réglement y attaché, vérifiés en ladite Cour, le premier Septembre, lus & publiés à l'audience tenant le 4 Décembre suivant, tous les moyens possibles ont été apportés pour ôter, par motifs de religion, de charité & de police, dans la ville & fauxbourgs de Paris, la mendicité & l'oisiveté des pauvres; que par les directeurs de l'Hôpital-Général y établi, il a été, suivant les ordres du roi, travaillé à ce qui étoit nécessaire pour l'exécution desdites lettres & réglemens: Vu les arrêts des 15 Septembre 1612, 3 Avril 1618, & 10 Février 1626.

PREMIÉREMENT.

La Cour, en conséquence desdites lettres & réglement du mois d'Avril 1656, & arrêt de vérification du premier Septembre, enjoint à tous les pauvres mendians, valides & invalides, de quelqu'âge qu'ils soient, de l'un & de l'autre sexe, de se rendre, depuis le lundi septieme jour de Mai prochain, huit heures du matin, jusqu'au treizieme dudit mois inclus, dans la cour de Notre-Dame de la Pitié, au fauxbourg Saint-Victor, pour être par les directeurs envoyés & départis aux maisons dépendantes dudit Hôpital-Général, auxquelles ils y seront logés, nourris, entretenus, instruits & employés aux ouvrages, manufacture & service de l'Hôpital-Général, selon qu'il leur sera ordonné.

II. Fait la Cour très-expresses inhibitions & défenses aux pauvres & à toutes autres personnes de s'attrouper, faire aucune insolence ni scandale, soit dehors ou dedans ledit Hôpital-Général, de s'opposer par quelque voie que ce soit à l'établissement d'icelui, & aux ordres qui seront donnés, à peine d'être procédé criminellement contre eux, & punis comme perturbateurs du repos public.

III. Que les pauvres mendians qui ne se seront point volontairement rendus, le lundi 7 Mai, jusqu'au 13 dudit mois inclus, dans la maison de Pitié, y seront contraints & conduits par le bailli & archers de l'Hôpital-Général, & autres officiers de police, à commencer du lundi 14 Mai.

IV. Après lequel jour & à l'avenir, très-expresses inhibitions & défenses sont faites à toutes personnes de tout sexe, lieux & âges, de quelque qualité & en quelque état qu'ils puissent être, valides ou invalides, malades ou convalescens, curables ou incurables, de mendier dans la ville & fauxbourgs de Paris, dans les églises, ni aux portes d'icelles, aux portes des maisons, dans les rues ni ailleurs, publiquement ou en secret, de jour ou de nuit, sans aucune exception de fêtes solemnelles, pardons ou jubilés, ni assemblées, foires ou marchés, ni pour quelqu'autre cause ou prétexte que ce soit, à peine du fouet contre les contrevenans, pour la premiere fois, & pour la seconde, des galeres contre les hommes & garçons, & du bannissement contre les femmes & filles.

V. Défenses sont faites à toutes personnes de quelque qualité & condition qu'elles soient, de donner l'aumône manuellement aux pauvres mendians dans les rues ni dans les églises, ou aux portes d'icelles ou autres lieux ci-dessus, sous tel prétexte que ce soit, à peine de quatre livres parisis d'amende, payables sans déport, à quoi les contrevenans seront contraints, conformément aux lettres & à l'arrêt de vérification.

VI. Enjoint aux locataires propriétaires, & leurs domestiques & autres, d'enfermer les pauvres qui iront mendier dans les maisons, sous quelque prétexte que ce soit, &

les retenir, jusqu'à ce que les directeurs ou leurs officiers, ou autres de police soient avertis, pour leur imposer les peines portées par l'édit, suivant l'exigence des cas.

VII. Seront seulement exceptés des défenses ci-dessus, les quêtes pour l'Hôtel Dieu & lieux qui en dépendent, celles pour le grand Bureau des pauvres & lieux qui en dépendent, les aveugles de l'Hôpital des Quinze-Vingts, les Enfans des Hôpitaux de la Trinité, du Saint-Esprit & des Enfans-Rouges, les religieux mendians & autres, qui ont droit de troncs ou de quêtes, aux termes portés par lesdites Lettres, qui sont de se tenir à leurs troncs ou aux portes, à peine d'en être déchus, les défendant généralement à tous autres.

VIII. Que conformément auxdits lettres, & à l'arrêt du premier Septembre, les directeurs dudit Hôpital-Général auront le pouvoir & autorité de direction, administration, connoissance, juridiction, police, correction & châtiment, sur tous les pauvres mendians de la ville & fauxbourgs de Paris, tant dedans que dehors dudit Hôpital-Général, exclusivement, privativement & indépendamment de la direction du grand Bureau.

IX. Enjoint au bailli dudit Hôpital-Général & autres officiers qui seront commis par lesdits directeurs, de faire exacte perquisition chacun jour avec les archers dudit Hôpital, pour empêcher toutes sortes de mendians par les rues, & ponctuellement exécuter le contenu aux lettres & au réglement, à peine d'être chassés & punis, sans qu'ils puissent prendre aucune chose des pauvres ni autres, ni les favoriser ou souffrir, ni aussi les maltraiter, sur peine de punition corporelle.

X. Pourront les directeurs avoir dans la ville & fauxbourgs, telles maisons & lieux que bon leur semblera, pour la garde des pauvres, jusqu'à ce qu'il en ait été par eux ordonné, pour les admettre en l'Hôpital-Général, ou pour les conduire ou envoyer en d'autres lieux, selon les lettres & le réglement.

XI. Défenses seront faites aux propriétaires & locataires des maisons, & à tous autres, de loger, retirer ni retenir chez eux, après ledit jour 13 du mois prochain, les pauvres qui sont ou seroient mendians, à peine de cent livres d'amende pour la premiere fois, de trois cens pour la seconde, & de plus grande en cas de récidive, le tout applicable au profit des pauvres dudit Hôpital-Général; pour raison de quoi les propriétaires, locataires & autres, pourront être contraints par saisie de leurs biens, & emprisonnement de leurs personnes, conformément auxdites lettres.

XII. Enjoint aux directeurs de faire saisir les lits, matelas, couvertures & paillasses dans lesquels auront été couchés les pauvres chez les particuliers qui leur auront donné retraite, après ledit jour treizieme Mai : que le tout, sans aucune formalité de justice, sera enlevé & appliqué au profit des pauvres dudit Hôpital-Général, sans espérance de restitution.

XIII. Défenses aux soldats aux gardes, même aux bourgeois de la ville & fauxbourgs, & à toutes personnes de quelque qualité & condition qu'elles soient, de molester, injurier ni maltraiter le bailli, officiers, ni aucuns de ceux qui sont employés pour prendre, conduire, envoyer, ou accompagner les pauvres, & d'empêcher l'exécution des lettres & du réglement général y attaché, & des arrêts intervenus en conséquence, ou des ordonnances particulieres, à peine d'être emprisonnés sur le champ, & procédé criminellement contre eux, à la requête des directeurs, & aux pauvres de faire résistance, sur peine d'être punis.

XIV. Enjoint au prévôt de Paris, lieutenant-civil, lieutenant-criminel, lieutenant-criminel de robe-courte & autres officiers du Chatelet, à tous autres, même aux bourgeois, de prêter main-forte pour l'exécution des lettres, du réglement & des arrêts, soit pour la capture des pauvres, ou celle d'autres personnes qui se trouveront contrevenir au au présent arrêt, soit pour les saisies, exécutions ou autrement, à peine d'en répondre par les refusans ou dilayans, en leurs propres & privés noms, & d'amendes arbitraires.

XV Enjoint aux commissaires & tous autres officiers, de ne laisser habiter personne dans leurs quartiers, qu'il n'ait préalablement été vérifié à la police d'avoir du bien ou vacation suffisante pour se nourrir & subvenir à sa famille, excepté les pauvres honteux, assistés des paroisses ou d'ailleurs, sans pouvoir mendier de jour ni de nuit, à peine du fouet, le tout conformément auxdites lettres-patentes du mois d'Avril 1656, qui seront exécutées selon leur forme & teneur, aux termes portés par ledit arrêt de vérification d'icelles, du premier Septembre ensuivant.

XVI. Enjoint à tous les vagabonds & gens sans aveu, aux pauvres mendians, & à tous autres qui sortiront de la ville & fauxbourgs de Paris, de se retirer hors la banlieue, prévôté & vicomté de Paris.

XVII. Avec défenses de ne demeurer plus d'une nuit dans les Hôpitaux ou fermes desdits Hôpitaux, & aux administrateurs, fermiers, locataires & autres, de les y laisser ni souffrir davantage; enjoint aux officiers des lieux d'en faire la visite, & d'en certifier le procureur-général du roi ou ses substituts sur les lieux.

XVIII. Leur fait aussi défense & à toutes personnes de s'attrouper en quelque lieu que ce puisse être du ressort de la Cour, à peine du fouet, de galeres ou du bannissement, & de plus grande peine s'il y échet.

XIX. Enjoint au prévôt des maréchaux, autres officiers & archers de s'en saisir en cas de contravention aux lettres, au réglement ou au présent arrêt.

XX. Lequel sera lu, publié & affiché par les carrefours, à son de trompe & cri public, par trois jours de marché consécutifs, auparavant ledit jour septieme Mai prochain.

XXI. Qu'il sera pareillement lu, publié & affiché dans les provinces du ressort de la Cour, à la diligence des substituts du procureur-général, qui seront tenus d'en certifier la Cour au mois, à peine d'en répondre en leurs propres & privés noms, le tout à ce que personne n'en prétende cause d'ignorance. Fait en Parlement le dix-huitieme jour d'Avril mil six cent cinquante-sept.

ARRÊT DU PARLEMENT,

PORTANT défenses à toutes personnes de donner l'aumône manuellement, d'empêcher les archers de l'Hôpital *de faire leurs charges, & injonction aux vagabonds & mendians de vuider Paris.*

Du 27 Novembre 1659.

SUR la remontrance faite par le procureur-général du roi, qu'au préjudice des lettres de l'établissement de l'Hôpital-Général, vérifiées en la Cour, & des arrêts qui ont été rendus ensuite, on voit dans les rues de cette ville plusieurs mendians, & entre autres des vagabonds valides, ce qui provient, tant de ce que plusieurs personnes, portées d'une fausse compassion, donnent l'aumône manuellement dans les rues, au lieu, s'ils ont des charités à faire, de les mettre dans les troncs dudit Hôpital; que de ce que les archers préposés pour la capture des pauvres qui mendient, non-seulement ne sont point secourus & protégés en leurs fonctions, mais même y sont troublés & empêchés par les fréquentes rebellions qui leur sont faites par personnes de toutes qualités, à quoi il est nécessaire de promptement pourvoir; parce qu'autrement la ville seroit incontinent remplie de mendians, & l'Hôpital qui est en grande nécessité, privé de l'avantage qui doit provenir des troncs qu'on a remarqué depuis peu produire fort peu de choses, à cause des aumônes qui se font ainsi manuellement à ceux auxquels on ne peut donner, & qui ne peuvent recevoir qu'en contrevenant aux édits & déclarations du roi & arrêts, dont il requiert la Cour d'ordonner l'exécution, avec défenses d'y contrevenir sous les peines portées par lesdits édits, déclarations & arrêts, & autres plus grandes s'il y échet. LA COUR a ordonné & ordonne que les arrêts rendus en icelle, les 18 Avril, 2 Juin & Novembre 1657, seront exécutés selon leur forme & teneur, & en ce faisant, a fait & fait itératives défenses à toutes personnes de quelque qualité & condition qu'elles soient, de donner l'aumône manuellement aux pauvres dans les rues, ni dans les églises, aux portes d'icelles, ni autres lieux, pour quelque cause & sous quelque prétexte que ce soit, à peine de quatre livres parisis d'amende, au paiement de laquelle les contrevenans seront contraints sur le champ par corps & sans déport, par le bailli des pauvres, ses brigadiers & archers, auxquels elle enjoint de le faire, & d'en mettre à l'instant les deniers entre les mains du receveur dudit Hôpital-Général, pour subvenir aux nécessités d'icelui : a fait & fait très-expresses inhibitions & défenses à tous soldats, même aux bourgeois & artisans de cette ville de Paris, & à toutes autres personnes de quelque qualité qu'elles soient, de molester, injurier ni maltraiter ledit bailli des pauvres, ses brigadiers & archers, ni de leur apporter directement ou indirectement aucun empêchement en l'exercice & fonctions de leurs charges. Enjoint audit bailli des pauvres, brigadiers & archers d'emprisonner sur le champ les contrevenans auxdites défenses, s'ils les peuvent appréhender, sinon dresser leurs procès-verbaux, & iceux envoyer au procureur-général ou à ses substituts, pour sur les conclusions, être incessammment décrété, & les coupables punis exemplairement, comme perturbateurs du repos public, suivant la rigueur des ordonnances. A ordonné & ordonne que tous les mendians valides sortiront incessamment de cette ville & fauxbourgs. Enjoint au chevalier du Guet, lieutenant-criminel de robe-courte, prévôt de l'Isle, commissaires du Châtelet, & autres officiers d'y tenir la main, à peine d'en répondre en leurs propres & privés noms, même aux bourgeois d'y prêter main forte s'ils en sont requis. Fait en Parlement le vingt-sept Novembre mil six cent cinquante-neuf.

EXTRAIT DE L'ARRÊT DU PARLEMENT.

Du 7 Septembre 1660.

CONFORMÉMENT à l'arrêt de ladite Cour, du 27 Novembre dernier, les pauvres mendians valides, les fainéans & vagabonds, les soldats estropiés & les pauvres mendians, qui ne seront nés, ni demeurans en ladite ville & fauxbourgs de Paris depuis un an, seront tenus de se retirer au lieu de leur naissance, dans quinze jours après la publication qui sera faite du présent arrêt, pour tout délai, à peine du fouet, sinon au cas qu'ils renoncent à la mendicité; & si après ladite renonciation ils sont trouvés mendians, ils seront pris, & publiquement fustigés. Enjoint aux commissaires du Châtelet & autres officiers, de prêter main-forte pour lesdites captures.

ÉDIT DU ROI,

PORTANT condamnation des galeres contre les mendians valides qui auront été pris trois fois, & châtiés en l'Hôpiral-Général.

Du mois d'Août 1661.

LOUIS, par la grace de Dieu, roi de France & de Navarre : A tous présens & à venir. SALUT. La mendicité des personnes valides a toujours été si odieuse à tous les peuples, qu'il ne s'en est point trouvé qui l'aient voulu souffrir ; & tous les états ont ordonné des châtimens contre ceux qui veulent vivre dans l'oisiveté, sans contribuer au public quelque chose de leur travail, ou de leur industrie. Aussi les rois nos prédécesseurs ont fait plusieurs ordonnances, pour contraindre à travailler les mendians fainéans, quand ils se sont trouvés valides. Et nous, portés d'autant de commisération pour les foibles, que de juste sévérité contre les fainéans malicieux, aurions établi l'Hôpital-Général en notre bonne ville de Paris, pour retirer & instruire les enfans délaissés, & secourir les vieilles personnes, les infirmes & les invalides ; & ce à dessein de pouvoir reconnoître les véritables pauvres pour les assister, & les fainéans qui s'opiniâtrent à la mendicité, pour les employer aux ouvrages, ou les châtier. En exécution dequoi les directeurs dudit Hôpital-Général ont travaillé avec tant d'affectation & de succès, que notredite ville, & les fauxbourgs se trouvent beaucoup soulagés de l'importunité, surcharge & désordre des mendians. Et comme nous les aurions mandés pour être informés de l'état dudit Hôpital, de ses besoins, de leur conduite sur les pauvres, & des moyens de faire cesser la mendicité entiérement ; ils nous auroient remontré que les rebellions qui se font fréquemment au bailli, & aux archers par eux ordonnés, pour prendre les pauvres, la fausse compassion de ceux qui leur donnent l'aumône dans les rues & dans les églises, le grand nombre des mendians mariés, qui ne sont point enfermés, auxquels ils donnent portion tous les jours, les soldats estropiés qui ne sont pas de l'objet dudit Hôpital, & principalement les valides mendians, arrêtoient l'exécution de notre dessein d'abolir la mendicité. A aucuns desquels empêchemens ayant depuis pourvu, celui des mendians valides est tellement augmenté dans le désordre, que quelque réglemens de police que lesdits directeurs aient pu faire, suivant l'autorité que nous leur en avons donné, soit par la prison, le retranchement de portion, le fouet, ou les faisant raser, & usant de tous autres châtimens domestiques, ils ne laissent pas néanmoins de s'opiniâtrer à la mendicité, & en cette saison principalement que la plupart des gens de travail étans malades par tous les villages, les laboureurs ne trouvent pas qui les secoure, quelque prix qu'ils offrent pour recueillir & resserrer les grains ; ce qui causera une ruine totale, ou une disette notable en plusieurs provinces de notre royaume : A CES CAUSES, nous considérans que la mendicité opiniâtre & affectée par les personnes valides, est la source de tous les crimes contre Dieu, & le public, & est en soi un crime de police, qui mérite des châtimens d'autant plus exemplaires, que telles gens se rendent incorrigibles par leurs mauvaises habitudes ; en confirmant les ordonnances des rois nos prédécesseurs, la déclaration du feu roi notre très-honoré seigneur & pere, du quatrieme Juillet mil six cent trente-neuf, registrée en notre Cour de Parlement de Paris, le treizieme Décembre audit an, ci-attachée sous notre contre-scel, suivie de plusieurs arrêts de notredite Cour, & réglemens de police sur le même fait : savoir faisons, que pour ces causes & autres bonnes considérations à ce nous mouvans, ayant mis cette affaire en délibération en notre Conseil, de l'avis d'icelui, & de notre certaine science, pleine puissance & autorité royale, nous avons déclaré & ordonné, voulons & nous plaît, que trois jours après la publication des présentes, à son de trompe, & cri public, les mendians valides de l'un & de l'autre sexe, qui auront été par trois fois pris par les archers de l'Hôpital-Général, conduits en icelui, & châtiés de la prison & du fouet, par ordre desdits directeurs, soient menés en nos prisons, pour, sur le certificat signé de quatre directeurs au moins en leur bureau général, dont ils tiendront registre, être châtiés du fouet en place publique ; & s'ils sont encore repris mendians, être condamnés, *les hommes de servir en nos galeres pendant cinq ans*, & les femmes & filles au fouet, à être rasées, & bannies pour dix ans de la prévôté & vicomté de Paris ; le tout sans aucune forme de procès.

DÉCLARATION DU ROI,

Pour le renfermement des mendians mariés.

Du mois d'Août 1661.

LOUIS, par la grace de Dieu, roi de France & de Navarre : A tous préſens & à venir. SALUT. Par notre édit du mois d'Avril 1656, vérifié en notre Cour de Parlement de Paris & ailleurs, où beſoin a été, portant établiſſement de l'Hôpital-Général pour le renfermement des pauvres mendians de l'un & de l'autre ſexe, de notre bonne ville & fauxbourgs de Paris, & réglement attaché ſous le contre-ſcel, nous avons excepté dudit enfermement les mendians mariés, tant par le défaut de logemens néceſſaires & convenables aux perſonnes de cette condition, que par la difficulté du gouvernement de tant de différens ménages & petites familles, & pour leur donner plus de facilité de pouvoir gagner leur vie, & faire valoir l'induſtrie du pere, ou de la mere, ou des enfans, & à cet effet charger l'Hôpital-Général de leur ſubſiſtance, ou pour aider à icelle juſques à la concurrence de ce qui s'en pouvoit manquer, & eux pour s'employer au ſervice de l'Hôpital, ſelon les ordres des directeurs ; mais quoique cet œuvre entrepris ſous notre autorité ait eu un ſi grand ſuccès pour toutes les perſonnes de l'un & de l'autre ſexe non mariés, & ſe ſoit généralement répandu par toutes les bonnes villes de notre royaume ; néanmoins par la ſuite des tems l'expérience a fait voir qu'il n'étoit point dans ſa perfection, que par le même renfermement des mendians mariés, d'autant que ſous le prétexte de la liberté qui leur a été laiſſée pour gagner leur vie, ils ſont demeurés plus qu'auparavant dans la fainéantiſe, & étant aſſurés de leur nourriture, dont le fonds monte à plus de deux cens mille livres par an, qui ſe pouvoit tout autrement ménager par l'économie de l'Hôpital ; ils n'ont fait uſage que pour mendier en fraude de notre édit, ſecrétement & aux heures de la retraite des archers, & publiquement lors de leur éloignement, pratiquant toutes ſortes d'artifices, tant par eux que leurs enfans, pour exciter les perſonnes à compaſſion, fomenter les révoltes des pauvres, & éluder toutes les captures, ſoins & diligence du bailli des pauvres, brigadiers & archers, s'attroupant même aux avenues des fauxbourgs, ſous prétexte que nos défenſes ne ſont que pour la ville & fauxbourgs, & pratiquant d'ailleurs toutes les mauvaiſes habitudes de la mendicité, tant par le déreglement des mœurs que par le libertinage des enfans auxquels ils tranſmettent la mendicité héréditaire, contre la fin que nous nous ſommes propoſés dans l'entrepriſe d'un ſi pieux deſſein, & ſi utile au bien public, de la retrancher en ſa racine, pour rétablir les enfans dans l'inſtruction ſolide de la religion & apprentiſſage des métiers ſuffiſans pour gagner leur vie, ce qui auroit donné mouvement à quelques perſonnes de piété, reconnoiſſant la néceſſité de ce renfermement, de donner des fonds conſidérables pour commencer les premiers logemens de ces pauvres ménages ; & depuis notre très-cher & très-amé couſin le cardinal Mazarin, lequel avoit beaucoup contribué à cet œuvre par ſes ſoins, & agi auprès de nous pour le ſoutenir par nos bienfaits & libéralités royales, ayant lui-même viſité ces lieux, & reconnu en perſonne la même néceſſité du renfermement, & les abus & inconvéniens qui ſurvenoient tous les jours dans le gouvernement & police de l'Hôpital par le défaut d'iceux, auroit contribué de plus grands fonds, & dignes de ſon zele & de ſa piété pour augmenter ces logemens, & faire la premiere face de la cour principale, où les mendians mariés doivent être accueillis en attendant le parachévement d'icelle ; c'eſt pourquoi les directeurs de la conduite deſquels nous avons ſujet d'être entiérement ſatisfaits, nous ayans repréſenté ce beſoin preſſant,

& l'état & disposition des lieux, ont eu recours à notre autorité pour y être pourvu. A CES CAUSES, savoir faisons, qu'ayant mis cette affaire en délibération en notre Conseil, de l'avis d'icelui, & de notre pleine puissance & autorité royale, dérogeans expressément au cinquieme article des réglemens attachés sous le contre-scel de nosdites lettres, pour l'exception des mendians mariés, nous voulons & ordonnons que tous les mendians mariés qui sont de présent & se trouveront à l'avenir dans notre bonne ville & fauxbourgs de Paris, tant à la portion dudit Hôpital, que ceux qui n'y sont pas, soient incessamment renfermés, eux & leurs enfans dans ledit Hôpital-Général, comme les autres non mariés, selon l'ordre des directeurs, & à mesure qu'il se trouvera des logemens pour eux; enjoignons au bailli des pauvres, brigadiers & archers, d'en faire les captures, comme des autres personnes, sauf en cas qu'ils promettent de renoncer à la mendicité, les renvoyer par les directeurs en connoissance de cause, ainsi qu'ils ont coutume d'en user à l'égard des autres non mariés, les déchargeant dès à présent de fournir aucunes portions à ceux des pauvres ménages qui seront refusans de se rendre à l'Hôpital sur leur ordre ou billets, faisant & réitérant les mêmes défenses portées par notre édit & lettres, auxdits pauvres mariés & à tous autres, de mendier directement ou indirectement dans les églises, rues & maisons, sous quelque prétexte & occasion que ce soit, & à toutes personnes de quelque qualité & condition qu'elles soient, de donner l'aumône manuellement aux pauvres dans les rues ni dans les églises, aux portes d'icelles ni autres lieux, pour quelque cause & sous quelque prétexte que ce soit, à peine de quatre livres d'amende, au paiement de laquelle voulons que les contrevenans soient contraints sur le champ par corps & sans déport, par le bailli des pauvres, ses brigadiers & archers, auxquels nous enjoignons de ce faire, & d'en mettre à l'instant les deniers entre les mains du receveur de l'Hôpital-Général, pour subvenir aux nécessités d'icelui; avons aussi fait & faisons très-expresses inhibitions & défenses à tous soldats, même aux bourgeois & artisans de notre ville & fauxbourgs de Paris, & à toutes autres personnes de quelque qualité & condition qu'elles soient, de molester, injurier, ni maltraiter ledit bailli des pauvres, ses brigadiers & archers, ni de leur apporter directement ni indirectement aucun empêchement, en l'exercice & fonction de leurs charges. Enjoignons audit bailli des pauvres, brigadiers & archers, d'emprisonner sur le champ les contrevenans auxdites défenses, s'ils les peuvent appréhender, sinon dresser leurs procès-verbaux, & iceux envoyer à notre procureur-général ou à ses substituts, pour sur leurs conclusions être incessamment décretés, & les coupables punis exemplairement comme perturbateurs du repos public, suivant la rigueur de nos ordonnances. Que tous les mendians valides sortiront incessamment de cette ville & fauxbourgs, & enjoignons au chevalier du Guet, lieutenant-criminel de robe-courte, prévôt de l'Isle, commissaires du Châtelet, & autres officiers d'y tenir la main, à peine d'en répondre en leur propre & privé nom, même aux bourgeois de prêter main-forte, s'ils en sont requis.

ARRÊT DU PARLEMENT,

*Qui ordonne que les pauvres de la campagne, qui mendient dans la ville de Paris, seront enfermés dans l'*Hôpital*, jusqu'à l'ouverture de la moisson, auquel tems ceux qui seront valides seront renvoyés, & qu'après ledit tems passé, ceux qui se trouveront mendians seront punis, suivant la rigueur de la déclaration du mois d'Août 1661.*

Du 19 Juin 1662.

SUR ce qui a été représenté à la Cour, par le procureur-général du roi, que plusieurs provinces du ressort s'étant trouvées en l'année présente dans une si grande nécessité de bled, que les habitans de la campagne ont été réduits à la nécessité d'abandonner leurs demeures pour aller chercher leur vie ailleurs, & principalement en cette ville, où les pauvres se sont retirés en si grand nombre, qu'en peu de tems les rues & les églises s'en sont trouvées toutes remplies, & la mendicité rendue presqu'aussi publique qu'elle étoit auparavant l'établissement de l'Hôpital-Général; ce qui est chose si facheuse, & qui a donné & donne beaucoup de peine à ceux qui sont préposés pour avoir soin de l'Hôpital-Général, lesquels ne voulant défaillir à aucuns de leurs soins, dans l'occasion présente & pressante, ont proposé qu'encore qu'ils soient à présent chargés de la nourriture de dix mille pauvres, que toutes les maisons dépendantes dudit Hôpital soient remplies, que la cherté des bleds soit telle que chacun sait, & qu'ils n'aient aucuns deniers pour satisfaire à une dépense si forte, n'ayant jusqu'à présent pu tirer aucune chose du secours ordonné par l'arrêt du 26 Avril dernier, rendu ensuite de l'assemblée de la police générale, tenue en la chambre de Saint-Louis, par ordre du roi; néanmoins dans l'espérance d'être bientôt secourus des fonds qui leur ont été accordés, ils étoient prêts de faire tout leur possible pour retirer tous lesdits pauvres de la campagne, & leur donner leur subsistance comme aux autres, jusqu'au tems de l'ouverture de la moisson, qu'il sera nécessaire de renvoyer tous les valides à la campagne, pour y travailler & empêcher qu'à faute d'ouvriers la plûpart des grains qui sont en assez grande abondance sur la terre, ne périssent, comme il arriveroit sans doute, si ces gens s'accoutumant à la fainéantise demeuroient en cette ville & fauxbourgs. Toutes lesquelles choses il a vu être obligé de représenter à la Cour, pour y être par elle pourvu. LA COUR a ordonné & ordonne que tous les pauvres de la campagne qui mendient dans la ville & fauxbourgs, seront incessamment enfermés dans les lieux dépendans dudit Hôpital, pour y demeurer jusqu'à l'ouverture de la moisson seulement, & au plus tard jusqu'au huitieme Juillet prochain, auquel tems ladite Cour enjoint aux administrateurs dudit Hôpital-Général, de renvoyer les valides de l'un & l'autre sexe, pour travailler à la moisson & autres ouvrages: & qu'après ledit tems passé, ceux qui se trouveront mendians en ladite ville & fauxbourgs, seront punis suivant la rigueur de la déclaration du roi, du mois d'Août 1661, vérifiée en la Cour. Fait défenses à toutes personnes de donner l'aumône manuellement aux mendians dans les rues, à peine de quatre livres parisis d'amende, applicable à l'Hôpital-Général; au paiement de laquelle somme ils feront contraints, & sans déport, conformément aux lettres-patentes de l'établissement dudit Hôpital, & arrêt de vérification d'icelui, & autres données en conséquence; fait ladite Cour très-expresses défenses de molester, ni inquieter les archers faisant leurs fonctions touchant l'exécution du présent arrêt, à peine de punition corporelle, & sera le présent arrêt publié à son de trompe, & affiché par tous les carrefours de la ville & fauxbourgs, afin que personne n'en ignore. Fait en Parlement le dix-neuf Juin mil six cent soixante-deux. *Signé*, DU TILLET.

DÉCLARATION DU ROI,

Pour l'établissement d'un Hôpital-Général *en toutes les villes & gros bourgs du royaume, suivant les ordonnances des rois Charles IX & Henri III.*

Du mois de Juin 1662.

LOUIS, par la grace de Dieu, roi de France & de Navarre : A tous présens & à venir, SALUT. Entre les soins que nous prenons pour la conduite de l'état que Dieu nous a confié, & qu'il a soumis à notre autorité, celui des pauvres nous a été en particuliere recommandation, & le grand desir que nous avons toujours eu de pourvoir aux nécessités des mendians, comme les plus abandonnés, de procurer leur salut par des instructions chrétiennes, & d'abolir la mendicité & l'oisiveté, en élevant leurs enfans aux métiers dont ils seroient capables ; nous avons fait établir l'Hôpital-Général en notre bonne ville de Paris, par nos lettres de déclaration du mois d'Avril mil six cent cinquante-six. Cet établissement ayant eu l'effet que nous nous étions promis, le public a reçu la satisfaction de voir notredite ville soulagée de l'importunité des mendians, & leurs enfans nourris à la piété chrétienne, & instruits aux métiers & ouvrages qu'ils peuvent apprendre jusqu'à ce qu'il y ait des lieux & des ouvroirs dans les maisons dudit Hôpital pour de plus grandes manufactures, nos sujets ont vu de si grands succès pour la gloire de Dieu & le salut des pauvres, que plusieurs, émus de charité & du desir de voir affermir la continuation de tant de bonnes œuvres, y ont fait des aumônes considérables ; nous l'avons aussi appuyé de notre protection, & favorisé de nos graces & libéralités : mais quelque ménage & économie que les directeurs d'icelui y aient pu apporter, quelque soin qu'ils aient pris de chercher les moyens pour le faire subsister, tant par les avis qu'ils ont présentés, que par les exhortations qu'ils ont procuré être faites par les curés & prédicateurs, par les mémoires qu'ils ont faits imprimer plusieurs fois de l'état & des besoins dudit Hôpital, & par les quêtes faites en notre Cour & suite, & dans les maisons de Paris, par les dames les plus qualifiées ; néanmoins la surcharge des mendians arrivés de diverses provinces de notre royaume, est venue jusqu'à tel point, que quoique lesdits directeurs n'aient pas la moitié du revenu qui est nécessaire pour la subsistance ordinaire de quatre à cinq mille pauvres qu'ils ont nourris les années précédentes, ils logent pourtant & nourrissent dans les cinq maisons dudit Hôpital plus de six mille pauvres ; ils donnent de plus la nourriture, en six endroits de la ville, à trois mille autres pauvres mariés, outre lesquels on voit encore un très-grand nombre de mendians dans ladite ville, qui ne peuvent être ni logés faute de bâtimens, ni nourris parce que le revenu dudit Hôpital ne monte pas à la moitié de la dépense qui se fait par chacun an dans icelui ; c'est pourquoi considérant que quand les bâtimens & revenus seroient augmentés, il seroit impossible, sans ruiner cet Hôpital, d'y loger ni nourrir tous les mendians qui abordent de tous endroits en notredite bonne ville, les uns par fainéantise, les autres faute d'ouvrage, & la plupart par la grande nécessité qui est à la campagne, & sous ces prétextes s'accoutumant eux & leurs enfans à cette malheureuse fainéantise qui cause tous les désordres & la corruption, pourquoi les biens de la campagne sont en partie délaissés, n'y ayant pas assez de personnes pour faire le travail nécessaire ; outre qu'il n'est pas juste que notre bonne ville de Paris fournisse seule la nourriture que les autres villes de notre royaume doivent chacune à leurs pauvres, selon l'équité naturelle, & conformément aux ordonnances des rois nos prédécesseurs. Savoir faisons, qu'après avoir fait voir en notre Conseil les ordonnances des rois nos prédécesseurs, & notamment celles des rois Charles IX, données à Moulins en 1566, & de Henri III, données à Fontainebleau, au mois de Mai 1586, regiſtrées en nos cours de Parlement; de l'avis de notredit Conſeil, de notre certaine ſcience, pleine puiſſance & autorité royale, en confirmant les anciennes ordonnances, & y ajoutant les choſes que l'expérience nous a fait connoître être néceſſaires. Ordonnons, voulons & nous plaît, qu'en toutes les villes & gros bourgs de notre royaume où il n'y a point encore d'Hôpital-Général établi, il ſoit inceſſamment procédé à l'établiſſement d'un Hôpital, & aux réglemens d'icelui, pour y loger, enfermer & nourrir les pauvres, mendians & invalides natifs des lieux, ou qui y auront demeuré pendant un an, comme auſſi les enfans orphelins ou nés de parens mendians. Tous leſquels pauvres y ſeront inſtruits à la piété & religion chrétienne, & aux métiers dont ils pourront ſe rendre capables, ſans qu'il leur ſoit permis de vaguer, ni ſous quelque prétexte que ce ſoit, d'aller de ville en ville, ni de venir en notre bonne ville de Paris; & que les habitans des villes & gros bourgs y ſoient contraints par toutes voies dues & raiſonnables; & afin que notre volonté puiſſe être promptement exécutée, mandons à nos amés & féaux, les gens tenans nos cours de Parlement, baillifs, ſénéchaux, prévôts, leurs lieutenans, & à tous nos juſticiers & officiers, qu'ils faſſent lire & enregiſtrer ces préſentes, pour être exécutées ſelon leur forme & teneur; & aux maires & échevins, capitouls & conſuls des villes, qu'au plutôt ils aient à commettre & députer quelques-uns d'entr'eux pour s'aſſembler, afin d'aviſer aux moyens les plus propres & convenables en chacun lieu pour l'établiſſement deſdits Hôpitaux, & que les réglemens qui ſeront faits ſoient envoyés incontinent aux greffes de noſdits Parlemens, ſelon leur reſſort, pour connoître de quel zele, affection & diligence ils auront vaqué à ce que deſſus, & être leſdits réglemens regiſtrés en noſdites Cours. Voulons & ordonnons que ce qui ſera fait & aviſé pour ce regard, ſoit exécuté nonobſtant oppoſitions ou appellations quelconques, & ſans préjudice d'icelles, & nonobſtant auſſi tous édits, ordonnances, uſages & réglemens, mandemens, défenſes & lettres à ce contraires, auxquelles, & aux dérogatoires des dérogatoires y contenues, nous avons, par ces préſentes ſignées de notre main, dérogé & dérogeons. Car tel eſt notre plaiſir.

ARRÊT DU PARLEMENT,

CONTRE les mendians, vagabonds & gens ſans aveu.

Du 13 Décembre 1662.

SUR la remontrance faite à la Cour par le procureur-général du roi, des déſordres, aſſaſſinats & voleries qui ſe commettent, tant de jour que de nuit, en cette ville & fauxbourgs, du grand nombre de vagabonds & gens vulgairement appellés *filoux*, comme auſſi de certains gueux eſtropiés, qui, ſous ce prétexte, croient devoir être ſoufferts, leſquels, pour la plûpart du tems, ſont de tous les vols qui ſe font, ſervans d'eſpions aux voleurs, & qui, par cette raiſon, ſont auſſi dangereux & puniſſables que les voleurs mêmes; & quoiqu'il y ait pluſieurs Hôpitaux où les mendians ſont nourris & entretenus, néanmoins il ne laiſſe pas d'y en avoir encore nombre par la ville & fauxbourgs; requéroit, tant pour la ſanté que pour la ſûreté de la ville, y être pourvu. LA COUR a ordonné & ordonne que les précédens arrêts des 20 Mars 1617, 3 Avril 1618, 12 Janvier 1624, & 12 Février 1626, ſeront exécutés ſelon leur forme & teneur; & en conſéquence d'iceux, que dans deux fois vingt-quatre heures après la publication qui ſera faite du préſent arrêt, à ſon de trompe & cri public, tous ſoldats qui ne ſont ſous charge de capitaine, tous vagabonds portans épée, filoux, & tous mendians non natifs de cette ville, prévôté & vicomté

vicomté de Paris, en vuideront, & se retireront ès lieux de leur naissance, à peine contre les valides, des galeres; du fouet & de la fleur-de-lis contre les estropiés; & contre les femmes, du fouet, & d'être rasées publiquement : & sur les mêmes peines, défend à ceux qui sont nés dans la prévôté & vicomté de Paris, de vaguer & mendier par cette ville & fauxbourg; leur enjoint, si faire le peuvent, de servir ou faire métier, pour gagner leur vie, sinon se retirer à l'Hôpital-Général & autres Hôpitaux à ce destinés : à faute de ce faire dans ledit tems de vingt-quatre heures, & icelui passé, a permis & permet au lieutenant-criminel de robe-courte, prévôt de l'Isle & chevalier du guet, de s'en saisir & les emprisonner, pour être menés & conduits aux galeres, sans forme ni figure de procès; & les estropiés, fouettés & marqués de fleur-de-lys. Défend à toutes personnes de recevoir, loger ou retirer les fainéans & vagabonds, à peine de prison : ordonne que les paillasses & lits de ceux qui les retireront, seront brûlés au-devant de leurs maisons. Fait aussi defenses à toutes personnes de donner l'aumône en public, sinon pour la communauté des pauvres, à ceux qui en font les quêtes, sauf à mettre leurs aumônes ès troncs qui seront mis dans les églises & ès portes d'icelles; & outre, enjoint aux commissaires du Châtelet de faire la recherche ordonnée par les arrêts des 9 Décembre 1616, 6 Février 1617, 3 Avril 1618, desdits vagabonds valides, mendians & gens sans aveu qui se trouveront en cette ville & fauxbourgs de Paris; & à cette fin, faire par lesdits commissaires, assistés de sergens, la visite & recherche, chacun en leurs quartiers, desdits vagabonds, les constituer prisonniers, pour être contre eux procédé par le lieutenant-criminel, suivant les ordonnances & lesdits arrêts, & tant aux commissaires que sergens, d'assister, quand ils en seront requis, les officiers du grand-bureau des pauvres & de l'Hôpital-Général aux captures, emprisonnemens & conduite qu'ils feront des mendians valides ès Hôpitaux : enjoint aussi à tous geoliers & gardes des prisons, de recevoir & garder pour vingt-quatre heures les mendians qui auront été arrêtés; & sera le présent arrêt publié à son de trompe & cri public, & affiché aux places, carrefours & lieux accoutumés de cette ville & fauxbourgs de Paris. Fait en Parlement le treizieme Décembre mil six cent soixante-deux. *Signé*, DU TITLET.

ARRÊT DU PARLEMENT,

PORTANT défenses à tous messagers & voituriers, tant par eau que par terre, d'amener des pauvres à Paris.

Du 8 Février 1663.

SUR ce qui a été remontré par le procureur-général du roi, qu'encore qu'il soit de l'ordre de la charité & de la justice que chaque ville & province nourrisse ses pauvres, & que le refuge qui a été donné dans l'Hôpital-Général de cette ville de Paris aux pauvres de diverses provinces qui y ont abordé, n'ait été que dans la nécessité pressante, & pour un tems, & que tant par l'établissement dudit Hôpital-Général, que par les réglemens intervenus ensuite, il soit ordonné que les pauvres seront renvoyés dans leurs pays; il a été averti par les directeurs dudit Hôpital, qu'on a inventé une nouvelle fraude pour la surcharge dudit Hôpital, & qui peut être dans le public & dans le particulier de très-périlleuse conséquence; savoir, que les messagers, voituriers & les conducteurs des coches, tant par eau que par terre, amenent tous les jours en cette ville, presque de tous les endroits du royaume, des enfans de tous âges, de l'un & de l'autre sexe, qu'ils exposent dans les places publiques & dans les églises, afin que les archers qui sont préposés pour prendre les pauvres, les trouvant mendians, les menent à l'Hôpital, où il y en a déjà un très-grand nombre, dont on ne fauroit apprendre ni le nom, ni le furnom, pour ce qu'à peine peuvent-ils aller ni parler; & d'autant que l'Hôpital n'eft pas feulement intéreffé dans ce défordre, mais qu'il peut arriver de notables inconvéniens, par l'expofition, perte & larcin des enfans qui font traduits de la forte; il a requis qu'il plût à la Cour ordonner que très-expreffes défenfes foient faites à tous meffagers, rouliers, voituriers & conducteurs de coches, tant par eau que par terre, d'amener aucuns enfans, fans avoir fait écrire les noms, furnoms & demeures de ceux qui les en auront chargés, & l'adreffe de ceux entre les mains defquels ils les devront remettre, à peine de punition corporelle, & de deux mille livres d'amende au profit de l'Hôpital-Général, payable par corps. La matiere mife en délibération, LA COUR a fait très-expreffes inhibitions & défenfes à tous meffagers, rouliers, voituriers & conducteurs de coches, tant par eau que par terre, d'amener à Paris aucuns enfans, qu'ils n'en aient fait écrire les noms & furnoms fur leurs livres, avec les noms, furnoms & demeures de ceux qui les auront chargés fur les lieux, & l'adreffe de ceux entre les mains defquels ils les devront remettre dans Paris, à peine de punition corporelle, & de mille livres d'amende au profit de l'Hôpital-Général, au paiement de laquelle ils feront contraints par corps : & fera le préfent arrêt lu, publié & affiché par la ville & fauxbourgs de Paris, & copies collationnées, envoyées aux baillages & fénéchauffées, pour être lues & publiées; & enjoint aux fubftituts du procureur-général d'y tenir la main, & d'en certifier la Cour. Fait en Parlement, le huit Février mil fix cent foixante-trois. *Signé*, DU TILLET.

ARRÊT DU PARLEMENT,

CONFIRMATIF d'autres arrêts précédens, contre les vagabonds & mendians valides.

Du 9 Août 1668.

SUR ce qui a été repréfenté par le procureur-général du roi, que depuis le licentiement que ledit feigneur a fait de quelques-unes de fes troupes, le nombre des mendians s'eft tellement accru en cette ville, que les archers de l'Hôpital-Général ne font pas affez forts pour en faire les captures & les conduire, outre que leur féjour en cette ville, défendu par une ordonnance du roi qui a été publiée, pouvoit y apporter du mauvais air, à quoi il étoit néceffaire de pourvoir. La matiere mife en délibération, LA COUR a enjoint à tous foldats mendians & autres de fortir inceffamment de cette ville de Paris, fous les peines portées par les ordonnances du roi & arrêts de la Cour, contre les mendians valides, dans vingt-quatre heures pour tous délais : enjoint pareillement aux archers de l'Hôpital-Général de prendre inceffamment ceux qu'ils trouveront dans ladite ville & fauxbourgs, pour les conduire dans ledit l'Hôpital-Général, & aux bourgeois de prêter main-forte auxdits archers pour l'exécution du préfent arrêt. Fait en Parlement le neuf Août mil fix cent foixante-huit.

LETTRE DE CACHET,

A messieurs les directeurs, pour l'exécution de ladite ordonnce.

DE PAR LE ROI,

CHERS & bien-amés, les facilités que vous avez eues jusqu'ici de donner des congés aux pauvres valides, non-seulement à ceux qui ayant été trouvés mendians, ont été arrêtés pour raison de ce, & conduits pour la premiere fois à l'Hôpital-Général, mais même à ceux qui en étant sortis par une permission, ont été arrêtés pour la seconde fois, leur ayant fait concevoir une espérance d'impunité, ont produit un effet contraire à celui que vous vous en étiez promis; c'est pourquoi nous avons bien voulu vous faire cette lettre, par laquelle nous vous défendons très-expressément de donner à l'avenir aucun congé, sous quelque prétexte que ce puisse être, aux pauvres valides de l'un & l'autre sexe, qui seront pris pour la seconde fois en actuelle mendicité, voulant qu'ils soient détenus le reste de leurs jours en l'Hôpital-Général, pour y être employés à tel ouvrage & métier que vous jugerez à propos, selon leur pouvoir & leurs forces, à moins qu'il leur arrive quelque succession capable de les faire subsister; auquel cas, nous voulons qu'ils soient relâchés, en payant toutefois, avant leur sortie, la dépense qu'ils auront faite pendant leur séjour audit Hôpital, à raison de cinq sols par jour; & quant aux pauvres qui seront pris pour la premiere fois, nous vous défendons pareillement de leur donner congé, ni permettre qu'ils soient relâchés, qu'après avoir payé leur dépense, à raison de cinq sols par jour, & donné caution de la somme de cent livres, payable sans déport, au cas qu'il soient repris en actuelle mendicité: & pour ce qui concerne les pauvres qui s'évaderont des maisons dudit Hôpital par force ou autrement, nous vous mandons & ordonnons d'en faire toute la perquisition possible; & où ils pourront être repris, de les envoyer au Châtelet, pour y être leur procès fait & parfait, suivant la rigueur des ordonnances, par le lieutenant-criminel de Paris: car tel est notre plaisir. Donné à Chambort le dixieme jour d'Octobre mil six cent soixante-neuf.

ORDONNANCE DU ROI,

POUR empêcher la mendicité.

Du 10 Octobre 1669.

SA majesté ayant, par son édit du mois d'Avril 1656, établi un Hôpital-Général pour y enfermer les pauvres de l'un & de l'autre sexe de la ville & fauxbourgs de Paris, avec défenses auxdits pauvres de mendier, & aux particuliers de leur donner l'aumône; & étant informée qu'au préjudice desdites défenses, on ne laisse pas de voir des mendians par les rues, dans les églises & places publiques, presqu'en aussi grand nombre qu'auparavant ledit établissement; ce qui provient, tant de la difficulté qu'il y a de les arrêter, à cause de la protection que leur donnent les domestiques des gens de qualité, les bourgeois, artisans, soldats, & le menu peuple, que parce qu'il se trouve des personnes qui, par un zele indiscret, les entretiennent dans le désordre & la fainéantise, en continuant de leur donner l'aumône: à quoi voulant pourvoir sa majesté, ordonne que son édit du mois d'Avril 1656, sera exécuté selon sa forme & teneur; & en conséquence, fait très-expresses inhibitions & défenses à tous pauvres de l'un & de l'autre sexe, de quelqu'âge & qualité qu'ils soient, de mendier par les rues, dans les églises & dans les places publiques de ladite ville & fauxbourgs de Paris, ni même dans le cours & ſur les routes, chemins & avenues des environs de ladite ville. Veut & entend que ceux qui ſeront trouvés mendians au préjudice des préſentes défenſes, ſoient arrêtés & conduits dans l'une des maiſons de l'Hôpital-Général, pour y être inſtruits en la crainte de Dieu, & employés aux manufactures & autres ouvrages qui s'y font, ſuivant l'ordre des directeurs dudit Hôpital, auxquels ſa majeſté enjoint de tenir la main à l'exécution de la préſente ordonnance : voulons qu'en cas de rebellion, ſoit de la part des pauvres, ou de ceux qui leur donnent aſyle & protection, dans le tems qu'on les arrête, il ſoit procédé extraordinairement contre les coupables, par le premier juge ou officier ſur ce requis, conformément audit édit, ſans que les peines portées par les condamnations qui interviendront pour raiſon de ce, puiſſent être remiſes ni modérées pour quelque cauſe & raiſon que ce ſoit : voulant de plus que les dépens, dommages & intérêts, enſemble les amendes auxquelles ils pourroient être condamnés, ſoient déclarées encourues par les maîtres, comme civilement reſponſables de leurs domeſtiques; par les capitaines pour leurs ſoldats, & par les marchands & artiſans pour leurs ſerviteurs, compagnons & apprentifs; & à l'égard de ceux qui ſeront ſurpris donnant manuellement l'aumône, ou qui ſeront convaincus de l'avoir donnée, au préjudice des défenſes, ordonne qu'ils ſoient condamnés & contraints au paiement de cent ſols d'amende, applicable à l'Hôpital-Général, ſauf à ceux qui voudront faire des charités, de s'adreſſer aux Hôpitaux, ou de les diſtribuer dans les troncs, boîtes & baſſins deſtinés pour cet effet, ou même aux quêtes générales & particulieres qui ſeront légitimement faites, ainſi qu'il eſt porté par ledit édit; pour l'exécution duquel ſa majeſté enjoint au prévôt de Paris, ſes lieutenans, & à tous autres magiſtrats, juges, commiſſaires & officiers de police qu'il appartiendra, de faire ce qui eſt du devoir de leurs charges, & tenir la main à ce que la préſente ordonnance ſoit lue, publiée & enregiſtrée par-tout où beſoin ſera, de ſix mois en ſix mois, afin que perſonne n'en prétende cauſe d'ignorance.

ORDONNANCE DU ROI,

PORTANT défenſes de mendier à Paris, & à quatre lieues à la ronde.

Du 3 Octobre 1670.

IL eſt ordonné aux directeurs de l'Hôpital-Général de Paris, de faire prendre tous les pauvres de l'un & de l'autre ſexe, & ſans diſtinction d'âge & de qualité, qui ſe trouveront mendier de jour ou de nuit dans la ville & fauxbourgs de Paris, ſur les chemins & dans les villes, bourgs & villages, à quatre lieues ès environs, & de faire abattre leurs loges couvertes ou ſieges où ils ſe retirent. Enjoint ſa majeſté aux commiſſaires du Châtelet de donner main-forte aux archers dudit Hôpital, tant pour la priſe que pour la conduite deſdit pauvres; & aux officiers du lieutenant-criminel de robe-courte & du prévôt de l'Iſle, de ſe ſaiſir deſdits pauvres mendians, pour les mettre entre les mains des archers dudit Hôpital-Général : veut ſa majeſté que par le lieutenant-général de police il ſoit fait ou fait faire toutes les ſemaines des viſites aux Hôpitaux de Saint-Gervais & de Sainte-Catherine, & en tous les lieux & maiſons où les pauvres mendians ſe retirent, pour les faire mettre pareillement entre les mains des archers dudit Hôpital, & de condamner à l'amende ceux qui leur donneront retraite; veut ſadite majeſté que le procès ſoit fait extraordinairement contre tous ceux qui auront favoriſé la rebellion ou réſiſtance deſdits pauvres, & qu'ils ſoient punis exemplairement. Fait ſadite majeſté très-expreſſes inhibitions & défenſes auxdits directeurs d'accorder aucun billet ni congé aux pauvres mendians qui auront été pris deux fois, ni même aux gueux ordinaires, quand ils n'auroient pas pris été auparavant ; & afin de distinguer les fieffés, & empêcher qu'ils ne troublent l'économie & la discipline de l'Hôpital, ils seront mis en une prison séparée, pour y être employés à un travail continuel, & gardés sous bonne & sûre garde, dont les directeurs demeureront responsables. Et sera la présente ordonnance lue & publiée par-tout où il appartiendra, & affichée en toutes les rues de la ville & fauxbourgs de Paris, & à quatre lieues ès environ, à ce que personne n'en prétende cause d'ignorance.

DÉCLARATION DU ROI,

CONCERNANT l'ordre des atteliers publics, & la punition des mendiants valides & fainéants.

Du 15 Avril 1685.

LOUIS, par la garce de Dieu, roi de France & de Navarre : A tous ceux qui ces presentes lettres verront, SALUT. La bonté que nous avons pour tous nos sujets, nous engageant à procurer les moyens de gagner leur vie, à ceux qui ont la volonté de s'employer aux ouvrages dont ils sont capables, & le bon ordre que nous desirons maintenir dans notre royaume, obligeant de contraindre à travailler ceux qui, par fainéantise & par déréglement, ne veulent pas se servir utilement pour eux & pour leur patrie, des forces qu'il à plu à Dieu de leur donner, nous avons fait commencer différens ouvrages dans les provinces de notre état, & nous avons appris avec beaucoup de plaisir le succès que ces entreprises ont eu jusqu'à cette heure ; & comme il est juste que ceux de nos sujets de notre bonne ville de Paris, & de ses environs qui n'ont pas de métier, reçoivent la même grace, & que rien ne peut être plus efficace pour y entretenir une bonne police, que d'occuper ainsi les fainéans que sa grandeur y attire, nous avons ordonné à nos chers & bien aimés les prévôt des marchands & échevins d'icelle, d'y faire continuer les ouvrages qui ont été commencés pour son embellissement & sa commodité. Mais comme il seroit impossible que ce dessein put réussir aussi avantageusement que nous le desirons, si nous n'établissions un ordre certain pour son exécution, & d'ailleurs la paresse de ceux qui ne voudroient pas y travailler dans un tems où nous leur procurons les moyens de les faire avec utilité, méritant encore une punition plus sévere ; nous avons estimé nécessaire d'y pourvoir par un réglement qui aura lieu seulement durant que les ateliers publics y seront ouverts. A CES CAUSES & autres à ce nous mouvans, nous avons dit, statué & ordonné, disons, statuons & ordonnons, par ces présentes signées de notre main, voulons & nous plaît, que tous mendians valides, encore qu'ils aient un métier, sans profession & sans emploi, lesquels ne sont pas natifs de notre bonne ville de Paris, de ses fauxbourgs & de douze lieues aux environs, aient à en sortir dans trois jours, après que la publication de ces présentes aura été faite par les carrefours d'icelle, & autres lieux accoutumés, & de se retirer dans leurs pays, pour y travailler dans les ateliers que nous avons fait établir, ou ailleurs, aux ouvrages dont-ils sont capables, à peine d'être enfermés durant un mois dans les lieux qui sont destinés à cet effet, dans les maisons de Bicêtre & de la Salpêtriere, pour la premiere fois, & pour la seconde, des galeres durant cinq ans, à l'égard des hommes ; & du fouet & du carcan à l'égard des femmes, qui seront âgés les uns & les autres de quinze ans & au-dessus, & du fouet, & de plus longue détention dans lesdites maisons de Bicêtre & de la Salpêtriere, pour les garçons & filles qui auront moins de quinze ans. Enjoignons à tous mendians valides, tant hommes, femmes, qu'enfans au-dessus de douze ans, natifs de notre ville de Paris & de douze lieues aux environs, ou qui s'y sont habitués depuis trois ans, & qui auront la santé & la force nécessaires pour travailler aux ouvrages publics, ſoit qu'ils aient un métier, ſoit qu'ils n'en aient pas, d'aller travailler aux atteliers qui ont été ouverts, & de s'enrôler à cet effet ſur le regiſtre qui ſera tenu en l'hôtel de ville, par le greffier ou autre officier qui ſera commis par le prevôt des marchands. Ordonnons au lieutenant-criminel de robe-courte, aux chevalier du guet, commiſſaires, huiſſiers & ſergens du châtelet de faire arrêter & d'arrêter tous ceux de la qualité ci-deſſus, qui ſeront trouvés mendians en notredite ville de Paris & ſes fauxbourgs, pour être procédé, ſuivant la diſpoſition de ces préſentes, à la punition de ceux qui n'y ſeront pas nés ou habitués depuis trois ans, par le lieutenant de police, & par le lieutenant au bailliage du Palais, à l'égard de ceux qui ſeront arrêtés dans les cours, ſalles & galeries du Palais; & ce, ſans aucune forme ni figure de procès, en dernier reſſort & ſans appel; & pour conduire à l'hôtel de notredite ville ceux deſdits mendians valides qui en ſeront natifs, & de douze lieues aux environs, ou qui y ſeront habitués depuis trois ans, afin d'y être enrôlés pour travailler aux ouvrages publics; comme auſſi ordonnons aux directeurs de l'Hôpital-Genéral d'envoyer aux priſons du châtelet, ou en la conciergerie du Palais, ou audit bureau de l'hôtel de ville, les perſonnes deſdites qualités qui ſeront priſes mendiantes par les archers des pauvres, & même les enfans de douze ans & au-deſſus, qui ſont dans ledit Hôpital, & qui n'auront pas une grande diſpoſition pour apprendre les métiers auxquels on a accoutumé de les inſtruire : défendons très-expreſſément à ceux qui ſeront enrôlés pour travailler auxdits ouvrages, de vaguer par la ville durant les heures qui ſeront réglées pour le travail par le prevôt des marchands & échevins, & de quitter leſdits atteliers, ſans un congé exprès d'un officier qui ſera prépoſé pour cet effet par leſdits prevôt des marchands & échevins, à peine d'être mis au carcan dans l'attelier, ou punis d'autres ou moindres peines, ainſi qu'il ſera ordonné par les ſieurs prevôt des marchands & échevins, ſur le rapport qui leur en ſera fait par l'officier qui ſera prépoſé pour la conduite des atteliers, ſans aucune forme ni figure de procès ni ſans appel. Comme auſſi défendons à ceux qui ſeront ainſi enrôlés, de mendier par la ville & fauxbourgs, à peine pour la premiere fois d'être enfermés durant un mois, dans les maiſons de Bicêtre & de la Salpêtriere deſtinées à cette fin, & pour la ſeconde fois des galeres durant cinq ans, à l'égard des hommes, & à l'égard des femmes du fouet, & d'être raſées & enfermées pendant un mois dans ladite maiſon de la Salpêtriere, & du fouet par un correcteur à l'égard des garçons & filles au-deſſous de quinze ans, & d'être enfermés & corrigés dans les maiſons de l'Hôpital-Général durant le tems qui ſera jugé convenable; le tout par le jugement du lieutenant de Police, & en ſon abſence de l'un des deux lieutenans particuliers, à commencer par l'ancien, & du lieutenant au bailliage du Palais dans le cas ci-deſſus exprimé, & ce ſans autre forme ni figure de procès que la repréſentation de l'acte de leur enrôlement, ſigné de l'officier qui l'aura reçu, l'extrait des regiſtres de l'Hôpital-Général, & le procès-verbal de leur capture, ſigné & affirmé par devant leſdits juges par deux officiers ou archers qui auront fait l'interrogatoire deſdits mendiants & les concluſions de notre procureur & ſans appel; ordonnons que l'officier qui recevra les enrôlemens à l'hôtel de ville, fera lecture à ceux qui ſeront enrôlés des peines établies par ces préſentes, & qu'il en fera mention dans l'enrôlement; qu'on en fera pareillement lecture dans les maiſons de Bicêtre & de la Salpêtriere, à ceux qui auront été enfermés pour y avoir contrevenu, & qu'elles ſeront publiées dans notredite ville de Paris, une fois par mois, durant que les atteliers ſeront ouverts; qu'il en ſera affiché des copies dans leſdits ateliers, dans les priſons où l'on menera ceſdits mendians, & dans les maiſons de Bicêtre & de la Salpêtriere, auſſi bien que dans les autres lieux publics. Si donnons en mandement à nos amés & féaux conſeillers, les gens tenans notre cour de Parlement à Paris, & à tous autres nos officiers qu'il appartiendra, que ces préſentes ils aient à lire, publier & regiſtrer & le contenu en icelle garder, obſerver & exécuter de point en point, ſelon leur forme

& teneur, sans permettre qu'il y soit contrevenu en aucune sorte & maniere que ce soit car tel est notre plaisir : en foi de quoi nous y avons fait mettre notre scel. Donné à Versailles le treizieme jour d'Avril, l'an de grace mil six cent quatre-vingt-cinq, & de notre regne le quarante-deuxieme. *Signé*, LOUIS, *& sur le repli*, par le roi, *signé*, COLBERT, *& scellées du grand sceau de cire jaune*. Vu au conseil. *Signé*, LE PELLETIER.

Registrées, oui, & ce requérant le procureur-général du roi, pour être exécutées selon leur forme & teneur, suivant l'arrêt de ce jour. A Paris, en Parlement le 6 Avril 1685. Signé, *DONGOIS*.

DÉCLARATION DU ROI,

PORTANT peine des galeres, contre les mendians valides.

Du 12 Octobre 1685.

LOUIS, par la grace de Dieu, roi de France & de Navarre : A tous ceux qui ces présentes lettres verront, SALUT. L'application continuelle que nous donnons à tout ce qui regarde la police générale & le bien de nos sujets, nous a porté à prendre un soin particulier pour l'établissement & augmentation des Hôpitaux-Généraux dans les villes & gros bourgs de notre royaume, dans lesquels les pauvres qui ne sont en état de travailler, trouvent leur subsistance assurée, avec une occupation proportionnée à leur âge & à leur infirmité; & quoi qu'au moyen de ces établissemens il ne dût rester aucun de nos sujets à charge au public, nous avons cependant été informés que plusieurs valides qui ne sont de la qualité à être reçus dans les Hôpitaux, au lieu de s'employer aux ouvrages auxquels ils sont propres, & qui leur produiroient leur subsistance, s'adonnent à la mendicité, & s'abandonnant à l'oisiveté, commettent des vols, & tombent malheureusement dans plusieurs crimes : A quoi voulant pourvoir, & empêcher un désordre si considérable. A CES CAUSES, en confirmant nos ordonnances & réglemens ci-devant faits contre les mendians valides, nous leur avons enjoint & enjoignons par ces présentes signées de notre main, de se retirer incessamment dans les lieux & provinces de leur naissance, ou autres lieux, pour y travailler aux ouvrages auxquels ils voudront s'employer, leur faisant très-expresses inhibitions & défenses de mendier, sous quelque prétexte que ce soit; & en cas qu'aucuns valides fussent trouvés mendiant, huit jours après la publication des présentes; voulons qu'ils soient pris & arrêtés, de l'ordonnance de nos baillifs, sénéchaux, leurs lieutenans & autres officiers, & par les prévôts de nos cousins les maréchaux de France, & conduits ès prisons les plus prochaines, pour, sur le témoignage de ceux qui les auront vu mendier, ou autre preuve & notoriété suffisante de leur mendicité, être condamnés aux galeres pour le tems de cinq ans. Si donnons en mandement à nos amés & féaux conseillers, les gens tenans notre cour de Parlement à Paris, que ces présentes ils aient à faire lire, publier & registrer, même en vacations, & exécuter selon leur forme & teneur : car tel est notre plaisir. En témoin de quoi, nous avons fait mettre notre scel à cesdites présentes. Donné à Fontainebleau le douzieme jour d'Octobre, l'an de grace mil six cent quatre-vingt-six. Et de notre regne le quarante-quatrieme. *Signé*, LOUIS, *& sur le repli*, par le roi, COLBERT. *Et scellé du grand sceau de cire jaune.*

Registrées, ce requérant le substitut du procureur-général du roi, pour être exécutées selon leur forme & teneur, suivant l'arrêt de ce jour. A Paris, en la chambre des vacations, le seizieme Octobre mil six cent quatre-vingt-six. Signé, *DE LA BAUNE*.

DÉCLARATION DU ROI,

CONCERNANT les mendians valides.

Du 28 Janvier 1687.

LOUIS, par la grace de Dieu, roi de France & de Navarre : A tous ceux qui ces présentes verront ; SALUT. Les désordres considérables que cause l'oisiveté de ceux qui pouvant s'appliquer à des ouvrages convenables, & subsister par leur travail, s'adonnent à la mendicité, nous auroient porté à renouveller les défenses de mendier, faites par nos ordonnances, & celles des rois nos prédécesseurs, & à établir contre les mendians valides la peine des galeres, par notre déclaration du 12 Octobre dernier ; & d'autant que cette déclaration n'établit aucune peine contre les femmes, qui ne sont pas moins punissables de leur oisiveté, lorsqu'étant en état de travailler, elles s'adonnent à la mendicité, & que d'ailleurs il s'est trouvé quelques difficultés dans l'exécution de cette déclaration, au sujet de la compétence des juges qui en doivent connoître, & de la qualité de ceux qui sont sujets à la peine portée par icelle ; nous avons voulu expliquer plus amplement nos intentions à cet égard. A CES CAUSES, & autres à ce nous mouvant, en confirmant notredite déclaration du 12 Octobre dernier, nous avons fait & faisons par ces présentes signées de notre main, très-expresses inhibitions & défenses à toutes personnes de l'un & l'autre sexe qui sont valides, de mendier, sous quelque prétexte que ce soit ; & en cas qu'aucuns soient trouvés mendiant, voulons que ceux qui sont vagabonds, & sans domicile, soient pris & condamnés par les prévôts de nos cousins les maréchaux, savoir les hommes à servir sur nos galeres à perpétuité, & les femmes à être fustigées, flétries & bannies ; & quant à ceux & celles qui sont domiciliés, & qui seront trouvés mendiant dans les villes ou à la campagne, voulons qu'ils soient arrêtés de l'ordonnance de nos baillis & sénéchaux, ou leurs lieutenans, & que le procès leur soit par eux fait, sauf l'appel, & qu'aux femmes & filles il soit fait pour la premiere fois défenses de récidiver, & en cas de récidive, qu'elles soient condamnées à être fustigées, flétries & bannies du ressort de la jurisdiction : & à l'égard des hommes, qu'il leur soit fait pour la premiere fois pareilles défenses de récidiver, & en cas de récidive, qu'ils soient aussi condamnés à être fustigés, flétris & bannis du ressort de la jurisdiction, & pour la troisieme fois, qu'ils soient condamnés par nosdits juges en dernier ressort, & sans appel au nombre de juges ou gradués requis par nos ordonnances, à servir sur nos galeres à perpétuité : enjoignons auxdits prévôts de nos cousins les maréchaux de France, qui trouveront à la campagne des mendians domiciliés, de les arrêter & conduire dans les prisons de la ville la plus prochaine du lieu de la capture, pour être jugés par nos baillis & sénéchaux, suivant la disposition de la présente déclaration. Si donnons en mandement à nos amés & féaux conseillers les gens tenans notre cour de Parlement de Paris, que ces présentes ils aient à faire lire, publier & registrer, & icelles exécuter selon leur forme & teneur : car tel est notre plaisir ; en témoin de quoi nous avons fait mettre notre scel à cesdites présentes. Donné à Versailles le vingt-huitieme jour de Janvier, l'an de grace mil six cent quatre-vingt-sept, & de notre regne le quarante-quatrieme. *Signé*, LOUIS. *Et sur le repli*, par le roi, COLBERT. *Et scellée du grand sceau de cire jaune.*

Registrées, oui & ce requérant le procureur-général du roi, pour être exécutées selon leur forme & teneur, & copies collationnées envoyées aux bailliages & sénéchaussées du ressort, pour y être lues & publiées. Enjoint aux substituts du procureur-général

général du roi d'y tenir la main, & d'en certifier la Cour dans trois mois, ſuivant l'arrêt de ce jour. A Paris, en Parlement, le quatorzieme Février mil ſix cent quatre-vingt-ſept. Signé, *JACQUES.*

DÉCLARATION DU ROI,

CONCERNANT les femmes qui ne garderont pas le banniſſement auquel elles auront été condamnées.

Du 29 Avril 1687.

LOUIS, par la grace de Dieu, roi de France & de Navarre : A tous ceux qui ces préſentes lettres verront; SALUT. Sur les avis qui nous avoient été donnés, que les voleurs & autres gens de mauvaiſe vie qui ont été repris de juſtice & bannis, n'étoient pas intimidés par cette peine, & retournoient dans les pays d'où ils avoient été chaſſés, où ils commettoient les mêmes crimes, nous aurions par notre déclaration du 31 Mai 1682, ordonné que ceux qui auroient été bannis par ſentence prévôtale ou jugement préſidial rendu en dernier reſſort, & qui ſeroient repris, quand même ce ne ſeroit que faute d'avoir gardé leur ban, ſeroient condamnés aux galeres à tems ou à perpétuité, ainſi que les juges l'eſtimeroient à propos; & à l'égard de ceux qui auroient été condamnés par des arrêts de nos Cours, nous aurions laiſſé à noſdites Cours & autres juges ayant pouvoir de juger en dernier reſſort, la liberté d'ordonner de leur châtiment, eu égard à la qualité des crimes, & à la condition des perſonnes. Nous avons appris qu'au moyen de cette diſpoſition, la plupart des villes & lieux de notre royaume ont été purgés des voleurs & gens repris de juſtice; mais comme cette peine ne peut être appliquée qu'aux hommes, & que les femmes & filles condamnées au banniſſement, continuent leurs vols & autres crimes, en retournant dans les lieux d'où elles ont été bannies, particuliérement dans notre bonne ville de Paris, où il y a un grand nombre de ces femmes qui ſervent de receleuſes à ceux qu'elles engagent par leur mauvais exemple & par leur débauche, à commettre des vols, nous avons jugé à propos de punir celles qui ne garderont leur ban, d'une peine, laquelle quoiqu'elle ne ſoit proportionnée à leur faute, procurera au moins au public le bien d'en être déchargé, & mettra fin à leur dangereux commerce. A CES CAUSES, nous avons dit & déclaré, diſons & déclarons par ces préſentes ſignées de notre main, voulons & nous plaît, que les femmes & filles qui auront été bannies par ſentence prévôtale ou jugement préſidial rendu en dernier reſſort, & qui ſeront repriſes, quand même ce ne ſeroit que faute d'avoir gardé leur ban, ſoient condamnées à être enfermées dans les Hôpitaux-Généraux les plus prochains, ce que nous voulons en particulier être obſervé dans la Maiſon de force de l'Hôpital-Général de notre bonne ville de Paris, où les femmes & filles de la qualité ſuſdite, ſeront enfermées & traitées conformément au réglement ſur ce fait, ſans qu'il ſoit en la liberté des juges de modérer cette peine, mais bien de l'arbitrer à tems ou à perpétuité, ſelon qu'ils l'eſtimeront à propos; & quant à celles qui auront été bannies par des arrêts de nos Cours, & qui ſeront pareillement repriſes pour n'avoir gardé leur ban, nous laiſſons à noſdites Cours la liberté d'ordonner de leur châtiment eu égard à la qualité des crimes pour leſquels elles auront été condamnées, & à l'âge & condition des perſonnes. Si donnons en mandement à nos amés & féaux conſeillers, les gens tenant notre Cour de Parlement de Paris, que ces préſentes ils aient à faire lire, publier & regiſtrer, & le contenu en icelles garder & obſerver ſelon ſa forme & teneur : car tel eſt notre plaiſir; & en témoin de quoi, nous avons fait mettre notre ſcel à ceſdites préſentes. Donné à Verſailles le vingt-neuvieme jour d'Avril, l'an de grace mil six cent quatre-vingt-sept, & de notre regne le quarante-quatrieme. *Signé*, LOUIS. *Et sur le repli*, par le roi, COLBERT. *Et scellé du grand sceau de cire jaune.*

Registrées, oui, & ce requérant le procureur-général du roi pour être exécutées selon leur forme & teneur, & copies collationnées envoyées aux bailliages & sénéchaussées du ressort. Enjoint aux substituts du procureur-général du roi d'y tenir la main, & d'en certifier la Cour dans trois mois. A Paris, en Parlement, le vingt-huitieme Mai mil six cent quatre-vingt-sept. Signé, *JACQUES*,

---

ARRÊT DU PARLEMENT,

QUI ordonne à tous les gens valides venus de la campagne, de se retirer dans leurs maisons pour travailler à la moisson; & enjoint aux archers de l'Hôpital-Général, *d'arrêter tous ceux de cette qualité qu'ils trouveront.*

Du 18 Juillet 1693.

CE JOUR, la Cour après avoir oui les prévôt des marchands & échevins, en présence des gens du roi, ensemble les gens du roi en leurs conclusions, la matiere mise en délibération, a ordonné & ordonne que tous gens valides, tant hommes que femmes, qui étoient venus de la campagne en cette ville de Paris, seront tenus de se retirer incessamment aux lieux de leurs demeures ordinaires, pour travailler à la récolte de la moisson; leur fait très-expresses inhibitions & défenses de mendier en cette ville de Paris, & même d'y demeurer, à peine d'être procédé contre eux suivant les ordonnances du roi, & les arrêts & réglemens de la Cour, intervenus contre les mendians valides; enjoint à cet effet aux archers de l'Hôpital-Général d'arrêter tous ceux de ladite qualité qu'ils trouveront en cette ville & fauxbourgs, & de les conduire aux lieux de force destinés pour leur punition dans ledit Hôpital-Général. Fait en Parlement le dix-huitieme jour de Juillet mil six cent quatre-vingt-treize.

ARRÊT DU PARLEMENT,

CONCERNANT les mendians valides.

Du 3 Octobre 1693.

SUR ce qui a été remontré à la chambre des vacations par m^e^ Florent Parmentier, substitut du procureur-général du roi; qu'il y avoit dans cette ville de Paris plusieurs personnes, tant hommes que femmes de la campagne, lesquelles étant valides & en état de travailler aux ouvrages de la saison, aimoient mieux mener une vie fainéante à subsister des aumônes que l'on donnoit à leur importunité, que de travailler suivant l'ordre dans lequel la providence de Dieu les a fait naître: requérant qu'il plût à ladite chambre d'y pourvoir, suivant les conclusions par lui prises; la matiere mise en délibération.

La chambre, faisant doit sur les conclusions du procureur-général du roi, enjoint à toutes personnes valides de la campagne, tant hommes que femmes, de s'y retirer incessammment, pour y travailler aux ouvrages de la saison; leur fait très-expresses défenses de demeurer en cette ville de Paris, & d'y mendier, à peine contre les hommes valides, d'être renfermés pour la premiere fois dans la Maison de force, établie à Bicêtre, pendant quinze jours, & des galeres pendant trois ans pour la seconde fois. Et à l'égard des femmes valides, d'être enfermées pour la premiere fois à la Salpêtriere pendant quinze jours, & pour la seconde d'être rasées, fouetées & enfermées ensuite dans ladite Maison de force durant un mois. Enjoint au lieutenant de police d'y tenir la main, & aux officiers & archers des pauvres, de lui rendre compte des diligences qu'ils feront, & d'exécuter les ordres qu'il leur donnera pour l'exécution du présent arrêt, lequel sera lu, publié à son de trompe & cri public, & affiché en tous les lieux & endroits accoutumés. Fait en vacations, le troisieme Octobre mil six cent quatre-vingt-treize. *Signé*, DONGOIS.

ARRÊT DU PARLEMENT,

QUI enjoint à tous mendians qui ne sont point natifs de Paris, d'en sortir dans huitaine, à peine d'être enfermés pour la premiere fois, & des galeres pendant cinq ans pour la seconde fois.

Du premier Décembre 1693.

LA Cour, oui & ce requérant le procureur-général du roi, enjoint à tous mendians de l'un & l'autre sexe, qui ne sont point natifs de cette ville & fauxbourgs de Paris, d'en sortir dans mardi huitieme du présent mois, & de se retirer incessamment dans les lieux de leur naissance, pour y être nourris & substantés, conformément à l'arrêt du 20 Octobre dernier, à peine contre les contrevenans d'être enfermés durant huit jours dans les lieux destinés à cet effet, dans les maisons de Bicêtre & la Salpêtriere pour la premiere fois; & pour la seconde des galeres pendant cinq ans à l'égard des hommes, & du fouet à l'égard des femmes qui seront âgés les uns & les autres de quinze ans & au-dessus, & du fouet & de plus longue détention dans lesdites maisons de Bicêtre & de la Salpêtriere, pour les garçons & filles qui auront moins de quinze ans. Fait en Parlement le premier jour de Décembre mil six cent quatre-vingt treize.

ARRÊT DU PARLEMENT,

QUI ordonne que dans trois jours, tous mendians valides de la campagne seront tenus de sortir de Paris, & de se retirer dans les lieux de leur demeure ordinaire.

Du 26 Mai 1694.

CE jour, les Grand'Chambre & Tournelle assemblées, m. le premier président a dit à la Cour, en présence des gens du roi, que le roi ayant été informé du grand nombre de paysans qui s'étoient répandus insensiblement dans cette ville, & ayant considéré les inconvéniens que la maladie de quelques-uns, & la fainéantise des autres pouvoit produire dans la ville & dans la campagne, sa majesté toujours attentive au bien de ses sujets, & au soulagement de cette ville, lui avoit commandé de faire tout ce qui seroit possible pour renvoyer au plutôt les paysans continuer dans leurs pays les ouvrages auxquels la providence de Dieu les avoit destinés, & dont une partie demeuroit, faute de manœuvre; de prendre les précautions convenables pour empêcher que l'habitude qu'ils ont prises de ne plus faire que gueuser, ne les y fît revenir, & de tâcher enfin de remettre le plus promptement que l'on pourroit, ceux qui se trouveroient malades, en état de s'en retourner. Qu'il y avoit des difficultés dans l'exécution de cet ordre, & que l'on auroit besoin d'un tems & d'une dépense assez considérables pour y réussir. Qu'il souhaiteroit qu'il eût plu au roi de mettre le soin d'une chose si importante en de meilleures mains, mais que sa majesté ayant fait cet honneur à la place dans laquelle il se trouvoit, il y apporteroit au moins tous les ſoins & toute l'application dont il ſeroit capable. Que la premiere choſe qu'il eſtimoit néceſſaire, étoit de renouveller, par un arrêt de la Cour, les réglemens concernans la police des pauvres, afin d'obliger les mendians valides, & particuliérement les payſans qui étoient en état de travailler, de ſortir inceſſamment de cette ville, ſous les peines que l'on avoit accoutumé de prononcer contre ceux qui n'obéiſſent pas volontairement à des ordres toujours juſtes, & principalement dans la conjoncture préſente ; ouis les gens du roi en leurs concluſions, eux retirés : la matiere miſe en délibération. LA COUR a ordonné & ordonne, que les édits & déclarations du roi, & les arrêts & réglemens de la Cour, concernans la police des pauvres, ſeront exécutés; ce faiſant, que dans trois jours après la publication qui ſera faite du préſent arrêt, tous mendians valides de l'un & de l'autre ſexe qui ne ſont pas natifs ou habitués dans cette ville de Paris, depuis trois années au moins, ſeront tenus de ſe retirer dans les lieux de leur demeure ordinaire, à peine contre les hommes valides qui ſeront trouvés mendians, d'être enfermés pour la premiere fois pendant huitaine, dans les lieux deſtinés à cet effet dans l'Hôpital-Général, pour y travailler & y être nourris, ainſi qu'il ſera ordonné par les directeurs dudit Hôpital; & s'ils ſont repris en cette ville pour la ſeconde fois, d'être condamnés aux galeres pour trois ans; & à l'égard des femmes qui ſeront trouvées mendiantes, ordonne qu'elles ſeront enfermées pour la premiere fois dans leſdits lieux de l'Hôpital-Général; & pour la ſeconde fois, raſées, fouettées ou appliquées au carcan pendant deux heures. Fait déſenſes auxdits mendians de ſe retirer en troupes, & de commettre aucunes violences ſur les champs, à peine de la vie. Enjoint au lieutenant de police de juger leſdits mendians qui ſeront pris mendians pour la ſeconde fois, en dernier reſſort & ſans appel, & à tous les officiers du roi de lui prêter main-forte, & de tenir la main à l'exécution du préſent arrêt, qui ſera lu, publié à ſon de trompe & cri public, & affiché par-tout où beſoin ſera. Fait en Parlement le vingt-ſixieme Mai mil ſix cent quatre-vingt quatorze *Signé*, DONGOIS.

DÉCLARATION DU ROI,

CONCERNANT LES MENDIANS.

Du 10 Février 1699.

LOUIS, par la grace de Dieu, roi de France & de Navarre : A tous ceux qui ces préſentes lettres verront; SALUT. Ayant donné les ordres néceſſaires pour faire travailler aux ouvrages que nous avons ordonné, les habitans de quelques-unes des provinces de notre royaume, où la récolte a été moins abondante qu'à l'ordinaire, & ayant bien voulu étendre la même grace à ceux de notre bonne ville & fauxbourgs de Paris, & des environs, qui n'auroient point d'autre occupation, afin de leur procurer en même tems le moyen de ſubſiſter, & de s'entretenir dans l'habitude du travail, auquel ils ſont deſtinés, nous avons eſtimé néceſſaire de renouveller les regles de police que nous avons voulu qui fuſſent obſervées en ſemblables occaſions, & particuliérement dans notre ville de Paris. A CES CAUSES, & autres à ce nous mouvans, nous avons dit & déclaré, diſons & déclarons par ces préſentes ſignées de notre main, voulons & nous plaît, que tous mendians valides, encore qu'ils aient un métier, & tous fainéans & vagabonds, ſans métier, ſans condition, & ſans emploi, leſquels ne ſont point natifs de notre bonne ville de Paris, de ſes fauxbourgs, & de douze lieues aux environs, aient à en ſortir dans trois jours après que la publication de ces préſentes aura été faite par les carrefours d'icelle, & autres lieux accoutumés, & à ſe retirer dans leurs pays, pour y travailler dans les atteliers que nous avons fait établir, ou ailleurs aux ouvrages dont ils sont capables, à peine d'être enfermés durant quinze jours dans les lieux qui sont destinés à cet effet dans les maisons de Bicêtre & de la Salpêtriere, pour la premiere fois, & pour la seconde des galeres durant cinq ans, à l'égard des hommes, & du fouet & du carcan, à l'égard des femmes qui seront âgées, les uns & les autres de dix-huit ans & au-dessus, & du fouet & de plus longue détention dans lesdites maisons de Bicêtre & de la Salpêtriere, pour les garçons & filles qui auront moins de dix-huit ans.

Enjoignons à tous mendians valides, tant hommes & femmes, qu'enfans au-dessus de douze ans, natifs de notre ville de Paris, & de douze lieues aux environs, ou qui s'y sont habitués depuis trois ans, & qui auront la santé & la force nécessaires pour travailler aux ouvrages publics, soit qu'ils aient un métier, soit qu'ils n'en aient pas, d'aller travailler aux atteliers qui ont été ouverts, & de s'enrôler à cet effet sur le registre qui sera tenu en l'hôtel-de-ville, par le greffier ou autre officier qui sera commis par le prévôt des marchands.

Ordonnons au lieutenant-criminel de robe-courte, aux chevalier du Guet, commissaires, huissiers & sergens du Châtelet, de faire arrêter & d'arrêter tous ceux de la qualité exprimée ci-dessus qui seront trouvés mendians en notre ville de Paris & ses fauxbourgs, pour être procédé suivant la disposition de ces présentes, à la punition de ceux qui n'y seront pas nés ou habitués depuis trois ans, par le lieutenant de police; & par le lieutenant au bailliage du palais, à l'égard de ceux qui seront arrêtés dans les cours, salles & galeries du palais; & ce sans aucune forme ni figure de procès, en dernier ressort, & sans appel, sur le simple procès-verbal de leur capture, qui sera affirmé véritable par les officiers qui l'auront fait, avec les certificats des économes des maisons de Bicêtre & de la Salpêtriere, à l'égard de ceux qui auront été enfermés, & sur l'interrogatoire desdits mendians, & pour conduire à l'Hôtel de notredite ville, ceux desdits mendians valides qui en seront natifs, & de douze lieues aux environs, ou qui y seront habitués depuis trois ans, afin d'y être enrôlés pour travailler aux ouvrages publics

Comme aussi ordonnons aux directeurs de l'Hôpital-Général, d'envoyer aux prisons du Châtelet, ou en la conciergerie du palais, audit bureau de l'hôtel-de-ville, les personnes desdites qualités qui seront prises mendiantes par les archers des pauvres, & même les enfans de douze ans & au-dessus, qui sont dans ledit Hôpital, & qui n'auront pas une grande disposition pour apprendre les métiers auxquels on a accoutumé de les instruire.

Défendons très-expressément à ceux qui seront enrôlés pour travailler auxdits ouvrages, de vaguer par la ville durant les heures qui seront réglées pour le travail par les prévôt des marchands & échevins, & de quitter lesdits atteliers sans un congé exprès d'un officier qui sera préposé pour cet effet par lesdits prévôt des marchands & échevins, & à peine d'être mis au carcan dans l'attelier, ou punis d'autres ou moindres peines, ainsi qu'il sera ordonné par lesdits prévôt des marchands & échevins, sur le rapport qui leur en sera fait par l'officier qui sera préposé pour la conduite des atteliers, sans aucune forme, ni figure de procès, & sans appel.

Comme aussi défendons à ceux qui seront ainsi enrôlés, de mendier par la ville & fauxbourgs, à peine, pour la premiere fois, d'être enfermés durant quinze jours dans les maisons de Bicêtre & de la Salpêtriere, destinées à cette fin, & pour la seconde fois des galeres durant cinq ans, à l'égard des hommes; & à l'égard des femmes, du fouet, & d'être rasées & enfermées dans ladite maison de la Salpêtriere durant le tems qui sera ordonné par le jugement du lieutenant de police, & en son absence, de l'un des deux lieutenans particuliers, à commencer par l'ancien, & du lieutenant au bailliage du palais dans le cas ci-dessus exprimé, & ce sans autre forme ni figure de procès que la représentation de l'acte de leur enrôlement signé de l'officier qui l'aura reçu, l'extrait des regiſtres de l'Hôpital-Général, & le procès-verbal de leur capture, ſigné & affirmé pardevant leſdits juges, par deux officiers ou archers qui l'auront fait, l'interrogatoire deſdits mendians, & les concluſions de notre procureur, & ſans appel; & à l'égard des garçons & des filles au-deſſous de dix-huit ans, ſeront enfermés & corrigés dans les maiſons dudit Hôpital pendant le tems, & ainſi que les directeurs le trouveront à propos.

Ordonnons que l'officier qui recevra les enrôlemens à l'hôtel-de-ville, fera lecture à ceux qui ſeront enrôlés, des peines établies par ces préſentes, & qu'il en fera mention dans l'acte d'enrôlement; que l'on en fera pareillement lecture dans les maiſons de Bicêtre & de la Salpêtriere, à ceux qui auront été enfermés pour y avoir contrevenu, & qu'elles ſeront publiées dans notredite ville de Paris, une fois chaque mois, durant que les atteliers ſeront ouverts; qu'il en ſera affiché des copies dans leſdits atteliers, dans les priſons où l'on menera leſdits mendians, & dans les maiſons de Bicêtre & de la Salpêtriere, auſſi bien que dans les autres lieux publics.

Ordonnons en outre que le procès ſera fait & jugé en dernier reſſort par le lieutenant-général de police, à ceux qui mendieront, en ſe diſant fauſſement ſoldats, & qui ſe trouveront porteurs de congés qui ne ſeront pas véritables, & à ceux qui contreferont les eſtropiés, ou qui feindront des maladies qu'ils n'auront pas effectivement, & qu'ils ſoient condamnés, les uns & les autres, au carcan & au fouet, & même aux galeres, ſuivant les circonſtances particulieres du fait. Enjoignons au lieutenant-criminel de robe-courte, chevalier du guet, & autres nos officiers, de donner main-forte aux archers prépoſés pour arrêter leſdits mendians; & défendons à toutes ſortes de perſonnes de leur donner aucun empêchement dans la capture deſdits pauvres, & d'en favoriſer l'évaſion, en quelque maniere que ce puiſſe être, à peine d'être procédé contr'eux extraordinairement. Si donnons en mandement à nos amés & féaux conſeillers les gens tenans notre cour de Parlement à Paris, que ces préſentes ils aient à faire lire, publier & regiſtrer, & le contenu en icelles, garder & obſerver. Car tel eſt notre plaiſir. En témoin de quoi nous avons fait mettre notre ſcel à ceſdites préſentes. Donné à Verſailles, le dixieme jour de Février, l'an de grace mil ſix cent quatre-vingt-dix-neuf, & de notre regne le cinquante-ſixieme. *Signé*, LOUIS; *& ſur le repli*, Par le roi, PHELYPEAUX, *Et ſcellée du grand ſceau de cire jaune.*

DÉCLARATION DU ROI,

CONTRE LES MENDIANS VAGABONDS.

Du 23 Juillet 1700.

LOUIS, par la grace de Dieu, roi de France & de Navarre: A tous ceux qui ces préſentes lettres verront: SALUT. La ſtérilité & les maladies arrivées durant une partie des années 1693 & 1694, ayant donné lieu à pluſieurs de nos ſujets qui demeuroient à la campagne, de chercher dans les villes, & particuliérement dans celle de Paris, les ſecours dont ils avoient beſoin, la plûpart ont trouvé tant de douceur à gagner, par la mendicité, dans une vie libertine & fainéante, beaucoup plus qu'ils ne pouvoient recevoir par le travail le plus rude & le plus continu qu'ils pouvoient faire: que l'heureuſe moiſſon qu'il plut à Dieu de donner à toutes les provinces de notre royaume en ladite année 1694, & les ſoins que l'on a pris dans la ſuite, n'ont pu les retirer de ce genre de vie dans laquelle même ils élevent leurs enfans; & comme la piété & la prudence nous obligent également d'employer toutes ſortes de moyens pour les rappeller à leur devoir, ſoit par une juſte punition de leur fainéantiſe, s'ils y perſiſtent, ſoit par des ſecours & des charités que nous voulons bien leur faire, en cas qu'ils reprennent, dans une vie innocente, la culture des terres & les autres ouvrages de la campagne, dont une partie demeure, faute d'ouvriers, ou par la cherté excessive des salaires qu'ils exigent.; & voulant en même-tems pourvoir, autant qu'il est possible, au soulagement des véritables pauvres, & à l'éducation de leurs enfans, dont la conservation nous est chere, & très-importante à l'état. A CES CAUSES, nous avons enjoint, & par ces présentes, signées de notre main, enjoignons à toutes sortes de personnes, tant hommes que femmes, agés de quinze ans & au-dessus, valides & capables de gagner leurs vies par leur travail, soit qu'ils aient un métier, soit qu'ils n'en aient pas, de travailler aux ouvrages dont ils peuvent être capables, dans les lieux de leur naissance, ou dans ceux où ils sont demeurans depuis plusieurs années, à peine d'être traités & punis comme des vagabonds, & tous mendians, fainéans, vagabonds sans condition & sans emploi, de sortir des villes & autres lieux où ils se trouveront, dans quinzaine après la publication de notre présente déclaration, & de se retirer incessamment, & par le plus droit chemin, dans les lieux de leur naissance. Leur faisons défenses de s'attrouper en plus grand nombre que celui de quatre; comme aussi de demeurer sur les grands chemins, & d'aller dans les fermes de la campagne, sous prétexte d'y demander l'aumône, à peine, à l'égard des hommes, d'être fustigés pour la premiere fois; & pour la seconde, à l'égard de ceux qui n'ont pas vingt ans, du fouet & du carcan, & ceux de l'âge de vingt ans & au-dessus, d'être condamnés aux galeres pour cinq ans; & à l'égard des femmes, d'être enfermées pour un mois dans les Hôpitaux; en cas de récidive, d'être fustigées & mises au carcan. Défendons à toutes personnes, de quelque état & condition qu'elles soient, à peine de cinquante livres d'aumône, applicable aux Hôpitaux-Généraux des lieux, de donner, après ledit tems, aucune chose auxdits mendians, soit dans les églises, soit dans les rues ou aux portes, & sans préjudice des aumônes qui se font aux pauvres honteux, dans leurs maisons ou ailleurs; & d'autant que plusieurs de ceux qui se retireront dans les lieux de leur naissance, auroient peine à trouver leur subsistance par les chemins, nous voulons bien donner les ordres nécessaires aux commissaires départis dans nos provinces pour y pourvoir, en rapportant des certificats du juge de police du lieu de leur départ, contenant les lieux de leurs passages, & celui où ils veulent aller. Enjoignons à tous les mendians valides de travailler à la moisson, vendanges & autres ouvrages de la campagne, pour y trouver leur subsistance : & pour leur assurer les moyens de vivre dans la suite, nous donnerons les ordres aux intendans & commissaires départis dans nos provinces, de leur faire fournir des logemens dans les paroisses où ils voudront se retirer, & des ouvrages pour s'occuper pendant l'hiver, ou des secours suivant leurs besoins, afin qu'ils aient du moins le nécessaire jusqu'au mois de Mars prochain, dans lequel tems nous ferons ouvrir des atteliers publics, proportionnés au nombre des pauvres qui auront besoin de ce travail pour subsister. Et pour faciliter l'exécution de ce que dessus, voulons qu'ils donnent incessamment avis aux curés des paroisses dans lesquelles ils auront dessein de se retirer, afin qu'ils en avertissent lesdits intendans & commissaires départis. Enjoignons aux mendians qui ne sont pas en état, à cause de leurs incommodités ou de leur caducité, de gagner leur vie par leur travail, & de se retirer dans les lieux de leur naissance, de se présenter aux Hôpitaux-Généraux des lieux où ils sont, ou de ceux qui en sont les plus proches, pour y être reçus, en cas qu'ils se trouvent de la qualité ci-dessus marquée, & traités ainsi que les autres pauvres. Leur défendons de mendier, à peine, pour la premiere fois, du fouet, & du carcan; & pour la seconde ,d'y être enfermés. Faisons défenses aux administrateurs desdits Hôpitaux de les en laisser sortir, même sous prétexte de manque de fonds, auxquels, en cas de besoin, il sera par nous pourvu. Permettons aux femmes pauvres qui ont des enfans à la mamelle, de se retirer dans les Hôpitaux-Généraux, & d'y demeurer avec leursdits enfans, pendant le tems que l'on trouvera qu'elles pourront les allaiter, & que lesdits enfans en auront besoin ; après quoi, elles seront congédiées, pour aller travailler aux ouvrages dont elles sont capables, & y laisseront, si elles veulent, lesdits enfans, pour y être élevés & instruits, ainsi que les autres de pareille qualité. Voulons que les enfans qui n'ont ni pere, ni mere, ni aucuns parens qui en veulent prendre soin, & qui n'auront aucuns biens, & qui ne sont pas en âge de gagner leur vie par aucune sorte de travail, soient reçus dans lesdits Hôpitaux, pour y être élevés & instruits, jusqu'à ce qu'ils soient en état de pouvoir gagner leur vie, suivant leurs forces. Et pour exciter dans la suite ceux qui auront quitté la vie fainéante, à s'occuper à des ouvrages de la campagne, & y prendre des établissemens solides & permanens, leur permettons de faire valoir, pendant cinq ans, des héritages jusqu'à trente livres de revenu, sans payer aucune taille. Exhortons les laboureurs & autres gens de campagne de leur prêter la semence dont ils pourroient avoir besoin pour ensemencer lesdites terres, sur la récolte desquelles ils auront un privilege spécial, jusqu'à concurrence des avances qu'ils auront faites. Enjoignons aux lieutenans-généraux de police de tenir la main à l'exécution de notre présente déclaration, de faire arrêter lesdits mendians, qui se trouveront dans les villes où ils sont établis, & dans les banlieues d'icelles; & à ceux desdits juges qui sont gradués, d'instruire le procès, & de juger en dernier ressort avec les officiers des sieges présidiaux ou principaux bailliages royaux des lieux, ceux desdits mendians, vagabonds valides, & qui peuvent gagner leur vie par leur travail, lesquels seront trouvés contrevenans à notre présente déclaration, après le tems y porté, & de les condamner aux peines qui y sont contenues, sur le témoignage de ceux qui les auront vus mendier, ou des archers qui les auront arrêtés, ou sur autres preuves & notoriété suffisante de leur mendicité & fainéantise, sans qu'il soit besoin d'aucune autre instruction, & de faire conduire & enfermer les autres dans les Hôpitaux, dans les cas portés par notre même déclaration. Enjoignons aux lieutenans-criminels desdits sieges, & en leur absence, aux lieutenans particuliers, d'instruire & de juger, en la même maniere, lesdits procès dans les villes où il n'y a point encore de lieutenans-généraux de police établis, ou lorsqu'ils ne sont pas gradués. Enjoignons aux lieutenans-criminels de robe-courte, chevaliers du guet, officiers & archers de leurs compagnies & tous autres, de prêter main-forte auxdits lieutenans-généraux de police, & auxdits archers d'exécuter, à peine d'interdiction, les ordres qu'ils leur donneront pour l'exécution de notre présente déclaration. Enjoignons pareillement aux prévôts de nos cousins les maréchaux de France, vice-sénéchaux, leurs lieutenans & autres officiers de leurs compagnies, d'arrêter dans la campagne & sur les grands chemins, lesdits mendians qui se trouveront contrevenans à notre présente déclaration, & auxdits prévôts & vice-sénéchaux d'instruire leurs procès, & de les juger en dernier ressort, avec les officiers du plus prochain présidial, ou principal siege royal, en la maniere & avec les formalités accoutumées. Si donnons en mandement à nos amés & féaux conseillers les gens tenant notre cour de Parlement à Paris, que ces présentes ils aient à faire lire, publier & registrer, & le contenu en icelles garder, observer & exécuter selon leur forme & teneur, cessant & faisant cesser tous troubles & empêchemens contraires : car tel est notre plaisir ; en témoin de quoi nous avons fait mettre notre scel à cesdites présentes. Donné à Versailles, le vingt-cinquieme jour de Juillet, l'an de grace mil sept cent, & de notre regne le cinquante-huitieme. *Signé*, LOUIS. *Et plus bas*, par le roi, PHELYPEAUX. *Et scellées du grand sceau de cire jaune.*

Registrées, oui, & ce requérant le procureur-général du roi, pour être exécutées selon leur forme & teneur, & copies collationnées, envoyées aux bailliages & sénéchaussées du ressort, pour y être lues, publiées & registrées ; enjoint aux substituts du procureur-Général du Roi d'y tenir la main, & d'en certifier la cour dans un mois, suivant l'arrêt de ce jour. A Paris, en Parlement, le vingt-neuf Juillet mil sept cent. Signé, *DONGOIS.*

DÉCLARATION

DÉCLARATION DU ROI,

POUR obliger les pauvres mendians valides d'aller travailler à la campagne.

Du 25 Juillet 1700.

LOUIS, par la grace de Dieu, roi de France & de Navarre : A tous ceux qui ces présentes lettres verront, SALUT. La stérilité & les maladies arrivées durant une partie des années 1693 & 1694, ayant donné lieu à plusieurs de nos sujets qui demeuroient à la campagne, de chercher dans les villes, & particuliérement dans celle de Paris, les secours dont ils avoient besoin ; la plûpart ont trouvé tant de douceur à gagner par la mendicité, dans une vie libertine & fainéante, beaucoup plus qu'ils ne pouvoient recevoir par le travail le plus rude & le plus continu qu'ils pouvoient faire, que l'heureuse moisson qu'il plut à Dieu de donner à toutes les provinces de notre royaume, en ladite année 1694, & les soins que l'on a pris dans la suite n'ont pu les retirer de ce genre de vie, dans laquelle même ils élevent leurs enfans : & comme la piété & la prudence nous obligent également d'employer toutes sortes de moyens pour les rappeller à leur devoir, soit par une juste punition de leur fainéantise, s'ils y persistent, soit par des secours & des charités que nous voulons bien leur faire, en cas qu'ils reprennent, dans une vie innocente, la culture des terres, & les autres ouvrages de la campagne, dont une partie demeure, faute d'ouvriers, ou par la cherté excessive des salaires qu'ils exigent ; & voulant en même-tems pourvoir, autant qu'il est possible, au soulagement des véritables pauvres, & à l'éducation de leurs enfans, dont la conservation nous est chere, & très-importante à l'état.

PREMIÉREMENT.

A ces causes, nous avons enjoint, & par ces présentes, signées de notre main, enjoignons à toutes sortes de personnes, tant hommes que femmes, âgés de quinze ans & au-dessus, valides & capables de gagner leur vie par leur travail, soit qu'ils aient un métier, soit qu'ils n'en aient pas, de travailler aux ouvrages dont ils peuvent être capables, dans les lieux de leur naissance, ou dans ceux où ils sont demeurans depuis plusieurs années, à peine d'être traités & punis comme des vagabonds ; & à tous mendians, fainéans & vagabonds sans condition & sans emploi, de sortir des villes & autres lieux où ils se trouveront, dans quinzaine après la publication de notre présente déclaration, & de se retirer incessamment, & par le plus droit chemin, dans les lieux de leur naissance : leur faisons défenses de s'attrouper en plus grand nombre que celui de quatre, comme aussi de demeurer sur les grands chemins, & d'aller dans les fermes de la campagne, sous prétexte d'y demander l'aumône, à peine, à l'égard des hommes, d'être fustigés pour la premiere fois ; & pour la seconde, à l'égard de ceux qui n'ont pas vingt ans, du fouet & du carcan ; & ceux de l'âge de vingt ans & au-dessus, d'être condamnés aux galeres pour cinq ans ; & à l'égard des femmes, d'être enfermées pour un mois dans les Hôpitaux ; & en cas de récidive, d'être fustigées & mises au carcan.

II. Défendons à toutes personnes, de quelque qualité & condition qu'elles soient, à peine de cinquante livres d'aumône, applicable aux Hôpitaux-Généraux des lieux, de donner après ledit tems aucune chose auxdits mendians, soit dans les églises, dans les rues ou aux portes, & sans préjudice des aumônes qui se font aux pauvres honteux dans leurs maisons ou ailleurss

III. Et d'autant que plusieurs de ceux qui se retireront dans les lieux de leur naissance auroient peine à trouver leur subsistance par les chemins, nous voulons bien donner les ordres nécessaires aux commissaires départis dans nos provinces pour y pourvoir, en rapportant des certificats du juge de police du lieu de leur départ, contenant les lieux de leur passage, & celui où ils veulent aller.

IV. Enjoignons à tous les mendians valides, de travailler à la moisson, vendanges & autres ouvrages de la campagne, pour y trouver leur subsistance : & pour leur assurer les moyens de vivre dans la suite, nous donnerons les ordres aux intendans & commissaires départis dans nos provinces, de leur faire fournir des logemens dans les paroisses où ils voudront se retirer, & des ouvrages pour s'occuper pendant l'hiver, ou des secours suivant leurs besoins, afin qu'ils aient du moins le nécessaire jusqu'au mois de mars prochain, dans lequel tems nous ferons ouvrir des atteliers publics, proportionnés au nombre des pauvres qui auront besoin de ce travail pour subsister ; & pour faciliter l'exécution de ce que dessus, voulons qu'ils donnent incessamment avis aux curés des paroisses dans lesquelles ils ont dessein de se retirer, afin qu'ils en avertissent lesdits intendans & commissaires départis.

V. Enjoignons aux mendians qui ne sont pas en état, à cause de leurs incommodités ou de leur caducité, de gagner leur vie par leur travail, & de se retirer dans les lieux de leur naissance, de se présenter aux Hôpitaux-Généraux des lieux où ils sont, ou de ceux qui en sont les plus proches, pour y être reçus, en cas qu'ils se trouvent de la qualité ci-dessus marquée, & traités ainsi que les autres pauvres : leur défendons de mendier, à peine, pour la premiere fois, du fouet & du carcan ; & pour la seconde, d'y être enfermés.

VI. Faisons défenses aux admininistrateurs desdits Hôpitaux de les en laisser sortir, même sous prétexte de manque de fonds, auquel, en cas de besoin, il sera par nous pourvu.

VII. Permettons aux femmes pauvres, qui ont des enfans à la mamelle, de se retirer dans les Hôpitaux-Généraux, & d'y demeurer avec lesdits enfans pendant le tems que l'on trouvera qu'elles pourront les allaiter, & que lesdits enfans en aurons besoin : après quoi, elles seront congédiées, pour aller travailler aux ouvrages dont elles sont capables, & y laisseront, si elles veulent lesdits enfans, pour y être élevés & instruits, ainsi que les autres de pareille qualité.

VIII. Voulons que les enfans qui n'ont ni pere ni mere, ni aucuns parens qui en veulent prendre soin, & qui n'auront aucuns biens, & qui ne sont pas en âge de gagner leur vie par aucune sorte de travail, soient reçus dans lesdits Hôpitaux, pour y être élevés & instruits, jusqu'à ce qu'ils soient en état de pouvoir gagner leur vie, suivant leurs forces.

IX. Et pour exciter dans la suite ceux qui auront quitté la vie fainéante à s'occuper à des ouvrages de la campagne, & y prendre des établissement solides & permanans, leur permettons de faire valoir pendant cinq ans des héritages jusqu'à trente livres de revenu, sans payer aucune taille : exhortons les laboureurs & autres gens de campagne de leur prêter la semence dont ils pourroient avoir besoin pour ensemencer lesdites terres ; sur la récolte desquelles ils auront un privilege spécial, jusqu'à concurrence des avances qu'ils auront faites.

X. Enjoignons aux lieutenans-généraux de police de tenir la main à l'exécution de notre présente déclaration, de faire arrêter lesdits mendians qui se trouveront dans les villes où ils sont établis, & dans les banlieues d'icelles ; & à ceux desdits juges qui sont gradués, d'instruire le procès, & de juger en dernier ressort, avec les autres officiers des sieges présidiaux, ou principaux bailliages royaux des lieux, ceux desdits mendians, vagabonds valides, & qui peuvent gagner leur vie par leur travail, lesquels seront trouvés contrevenans à notre présente déclaration après le tems y porté, & de les condamner aux peines qui y sont contenues, sur le témoignage de ceux qui les auront vu mendier, ou des archers qui les auront arrêtés, ou sur autres preuves & notoriétés suffisantes de leur mendicité & fainéantise, sans qu'il soit besoin d'aucune autre instruction, & de faire conduire & enfermer les autres dans les Hôpitaux, dans les cas portés par notre présente déclaration.

XI. Enjoignons aux lieutenans criminels desdits sieges, & en leur absence, aux lieutenans particuliers d'instruire & de juger en la même maniere lesdits procès dans les villes où il n'y a point encore de lieutenans-généraux de police établis, ou lorsqu'ils ne sont pas gradués.

XII. Enjoignons aux lieutenans-criminels de robe-courte, chevaliers du guet, officiers & archers de leurs compagnies & autres, de prêter main-forte auxdits lieutenans-généraux de police, & auxdits archers d'exécuter, à peine d'interdiction, les ordres qu'ils leur donneront pour l'exécution de notre présente déclaration.

XIII. Enjoignons pareillement aux prévôts de nos cousins les maréchaux de France, vice-sénéchaux, leurs lieutenans & autres officiers de leurs compagnies, d'arrêter dans la campagne & sur les grands chemins, lesdits mendians qui se trouveront contrevenans à notre présente déclaration, & auxdits prévôts & sénéchaux d'instruire leurs procès, & de les juger en dernier ressort, avec les officiers du plus prochain présidial ou principal siege royal, en la maniere & avec les formalités accoutumées.

Si donnons en mandement à nos amés & féaux conseillers les gens tenans notre cour de Parlement à Paris, que ces présentes ils aient à faire lire, publier & registrer, & le contenu en icelles garder, observer & exécuter selon leur forme teneur, cessant & faisant cesser tous troubles & empêchemens contraires : car tel est notre plaisir; en témoin de quoi nous avons fait mettre notre scel à cesdites présentes. Donné à Versailles le vingt-cinquieme jour de Juillet, l'an de grace mil sept cent, & de notre regne le cinquante-huitieme. *Sgné*, LOUIS. *Et plus bas*, par le roi, PHELYPEAUX. *Et scellé.*

Registrée, oui ce requérant le procureur-général du roi, pour être exécutées selon leur forme & teneur, & copies collationnées, envoyées aux sieges, bailliages & sénéchaussées du ressort, pour y être lues, publiées & registrées. Enjoint aux substituts du procureur-général du roi d'y tenir la main, & d'en certifier la Cour, suivant l'arrêt de ce jour. A Paris, en Parlement, le vingt-neuvieme jour de Juillet mil sept cent.

Signé, *DONGOIS.*

DÉCLARATION DU ROI,

CONCERNANT les mendians, & l'ouverture des ateliers publics à Paris.

Donnée à Marly le 6 Août 1709.

LOUIS, par la grace de Dieu, roi de France & de Navarre : A tous ceux qui ces présentes lettres verront, SALUT. Quoique les travaux qui se font en cette saison à la campagne, & la récolte commencée dans toutes les provinces de notre royaume, dussent y rappeller les mendians valides, qui depuis quelque tems se rendent de tous côtés dans notre bonne ville de Paris, & que par l'ordre que notre cour de Parlement a établi pour la subsistance des pauvres de son ressort, les mendians invalides aient dû trouver dans le lieu de leur naissance les secours qui leur sont nécessaires, nous savons néanmoins qu'il reste encore dans notredite ville un grand nombre de mendians qui y sont retenus par l'attrait d'une vie libre & oisive, dans laquelle la mendicité leur procure souvent un gain plus considérable que celui qu'ils pourroient faire par leur travail; & comme rien n'est plus important que d'empêcher qu'ils ne s'accoutument à ce genre de vie, & de les renvoyer promptement à la campagne, où l'on manque en plusieurs endroits d'ouvriers pour la moisson, nous avons reçu avec plaisir la proposition que les prévôt des marchands & échevins de notre bonne ville de Paris nous ont faite, de leur permettre d'ouvrir des ateliers publics; & nous nous portons d'autant plus volontiers à l'approuver & à prescrire en même-tems l'ordre de police qui sera observé à cet égard, que si ce remede dont on a déjà fait plusieurs fois une heureuse expérience, a encore le même succès en cette occasion, nous espérons que les pauvres des provinces de notre royaume qui viennent mendier dans la ville de Paris, étant obligés d'aller travailler dans leur pays, & les mendians valides de notredite ville étant occupés aux ateliers publics, il sera beaucoup plus facile de soulager la misere des pauvres, que leur âge ou leurs infirmités mettent hors d'état de gagner leur vie par leur travail, & qui par cette raison, doivent être le principal objet de notre charité & de celle du public. A CE SCAUSES & autres à ce nous mouvans, de l'avis de notre conseil, & de notre certaine science, pleine puissance & autorité royale, nous avons par ces présentes signées de notre main, dit, déclaré & ordonné, disons, déclarons & ordonnons, voulons & nous plaît.

ARTICLE PREMIER.

Que dans trois jours après que la publication des présentes aura été faite dans les places & carrefours de notre bonne ville de Paris, tous mendians valides, tant hommes que femmes & enfans, encore qu'ils aient un métier, & tous fainéans & vagabonds sans métier, sans condition & sans emploi, lesquels ne sont point natifs de notredite ville, de ses fauxbourgs, & de huit lieues aux environs, ou qui ne s'y sont pas établis depuis trois ans, aient à en sortir, sans s'attrouper sur les chemins, pour aller travailler à la moisson ou autres ouvrages dont ils sont capables, à peine d'être enfermés durant huit jours au moins, dans les lieux qui sont destinés à cet effet, dans les maisons de Bicêtre, de la Salpêtriere, & de Sainte-Anne, pour la premiere fois; & pour la seconde des galeres pour cinq ans, à l'égard des hommes âgés de dix-huit ans & au-dessus; & à l'égard des femmes, de quelque âge qu'elles soient, & des hommes qui seront au-dessous de l'âge de dix-huit ans, les uns & les autres seront condamnés en cas de récidive au fouet & à être enfermés pendant le tems qui sera jugé convenable, dans lesdites maisons de Bicêtre, de la Salpêtriere & de Sainte-Anne.

II. Enjoignons pareillement à tous mendians invalides, tant hommes que femmes & enfans, qui ne sont pas natifs de cette ville & fauxbourgs de Paris, ou de huit lieues aux environs, ou qui n'y sont pas établis depuis trois ans, d'en sortir dans le même délai, & de se retirer aussi sans attroupement dans le lieu de leur naissance ou de leur demeure, à peine pour la premiere fois qu'ils seront trouvés mendians dans ladite ville & & fauxbourgs, d'être enfermés pendant huit jours au moins dans les maisons ci-dessus marquées; & pour la seconde d'être condamnés aux peines qui seront jugées convenables par les juges ci-après nommés, à la réserve néanmoins de ceux qui se trouveront avoir de telles incommodités, qu'ils ne seront pas en état de se retirer dans leurs pays, lesquels demeureront enfermés dans l'Hôpital-Général le reste de leur vie, ou pour le tems qui sera jugé nécessaire, eu égard à la nature de leurs incommodités.

III. Ordonnons aux lieutenant criminel de robe-courte, chevalier du guet, commissaires au Châtelet & autres nos officiers, comme aussi aux huissiers & sergens dudit Châtelet, de faire arrêter & d'arrêter tous ceux de la qualité ci-dessus exprimée, qui seront trouvés mendians dans notre bonne ville & dans les fauxbourgs de Paris, pour être procédé contr'eux par le lieutenant de police, ou en cas d'absence, maladie ou autre légitime empêchement, par l'un des deux lieutenans particuliers du Châtelet, à commencer par l'ancien, & ce en dernier ressort & sans appel, sur le simple procès-verbal de capture desdits mendians, qui sera affirmé véritable au moins par deux des officiers, archers ou huissiers qui l'auront fait sur l'extrait des registres des maisons de Bicêtre, la Salpêtriere & Saint-Anne, à l'égard de ceux desdits mendians qui y auront été enfermés, sur l'interrogatoire desdits mendians, & les conclusions de notre procureur, sans aucune autre forme ni figure de procès.

IV. N'entendons comprendre dans l'article précédent, en ce qui concerne la jurisdiction du lieutenant-général de police, les mendians de la qualité ci-dessus marquée, qui seront arrêtés dans les cours, salles & galeries du Palais, contre lesquels il sera procédé par le lieutenant-général du bailliage dudit Palais, aussi en dernier ressort & sans appel, en la forme prescrite par ledit article précédent.

V. Et à l'égard des mendians valides, tant hommes que femmes & enfans au-dessus de douze ans, qui sont natifs de notre bonne ville de Paris, & de huit lieues aux environs, ou qui s'y sont établis depuis trois ans, & qui auront la santé & la force nécessaire pour travailler aux ouvrages publics, voulons qu'ils soient tenus d'aller travailler aux atteliers qui seront ouverts en la maniere accoutumée par les prévôt des marchands & échevins de notre bonne ville de Paris, & de s'enrôler à cet effet sur le registre qui sera tenu en l'hôtel de ville, par le greffier ou autre officier qui sera nommé par ledit prévôt des marchands. Enjoignons aux lieutenant criminel de robe-courte, & autres officiers ci-dessus nommés, d'arrêter tous ceux de la qualité marqué par le présent article, qu'ils trouveront mendians dans notredite ville & dans les fauxbours de Paris, & de les conduire à l'hôtel de notredite ville, afin d'y être enrôlés pour travailler aux ouvrages publics. Voulons aussi que les directeurs de l'Hôpital-Général y envoient les enfans de douze ans & au-dessus, qui sont dans ledit Hôpital, & qui n'auront pas de disposition à apprendre les métiers ausquels on a accoutumé de les y instruire.

VI. Défendons très-expressément à ceux qui seront enrôlés pour travailler ausdits ouvrages publics, de vaguer par la ville durant les heures qui seront réglées pour le travail, par les prévôt des marchands & échevins, & de quitter lesdits atteliers sans un congé exprès d'un officier qui sera préposé pour cet effet par lesdits prévôt des marchands & échevins, à peine d'être mis au carcan dans l'attelier, ou punis d'autres plus grandes ou moindres peines, ainsi qu'il sera ordonné par lesdits prévôt des marchands & échevins, sur le rapport qu'il leur en sera fait par l'officier qui sera préposé pour la conduite des atteliers, sans aucune forme ni figure de procès, & sans appel.

VII. Comme aussi défendons à ceux qui seront ainsi enrôlés, de mendier par la ville & fauxbourgs, à peine pour la premiere fois, d'être enfermés durant huit jours dans les lieux des maisons de Bicêtre, de la Salpêtriere & de Sainte-Anne, destinés à cette fin; & pour la seconde fois des galeres pour cinq ans, à l'égard des hommes au-dessus de l'âge de dix-huit ans, & à l'égard des femmes au-dessus du même âge, du fouet & d'être rasées & enfermées dans ladite maison de la Salpêtriere, durant le tems qui sera ordonné par le jugement du lieutenant de Police ou du lieutenant du bailliage du Palais, ainsi qu'il a été dit ci-dessus, & ce, sur la représentation de l'acte de leur enrôlement, signé de l'officier qui l'aura reçu, en observant au surplus la forme prescrite par l'article III de notre présente déclaration; & à l'égard des garçons & des filles au-dessous de dix-huit ans, ils seront envoyés à l'Hôpital-Général, pour être enfermés & corrigés dans les maisons dudit Hôpital, pendant le tems & ainsi que les directeurs le trouveront à propos.

VIII. Voulons que dans tous les cas où les juges ci-dessus nommés, condamneront lesdits mendians au fouet, ils puissent ordonner que ceux qu'ils auront condamnés à cette peine, la fubiffent ou dans la prifon, ou à l'Hôpital-Général, ou à la vue des atteliers publics, ou en tel autre lieu qu'ils jugeront à propos.

IX. Ordonnons que l'officier qui recevra les enrôlemens à l'hôtel de ville, fera lecture à ceux qui feront enrôlés, des peines établies par ces préfentes, & qu'il en fera mention dans l'acte d'enrôlement; que l'on en fera pareillement lecture dans les maifons de Bicêtre, de la Salpêtriere & de Sainte-Anne, à ceux qui auront été enfermés pour y avoir contrevenu, & qu'elles feront publiées dans notredite ville de Paris une fois chaque mois, durant que les atteliers feront ouverts; qu'il en fera affiché des copies dans lefdits atteliers; dans les prifons où l'on mettra lefdits mendians, & dans les maifons de Bicêtre, de la Salpêtriere & de Sainte-Anne, auffi bien que dans les autres lieux publics.

X. Ordonnons en outre que le procès fera fait & jugé en dernier reffort par le lieutenant-général de police à ceux qui mendieront, en fe difant fauffement foldats, & qui fe trouveront porteurs de congés qui ne feront pas véritables, & à ceux qui contreferont les eftropiés, ou qui feindront des maladies qu'ils n'auront pas effectivement, & qu'ils foient condamnés les uns & les autres au carcan & au fouet, même aux galeres, fuivant les circonftances particulieres du fait, ce que nous voulons avoir lieu, encore que les mendians de ladite qualité foient arrêtés pour la premiere fois, & qu'ils n'aient pas été enfermés précédemment dans les maifons de Bicêtre, de la Salpêtriere & de Sainte-Anne.

XI. Enjoignons aux lieutenant-criminel de robe-courte, chevalier du guet, commiffaires au châtelet & autres nos officiers, de donner main-forte aux archers prépofés pour arrêter lefdits mendians, & défendons à toutes fortes de perfonnes de troubler lefdits archers dans leurs fonctions, ni de leur donner aucun empêchement dans la capture defdits pauvres, ou d'en favorifer l'évafion en quelque maniere que ce puiffe être, à peine d'être procédé extraordinairement contre eux pardevant le lieutenant-général de police.

Si donnons en mandement à nos amés & féaux confeillers, les gens tenans notre cour de Parlement à Paris, que ces préfentes ils aient à faire lire, publier & enregiftrer, & le contenu en icelles, garder, obferver & exécuter felon leur forme & teneur : car tel eft notre plaifir; en témoin de quoi nous avons fait mettre notre fcel à cefdites préfentes. Donné à Marly le fixieme jour d'Août, l'an de grace mil fept cent neuf, & de notre regne le foixante-feptieme. *Signé*, LOUIS; *& plus bas* par le roi PHELYPEAUX. Vu au confeil, DESMARETZ. *Et fcellée du grand fceau de cire jaune.*

ORDONNANCE DU ROI,

Au fujet des mendians, & contre ceux qui empêchent qu'on ne les arrête, & les aident à faire rebellion aux archers chargés de les arrêter.

Du 10 Août 1712.

SA MAJESTÉ ayant, par fon édit du mois d'Avril 1656, établi un Hôpital-Général pour y enfermer les pauvres de l'un & l'autre fexe, de la ville & fauxbourgs de Paris, avec défenfes aufdits pauvres de mendier, & aux particuliers de leur donner l'aumône; & étant informé qu'au préjudice defdites défenfes & de celles qui ont été renouvellées par fon ordonnance du 10 Octobre 1669, on ne laiffe pas de voir des pauvres mendians par les rues, dans les églifes & dans les places publiques, prefqu'en auffi grand nombre qu'auparavant ledit établiffement, ce qui provient, tant de la difficulté qu'il y a de les arrêter, à caufe de la protection que leur donnent les domeftiques des gens de qualité, les bourgeois, artifans, foldats, & le menu peuple, que parce qu'il fe trouve des perfonnes qui par un zele indiſcret, les entretiennent dans le déſordre & la fainéantiſe, en continuant de leur donner l'aumône; à quoi voulant pourvoir : Sa majeſté ordonne que ſon édit du mois d'Avril 1656, & ladite ordonnance du 10 Octobre 1669, ſeront exécutés ſelon leur forme & teneur, & en conſéquence fait très-expreſſes inhibitions & défenſes à tous pauvres de l'un & l'autre ſexe, de quelqu'âge & qualité qu'ils ſoient, de mendier par les rues, dans les égliſes, & dans les places publiques de ladite ville & fauxbourgs de Paris, ni même dans le cours & ſur les routes, chemins & avenues des environs de ladite ville. Veut & entend que ceux qui ſeront trouvés mendians au préjudice des préſentes défenſes, ſoient arrêtés & conduits dans l'une des maiſons de l'Hôpital-Général, pour y être inſtruits en la crainte de Dieu, & employés aux manufactures & autres ouvrages qui s'y font, ſuivant l'ordre des directeurs dudit Hôpital, auxquels ſa majeſté enjoint de tenir la main à l'exécution de la préſente ordonnance; voulant qu'en cas de rébellion, ſoit de la part des pauvres ou de ceux qui leur donnent aſile & protection dans le tems qu'on les arrête, il ſoit procédé extraordinairement contre les coupables, par le premier juge ou officier ſur ce requis, conformément audit édit, ſans que les peines portées par les condamnations qui interviendront pour raiſon de ce, puiſſent être remiſes ni modérées pour quelque cauſe & raiſon que ce ſoit. Voulant de plus que les dépens, dommages & intérêts, enſemble les amendes auxquelles ils pourroient être condamnés, ſoient déclarées encourues par les maîtres, comme civilement reſponſables de leurs domeſtiques, par les capitaines pour leurs ſoldats, & par les marchands & artiſans pour leurs ſerviteurs, compagnons & apprentifs; & à l'égard de ceux qui ſeront ſurpris donnant manuellement l'aumône, ou qui ſeront convaincus de l'avoir donnée au préjudice des défenſes, ordonne qu'ils ſoient condamnés & contraints au paiement de cent ſols d'amende, applicable à l'Hôpital-Général, ſauf à ceux qui voudront faire des charités, de s'adreſſer aux Hôpitaux, ou de les diſtribuer dans les troncs, boîtes & baſſins deſtinés à cet effet, ou mêmes aux quêtes générales & particulieres qui ſeront légitimement faites, ainſi qu'il eſt porté par ledit édit; pour l'exécution duquel ſadite majeſté enjoint aux prévôt de Paris, ſes lieutenans, & à tous autres magiſtrats, juges, commiſſaires & officiers de police qu'il appartiendra, de faire ce qui eſt du devoir de leurs charges, & tenir la main à ce que la préſente ordonnance ſoit lue, publiée & enregiſtrée par tout où beſoin ſera, de ſix mois en ſix mois, afin que perſonne n'en prétende cauſe d'ignorance. Fait à Fontainebleau, le dixieme Août mil ſept cent douze. *Signé*, LOUIS, *& plus bas*, PHELYPEAUX.

DÉCLARATION DU ROI,

Qui regle les formalités qui doivent être obſervées pour la correction des femmes & filles de mauvaiſe vie.

Du 26 Juillet 1713.

LOUIS, par la grace de Dieu, roi de France & de Navarre : A tous ceux qui ces préſentes lettres verront; SALUT. Le ſoin de réprimer la licence & la corruption des mœurs qui ſemblent faire tous les jours de nouveaux progrès, étant un des principaux objets de la vigilance des officiers de police de notre bonne ville de Paris, il n'eſt pas moins néceſſaire de régler la forme des procédures qu'ils doivent faire, pour aſſurer la preuve des déréglemens qu'ils doivent punir, & prévenir par-là les inconvéniens des plaintes téméraires ou des délations inſpirées par la haine des particuliers, plutôt que par l'amour du bien public; & comme juſqu'à préſent il n'y a point eu de loi préciſe qui ait établi un ordre abſolument certain dans cette partie importante de la police, nous avons cru devoir y donner une forme aussi simple que réguliere, qui puisse faire en même-tems la conviction des coupables, la sureté des innocens, & la décharge des officiers, que leur ministere oblige à veiller à la recherche & à la poursuite de cette espece de crimes. A CES CAUSES, de notre certaine science, pleine puissance & autorité royale, nous avons dit & déclaré, disons & déclarons par ces présentes signées de notre main, voulons & nous plaît, que dans les cas de débauche publique & vie scandaleuse de filles ou de femmes, où il n'échéra de prononcer que des condamnations d'amendes ou d'aumônes, ou des injonctions de vuider les lieux, ou même la ville, & d'ordonner que les meubles desdites filles ou femmes seront jetés sur le carreau, & confisqués au profit des pauvres de l'Hôpital-Général, les commissaires du Châtelet puissent, chacun dans leur quartier, recevoir les déclarations qui leur en seront faites, & signées par les voisins, auxquels ils feront prêter serment, avant que de recevoir lesdites déclarations, dont ils seront tenus de faire mention, à peine de nullité, dans le procès-verbal qui sera par eux dressé. Le rapport des faits contenus dans ledit procès-verbal sera fait par lesdits commissaires au lieutenant-général de Police, les jours ordinaires des audiences générales de police, ausquelles les parties intéressées seront assignées en la maniere accoutumée, pour y être pourvu contradictoirement, ou par défaut, ainsi qu'il appartiendra, sur les conclusions de celui de nos avocats au Châtelet qui sera présent à l'audience, & entre les mains duquel lesdites déclarations seront remises, pour faire connoître au lieutenant-général de Police, les noms & les qualités des voisins qui les auront faites. En cas que lesdites parties dénient les faits contenus ausdites déclarations, le lieutenant-général de Police pourra, s'il le juge à propos, pour la suspicion des voisins, ou pour autres considérations, ordonner qu'il sera informé desdits faits devant l'un desdits commissaires, à la requête du substitut de notre procureur-général au Châtelet, pour y être statué ensuite définitivement ou autrement par ledit lieutenant-général de Police, sur le récit des informations qui sera fait à l'audience, par l'un de nos avocats, ou en cas qu'il juge à propos d'en délibérer sur le registre, sur les conclusions par écrit de notre procureur audit siege, le tout à la charge de l'appel en notre cour de Parlement : voulons que sur ledit appel, soit que l'affaire ait été jugée sur le simple procès-verbal du commissaire, ou sur le récit ou le vu des informations, les parties procedent en la grand'-chambre de ladite Cour, encore qu'il y ait eu un décret sur lesdites informations, & que la suite de la procédure ait obligé ledit lieutenant-général de Police, à ordonner que lesdites femmes ou filles seront enfermées pour un tems dans la maisons de force de l'Hôpital-Général; & en cas de maquerellage, prostitution publique & autres, où il écherra peine afflictive ou infamante, ledit lieutenant-genéral de Police sera tenu d'instruire le procès aux accusés ou accusées, par récollement & confrontation, suivant nos ordonnances, & les arrêts & réglemens de notre Cour, auquel cas l'appel sera porté en la chambre de la tournelle, à quelque genre de peine que les accusés ou les accusées aient été condamnés, le tout sans préjudice de la jurisdiction du lieutenant-criminel du Châtelet, qu'il pourra exercer en cas de maquerellage, concurremment avec le lieutenant-général de police, auquel néanmoins la préférence appartiendra, lorsqu'il aura informé & décrété avant le lieutenant-criminel, ou le même jour. Si donnons en mandement à nos amés & féaux conseillers les gens tenans notre cour de Parlement à Paris, que ces présentes ils aient à faire lire, publier & registrer, & le contenu en icelles garder & observer selon sa forme & teneur. Car tel est notre plaisir; en témoin de quoi nous avons fait mettre notre scel à cesdites présentes. Donné à Marly le vingt-sixieme jour de Juillet, l'an de grace mil sept cent treize, & de notre regne le soixante-onzieme. *Signé,* LOUIS. *Et sur le repli*, par le roi, PHELYPEAUX. *Et scellée du grand sceau de cire jaune.*

ARRÊT

ARRÊT DU PARLEMENT,

CONCERNANT les femmes & filles de mauvaise vie.

Du 9 Décembre 1713.

VU par la Cour la requête à elle présentée par le procureur-général du roi, contenant que le roi ayant ordonné, par sa déclaration du 26 Juillet dernier, registrée en ladite Cour le 9 Août suivant, que les appellations des Sentences rendues par le lieutenant-général de police au Châtelet de Paris, contre les filles ou femmes prévenues de débauche publique & de vie scandaleuse, soit que lesdites sentences fussent rendues sur le simple procès-verbal d'un commissaire audit Châtelet, soit qu'il y eût eu des informations & des décrets donnés contre lesdites filles ou femmes, seroient toujours portées en la Grand'Chambre de ladite Cour, même à l'égard de celles qui auroient été condamnées à être enfermées pour un tems dans la maison de force de l'Hôpital-Général; il étoit nécessaire de régler, par l'autorité de la Cour, en quel état lesdites filles ou femmes demeureroient jusqu'au jugement de l'appel, & si d'un côté il paroît juste qu'elles ne soient pas conduites par provision à l'Hôpital-Général, jusqu'à ce que les sentences du lieutenant-général de police, dont elles sont appellantes, aient été confirmées par la Cour, il n'est pas moins nécessaire d'un autre côté, pour maintenir la police & la discipline publique, qu'elles tiennent prison, jusqu'à ce qu'en statuant sur leur appel en la Cour, il ait été jugé par un arrêt rendu définitivement ou provisoirement avec le procureur-général du roi, comme prenant le fait & cause de son substitut au Châtelet, qu'elles seront mises en liberté. A CES CAUSES, il plût à la Cour y pourvoir, suivant les conclusions de ladite requête, signée de lui, procureur général du roi : oui la rapport de m^e^ François Robert, conseiller, & tout considéré :

LA COUR, faisant droit sur la requête du procureur-général du roi, ordonne que la déclaration du roi, du 26 Juillet dernier, sera exécutée selon sa forme & teneur; ce faisant, que sur les appellations interjettées par les filles & femmes prévenues de débauche publique & de vie scandaleuse, de toutes sentences rendues par le lieutenant-général de police au Châtelet de Paris, sur les procès-verbaux des commissaires audit Châtelet, ou sur des informations, même suivies de décret, & généralement dans tous les cas où lesdites sentences n'auront pas été rendues sur le procès instruit par récolement & confrontation de témoins, les parties procéderont en la Gand'Chambre, en la maniere accoutumée, encore que lesdites sentences ordonnent que lesdites filles ou femmes seront conduites, pour un tems, à l'Hôpital-Général, sans qu'en cas d'appel, lesdites filles ou femmes puissent y être menées & enfermées par provision, comme aussi sans qu'elles puissent être mises en liberté, jusqu'à ce qu'autrement par la Cour en ait été ordonné, en statuant sur ledit appel, provisionnellement ou définitivement avec le procureur-général du roi, comme prenant le fait & cause de son substitut au Châtelet; ordonne que le présent arrêt sera lu & publié au Châtelêt, l'audience tenant, & enregistré au greffe dudit siege. Fait en Parlement le neuvieme Décembre mil sept cent treize. *Signé*, **DONGOIS.**

ORDONNANCE DU ROI,

CONCERNANT ce qui doit être observé, en arrêtant les mendians & vagabonds.

Du 3 Mai 1720.

SA MAJESTÉ pour les raisons contenues dans l'ordonnance du 10 du mois de Mars dernier, auroit ordonné que tous les vagabonds, gens sans aveu & mendians seroient arrêtés & enfermés dans les lieux à ce destinés, pour y être nourris & entretenus aux dépens du roi, & que ceux qui se trouveront valides & d'âges convenables, seroient conduits aux colonies; & sa majesté étant informée que les archers qui ont été commis pour l'exécution de ladite ordonnance, pourroient abuser de leur autorité, en arrêtant quelques personnes qui ne seroient ni mendians, ni vagabonds, & que même, sous ce prétexte, plusieurs particuliers attroupés tumultuairement ont troublé lesdits archers dans l'exécution des ordres de sa majesté; à quoi étant nécessaire de pourvoir, & d'empêcher l'un & l'autre désordre; sa majesté, de l'avis de monsieur le Duc d'Orléans, régent, a ordonné & ordonne que l'ordonnance du 10 du mois de Mars dernier, sera exécutée selon sa forme & teneur, & en conséquence :

ARTICLE PREMIER.

Que les mendians qui seront arrêtés, en exécution de ladite ordonnance, seront conduits sur le champ à la prison la plus voisine, où, tous les jours à midi, ils seront visités & entendus sur leurs différens sujets de plainte, en présence desdits archers, par l'un des commissaires ou officiers de police, qui sera à cet effet nommé & député par le sieur d'Argenson, conseiller du roi en ses conseils, maître des requêtes ordinaires de son hôtel, lieutenant-général de police de la ville, prévôté & vicomté de Paris., lequel officier lui en fera aussi-tôt son rapport, pour être par lui statué sur le relâchement ou la détention du particulier arrêté, après les vérifications nécessaires, suivant l'exigence des cas; ensorte que ceux qui, par leurs âges ou leurs infirmités, se trouvent hors d'état de travailler, soient incessamment conduits à l'Hôpital-Général, pour y être traités, pansés, nourris & médicamentés charitablement aux dépens du roi.

II. Entend sa majesté que pour la premiere fois ceux des mendians valides ainsi arrêtés, qui seront reclamés par les maîtres des différens métiers dont ils font profession, leur seront rendus, à la charge par eux d'en répondre par écrit, qu'ils ne retomberont plus dans le cas de la mendicité; & s'ils venoient à s'absenter des boutiques ou atteliers desdits maîtres, d'en avertir le lieutenant-général de police.

III. Veut sa majesté que lesdits archers préposés marchent en brigade, revêtus de leurs habits uniformes, & avec leurs bandoulieres, & que chaque brigade soit commandée par un exempt, pour prévenir les abus, & tenir la main à ce qu'aucun particulier ne soit arrêté que dans les cas portés par l'ordonnance, lesquels exempts & archers seront payés de huit jours en huit jours, & par avance.

IV. Enjoint sa majesté auxdits archers de conduire directement dans les prisons publiques les mendians qu'il auront arrêtés, sans qu'ils puissent les relâcher, ni conduire dans les entrepôts, sous aucun prétexte, à peine de punition exemplaire.

V. Défend aussi sa majesté, sous peine de la vie, à tous particuliers, de quelque qualité & conditon qu'ils puissent être, de s'opposer à l'exécution de l'ordonnance du 10 Mars, & de la présente.

VI. Veut au surplus sa majesté qu'il en soit usé à l'égard des vagabonds, comme par le passé, suivant la juste rigueur des ordonnances.

VII. Enjoint sa majesté audit sieur d'Argenson, lieutenant-général de police, de tenir la main à l'exécution de la présente ordonnance, laquelle sera lue, publiée & affichée dans la ville & fauxbourg de Paris, & par-tout ailleurs où besoin sera. Fait à Paris le trois Mai sept cent cent vingt. *Signé*, LOUIS. *Et plus bas*, PHELYPEAUX.

MARC-PIERRE DE VOYER DE PAULMY, chevalier, comte d'ARGENSON, conseiller du roi en ses conseils, maitre des requêtes ordinaire de son Hôtel, lieutenant-général de police de la ville, prévôté & vicomté de Paris, commissaire député par le roi en cette partie.

Vu l'ordonance du roi ci-dessus, nous ordonnons qu'elle sera exécutée selon sa forme & teneur; & en conséquence, qu'elle sera lue, publiée & affichée à son de trompe & cri public., dans la présente ville, dans les carrefours & places publiques, & autres places ordinaires & accoutumées, même dans les fauxbougs de ladite ville, & dans la banlieue de Paris, à ce que nul n'en prétende cause d'ignorance. Fait ce trois Mai mil sept cent vingt. *Signé*, M. P. DE VOYER D'ARGENSON. *Et plus bas*, par monseigneur, GENDON.

L'ordonnance du roi ci-dessus a été lue & publiée à haute & intelligible voix, à son de trompe & cri public, en tous les lieux ordinaires & accoutumés, par moi Jean le Moyne, Huissier au Châtelet de Paris, & commis à l'exercice de juré-crieur de la ville, prévôté & vicomté de Paris, y demeurant, rue de la Tixéranderie, accompagné de Louis Ambezar, Nicolas Ambezar & Claude Craponne, jurés-trompettes, le quatre Mai mil sept cent vingt, à ce que personne n'en prétende cause d'ignorance, & affichée ledit jour, èsdits lieux. Signé, *LE MOINE.*

INSTRUCTION CONCERNANT LES MENDIANS.

AUSSI-TÔT que la déclaration au sujet de la mendicité aura été publiée, il est nécessaire que les officiers & archers de maréchaussée redoublent leur vigilance, pour empêcher que les mendians qui pourroient se retirer de Paris & des autres villes du royaume, ne fassent aucun désordre dans les campagnes.

Pendant la quinzaine accordée aux mendians, par la déclaration, pour se retirer, à compter du jour que la déclaration aura été publiée dans chaque bailliage ou sénéchaussée royale, il ne sera arrêté aucuns mendians, soit dans les villes ou dans les campagnes, si ce n'est:

En premier lieu, ceux qui feroient du désordre.

En second lieu, ceux qui mendieroient avec insolence.

En troisieme lieu, les mendians qui, se disant soldats, n'auroient point de congé, ou qui auroient des congés faux.

En quatrieme lieu, ceux qui mendieroient contrefaisant les estropiés, ou qui feindroient des maladies qu'ils n'auroient pas.

En cinquieme lieu, ceux qui mendieroient avec des épées, fusils, pistolets, bayonnettes, bâtons ferrés, ou autres armes.

En sixieme lieu, ceux qui mendieroient attroupés en plus grand nombre que celui de quatre, non compris les enfans.

S'il est arrêté pendant la quinzaine quelque mendians du caractere de ceux ci-dessus désignés, ils seront conduits dans la prison la plus prochaine du lieu où ils auront été arrêtés, pour le procès leur être fait par les lieutenans-généraux de police, pour les mendians arrêtés dans les villes où il y en a d'établis, fauxbourgs & banlieues d'icelles ; par les lieutenans - criminels, dans les lieux où il n'y a pas de lieutenant-général de police établi ; & par les prévôts des maréchaux ou leurs lieutenans, pour les mendians arrêtés hors des villes, fauxbourgs & banlieues : le tout en la maniere prescrite par les articles 7 & 8 de la déclaration : & sera tenu à cet effet, l'officier qui aura arrêté lesdits mendians :

En premier lieu, de dresser un procès-verbal de capture, conformément à l'ordonnance de 1670, qui contiendra les causes, le lieu & les circonstances de la capture, & dans lequel il énoncera, autant qu'il sera possible, le signalement & les habillemens des mendians arrêtés, les hardes ou linges, & l'argent, s'ils s'en trouvent saisis ; & il le fera signer par deux archers témoins de la capture, au moins.

En second lieu, le même officier fera l'écrou des mendians sur le registre de la prison, en la forme portée par l'ordonnance ; & il y énoncera la cause de l'emprisonnement, suivant son procès-verbal, dont il rapportera dans l'écrou, la date & les noms des archers qui l'auront signé.

En troisieme lieu, dans le moment même qu'il aura constitué les mendians dans les prisons, il en donnera avis au procureur du roi du bailliage ou sénéchaussée, ou à celui de la jurisdiction de la police, ou enfin à celui de la maréchaussée, suivant que l'accusation contre le mendiant sera de la compétence de l'une ou de l'autre de ces jurisdictions.

En quatrieme lieu, il déposera aussi sur le champ la minute de son proces-verbal au greffe de la jurisdiction qui sera compétente, avec les hardes, linges & argent, s'il y en a, en distinguant, par le procès-verbal, ce qui en appartient à chacun de ceux qui auront été emprisonnés.

Dans les villes où il y a des archers des pauvres, ils en useront de la même maniere.

Les lieutenans-généraux de police, lieutenans-criminels, & les prévôts des maréchaux ou lieutenans, chacun en ce qui les concerne, instruiront incessamment les accusations contre les mendians ainsi arrêtés, à la requête des procureurs du roi, conformément à l'ordonnance de 1670, & aux articles 6, 7 & 8 de la déclaration.

Après la quinzaine expirée, à compter du jour que la déclaration aura été enregistrée dans chaque bailliage ou sénéchaussée royale, les officiers & archers des maréchaussées, aussi-bien que les archers des pauvres, arrêteront tous ceux qu'ils trouveront mendians, soit dans les villes ou dans les campagnes, sans aucune exception, & ils examineront d'abord si lesdits mendians ont des passeports, ou s'ils n'en ont point.

S'ils ont des passeports, ils auront attention aux jour & lieu de la date du passeport ; ils verront si le mendiant est dans la route qu'il doit tenir, conformément au passeport ; si le passeport est visé des officiers municipaux des villes de la route, ainsi que le passeport les aura énoncés ; enfin, si le passeport n'est pas expiré, en comptant, pour le voyage du lieu du départ à celui de leur retraite, quatre lieues par journée, depuis le lendemain de la date du passeport, jusqu'au jour auquel le mendiant aura été arrêté.

Si le passeport est expiré, ou qu'il n'ait pas été visé par les officiers municipaux des lieux de la route, ou que le mendiant ne soit pas dans la route qui lui a été prescrite, il sera conduit dans l'Hôpital-Général le plus prochain du lieu de la capture, par l'officier qui dressera un procès-verbal, conformément à ce qui a été dit ci-dessus, dont il laissera la minute au greffe de la police du lieu ou du bailliage royal, s'il n'y a point de jurisdiction de police dans le lieu ; le tout pour les mendians arrêtés dans les villes, fauxbourgs & banlieues ; ou au greffe de la maréchaussée, pour les mendians arrêtés dans les campagnes ; & il laissera une expédition du même procès-verbal au bureau de l'Hôpital-Général, avec les hardes, linges, argent, &c. s'il en a été trouvé.

Si le mendiant est dans sa route, que le passeport soit en forme, & qu'il ne soit pas expiré, le mendiant sera relâché sur le champ, à moins qu'il ne fût de l'une des six classes mentionnées au commencement de la présente instruction; auquel cas, il sera conduit dans la prison, & il en sera usé comme il a été dit ci-devant.

Les mendians qui n'auront point de passeport, seront arrêtés par lesdits officiers & archers, & conduits dans l'Hôpital-Général, en la forme ci-dessus prescrite pour les mendians, dont les passeports ne sont pas en forme, ou sont expirés.

S'il y avoit une distance trop considérable du lieu de la capture au lieu où l'Hôpital-Général le plus proche est établi, les mendians seront mis dans la prison la plus prochaine, comme prison empruntée, pour une nuit seulement, & seront le lendemain transférés à l'Hôpital.

Les officiers & archers de maréchaussée seront en outre tenus de prêter main-forte aux officiers de police & autres; même aux archers des pauvres, où il y en a, pour arrêter les mendians, & mettre à exécution tous mandemens de justice.

Ils auront cependant une extrême attention de n'arrêter que ceux qui sont réellement mendians, sans que, sous ce prétexte, les journaliers & autres ouvriers qui iront de province en province, & autres sortes de personnes allant & venant par le royaume, puissent craindre que l'on pût les inquiéter. Les officiers ne peuvent avoir trop d'attention à n'arrêter que les mendians ou ceux qui seroient compris dans les rôles des engagés, & qui n'auroient point de congé.

Les administrateurs des Hôpitaux donneront des passeports à ceux des mendians qui se présenteront dans la quinzaine du jour que la déclaration aura été publiée dans chaque bailliage ou sénéchaussée, pour se retirer. Ces passeports contiendront les nom, surnom, signalement, âge, naissance, domicile & profession du mendiant, le lieu de sa retraite, les principaux lieux de sa route, & le délai nécessaire pour y arriver, à raison de quatre lieues par jour; & sera le passeport signé de deux administrateurs, dont sera tenu un registre particulier.

Les administrateurs recevront & garderont tous les mendians valides ou invalides, ensemble les femmes grosses, les nourrices & les enfans qui se présenteront pour y entrer, ou qui y seront amenés par les officiers de maréchaussée, ou archers des pauvres, dans les lieux où il y en a.

Les mendians valides qui se présenteront aux Hôpitaux, y seront engagés pour leur vie; & seront tenus, à cet effet, de signer un engagement qui sera aussi signé par deux des administrateurs au moins, lesquels, si le mendiant ne sait signer, en feront mention dans l'engagement.

Les administrateurs seront tenus de nourrir & habiller les mendians engagés pendant leur vie, & les mendians seront obligés de faire les travaux auxquels les administrateurs les destineront dans l'intérieur ou hors de l'Hôpital; & lorsqu'ils seront employés à des travaux publics, on les distribuera par compagnies de vingt hommes, sous un sergent, auquel on donnera des appointemens convenables. Les administrateurs conviendront du prix du travail avec les entrepreneurs des ouvrages, lesquels remettront le prix au sergent qui nourrira les mendians, & tiendra compte du surplus aux administrateurs de l'Hôpital-Général, à moins que les administrateurs ne soient convenus avec les entrepreneurs que les mendians fussent par eux nourris, au moyen de quoi le prix étant à une moindre somme, le sergent tiendra compte aux administrateurs du prix en entier, dont les administrateurs dans l'un & l'autre cas donneront une portion par gratification aux mendians, qui ne pourra être moindre d'un sixieme, & qui ne pourra excéder la moitié; ce qui sera proportionné à l'assiduité des mendians à leur travail, à leur conduite & à leur docilité.

Les administrateurs & le sergent veilleront à ce que les engagés ne puissent déserter, & au cas qu'ils désertent, ils en avertiront sur le champ les officiers de maréchaussée, afin qu'ils fassent leurs efforts pour les arrêter; ils en avertiront aussi les procureurs du roi des bailliages de la police ou de la maréchaussée, chacun suivant sa compétence, ainsi qu'il a été dit ci-dessus, pour instruire le procès desdits déserteurs, même par contumace, & les faire condamner aux peines portées par l'article 2 de la déclaration.

Si les engagés veulent servir le roi dans ses troupes, les administrateurs leur donneront un congé dans le même tems qu'ils signeront l'engagement au service du roi.

Les administrateurs pourront aussi donner congé à ceux des mendians qui, ayant donné des marques de leur bonne conduite pendant un tems considérable, trouveront un emploi assuré pour gagner leur vie; ce qu'ils ne feront qu'avec prudence & avec grande connoissance de cause.

Ceux des mendians qui seront arrêtés pour la premiere ou seconde fois, pourront être reçus à s'engager, pourvu que le tems de leur détention soit expiré.

A l'égard des mendians invalides qui se présenteront dans les Hôpitaux, soit dans la quinzaine ou après la quinzaine, ils seront gardés & nourris dans lesdits Hôpitaux pendant leur vie, même employés aux travaux dont leur état pourroit les rendre capables: si cependant leurs familles les réclamoient, & qu'elles fussent en état de les nourrir, on pourroit les leur rendre, pourvu qu'on fût bien assuré qu'ils fussent en état de les faire subsister, en prenant de celui auquel le mendiant seroit rendu, une soumission de le nourrir pendant sa vie, & de l'empêcher de mendier, à faute de quoi il en demeureroit responsable.

Les femmes grosses qui se présenteront aux Hôpitaux, y seront aussi reçues, pour y être gardées jusqu'après leur accouchement, & ne seront congédiées que lorsqu'il y aura un tems suffisant depuis leur accouchement, pour être assuré qu'elles seront en état de gagner leur vie, & de nourrir leurs enfans: si cependant l'Hôpital n'étoit pas en état de secourir les femmes pour leur accouchement, elles seront conduites dans l'Hôtel-Dieu, le plus proche, pour y faire leurs couches.

Les nourrices qui se présenteront, y seront pareillement reçues & nourries, jusqu'à ce qu'elles puissent gagner leur vie, & nourrir leurs enfans.

Les enfans qui se seront présentés aux Hôpitaux, y seront gardés, nourris & instruits, jusqu'à ce qu'ils aient connoissance de leur religion, qu'ils aient fait leur premiere communion, s'ils y sont entrés sans l'avoir faite, & qu'ils soient en état, par leur âge & par leur force de pouvoir gagner leur vie.

Les administrateurs des Hôpitaux recevront & garderont tous les mendians qui leur seront amenés par les officiers & archers de maréchaussée, & par les archers des pauvres dans les lieux où il y en a, tant les valides qu'invalides, enfans, nourrices & femmes grosses; & seront tenus les administrateurs de garder aussi les expéditions des procès-verbaux de capture qui leur seront délivrés par lesdits officiers ou archers.

Il en sera usé pour les invalides, enfans, nourrices & femmes grosses, amenés pour la premiere fois, comme pour ceux ou celles qui se seroient présentés volontairement.

A l'égard des mendians & mendiantes valides, les administrateurs les feront transférer dans les prisons du lieu:

1°. Ceux qui auront mendié avec insolence.

2°. Les soldats qui n'auront point de congé, ou dont le congé seroit suspect.

3°. Ceux qui auroient déguisé leur nom, surnom, ou le lieu de leur naissance, pour empêcher d'être reconnus.

4°. Ceux qui auroient contrefait les estropiés, ou auroient feint des maladies qu'ils n'auroient pas.

5°. Ceux qui auroient été arrêtés attroupés en plus grand nombre que celui de quatre, non compris les enfans.

6°. Ceux qui auroient été trouvés saisis d'armes, de quelque nature qu'elles puissent être.

7°. Ceux qui seront marqués de la fleur-de-lis, de la lettre *V*, ou de quelqu'autre marque infamante, pour être leur procès fait & parfait, conformément à l'article 6 de la déclaration; & les autres mendians ou mendiantes seront détenus dans les Hôpitaux, & nourris au pain & à l'eau pendant deux mois au moins, pendant lequel tems on s'informera de leur conduite, de leur naissance, domicile & profession.

Ceux desdits mendians ou mendiantes qui seront arrêtés & conduits pour la seconde & troisieme fois dans lesdits Hôpitaux, seront transférés dans les prisons du lieu, sur le mandement des administrateurs, pour leur procès leur être fait & parfait, conformément aux articles 3 & 4 de la déclaration.

Les administrateurs recevront pareillement ceux des mendians ou mandiantes qui leur seront envoyés par les lieutenans-criminels, lieutenant-généraux de police ou prévôts des maréchaussées, après les jugemens qui les auroient condamnés à être enfermés à tems ou à perpétuité dans lesdits Hopitaux, sans que les administrateurs puissent leur donner, en ce cas, la liberté, pour quelque cause & sous quelque prétexte que ce puisse être, si ce n'est après le tems de leur détention expiré; & l'expédition du jugement sera déposée à l'Hôpital dans le même moment de la translation du prisonnier.

Les administrateurs auront soin de mettre dans les lieux séparés, les mendians & mendiantes, de donner aux invalides une nourriture convenable à leur état, & des lits autant que faire se pourra, ou au moins des paillasses, des draps & des couvertures; au lieu que les valides doivent être nourris au pain & à l'eau, & coucher sur la paille, à l'exception des engagés.

S'il se trouve quelques-uns desdits Hôpitaux qui n'aient pas de lieux suffisans, ou de lieux assez sûrs pour y détenir les mendians, ou pour y détenir tous ceux qu'on y conduira, ou qui n'eussent pas enfin de lits ou hardes nécessaires, les administrateurs, en donneront avis à m. l'intendant ou à son subdélégué, pour être pourvu, soit en louant quelques maisons voisines de l'Hòpital, soit en faisant faire les réparations nécessaires pour la sûreté de la détention, soit en donnant des ordres pour conduire dans un hôpital voisin qui se trouveroit plus sûr & plus commode, une partie desdits mendians, & en faisant enfin l'achat des choses nécessaires.

Si les Hôpitaux n'étoient pas en état de nourrir tous les mendians qui s'y seroient présentés, & qui y auroient été conduits, les administrateurs des Hôpitaux en donneront pareillement avis à m. l'intendant ou à son subdélégué, pour y être pourvu par le roi.

Il sera tenu deux registres doubles sur papier commun, & tous conformes l'un à l'autre, dont toutes les feuilles seront cotées & paraphées par le premier administrateur, qui marquera sur le premier feuillet le jour qu'il l'aura cotté & paraphé, & l'attestera par sa signature, dans chacun desquels registres seront inscrits jour à jour, tout de suite & sans aucun blanc, tous les mendians, mendiantes, enfans, nourrices, femmes grosses, qui se seront présentés auxdits Hôpitaux, ou qui y auront été conduits par les officiers des maréchaussées ou archers des pauvres, ou de l'ordre des juges, pour exécuter leur jugement, même ceux des mendians valides qui s'y seront présentés pour y être engagés.

Il sera fait un article séparé pour chaque mendiant ou mendiante, dont on inscrira les nom, surnom, âge, naissance, domicile, profession & signalement, & sur-tout la hauteur bien exacte, à l'effet de quoi chaque Hôpital aura une mesure pour mesurer chaque mendiant; on fera mention aussi, sur le registre, si c'est pour la seconde ou troisieme fois que le mendiant est arrêté, ce qui se vérifiera tant par les róles ou signalemens dont sera parlé ci-après, que par la visite que les administrateurs feront faire desdits mendians, pour voir s'ils ne sont point marqués de la lettre *M*.

On fera aussi mention, sur le registre, du nom de l'officier qui l'aura conduit, de la date du procès-verbal, & des effets, hardes, linge ou argent, s'il en a été trouvé.

Et si le mendiant ou mendiante a été conduit dans l'Hôpital en vertu d'un jugement, sera fait mention du juge qui l'aura rendu, de la peine prononcée par le jugement, & de sa date; & les procès-verbaux de capture & conduite, ensemble le jugement de condamnation, seront enliassés par ordre de date, pour y avoir recours.

Lesdits registres seront en grand papier, & il y sera laissé deux marges blanches, chacune contenant le quart ou environ du papier, dans l'une desquelles sera inscrit ce que les administrateurs auront jugé convenable de statuer conformément à la déclaration, soit pour la détention desdits mendians ou mendiantes, soit pour leur liberté, en ces termes, *demeurera deux mois* ou *trois mois, &c.* ou sera *transféré dans la prison*, ou *restera jusqu'à ce qu'il soit instruit*, ou *jusqu'à son accouchement*, ou *sortira*, ou *sursis*, ou *engagé un tel jour*, ou *autre*. Et sera observé que cette marge soit assez grande, & que le premier statut soit écrit de maniere qu'on puisse insérer dans cette même marge, à côté du nom du mendiant, les autres choses qui seront statuées dans la suite au sujet du même mendiant qui peut exiger qu'on statue plusieurs fois sur son état, soit pour sa détention, soit pour sa liberté.

L'autre marge sera destinée pour y insérer les découvertes qu'on aura faites dans la suite, sur les nom, surnom, âge, naissance, profession, domicile des mendians, supposé qu'ils les eussent déguisés, soit que ces découvertes aient été faites par les nouvelles déclarations des mendians ou autrement.

Si les mêmes mendians sont arrêtés une seconde ou troisieme fois dans le même Hôpital, ou qu'ayant été transférés dans les prisons, ils soient conduits de nouveau dans l'Hôpital, on inscrira de nouveau leur nom, surnom, &c. au jour qu'ils y auront été de nouveau conduits, avec le renvoi au folio du registre auquel ils auroient été inscrits une premiere fois.

Il sera tenu outre cela un registre particulier des mendians engagés, qui sera de même coté & paraphé, sur lequel on inscrira la copie de tous les engagemens, jour à jour, suivant la date des engagemens, avec le renvoi au folio du registre d'entrée du mendiant, & seront mis à la marge dudit registre les congés, s'il y en est accordé.

Il sera tenu aussi un autre registre coté & paraphé, où seront inscrits l'arrangement des compagnies des engagés sous un sergent, le nom du sergent & de ceux des engagés qui seront mis sous sa conduite, avec le renvoi au folio, tant du registre des engagés que du registre d'entrée; & seront aussi inscrites sur ledit registre les conventions faites avec le sergent ou les entrepreneurs, les sommes reçues par le sergent, & remises au receveur de l'Hôpital, celles données par les administrateurs aux engagés par gratification, & données au sergent pour appointement; & généralement tout ce qui concerne le travail, paiement & dépense desdits engagés..

Il sera tenu un registre général de sortie des mendians ou mendiantes, aussi coté & paraphé, avec deux marges, où seront inscrits les nom, surnom, naissance, domicile, profession & signalement desdits mendians; le tout conforme au registre d'entrée, soit qu'ils sortent pour avoir leur liberté, ou pour être transférés dans les prisons, ou par congé pour les engagés, avec le renvoi au folio du registre d'entrée, & même du registre des engagés, si ce sont des mendians engagés.

Il sera tenu un cinquieme registre, aussi coté & paraphé, où seront inscrits les mendians qui se seront présentés pour avoir des passeports pour se retirer dans le lieu qu'ils auront déclaré, où l'on inscrira les mêmes circonstances que celles énoncées dans lesdits passeports.

Les deux premiers administrateurs, ou ceux qui les suivront en rang, en cas d'empêchement des premiers, se transporteront au moins une fois la semaine, dans le bureau de l'Hôpital-Général, & ils se feront représenter tous les mendians & mendiantes entrés depuis

depuis le dernier jour auquel ils auroient été au bureau, à l'effet de connoître, par les déclarations des mendians ou mendiantes, leurs véritable nom, domicile, profession, & de statuer la détention pendant le tems porté par la déclaration, la translation dans la prison, ou la sortie; le tout conformément à la déclaration, & d'inscrire, chacun de leur main, ce qui sera statué sur chacun des deux registres, dans chaque marge à ce destinée. A la fin de la séance, ils arrêteront chaque registre, après le nom du dernier mendiant entré, en ces termes : *Arrêté un tel jour*, & signeront tous deux chaque arrêté; après quoi, on continuera les registres en la forme ci-dessus, en y inscrivant les noms des mendians arrêtés depuis.

Ils se feront aussi représenter tous les anciens mendians ou mendiantes, pour examiner si le tems de leur détention n'est point expiré, s'il n'est rien survenu qui doive engager à les retenir plus long-tems, ou à les transférer dans les prisons, ou s'il y a lieu de leur donner la liberté; & ils inscriront, comme il a été dit, sur chaque registre, dans la marge à ce destinée, à côté du nom du mendiant, ce qu'ils jugeront convenable, au-dessous de ce qui avoit été une premiere fois statué, & dateront le jour de ce qu'ils auront statué de nouveau.

Il sera fait une liste des mendians & mendiantes qui devront être transférés dans les prisons, conformément à la déclaration, dans le jour même auquel les administrateurs l'auront statué; & ils enverront cette liste au procureur du roi du bailliage, de la police ou de la maréchaussée, chacun en ce qui les concerne, suivant la déclaration, pour être transférés dant les vingt-quatre heures.

Les administrateurs feront faire une liste ou rôle des passeports qui seront donnés aux mendians qui se seront présentés pour retourner dans leur pays, qui contiendra les mêmes choses que les passeports, & le folio du registre où les passeports auront été enregistrés; & cette liste ou rôle sera envoyé au procureur-général du roi au Parlement de Paris, dans la semaine suivante, pour les passeports donnés dans la semaine précédente.

Les administrateurs feront faire aussi toutes les semaines un rôle des mendians qui seront entrés dans l'Hôpital pendant la semaine, qui ne contiendra que la copie fidelle du registre, & à la marge, ce qui aura été statué par rapport à chaque mendiant; & ils enverront ce rôle, signé des deux premiers administrateurs au procureur-général du roi au Parlement de Paris, toutes les semaines.

Ils feront aussi une liste ou role, signé de même, de tous les mendians sortis pendant la semaine, qui sera une copie fidelle du registre de sortie, qu'ils enverront de même toutes les semaines.

S'il se fait quelques nouvelles découvertes au sujet du nom, surnom, âge, naissance, domicile ou profession des mendians, depuis leur détention; après l'avoir inscrit dans la marge à ce destinée, ils en feront un état particulier, avec le renvoi au folio du registre, qu'ils signeront aussi, & enverront de même au procureur-général du Parlement de Paris.

Lorsqu'il sera statué quelque chose de nouveau au sujet des anciens mendians ou mendiantes qui aura été inscrit sur la marge qui y est destinée, il en sera aussi fait un état particulier, signé des deux premiers administrateurs, qui sera envoyé toutes les semaines au procureur-général au Parlement de Paris, avec le renvoi au folio du registre.

Il lui sera aussi envoyé toutes les semaines un rôle des engagés, en la même forme, avec le renvoi au folio des deux registres d'entrée, & de celui des engagemens; & il sera envoyé de même une liste des congés qui seront donnés aux engagés, afin que tous lesdits rôles ou états puissent être imprimés & envoyés dans les provinces.

Les officiers de maréchaussée enverront aussi au procureur-général du roi une liste, exacte, avec les signalemens de tous les mendians qu'ils arrêteront, & qu'ils conduiront dans les prisons.

Les officiers des bailliages, sénéchaussées, police & maréchaussées, enverront pareillement au procureur-général du roi une liste, avec le signalement de tous ceux qu'ils auront jugés, avec copie du jugement.

Les officiers des baillages, sénéchaussées, police & maréchaussées, & les administrateurs des Hôpitaux auront une grande attention aux rôles & signalemens qui leur auront été envoyés.

Le rôle qui leur sera envoyé des passeports donnés dans les Hopitaux aux mendians qui s'y seront présentés pour retourner dans les provinces, ne pourra être d'aucun usage pour arrêter ceux qui y seront dénommés, à moins qu'ils ne soient trouvés mendians; auquel cas, lorsqu'ils seront arrêtés par les officiers de maréchaussée ou autres, ils examineront, par la ressemblance du signalement, & par la représentation du passeport, si c'est le même mendiant à qui le passeport a été donné; & au cas que ce soit le même, que son passeport ne soit point suspect, qu'il soit visé par les officiers municipaux, qu'il ne soit point expiré, & que le mendiant ne soit point hors de sa route, qu'enfin il ne mendie point avec insolence, & qu'il n'ait pas été trouvé faisant du désordre, armé, contrefaisant l'estropié ou le malade, ou attroupé avec d'autres en plus grand nombre que celui de quatre, non compris les enfans, il sera relâché sur le champ; & il ne sera arrêté que dans les cas ci-dessus, pour lesquels il sera conduit dans les prisons les plus proches de la capture.

Le rôle des mendians engagés servira pour arrêter tous ceux qui se trouveront conformes aux signalemens, mendians ou non; & en cas qu'ils ne fussent porteurs d'aucuns congés de l'Hôpital où ils auroient été engagés, ou que les congés fussent suspects, ils seront conduits dans les prisons, comme ci-dessus; s'ils ont des congés en bonne forme, ils seront relâchés.

Les rôles des mendians ou mendiantes arrêtés & conduits dans les Hôpitaux, soit qu'il ait été statué pour leur détention pendant un tems, ou pour leur translation dans les prisons, soit qu'ils aient été jugés à une détention ou aux galeres, ne pourra être mis en usage que pour trois objets différens.

L'un, d'arrêter ceux dont le tems de la détention ou des galeres ne paroîtroit pas fini, & de les conduire dans les prisons.

Le second, de faire connoître aux officiers, lorsqu'ils arrêteront des mendians, s'ils ne l'ont pas déjà été, ce qu'ils vérifieront par des signalemens portés par les rôles, & par la visite qu'ils feront pour voir s'ils ne sont point marqués de la lettre *M*, afin d'en faire mention dans le procès-verbal de capture.

Le troisieme, de pouvoir examiner si, dans les rôles qu'on enverra, il n'y point quelque mendiant qui ait été déjà arrêté par les officiers auxquels les rôles seront envoyés, ou qu'ils connoissent pour avoir été condamnés à quelque peine, ou pour avoir une conduite suspecte, ou s'il y en a qui aient déjà été conduits dans les Hôpitaux, afin d'en donner avis sur le champ, soit par les officiers ou par les administrateurs de l'Hôpital, au procureur-général du Roi au Parlement de Paris.

Le rôle de ceux auxquels on aura accordé la sortie des Hôpitaux, servira à en faire une note à la marge des rôles d'entrée dans les Hôpitaux, à côté du nom de chaque mendiant, à l'effet de veiller plus exactement sur eux, s'ils sont trouvés de nouveau mendiant.

Le role qu'on enverra des découvertes nouvelles qu'on pourra faire sur le sujet des mendians, dont on auroit envoyé déjà les noms dans un rôle, servira à en faire une note sur le rôle d'entrée, à la marge de l'endroit où le nom du mendiant auroit été employé, pour en faire plus facilement la reconnoissance.

Le rôle de ce qui aura été statué sur lesdits mendians dans les hôpitaux ou dans les prisons où ils auroient été détenus, servira de même à en faire des remarques sur les rôles où leurs noms auront été la premiere fois employés.

DÉCLARATION DU ROI,

CONCERNANT les mendians & vagabonds.

Du 18 Juillet 1724.

LOUIS, par la grace de Dieu, roi de France & de Navarre : A tous ceux qui ces présentes lettres verront, SALUT. Nous avons toujours vu avec une peine extrême, depuis notre avenement à la couronne, la grande quantité de mendians de l'un & de l'autre sexe qui sont répandus dans Paris & dans les autres villes & lieux de notre royaume, & dont le nombre augmente tous les jours. L'amour que nous avons pour nos peuples, nous a fait chercher les expédiens les plus convenables pour secourir ceux qui ne sont réduits à la mendicité, que parce que leur grand âge ou leurs infirmités les mettent hors d'état de gagner leur vie, & notre attention pour l'ordre public & le bien général de notre royaume, nous engage à empêcher, par des réglemens séveres, que ceux qui sont en état de subsister par leur travail, mendient par pure fainéantise, & parce qu'ils trouvent une ressource plus sûre & plus abondante dans les aumônes des personnes charitables, que dans ce qu'ils pourroient gagner en travaillant; ils sont en cela d'autant plus punissables, qu'ils volent le pain des véritables pauvres, en s'attribuant les charités qui leur seroient destinés; & l'ordre public y est d'autant plus intéressé, que l'oisiveté criminelle dans laquelle ils vivent, prive les villes & les campagnes d'une infinité d'ouvriers nécessaires pour la culture des terres & pour les manufactures, & que la dissolution & la débauche qui sont la suite de cette même oisiveté, les portent insensiblement aux plus grands crimes. Pour arrêter le progrès d'un si grand mal auquel on a voulu remédier dans tous les tems, mais sans succès jusqu'à présent, nous avons fait examiner en notre conseil les différens réglemens faits par les rois nos prédécesseurs, & ceux faits par différens princes & puissances de l'europe, sur une matiere qu'on a toujours regardée comme un objet principal dans tous les états bien policés; & nous avons reconnu que ce qui avoit pu empêcher le succès du grand nombre de réglemens ci-devant faits à ce sujet, est que l'exécution n'en avoit pas été générale dans tout le royaume, & que les mendians chassés des principales villes, ayans eu la facilité de se retirer ailleurs, ils auroient continué dans le même libertinage: ce qui les auroit mis à portée de revenir bientôt dans les lieux mêmes d'où ils avoient été chassés; que l'on n'avoit pas pourvu suffisamment à l'entretien des Hôpitaux, ce qui avoit obligé dans différens endroits les directeurs des Hôpitaux à ouvrir les portes à ceux qui y étoient renfermés; que l'on n'avoit point offert de travail & de retraite aux mendians valides qui ne pouvoient en trouver, ce qui leur avoit fourni un prétexte de transgresser la loi, par l'impossibilité où ils avoient prétendu être de l'exécuter, faute de travail & de subsistance; & qu'enfin les peines prononcées n'étant pas assez séveres, ni aucun ordre établi pour reconnoître ceux qui auroient été arrêtés plusieurs fois, & les punir plus sévérement pour la récidive; la trop grande facilité de se soustraire à la disposition de la loi; & le peu de danger d'être convaincus, à cause de la légereté de la peine; en auroient fait totalement négliger les dispositions. Pour prévenir ces mêmes inconvéniens, nous avons pris les moyens qui nous ont paru les plus sûrs pour que notre présente déclaration fût également exécutée dans toute l'étendue du royaume; nous donnerons les ordres nécessaires pour la subsistance des Hôpitaux, & où leurs revenus ne se trouveroient pas suffisans, nous y ſupplérons de nos propres deniers; & nous eſpérons même que nos peuples contribueront volontairement par leurs charités à une œuvre ſi ſainte & ſi avantageuſe à l'état, & qui leur ſera ſi peu à charge, que quand même chaque particulier ne donneroit par aumône aux Hôpitaux, chaque année, que la moitié de ce qu'il diſtribuoit manuellement aux mendians, ce ſeul ſecours ſeroit plus que ſuffiſant pour les beſoins de tous les Hôpitaux du royaume; & en propoſant une ſubſiſtance & un travail aſſurés à ceux des mendians valides qui n'en auroient pu trouver, nous leur ôtons toute excuſe de déſobéir à la loi, & nous ſommes par-là en état d'établir des peines plus ſéveres, puiſqu'ils ſont entiérement les maîtres de les éviter. Nous avons même jugé à propos de mettre différens dégrés à ces peines, en les prononçant plus légéres pour la premiere contravention, plus ſéveres pour la ſeconde, & en ne faiſant porter toute la rigueur de la loi que contre la troiſieme contravention, qui ne peut mériter ni excuſe ni compaſſion; & nous prenons en même-tems les précautions les plus exactes pour reconnoître, malgré leurs artifices & leurs déguiſemens, ceux qui étant arrêtés pour une ſeconde fois, voudroient cacher leur premiere détention. Nous eſpérons par ces juſtes meſures, & par la fermeté que nous apporterons à l'exécution de notre préſente déclaration, de faire ceſſer enfin un ſi grand déſordre, diſtinguer le véritable pauvre qui mérite tout ſecours & compaſſion, d'avec celui qui ſe couvre fauſſement de ſon nom pour lui voler ſa ſubſiſtance, & de rendre utile à l'état un grand nombre de citoyens qui lui avoient été à charge juſqu'à préſent. A CES CAUSES & autres à ce nous mouvans, de l'avis de notre conſeil, & de notre certaine ſcience, pleine puiſſance & autorité royale, nous avons dit, déclaré & ordonné, & par ces préſentes ſignées de notre main, diſons, déclarons & ordonnons, voulons & nous plaît, ce qui ſuit.

ARTICLE PREMIER.

Enjoignons à tous mendians, tant hommes que femmes, valides & capables de gagner leur vie par leur travail, de prendre un emploi pour ſubſiſter de leur travail, ſoit en ſe mettant en condition pour ſervir, ou en travaillant à la culture des terres, ou autres ouvrages ou métiers dont ils peuvent être capables; & ce dans quinzaine, du jour de la publication de la préſente déclaration. Enjoignons pareillement aux mendians invalides, ou qui par leur grand âge ſont hors d'état de gagner leur vie par leur travail, même aux enfans, nourrices & femmes groſſes qui mandient faute de moyen de ſubſiſter, de ſe préſenter pendant ledit temps dans les Hôpitaux les plus prochains de leur demeure, où ils ſeront reçus gratuitement, & employés au profit des Hôpitaux à des ouvrages proportionnés à leur âge & à leurs forces, pour fournir du moins en partie à leur entretien & à leur ſubſiſtance : & à l'égard du ſurplus, dans les cas où les revenus des Hôpitaux ne ſeroient pas ſuffiſans, nous fournirons les ſecours néceſſaires à cet effet.

II. Et pour ôter tout prétexte aux mendians valides qui voudroient excuſer leur fainéantiſe & leur mendicité ſur ce qu'ils n'ont pas pu trouver de travail pour gagner leur vie, nous permettons à tous mendians valides qui n'auront point trouvé d'ouvrage dans ledit délai de quinzaine, de s'engager aux Hôpitaux, qui au moyen dudit engagement, ſeront tenus de leur fournir la ſubſiſtance & l'entretien : Ces engagés ſeront diſtribués en compagnies de vingt hommes chacune, ſous le commandement d'un ſergent qui les conduira tous les jours à l'ouvrage, & ſans la permiſſion duquel ils ne pourront s'abſenter; ils ſeront employés aux ouvrages des ponts & chauſſées ou autres travaux publics, & autres ſortes d'ouvrages qui ſeront jugés convenables; leurs journées ſeront payées entre les mains du ſergent, au profit de l'Hôpital, ſur le pied qui aura été convenu avec les directeurs qui leur donneront toutes les ſemaines une gratification ſur le montant de leurs journées, qui ſera au moins du ſixieme du produit, & même un peu plus forte, s'ils ſe ſont bien acquittés de leur travail. Si quelqu'un desdits engagés trouve dans la suite un emploi pour subsister, les directeurs pourront en connoissance de cause lui accorder son congé ; ils l'accorderont pareillement à ceux qui voudront entrer dans nos troupes ; & ceux desdits engagés qui quitteront le service desdits Hôpitaux sans congé, ou pour aller servir ailleurs, ou pour reprendre leur premier état de fainéantise & mendicité, seront poursuivis extraordinairement, & condamnés en cinq années de galeres.

III. Voulons en conséquence qu'après ledit délai de quinzaine expiré, les hommes & femmes valides qui seront trouvés mendians dans notre bonne ville de Paris & autres villes & lieux de notre royaume, même les mendians ou mendiantes invalides, & enfans, soient arrêtés & conduits dans les Hôpitaux-Généraux les plus proches des lieux où ils auront été arrêtés, & dans lesquels les mendians invalides seront nourris pendant leur vie, les enfans jusqu'à ce qu'ils aient atteint l'âge suffisant pour gagner leur vie par leur travail ; & à l'égard des femmes grosses & des nourrices, elles seront gardées pendant le tems qui sera jugé convenable par les directeurs desdits Hôpitaux. Quant aux hommes & femmes valides, ils seront renfermés & nourris au pain & à l'eau, pendant le tems qui sera jugé à propos par les directeurs & administrateurs desdits Hôpitaux, qui ne pourra être moindre de deux mois ; & au cas qu'ils soient arrêtés une seconde fois mendians, soit dans les mêmes lieux où ils auront été arrêtés ou renfermés, soit en quelqu'autres lieux de notre royaume, les invalides seront retenus dans lesdits Hôpitaux pendant leur vie, pour y être nourris, & les hommes & femmes valides condamnés par les officiers ci-après nommés, à être renfermés dans lesdits Hôpitaux pour le tems & espace de trois mois au moins, & en outre marqués avant leur élargissement, d'une marque en forme de la lettre *M* au bras, & ce dans l'intérieur de la prison ou de l'Hôpital, sans que cette marque emporte infamie ; & au cas que les uns ou les autres soient arrêtés mendiant une troisieme fois en quelque lieu que ce puisse être, les femmes valides soient condamnés par les officiers ci-après nommés, à être enfermées dans les Hôpitaux-Généraux, pendant le tems qui sera jugé convenable, qui ne pourra être moindre de cinq années, même à perpétuité, s'il y échéoit ; & les hommes valides aux galeres pour cinq années au moins : & à l'égard des hommes & femmes invalides & hors d'état de travailler, ils seront retenus dans lesdits Hôpitaux, pour être les hommes & femmes invalides, nourris & alimentés pendant leur vie, & employés au profit de l'Hôpital aux ouvrages dont ils pourront être capables, eu égard à leur âge & à leurs infirmités.

IV. Permettons à ceux desdits mendians qui voudront se retirer dans le lieu de leur naissance ou domicile, de se présenter dans ledit tems de quinzaine à l'Hôpital-Général, le plus prochain du lieu où ils sont actuellement, où leur sera donné un congé ou passeport qui fera mention de leur nom, surnom, âge, naissance & domicile, de leur signalement & des principaux lieux de leur route, ensemble du lieu où ils voudront se retirer, dans lequel ils seront tenus de se rendre dans un délai qui ne pourra être plus long que celui qui est nécessaire pour faire le voyage, à raison de quatre lieues par jour, dont sera fait mention dans le congé ou passeport qu'ils seront tenus de faire viser par les officiers municipaux de tous les lieux où ils passeront ; moyennant quoi, & pendant ledit tems seulement ils ne pourront être inquiétés ni arrêtés, pourvu qu'ils ne soient pas trouvés attroupés en plus grand nombre que celui de quatre, non compris les enfans.

V. Et pour connoître plus facilement ceux qui auront déjà été arrêtés une premiere fois, ou contre lesquels il y auroit d'ailleurs des plaintes, ou autres faits qui méritent d'être approfondis, nous voulons & ordonnons qu'il soit établi en l'Hôpital-Général de Paris un bureau général de correspondance avec tous les autres Hôpitaux du royaume. On y tiendra un registre exact de tous les mendians qui seront arrêtés, contenant leurs noms, surnoms, âges & pays, ainsi qu'il aura été par eux déclaré, avec les autres circonstances principales qu'on aura pu tirer de leurs interrogatoires, & les principaux signalemens de leurs personnes ;

& tous les Hôpitaux de province tiendront un pareil regiſtre des mendians amenés en leur maiſon, dont ils enverront une copie toute les ſemaines au bureau général établi à Paris, ſur leſquelles copies on formera au bureau de Paris, un regiſtre général de tous les mendians arrêtés dans toute l'étendue du royaume, ſur lequel on portera, au nom de chaque mendiant, les notes & obſervations réſultantes de leurs interrogatoires, & ce que l'on aura pu découvrir à leur ſujet dans les copies des regiſtres des Hôpitaux; on y tiendra auſſi un regiſtre alphabétique du nom de tous leſdits mendians; on fera imprimer à la fin de chaque ſemaine la copie de ce qui aura été porté pendant le cours de la ſemaine ſur le regiſtre général & ſur le regiſtre alphabétique, & il en ſera envoyé un imprimé à chacun des Hôpitaux du royaume, enſemble à tous les officiers de Police & de maréchauſſée; au moyen de quoi chaque Hôpital ayant les renſeignemens néceſſaires des mendians arrêtés dans toute l'étendue du royaume, on démêlera facilement ceux qui ayans été arrêtés pour une premiere fois, auront été mendier dans d'autres provinces, dans l'eſpérance de n'y être pas reconnus, ou ceux contre leſquels il y aura d'autres ſujets qui méritent un châtiment plus ſevere.

VI. Les mendians qui ſeront arrêtés demandant l'aumône avec inſolence, ceux qui ſe diront fauſſement ſoldats qui ſont porteurs de congés qui ne ſeroient pas véritables, ceux qui, lorſqu'ils auront été arrêtés & conduits à l'Hôpital, auront déguiſé leurs noms & ſurnoms & le lieu de leur naiſſance, enſemble ceux qui ſeront arrêtés contrefaiſans les eſtropiés, ou qui feindroient des maladies qu'ils n'auroient pas; ceux qui ſe ſeroient attroupés au-deſſus du nombre de quatre, non compris les enfans, ſoit dans les villes ou dans les campagnes, ou qui auroient été trouvés armés de fuſils, piſtolets, épées, batons ferrés ou autres armes, & ceux qui ſe trouveroient flétris d'une fleur-de-lis ou de la lettre V, ou autre marque infâmante, ſeront condamnés, quoiqu'arrêtés mendians pour la premiere fois, ſavoir, les hommes valides aux galeres au moins pour cinq années, & à l'égard des femmes ou des hommes invalides, au fouet dans l'intérieur de l'Hôpital, & à une détention à l'Hôpital-Général, à tems ou perpétuité, ſuivant l'exigence des cas, laiſſant au ſurplus à la prudence des juges de prononcer de plus grandes peine, s'il y échoit.

VII. Le procès fait auxdits mendians, en cas qu'il échoie de prononcer la marque pour la premiere récidive, ou en cas de la ſeconde récidive de l'article précédent; ſavoir, s'ils ſont arrêtés dans les villes où il y a des lieutenans-généraux de police établis, fauxbourgs & banlieues d'icelles, par leſdits lieutenans-généraux de police; & en cas d'abſence, maladie ou autre légitime empêchement, le procès leur ſera fait & parfait dans notre bonne ville de Paris, par l'un des lieutenans-particuliers au Chatelet, & dans les autres villes par les lieutenans-criminels, ſur le procès-verbal de capture & affirmation d'icelui, par voie d'information, ou ſur la dépoſition de deux témoins, extrait des regiſtres des Hôpitaux pour ceux qui y auroient été enfermés, enſemble ſur les interrogatoires des accuſés, recollement & confrontation; & ſeront les condamnations prononcées en dernier reſſort & ſans appel, par leſdits officiers, aſſiſtés des autres officiers des ſieges préſidiaux, bailliages ou ſénéchauſſées royales du lieu de leur établiſſement, au nombre de ſept; & ce conformément aux déclarations des 16 Avril 1685, 10 Février 1699, 25 Janvier 1700, & 27 Août 1701. Enjoignons à nos lieutenant-criminel de robe-courte & chevalier du guet de notre bonne ville de Paris, prévôt de l'Iſle de France, & autres officiers, & généralement à tous nos prévôts & officiers de maréchauſſée, & archers, commiſſaires, huiſſiers & autres officiers de police, officiers & archers des Hôpitaux, de faire recherche & perquiſition deſdits mendians & vagabonds, d'arrêter & faire arrêter tous ceux de la qualité ci-deſſus exprimée, tant dans les villes que dans les campagnes, grands chemins, fermes & autres lieux, & de prêter main-forte auxdits lieutenans-généraux de police, & aux archers des pauvres. Enjoignons auxdits archers & huiſſiers, d'exécuter ce qui leur ſera ordonné pour l'exécution de la préſente déclaration.

VIII. Pourront aussi le lieutenant-criminel de robe-courte de notre bonne ville de Paris, ensemble les prévôts-généraux de nos cousins les maréchaux de France, & leurs lieutenans, instruire les procès desdits mendians & vagabonds qu'ils auront arrêtés dans les villes & lieux où il y auroit des lieutenans-généraux de police, fauxbourgs & banlieues d'icelles, & les juger aussi en dernier ressort, pourvu qu'ils aient décrété avant lesdits lieutenans-généraux de police, à la charge de faire juger leur compétence, & de satisfaire aux autres formalités prescrites par les ordonnances, & de se faire assister des officiers des sieges présidiaux, bailliages ou sénéchaussées royales, au nombre de sept au moins : & en cas de contestation pour raison de la compétence entre lesdits lieutenans-généraux de police d'une part, & le lieutenant-criminel de robe-courte de notre bonne ville de Paris, ou les prévôts de nos cousins les maréchaux de France, ou leurs lieutenans d'autre, elles seront réglées par nos cours de Parlement, sans que lesdits officiers ni lesdits accusés puissent se pourvoir au Grand-Conseil ni ailleurs, comme il est porté par la déclaration du 27 Août 1701. Et à l'égard de ceux que lesdits prévôts ou lieutenans, officiers ou archers arrêteront dans les villes où il n'y auroit de lieutenant-général de police établi, ou dans les campagnes, grands chemins, fermes, ou autres lieux, lesdits prévôts & lieutenans pourront instruire leurs procès, & les juger en dernier ressort avec les officiers du plus prochain présidial, ou principal siege royal, en la maniere & avec les formalités accoutumées, suivant & conformément à ladite déclaration du 25 Juillet 1700.

IX. N'entendons comprendre dans les articles précédens, en ce qui concerne la jurisdiction des lieutenant-général de police & lieutenant-criminel de robe-courte de notre bonne ville de Paris, les mendians & vagabonds de la qualité ci-dessus marquée, qui seront arrêtés dans les cours, salles & galeries de notre palais à Paris, contre lesquels il sera procédé par le lieutenant-général au bailliage dudit palais, aussi en dernier ressort & sans appel, en la forme ci-dessus prescrite, & avec le nombre de sept juges au moins.

X. Faisons défenses à toutes sortes de personnes de troubler directement ou indirectement nosdits officiers, ni les officiers & archers des Hôpitaux-Généraux, lorsqu'ils arrêteront lesdits mendians & vagabonds; & en cas de rebellion, soit par eux ou par autres qui leur donneront asyle & protection, pour empêcher qu'on ne les arrête, il sera procédé contre les coupables, & le procès leur sera fait & parfait suivant la rigueur des ordonnances.

XI. Voulons qu'au cas que ceux qui seront arrêtés comme contrevenans à la présente déclaration, se trouvant accusés d'autres crimes qui ne soient pas de la compétence des lieutenans-généraux de police, & autres officiers ci-dessus nommés, ils soient tenus d'en délaisser la connoissance aux Juges qui en doivent connoître, suivant nos ordonnances ; à la charge néanmoins par lesdits juges, de prononcer contre les accusés qui auroient contrevenu à la présente déclaration, les peines portées par icelles, au cas qu'il n'échoie pas de prononcer contr'eux de plus grande peine.

XII. N'entendons néanmoins que, sous prétexte de la présente déclaration, il puisse être apporté aucun trouble ou obstacle aux habitans de nos pays de Normandie, Limosin, Auvergne, Dauphiné, Bourgogne & autres, même des pays étrangers, qui ont accoutumé de venir, soit pour faire la récolte des foins ou des moissons, ou pour travailler ou faire commerce dans nos villes & autres lieux de notre royaume : défendons aux prévôts de nos cousins les maréchaux de France, leurs officiers & archers, & à tous autres, d'apporter aucun empêchement à leur passage, notre intention étant qu'il ne soit apporté aucun trouble à tous nos sujets, même aux étrangers qui viendront pour travailler dans les villes ou provinces de notre royaume, ni à toutes autres personnes allant & venant dans nosdites provinces, s'ils ne sont trouvés mendians contre les défenses portées par notre présente déclaration. SI donnons en mandement à nos amés & féaux conseillers les gens tenans notre cour de Parlement à Paris, que ces présentes ils aient à faire lire, publier & registrer, & le contenu en icelles, garder & exécuter selon leur forme & teneur. Car tel est notre plaisir : en témoin de quoi nous avons fait mettre notre scel à cesdites présentes. Donné à Chantilly, le dix-huitieme jour de Juillet, l'an de grace mil sept cent vingt-quatre, & de notre regne le neuvieme. *Signé*, LOUIS ; *& plus bas*, par le roi, PHELYPEAUX. Vu au Conseil, DODUN. *Et scellées du grand sceau de cire jaune.*

Registrées, oui, & ce requérant le procureur-général du roi, pour être exécutées selon leur forme & teneur, & copies collationnées envoyées aux bailliages & sénéchaussées du ressort, pour y être lues, publiées & registrées ; enjoint aux substituts du procureur-général du roi, d'y tenir la main, & d'en certifier la Cour dans un mois, suivant l'arrêt de ce jour. A Paris, en Parlement, le vingt-sixieme jour de Juillet mil sept cent vingt-quatre. Signé, *DUFRANC.*

DÉCLARATION DU ROI,

QUI attribue au lieutenant-général de police de la ville de Paris, la connoissance des rebellions à l'occasion des mendians.

Du 12 Septembre 1724.

LOUIS, par la grace de Dieu, roi de France & de Navarre : A tous ceux qui ces présentes lettres verront ; SALUT. Nous avons ordonné par notre déclaration du 18 Juillet dernier, registrée au Parlement le 26 du même mois, que tous les mendians & gens sans aveu se retireroient dans leur pays, à peine d'être arrêtés & conduits à l'Hôpital-Général pour la premiere fois, & des galeres pour la seconde récidive : & quoique nous eussions tout lieu d'espérer que les bourgeois de notre bonne ville de Paris concourroient unanimement à l'exécution de cette déclaration, si utile pour l'ordre public & le bien général de notre royaume, cependant nous sommes informés qu'il est arrivé plusieurs rebellions dans la ville de Paris, à l'occasion de la capture & de la conduite desdits mendians & vagabonds, dont la connoissance & instruction ont été portées devant le lieutenant-criminel du Châtelet de Paris, quoiqu'elles ne soient qu'une suite & une dépendance de notre déclaration du 18 Juillet dernier, dont la connoissance est attribuée, en dernier ressort & sans appel, au lieutenant-général de police : & voulant lever le doute qui pourroit rester sur la compétence du lieutenant-général de police, au sujet de l'entiere exécution de ladite déclaration, circonstances & dépendances. A CES CAUSES & autres à ce nous mouvans, de l'avis de notre Conseil, & de notre certaine science, pleine puissance & autorité royale, nous avons dit, déclaré & ordonné, & par ces présentes signées de notre main, disons, déclarons & ordonnons, voulons & nous plaît ce qui suit.

ARTICLE PREMIER.

Faisons très-expresses inhibitions & défenses à toutes personnes, de quelque qualité & condition qu'elles soient, de troubler les officiers établis par notre déclaration du 18 Juillet dernier, dans les fonctions de leur commission, à peine par les contrevenans d'être poursuivis extraordinairement, & d'être punis suivant la rigueur des ordonnances.

II. Ordonnons que le procès sera fait & parfait par le lieutenant-général de police de notre bonne ville de Paris, à ceux qui seront prévenus d'avoir insulté ou troublé, en quelque sorte & maniere que ce soit, lesdits officiers & archers, lorsqu'ils seront employés

employés à observer les mendians ou à la conduite & capture d'iceux; & ce, sur les procès-verbaux desdits officiers & archers, dans lesquels ils seront répétés par forme de déposition sur les interrogatoires des accusés, les récollemens & confrontations desdits officiers & archers, & des témoins qui auront été entendus dans les informations.

III. Voulons à cet effet que les brigadiers & sous-brigadiers desdits archers commis à la capture des mendians, soient tenus de faire dans le jour leurs rapports en forme, du trouble qui leur aura été apporté dans l'exécution de leur fonction, sur un registre qui sera déposé au greffe de la police du Châtelet, après qu'il aura été coté & paraphé dans toutes ses pages, par le lieutenant-général de police. Si donnons en mandement à nos amés & féaux conseillers, les gens tenans notre cour de Parlement à Paris, que ces présentes ils aient à faire lire, publier & enregistrer, même en tems de vacations, & le contenu en icelles garder & exécuter selon leur forme & teneur: car tel est notre plaisir; en témoin de quoi nous avons fait mettre notre scel à cesdites présentes. Donné à Fontainebleau le douzieme jour de Septembre, l'an de grace mil sept cent vingt-quatre, & de notre regne le dixieme. *Signé*, LOUIS. *Et plus bas*, par le roi, *Signé*, PHELYPEAUX. Vu au Conseil, *Signé*, DODUN. *Et scellés du grand sceau de cire jaune.*

Registrée, oui, & ce requérant le procureur-général, pour être exécutée selon sa forme & teneur; à la charge que le présent enregistrement sera réitéré au lendemain de la Saint-Martin, suivant l'arrêt de ce jour. A Paris, en Parlement, en vacations, le vingt-septieme jour de Septembre mil sept cent vingt quatre. Signé, *DUFRANC.*

ARRÊT DU PARLEMENT,

POUR *la subsistance des pauvres.*

Du 30 Décembre 1740.

CE jour les gens du roi sont entrés, & m[e] Guillaume-François-Louis Joly de Fleury, avocat dudit seigneur roi, portant la parole, ont dit: que la Cour peut aisément se rappeller les secours que les pauvres reçurent dans les années 1693 & 1709, par l'attention qu'elle eut à leur procurer des aumônes publiques, dont elle régla la forme par ses arrêts des 20 Octobre 1693, 19 Avril & 8 Juin 1709. Comme la misere présente des pauvres répandus dans les provinces de son ressort, demande la même attention & les mêmes secours, ils croient devoir proposer à la Cour de pourvoir à leurs besoins par des réglemens semblables à ceux qu'elle fit en 1693 & 1709, que dans cette vue ils ont pris des conclusions par écrit qu'ils laissent à la Cour pour y être statué, ainsi qu'elle le jugera à propos, suivant sa prudence. Eux retirés, vu lesdites conclusions, ensemble les arrêts des 20 Octobre & 13 Novembre 1693, 19 Avril, 8 Juin & 4 Décembre 1709. La matiere mise en délibération:

LA COUR faisant droit sur les conclusions du procureur-général du roi, ordonne que tous les pauvres mendians, & qui ne sont point en état présentement de gagner leur vie, seront tenus de se retirer dans la paroisse dont ils sont natifs, ou dans celle de leur domicile, six semaines au plus tard après la publication du présent arrêt; leur fait défenses de vaguer & de demander l'aumône, à peine, tant les hommes que les femmes, d'être enfermés durant huit jours dans les prisons les plus prochaines, & les hommes attachés au carcan sur le procès-verbal des officiers qui les auront arrêtés, & en cas de récidive, des galeres pendant trois ans contre les hommes valides, & les garçons au-dessus de seize ans; du fouet & du carcan à différens jours de marchés contre les estropiés, & du fouet contre les femmes qui ne seront point enceintes, & les garçons au-dessus de douze ans, qui seront en état de faire quelque travail. Fait défenses à toutes personnes de leur donner retraite plus d'une nuit, à peine de dix livres d'amende, même de plus grande s'il-y échet.

Ordonne que ceux qui se trouveront estropiés ou attaqués de maladies qui paroîtront incurables, seront conduits dans les Hôpitaux-Généraux les plus prochains : enjoint aux administrateurs de les y faire recevoir sur les certificats des curés & des juges & procureurs-fiscaux desdites paroisses, & de les faire nourrir & traiter comme les autres pauvres. Que dans les villes murées où il y a plusieurs paroisses, les curés, les marguilliers en charge, les anciens & les plus notables habitans de chacune desdites paroisses, s'assembleront le premier dimanche après la publication du présent arrêt, pour pourvoir, ainsi qu'ils le jugeront le plus à propos, à la subsistance de tous ceux de la paroisse qu'ils jugeront en avoir besoin, depuis le premier Février jusqu'au premier Août de l'année prochaine 1741, & à cet effet qu'ils feront un rôle tant desdits pauvres qui auront besoin de ladite assistance, que de la somme ou de la quantité de bled qui sera nécessaire pour la subsistance desdits pauvres, sauf à augmenter ou diminuer suivant le besoin, & pareillement un rôle de ce que chacun des autres habitans de la paroisse y devra contribuer selon ses facultés, en cas que par sa bonne volonté, il ne fasse pas des offres raisonnables. Que néanmoins dans lesdits lieux il ne sera fait qu'une seule assemblee, un seul rôle & un seul bureau de charité pour la subsistance des pauvres de toutes lesdites paroisses, ou de plusieurs ensemble, s'il est ainsi jugé à propos par les archevêques & évêques, après avoir pris l'avis des officiers des lieux où lesdites paroisses sont situées.

Que dans les autres villes, bourgs & lieux où il n'y a qu'une paroisse, les juges feront, en présence du curé, du substitut du procureur-général du roi, ou du procureur des hauts-justiciers, du syndic, & de deux habitans qui seront nommés par les autres à la sortie de la grand'messe, le premier dimanche après la réception du présent arrêt, un rôle de ceux qui ont besoin d'assistance à cause de leur âge, de leurs infirmités, ou du trop grand nombre d'enfans dont ils sont chargés, lesquels rôles pourront être augmentés dans la suite en cas de mort & de maladie des peres de famille, ou d'autres accidens, & de la somme à laquelle pourra monter le pain ou autre secours qui sera jugé absolument nécessaire pour leur subsistance, depuis ledit jour premier Février jusqu'au premier Août prochain.

Que dans lesdits lieux où il n'y a qu'une paroisse, & où il y a cependant plusieurs justices qui s'exercent chacune dans une partie de la paroisse, il n'y aura pareillement qu'une seule assemblée, un seul bureau des pauvres, & un seul rôle qui sera fait par le juge royal, si l'une des justices appartient au roi, sinon par le juge de la haute-justice dans l'étendue de laquelle l'église paroissiale se trouvera construite, le tout en présence des juges des autres justices, & procureurs des hauts-justiciers, s'ils veulent y assister.

Que pour parvenir à l'assistance desdits pauvres, toutes personnes, tant ecclésiastiques que séculieres, tous corps & communautés séculieres & régulieres, ayans du bien dans lesdites paroisses, à la réserve des Hôpitaux où l'hospitalité est actuellement exercée, & des curés qui reçoivent la portion congrue, & qui n'ont point d'autre bien dans le lieu, contribueront au sol la livre des deux tiers des revenus qu'ils ont en chaque paroisse, au paiement de la somme qui aura été jugée nécessaire pour la subsistance des pauvres de ladite paroisse; ensorte qu'ils paient leur part de ladite somme, à proportion de ce que lesdits deux tiers qu'ils ont dans ladite paroisse en doivent porter, eu égard à la totalité de ladite somme, & à ce que les autres contribuables en doivent porter pour leur part & portion; lesquels deux tiers seront fixés eu égard au prix principal des baux, pour ce qui en est situé dans la paroisse, ou pour les biens non affermés, eu égard au prix des baux ci-devant faits, expirés depuis trois ans; sinon, & au cas qu'il ne se trouvât point de baux, suivant l'estimation qui sera faite par les personnes ci-dessus nommées, le plus équitablement qu'il leur sera possible: ce qui aura lieu pareillement à l'égard des propriétaires des rentes foncieres ou autres redevances & charges réelles à prendre ou sur des terres ou sur des maisons, lesquelles rentes, redevances ou autres charges, contribueront dans la proportion ci-dessus marquée, sur le pied des deux tiers desdites rentes ou redevances, & ce dans la paroisse où les fonds sur lesquels lesdites rentes ou redevances sont à prendre, sont situés; lesquels deux tiers soit des fermages, rentes ou redevances ou autres charges, en cas qu'ils soient payés en grains, seront évalués sur le pied que les grains auront été vendus au marché le plus prochain du lieu, d'après la Saint-Martin 1740.

Qu'à l'égard des habitans imposés à la taille, autres que ceux qui y sont employés comme pauvres, ils seront employés dans ledit rôle par proportion la plus équitable qu'il se pourra, tant par rapport à leurs biens, qu'aux sommes pour lesquelles ils sont cotisés dans les rôles des tailles.

Que tous ceux qui seront compris dans les rôles qui seront faits pour la subsistance des pauvres, leurs fermiers, même les fermiers judiciaires, pour les terres saisies, seront tenus de payer leur cote de quinze jours en quinze jours, & par avance, entre les mains de celui qui aura été nommé par ceux qui auront fait les rôles, & les quittances qui seront rapportées des paiemens, seront allouées aux fermiers sur le prix de leurs baux, même à l'égard des fermiers judiciaires, les commissaires aux saisies réelles tenus d'en recevoir les quittances, qui leur seront allouées dans la dépense de leurs comptes.

Et qu'à faute par ceux qui auront été ainsi taxés de payer précisément, & dans ledit tems, qu'ils y seront contraints en vertu desdits rôles, & même au paiement du double dans la quinzaine suivante, & seront les rôles signés par le juge, exécutoires sans aucune formalité par le premier sergent de la justice, qui sera tenu de faire toutes les exécutions dont il sera chargé par le receveur établi, à peine d'interdiction; ordonne pareillement que dans toutes lesdites villes & autres lieux, ceux qui auront fait les rôles, s'assembleront tous les dimanches à l'issue des vêpres, durant ledit tems du premier Février au premier Août, pour adjuger au moins disant la fourniture du pain qui sera donné, & pourvoir à tout ce qui regardera la subsistance des pauvres, & l'exécution desdits rôles.

Qu'en cas de plaintes de cotisations, elles seront portées au lieutenant-général du bailliage ou sénéchaussée royale, dans le ressort de laquelle lesdites villes & lieux sont situés, après néanmoins que la somme à laquelle montera la cotisation pendant six semaines, aura été payée entre les mains du receveur, & en rapportant sa quittance, ledit lieutenant-général y pourvoira par une simple ordonnance, qui sera rendue sur les conclusions du substitut du procureur-général du roi dans la huitaine, après que la requête lui aura été signifiée, ou au procureur du haut-justicier de la paroisse où la cotisation aura été faite, lequel enverra audit substitut du procureur-général du roi l'instruction qui sera jugée nécessaire par ceux qui auront fait ladite cote, pour y défendre; ce qui sera pareillement observé en cas de plaintes de cotisations faites par les juges ressortissans aux sieges principaux des terres tenues en pairies, sur lesquelles sera statué par le premier officier dudit siege; & en cas qu'il soit interjeté appel en la Cour, de l'ordonnance du juge qui aura confirmé la cote, l'appel n'y pourra être reçu qu'après que l'appellant aura payé trois mois de ladite taxe, dont il rapportera la quittance, & le substitut du procureur-général du roi audit siege, ou le procureur du propriétaire de la terre tenue en pairie, sera tenu d'envoyer au procureur-général du roi les mémoires qui lui auront été adressés en premiere instance.

Que si, par la facilité ou la connivence des juges, ou autrement, quelques seigneurs de fiefs, ou hauts-justiciers, ou autres personnes avoient été taxés à une somme moindre que celle qu'ils doivent porter suivant le présent arrêt, les lieutenans-généraux des bailliages & sénéchaussées ou principaux officiers des pairies, dans le ressort desquels sont les justices où les rôles auront été faits, pourront réformer d'office, & sur la requête des substituts du procureur-général du roi, ou des procureurs fiscaux auxdits sieges, sans en être requis par d'autres, les cotisations qui se trouveront avoir ainsi été mal faites; & à l'égard des taxes de cette qualité qui pourroient avoir été faites dans les villes & lieux où sont lesdits sieges ressortissans nuement en la Cour, il y sera pareillement pourvu par ladite Cour sur la requête du procureur-général du roi, ainsi qu'il appartiendra.

Enjoint au surplus à tous pauvres valides de travailler toutes les fois qu'il se présentera occasion de le faire, & défenses de leur fournir aucunes subsistances, lorsqu'il y aura des ouvrages sur les lieux auxquels ils pourront gagner suffisamment pour avoir de quoi vivre, à l'effet de quoi les rôles seront réduits aux seuls pauvres qui par eux-mêmes, ou par leur pere ou mere, ne seront pas en état de gagner leur vie, ou de subsister.

Ordonne, qu'autant qu'il sera possible, il sera donné dans chaque lieu aux femmes & enfans, le moyen de travailler, à la charge de rendre sur le provenu de leur travail le prix des filasses & autres choses, qu'on leur aura fournies pour cet effet.

Enjoint à tous officiers de justice de faire, chacun en droit soi, tout ce qui sera nécessaire pour l'exécution du présent arrêt, sans frais; & à tous les substituts du procureur-général du roi dans les bailliages & sénéchaussées du ressort de la Cour, de le faire publier, afficher & registrer par tout où besoin sera, même d'en envoyer des copies dans toutes les jurisdictions & justices de leurs dépendances, & de certifier la Cour incessamment des diligences qu'ils auront faites. Fait en Parlement le trente Décembre mil sept cent quarante. *Signé*, DUFRANC.

ORDONNANCE DU ROI,

CONCERNANT les mendians.

Du 27 Juillet 1777.

SA majesté étant informée qu'au préjudice des déclarations, ordonnances & réglemens rendus contre les mendians, & nonobstant les mesures prises depuis plusieurs années, à l'effet de faire cesser la mendicité, tant par l'établissement des atteliers de charité pour occuper les pauvres valides, que par les secours fournis aux paroisses & aux Hôpitaux pour les faire travailler, & les mettre plus en état de recevoir les infirmes, il existe encore une grande quantité de mendians de l'un & de l'autre sexe, qui à toutes heures, & dans les rues, places & promenades de cette ville, fauxbourgs & banlieue, mendient avec audace & importunité. Et sa majesté s'étant fait rendre compte des moyens mis en usage pour arrêter les mendians dans l'intérieur de cette ville & fauxbourgs, elle auroit reconnu que les seules perquisitions faites pendant la nuit, & dans les lieux qui leur servent de retraite ordinaire, étoient insuffisantes; qu'il s'ensuit que les mendians croient pouvoir mendier impunément pendant le jour; que la plupart d'entr'eux parviennent à éluder toutes poursuites, en se procurant d'autres retraites difficiles à découvrir; que d'ailleurs les recherches & captures pendant la nuit ne pouvant tomber que sur ceux reconnus ou suspectés d'avoir mendié dans le jour, il en peut résulter des méprises contraires à la justice & au bon ordre. Et sa majesté voulant en même tems concilier les vues d'humanité & de rigueur capables de secourir la misere & détruire la mendicité, comme la source de beaucoup de crimes qui troublent le repos & la sûreté publique, elle a ordonné & ordonne ce qui suit :

ARTICLE PREMIER.

Tous mendians, de l'un & de l'autre sexe, seront tenus, dans le délai de quinze jours, à compter du jour de la publication de la présente ordonnance, de se retirer dans le lieu de leur naissance, ou de prendre un état, emploi, métier ou profession qui leur procurera les moyens de subsister, sans demander l'aumône : pourront ceux desdits mendians dont les domiciles seroient éloignés, se retirer pardevant le lieutenant-général de police, pour se pourvoir des passeports ou routes qui leur seront nécessaires.

II. Passé ledit délai, tous mendians quelconques qui seront trouvés, soit dans les rues de Paris, soit aux portes des maisons, des lieux publics ou dans les églises, de quelque âge qu'ils soient, seront arrêtés & conduits dans les maisons de force, pour y rester tant & si longuement qu'il sera jugé nécessaire.

III. Excepte néanmoins sa majesté les aveugles de l'Hôpital des Quinze-Vingts & les pauvres communément appellés *trôniers ;* lesquels, au moyen des permissions nécessaires, pourront se tenir assis aux portes des églises, & recevoir les aumônes qui leur seront données, sans pouvoir quêter ni mendier dans l'intérieur desdites églises, ni dans les rues & aux portes des maisons.

IV. Veut sa majesté que les pauvres valides soient reçus dans les atteliers de charité ou aux travaux que sa majesté a établis dans les différentes paroisses de cette ville & fauxbourgs, pour leur procurer leur entretien & subsistance. Veut aussi que les pauvres reconnus infirmes & invalides, & hors d'état de se procurer leur subsistance par leur travail, soient admis dans les Hôpitaux, à l'effet d'y recevoir les secours nécessaires à leurs besoins. Mande & ordonne sa majesté à tous commandans & officiers de ses troupes, de prêter & faire prêter main-forte toutes les fois qu'ils en seront requis, pour l'exécution de la présente ordonnance, qui sera lue, publiée & affichée par-tout où besoin sera. Enjoint au sieur lieutenant-général de police de la ville, prévôté & vicomté de Paris, d'y tenir la main. Donné à Versailles le vingt-sept Juillet mil sept cent soixante-dix-sept. *Signé*, LOUIS. *Et plus bas*, *Signé*, AMELOT.

JEAN-CHARLES-PIERRE LENOIR, chevalier, conseiller d'état, lieutenant-général de police de la ville, prévôté & vicomté de Paris.

Vu l'ordonnance du roi ci-dessus : nous ordonnons qu'elle sera imprimée, lue, publiée & affichée dans cette ville & fauxbourgs, & par-tout où besoin sera, pour être exécutée selon sa forme & teneur. Fait à Paris, en notre hôtel, le vingt-neuf Juillet mil sept cent soixante-dix-sept. Signé, *LENOIR.*

ÉDIT DU ROI,

PORTANT défense aux étrangers de quêter dans le royaume.

Du mois de Mars 1784.

LOUIS, par la grace de Dieu, roi de France & de Navarre : A tous présens & à venir; SALUT. Depuis que nous sommes occupés d'extirper la mendicité dans notre royaume, ce qui exige des moyens difficiles & lents, nous avons observé qu'elle étoit & qu'elle est fréquemment exercée par des étrangers qui mendient pour eux-mêmes, ou qui font des quêtes sous prétexte d'œuvre-pies ; que cette espece de mendicité, souvent plus importune & plus audacieuse que celle des mendians nos sujets, a le vice particulier de dérober les secours de charité qui sont dus par préférence de la part de leurs compatriotes à nos sujets indigens; le remede à cet abus pouvant être prompt, nous pensons devoir l'employer dès-à-présent, sans attendre l'exécution des mesures dont nous nous occupons pour détruire dans nos états toute espece de mendicité. A CES CAUSES, & autres à ce nous mouvant, de l'avis de notre Conseil, & de notre certaine science, pleine puissance & autorité royale, nous avons dit, statué & ordonné, & par notre présent édit perpétuel & irrévocable, disons, statuons & ordonnons, voulons & nous plaît ce qui suit.

ARTICLE PREMIER.

Défendons toutes quêtes dans notre royaume par des étrangers, s'ils n'y sont expressément autorisés par une permission signée de nous, & contre-signée par un de nos secrétaires d'état.

II. Ordonnons à tous mendians & quêteurs étrangers, si aucuns y a dans notre royaume, d'en sortir dans deux mois du jour de la publication de notre présent édit, sous peine d'être poursuivis extraordinairement.

III. Exceptons néanmoins les religieux mendians étrangers qui résideroient, en vertu d'une obédience de leurs supérieurs, dans aucunes des maisons de leur ordre établies dans notre royaume, sans qu'ils puissent faire d'autres quêtes que celles ordinaires & accoutumées pour la subsistance du couvent où ils résideront.

IV. Défendons à tous gouverneurs & commandans des provinces & villes frontieres, officiers de justice & municipaux, d'accorder, ou viser aucun passeport qui auroit pour objet lesdites quêtes, sous quelque prétexte & pour quelque cause que ce soit.

V. Voulons que tous ceux qui seront arrêtés en contravention au présent édit, soient conduits en prison, & leur procès fait & parfait, soit comme vagabonds & perturbateurs du repos public, par le prévôt de nos maréchaux, soit par les juges qui en doivent connoître, suivant la qualité des personnes & l'exigence des cas.

VI. Seront jugés & punis comme vagabonds & perturbateurs du repos public & comme faussaires, par le prévôt de nos maréchaux, tous mendians & quêteurs étrangers, munis de faux passeports, de fausses permissions ou de faux certificats, & qui seront travestis. Si donnons en mandement à nos amés & féaux conseillers les gens tenans notre Cour de parlement à Paris, que notre présent édit ils aient à faire lire, publier & enregistrer, & le contenu en icelui garder, exécuter pleinement, paisiblement & perpétuellement, cessant & faisant cesser tous troubles & empêchemens contraires: car tel est notre plaisir; & afin que ce soit chose ferme & stable à toujours, nous y avons fait mettre notre scel. Donné à Versailles, au mois de Mars, l'an de grace mil sept cent quatre-vingt-quatre, & de notre regne le dixieme. *Signé*, LOUIS. *Et plus bas*, par le roi, le baron DE BRETEUIL. *Visa.* HUE DE MIROMESNIL. *Et scellé du grand sceau de cire verte, en lacs de soie rouge & verte.*

Registré, oui & ce requérant le procureur-général du roi, pour être exécuté selon sa forme & teneur; & copies collationnées du présent édit envoyées aux bailliages & sénéchaussées du ressort, pour y être lu, publié & registré: enjoint aux substituts du procureur-général du roi esdits sieges, d'y tenir la main, & d'en certifier la Cour dans le mois, suivant l'arret de ce jour. A Paris, en Parlement, toutes les chambres assemblées, le trente Avril mil sept cent quatre-vingt-quatre. Signé, *YSABEAU.*

MENDIANS, MENDICITÉ, VAGABONDS.

SECONDE PARTIE.

Anciennes loix & réglemens concernant les pauvres.

EXTRAITS

Des décrets des Papes & des conciles.

Décret du Pape Pie V, en l'année 1566.

PAUPERES quoque mendicantes seu elemosynas petentes per ecclesias, prædicationum, aliorumque divinorum officiorum tempore ire non sinant, sed eos ad valvas ecclesiarum stare faciant sub pœnâ duorum aureorum capitali infligenda pro quâlibet vice, nisi eos ejici curaverint, & parochus dimidii aurei; religiosis vero claustralibus, seu regularibus præcipimus, in virtute sanctæ obedientiæ ut in ecclesiis suis deputent aliquem qui tales ejiciat, & si negligentes fuerint, gravissimè ab ordinario corripiantur, quod si parere recusaverint, gravissimas pœnas incurrant, & pro qualitate personarum etiam corporaliter arbitrio nostro vel superiorum puniantur.

Par le second concile de Tours, chapitre 4, canon 5, il est déclaré que chacune ville est obligée de nourrir ses pauvres, & que chacun, soit ecclésiastique, soit autre citoyen, y doit contribuer, en ces termes: *ut una quoque civitas pauperes & egenos incolas alimentis congruentibus pascat, secundùm vires, ut tam vicini presbyteri quam cives omnes, suum pauperem pascant quo fiet ut ipsi pauperes per alienas civitates non fatigentur.*

ANCIENS ORDONNANCES ROYAUX, ET ARRÊT DE LA COUR,

POUR LA POLICE DES PAUVRES DE PARIS.

Le roi JEAN, 1350, livre 5 du premier tome, fol. 852,

ORDONNONS que les pauvres valides, vuident la ville & fauxbourgs de Paris, avec défenses de mendier, à peine du fouet & d'être mis au pilori; & à la troisieme fois signés d'un fer chaud au front, & bannis desdits lieux : enjoint aux prédicateurs qu'en leurs sermons ils sermonnent de ne donner aumône aux gens valides & sains de membres.

EXTRAIT de l'arrêt de la Cour, du 5 Février 1535, publié à Paris le même jour.

Et quand aux mendians valides qui auront été ou seront hors des rôles des aumônes, & qui ne sont natifs de cette ville de Paris, & n'y ont fait leur résidence continuelle depuis deux ans, mais qui y seront venus demeurer depuis deux ans; leur enjoint ladite

Cour de vuider la ville & fauxbourgs dans trois jours, & de se retirer dans les lieux, villes & villages dont ils sont natifs, ou ailleurs, pour s'employer à gagner leur vie au métier qu'ils ont appris, ou à labourer & cultiver les vignes & terres, ou autrement, gagner leur vie au travail & labeur de leur corps, sans mendier; le tout sur peine de la hart; & enjoint ladite Cour à tous baillifs, sénéchaux, prevôts, leurs lieutenans & à tous autres juges royaux & non royaux ressortissans, sans moyen ou par moyen de ladite Cour, sur peine d'amende arbitraire & suspension de leurs états, de contraindre lesdits mendians valides à obéir à la premiere injonction de ladite Cour, prendre & punir corporellement les transgresseurs d'icelle.

Le roi FRANÇOIS *I.* 1536, *folio* 802.

Ordonnons de faire travailler les pauvres valides & sains de corps, à faute de ce faire, soient bannis : enjoint au pays de Bretagne de suivre les ordonnances précédentes sur les réglemens des pauvres, & en toutes les autres villes.

ART. 5. Ordonnons que les pauvres impuissans qui ont chambre & logement & lieux de retraite, seront nourris & entretenus par les paroisses, & qu'à ces fins ils en feront faire les rôles par le curé, vicaire ou marguilliers, chacun en son église & paroisse, pour leur distribuer en leur maison, ou en tel autre lieu commode, ce qui sera par le curé, vicaire ou marguilliers avisé en chacune paroisse, l'aumône raisonnable, sans qu'il leur soit permis, ni à leurs enfans aller quêter ni mendier parmi ladite ville, sur peine du fouet pour les grands, & des verges pour les petits enfans, à ce seront employés les deniers provenans des quêtes qui se feront en aumônes, qui se recueilleront par chacun jour, tant ès églises, que par les maisons desdites paroisses.

ART. 6. Ordonnons pour cet effet, que par chacune paroisse seront établis boëtes & troncs, qui, par chacun jour de dimanche, seront recommandés par les curés & vicaires en leurs prônes, & par les prédicateurs en leurs sermons; les abbayes, prieurés, chapitres, colleges, qui d'ancienne fondation, sont tenus faire aumônes publiques; seront aussi tenus de bailler & fournir en deniers à la paroisse en laquelle elle est située & assise, la valeur d'icelle aumône.

De l'ordonnance faite par le roi Henri II, du 9 Juillet 1547.

HENRI, par la grace de Dieu, roi de France, &c. Nous voulons toutes sortes de pauvres valides, habitués & demeurans en notre ville & fauxbourgs de Paris, être reçus & admis aux œuvres publiques, avec inhibitions & défenses à toutes sortes de personnes de quelque qualité & sexe qu'ils soient, de ne plus quêter, mendier, ou demander l'aumône par les rues, portes des églises ni autrement en public, sous peine, quant aux femmes, du fouët, & d'être bannis de notre prevôté & vicomté de Paris; & quant aux hommes, d'être envoyés aux galeres, pour là y tirer par force à la rame.

A Saint-Germain, le 9 Juillet 1547.

ART. 7. Oordonnons que les prochaines paroisses, chapitres & colleges qui auront deniers bons, & auront puissance de faire subvention, en aident les paroisses par trop chargées de pauvres.

EXTRAIT *de l'ordonnance de Moulins, du mois de Mars 1556.*

ARTICLE 73. ORDONNONS que les pauvres de chaque ville, bourgs & villages, seront nourris & entretenus par ceux de la ville, bourg ou village dont ils sont natifs & habitans, avec défenses à eux de vaguer ni demander l'aumône ailleurs qu'au lieu duquel ils

ils sont ; & à ces fins, seront les habitans tenus de contribuer à la nourriture desdits pauvres, selon leurs facultés, à la diligence des maires, échevins, consuls & marguilliers des paroisses.

ORDONNANCE DU ROI HENRI III,

TOUCHANT la nourriture & entretenement des pauvres des villes de ce royaume.

Du 22 Mai 1586.

HENRI, par la grace de Dieu, roi de France & de Pologne : A tous ceux qui ces présentes lettres verront : SALUT, comme durant cette cherté & disette des vivres que nous voyons de présent en notre royaume, pour aucunement remédier aux désordres, qui à cause d'icelle croissent de jour en jour, & inconvéniens qui peuvent avenir par le moyen de la grande affluence des pauvres mendians, tant valides qu'invalides, qui viennent & affluent de toutes parts en notre ville de Paris, des autres villes, bourgs & endroits de notredit royaume ; nous ayons ordonné que certain nombre de nos officiers & autres notables bourgeois de notredite ville de Paris, s'assembleroient afin d'aviser ensemblement des moyens propres & convenables pour remédier aux susdits désordres, & pourvoir auxdits inconvéniens ; à quoi ils auroient déjà travaillé & donné espérance de quelque bon acheminement. Néanmoins craignans que ce qui sera par eux fait & ordonné pour ce regard, ne demeure inutile & sans effet, & nous frustrés de notre intention, si aux autres villes de notredit royaume n'étoit par même moyen remédié auxdits désordres & inconvéniens, & pourvu à la nourriture & entretenement des pauvres d'icelles villes, tant par distribution de deniers & aumônes envers les pauvres invalides, que par ateliers & œuvres publiques pour les valides, ainsi que plus commodément se trouvera être à faire. A CES CAUSES, après avoir communiqué de cette affaire en notre conseil, AVONS, de l'avis d'icelui, & de notre certaine science, pleine puissance & autorité royale, ordonné & ordonnons, voulons & entendons que les habitans de toutes & chacunes les autres villes de notredit royaume seront tenus, nourrir & entretenir leurs pauvres, sans qu'ils puissent vaguer, ni eux transporter de lieux en autre, comme ils ont fait ci-devant, & font encore de présent ; ains qu'ils soient contenus dans leurs fins & limites, soit par contribution des habitans ou autrement, & par le meilleur ordre & réglement qu'il sera avisé, conformément à l'ordonnance de notre très-honoré seigneur & frere le roi Charles IX, faite à Moulins, en l'an 1566. Mandant à nos amés & féaux, les gens tenans nos cours de Parlement, baillifs, sénéchaux, prevôts, leurs lieutenans, & à tous nos autres justiciers, officiers, maires, échevins, capitouls, consuls, qu'au plutôt ils aient à commettre & députer quelques uns d'entr'eux pour s'assembler, afin d'aviser aux moyens les plus propres & commodes pour l'exécution de ces présentes ; & que les réglemens qui seront ainsi faits par nos juges subalternes, ils les envoient incontinent aux greffes de nosdits Parlemens, selon leur ressort, pour connoître de quel zele, affection & diligence ils auront vaqué à ce que dessus. Voulons & ordonnons que ce qui sera par eux fait & avisé pour ce regard, soit exécuté, nonobstant oppositions ou appellations quelconques, & sans préjudice d'icelle. Et en outre mandons à nos amés & féaux les gens tenans nosdites cours de Parlement, que ces présentes, ils fassent lire, publier & enregistrer, garder, observer & entretenir inviolablement, & à nos procureurs-généraux d'y tenir la main, & ladite publication & enregistrement faits, ils en fassent envoyer des copies imprimées par tous leurs bailliages & sénéchaussées de leurs ressorts, afin d'y être pareillement lues, publiées & registrées, gardées & observées entiérement, ensemble les réglemens qui seront faits en vertu d'icelles, selon leur forme

& teneur. CAR tel eſt notre plaiſir : nonobſtant tous édits, ordonnances, uſances, réglemens, mandemens, défenſes & lettres à ce contraires. DONNÉ à Paris, le vingt-deuxieme jour du mois de Mai, l'an de grace mil cinq cent quatre-vingt-ſix. Et de notre regne le douzieme; par le roi, étant en ſon conſeil. *Signé*, BRULART.

EXTRAIT de l'ordonnance de Louis XIII, à Abbeville, le quatrieme Juillet 1639, vérifiée en Parlement, le ſixieme Décembre audit an.

AVONS dit & déclaré, diſons, déclarons & ordonnons, voulons & nous plaît, qu'il ſoit fait, tant par nos Cours de Parlement, que par nos baillifs, ſénéchaux, juges préſidiaux, prevôts de nos couſins les maréchaux de France, vice-baillifs, vice-ſénéchaux & autres juges, une exacte recherche en tous les lieux de leur reſſort, des mendians valides, vagabonds, gens ſans aveu, des fauxſauniers, leurs fauteurs & adhérans, & des déſerteurs de nos troupes; pour, ſur le champ, condamner aux galeres leſdits mendians valides, vagabonds & gens ſans aveu, & tous les ſoldats de cavalerie & infanterie qui auront quitté nos troupes ſans congé.

MONT-DE-PIÉTÉ,

ET SA DESTINATION POUR SECOURIR LES PAUVRES DE L'HÔPITAL-GÉNÉRAL.

LETTRES-PATENTES,

PORTANT établiſſement d'un Mont-de-Piété.

Du 9 Décembre 1777.

LOUIS, par la grace de Dieu, roi de France & de Navarre : A tous ceux qui ces préſentes lettres verront; SALUT. Les bons effets qu'ont produit & produiſent encore les Monts-de-Piété chez différentes nations de l'Europe, & notamment ceux formés en Italie, ainſi que ceux érigés dans nos provinces de Flandres, Hainaut, Cambreſis & Artois, ne nous permettent pas de douter des avantages qui réſulteroient, en faveur de nos peuples, de pareils établiſſemens dans notre bonne ville de Paris, & même dans les principales villes de notre royaume. Ce moyen nous a paru le plus capable de faire ceſſer les déſordres que l'uſure a introduits, & qui n'ont que trop fréquemment entraîné la perte de pluſieurs familles. Nous étant fait rendre compte du grand nombre de mémoires & de projets préſentés à cet effet, nous avons cru devoir rejetter tous ceux qui n'offrent que des ſpéculations de finance, pour nous arrêter à un plan formé uniquement par des vues de bienfaiſance, & digne de fixer la confiance publique, puiſqu'il aſſure des ſecours d'argent peu onéreux aux emprunteurs dénués d'autres reſſources, & que le bénéfice qui réſultera de cet établiſſement, ſera entiérement appliqué au ſoulagement des pauvres, & à l'amélioration des maiſons de charité. A CES CAUSES, & autres à ce nous mouvans, de l'avis de notre Conſeil, & de notre certaine ſcience, pleine puiſſance & autorité royale, nous avons dit, ſtatué & ordonné, & par ces préſentes ſignées de notre main, diſons, ſtatuons & ordonnons, voulons & nous plaît ce qui ſuit :

ARTICLE PREMIER.

Il sera incessamment établi dans notre bonne ville de Paris, un Mont-de-Piété ou bureau général de caisse d'emprunt sur nantissement, tenu sous l'inspection & administration du lieutenant-général de police, qui en sera le chef, & de quatre administrateurs de l'Hôpital-Général, nommés par le bureau d'administration dudit Hôpital-Général, & dont les fonctions seront charitables & entiérement gratuites.

II. Toutes personnes connues & domiciliées, ou assistées d'un répondant connu & domicilié, seront admises à emprunter les sommes qui seront déclarées pouvoir être fournies, d'après l'estimation qui sera faite des effets offerts pour nantissement; & ces sommes leur seront prêtées des deniers & fonds qui seront mis dans la caisse dudit bureau; savoir, pour la vaisselle & les bijoux d'or & d'argent, à raison de quatre cinquiemes du prix de la valeur au poids; & pour tous les autres effets, à raison des deux tiers de l'évaluation faite par les appréciateurs dudit bureau, qui seront choisis dans la communauté des huissiers-commissaires-priseurs de notre Châtelet de Paris, laquelle sera garante des évaluations, & percevra des emprunteurs, à l'instant du prêt, pour droit de prisée, un denier pour livre du montant de la somme prêtée.

III. Permettons aux administrateurs d'établir aussi, s'ils le jugent nécessaire, dans notre bonne ville de Paris, sous la dénomination de prêt auxiliaire, différens bureaux particuliers dudit Mont-de-Piété, ou caisses d'emprunts de sommes depuis trois livres, jusqu'à la concurrence de cinquante livres.

IV. Il ne pourra être perçu ou retenu, pour frais de garde, frais de régie, & pour subvenir à toutes les dépenses & frais, généralement quelconques, relatifs audit établissement, sous quelque prétexte & dénomination que ce puisse être, autre que pour les frais de prisée par nous ci-dessus réglés, & pour ceux de vente dont il sera parlé ci-après, au-delà de deux deniers pour livre par mois du montant des sommes prêtées; & le mois commencé sera payé en entier quoique non fini.

V. Les effets mis en nantissement seront, au plus tard à l'expiration de l'année du prêt révolue, retirés par les emprunteurs, ou par les porteurs de la reconnoissance qui aura été délivrée audit Mont-de-Piété; sinon, dans le mois qui courra d'après ledit tems écoulé, lesdits effets seront, par ordonnance du lieutenant-général de police, & par le ministere d'un des huissiers-commissaires-priseurs de notre Châtelet de Paris, vendus publiquement, sur une seule exposition, au plus offrant & dernier enchérisseur, aux lieux, jour & heures indiqués par affiches, contenant énumération de tous lesdits effets. Ce jour sera le premier non fériable d'après le deux & le seize de chaque mois.

VI. Les deniers qui proviendront de la vente des effets mis en nantissement, seront remis aux propriétaires, après le prélevement fait de la somme empruntée, & des deux deniers pour livre, par chaque mois échu depuis le jour du prêt jusqu'à celui de la vente.

VII. Les frais de vente seront de cinq sols pour les ventes du prix de vingt livres & au-dessous; de dix sols au-dessus de vingt livres jusqu'à cinquante livres; de vingt sols au-dessus de cinquante livres jusqu'à cent livres; de vingt-cinq sols au-dessus de cent livres jusqu'à deux cens livres; & toujours en augmentant de cinq sols pour chaque cent livres de plus. Ces frais seront payés, en sus du prix de l'adjudication, par les acheteurs. Exemptons lesdites ventes de tous droits & même de ceux du contrôle des procès-verbaux d'icelles, que nous dispensons d'être faits sur papier timbré, ainsi que tous autres actes concernant l'administration dudit Mont-de-Piété.

VIII. Dans le cas où il seroit apporté au bureau ou caisse d'emprunt sur nantissement, & dans les bureaux particuliers de prêt auxiliaire, quelques effets qui fussent reconnus, déclarés, ou même suspectés volés, il en sera sur-le-champ rendu compte au lieutenant-général de police, & il ne ſera prêté aucune ſomme au porteur deſdits effets qui reſteront en dépôt au magaſin deſdits bureaux, juſqu'à ce qu'il en ſoit autrement ordonné. Voulons que ceux qui les auront préſentés ſoient pourſuivis extraordinairement, eux & leurs complices, ſuivant l'exigence des cas.

IX Tout effet qui ſera revendiqué pour vol ou pour telle autre cauſe que ce ſoit, ne pourra être rendu au réclamant qu'après qu'il aura juſtifié qu'il lui appartient, & qu'après qu'il aura acquitté, en principal & droits, la ſomme pour laquelle ledit effet aura été laiſſé en nantiſſement, ſauf le recours dudit réclamant contre celui qui l'aura dépoſé, lequel en demeurera civilement reſponſable.

Il ſera prépoſé par le lieutenant-général de police un ou pluſieurs commiſſaires du châtelet & inſpecteurs de police, pour veiller au maintien du bon ordre dans ledit bureau général & dans leſdits bureaux particuliers; à l'égard des vérificateurs & contrôleurs de la régie deſdits bureaux général & particuliers, ils ſeront prépoſés & commis par le bureau d'adminiſtration.

XI. Les prépoſés & employés, tant au bureau général qu'aux bureaux particuliers, ſeront ſous les ordres d'un directeur général, lequel ſera nommé par le lieutenant-général de police & les adminiſtrateurs : leſdits prépoſés & employés ſeront préſentés par le directeur, & pareillement nommés par le bureau d'adminiſtration, qui fixera leurs appointemens, ainſi que les honoraires du directeur, ſous la condition de la part des uns, de fournir un cautionnement avec hypotheque ſur biens fonds, & de la part des autres de conſigner telle ſomme en argent qui leur ſera réglée pour leur cautionnement; laquelle ſera dépoſée à la caiſſe du bureau d'emprunt, & dont il leur ſera payé cinq pour cent d'intérêt par année.

XII. Le directeur général & tous les autres prépoſés & employés ne ſeront admis à faire leurs fonctions, qu'après avoir prêté ſerment de bien & fidèlement s'en acquitter, pardevant le lieutenant-général de police & les adminiſtrateurs, pour laquelle preſtation de ſerment il ne ſera exigé aucuns frais, ni même aucun droit quelconque, au profit du greffier que le bureau d'adminiſtration commettra pour la tenue du regiſtre de ſes délibérations.

XIII. Dans le cas où il ſeroit fait quelques oppoſitions ſur le prix des effets vendus au Mont-de-Piété, elles ne pourront être formées qu'entre les mains du directeur & au bureau dudit établiſſement, & elles ne ſeront valables qu'autant qu'elles auront été viſées par le directeur ſur l'original; ce qu'il ſera tenu de faire ſans frais.

XIV. Toutes les oppoſitions qui ſeront formées entre les mains du directeur, ſur les effets dépoſés en nantiſſement au Mont-de-Piété, avant la vente d'iceux, n'empêcheront point que ladite vente ne ſoit faite, conformément aux diſpoſitions de l'article V des préſentes, ſans qu'il ſoit beſoin d'y appeller l'oppoſant, ſauf à lui à exercer ſes droits ſur les deniers qui reſteront après le prélevement ordonné en l'article VI ci-deſſus.

XV. Toutes les conteſtations relatives à l'établiſſement, régie & adminiſtration deſdits bureaux général & particuliers, ſeront portées pardevant le lieutenant-général de police, auquel nous en avons attribué la connoiſſance, comme pour fait de police, ſauf néanmoins l'appel en la grand'chambre de notre cour de Parlement, pour y être fait droit en la forme preſcrite par notre ordonnance du mois d'Avril 1667 pour les appointemens à mettre.

XVI. Il ſera, tous les mois, fourni par le directeur, au lieutenant-général de police & aux adminiſtrateurs, un bordereau de ſa recette & dépenſe, avec un tableau de ſituation de la caiſſe & du magaſin; & chaque année il en ſera rendu un compte général pardevant quatre de nos amés & féaux conſeillers de la grand'chambre de notre cour de Parlement, en préſence de l'un des ſubſtituts de notre procureur-général : ledit compte ſera par eux clos & arrêté; un double d'icelui ſera dépoſé au greffe de notre Parlement; &, lorſqu'il se trouvera des fonds en caisse au-delà de ceux nécessaires pour la régie & les charges de l'établissement, ils seront appliqués au profit de l'Hôpital-Général de notre bonne ville de Paris, suivant l'ordonnance qui en sera rendue par nosdits conseillers ensuite de l'arrêté & clôture dudit compte.

XVII. Autorisons le lieutenant-général de police & les quatre administrateurs de faire tels réglemens qu'il appartiendra, concernant l'entrée & la sortie des gages ou nantissemens, la sureté & conservation d'iceux, la tenue des registres, & généralement pour prescrire les formalités qui seront employées dans la régie & administration de ladite caisse d'emprunt, & des bureaux particuliers de prêt auxiliaire ; à la charge que lesdits réglemens soient homologués en notre cour de Parlement, sur la requête de notre procureur-général.

XVIII. Seront nos ordonnances, déclarations, & les réglemens rendus au sujet de l'usure, exécutés suivant leur forme & teneur. Si donnons en mandement à nos amés & féaux les gens tenant notre cour de Parlement à Paris, que ces présentes ils aient à faire lire, publier & registrer, & le contenu en icelles garder, observer & exécuter suivant leur forme & teneur : car tel est notre plaisir ; en témoin de quoi nous avons fait mettre notre scel à cesdites présentes. Donné à Versailles le neuvieme jour du mois de Décembre de l'année mil sept cent soixante-dix-sept, & de notre regne le quatrieme. *Signé*, LOUIS. *Et plus bas :* par le roi, AMELOT. *Et scellées du grand sceau de cire jaune.*

Registrées, oui ce requérant le procureur-général du roi, pour être exécutées selon leur forme & teneur ; & copie collationnée envoyée au Châtelet de Paris, pour y être lues, publiées & registrées : enjoint au substitut du procureur-général du roi d'y tenir la main, & d'en cerifier la Cour dans le mois, suivant l'arrêt de ce jour. A Paris, en Parlement, les grand'chambre & tournelle assemblées, le douze Décembre mil sept cent soixante-dix-sept. Signé, *YSABEAU.*

PUBLICATION ET OUVERTURE DU MONT-DE-PIÉTÉ.

Affiche du 28 Janvier 1778.

LE bureau du Mont-de-Piété, établi par lettres-patentes du 9 Décembre 1777, registrées en Parlement le 12 du même mois, se tiendra dans une maison sise rue des Blancs-Manteaux ; & à compter du lundi 9 Février 1778, il sera ouvert tous les jours, à l'exception des dimanches & fêtes, depuis neuf heures du matin jusqu'à une heure après midi, & depuis trois heures de relevée, jusqu'à sept heures du soir.

LETTRES-PATENTES,

QUI autorisent le Mont-de-Piété *à faire un emprunt sur l'hypotheque des revenus & droits de* l'Hôpital-Général.

Du 7 Août 1778.

LOUIS, par la grace de Dieu, roi de France & de Navarre : A tous ceux qui ces présentes lettres verront ; SALUT. Les directeurs & administrateurs de l'Hôpital-Général de notre bonne ville de Paris & des Enfans-Trouvés y uni, nous ont exposé que les vues bienfaisantes qui nous ont déterminés à appliquer au profit de l'Hôpital-Général, & pour le soulagement des pauvres, le bénéfice du Mont-de-Piété, établi par nos Lettres-Patentes du 9 Décembre 1777, registrées en Parlement le 12 du même mois, ne seroient qu'imparfaitement remplies, si le bureau d'administration du Mont-de-Piété n'étoit pas autorisé à faire un emprunt, & à affecter à cet emprunt une partie des revenus des Hôpitaux; & le bureau d'administration du Mont-de-Piété nous ayant représenté en même-tems que les opérations se multiplioient de maniere qu'il seroit nécessaire de joindre un ou deux administrateurs de l'Hôpital-Général aux quatre qui ont été nommés pour inspecter le Mont-de-Piété, nous avons cru devoir accorder ces demandes, puisqu'elles ne tendent qu'à consolider la confiance, & à favoriser un établissement utile. A CES CAUSES, & autres à ce nous mouvant, de l'avis de notre conseil & de notre certaine science, pleine puissance & autorité royale, nous avons dit, déclaré & ordonné, & par ces présentes signées de notre main, disons, déclarons & ordonnons, voulons & nous plaît, que le bureau d'administration de l'Hôpital-Général soit & demeure autorisé à joindre un ou deux administrateurs dudit Hôpital-Général aux quatre qu'il a ci-devant nommés pour inspecter le Mont-de-Piété, & que le bureau d'administration du Mont-de-Piéte soit aussi autorisé à emprunter, de la maniere qui lui sera la plus avantageuse, pourvu que l'intérêt n'excede pas cinq pour cent, les sommes nécessaires pour servir de fonds aux prêts à faire par ledit Mont-de-Piété, & affecter & hypothéquer spécialement les revenus & droits desdits Hôpitaux jusqu'à concurrence de deux cens mille livres de rente, sur lesquelles deux cens mille livres de rente il y aura privilege pour toutes les sommes que les administrateurs auront empruntées pour le Mont-de-Piété. Les étrangers non naturalisés demeurant dans ou hors notre royaume, pays, terres & seigneuries de notre obéissance, jouiront & pourront disposer des capitaux qu'ils auront versés dans les emprunts du Mont-de-Piété, ensemble des intérêts, par testament, donation ou autrement; & dans le cas où ils n'en auroient pas disposé, leurs héritiers & représentans leur succéderont à cet égard, quoiqu'ils fussent étrangers & non regnicoles, & qu'ils fussent sujets de princes avec lesquels nous pourrions être en guerre; à l'effet de quoi nous avons, par ces présentes, exempté & exemptons lesdits capitaux & intérêts de toutes lettres de marque & représailles, avons renoncé & renonçons à tous droits d'aubaine, bâtardise, confiscation & autres qui pourroient nous appartenir. Si donnons en mandement à nos amés & féaux conseillers les gens tenans notre cour de Parlement à Paris, que ces présentes ils aient à faire lire, publier & registrer, & le contenu en icelles faire exécuter selon leur forme & teneur, nonobstant toutes choses à ce contraires, auxquelles nous avons dérogé & dérogeons par ces présentes; aux copies desquelles, collationnées par l'un de nos amés & féaux conseillers-secrétaires, voulons que foi soit ajoutée comme à l'original. Car tel est notre plaisir; en témoin de quoi nous avons fait mettre notre scel à cesdites présentes. Donné à Versailles le septieme jour du mois d'Août de l'année mil sept cent soixante-dix-huit, & de notre regne le cinquieme. *Signé*, LOUIS; *& plus bas* Par le roi, AMELOT. *Et scellées du grand sceau de cire jaune.*

Registrées, oui & ce requérant le procureur-général du roi, pour être exécutées selon leur forme & teneur, suivant l'arrêt de ce jour. A Paris, en Parlement, le vingt-un Août mil sept cent soixante-dix-huit.

EXTRAITS

Des contrats d'acquisitions des maisons destinées à l'établissement du Mont-de-Piété.

Du 6 Septembre 1779.

PAR acte passé devant me Picquais & son confrere, notaires au Châtelet de Paris, le 6 Septembre 1779 : appert messieurs les directeurs & administrateurs de l'Hôpital-Général de Paris, avoir acquis de messire François-Joseph le Lievre, marquis de la

Grange, deux maisons se joignantes, sises à Paris, rue des Blancs-Manteaux, ainsi qu'elles se pousuivent & comportent, pour l'établissement du Mont-de-Piété.

Nota. Ce contrat étoit précédé d'une promesse de vente.

Du 26 Mars 1783.

PAR autre acte passé devant ledit m^e Picquais & son confrere, le 26 Mars 1783 : appert mesdits sieurs les directeurs dudit Hôpital-Général, avoir acquis de messire Prix Deschamps, seigneur de Courgy, & de dame Elisabeth-Jeanne-Pauline-Guychou-de-Mont-Levaux son épouse, une grande maison, sise à Paris, rue de Paradis, & dépendances; ladite maison pour être unie audit Mont-de-Piété, & jointe à son établissement.

ARRÊT DU PARLEMENT,

CONFIRMATIF d'une ordonnance du bureau des finances, relative aux constructions du Mont-de-Piété, *sur la rue de Paradis.*

Du 21 Mars 1785.

LOUIS, par la grace de Dieu, roi de France & de Navarre : Savoir faisons, qu'entre les directeurs & administrateurs de l'Hôpital-Général, demandeurs aux fins de l'exploit donné au bureau des finances le 26 Novembre 1784, sur lequel, par arrêt du 11 Décembre suivant, il a été ordonné que les parties procéderoient en notredite Cour suivant les derniers erremens, & tendante à ce que, sans s'arrêter à l'opposition formée par les défendeurs ci-après nommés, à l'ordonnance du bureau des finances, du 25 Octobre précédent, il fût ordonné que ladite ordonnance seroit exécutée, avec dépens, d'une part; & les prieur & religieux Blancs-Manteaux, ordre de Saint-Benoît, congrégation de Saint-Maur, défendeurs, d'autre part; entre lesdits sieurs prieur & religieux Blancs-Manteaux & dame Françoise-Anne Hollande, veuve de Matharies Bastier, écuyer, appellante de l'ordonnance du bureau des finances de Paris, du 5 Octobre 1784, d'une part: & les administrateurs de l'Hôpital-Général, intimés, d'autre part.... Entre lesdits sieurs prieur & religieux Blancs-Manteaux & ladite dame Bastier, demandeurs en requête du 17 Décembre dernier, tendante à ce que l'appellation, & ce dont est appel, fussent mis au néant, émandant, les administrateurs de l'Hôpital-Général fussent déclarés purement & simplement non-recevables dans la demande par eux formée, aux fins de leur requête visée en l'ordonnance du 5 Octobre 1784, ou en tout cas ils en fussent déboutés; il fut ordonné que l'ordonnance du bureau des finances de Paris, du 4 Mai 1784, & l'arrêt confirmatif d'icelle, du 15 du même mois, seroient exécutés selon leur forme & teneur; en conséquence que les constructions dont il s'agissoit, tant celles déjà faites que celles encore à faire, seroient réduites aux hauteurs fixées par lesdites ordonnance & arrêt, & conformément à iceux, & où notredite Cour y feroit difficulté, en ce cas & subsidiairement seulement, l'appellation, & ce dont étoit appel, fussent pareillement mis au néant; émandant, il fût ordonné que les constructions des bâtimens élevés par les administrateurs de l'Hôpital-Général sur la rue de Paradis, tant celles déjà faites que celles à faire, seroient réduites aux hauteurs prescrites par les lettres-patentes du 25 Août 1784, registrées en notredite Cour le 7 Septembre suivant, pour les rues de vingt-quatre, jusques & compris vingt-neuf pieds de largeur, & les administrateurs de l'Hôpital-Général fussent condamnés aux dépens, d'une part: .... Demoiselle Thuyard & consorts, demandeurs en requête du 10 Janvier dernier, tendante à être reçues parties intervenantes dans la contestation d'entre les prieur & religieux des Blancs-Manteaux, & la dame veuve Bastier, d'une part : les directeurs & administrateurs de l'Hôpital-Général, d'autre part ; & les sieurs Perrot & Bellanger, encore d'autre part, sur l'appel des prieur & religieux Blancs-Manteaux, d'ordonnance du bureau des finances, du 5 Octobre 1784, sur la demande principale par eux formée contre lesdits sieurs Perrot & Bellanger, aux fins des arrêts & exploits des premier & 3 Décembre 1784, sur la demande formée par les administrateurs de l'Hôpital-Général au bureau des finances, par exploit du 26 Novembre précédent, sur laquelle demande, circonstances & dépendances, il a été ordonné, par arrêt de notredite Cour, du 11 Décembre 1784, que les parties procéderoient en icelle, qu'il fût donné acte auxdits demandeurs, de ce que pour moyens d'intervention, ils employoient le contenu en leurdite requête, & ce qu'il plairoit à notredite Cour suppléer : ce faisant, recevant ladite intervention, & y faisant droit, qu'il leur fût donné acte de ce qu'ils adhéroient aux conclusions prises par les prieur & religieux Blancs-Manteaux.... Le sieur Perrot demandeur en deux requêtes employées pour fins de non-recevoir, & défenses contre la demande des religieux Blancs-Manteaux, les dame Bastier, Thuyard & consorts, & tendantes à ce qu'il s'en rapportoit à la prudence de notredite Cour, d'ordonner ce qu'elle jugeroit à propos.... Entre le sieur Bellanger, demandeur en requête, du 4 Mars 1784, employée pour plus amples fins de non-recevoir, & défenses contre la demande en déclaration d'arrêt commun des religieux Blancs-Manteaux, & de la dame Bastier, & contre l'intervention & demande de la demoiselle Thuyard & consorts, tendante à ce qu'il s'en rapporte à la prudence de la Cour.... Et entre lesdits sieurs directeurs & administrateurs de l'Hôpital-Général, demandeurs en requête du 5 Mars présent mois, employée pour fins de non-recevoir, & défenses contre les requêtes & demandes des religieux Blancs-Manteaux, & de la dame Bastier, des 17 Décembre 1784, 8 & 24 Janvier 1785, contre les requêtes, intervention & demande de la demoiselle Thuyard & consorts, du 10 du même mois de Janvier ; contre les requêtes, intervention & demande du sieur Perrot, des 15 Décembre, 15 & 18 Janvier dernier, & contre les requêtes, intervention & demande du sieur Bellanger, du mois de Mars présent mois, & tendante à ce que, sans s'arrêter ni avoir égard aux requêtes & demandes desdits religieux, de la dame Bastier, de la demoiselle Thuyard & consorts, & des sieurs Perrot & Bellanger, dans lesquelles ils seroient chacun à leur égard, déclarés purement & simplement non-recevables, ou dont en tout cas ils seroient déboutés, en tant que touchoit la demande desdits administrateurs de l'Hôpital-Général, formée au bureau des finances le 26 Novembre 1784, évoquée en notredite Cour par arrêt du 11 Décembre suivant, & l'appel des religieux Blancs-Manteaux, & de la dame Bastier, sans s'arrêter ni avoir égard à l'opposition formée par lesdits religieux Blancs-Manteaux, & de la dame Bastier & autres, par acte extrajudiciaire du 24 Novembre dernier, dans laquelle ils seroient déclarés purement & simplement non-recevables ; que lesdits religieux Blancs-Manteaux, & ladite dame veuve Bastier, fussent pareillement déclarés purement & simplement non-recevables dans leur appel de l'ordonnance du bureau des finances, du 5 Octobre dernier, & qu'ils fussent condamnés en l'amende de soixante-quinze livres, ou, en tout cas, & subsidiairement seulement, que l'appellation fût mise au néant ; qu'il fût ordonné que ce dont étoit appel sortiroit son plein & entier effet, & que les appellans fussent condamnés en l'amende ordinaire de douze livres : en tant que touchoit les interventions & demandes des demoiselle Thuyard & consorts, portées par leur requête du 10 Janvier dernier, les interventions & demandes du sieur Perrot, portées par ses requêtes des 15 Décembre, 15 & 18 Janvier dernier, & l'intervention & demande du sieur Bellanger, portées par sa requête du 4 Mars présent mois, que ladite demoiselle Thuyard & consorts, lesdits sieurs Perrot & Bellanger fussent déclarés purement & simplement

ſimplement non-recevables, chacun à leur égard, dans leurſdites requêtes, intervention & demandes....

Après que Hardouin, avocat des religieux Blancs-Manteaux & autres, Dinet, avocat de l'Hôpital-Général, Marnier, avocat de Bellanger, Guyot-des-Herbiers, avocat de Perrault, ont été ouis, enſemble Joly-de-Fleury pour notre procureur-général.

NOTREDITE COUR reçoit les intervenans parties intervenantes, & les parties reſpectivement oppoſantes à l'exécution des arrêts par défaut, leur donne acte de leurs ſommations & dénonciations, donne acte aux parties de Marnier & de Guyot-des-Herbiers, de ce qu'elles s'en rapportent à la prudence de notredite Cour, faiſant droit ſur le tout, ſans s'arrêter aux requêtes & demandes des parties de Hardouin, en tant que touche l'appel interjeté par leſdites parties de Hardouin, de l'ordonnance du bureau des finances du 5 Octobre dernier, a mis l'appellation au néant; ordonne que ce dont eſt appel ſortira ſon plein & entier effet, condamne les appellans en l'amende ordinaire de douze livres; en tant que touche la demande formée au bureau des finances par les parties de Dinet, par exploit du 26 Novembre dernier, à fin de main-levée de l'oppoſition deſdites parties de Hardouin, ſur laquelle il a été ordonné par arrêt du 11 Décembre ſuivant, que les parties procéderoient en notredite Cour, fait main-levée de ladite oppoſition formée par leſdites parties de Hardouin; déclare le préſent arrêt commun avec les parties de Marnier & Guyot-des-Herbiers; ſur le ſurplus des demandes, fins & concluſions des parties, les met hors de Cour; condamne les parties de Hardouin, chacune à leur égard, en tous les dépens des cauſes d'appel, intervention & demande, ſommations & dénonciations faites tant au bureau des finances qu'en notredite Cour, même en ceux faits ſur le proviſoire. Si mandons, mettre le préſent arrêt à exécution. Donné en Parlement le vingt-un Mars l'an de grace mil ſept cent quatre-vingt-cinq, & de notre regne le onzieme. Collationné. *Signé*, LUTTON. Par la chambre, *Signé*, HEBERT.

OFFICES ET CHARGES,

TAXES AU PROFIT DE L'HOPITAL-GÉNÉRAL SUR LES RÉCIPIENDAIRES.

EXTRAIT DE L'ÉDIT D'ÉTABLISSEMENT DE L'HOPITAL-GÉNÉRAL.

Du mois d'Avril 1656, article 41.

ART. 41. TOUS officiers qui ſeront reçus en nos compagnies ſouveraines, établies en notre ville de Paris, autres que ceux deſdites compagnies; & auſſi ceux qui ſeront reçus dans les ſieges & juriſdictions ſubalternes, ordinaires & extraordinaires, pareillement établies hors notredite ville, ſeront tenus à leur réception, donner quelque ſomme modique audit Hôpital-Général, dont ils ſeront obligés de rapporter la quittance avant que l'arrêt ou jugement de leur réception leur ſoit délivré, laquelle ſomme ou taxe ſera arbitrée par noſdites compagnies ſouveraines, chacun en ce qui les regarde, & rôle dreſſé d'icelles, eu égard à la qualité deſdits officiers.

ARRÊT DU PARLEMENT,

*PORTANT que le rôle arrêté par ladite Cour, pour les officiers qui y seront reçus, sera exécuté, & la taxe payée pour les pauvres de l'*Hôpital-Général.

Du 22 Janvier 1657.

SUR la remontrance faite par le procureur-général du roi, que par lettres-patentes du mois d'Avril 1656, pour l'établissement de l'Hôpital-Général, vérifiées & registrées par arrêt du premier Septembre, lues & publiées en l'audience de la Cour, le 4 Septembre ensuivant, il est porté entr'autres choses, que tous les officiers qui seront reçus aux compagnies souveraines établies à Paris; autres que ceux desdites compagnies; & aussi ceux qui seront reçus dans les sieges & jurisdictions subalternes, ordinaires & extraordinaires pareillement établis en ladite ville, seront tenus, à leurs réceptions, de donner quelque somme modique audit Hôpital, dont ils seront obligés de rapporter la quittance auparavant que l'arrêt ou jugement de leur réception soit délivré; laquelle somme ou taxe sera arbitrée par lesdites compagnies souveraines, chacun en ce qui les regarde, ès-rôles dressés d'icelles, eu égard à la qualité desdits officiers: vu lesdites lettres & arrêts de vérification; LA COUR a ordonné & ordonne que le rôle par elle arrêté pour les officiers qui seront reçus en icelle, sera exécuté selon sa forme & teneur, que chacun des officiers y nommé, paiera pour sa réception la somme à laquelle il a été taxé: enjoint aux officiers des jurisdictions établies dans Paris, ressortissantes en la Cour, de faire pareil rôle pour la taxe de ceux qui seront par eux reçus, que le paiement en sera fait sous la quittance du receveur dudit Hôpital-Général. Fait ladite Cour défenses aux greffiers d'icelle & à tous autres greffiers des sieges de la ville de Paris, y ressortissans, de délivrer aucune matricule, arrêt ou jugement de réception, que la quittance du receveur de l'Hôpital-Général ne leur soit préalablement mise entre les mains, à peine d'en répondre en leurs propres & privés noms, de nullité desdites matricules & réception, duquel rôle la teneur ensuit.

Taxe arrêtée par la Cour, en exécution de la déclaration du roi, du mois d'Avril 1656, vérifiée & registrée en ladite Cour, le premier Septembre, lue & publiée en l'audience le quatre Décembre audit an, pour la réception des officiers en faveur de l'Hôpital-Général: le bailli du palais, le prévôt de Paris, chacun bailli & chacun sénéchal, *trente livres.* Un président au présidial & lieutenant-général, *vingt-cinq livres.* Un lieutenant-criminel, lieutenant-particulier, assesseur & substitut dudit procureur-général, tant en la Cour qu'aux sieges particuliers, & un prévôt royal & un lieutenant de la prévôté, *vingt livres.* Un conseiller du présidial & un avocat du roi, *quinze livres.* Un conseiller & avocat du roi en chacune prévôté, ou autre siege royal, *douze livres.* Un avocat, un procureur & un huissier de la Cour, *dix livres.* Fait en Parlement le vingt-deux Janvier mil six cent cinquante-sept.

ARRÊT DE LA COUR DES MONNOIES,

Qui spécifie la taxe de tous officiers dépendans de ladite Cour, en faveur de l'Hôpital-Général.

Du 29 Décembre 1657.

SUR ce qui a été remontré par le procureur-général du roi, que par les lettres-patentes en forme d'édit, du mois d'Avril 1656, données pour l'établissement, police & subsistance de l'Hôpital-Général, vérifiées & registrées par arrêt de cette Cour, du 19 du présent mois, il est porté que tous les officiers qui seront reçus aux compagnies souveraines établies à Paris, autres que ceux desdites compagnies, & aussi ceux qui seront reçus dans les sieges & jurisdictions subalternes ordinaires & extraordinaires, pareillement établis en ladite ville, seront tenus, à leurs réceptions, de donner quelque somme modique audit Hôpital-Général, dont ils seront obligés de rapporter la quittance, auparavant que l'arrêt ou jugement de leur réception soit délivré; laquelle somme ou taxe seroit arbitrée par lesdites compagnies souveraines, chacune en ce qui les regarde, ès-rôles dressés d'icelles, eu égard à la qualité desdits officiers; & que tous compagnons de métier, lors de leur brevet d'apprentissage, & les maîtres, lors de leur chef-d'œuvre, expérience, & jurande, seront aussi tenus de donner quelque somme modique audit Hôpital-Général, & d'en rapporter pareillement la quittance auparavant que lesdits brevets d'apprentissage ou lettres de maîtrise leur soient délivrés, le tout selon la taxe & rôle qui en sera arrêté, à proportion des métiers, & pourvu à l'assurance du recouvrement desdites cotes & contributions; vu lesdites lettres en forme d'édit & arrêt de vérification d'icelles, la matiere mise en délibération, tout considéré; la Cour a ordonné & ordonne que le rôle par elle arrêté, tant pour les officiers qui seront reçus en icelle, & par ses commissaires-généraux, provinciaux, prévôt-général, & juges-gardes des monnoies, que par ses justiciables, sera exécuté selon sa forme & teneur, tant & si longuement, que besoin sera, & sauf à augmenter ou diminuer lesdites taxes, ainsi que ladite Cour avisera bon être; que chacun des officiers y dénommés, les maîtres & gardes de l'orfévrerie, les maîtres dudit corps, les jurés & maîtres des autres métiers, justiciables de ladite Cour, ne pourront être reçus à faire le serment lors de leurs élections, jurandes & réceptions, ni faire leurs expériences & chef-d'œuvres, soit en ladite Cour ou pardevant les commissaires & officiers subalternes d'icelle, qu'ils n'aient payé la somme à laquelle ils seront taxés: comme pareillement aucun apprentif ne pourra être reçu maître qu'il n'ait payé sa taxe à cause de son apprentissage, dont sera fait mention par le brevet d'icelui, à la diligence du maître qui le prendra pour apprentif, dont il sera responsable, & des dommages & intérêts dudit apprentif, en cas d'omission, & en outre à peine de nullité desdites élections, réceptions & brevets; que le paiement de ladite taxe se fera sous les quittances du receveur-général dudit Hôpital. A fait & fait défenses très-expresses au greffier de ladite Cour, greffiers des monnoies, commissions, prévôté & autres, de délivrer aucuns arrêts, jugemens, ou actes de réceptions d'officiers, élections, jurandes, réceptions de maîtres, enregistrement de brevets & autres expéditions sujettes à ladite taxe, qu'on ne leur ait représenté la quittance du receveur dudit Hôpital, à peine d'en répondre en leurs propres & privés noms. Ordonne en outre que le rôle desdites taxes sera mis au greffe en un tableau, & copies en bonne forme, envoyées à la diligence du procureur-général, avec le présent arrêt, audit Hôpital-Général, aux généraux provinciaux, sieges des monnoies & prévôt-général, & auxdits maîtres & gardes & jurés, pour être lues dans leur communauté ; que ledit greffier de la Cour tiendra un contrôle exact de ce qui aura été ou dû être payé tous les ans pour les réceptions & autres actes faits en icelle ; comme aussi les autres greffiers, chacun à son égard, & qu'à la diligence dudit procureur-général, auquel la Cour enjoint de tenir la main à l'exécution du présent arrêt, lesdits greffiers envorront tous les six mois le contrôle qu'ils auront, fait pour être mis ès-mains du receveur-général dudit Hôpital, & confronté au mémoire des quittances qu'il aura données, & au rôle de la taxe dont la teneur ensuit.

*Taxe arrêtée par la Cour, en exécution des lettres-patentes du roi, du mois d'Avril 1656, vérifiées & registrées en icelle, le 19 du présent mois, pour la réception des officiers, en faveur de l'*Hôpital-Général.

Les généraux-provinciaux de Normandie, Bretagne, Guyenne, Languedoc, Provence, Dauphiné & Bourgogne, paieront chacun . . . 30 l.
Le contrôleur des mêmes monnoies . . . 40
Un substitut du procureur-général en la Cour . . . 30
Un commis du greffe . . . 10
Un huissier . . . 10
Le tailleur-général des monnoies . . . 40
L'essayeur-général . . . 15
Un juge-garde des monnoies . . . 15
Un contre-garde . . . 5
Un substitut du procureur-général en icelles . . . 5
Un tailleur-particulier des monnoies . . . 20
Un essayeur-particulier . . . 7 l. 10 s.
Un greffier d'un siege de monnoie . . . 5
Un huissier desdits sieges . . . 5
Un prévôt des ouvriers en la monnoie de Paris . . . 10
Un lieutenant en ladite monnoie . . . 8
Un prévôt des ouvriers en autres monnoies . . . 5
Un lieutenant . . . 4
Un prévôt des monnoies en la monnoie de Paris . . . 10
Un lieutenant . . . 8
Un prévôt des monnoies en autres monnoies . . . 5
Un lieutenant . . . 4
Un ouvrier . . . 8
Un monnoyeur . . . 8
Un prévôt-général des monnoies . . . 40
Un lieutenant . . . 20
Un assesseur . . . 10
Un substitut en ladite prévôté . . . 10
Un exempt . . . 10
Un greffier . . . 10
Un archer . . . 3
Le receveur & payeur . . . 20
Le contrôleur dudit payeur . . . 10
Un officier-général des mines & minieres . . . 40
Un officier particulier . . . 10

Un huissier des mines & minieres 5
Un changeur à Paris, Lyon & Rouen 40
Un changeur en autres villes 20

Pour les justiciables de la Cour des Monnoies.

Un affineur lors de son apprentissage 10
Lors de sa réception 3
Un Orfevre, lors de son apprentissage 6
En autres villes 3
Lorsqu'il sera reçu maître, en prêtant le serment en la Cour, pour Paris . . 12
Pour les autres villes 6
Lorsqu'il sera élu maître & garde à Paris 12
En une autre ville 6
Un tireur d'or, lors de son apprentissage à Paris 6
En une autre ville 3
Lorsqu'il sera reçu maître à Paris 12
En autre ville 6
Lorsqu'il sera élu juré à Paris 12
En autre ville 6
Un batteur d'or, lors de son apprentissage 3
Lorsqu'il sera reçu maître 6
Lorsqu'il sera élu juré 6
Un baleneur, lors de son apprentissage . . . . . 1 l. 10 f.
Lorsqu'il sera reçu maître 3
Et lorsqu'il sera élu juré 3
Un horloger, lors de l'apprentissage . . . . . 1 l. 10 f.
Lorsqu'il sera reçu maître 3
Et lorsqu'il sera élu juré 3
Un graveur, lors de l'apprentissage . . . . . 1 l. 10 f.
Lorsqu'il sera reçu maître 3
Et lorsqu'il sera élu juré 3
Un distillateur, pour la permission de distiller 10
Un chymiste, pour la permission d'avoir fourneaux 10

Fait en la Cour des Monnoies, le vingt-neuf Décembre mil six cent cinquante-sept.
Signé, BOULLÉ.

ARRÊT DE LA COUR DES MONNOIES,

CONCERNANT *différens droits qui doivent être payés à* l'Hôpital.

Du 15 Janvier 1658.

VU par la Cour les lettres-patentes du roi, en forme de déclaration, données à Paris le dixieme du présent mois, signées LOUIS, & plus bas, par le roi, Guenegaud, & scellées du grand sceau de cire jaune, par lesquelles sa majesté pour les causes y contenues, déclare qu'elle n'avoit point entendu préjudicier, par son édit du mois d'Avril 1656, à ladite Cour, touchant sa jurisdiction, encore que par lesdites lettres il n'en fût point fait mention, veut ſadite majeſté, & lui plaît, que les cauſes & différens dudit Hôpital-Général, ſoient traités en premiere inſtance en ladite Cour, en ce qui la concerne & lui appartient, ſuivant les ordonnances, déclarations & réglemens, tout ainſi qu'elle feroit ſi elle avoit été compriſe dans l'édit du mois d'Avril 1656, & en tant que beſoin ſeroit lui en attribue toute cour, juriſdiction & connoiſſance, comme la Grand'Chambre du Parlement & Cour des Aides de Paris en peuvent connoître, en ce qui les concerne; confirme l'arrêt d'enregiſtrement du 19 Décembre dernier, & les taxes faites en conſéquence, même donne pouvoir & enjoint de taxer, en faveur dudit Hôpital, les adjudicataires des monnoies, enregiſtremens des baux d'icelles, fabrications & autres affaires, dont les édits, déclarations, lettres & arrêts, ſeront regiſtrés en ladite Cour, pour être les ſommes délivrées directement au receveur dudit Hôpital, & en cas de conteſtation & oppoſition à l'exécution de l'arrêt d'enregiſtrement, & des taxes faites & à faire, ordonne que les parties ſe pourvoiront en icelle, interdiſant la connoiſſance, pour raiſon de ce, à tous autres juges, comme il eſt plus au long contenu dans leſdites lettres: concluſions du procureur-général du roi, oui le rapport du conſeiller à ce commis, tout conſidéré; LA COUR ayant égard aux concluſions dudit procureur-général, a ordonné & ordonne que leſdites lettres ſeront lues, publiées & regiſtrées, pour être exécutées ſelon leur forme & teneur, & que conformément à icelles, en faveur dudit Hôpital, taxes ſeront faites par ladite Cout pour les adjudicataires des monnoies & autres affaires y contenues, & le rôle exécuté, aux clauſes & conditions portées tant par l'arrêt d'enregiſtrement du 19 Décembre dernier, que par celui du 29 dudit mois, duquel rôle la teneur enſuit.

Taxe arrêtée par la Cour, en exécution de la déclaration du roi, du dixieme du préſent mois, vérifiée & regiſtrée en icelle, cejourd'hui, en faveur dudit Hopital-Général.

Pour l'adjudication d'une monnoie, trente livres.

Pour l'enregiſtrement d'un bail général, trente livres, pour chaque monnoie qui travaillera en exécution d'icelui, payables lors de l'établiſſement d'icelle.

Pour la permiſſion de fabriquer des monnoies de billon & de cuivre, chaque preſſe paiera, pour le travail d'une année, dix livres.

Pour les prolongations, augmentations & transférence, chaque preſſe paiera, ſur le pied de ladite ſomme, à proportion du tems.

Pour l'enregiſtrement du renouvellement des privileges, aux avénemens des rois à la couronne, dix livres.

Pour l'enregiſtrement des édits de création de maîtriſes, quarante livres tournois, payables par celui qui en ſera le porteur.

Pour les lettres de réhabilition, rémiſſion, grace, pardon, abolition, rappel de ban, galeres & autres peines & commutation d'icelles, & autres lettres de cette qualité, pour chacune trente livres.

Pour l'entérinement d'un don & autres lettres de cette qualité, ſera fait taxe, ſuivant la qualité du don.

Pour une création d'ouvriers de monnoie, quarante livres.

Pour une préſentation & enregiſtrement d'édit, où il y aura traitant ou fermier, quarante livres, ou telle autre ſomme qui ſera arbitrée, ſuivant la qualité de l'édit. Fait en la Cour des monnoies, le quinzieme Janvier mil ſix cent cinquante-huit.

EXTRAIT DU RÉGLEMENT DU CONSEIL D'ÉTAT,

Au sujet de l'union des cinq colleges des secrétaires du roi en un seul corps, & de l'attribution d'un droit ou aumône, à la réception de chaque officier, au profit de l'Hôpital-Général, *& de celui des* Enfans-Trouvés.

Du 24 Avril 1672.

ART. 17. LE préposé par nos secrétaires pour recevoir le marc-d'or, recevra encore de chacun des récipiendaires la somme de cent cinquante livres, à laquelle les aumônes de leur réception ont été fixées; savoir cent livres pour les pauvres de l'Hôpital-Général, & cinquante livres pour les pauvres des Enfans-Trouvés de notre bonne ville de Paris, qui seront payées par lui, de quartier en quartier, aux receveurs desdits Hôpitaux, sur leurs simples quittances.

ARRÊT DE LA COUR DES AIDES,

Qui ordonne que sur les arrêts d'enregistrement & de vérification de toutes lettres-patentes, il sera mis quatre écus pour l'Hôpital-Général.

Du 4 Mars 1693.

CE jour, M. le premier-président a dit que par l'édit du mois d'Avril 1656, portant établissement de l'Hôpital-Général en cette ville de Paris, vérifié en la Cour, il est porté que tous les officiers qui seront reçus en Cours souveraines de cette ville, seront tenus de donner, à leur réception, quelque somme modique audit Hôpital, suivant qu'elle seroit arbitrée par les Cours; que cet article de l'édit n'a point été exécuté à l'égard des officiers qui ont été reçus en la Cour; cependant comme l'Hôpital-Général est rempli d'une grande quantité de pauvres, & que les dépenses se trouvent beaucoup augmentées par la cherté des bleds, des vins & des denrées nécessaires pour la subsistance de cette maison, il a cru devoir proposer de mettre quatre écus sur les arrêts de vérification & enregistrement de toutes les lettres-patentes, outre les épices, au lieu de charger les officiers qui seront reçus de cette nouvelle taxe; sur quoi les gens du roi ouis, la matiere mise en délibération; LA COUR a ordonné & ordonne, qu'outre les épices qui seront mises sur les arrêts d'enregistrement & de vérification de toutes lettres-patentes, il y sera mis quatre écus, qui seront reçus par le greffier-receveur des épices, pour les donner & délivrer au receveur-général dudit Hôpital, suivant l'extrait qui en sera donné sans frais audit receveur, de trois mois en trois mois, par le greffier en chef, garde des minutes des arrêts, duquel paiement le receveur desdites épices demeurera valablement déchargé, en rapportant la quittance du receveur de l'Hôpital-Général.

OFFICIERS DE L'HOPITAL-GÉNÉRAL.

EXTRAIT DE L'ÉDIT D'ÉTABLISSEMENT DE L'HOPITAL-GÉNÉRAL.

Du mois d'Avril 1656, articles 76, 77, 78, 79, 81 & 82.

ART. 76. ILS auront un receveur, un greffier, des huissiers ou autres officiers du Bureau, tels qu'ils jugeront néceſſaires pour le ſervice, tant au-dedans qu'au-dehors, leſquels ſeront deſtituables à la volonté des directeurs.

ART. 77. Fera le receveur, à cauſe du maniement, ſerment au Parlement, y étant auſſi préſenté par notre procureur-général, ſans néanmoins qu'à cauſe de ce, ni autrement, il ſoit comptable ailleurs qu'au bureau; faiſant défenſes à toutes autres perſonnes qu'aux directeurs, de prendre connoiſſance des revenus, comptes & biens préſens & à venir, & de quelque qualité qu'ils ſoient.

ART. 78. Le greffier & autres officiers feront le ſerment au Bureau ſeulement, entre les mains de celui qui préſidera, & ſera par chacun d'eux ſatisfait au réglement attaché aux préſentes.

ART. 79. Nous voulons que les directeurs ſoient à toujours, & même leur receveur, durant le tems de ſa recette, ou après vingt années de ſervice, en notre ſpéciale protection & ſauve-garde; & afin qu'ils ne puiſſent être diſtraits d'un ſervice ſi important, entendons & nous plaît qu'en cette qualité de directeurs & de receveur, ils jouiſſent, chacun en particulier, du privilege de *committimus*, du grand ſceau en nos requêtes de l'hôtel ou du palais à Paris, à leur choix, & qu'ils y puiſſent faire renvoyer ou évoquer leurs cauſes, de tous nos Parlemens & lieux de notre royaume,

ART. 81. Et pour le regard des greffiers, officiers & domeſtiques, nous leur accordons par le même motif le privilege de garde-gardienne pardevant notre prévôt de Paris, ſans qu'ils puiſſent être divertis ailleurs, ſoit en demandant, défendant, ou en cas d'intervention, tant & ſi longuement qu'ils ſerviront audit Hôpital, ou après vingt ans de ſervice.

ART. 82. Et que pendant ledit tems ils jouiſſent auſſi de toutes exemptions de tutelles, curatelles, guets, fortifications, gardes aux portes, & généralement de toutes contributions publiques.

EXTRAIT DU RÉGLEMENT DU MOIS D'AVRIL 1656.

ART. 18. POUR tenir les pauvres chacun en leur devoir, pourront les directeurs choiſir les perſonnes qu'ils jugeront plus capables d'avoir le ſoin & direction en chacune ſalle ou dortoir, en qualité de maîtres ou maîtreſſes, ſelon le ſexe & âge de ceux ou celles qui ſeront eſdites ſalles ou dortoirs, auxquels il eſt enjoint, à peine de châtiment, d'obéir aux maîtres ou maîtreſſes, ou autres ſubordonnés en leur lieu, & y apporteront les directeurs telle autre conduite qu'ils jugeront convenable pour le bien dudit Hôpital & des pauvres.

ART. 31. Sera tenu regiſtre des délibérations de chacune ſéance, par le greffier du Bureau, & les réſultats ſignés tant par celui qui préſidera, que par trois autres plus anciens de ceux qui ſeront préſents, ſans que le greffier en puiſſe donner extraits, ni copies, que par ordre de la compagnie.

ART. 34. Pourront les directeurs choiſir un receveur de l'Hôpital-Général, tel que bon leur ſemblera, bourgeois ou à gages, l'un & l'autre deſtituables à volonté, & ſans que ledit receveur, pendant le tems de ſon emploi, puiſſe être du nombre des directeurs, ni avoir ſéance, ni voix délibérative.

ART.

ART. 35. Sera tenu le receveur, donner un état de la recette & dépense, toutes & quantes fois qu'il en sera requis par les directeurs, dont il sera obligé de suivre entiérement les ordres; de rendre compte au bureau d'année en année, & lors de la présentation l'affirmer véritable, en prêtant le serment pardevant celui qui présidera.

ART. 38. Seront tenus le bailli de l'Hôpital, sergens des pauvres & autres officiers, se trouver au bureau des directeurs quand ils seront mandés, & à eux enjoint d'exécuter tout ce qui leur sera ordonné par les directeurs.

ARRÊT DU PARLEMENT,

QUI, sur la prise de fait & cause de mm. les administrateurs de l'Hôpital-Général, *pour le sieur Reneux, économe de l'*Hôpital de la Pitié; *décharge ledit sieur Reneux de la condamnation portée en une sentence rendue par le sieur lieutenant-général de Police, le 12 Novembre 1745.*

Du 18 Décembre 1745.

ENTRE les directeurs & administrateurs de l'Hôpital-Général de Paris, prenans le fait & cause du sieur Reneux, économe de l'Hôpital de la Pitié, appellans d'une sentence rendue par le sieur lieutenant-général de Police, le 12 Novembre 1745, & demandeurs en requête du 16 du présent mois, à ce que l'appellation, & ce dont est appel soient mis au néant; émandant, ledit Reneux soit déchargé de l'amende de dix livres, à laquelle il a été condamné par ladite sentence, & m. le procureur-général du roi prenant le fait & cause de son substitut au Châtelet de Paris, intimé & défendeur d'autre part; après que Pommyer, avocat des administrateurs de l'Hôpital-Général de Paris, a été oui, ensemble Lefebvre d'Ormesson pour le procureur-général du roi. LA COUR faisant droit sur l'appel a mis & met l'appellation, & ce dont est appel au néant; émandant, faisant droit sur la requête des parties de Pommyer, les décharge de la condamnation portée par ladite sentence dont est appel. Donné en Parlement le dix-huit Décembre 1745. Collationné. *Signé*, DUFRANC.

ARRÊT DU CONSEIL D'ÉTAT DU ROI,

ET LETTRES-PATENTES SUR ICELUI,

QUI valident les paiemens faits aux sieurs du Tartre le jeune, & Cochin, successivement receveurs charitables de l'Hôpital-Général, *par les payeurs des rentes, la ferme générale, des trésoriers & autres.*

Du 17 Juin 1752.

SUR la requête présentée au roi en son conseil, par les administrateurs de l'Hôpital-Général de la ville de Paris, contenant que le sieur Lagneau, receveur charitable dudit Hopital, étant décédé au mois d'Août 1750, le sieur du Tartre le jeune, notaire au Châtelet de ladite ville, auroit été commis par deux arrêts du Parlement de Paris, des 14 Août & 30 Décembre 1750, pour, au lieu dudit défunt Lagneau, faire la recette des loyers, arrérages de rentes sur les aides & gabelles & autres fonds publics, même des autres rentes & revenus dudit Hôpital échus & à écheoir jusqu'au premier Avril 1751 seulement; que cependant ledit sieur du Tartre auroit continué de faire ladite recette jusqu'au 23 Février 1752, sans y avoir été autorisé par aucune nomination & prestation de serment au Parlement de

Paris, en la forme prescrite par l'édit du mois d'Avril 1656; que d'ailleurs sa majesté auroit jugé à propos de faire quelque changemens dans les dispositions dudit édit, principalement en ce qui concerne la prestation du serment du receveur charitable dudit Hôpital, laquelle sa majesté a voulu être faite à l'avenir entre les mains de m. le chancelier; mais comme sa majesté n'a point encore fait connoître à la chambre des comptes ses intentions à ce sujet, les supplians ont lieu de craindre que l'adjudicataire des fermes générales unies de sa majesté, les payeurs de rentes de l'hôtel-de-ville, assignées sur les aides & gabelles & autres trésoriers, receveurs, payeurs & comptables, ne refusent de continuer de faire le paiement des arrérages des rentes sur les aides & gabelles & autres fonds publics appartenans audit Hôpital, sous prétexte des difficultés que pourroit faire ladite chambre des comptes, de passer & allouer en dépense dans leurs comptes les quittances des sommes par eux payées, tant audit du Tartre le jeune, depuis le premier Avril 1751, jusqu'au 23 Février 1752, qu'à celui qui lui a depuis succédé à la recette charitable dudit Hôpital, sous prétexte du défaut de prestation de serment & de l'inexécution à cet égard de l'édit du mois d'Avril 1656. A CES CAUSES, requéroient les supplians qu'il plût, à sa majesté ordonner que l'adjudicataire des fermes générales unies de sa majesté, les payeurs des rentes de l'hôtel-de-ville assignées sur les aides & gabelles & autres revenus de sa majesté, ensemble tous autres trésoriers, receveurs, payeurs & comptables, continueroient de payer à l'avenir au receveur charitable dudit Hôpital les rentes & revenus appartenans audit Hôpital échus & qui échoiroient à l'avenir, sur ses simples quittances, avec copie en bonne forme de sa nomination & de sa prestation de serment entre les mains de m. le chancelier, en vertu desquelles lesdites sommes seroient passées & allouées en dépenses dans les comptes desdits adjudicataires, payeurs des rentes, trésoriers, receveurs, payeurs & autres comptables, sans difficulté. Comme aussi qu'il plût à sa majesté valider les paiemens desdites rentes & revenus dudit Hôpital qui ont été faits par lesdits adjudicataires, payeurs des rentes, trésoriers, receveurs, payeurs & autres comptables, audit du Tartre le jeune, depuis le premier Avril 1751, jusqu'au 23 Février 1752, même ceux faits à son successeur en ladite recette, depuis ledit jour 23 Février 1752, nonobstant leur défaut de nomination & prestation de serment en ladite place, & ordonner que lesdites rentes & revenus appartenans audit Hôpital seroient pareillement passés & alloués en dépense dans les comptes desdits adjudicataires, payeurs des rentes, trésoriers, receveurs, payeurs & autres comptables, sans difficulté, nonobstant les défauts d'actes de nomination & de prestation de serment dudit du Tartre, & en vertu tant de ses quittances que de celles de son successeur en ladite recette, & de l'arrêt qui interviendroit sur la présente requête, par lequel il plairoit à sa majesté déroger à cet égard, en tant que besoin est ou seroit aux dispositions de l'édit du mois d'Avril 1656, & ordonner que pour l'exécution d'icelui, toutes lettres nécessaires seroient expédiées. Vu ladite requête, oui le rapport. LE ROI étant en son conseil, a ordonné & ordonne que l'adjudicaire des fermes générales unies de sa majesté, les payeurs des rentes de l'hôtel-de-ville assignées sur les aides & gabelles, & autres revenus de sa majesté, ensemble tous autres trésoriers, receveurs, payeurs & comptables, continueront de payer à l'avenir au receveur charitable dudit Hôpital, les rentes & revenus appartenans audit Hôpital, échus & qui échoiront à l'avenir, sur ses simples quittances, avec copie en bonne forme de sa nomination & de sa prestation de serment entre les mains de m. le chancelier, en vertu desquelles lesdites sommes seront passées & allouées en dépense dans les comptes desdits adjudicataires, payeurs, des rentes, trésoriers, receveurs, payeurs & autres comptables, sans difficulté. Comme aussi sa majesté a validé & valide les paiemens desdites rentes & revenus dudit Hôpital, qui ont été faits par lesdits adjudicataires, payeurs des rentes, trésoriers, receveurs, payeurs & autres comptables, audit du Tartre le jeune, nonobstant son défaut de nomination & de prestation de serment en ladite place depuis le premier Avril 1751, jusqu'au 19 Février

1752, jour de la nomination & prestation de serment du sieur Cochin son successeur à ladite place, & ordonne que lesdites rentes & revenus appartenans audit Hôpital, seront pareillement passés & alloués en dépense dans les comptes desdits adjudicataire, payeurs de rentes, trésoriers, receveurs, payeurs & autres comptables, sans difficulté, nonobstant les défauts d'actes de nomination & de prestation de serment dudit du Tartre, & en vertu tant de ses quittances que de celles de son successeur en ladite recette & du présent arrêt. Sa majesté dérogeant à cet égard, en tant que besoin est ou seroit, aux dispositions de l'édit du mois d'Avril 1656, & seront sur le présent arrêt toutes lettres-patentes nécessaires expédiées. Fait au conseil d'état du roi, sa majesté y étant, tenu à Versailles le dix-septieme de Juin mil sept cent cinquante-deux. M. R. DE VOYER D'ARGENSON.

LETTRES-PATENTES SUR ARRÊT.

LOUIS, par la grace de Dieu, roi de France & de Navarre : A nos amés & féaux conseillers les gens tenans notre Chambre des Comptes à Paris; SALUT. Nos chers & bien amés les administrateurs de l'Hôpital-Général de notre bonne ville de Paris, nous ont fait représenter que le sieur Lagneau, receveur charitable dudit Hôpital, étant décédé au mois d'Août 1750, le sieur du Tartre le jeune, notaire au Châtelet, auroit été commis par deux arrêts de notre cour de Parlement de Paris, des 14 Août & 30 Décembre 1750, pour, au lieu dudit défunt Lagneau, faire la recette des loyers, arrérages de rentes sur les aides & gabelles & autres fonds publics, même les autres rentes & revenus dudit Hôpital, échus & à échoir jusqu'au premier Avril 1751 seulement; que cependant ledit sieur du Tartre auroit continué de faire ladite recette jusqu'au 23 Février 1752, sans y avoir été autorisé par aucune nomination & prestation de serment en notredit Parlement de Paris, en la forme prescrite par l'édit du mois d'Avril 1656; que d'ailleurs, nous aurions jugé à propos de faire quelque changemens dans les dispositions dudit édit, principalement en ce qui concerne la prestation du serment du receveur charitable dudit Hôpital, laquelle nous avons voulu être faite à l'avenir entre les mains du chancelier de France; mais que comme nous ne vous avons pas encore fait connoître nos intentions à ce sujet, ils ont lieu de craindre que l'adjudicataire de nos fermes générales unies, les payeurs des rentes de l'hôtel-de-ville, assignées sur les aides & gabelles & autres trésoriers, receveurs, payeurs & comptables ne refusent de continuer de faire le paiement des arrérages des rentes sur les aides & gabelles & autres fonds publics appartenans audit Hôpital, sous prétexte des difficultés que vous pourriez faire de passer & allouer en dépense dans leurs comptes les quittances des sommes par eux payées, tant audit du Tartre le jeune, depuis le premier Avril 1751, jusqu'au 23 Février 1752, qu'à celui qui lui a depuis succédé à la recette charitable dudit Hôpital, sous prétexte du défaut de prestation de serment & de l'inexécution à cet égard de l'édit du mois d'Avril 1656. Sur quoi nous aurions, par arrêt cejourd'hui rendu en notre conseil d'état, nous y étant, jugé nécessaire d'expliquer nos intentions. Et voulant qu'elles soient ponctuellement suivies. A CES CAUSES, de l'avis de notre conseil qui a vu ledit arrêt de cejourd'hui, dont expédition est ci-attachée sous le contre-scel de notre chancellerie, nous avons, conformément à icelui ordonné, & par ces présentes signées de notre main, ordonnons que l'adjudicataire de nos fermes générales unies, les payeurs des rentes de l'hôtel-de-ville, assignées sur nos aides & gabelles & autres nos revenus, ensemble tous autres trésoriers, receveurs, payeurs & comptables, continueront de payer à l'avenir au receveur charitable dudit Hôpital, les rentes & revenus appartenans audit Hôpital échus & qui échoiront à l'avenir, sur ses simples quittances, & avec copie en bonne forme de sa nomination & de sa prestation de serment entre les mains du chancelier de France, en vertu desquelles lesdites sommes seront passées & allouées en dépense dans les comptes desdits adjudicataires, payeurs des rentes, trésoriers, receveurs, payeurs & autres comptables, sans difficulté; comme aussi validons les paiemens desdites rentes & revenus dudit Hôpital qui ont été faits par lesdits adjudicataires, payeurs des rentes, trésoriers, receveurs, payeurs & autres comptables audit du Tartre le jeune, nonobstant son défaut de nomination & de prestation de serment en ladite place, depuis le premier Avril 1751, jusqu'au 19 Février 1752, jour de la nomination & prestation de serment du sieur Cochin son successeur en ladite place. Ordonnons que lesdites rentes & revenus appartenans audit Hôpital, seront pareillement passés & alloués en dépense dans les comptes desdits adjudicataires, payeurs des rentes, trésoriers, receveurs, payeurs & autres comptables, sans difficulté, nonobstant les défauts d'actes de nomination & de prestation de serment dudit du Tartre, & en vertu tant de ses quittances, que de celles de son successeur en ladite recette & des présentes, dérogeant à cet effet, en tant que besoin est ou seroit, aux dispositions de l'édit du mois d'Avril 1656. Si vous mandons que ces présentes vous ayez à faire registrer, & le contenu en icelles exécuter selon sa forme & teneur, cessant & faisant cesser tous troubles & empêchemens, & nonobstant toutes choses à ce contraires : car tel est notre plaisir. Donné à Versailles le dix-septieme de Juin l'an de grace mil sept cent cinquante-deux, & de notre regne le trente-septieme. *Signé*, LOUIS. Par le roi. M. R. DE VOYER D'ARGENSON.

Registrées en la Chambre des Comptes, oui le procureur-général du roi, pour être exécutées selon leur forme & teneur. Le quatre Août mil sept cent cinquante-deux. Signé, *DUCORNET.*

PAUVRES,

LEUR RÉCEPTION DANS LES MAISONS DÉPENDANTES DE L'HÔPITAL-GÉNÉRAL.

EXTRAIT DE L'ÉDIT D'ÉTABLISSEMENT DE L'HOPITAL GÉNÉRAL.

Du mois d'Avril 1656, article 44.

ART. 44. DÉCLARONS appartenir audit Hôpital-Général, à l'exclusion de collatéraux, les biens meubles desdits pauvres qui décéderont tant audit Hôpital que dehors, après avoir été à l'aumône d'icelui pendant un an, sans que les uns ni les autres en puissent disposer par donation entre-vifs, ou testament, ni faire aucune promesse, obligation ni contrats, que pour cause légitime, & par le consentement des directeurs, à peine de nullité.

Nota. L'arrêt de vérification porte que cet article n'aura lieu que pour les meubles qu'ils auront lorsqu'ils auront été reçus à ladite aumône, & qu'ils auroient acquis dans l'Hôpital, & non pour ceux qui leur pourroient être échus d'ailleurs.

ARRÊT DU PARLEMENT,

*Qui enjoint aux personnes qui ont des enfans dans l'*Hôpital-Général*, qu'ils peuvent nourrir, de les en retirer dans huitaine, à peine de six livres d'amende, & de quatre sols par jour qu'ils y laisseront lesdits enfans, & fait défenses à tous Savoyards & Dauphinois de faire gueuser les enfans qu'ils ameneront avec eux, sous les mêmes peines.*

Du 15 Février 1680.

SUR ce qui a été remontré à la Cour, par le procureur-général du roi, qu'encore que l'Hôpital-Général de cette ville de Paris n'ait été établi que pour y renfermer les pauvres qui sont pris mendians, & qui ne peuvent subsister par d'autres moyens; néanmoins la facilité que l'on a eu d'y recevoir presque tous ceux que l'on y présentoit, y a fait amasser un nombre considérable de personnes qui n'y devroient pas être, & particuliérement des enfans dont les peres ou meres, la plupart remariés, ou autres plus proches parens, ont été bien aise de s'en décharger, quoiqu'ils pussent les faire subsister; qu'outre ces enfans il y en a quelques uns que leurs pere & mere ou autres parens ont envoyés de la campagne en cette ville, & abandonnés, dans la confiance de la retraite qu'ils ont espéré que l'on leur donneroit dans l'Hôpital. Qu'il y a encore un grand nombre de petits Savoyards ou Dauphinois, que d'autres plus âgés amenent tous les ans en cette ville après la Saint-Michel, & qu'ils forcent de gueuser à leur profit, moyennant une somme modique qu'ils donnent aux peres ou meres desdits enfans, avec leur nourriture durant leur voyage. Et comme les uns & les autres consommeroient le bien destiné au secours des véritables pauvres originaires de cette ville & des environs, dénués de toute autre assistance; ou pour les mendians vagabonds que l'on enferme pour l'ordre de la police, si outre les précautions que l'on apportera pour empêcher à l'avenir la continuation de ce désordre, il n'y étoit pourvu par l'autorité de la Cour: Lui retiré, la matiere mise en délibération. LA COUR a ordonné & enjoint à tous peres, meres, freres ou sœurs qui ont fait mettre dans l'Hôpital-Général de cette ville de Paris, leurs enfans, freres ou sœurs, qu'ils pouvoient faire subsister dans leur famille, de les en retirer dans huitaine après la publication du présent arrêt, dans le bailliage de leur résidence, à peine de six livres d'amende, & de quatre sols envers ledit Hôpital-Général, pour chaque jour qu'ils y laisseront lesdits enfans. Fait pareillement défenses à tous Savoyards ou Dauphinois, d'obliger les enfans qu'ils ameneront avec eux dudit pays, à demander l'aumône; & à tous habitans de la campagne d'envoyer & de laisser leurs enfans dans cette ville, à peine contre les uns & les autres de six livres d'amende, & de cinq sols par jour envers ledit Hôpital-Général, pour le tems que lesdits enfans, ayant été pris comme gueux, & amenés audit Hôpital-Général, y seront retenus, après que le présent arrêt aura été publié: sauf aux peres & meres de la prévôté & vicomté de Paris, à se retirer pardevers les directeurs dudit Hôpital-Général, pour y recevoir leurs enfans, s'ils le jugent à propos; & sans préjudice au lieutenant de police, que la Cour a commis pour l'exécution du présent arrêt, de prononcer plus grandes peines, tant pécuniaires que corporelles, contre lesdits peres & meres, grands Savoyards & Dauphinois, en cas de récidive; ordonne que les sentences qui seront rendues par ledit lieutenant de police sur ce sujet, seront exécutées par provision, nonobstant toutes oppositions ou appellations quelconques, & sans y préjudicier. Fait en Parlement le quinzieme Février mil six cent quatre-vingt. *Signé*, JACQUES.

DÉCLARATION DU ROI,

*CONCERNANT la réception des pauvres, la punition des mendians, la destination des fonds les plus certains de l'*Hôpital-Général.

Du 23 Mars 1680.

LOUIS, par la grace de Dieu, roi de France & de Navarre : A tous ceux qui ces présentes verront : SALUT. N'y ayant point encore d'Hôpitaux-Généraux établis pour renfermer les pauvres, & punir les mendians valides & fainéans, lorsque celui de notre bonne ville de Paris a été établi en l'année 1656, & ceux qui l'ont été depuis par nos ordres en différens endroits, ne l'ayans été que plusieurs années après, il y a été reçu un grand nombre de pauvres des autres villes & provinces qui se présentoient ; mais comme il y a présentement des Hôpitaux-Généraux presque dans toutes les villes considérables de notre royaume, que les ordonnances des rois nos prédécesseurs ont voulu que chaque lieu soulageât les pauvres qui s'y trouvent, & ayans été aussi informés que les peines portées par notre édit du mois d'Avril 1656, contre les gueux valides & fainéans, n'étoient pas suffisantes pour abolir entiérement ce désordre, & que rien ne pouvoit être plus efficace que de les renfermer dans des lieux destinés pour ce sujet, afin de les y punir par la perte de leur liberté, la nourriture qui leur seroit donnée, & le travail nécessaire auquel on les obligeroit de s'appliquer.

Nous avons estimé raisonnable de régler d'un côté la qualité des personnes qui doivent être reçus & traités charitablement dans cet Hôpital, d'établir en même-tems de nouvelles peines qui fassent une impression plus forte sur l'esprit de ces vagabonds, & de pourvoir par quelques nouveaux réglemens que l'expérience a fait juger nécessaires à l'administration dudit Hôpital, qui peut être si utile au service de Dieu, & à la police de la ville capitale de notre royaume, par l'instruction & le soulagement des véritables pauvres, & la punition des gueux vagabonds que l'oisiveté plonge dans un nombre infini de déreglemens, & rend des membres inutiles & onéreux à l'état. A CES CAUSES, de l'avis de notre Conseil, & de notre certaine science, pleine puissance & autorité royale, nous avons dit, déclaré & ordonné, disons, déclarons & ordonnons par ces présentes, signées de notre main, que l'on recevra volontairement dans l'Hôpital-Général de notre bonne ville de Paris, les pauvres enfans & les vieilles personnes de l'un & l'autre sexe, & les infirmes d'épilepsie, mal-caduc ou autres maux de cette nature, natifs ou demeurans depuis plusieurs années dans ladite ville de Paris, fauxbourgs d'icelle, ou dans l'étendue de la prévôté & vicomté de Paris, qui seront hors d'état de pouvoir subsister sans le secours dudit Hôpital. Voulons qu'à cet effet les pauvres qui voudront y être reçus, ou ceux qui en prendront soin, mettent leurs noms, leurs âges, leurs demeures & l'état de leurs familles entre les mains du greffier dudit Hôpital ; lequel chaque jour de bureau présentera tous les mémoires qu'il aura reçus à celui qui présidera, lequel les distribuera s'il est nécessaire à ceux des directeurs qu'il trouvera bon, pour s'informer, en la maniere & par les voies qu'ils estimeront les meilleures, si les y dénommés sont de la qualité prescrite ci-dessus, pour être reçus dans ledit Hôpital, ou refusés sur le rapport qui en sera fait de quinzaine en quinzaine, par l'un des directeurs, s'il n'est jugé nécessaire de pourvoir plus promptement au soulagement de quelque pauvre qui en auroit un besoin plus pressant ; & lorsqu'il sera trouvé à propos de refuser quelqu'uns de ceux qui se feront présentés, leurs noms, demeures, âges & qualités, seront écrits sur un registre particulier, qui sera tenu pour cet effet, & signé le même jour par celui qui aura présidé.

Voulons que si quelques-uns de ceux qui auront été refusés, & qui seront âgés de seize ans & au-dessus, sont ensuite pris mendians par les archers dudit Hôpital, ils soient enfermés un mois ou autre tems que les directeurs estimeront à propos dans les lieux établis pour renfermer les gueux vagabonds, & traités en la même maniere.

Ordonnons que toutes les personnes valides de l'un & de l'autre sexe, âgés de seize ans & au-dessus, qui auront la force nécessaire pour gagner leur vie, lesquels seront pris mendians dans la ville, fauxbourgs & banlieue de Paris, à Saint-Germain-en-Laye ou à Versailles, lorsque nous y ferons notre séjour, ou sur les chemins qui y conduisent, seront enfermés dans les lieux préparés séparément pour les personnes de l'un & de l'autre sexe, pendant quinze jours ou autre tems plus long que les directeurs jugeront à propos, où il leur sera donné uniquement ce qui sera absolument nécessaire à la vie, & y seront employés aux travaux les plus rudes qu'il sera possible & que leurs forces pourront porter; que ceux qui après y avoir été renfermés pendant ce tems, seront pris mendians une seconde fois, seront renfermés pendant trois mois dans les mêmes lieux, & en cas qu'ils soient pris ensuite mendians une troisieme fois, voulons qu'ils y soient enfermés durant un an; & s'ils sont pris une quatrieme fois, ordonnons qu'ils y seront enfermés pendant le reste de leur vie, sans qu'ils en puissent sortir pour quelque prétexte que ce puisse être, même en cas de maladie. Voulons que les hommes & garçons âgés de vingt ans & au-dessus qui en sortiroient par quelque voie que ce fût, après y avoir été renfermés pour la quatrieme fois, & seroient pris mendians, ou qui ne voudroient point travailler aux ouvrages auxquels on les voudroit appliquer, soient conduits au Châtelet pour y être condamnés aux galeres à perpétuité, par le lieutenant de police, avec six conseillers du Châtelet, en dernier ressort, dont nous leur donnons par ces présentes le pouvoir nécessaire; & pour les femmes & filles qui seront prises mendiantes une quatrieme fois, après être échappées desdits lieux, ordonnons qu'elles seront renfermées plus étroitement dans les lieux destinés à cet effet.

Voulons que tous les pauvres qui auront été pris mendians, soient amenés dans les lieux de dépôt près la maison de la Pitié, pour être examinés trois fois chaque semaine par ceux des directeurs qui seront commis de tems en tems, & être ensuite les gueux, mendians & vagabonds, conduits dans les lieux destinés pour les renfermer pendant les tems portés par l'article précédent, ou conduits au Châtelet pour y être jugés, ainsi que le cas y échéra; & les pauvres qui paroîtront de la qualité de ceux qui doivent être reçus dans ledit Hôpital, envoyés dans les maisons d'icelui, pour être plus particuliérement examinés, & être reçus ou refusés au Bureau, sur le rapport qui en sera fait par les directeurs qui seront commis à cet effet.

Enjoignons très-expressément aux directeurs dudit Hôpital, d'appliquer les pauvres valides qui y seront aux travaux & métiers dont ils les jugeront les plus capables, sans souffrir qu'ils en soient divertis, sous quelque prétexte que ce soit, pendant les jours ouvriers, non plus que les officiers & officieres, des emplois qui leur sont confiés, après avoir assisté le matin aux prieres accoutumées, & de récompenser & punir les uns & les autres également dans toutes les maisons, eu égard à leur travail.

Enjoignons pareillement auxdits directeurs de ne donner aux pauvres que les vêtemens absolument nécessaires & conformes à leur état, avec le plus de simplicité qu'il sera possible.

Ordonnons qu'il sera dressé tous les ans dans le mois de Décembre, un état par estimation de la recette & dépense dudit Hôpital, lequel sera signé par les chefs & par les directeurs dudit Hôpital, & dans lequel les fonds les plus certains seront destinés au paiement du bled & autres dépenses les plus nécessaires, sans qu'il y puisse être apporté dans la suite aucun changement, & que les receveurs puissent acquitter d'autres dépenses desdits fonds, si ce n'est que par une délibération, signée de tous lesdits chefs & directeurs, il en ait été autrement ordonné pour des causes importantes.

Voulons qu'il soit tenu, tous les mardis de chaque semaine, une assemblée des directeurs dans la maison archiépiscopale de notre cousin l'archevêque de Paris, & alternativement dans notre hôtel du bailliage du Palais, destiné pour le logement des premiers présidens de notre cour de Parlement de Paris, chefs de la direction dudit Hôpital, & une autre les vendredis dans la maison de notre procureur-général, aussi chef de la direction, s'il ne trouve plus à propos que ladite assemblée soit tenue dans la maison de la Pitié ou autre dudit Hôpital.

Que pour l'exécution plus particuliere du présent réglement, des autres ci-devant faits & qui le seront dans la suite, tant par nos édits, déclarations, arrêts de notre cour de Parlement, que par les délibérations des directeurs, & pour entretenir une regle uniforme dans toutes les maisons dudit Hôpital, on commettra tous les ans six directeurs qui visiteront toutes lesdites maisons au moins une fois tous les mois, & feront leurs rapports aux Bureaux, suivant l'état auquel ils les auront trouvés, afin d'y être pourvu ainsi qu'il sera estimé nécessaire.

Si nous donnons en mandement à nos amés & féaux conseillers, les gens tenans notre cour de Parlement à Paris, que le présent ils aient à faire lire, publier & registrer, & le contenu en icelui garder & observer, sans y contrevenir, ni permettre qu'il y soit contrevenu en aucune sorte ni maniere que ce soit.

EXTRAIT

*Du registre des délibérations du bureau de l'*Hôpital-Général, *tenu à l'archevéché, le lundi 21 Décembre 1772.*

M. Bassy a dit que les loix ecclésiastiques & civiles s'accordent à établir que chaque ville est obligée de nourrir ses pauvres; qu'on peut citer entr'autres loix ecclésiastiques, le second concile de Tours, chap. 4, can. 5; & parmi les loix du royaume, l'art. 73 de l'ordonnance donnée à Moulins en 1566, & celle du roi Henri III, du mois de Mai 1586; que Louis XIV a ordonné, par une déclaration du mois de Juin 1662, *que dans toutes les villes & gros bourgs du royaume où il n'y avoit point encore d'Hôpital-Général*, il seroit incessamment procédé à l'établissement d'un Hôpital pour y loger, enfermer & nourrir les pauvres mendians invalides, *natifs des lieux*, les enfans orphelins ou nés de pauvres mendians; & qu'on lit dans une déclaration du 23 Mars 1680, qu'il y avoit dès-lors des *Hopitaux-Généraux presque dans toutes les villes considérables du royaume.*

La même déclaration déterminant les qualités des personnes qui pourroient être admises dans l'Hôpital-Général de Paris, a ordonné qu'il n'y seroit reçu que des pauvres hors d'état de pouvoir subsister sans ce secours; savoir, des enfans, qui, dans l'usage, doivent être au-dessous de treize ans par rapport aux filles, & de quinze ans par rapport aux garçons, des veillards ou personnes âgées d'au moins soixante ans, & enfin des infirmes d'épilepsie, mal-caduc, ou d'autres maux de cette nature; la foiblesse de l'âge, la caducité, ou de notables maux, devans seuls procurer l'entrée dans l'Hôpital-Général de Paris.

Une autre condition prescrite par la déclaration dont il s'agit, est que les sujets qui s'y présenteront, soient nés dans l'étendue de la prévôté & vicomté de Paris, ou qu'ils y demeurent *depuis plusieurs années.* C'est l'expression qu'emploie la déclaration, & qui indique pour le moins deux années de séjour suivi & continu.

Le

Le monarque, pour d'autant mieux assurer l'observation des conditions qu'il venoit de prescrire, a voulu que les pauvres qui desireroient être reçus à l'Hôpital-Général de Paris, missent *leurs noms, âges, demeures, & l'état de leurs familles* entre les mains du greffier de l'administration, lequel, chaque jour du Bureau, présenteroit tous les mémoires qu'il auroit reçus à celui qui présideroit, lequel les distribueroit à des directeurs, *pour s'informer, en la maniere & par les voies qu'ils estimeroient les meilleures, si les y dénommées étoient des qualités prescrites pour être reçus dans ledit Hôpital, ou refusés, sur le rapport qui en seroit fait, de quinzaine en quinzaine, par l'un des directeurs, s'il n'étoit jugé nécessaire de pourvoir plus promptement au soulagement de quelques pauvres.*

Il résulte tant de la déclaration de 1680, que de plusieurs délibérations prises en conséquence, dont la derniere est du 2 Avril 1770, que les réceptions devroient se faire à la Pitié seulement, où même il ne devroit y être procédé qu'avec la signature de deux, ou d'un plus grand nombre de directeurs, suivant une autre délibération du 16 Décembre 1720.

Cependant il a, dans les derniers tems même, été donné des billets particuliers de réception par des directeurs, & dans leurs maisons.

Un abus plus préjudiciable encore, consiste en ce qu'on reçoit dans les maisons de l'Hôpital-Général tout sujet qui, ayant été malade à l'Hôtel-Dieu, a obtenu un billet d'un des administrateurs de cet Hôtel.

Un pareil usage est d'autant plus mal fondé, qu'outre la différence essentielle des deux établissemens, ces particuliers n'ont le plus souvent, ni les qualités prescrites pour être admis à l'Hôpital-Général, ni d'ailleurs besoin d'un secours perpétuel.

La troisieme & derniere espece de réception, celle faite au Bureau de la Pitié, n'a pas elle-même été toujours exempte de défaut; & il n'y a souvent point été satisfait aux différentes conditions prescrites par la déclaration du 23 Mars 1680.

Par exemple, il y a nombre de fois été procédé aux admissions par un seul des directeurs, sans que les mémoires eussent été distribués, ni qu'il eût été fait d'informations sur la situation du sujet & de sa famille; mais au contraire sur la simple déclaration du curé, ou d'un autre prêtre de la paroisse, dans laquelle les sujets annonçoient demeurer, qu'ils les connoissoient pour pauvres & habitans de cette paroisse.

Il est certain encore, qu'il a été admis des personnes de toutes les villes & provinces du royaume; bien loin qu'il n'ait été accordé d'entrée qu'aux pauvres nés ou demeurans depuis *plusieurs années* dans la ville de Paris, ses fauxbourgs, vicomté & prévôté.

Or, il n'est pas possible de se dissimuler que de pareilles facilités, ou plutôt ces transgressions continuelles aux réglemens, n'aient beaucoup augmenté le nombre des personnes qui se trouvent à présent dans l'Hôpital-Général. L'intérêt des pauvres, que le législateur a eu en vue en fondant cet établissement, leur quantité très-considérable, les dettes immenses dont l'Hôpital-Général se voit chargé, tout exige le plus pompt retour aux regles, & qu'on s'y renferme dorénavant avec la plus grande exactitude.

C'est pour y parvenir, qu'on proposera les objets de délibération qui suivent.

1°. Que conformément à la délibération du 2 Avril 1770, & aux loix & arrêtés précédens, il ne soit procédé à la réception des pauvres qu'au Bureau de la Pitié, sans qu'il en soit fait aucune par billets particuliers des administrateurs, & que messieurs les chefs soient priés de n'en point délivrer, si ce n'est que la situation du sujet leur paroisse exiger qu'il lui soit sur le champ pourvu, & qu'il leur ait justifié par pieces, de la nature qui sera ci-après indiquée, qu'il est de la qualité prescrite pour être admis.

2°. Que les réceptions des pauvres audit Bureau de la Pitié, se feront par deux, pour le moins, des administrateurs, que le Bureau aura commis pour y vaquer & faire les informations relatives.

3°. Que vu qu'il n'est pas possible aux curés de la plupart des paroisses de Paris de bien connoître la situation d'une multitude d'artisans, qui le plus souvent ne restent que pendant un ou deux termes dans le même lieu, la pauvreté & le domicile des sujets qui se présenteront à l'Hôpital-Général, seront constatés, tant par la déclaration des curés des paroisses dans l'étendue desquelles ils demeureront, que par les certificats des maîtres, s'il s'agit d'ouvriers ou de domestiques, & par ceux des personnes qui les ont logés ou employés depuis deux années, au cas où il sera question de journaliers ; arrêter au surplus que lesdits certificats, les actes baptistaires, & en général les pieces nécessaires pour l'admission, seront portés à la Pitié quelques jours avant la tenue du Bureau, pour être remises à l'un des administrateurs chargés des réceptions.

4°. Que les billets qui auront été délivrés aux personnes envoyées par les administrateurs de l'Hôtel-Dieu à l'Hôpital-Général, ensemble les actes baptistaires & autres pieces dont elles prétendront se servir, seront représentés par les économes d'icelles maisons, à la séance suivante à la Pitié, pour y être délibéré si lesdites personnes resteront à perpétuité, ou seulement pendant un tems, tel que le chirurgien de la maison estimera à propos pour le rétablissement de leur santé.

Sur quoi le Bureau a arrêté, 1°. que, conformément à la déclaration du roi du 23 Mars 1680, il ne sera reçu volontairement dans l'Hôpital-Général, à commencer au premier Février prochain, que les pauvres enfans, les vieilles personnes de l'un & de l'autre sexe, & les infirmes d'épilepsie, mal-caduc, & autres maux de cette nature, natifs ou demeurans depuis deux années dans la ville, fauxbourgs, prévôté & vicomté de Paris, qui seront hors d'état de subsister sans le secours dudit Hôpital; que les enfans mâles ne seront admis qu'au-dessous de l'âge de quinze ans, & les filles que jusqu'à douze, & les vieilles personnes qu'à l'âge de soixante ans & au-dessus, sans qu'il en soit reçu au-dessous, si ce n'est qu'elles soient dispensées à cause de maladies, ou de maux reconnus & attestés par des médecins ou chirurgiens de Paris.

2°. Qu'en conformité de la déclaration du 2 Avril 1770, les réceptions des pauvres se feront en la maison de la Pitié seulement, & par deux pour le moins des administrateurs, entendant qu'il n'en soit pas fait à l'avenir par des billets particuliers d'administrateurs; & messieurs les chefs sont priés de n'en délivrer à aucune personne, si ce n'est qu'il ait été justifié par certificats & autres pieces ci-dessus énoncées, qu'elle est de la qualité prescrite, & que sa situation exige qu'il lui soit pourvu sur le champ.

3°. Que la pauvreté & le domicile des sujets qui se présenteront seront constatés, tant par la déclaration des curés des paroisses dans l'étendue desquelles ils se trouveront demeurer, que par les certificats des maîtres, s'il s'agit d'ouvriers ou de domestiques, & par ceux des personnes qui ont logé ou employé lesdits sujets depuis deux années, au cas où il sera question de journaliers; lesquels certificats délivrés devant le commissaire au Châtelet de Paris du quartier, pour les ville & fauxbourgs de Paris, & pardevant le notaire royal pour les autres lieux, & les autres pieces servant à la réception, seront portés à la maison de la Pitié, plusieurs jours avant la tenue du Bureau, pour être remises à l'un des administrateurs, qui en fera le rapport audit Bureau.

4°. Qu'à l'égard des personnes de la qualité ci-dessus & des femmes grosses, qui auront été envoyées à l'Hôpital-Général par les administrateurs de l'Hôtel-Dieu de Paris, les économes représenteront au Bureau suivant, à la Pitié, les billets d'envoi, ensemble les autres pieces à eux remises, pour, sur le vu d'icelles, être délibéré si lesdites personnes resteront à perpétuité, ou seulement pendant un tems & à titre de repos, tems qui sera fixé d'après l'examen & déclaration du chirurgien-major de l'Hôpital-Général, ou de gagnant-maîtrise de la maison dans laquelle la personne aura été envoyée.

Délivré par moi, soussigné, greffier du Bureau.

POUVOIRS DES DIRECTEURS ET ADMINISTRATEURS.

PREMIERE PARTIE.

EXTRAIT DE L'ÉDIT D'ÉTABLISSEMENT DE L'HOPITAL-GÉNÉRAL.

Du mois d'Avril 1656, articles 12, 13, 14, 27, 47, 74, 75, 77 & 83.

ART. 12. NOUS donnons & attribuons aux directeurs par nous ci-devant nommés & commis pour ledit Hôpital-Général, & à leurs successeurs qui seront aussi perpétuels durant leur vie, tous pouvoir & autorité de direction & administration, connoissance, jurisdiction, police, correction & châtiment, sur tous les pauvres mendians de notre ville & fauxbourgs de Paris, tant dedans que dehors ledit Hôpital-Général, & exclusivement & indépendamment de la direction du grand bureau, & de toute autre direction de police de notre ville, fauxbourgs, prévôté & vicomté de Paris.

ART. 13. Auront pour cet effet, les directeurs, poteaux & carcans, prisons & basses-fosses dans ledit Hôpital-Général, & lieux qui en dépendent, comme ils aviseront, sans que l'appel puisse être reçu des ordonnances qui seront par eux rendues pour le dedans dudit Hôpital; & quant à celles qui interviendront pour le dehors, elles seront exécutées selon leur forme & teneur, nonobstant oppositions ou appellations quelconques, faites ou à faire, & sans préjudice d'icelles, & pour lesquelles nonobstant aussi toutes défenses & prise à partie ne sera différé.

ART. 14. Auront les directeurs un bailli de l'Hôpital, sergens des pauvres, gardes aux portes & aux avenues, avec hallebardes & autres armes convenables, & tous autres officiers nécessaires, tant pour exécuter leurs ordonnances, que pour faire les captures des mendians, & conduire en l'Hôpital ou lieux qui en dépendent, ceux qui doivent y être admis, renvoyer, chasser ou arrêter ceux qui en doivent être exclus, & accompagner les passans, ainsi qu'il est porté par le réglement ci-attaché. lesquels bailli, sergens, gardes & autres officiers, seront institués ou destitués à la volonté des directeurs, & sans qu'ils soient aucunement dépendans du bailli des pauvres du grand bureau, ni autres officiers ou juges, pour le fait de leurs charges.

Nota. L'arrêt de vérification porte: « Ne pourront néanmoins les directeurs nommés par icelles, » prétendre aucune cour ni jurisdiction sur autres que les pauvres enfermés dans ledit Hôpital-Général, & » sur les autres pauvres qui seront trouvés au-dehors contrevenans aux défenses portées par lesdites lettres, » & par ledit réglement; & ce par forme de châtiment & correction seulement, & à la charge que, où » il y aura lieu d'ordonner des peines afflictives qui dussent être exécutées au-dehors dudit Hôpital, lesdits » directeurs seront tenus les faire juger par les lieutenant-criminel & officiers du Châtelet, & autres juges » qui en doivent connoître: ce qui sera fait sommairement & sans frais.

ART. 27. Pour ſecourir & aſſiſter les femmes & filles qui ſeront enfermées dans ledit Hôpital-Général, & lieux qui en dépendent, les directeurs pourront employer les perſonnes de même ſexe, qu'ils trouveront être les plus propres aux ſecours & aſſiſtance des pauvres, ſous les mêmes ordres & dépendance totale deſdits directeurs.

ART. 47. Leur donnons pouvoir de tranſiger, compromettre avec peine, compoſer & accorder de tout ce qui dépend des biens & effets, meubles ou immeubles dudit Hôpital-Général, & de tous les procès & différends qui peuvent être mus, & qui pourroient ci-après ſe mouvoir, ſans aucune exception; leſquels compromis nous validons, comme s'ils étoient faits entre majeurs, pour leur propre intérêt.

ART. 74. Pourront les directeurs s'aſſembler toutefois & quantes bon leur ſemblera, & qu'ils le trouveront à propos, en la maiſon de la Pitié, au bureau qui y eſt maintenant, ou en autres lieux dépendans dudit Hôpital-Général, pour y propoſer, délibérer & réſoudre les affaires ainſi qu'ils aviſeront.

ART. 75. Voulons auſſi qu'ils puiſſent avoir une ou pluſieurs maiſons dans cette ville ou fauxbourgs, en tels lieux qu'ils jugeront plus commodes, pour y tenir leur bureau & aſſemblée ordinaire, comme en l'Hôpital-général & lieux qui en dépendent.

ART. 77. . . . . Le receveur ne ſera comptable ailleurs qu'au bureau; faiſant défenſes à toutes autres perſonnes qu'aux directeurs, de prendre connoiſſance des revenus, comptes & biens préſens & à venir, & de quelque qualité qu'ils ſoient.

ART. 83. Pourront les directeurs faire tous réglemens de police & ſtatuts, non contraires à ces préſentes & au réglement attaché ſous le contre-ſcel, pour le gouvernement & direction dudit Hôpital-Général, tant au-dedans d'icelui, & lieux en dépendans, ſoit pour l'établiſſement ou ſubſiſtance deſdits pauvres, ou pour les mettre en leur devoir; qu'au dehors, pour empêcher leur mendicité publique ou ſecrette, & la continuation de leurs déſordres: leſquels réglemens & ſtatuts nous voulons être gardés, obſervés, & entretenus inviolablement par tous ceux qu'il appartiendra.

EXTRAIT DU RÉGLEMENT DU 27 AVRIL 1656.

ART. XXV. LES directeurs pourront donner tels ſalaires, gratifications & récempenſes qu'ils aviſeront aux officiers & domeſtiques, & à ceux qui rendront ſervice audit Hôpital, ſans qu'ils ſoient obligés de donner autre choſe que ce qui aura été par eux promis; & s'ils jugeoient à propos de ſe ſervir des pauvres enfermés, ſoit hommes ou femmes, pour officiers & domeſtiques; ils pourront leur donner au dedans ou au dehors tels emplois qu'ils aviſeront.

ART. XXVI. Pourront les directeurs ordonner tous les châtimens & peines publiques ou particulieres dans ledit Hôpital-Général, & lieux qui en dépendent, contre les pauvres, en cas de contravention à l'ordre qui leur aura été donné, ou aux choſes qui leur auront été commiſes, même en cas de déſobéiſſance, inſolence ou autres ſcandales; les chaſſer, avec défenſes de mendier, ſur peine du fouet pour la premiere fois, & pour la ſeconde des galeres contre les hommes, & de banniſſement contre les femmes; & en cas de récidive de telle autre peine qu'il ſera aviſé.

ART. XXXII. Aux affaires communes, ès jours ordinaires du bureau, pourront les directeurs délibérer & réſoudre, au nombre de ſept, & aux affaires importantes, de dix au moins, après que les préſens & abſens auront été convoqués.

ART. XXXVI. S'il y avoit manque de fonds pour les choſes néceſſaires audit Hôpital, les adminiſtrateurs pourront faire emprunt, à titre & conſtitution de rente ou autrement, & y affecter les biens dudit Hôpital.

RÉGLEMENT DU 20 AVRIL 1684.

Que le roi veut être exécuté dans l'Hôpital-Général de Paris, pour la réception des garçons au-dessous de vingt-cinq ans, & des filles qui y sont enfermées par correction.

Les enfans, soit garçons au-dessous de vingt-cinq ans, soit filles des artisans & des pauvres habitans de la ville & fauxbourgs de Paris, qui y exercent un métier ou qui y ont quelqu'emploi, lesquels maltraiteront leurs peres ou meres, ceux qui ne voudront pas travailler par libertinage ou par paresse; & les filles qui auront été débauchées, & celles qui seront en péril évident de l'être, seront enfermés dans les lieux destinés à cet effet; savoir, les garçons dans la maison de Bicêtre, & les filles dans celle de la Salpêtriere.

Les peres, meres, tuteurs ou curateurs des enfans de famille, leurs oncles, ou autres plus proches parens, en cas que leurs peres & leurs meres soient morts, même les curés des paroisses où ils demeurent, pourront s'adresser au bureau de l'Hôpital-Général, qui se tient pour la réception des pauvres, où celui qui se trouvera y présider, commettra un ou deux des directeurs pour s'informer de la vérité des plaintes : & sur le rapport qu'ils en feront au jour auquel on reçoit les pauvres, où leur délivrera un ordre signé de celui qui présidera, & de quatre directeurs, adressant aux officiers desdites maisons, pour y recevoir les enfans lorsqu'ils y seront amenés.

Ceux qui auront obtenu lesdits ordres, pourront se pourvoir, s'il est nécessaire, pardevant les lieutenans du prévôt de Paris, afin d'en obtenir la permission en la maniere accoutumée, pour faire arrêter lesdits enfans, s'il est nécessaire, & les conduire ensuite dans les maisons dudit Hôpital.

Lorsque les peres ou meres, qui se plaindront de la conduite de leurs enfans d'un premier lit, seront mariés en secondes nôces, ou qu'ils auront d'autres enfans d'un second mariage, quoique le pere ou la mere desdits enfans nés d'un second mariage soient morts, les directeurs commis pour s'informer de la vérité des plaintes, entendront les plus proches parens desdits enfans ou des personnes dignes de foi, avant de faire leur rapport.

Lesdits enfans demeureront aussi long-tems dans lesdites maisons de correction, que les directeurs qui seront commis pour en avoir soin le trouveront à propos; & les ordres pour les faire sortir seront signés au moins par quatre d'entre eux, & par celui qui présidera au bureau, lorsqu'ils en feront leur rapport.

Les garçons & filles entendront la messe les dimanches & les fêtes, prieront Dieu un quart d'heure tous les matins & autant les soirs, seront instruits soigneusement dans le catéchisme & entendront la lecture de quelques livres de piété pendant leur travail.

On les fera travailler le plus long-tems & aux ouvrages les plus rudes que leurs forces & les lieux où ils seront le pourront permettre; & en cas qu'ils donnent sujet par leur conduite de juger qu'ils veulent se corriger, on leur fera apprendre, autant qu'il sera possible, des métiers convenables à leur sexe & à leur inclination, & propres à gagner leur vie, & ils seront traités avec douceur, à mesure qu'ils donneront des preuves de leur changement.

Lesdits enfans, garçons & filles seront vêtus de tiretaine, & auront des sabots comme les autres pauvres dudit Hôpital. Ils auront une paillasse, des draps & une couverture pour se coucher; & du pain, du potage & de l'eau pour leur nourriture, si ce n'est qu'ils gagnent par le travail auquel on les appliquera dans la suite, de quoi acheter une demi-livre de bœuf aux jours où l'on peut manger de la viande, ou quelque fruit ou autres rafraîchissemens, lorsque les directeurs qui en auront soin trouveront à propos de le leur permettre.

Leur paresse & leurs autres fautes, seront punies par le retranchement du potage, par l'augmentation du travail, par la prison & autres peines usitées dans ledit Hôpital, ainsi que les directeurs l'estimeront raisonnable.

Si quelque pauvre fille de Paris veut se retirer du déréglement dans lequel elle auroit eu la foiblesse de tomber, elle sera reçue & traitée charitablement dans ledit lieu, & l'on lui fera apprendre ce qui lui sera le plus avantageux, pour gagner sa vie, & l'on pourra la garder jusques à ce qu'on rouve à la pourvoir. Fait à Versailles, le vingtieme Avril 1684. *Signé*, LOUIS. *Et plus bas*, par le roi, COLBERT.

COMMISSION

*Sur des réglemens pour l'*Hôpital-Général.

Du 20 Avril 1684.

LOUIS, par la grace de Dieu, roi de France & de Navarre : A nos amés & féaux les gens tenans notre cour de Parlement à Paris, SALUT. Les directeurs de l'Hôpital-Général de notre bonne ville de Paris, nous ayant représenté que la maison du Refuge, destinée pour enfermer les femmes débauchées, étoit située & bâtie de telle sorte que l'on ne pouvoit, sans une très-grande dépense la rendre aussi sûre qu'il étoit nécessaire, & retrancher aux femmes qui y étoient quelque reste de commerce avec ceux qui vouloient aller dans toutes les maisons dont celle-là est environnée : d'ailleurs, que n'y ayant aucun revenu attaché à cette maison, on n'y pouvoit recevoir que les femmes pour lesquelles on payoit des pensions, & dont la plupart n'ayant pas été dans une prostitution publique; & quelques-unes même se trouvant d'une condition honnête, elles ne devoient point être mêlées avec les misérables qui se prostituent avec tant de scandale & de désordre, ni avec celles qui en corrompoient d'autres pour les prostituer, que l'ordre & la police publique desirent principalement que l'on punisse. Qu'ils avoient aussi remarqué qu'il y avoit plusieurs enfans de l'un & l'autre sexe, qui se débauchoient en différentes manieres, & dont il ne seroit pas impossible de corriger, au moins une partie, s'il y avoit des lieux où l'on les instruisit des devoirs de la religion, & où l'on les contraignit de travailler avec une conduite propre à changer leurs mauvaises inclinations; & que dans le desir où ils étoient de rendre ledit Hôpital-Général le plus utile qu'il leur étoit possible, à la gloire de Dieu, notre service & au public, ils estimoient pouvoir s'engager à donner des lieux dans les maisons dudit Hôpital, propres pour renfermer très-sûrement jusques à quarante desdites femmes, & pour corriger jusques au nombre de deux cens desdits enfans, & les y nourrir, en cas que nous approuvassions ce dessein, & que nous eussions agréable de leur prescrire la maniere en laquelle il nous plairoit qu'il fût exécuté. Et comme nous employons avec joie l'autorité qu'il a plu à Dieu de nous donner pour toutes les choses qui regardent son service & l'avantage de nos sujets, nous avons bien voulu donner auxdits directeurs les sommes nécessaires pour bâtir & accommoder lesdits lieux, & prescrire en même tems par des réglemens les formalités avec lesquelles lesdites femmes & lesdits enfans de famille seront mis dans ledit Hôpital, & la maniere en laquelle ils y seront traités; & pour cet effet ayant fait dresser lesdits réglemens, & voulant qu'ils soient ponctuellement exécutés. A CES CAUSES, nous vous mandons & ordonnons par ces présentes signées de notre main que lesdits réglemens ci-attachés sous le contre-scel de notre chancellerie, vous ayez à enregistrer avec ces présentes, & le contenu en iceux faire entretenir, garder & observer selon leur forme & teneur, sans souffrir qu'il y soit contrevenu en quelque sorte & maniere que ce soit; car tel est notre plaisir. Donné à Versailles le vingtieme jour d'Avril mil six cent quatre-vingt-quatre, & de notre regne le quarante-unieme. *Signé*, LOUIS, *& plus bas*, par le roi, COLBERT.

Registrées, oui, & ce requérant le procureur-général du roi, pour être exécutées selon leur forme & teneur, suivant l'arrêt de ce jour. A Paris, en Parlement, le vingt-neuvieme jour d'Avril mil six cent quatre-vingt-quatre. Signé, DONGOIS.

RÉGLEMENT DU 28 AVRIL 1684.

QUE le roi veut être exécuté pour la punition des femmes d'une débauche publique & scandaleuse, qui se pourront trouver dans sa bonne ville de Paris, & pour le traitement dans la maison de la Salpêtriere de l'Hôpital-Général, *où elles seront renfermées.*

LES femmes d'une débauche & prostitution publique & scandaleuse, ou qui en prostituent d'autres, seront renfermées dans un lieu particulier destiné pour cet effet dans la maison de la Salpêtriere, lorsqu'elles y seront conduites par l'ordre de sa majesté, ou en vertu des jugemens qui seront rendus pour cet effet au Châtelet par le lieutenant de Police à l'encontre desdites femmes, sur les procès qui leur seront instruits, pour y demeurer durant le tems qui sera ordonné; sa majesté voulant que les sentences dudit lieutenant de police en ce fait particulier, & dont sa majesté lui a attribué, en tant que besoin est, toute jurisdiction & connoissance, soient exécutées comme de juge en dernier ressort.

Si en jugeant un procès criminel, les juges, à qui la connoissance dudit procès appartiendra, trouvent à propos de condamner à la même peine des femmes convaincues du susdit crime de débauche publique, qui se trouveront comprises dans lesdits procès, elles pourront être aussi enfermées dans le même lieu, en vertu des arrêts ou jugemens qui interviendront pour cet effet.

Lesdites femmes entendront la messe les dimanches & les fêtes; & seront traitées des maladies qui leur pourront survenir, sans sortir du lieu où elles seront renfermées, qu'en cas d'une nécessité indispensable. Elles prieront Dieu toutes ensemble un quart d'heure le matin, autant le soir; & durant la journée on leur fera la lecture du catéchisme, & de quelques livres de piété pendant le travail auquel on trouvera à propos de les employer.

Elles seront habillées de tiretaine, avec des sabots; elles auront du pain, du potage & de l'eau pour nourriture, & une paillasse, des draps & une couverture pour se coucher.

On les fera travailler le plus long-tems & aux ouvrages les plus pénibles que leur forces le pourront permettre, en la maniere en laquelle les directeurs qui en auront le soin particulier, le trouveront à propos.

Lesdits directeurs pourront, après quelque tems, permettre à celles desdites femmes qui paroîtront avoir regret de leurs désordres, de travailler à des ouvrages moins rudes, & d'acheter, du gain qu'elles y pourront faire, jusques à demi-livre de viande chaque jour que l'on en peut manger, ou des fruits & autres rafraîchissemens, ainsi que lesdits directeurs le jugeront à propos.

On punira les juremens, la paresse au travail, les emportemens, & les autres fautes que lesdites femmes pourront commettre, par le retranchement du potage, en les mettant au carcan, dans les malaises, durant certain tems de la journée, ou par les autres voies semblables & usitées dans ledit Hôpital, que les directeurs estimeront nécessaires. Fait à Versailles, le vingtieme Avril mil six cent quatre-vingt-quatre, *Signé*, LOUIS; *& plus bas*, par le roi, COLBERT.

EXTRAIT DE REGISTRES DU PARLEMENT.

Du 20 Juillet 1751.

*ARRÊT DE RÉGLEMENT sur différens articles concernant le gouvernement de l'*Hôpital-Général.

VU par la Cour, toutes les Chambres assemblées, le procès-verbal fait à l'Hôpital-Général, maisons & lieux en dépendans, par mes Philippes Thomé & Charles-François de Montholon, Conseillers en la Cour & Grand'Chambre d'icelle, commissaires en cette partie, le vingt-sept Avril & jours suivans mil sept cent cinquante-un, en exécution de l'arrêté de ladite Cour, les Chambres assemblées, du vingt-trois desdits mois & an, ensemble les pieces y jointes; conclusions du procureur-général du roi : oui le rapport de me Louis-Charles-Vincent de Salabery, conseiller : TOUT CONSIDÉRÉ.

LA COUR ordonne qu'il sera incessamment pourvu à l'augmentation de tel nombre de prêtres que le bureau estimera nécessaire pour la maison de la Salpêtriere; déclare nul l'acte du 12 Juillet 1749, portant nomination de la veuve Moysan pour supérieure de la maison de la Salpêtriere; ordonne qu'il sera incessamment procédé à l'élection d'une supérieure de ladite maison, laquelle sera faite en la maniere accoutumée, & à la pluralité des suffrages, lors de laquelle élection ladite veuve Moysan, ou autre, pourra être choisie; & cependant par provision, & jusqu'à ladite élection ladite veuve Moysan exercera les fonctions de supérieure de ladite maison : ordonne pareillement qu'il sera pris, le plutôt que faire ce pourra, les mesures les plus efficaces, pour procurer aux folles & furieuses enfermées dans la maison de la Salpêtriere, & aux paralytiques étant dans l'Hôpital de Bicêtre, une augmentation de logemens suffisans & séparés, autant que faire se pourra, les uns des autres : que l'article XXXV du réglement de 1656 sera exécuté, & le receveur tenu de rendre ses comptes d'année en année, à commencer par la présente année. Sera le procureur-général du roi chargé d'aviser avec les chefs & les directeurs de l'Hôpital, aux moyens les plus capables d'améliorer l'état dudit Hôpital; de prévenir l'augmentation des dettes, & de procurer encore plus efficacement le soulagement des pauvres, pour du tout en être par lui rendu compte à la Cour, toutes les Chambres assemblées au lendemain de Saint-Martin. Sera le premier président chargé de représenter au roi, au nom de la compagnie, la situation actuelle de l'Hôpital, & l'importance dont il est qu'il lui plaise de pourvoir, par des secours dignes de sa piété & de sa libéralité, au soutien d'un établissement aussi utile à l'état. Enjoint au procureur-général du roi de tenir la main à l'exécution du présent arrêt. Fait en Parlement le vingt Juillet mil sept cent cinquante-un. *Signé*, DUFRANC.

POUVOIRS DES DIRECTEURS ET ADMINISTRATEURS.

SECONDE PARTIE.

Inventaires au-dedans & au-dehors des maisons de l'Hôpital-Général.

EXTRAIT DE L'ÉDIT D'ÉTABLISSEMENT DE L'HOPITAL-GÉNÉRAL.

Du mois d'Avril 1656, article 43.

ART. 43. PERMETTONS auxdits directeurs de faire faire, par les baillif de l'Hôpital & sergens des pauvres, les inventaires & ventes des biens des pauvres qui décéderont, tant audit Hôpital que dehors, après avoir été à l'aumône d'icelui pendant un an.

EXTRAIT DE L'ARRÊT DU PARLEMENT, DU 3 FÉVRIER 1691.

*PORTANT que les directeurs & administrateurs de l'*Hôpital-Général *pourront, lorsqu'il sera fait des legs universels audit Hôpital, assister aux inventaires & levée des scellés.*

Du 3 Avril 1691.

LA Cour a ordonné & ordonne que lorsque le legs fait aux Hôpitaux, ou à l'un d'eux, ou au grand bureau des pauvres, sera universel des meubles ou immeubles, les directeurs ou administrateurs seront appellés, à la diligence de l'exécuteur testamentaire ou du poursuivant, & pourront assister à la levée des scellés & inventaires par l'un desdits directeurs, ou aux frais de la succession, s'ils y font venir un procureur; & que lorsque le legs sera d'une somme mobiliaire ou d'un corps certain, ils formeront seulement leur opposition à la conservation de leurs droits; & les commissaires & notaires & autres officiers mettront à part les titres concernant les legs particuliers, & si l'un des directeurs y assiste pour faire la perquisition du titre concernant le legs, ce sera sans frais, pour être les titres mis ès mains des directeurs, ou par provision, ou après la délivrance du legs, ainsi qu'il sera ordonné. Ordonne que le présent arrêt sera lu & publié au Châtelet de Paris & en la communauté des notaires de cette ville; enjoint au substitut du procureur-général du roi d'y tenir la main, & d'en certifier la Cour dans huitaine. FAIT en Parlement, le 3 Février 1691. *Signé*, DUFRANC, & par collation, BAILLIF.

ARRÊT DU PARLEMENT,

*Qui, en confirmant celui du 9 du même mois de Mars 1699, ordonne, qu'à la diligence de mm. les administraieurs de l'*Hôpital - Général, *les scellés apposés en la maison de Marie Duchesne, veuve Pierre Duboullay, dite Marthe Roulette, veuve Pierre Duchesne, condamnée à l'*Hôpital-Général, *pour y demeurer enfermée le reste de ses jours, seront levés par le commissaire qui les a apposés, iceux préalablement reconnus parties intéressées, présentes ou duement appellées; que tous les meubles, hardes, argent monnoyé & autres choses étant sous lesdits scellés, seront remis entre les mains de l'un des économes, qui s'en chargera, à la caution du temporel dudit* Hôpital, *récolement préalablement fait, & à la charge des réclamations & oppositions, & que ce qui ne sera pas réclamé, sera vendu à la diligence desdits administrateurs.*

Du 21 Mars 1699.

LOUIS, par la grace de Dieu, roi de France & de Navarre : Au premier notre huissier ou sergent sur ce requis, SALUT : Savoir faisons que, vu par notre cour de Parlement la requête présentée par les directeurs de l'Hôpital-Général, contenant que, par arrêt du 9 du présent mois de Mars, Marie Duchesne, veuve Pierre Duboullay, dite Marthe Roullette, veuve Pierre Duchesne, auroit été, entr'autres choses, condamnée d'être menée & conduite en la maison de l'Hôpital-Général, pour y demeurer enfermée le reste de ses jours, & ordonné que les meubles, hardes, argent monnoyé & autres choses trouvées sous les scellés apposés en la maison de ladite Duboullay, seront rendus à ceux auxquels ils se trouveront appartenir, & qui seront par eux réclamés, en affirmant néanmoins pardevant le conseiller rapporteur dudit arrêt, que lesdits meubles leur appartiennent légitimement, & que le surplus desdits meubles, hardes & autres choses appartenant à ladite Duboullay, seront vendus, & sur le prix, ensemble sur l'argent monnoyé, le nommé Doyen payé de ses frais de garde, & qu'il sera préalablement pris ce qui peut être dû pour les loyers de la maison occupée par ladite Duboullay, & le surplus, si surplus y a, confisqué au profit dudit Hôpital, à la représentation, les gardiens & dépositaires contraints; ce faisant, déchargés : & à cette fin, ordonné que les scellés apposés en la maison par elle occupée, seront levés & ôtés, préalablement reconnus par le commissaire qui les a apposés. Et d'autant que ces meubles peuvent dépérir & être consommés par les frais de garde & autres, lesquels tomberoient en pure perte sur les pauvres dudit Hôpital, requéroient les supplians qu'il plût à notredite Cour ordonner que ledit arrêt du 9 du présent mois de Mars sera exécuté selon sa forme & teneur; & pour éviter les frais que causent la garde & le dépérissement desdits meubles, même des loyers de la maison qu'ils occupent, que le scellé apposé sera levé, à la diligence des supplians, par le commissaire qui l'a apposé, icelui par lui préalablement reconnu, si fait n'a été, parties présentes ou duement appellées, & que tous lesdits meubles seront mis entre les mains de l'un des économes dudit Hôpital, qui s'en chargera, recollement préalablement fait, à la charge des réclamations & oppositions, pour être vendus, du moins ceux qui ne se trouvent point réclamés, à la diligence des supplians, jusqu'à ce qu'autrement par notredite Cour en ait été ordonné, & ce nonobstant toutes saisies, oppositions ou appellations quelconques; vu aussi ledit arrêt attaché à ladite requête, *signée*, CONTET. Conclusions de notre procureur-général; oui le rapport de notre amé & féal conseiller messire de Lamoignon; tout considéré, notredite COUR a ordonné & ordonne que ledit arrêt du 9 du présent mois de Mars sera exécuté selon sa forme & teneur; & en conséquence, que les scellés apposés en la maison de ladite Duchesne Duboullay, seront levés, à la diligence des supplians, par le commissaire qui les a apposés, iceux préalablement reconnus, parties intéressées présentes ou duement appellées : ce faisant, que tous les meubles, hardes, argent monnoyé, & autres choses qui se trouveront sous lesdits scellés, seront mis entre les mains de l'un des économes de l'Hôpital-Général de cette ville de Paris, qui s'en chargera, à la caution du temporel dudit Hôpital, récollement préalablement fait par ledit commissaire, & à la charge des réclamations & oppositions, pour être les meubles & hardes qui ne se trouveront point réclamés, vendus, à la diligence desdits supplians, & le surplus rendu & distribué à qui il appartiendra, conformément audit arrêt, & ce nonobstant toutes saisies, oppositions ou appellations quelconques. Te mandons mettre le présent arrêt à due & entiere exécution; de ce faire te donnons pouvoir. DONNÉ en Parlement, le 21 Mars, l'an de grace 1699, & de notre regne le cinquante-six. Collationné avec paraphe.

ARRÊT DU GRAND CONSEIL,

*QUI permet à mm. les administrateurs de l'*Hôpital-Général *d'assigner audit Conseil les présomptifs héritiers & les opposans aux scellés apposés par les officiers de ladite maison sur les effets de feu Amable Amy, vivant, sous-économe de la Salpêtriere ; ordonne qu'en présence desdits présomptifs héritiers & opposans auxdits scellés, appellés par sommation, il sera procédé par les sieurs commissaires de ladite maison, à la reconnoissance & levée desdits scellés, en présence d'un des substituts de m. le procureur-général, &c.*

Du 6 Septembre 1755.

LOUIS, par la grace de Dieu, roi de France & de Navarre : A tous ceux qui ces présentes lettres verront, SALUT : savoir faisons, comme par arrêt cejourd'hui donné en notre Grand-Conseil, sur la requête présentée en notredit Conseil par nos bien-amés les directeurs & administrateurs de l'Hôpital-Général de Paris, tendante à ce qu'il plaise, en conséquence des lettres d'attribution à notre Grand-Conseil de toutes les causes & contestations de l'Hôpital-Général, du 28 Janvier 1752, enregistrées par arrêt du 1 Février suivant, permettre aux supplians d'y faire assigner, dans les délais de l'ordonnance, Antoine-François Amy & autres présomptifs héritiers de feu Amable Amy, vivant, sous-économe de l'Hôpital-Général à la Salpêtriere, où il est décédé, pour se voir condamner en mille livres de dommages & intérêts, au profit des pauvres, résultans de l'entreprise par eux faite & requise contre les droits titres & possession des supplians, du 1 Septembre 1755, ainsi que le contrat & l'expédition délivrée par le sieur Langlard, notaire, de son verbal dudit jour, se voir faire défenses de plus récidiver, à peine de trois mille livres de dommages & intérêts, & condamner aux dépens; & attendu que les supplians sont fondés en titres & possession suivie & non interrompue, depuis l'établissement de l'Hôpital-Général, en 1656, & qu'ils ont un extrême besoin des lieux qu'occupoit défunt Amable Amy, pour y loger le sous-économe qui a été nommé à sa place, ordonné par provision, qu'à la premiere sommation qui sera faite, en vertu de l'arrêt qui interviendra, & sans qu'il en soit besoin d'autre, tant aux présomptifs héritiers dudit défunt Amy, & leur fondé de procuration, qu'aux opposans aux scellés, ils seront tenus de se trouver aux lieu, jour & heure indiqués par ladite sommation, pour être, à la requête desdits présomptifs héritiers, en présence des opposans, procédé gratuitement, ainsi qu'il a toujours été fait par les administrateurs-commissaires de la maison de la Salpêtriere, assistés du greffier de l'Hôpital-Général, ou en cas d'absence, d'un greffier commis à cet effet par les administrateurs-commissaires, à la reconnoissance, levée des scellés apposés par les officiers de l'Hôpital, & ensuite à l'inventaire & description des effets trouvés sous les scellés appartenans à la succession dudit Amable Amy, pour le tout être après remis à qui il appartiendra ou convenus entre les présomptifs héritiers opposans; ordonner en outre que, faute par lesdits présomptifs héritiers opposans ou aucun d'eux, de satisfaire à la sommation qui leur sera faite, & de se trouver aux lieu, jour & heure indiqués par icelle, lesdites reconnoissance, levée des scellés, inventaire & description seront faites par lesdits administrateurs-commissaires & leur greffier, en présence d'un des substituts de notre procureur-général, lequel sera payé de ses vacations par privilege sur la chose, pour, après ladite opération ainsi faite, & récollement, être les effets séquestrés & mis en dépôt où & à qui il sera ordonné; ordonner encore que l'arrêt qui interviendra sera exécuté, nonobstant toutes oppositions, conformément à l'ordonnance au titre des matieres sommaires, & faire défenses aux parties, pour raison de ce que dessus, circonstances & dépendances, de faire poursuites & procédures ailleurs qu'en notredit Conseil, à peine de nullité, cassation de procédures, quinze cens livres d'amende, dépens, dommages & intérêts. VU par notredit Conseil ladite requête, signée TARDIF, procès-verbal contenant la comparution des notaire, huissier-priseur & héritiers, & les dires & refus des sieurs Hachet & Patin, du 1 Septembre 1755, & autres pieces attachées à ladite requête; conclusions de notre procureur-général: OUI le rapport de m^e. Pierre-Charles de Bonnaire, conseiller en notredit Grand-Conseil; icelui notredit Grand-Conseil ayant égard à ladite requête, a permis & permet auxdits supplians de faire affigner en notredit Conseil ledit Antoine-François Amy & autres présomptifs héritiers de feu Amable Amy, vivant, sous-économe de l'Hôpital-Général à la Salpêtriere, aux fins de ladite requête: & cependant, par provision, ordonne qu'à la premiere sommation qui sera faite, en vertu du présent arrêt, & sans qu'il en soit besoin d'autre, tant aux présomptifs héritiers dudit défunt Amy & leur fondé de procuration, qu'aux opposans aux scellés, ils seront tenus de se trouver aux lieu, jour & heure indiqués par ladite sommation, pour être, à la requête desdits présomprifs héritiers, en présence des opposans, procédé gratuitement par les administrateurs-commissaires de la maison de la Salpêtriere, assistés du greffier de l'Hôpital-Général, ou en cas d'absence, d'un greffier commis à cet effet par les administrateurs-commissaires, à la reconnoissance, levée des scellés apposés par les officiers de l'Hôpital, & ensuite à l'inventaire & description des effets trouvés sous les scellés, appartenans à la succession dudit Amable Amy, pour le tout être après remis à qui il appartiendra ou convenu entre les présomprifs héritiers opposans; ordonne en outre qu'à faute par les présomptifs héritiers opposans ou aucun d'eux de satisfaire à la sommation qui leur sera faite, & de se trouver aux lieu, jour & heure indiqués par icelle, lesdites reconnoissance, levée des scellés, inventaire & description seront faits par lesdits administrateurs-commissaires & leur greffier, en présence d'un des substituts de notre procureur-général, lequel sera payé de ses vacations, par provision, sur la chose; pour être, lesdites opérations ainsi faites & récollement, être les effets séquestrés & mis en dépôt où & à qui il sera ordonné. Ordonne que le présent arrêt sera exécuté, nonobstant toutes oppositions, & fait défenses aux parties, pour raison de ce que dessus, circonstances & dépendances, de faire poursuites & procédures ailleurs qu'en notredit Conseil, à peine de nullité, cassation de procédures, quinze cens livres d'amende, dépens, dommages & intérêts. Si donnons en mandement, au premier des huissiers de notredit Conseil, en ce qui est exécutoire en notredite Cour & suite, & hors d'icelle, au premier notredit huissier ou autre notre huissier ou sergent sur ce requis, qu'à la requête des directeurs & administrateurs de l'Hôpital-Général de Paris, le présent arrêt il mette à due & entiere exécution de point en point, selon sa forme & teneur, nonobstant oppositions ou appellations quelconques, pour lesquelles, & sans préjudice d'icelles, ne sera différé, faire pour l'entiere exécution des présentes, tous exploits & autres actes de justice requis & nécessaires. De ce faire te donnons pouvoir, sans pour ce demander placet ni paréatis. DONNÉ en notredit Conseil à Paris, le sixieme jour de Septembre, l'an de grace 1755, & de notre regne le quarante-unieme. Collationné, par le roi, à la relation des gens de son Grand-Conseil.

ARRÊT DU PARLEMENT,

*QUI ordonne que les inventaires dans lesquels les mineurs de l'*Hôpital-Général *seront intéressés, seront faits, à la requête des administrateurs, leurs tuteurs-nés, préférablement à tous autres tuteurs.*

Du 2 Août 1782.

LOUIS, par la grace de Dieu, roi de France & de Navarre : Au premier huissier de notre cour de Parlement ou autre notre huissier ou sergent sur ce requis, savoir faisons, que vu par notredite Cour, le défaut, faute de comparoir, obtenu au greffe des présentations d'icelle par les administrateurs de l'Hôpital-Général & de celui du Saint-Esprit y uni, tuteurs-nés de François Galon, mineur reçu audit Hôpital du Saint-Esprit, appellans de sentence du lieutenant-civil du Châtelet de Paris, du 13 Mai 1782, & demandeurs aux fins des arrêt & exploit du 16 Mai dernier, comparans par m. Brusle de Baune, leur procureur, contre le sieur Jacques Anselme, commis au Mont-de-Piété, & Vincent, tailleur à Paris, intimés, défendeurs & défaillans, à faute de comparoir, après que les délais portés par l'ordonnance sont expirés : Vu aussi la demande sur le profit dudit défaut, inventaire, titres, pieces & exploit, demande en jugeant le profit dudit défaut, & tout ce qui a été mis & produit pardevers notredite Cour, conclusions de notre procureur-général, tout considéré :

NOTREDITE COUR a déclaré ledit défaut avoir été bien obtenu, & adjugeant le profit d'icelui, a mis & met l'appellation & ce dont est appel au néant, émendant, déclare nulle la nomination faite des défaillans, le premier pour tuteur, & le second pour subrogé tuteur du mineur Galon; en conséquence autorise les demandeurs, en leur qualité de tuteurs-nés dudit François Galon, reçu audit Hôpital du Saint-Esprit, à faire procéder, à leur requête, si fait n'a été, à la reconnoissance & levée des scellés apposés après le décès de Vincent Galon pere, à la description & prisée des effets qui se trouveront sous lesdits scellés, à l'inventaire & vente desdits meubles & effets, & aux comptes, liquidation & partage des biens, tant de la premiere femme que de la derniere communauté d'entre ledit Vincent Galon & sa veuve actuelle, recevoir les revenus, en donner toute quittance & décharge, & condamner lesdits défaillans aux dépens de l'incident dudit défaut, jugement d'icelui & de tout ce qui a précédé & suivi. Si mandons mettre le présent arrêt à exécution; de ce faire te donnons pouvoir. DONNÉ en notredite cour de Parlement, le 2 Août, l'an de grace 1782, & de notre regne le huitieme. Par la Chambre, *Signé*, ISABEAU. Collationné. *Signé*, FLEURY, avec paraphe. *Voyez* ci-après le mot TUTELLE DES MINEURS, troisieme partie.

POUVOIRS DES DIRECTEURS ET ADMINISTRATEURS.

TROISIEME PARTIE.

*TUTELLE DES MINEURS PLACÉS DANS LES DIFFÉRENTES maisons dépendantes de l'*Hôpital-Général, *ou dans celles qui y ont été réunies.*

ARRÊT DU PARLEMENT,

QUI, sans avoir égard au bail fait par le ci-devant tuteur des mineures Lesprit, d'un chantier qui leur appartenoit, autorise messieurs les administrateurs, tuteurs naturels desdites filles Lesprit, de s'en mettre en possession pour le premier Avril suivant.

Du 12 Mars 1729.

LOUIS, par la grace de Dieu, roi de France & de Navarre : Au premier des huissiers de notre Cour de Parlement, ou autre huissier ou sergent sur ce requis. Savoir faisons, que vu par la Cour la requête à elle présentée par les directeurs & administrateurs de l'Hôpital-Général, du Saint-Esprit, y réunis, tuteurs naturels de Jeanne, Louise, Genevieve, Marie, Thérese, Claude Lesprit, filles de Simon-Martin Lesprit, bourgeois de Paris, & de Jeanne-Marie Favre sa femme ; contenant que quoique lesdites filles Lesprit aient été reçues dans ledit Hôpital du Saint-Esprit dès le 15 Mars de l'année derniere 1728, & que dudit jour soient devenus, suivant les statuts & réglemens dudit Hôpital du Saint-Esprit, tuteurs naturels desdites fillles Lesprit, & seuls parties capables de faire les baux des biens qui peuvent appartenir auxdites mineures, & d'en toucher les loyers; néanmoins ils ont eu avis que le 5 Août 1728; cinq mois après, le sieur Louis-Germain Mariaucheau, sous prétexte qu'il étoit tuteur desdites mineures ses nieces, avant leur entrée audit Hôpital, avoit, conjointement avec demoiselle Marie-Anne Cueillard, fille mineure, émancipée d'âge, procédant sous l'autorité de Michel-François Dupin, bourgeois de Paris, son curateur aux causes, & avec ledit sieur Dupin, audit nom, fait bail au sieur René Bertrand, marchand de bois, & Marie Arnoult sa femme, pour neuf années, à commencer du premier Avril de la présente année 1729, d'un chantier & portion de maison en dépendante, sise rue de Seine, fauxbourg Saint-Victor, qui appartient pour moitié à ladite Marie-Anne Cueillard, & pour l'autre moitié auxdites filles Lesprit, moyennant une somme modique de sept cens livres de loyers par chacun an, & qui contient en outre une clause insolite, & non usitée, qui porte permission auxdits Bertrand & sa femme, de pouvoir faire faire une chaussée de cent toises de pavé dans ledit chantier, aux lieux & endroits qui leur conviendront, dont ils seront remboursés sur le prix du bail, laquelle clause tendroit à consommer la plus grande partie du prix du bail, sans utilité pour les mineures, & attendu que ledit bail se trouve nul, de nullité radicale, par le défaut de qualité dudit Mariaucheau qui avoit cessé d'être tuteur, dès le moment que lesdites filles Lesprit sont entrées dans ledit Hôpital; pourquoi requerent qu'il plaise à la Cour leur permettre de faire assigner en la Cour tant ledit René Bertrand, & Marie Arnoult sa femme, que ladite Marie-Anne Cueillard, & ledit Michel-François Dupin, son curateur aux causes, savoir, ledit Bertrand & sa femme, pour voir déclarer nul le bail à eux fait par ledit Mariaucheau, comme tuteur desdites filles Lesprit, avec défenses à eux de se mettre en possession dudit chantier, & cependant permettre aux supplians de disposer desdits chantier & maisons pour le premier Avril prochain; & ladite Marie-Anne Cueillard, & ledit Dupin son curateur aux causes, pour voir déclarer l'arrêt qui interviendra commun avec eux, & en cas de contestation, condamner les contestans aux dépens; ladite requête signée Freret, procureur: oui le rapport de m^e Philbert Lorenchet, conseiller, tout considéré; notredite Cour, en conséquence du privilege dudit Hôpital, a ordonné commission être délivrée aux supplians pour faire assigner qui bon leur semblera aux fins de ladite requête, & dès-à-présent leur permet de disposer de ladite partie de maison & chantier pour le premier Avril prochain. Si mandons mettre le présent arrêt à exécution, de ce faire donnons pouvoir. Donné en notre Cour de Parlement le douzieme Mars, l'an de grace mil sept cent vingt-neuf, & de notre regne le quatorzieme. *Signé*, YSABEAU.

ARRÊT DU PARLEMENT,

*PORTANT évocation en la Grand'Chambre, en vertu du privilege de l'*Hôpital-Général, *de différentes instances pendantes au Châtelet de Paris, & dans lesquelles se trouvoit intéressé le nommé Nicolas Félix, orphelin du Saint-Esprit.*

Du 2 Juillet 1748.

VU par la Cour, la requête à elle présentée par les directeurs & administrateurs de l'Hôpital-Général de Paris, & de celui du Saint-Esprit y uni, au nom & comme tuteurs-nés de Nicolas Félix, fils mineur de défunt François Félix, & de Jeanne Morice ses pere & mere, étant actuellement audit Hôpital du Saint-Esprit, à ce qu'il lui plût les recevoir parties intervenantes dans l'instance au Châtelet de Paris, entre Mathurin Mariotte, garde-bateaux aux carrieres de Charenton, au nom & comme tuteur des autres enfans mineurs dudit défunt François Félix, & de ladite Jeanne Morice sa femme, d'une part: & m^e Louis Daminois, procureur audit Châtelet, d'autre part; sur la demande formée par ledit Mariotte contre ledit m^e Daminois, le 7 Mai dernier, & leur donner acte de ce que pour moyens d'intervention ils emploient le contenu en ladite requête; ce faisant, en conséquence du privilege de l'Hôpital-Général, ordonner que sur lesdites intervention & demande, ensemble sur la demande formée audit Châtelet contre les supplians, à la requête dudit Mariotte, par exploits des 9 Mai & 28 Juin derniers, circonstances & dépendances, les parties procéderoient en la Cour, suivant les derniers erremens, & qu'il fût fait défenses à tous juges d'en connoître, & aux parties de faire poursuites & procédures ailleurs qu'en la Cour, à peine de nullité, cassation de procédure, mille livres d'amende, & de tous dépens, dommages & intérêts; vu aussi les pieces attachées à ladite requête, signée Millot le jeune, procureur; oui le rapport de m^e Louis-Charles Vincent de Salabery, conseiller, tout considéré. LA COUR reçoit les supplians parties intervenantes, leur donne acte de l'emploi porté par leur requête, pour moyens d'intervention, & en conséquence du privilege de l'Hôpital-Général, ordonne que sur ladite intervention, ensemble sur les demandes formées au Châtelet de Paris, à la requête dudit Mariotte, tant contre Daminois que contre les supplians, par exploits des 7, 9 Mars, & 28 Juin derniers, circonstances & dépendances, les parties procéderont en la Cour, suivant les derniers erremens; fait défenses à tous juges d'en plus connoître, & aux parties de faire poursuites & procédures ailleurs qu'en la Cour, à peine de nullité, cassation de procédure, mille livres d'amende, & de tous dépens, dommages & intérêts. Fait en Parlement le deux Juillet mil sept cent quarante-huit. *Signé*, DUFRANC.

ARRÊT DU PARLEMENT,

*Qui maintient les administrateurs de l'*Hôpital-Général *de Paris, & de celui de la* Trinité, *dans la possession de la tutelle des mineurs reçus esdits Hôpitaux, à l'exclusion de tous autres tuteurs.*

Du premier Août 1759.

LOUIS, par la grace de Dieu, roi de France & de Navarre : Au premier huissier de notre cour de Parlement, ou autre notre huissier ou sergent sur ce requis; savoir faisons, qu'entre les commissaires du grand Bureau des pauvres, administrateurs de l'Hôpital de la Trinité, fondé à Paris, rue Saint-Denis, appellans de la sentence du Châtelet de Paris, du 31 Octobre 1758, d'une part, & Nicolas-Jean-Baptiste de Vailly, compagnon Charon, m^e Pietre Jobert, procureur au Châtelet, & Jean-Baptiste de Vailly, pere, intimés d'autre part : & entre lesdits sieurs administrateurs de l'Hôpital de la Trinité, demandeurs aux fins de l'exploit d'assignation du 6 Mars dernier, tendant à ce que Coudar, ès-noms, soit tenu de leur rendre compte de la tutelle & administration qu'a eu Etienne-Toussaint Duchaisne des personnes & biens desdits enfans mineurs de Jean-Baptiste de Vailly d'une part, & Antoine Coudar, grand-pere & tuteur créé aux mineurs dudit Duchaisne, défendeur d'autre part; & entre ledit Coudar, esdits noms, demandeur aux fins de l'exploit d'assignation du 10 Mars dernier, tendant à ce que les défendeurs ci-après soient tenus de se joindre à lui, & procéder sur la demande contenue en l'assignation ci-dessus, & à ce que l'arrêt qui interviendra soit déclaré commun avec eux, d'une part; & les directeurs & administrateurs de l'Hôpital-Général de Paris & de celui du Saint-Esprit y uni, défendeurs, d'autre part; & entre lesdits sieurs administrateurs de l'Hôpital-Général & du Saint-Esprit, demandeurs aux fins de l'assignation du 13 dudit mois de Mars dernier, tendante à ce que le défendeur ci-après soit condamné à leur payer les sommes provenues de l'adjudication des effets trouvés sous les scellés apposés après le décès dudit Duchaisne, à leur remettre tant l'inventaire, le procès-verbal de vente que la liasse des pieces au nombre de seize, inventoriées cote sept dudit inventaire, d'une part, & Etienne-Philippe Bourdois, huissier-priseur, défendeur & opposant, par requête du 29 Mai dernier, à l'arrêt par défaut du 16 dudit mois, d'autre part; & entre lesdits sieurs administrateurs de l'Hôpital-Général & de celui du Saint-Esprit, demandeurs aux fins de leur requête du 16 Juin dernier, d'une part, Jean-Baptiste de Vailly, m^e Pierre Jobert, Etienne-Philippe Bourdois, lesdits administrateurs de l'Hôpital de la Trinité, & Antoine Coudar, défendeurs d'autre part; & entre ledit m^e Bourdois, demandeur en requêtes des.... Juin & 9 Juillet dernier, d'une part; & lesdits sieurs administrateurs de l'Hôpital-Général & de celui du Saint-Esprit, défendeurs d'autre part; & entre lesdits sieurs administrateurs de l'Hôpital-Général & de celui du Saint-Esprit, demandeurs en requête du 28 dudit mois de Juin, d'une part; & ledit m^e Bourdois, défendeur, d'autre part; & entre lesdits sieurs administrateurs de l'Hôpital de la Trinité, demandeurs en requête d'intervention du 2 dudit mois de Juillet, tendante entr'autres choses à être reçus appellans en adhérant, d'une sentence du Châtelet de Paris du 31 Juillet dernier, d'une part; & lesdits de Vailly, m^e Jobert, m^e Bourdois, les administrateurs de l'Hôpital-Général & ledit Coudar, défendeurs d'autre part; & entre ledit m^e Bourdois, demandeur en requête du 10 dudit mois de Juillet, d'une part; & les administrateurs de l'Hôpital de la Trinité, défendeurs d'autre part; & entre ledit Jean-Baptiste de Vailly & m^e Jobert, demandeurs en requête dudit jour 10 Juillet, d'une part; & les administrateurs de l'Hôpital de la Trinité, ceux de l'Hôpital-Général &

& du Saint-Esprit & ledit Coudar, défendeurs, d'autre part; après que Coqueley, avocat des administrateurs de l'Hôpital de la Trinité; Marguet, avocat des administrateurs de l'Hôpital-Général & du Saint-Esprit; Jouhannin, avocat de Bourdois; Sanson, avocat de Coudar; & de la Borde, avocat de Vailly, Berg & Jobert, ont été ouis, ensemble Joly de Fleury pour notre procureur-général : NOTREDITE COUR reçoit les intervenans parties intervenantes, faisant droit sur l'appel interjeté par les parties de Coqueley de la sentence du Châtelet du 31 Octobre 1758, a mis & met l'appellation & ce dont a été appellé au néant, en ce que par icelle le nommé Jobert, l'une des parties de de la Borde a été nommé curateur à l'émancipation de Marie-Marguerite de Vailly, & en ce que le nommé de Vailly pere, autre partie de de la Borde a été nommé tuteur de Marie-Louise de Vailly, émendant quant à ce, ordonne que les parties de Coqueley, en leur qualité d'administrateurs de l'Hôpital de la Trinité, demeureront curateurs & tuteurs desdites Marie-Marguerite & Marie-Louise de Vailly, étans actuellement audit Hôpital, & pour tout le tems où elles seront à la charge dudit Hôpital, la sentence au résidu sortissant son plein & entier effet, faisant droit sur l'appel interjeté par les parties de Coqueley de la sentence du Châtelet du 31 Janvier 1759, a mis & met l'appellation & ce dont est appel au néant, émendant & faisant droit, tant sur les demandes des parties que sur les conclusions de notre procureur-général, ordonne que les parties de Marguet, en leur qualité de directeurs & administrateurs de l'Hôpital-Général & de celui du Saint-Esprit y uni, seront & demeureront tuteurs de quatre mineurs du nommé Duchaisne, étans audit Hôpital du Saint-Esprit, condamne la partie de Jouhannin à rendre compte tant auxdites parties de Marguet, audit nom, qu'au nommé Coudar, partie de Sanson, en qualité de tuteur de six autres mineurs Duchaisne, de la vente par lui faite le 28 Septembre 1758 & jours suivans, des effets délaissés par ledit Duchaisne, ensemble à leur remettre le reliquat dudit compte, si aucun y a, les titres & pieces qu'il peut avoir relatifs à ladite succession, pour les deniers provenans dudit reliquat être, en ce qui concerne la part & portion revenante aux quatre mineurs étant à l'Hôpital du Saint-Esprit, déposés entre les mains du receveur dudit Hôpital, à la charge des oppositions qui tiendront entre ses mains, & le surplus des deniers qui concernera les six autres mineurs, être déposés ès-mains de Marchand le jeune, notaire, à la charge pareillement desdites oppositions; condamne les parties de Marguet & de Sanson suivant leurs offres, à rendre compte aux parties de Coqueley en leurdite qualité; & à Jobert, une des parties de de la Borde, en qualité de curateur à l'émancipation de Jean-Nicolas de Vailly, de la tutelle que ledit défunt Duchaisne a eue desdits mineurs de Vailly; & cependant fait main-levée de toute opposition qui pourroit avoir été formée par le nommé de Vailly, l'une des parties de de la Borde ès-mains de la partie de Jouhannin. Tous dépens néanmoins compensés, que les parties respectivement pourront employer en frais de compte de tutelle ou curatelle. Si mandons mettre le présent arrêt à exécution, de ce faire te donnons pouvoir. Donné en notredite cour de Parlement le premier Août, l'an de grace mil sept cent cinquante-neuf, & de notre regne le quarante-quatrieme. Collationné. *Signé*, JOLIMET, *avec paraphe. Et au-dessous est écrit :* Par la Chambre, *Signé*, DUFRANC, *avec paraphe.*

ARRÊT DU PARLEMENT,

*Qui maintient les administrateurs de l'*Hôpital-Général *de Paris, dans la possession de la tutelle des mineurs reçus audit Hôpital, & ce à l'exclusion de tous autres tuteurs.*

Du 15 Février 1769.

LOUIS, par la grace de Dieu, roi de France & de Navarre : Au premier huissier de notre cour de Parlement, ou autre huissier ou sergent sur ce requis ; Savoir faisons, qu'entre les sieurs directeurs & administrateurs de l'Hôpital-Général de Paris, tuteurs nés de Jeanne-Genevieve Luce, fille mineure de défunts François Luce & Jeanne Ricourt ses pere & mere, demandeurs aux fins de leur exploit introductif du 27 Avril 1768, tendant à ce que le nommé Chaline, second mari de ladite défunte Jeanne Ricourt, fût tenu de leur communiquer l'inventaire qui a dû être fait après le décès dudit défunt François Luce, même celui qui a dû pareillement être fait après le décès de ladite Jeanne Ricourt ; ensemble les pieces justificatives desdits deux inventaires, à l'effet de constater ce qui peut appartenir à ladite mineure ; même de leur rendre compte des sommes provenantes tant du premier mariage que du second ; lesquelles sommes il seroit tenu de payer ès-mains & sur les quittances de m^e^ Judde, receveur-général & charitable dudit Hôpital ; & que dans le cas où l'inventaire de la seconde communauté ne seroit pas fait, qu'il fût tenu d'y appeller messieurs les directeurs & administrateurs, pour être présens à la confection d'icelui ; & faute par ledit Chaline de satisfaire à ladite demande, qu'il fût condamné à payer à ladite mineure, ès-mains dudit m^e^ Judde, la somme de six mille livres, & aux dépens, d'une part ; & Jacques Chaline, rafineur de sucre à Paris, défendeur d'autre part ; & entre Louis Chaline, demandeur en requête insérée en l'arrêt de notre Cour, & exploit fait en conséquence, des 16 & 17 Mai 1767, tendans à fin de dénonciation à Jean Paitre de ladite demande, à ce que l'arrêt à intervenir fût déclaré commun avec lui, & à fin d'exécution provisoire de la sentence du Châtelet du 19 Mars 1768, d'une part ; & ledit Chaline, défendeur d'autre part ; & entre ledit Chaline, demandeur en deux requêtes des 7 & 8 Juin audit an 1768, tendantes, la premiere, à fin d'exécution provisoire de ladite sentence ; en conséquence, que ledit Paitre fut tenu, dans trois jours de l'arrêt à intervenir, d'accepter la tutelle de ladite mineure, de prêter le serment en tel cas requis, & de régir & gouverner les personne & biens de ladite mineure, d'assister à l'inventaire à faire des biens de ladite Ricourt, le tout avec dépens ; & la seconde, à fin de dénonciation auxdits sieurs administrateurs de l'Hôpital-Général, de ladite demande provisoire, à ce que l'arrêt à intervenir fût déclaré commun avec eux, & à ce qu'en cas de contestation, ils fussent condamnés aux dépens, d'une part ; & ledit Paitre, & lesdits sieurs administrateurs de l'Hôpital-Général, demandeurs en requête du 11 dudit mois de Juin, tendante à fin d'intervention sur ladite demande provisoire, à ce que ledit Chaline fût déclaré non-recevable dans sesdites demandes provisoires, & à ce qu'ils fussent autorisés à faire procéder audit inventaire & autres opérations, avec dépens envers toutes les parties, d'une part ; & lesdits Chaline & Paitre, défendeurs d'autre part ; & entre ledit Paitre, demandeur en deux requêtes du même jour 15 dudit mois de Juin, la premiere tendante à ce que ledit Chaline fût débouté de sa demande, avec dépens, & la deuxieme, à ce qu'il lui fût donné acte de ce qu'il s'en rapportoit à la prudence de notredite Cour, d'ordonner ce qu'elle aviseroit bon être, & à ce que ledit Chaline fût condamné aux dépens, d'une part ; & ledit Chaline, & lesdits sieurs administrateurs, défendeurs d'autre part ; & entre ledit Chaline, demandeur en requête du 18 du même mois de Juin, tendante à ce qu'en cas où notredite Cour feroit difficulté de lui adjuger ses conclusions, il lui fût donné acte de ce qu'il offroit de retirer ladite mineure, de lui faire apprendre un métier, de la nourrir & entretenir, & d'en avancer les deniers, le tout avec dépens d'une part; & ledit Paitre, & lesdits administrateurs, défendeurs d'autre part ; sur lesquelles demandes les parties ont été appointées à mettre, au rapport de m^e Tudert, & renvoyées à l'audience ; & entre ledit Chaline, demandeur en requête du 19 Août 1768, tendante à fin d'exécution définitive de ladite sentence du Châtelet du 19 Mars précédent; en conséquence, que ledit Paitre fût tenu d'accepter ladite tutelle, de prêter serment ; ensuite assister audit inventaire, & à toutes les opérations de ladite tutelle, de retirer ladite mineure dudit Hôpital chez lui, la nourrir, élever, de la réintégrer chez son maître d'apprentissage de l'état de doreur, aux termes de son brevet du premier Juin 1767, & de payer la somme convenue; sinon, & où cela feroit difficulté, qu'il lui fût donné acte de ce qu'il offroit de retirer lui-même ladite mineure chez lui, de la loger & entretenir, de lui faire continuer son apprentissage sur ses revenus, sauf à parfaire de ses propres deniers, dont du tout seroit tenu état, & que ledit Paitre & lesdits sieurs administrateurs fussent condamnés aux dépens, d'une part; & ledit sieur Paitre & lesdits sieurs administrateurs, défendeurs d'autre part ; & entre ledit Paitre, demandeur en deux requêtes des 31 Août & 2 Septembre 1768, à fin d'opposition à l'arrêt de notredite Cour du 29 dudit mois d'Août, d'une part, & ledit Chaline, défendeur d'autre part ; & entre messieurs les directeurs & administrateurs de l'Hôpital-Général, demandeurs en requêtes des 14 & 18 Octobre dernier, tendantes, savoir, la premiere, à fin d'opposition à l'exécution de l'arrêt du 30 Septembre dernier, surpris par ledit Chaline ; & la seconde, de ce que, sans s'arrêter ni avoir égard aux requêtes & demandes de Jacques Chaline, dans lesquelles il seroit déclaré non-recevable, ou en tout cas débouté, adjuger auxdits sieurs administrateurs les conclusions par eux prises par leur exploit introductif, & augmentant, & icelles rectifiant, qu'il leur fût donné acte de que, sur leur demande, Jean Paitre, oncle de la mineure Luce, par sa requête du 17 Juin dernier, s'en rapportoit à la prudence de notre Cour, & de la déclaration faite par Chaline, par sa requête du 18 dudit mois de Juin, qu'il n'entendoit point du tout contester auxdits sieurs directeurs leur qualité de tuteurs nés des enfans mis dans l'Hôpital-Général & maisons y unies ; en conséquence, les recevoir, en tant que besoin, opposans à la sentence du Châtelet du 19 Mars dernier, par laquelle Chaline avoit fait nommer ledit Paitre tuteur de ladite mineure Luce, que ladite sentence & tout ce qui l'avoit précédé & suivi, fussent déclarés nuls, & qu'il fût ordonné que les arrêts de notredite Cour, rendus même sur les conclusions de notre procureur-général, & qui ont tous confirmé lesdits sieurs directeurs dans leur qualité de tuteurs nés des enfans mis dans l'Hôpital-Général & maisons y unies, fussent exécutés selon leur forme & teneur; en conséquence, qu'il fût ordonné que ledit Chaline, en qualité de mari en deuxiemes noces de défunte Jeanne Ricourt, mere de ladite mineure Luce, seroit tenu de leur remettre l'inventaire qui a dû être fait après le décès de ladite Ricourt, ensemble les pieces justificatives desdits deux inventaires, comme aussi de leur rendre compte des sommes revenant à ladite mineure desdites successions de ses pere & mere, & de payer lesdites sommes & intérêts, du jour du décès desdits pere & mere de ladite mineure, ès-mains & sur la quittance de m^e Judde, receveur-charitable dudit Hôpital-Général, ou du sieur Dommey, économe de l'Hôpital de la Salpêtriere ; à ce faire ledit Chaline & tous autres dépositaires desdites sommes, seroient contraints par toutes voies dues & raisonnables, même par corps, & nonobstant toutes oppositions & empêchemens généralement quelconques, icelles tenantes ès-mains dudit receveur ; & dans le cas où l'inventaire de la seconde communauté ne seroit pas encore fait, qu'il fût ordonné qu'il le feroit, à la requête, pourfuites & diligence des fieurs directeurs, efdits noms & qualités, à l'effet de quoi feroit ledit Chaline tenu, par les mêmes voies, de rapporter & repréfenter tous les billets, obligations, & autres titres qu'il peut avoir en fa poffeffion, & de fe purger, par ferment, qu'il n'en retient directement ni indirectement; comme auffi qu'il feroit également procédé à la vente du mobilier de ladite feconde communauté, & autres opérations convenables & néceffaires après lefdits inventaires; qu'il fût fait défenfe audit Chaline & autres, de s'immifcer & troubler lefdits fieurs directeurs efdites opérations, fur les peines de droit, pour les deniers qui proviendront de la vente, être dépofés comme dit eft; & pour la mauvaife conteftation, que ledit Chaline fût condamné en tous les dépens, même en ceux faits pour & contre ledit Paitre, en ceux réfervés, lefquels il ne pourroit employer, & que lefdits fieurs directeurs pourroient employer, fi bon leur femble, en frais de tutelle, & dont ils feroient rembourfés par privileges & préférence fur les deniers provenans & à provenir defdites fucceffions, d'une part; & ledit Chaline, & ledit Paitre, prétendu tuteur de ladite mineure, défendeur d'autre part: & entre ledit Chaline, demandeur en requête du 12 Novembre dernier, à ce que les conclufions par lui prifes lui fuffent adjugées avec dépens, d'une part; & les adminiftrateurs de l'Hôpital-Général, & ledit Paitre, défendeurs d'autre part; & entre Jean Paitre, cordonnier à Paris, demandeur en requête du treize Décembre dernier, tendante à ce qu'il lui fût donné acte de la délaration faite par ledit Chaline, par fa requête du dix-huit Juin auffi dernier, qu'il n'entendoit point contefter auxdits fieurs adminiftrateurs la qualité de tuteurs-nés des enfans mineurs qui font dans leurs maifons; en conféquence, qu'attendu que ladite mineure avoit été placée par fa mere dans ledit Hôpital, pour y être traitée d'une maladie pour ainfi dire incurable, & que tant que ladite mineure feroit dans ledit Hôpital, il ne pouvoit lui être donné un autre tuteur que lefdits fieurs directeurs, ledit Chaline fût débouté de toutes fes demandes formées contre ledit Paitre, & le condamner en tous les dépens, d'une part; & lefdits fieurs directeurs, & ledit Chaline, défendeurs d'autre part; & entre lefdits directeurs & adminiftrateurs, demandeurs en requête du 17 dudit mois de Décembre dernier, tendante à ce qu'il leur fût donné acte de la reconnoiffance faite par Jean Paitre, oncle de ladite mineure, de leur droit & qualité de tuteurs-nés des enfans étant à l'Hôpital; en conféquence, que les conclufions par eux prifes leur fuffent adjugées, attendu que ledit Paitre, oncle de ladite mineure, étoit le feul qui pût leur contefter leur droit, & qu'au lieu de ce faire, il déféroit à leur demande, que ledit Chaline fût condamné aux dépens envers toutes les parties, d'une part; & ledit Chaline & Paitre, défendeurs d'autre part; & entre notre procureur-général, appellant fuivant fes conclufions prifes à la barre de notredite Cour, de la fentence du Châtelet du 19 Mars 1768, & à ce que l'appellation & ce dont eft appel fuffent mis au néant, d'une part; & ledit Chaline, intimé & défendeur d'autre part; après que Marguet, avocat de l'Hôpital-Général; Jouhannin, avocat de Chaline; & Defgranges, avocat de Paitre, ont été ouis; enfemble Seguier pour notre procureur-général: NOTREDITE COUR reçoit notre procureur-général appellant de la fentence du Châtelet de Paris du 19 Mars 1768, tient l'appel pour bien relevé; faifant droit fur ledit appel, a mis & met l'appellation & ce dont eft appel au néant; émendant, décharge la partie de Defgranges, de la tutelle de Jeanne-Genevieve Luce; ayant égard à la demande des parties de Marguet, ordonne que la partie de Jouhannin fera tenue de remettre auxdites parties de Marguet, les inventaires qui ont dû être faits après le décès des pere & mere de ladite Luce, avec les pieces juftificatives defdits inventaires; comme auffi de leur rendre compte des fommes à elle revenantes defdites fucceffions de fes pere & mere, & de payer lefdites fommes & intérêts, à compter des jours des décès defdits pere & mere, ès-mains & fur la quittance du receveur-charitable de l'Hôpital-Général; à ce faire lefdites parties de Jouhannin, & tous autres dépofitaires, contraints, même par corps, nonobstant toutes oppositions & empêchemens, lesquelles tiendront ès mains dudit receveur, quoi faisant déchargés; & dans le cas où l'inventaire de la seconde communauté ne seroit pas encore fait, ordonne qu'il le sera, à la requête des parties de Marguet; à l'effet de quoi, la partie de Jouhannin tenue par les mêmes voies, de rapporter & représenter tous les titres qu'elle peut avoir en sa possession, & de se purger par serment, qu'elle n'en retient aucuns, directement ni indirectement; ordonne pareillement qu'il sera procédé à la vente du mobilier de ladite seconde communauté, & aux autres opérations nécessaires, pour les deniers qui proviendront de ladite vente, être déposés ès-mains dudit receveur; condamne la partie de Jouhannin aux dépens envers toutes les parties. Si mandons mettre le présent arrêt à exécution. Donné en Parlement ce quinze Février mil sept cent soixante-neuf, & de notre regne le cinquante-quatrieme. Collationné. *Signé*, COTTIN. Par la Chambre, *Signé*, DUFRANC. *Et scellé le dix-huit Mars mil sept cent soixante-neuf.*

SENTENCE DU CHATELET DE PARIS,

*QUI prononce la radiation d'une saisie-réelle faite des biens immeubles d'une mineure des Enfans-Trouvés, & ordonne qu'ils seront vendus sur publication, poursuite & diligence de l'administration de l'*Hôpital-Général, *en sa qualité de tutrice de cette mineure.*

Du 22 Avril 1777.

A tous ceux qui ces présentes lettres verront, Anne-Gabriel-Henri Bernard, chevalier, marquis de Boulainvilliers, seigneur de Passy-lès-Paris, Glizolles, Saint-Aubain, Vrigues & autres lieux, conseiller du roi en ses conseils, président honoraire en la cour du Parlement, prévôt de la ville, prévôté & vicomté de Paris, conservateur des privileges royaux de l'Université de ladite ville, lieutenant pour le roi au gouvernement de la province de l'Isle de France, grand-croix, prévôt & maître des cérémonies de son ordre royal & militaire de Saint-Louis, SALUT. Savoir, faisons que sur la requête faite en jugement devant nous, à l'audience du parc civil du Châtelet de Paris, par m^e^ Jacques-Guillaume-Gabriel Chappe, procureur de mm. les directeurs & administrateurs de l'Hôpital-Général de cette ville, & de celui des Enfans-Trouvés y uni, au nom & comme tuteurs-nés de Marie-Madeleine Percheron, fille mineure d'Amboise-Gratien Percheron, marchand en la ville d'Houdan, & de Marie-Anne Repesset, décédée sa femme, ses pere & mere; ladite mineure seule & unique héritiere, sous bénéfice d'inventaire, de ladite Marie-Anne Repesset sa mere, suivant les lettres pour elle obtenues en la chancellerie du Palais à Paris, le 2 Septembre 1775, signées par le conseil, Barengue, insinuées à Paris le 28 du même mois, par Caqué, & entérinées par sentence rendue en cette Cour, le 11 Octobre suivant, lesdits administrateurs poursuivans la vente & adjudication sur publication de biens situés à Thionville & ès environs, dépendans de la succession de ladite Marie-Anne Repesset & demandeurs au principal, & en exécution d'une autre sentence aussi rendue en cette Cour, le 21 dudit mois d'Octobre 1775, encore demandeurs aux fins de la requête à nous présentée contre le sieur Lemoine, ci-après nommé, répondue de notre ordonnance du 26 Novembre suivant, & de l'exploit fait en conséquence par Couchot, huissier audiencier en la connétablie de France du palais à Paris, le 6 Décembre aussi suivant, contrôlé à Paris le lendemain par Dutitre, & présenté cejourd'hui par Moignon, défendeurs aux écritures signifiées de la part dudit sieur Lemoine le 27 Mars 1776, concluant suivant celle du 29 dudit mois de Mars, défendeurs à la requête verbale du 21 Mai suivant, demandeurs aux fins des écritures du vingt-trois, défendeurs à autre requête verbale du huit Juillet de ladite année mil sept cent soixante-seize, concluant suivant les écritures du dix, demandeurs en dénonciation suivant la requête verbale du quinze; défendeurs à autre requête verbale de dénonciation du 18, concluant suivant les écritures du 22 du même mois de Juillet, & demandeurs suivant la requête verbale de dénonciation du 6 Mars dernier : encore lesdits sieurs administrateurs demandeurs contre les sieurs Salary & Gauchard, ci-après nommés, aux fins des requêtes à nous présentées le même jour 20 Mai 1776, répondues de nos ordonnances du même jour; encore demandeurs aux fins de l'exploit fait en vertu d'une desdites ordonnances contre le sieur Salary, par ledit Couchot, huissier, le 23 dudit mois de Juillet, contrôlé à Paris le 25 par Dutitre, & présenté par ledit m^e Moignon, défendeurs aux écritures du 9 dudit mois de Juillet, & concluant suivant celle du 11; encore demandeurs contre ledit Gauchard, aux fins de l'exploit fait par Voillemin, huissier, garde en la prévôté générale des monnoies, résidant à Houdan, le 15 dudit mois de Juillet 1776, contrôlé à Houdan le même jour, & présenté le 14 Août suivant par la Fitte, défendeurs aux écritures du 26 dudit mois d'Août, & demandeurs suivant celles du 28 du même mois; à la requête verbale signifiée de la part desdits sieur Salary & Gauchard le 27 Février dernier & tendante aux fins des écritures du 3 Mars dernier, & encore lesdits sieurs administrateurs demandeurs contre le sieur Greslé, aussi ci-après nommé, aux fins de la requête à nous présentée, répondue de notre ordonnance du 6 dudit mois de Juillet 1776, & de l'exploit fait en conséquence par ledit Couchot, huissier, le 8 du même mois, contrôlé le 10 & présenté aussi cejourd'hui par ledit m^e Moignon, encore demandeurs suivant la requête verbale de dénonciation du 15 dudit mois de Juillet, défendeurs aux écritures du 16, concluant suivant celles du 22, & demandeurs en dénonciation suivant la requête verbale dudit jour 6 Mars dernier; & enfin lesdits sieurs administrateurs, demandeurs au principal contre lesdits sieur & dame Mabile ci-après nommés, & défendeurs à la requête verbale du 14 dudit mois de Mars dernier, demandeurs suivant les écritures du 17, & encore demandeurs en dénonciation contre les autres défaillans susnommés, suivant la requête verbale du 18 dudit mois de Mars; le tout tendant aux fins y contenues, assistés de m^e Porcher, avocat, contre m^e Gosse, procureur du sieur Lemoine, marchand mercier à Paris, au nom & comme ayant fait saisir les biens dont il s'agit, sur ledit Ambroise-Gratien Percheron & ladite Marie-Anne Repesset, par procès-verbal du 12 Juin 1772, enregistré au bureau des saisies-réelles de cette Cour, le 6 Juillet suivant, ledit sieur Lemoine, en cette qualité, défendeur aux requête, ordonnance & exploit desdits jours 26 Novembre & 6 Décembre 1775, demandeur aux fins des écritures du 27 Mars suivant, défendeur à celles du 29, demendeur aux fins de la requête verbale du 21 Mai dernier, défendeur aux écritures du 23, demandeur aux fins d'autre requête verbale du 8 Juillet suivant, défendeur aux écritures du 10, encore défendeur en la requête verbale de dénonciation du 15 dudit mois; & enfin défendeur à pareille requête de dénonciation du 6 Mars présent mois. Encore contre me Follin, procureur du sieur Vincent Salary, ci-devant entrepreneur des étapes de la généralité de Paris, aussi au nom & comme ayant fait saisir lesdits biens sur ledit Ambroise-Gratien Percheron & ladite Marie-Anne Repesset sa femme, par procès-verbal du 20 Janvier 1773, enregistré au greffe de la prévôté d'Houdan le 25 du même mois; ledit sieur Salary en ces qualités, défendeur aux requêtes, ordonnances & exploit des 20 & 23 Mai 1776, demandeur aux fins des écritures dudit jour 9 Juillet suivant, défendeur à celles du 11, demandeur aux fins de la requête verbale du 27 Février dernier, & défendeur aux écritures du 3 Mars suivant; encore ledit me Folin, procureur du nommé Jacques Gauchard, journalier, commissaire établi à la saisie-réelle faite à la requête dudit sieur Salary le 22 Janvier 1773, défendeur aux requêtes, ordonnances & exploit desdits jour 20 Mai & 15

Juillet 1776, demandeur aux fins des écritures du 26 Août suivant, défendeur à celles du 28 du même mois, demandeur aux fins de la requête verbale dudit jour 27 Février, & défendeur aux écritures du 3 de ce mois. Encore contre me Dorlan, procureur du sieur Antoine Greslé, bourgeois de Paris, fermier-judiciaire des biens compris en la saisie-réelle faite à la requête dudit Lemoine ci-dessus nommé, le 12 Janvier 1772, demandeur contre la veuve Balagny, ci-près nommée, aux fins de l'exploit du 2 Novembre 1773, défendeur aux fins de la requête verbale du 20 Décembre suivant, suivant ses moyens du 31 Mai 1774, défendeur aux écritures du 27 Juin de la même année, suivant ses moyens du 9 Juillet suivant, & demandeur aux fins des requêtes & exploit des 8 & 15 Novembre aussi suivant, & défendeur aux requêtes, ordonnances & exploits desdits jours 6 & 8 Juillet dernier, suivant ses défenses des 16 & 19 dudit mois, encore défendeur à la requête verbale de dénonciation du 15 dudit mois, demandeur aux fins des écritures du lendemain, défendeur à celles du 18, demandeur suivant celles du 22, défendeur à celles du 23, & enfin défendeur à la requête verbale de dénonciation du 6 de ce mois, demandeur aux fins de sa requête verbale de dénonciation des 17 & 19 du même mois de Juillet, défendeur aux écritures du 22 suivant les moyens du 23, défendeur aux écritures du même jour, signifiées de la part du sieur Salary, suivant ses moyens du 26, & encore défendeur aux fins de la requête verbale du 27 Février dernier, suivant ses défenses du premier du présent mois de Mars, le tout tendant aux fins y contenues, assisté de me le Sueur, avocat, contre me Gelhay, procureur de demoiselle Marie Godard, à présent veuve du sieur Balagny, fermier laboureur à Thionville, tant en son nom, à cause de la communauté de biens qui a été entr'elle & son défunt mari, que comme ayant la garde naturelle de ses enfans mineurs, défenderesse aux fins de l'exploit dudit jour 2 Novembre 1773, demanderesse aux fins de ses requêtes verbales & écritures des 20 Décembre & 27 Juin suivant, & défenderesse aux fins des requêtes & exploits des 8 & 15 Novembre 1774, défenderesse aux fins de la requête de dénonciation dudit jour 19 Juillet dernier, & demanderesse contre me Contant, procureur du sieur Nicolas Marais, laboureur à Thionville, au nom & comme tuteur des enfans mineurs de lui & de défunte Marie Repesset sa femme; lesdits mineurs héritiers de leur mere, & par représentation héritiers pour un septieme de Jean Repesset, & de Marie Police, leurs ayeux, défendeur aux fins des requêtes & écritures signifiées en l'instance de la part du sieur Mabile, & encore défendeur aux fins de la requête verbale dudit jour 17 Juillet dernier, & demandeur. Et enfin contre me Gillard, procureur du sieur Etienne Mabille, marchand, fermier & laboureur, demeurant au village de Vaux & de Françoise Carlut sa femme, demandeurs aux fins de la requête verbale, signifiée le 14 dudit mois de Mars dernier, défendeurs aux écritures employées pour fins de non-recevoir du 17 dudit mois de Mars, parties ouies entre lesdits m Chappe, Gosse, Folin, Dorlan, Contant & Gelhay, ensemble noble homme m. de Delay Dacheres, avocat du roi en cette Cour, en ses conclusions, & par vertu du défaut de nous donné contre ledit me Gillard, audit nom, non-comparant ni autre pour lui duement appellé, lecture faite des pieces & de l'avenir à ce jour pour plaider; nous recevons les intervenants, parties intervenantes, faisant droit au principal, ayant aucunement égard aux conclusions & demandes des parties de Chappe, ès noms & qualités, & du consentement des parties de Cosse & Folin, duquel donnons lettres, sans préjudicier à leurs droits ni leur en attribuer plus qu'elles n'en peuvent avoir; faisons main-levée pure & simple des saisies-réelles faites sur Ambroise-Gratien Percheron, & Marie-Anne Repesset sa femme, savoir à la requête de ladite partie de Cosse, par procès-verbal du 12 Juin 1772, enregistré au bureau des saisies-réelles de cette Cour, le 6 Juillet suivant, & à la requête de Salary, l'un des parties de Folin, par procès-verbal du 20 Janvier 1773, enregistré au greffe de la prévôté de Houdan le 25 du même mois, des biens énoncés en icelles appartenans actuellement à la mineure Percheron, ès noms & qualités, & dont est question; disons que lesdites saisies-réelles seront rayées de tous registres où elles ont pu être enregistrées, à quoi faire tous greffiers & dépositaires desdits registres seront contraints; & ce faisant ils seront bien & valablement quittes & déchargés; déclarons commune avec les parties de Gosse, Dorlan & Folin, notre sentence sur requête du 21 Octobre 1775; en conséquence & en exécution d'icelle, disons qu'il sera, à la requête, poursuite & diligence des parties de Chappe, procédé sur publication à l'audience des criées de cette Cour, à la vente & adjudication au plus offrant & dernier enchérisseur des biens dont il s'agit, aux charges, clauses & conditions les plus avantageuses, énoncées à l'enchere, qui sera à cet effet mise au greffe, lue & publiée en jugemens, affiches préalablement apposées où besoin sera, le tout en la maniere accoutumée, & en la présence de la partie de Gosse seulement, pour la conservation des droits de toutes les parties; à l'effet de quoi lesdites parties de Chappe seront tenues de lui faire signifier lesdites affiches, enchere, & les remises d'icelle : faisans pareillement droit sur les demandes respectives des parties de Dorlan, Gillard, Contant, Gelhay & de Gauchard, autre partie de Folin; avons la cause continuée au premier jour entre lesdites parties de Dorlan & Gillard, sans avoir égard à la nomination faite par sentence de la prévôté de Houdan, du 22 Janvier 1773, de la personne dudit Gauchard, pour commissaire à la saisie-réelle, faite à la requête dudit Salari, ni à sa prestation de serment faite le 25 du même mois, dont le déchargeons & relevons purement & simplement, disons que la partie de Dorlan continuera de jouir des biens compris au bail judiciaire à elle adjugés par sentence rendue à l'audience des criées de cette Cour, le 7 Avril 1773, jusqu'au jour & fête de Saint-Martin de la présente année 1777, auquel jour ledit bail sera & demeurera de son consentement nul & résilié; en conséquence condamnons les détempteurs desdits biens, à payer à ladite partie de Dorlan ou à ses sous-fermiers, à compter du jour de sa jouissance de son bail judiciaire, & jusqu'à son expiration le prix de leur occupation & fermages, suivant & au prorata de leurs baux; condamnons pareillement la partie de Gelhay, suivant ses offres verbales, à payer à celle de Dorlan, la somme de deux cens quarante-huit livres dix-sept sols, déduction faite de toutes retenues & impositions royales, dont elle lui remettra les quittances, pour le cinquieme seulement, des deux années échues à la Saint-Martin d'hiver 1774, des fermages appartenans audit Percheron & sa femme parties saisies, attendu la justification faite par ladite partie de Dorlan, de trois quittances de paiement qu'elle a fait de trois cinquiemes desdits fermages, à trois des co-héritiers de la mineure Percheron, en la succession de la veuve Repesset son aïeule; de la représentation desquelles quittances, ladite partie de Gelhay demeure déchargée, attendu qu'elles sont adhirées, & sauf à ladite partie de Dorlan à se pourvoir comme elle avisera contre lesdits co-héritiers, pour le paiement du surplus du produit des biens compris en son bail judiciaire; sur les autres demandes mettons les parties hors de Cour; donnons lettres aux parties de Chappe, & Dorlan, de leurs sommations & dénonciations; condamnons les parties de Gelhay & Contant aux dépens envers la partie de Dorlan : savoir, celle de Gelhay, en ceux faits jusqu'au 24 Décembre 1774, & celle de Contant en ceux qui la regardent personnellement; avons le surplus des dépens compensés, dont les parties seront remboursées par privilege & préférence sur les deniers du bail judiciaire déposés ou à déposer ès mains du commissaire aux saisies-réelles, & en cas d'insuffisance sur le prix à provenir de la vente desdits biens, savoir celle de Gosse & de Folin, comme de leurs frais de poursuite de saisie-réelle, lesquels avec ceux de la présente instance, seront taxés par un même & seul exécutoire pour chacune d'elles, celle de Chappe comme des frais de poursuite de vente, & celle de Dorlan des frais de bail judiciaire qu'elle pourra même retenir par ses mains, sur le prix de son bail, & l'exécutoire desquels ledit commissaire aux saisies-réelles sera tenu de prendre pour comptant en déduction du prix, ce qui sera exécuté nonobstant & sans

sans préjudice de l'appel, & soit signifié; en témoin de quoi nous avons fait sceller ces présentes, qui furent faites & données par messire Angran d'Alleray, chevalier, comte des Maillis, seigneur de Bazoches, Condé, Sainte-Libiere & autres lieux, conseiller du roi en ses conseils, honoraire en sa cour de Parlement, seigneur, patron de Vaugirard-lès-Paris, ancien procureur-général de sa majesté en son Grand Conseil, lieutenant-civil de la ville, prévôté & vicomté de Paris, tenant le siege audit Châtelet, le mardi 22 Avril 1777. *Signé*, JARDIN. Collationné. *Signé*, JAQUOTOT, *avec paraphe.*

ARRÊT DU PARLEMENT,

QUI autorise l'administration à se mettre en possession des immeubles dans lesquels les mineurs sont intéressés, à en toucher les loyers, nonobstant toutes oppositions, & à y faire les réparations convenables.

Du 29 Mai 1780.

LOUIS, par la grace de Dieu, roi de France & de Navarre: Au premier huissier de notre cour de Parlement, ou autre notre huissier ou sergent sur ce requis, savoir faisons, qu'en la requête présentée par les directeurs & administrateurs de l'Hôpital-Général & de celui du Saint-Esprit y uni, tuteurs des mineurs Ventujols réunis audit Hôpital, tendante à ce que, pour les causes y contenues, il plût à notredite Cour ordonner que les locataires de la maison appartenante, en cette ville, aux mineurs Ventujols, seroient tenus de déposer entre les mains du receveur dudit Hôpital-Général, tous les loyers qu'ils pourroient devoir auxdits mineurs & à la succession Ventujols; à quoi faire contraints par toutes voies dues & raisonnables, nonobstant toutes saisies & oppositions faites ou à faire entre leurs mains sur lesdits mineurs & succession Ventujols, à la charge desdites saisies & oppositions, lesquelles tiendroient entre les mains du receveur: quoi faisant, il seroit & demeureroit bien & valablement quitte & déchargé; les supplians fussent en outre autorisés à employer lesdits loyers, jusqu'à concourrence, aux réparations & reconstructions urgentes & nécessaires à faire à ladite maison, desquelles réparations & reconstructions il seroit tenu compte sur les quittances des ouvriers qui y auroient été employés; ladite requête signée Bruslé de Baune, procureur des supplians. Conclusions du procureur-général; oui le rapport de me. François-Emmanuel Pommier, conseiller; tout considéré, NOTREDITE COUR ordonne que les locataires de la maison appartenante aux mineurs Ventujols, seront tenus de déposer les loyers qu'ils doivent auxdits mineurs & à la succession Ventujols, entre les mains du receveur de l'Hôpital-Général; à quoi faire ils seront contraints par toutes voies dues & raisonnables, nonobstant tontes saisies, oppositions faites ou à faire entre leurs mains, sur la succession & mineurs Ventujols, & à la charge desdites saisies & oppositions, lesquelles tiendront ès mains dudit receveur: quoi faisant, il en sera & demeurera bien & valablement quitte & déchargé; autorise les supplians à employer lesdits loyers, jusqu'à due concurrence, en réparations & constructions urgentes & nécessaires à faire à la maison appartenante à la succession Ventujols; desquelles réparations & reconstructions sera tenu compte sur les quittances des ouvriers qu'ils y auront employés. Si mandons mettre le présent arrêt à exécution; de ce faire te donnons pouvoir. DONNÉ en Parlement, le 29 Mai, l'an de grace 1780, & de notre regne le septieme. Collationné, LUTTON. *Signé*, YSABEAU, & scellé.

ARRÊT

*CONFIRMATIF du droit qui appartient à l'adminiſtration de l'*Hôpital-Général, *d'évoquer en la Grand-Chambre du Parlement les cauſes des mineurs qui ſont ſous ſa tutelle, comme pour ſes propres affaires.*

Du 19 Mai 1783.

ENTRE Marie-Madelaine Bouillerie, veuve d'Edme-Sylveſtre Cauchon, Bourgeois de Paris, héritiere par repréſentation de ſa mere, de feu Charles-François Ourſel, vivant, marchand de vin - traiteur à Paris, & de défunte Marie Devaux, ſes ayeux maternels, demandereſſe en requête du 12 Novembre 1782, à fin d'oppoſition aux arrêts obtenus par les ci-après nommés, en la Chambre des Vacations, les 3 & 11 Octobre précédent, à ce que faiſant droit ſur l'oppoſition, leſdits arrêts & la procédure faite ſur iceux, fuſſent déclarés nuls & de nul effet; en conſéquence les parties fuſſent renvoyées au Châtelet, pour y procéder ſur les demandes dont il s'agit, ſuivant les derniers erremens, & défendereſſe, d'une part; & Pierre Ourſel, marchand de vin à Paris, exécuteur teſtamentaire de Marie Devaux, veuve de Charles-François Ourſel, ſa mere, défendeur, & demandeur en requête du 7 Décembre ſuivant, tendante à ce qu'il lui fût donné acte de ce qu'il s'en rapportoit à la prudence de la Cour de renvoyer la cauſe ou de la retenir; & dans le cas où elle jugeroit à propos de retenir à elle la connoiſſance de la conteſtation, la veuve Cauchon fût déboutée de ſa demande en nullité & en renvoi, & condamnée aux dépens de l'incident; & dans le cas où la Cour jugeroit à propos de renvoyer les parties au Châtelet, audit cas, le demandeur fût reçu oppoſant à l'arrêt d'évocation obtenu par les adminiſtrateurs de l'Hôpital-Général de Paris, le 27 Septembre précédent, faiſant droit ſur l'oppoſition, ledit arrêt & toute la procédure qu'il avoit faite, fuſſent déclarés nuls & de nul effet; en conſéquence fût ordonné que les parties continueroient de procéder au Châtelet de Paris, ſur la demande dont il s'agit; au ſurplus, il fût donné acte au demandeur de ce qu'il ſommoit & dénonçoit auxdits adminiſtrateurs de l'Hôpital-Général & du Saint-Eſprit, ès noms, les requêtes & demandes formées contre lui, par ladite veuve Cauchon, à ce qu'ils n'en ignoraſſent, & euſſent à intervenir dans la conteſtation d'entre lui & ladite veuve Cauchon, ſinon, & à faute de ce faire, & dans le cas où il interviendroit des condamnations contre le demandeur, ils fuſſent condamnés à l'en acquitter; & leſdits adminiſtrateurs & ladite veuve Cauchon, ou celui d'entr'eux qui ſuccomberoit, fuſſent condamnés aux dépens que le demandeur emploieroit en frais d'exécution teſtamentaire, & défendeur d'autre part; & leſdits adminiſtrateurs de l'Hôpital-Général & du Saint-Eſprit, au nom & comme tuteurs-nés de Jean-Charles Prache, mineur, reçu audit Hôpital, héritier pour un ſeptieme, par repréſentation de ſa mere, de ladite Marie Devaux, ſon aïeule, défendeur & demandeur en requête, du même jour 7 Février ſuivant; la premiere, à fin d'oppoſition à l'arrêt par défaut, du 22 Janvier précédent, & la ſeconde tendante à ce qu'acte lui fût donné de l'aveu fait par le ſieur Ourſel, par ſa requête du 7 Décembre précédent, qu'en vertu de leurs charges, ils avoient le droit d'évoquer en la Grand-Chambre de la Cour toutes leurs conteſtations; ce faiſant, fût declaré purement & ſimplement non-recevable dans ſes demandes, ou en tout cas & ſubſidiairement ſeulement, il en fût débouté avec dépens, auſſi d'autre part; & entre ledit Pierre Ourſel, demandeur en requête du 13 dudit mois de Février dernier, tendante à ce que, ſans s'arrêter aux requêtes & demandes deſdits adminiſtrateurs de l'Hôpital-Général, dans leſquelles ils ſeroient déclarés non-recevables, ou dont ils ſeroient déboutés, attendu que la prétendue déclaration des demandeurs ne pourroit préjudicier à son titre contre les défendeurs, & qu'il n'avoit qualité ni pour admettre ni pour contester l'évocation qu'avoit nécessité la sienne; ses précédentes conclusions lui fussent adjugées, lesdits administrateurs fussent condamnés aux dépens, que le demandeur emploieroit, & défendeur d'une part; & lesdits directeurs & administrateurs de l'Hôpital-Général de Paris, défendeurs & demandeurs en requête du 18 dudit mois de Février dernier, tendante à ce que, sans s'arrêter aux requêtes & demandes dudit Oursel, dans lesquelles il seroit déclaré purement & simplement non-recevable, ou dont, en tout cas, il seroit débouté, les conclusions par eux ci-devant prises fussent adjugées avec dépens, d'une part; & ledit Oursel, défendeur, d'autre part, sans que les qualités puissent nuire ni préjudicier; après que Marguet, avocat de l'Hôpital-Général de Paris, a demandé la réception de l'appointement contradictoirement avisé au parquet, avec Pajot, avocat de la veuve Cauchon, Parisot, avocat de Piere Oursel, paraphé, & d'Aguesseau, pour le procureur-général du roi, & signifiée à Bigot de Villeneuve & Vinchon, procureurs.

LA COUR ordonne que l'appointement sera reçu, & suivant icelui, reçoit les parties opposantes à l'exécution des arrêts par défaut; au principal, sans s'arrêter à la demande en renvoi de la partie de Pajot, dont elle est déboutée, renvoie les parties à procéder en la Grand-Chambre, dépens réservés. FAIT en Parlement, le 10 Mai 1783. *Signé* YSABEAU. Collationné, DURAND.

ARRÊT DU PARLEMENT,

QUI déclare nulles des lettres d'émancipation obtenues par un mineur, éleve de la Pitié, sans la participation de messieurs les administrateurs.

Du 13 Décembre 1783.

LOUIS, par la grace de Dieu, roi de France & de Navarre: Au premier huissier ou sergent sur ce requis. Savoir faisons, qu'entre les directeurs & administrateurs de l'Hôpital-Général & du Saint-Esprit y uni, appellans de sentence du Châtelelet de Paris du 11 Avril dernier, suivant les commission & exploit des 25 & 27 Octobre dernier, & demandeurs en requête du 11 Décembre présent mois, à ce qu'il plût à la Cour mettre l'appellation & ce dont est appel au néant; émandant, ladite sentence fût déclarée nulle & de nul effet, & tout ce qui l'avoit précédé ou suivi, & les intimés ci-après qualifiés, fussent condamnés aux dépens des causes principale, d'appel & demande que lesdits directeurs & administrateurs pourroient employer en frais de tutelle, d'autre part; & Denis Bouquin, mineur, reçu audit Hôpital du Saint-Esprit, se disant émancipé d'âge, & Denis Millot, maître boulanger à Paris, se disant curateur à l'émancipation du sieur Bouquin, intimé, adjourné, & défendeur en deux requêtes du 12 Décembre présent mois: la premiere celle de Denis Millot, à ce qu'il lui fût donné acte de ce que sur les appel & demande des administrateurs de l'Hôpital-Général, il s'en rapportoit à la prudence de la Cour; qu'il lui fût pareillement donné acte de ce qu'il sommoit & dénonçoit à Denis Bouquin, les appel & demande desdits administrateurs de l'Hôpital-Général, à ce qu'il n'en ignorât, & de ce qu'il contresommoit & dénonçoit la demande dont il s'agit aux uns & aux autres, à ce qu'ils n'en ignorassent, en conséquence que celui ou celle d'entr'eux qui succomberoit, fût condamné en tous les dépens envers ledit Millot, des causes d'appel & demande par lui faite contre toutes les parties; la seconde, à ce que l'appellation fût mise au néant, il fût ordonné que ce dont étoit appel, sortiroit effet, & les appellans fussent condamnés aux dépens des causes d'appel & demande, d'une part; & les administrateurs de l'Hôpital-Général, défendeurs d'autre part; sans que &c. Après que Marguet, avocat de l'Hôpital-Général; Dinet, avocat de Denis Bouquin, & Aujollet, avocat de Denis Millot, ont été ouis; ensemble d'Aguesseau pour le procureur-général du roi.

NOTREDITE COUR donne acte à la partie d'Aujollet, de sa déclaration qu'elle se rapporte à la prudence de notredite Cour; en conséquence, faisant droit sur l'appel, a mis & met l'appellation, & ce dont est appel au néant; émendant, déclare nulle la sentence d'émancipation du Châtelet de Paris du 11 Avril dernier, & tout ce qui a précédé & suivi; condamne la partie de Dinet aux dépens des causes principale, d'appel & demandes envers toutes les parties; lesquels ainsi que ceux faits par ladite partie de Dinet, tant au Châtelet qu'en cette Cour, seront pris sur les revenus appartenans à ladite partie de Dinet, étant entre les mains des parties de Marguet. Fait en Parlement le treize Décembre mil sept cent quatre-vingt-trois; signée, contrôlée & scellée.

SENTENCE DU CHATELET DE PARIS,

QUI autorise messieurs les administrateurs de l'Hôpital-Général, en leur qualité de tuteurs-nés des mineurs placés dans les Hôpitaux, à conserver entre leurs mains le prix des immeubles qui seront vendus, & dans lesquels lesdits mineurs seront intéressés.

Du 28 Mai 1784.

A tous ceux qui ces présentes verront: Anne-Gabriel-Henri Bernard, chevalier, marquis de Boulainvillers, seigneur de Passy-lès-Paris, Glissolles, Saint-Aubin, Vreignes & autres lieux, conseiller du roi en ses conseils, président honoraire en sa cour de Parlement, prévôt de la ville, prévôté & vicomté de Paris. SALUT. Savoir faisons, que sur la requête faite en jugement devant nous, à l'audience du parc-civil du Châtelet de Paris, par m^e Chappe, procureur de messieurs les directeurs & administrateurs de l'Hôpital-Général de Paris & de celui du Saint-Esprit y uni, au nom & comme tuteurs-nés de Françoise-Genevieve-Angélique Raisin, & de Catherine-Adélaide Raisin, enfans étans dans ledit Hôpital du Saint-Esprit, de défunt François Raisin, & de Catherine Choussy, leurs pere & mere; lesdits mineurs héritiers de leursdits pere & mere, en cette qualité propriétaires pour un tiers par indivis, d'une maison sise à Paris, rue Cadet, fauxbourg Montmartre, dont le sieur Antoine-Nicolas Raisin, ci-après nommé, & poursuivant la vente & adjudication par licitation en cette Cour, défendeurs à notre sentence du 20 Novembre dernier, demandeurs aux fins de leur requête verbale du 14 du présent mois, tendante à fin de réformation de l'article 11, de l'enchere de la maison dont il s'agit, avec dépens, défendeurs aux écritures du 19 dudit mois de Mai, suivant ses réponses du 21, contre m^e Berthereau, procureur du sieur Antoine-Nicolas Raisin, charon à Paris, héritier pour un cinquieme de défunt sieur Antoine Raisin son pere, marchand plâtrier à Paris, & en cette qualité, propriétaire pour pareille portion dans un tiers au total de la maison ci-dessus désignée, & en cette qualité de poursuivant la vente & adjudication par licitation en cette Cour, demandeur en exécution de notre sentence susdatée, demandeur & défendeur: & encore demandeur aux fins de sa requête verbale de dénonciation du 24 du présent mois, & défendeur contre m^e Magny, procureur de Marie-Louise Saulnier, veuve dudit Antoine Raisin, au nom & comme tutrice de Marie-Louise Saulnier, veuve dudit Antoine Raisin, au nom & comme tutrice de Marie-Madeleine & de Marie-Charles Raisin ses enfans mineurs, & dudit défunt Antoine Raisin leur pere, dont ils sont héritiers chacun pour un cinquieme; encore ledit m^e Magny, procureur de Marie-Catherine Raisin, fille majeure, aussi héritiere pour un cinquieme dudit feu sieur Antoine Raisin son pere, du sieur Georges Beauvalet, loueur de carosses, & demoiselle Marie-Louise-Denise Raisin, sa femme, à cause d'elle fille & héritiere pour un cinquieme dudit défunt sieur Antoine Raisin; & enfin ledit me Magny, procureur du sieur Antoine Aimé, marchand papetier à Paris, propriétaire pour l'autre tiers de la maison dont il s'agit, comme acquéreur dudit tiers qui appartenoit à Nicolas Girardin, marchand de vin, & Jeanne Denise Raisin sa femme, à cause d'elle; ladite veuve Raisin, demoiselle Raisin, sieur & dame Bonvalet, & sieur Aimé, demandeurs & défendeurs; & encore contre me Giron, procureur de la demoiselle Genevieve-Angélique Boursier, veuve de Guillaume Choussy, tant en son nom, à cause de la communauté de biens qui a été entre elle & sondit défunt mari, que comme du mineur Choussy leur fils, créancier de la succession dudit sieur François Raisin, & défenderesse à la requête verbale de dénonciation susdatée, & demanderesse & défenderesse; parties ouies, ensemble noble homme m. me le Pelletier-Desforts, avocat du roi, en ses conclusions, sans que les qualités puissent nuire ni préjudicier; NOUS faisant droit sur la demande formée par la partie de Chappe, à fin de réformation de l'article onzieme de l'enchere mise au greffe, contenant les clauses, charges & conditions de la vente de la maison dont il s'agit, en ce qu'il y est dit, sans distinction ni exception, que l'adjudicataire gardera entre ses mains la portion revenante aux mineurs dans le prix de ladite maison; disons en ce qui concerne lesdites parties de Chappe, que ledit adjudicataire sera tenu de leur remettre & payer en leurdite qualité de tuteurs-nés de Françoise-Genevieve-Angélique Raisin, enfans mineurs, étans dans l'Hôpital du Saint-Esprit de cette ville, de défunt François Raisin, & de Catherine Choussy, leur pere & mere, la portion qui reviendra auxdits Françoise-Genevieve-Angélique Raisin, & Catherine-Adélaide Raisin, dans le susdit prix, & ce, dans le délai porté en ladite enchere; pour les autres portions dudit prix, & qui sont à payer, en faisant lequel paiement par ledit adjudicataire, il demeurera du montant d'icelui, bien & valablement quitte & déchargé; comme aussi disons que Berthereau, en sa qualité de poursuivant la vente par licitation de ladite maison, sera tenu de faire mention de notre présente sentence, dans les trois jours de la signification d'icelle, sur la minute de ladite enchere, sinon, & à faute de ce faire par ledit Berthereau, autorisons lesdites parties de Chappe, à faire faire ladite mention; donnons lettres à la partie de Berthereau, de ses sommations & dénonciations aux parties de Magny & Giron, avec lesquelles déclarons notre présente sentence commune, pour être exécutée selon sa forme & teneur, dépens compensés entre les parties, dont elles seront remboursées par l'adjudicataire, conformément aux précédentes sentences: ce qui sera exécuté, nonobstant & sans préjudicier à l'appel, & soit signifiée; en témoin de ce, nous avons fait sceller ces présentes, données par messire Denis-François Angran Dalleray, chevalier, comte des Maillis, seigneur de Bergaches, Condé, Sainte-Libiere & autres lieux, seigneur, patron de Vaugirard-les-Paris, conseiller du roi en ses conseils, honoraire de sa cour de Parlement, & lieutenant civil de la ville, prévôté & vicomté de Paris, tenant le siege, le vendredi vingt-huit Mai mil sept cent quatre-vingt-quatre.

ARRÊT DU PARLEMENT,

*RENDU sur la requisition de m. le procureur-général, qui ordonne que le mineur que nommera m. le premier président au legs universel du sieur Dallerée continuera d'être sous la tutelle de l'administration de l'*Hôpital-Général.

Du 18 Décembre 1784.

VU par la Cour, la requête présentée par le procureur-général du roi, contenant que par arrêt rendu le 27 Août 1783; il a été ordonné que le testament du feu sieur Jean Dallerée seroit exécuté; en conséquence, que délivrance seroit faite au profit d'un Enfant-Trouvé de la Maison de Paris, qui seroit choisi & nommé par m. le premier président, de tous les biens fonds & autres objets légués par ledit testament audit Enfant-Trouvé, lequel Enfant jouiroit desdits biens & objets, aux charges, clauses & conditions portées par ledit testament, & des revenus desdits biens-fonds & des autres objets, à compter du jour du décès dudit Jean Dallerée : que par le testament dudit Jean Dallerée, il est porté que l'Enfant sera mâle, & des plus âgés de la Maison, & que si cet Enfant venoit à mourir sans enfans, il en sera nommé un autre par m. le premier président, sans pouvoir par ledit Enfant, vendre, engager, ni aliéner en aucune façon les biens à lui légués; & comme il convient de pourvoir à ce que l'Enfant qui y sera nommé par m. le premier président, soit toujours sous l'inspection des administrateurs de l'Hôpital des Enfans-Trouvés de Paris, parce que d'un côté, les biens légués seront mieux régis & administrés, & que d'un autre côté les administrateurs veilleront à la conservation desdits biens, pour qu'ils puissent être conservés, & passer à un autre Enfant, si celui qui sera nommé décédoit sans enfans. A CES CAUSES, requéroit le procureur-général du roi, qu'il plaise à la Cour ordonner que par les administrateurs de l'Hôpital des Enfans-Trouvés de Paris, il sera présenté à m. le premier président, une liste des Enfans-Trouvés, mâles, & des plus âgés de ladite maison, pour par m. le premier président, choisir & nommer celui qu'il lui plaira, à l'effet de recueillir les legs dudit feu Jean Dallerée, en exécution de l'arrêt du 27 Août 1783, & aux charges, clauses & conditions portées par le testament dudit Dallerée; ordonner qu'à la requête desdits administrateurs, ou de celui d'entr'eux qui sera député à cet effet, il sera procédé à toutes les opérations requises & nécessaires pour la liquidation & partage des biens de la succession dudit Dallerée, veiller & agir pour ce qui sera le plus avantageux pour l'Enfant-Trouvé; lesquels administrateurs pourront faire élire tout curateur qu'il conviendra au mineur, & seront tenus de faire élire un tuteur à la substitution portée par le testament dudit Dallerée, ordonner qu'il sera déposé dans les archives de la maison de l'Hôpital des Enfans-Trouvés, tous les actes de liquidation & de partage, & tous les titres de propriété des biens qui appartiendront à l'Enfant-Trouvé; pour, en cas de décès dudit Enfant-Trouvé, sans enfans, être lesdits biens remis à l'Enfant-Trouvé qui seroit nommé par le premier président, aux mêmes charges, clauses & conditions portées par le testament dudit Dallerée, & qu'il sera seulement remis des expéditions desdits actes à l'Enfant-Trouvé; ladite requête signée du procureur-général du roi : oui le rapport de me Lattaignant, conseiller; tout considéré.

LA COUR ordonne que par les administrateurs de l'Hôpital des Enfans-Trouvés de Paris, il sera présenté à m. le premier président, une liste des Enfans-Trouvés, mâles, & des plus âgés de ladite maison, pour, par m. le premier président, être choisi & nommé celui qu'il lui plaira, à l'effet de recueillir les legs dudit feu Jean Dallerée, en exécution de l'arrêt du 27 Août 1783, & aux charges, clauses & conditions portées par le testament dudit Dallerée, ordonne qu'à la requête des administrateurs ou de celui d'entr'eux qui sera député à cet effet, il sera procédé à toutes les opérations requises & nécessaires pour la liquidation & partage des biens de la succession dudit Dallerée, veiller & agir pour ce qui sera le plus avantageux pour l'Enfant-Trouvé; lesquels administrateurs pourront faire élire tout curateur qu'il conviendra au mineur, & seront tenus de faire élire un tuteur à la substitution portée par le testament dudit Dallerée; ordonne qu'il sera déposé dans les archives de la maison de l'Hôpital des Enfans-Trouvés, tous les actes de liquidation & de partage, & tous les titres de propriété des biens qui appartiendront à l'Enfant-Trouvé, pour, en cas de décès dudit Enfant-Trouvé, sans enfans, être lesdits biens remis à l'Enfant-Trouvé, qui seroit nommé par m. le premier président, aux mêmes charges, clauses & conditions portées par le testament dudit Dallerée, & qu'il sera seulement remis des expéditions desdits actes à l'Enfant-Trouvé. Fait en Parlement le dix-huit Décembre mil sept cent quatre-vingt-quatre. *Signé*, DUPRANC. Collationné. *Signé*, DURAND.

POUVOIRS DES DIRECTEURS ET ADMINISTRATEURS.

QUATRIEME PARTIE.

CURATELLE DES FOLS ET INSENSÉS.

ARRÊT DU PARLEMENT,

QUI, *sur la requête de mm. les directeurs de l'*Hôpital-Général, *expositive que Renée Ruel, fille âgée de 40 ans, amenée à la maison de la* Salpêtriere, *en qualité d'insensée, étoit propriétaire de quatre-vingt-quinze livres de rente, ordonne que les arrérages échus & à échoir desdites rentes, seront payés ès mains du receveur de l'*Hôpital-Général, *& sur ses quittances, tant & si longuement que ladite Ruel sera à l'*Hôpital, *en déduction de ses nourritures & pension.*

Du 11 Mai 1708.

LOUIS, par la grace de Dieu, roi de France & de Navarre : Au premier notre huissier ou sergent sur ce requis, savoir faisons, que vu par la Cour la requête à elle présentée par les directeurs de l'Hôpital-Général, contenant que Renée Ruel, fille âgée de 40 ans, a été amenée à la maison de la Salpêtriere, en qualité d'insensée, le 22 Novembre 1706, où elle est actuellement parmi les folles ; suivant le certificat de l'économe de ladite maison, du 8 Mai présent mois, à laquelle appartient quatre-vingt-quinze livres de rente sur la ville, en trois parties ; la premiere de vingt-cinq livres de rente sur la tontine, par contrat passé devant Mortier & Perichon, notaires, le 17 Août 1697 ; la seconde de cinquante livres au denier seize, par contrat passé devant ledit Perichon, le 2 Avril 1703, & la troisieme de vingt livres, au denier vingt, par contrat passé devant Boisseau & Auger, notaires, le 13 Novembre 1705 : A ces causes, & attendu l'état de la démence de ladite Ruel, il plût à ladite Cour ordonner que les arrérages dus & échus desdites trois rentes, & ceux qui écherront ci-après, tant & si longuement qu'elle sera à l'Hôpital, seront payés ès mains du receveur dudit Hôpital & sur sa quittance, en déduction de ses nourriture & pension ; à quoi faire les receveurs & payeurs seront contraints par corps comme dépositaires ; ce faisant, déchargés, nonobstant oppositions ou appellations quelconques ; vu aussi le certificat & autres pieces attachées à ladite requête, signée CONTET, Procureur, conclusions de notre procureur-général ; oui le rapport de m^e. Claude-Henri Dorieu, conseiller : Tout considéré, notredite Cour ayant égard à ladite requête, ordonne que les arrérages dus & échus desdites trois rentes en question, & ceux qui écherront ci-après, tant & si longuement que ladite Ruel sera à l'Hôpital, seront payés ès mains du receveur dudit Hôpital-Général & sur ses quittances, en déduction de ses nourriture & pension ; à ce faire, les receveurs & payeurs desdites parties de rentes contraints par corps, comme dépositaires, nonobstant oppositions ou appellations quelconques ; quoi faisant, déchargés. Si te mandons faire tous exploits. DONNÉ à Paris, en Parlement, le 11 Mai, l'an de grace 1708, & de notre regne le soixante-cinquieme. Collationné. *Signé*, DUTILLET.

ARRÊT DU PARLEMENT,

Qui permet aux administrateurs de l'Hôpital-Général de faire preuve de faits de dol employés par le sieur Tillard contre sa sœur, détenue à la Salpêtriere, comme insensée.

Du 30 Août 1711.

EXTRAIT des registres de Parlement entre les directeurs de l'Hôpital-Général de Paris, stipulans les intérêts des personnes enfermées & recluses, demandeurs aux fins de l'exploit du 16 Mai dernier, fait en vertu de l'édit d'établissement dudit Hôpital-Général, & encore demandeurs en requête du 17 Août présent mois, à ce que, avant de faire droit sur la demande portée par le susdit exploit, il plût à la Cour leur permettre de faire preuve des faits portés en leur requête :

SAVOIR.

1°. Que l'on a affecté de faire entre la sœur du défunt dans l'Hôpital-Général, sous le nom supposé de Charlotte Sion, au lieu qu'elle s'appelle Charlotte Tillard, pour cacher son origine, & empêcher, par ce moyen, de payer sa pension.

2°. Que ladite Charlotte Tillard a toujours été imbécille & incapable d'aucune chose.

3°. Que le défendeur prenant avantage de la foiblesse de l'esprit de sadite sœur, il a, de concert avec sa défunte mere, qui demeuroit dans sa maison, tiré des actes qu'il a cru lui être nécessaires pour s'approprier & se rendre maître des biens de sa sœur; & ce pardevant tel des messieurs qu'il plaira à la Cour de commettre, d'une part; & Jean Tillard, maître menuisier à Paris, défendeur, d'autre part : après que Guyot Dechesne, avocat des directeurs de l'Hôpital-Général, & Chenard, avocat de Tillard, ont été ouis, la Cour, avant de faire droit, permet aux parties de Guyot Dechesne de faire preuve, dans un mois, pardevant messire Thomas Dreux, conseiller, même en tems de vacations :

Que l'on a fait entrer la sœur de la partie de Chenard dans l'Hôpital-Général, sous le nom supposé de Charlotte Sion, au lieu qu'elle s'appelle Charlotte Tillard.

Que ladite Charlotte Tillard a toujours été imbécille & incapable d'aucune chose.

Que la Partie de Chenard prenant avantage de la foiblesse de l'esprit de sa sœur, il a, de concert avec sa défunte mere, qui étoit demeurante avec lui dans sa maison, tiré des actes qu'il a cru lui être nécessaires pour s'approprier les biens de sadite sœur.

Permet à la partie de Chenard de faire preuve au contraire, pour ce fait & rapporté, être, par la Cour, fait droit aux parties, ainsi que de raison, dépens réservés. FAIT en parlement, le 31 Août 1711. Collationné. *Signé*, GUYHOU, avec paraphe, & signifié au procureur de partie.

ARRÊT DU PARLEMENT,

*Qui autorise mm. les administrateurs de l'*Hôpital-Général *à recevoir le remboursement d'une rente viagere de deux cens livres qui avoit été constituée sur la compagnie des Indes, au profit de Madelaine Begasse, & depuis supprimée & liquidée, à la chage d'en faire le remploi en acquisition de rente viagere au denier vingt-cinq, dont ils recevront les arrérages, pour être employés au paiement des nourriture & entretien de ladite Begasse.*

Du 7 Octobre 1723.

LOUIS, par la grace de Dieu, roi de France & de Navarre : Au premier des huissiers de notre cour de Parlement, ou autre premier notre huissier ou sergent sur ce requis, savoir faisons, que, vu par la Cour la requête à elle présentée par les directeurs de l'Hôpital-Général de cette ville de Paris, stipulans l'intérêt des pauvres de l'Hôpital; contenant que, que par arrêt du 17 Octobre 1721, les supplians ont été autorisés à recevoir les arrérages échus & à échoir d'une rente viagere de deux cens livres par an, au principal de cinq mille livres, constituée sur la compagnie des Indes, par contrat du 27 Juillet 1720, au profit de Madelaine Begasse, femme du nommé Bredogner, aliénée d'esprit & renfermée à l'Hôpital-Général de la maison de Saint-Louis, & à en donner quittance, pour être employée au paiement des pension, nourriture & entretien de ladite Begasse; & comme, depuis, cette rente a été supprimée, le remboursement ordonné & la liquidation faite, requierent les supplians qu'il plaise à la Cour ordonner qu'ils seront & demeureront autorisés à recevoir le remboursement de la liquidation de ladite rente, & à en donner quittance, pour en faire le remploi en acquisition d'autre rente viagere au denier vingt-cinq, & à en recevoir les arrérages, pour être employés à la nourriture & entretien de ladite Begasse. Vu les pieces attachées à ladite requête, signée, ROUX, Procureur; oui le rapport : tout considéré, ladite Cour ordonne que l'arrêt du 17 Octobre 1720 sera exécuté; ce faisant, autorise les supplians à recevoir la liquidation provenante du remboursement de la rente viagere constituée par le contrat du 27 Juillet 1720, & à en donner quittance, à la charge d'en faire le remploi en acquisition de rente viagere au denier vingt-cinq, au nom & comme stipulans les droits de ladite Begasse, dont les supplians recevront les arrérages, pour être employés au paiement de ses pension, nourriture & entretien, conformément à l'arrêt du 17 Octobre 1721; mandons mettre le présent arrêt à exécution, selon sa forme & teneur; de ce faire donnons pouvoir. DONNÉ en Parlement, en la chambre des vacations, le 7 Octobre, l'an de grace 1723, & de notre regne le neuvieme. Collationné. *Signé*, YSABEAU.

ARRÊT DU PARLEMENT,

Qui, sur le refus du greffier de Rembouillet de remettre entre les mains de l'administration une somme de quinze cens livres, appartenante à la nommée Beauquêne, femme insensée, détenue à la Salpêtriere, *lui ordonne de faire ce dépôt, nonobstant toutes oppositions.*

Du 24 Mars 1736.

LOUIS, par la grace de Dieu, roi de France & de Navarre : Au premier huissier de notre cour de Parlement, ou autres, savoir faisons : que, vu par notredite Cour, la requête à elle présentée par les directeurs & administrateurs de l'Hôpital-Général, stipulans pour

Madeleine Beauquêne, femme délaissée & abandonnée de Jacques Michel, horloger à Paris, & actuellement enfermée dans les loges dudit Hôpital, au nombre des insensées, depuis le 13 Avril 1734, expositive que, par arrêt du 18 Janvier dernier, notredite Cour auroit ordonné commission être délivrée pour faire assigner en notredite Cour Charles Donnalo, dit Provençal, & tous autres; & cependant que, par provision & sans préjudice du droit des parties au principal, une somme de quinze cens soixante-cinq livres treize sols, déposée entre les mains du greffier de Rembouillet, ladite somme provenante de la vente d'un fonds appartenant à ladite Madeleine Beauquêne, seroit mise, par forme de dépôt, entre les mains du receveur-général-charitable de l'Hôpital-Général, à la caution du temporel dudit Hôpital; à ce faire le greffier de Rembouillet contraint; & en ce faisant, déchargé. Lequel arrêt ayant été signifié à m^e^. François-Marie Menard, greffier de Rembouillet, avec commandement d'y satisfaire; ledit sieur Menard, sans avoir fait signifier aucune réponse par écrit, se seroit contenté de dire verbalement qu'il y avoit plusieurs oppositions entre ses mains, & que l'arrêt ne portant point qu'il seroit contraint, nonobstant toutes saisies, il ne pouvoit y satisfaire; pourquoi lesdits sieurs administrateurs, auroient conclu à ce qu'il plût à notredite Cour ordonner que ledit arrêt du 18 Janvier dernier, seroit exécuté; ce faisant, que le greffier de Rembouillet seroit contraint au paiement de ladite somme, nonobstant toutes saisies & oppositions faites ou à faire entre ses mains, qui tiendroient entre les mains du receveur-général-charitable dudit Hôpital-Général; vu aussi les pieces attachées à ladite requête, signée Freret, procureur. Oui le rapport de m^e^ Elie Bochard, conseiller: tout vu & considéré. NOTREDITE COUR ordonne que l'arrêt du 18 Janvier dernier, sera exécuté; ce faisant que, par provision & sans préjudice au droit des parties au principal, ladite somme de quinze cens soixante-cinq livres treize sols, déposée entre les mains du greffier de Rembouillet, sera mise, par forme de dépôt, entre les mains du receveur-général-charitable de l'Hôpital-Général, à la caution du temporel dudit Hôpital; à ce faire le greffier de Rembouillet contraint, même par corps, nonobstant toutes saisies ou empêchemens faits ou à faire entre ses mains, lesquels tiendront entre les mains du receveur dudit Hôpital; & qu'en ce faisant, ledit greffier de Rembouillet en sera bien & valablement quitte & déchargé: & mandons mettre à exécution le présent. DONNÉ en Parlement, le vingt-quatre Mars, l'an de grace mil sept cent trente-huit, & de notre regne le vingt-trois. Collationné. *Signé*, REGNARD, *avec paraphe*. Par la Chambre. *Signé*, MIREY. *Scellé le 26 Mars 1738. Signé*, GAUTIER, *avec paraphe*.

ARRÊT DU PARLEMENT,

Du 10 Avril 1759.

LOUIS, par la grace de Dieu roi de France & de Navarre: au premier huissier de notre cour de Parlement, ou autre huissier ou sergent sur ce requis; savoir faisons, que vu par la Cour la requête présentée par les directeurs & administrateurs de l'Hôpital-Général de Paris, au nom & comme curateurs naturels de Madeleine Piquepey, veuve de Charles Courtois, détenue, par ordonnance de police, comme folle & insensée, en la maison de la Salpêtriere, dépendante dudit Hôpital-Général; à ce que pour les causes y contenues, il plût à la Cour ordonner que l'inventaire des effets délaissés après le décès du nommé Courtepée, domestique, & de Françoise Courtepée sa fille, étant sous les scellés apposés par le commissaire Thierry le 30 Mars dernier, ensemble toutes autres opérations convenables & nécessaires, après ledit inventaire, seront faits à la requête, poursuite & diligence des supplians, esdits noms & qualités, faire défenses à Louis Courtois & à tous autres de s'immiſcer aucunement dans leſdites opérations, & en cas de conteſtation, permettre aux ſupplians de faire aſſigner les conteſtans en la Cour. Vu les pieces attachées à ladite requête, ſignée de la Madeleine, procureur; concluſions du procureur-général du roi; oui le rapport de m[e] Elie Bochart : tout conſidéré. La Cour ordonne que l'inventaire des effets laiſſés après le décès dudit Courtepée, & de ladite Françoiſe Courtepée ſa fille, étans ſous les ſcellés appoſés par le commiſſaire Thierry le 30 Mars dernier, enſemble les autres opérations convenables & néceſſaires après ledit inventaire, ſeront faits à la requête, pourſuite & diligence des ſupplians, eſdits noms & qualités; fait défenſes audit Courtois & à tous autres de s'immiſcer aucunement dans leſdites opérations, & en cas de conteſtation, ordonne commiſſion être délivrée aux ſupplians pour faire aſſigner en la Cour les conteſtans. Mandons mettre le préſent arrêt à exécution. Donné en Parlement le ſept Avril, l'an de grace mil ſept cent cinquante-neuf, & de notre regne le quarante-quatrieme. Par la chambre. *Signé,* DUFRANC. Collationné. *Signé,* REGNAULT.

Scellé extraordinairement le 10 Avril 1759. Signé, *LE BŒUF, ſyndic.*

ARRÊT DU PARLEMENT,

Du 10 Juillet 1759.

Viſé dans le précédent, & qui en confirme définitivement les diſpoſitions.

LOUIS, par la grace de Dieu roi de France & de Navarre : au premier huiſſier de notre cour de Parlement, ou autre huiſſier ou ſergent ſur ce requis; ſavoir faiſons, qu'entre Jean Piquepey dit Vaillant, curateur créé par juſtice à l'interdiction de Madeleine Piquepey, veuve de Charles Courtois, vivant maître Charron à Paris, demandeur en requête du 12 Avril 1759 d'une part; & les ſieurs directeurs & adminiſtrateurs de l'Hôpital-Général à Paris, ſe diſans curateurs naturels de ladite veuve Courtois, défendeurs d'autre part. Vu par notredite Cour la requête & demande de Jean Piquepey ès noms, du 12 Avril 1759, à ce qu'il fût reçu oppoſant à l'arrêt obtenu ſur requête par les directeurs & adminiſtrateurs de l'Hôpital-Général de Paris, le 7 dudit mois d'Avril, faiſant droit ſur l'oppoſition, les défenſes portées audit arrêt fuſſent levées, en conſéquence il fût ordonné que la ſentence de création de tutelle du 4 dudit mois d'Avril, ſeroit exécutée ſelon ſa forme & teneur, ce faiſant que ledit Piquepey, en ſadite qualité, feroit procéder à la levée des ſcellés appoſés après le décès du nommé Courtepée, & de Françoiſe Courtepée ſa fille majeure, & enſuite à l'inventaire & autres opérations néceſſaires, & leſdits adminiſtrateurs fuſſent condamnés aux dépens, que ledit Piquepey pourroit en tout cas employer en frais de curatelle; arrêt du 24 Avril 1759, d'appointé à mettre ès mains de m[e] François-Nicolas Chaban, conſeiller, productions reſpectives des parties; celle dudit Piquepey, ès noms, par requête du 30 dudit mois d'Avril, ladite requête tendante auſſi à ce que les concluſions qu'il avoit priſes lui fuſſent adjugées, il fût ordonné que ſans s'arrêter à la demande proviſoire deſdits directeurs & adminiſtrateurs dont ils ſeroient déboutés, il ſeroit procédé à la reconnoiſſance & levée des ſcellés appoſés après le décès de Jeanne-Françoiſe Courtepée, à l'inventaire & à toutes les opérations concernans ſa ſucceſſion, à la requête dudit Piquepey ſeul, en ſadite qualité de curateur à l'interdiction de Madeleine Piquepey, veuve de Charles Courtois, aux conditions portées en la ſentence homologative des avis de parens & amis de l'interdite, en conſéquence leſdits directeurs & adminiſtrateurs dudit Hôpital-Général & leur agent, tenus de ſe retirer, avec défenſe à eux de s'immiſcer dans les affaires de ladite ſucceſſion, & que leſdits directeurs & adminiſtrateurs fuſſent condamnés aux dépens, leſquels ledit Piquepey emploieroit en tout cas en frais de curatelle;

au bas de laquelle requête est l'ordonnance de notredite Cour, qui auroit donné acte de l'emploi y porté & réservé à faire droit sur ladite demande en jugeant ; & celle desdits directeurs & administrateurs par requête du 10 Mai 1759, ladite requête tendante aussi à ce que, sans s'arrêter à la prétendue sentence du Châtelet du 4 Août dernier, portant nomination de Jean Piquepey pour curateur à l'interdiction de Madeleine Piquepey, laquelle en tant que de besoin, seroit déclarée nulle & de nul effet, ainsi que tout ce qui avoit suivi ni aux requêtes dudit Piquepey des 12 & 30 Avril, dans lesquelles il seroit déclaré non-recevable, ou en tout cas débouté, il fût ordonné que l'arrêt de notredite Cour du 7 dudit mois d'Avril, seroit exécuté selon sa forme & teneur, & ledit Piquepey fût condamné aux dépens; au bas de laquelle requête est l'ordonnance de notredite Cour, qui auroit donné acte de l'emploi y porté & réservé à faire droit sur ladite demande en jugeant; requête dudit Piquepey, dit Vaillant, du 25 Mai 1759, employée pour fins de non-recevoir & défenses contre la demande desdits administrateurs, & tendante à ce que sans s'arrêter à ladite demande, dans laquelle lesdits directeurs seroient déclarés non-recevables ou en tout cas déboutés, les conclusions prises par ledit Piquepey, dit Vaillant, lui fussent adjugées avec dépens; au bas de laquelle requête est l'ordonnance de notredite Cour, qui auroit donné acte de l'emploi y porté & réservé à faire droit sur la demande en jugeant ; la piece y jointe; requête desdits administrateurs du 28 Mai, employée pour fins de non-recevoir & réponses à celle du 25 ; conclusions du procureur-général du roi ; oui le rapport dudit conseiller : tout considéré, NOTREDITE COUR joint les requêtes & demandes de Jean Piquepey, dit Vaillant, à la cause d'entre les parties, pour en jugeant y avoir tel égard que de raison, & par provision, sans préjudice du droit des parties, au principal, ordonne qu'à la requête, poursuite & diligence des directeurs & administrateurs de l'Hôpital-Général de Paris, il sera procédé à la reconnoissance & levée des scellés apposés par le commissaire Thierry, après le décès de Jeanne-Françoise Courtepée, à l'inventaire des titres & effets qui se trouveront sous iceux, & ensuite à la vente des meubles & effets, en la maniere accoutumée, pour les deniers en provenans être déposés ès mains de Bronod, notaire au Châtelet de Paris, les frais de scellés, d'inventaire & de vente, préalablement pris & prélevés, & que du surplus il en sera fait emploi le plus avantageux que faire se pourra, au profit de Madeleine Piquepey, veuve Courtois, interdite; le tout en présence des parties intéressés, ou elles duement appellées, tous dépens réservés. Mandons mettre le présent arrêt à exécution selon sa forme & teneur; de ce faire te donnons pouvoir. Donné en notredite cour de Parlement le dix Juillet l'an de grace mil sept cent cinquante-neuf, & de notre regne le quarante-quatrieme; par la chambre, *signé*, DUFRANC. Collationné. *Signé*, REGNAULT. Scellé le 21 Juillet 1759. *Signé*, PICQUEFEU.

ARRÊT DU PARLEMENT,

*QUI confirme l'administration de l'*Hôpital-Général *dans la tutelle ou curatelle des mineurs fous ou insensés, reçus dans les maisons dépendantes dudit Hôpital.*

Du 26 Octobre 1759.

LOUIS, par la grace de Dieu roi de France & de Navarre : au premier huissier de notre cour de Parlement, ou autre notre huissier ou sergent sur ce requis; savoir faisons, qu'entre les directeurs & administrateurs de l'Hôpital-Général de Paris, au nom & comme curateurs naturels de Madeleine Piquepey, veuve de Charles Courtois, détenue par ordonnance de Police, comme folle & insensée, en la maison de la Salpêtriere, dépendante dudit Hôpital-Général, demandeurs aux fins de la requête insérée en l'arrêt de notredite

Cour du 7 Avril dernier, tendante à ce qu'il soit ordonné que l'inventaire des effets délaissés après le décès du nommé Courtepée & de Jeanne-Françoise Courtepée sa fille, étans sous les scellés apposés par le commissaire Thierry, le 30 Mars aussi dernier, ensemble toures les autres opérations convenables & nécessaires après ledit inventaire, seroient faites à leur requête, poursuite & diligence, esdits noms & qualités; que défenses fussent faites à Louis Courtois & à tous autres de s'immiscer dans lesdites opérations, & qu'en cas de contestation il leur fût permis de faire assigner les contestans en notredite Cour, d'une part; & Jean Piquepey, dit Vaillant, curateur, créé par sentence du 4 dudit mois d'Avril, à l'interdiction de ladite Madeleine Piquepey, veuve Courtois, défendeur, d'autre part; & entre Jean Piquepey, demandeur en deux requêtes des 12 & 30 dudit mois d'Avril, la premiere tendante à ce qu'il soit reçu opposant à l'arrêt sur requête obtenu par lesdits sieurs administrateurs de l'Hôpital-Général le 7 du même mois, & que faisant droit sur l'opposition, les défenses portées par ledit arrêt fussent levées; en conséquence il fût ordonné que ladite sentence de création de curatelle seroit exécutée selon sa forme & teneur, ce faisant qu'en sadite qualité il feroit procéder à la levée des scellés apposés après le décès dudit Courtepée & de sa fille, & ensuite à l'inventaire & autres opérations nécessaires; & la seconde tendante à ce qu'en lui adjugeant les conclusions ci-dessus, il fût ordonné que sans s'arrêter à la demande des administrateurs, dont ils seroient déboutés, il seroit procédé à la reconnoissance & levée des scellés apposés après le décès de ladite Jeanne-Françoise Courtepée, à sa requête en sadite qualité de curateur à l'interdiction de ladite veuve Courtois, aux conditions portées en la sentence homologative de l'avis des parens & amis de l'interdite; en conséquence que lesdits administrateurs & leur agent fussent tenus de se retirer, avec défenses à eux de s'immiscer dans les affaires de ladite succession, & qu'ils fussent condamnés aux dépens qu'il pourroit employer en frais de curatelle d'une part, & les administrateurs de l'Hôpital-Général esdits noms défendeurs d'autre part; & entre lesdits sieurs directeurs & administrateurs, demandeurs en requête du 10 Mai dernier, tendante à ce que sans s'arrêter à ladite sentence du Châtelet du 4 Avril, portant nomination de Jean Piquepey pour curateur à l'interdiction de la veuve Courtois, laquelle, en tant que besoin, seroit déclarée nulle, ainsi que tout ce qui l'avoit suivi, ni aux requêtes dudit Piquepey, dans lesquelles il seroit déclaré non-recevable, ou dont il seroit débouté, il fût ordonné que l'arrêt de notredite Cour du 7 dudit mois d'Avril seroit exécuté selon sa forme & teneur d'une part, & ledit Jean Piquepey esdits noms, défendeur d'autre part; & entre ledit Piquepey, demandeur en requête du 25 dudit mois de Mai, tendante à ce qu'acte lui fût donné de ce que, pour fins de non-recevoir & réponses à la requête desdits sieurs administrateurs du 10 Mai, il employoit le contenu en sa requête, ce faisant que lesdits sieurs administrateurs fussent déclarés non-recevables en la demande portée en ladite requête, & condamnés aux dépens d'une part; & lesdits sieurs administrateurs de l'Hôpital-Général de Paris esdits noms, demandeurs en requête du 29 dudit mois de Mai, tendante à ce qu'en déclarant ledit Piquepey non-recevable dans sa requête du 25, il soit condamné en trois cens livres de dommages & intérêts envers la veuve Courtois, résultans du dépérissement des meubles & des frais de garde auxquels il avoit donné lieu par son opposition à l'arrêt de notredite Cour du 7 Avril dernier, & condamné en tous les dépens que les administrateurs pourroient employer en frais de curatelle, d'une part; & ledit Jean Piquepey esdits noms, défendeur d'autre part; après que Douet Darcq, avocat des administrateurs de l'Hôpital-Général, de Perthes, avocat de Jean Piquepey, ont été ouis, ensemble Laurencel, substitut pour notre procureur-général; NOTREDITE CHAMBRE sans s'arrêter aux demandes de la partie de de Perthes, faisant droit au principal, ordonne que les arrêts de notredite Cour des 7 Avril & 10 Juillet derniers seront exécutés selon leur forme & teneur, dépens compensés; que les parties emploieront respectivement en frais de curatelle. Si mandons mettre le présent arrêt à exécution selon sa forme & teneur, de ce faire te donnons plein & entier pouvoir. Donné en Parlement, en vacations, le vingt-six Octobre l'an de grace mil sept cent cinquante-neuf, & de notre regne le quarante-cinquieme. Par la chambre, *Signé*, DUFRANC. Collationné. *Signé*, LANGELÉ.

PROCÈS.

JURISDICTIONS OU L'HOPITAL A SES CAUSES COMMISES.

EXTRAIT DE L'ÉDIT D'ÉTABLISSEMENT DE L'HOPITAL-GÉNÉRAL,

Du mois d'Avril 1656, articles 66 & 72.

ART. 66. VOULONS & entendons que, pour la plus grande conservation des biens, affaires, droits, exemptions & privileges dudit Hôpital-Général, tous les procès & différends concernant icelui, tant pour les biens & droits, propriétés & revenus, privileges ou exemptions, ou exécution des présentes, circonstances & dépendances, en demandant ou en défendant, même en cas d'intervention, où ledit Hôpital soit intéressé pour matieres personnelles, réelles ou mixtes, sans exception, soient traités en premiere instance, tant en la grand'chambre de notre Parlement, qu'en notre cour des Aides à Paris, selon la qualité desdits procès & différends, sans qu'ils puissent être traduits & commencés ailleurs, ni pardevant autres juges, tels qu'ils soient, encore que ce fût hors l'étendue & ressort de nosdites Cours, attribuant pour cet effet toute cour, jurisdiction & connoissance à ladite grand'chambre de notre Parlement, & à notredite cour des Aides à Paris, chacun à son égard, & icelles interdisons & défendons à toutes autres cours & juges.

ART. 72. Défendons à tous notaires, huissiers & sergens, de faire aucunes sommations, offres, significations ni exploits concernant ledit Hôpital-Général, ailleurs qu'au bureau d'icelui, avec défenses de les faire aux directeurs en particulier, ni en leur maison, à peine de nullité.

ARRÊT DU PARLEMENT,

*QUI fait défenses de faire signifier à l'*Hôpital-Général *aucuns exploits ailleurs qu'au bureau de la* Pitié.

Du 18 Avril 1657.

VU par la Cour la requête présentée par les directeurs de l'Hôpital-Général de cette ville de Paris, contenant qu'encore que par les lettres d'établissement dudit Hôpital, du mois d'Avril 1656, vérifiées en ladite Cour le premier Septembre, & publiées en l'audience le 4 Décembre ensuivant, il soit expressément défendu à tous notaires, huissiers & sergens, de faire aucune sommation, offres, significations ni exploits concernant ledit Hôpital-Général, ailleurs qu'au bureau d'icelui, avec défenses de les faire aux directeurs en particulier, ni en leurs maisons, à peine de nullité; néanmoins des sergens ne laissent pas de faire des exploits de significations aux directeurs & en leurs maisons; conclusions du procureur-général du roi, & tout considéré: LADITE COUR, en conséquence desdites lettres vérifiées en icelle, fait très-expresses inhibitions & défenses à tous notaires, huissiers & sergens, de faire aucune sommation, offres, significations ni exploits concernant ledit Hôpital-Général, ailleurs qu'au bureau de la Pitié, sis au fauxbourg Saint-Victor, & non aux directeurs en particulier, ni en leurs maisons, à peine de nullité & d'amende, & de tous dépens, dommages & intérêts contre les contrevenans; que le présent arrêt sera signifié au syndic des notaires, & aux maisons de la communauté des huissiers & sergens, afin que lesdits notaires, huissiers & sergens n'en prétendent cause d'ignorance. Fait en Parlement, le dix-huitieme jour d'Avril mil six cent cinquante-sept. Collationné.

Signé, DUTILLET.

Nota. Par exploits des 5, 7 & 14 Mai audit an 1657, l'arrêt ci-dessus a été signifié au syndic des notaires, & aux communautés de toutes les cours & jurisdictions de Paris.

LETTRES-PATENTES,

*QUI attribuent à la Cour des Monnoies, la connoissance des affaires de l'*Hôpital-Général, *qui sont de la compétence de ladite Cour.*

Du 10 Janvier 1658.

LOUIS, par la grace de Dieu, roi de France & de Navarre: A nos amés & féaux conseillers, les gens tenans notre cour des Monnoies; SALUT. Ayant, par notre déclaration du mois d'Avril *1656*, établi l'Hôpital-Général en notre ville & fauxbourgs de Paris, aux termes y contenus; & voyant, par la suite, le succès de cet établissement avantageux à la religion & à la police, nous desirons que toutes les choses qui peuvent aider à l'affermir & à le faire subsister, lui soient accordées; & comme il peut recevoir un notable secours, tant de votre arrêt d'enregistrement & des taxes par vous faites sur les officiers & justiciables qui dépendent de votre jurisdiction, que de celles qui peuvent être faites pour les adjudications des monnoies, enregistrement des baux & cautions, fabrications des monnoies de billon & de cuivre, augmentations, prolongations, transférences & autres choses concernant lesdites fabrications & autres, enregistremens d'édits, déclarations, lettres & arrêts, il est aussi raisonnable que votre jurisdiction y soit conservée & reconnue en ce qui vous appartient. A CES CAUSES, nous avons dit & déclaré, disons & déclarons par ces présentes, que nous n'avons point entendu vous préjudicier par nosdites lettres du mois d'Avril 1656, touchant la connoissance qui vous est due pour ce qui peut être de votre jurisdiction, encore que par lesdites lettres il n'en soit point fait mention, & que par icelles nous ayons attribué la connoissance des causes & différends dudit Hôpital-Général, en premiere instance à la grand'chambre de notre Parlement, & en notre cour des Aides à Paris, chacun à son égard; entendons, voulons & nous plaît que les causes & différends dudit Hôpital, soient aussi traitées, en premiere instance, pardevant vous, en ce qui vous concerne & vous appartient, suivant nos ordonnances, déclarations & réglemens, tout ainsi que vous feriez si vous étiez aussi compris dans nos lettres du mois d'Avril *1656*; &, en tant que besoin seroit, nous vous en attribuons toute cour, jurisdiction & connoissance pour en connoître à votre égard, comme la grand'-chambre de notre Parlement, & notre cour des Aides de Paris, en peuvent connoître en ce qui les concerne, selon les matieres & différends dont il sera question; avons aussi, en tant que besoin seroit, confirmé le contenu en votre arrêt d'enregistrement du dix-neuvieme jour de Décembre 1657 dernier, & les taxes par vous faites en conséquence sur tous les officiers justiciables y nommés; même vous donnons pouvoir & vous enjoignons de taxer, en faveur dudit Hôpital-Général, aux sommes que vous trouverez raisonnables les

les adjudicataires des monnoies, enregiſtrement de baux & cautions, la fabrication de monnoie de billon & cuivre, augmentations, prolongations, transférences & autres choſes concernant leſdites fabrications & autres affaires dont les édits, déclarations, lettres & arrêts ſeront regiſtrés en notredite cour des Monnoies, pour être toutes leſdites ſommes qui en proviendront, délivrées directement entre les mains du receveur-général dudit Hôpital, & ſous ſes quittances, aux mêmes clauſes & conditions de votredit arrêt d'enregiſtrement; &, en cas de conteſtation ou oppoſition en conſéquence de votredit arrêt d'enregiſtrement ou des taxes par vous faites & à faire, voulons que les parties procedent pardevant vous, en interdiſant par nous la connoiſſance, pour raiſon de ce, à tous autres juges. SI VOUS MANDONS que ces préſentes vous faſſiez lire & enregiſtrer en notredite cour des Monnoies, pour icelles être exécutées ſelon leur forme & teneur, & au ſurplus conſerver ledit Hôpital-Général, & les directeurs d'icelui, en tous les droits, exemptions & privileges que nous leur avons octroyés, & que nous leur confirmons, nonobſtant toutes choſes à ce contraires. Car tel eſt notre plaiſir. Donné à Paris, le dix Janvier mil ſix cent cinquante-huit, & de notre regne le quinzieme. *Signé*, LOUIS. Par le roi. DE GUENEGAUD.

Lues, publiées & regiſtrées, oui & ce requérant le procureur-général du roi, pour être exécutées ſelon leur forme & teneur, ſuivant l'arrêt de ce jour. A Paris, en la cour des Monnoies, le quinze janvier mil ſix cent cinquante-huit. Signé, BOULLÉ.

ARRÊT DU PARLEMENT,

QUI déclare nul un exploit du 11 Août 1660, donné en la maiſon d'un de meſſieurs les directeurs, & ordonne l'exécution de l'arrêt du 18 Avril 1657.

Du 11 Août 1660.

VU par la Cour, la requête préſentée le quatrieme Septembre dernier, par les directeurs de l'Hôpital-Général de cette ville de Paris, contre Florent Frary, ſergent à verge au Châtelet de cette ville de Paris, défendeur; à ce qu'il fût ordonné que l'arrêt du 18 Avril 1657 ſeroit exécuté ſelon ſa forme & teneur, ce faiſant, que l'exploit du 11 Août dernier fût déclaré nul & de nul effet, & en conſéquence, ledit Frary, pour avoir contrevenu audit arrêt, condamné en telle amende qu'il plairoit à la Cour, & en tous les dépens, dommages & intérêts, avec défenſes de plus récidiver, ſur plus grande peine; ſur laquelle requête auroit été ordonné que les parties parleroient ſommairement à me Jean Setun, conſeiller du roi en ladite Cour, défenſes, repliques, ſuppliques, appointement à mettre, production deſdites parties, concluſions du procureur général du roi, oui le rapport dudit conſeiller, tout conſidéré. LADITE COUR a ordonné & ordonne que ledit arrêt du 18 Avril 1657 ſera exécuté, ce faiſant, a déclaré & déclare ledit exploit du onze Août nul & de nul effet; ordonne que les exploits & aſſignations concernant l'Hôpital-Général, ſeront donnés au Bureau dudit Hôpital, & non au domicile des directeurs & adminiſtrateurs; condamne ledit défendeur ès-dépens de l'incident, taxés à huit livres pariſis. Fait en Parlement le vingt-deuxieme Décembre mil ſix cent ſoixante. Collationné. *Signé*, DU TILLET.

EXTRAIT DE L'ORDONNANCE DE 1667.

Des ajournemens, titre 2, article 12.

Ne seront donnés aucuns ajournemens pardevant nos Cours & juges en dernier ressort, soit en premiere instance, par appel ou autrement, qu'en vertu de lettres de chancellerie, commission particuliere, ou arrêts. Pourront néanmoins les ducs & pairs, pour raison de leurs pairies, l'Hôtel-Dieu, le grand Bureau des pauvres, l'Hôpital-Général de Paris, & autres personnes & communautés qui ont droit de plaider en premiere instance, soit en la Grand'Chambre de notre Parlement de Paris, ou en nos autres cours de Parlement, y faire donner les assignations, sans arrêt ni commission.

LETTRES D'ATTRIBUTION
DES CAUSES DE L'HOPITAL-GÉNÉRAL,
AU GRAND-CONSEIL.

Du 28 Janvier 1752.

Louis, par la grace de Dieu, roi de France & de Navarre : A nos amés & féaux conseillers, les gens tenans notre Grand-Conseil. Salut. Par arrêt par nous rendu étant en notre Conseil, le 20 Novembre dernier, nous avons évoqué à nous & à notre personne, les différentes contestations & demandes, de quelque nature qu'elles soient, qui peuvent être élevées ou qui pourroient naître dans la suite, à l'occasion de notre déclaration du 28 Mars de l'année derniere, portant réglement pour l'administration de l'Hôpital-Général de notre bonne ville de Paris, ensemble de toutes les autres affaires de quelque nature qu'elles puissent être, concernant ledit Hôpital-Général, tant en demandant qu'en défendant, circonstances & dépendances ; & comme nous n'entendons point décider par nous-mêmes les procès auxquels ledit Hôpital-Général peut avoir intérêt, nous avons résolu de vous en envoyer la connoissance ; les fonctions que nous vous avons confiées dans l'administration de la justice, étant une émanation de notre Conseil. A ces causes, & autres considérations à ce nous mouvantes, de l'avis de notre Conseil, & de notre certaine science, pleine puissance & autorité royale, nous avons par ces présentes signées de notre main, renvoyé & renvoyons la connoissance de tous les procès mus & à mouvoir, auxquels l'Hôpital-Général peut avoir ou aura dans la suite intérêt, tant en demandant qu'en défendant, circonstances & dépendances, pour être lesdits procès, circonstances & dépendances, par vous jugés, suivant les derniers erremens ; vous attribuons à cet effet, toute cour, jurisdiction & connoissance, que nous interdisons à toutes nos autres cours, jurisdictions & juges. Si vous mandons & ordonnons que ces présentes vous ayez à faire regiſtrer, & le contenu en icelles, garder, observer, & faire exécuter selon sa forme & teneur, nonobstant tous édits, déclarations, arrêts & réglemens qui pourroient être à ce contraires, auxquels nous avons expressément dérogé & dérogeons par cesdites présentes : car tel est notre plaisir. Donné à Versailles le vingt-huitieme jour de Janvier, l'an de grace mil sept cent cinquante-deux, & de notre regne le trente-septieme. *Signé* LOUIS. *Et plus bas*, par le roi, M. de Voyer d'Argenson. *Et scellées du grand sceau de cire jaune.* Et plus bas est écrit :

Enregistrées ès registres du Grand-Conseil du roi, ce requérant le procureur-général du roi, pour être gardées, observées & exécutées selon leur forme & teneur, suivant l'arrêt du Conseil de cejourd'hui premier Février mil sept cent cinquante-deux. Collationné. *Signé*, VERDUC.

DÉCLARATION DU ROI,

*QUI révoque l'arrêt du Conseil du 20 Novembre 1751, & les lettres-patentes du 28 Janvier 1752; ordonne en conséquence qu'on se regle à l'avenir, pour tout ce qui concerne l'administration de l'*Hôpital-Général *de Paris, & autres y unis, comme avant l'année 1749.*

Du 15 Mars 1758.

LOUIS, par la grace de Dieu, roi de France & de Navarre : A tous ceux qui ces présentes lettres verront; SALUT. L'affection que nous avons toujours eue pour l'Hôpital-Général, par nous fondé & établi dans notre bonne ville de Paris, nous a engagés à nous faire rendre compte de l'état actuel de son administration; & n'ayant jamais eu intentiou que de suspendre pour un tems l'exécution de l'article 66 de notre édit du mois d'Avril 1656, nous avons jugé à propos de rétablir les choses à cet égard dans le même état où elles étoient avant l'arrêt de notre Conseil du 20 Novembre 1751, & nos lettres-patentes du 28 Janvier 1752. A CES CAUSES, & autres à ce nous mouvant, de l'avis de notre Conseil, & de notre certaine science, pleine puissance & autorité royale, nous avons par ces présentes signées de notre main, révoqué & révoquons l'arrêt du Conseil du 20 Novembre 1751, & nos lettres-patentes du 28 Janvier 1752; en conséquence, voulons que l'article 66 de notre édit du mois d'Avril 1656, soit exécuté dans tout son contenu, comme avant ledit arrêt & lesdites lettres-patentes; voulons pareillement que les directeurs par nous nommés, ou qui auroient été choisis aux Bureaux dudit Hôpital-Général, & qui n'auroient prêté serment en la Grand'Chambre de notre Parlement, soient admis sans difficulté à prêter ledit serment, suivant & conformément à ce qui est prescrit par l'article 73 de notre édit du mois d'Avril 1656, & qu'en tout on se regle & gouverne à l'avenir, pour tout ce qui concerne ladite administration & autres y unies, comme on se régloit & gouvernoit avant l'année 1749, nonobstant toutes choses à ce contraires. Si donnons en mandement à nos amés & féaux conseillers les gens tenans notre cour de Parlement à Paris, que ces présentes ils aient à faire registrer, & le contenu en icelles garder & observer selon sa forme & teneur, cessant & faisant cesser tous troubles & empêchemens, & nonobstant toutes choses à ce contraires : car tel est notre plaisir; en témoin de quoi nous avons fait mettre notre scel à cesdites présentes. Donné à Versailles le quinzieme jour de Mars, l'an de grace mil sept cent cinquante-huit, & de notre regne le quarante-troisieme. *Signé*, LOUIS. *Et plus bas*, par le roi, PHELYPEAUX. *Et scellée du grand sceau de cire jaune.*

Registrée, ce requérant le procureur-général du roi, pour être exécutée selon sa forme & teneur, sans que l'énonciation desdits arrêt du Conseil & lettres-patentes puisse être tirée à conséquence, suivant l'arrêt de ce jour. A Paris en Parlement, toutes les Chambres assemblées, le dix-sept Mars mil sept cent cinquante-huit. Signé, *YSABEAU.*

RENTES.

DROITS DE L'HOPITAL SUR CETTE PARTIE, EXEMPTIONS DE DIXIEMES, VINGTIEMES, &c.

SENTENCE DE L'HOTEL-DE-VILLE,

*PORTANT que l'*Hôpital-Général *&* l'Hôtel-Dieu*, seront payés de leurs rentes sur la ville, à la lettre* A.

Du 6 Avril 1650.

A tous ceux qui ces présentes lettres verront; Hiérôme le Feron, seigneur Dorville & de Douvre en Parisis, conseiller du roi en ses conseils d'état privé, & en sa cour de Parlement, président ès-enquêtes de ladite Cour, prévôt des marchands, & les échevins de la ville de Paris. SALUT. Savoir faisons, que, vu la requête à nous faite & présentée par les gouverneurs & administrateurs des Hôpitaux des pauvres enfermés de la ville & fauxbourgs de Paris, & de l'Hôpital de Notre-Dame de la Pitié, par laquelle & pour les causes y contenues, ils requéroient que les payeurs des rentes de la ville, fussent tenus de mettre & employer les quittances qui leur seroient baillées pour lesdits pauvres enfermés & ledit Hôpital de la Pitié, sur leurs feuilles à la lettre *A*, à ce qu'ils soient payés à l'avenir à ladite lettre, & même du quartier courant, attendu la grande nécessité qu'ils en ont: considéré le contenu en laquelle requête, oui sur ce le procureur du roi & de la ville, en ses conclusions, avons ordonné aux receveurs-généraux & payeurs des rentes de la ville, d'employer dorénavant sur la premiere lettre de leurs feuilles toutes les quittances qui leur seront fournies par les pauvres enfermés & l'Hôpital de la Pitié, pour être par eux payées au premier jour de leurs paiemens, à l'instar de l'Hôtel-Dieu de Paris, même celles des quartiers courans, afin de subvenir à leur grande nécessité; quoi faisant, lesdits payeurs en demeureront bien & valablement déchargés, & ce, nonobstant oppositions ou appellations quelconques, pour lesquelles ne voulons être différé; en témoignage de ce, nous avons mis à ces présentes le scel de ladite prévôté des marchands. Ce fut fait & donné au Bureau de la ville, le sixieme jour d'Août mil six cent cinquante.

ÉDIT DU ROI,

*PAR lequel sa majesté défend à tous ses sujets de donner à l'avenir aucuns deniers comptans, héritages ou rentes, aux communautés ecclésiastiques, régulieres ou séculieres, (à l'exception de l'*Hôtel-Dieu *de Paris, du* grand Hôpital *de Paris, & de la maison des* Incurables*) à condition d'une rente leur vie durant: ensemble aux notaires & autres personnes publiques, de recevoir lesdits actes; sur les peines y mentionnées.*

Du mois d'Août 1661.

LOUIS, par la grace de Dieu, roi de France & de Navarre: A tous présens & à venir; SALUT. Après la grace que nous avons reçue du ciel, par une paix générale, qui a été suivie de tant de bénédictions, nous croyons être obligés de nous appliquer sérieusement au bien du royaume duquel Dieu nous a donné la conduite, & de pourvoir à tous les désordres qui s'y sont glissés depuis quelques années ; entre lesquels est un certain commerce qui interesse notablement les finances & le public, & qui emporte dans sa suite une contravention aux anciennes ordonnances, qui comme très-utiles & nécessaires au bien de l'état, ont toujours été en vigueur, & auxquelles nous ne pouvons souffrir qu'il soit donné la moindre atteinte. Ce désordre a été introduit par ceux qui, s'étant dépouillés de tout sentiment d'affection pour leurs parens & familles, ne considérans que leur satisfaction particuliere, & ne cherchans que les aises & les commodités de la vie, qu'ils se sont persuadés consister en la jouissance facile & assurée de ce que leurs biens pourroient produire, se sont mis en peine de trouver les moyens d'en augmenter le revenu aux dépens même de la perte & aliénation de leurs fonds & principal ; & dans cette pensée quelques-uns ayant vendu la propriété de leurs maisons, terres & héritages, & converti la valeur d'iceux en deniers comptans, ont trouvé des personnes disposées à les recevoir, & accepter les donations irrévocables qui leur ont été faites, à la charge d'en payer, durant la vie des donateurs seulement, l'intérêt ou la rente, à un denier plus fort que celui porté par nos ordonnances. D'autres, dans le même desir de se faire un revenu plus ample, ont donné par la même voie le fonds & la propriété de leurs maisons, terres & héritages, à la charge d'un intérêt annuel, leur vie durant, qui excédoit de moitié la valeur des fruits que pourroient produire les choses données. Il y en a encore d'autres qui se sont portés jusqu'à ce point que de prendre des sommes notables à constitution de rente au denier dix-huit, & au denier vingt, dont leurs biens sont demeurés chargés, & leurs héritiers, après leur mort ; lesquelles sommes à l'instant même ils ont donné en propriété, à la charge d'une rente viagere sur le pied du denier dix, & quelquefois au denier huit, selon l'âge ou la constitution foible ou robuste des personnes, dont la vie plus longue ou plus courte, apportoit plus ou moins de profit. Et comme ceux qui dans ces motifs prenans résolution de convertir leurs biens en cette nature de rente, mettent leur principal soin, non-seulement à en assurer le paiement, mais à le rendre commode & facile, ils ont cru qu'il ne pouvoit y avoir rien de plus certain que de s'adresser aux communautés, à celles qui étoient en réputation d'être les plus riches. Et de fait nous avons été bien informés qu'il y en a plusieurs, qui, attirés par l'espérance du profit qu'il y avoit en ce négoce, s'y sont facilement engagés ; en telle sorte, que ceux de nos sujets qui veulent avoir à présent des rentes viageres, en abandonnant le fonds & la propriété de leurs biens, vont cherchant de communauté en communauté, celle qui fera leur condition meilleure & plus avantageuse ; lequel désordre est venu à un tel excès, qu'il nous a semblé être nécessaire d'en arrêter le cours, & d'en défendre absolument l'usage à l'avenir, comme dommageable à ceux mêmes qui donnent, puisqu'ils se privent pour jamais de leurs biens, dont aux occasions ils ne peuvent plus tirer aucun secours ; préjudiciable aux familles particulieres, puisque par ce moyen les biens sont irrévocablement aliénés, & que les héritiers en sont privés pour toujours sans aucune espérance de retour, contre l'esprit de toutes les coutumes du royaume, qui ont si soigneusement pourvu à la conservation des biens dans les familles, & à empêcher les dispositions contraires aux loix de l'état, & aux anciennes & nouvelles ordonnances, dont par ces voies indirectes la prévoyance seroit éludée, en ce que par le tems une bonne partie des biens du royaume tomberoit en la propriété des gens de main-morte, qui sont incapables d'en posséder aucuns, sans nos lettres de permission & d'amortissement, que nous ne voulons donner qu'en très-grande connoissance de cause, & notamment dans ces occasions, auxquelles au contraire nous voulons promptement pourvoir. A CES CAUSES, & après avoir mis cette affaire en délibération en notredit Conseil, de l'avis d'icelui, nous avons par ces présentes signées de notre main, défendu & défendons très-expressément à tous nos sujets, de quelque qualité & condition qu'ils ſoient, de donner à l'avenir aucuns deniers comptans, héritages ou rentes aux communautés eccléſiaſtiques, régulieres, ou ſéculieres, & autres gens de main-morte, (à l'exception de l'Hôtel-Dieu, du grand Hôpital de Paris, & de la maiſon des Incurables) par donations entre-vifs, ou autres contrats, directement, ou indirectement, en quelque ſorte & maniere, & pour quelque cauſe & prétexte que ce ſoit, à condition d'une rente leur vie durant, plus forte que ce qui eſt permis par nos ordonnances, ou qui excede le légitime revenu que pouvoient produire les maiſons, terres, ou héritages donnés; & auxdites communautés & autres gens de main-morte, de les prendre & accepter, à peine de nullité deſdits contrats, & de confiſcation ſur les donateurs des choſes qui auront été par eux autrement données, & de trois mille livres d'amende contre leſdites communautés & gens de main-morte qui les auront acceptées; le tout payable, ſavoir un tiers au dénonciateur, un tiers auxdits Hôtel-Dieu de Paris, & Hôpital des Incurables, & l'autre tiers à l'Hôpital-Général; comme auſſi défendons à tous notaires, tabellions, greffiers, & autres perſonnes publiques, de recevoir leſdits actes, à peine de cinq cens livres d'amende, en cas de contravention, applicable comme deſſus. Si donnons en mandement à nos amés & féaux conſeillers, les gens tenans nos cours de Parlement, baillis, ſénéchaux, prévôts, leurs lieutenans, & à tous autres nos juſticiers & officiers qu'il appartiendra, que ces préſentes ils faſſent lire, publier & enregiſtrer, garder, obſerver & entretenir, ſans permettre qu'il y ſoit contrevenu en aucune ſorte & maniere que ce ſoit; & ce, nonobſtant opoſitions ou appellations quelconques, pour leſquelles & ſans préjudice d'icelles ne voulons être différé. Et parce que de ces préſentes on pourra avoir affaire en divers lieux, voulons qu'aux copies d'icelles collationnées par l'un de nos amés & féaux conſeillers & ſecrétaires, foi ſoit ajoutée comme au préſent original; car tel eſt notre plaiſir. Et afin que ce ſoit choſe ferme & ſtable à toujours, nous avons fait mettre notre ſcel à ceſdites préſentes, ſauf en autres choſes notre droit, & l'autrui en toutes. Donné à Fontainebleau, au mois d'Août, l'an de graec mil ſix cent ſoixante-un, & de notre regne le dix-neuvieme. *Signées*, LOUIS. *Et plus bas*, par le roi, DE GUENEGAUD. *Et ſcellées en lacs de ſoie, du grand ſceau de cire verte.* Et à côté. *Viſa.* SEGUIER. *Et plus bas :* Pour ſervir aux lettres-patentes en forme d'édit, ſervant de réglement pour l'avenir, pour les deniers qui pourroient être donnés à conſtitution de rente aux communautés, tant régulieres que ſéculieres. *Et plus bas :* Regiſtrées, oui le procureur-général du roi, pour être exécutées ſelon leur forme & teneur, aux charges portées par l'arrêt de ce jour. A Paris, en Parlement, ce deuxieme Septembre mil ſix cent ſoixante-un. *Signé*, DU TILLET.

EXTRAIT DE REGISTRES DU PARLEMENT.

VU par la Cour, les Grand'Chambre, Tournelle, & de l'Edit, aſſemblées, les lettres-patentes du roi, en forme d'édit, données à Fontainebleau au mois d'Août dernier, ſignées LOUIS, & plus bas, par le roi, de Guenegaud, & ſcellées en lacs de ſoie, du grand ſceau de cire verte, par leſquelles, & pour les cauſes y contenues, ledit ſeigneur auroit défendu & défend très-expreſſément à tous ſes ſujets, de quelque qualité & condition qu'ils ſoient, de donner à l'avenir aucuns deniers comptans, héritages ou rentes aux communautés eccléſiaſtiques, régulieres & ſéculieres, & autres gens de main-morte, à l'exception de l'Hôtel-Dieu, du grand Hôpital de Paris, & de la maiſon des Incurables, par donations entre-vifs, ou autres contrats, directement ou indirectement, en quelque ſorte & maniere, & pour quelque cauſe & prétexte que ce ſoit, à condition d'une rente, leur vie durant, plus forte que ce qui eſt permis par les ordonnances, ou qui excede le légitime revenu que pouvoient produire les maisons, terres & héritages donnés ; & auxdites communautés & gens de main-morte, de les prendre & accepter : à peine de nullité desdits contrats, & de confiscation sur les donateurs des choses qui auroient été par eux autrement données, & de trois mille livres d'amende contre lesdites communautés & gens de main-morte, qui les auront acceptées, payable, savoir un tiers au dénonciateur, un tiers audit Hôtel-Dieu de Paris, & Hôpital des Incurables, & l'autre tiers à l'Hôpital-Général : comme aussi défend à tous notaires, tabellions, greffiers, & autres personnes publiques, de recevoir lesdits actes, à peine de cinq cens livres d'amende, en cas de contravention, applicable comme dessus ; ainsi que plus au long est porté par lesdites lettres à la Cour adressantes : conclusions du procureur-général du roi. Oui le rapport de me Michel Ferrand, conseiller du roi en ladite Cour ; tout considéré : LADITE COUR a ordonné & ordonne que lesdites lettres seront registrées au greffe d'icelle, pour être exécutées selon leur forme & teneur ; & à la charge que l'Hôpital du grand Bureau, jouira de la même faculté que l'Hôtel-Dieu & grand Hôpital, & celui des Incurables : & que copies d'icelles seront envoyées aux bailliages & sénéchaussées de ce ressort, pour être pareillement lues, publiées, registrées, & notifiées aux syndics des notaires, tant de cette ville de Paris, que desdits bailliages & sénéchaussées, à ce qu'ils n'en prétendent cause d'ignorance ; sans préjudice néanmoins de l'exécution des contrats qui ont été faits jusques à ce jour, lesquels seront exécutés selon leur forme & teneur. Fait en Parlement, le deuxieme jour de Septembre mil six cent soixante-un. *Signé*, DU TILLET.

ARRÊT DU PARLEMENT,

QUI permet à l'Hôpital-Général *d'emprunter par contrats de constitution, ou par obligation, cent vingt mille livres, pour payer les dettes les plus pressées dudit Hôpital.*

Du 14 Mars 1667.

VU par la Cour, la requête a elle présentée par les directeurs de l'Hôpital-Général, contenant que pour bannir l'oisiveté dudit Hôpital, & apprendre aux pauvres à gagner leur vie, ils auroient été obligés d'y établir des manufactures, qui les auroient engagés à quelques dépenses extraordinaires pour les achats de laines, fils, & autres marchandises nécessaires pour lesdites manufactures, lesquelles se montent à cent ou six vingt mille livres au plus, encore, quoiqu'il leur soit dû près de quatre cens mille livres par divers particuliers, lesquelles sommes sont plus que suffisantes pour acquitter ce qu'ils doivent ; néanmoins, comme le paiement de ce qui leur est dû, soit en vertu de testamens ou autrement, ne peut pas être si prompt, duquel est important pour le bien & pour la réputation dudit Hôpital-Général, de ne pas retarder le paiement des marchands qui leur ont fourni les marchandises qui leur sont nécessaires, & qu'ils trouvent plusieurs personnes qui leur veulent prêter de l'argent, pourvu que ces emprunts puissent être approuvés par l'autorité de la Cour, requéroient qu'il lui plût permettre aux supplians d'emprunter par contrats ou obligations, jusques à la somme de six vingt mille livres, & d'y obliger & hypothéquer le temporel dudit Hôpital, pour être ladite somme employée au paiement des dettes les plus pressantes dudit Hôpital. Vu aussi les pieces attachées à ladite requête signée Joynet, procureur ; conclusions du procureur-général du roi, oui le rapport de me Pierre de Brilhac, conseiller en icelle, tout considéré. LA COUR ayant égard à ladite requête, a permis & permet aux supplians d'emprunter jusques à la somme de six vingt mille livres, par contrats de constitution ou par obligation, & d'y obliger & hypothéquer les biens dudit Hôpital, pour être ladite somme employée au paiement des dettes les plus pressantes dudit Hôpital. Fait en Parlement ce quatorze Mars mil six cent soixante-sept. Collationné. *Signé*, ROBERT.

ÉDIT DU ROI,

PORTANT défenses à l'Hôpital-Général, & autres, de prendre des rentes à fonds-perdu plus bas que le denier vingt.

Du mois de Janvier 1690.

LOUIS, par la grace de Dieu, roi de France & de Navarre : A tous présens & à venir ; SALUT. Ayant toujours témoigné notre application pour conserver & augmenter les biens de l'Hôtel-Dieu, de l'Hôpital-Général, & de l'Hôpital des Incurables de notre bonne ville de Paris, nous aurions dans cette vue, par notre déclaration du mois d'Août 1661, jugé à propos d'excepter lesdits Hôpitaux de la défense générale portée par notredite déclaration, à tous les autres Hôpitaux, communautés régulieres & séculieres de notre royaume, de prendre de l'argent à fonds-perdu pour constituer des rentes à un denier plus fort qu'à l'ordinaire. Mais ayans été depuis informés que cette permission, que nous n'aurions réservée auxdits Hôpitaux que pour leur donner moyen d'augmenter leurs biens, & de multiplier par conséquent leurs charités dans la suite, leur devenoit au contraire de jour en jour tellement préjudiciable, que si elle leur étoit plus long-tems continuée, elle pourroit les mettre entiérement hors d'état, non-seulement de payer les arrérages desdites rentes, mais même de faire subsister & d'entretenir les malades & pauvres dont ils se trouvent chargés par leur établissement ; nous avons estimé nécessaire de défendre généralement tous lesdits emprunts à fonds perdu, tant auxdits Hôpitaux qu'au grand Bureau des pauvres de notre bonne ville de Paris, nonobstant l'exception portée par notre déclaration du mois d'Août 1661, & par l'arrêt d'enregistrement d'icelles, du 2 Septembre audit an. A CES CAUSES, de l'avis de notre Conseil, & de notre certaine science, pleine puissance & autorité royale : nous avons par le présent édit perpétuel & irrévocable, dit, déclaré, statué & ordonné, & par ces présentes signées de notre main, disons, déclarons, statuons & ordonnons, voulons & nous plaît, que les défenses portées par notre déclaration du mois d'Août 1661, & que nous avons, en tant que de besoin, réitérées par notre présent édit, soient exécutées selon leur forme & teneur, à l'égard de tous les Hôpitaux & communautés, tant séculieres que régulieres de notre royaume, & même à l'égard de l'Hôtel-Dieu de Paris, de l'Hôpital-Général, & de l'Hôpital des Enfans-Trouvés, des Incurables & du grand Bureau ; voulons que les administrateurs d'iceux ne puissent prendre aucun argent à fonds-perdu, pour constituer lesdites rentes viageres, à peine de le payer, & d'en répondre en leurs propres & privés noms. Défendons à tous particuliers de leur faire aucun prêt de cette qualité, à peine de restitution des intérêts qu'ils en auroient reçus, & de perte de leur dû, à l'exception toutefois des dons des sommes qui seroient faits auxdits Hôpitaux par aucuns particuliers, à la charge de leur en payer, leur vie durant, les arrérages, à raison du denier vingt. Si donnons en mandement à nos amés & féaux conseillers, les gens tenans notre cour de Parlement à Paris, que ces présentes ils aient à faire registrer, & le contenu en icelles garder & observer selon leur forme & teneur, nonobstant notredite déclaration du mois d'Août 1661, & arrêt d'enregistrement d'icelle, du 2 Septembre audit an, à laquelle nous avons dérogé & dérogeons par ces présentes ; car tel est notre plaisir. Et afin que ce soit chose ferme & stable à toujours, nous y avons fait mettre notre scel.

Donné

Donné à Versailles au mois de Janvier, l'an de grace mil six cent quatre-vingt-dix, & de notre regne le quarante-septieme. *Signé*, LOUIS. *Et sur le repli*, par le roi, COLBERT. *Et scellé du grand sceau de cire verte.*

ARRÊT DU CONSEIL D'ÉTAT DU ROI,

*PAR lequel sa majesté ordonne que les cent mille livres d'octroi par an, accordés à la ville de Paris sur ses fermes, seront augmentés de quinze mille livres, & permet aux prévôt des marchands & échevins de ladite ville, d'emprunter au denier dix-huit, trois cens mille livres pour être employés à la dépense extraordinaire qui se fait dans les Hôpitaux de l'*Hôtel-Dieu *& l'*Hôpital-Général, *& autres. Et lettres-patentes expédiées en conséquence, le 18 dudit mois, registrées au Parlement, en la Chambre des Comptes, & Cour des Aides, les 3, 5 & 8 Février audit an.*

Du 2 Janvier 1694.

LE roi ayant été informé que l'Hôtel-Dieu, l'Hôpital-Général, & autres de cette ville, ne pouvoient sans un secours considérable, continuer à fournir la subsistance au grand nombre de malades & de pauvres dont ils étoient remplis à cause de la cherté des vivres, & autres choses qu'il leur convenoit fournir : & les prévôt des marchands & échevins de sa bonne ville de Paris lui ayant remontré que s'il lui plaisoit augmenter de quinze mille livres les cent mille livres qui se paient par chacun an à ladite ville, par le fermier-général des aides, pour l'octroi de dix sols pour muid de vin, qu'elle a droit de prendre aux entrées, suivant l'arrêt du Conseil du trentieme Décembre 1653, & lettres-patentes du même mois, expédiées sur icelui, ils pourroient sous le bon plaisir de sa majesté, emprunter à constitution de rente, au denier dix-huit, jusqu'à la somme de trois cens mille livres ou environ, au paiement desquels, & des arrérages, ils affecteroient par privilege spécial, & pour sûreté de ceux qui prêteroient leurs deniers, ladite augmention d'octroi ; à la charge d'employer par eux le fonds qui proviendroient desdites constitutions à secourir lesdits Hôpitaux, ladite ville ne pouvant pas quant-à-présent contribuer à leur subsistance. Et desirant sa majesté pourvoir aux besoins pressans desdits Hôpitaux : oui le rapport du sieur Phelypeaux de Pontchartrain, conseiller ordinaire au conseil royal, controleur général des finances. Sa majesté en son Conseil, a ordonné & ordonne, que la somme de cent mille livres employée dans les états de ses fermes, des aides & entrées pour ledit octroi de dix sols pour muid de vin entrant en cette ville & fauxbourgs, à elle accordée, sera augmentée de la somme de quinze mille livres par an, à commencer en la présente année 1694, pour en jouir par ladite ville ainsi qu'elle fait dudit octroi, à toujours & à perpétuité : & à cet effet sera fait fonds chaque année dans l'état de la ferme générale des aides & entrées de la somme de cent quinze mille livres, au lieu desdits cent mille livres ; laquelle somme de cent quinze mille livres, veut sa majesté qu'elle soit payée par chacun an au receveur de ladite ville, aux termes accoutumés par ses fermiers-généraux desdites aides & entrées. Et a sa majesté permis & permet auxdits prévôt des marchands & échevins de ladite ville, d'emprunter à constitution de rente, au denier dix-huit, jusqu'à la somme de trois cens mille livres, & à cet effet, d'en signer & passer, au nom de ladite ville, tous contrats nécessaires, pour être les deniers provenans dudit emprunt, employés à la dépense extraordinaire qui se fait dans lesdits Hôpitaux de l'Hôtel-Dieu, de l'Hôpital-Général, & autres ; & que ladite somme de quinze mille livres d'augmentation dudit octroi par chacun an, soit pour la sûreté de ceux qui donneront leurs deniers, spécialement & par privilege à toutes autres dettes de ladite ville, affectés au paiement desdits arrérages des rentes qui leur seront constituées par lesdits prévôt des marchands & échevins ; lesquels pour plus grande assurance desdits particuliers, pourront leur affecter & hypothéquer les biens patrimoniaux & d'octrois de ladite ville ; & seront toutes lettres à ce nécessaires expédiées. Fait au Conseil d'état du roi, tenu à Versailles le deuxieme jour de Janvier mil six cent quatre-vingt-quatorze. Collationné. *Signé*, GOUJON.

LOUIS, par la grace de Dieu, roi de France & de Navarre : A tous présens & à venir. SALUT. Ayant été informé que l'Hôtel-Dieu, l'Hôpital Général, & autres de notre bonne ville de Paris, ne pouvoient sans un secours considérable continuer à fournir la subsistance au grand nombre de malades & pauvres dont ils étoient remplis, à cause de la cherté des vivres & autres choses qu'il leur convenoit de fournir. Et les sieurs prévôt des marchands & échevins de notredite bonne ville, nous ayant représenté que s'il nous plaisoit augmenter de quinze mille livres les cent mille livres qui se paient par chacun an à ladite ville par le fermier-général des aides, pour l'octroi de dix sols pour muid de vin, qu'elle a droit de prendre aux entrées, suivant l'arrêt de notre Conseil du 30 Décembre 1653, & les lettres-patentes du même mois expédiées sur icelles, ils pourroient, sous notre bon plaisir, emprunter à constitution de rente au denier dix-huit, jusques à la somme de trois cens mille livres ou environ, au paiement desquelles, & des arrérages, ils affecteroient par privilege spécial, & pour sûreté de ceux qui prêteroient leurs deniers, ladite augmentation d'octroi, à la charge par eux d'employer le fonds qui proviendroit desdites constitutions à secourir lesdits Hôpitaux ; ladite ville ne pouvant pas contribuer quant à présent à leur subsistance ; & desirans pourvoir aux besoins pressans desdits Hôpitaux, nous aurions, par arrêt de notre Conseil d'état du deuxieme Janvier dernier, ordonné que la somme de cent mille livres employée dans nos états des fermes des aides, & autres, pour ledit octroi de dix sols pour muid de vin entrant en notredite ville de Paris, & fauxbourgs, à elle accordée, sera augmentée de la somme de quinze mille livres par an, à commencer en la présente année 1694, pour en jouir par ladite ville, ainsi qu'elle fait dudit octroi, à toujours, & à perpétuité : & à cet effet sera fait fonds chaque année dans l'état de la ferme générale des aides & entrées, de la somme de cent quinze mille livres, au lieu desdites cent mille livres ; laquelle somme de cent quinze mille livres, nous voulons qu'elle soit payée par chacun an au receveur de ladite ville, aux termes accoutumés, par nos fermiers-généraux desdites aides & entrées. Permettons en outre auxdits prévôts des marchands & échevins d'emprunter à constitution de rente au denier dix-huit, jusques à la somme de trois cens mille livres ; & à cet effet d'en signer & passer au nom de ladite ville tous contrats nécessaires, pour être les deniers provenans desdits emprunts, employés à la dépense extraordinaire qui se fait dans lesdits Hôpitaux de l'Hôtel-Dieu, de l'Hôpital-Général & autres, & que ladite somme de quinze mille livres d'augmentation dudit octroi par chacun an, soit pour la sûreté de ceux qui donneront leurs deniers, spécialement & par privilege à toutes autres dettes de ladite ville, affectée au paiement des arrérages des rentes qui leur seront constituées par lesdits prévôt des marchands & échevins, lesquels pour plus grande assurance desdits particuliers, pourront leur affecter & hypothéquer les biens patrimoniaux & d'octrois de ladite ville, & que toutes lettres à ce nécessaires seroient expédiées. A CES CAUSES, & conformément audit arrêt de notre Conseil d'état dudit jour deuxieme Janvier dernier, nous avons ordonné & ordonnons que la somme de cent mille livres employée dans nos états des fermes des aides & autres, pour ledit octroi de dix sols pour muid de vin entrant en notredite ville de Paris & fauxbourgs, à elle accordé, sera augmentée de la somme de quinze mille livres par an, à commencer en la présente année 1694, pour en jouir par ladite ville, ainsi qu'elle fait dudit octroi, à toujours & à perpétuité. Et à cet effet sera fait fonds chacune année dans l'état de la ferme générale des aides & entrées, de la somme de cent quinze mille livres, au lieu desdites cent mille livres : laquelle somme de cent quinze mille livres, nous voulons qu'elle soit payée par chacun an au receveur de ladite ville, aux termes accoutumés, par nos fermiers-généraux desdites aides & entrées. Permettons en outre auxdits sieurs prévôt des marchands & échevins de ladite ville, d'emprunter à constitution de rente au denier dix-huit, jusques à la somme de trois cens mille livres, & à cet effet d'en signer & passer au nom de ladite ville tous contrats nécessaires, pour être les deniers provenans desdits emprunts, employés à la dépense extraordinaire qui se fait dans lesdits Hôpitaux de l'Hôtel-Dieu, de l'Hôpital-Général & autres, & que ladite somme de quinze mille livres d'augmentation dudit octroi par chacun an, soit, pour la sûreté de ceux qui donneront leurs deniers, spécialement & par privilege à toutes autres dettes de ladite ville, affectée au paiement des arrérages des rentes qui leur seront constituées par lesdits prévôt des marchands & échevins, lesquels, pour plus grande assurance desdits particuliers, pourront leur affecter & hypothéquer les biens patrimoniaux & d'octrois de ladite ville. Si donnons en mandement à nos amés & féaux conseillers, les gens tenans notre cour de Parlement, Chambre de nos Comptes, & Cour des Aides à Paris, que ces présentes & ledit arrêt ils fassent registrer, & faire cesser tous troubles & empêchemens à ce contraires : car tel est notre plaisir. Et afin que ce soit chose ferme & stable à toujours, nous avons fait mettre notre scel à cesdites présentes. Donné à Versailles le vingt-huitieme jour de Janvier, l'an de grace mil six cent quatre-vingt-quatorze, & de notre regne le cinquante-unieme. *Signé*, LOUIS. *Et sur le repli*, par le roi, PHELYPEAUX. Et à côté : *Visa*. BOUCHERAT. *Et scellées du grand sceau de cire verte en lacs de soie rouge & verte.*

Registrées, oui le procureur-general du roi, pour être exécutées selon leur forme & teneur, suivant l'arrêt de ce jour. A Paris, en Parlement, le trois Février mil six cent quatre-vingt-quatorze. Signé, *DONGOIS.*

Registrées en la Chambre des Comptes, oui le procureur-général du roi, pour être exécutées selon leur forme & teneur, le cinquieme Février mil six cent quatre-vingt-quatorze. Signé, *RICHER.*

Registrées en la Cour des Aides, oui le procureur-général du roi, pour être exécutées selon leur forme & teneur. A Paris, le huit Février mil six cent quatre-vingt-quatorze. Signé, *DUPUY.*

ARRÊT DU CONSEIL, ET LETTRES-PATENTES,

POUR la restitution du dixieme, retenu à différens Hôpitaux.

Du 21 Juin 1712.

VU au Conseil d'état du roi, le contrat passé le 13 Juillet 1711, entre sa majesté & le clergé de France, les lettres-patentes expédiées en conséquence dudit contrat, le troisieme Octobre dernier, la déclaration du 27 dudit mois d'Octobre, l'arrêt du Conseil du deuxieme Janvier dernier, par lequel sa majesté a ordonné qu'en rapportant par les bénéficiers & communautés ecclésiastiques, tant séculieres que régulieres, & autres, faisant partie du clergé de France, des certificats signés du syndic du clergé de leur diocese,

& légalisés par les archevêques & évêques, ou par leurs grands vicaires, portant qu'ils contribuent au don gratuit accordé à sa majesté à l'occasion du dixieme; les payeurs des rentes de l'hôtel-de-ville, seront tenus de payer les arrérages des rentes qui feront partie des revenus des biens de l'église, sans retenir le dixieme; comme aussi de restituer ce qui pourroit avoir été retenu par le passé sur ces arrérages; la requête présentée au Conseil par les administrateurs de l'Hôtel-Dieu de Paris & de l'Hôpital des Incurables y joint; contenant qu'encore que par le contrat fait entre sa majesté & le clergé par les lettres-patentes expédiées sur icelui, & par ladite déclaration du 27 Octobre 1711, sa majesté ait déclaré exempts du dixieme les biens appartenans aux Hôpitaux, ainsi que les biens ecclésiastiques; néanmoins comme il n'est point fait mention des biens des Hôpitaux dans ledit arrêt du 2 Janvier dernier, les payeurs des rentes de l'hôtel-de-ville pourroient faire difficulté de payer les arrérages de celles qui appartiennent auxdits Hôpitaux sans en retenir le dixieme, & de restituer ce qui peut avoir été retenu jusqu'à présent sur lesdits arrérages; pourquoi ils esperent de la pitié & de la charité de sa majesté, qu'elle voudra bien ordonner la même chose en leur faveur: oui le rapport du sieur Desmaretz, conseiller ordinaire au Conseil royal, contrôleur-général des finances. LE ROI en son Conseil, a ordonné & ordonne que les payeurs des rentes de l'hôtel-de-ville de Paris, seront tenus de payer les arrérages de celles desdits rentes qui font partie des revenus de l'Hôtel-Dieu & de l'Hôpital des Incurables y joint, sans en retenir le dixieme; comme aussi de restituer ce qui pourroit avoir été retenu du passé sur lesdits arrérages, en rapportant par les receveurs desdits Hôpitaux des certificats signés de six des administrateurs, que lesdites rentes appartiennent auxdits Hôpitaux, lesquels certificats demeureront joints pour la premiere fois aux quittances qui seront fournies pour toucher lesdits arrérages, au moyen de quoi la dépense en sera passée & allouée à l'avenir sans difficulté dans les comptes desdits payeurs; & pour l'exécution du présent arrêt, toutes lettres nécessaires seront expédiées. Fait au Conseil d'état du roi, tenu à Marly, le vingt-unieme jour de Juin mil sept cent douze. Collationné. *Signé*, DU JARDIN.

LOUIS, par la grace de Dieu, roi de France & de Navarre: A tous ceux qui ces présentes lettres verront; SALUT. Les gouverneurs & administrateurs de l'Hôtel-Dieu de notre bonne ville de Paris & de l'Hôpital des Incurables y joint, nous ont fait remontrer que par arrêt de notre Conseil d'état du 21 Juin dernier, & pour les causes y contenues, nous avons ordonné que les payeurs des rentes de l'hôtel-de-ville de Paris, seront tenus de payer les arrérages des rentes du même hôtel-de-ville, qui appartiennent à l'Hôtel-Dieu & à l'Hôpital des Incurables, sans en retenir le dixieme, comme aussi de restituer ce qui peut avoir été retenu par le passé sur ces arrérages, en rapportant par les receveurs de ces deux Hôpitaux, un certificat de six administrateurs, que ces rentes appartiennent aux mêmes Hôpitaux, lesquels certificats demeureront joints pour la premiere fois aux quittances qui seront fournies pour toucher lesdits arrérages, au moyen de quoi la dépense en sera passée & allouée à l'avenir sans difficulté dans les comptes desdits payeurs; & il est porté que pour l'exécution de cet arrêt, toutes lettres nécessaires seront expédiées, à l'effet de quoi les exposans nous ont très-humblement requis de les leur accorder. A CES CAUSES, de l'avis de notre Conseil qui a vu ledit arrêt de notre Conseil ci-attaché sous le contre-scel de notre Chancellerie, nous avons, de notre grace spéciale, pleine puissance & autorité royale, par ces présentes signées de notre main, ordonné & ordonnons que conformément audit arrêt de notre Conseil, les payeurs des rentes de l'hôtel-de-ville seront tenus de payer les arrérages de celles desdites rentes qui font partie des revenus dudit Hôtel-Dieu de Paris & de l'Hôpital des Incurables y joints, sans en retenir le dixieme, comme aussi de restituer ce qui peut avoir été retenu par le passé sur lesdits arrérages, en rapportant par les receveurs desdits Hôpitaux des certificats signés des administrateurs, que les rentes appartiennent auxdits Hôpitaux, lesquels certificats demeureront joints pour la premiere fois aux quittances qui seront fournies pour toucher lesdits arrérages, au moyen de quoi la dépense en sera passée & allouée à l'avenir sans difficulté dans les comptes desdits payeurs. Si donnons en mandement à nos amés & féaux conseillers les gens tenans notre Chambre des Comptes à Paris, que ces présentes ils fassent registrer, & du contenu d'icelles jouir & user les exposans : car tel est notre plaisir; en témoin de quoi nous avons à ces présentes fait mettre notre scel. Donné à Marly le huitieme jour de Juillet, l'an de grace mil sept cent douze, & de notre regne le soixante-dixieme. *Signé*, LOUIS. *Et sur le repli est écrit :* par le roi, *Signé*, PHELYPEAUX. Vu au Conseil. *Signé*, DESMARETZ. *Et scellées en queue du grand sceau de cire jaune.* Et à côté est écrit :

Registrées en la Chambre des Comptes, oui le procureur-général du roi, pour jouir par ledit Hôtel-Dieu & Hôpital des Incurables de l'effet & contenu en icelles, le quatorzieme Juillet mil sept cent douze. Signé, *RICHER.*

ARRÊT DU CONSEIL D'ÉTAT DU ROI,

PORTANT exemption du dixieme sur les revenus de l'Hôtel-de-Ville.

Du 22 Novembre 1712.

VU au Conseil d'état du roi l'arrêt rendu en icelui le 21 Juin 1712, par lequel il est ordonné que les payeurs des rentes de l'hôtel-de-ville de Paris, seront tenus de payer les arrérages de celles desdites rentes, qui font partie des revenus de l'Hôtel-Dieu & de l'Hôpital des Incurables y joints, sans en retenir le dixieme; comme aussi de restituer ce qui pourroit avoir été retenu du passé sur lesdits arrérages, en rapportant par les receveurs desdits Hôpitaux des certificats signés de six des administrateurs, que lesdites rentes appartiennent auxdits Hôpitaux, lesquels certificats demeureront joints pour la premiere fois aux quittances qui seront fournies pour toucher lesdits arrérages, au moyen de quoi la dépense en sera passée & allouée à l'avenir, sans difficulté, dans les comptes desdits payeurs; & que pour l'exécution dudit arrêt, toutes lettres nécessaires seroient expédiées. La requête des directeurs de l'Hôpital-Général de Paris, des Enfans-Trouvés, du Saint-Esprit, & autres qui y sont unis, contenant, qu'encore que ledit arrêt n'ait point d'autre fondement que celui du contrat passé entre sa majesté & le clergé de France, & les déclarations données en conséquence, qui déclarent exempts du dixieme les biens des Hôpitaux, ainsi que ceux des ecclésiastiques, néanmoins les payeurs des rentes de l'hôtel-de-ville de Paris pourroient faire difficulté de payer les arrérages de celles qui appartiennent auxdits Hôpitaux sans en retenir le dixieme, & de restituer ce qui pourroit avoir été retenu jusqu'à présent sur lesdits arrérages, sous prétexte que ledit arrêt est particulier pour l'Hôtel-Dieu. A CES CAUSES, lesdits directeurs auroient requis, qu'il plût à sa majesté, déclarer ledit arrêt du 21 Juin 1712, commun pour ledit Hôpital-Général & autres qui y sont unis; oui le rapport du sieur Desmaretz, conseiller ordinaire au Conseil royal, contrôleur général des finances. LE ROI en son Conseil, a déclaré ledit arrêt du Conseil du 21 Juin 1712, commun pour l'Hôpital-Général de Paris, des Enfans-Trouvés, Saint-Esprit & autres qui y sont unis; & en conséquence, a ordonné & ordonne que les payeurs des rentes de l'hôtel-de-ville de Paris, seront tenus de payer les arrérages de celles desdites rentes qui font parties des revenus de l'Hôpital-Général, Enfans-Trouvés, Saint-Esprit & autres qui y sont unis, sans en retenir le dixieme; comme aussi de restituer ce qui pourroit avoir été retenu du passé sur lesdits arrérages, en rapportant par les receveurs desdits Hôpitaux, des certificats signés de six desdits directeurs, que lesdites rentes appartiennent auxdits Hôpitaux; lesquels certificats demeureront joints pour la premiere fois aux quittances qui seront fournies pour toucher lesdits arrérages, au moyen de quoi la dépense en sera passée & allouée sans difficulté dans les comptes desdits payeurs; & pour l'exécution du présent arrêt, toutes lettres nécessaires seront expédiées. Fait au Conseil d'état du roi, tenu à Marly le vingt-deuxieme jour de Novembre mil sept cent douze. Collationné. *Signé*, DE LAISTRE.

LETTRES-PATENTES,

*SUR arrêt du Conseil pour l'*Hôpital-Général *de Paris, concernant le dixieme.*

Du 22 Décembre 1712.

LOUIS, par la grace de Dieu, roi de France & de Navarre: A nos amés & féaux conseillers les gens tenans notre Chambre des Comptes à Paris, SALUT. Nos bien amés les administrateurs de l'Hôpital-Général de Paris, des Enfans-Trouvés, du Saint-Esprit & autres qui y sont unis, nous ont fait remontrer que par arrêt de notre Conseil du 22 Novembre 1712, nous aurions, entr'autres choses, ordonné que les payeurs des rentes de l'hôtel-de-ville de Paris, seroient tenus de payer les arrérages de celles desdites rentes qui font partie des revenus desdits Hôpitaux, sans en retenir le dixieme; & que pour l'exécution d'icelui toutes lettres nécessaires seroient expédiées, lesquelles les exposans nous ont très-humblement fait supplier de leur vouloir accorder. A CES CAUSES, de l'avis de notre Conseil qui a vu ledit arrêt dudit jour 22 Novembre dernier, ci-attaché sous le contre-scel de notre Chancellerie, nous avons, conformément à icelui, déclaré autre arrêt de notredit Conseil, du 21 Juin 1712, commun pour ledit Hôpital-Général de Paris, Enfans-Trouvés, Saint-Esprit & autres qui y sont joints; & en conséquence ordonné & ordonnons par ces présentes signées de notre main, que les payeurs des rentes de l'hôtel-de-ville de Paris seront tenus de payer les arrérages de celles desdites rentes qui font partie des revenus de l'Hôpital-Général, Enfans-Trouvés, Saint-Esprit, & autres qui y sont unis, sans retenir le dixieme; comme aussi de restituer ce qui pourroit avoir été retenu du passé sur lesdits arrérages, en rapportant par les receveurs desdits Hôpitaux, des certificats signés de six desdits directeurs, que lesdites rentes appartiennent auxdits Hôpitaux, lesquels certificats demeureront joints, pour la premiere fois, aux quittances qui seront fournies pour toucher lesdits arrérages, au moyen de quoi, la dépense en sera passée & allouée sans difficulté dans les comptes desdits payeurs. SI VOUS MANDONS que ces présentes vous ayez à faire enregistrer, & de leur contenu audit arrêt, pour jouir & user lesdits exposans & ceux qui leur succéderont auxdites qualités, pleinement & paisiblement, cessant & faisant cesser tous troubles & empêchemens, nonobstant tous édits, arrêts & réglemens à ce contraires, auxquels nous avons dérogé & dérogeons pour ce regard seulement, sans tirer à conséquence: car tel est notre plaisir. DONNÉES à Versailles, le 22 Décembre, l'an de grace 1712, & de notre regne le soixante-dixieme. *Signé*, LOUIS; *Et plus bas*, par le roi, PHELYPEAUX. Et scellées du grand sceau de cire jaune.

Registrées en la Chambre des Comptes, oui le Procureur-général du roi, pour jouir par les impétrans, esdits noms, de l'effet & contenu en icelles, le 12 Janvier 1713. Collationné. *Signé*, RICHER.

ARRÊT DU CONSEIL D'ÉTAT DU ROI,

ET LETTRES-PATENTES expédiées en conséquence le premier Septembre audit an,

EN *faveur des* Hôpitaux, *pour la restitution du dixieme qui leur a été retenu sur les rentes de l'hôtel-de-ville de Paris.*

Du 10 Juillet 1714.

VU au Conseil d'état du roi, le contrat passé le 13 Juillet 1711, entre sa majesté & le Clergé de France, les lettres-patentes expédiées en conséquence dudit contrat, le 3 Octobre audit an, la déclaration du 27 dudit mois, l'arrêt du Conseil du 2 Janvier 1712, par lequel sa majesté a ordonné, qu'en rapportant par les bénéficiers & communautés ecclésiastiques, tant séculieres que régulieres, & autres faisant partie du Clergé de France, des certificats signés du syndic de leur diocese, & légalisés par les archevêques & évêques, ou par leurs grands-vicaires, portant qu'ils contribuent au don gratuit accordé à sa majesté, à l'occasion du dixieme, les payeurs des rentes de l'hôtel-de-ville de Paris seront tenus de payer les arrérages de celles qui feront partie des revenus des biens de l'Eglise, sans en retenir le dixieme ; comme aussi de restituer ce qui pourroit avoir été retenu par le passé sur lesdits arrérages. Les requêtes présentées au Conseil par les administrateurs *de l'Hôtel-Dieu* & *l'Hôpital de Saint-Maur de Châlons;* par les administrateurs *de l'Hôpital-Général* & *de l'Hôpital de la Charité de Vitry;* par les administrateurs *de l'Hôtel-Dieu de Saint-Dizier;* par les administrateurs *de la Charité de Sainte-Menehoult;* par les administrateurs *de l'Hôtel-Dieu, de l'Hôpital-Général, de l'Hôpital des Orphelins, de de l'Hôpital de Saint-Marcou de Reims;* par les administrateurs *de l'Hôpital-Général de Rethel;* par les administrateurs *de l'Hôpital de Saint-Laurent & de la Charité de Langres;* par les administrateurs *de l'Hôtel-Dieu de Chaumont;* par les administrateurs *de l'Hôtel-Dieu-le-Comte, de l'Hôpital de Saint-Nicolas, de l'Hôpital de la Trinité, de l'Hôpital des Orphelins de Troyes;* par les administrateurs *de l'Hôtel-Dieu de Sezane;* contenant, qu'encore que par le contrat fait entre sa majesté & le clergé, par les lettres-patentes expédiées sur icelui, & par la déclaration du 27 Octobre 1711, sa majesté ait déclaré exempts du dixieme les biens ecclésiastiques; néanmoins les payeurs des rentes de l'hôtel-de-ville de Paris, pourroient faire difficulté de payer les arrérages de celles qui appartiennent auxdits Hôpitaux, sans en retenir le dixieme, ou rendre ce qui peut avoir été retenu jusqu'à présent ; oui le rapport du sieur Desmarets, conseiller ordinaire au Conseil Royal, contrôleur-général des finances : LE ROI, en son Conseil, a ordonné & ordonne, que les payeurs des rentes de l'hôtel-de-ville de Paris, seront tenus de payer les arrérages de celles desdites rentes qui appartiennent *à l'Hôtel-Dieu & à l'Hôpital de Saint Maur de Châlons, à l'Hôpital-Général & l'Hôpital de la Charité de Vitry, à l'Hôtel-Dieu de Saint-Dizier, à l'Hôpital de la Charité de Sainte-Menehoult, à l'Hôtel-Dieu, à l'Hôpital-Général, à l'Hôpital des Orphelins, à l'Hôpital de Saint-Marcou de Reims, à l'Hôpital-Général de Rethel, à l'Hôpital de Saint-Laurent & à l'Hôpital de la Charité de Langres, à l'Hôtel-Dieu de Chaumont, à l'Hôtel-Dieu-le-Comte, à l'Hôpital Saint-Nicolas, à l'Hôpital de la Trinité & à l'Hôpital des Orphelins de Troyes, & à l'Hôtel-Dieu de Sezanne,* sans en retenir le dixieme ; comme aussi de restituer ce qui pourroit avoir été retenu de passé sur lesdits arrérages, jusqu'au 1er. Janvier 1712, en rapportant, par les receveurs desdits Hôpitaux, des certificats signés des administrateurs, que lesdites rentes appartiennent auxdits Hôpitaux; lesquels certificats demeureront joints aux quittances qui seront fournies, pour toucher lesdits arrérages; au moyen de quoi la dépense en sera passée & allouée à l'avenir, sans difficulté, dans les comptes desdits payeurs; & pour l'exécution du présent arrêt, toutes lettres nécessaires seront expédiées. FAIT au Conseil d'état du roi, tenu à Marly, le 10 Juillet 1714. Collationné. *Signé*, RANCHIN.

LOUIS, par la grace de Dieu, roi de France & de Navarre : A nos amés & féaux les gens tenant notre Chambre des Comptes à Paris, SALUT. *L'Hôtel-Dieu & l'Hôpital de Saint-Maur de Châlons, l'Hôpital-Général & l'Hôpital de la Charité de Vitry, l'Hôtel-Dieu de Saint-Dizier, l'Hôpital de la Charité de Sainte-Menehoult, l'Hôtel-Dieu, l'Hôpital-Général, l'Hôpital des Orphelins & l'Hôpital de Saint-Marcou de Reims, l'Hôpital-Général de Rethel, l'Hôpital de Saint-Laurent & l'Hôpital de la Charité de Langres, l'Hôtel-Dieu de Chaumont, l'Hôtel-Dieu-le-Comte, l'Hôpital Saint-Nicolas, l'Hôpital de la Trinité, & l'Hôpital des Orphelins de Troyes, & l'Hôtel-Dieu de Sezanne*, nous ont très-humblement fait exposer, qu'encore que nous ayons exempté les Hôpitaux du dixieme, néanmoins les payeurs des rentes de notre bonne ville de Paris le leur ayant retenu, pour le dernier quartier de l'année 1710, & de l'année 1711, nous avons ordonné, par l'arrêt du Conseil du 10 Juillet 1714, qu'il leur seroit rendu & restitué, & à cet effet, que toutes lettres nécessaires leur seroient expédiées, qu'ils nous ont supplié leur vouloir accorder; A CES CAUSES, de l'avis de notre Conseil, qui a vu ledit arrêt du 10 Juillet dernier, ci-attaché sous le contre-scel de notre Chancellerie, nous, de notre grace spéciale, pleine puissance & autorité royale, avons ordonné & ordonnons par ces présedtes, signées de notre main, voulons & nous plaît, que les payeurs des rentes de l'hôtel de notre bonne ville de Paris soient tenus de payer les arrérages de celles qui appartiennent auxdits *Hôtel-Dieu & Hôpital de Saint-Maur de de Châlons; l'Hôpital-Général & l'Hôpital de la Charité de Vitry; l'Hôtel-Dieu de Saint-Dizier; l'Hôpital de la Charité de Sainte-Menehoult; l'Hôtel-Dieu, l'Hôpital-Général, l'Hôpital des Orphelins & l'Hôpital de Saint-Marcou de Reims; l'Hôpital-Généèal de Rethel; l'Hôpital de Saint-Laurent & l'Hôpital de la Charité de Langres; l'Hôtel-Dieu de Chaumont; l'Hôtel-Dieu-le-Comte, l'Hôpital de Saint-Nicolas, l'Hôpital de la Trinité & l'Hôpital des Orphelins de Troyes, & l'Hôtel-Dieu de Sezanne;* sans en retenir le dixieme, comme aussi de restituer ce qui pourroit avoir été retenu du passé sur lesdits arrérages, jusqu'au 1er. Janvier 1712, en rapportant, par les receveurs desdits Hôpitaux, des certificats signés des administrateurs, que lesdits revenus appartiennent auxdits Hôpitaux; lesquels certificats demeureront joints aux quittances qui seront fournies pour toucher lesdits arrérages; au moyen de quoi, voulons que la dépense en soit passée & allouée à l'avenir, sans difficulté, dans les comptes desdits payeurs : Si vous mandons que ces présentes vous ayez à faire enregistrer, & du contenu en icelles jouir & user lesdits exposans pleinement & paisiblement, nonobstant toutes choses à ce contraires. Car tel est notre plaisir. DONNÉ à Fontainebleau, le 1er. Septembre, l'an de grace 1714, & de notre regne le soixante-douzieme. *Signé*, LOUIS. *Et plus bas*, par le roi, COLBERT. Et scellé du grand sceau de cire jaune.

Registrées en la chambre des Comptes : oui le procureur-général du roi, pour jouir par les impétrans, de l'effet & contenu en icelles, le 13 Septembre 1714.

Signé, RICHER.

ARRÊT

ARRÊT DU CONSEIL D'ÉTAT DU ROI,

Qui ordonne que tous propriétaires de fonds, héritages, maisons & offices, qui doivent des rentes, pensions & autres redevances, de quelque nature qu'elles soient, aux Hôpitaux, *n'en pourront retenir le sixieme; & que ceux desdits propriétaires, locataires & autres redevables, qui ont fait quelque retenue du dixieme sur les sommes qu'ils ont payées, seront tenus de les restituer; & qu'en présentant leur requête, qu'il leur sera tenu compte de ces dixiemes sur celui qu'ils paient du revenu de leurs fonds, en justifiant par eux de la réalité desdites rentes & pensions, & en rapportant les contrats & autres titres à ce nécessaires.*

Du 2 Avril 1743.

LE roi a ordonné, par l'article VI de la déclaration du 29 Août 1741, portant établissement du dixieme, que les propriétaires de fonds & héritages, maisons & offices, qui doivent des rentes à constitution, rentes viageres & pensions, paieroient le dixieme de la totalité du revenu des fonds sur lesquels les rentiers, pensionnaires & autres créanciers ont à exercer ou pourroient exercer leurs hypotheques; & en conséquence, que lorsqu'ils feroient le paiement des arrérages desdites rentes & pensions, ils en retiendroient le dixieme, en justifiant par eux de la quittance du paiement qu'ils auroient fait du dixieme du revenu de leurs fonds. Mais comme les biens appartenans aux Hôpitaux n'ont point été assujettis à l'imposition du dixieme, au moyen de quoi les propriétaires des biens-fonds, qui doivent des rentes & des pensions auxdits Hôpitaux, ne peuvent faire la retenue du dixieme de ces mêmes rentes & pensions, lorsqu'ils en font le paiement, il est nécessaire de fixer la maniere de les indemniser de la retenue qu'ils ne peuvent faire, & d'indiquer un moyen pour leur en faire tenir compte; à quoi sa majesté desirant pourvoir: oui le rapport du sieur Orry, Conseiller d'état ordinaire, & au Conseil Royal, contrôleur-général des finances; LE ROI étant en son Conseil, a ordonné & ordonne que tous propriétaires de fonds & héritages, maisons & offices, ne pourront retenir le dixieme des arrérages des rentes, pensions & autres redevances, de quelque nature qu'elles soient, dues aux Hôpitaux; & que ceux desdits propriétaires, locataires & autres redevables auxdits Hôpitaux, qui ont fait quelque retenue du dixieme sur les sommes qu'ils ont payées jusqu'à présent, seront tenus de les restituer auxdits Hôpitaux. Veut en conséquence sa majesté, qu'ils présentent leur requête; savoir, dans la ville de Paris, au prévôt des marchands de ladite ville, & dans les provinces, aux sieurs intendans & commissaires départis, pour demander qu'il leur soit fait déduction sur le dixieme qu'ils paient des revenus de leurs biens-fonds, du dixieme qu'ils ne peuvent retenir auxdits Hôpitaux, en justifiant par eux de la réalité desdites rentes & pensions, & en rapportant les contrats, quittances & autres actes à ce nécessaires. Ordonne sa majesté, qu'en cas de contestation sur la retenue du dixieme desdites rentes, pensions ou autres redevances dues auxdits Hôpitaux, les parties se pourvoiront pardevant le sieur prévôt des marchands de la ville de Paris, & les sieurs intendans & commissaires départis dans les provinces & généralités du royaume, auxquels sa majesté enjoint de tenir la main à l'exécution du présent arrêt, nonobstant oppositions ou empêchemens quelconques. Fait au Conseil d'état du roi, sa majesté y étant, tenu à Versailles le deuxieme jour d'Avril mil sept cent q arante-trois.

Signé, PHELYPEAUX.

ARRÊT DU CONSEIL D'ÉTAT DU ROI,

*Qui ordonne que celui du 2 Avril 1743 sera exécuté selon sa forme & teneur, & que tous payeurs & trésoriers ne pourront retenir le dixieme des arrérages des rentes, pensions & autres redevances, appartenantes actuellement, ou qui appartiendront par la suite à l'*Hôpital-Général *de Paris, sauf à eux à se pourvoir, ainsi qu'il est expliqué par l'arrêt dudit jour 2 Avril 1743.*

Du 14 Novembre 1745.

SUR la requête présentée au roi en son conseil, par les directeurs de l'Hôpital-Général de Paris, contenant qu'encore bien que sa majesté par son arrêt du 2 Avril 1743, ait ordonné, en faveur de l'Hôpital-Général, comme par les précédens arrêts, lorsque les dixieme, vingtieme & cinquantieme ont eu lieu, que tous les propriétaires de fonds & héritages, maisons & offices, ne pourroient retenir le dixieme des arrérages des rentes, pensions & autres redevances de quelque nature qu'elles fussent, dues aux Hôpitaux, & que ceux des redevables qui ont fait quelque retenue du dixieme sur les sommes qu'ils ont payées, seroient tenus de les restituer auxdits Hôpitaux; néanmoins le sieur de Barillon, payeur des rentes sur les postes, a fait refus de payer les rentes dues à l'Hôpital-Général, sans rétention de dixieme, sous prétexte que par l'arrêt dudit jour 2 Avril 1743, il n'étoit pas nommément fait mention des rentes sur les postes : que d'un autre côté & au préjudice du même arrêt, le trésorier des états de Languedoc, n'a payé une partie de rente due à l'Hôpital, qu'en retenant le dixieme, parce que cette partie de rente n'appartient pas audit Hôpital pour la propriété, mais seulement pour l'usufruit, au moyen d'une délégation qui lui en a été faite par le propriétaire, pour s'acquitter d'une pareille rente par lui due audit Hôpital : que nombre d'autres particuliers, trésoriers & payeurs font la même difficulté, sous le prétexte que l'Hôpital n'est devenu propriétaire des rentes qui lui sont actuellement dues, que depuis les constitutions par la voie de donation, legs & autrement; ce qui fait un préjudice notable audit Hôpital-Général, requérant qu'il plaise à sa majesté y pourvoir : vu les mémoires & réponses des trésoriers des rentes sur les postes, états de Languedoc & autres particuliers; ouï le rapport du sieur Orry, conseiller d'état ordinaire & au conseil royal, contrôleur-général des finances. Le roi étant en son conseil, ayant égard à ladite requête, a ordonné & ordonne que l'arrêt du 2 Avril 1743 sera exécuté selon sa forme & teneur; en conséquence, en expliquant, autant que besoin est ou seroit, l'arrêt dudit jour 2 Avril 1743, ordonne que tous payeurs & trésoriers, tant particuliers que des communautés ecclésiastiques & séculieres, même celui sur les postes, ensemble tous autres débiteurs particuliers de rentes appartenantes à l'Hôpital-Général de notre bonne ville de Paris, tant sur les postes, tailles, domaine, qu'autres fonds publics, trésoriers & payeurs des états de Bretagne, Languedoc, Bourgogne & autres, ensemble ceux du clergé de France & des communautés, tant ecclésiastiques que particulieres, telles qu'elles soient ou puissent être, exprimées ou non exprimées, même les particuliers débiteurs dudit Hôpital, à quelque titre & sous quelque dénomination que ce soit, ne pourront retenir le dixieme des arrérages des rentes, pensions & autres redevances appartenantes actuellement ou qui appartiendront par la suite audit Hôpital-Général, soit viageres ou en usufruit seulement, ou soit en propriété, & de quelqu'autre nature qu'elles soient ou puissent être, dues audit Hôpital-Général; ordonne en outre que ceux des particuliers, propriétaires, payeurs, trésoriers & autres redevables dudit Hôpital, généralement quelconques, qui ont fait quelque retenue du dixieme sur les sommes qu'ils ont payées jusqu'à présent, &

ſous quelque prétexte que ce ſoit, ſeront tenus de les reſtituer audit Hôpital; à quoi faire il ſeront contraints, en vertu du préſent arrêt, & ſans qu'il en ſoit beſoin d'autre, par toutes voies dues & raiſonnables, même par corps, quoi faiſant, ils en ſeront & demeureront bien & valablement quittes & déchargés, ſauf à eux à ſe pourvoir, s'il y échet, ainſi & de la maniere qu'il eſt expliqué par l'arrêt dudit jour deux Avril mil ſept cent quarante-trois. Fait au conſeil d'état, tenu à Fontainebleau le quatorzieme jour de Novembre mil ſept cent quarante-cinq. *Signé*, PHELYPEAUX.

ARRÊT DU CONSEIL D'ÉTAT DU ROI,

QUI ordonne que tous les propriétaires de fonds & héritages, maiſons & offices, ne pourront retenir le vingtieme des arrérages des rentes, penſions & autres redevances, de quelque nature qu'elles ſoient, dues aux Hôpitaux, &c.

Du 4 Décembre 1752.

LE roi ayant ordonné par l'article IX de l'édit du mois de Mai 1749, portant établiſſement du vingtieme, que les propriétaires de fonds & héritages, maiſons & offices qui doivent des rentes à conſtitution, rentes viageres & penſions, paieroient le vingtieme de la totalité du revenu des fonds ſur leſquels les rentiers, penſionnaires & autres créanciers ont à exercer ou pourroient exercer leurs hypotheques, & en conſéquence, que lorſqu'ils feroient le paiement des arrérages deſdites rentes & penſions, ils en retiendroient le vingtieme, en juſtifiant par eux de la quittance du paiement qu'ils auroient fait du vingtieme du revenu de leurs fonds. Mais comme le roi a bien voulu accorder l'exemption du vingtieme des biens appartenans aux Hôpitaux, au moyen de quoi les propriétaires des biens fonds qui doivent des rentes & des penſions auxdits Hôpitaux, ne peuvent faire la retenue du vingtieme de ces mêmes rentes & penſions, lorſqu'ils en font le paiement, il eſt néceſſaire de fixer la maniere de les indemniſer de la retenue qu'ils ne peuvent faire, & d'indiquer un moyen pour leur en faire tenir compte; à quoi ſa majeſté deſirant pourvoir, oui le rapport, LE ROI étant en ſon conſeil, a ordonné & ordonne que tous les propriétaires de fonds & héritages, maiſons & offices, ne pourront retenir le vingtieme des arrérages des rentes, penſions & autres redevances, de quelque nature qu'elles ſoient, dues aux Hôpitaux; & que ceux deſdits propriétaires & autres redevables auxdits Hôpitaux, qui ont fait quelque retenue du vingtieme ſur les ſommes qu'ils ont payées juſqu'à préſent, ſeront tenus de les reſtituer aux Hôpitaux. Veut en conſéquence ſa majeſté, qu'ils préſentent leur requête; ſavoir, dans la ville de Paris, au prévôt des marchands de ladite ville, & dans les provinces aux ſieurs intendans & commiſſaires départis, pour demander qu'il leur ſoit fait déduction ſur le vingtieme qu'ils paient des revenus de leurs biens fonds, du vingtieme qu'ils ne peuvent retenir auxdits Hôpitaux, en juſtifiant par eux de la réalité deſdites rentes & penſions, & en rapportant les contrats, quittances & autres actes à ce néceſſaires. Ordonne ſa majeſté qu'en cas de conteſtation ſur la retenue du vingtieme deſdites rentes, penſions ou autres redevances dues auſdits Hôpitaux, les parties ſe pourvoiront par devant le ſieur prévôt des marchands de la ville de Paris, & les ſieurs intendans & commiſſaires départis dans les provinces & généralités du royaume, auſquels ſa majeſté enjoint de tenir la main à l'exécution du préſent arrêt, nonobſtant oppoſition ou empêchement quelconques. Fait au conſeil d'état du roi, ſa majeſté y étant, tenu pour les finances, à Verſailles, le quatrieme jour de Décembre mil ſept cent cinquante-deux. *Signé*, M. P. DE VOYER D'ARGENSON.

ARRÊT DU GRAND CONSEIL,

*Qui décharge de l'imposition du vingtieme, deux parties de rentes constituées sur les postes, au profit de l'*Hôpital-Général*; ordonne que le sieur de Barillon, payeur desdites rentes, restituera ledit vingtieme, & deux sols pour livres du dixieme, au receveur dudit* Hôpital-Général.

Du 9 Août 1754.

LOUIS, par la grace de Dieu, roi de France & de Navarre : A tous ceux qui ces présentes lettres verront ; SALUT. Savoir faisons, comme par arrêt cejourd'hui donné en notre Grand-Conseil, sur la requête présentée en notredit Grand-Conseil par nos bien amés les directeurs & administrateurs de l'Hôpital-Général de Paris, tendante à ce qu'il plût à notredit Conseil, attendu que la maison de Bicêtre est membre & fait partie de l'Hôpital-Général, & que ledit Hôpital-Général, & les maisons y unies, sont exempts du vingtieme, comme ils l'étoient du dixieme, sans s'arrêter au refus fait par maître de Barillon, payeur des rentes sur les postes, de payer deux parties de rentes constituées au profit dudit Hôpital-Général, par deux contrats du même jour 12 Août 1739, l'une de deux cens cinquante livres, & l'autre de deux cens livres, fondé sur ce que, par l'édit de Juillet 1738, ils ne sont pas exempts du dixieme ou vingtieme & quatre sols pour livre, ordonner que ledit sieur de Barillon sera tenu de payer au sieur Cochin, receveur-charitable de l'Hôpital-Général, & à ses successeurs dans ladite recette, les arrérages desdites deux parties de rente, sans aucune rétention de vingtieme, deux sols pour livre du dixieme, ni autres, même à restituer audit sieur Cochin le vingtieme, & les deux sols pour livre du dixieme, que les supplians justifieront avoir été retenus par ledit sieur de Barillon, sur lesdites deux parties de rente ; à quoi faire ledit sieur de Barillon contraint par toutes voies dues & raisonnables, même par corps, comme dépositaire, quoi faisant, il en sera & demeurera bien & valablement quitte & déchargé. Vu par notredit grand Conseil ladite requête de cejourd'hui, signée Tardif, un imprimé par copie collationnée d'un arrêt de notre Conseil d'état, qui a déchargé du dixieme les fonds & héritages appartenans aux Hôpitaux, & que ceux qui auront retenu le dixieme sur les sommes qu'ils ont payées, seront tenus de les restituer, du 2 Avril 1743 ; autre imprimé d'un arrêt de notredit Conseil, par lequel a été ordonné que tous payeurs & trésoriers ne pourroient retenir le dixieme des arrérages des rentes appartenantes à l'Hôpital-Général de Paris, du 4 Novembre 1745 ; grosse en parchemin d'un arrêt du Parlement de Paris, obtenu sur la requête présentée par les directeurs & administrateurs de l'Hôpital-Général de Paris, par lequel a été ordonné que ledit de Barillon paieroit les deux parties de rente en question, au receveur de l'Hôpital-Général, & sur ses quittances, du 26 Août 1748 ; imprimé d'un arrêt de notredit Conseil d'état, par lequel a été ordonné que les propriétaires de fonds & héritages ne pourroient retenir le vingtieme des arrérages des rentes dues aux Hôpitaux, du 4 Décembre 1752, & tout ce qui a été mis pardevers notredit Conseil ; oui le rapport de m^e Pierre de Bonnaire, conseiller en notredit Conseil ; icelui notredit Grand-Conseil, ayant égard à ladite requête, sans s'arrêter au refus fait par ledit de Barillon, payeur des rentes sur les postes, de payer au receveur de l'Hôpital-Général les arrérages de deux parties de rentes constituées au profit dudit Hôpital-Général, le même jour 12 Août 1739, l'une de deux cens cinquante livres, & l'autre de deux cens livres, fondé sur ce que, par l'édit de Juillet 1738, ledit Hôpital-Général & maisons y unies, ne sont pas exempts du dixieme, vingtieme, & deux sols pour livre du dixieme ; ordonne que ledit de Barillon sera tenu de payer audit Cochin, receveur dudit Hôpital-Général, & à ses successeurs, les arrérages desdites deux parties de rente, sans aucune retenue du vingtieme, & deux sols pour livre de l'ancien dixieme, le condamne en outre à restituer audit Cochin le vingtieme, & deux sols pour livre du dixieme, qui ont été retenus sur lesdites deux parties de rente, à quoi faire ledit de Barillon sera contraint par toutes voies dues & raisonnables, même par corps, comme dépositaire, quoi faisant, il en sera & demeurera valablement quitte & déchargé. Si donnons en mandement au premier des huissiers de notredit Conseil, en ce qui est exécutoire en notredite Cour & suite, & hors d'icelle, au premier notredit huissier ou autre notre huissier ou sergent sur ce requis, qu'à la requête desdits directeurs & administrateurs de l'Hôpital-Général de Paris, le présent arrêt il mette à due & entiere exécution, de point en point, selon sa forme & teneur, nonobstant opposition ou appellation quelconque, pour lesquelles, & sans préjudice d'icelles ne sera différé, faire pour l'entiere exécution des présentes, tous exploits & autres actes de justice requis & nécessaires, de ce faire te donnons pouvoir, sans pour ce demander placet ni paréatis. Donné en notredit Grand Conseil, à Paris le neuvieme jour d'Août, l'an de grace mil sept cent cinquante-quatre, & de notre regne le trente-neuvieme.

Par le roi, à la relation des gens de son Grand-Conseil. Collationné. *Signé*, COUSTARD.

LETTRES-PATENTES,

CONCERNANT l'exécution de l'édit du mois de Décembre 1764, par rapport aux rentes dues par le roi, que possédoient, au premier Janvier 1765, les Hôpitaux, colleges & fabriques des paroisses, ainsi que les bénéficiers, corps & communautés ecclesiastiques, & autres établissemens faisant partie du clergé général du royaume.

Du 21 Juillet 1765.

LOUIS, par la grace de Dieu, roi de France & de Navarre : A nos amés & féaux conseillers, les gens tenans notre cour de Parlement & Chambre des Comptes à Paris ; SALUT. Nous avons résolu de faire connoître nos intentions relativement à l'exécution de notre édit du mois de Décembre 1764, par rapport aux rentes dues par notre état, que possédoient au premier Janvier dernier les bénéficiers, corps & communautés ecclésiastiques, & autres établissemens faisant partie du clergé général de notre royaume ; & en faisant verser à la caisse d'amortissement établie par notredit édit quatre millions, faisant partie de ce qui nous a été offert par le clergé, nous avons trouvé juste d'affranchir lesdites rentes de la retenue du quinzieme du droit de mutation, du droit représentatif d'icelui, & autres ordonnés par notredit édit ; nous ordonnons en même-tems que la totalité des arrérages de ce qui sera remboursé avec lesdits quatre millions, soit versé chaque année dans ladite caisse, jusqu'à l'entiere extinction de toutes les dettes de notre état ; nous avons aussi cru devoir faire connoître nos volontés par rapport aux rentes possédées audit jour premier Janvier dernier, par les Hôpitaux, colleges & fabriques des paroisses de notre royaume. A CES CAUSES, & autres à ce nous mouvant, de l'avis de notre Conseil, & de notre certaine science, pleine puissance & autorité royale, nous avons ordonné, & par ces présentes signées de notre main, ordonnons ce qui suit :

ARTICLE PREMIER.

Il sera versé dans la caisse d'amortissement, établie par l'édit du mois de Décembre 1764, quatre millions, faisant partie de ce qui nous a été offert par le clergé général de notre royaume ; & seront lesdits quatre millions employés au remboursement des dettes de notre état, conformément aux dispositions de notredit édit.

II. La totalité des arrérages de ce qui sera remboursé avec lesdits quatre millions, appartiendra à la caisse d'amortissement, & y sera versé chaque année, pour servir à l'extinction des capitaux par nous dus, le tout conformément à ce qui est prescrit par ledit édit.

III. Toutes les rentes de l'espece mentionnée en l'article premier de notredit édit, & qui étoient possédées, au premier Janvier 1765, par les bénéficiers, corps & communautés ecclésiastiques, & autres établissemens, faisant partie du clergé général de notre royaume, seront & demeureront affranchies, dans quelques époques qu'elles aient été créées, des droits établis par notre édit du mois de Décembre dernier, & notamment du droit de mutation, & du droit représentatif d'icelui, mentionnés ès-articles 24, 25 & 31 dudit édit.

IV. Les rentes possédées par les Hôpitaux, colleges & fabriques des paroisses de notre royaume, & qui ne leur ont point été données pour fondations de prieres, ou qui ne dépendent pas de bénéfices unis auxdits Hôpitaux & colleges, ne seront point sujettes à la retenue du quinzieme, ordonnée par l'article 25 de notredit édit, mais demeureront seulement lesdites rentes assujetties au droit de mutation énoncé en l'article 24 d'icelui, & dans les cas portés audit édit.

V. Les rentes dues par le clergé général de notre royaume, ou par le clergé des dioceses particuliers, faisant partie du clergé général, pour raison des emprunts que nous les avons autorisés à faire, seront & demeureront exemptes de la retenue du dixieme, ainsi que du droit de mutation, & autres représentatifs d'icelui.

VI. Les arrérages des rentes énoncées dans l'article 3 ci-dessus, continueront d'être payés comme par le passé, par les payeurs, receveurs, trésoriers, & autres chargés du paiement des différentes parties dans lesquelles elles seront comprises; & les propriétaires desdites rentes participeront, ainsi que nos autres sujets, aux remboursemens ordonnés par notredit édit, après qu'elles auront été liquidées, en la maniere ordonnée par icelui.

VII. Dans tous les cas où les bénéficiers, corps & communautés ecclésiastiques, & autres établissemens faisant partie du clergé général de notre royaume, acquerront des rentes de l'espece énoncée dans l'article premier de l'édit du mois de Décembre dernier, soit par voie d'échange ou de transport fait entr'eux seulement, soit par voie de reconstitution, opérées par la caisse d'amortissement, avec les sommes qui leur auroient été remboursées: Voulons que lesdites rentes soient affranchies des droits établis par notredit édit, lorsqu'il sera justifié suffisamment par les contrats d'échange, transports ou reconstitutions, que lesdites rentes ont été acquises par représentation de celles possédées au premier Janvier dernier par lesdits bénéficiers, corps & communautés ecclésiastiques, & autres établissemens faisant partie du clergé général de notre royaume, laquelle exemption n'aura néanmoins lieu, à l'égard des rentes reconstituées, que jusqu'à concurrence des arrérages actuels desdites rentes. Si vous mandons que ces présentes vous ayez à faire lire, publier & registrer, & le contenu en icelles, garder, observer & exécuter selon leur forme & teneur, nonobstant toutes choses à ce contraires : car tel est notre plaisir. Données à Compiegne le vingt-unieme jour de Juillet, l'an de grace mil sept cent soixante-cinq, & de notre regne le cinquantieme. *Signé*, LOUIS. *Et plus bas*, par le roi, PHELYPEAUX. Vu au Conseil, DE L'AVERDY. *Et scellées du grand sceau de cire jaune.*

Registrées, oui ce requérant le procureur-général du roi, pour être exécutées selon leur forme & teneur ; à la charge que, dans le cas où, par l'événement des liquida-

tions prescrites par l'édit du mois de Décembre dernier, il seroit reconnu par la Cour que les quatre millions ordonnés être versés dans la caisse d'amortissement des deniers dudit clergé, ne formeroient pas une contribution suffisante & proportionnée au montant des droits qui doivent être acquittés sur les rentes possédées au premier Janvier de la présente année, par les bénéficiers, corps & communautés ecclésiastiques, & autres établissemens faisans partie du clergé général, il sera par iceux suppléé à ladite contribution ; & copies collationnées envoyées aux bailliages & sénéchaussées du ressort, pour y être lues, publiées & registrées. Enjoint aux substituts du procureur-général du roi d'y tenir la main, & d'en certifier la Cour dans le mois, suivant l'arrêt de ce jour. A Paris, en Parlement, toutes les Chambres assemblées, le vingt-sept Juillet mil sept cent soixante-cinq. Signé, DUFRANC.

ARRÊT DE LA CHAMBRE DES COMPTES,

*QUI, en confirmant une délibération du Bureau de l'*Hôpital-Général, *ordonne que pour la recette des rentes des personnes détenues de force ou retirées volontairement dans les Maisons dudit* Hôpital, *les certificats de vie délivrés par les économes, continueront à valoir comme par le passé, dans les circonstances & aux conditions qui y sont prescrites.*

Du 16 Septembre 1785.

SUR la requête présentée à la Chambre, par les directeurs & administrateurs de l'Hôpital-Général, & des maisons y unies, contenant qu'ils présentoient à la Chambre une délibération du Bureau de l'administration, du dix-huit Juillet de la présente année, contenant que jusqu'à présent les certificats de vie donnés par les économes des différentes maisons de l'Hôpital-Général, aux personnes qui ont des rentes sur l'hôtel-de-ville, avoient toujours été admis par les payeurs des rentes sans difficulté, & passés dans les comptes par eux rendus; qu'il s'élevoit aujourd'hui quelques doutes sur la validité de ces certificats, en ce que ces économes étant fondés de la procuration des administrateurs, cumuleroient les deux qualités de certificateurs & de fondés de procurations, proscrites par les dispositions générales de la déclaration du roi, du 26 Juin 1763, registrée en la Chambre le 15 Février 1764; qu'ils représentoient que ces certificats ayant toujours été admis dans les comptes des payeurs des rentes, la Chambre n'a point vu qu'il en pût résulter d'inconvéniens; que ces rentiers, dont les uns sont détenus par ordre du roi, ou pour cause d'aliénation d'esprit ou de fureur, & même les enfans étant dans l'impuissance de sortir pour faire certifier leur existence par les notaires dépositaires des minutes des contrats, il seroit très-difficile, & presque impossible, que ces certificats ne continuassent pas d'être admis; que les économes de chaque maison sont les seuls qui puissent connoître les personnes à la subsistance desquelles ils veillent sans cesse; enfin que les particuliers qui se retirent volontairement dans les Hôpitaux, pour infirmité ou à cause de la médiocrité de leur fortune, ne peuvent également faire certifier leur existence par des notaires, pour les causes & motifs plus au long énoncés en ladite délibération ci-jointe. Pourquoi les supplians requéroient qu'il plût à ladite Chambre, en agréant ladite délibération, & y faisant droit, ordonner que les payeurs des rentes de l'hôtel-de-ville seroient autorisés à admettre les certificats de vie qui seront délivrés par les économes de chaque maison de l'Hôpital-Général, ainsi qu'il s'est pratiqué jusqu'à présent, aux rentiers y détenus par ordre du roi, ou pour cause de démence, soit que l'Hôpital jouisse ou ne jouisse pas de lo rente viagere, soit que lesdits rentiers aient choisi volontairement leur retraite dans lesdites Maisons; à la charge cependant, à l'égard de ces derniers, que leur infirmité les réduisant à l'impuissance de se transporter chez le notaire, il en seroit fait mention dans les certificats de vie délivrés par lesdits économes : en conséquence ordonner que lesdits certificats de vie continueront d'être passés, sans difficulté, au jugement des comptes desdits payeurs des rentes, en vertu de l'arrêt qui interviendroit. VU ladite requête, expédition de la délibération du bureau de l'Hôpital-Général, du dix-huit Juillet de la présente année; conclusions du procureur-général du roi : Oui le rapport de mᵉ Claude-Joseph Henin, conseiller-maître, & tout considéré. LA CHAMBRE, en agréant & confirmant la délibération du bureau de l'Hôpital-Général, du 18 Juillet 1785, a autorisé & autorise les payeurs des rentes de l'hôtel-de-ville de Paris, à admettre, comme par le passé, les certificats de vie qui seront délivrés par les économes de chaque Maison réunie audit Hôpital, soit que les propriétaires de parties de rente soient détenus par ordre du roi, ou pour cause de démence, & que ledit Hôpital jouisse ou ne jouisse pas de la rente viagere, soit même que lesdits rentiers aient choisi volontairement leur retraite dans lesdites Maisons, à la charge néanmoins que dans le cas où l'infirmité desdits rentiers retirés volontairement esdites maisons, les réduiroit dans l'impuissance de se transporter chez les notaires pour leur justifier de leur existence, il en sera fait mention dans les certificats de vie qui seront délivrés par lesdits économes; & en outre, à la charge qu'il sera établi par ledit Hôpital un receveur particulier pour la recette desdites rentes, qui ne pourra néanmoins être le même individu qui aura signé les certificats de vie nécessaires pour toucher lesdites parties de rente. Et sera le présent arrêt exécuté par forme de réglement, & signifié au syndic des payeurs des rentes, à ce qu'ils aient à s'y conformer. Fait en la Chambre des Comptes, les Bureaux assemblés, le seize Septembre mil sept cent quatre-vingt-cinq; extrait des registres de la Chambre des Comptes. *Signé*, MARSOLAN, *avec paraphe*. Collationné, *avec paraphe*.

L'AN mil sept cent quatre-vingt-cinq, le vingt-deux Septembre, à la requête de monsieur le procureur-général du roi en sa Chambre des Comptes, poursuite & diligence de mm. les directeurs & administrateurs de Hôpital-Général *& maisons y unies, qui ont élu domicile en leur Bureau en la maison de la* Pitié, *fauxbourg Saint-Victor: Nous Jean Thevenin, huissier du roi en sa Chambre des Comptes de Paris, y demeurant rue de la Huchette, paroisse Saint-Séverin, soussigné, avons signifié, donné & laissé copie à mᵉ Nau de Sainte-Marie, payeur des rentes & syndic desdits payeurs, demeurant rue Vivienne, proche la rue des Filles Saint-Thomas, en son domicile, en parlant à un portier qui n'a voulu dire son nom, de ce sommé.*

De l'arrêt rendu par Nosseigneurs des Comptes, qui est des autres parts, à ce qu'ils n'en ignorent, & aient à s'y conformer; & avons audit mᵉ Nau de Sainte-Marie, en sadite qualité de syndic, en parlant comme dessus, laissé copie tant dudit arrêt que du présent. Signé, THEVENIN. *Contrôlé à Paris le 22 Septembre* 1785. Signé, ROYER.

SPECTACLES.

SPECTACLES.

DROITS DE L'HOPITAL SUR LES SPECTACLES PUBLICS.

ORDONNANCE DU ROI,

POUR la levée en faveur des pauvres de l'Hôpital-Général, *du sixieme en sus de ce qui se reçoit aux entrées des opéra & comédies.*

Du 25 Février 1699.

SA majesté voulant, autant qu'il est possible, contribuer au soulagement des pauvres dont l'Hôpital-Général est chargé, & ayant pour cet effet employé jusques-à-présent tous les moyens que sa charité lui a suggérés, elle a cru devoir encore leur donner quelque part aux profits considérables qui reviennent des opéra de musique & des comédies qui se jouent à Paris par sa permission; c'est pourquoi sa majesté a ordonné & ordonne qu'à l'avenir, à commencer du premier Mars prochain, il sera levé & reçu au profit dudit Hôpital-Général, un sixieme en sus des sommes qu'on reçoit à présent, & que l'on recevra à l'avenir pour l'entrée auxdits opéra & comédies, lequel sixieme sera remis au receveur dudit Hôpital, pour servir à la subsistance des pauvres; enjoint sa majesté au lieutenant-général de police de sa bonne ville de Paris, de tenir la main à l'exécution de la présente ordonnance, qui sera publiée & affichée par-tout où besoin sera.

Publiée le vingt-cinq Mars mil six cent quatre-vingt-dix-neuf, en vertu d'une ordonnance de m. D'ARGENSON, *du même jour.*

ORDONNANCE DU ROI,

PORTANT qu'il sera levé pour les places & les entrées aux opéra & comédies, un sixieme par augmentation des sommes qui s'y reçoivent, sans aucune diminution sous prétexte de frais ou autrement.

Du 30 Août 1701.

SA majesté s'étant fait représenter son ordonnance du 25 Février 1699, par laquelle elle auroit ordonné qu'il seroit levé, au profit de l'Hôpital-Général, un sixieme en sus des sommes qu'on payoit alors pour l'entrée aux opéra & comédies, pour être ledit sixieme employé à la subsistance des pauvres; & voulant sa majesté prévenir toutes difficultés, à cause des prix différens qui pourroient être mis dorénavant aux places desdits opéra & comédies, & conserver audit Hôpital le bien que sa majesté a entendu lui procurer; sa majesté a ordonné & ordonne que dorénavant il sera payé au receveur dudit Hôpital le sixieme de toutes les sommes qui seront reçues, tant par ceux qui ont le privilege de l'opéra, que par les comédiens de sa majesté, lequel sixieme sera pris sur le produit des places desdits opéra & comédies, sans aucune diminution ni retranchement, sous prétexte de frais ou autrement; enjoint sa majesté au lieutenant-général de police de sa bonne ville de Paris, de tenir la main à l'exécution de la présente ordonnance, qui sera publiée & affichée par-tout où besoin sera.

Publiée le premier Septembre mil sept cent un, en vertu d'une ordonnance de m. D'ARGENSON, *du même jour.*

ORDONNANCE DU ROI,

Pour la perception du sixieme en sus de ce qui se reçoit pour les entrées aux spectacles populaires des foires de Saint-Germain & de Saint-Laurent.

Du 30 Janvier 1713.

SA majesté voulant procurer, autant qu'il est possible, le soulagement des pauvres, auroit par ses ordonnances des 25 Février 1699, & 30 Août 1701, ordonné qu'il seroit levé au profit de l'Hôpital-Général, un sixieme en sus des sommes qui se recevroient à l'avenir pour l'entrée aux opéra & comédies, lequel sixieme seroit pris sur le produit des places desdits opéra & comédies, sans aucune diminution ni retranchement, sous prétexte de frais ou autrement; & sa majesté continuant de donner son attention à tout ce qui peut contribuer à la subsistance des pauvres, elle a ordonné & ordonne que doiénavant, à commencer du jour de la publication de la présente, il sera payé au receveur dudit Hôpital-Général, le sixieme en sus de toutes les sommes qui seront reçues aux spectacles populaires, pendant la tenue des foires de Saint-Germain & de Saint-Laurent, & à tous autres spectacles qu'il pourra y avoir pendant le cours de l'année, lequel sixieme sera pris sur le produit des places de ceux qui entreront auxdits spectacles, sans aucune diminution ni retranchement, sous prétexte de frais ou autrement; enjoint sa majesté au lieutenant-général de police de sa bonne ville de Paris, de tenir la main à l'exécution de la présente ordonnance, qui sera publiée & affichée par-tout où besoin sera.

ORDONNANCE DU ROI,

Pour la continuation des sixieme & neuvieme de ce qui se reçoit pour les entrées aux opéra, comédies, & autres spectacles, tant pour le soulagement des pauvres de l'Hôtel-Dieu, *que de* l'Hôpital-Général, *sans augmentation, ni diminution, ni retranchement, sous prétexte de frais, ou autrement.*

Du 4 Mars 1719.

SA majesté s'étant fait représenter les lettres-patentes des 25 Février 1699, & 30 Août 1701, par lesquelles il auroit été ordonné qu'il seroit levé & reçu au profit de l'Hôpital-Général, pour les places & les entrées aux opéra, comédies, & autres spectacles publics, un sixieme par augmentation des sommes qu'on y payoit précédemment, & que ledit sixieme seroit pris sur le produit des places & entrées, sans aucune diminution, ni aucun retranchement, sous prétexte de frais, ou autrement, pour être employé à la subsistance des pauvres; les lettres-patentes du 7 Octobre 1704, par lesquelles le privilege accordé aux sieurs Francine & Dumont pour tenir dans la ville de Paris une académie royale de musique, auroit été prorogé pour dix ans, & la cession faite dudit privilege par lesdits sieurs Francine & Dumont au sieur Guyenet, auroit été approuvée, à condition de payer audit Hôpital-Général, un sixieme en sus, exempt de toutes charges & tous frais, conformément au traité passé entre lesdites parties le 5 desdits mois & an; les lettres-patentes du 8 Janvier 1715, qui, en confirmant un traité passé entre les sieurs Francine & Dumont, après le décès dudit sieur Guyenet, avec Mathurin Bénier avocat en parlement & consorts, en prorogeant ledit privilege de l'opéra pendant quinze ans, contiennent une pareille disposition en faveur de l'Hôpital-Général; comme aussi l'ordonnance du 5 Février 1716, par laquelle pour fournir à l'Hôtel Dieu de Paris un secours nécessaire qui le mit en état d'achever un bâtiment commencé de plusieurs salles destinées à placer de nouveaux lits, où les malades, dont le nombre étoit considérablement augmenté depuis 1709, fussent placés avec moins de péril & d'incommodité, auroit ordonné qu'on leveroit & recevroit à l'avenir pour les places & aux entrées des opéra, comédies, & autres spectacles publics qui se jouent à Paris par permission de sa majesté, un neuvieme par augmentation des sommes qu'on recevoit précédemment, applicable au profit de l'Hôtel-Dieu, sans aucune diminution, sous prétexte de frais ou autrement; & sa majesté étant informée qu'au préjudice desdites lettres-patentes & ordonnance dont les dispositions sont si précises, les directeurs de l'opéra, & les comédiens François & Italiens ont depuis quelques mois prétendu que le sixieme & le neuvieme ci-devant attribués à l'Hôpital-Général & à l'Hôtel-Dieu, ne devroient être perçus qu'après avoir prélevé les frais de représentation, ce qui est manifestement contraire aux termes desdites lettres-patentes & ordonnance, & ne peut d'ailleurs avoir aucune apparence de justice; d'autant que le sixieme & le neuvieme étant perçus par augmentation, les directeurs de l'opéra & les comédiens reçoivent pour leur compte les mêmes sommes qu'ils faisoient précédemment sans aucune diminution, & sur lesquelles ils étoient obligés de payer les mêmes frais, auxquels les spectacles sont nécessairement assujettis; & sa majesté, de l'avis de m. le duc d'Orléans régent, desirant faire cesser tout prétexte de difficulté à cet égard, afin que lesdits Hôpital-Général & Hôtel-Dieu jouissent, pour la subsistance & le soulagement des pauvres, d'un secours sans lequel ils ne pourroient se soutenir, a ordonné & ordonne que conformément auxdites lettres-patentes des 25 Février 1699, 30 Août 1701, 7 Octobre 1704, & 8 Janvier 1715, & à son ordonnance du 5 Février 1716, le sixieme & le neuvieme continueront à être perçus au profit dudit Hôtel-Dieu & de l'Hôpital-Général, par augmentation des sommes qu'on recevoit avant lesdites lettres-patentes & ordonnance pour les places & les entrées aux opéra, comédies, & autres spectacles publics qui se jouent à Paris par permission de sa majesté, même aux spectacles des foires, sans aucune diminution ni retranchement, sous prétexte de frais, ou autrement. Enjoint sa majesté, sous peine de désobéissance, aux directeurs de l'opéra, & aux comédiens François & Italiens, & autres qui ont tenu ou tiendront à l'avenir des spectacles publics par permission de sa majesté, ou les spectacles des foires, de remettre incessamment & sans aucun délai aux receveurs de l'Hôtel-Dieu & de l'Hôpital-Général, toutes les sommes qu'ils doivent ou devront ci-après, pour raison desdits sixieme & neuvieme, sans en retenir aucune portion, pour quelque cause ou prétexte que ce puisse être. Enjoint sa majesté au lieutenant-général de police de sa bonne ville de Paris, de tenir la main à l'exécution de la présente ordonnance, qui sera publiée & affichée partout où besoin sera. Fait à Paris le quatre mars 1719. *Signé*, LOUIS. *Et plus bas*, PHELYPEAUX.

IL est enjoint à Marc-Antoine Pasquier, juré-crieur du roi, de publier & faire afficher la présente ordonnance dans tous les endroits ordinaires & accoutumés de cette ville de Paris, même aux portes & entrées des salles où se font les représentations des pieces de musique de l'académie royale, & des comédies, à ce qu'aucun n'en prétende cause d'ignorance, & que tous aient à s'y conformer; ensorte que pour les places pour lesquelles on ne payoit ci-devant à la comédie que dix-huit sols, il en sera payé vingt sols; pour celles de trente-six sols, il en sera payé quarante sols; pour celles de trois livres douze sols, il en sera payé quatre livres, & ainsi à proportion, tant à la comédie & à l'opéra, qu'aux autres spectacles publics. Fait & donné par nous, Louis-Charles de Machault, chevalier, seigneur d'Arnouville, conseiller du roi en ses conseils, maître des requêtes ordinaire

& honoraire de son hôtel, lieutenant-général de police de la ville, prévôté & vicomté de Paris, le quatrieme jour de Mars mil sept cent dix-neuf. *Signé*, DE MACHAULT. *Et plus bas*, par monseigneur, POUSSY.

L'ordonnance du roi ci-dessus a été lue & publiée à haute & intelligible voix, à son de trompe & cri public, en tous les lieux & places publiques, ordinaires & accoutumés, par moi Marc-Antoine Pasquier, juré-crieur ordinaire du roi en la ville, prévoté & vicomté de Paris, y demeurant rue du milieu de l'hôtel des Ursins, accompagné de Louis Ambezar, Nicolas Ambezar, & Claude Craponne, jurés trompettes, le seize Mars mil sept cent dix-neuf, à ce que personne n'en prétende cause d'ignorance, & affichée ledit jour esdits lieux. Signé, *PASQUIER.*

ORDONNANCE DE POLICE,

*POUR la perception des droits appartenans à l'*Hôpital-Général *& à l'*Hôtel-Dieu *de Paris sur les spectacles.*

Du 11 Octobre 1720.

GABRIEL TASCHEREAU DE BAUDRY, chevalier, seigneur de Baudry, conseiller du roi en ses conseils, & au conseil royal du commerce, maître des requêtes ordinaire de son hôtel, lieutenant-général de police de la ville, prévôté & vicomté de Paris, commissaire député par le roi en cette partie.

Vu l'ordonnance du roi, du 4 mars 1719, par laquelle sa majesté étant informée qu'au préjudice de ses lettres-patentes & ordonnances des 25 Février 1699, 30 Août 1701, 7 Octobre 1704, 8 Janvier 1715, & 5 Février 1716, les directeurs de l'opéra, & les comédiens François & Italiens, avoient depuis quelques mois prétendu que le sixieme & le neuvieme de ce qui se reçoit pour les entrées aux opéra & comédies, attribués par lesdites lettres-patentes & ordonnances, à l'Hôpital-Général, & à l'Hôtel-Dieu de cette ville de Paris, ne doivent être perçus qu'après avoir prélevé les frais de représentations, ce qui est manifestement contraire aux termes desdites lettres-patentes & ordonnances, & ne peut d'ailleurs avoir aucune apparence de justice, puisque le sixieme & le neuvieme étant perçus par augmentation de ceux qui entrent à l'opéra & aux comédies, les directeurs de l'opéra & les comédiens recevoient, pour leur compte les mêmes sommes qu'ils recevoient précédemment, sans aucune diminution, & sur lesquelles ils étoient obligés de payer les mêmes frais auxquels les spectacles sont nécessairement assujettis; sa majesté desirant faire cesser tout prétexte de difficulté à cet égard, afin que l'Hôpital-Général & l'Hôtel-Dieu jouissent pleinement de ce secours qu'elle leur a accordé pour la subsistance & le soulagement des pauvres, a ordonné, que conformément auxdites lettres-patentes & ordonnances des 25 Février 1699, 30 Août 1701, 7 Octobre 1704, 8 Janvier 1715, & 5 Février 1716, le sixieme & le neuvieme continueront à être perçus au profit de l'Hôpital-Général & de l'Hôtel-Dieu, par augmentation des sommes qu'on recevoit avant lesdites lettres-patentes & ordonnances pour les places & les entrées aux opéra, comédies & autres spectacles publics qui se jouent à Paris par permission de sa majesté, même aux spectacles des foires, sans aucunes diminutions ni retranchemens, sous prétexte des frais ou autrement; & a sa majesté enjoint, sous peine de désobéissance, aux directeurs de l'opéra, & aux comédiens François & Italiens, & autres qui ont tenu & tiendront à l'avenir des spectacles publics par permission de sa majesté, ou les spectacles des foires, de remettre incessamment & sans aucun délai, aux receveurs de l'Hôtel Dieu

& de l'Hôpital-Général, toutes les sommes qu'ils doivent ou devront ci-après, pour raison desdits sixieme & neuvieme, sans en retenir aucune portion, pour quelque cause que ce soit ou puisse être ; à l'exécution de laquelle ordonnance il nous a été enjoint par sa majesté de tenir la main ; & sur la remontrance qui nous a été faite par les comédiens François, qu'avant que la prétention qu'ils avoient de prélever leurs frais sur ce produit entier des entrées à la comédie eut été réglé par la susdite ordonnance du roi, du 4 Mars 1719, ils avoient partagé entr'eux, & les auteurs des pieces, la part qui leur revenoit de leur recette, qui se trouva fort foible dans l'année 1718, & au commencement de 1719, ensorte qu'il ne leur seroit pas possible de rapporter à l'Hôtel-Dieu & à l'Hôpital-Général, les sommes qu'ils ont ainsi partagées ; pourquoi ils requéroient qu'il nous plût leur faire une diminution proportionnée sur ce qui est & sera dû à l'avenir auxdits Hôpitaux ; & après avoir entendu les administrateurs de l'Hôtel-Dieu & de l'Hôpital-Général sur lesdites remontrances & requisitions des comédiens François :

Nous commissaire susdit, en vertu du pouvoir à nous donné par sa majesté, avons ordonné que lesdites lettres-patentes & ordonnances du 4 Mars 1719, seront exécutés selon leur forme & teneur ; & néanmoins, du consentement desdits administrateurs de l'Hôtel-Dieu & de l'Hôpital-Général, & sans tirer à conséquence pour l'avenir ; qu'il sera retenu par les comédiens François, sur ce qui a été par eux reçu pour le quart du produit des entrées & places de la comédie, qui revient à l'Hôpital-Général & à l'Hôtel-Dieu, la somme de dix mille livres sur le sixieme de l'Hôpital-Général, & celle de six mille six cens soixante-six livres treize sols quatre deniers, sur le neuvieme de l'Hôtel-Dieu ; ce faisant, que lesdits comédiens seront tenus de remettre incessamment entre les mains des receveurs de l'Hôpital-Général & de l'Hôtel-Dieu, ce qui leur revient pour ce quart du produit des entrées & places de la comédie, déduction faite desdites sommes de dix mille livres, & six mille six cens soixante-six livres treize sols quatre deniers, qui leur est remise & accordée du consentement desdits administrateurs ; & enjoint auxdits comédiens François, de remettre aussi à l'avenir, entre les mains desdits receveurs, le produit desdits sixieme & neuvieme, qui revient à l'Hôpital-Général & à l'Hôtel-Dieu, à mesure qu'ils le recevront, sans en retenir aucune portion, pour quelque cause ou prétexte que ce puisse être, sous les peines portées par l'ordonnance de sa majesté du 4 Mars 1719 ; & sera notre présente ordonnance exécutée, nonobstant opposition ou appellation quelconques, pour lesquelles ne sera différé. Fait en notre hôtel, le onze Octobre mil sept cent vingt. *Signé*, TASCHERAEU DE BAUDRY. *Et plus bas*, par monseigneur, DUGAY, *avec paraphe*.

ORDONNANCE DE POLICE,

*POUR la perception des droits appartenans à l'*Hôpital-Général *& à l'*Hôtel-Dieu *de Paris sur les spectacles.*

Du 17 Mai 1721.

GABRIEL TASCHEREAU DE BAUDRY, chevalier, seigneur de Baudry, conseiller du roi en ses conseils, & au conseil royal du commerce, maître des requêtes ordinaire de son hôtel, lieutenant-général de police de la ville, prévôté & vicomté de Paris, commissaire député par le roi en cette partie.

Vu l'ordonnance du roi du 4 Mars 1719, par laquelle sa majesté étant informée qu'au préjudice de ses lettres-patentes & ordonnances des 25 Février 1699, 30 Août 1701, 7 Octobre 1704, 8 Janvier 1715, & 5 Février 1716, les comédiens Italiens avoient depuis quelques mois prétendu que le sixieme de ce qui se recevoit pour les entrées aux opéra & comédies, attribué par lesdites lettres-patentes & ordonnances, à l'Hôpital-Général de cette ville de Paris, ne devoit être perçu qu'après avoir prélevé les frais de représentation : ce qui est manifestement contraire aux termes desdites lettres-patentes & ordonnances, & ne peut d'ailleurs avoir aucune apparence de justice, puisque le sixieme étant perçu par augmentation de ceux qui entrent aux comédies, les comédiens recevoient pour leur compte les mêmes sommes qu'ils recevoient précédemment sans aucune diminution, & sur lesquelles ils étoient obligés de payer les mêmes frais, auxquels spectacle est nécessairement assujetti; sa majesté desirant faire cesser tout prétexte de difficulté à cet égard, afin que l'Hôpital-Général jouisse pleinement de ce secours qu'elle lui a accordé pour la subsistance & le soulagement des pauvres, a ordonné, que conformément auxdites lettres-patentes & ordonnances des 25 Février 1699, 30 Août 1701, 7 Octobre 1704, 8 Janvier 1715, & 5 Février 1716, le sixieme continueroit d'être perçu au profit de l'Hôpital-Général par augmentation des sommes qu'on recevoit avant lesdites lettres-patentes & ordonnances, pour les places & les entrées à la comédie & autres spectacles publics qui se jouent à Paris par permission de sa majesté, même aux spectacles des foires, sans aucunes diminutions ni retranchemens, sous prétexte de frais ou autrement; & a sa majesté enjoint, sous peine de désobéissance, aux comédiens Italiens & autres, qui ont tenu ou tiendront à l'avenir des spectacles publics, par permission de sa majesté, ou les spectacles des foires, de remettre incessamment & sans aucun délai, au receveur de l'Hôpital-Général, toutes les sommes qu'ils doivent ou devront ci-après, pour raison dudit sixieme, sans en retenir aucune portion pour quelque cause ou prétexte que ce soit ou puisse être, à l'exécution de laquelle ordonnance, il nous a été enjoint, par sa majesté, de tenir la main.

Et sur la remontrance qui nous a été faite par les comédiens Italiens, qu'avant que la prétention qu'ils avoient de prélever leurs frais sur le produit entier des entrées à la comédie eût été réglée par la susdite ordonnance du roi du 4 Mars 1719, ils avoient partagé entr'eux & les auteurs des pieces, la part qui leur revenoit de leur recette, qui se trouva fort foible dans l'année 1718, & au commencement de celle de 1719, ensorte qu'il ne leur seroit pas possible de rapporter à l'Hôpital-Général les sommes qu'ils ont ainsi partagées; pourquoi ils requéroient qu'il nous plût leur faire une diminution proportionnée sur ce qui est & sera dû à l'avenir audit Hôpital.

Et après avoir entendu les administrateurs de l'Hôpital-Général sur lesdites remontrances & requisition des comédiens Italiens.

Nous commissaire susdit, en vertu du pouvoir à nous donné par sa majesté, avons ordonné que lesdites lettres-patentes & ordonnances du 4 Mars 1719, seront exécutées selon leur forme & teneur; & néanmoins du consentement desdits administrateurs de l'Hôpital-Général, & sans tirer à conséquence pour l'avenir, qu'il sera retenu par les comédiens Italiens sur ce qui a été par eux reçu pour le quart du produit des entrées & places de la comédie qui revient à l'Hôpital-Général, jusques & compris le dernier Décembre 1720, la somme de quatre mille quatre-vingt-quinze livres sur le sixieme dudit Hôpital-Général; ce faisant, que lesdits comédiens seront tenus de remettre incessamment entre les mains du receveur de l'Hôpital-Général, ce qui leur revient pour le sixieme du produit des entrées & places de la comédie, déduction faite de ladite somme de quatre mille quatre-vingt-quinze livres, qui leur est remise & accordée, du consentement desdits administrateurs; & enjoint auxdits comédiens italiens de remettre aussi à l'avenir, entre les mains du receveur, le produit dudit sixieme, qui revient à l'Hôpital-Général, à mesure qu'ils recevront, sans en retenir aucune portion, pour quelque cause ou prétexte que ce puisse être, sous les peines portées par l'ordonnance de sa majesté du 4 Mars 1719;

& sera notre présente ordonnance exécutée nonobstant oppositions ou appellations quelconques, pour lesquelles ne sera différé. Fait en notre hôtel, le dix-sept Mai mil sept cent vingt-un. *Signé*, TASCHEREAU DE BAUDRY. *Et plus bas*, par monseigneur, DUGAY, *avec paraphe*.

ORDONNANCE DE POLICE,

*CONCERNANT les recettes du sixieme, accordé à l'*Hôpital-Général, *sur les entrées aux spectacles publics.*

Du 17 Mai 1732.

RENÉ HERAULT, chevalier, seigneur de Fontaine-Labbé & de Vaucresson, conseiller d'état, lieutenant-général de police de la ville, prévôté & vicomté de Paris, commissaire député en cette partie par sa majesté.

Vu la requête à nous présentée par les directeurs & administrateurs de l'Hôpital-Général, tendante à ce qu'il nous plût renouveller & confirmer la forme dans laquelle doit être perçu le droit de sixieme à eux accordé par sa majesté sur les entrées aux spectacles publics; à quoi ayant égard, nous conseiller d'état, lieutenant-général de police, & commissaire susdit, disons que, suivant & conformément aux ordonnances de sa majesté, des 30 Janvier 1713, & 4 Mars 1719, & à la nomination faite par les susdits administrateurs du sieur de la Riviere, aux lieu & place de la damoiselle Berthelin, pour faire la recette du droit du sixieme accordé audit Hôpital-Général, autorisée par ordre de m. le comte de Maurepas, du 12 Mai 1731, ledit sieur de la Riviere continuera d'assister au compte de chaque représentation de l'opéra, & de signer les feuilles de produit avec les directeurs dudit opéra; le double desquelles feuilles sera par lui remis au receveur-général dudit Hôpital-Général, en lui remettant le produit de chaque représentation, lequel produit les directeurs de l'opéra seront tenus de payer audit sieur de la Riviere à la fin de chaque mois sans délai, pour être par lui porté à l'instant à la recette générale dudit Hôpital; ordonnons qu'il sera incessamment établi, si fait n'a été, par lesdits sieurs administrateurs ou leur receveur & préposé, un contrôleur à chacun des bureaux de recettes particulieres & lieux nécessaires de l'opéra, comédies Françoises & Italiennes, & autres spectacles publics qui jouent & joueront à l'avenir par permission de sa majesté, pour en exercer le contrôle, ainsi qu'il appartiendra; défendons auxdits directeurs de l'opéra, comédiens & maîtres des spectacles de les y troubler, à peine de désobéissance; ordonnons pareillement que ledit sieur de la Riviere assistera aux comptes de chaque représentation desdits comédiens, pour en signer les feuilles du produit avec les receveurs d'icelles, & qu'à la fin de chaque représentation, le sixieme appartenant à l'Hôpital-Général, sera par eux payé audit sieur de la Riviere, pour être par lui remis à l'instant à la recette générale dudit Hôpital. Et sera la présente ordonnance exécutée, nonobstant oppositions ou appellations quelconques, pour lesquelles ne sera différé.

TESTAMENS.

EXTRAIT DE L'ÉDIT D'ÉTABLISSEMENT DE L'HOPITAL-GÉNÉRAL.

Du mois d'Avril 1656, article 24.

ART. 24 POURRONT les prêtres qui feront commis audit Hôpital-Général, rececevoir les teftamens dans icelui, & dans les lieux qui en dépendent, foit des officiers ou domeftiques, ou des pauvres & autres y étant, en ce qu'ils pourront tefter; & feront lefdits teftamens valables, comme s'ils étoient olographes ou paffés pardevant notaires, curés ou vicaires, dérogeant pour ce regard feulement aux ordonnances & coutumes à ce contraires.

Nota. L'arrêt de vérification porte que les prêtres qui feront reçus pour l'adminiftration des facremens, feront tenus, pour la validité des teftamens, d'y appeller le nombre de témoins requis par la Coutume de Paris.

Voyez les mots DONS & LEGS, & ECCLÉSIASTIQUES.

ARRÊT DU PARLEMENT,

QUI ordonne que les arrêts des 18 Novembre 1662, 10 Janvier 1668, & 7 Septembre 1701, feront exécutés felon leur forme & teneur; en conféquence enjoint à tous curés, vicaires, notaires & autres perfonnes publiques qui recevront des teftamens & autres actes contenant des legs, aumônes, ou difpofitions au profit des pauvres, des prifonniers, des hôpitaux, églifes & communautés, d'en donner avis au procureur-général du roi, & à fes fubftituts dans les bailliages & fénéchauffées, auffi-tôt que lefdits teftamens & autres actes auront lieu & feront venus à leur connoiffance, & de remettre entre les mains des fubftituts du procureur-général du roi dans les bailliages & fénéchauffées, des extraits en bonne forme defdits teftamens & difpofitions: ordonne que les héritiers, exécuteurs teftamentaires, & tous autres qui auront connoiffance defdits teftamens & difpofitions de derniere volonté, faites fous fignatures privées, en feront leurs déclarations dans huitaine aux fubftituts du procureur-général du roi: le tout fous les peines portées par ledit arrêt.

Du 28 Février 1785.

VU par la Cour la requête préfentée par le procureur-général du roi, contenant que par arrêt des 18 Novembre *1662*, 10 Janvier *1668*, & 7 Septembre *1701*, il a été enjoint à tous curés, vicaires, notaires & autres perfonnes publiques qui recevront des teftamens & autres actes contenant des legs, aumônes ou difpofitions au profit des Hôpitaux, églifes, communautés, prifonniers & perfonnes qui font dans la néceffité, d'en donner avis au procureur-général du roi, & à fes fubftituts dans les bailliages & fénéchauffées, auffi-tôt que lefdits teftamens & autres actes auront lieu & feront venus à leur connoiffance, & de remettre au procureur-général du roi & à fes fubftituts des extraits

extraits en bonne forme desdits testamens & dispositions, pour faire ensuite les poursuites nécessaires, à peine de répondre en leurs noms des dépens, dommages & intérêts; il a été en outre ordonné que les héritiers, exécuteurs testamentaires, & tous autres qui auront connoissance desdits testamens & dispositions de derniere volonté faites sous signatures privées, en feront déclaration dans huitaine, à peine d'être condamnés en leurs noms au paiement du quadruple envers les pauvres, & d'être procédé contre eux pour les recelés, suivant la rigueur des ordonnances, & contre les notaires & autres personnes publiques, de trois cens livres d'amende, applicable au profit des Hôpitaux & des pauvres prisonniers; & comme le procureur-général du roi est informé que les dispositions de ces arrêts ne sont point exécutées dans la plupart des sieges du ressort de la Cour, parce qu'il est à présumer qu'on n'en a point de connoissance, & qu'il est important d'en renouveller les dispositions : A CES CAUSES, requéroit le procureur-général du roi, qu'il plût à la Cour ordonner que les arrêts des 18 Novembre 1662, 10 Janvier 1668, & 7 Septembre 1701, seroient exécutés selon leur forme & teneur; en conséquence qu'il seroit enjoint à tous curés, vicaires, notaires & autres personnes publiques qui recevroient des testamens & autres actes contenant des legs, aumônes ou dispositions au profit des pauvres, des prisonniers, des Hôpitaux, églises & communautés, d'en donner avis au procureur-général du roi, & à ses substituts dans les bailliages & sénéchaussées, aussi-tôt que lesdits testamens & autres actes auroient lieu & seroient venus à leur connoissance, & de remettre entre les mains des substituts du procureur-général du roi dans les bailliages & sénéchaussées, des extraits en bonne forme desdits testamens & dispositions, pour faire ensuite les poursuites nécessaires, à peine de répondre en leurs noms des dépens, dommages & intérêts; ordonner que les héritiers, exécuteurs-testamentaires, & tous autres qui auroient connoissance desdits testamens & dispositions de derniere volonté, faites sous signatures privées, en feroient leurs déclarations dans huitaine aux substituts du procureur-général du roi, à peine d'être condamnés en leurs noms au paiement du quadruple envers les pauvres, & d'être procédé contre eux pour les recelés, suivant la rigueur des ordonnances, & contre les notaires & autres personnes publiques, de trois cens livres d'amende, applicable moitié aux pauvres prisonniers, & l'autre moitié aux Hôpitaux & Hôtels-Dieu des lieux; ordonner que l'arrêt qui interviendroit seroit imprimé, lu & publié, l'audience tenante des bailliages & sénéchaussées, & inscrit sur les registres desdits bailliages & sénéchaussées, & qu'il seroit notifié par les substituts du procureur-général du roi, aux notaires, aux curés, vicaires & desservans des paroisses situées dans l'étendue du ressort de leurs sieges, & à tous autres qu'il appartiendroit; enjoindre aux substituts du procureur-général de tenir la main à l'exécution de l'arrêt. Ladite requête signée du procureur-général du roi; oui le rapport de m^e Adrien-Louis Lefevre, conseiller, tout considéré.

LA COUR ordonne que les arrêts des 18 Novembre 1662, 10 Janvier 1668, & 7 Septembre 1701, seront exécutés selon leur forme & teneur; en conséquence qu'il sera enjoint à tous curés, vicaires, notaires & autres personnes publiques qui recevront des testamens & autres actes contenant des legs, aumônes ou dispositions au profit des pauvres, des prisonniers, des Hôpitaux, églises & communautés, d'en donner avis au procureur-général du roi, & à ses substituts dans les bailliages & sénéchaussées, aussi-tôt que lesdits testamens & autres actes auront lieu & seront venus à leur connoissance, & de remettre entre les mains des substituts du procureur-général du roi dans les bailliages & sénéchaussées, des extraits en bonne forme desdits testamens & dispositions, pour faire ensuite les poursuites nécessaires, à peine de répondre en leurs noms des dépens, dommages & intérêts; ordonne que les héritiers, exécuteurs-testamentaires, & tous autres qui auront connoissance desdits testamens & dispositions de derniere volonté, faites sous signatures privées, en feront leurs déclarations dans huitaine aux substituts du procureur-général du roi, à peine d'être condamnés en leurs noms au paiement du quadruple envers les pauvres, & d'être procédé contre eux pour les recelés suivant la rigueur des ordonnances, & contre les notaires & autres personnes publiques, de trois cens livres d'amende, applicable moitié aux pauvres prisonniers, & l'autre moitié aux Hôpitaux & Hôtels-Dieu des lieux; ordonne que le présent arrêt sera imprimé, lu, publié, l'audience tenante des bailliages & sénéchaussées, inscrit sur les registres desdits bailliages & sénéchaussées, & qu'il sera notifié, par les substituts du procureur-général du roi, aux notaires, aux curés, vicaires & desservans des paroisses situées dans l'étendue du ressort de leurs sieges, & à tous autres qu'il appartiendra; enjoint aux substituts du procureur-général du roi de tenir la main à l'exécution de l'arrêt. Fait en Parlement le vingt-huit Février mil sept cent quatre-vingt-cinq. Collationné LUTTON.

Signé LEBRET.

Voyez les mots DONS ET LEGS, & ECCLÉSIASTIQUES.

VINS.

HALLE AUX VINS, ÉTAPE ET DROITS EN DÉPENDANS.

PREMIERE PARTIE.

LETTRES-PATENTES DU ROI CHARLES VI,

ADRESSÉES aux prévôt des marchands & échevins de la ville de Paris, pour l'établissement de l'étape en la place de Greve.

Du mois d'Octobre 1413.

CHARLES, par la grace de Dieu, roi de France: Savoir faisons à tous présens & à venir, que comme depuis certain tems ençà, en la place des halles de notre ville de Paris, soit & ait été ordonné y établir l'étape des vins que l'on amene pour vendre à charroi en icelle notre ville de Paris; laquelle place il y a si grande multitude de charriots & charrettes chargés de vins & aussi de gens transpassans comme autres qui y vont pour acheter iceux vins & autres marchandises que chacun jour y viennent & affluent; que ils occupent plusieurs rues qui sont à l'environ de ladite étape, & pour ce que les officiers ordonnés sur le fait de ladite marchandise, ne peuvent avoir accès en ladite place pour visiter iceux vins, & qu'il s'y commet plusieurs fraudes & abus au préjudice du public, & pour ce que nos bien amés les prévôt des marchands & échevins, & plusieurs notables bourgeois, marchands de notre bonne ville de Paris, ont avisé entr'eux que en la place de Greve, devant l'hôtel commun de la ville, à prendre depuis le ruisseau descendant de la rue de la Vannerie & de la rue Jean-de-l'Epine, devant le bout de la Mortellerie, & jusqu'à l'hôtel de la Nef-d'argent, qui est en la ruelle devant la porte de l'hôtel Damour, descendant en ladite place de Greve, & autour de la croix qui est en icelle place, ladite étape de vins seroit mieux, plus convenablement & profitablement pour le public & pour le bon régime & police de ladite ville, qu'elle n'est au lieu où de présent elle est tenue,

& seroient les officiers dessusdits plus près & mieux à main pour prendre garde & visiter lesdites marchandises de vins, & empêcher les fraudes ; considéré que ladite place est toute vague en espace à jour de marché, & si est grande & spacieuse, & n'y pourra nul pour ce empêcher en allant & passant par ladite ville, vu que ladite place est hors de commun passage de gens ; & pour ce, à la requête du procureur d'icelle notre ville, ayons octroyé certaines nos lettres adressantes au premier huissier de notre Parlement, par vertu & autorité, certaines informations ont été faites ; à savoir, s'il étoit plus expédient pour le bien de ladite marchandise & du public, & le bon régime & police de ladite ville, que ladite étape fût tenue en ladite place de Greve, ou qu'elle demeurât où elle est assise, & sur ce ordonner par bon avis, ainsi qu'il appartient ; & sur ce ayant par ledit premier huissier été ouï & examiné des bourgeois, marchands & gens de plusieurs états, habitans de notredite ville, en très-grand nombre, & aussi des officiers de ladite marchandise, vous considérant le bon rapport qui sur ce nous a été fait par notre amé & féal chancelier, & par plusieurs autres de notre Grand-Conseil-Privé, assemblé de notre ordonnance, & selon la forme de nos autres lettres sur ce faites & octroyées audit procureur d'icelle notre ville, par lesquels lesdites informations ont été vues & diligemment visitées. Considérans & ayans principalement regard au bien commun de la chose publique, & à la bonne police & régime d'icelle ville de Paris, voulans & desirans de tout notre cœur icelle augmenter, garder, maintenir & préférer comme nos prédécesseurs, qui toujours à icelle ont eu très-cordiale affection, amour & faveur, & pour plusieurs autres considérations à ce nous mouvans, par grand avis & mûre délibération de plusieurs de notre sang & lignage, & Conseil, AVONS ordonné & ordonnons, de notre autorité royale, pleine puissance, par maniere d'ordonnance perpétuelle & stable à toujours, que ladite étape de vins soit mise, assise dorénavant en ladite place de Greve, devant l'hôtel commun de ladite ville, & la croix d'icelui lieu, en laquelle place à comprendre depuis ledit ruisseau descendant desdites rues de la Vannerie & de la rue Jean-de-l'Epine, devant le bout de la Mortellerie, tant comme la place de Greve se comporte, jusques devant ledit hôtel où pend pour enseigne la Nef-d'argent devant ledit hôtel d'Anjou, l'avons établie & établissons par cesdites lettres, & voulons qu'elle soit du tout ôtée desdites halles, sans que dorénavant aucun, quel qu'il soit, y ose amener ou faire amener ou descendre aucuns vins pour y être publiquement vendus comme en étape, sur peine de perdre les vins qui y seront amenés. Si donnons en mandement aux prévôt des marchands & échevins de notredite bonne ville de Paris, & à tous nos autres justiciers & officiers présens & à venir, à chacun d'eux, si comme à lui appartiendra, que notre présente volonté & ordonnances, en tous ses points, ils y tiennent gardien, entretiennent & accomplissent, & fassent garder selon sa forme & teneur, & fassent publier solemnellement en leur auditoire, & en notredite ville par les carrefours d'icelle, & où mestier sera ; & afin que ce soit ferme chose & stable à toujours, nous avons fait mettre notre scel auxdites lettres, sauf en autre chose notre droit, & l'autrui en toutes. Donné à Paris au mois d'Octobre, l'an de grace mil quatre cent treize, & de notre regne le trente-quatre. Ainsi *signé* par le roi en son Conseil, auquel le roi de messieurs les duc de Berry & de Bar ; les comtes d'Eu & de Vendôme ; messieurs Jacques & Bourbon ; vous le comte de Tancarville ; les archevêques de Rouen & de Bourges ; les évêques de Laon & Noyon ; l'Admiral ; les seigneurs de Torcy, d'Yvry & de Boissy-le-Borgne-de-la-Heusse ; messieurs Collard de Calleville l'aîné, de Domalle, & plusieurs autres.

LETTRES-PATENTES,

PORTANT établissememnt d'une Halle au vin *, pour y enchanteler les vins des marchands forains, tant par eau que par terre, à mesure que leurs bateaux & charrettes arriveront, & permission aux propriétaires de percevoir dix sols sur chacun muid de vin qui y aura été enchantelé.*

Du mois de Mai 1656.

LOUIS, par la grace de Dieu, roi de France & de Navarre : A tous présens & à venir; SALUT. Nos chers & bien amés les sieurs de Chamerande & de Buas, nous ont fait dire & remontrer que par notre brevet du 20 Janvier dernier, pour les causes y contenues, nous leur aurions accordé la permission de faire construire, à leurs frais & dépens, pour la commodité des marchands de vin forains, tant par eau que par terre, une halle près Saint-Bernard ou autre lieu qui se trouvera le plus commode vers le quartier, pour faire enchanteler le vin desdits marchands, à mesure que leurs bateaux & charrettes arriveront, de leur consentement, volonté, & sans aucune contrainte, & pour éviter les pertes continuelles qu'ils font de leurs vins par l'inondation des eaux, glaces & chaleurs, faute de n'avoir point un lieu pour les mettre à couvert; & attendu que lesdits exposans seront obligés de faire grande dépense, tant pour la construction de ladite halle que pour le paiement de beaucoup de personnes qui seront préposées à la garde d'icelle, nous leurs aurions permis de prendre & lever les droits tels dont ils conviendroient avec lesdits marchands, & qui seroient ensuite réglés par notre Conseil; en exécution duquel brevet, lesdits exposans s'étans pourvus en notredit Conseil pour l'homologation d'icelui, par arrêt de notredit Conseil du 3 du présent mois de Mai, avant faire droit sur la requête desdits exposans, icelle auroit été renvoyée aux prévôt des marchands & échevins de notre bonne ville de Paris, pour sur le contenu d'icelle, nous donner avis, & icelui vu, être ordonné ce que de raison; en vertu duquel arrêt lesdits exposans auroient poursuivi ledit avis, lequel auroit été expédié le 11 dudit mois de Mai; & cependant pour satisfaire de leur part à ce qui leur étoit prescrit par notredit brevet, touchant lesdits droits, à lever par lesdits exposans pour leurs frais, ils auroient traité avec lesdits marchands de vin forains, par contrat du 12 du même mois de Mai, par lequel ils se sont obligés de faire bâtir, construire, clore, fermer, couvrir de tuiles, & entretenir à toujours ladite halle à leurs frais & dépens, & icelle faire établir, au plutard dans un an prochain, au lieu & endroit qui sera trouvé le plus commode, même d'entretenir des gardes en ladite halle, aussi à leurs frais & dépens, pour faire ensorte qu'il ne soit fait aucun tort auxdits marchands de vin, ni voler leurs marchandises, moyennant quoi, lesdits marchands de vin forains se seroient aussi obligés par ledit contrat envers lesdits exposans, leurs hoirs & ayans causes, payer à l'avenir dix *sols* par chacun muid de vin qui sera par chacun d'eux mis à couvert & enchantelé volontairement sous ladite halle, sans que lesdits exposans, leursdits hoirs ou ayans cause, puissent obliger & contraindre lesdits marchands de vin forains ou autres qui mettront du vin, de payer plus grand droit que lesdits dix sols pour chacun muid de vin; c'est pourquoi lesdits exposans nous auroient très-humblement supplié qu'il nous plût, conformément à notre brevet, audit avis du prévôt des marchands & échevins de notre bonne ville de Paris, & au contrat fait par lesdits marchands de vin forains *avec leurs exposans, leur permettre de lever dix sols sur chaque muid de vin* qui entrera dans ladite halle, aux clauses & conditions portées par ledit contrat. A CES CAUSES, après avoir fait voir en notre Conseil notredit brevet, ledit arrêt de notre Conseil, avis & contrat desdits jours 20 Janvier dernier, 3, 11, 12 du présent mois de Mai, de l'avis de notre Conseil, suivant l'arrêt donné en icelui le vingtieme jour du présent mois de Mai, & de notre pleine puissance & autorité royale, conformément à notredit brevet dudit jour vingtieme Janvier dernier, & en conséquence dudit avis desdits prévôt des marchands & échevins, du onzieme dudit présent mois de Mai, & du contrat passé entre lesdits exposans & lesdits marchands de vin forains, le tout ci-attaché sous le contre-scel de notre Chancellerie, nous avons, par ces présentes signées de notre main, permis & permettons auxdits sieurs de Chamarande & de Baas, de faire construire & bâtir, à leurs frais & dépens, pour la commodité desdits marchands de vin forains, tant par eau que par terre, une halle près la porte Saint-Bernard, ou autre lieu qui se trouvera le plus commode, plus proche du port au vin qu'il se pourra, & ainsi qu'il sera avisé avec lesdits prévôt des marchands & échevins, pour y faire enchanteler les vins desdits marchands, à mesure que lesdits bateaux & charettes arriveront, auquel lieu, après que les vins seront arrivés, ils pourront être transportés, en avertissant, & ayant au préalable permission desdits prévôt des marchands & échevins, sans que lesdits marchands puissent être contraints, ni empêchés, sous quelque prétexte que ce soit, de vendre leurs vins dans leurs bateaux, ou les mettre à couvert dans les soles de la ville, en ayant congé desdits prévôt des marchands & échevins, ainsi qu'ils ont fait par le passé, dans laquelle halle ils auront toute jurisdiction comme sur les ports; à cet effet, ordonnons que les jurés-vendeurs, courtiers, jaugeurs & déchargeurs de vins, & autres officiers de ladite halle feront leurs fonctions & exercices ainsi qu'ils ont accoutumé de faire sur les ports & ailleurs, & que lesdits propriétaires de ladite halle seront responsables du dommage qui pourroit arriver auxdits vins, sans que l'établissement de ladite halle puisse faire préjudice aux privileges des marchands de notre ville de Paris, qui sont d'encaver les deux tiers des vins qu'ils feront arriver aux portes de notredite ville, tant en montant qu'en descendant, & l'autre tiers mis sur l'étape & autres lieux à ce destinés; & pour indemniser lesdits sieurs de Chamarande & de Baas des grands frais qu'il leur conviendra faire, tant pour l'achat des places, construction & entretenement de ladite halle, qu'entretien de plusieurs personnes qu'il leur faudra commettre pour la garde de ladite halle, nous leurs avons permis & permettons, & à leurs successeurs, hoirs & ayans cause, de prendre par chacun muid de vin, qui aura été volontairement par lesdits marchands enchantelé dans ladite sole, dix sols pour muid, à laquelle somme nous avons réglé & fixé ledit droit, sauf qu'à l'avenir il puisse être augmenté par quelque cause & occasion que ce soit; défendons à toutes personnes de quelque qualité & condition qu'elles soient, de faire bâtir aucune autre halle pour enchanteler lesdits vins, ni troubler lesdits exposans en la perception dudit droit, sous prétexte de don ou autrement, sans la permission desdits exposans, leurs hoirs & ayans cause, & conformément à notredit brevet. Si donnons en mandement à nos amés & féaux, les gens tenans notre cour de Parlement de Paris, que ces présentes ils fassent registrer, garder & observer, jouir & user lesdits sieurs de Chamarande & de Baas, leurs successeurs, hoirs & ayans cause, de l'effet d'icelle, pleinement & paisiblement, cessant & faisant cesser tous troubles & empêchemens à ce contraires; ordonnons à nos amés & féaux conseillers, les présidens, trésoriers de france, & généraux de nos finances, grands-voyers au bureau établi à Paris, de faire aussi registrer lesdites présentes, & icelles exécuter à leur égard: car tel est notre plaisir; & afin que ce soit chose ferme & stable à toujours, nous avons auxdites présentes fait mettre notre scel, sauf en autre chose notre droit, & l'autrui en toutes. Donné à Paris, au mois de Mai, l'an de grace mil six cent cinquante-six, & de notre regne le quatorzieme. *Signé*, LOUIS. *Et sur le repli*, par le roi, *Signé*, DE GUENEGAULT, *avec paraphe*. Visa. *Signé*, SEGUIER. *A côté sur le même repli est écrit :* Registré, oui le procureur-général, pour être exécuté selon leur forme & teneur, aux charges portées par l'arrêt de ce jour. A Paris, en Parlement, le vingt-un Août mil six cent soixante-deux. *Signé*, DU TILLET, *avec paraphe. De l'autre côté, sur le même repli, est encore écrit :* Registré au Bureau des finances de la généralité de Paris, suivant les lettres patentes du roi, en forme de relief d'adresse, & sur annation, du six Septembre mil six cent soixante-quatre ; oui sur ce le procureur du roi, pour jouir par lesdits impétrans & les directeurs de l'Hôpital-Général, chacun pour moitié de l'effet & contenu en icelle, aux charges portées par notre ordonnance de ce jour vingt-huit Avril mil six cent soixante-cinq. *Signé*, FORNIER DE SENTOUILLE, DE VAROGENNEST, FAUTEUIL DANES, *avec paraphe.*

DONATION A L'HOPITAL-GÉNÉRAL

De la moitié du droit d'entrée dans le don du roi pour l'établissement d'une Halle *au vin.*

Du 2 Août 1662.

PARDEVANT les notaires, gardes-notes du roi en son Châtelet de Paris, soussigné ; fut présent en sa personne, messire Clare-Gilbert Dornaison, chevalier, seigneur de Chamarande, conseiller du roi en ses conseils, & premier valet-de-chambre de sa majesté, demeurant à Paris, rue des Bons-Enfans, paroisse Saint-Eustache, tant en son nom, que se faisant & portant fort de dame Marguerite de la Butte, veuve de messire Isaac de Baas, vivant, chevalier, lieutenant des mousquetaires du roi, & maréchal des camps & armées du roi, & dame Jeanne de Langard, veuve de feu messire de Baas, vivant.

Lesdites veuves, au nom & comme mere aïeule & tutrice honoraire & onéraire de demoiselle Marie-Judith de Baas, fille mineure & héritiere dudit défunt messire Isaac de Baas & de ladite dame de la Butte, demeurant ordinairement à May en Bearn ; par lesquelles dites veuves, ledit sieur de Chamarande a promis en son propre & privé nom, faire agréer & ratifier ces présentes, & en fournir acte en bonne forme, aux après nommés, à cause de l'éloignement du pays, dans six mois d'aujourd'hui, à peine de tous dépens, dommages & intérêts en sondit propre & privé nom ; lequel esdits noms & en chacun d'ceux solidairement, a dit & déclaré que le roi par ses lettres-patentes données à Paris au mois de Mai 1656, ayant fait don auxdits sieurs de Chamarande & de Baas, du pouvoir & faculté de faire bâtir & construire dans la ville & fauxbourgs de Paris, une ou plusieurs halles pour servir & mettre à couvert les vins que les marchands forains ameneront en cette ville & fauxbourgs, tant par eau que par terre, & autres marchandises qui y pourront arriver, à la charge de leur payer par lesdits marchands forains dix sols par chacun muids de vin, suivant le contrat qu'ils en ont depuis fait avec eux, reçu par Baudry & Corneil, notaires au Châtelet de Paris, le 12 Mai audit an 1656, & ainsi qu'il est porté par l'arrêt du Conseil rendu en conséquence, en date du vingtieme desdits mois & an, ils ont reconnu de si puissans obstacles au succès qu'ils avoient espéré, & tant de difficulté à faire réussir cette affaire, que si l'on n'y mettoit point quelque intérêt public, qui, donnant lieu à la vérification desdites letttres, par la faveur & considération de la piété, il seroit impossible d'en obtenir la vérification ni l'exécution ; ce qui auroit obligé ledit sieur de Chamarande & de Baas de joindre le secours nécessaire à faire valoir le bienfait du roi, qui ne demeureroit point tout-à-fait inutile pour eux, s'ils en donnoient part à des personnes dont la considération pourroit applanir toutes difficultés.

Et comme cette résolution avoit été prise & concertée dès le vivant dudit sieur de Baas, depuis décédé, & que l'ouverture en avoit imposé une loi de nécessité, ledit sieur de Chamarande esdits noms, voulant bien témoigner qu'il l'embrassoit sans répugnance, volontairement & charitablement, esdits noms, & en chacun d'iceux solidairement, donne, cede, quitte & transporte, donnant, cédant, quittant & transportant par ces présentes, irrévocables dès maintenant à toujours, avec promesse de garantie de ses faits & promesses, & de celles desdites veuves esdits noms, seulement sans autre garantie ni recours quelconques, audit Hôpital-Général de cette ville & fauxbourgs de Paris, ce acceptant par messire Christophe Lechassier, conseiller du roi en se conseils, maître ordinaire en sa Chambre des Comptes; m. m^e Charles Loiseau, conseiller du roi en sa Cour des Aides; noble homme Jean-Marie l'Hoste, ancien avocat en la cour de Parlement; Chistophe Duplessis, écuyer, sieur de Monbard, conseiller du roi en se conseils; Bertrand Brouard, écuyer, conseiller, & maître d'hôtel ordinaire du roi; noble homme Jean de Gaumont, avocat en ladite Cour; noble homme Claude Chaumel, conseiller du roi, ci-devant trésorier des ligues Suisses; Jean Levesques, ancien consul, ci-devant bourgeois de Paris; Jacques Laugeois, pareillement ancien consul; André le Vieux, ancien consul & échevin, bourgeois de Paris; Jacques Poignant, aussi bourgeois de Paris; Christophe Maillet, aussi ancien consul; m^e Etienne Chauvelin, bailli de Sainte-Genevieve; Henri Ramssani, écuyer, sieur de Vieux-Maison; & m^e Jean Martinet, avocat en ladite Cour, tous directeurs dudit Hôpital-Général, à ce présents, pour eux & leurs successeurs, la moitié du don fait audit sieur de Chamarande, & audit défunt sieur de Baas, par lesdites lettres du mois de Mai 1656, profits, revenus & émolumens qui en pourront provenir en quelque chose qu'ils se puissent consister, sans en rien réserver ni retenir, mettant & subrogeant lesdits sieurs directeurs en tous les droits, tant de lui que dudit feu sieur de Baas, jusqu'à la concurrence de ladite moitié; ladite donation, cession & transport ainsi faite aux clauses & conditions respectives qui ensuivent; c'est à savoir, que lesdits sieurs directeurs audit nom, seront tenus se joindre avec ledit sieur Chamarande esdits noms, & avec lui pour suivre incessamment l'enregistrement & vérification desdites lettres, & contribuer pour moitié aux frais, tant ordinaires qu'extraordinaires qui seront à faire, pour parvenir à ladite vérification.

Qu'incontinent après ladite vérification, lesdits sieurs directeurs seront tenus de rembourser au sieur de Montet ou à ceux qui ont eu ordre de lui, la moitié de tous & chacun les frais tant ordinaires qu'extraordinaires, qui ont été faits depuis l'obtention desdites lettres de don jusqu'à présent, desquels ledit sieur de Montet leur baillera état pour être par eux vu & examiné.

Que ledit sieur de Chamarande esdits noms, & lesdits sieurs directeurs donneront incessamment leurs soins pour faire acquisition d'une ou plusieurs places convenables pour y faire construire une ou plusieurs halles, pour y recevoir & mettre à couvert lesdits vins & autres marchandises qui y seront amenées, & qu'aux prix des acquisitions desdites places, frais ou bâtimens & construction desdites halles jusqu'à l'entiere perfection d'icelles, ledit sieur de Chamarande esdits noms, & lesdits sieurs directeurs contribueront chacun pour moitié, même s'il convient emprunter quelque somme à l'effet que dessus, par constitution de rente, obligation ou autrement, ils seront tenus de le faire conjointement & solidairement, si les créanciers le desirent, en baillant les uns aux autres les indemnités respectives.

Qu'après ledit établissement, lesdits sieurs directeurs nommeront en leur assemblée quatre ou six d'entre eux, pour, avec ledit sieur de Chamarande esdits noms, ou ceux qui auront pouvoir & procuration de lui en bonne forme, conférer de toutes les choses qui seront nécessaires pour la conduite & administration de l'affaire, nommer & convenir d'un receveur pour recevoir les deniers qui proviendront du droit, l'obliger de compter de trois mois en trois mois, choisir, établir des gardes en tels nombres qu'ils trouveront nécessaires, régler leurs gages & appointemens, les déposséder, changer & mettre d'autres en leur place, s'il est convenable, pour le bien de la chose, intenter & soutenir tous les procès qui pourront se former, transiger ou compromettre de telle maniere que bon leur semblera.

Que sur les deniers qui proviendront dudit droit, seront pris préalablement, & avant toutes choses, les gages & appointemens desdits receveur, gardes, & autres personnes qui seront employés, comme aussi les intérêts desdites sommes qui seront empruntées, ou courant des rentes qui seront constituées, pour parvenir à l'effet ci-dessus; ensemble tous les autres frais ordinaires & extraordinaires, tant pour l'entretien & réparation des lieux, qu'autres choses qui auront été faites par ordre, par écrit dudit sieur de Chamarande, ou de ses procureurs, & des commissaires qui seront nommés par lesdits sieurs directeurs, ou de deux d'entre eux, au moins.

Et le surplus, toutes lesdites choses ci-dessus préalablement prises & déduites, sera partagé également par moitié entre ledit sieur de Chamarande esdits noms, & lesdits sieurs directeurs, sinon qu'il fût avisé entre eux d'employer ledit surplus, ou partie d'icelui, au remboursement ou extention des sommes empruntées par obligation ou constitution de rente, pour l'acquisition des places ou constructions des halles. A ce faire sont intervenus Philippes de Moulet, écuyer, conseiller, & maître d'hôtel ordre du roi, aide des camps & armées de sa majesté, demeurant à Paris, rue des fossés & paroisse Saint-Germain-de-l'Auxerrois, & Sébastien Gombeau pere, courtier de vin à Paris, demeurant rue Maubué, paroisse Saint-Médéric, tant en son nom que comme procureur de Jacques Liron, aussi juré-courtier de vin, à Paris, & François Latapie, bourgeois de Paris, fondé de la procuration par eux passée devant les notaires soussignés, le premier jour du présent mois d'Août, spéciale à l'effet des présentes, comme il est paru demeurée annexée à ces présentes, pour y avoir recours, & être transcrites en fin des expéditions, intéressés pour quelque portion dans la moitié dudit sieur de Chamarande esdits noms, lesquels ont eu le contenu ci-dessus agréable, consenti qu'il soit exécuté & promis n'y contrevenir directement ni indirectement, à condition que ledit sieur de Montet aura sa douzieme part en ladite moitié dudit sieur de Chamarande esdits noms, franche & quitte de tous frais & dépens, ainsi qu'il est porté par le contrat à lui fait par ledit sieur de Chamarande & de Baas, & à ses successeurs, hoirs & ayans cause.

Qu'il sera dit une messe tous les dimanches au dépens dudit Hôpital-Général, à l'intention desdits sieurs de Chamarande, de Baas & de Montet, & autres intéressés, devant la Vierge, soit à l'Hôpital ou ailleurs, où il conviendra, comme étans bienfaicteurs dudit Hôpital; car ainsi promettant, obligeant chacun en droit soi ledit sieur de Chamarande esdits noms, renonçant. Fait & passé au Bureau desdits sieurs directeurs, fors, pour ledit sieur de Chamarande, en l'étude de Monnier, l'un des notaires soussignés, l'an mil sept cent soixante-deux, le deux Août, après midi; & ont signé la minute des présentes, demeurée en la possession dudit Monnier, l'un desdits notaires soussignés.

Ensuit la teneur de ladite procuration ci-devant mentionnée.

Pardevant les notaires, gardes-notes du roi au Châtelet de Paris, furent présens Jacques Liron pere, courtier de vin à Paris, ci-devant rue des Nonandieres, paroisse Saint-Paul, & François Latapie, bourgeois de Paris, y demeurant rue du roi de Sicile, paroisse Saint-Gervais, lesquels ont fait & constitué pour leur procureur-général & spécial Sébastien Gombeault, aussi juré-courtier de vin à Paris, auquel ils donnent pouvoir & puissance, de par lui & en leurs noms, conjointement avec ledit Gombeault, intervenir

venir au contrat & traité qui sera fait entre maître Claire-Gilbert Dornaison, chevalier, seigneur de Chamarande, conseiller du roi en ses conseils, & premier valet-de-chambre de sa majesté, ès noms, & messieurs les directeurs de l'Hôpital-Général de cette ville & fauxbourgs de Paris, pour raison du droit de dix sols pour chacun muid de vin qui sera mis à couvert sous une ou plusieurs halles & autres marchandises des marchands forains qui arrivent en cette dite ville, tant par eau que par terre, dont ledit sieur de Chamarande & messire Isaac de Baas, vivant, chevalier, lieutenant des mousquetaires du roi, & maréchal des camps & armées de sa majesté, ont obtenu le don du roi, & par ladite intervention, consentir & accorder que ledit contrat & traité soit exécuté en toutes ses clauses & conditions, sans y contrevenir directement ni indirectement, & ce pour les portions qu'ils ont en la moitié dudit droit, offrant audit sieur de Chamarande, suivant le contrat & consentement à eux fait par lesdits sieurs de Chamarande & de Baas, & généralement promettant, obligeant. Fait & passé ès-études desdits notaires soussignées, l'an mil six cent soixante-deux, le premier jour d'Août, avant midi, & ont signé la minute des présentes ci. *Signé* LIRON LA TAPYE, GUILLOT & MONNIER. *Signé*, GUILLOT, *avec paraphe*, & MONNIER, *avec paraphe*.

Et le trente-unieme & dernier jour d'Octobre ensuivant, audit an mil six cent soixante-deux, avant midi, est comparu pardevant les notaires soussignés, haut & puissant seigneur messire Hypolite, comte de Béthunes & de Selles, marquis de Chabriers, seigneur de Beauvais, Draché, la Prévotiere, la Granchi, de Vaire, Balane, Boisemont & autres lieux, chevalier des deux ordres du roi, l'un des trois conseillers d'épée, établis par sa majesté en tous ses conseils, capitaine & gouverneur des ville & château de Romorantin, demeurant à Paris, rue Fromenteau, paroisse Saint-Germain-de-l'Auxerrois, ayant le quart du don fait par le roi, du pouvoir & faculté de faire bâtir & construire dans la ville & fauxbourgs de Paris, une ou plusieurs halles pour servir à mettre à couvert les vins que les marchands forains ameneront en cette ville & fauxbourgs, tant par eau que par terre, & autres marchandises qui y pourront arriver, à la charge de payer par lesdits marchands forains dix sols par chacun muid de vin; lequel a dit après avoir pris communication du contrat ci-dessus écrit, & que lecture lui en a été faite par l'un desdits notaires, l'autre présent, & le bien savoir & entendre, a déclaré qu'il ratifie, confirme & approuve ledit contrat en tout son contenu, sans y contrevenir, & que suivant & conformément à icelui, il faisoit & fait par ces présentes don, au profit dudit Hôpital-Général, sous les mêmes charges, conditions & obligations portées audit contrat; ensorte que ledit seigneur se contente de jouir à l'avenir de la huitieme partie au total dudit don, & promet fournir aux frais faits & à faire pour sa huitieme partie seulement, sans qu'il puisse être tenu d'autre chose envers qui que ce soit; & seront les conditions faites suivant l'article porté par ledit contrat avec ledit sieur de Béthune, ou ceux qui auront procuration de lui, & les ordres nécessaires donnés par lui conjointement; & aura ledit sieur part au remboursement à faire par lesdits sieurs directeurs de l'Hôpital-Général audit sieur de Montet, à proportion de ce que les sieurs de Béthune & Chamarande esdits noms, se trouveront y avoir frayé. A ce faire étoit présent, & est intervenu ledit sieur Claire-Gilbert Dornaison, chevalier, seigneur de Chamarande; lequel esdits noms a eu ce que dessus pour agréable, promettant, obligeant renonçant. Fait & passé en l'hôtel dudit seigneur de Béthune, les jours & an que dessus, & ont signé la minute du présent acte, étant ensuite de celle du traité ci-devant; le tout demeuré en la possession dudit Monnier, l'un desdits notaires soussignés. *Signé*, GUILLOT, *avec paraphe*, & MONNIER, *aussi avec paraphe*.

CONTRAT DE VENTE,

*PAR me Lemaire, greffier de l'hôtel-de-ville de Paris, du droit d'étape, & cession des soles de l'hotel-de-ville, à messieurs les directeurs de l'*Hôpital-Général*, moyennant mil quatre cens livres de rente ; ledit acte duement homologué au Parlement.*

Du 4 Février 1665.

PARDEVANT Gilbert Bonodat & Germain Monnier, notaires, gardes-notes au Châtelet de Paris, soussignés, furent présens messire Claire-Guillebert Dornaison, chevalier, seigneur de Chamarande, premier valet-de-chambre ordinaire du roi, demeurant à Paris, au château du Louvre, paroisse de Saint-Germain-de-l'Auxerrois, messire Hypolite, comte de Béthune, demeurant rue & vers les écuries de la reine, & messire Christophe le Chassier, conseiller du roi en ses conseils, maître ordinaire en sa Chambre des Comptes; noble homme Jean-Marie Chost, ancien avocat en la cour de Parlement; Antoine de Pajot, écuyer, sieur de la Chapelle; noble homme Jean Martinet, aussi ancien avocat en Parlement; Nicolas Barbier, conseiller secrétaire du roi; messire Christophe Duplessis, chevalier, seigneur de Montbarré; Jacques Boquet, bourgeois de Paris; Henri de Ranessant, écuyer, seigneur de Vieux-Maisons; messire Séraphin de Mouroy, intendant des finances de france; noble homme Jean Demonthers, avocat en Parlement, & ancien échevin de Paris; & messire Guillaume Tronson, conseiller du roi en ses conseils, tous directeurs de l'Hôpital-Général de cette ville de Paris, d'une part; & messire Martin le Maire, greffier & concierge de l'hôtel de cette ville de Paris, & garde de l'étape au vin, demeurant audit hôtel-de-ville, d'autre part; disant lesdites parties que lesdits sieurs de Chamarande, de Béthune & directeurs, ayant obtenu permission de faire bâtir & construire une halle pour y garder, serrer & enchanteler les vins que les marchands forains font arriver & conduire en cette ville de Paris, pour l'usage & fourniture d'icelle, ledit sieur le Maire auroit voulu s'opposer à l'exécution desdites lettres, pour y déduire son intérêt qui est tel que depuis trois siecles, conformément aux anciens réglemens de police, & ordonnances de la ville, tous les vins des marchands forains ont été mis & conduits à l'étape au vin, au lieu désigné à cet effet, en la place de Greve, en devant de l'hôtel-de-ville, à la garde desquels vins on a préposé un garde de ladite étape qui a été reçu responsable desdits vins, chargé de tenir la place nette, & fournir quelques commodités auxdits marchands de vin, moyennant quoi certains droits lui ont été attribués, tels qu'ils sont plus amplement expliqués par les ordonnances de la ville, & dans la suite du tems ceux qui étoient pourvus de l'office de greffier de la ville, auroient acquis l'office de garde de l'étape au vin, aux charges & droits qui y sont attribués, si bien que les deux charges ont été réunies en une même personne, sous des titres, qualités & provisions différentes, & ont toujours été exercées par ledit sieur le Maire, qui en a toujours été en possession & jouissance, & y est encore à présent, à la satisfaction du public, ainsi qu'ont fait avant lui ses prédécesseurs & devanciers, en la personne desquels tous lesdits droits ont été remis sous ladite qualité de garde de l'étape; de laquelle fonction & charge de garde de l'étape, ensemble des droits qu'il prescrit pour raison de ce qu'ils sont considérables, ayant lesdits sieurs de Chamarande, de Béthune & directeurs, pris connoissance & communication des titres dudit sieur le Maire, & s'étant informés de la possession dans laquelle il est, & des droits qu'il a accoutumé de percevoir pour ladite étape, ils ont pour l'indemniser desdits droits, fait & accordé les choses qui s'ensuivent; c'est à savoir, que lesdits sieurs de

Chamarande, de Béthune & directeurs, ont promis, se sont obligés & obligent par ces présentes, solidairement l'un pour l'autre, chacun d'eux seul pour le tout, renonçant aux bénéfices de division, discussion & fidéjussion; savoir lesdits sieurs directeurs en icelle qualité, & lesdits sieurs de Chamarande & de Béthune en leurs propres & privés noms, bailler & payer audit sieur le Maire & à ses successeurs, gardes de l'étape au vin, en ladite place de Greve, *la somme de quatorze cens livres tournois par chacun an, ou payable de quartier en quartier, qui commencera à courir du premier jour du présent mois*, & écherra au premier Mai prochain, pour le premier quartier, & ainsi continuer & si longuement que ladite halle au vin subsistera; au paiement & continuation de laquelle somme de quatorze cens livres par chacun an, comme dit est, tous lesdits biens & revenus dudit Hôpital, ensemble tous & chacun les biens-meubles & immeubles, présens & avenir, desdits sieurs de Chamarande & de Béthune, demeurent affectés, obligés & hypothéqués; à la charge néanmoins qu'on ne se pourra adresser directement à la personne & biens desdits sieurs de Chamarande & de Béthune, & qu'en cas de vente de leurs biens propres, les acquéreurs ne pourront être inquiétés pour raison de ladite rente, par déclarations d'hypotheques, oppositions aux décrets volontaires qui seront poursuivis en conséquence desdites ventes; & tant que lesdits sieurs de Chamarande & de Béthune demeureront propriétaires de ladite halle, ils feront les baux, à la charge d'icelle rente, & en disposeront de tout ou de partie, ils obligeront les acquéreurs au paiement d'icelle rente, à laquelle ladite halle demeure affectée spécialement & par privilege exprès & convenu, ensemble les droits attribués & qui se leveront sur les vins qui seront enchantelés & resserrés en ladite halle au vin; ensorte que lesdits droits de halle ne pourront être loués, vendus & engagés, ni autrement aliénés, ni transportés en quelque sorte que ce soit, qu'à condition & charge expresse de payer & continuer audit sieur le Maire & à ses successeurs, gardes de ladite étape au vin, ladite somme de quatorze cens livres par chacun an, aux quatre termes ci-dessus exprimés; moyennant quoi ledit sieur le Maire, tant pour lui que pour ses successeurs, gardes de ladite étape au vin en la place de Greve, a cédé, transporté, délaissé auxdits sieurs de Chamarande & de Béthune, & directeurs, *tous les droits attribués à ladite charge, & qu'il a droit de percevoir en ladite qualité, pour tous les vins* qui doivent être mis en ladite étape, tant par les marchands de cette ville que par les forains; lesquels droits consistent en un liard par chacune charrette arrivante en ladite place de Greve, & qui est vendue sans être déchargée, en douze deniers parisis pour chacune charretée, & seize deniers pour chacun chariot chargé de vin qui couche par chacune nuit en ladite étape; à la charge & condition expresse que lesdits sieurs de Chamarande, de Béthune & directeurs, feront faire bonne & sûre garde, tant de jour que de nuit, des vins qui seront mis sur ladite étape, paieront les gardes qui seront par eux préposés, desquels ils demeureront responsables; *& à l'égard des vins qui seront mis dans les soles & seliers*, ils en feront pareillement faire la garde, savoir, en été, depuis six heures du matin jusqu'à sept heures du soir, auxquelles heures de six à sept heures du matin, *ledit sieur le Maire & ses successeurs, seront tenus* de faire faire ouverture desdites soles & seliers; seront semblablement tenus lesdits sieurs directeurs de fournir tous chantiers & traiteaux nécessaires tant à ladite place de l'étape en Greve *qu'esdites soles & seliers*, pour mettre lesdits vins, & tenir les rues & les entrées nettes de toutes ordures & immondices, & généralement satisfaire & accomplir toutes les charges auxquelles le sieur le Maire & ses prédécesseurs étoient obligés par les réglemens de police, de l'en décharger & faire tenir quitte ensemble ses successeurs; moyennant toutes lesquelles clauses & conditions, celles qui ont été ou pourront avoir été faites & projetées entre lesdites parties, demeureront nulles & sans effet, & ledit sieur le Maire se désiste de toutes oppositions faites ou à faire à la vérification & enregistrement des lettres obtenues par lesdits sieurs de Chamarande & de Béthune, & directeurs; & pour plus grande sûreté de l'entiere & sincere exécution de la présente transaction, l'homologation & enregistrement en seront poursuivis en la cour de Parlement, aux frais & diligences desdits sieurs de Chamarande, de Béthune, & directeurs audit nom, au greffe de l'hôtel-de-ville, aux frais & diligences dudit sieur le Maire; car ainsi a été accordé entre lesdites parties; & pour l'exécution des présentes, lesdits sieurs directeurs, de Chamarande & de Béthune ont élu leur domicile irrévocable, en la maison de Notre-Dame de Pitié, sise au fauxbourg Saint-Victor, auquel lieu, nonobstant, promettant, obligeant, renonçant. Fait & passé, savoir, lesdits sieurs directeurs en leur Bureau tenu en l'hôtel de monseigneur le premier président, cour du Palais, & pour lesdits sieurs de Chamarande & de Béthune, en leurs demeures sus déclarées, & pour ledit sieur le Maire audit hôtel-de-ville, l'an mil six cent soixante-cinq, le quatrieme jour de Février, après midi, & ont lesdites parties signé la minute des présentes demeurée audit Monnier l'un desdits notaires soussignés. *Signé*, MONNIER & BONODAT, *avec paraphe.*

Par arrêt du six Juillet mil six cent soixante-cinq, l'acte ci-dessus a été homologué en la cour de Parlement. Collationné & *Signé*, DUTILLET.

ACTE

CONCERNANT les soles de la ville, en interprétation de celui de cession des droits d'étape.

Du 4 Février 1665.

PARDEVANT Gilbert Renodat & Germain Monnier, notaires garde-notes du roi au Châtelet de Paris, soussignés; furent présens en leurs personnes messire Claire-Gilbert d'Ornaison, chevalier, seigneur de Chamarande, premier valet-de-chambre ordinaire du roi, demeurant à Paris, au château du Louvre, paroisse Saint-Germain-de-l'Auxerrois, & messire Hypolite, comte de Béthune, demeurant rue & près les écuries de la reine; & messire Christophe Leschassier, conseiller du roi en ses conseils, maître ordinaire en sa Chambre des Comptes; Nicolas Barbier, conseiller secrétaire du roi; Antoine de Pajot, écuyer, sieur de la Chapelle; messire Christophe Duplessis, baron de Montbart; Jean Marchand, bourgeois de Paris; Henri de Ranessont, écuyer, sieur de Vieux-Maisons; messire Guillaume Tronson, conseiller du roi en ses conseils; noble homme Jean Demonthers, avocat en la cour de Parlement; Guillaume Colon, bourgeois de Paris; & messire Nicolas Pinette, contrôleur de la maison de monseigneur le duc d'Orléans, tous directeurs de l'Hôpital-Général de cette ville de Paris; & m^e Martin le Maire, greffier & concierge de l'hôtel de cette ville de Paris, & garde de l'étape au vin, demeurant audit hôtel-de-ville, d'autre part; lesquels ont reconnu & confessé qu'en passant le contrat accordé cejourd'hui entre lesdites parties, pour raison des droits que ledit le Maire avoit droit de percevoir, à cause de la charge de garde de l'étape au vin, pour lesquels lesdits sieurs de Chamarande, de Béthune & directeurs, lui ont accordé la somme de quatorze cens livres, à prendre par chacun an sur le revenu de ladite halle qui leur a été accordé par sa majesté, ils ont convenu & accordé que lesdits sieurs de Chamarande, de Béthune & directeurs, pourront, si bon leur semble, déposséder le fermier auquel ledit sieur le Maire a affermé ses droits, à la charge d'indemniser ledit sieur le Maire des dommages & intérêts que ledit fermier pourroit prétendre, & qu'encore que par ledit contrat il soit dit que ledit sieur le Maire aura les clefs des soles étant sous l'hôtel de ladite ville, & sera tenu les ouvrir tous les jours; néanmoins il a été accordé que ledit sieur le Maire donnera les clefs desdites soles à celui qui sera préposé par lesdits sieurs de Chamarande, de Béthune & directeurs, ainsi qu'il a accoutumé de faire aux marchands qui mettent des vins dans lesdites soles, & a été pareillement accordé que desdites soles sera laissé audit sieur le Maire celle qui est joignant l'arcade, pour s'en servir ainsi que bon lui semblera, fors à mettre & serrer les vins desdits marchands; comme aussi a été convenu avec ledit sieur le Maire, qu'en cas que lesdits sieurs de Chamarande, de Béthune & directeurs, obtinssent de sa majesté des lettres pour la translation de la place de l'étape en Greve, en ladite halle, lesdites lettres porteront, à condition que ledit sieur le Maire & ses successeurs demeureront gardes de ladite étape, ainsi transférée en conséquence des provisions qui lui ont été accordées, & le seront à ses successeurs par messieurs les prévôt des marchands & échevins de la ville de Paris, auxquels la nomination & provision en appartiendra, aux droits de ladite rente de quatorze cens livres, & jouissance de ladite sole, pour toutes choses généralement quelconques; car ainsi a été accordé entre lesdites parties, promettant, obligeant, renonçant. Fait & passé, savoir, par lesdits sieurs directeurs en leur Bureau tenu en l'hôtel de monseigneur le premier président, sis cour du Palais, & pour lesdits sieurs de Chamarande & de Béthune, en leurs demeures susdéclarées, & par ledit sieur le Maire, audit hôtel-de-ville, l'an mil six cent soixante-cinq, le quatrieme jour de Février après midi; & ont signé lesdites parties, avec les notaires, la minute des présentes, demeurée audit Monnier l'un d'eux.

TRANSACTION

ENTRE messieurs les directeurs de l'Hôpital-Général, *& m. de Chamarande, par laquelle il appartient à* l'Hôpital-Général *neuf seiziemes au total de la halle au vin, & maisons en dépendantes, avec moitié d'une rente de trois cens quatorze livres deux sols quatre deniers, au principal de six mille cent vingt-cinq livres, & à m. de Chamarande sept seiziemes de ladite halle, & moitié de ladite rente; laquelle dite rente est due par la succession de m. le comte de Béthune.*

Du 11 Mars 1728.

PARDEVANT les conseillers du roi, notaires au Châtelet de Paris, soussignés, furent présens messire Louis Dornaison, chevalier, seigneur, comte de Chamarande, lieutenant-général des armées du roi, & gouverneur pour sa majesté des villes & châteaux de Phaltzbourg & Sarbourg, demeurant en son hôtel à Paris, rue de l'Université, paroisse Saint-Sulpice, & messieurs les directeurs & administrateurs de l'Hôpital-Général de cette ville, représentés par Pierre-Charles Perrot, écuyer, ancien auditeur ordinaire en la Chambre des Comptes; messire Antoine-Louis le Leu, procureur du roi en la Chambre du Domaine; Philippes Quillet de Blaru, écuyer, ancien avocat en Parlement; m^e^ Augustin-Guillaume Denyau, aussi ancien avocat en Parlement; m^e^ Jacques Caillard, ancien lieutenant-général de la Connétablie; & m^e^ Didier Crestiennot, ancien procureur de la Cour, lesquels ont dit qu'ils étoient originairement propriétaires de la halle aux vins, située à la porte Saint-Bernard, établie en conséquence d'un brevet du roi, du 20 Janvier 1656, & des lettres-patentes de sa majesté du mois de Mai audit an, registrées au Parlement par arrêt du 21 Août 1662; savoir, l'Hôpital-Général pour moitié, ledit seigneur comte de Chamarande pour les trois quarts dans l'autre moitié, & le feu seigneur comte de Béthune l'étoit aussi pour un quart dans la derniere moitié, ce qui faisoit pour lui un huitieme au total; pour l'établissement de laquelle halle au vin les propriétaires s'étant trouvés dans la nécessité de faire des dépenses considérables, soit pour acquérir des maisons, places & terreins convenables pour asseoir cette halle, soit pour sa construction, l'Hôpital-Général & ledit seigneur comte de Chamarande auroient fait, dans le tems, chacun de leur côté, des avances considérables, même contracté différentes dettes, tant au profit des propriétaires des emplacemens acquis, qu'au profit des ouvriers employés à ladite construction; l'Hôpital-Général ayant fourni à ces avances au-delà de ses parts & portions, & le feu seigneur comte de Chamarande, à qui originairement le feu roi Louis XIV avoit accordé le privilege de cet établissement, ayant à la somme pareillement contribué & payé au-delà de sa part & portion dans le prix de toutes lesdites acquisitions & autres dépenses pour la portion dont il étoit tenu dans les trois quarts en la moitié: il n'est resté que le sieur comte de Béthune qui n'a contribué que très-peu de chose dans toutes lesdites dépenses pour la part & portion dont son quart en ladite moitié devoit contribuer; ensorte que les créanciers, tant bailleurs de fonds qu'ouvriers, lesquels avoient une action solidaire contre l'Hôpital-Général, & contre ledit feu seigneur comte de Chamarande pour ce qui leur étoit dû par m. de Béthune, ayant forcé l'Hôpital-Général & ledit feu seigneur comte de Chamarande, à payer en l'acquit de m. de Béthune toutes les sommes dont il étoit tenu de contribuer pour son huitieme dans lesdites dettes, il est arrivé par ce moyen que l'Hôpital-Général & ledit seigneur comte de Chamarande se sont trouvés créanciers de sommes considérables dudit feu sieur comte de Béthune, comme subrogés de droit aux lieu & place des bailleurs de fonds, dont est composée la halle au vin, & des ouvriers qui avoient travaillé à la construction d'icelle; & comme lors desdits paiemens, la portion dudit sieur comte de Béthune se trouvoit déjà en saisie-réelle, sur la poursuite de Jean Bricard, maître charpentier, de l'autorité des Requêtes du Palais, par exploit du 26 Octobre 1669, l'Hôpital-Général & ledit sieur comte de Chamarande ayant désintéressé Bricard, se sont trouvés de droit subrogés à la poursuite de cette saisie réelle, ensorte que le bien de la société dans l'établissement desdites halles, & les avances qu'ils avoient faites, ayant exigé que la portion du sieur comte de Béthune ne passât pas en des mains étrangeres, il fut passé entre l'Hôpital-Général & ledit seigneur comte de Chamarande, le 23 Mai 1672, un traité en forme de société, pour la portion dudit sieur comte de Béthune, par lequel il fut convenu entre eux qu'ils se rendroient conjointement adjudicataires de la portion dudit feu sieur comte de Béthune, à la charge de contribuer par eux chacun pour moitié, à toute sorte de dépense, même de payer en commun les dettes qui restoient; en exécution duquel acte les parties se sont rendues adjudicataires des baux judiciaires, ont joui des revenus, & de tems à autre, ont composé ensemble, tant de la dépense que du produit annuel de la derniere portion: ce qui a été fait singulierement par trois comptes des 17 Janvier 1671, 28 Décembre 1678, & 11 Septembre 1682; que par le compte de 1678 qui rappelle celui de 1671, l'Hôpital-Général s'est trouvé créancier & en avance pour ledit sieur comte de Béthune, d'une somme de quinze mille huit cens trente-une livres dix-huit sols, outre une rente de trois cens quatorze livres deux sols quatre deniers, au principal de six mille cent vingt-cinq livres due par le feu sieur comte de Béthune à l'Hôpital-Général, comme subrogé aux droits de madame de la Fayette; & de sa part ledit seigneur comte de Chamarande fut trouvé être en avance pour ledit sieur comte de Béthune de la somme de neuf mille sept cent quatre-vingt-dix-sept livres deux sols quatre deniers. Sur quoi l'Hôpital-Général & ledit seigneur comte de Chamarande ayant voulu s'égaler entr'eux dans leurs avances respectives pour m. de Béthune, à l'exception seulement du capital de la rente de la Fayette, dont l'Hôpital-Général demeura seul créancier sur la portion de m. de Béthune, il fut retenu par l'Hôpital-Général sur la portion des revenus dudit seigneur comte de Chamarande, & de son consentement, la somme de trois mille dix-sept livres sept sols six deniers; au moyen de quoi ledit Hôpital-Général & ledit seigneur comte de Chamarande se trouverent également en avance pour m. de Béthune, & également créanciers privilégiés sur ladite portion, chacun de la somme de douze mille huit cens treize livres huit sols dix deniers, en ce non compris, comme dit est, la rente de la Fayette, dont l'Hôpital-Général demeura seul créancier; & le surplus de ce qui revenoit audit défunt seigneur comte de Chamarande de ses revenus jusqu'au jour dudit compte, montant à la somme de mille neuf cens quarante-huit livres dix-neuf sols cinq deniers, lui fut payé, ou au porteur de ses mandemens, par ledit Hôpital-Général. Par le troisieme compte, qui est de 1682, lesdites parties compterent pareillement sur le pied de l'arrêté du compte de 1678, & l'Hôpital-Général se réservant encore sa rente de la Fayette, a stipulé que déduction seroit faite annuellement chaque année de la rente à son profit sur les revenus de ladite portion de m. de Béthune, & que le surplus seroit partagé par égale portion entr'eux, comme associés pour des portions égales en cette partie, en exécution de quoi l'Hôpital-Général & ledit seigneur comte de Chamarande ont partagé avec lui lesdits revenus, année par année, mais sans que l'Hôpital-Général ait pensé à distraire annuellement sur lesdits revenus sa rente de la Fayette, de trois cens quatorze livres deux sols quatre deniers par an, comme il eût néanmoins convenu de faire jusqu'au remboursement qui en seroit fait pour la moitié par ledit seigneur comte de Chamarande à l'Hôpital-Général. Enfin il est arrivé que ledit seigneur comte de Béthune ne s'étant point mis en devoir de rembourser à l'Hôpital-Général ni audit seigneur comte de Chamarande, lesdites créances & avances faites pour lui, sa portion a été vendue & adjugée par décret intervenu aux requêtes du Palais le 27 Avril 1720, pour le prix & somme de vingt-deux mille trois cens livres, payée & consignée en nature de créances que ledit Hôpital-Général & ledit seigneur comte de Chamarande avoient sur ledit sieur comte de Béthune, & par privilege sur le huitieme; icelles créances montantes en principal sans les intérêts, bien au-delà du prix de ladite adjudication; laquelle adjudication ne se trouve néanmoins en apparence faite qu'au profit de l'Hôpital-Général, quoique dans la vérité elle soit tant au profit dudit seigneur comte de Chamarande, que dudit Hôpital-Général, conjointement & pour moitié, encore bien que la déclaration faite par le procureur chargé pour lors des pouvoirs de toutes les parties, paroisse n'avoir été faite dans le tems qu'au profit de l'Hôpital-Général seul : ce qui n'a pas même empêché que depuis ladite adjudication jusqu'à présent, lesdits associés n'aient partagés comme auparavant, chaque année, les revenus de ladite portion, moitié par moitié : en exécution de laquelle adjudication qui s'est trouvée très-onéreuse auxdits associés, lesquels n'ont pas trouvé la moitié des avances & dépenses qu'ils avoient été obligés de faire, il a été question entre l'Hôpital-Général & ledit seigneur comte de Chamarande, d'assurer leur état sur ladite portion adjugée, tant pour affermir entre eux leur propriété incommutable, chacun pour la moitié dans le huitieme, que pour se faire raison les uns aux autres, soit de leurs nouvelles avances respectives pour ledit huitieme depuis le compte de 1682, soit pour le remboursement qui étoit à faire à l'Hôpital-Général de la moitié du capital de la rente de la Fayette, soit pour les frais de poursuites ordinaires & extraordinaires & frais dudit décret, soit enfin pour plusieurs omissions de recette, faux emplois & erreurs de calculs qui s'étoient glissés dans les comptes de 1671, 1678 & 1682, tant en ce qui concernoit lors les avances respectives que les parties avoient faites pour le compte de m. de Béthune, qu'en ce qui regardoit les revenus des portions de ladite halle au vin, appartenant aux parties de leur chef, & desquels revenus l'Hôpital-Général rendoit compte à m. de Chamarande, parce qu'il recevoit tous les ans, la totalité des revenus desdites halles à vin, la plupart desquelles erreurs de calcul, doubles ou faux emplois & omissions de recette, étoient au préjudice dudit seigneur comte de Chamarande, & se trouvoient monter pour lui à des sommes considérables, & quelques erreurs aussi au préjudice de l'Hôpital-Général, mais bien plus modiques que celles au préjudice dudit seigneur comte de Chamarande; ensorte que d'un côté l'Hôpital-Général prétendant qu'il devoit lui être fait raison par ledit seigneur comte de Chamarande de quarante-deux années d'arrérages des intérêts de moitié du capital de la rente de la Fayette, outre la moitié dudit capital; & ledit seigneur comte de Chamarande ayant prétendu qu'en tout cas il falloit que l'Hôpital-Général reconnoissant les erreurs de calcul, omissions de recette, faux ou doubles emplois faits dans les anciens comptes, au préjudice de lui seigneur comte de Chamarande, lui comptât pareillement des intérêts de toutes lesdites sommes pour les compenser jusqu'à due concurrence, année par année, avec la rente due à l'Hôpital-Général; surquoi, ensemble sur toutes les autres demandes & prétentions respectives, les parties s'étant vues sur le point d'entrer en un procès qui auroit attiré nécessairement des discussions infinies, & auroit pu altérer la bonne union & étroite société qui a toujours été entre l'Hôpital-Général & lesdits seigneurs comtes de Chamarande pere & fils, les parties auroient d'abord passé conjointement un compromis pardevant me Dutartre & son confrere, notaires à Paris, le 15 Janvier 1728, entre les mains de me Duhamel, ancien avocat en la Cour, & l'un de messieurs les directeurs & administrateurs généraux de l'Hôpital-Général, pour en passer par son avis, lequel il auroit la bonté de donner, dans le courant de Février dernier; & pendant le tems du compromis, toutes les pieces & mémoires respectifs des parties, sur généralement toutes leurs prétentions respectives, de quelques natures qu'elles pussent être, notamment lesdits comptes de 1671, 1678 & 1682, ayant été mis ès-mains dudit me Duhamel, & par lui examinés, même les parties de lui entendues à plusieurs & différentes reprises, lesdites parties ont pour mieux affermir l'union & l'amitié qui doit toujours regner entre elles, & pour le bien commun de leur société, transigé, de l'avis dudit me Duhamel, ainsi qu'il suit: c'est à savoir, que toute déduction & compensation faite entre les parties, après toutes les erreurs de calcul, omissions, doubles emplois & autres erreurs des anciens comptes, rétablis tant au profit dudit seigneur comte de Chamarande, qui étoit de ce côté-là le plus en souffrance, qu'au profit de l'Hôpital-Général; après pareillement, s'être par lesdites parties fait raison, tant de leurs nouvelles avances respectives, depuis le compte de 1682, pour raison de la portion de m. de Béthune, que pour les frais qu'il a convenu faire pour parvenir à l'adjudication par décret dudit jour 27 Avril 1720; comme aussi après avoir par lesdites parties compté, tant de la moitié dudit principal de six mille cent vingt-cinq livres de la rente de la Fayette, que de la moitié des intérêts depuis 1682 jusqu'à ce jour, au profit de l'Hôpital-Génerl, & après que par l'Hôpital-Général il a été pareillement tenu compte audit seigneur comte de Chamarande, tant des anciennes erreurs à son préjudice, que des intérêts d'icelle, jusqu'au jour qu'ils ont dû cesser, comme il a été pareillement fait raison à l'Hôpital-Général des erreurs anciennes qui étoient à son préjudice, & des intérêts d'icelles aussi jusqu'à ce jour, ou jusqu'au jour qu'ils ont dû cesser, ledit seigneur comte de Chamarande s'est encore pour le bien de la paix, volontairement constitué & reconnu débiteur au profit de l'Hôpital-Général de la somme de cinq mille livres, laquelle a été présentement par lui & à la vue des notaires soussignés, payée, comptée, nombrée, & réellement délivrée en louis d'or, écus d'argent, & monnoie ayant cours, entre les mains de m. Gaspard Paul, receveur charitable dudit Hôpital-Général, demeurant rue Michel le Comte, qui confesse avoir présentement reçu comptant ladite somme de cinq mille livres, au moyen de quoi messieurs les

les directeurs & administrateurs-généraux dudit Hôpital, reconnoissent que ledit seigneur comte de Chamarande est entierement devenu égal audit Hôpital-Général, dans la contribution pour moitié, tant de la rente de la Fayette, au principal de six mille cent vingt-cinq livres, & arrérages d'icelle jusqu'à ce jour, que de toutes les dettes, dépenses, impenses, frais de justice, de poursuite, d'adjudication par décret, & autres frais & déboursés, ou impenses généralement quelconques, & de quelque nature qu'ils puissent être, pour remplir & effectuer tout ce dont les parties étoient convenues par leur acte de société dudit jour 23 Mars 1672, & pour l'exécution de l'adjudication par décret qui leur a été faite ou dû être faite conjointement, en conséquence dudit acte de société, de la portion qui avoit appartenu audit feu sieur comte de Béthune, par ladite sentence d'adjudication des requêtes du palais dudit jour 27 Avril 1720; en conséquence ladite rente de la Fayette audit principal de six mille cent vingt-cinq livres, ensemble tous les arrérages d'icelle, du passé jusqu'à ce jour, demeurent, quant à la moitié pour laquelle mondit seigneur comte de Chamarande devoit y contribuer, solutes & acquittés, tant en principal qu'arrérages, envers ledit Hôpital-Général qui l'a subrogé & le subroge en tant que de besoin est, pour ladite moitié dudit principal & arrérages, à l'encontre de la succession dudit feu sieur comte de Béthune; pareillement toutes autres prétentions de l'Hôpital-Général, à l'encontre de mondit seigneur comte de Chamarande, & toutes celles dudit seigneur comte de Chamarande à l'encontre de l'Hôpital-Général, de quelque nature qu'elles puissent être, demeurent éteintes comme respectivement solutes & acquittées; au moyen de quoi mesdits sieurs directeurs & administrateurs reconnoissent que ledit seigneur comte de Chamarande est, comme il a été depuis ladite adjudication par décret, propriétaire incommutable de la moitié de ladite portion de la halle aux vins qui avoit appartenu audit feu sieur comte de Béthune, vendue & adjugée par ladite sentence des requêtes du palais, du 27 Avril 1720, consentant que ladite sentence soit commune avec ledit seigneur comte de Chamarande, comme si la déclaration, ainsi que feu m^e Roux procureur au parlement en avoit reçu le pouvoir, avoit été faite tant au profit dudit seigneur comte de Chamarande que de celui de l'Hôpital-Général, renonçant par mesdits sieurs directeurs & administrateurs, au profit dudit sieur comte de Chamarande, à toutes choses à ce contraires, sous quelque prétexte que ce put être, comme étant ladite moitié de portion vendue & adjugée sur ledit feu sieur comte de Béthune, bien & duement appartenante audit seigneur comte de Chamarande, tout ainsi & de même que si la déclaration en avoit été faite dans le tems à son profit par le procureur qui étoit chargé à cet effet de son pouvoir, comme de celui de l'Hôpital-Général; ladite moitié dudit huitieme à présent quitte pour sa part & portion envers ledit Hôpital-Général, de tout supplément de contribution aux dettes & avances de quelque nature qu'elles puissent être pour tout ce que ledit Hôpital-Général en avoit avancé plus que ledit seigneur comte de Chamarande, sans aucune chose en excepter, de quelque nature qu'elle puisse être; & en conséquence lesdites parties continueront, ainsi qu'elles ont fait jusques en 1720, en exécution de l'acte de société du 23 Mars 1672, & depuis le décret dudit jour 27 Avril 1720 jusques à présent, de jouir de la totalité des revenus de ladite portion, chacune pour les parts & portions qui leur appartiennent; savoir, ledit Hôpital de la moitié au total, en conséquence dudit don qui lui en avoit été fait par ledit défunt comte de Chamarande pere, & de la moitié du huitieme qui avoit appartenu audit défunt seigneur comte de Béthune, en conséquence de l'adjudication dudit jour 27 Avril 1720, & ledit seigneur comte de Chamarande, des trois quarts en l'autre moitié audit défunt seigneur comte de Chamarande, par donnation du roi, de la totalité du privilege, & de l'autre moitié du huitieme qui avoit appartenu audit défunt seigneur comte de Béthune, en conséquence de l'adjudication dudit jour 27 Avril 1720, qui validera au profit dudit seigneur comte de Chamarande comme s'il étoit dénommé audit décret; & pour d'autant mieux couper racine à toutes sortes de discussions & de recherches entre lesdites parties, elles se sont, en tant que de besoin pour le bien de la paix, & à l'effet d'entretenir union & amitié à jamais, & pour bonne & juste considération, fait respectivement remise de toutes les prétendues erreurs de calcul, omissions de recette, faux ou doubles emplois, & autres erreurs de quelque nature qu'elles puissent être, comme étant le tout compris dans les susdites déductions & compensations, que dans la somme de cinq mille livres ci-dessus payée, à laquelle tous les droits & prétentions respectives des parties, ensemble toutes les répétitions, déductions, indemnités, capitaux, arrérages, intérêts, autres droits & prétentions, généralement quelconques, ont été fixés & déterminés; savoir, ledit seigneur comte de Chamarande en faveur des pauvres de l'Hôpital-Général, & de la part de l'Hôpital-Général, par les considérations ci-dessus, au profit dudit seigneur comte de Chamarande; ensorte qu'il ne soit plus question à jamais, entre lesdites parties d'aucune recherche de tout ce qui a précédé jusqu'à ce jour, soit par rapport à la portion acquise sur le feu sieur comte de Béthune, soit par rapport à la recette & dépense des revenus en total de la halle aux vins; lesquels revenus continueront d'être touchés, reçus & divisés entre les parties, suivant qu'il est ci-dessus expliqué; & en conséquence mesdits sieurs directeurs & administrateurs ont promis & promettent, comme ils s'y obligent envers ledit seigneur comte de Chamarande, de lui délivrer dans huitaine préfix, une copie collationnée de la sentence d'adjudication du 27 Avril 1720, & de l'aider de l'original, si besoin est, toutes fois & quantes qu'ils en seront requis; & se sont lesdites parties respectivement quittées de toutes choses généralement quelconques, le tout à peine de tous dommages & intérêts; & pour l'exécution de tout ce que dessus, les parties ont obligé respectivement tous leurs biens meubles & immeubles, présens & à venir; savoir, ledit seigneur comte de Chamarande, tous ses biens personnels; & mesdits sieurs directeurs & administrateurs ceux dudit Hôpital-Général, élisans à cet effet leurs domiciles, savoir, lesdits sieurs administrateurs en leur Bureau de la maison de Notre-Dame de Pitié, fauxbourg Saint-Victor, promettant, obligeant & renonçant. Fait & passé à Paris, à l'égard desdits sieurs administrateurs, en leur Bureau tenu à la maison du Saint-Esprit, & dudit seigneur de Chamarande, en son hôtel, l'an mil sept cent vingt-huit, le onze Mars après midi, & ont signé; la minute des présentes demeurée à m[e] Dutartre notaire soussigné. *Signé*, MESLIN & DUTARTRE.

ARRÊT DU CONSEIL, ET LETTRES-PATENTES,

QUI ordonnent la commutation des droits de l'étape en Greve, en un droit fixe d'un sol par muid de vin, aux entrées de Paris.

Du 2 Septembre 1755.

VU au Conseil d'Etat du roi, la requête présentée en icelui par les marchands de vins de la ville & fauxbourgs de Paris; contenant que pour faciliter l'abondance des vins dans la ville de Paris, & en empêcher l'augmentation de prix, il y a eu de tems immémorial une place ou étape pour l'exposition des vins; qu'elle fut transportée, par lettres-patentes du mois d'Octobre 1413, dans la place de Greve, où elle subsiste encore actuellement; qu'il fut fait, dans la même année, un réglement de différens droits attribués pour la garde des vins & voitures qui aborderoient & séjourneroient dans ladite place; que cette garde & les droits y attribués furent cédés à l'Hôpital-Général, par acte du 4 Février 1665, & que, comme il ne pouvoit les exercer, il prit le parti de les donner à ferme;

mais que la place de Greve n'ayant point assez d'étendue pour contenir les vins & voitures, il en résulte journellement une confusion de vins appartenans à différens particuliers, ensorte qu'il est presqu'impossible de distinguer le jour de l'arrivée des vins & leur séjour, pour fixer les droits de garde qui ont toujours été acquittés à proportion du séjour, ni même de connoître si les marchands ont exposé le tiers de leurs vins sur l'étape, ainsi qu'ils y sont obligés : ce qui a toujours occasionné des contestations qui dérangent le marchand & le fermier de l'Hôpital ; que c'est pour faire cesser ces inconvéniens qu'ils croient devoir demander la commutation des droits de l'étape, aux charges & conditions ci-après détaillées ; que pour démontrer l'avantage qui en résultera, il suffit d'observer que l'étape ne sera pas moins suffisamment garnie de vins pour en faciliter l'achat aux bourgeois & habitans de Paris, parce qu'il y a été pourvu depuis par l'établissement d'une halle au vin, où se fait le plus grand débit, & où les vins qui y arrivent ne sont point exposés au même danger que ceux qui sont mis sur l'étape ; qu'il est des qualités de vin, tels que ceux de Champagne, de la haute-Bourgogne, du Languedoc, de la Provence & du Roussillon, qui non-seulement ne sont point à l'usage ordinaire & commun des bourgeois, mais même qui ne peuvent se soutenir lorsqu'ils séjournent & sont exposés à l'injure du tems ; & qui, par conséquent, ne pouvans être retirés par les marchands, seroient entiérement gâtés par un long séjour sur l'étape ; que le paiement des droits sur l'étape sera assuré sans contestation quand il sera payé à l'entrée de la ville ; que le service de l'étape sera également fait pour la garde & sûreté des vins ; que l'Hôpital & son fermier y veilleront plus exactement quand ils ne seront point distraits de leur objet par les incidens réitérés sur la réclamation des droits ; enfin que l'approvisionnement de Paris, & le bien public n'en souffriront aucune altération, & que l'Hôpital-Général sera assuré du droit qui lui est dû, sans embarras & sans obstacle : A CES CAUSES, requéroient les marchands de vins, qu'il plût à sa majesté supprimer le droit ordinaire de l'étape, & ordonner qu'il sera & demeurera commué à l'avenir en un droit d'un sol qui sera payé à l'entrée sur chaque muid de vin & autres vaisseaux à proportion, & sur la totalité des vins destinés pour les marchnds vendans vins en la ville & fauxbourgs de Paris, tant en gros qu'en détail, à l'excepion seulement de ceux qui seront destinés pour la halle au vin, de ceux du crû des bourgeois de Paris, qu'ils vendront en détail, & des vins d'achat que les bourgeois feront arriver pour leur provision & consommation ; aux offres, par les marchands de vins, de tenir la place de l'étape suffisamment garnie de vins en la maniere accoutumée, & à la charge, par l'Hôpital-Général & son fermier, de tenir un garde à l'étape de la Greve, & de répondre des vins qui y seront conduits, exposés & vendus, sans pouvoir pour ladite garde, & sous tel autre prétexte que ce soit, exiger ni prétendre aucun autre droit au-delà d'un sol par muid qui aura été payé à l'entrée, & quelque séjour que les vins fassent sur l'étape : ordonner à cet effet, que toutes lettres nécessaires seront expédiées sur le présent arrêt. La réponse des directeurs & administrateurs de l'Hôpital-Général, & du sieur de Chalmazel, propriétaires des droits de l'étappe au vin, auxquels ladite requête a été communiquée ; contenant que pour ne rien laisser à desirer sur la demande des marchands de vins, ils croyent devoir mettre sous les yeux de sa majesté, l'origine du droit de l'étappe, celle de la halle au vin, & les réglemens qui y ont donné lieu. L'étappe est une place destinée pour y décharger le vin & l'y faire exposer en vente, afin d'en faciliter l'achat aux bourgeois de Paris ; elle étoit anciennement située aux halles ; le vin s'y vendoit en gros, comme le bled & les autres denrées. Les accroissemens de la ville de Paris donnerent lieu à de plus grandes provisions de vins ; la halle devint trop petite, on vit qu'il étoit nécessaire de rassembler le commerce du vin dans un même lieu. Le roi Charles VI, par ses lettres-patentes du mois d'Octobre 1413, transporta l'étappe au vin, de la halle où elle étoit, en la Place de Grêve où elle a toujours été depuis : il fallut pourvoir à la sûreté des vins

& des voitures qui étoient exposés sur l'étappe à la Greve ; le bureau de la ville rendit, le 28 Octobre 1413, une ordonnance portant provision & nomination de Jacques Herlant pour faire les fonctions de garde des vins à l'étappe, & lui attribua pour salaire trois deniers par charette chargée de vin arrivant à la Greve, qui seroit vendue sans être déchargée, douze deniers pour chaque charette, & seize deniers pour chaque chariot chargé de vin qui resteroit par chaque nuit sur l'étappe, à la charge de tenir la place nette, d'enlever les immondices, de fournir des tréteaux à chaque voiture, & de garder pendant la nuit les voitures & les vins. Paris s'aggrandit, la consommation du vin augmenta, il fut fait des réglemens pour y procurer l'abondance du vin, & en faciliter l'achat aux bourgeois; on défendit aux marchands de vin d'en acheter dans les vingt lieues des environs de Paris, & on les obligea de mettre le tiers de leur vin sur l'étappe pour y être vendu; mais comme la place de Greve ne pouvoit contenir tous ces vins, que les grandes chaleurs de l'été & les grands froids de l'hiver, les faisoient souffrir ; le Parlement de Paris, par arrêt du 24 Mars 1623, permit aux marchands de vins en gros de les encaver dans les caves de la rue de la Mortellerie, du Monceau-Saint-Gervais, & dans les solles de l'hôtel-de-ville : la place de concierge de l'hôtel-de-ville & de garde de l'étappe, fut érigée en office par le bureau de la ville, qui, en ce tems-là y étoit autorisé; il y commit le premier Août 1634, Martin Lemaire, sur la résignation de Guillaume Clément, pour par lui jouir desdits salaires, comme Guillaume Clément en avoit joui. Cet office a été depuis créé par édit du mois d'Avril 1681, & réuni au greffe de l'hôtel-de-ville, à titre d'hérédité, avec les attributions, fruits, profits & émolumens dont jouissoient ceux que l'hôtel-de-ville y avoit commis. L'étappe, les solles de l'hôtel-de-ville & les caves de la rue de la Mortellerie & du Monceau-Saint-Gervais ne suffisoient pas pour tous les vins qui y étoient apportés. Le roi accorda le 20 Janvier 1656 au sieur de Chamarante son premier valet-de-chambre, & au sieur de Bas, la permission de faire construire à la porte Saint-Bernard, à leurs dépens, une halle au vin pour enchanteler les vins des marchands forains qui y arriveroient, tant par eau que par terre; le brevet qui en fut donné par sa majesté fut homologué au Conseil le 3 Mai 1656; il renvoya les sieurs de Chamarante & de Bas pardevant le prévôt des marchands & les échevins de Paris, pour donner leur avis sur la construction de la halle au vin. Cet avis fut donné le 11 du même mois; il porte que cet établissement sera utile au commerce & à l'approvisionnement de la ville de Paris. Les sieurs de Chamarante & de Bas, convinrent avec les marchands forains, par contrat passé le 12 Mai 1656, pardevant Conneil & Baudin, Notaires au Châtelet de Paris, à dix sols par muid de vin qui seroit enchantelé & vendu à la halle au vin. L'avis & le contrat furent homologués au Conseil par arrêt & lettres-patentes du 20 desdits mois & an, & les propriétaires furent autorisés à percevoir ce droit. Le 2 Août 1662 le sieur de Chamarante & la dame Marguerite de Labur, veuve du sieur de Bas, & la dame Langard, aïeule & tutrice de la fille mineure dudit sieur de Bas, firent donation à l'Hôpital-Général de la moitié du droit de la halle au vin, qui leur avoit été accordée par le brevet du roi du 20 Janvier 1656, avec les profits, revenus & émolumens qui en pourroient revenir; cette donation fut acceptée par les directeurs & administrateurs de l'Hôpital-Général; ils se sont soumis dans l'acte qui en a été fait entr'eux, de poursuivre la vérification & l'enregistrement desdites lettres-patentes & de contribuer pour moitié aux frais, tant ordinaires qu'extraordinaires, pour parvenir auxdits enregistrement, achat d'une place, construction des halles jusqu'à leur entiere perfection. Le sieur comte de Bethune prétendit que le roi lui avoit fait don de la halle au vin avant celui que sa majesté en avoit fait aux sieurs de Chamarante & de Bas, & sur ce fondement il forma opposition à l'enregistrement au Parlement des lettres-patentes du 20 Mai 1656 : il en fut débouté par l'arrêt d'enregistrement qui fut rendu le 21 Août 1662. Il y a apparence que les propriétaires s'arrangerent avec le sieur comte de Bethune, puisque par acte passé le 31 Octobre 1656, pardevant Guillot & Mosnier, notaires au Châtelet de Paris, le sieur comte de Bethune, en qualité de propriétaire du quart dans le don fait par le roi aux sieurs de Chamarante & de Bas, de la halle au vin & de dix sols par muid de vin qui y est déchargé, a approuvé la cession faite à l'Hôpital-Général de la moitié du don du roi, & a cédé de sa part la moitié du quart qu'il y avoit. Le sieur Lemaire, greffier, concierge de l'hôtel-de-ville de Paris, propriétaire de l'office de garde de l'étappe au vin & des droits qui lui étoient attribués pour la garde des vins qui y étoient exposés, prévit que l'établissement de la halle au vin à la porte Saint-Bernard, feroit tomber le produit des droits de l'étappe dont il jouissoit, & qu'il y auroit souvent des contestations entre lui & les propriétaires de ladite halle; & pour les prévenir, il céda & transporta son droit d'étappe à l'Hôpital-Général, moyennant quatorze cent livres de rente annuelle & perpétuelle. Le contrat en fut passé devant Benodat & Mosnier, notaires au Châtelet de Paris, le 4 Février 1665, qui fut homologué au Parlement le 8 Juillet suivant; & par sentence de décret des requêtes du Palais du 27 Avril 1720, les directeurs & administrateurs de l'Hôpital-Général se sont rendus adjudicataires du seizieme au total dudit droit saisi sur ledit sieur comte de Bethune. Il résulte de ces actes que l'Hôpital-Général possede à titre de propriété, une moitié du produit de l'étappe de la Greve, & de celui de la halle au vin. La propriété du surplus a passé aux sieurs de Chamarante & de Bas : ils ont fait valoir par leurs mains la halle au vin, & ont affermé dans tous les tems celle de l'étappe. L'ordonnance de Louis XIV, concernant la jurisdiction de l'hôtel-de-ville de Paris, du mois de Décembre 1672, chapitre 8 de la marchandise de vin, fait défenses aux marchands de vins d'en aller acheter dans les vingt lieues de la ville de Paris, & leur enjoint de mettre le tiers de leur vin, & aux forains la totalité, sur l'étappe pour y être vendu. Les droits de sol pour livre & augmentation avoient cours sur les vins vendus & revendus dans l'intérieur de Paris & de ses fauxbourgs. L'article 4, du titre 5 de la vente en gros dans Paris, de l'ordonnance des Aides du mois de Juin 1680, enjoint aux marchands de vins en gros de mettre tout le vin qu'ils feront venir de leur cru ou d'achat sur l'étappe, dans les caves & selliers qu'ils ont dans la rue de la Mortellerie, du Monceau-Saint-Gervais, aux solles de l'hôtel-de-ville, ou en la halle au vin, pour en payer les droits de gros & augmentation à mesure qu'ils le vendront. L'article 5 du même titre, enjoint aussi aux cabaretiers de mettre sur l'étape le tiers des vins qu'ils feront venir de leur crû ou d'achat. L'article 6 défend aux uns & aux autres d'en acheter dans les vingt lieues de Paris; & l'article 7 fait défenses aux cabaretiers, hôteliers, traiteurs, aubergistes, & à ceux qui logent en chambres garnies, d'acheter du vin ailleurs que sur l'étape, ou à la halle aux vins. Toutes ces dispositions avoient pour objet la police nécessaire pour procurer l'abondance, contenir les marchands sur le prix des vins qu'ils vendroient au public, & assurer les droits de gros & augmentations dus au roi. Elles étoient pour lors nécessaires, & l'on y tenoit la main; mais l'on a cessé de le faire depuis que la plantation des vignes s'est multipliée dans le royaume, & que les routes, les canaux & la communication des rivieres ont donné aux marchands de vins la facilité d'en aller chercher dans les provinces éloignées. Il auroit même été impossible de les faire exécuter à la rigueur, parce que le nombre des habitans de Paris a augmenté considérablement, & que l'étape & la halle au vin ne purent pas contenir la dixieme partie des vins que les marchands de Paris & les forains étoient tenus d'y mettre suivant les réglemens. Les fermiers-généraux étoient les seuls qui avoient intérêt de les faire exécuter pour la conservation de leurs droits; mais depuis que le roi a par arrêt du Conseil & lettres-patentes du 10 Octobre 1719, réuni à l'entrée de Paris tous les droits qui lui étoient dus sur le vin & autres boissons en différens cas dans l'intérieur de Paris, cet interdit a cessé; & ces réglemens devenus inutiles, n'ont plus eu leur exécution. Il n'y en a point cependant de postérieurs qui les abrogent : les baux que les propriétaires des droits de l'étape en ont fait, portent que le fermier en jouira conformement à ces réglemens. Les fermiers de l'étape ont en différens tems voulu forcer les marchands de vins de mettre le tiers de leurs vins sur l'étape, conformément à l'ordonnance du mois de Décembre 1672; mais ils n'ont pu les y obliger : c'est ce qui a donné lieu à la requête que les marchands de vins ont présentée au Conseil, & à laquelle les directeurs & administrateurs de l'Hôpital-Général, & le sieur de Chalmazel, répondirent le 5 Décembre 1748. Les propriétaires de l'étape ont fait à Alexandre Hébert, bourgeois de Paris, un bail pour neuf années des droits qui sont dus à l'étape, & de toutes les soles & seliers qui sont sous l'hôtel-de-ville de Paris, à l'exception de celle qui est sous l'arche dudit hôtel-de-ville, réservée par l'acte du 4 Février 1665, moyennant sept mille cinq cens livres par an, à commencer la jouissance du premier Octobre 1748, pour en jouir par lui, ainsi que ses prédécesseurs en ont joui, & qu'en doivent jouir les bailleurs, conformément à la sentence du Bureau de la ville du 28 Octobre 1413 ; à la charge par lui de payer une année d'avance, & ainsi continuer d'année en année par avance, jusqu'à l'expiration dudit bail ; & que faute par ledit Hébert d'y satisfaire, il sera permis aux administrateurs, après une simple sommation, de faire un nouveau bail à la folle enchere d'Hébert. Il a payé le prix de la premiere année; & quoiqu'il soit dans la sixieme de son bail, il n'a rien payé de plus. Lorsqu'il prit ces droits à ferme, il s'étoit flatté qu'il forceroit les marchands de mettre le tiers de leurs vins sur l'étape. Ils y ont résisté, ce qui a causé plusieurs instances au Bureau de l'hôtel-de-ville : elles y ont été abandonnées; Hébert est devenu insolvable; & pour éviter en pareilles circonstances les frais qui tomboient en pure perte pour l'Hôpital, les administrateurs ont consenti que le bail d'Hebert seroit résilié, à la charge par lui de compter de clerc à maître. Les marchands de vins de Paris ne mettent plus de vin sur l'étape : il n'y a que les marchands forains qui y en font transporter; mais cela n'a presque pas d'objet. Hébert a perçu très-peu de chose, & l'Hôpital-Général n'a rien reçu depuis ce bail. La Greve est devenue une place de décoration pour les fêtes publiques de l'hôtel-de-ville, qui ne jouit point de ses soles. Il en a cependant besoin. L'abondance du vin pour la ville de Paris est assez connue ; l'obligation aux marchands de mettre leurs vins sur l'étape n'est plus si essentielle ; elle est même gênante pour le commerce du vin, & n'est utile à personne, si ce n'est à l'Hôpital-Général, qui a plus besoin que jamais du revenu qu'il en retire, eu égard au grand nombre de pauvres qui augmente chaque jour. La commutation du droit de l'étape en un sol par muid aux entrées de Paris, tel que les marchands de vins le demandent, est un dédommagement juste & raisonnable; & il est convenable de transporter à l'endroit où est la halle au vin, l'étape qui est à la Greve pour les raisons ci-devant rapportées, & parce qu'il sera commode aux bourgeois de Paris de trouver dans un même lieu les vins exposés pour leur en faciliter l'achat, & d'assujettir à cet effet les marchands forains qui y mettront leurs vins, au paiement de dix sols par muid de vin, dû à la halle, y compris le sol qui sera dû à l'entrée. Il est dû à l'étape douze deniers par chaque charrette, & seize deniers par chaque charriot qui y restent, par chaque nuit. On comprend aisément qu'un vin qui reste long-tems sur l'étape, contracte un droit qui excede toujours les dix sols par muid, dus à la halle au vin. Ces dispositions seront également avantageuses à la liberté du commerce, à l'Hôpital-Général, au sieur de Chalmazel & à l'hôtel-de-ville de Paris ; elles éviteront des contestations & des procès. Ce fut dans de pareilles vues que les droits d'octrois appartenans à la ville de Paris, perceptibles à la vente en gros, sur celle en détail, & à la sortie, ont été commués par l'édit du mois d'Août 1707, en un droit de deux sols six deniers pour chaque muid ou demi-queue de vin, payable à l'entrée par tous les marchands de vins, tant en gros qu'en détail, privilégiés & autres, à l'exception des bourgeois de Paris; & que pour éviter tout abus, il fut ordonné que les douze & vingt-cinq marchands de vins, privilégiés suivant la Cour, les suisses privilégiés & les archers de la ville de Paris, paieroient à l'entrée lesdits droits qui leur seroient rendus à la fin de chaque année, jusqu'à due concurrence de leurs privileges, en justifiant du paiement. A CES CAUSES, requéroient les directeurs & administrateurs de l'Hôpital-Général, & le sieur de Chalmazel, qu'il plût à sa majesté ordonner, que conformément aux offres des marchands de vins de la ville & fauxbourgs de Paris, les droits attribués à l'office de garde des vins à l'étape de la Greve, dont l'Hôpital-Général & ledit sieur de Chalmazel sont propriétaires, seront & demeureront à l'avenir commués & convertis en un droit fixe d'un sol qui sera payé à l'entrée, tant par eau que par terre, sur chaque muid de vin, mesure de Paris, & autres vaisseaux à proportion, & sur la totalité des vins destinés pour les marchands vendans vin de la ville & fauxbourgs de Paris, tant en gros qu'en détail, & autres de pareille qualités, qui par l'ordonnance des Aides, du mois de Juin 1680, sont sujets aux droits du détail, à l'exception seulement du vin du crû des bourgeois de Paris qu'ils vendront en détail, & des vins d'achat que lesdits bourgeois feront arriver pour leur provision & consommation; ordonner aussi que le droit d'un sol par muid de vin sera payé à l'entrée par les douze & vingt-cinq marchands de vins, privilégiés suivant la Cour, les suisses privilégiés & les archers de la ville de Paris, à qui ils seront rendus & restitués à la fin de chaque année, jusqu'à concurrence de leurs privileges, en justifiant par eux du paiement; que la place de l'étape établie à la Greve sera transférée à la halle au vin; que les marchands forains qui y exposeront leurs vins seront tenus de payer à l'Hôpital-Général, & au sieur marquis de Chalmazel, les dix sols par chaque muid de vins qui y sont dûs, y compris le droit d'un sol dû à l'entrée; que les prévôt des marchands & échevins de la ville de Paris rentreront dans la jouissance de la propriété des soles de l'hôtel-de-ville, cédés à l'Hôpital-Général par contrat du 4 Février 1665, & que les administrateurs de l'Hôpital-Général, & le sieur marquis de Chalmazel continueront de payer au greffier de l'hôtel-de-ville les quatorze cens livres mentionnées audit contrat, & que toutes lettres nécessaires seront expédiées sur l'arrêt qui interviendra. Vu aussi les copies des lettres-patentes du 14 Février 1413, du brevet du 20 Janvier 1656, des lettres-patentes du mois de Mai de la même année, de l'arrêt du Conseil, de l'avis du prévôt des marchands & échevins de la ville de Paris, & d'un autre arrêt du Conseil des 3, 11 & 20 dudit mois & an; de l'acte de donation fait à l'Hôpital-Général le 2 Août 1662; de l'arrêt du parlement de Paris du 21 dudit mois & an; de la sentence du Bureau de la ville, du 12 Mai 1664; du contrat passé devant les notaires au Châtelet de Paris le 4 Février 1665; de l'acte du même jour; de l'ordonnance du Bureau des finances du 28 Avril de la même année; de l'arrêt du Parlement de Paris, du 6 Juillet de la même année; de deux sentences du Bureau de la ville des 23 Mai 1670, & 6 Octobre 1689; de la declaration du roi du premier Mars 1694; & de l'arrêt du Parlement du 7 Septembre 1748; le consentement des directeurs & administrateurs de l'Hôpital-Général, & du sieur de Chalmazel, pour la commutation dudit droit; ensemble les autres pieces jointes auxdites requêtes; & l'avis des sieurs prévôt des marchands & échevins de la ville de Paris : oui le rapport du sieur Moreau de Séchelles, conseiller d'état & ordinaire au Conseil royal, contrôleur-général des finances.

LE ROI en son Conseil a ordonné & ordonne, conformément aux offres des marchands de vins de la ville & fauxbourgs de Paris, & au consentement des directeurs & administrateurs de l'Hôpital-Général de ladite ville, & du sieur marquis de Chalmazel, que les droits attribués à l'office de garde des vins à l'étape de la Greve, dont ledit Hôpital-Général, & ledit sieur marquis de Chalmazel, sont propriétaires, seront & demeuferont à l'avenir commués en un droit fixe d'un sol, qui sera payé à l'entrée, tant par eau que par terre, sur chaque muid de vin, mesure de Paris, & autres vaisseaux à proportion, & sur la totalité des vins destinés pour les marchands vendans vins de ladite ville & fauxbourgs de Paris, tant en gros qu'en détail, & autres de pareille qualité, qui par l'ordonnance des Aides du mois de Juin 1680, sont sujets aux droits de détail, à l'exception seulement du vin du crû des bourgeois de Paris, qu'ils vendront en détail, & des vins d'achat qu'ils feront arriver pour leur provision & consommation; lequel droit d'un sol par muid de vin, sera aussi payé à l'entrée par les douze & vingt-cinq marchands de vins privilégiés suivant la Cour, les suisses privilégiés, & les archers de la ville de Paris, auxquels néanmoins ledit droit sera rendu & restitué à la fin de chaque année, jusqu'à concurrence de leurs privileges, en justifiant par eux du paiement qu'ils en auront fait.

Ordonne pareillement sa majesté, du consentement desdits directeurs & administrateurs de l'Hôpital-Général & dudit sieur marquis de Chalmazel, que la place de l'étape, établie à la Greve, sera transférée à la halle au vin; que les marchands forains qui y exposeront leurs vins, seront tenus de payer audit Hôpital-Général & audit sieur marquis de Chalmazel les dix sols par chaque muid de vin, qui y sont dus, y compris le droit d'un sol dû à l'entrée; que les prévôt des marchands & échevins de ladite ville de Paris, rentreront dans la jouissance de la propriété des soles de l'hôtel-de-ville, cédées à l'Hôpital-Général, & aux auteurs dudit sieur marquis de Chalmazel, par contrat du 4 Février 1665, & que conformément audit contrat, & à l'acte du même jour 4 Février 1665, le greffier dudit hôtel-de-ville, & ses successeurs audit office, demeureront maintenus & gardés dans le titre de garde des soles & de l'étape de l'hôtel-de-ville, transférée par le présent arrêt à la halle au vin, à condition néanmoins que ledit greffier & ses successeurs ne pourront prétendre à ce titre d'autres émolumens que les quatorze cens livres mentionnées dans lesdits contrats & acte du 4 Février 1665; laquelle somme continuera d'être payée annuellement audit greffier & à ses successeurs par lesdits directeurs & administrateurs de l'Hôpital-Général, & par ledit sieur marquis de Chalmazel. Ordonne en outre sa majesté que dans le cas où la halle au vin ne se trouveroit pas suffisante pour contenir les vins qui étoient étapés à la place de Greve, & que par ce motif les propriétaires de ladite halle au vin voudroient l'augmenter par de nouveaux bâtimens, ils ne pourront le faire qu'après avoir présenté au Bureau de la ville les plans des lieux & les desseins des constructions des bâtimens qu'ils entendront élever pour l'aggrandissement de ladite halle au vin, & obtenu la permission dudit Bureau de la ville, & les alignemens desdits bâtimens qui seront donnés en présence du commissaire rapporteur du Bureau des finances; & seront sur le présent arrêt toutes lettres nécessaires expédiées. Fait au Conseil d'état du roi, tenu à Versailles le deuxieme jour de Septembre mil sept cent cinquante-cinq. Collationné. *Signé*, DE VOUGNY, *avec paraphe.*

LOUIS, par la grace de Dieu, roi de France & de Navarre: A nos amés & féaux conseillers les gens tenant notre Cour des Aides à Paris. SALUT. Les marchands de vins de la ville & fauxbourgs de Paris, nous ont fait exposer que pour faciliter l'abondance des vins dans la ville de Paris, & en empêcher l'augmentation du prix, il y a eu de tems immémorial, une place ou étape pour l'exposition des vins, qu'elle fut transportée par lettres-patentes du mois d'Octobre 1413 dans la place de Greve, où elle subsiste encore actuellement; qu'il fut fait dans la même année un réglement de différens droits attribués pour la garde des vins & des voitures qui aborderoient & séjourneroient dans ladite place; que cette garde & les droits y attribués furent cédés à l'Hôpital-Général, par acte du 4 Février 1665, & que comme il ne pouvoit les exercer, il prit le parti de les

les donner à ferme ; mais que la place de Gerve n'ayant point assez d'étendue pour contenir les vins & voitures, il en résulte journellement une confusion de vins appartenans à différens particuliers, ensorte qu'il est presqu'impossible de distinguer le jour de l'arrivée des vins & leur séjour, pour fixer les droits de garde, qui ont toujours été acquittés à proportion du séjour, ni même de connoître si les marchands ont exposé le tiers de leur vin sur l'étape, ainsi qu'ils y sont obligés ; ce qui a toujours occasionné des contestations qui dérangent le marchand & le fermier de l'Hôpital ; que c'est pour faire cesser ces inconvéniens, qu'ils croient devoir demander la commutation des droits de l'étape, aux charges & conditions ci-après détaillées ; que pour démontrer l'avantage qui en résultera, il suffit d'observer que l'étape ne sera pas moins suffisamment garnie de vins, pour en faciliter l'achat aux bourgeois & habitans de Paris ; parce qu'il y a été pourvu depuis par l'établissement d'une halle au vin, où se fait le plus grand débit, & où les vins qui y arrivent ne sont point exposés au même danger que ceux qui sont mis sur l'étape ; qu'il est des qualités de vins, tels que ceux de Champagne, de la haute-Bourgogne, du Languedoc, de la Provence & du Roussillon, qui non-seulement ne sont point à l'usage ordinaire & commun des bourgeois, mais même qui ne peuvent se soutenir lorsqu'ils séjournent & sont exposés à l'injure du tems, & qui par conséquent ne pouvant être retirés par les marchands, seroient entiérement gâtés par un long séjour sur l'étape. Que le paiement des droits sur l'étape sera assuré sans contestation, quand il sera payé à l'entrée de la ville ; que le service de l'étape sera également fait pour la garde & sureté des vins ; que l'Hôpital & son fermier y veilleront plus exactement quand ils ne seront point distraits de leur objet par les incidens réitérés sur la réclamation des droits ; enfin que l'approvisionnement de Paris & le bien public n'en souffriront aucune altération, & que l'Hôpital-Général sera assuré du droit qui lui est dû sans embarras & sans obstacle ; ils nous auroient très-humblement fait supplier, qu'il nous plût supprimer le droit ordinaire de l'étape, & ordonner qu'il sera & demeurera commué à l'avenir en un droit d'un sol qui sera payé à l'entrée sur chaque muid de vin, & autres vaisseaux à proportion, & sur la totalité des vins destinés pour les marchands vendans vins en la ville & fauxbourgs de Paris, tant en gros qu'en détail, à l'exception seulement des vins qui seront destinés pour la halle au vin, de ceux du crû des bourgeois de Paris, qu'ils vendront en détail, & des vins d'achat que les bourgeois feront arriver pour leur provision & consommation ; aux offres par les marchands de vins de tenir la place de l'étape suffisamment garnie de vin, en la maniere accoutumée, & à la charge, par l'Hôpital-Général & son fermier, de tenir un garde à l'étape de la Greve, & de répondre des vins qui y seront conduits, exposés & vendus, sans pouvoir pour ladite garde, & sous tel autre prétexte que ce soit, exiger ni prétendre aucun autre droit au-delà du sol par muid qui aura été payé à l'entrée, & quelque séjour que les vins fassent sur l'étape. Par la réponse des directeurs & administrateurs de l'Hôpital-Général & du sieur de Chalmazel, propriétaires des droits de l'étape au vin, auxquels la requête desdits marchands de vins a été communiquée, ils nous ont très-humblement fait représenter, que pour ne rien laisser à desirer sur la demande des marchands de vins, ils croient devoir mettre sous nos yeux l'origine du droit de l'étape, celle de la halle au vin, & les réglemens qui y ont donné lieu. L'étape est une place destinée pour y décharger le vin & l'y faire exposer en vente, afin d'en faciliter l'achat aux bourgeois de Paris ; elle étoit anciennement située aux halles ; le vin s'y vendoit en gros comme le bled & les autres denrées. Les accroissemens de la ville de Paris donnerent lieu à de plus grandes provisions de vins ; la halle au vin devint trop petite, on vit qu'il étoit nécessaire de rassembler le commerce du vin dans un même lieu. Le roi Charles VI, par ses lettres-patentes du mois d'Octobre 1413, transporta l'étape au vin, de la halle où elle étoit, en la place de Greve où elle a toujours été depuis : il fallut pourvoir à la sûreté des vins & des voitures qui étoient exposés sur l'étape à la Greve; le Bureau de la ville rendit, le 28 Octobre 1413, une ordonnance portant provision & nomination de Jacques Herlant, pour faire les fonctions de garde des vins à l'étape, & lui attribua pour salaire trois deniers par charrette chargée de vin arrivant à la Greve, qui seroit vendue sans être déchargée, douze deniers pour chaque charrette, & seize deniers pour chaque charriot chargé de vin qui resteroit par chaque nuit sur l'étape, à la charge de tenir la place nette, d'enlever les immondices, de fournir des trétaux à chaque voiture, & de garder pendant la nuit les voitures & les vins. Paris s'aggrandit, la consommation du vin augmenta; il fut fait des réglemens pour y procurer l'abondance du vin & en faciliter l'achat aux bourgeois; on défendit aux marchands de vins d'en acheter dans les vingt lieues des environs de Paris, & on les obligea de mettre le tiers de leurs vins sur l'étape pour y être vendu; mais comme la place de Greve ne pouvoit contenir tous ces vins, que les grandes chaleurs de l'été & les grands froids de l'hiver les faisoient souffrir; le parlement de Paris, par arrêt du 24 Mars 1623, permit aux marchands de vins en gros de les encaver dans les caves de la rue de la Mortellerie, de celle du Monceau-Saint-Gervais, & dans les soles de l'hôtel-de-ville. La place de concierge de l'hôtel-de-ville & de garde de l'étape, fut érigée en office par le Bureau de la ville, qui en ce tems-là y étoit autorisé; il y commit, le premier Août 1634, Martin Lemaire, sur la résignation de Guillaume Clément, pour par lui jouir desdits salaires, comme Guillaume Clément en avoit joui. Cet office a été depuis créé, par édit du mois d'Avril 1681, & réuni au greffe de l'hôtel-de-ville, à titre d'hérédité, avec les attributions, fruits, profits & émolumens dont jouissoient ceux que l'hôtel-de-ville y avoit commis. L'étape, les soles de l'hôtel-de-ville, & les caves de la rue de la Mortellerie & du Monceau-Saint-Gervais, ne suffisoient pas pour tous les vins qui y étoient apportés. Le roi accorda le 20 Janvier 1656, au sieur de Chamarante, son premier valet-de-chambre, & au sieur de Bas, la permission de faire construire à la porte Saint-Bernard, à leurs dépens, une halle au vin pour enchanteler les vins des marchands forains qui y arriveroient tant par eau que par terre. Le brevet qui en fut donné par le roi, fut homologué au Conseil le 3 Mai 1656; il renvoya les sieurs de Chamarante & de Bas pardevant le prévôt des marchands & les échevins de Paris, pour donner leur avis sur la construction de la halle au vin; cet avis fut donné le 11 du même mois : il porte que cet établissement sera utile au commerce & à l'approvisionnement de la ville de Paris. Les sieurs de Chamarante & de Bas convinrent avec les marchands forains, par contrat passé le 12 Mai 1656, pardevant Conneil & Baudin, notaires au Châtelet de Paris, à dix sols par muid de vin qui seroit enchantelé & vendu en la halle au vin. L'avis & le contrat furent homologués en notre Conseil, par arrêt & lettres-patentes du 20 desdits mois & an, & les propriétaires furent autorisés à percevoir ce droit. Le 2 Août 1662, le sieur de Chamarande & la dame Marguerite la But, veuve du sieur de Bas, & la dame Langard, aïeule & tutrice de la fille mineure dudit sieur de Bas, firent donation à l'Hôpital-Général de la moitié du droit de la halle au vin qui leur avoit été accordé par le brevet du roi du 20 Janvier 1656, avec les profits, revenus & émolumens qui en pourroient revenir; cette donation fut acceptée par les directeurs & administrateurs de l'Hôpital-Général. Ils se sont soumis dans l'acte qui en a été fait entr'eux, de poursuivre la vérification & l'enregistrement desdites lettres-patentes, & de contribuer pour moitié aux frais, tant ordinaires qu'extraordinaires, pour parvenir audit enregistrement, achat d'une place & construction des halles, jusqu'à leur entiere perfection. Le sieur de Béthune prétendit que le roi lui avoit fait don de la halle au vin avant celui qui en avoit été fait aux sieurs de Chamarante & de Bas; & sur ce fondement il forma opposition à l'enregistrement au Parlement des lettres-patentes du 20

Mai 1656 ; il en fut débouté par l'arrêt d'enregistrement qui fut rendu le 21 Août 1662. Il y a apparence que les propriétaires s'arrangerent avec le sieur de Béthune, puisque par acte passé le 31 Octobre 1656, pardevant Guillot & Mosnier, notaires au Châtelet de Paris, le sieur de Béthune, en qualité de propriétaire du quart dans le don fait par le roi aux sieurs de Chamarante & de Bas, de la halle au vin, & de dix sols par muid de vin qui y est déchargé, a approuvé la cession faite à l'Hôpital-Général, de la moitié du don du roi, & a cédé de sa part la moitié du quart qu'il y avoit. Le sieur Lemaire, greffier & concierge de l'hôtel-de-ville de Paris, propriétaire de l'office de garde de l'étape au vin, & des droits qui lui étoient attribués pour la garde des vins qui y étoient exposés, prévit que l'établissement de la halle au vin à la porte Saint-Bernard, feroit tomber le produit des droits de l'étape dont il jouissoit, & qu'il y auroit souvent des contestations entre lui & les propriétaires de ladite halle ; & pour les prévenir, il céda & transféra son droit d'étape à l'Hôpital-Général, moyennant quatorze cens livres de rente annuelle & perpétuelle; le contrat en fut passé devant Benodat & Mosnier, notaires au châtelet de Paris, le 4 Février 1665, qui fut homologué au Parlement de Paris, le 8 Juillet suivant; & par sentence de décret des requêtes du Palais du 27 Avril 1720, les directeurs & administrateurs de l'Hôpital-Général, se sont rendus adjudicataires du seizieme au total dudit droit saisi sur ledit sieur de Béthune. Il résulte de ces actes, que l'Hôpital-Général possede, à titre de propriété, une moitié du produit de l'étape de la Greve, & de celui de la halle au vin; la propriété du surplus a passé aux sieurs de Chamarante & de Bas; ils ont fait valoir par leurs mains la halle au vin, & ont affermé dans tous les tems celle de l'étape. L'ordonnance de Louis XIV, concernant la jurisdiction de l'hôtel-de-ville de Paris, du mois de Décembre 1672, chapitre 8 de la marchandise de vin, fait défenses aux marchands de vins d'en aller acheter dans les vingt lieues de la ville de Paris, & leur enjoint de mettre le tiers de leurs vins, & aux forains la totalité, sur l'étape, pour y être vendus. Les droits de sol pour livre & augmentation avoient cours sur les vins vendus & revendus dans l'intérieur de Paris & de ses fauxbourgs. L'article 4 du titre 5, de la vente en gros dans Paris, de l'ordonnance des Aides du mois de Juin 1680, enjoint aux marchands de vins en gros de mettre tous les vins qu'ils feront venir de leur crû ou d'achat sur l'étape, dans les caves & celliers qu'ils ont dans les rues de la Mortellerie, du Monceau-Saint-Gervais, aux soles de l'hôtel-de-ville, ou en la halle au vin, pour en payer les droits de gros & augmentation, à mesure qu'ils le vendront. L'article 5 du même titre enjoint aussi aux cabaretiers, de mettre sur l'étape le tiers des vins qu'ils feront venir de leur crû ou d'achat. L'article 6 défend aux uns & aux autres d'en acheter dans les vingt lieues de Paris ; & l'article 7 fait défenses aux cabaretiers, hôteliers, traiteurs, aubergistes, & à ceux qui logent en chambres-garnies, d'acheter du vin ailleurs que sur l'étape ou halle au vin. Toutes ces dispositions avoient pour objet la police nécessaire pour procurer l'abondance; contenir les marchands sur le prix des vins qu'ils vendroient au public ; assurer les droits de gros & augmentation à nous dus. Elles étoient pour lors nécessaires, & l'on y tenoit la main ; mais l'on a cessé de le faire depuis que la plantation des vignes s'est multipliée dans le royaume, & que les routes, les canaux & la communication des rivieres ont donné aux marchands de vins la facilité d'en aller chercher dans les provinces éloignées. Il auroit même été impossible de les faire exécuter à la rigueur, parce que le nombre des habitans de Paris a augmenté considérablement, & que l'étape & la halle au vin ne purent pas contenir la dixieme partie des vins que les marchands de Paris & les forains étoient tenus d'y mettre suivant les réglemens. Les fermiers-généraux étoient les seuls qui avoient intérêt de les faire exécuter pour la conservation de leurs droits ; mais depuis que nous avons, par arrêt de notre Conseil, & lettres-patentes du 10 Octobre 1719, réuni à l'entrée de Paris tous les droits qui lui étoient dus sur le vin & autres boissons en différens cas dans l'intérieur de Paris, cet intérêt a cessé ; & ces réglemens devenus inutiles, n'ont plus eu leur exécution. Il n'y en a point cependant de postérieurs qui les abrogent : les baux que les propriétaires des droits de l'étape en ont faits, portent que le fermier en jouira, conformément à ces réglemens. Les fermiers de l'étape ont en différens tems voulu forcer les marchands de vins de mettre le tiers de leurs vins sur l'étape, conformément à l'ordonnance du mois de Décembre 1672 ; mais ils n'ont pu les y obliger ; c'est ce qui a donné lieu à la requête que les marchands de vins ont présentée à notre Conseil, & à laquelle les directeurs & administrateurs de l'Hôpital-Général, & le sieur de Chalmazel, répondirent le 5 Décembre 1748. Les propriétaires de l'étape ont fait à Alexandre Hébert, bourgeois de Paris, un bail pour neuf années des droits qui sont dus à l'étape, & de toutes les soles & celliers qui sont sous l'hôtel-de-ville de Paris, à l'exception de celle qui est sous l'arche dudit hôtel-de-ville, réservée par l'acte du 4 Février 1665, moyennant sept mille cinq cens livres par an, à commencer la jouissance du premier Octobre 1748, pour en jouir par lui, ainsi que ses prédécesseurs en ont joui, & qu'en doivent jouir les bailleurs, conformément à la sentence du Bureau de la ville du 28 Octobre 1413 ; à la charge par lui de payer une année d'avance, & ainsi continuer d'année en année, par avance, jusqu'à l'expiration dudit bail ; & que faute par ledit Hébert d'y satisfaire, il sera permis aux administrateurs, après une simple sommation, de faire un nouveau bail à la folle enchere d'Hébert. Il a payé le prix de la premiere année ; & quoiqu'il soit dans la sixieme de son bail, il n'a rien payé de plus. Lorsqu'il prit ces droits à ferme, il s'étoit flatté qu'il forceroit les marchands de mettre le tiers de leurs vins sur l'étape. Ils ont résisté, ce qui a causé plusieurs instances au Bureau de la ville. Elles y ont été abandonnées : Hébert est devenu insolvable ; & pour éviter en pareilles circonstances les frais qui tomboient en pure perte pour l'Hôpital, les administrateurs ont consenti que le bail d'Hébert fût résilié, à la charge par lui de compter de clerc à maître. Les marchands de vins de Paris ne mettent plus de vin sur l'étape : il n'y a que les marchands forains qui y en font transporter ; mais cela n'a presque pas d'objet ; Hébert a perçu très-peu de chose, & l'Hôpital-Général n'a rien reçu depuis ce bail. La Greve est devenue une place de décoration pour les fêtes publiques de l'hôtel-de-ville, qui ne jouit point de ses soles, il en a cependant besoin ; l'abondance du vin dans la ville de Paris est assez connue. L'obligation aux marchands de mettre leurs vins sur l'étape n'est plus si essentielle ; elle est même gênante pour le commerce du vin, & n'est utile à personne, si ce n'est à l'Hôpital-Général, qui a plus besoin que jamais du revenu qu'il en retire, eu égard au grand nombre de pauvres qui augmente chaque jour. La commutation du droit de l'étape en un sol par muid aux entrées de Paris, tel que les marchands de vins le demandent, est un dédommagement juste & raisonnable ; & il est convenable de transporter à l'endroit où est la halle au vin, l'étape qui est à la Greve, pour les raisons ci-devant rapportées, & parce qu'il sera commode aux bourgeois de Paris, de trouver dans un même lieu les vins exposés pour leur en faciliter l'achat, & d'assujettir à cet effet les marchands forains qui y mettront leurs vins, au paiement de dix sols par muid de vin dû à la halle, y compris le sol qui sera dû à l'entrée. Il est dû à l'étape douze deniers par chaque charrette, & seize deniers pour chaque charriot qui y restent par chaque nuit ; on comprend aisément qu'un vin qui reste long-tems sur l'étape contracte un droit qui excede toujours les dix sols par muid dus à la halle au vin. Ces dispositions seront également avantageuses à la liberté du commerce, à l'Hôpital-Général, au sieur de Chalmazel, & à l'hôtel-de-ville de Paris ; elles éviteront des contestations & des procès. Ce fut dans de pareilles vues que les droits d'octrois appartenans à la ville de Paris, perceptibles à la vente en gros, sur celle en détail & à la sortie, ont été commués par l'édit du mois d'Août 1707, en un droit de deux sols six deniers pour chaque muid ou demi-queue de vin, payable à l'entrée par tous les marchands tant en gros qu'en détail, privilégiés & autres, à l'exception des bourgeois de Paris; & pour éviter tous abus, il fut ordonné que les douze & vingt-cinq marchands de vin privilégiés suivant la Cour, les suisses privilegiés, & les archers de la ville de Paris, paieroient à l'entrée lesdits droits, qui leur seroient rendus à la fin de chaque année, jusqu'à due concurrence de leurs privileges, en justifiant du paiement. Les directeurs & administrateurs de l'Hôpital-Général, & le sieur de Chalmazel nous auroient très-humblement fait supplier qu'il nous plût ordonner que, conformément aux offres des marchands de vins de la ville & fauxbourgs de Paris, les droits attribués à l'office de garde des vins à l'étape de la Greve, dont l'Hôpital-Général & ledit sieur de Chalmazel sont propriétaires, seroient & demeureroient à l'avenir commués & convertis en un droit fixe d'un sol, qui seroit payé à l'entrée, tant par eau que par terre, sur chaque muid de vin mesure de Paris, & autres vaisseaux à proportion, & sur la totalité des vins destinés pour les marchands vendans vins, de la ville & fauxbourgs de Paris, tant en gros qu'en détail, & autres de pareille qualité, qui, par l'ordonnance des Aides du mois de Juin 1680, sont sujets aux droits de détail, à l'exception seulement du vin du crû des bourgeois de Paris, qu'ils vendroient en détail, & des vins d'achat que lesdits bourgeois feroient arriver pour leurs provision & consommation; ordonner aussi que le droit d'un sol par muid de vin seroit payé à l'entrée par les douze & vingt-cinq marchands de vins privilégiés suivant la Cour, les suisses privilégiés, & les archers de la ville de Paris, à qui ils seroient rendus & restitués à la fin de chaque année, jusqu'à concurrence de leurs privileges, en justifiant du paiement; que la place de l'étape établie à la Greve seroit transférée à la halle au vin; que les marchands forains qui y exposeroient leurs vins seroient tenus de payer à l'Hôpital & au sieur de Chalmazel les dix sols par chaque muid de vin qui y sont dus, y compris le droit d'un sol dû à l'entrée; que les prévôt des marchands & échevins de la ville de Paris rentreroient dans la jouissance de la propriété des solles de l'hôtel-de-ville, cédées à l'Hôpital-Général par contrat du 4 Février 1665, & que les administrateurs de l'Hôpital-Général, & le sieur de Chalmazel, continueroient de payer au greffier de l'hôtel-de-ville les quatorze cens livres mentionnées audit contrat, & que toutes lettres nécessaires seroient expédiées sur l'arrêt qui interviendra: à quoi nous aurions pourvu par arrêt de notre Conseil de cejourd'hui, dont l'extrait est ci-attaché sous le contre-scel de notre Chancellerie, & ordonné que pour l'exécution d'icelui toutes lettres nécessaires seroient expédiées; lesquelles les exposans nous ont très-humblement fait supplier de leur accorder. A CES CAUSES, de l'avis de notre Conseil qui a vu ledit arrêt de cejourd'hui, dont l'extrait est ci-attaché sous le contre-scel de notre Chancellerie, nous avons, conformément à icelui, aux offres des marchands de vins, & au consentement des directeurs & administrateurs de l'Hôpital-Général de ladite ville, & du sieur de Chalmazel, ordonné, & par ces présentes signées de notre main, ordonnons que les droits attribués à l'office de garde des vins à l'étape de la Greve, dont ledit Hôpital-Général & ledit sieur de Chalmazel sont propriétaires, seront & demeureront à l'avenir commués en un droit fixe d'un sol qui sera payé à l'entrée, tant par eau que par terre, sur chaque muid de vin, mesure de Paris, & autres vaisseaux à proportion, & sur la totalité des vins destinés pour les marchands vendans vins de ladite ville & fauxbourgs de Paris, tant en gros qu'en détail, & autres de pareilles qualités, qui, par l'ordonnance des Aides du mois de Juin 1680, sont sujets aux droits de détail, à l'exception seulement du vin du crû des bourgeois de Paris, qu'ils vendront en détail, & des vins d'achat qu'ils feront arriver pour leurs provision & consommation; lequel droit d'un sol par muid de vin sera aussi payé à l'entrée par les douze & vingt-cinq marchands de vins privilégiés suivant la Cour, les suisses privilégiés, & les archers de la ville de Paris, auxquels néanmoins ledit droit sera rendu & restitué à la fin de chaque année, jusqu'à concurrence de leurs privileges, en justifiant par eux du paiement qu'ils en auront fait. Nous ordonnons pareillement, du consentement desdits directeurs & administrateurs de l'Hôpital-Général, & dudit sieur de Chalmazel, que la place de l'étape établie à la Greve, sera transférée à la halle au vin; que les marchands forains qui y exposeront leurs vins, seront tenus de payer audit Hôpital-Général & audit sieur de Chalmazel les dix sols par chaque muid de vin qui y sont vendus, y compris le droit d'un sol dû à l'entrée; que les prévôt des marchands & échevins de ladite ville de Paris rentreront dans la jouissance de la propriété des soles de l'hôtel-de-ville, cédées à l'Hôpital-Général & aux auteurs dudit sieur de Chalmazel, par contrat du 4 Février 1665; & que, conformément audit contrat & à l'acte du même jour 4 Février 1665, le greffier dudit hôtel-de-ville, & ses successeurs audit office, demeureront maintenus & gardés dans le titre de garde-soles & de l'étape de l'hôtel-de-ville, transférées par le présent arrêt à la halle au vin, à condition néanmoins que ledit greffier & ses successeurs ne pourront prétendre, pour ce titre, d'autres émolumens que les quatorze cens livres mentionnées dans lesdits contrat & acte du 4 Février 1665. Laquelle somme continuera d'être payée annuellement audit greffier & à ses successeurs par lesdits directeurs & administrateurs de l'Hôpital-Général, & par ledit sieur de Chalmazel. Nous ordonnons en outre que dans le cas où la halle au vin ne se trouveroit pas suffisante pour contenir les vins qui étoient étapés à la place de Greve, & que, par ce motif, les propriétaires de ladite halle au vin voudroient l'augmenter par de nouveaux bâtimens, ils ne pourroient le faire qu'après avoir présenté au bureau de la ville les plans des lieux, & les dessins des constructions des bâtimens qu'ils entendront élever pour l'agrandissement de ladite halle au vin, & obtenu la permission dudit bureau de la ville, & les alignemens desdits bâtimens, qui seroient donnés en présence du commissaire-rapporteur du bureau des finances. Si vous mandons que ces présentes vous ayez à faire registrer, & de leur contenu jouir & user les exposans pleinement & paisiblement, cessant & faisant cesser tous troubles & empêchemens, nonobstant toute chose à ce contraire: Car tel est notre plaisir. Donné à Versailles le deuxieme jour de Septembre, l'an de grace mil sept cent cinquante-cinq, & de notre regne le quarante-unieme. *Signé*, LOUIS. *Et plus bas*, par le roi. M. P. DE VOYER D'ARGENSON, *avec paraphes, duement scellées.*

Registrées en la cour des Aides, oui le procureur-général du roi, pour être exécutées selon leur forme & teneur, & jouir par les impétrans de l'effet & contenu en icelles. Fait à Paris, en la premiere chambre de ladite cour des Aides, le cinq Décembre mil sept cent cinquante-cinq. Collationné. Signé, DESORMES, *avec grille & paraphe.*

ARRÊT DU CONSEIL, ET LETTRES-PATENTES,

QUI ordonnent le paiement d'un sol par muid de vin, par les marchands de vins & autres sujets aux droits de l'étape, à compter du premier Octobre mil sept cent quarante-huit.

Des 20 Janvier & 25 Février 1756.

SUR la requête présentée au roi en son Conseil, par les administrateurs de l'Hôpital-Général de Paris; contenant que l'étape est une place destinée pour y décharger le vin, & l'y exposer en vente, pour en faciliter l'achat aux bourgeois de Paris; elle étoit anciennement située dans la place où sont aujourd'hui les halles; son origine est très-ancienne, puisqu'on voit par les lettres-patentes données au mois d'Octobre 1413, que l'étape au vin fût transférée des halles en la place de Greve, où elle a subsisté jusqu'à ce jour. Il fallut pourvoir à la garde & à la sûreté des vins ; le Bureau de la ville, par son ordonnance du 28 Octobre de la même année, y commit Jacques Herlant, & lui attribua pour ses salaires, & pour toute autre dépense, trois deniers par chaque charette de vin arrivant à la Greve, qui seroit vendu sans être déchargé ; douze deniers pour chaque charrette, & seize deniers pour chaque charriot chargé de vin qui resteroient, par chaque nuit, sur l'étape, à la charge d'entretenir la place nette, enlever les immondices, fournir des traitaux à chaque voiture, & garder pendant la nuit les voitures & les vins. La ville de Paris s'aggrandit ; la consommation augmenta ; il fut fait des réglemens pour y procurer l'abondance, empêcher la monopole, & donner aux bourgeois les facilités nécessaires pour en acheter à juste prix ; on défendit aux marchands de vins d'en acheter dans les vingt lieues des environs de Paris ; on les obligea de mettre sur l'étape le tiers des vins qu'ils acheteroient ailleurs. La place de la Greve ne put contenir tous ces vins ; les marchands de vins furent autorisés à les mettre dans les caves des rues de la Mortellerie, du Monceau-Saint-Gervais, & dans les soles de l'hôtel-de-ville. La place de concierge de l'hôtel-de-ville, & de garde de l'étape fut réunie à celle de greffier de l'hôtel-de-ville, & érigée en titre d'office, avec les mêmes attributions dont jouissoient ceux que l'hôtel-de-ville y avoit commis. La consommation du vin augmenta encore ; l'étape, les soles de l'hôtel-de-ville, & les caves des rues de la Mortellerie, & du Monceau-Saint-Gervais ne suffisoient pas pour tous les vins qui y étoient mis ; il fallut y pourvoir. Le roi accorda aux sieurs de Chamarante, de Baas & de Béthune, la permission de construire une halle au vin à la porte Saint-Bernard, avec attribution de dix sols par muid de vin qui y seroit déchargé ; ils en firent cession d'une partie à l'Hôpital-Général de Paris ; le sieur Lemaire, greffier, concierge de l'hôtel-de-ville, & garde de l'étape au vin, leur vendit & transporta le droit de l'étape, & la jouissance des soles de l'hôtel-de-ville, moyennant quatorze cens livres par an ; & par différens actes passés entr'eux, l'Hôpital-Général est devenu propriétaire d'une moitié & un huitieme dans le droit de l'étape ; & les autres, du surplus. Ils ont affermé depuis ce tems le droit de l'étape, & ont fait valoir par leurs mains celui de la halle au vin. L'ordonnance de la ville de Paris, du mois de Décembre 1672, & celle des Aides, du mois de Juin 1680, veulent que les marchands de vins en gros mettent sur l'étape la totalité des vins du crû ou d'achat qu'ils font venir à Paris, & les cabaretiers le tiers. Ces dispositions ont été exécutées, & l'on y a tenu la main tant qu'elles ont paru nécessaires pour entretenir l'abondance à Paris, & conserver les droits d'Aides dus à la vente en gros ; mais l'on a cessé de le faire depuis que la plantation des vignes s'est multipliée dans le royaume, & que les routes, les canaux, & la communication des rivieres ont donné aux marchands de vins la facilité d'en aller acheter dans les provinces éloignées ; que le roi a réuni aux entrées de Paris les droits qui étoient dus à la vente, par les lettres-patentes du 10 Octobre 1719 ; & que l'on a vu que l'étape & la Greve ne pouvoient pas contenir la dixieme partie des vins que les marchands de vins, les cabaretiers & les forains étoient tenus d'y mettre, suivant ces réglemens. Il n'y avoit que les administrateurs de l'Hôpital-Général qui eussent intérêt de les faire exécuter pour la conservation des droits dus à l'étape ; leurs fermiers ont voulu les y contraindre ; cela a formé des contestations qui ont toutes été suivies d'arrangemens particuliers entre les redevables & ces fermiers. Les propriétaires de l'étape firent le 5 Septembre 1748, un bail de ce droit à Alexandre Hébert, pour neuf années, moyennant sept mille cinquante livres par an, pour en jouir conformément aux réglemens ; il n'a point voulu se conformer aux arrangemens de ses prédécesseurs ; il a poursuivi plusieurs marchands de vins, pour les forcer de mettre leurs vins sur l'étape ; il a fait saisir leurs vins, à l'effet de les faire condamner aux amendes & confiscations qu'ils avoient encourues : il s'en est suivi pluſieurs procès qui ont été portés au Bureau de la ville & au Parlement, où il a appellé les adminiſtrateurs pour prendre ſon fait & cauſe. Le corps des marchands de vins s'eſt pourvu au Conſeil; il y a expoſé que l'obligation de mettre le vin ſur l'étape n'eſt d'aucune utilité pour les bourgeois de Paris, & dérangeoit beaucoup leur commerce; & ils ont demandé que pour que l'Hôpital-Général & le ſieur de Chalmazel ne perdiſſent point le droit qui leur étoit dû, il plût à ſa majeſté le convertir en un ſol par muid de vin aux entrées de Paris. Quoique leur demande fût convenable à tous égards, elle n'a point eu lieu pour lors: Hébert, fermier de l'étape eſt devenu inſolvable; il a abandonné les inſtances qu'il pourſuivoit contre les marchands de vins, & l'Hôpital-Général a été forcé de réſilier ſon bail, dont il n'a payé que le prix de la premiere année: les marchands de vins ne lui ont rien payé pour tous les vins qu'ils étoient tenus de mettre ſur l'étape, tant que ſon bail a duré. L'Hôpital-Général a vu qu'il couroit le riſque de perdre non-ſeulement tout ce qui étoit dû par les marchands de vins, mais que le droit alloit s'anéantir; les adminiſtrateurs ont demandé la communication de la requête préſentée au Conſeil par les corps & communauté des marchands de vins, tendante à la commutation du droit de l'étape, à celui d'un droit d'entrée; ils y ont fait une réponſe; le tout a-été renvoyé aux prévôt des marchands & échevins de Paris, à l'effet d'avoir leur avis. Ils ont reconnu que la demande des marchands de vins eſt convenable, en ce que la commutation du droit ſera utile à la ville, au commerce du vin, & aux propriétaires du droit de l'étape; ils ont donné un avis favorable, en conſéquence duquel ſa majeſté a, par arrêt du Conſeil du 2 Septembre 1755, ordonné cette commutation; il a été donné des lettres-patentes ſur cet arrêt, le même jour; elles ont été enregiſtrées en la Cour des Aides de Paris le cinq Décembre ſuivant. Il ne reſte plus qu'à pourvoir au paiement du droit de tous les vins que les marchands de vins ont fait venir à Paris depuis le commencement du bail de Hébert juſqu'à ce jour. Le corps des marchands de vins a offert de les payer conformément audit arrêt pour le paſſé; pluſieurs d'entr'eux ſont même entrés en paiement, mais il y en a d'autres qui s'y refuſent; les adminiſtrateurs n'ont point de titres pour les y contraindre. Le nombre des pauvres & autres renfermés dans l'Hôpital-Général eſt conſidérablement augmenté, & augmente chaque jour; les adminiſtrateurs ne peuvent avec ſes revenus pourvoir à tous leurs beſoins; le défaut de perception de ce qui leur eſt dû par ces marchands, eſt un nouveau mal pour eux. Il eſt certain que faute par les marchands d'avoir mis leurs vins ſur l'étape, ils ſont ſuſceptibles d'amendes, & de confiſcation, conformément aux réglemens; & ils doivent être contens d'en être quittes pour le modique droit d'un ſol par piece de tous les vins qu'ils ont fait arriver à Paris, pour leſquels ils n'ont point payé le droit de l'étape. Les adminiſtrateurs ont recours à ſa majeſté, & la ſupplient de vouloir bien ordonner que l'arrêt du Conſeil & les lettres-patentes ſur icelui, du 2 Septembre 1755, auront un effet rétroactif, à commencer du bail d'Hébert; & qu'en conſéquence les marchands de vins ſeront tenus de payer à celui qui ſera prépoſé par les adminiſtrateurs de l'Hôpital-Général, le droit dû à Hébert, ſur le pied de la commutation, ſuivant les extraits qui en ſeront fournis par les commis de l'adjudicataire des fermes générales; & que faute par leſdits marchands de vins de ce faire, ils y ſeront contraints par toutes les voies dues & raiſonables. Vu ladite requête, l'arrêt du Conſeil, & lettres-patentes du 2 Septembre 1755. Oui le rapport du ſieur Moreau de Séchelles, conſeiller d'état ordinaire & au Conſeil royal, contrôleur-général des finances; LE ROI en ſon Conſeil, a ordonné & ordonne que l'arrêt du Conſeil, & les lettres-patentes ſur icelui, du 2 Septembre 1755, ſeront exécutés ſelon leur forme & teneur, à commencer du premier Octobre 1748; & qu'en conſéquence, les marchands de vins, & autres ſujets au droit de l'étape, ſeront tenus de payer à celui qui ſera prépoſé par les adminiſtrateurs de l'Hôpital-Général, le droit

droit dû à Hébert, fermier de l'étape, sur le pied de la commutation portée par ledit arrêt du Conseil & lettres-patentes, suivant les extraits qui seront fournis par les commis de l'adjudicataire des fermes générales, & que faute par lesdits marchands de vins & autres de ce faire, ils y seront contraints par toutes voies dues & raisonnables, & seront sur le présent arrêt toutes lettres nécessaires expédiées. Fait au Conseil d'état du roi, tenu à Versailles le vingt Janvier mil sept cent cinquante-six. Collationné. *Signé*, BERGERET.

LOUIS, par la grace de Dieu, roi de France & de Navarre : A nos amés & féaux conseillers les gens tenans notre Cour des Aides à Paris. SALUT. Les administrateurs de l'Hôpital-Général de Paris nous ont fait représenter que l'étape est une place destinée pour y décharger le vin & l'y exposer en vente, pour en faciliter l'achat aux bourgeois de Paris; elle etoit anciennement située dans la place où sont aujourd'hui les halles; son origine est très-ancienne, puisqu'on voit par les lettres-patentes données au mois d'Octobre 1413, que l'étape au vin fut transférée des halles, en la place de Greve, où elle a subsisté jusqu'à ce jour. Il fallut pourvoir à la garde & à la sûreté des vins; le Bureau de la ville, par son ordonnance du 28 Octobre de la même année, y commit Jacques Herlant, & lui attribua pour ses salaires & pour toute autre dépense, trois deniers par chaque charrette de vin arrivant à la Greve, qui seroit vendu sans être déchargé; douze deniers pour chaque charrette, & seize deniers pour chaque charriot chargé de vin qui resteroit par chaque nuit sur l'étape, à la charge d'entretenir la place nette, & lever les immondices, fournir des traitaux à chaque voiture, & garder pendant la nuit les voitures & les vins. La consommation du vin augmenta ; il fut fait des réglemens pour y procurer l'abondance, empêcher le monopole, & donner aux bourgeois les facilités nécessaires pour en acheter à juste prix; on défendit aux marchands de vins d'en acheter dans les vingt lieues des environs de Paris ; on les obligea de mettre sur l'étape le tiers des vins qu'ils acheteroient ailleurs. La place de Greve ne put contenir tous ces vins ; les marchands de vins furent autorisés à les mettre dans les caves des rues de la Mortellerie, du Monceau-Saint-Gervais, & dans les soles de l'hôtel-de-ville. La place de concierge de l'hôtel-de-ville & de garde de l'étape fut réunie à celle de greffier de l'hôtel-de-ville, & érigée en titre d'office, avec les mêmes attributions dont jouissoient ceux que l'hôtel-de-ville y avoit commis. La consommation du vin augmenta encore, l'étape, les lieux destinés pour les vins ne suffisoient pas pour tous les vins qui y étoient mis. Nous accordâmes aux sieurs de Chamarante, de Bas, & de Béthune, la permission de construire une halle au vin à la porte Saint-Bernard, avec attribution de dix sols par muid de vin qui y seroit déchargé ; ils en firent cession d'une partie à l'Hôpital-Général de Paris. Le sieur Lemaire, greffier, concierge de l'Hôtel-de-ville, & garde de l'étape au vin, leur vendit & transporta le droit de l'étape, & jouissance des soles de l'hôtel-de-ville, moyennant quatorze cens livres par an. Par différens actes passés entr'eux, l'Hôpital-Général est devenu propriétaire d'une moitié un huitieme dans le droit de l'étape, & les autres, du surplus : ils ont affermé depuis ce tems le droit de l'étape, & ont fait valoir par leurs mains celui de la halle au vin. L'ordonnance de la ville de Paris, du mois de Décembre 1672, & celle des Aides, du mois de Juin 1680, veulent que les marchands de vins en gros mettent sur l'étape la totalité des vins du crû ou d'achat qu'ils font venir à Paris, & les cabaretiers le tiers. Ces dispositions ont été exécutées, & l'on y a tenu la main tant qu'elles ont paru nécessaires pour entretenir l'abondance à Paris, & conserver les droits d'Aides dus à la vente en gros ; mais l'on a cessé de le faire depuis que la plantation des vignes s'est multipliée, & que les routes, les canaux, & la communication des rivieres ont donné aux marchands de vins la facilité d'en aller chercher dans les provinces éloignées ; que nous avons réuni aux entrées de Paris les droits qui y étoient dus à la vente, par lettres-patentes du 10 Octobre 1719; & que l'on a vu que l'étape de la Greve ne pouvoit pas contenir la dixieme partie des vins que les marchands de vins, les cabaretiers, & les forains étoient tenus d'y mettre, suivant ces réglemens. Il n'y avoit que les administrateurs de l'Hôpital-Général qui eussent intérêt de les faire exécuter, pour la conservation des droits dus à l'étape; leurs fermiers ont voulu les y contraindre; cela a occasionné des contestations qui ont été suivies d'arrangemens particuliers entre les redevables & ces fermiers. Les propriétaires de l'étape firent, le 5 Septembre 1748, un bail de ce droit à Alexandre Hébert, pour neuf années, moyennant sept mille cinquante livres par an, pour en jouir conformément aux réglemens; il n'a pas voulu se conformer aux arrangemens de ses prédécesseurs; il a poursuivi plusieurs marchands de vins, pour les forcer de mettre leurs vins sur l'étape; il a fait saisir leurs vins, à l'effet de les faire condamner aux amendes & confiscations qu'ils avoient encourues, & il s'en est ensuivi plusieurs procès qui ont été portés au Bureau de la ville & au Parlement, où il a appellé les administrateurs pour prendre son fait & cause. Le corps des marchands de vins s'est pourvu à notre Conseil, & y a exposé que l'obligation de mettre le vin sur l'étape n'étoit d'aucune utilité pour les bourgeois de Paris, & dérangeoit beaucoup leur commerce; ils ont demandé que pour que l'Hôpital-Général & le sieur de Chalmazel ne perdissent pas le droit qui leur étoit dû, il nous plût le convertir en un sol par muid de vin aux entrées de Paris. Quoique leur demande fût convenable à tous égards, elle n'a point eu lieu pour lors. Hébert, fermier de l'étape, est devenu insolvable; il a abandonné les instances qu'il poursuivoit contre lesdits marchands de vins. L'Hôpital-Général a été forcé de résilier son bail, dont il n'a payé que le prix de la premiere année. Les marchands de vins ne lui ont rien payé pour tous les vins qu'ils étoient tenus de mettre sur l'étape, tant que son bail a duré. L'Hôpital-Général a vu qu'il couroit le risque de perdre non-seulement tout ce qui lui étoit dû par les marchands de vins, mais que le droit alloit s'anéantir. Les administrateurs ont demandé la communication de la requête présentée en notre Conseil par le corps & communauté des marchands de vins, tendante à la commutation du droit de l'étape, à celui d'un droit d'entrée; ils y ont fait une réponse; le tout a été renvoyé aux prévôt des marchands & échevins de Paris, à l'effet d'avoir leur avis. Ils ont reconnu que la demande étoit convenable, en ce que la commutation du droit seroit utile à la ville, au commerce de vin, & aux propriétaires du droit de l'étape; ils ont donné un avis favorable, en conséquence duquel nous aurions, par arrêt de notre Conseil du 2 Septembre 1755, ordonné cette commutation. Nous avons accordé des lettres-patentes sur icelui, le même jour; elles ont été enregistrées en notre Cour des Aides le   Il ne reste plus qu'à pourvoir au paiement du droit de tous les vins que les marchands de vins ont fait venir à Paris depuis le commencement du bail de Hébert, jusqu'à ce jour. Le corps des marchands de vins a offert de les payer conformément audit arrêt, pour le passé. Plusieurs d'entr'eux sont même entrés en paiement; mais il y en a d'autres qui s'y refusent; les administrateurs n'ont point de titre pour les y contraindre. Le nombre des pauvres & autres renfermés dans l'Hôpital-Général, est considérablement augmenté & il augmente chaque jour; les administrateurs ne peuvent avec ses revenus pourvoir à tous leurs besoins; le défaut de perception de ce qui leur est dû par lesdits marchands de vins, est un nouveau mal pour eux. Il est certain que faute par lesdits marchands d'avoir mis leurs vins sur l'étape, ils sont susceptibles d'amende & de confiscation, conformément aux réglemens; & ils doivent être contens d'en être quittes pour le modique droit d'un sol par piece de tous les vins qu'ils ont fait arriver à Paris, pour lesquels ils n'ont point payé le droit d'étape. A quoi desirant pourvoir, nous aurions par arrêt de notre Conseil, du 20 Janvier dernier, ordonné que l'arrêt de notre Conseil, & les lettres-patentes ſur icelui, du 2 Septembre 1755, auroient un effet rétroactif, à commencer du bail de Hébert, & ſeroient exécutés ſelon leur forme & teneur, & que pour l'exécution dudit arrêt toutes lettres néceſſaires ſeroient expédiées; leſquelles les adminiſtrateurs audit nom, nous ont très-humblement fait ſupplier de leur accorder. A CES CAUSES, de l'avis de notre Conſeil qui a vu ledit arrêt du 20 Janvier dernier, dont l'extrait eſt ci-attaché ſous le contre-ſcel de notre Chancellerie; & conformément à icelui, nous avons ordonné, & par ces préſentes, ſignées de notre main, ordonnons que l'arrêt du Conſeil & les lettres-patentes ſur icelui, du 2 Septembre 1755, ſeront exécutés ſelon leur forme & teneur, à commencer du premier Octobre 1748; & qu'en conſéquence les marchands de vins, & autres ſujets aux droits de l'étape, ſeront tenus de payer à celui qui ſera prépoſé par les adminiſtrateurs de l'Hôpital-Général, le droit dû à Hébert, fermier de l'étape, ſur le pied de la commutation portée par leſdits arrêt de notre Conſeil & lettres-patentes, ſuivant les extraits qui ſeront fournis par les commis de l'adjudicataire de nos fermes générales; & que faute par leſdits marchands de vins de ce faire, ils y ſeront contraints par toutes voies dues & raiſonnables. Si vous mandons que ces préſentes vous ayez à faire regiſtrer, & de leur contenu faire jouir & uſer leſdits expoſans, pleinement & paiſiblement, ceſſant & faiſant ceſſer tous troubles & empêchemens contraires; car tel eſt notre plaiſir. Donné à Verſailles le vingt-cinquieme jour de Février, l'an de grace mil ſept cent cinquante-ſix, & de notre regne le quarante-unieme. *Signé*, LOUIS. *Et plus bas :* par le roi, M. P. DE VOYER D'ARGENSON. *Et ſcellé du grand ſceau de cire jaune.* Signé, *ſur le repli*, GAULTIER, *avec paraphe.*

Regiſtrées en la Cour des Aides, oui le procureur-général du roi, pour être exécutées ſelon leur forme & teneur, ſauf le droit d'autrui; permet aux impétrans de faire imprimer, lire, publier & afficher par-tout où beſoin ſera, tant leſdites lettres-patentes, l'arrêt du Conſeil, ci-attaché ſous le contre-ſcel, que le préſent arrêt. Fait à Paris en la premiere Chambre de ladite Cour des Aides, le cinq Mai mil ſept cent cinquante-ſix. Collationné. *Signé*, DESORMES, *avec grille & paraphe.*

VINS.

HALLE AUX VINS, ARRÊTS ET RÉGLEMENS pour la police de ladite halle, & pour la vente des vins.

SECONDE PARTIE.

ORDONNANCE

DE MM. LES PRÉVOT DES MARCHANDS ET ÉCHEVINS DE LA VILLE DE PARIS,

PORTANT défenſe des jeux dans l'enclos de la halle aux vins.

Du 11 Septembre 1704.

A tous ceux qui ces préſentes lettres verront : Charles Boucher, chevalier, ſeigneur d'Orſay, & autres lieux, conſeiller du roi en tous ſes Conſeils, & en ſa cour de Parlement, prévôt des marchands, & les échevins de la ville de Paris : SALUT. Savoir faiſons, que ſur ce qui nous a été remontré par le procureur du roi & de la ville, que journellement il recevoit avis que les marchands & autres vendans vins à la halle au vin de cette ville, contrevenoient aux réglemens de police de la ville, concernant ladite halle : pourquoi requéroit qu'ils fussent réitérés, avec défenses d'y contrevenir. Nous, ayant égard à ladite remontrance & au requisitoire, avons ordonné que les anciens réglemens concernant ladite halle aux vins seront exécutés ; &, suivant iceux, faisons itératives défenses à toutes personnes de jouer dans l'enclos de ladite halle, à la longue paume, à la boule, & à tous autres jeux, d'y casser ni emporter les tuiles, bardeaux & chantiers, ni d'y entrer les jours de dimanches & fêtes, avant huit heures du matin, à peine, contre chacun des contrevenans, de cent livres d'amende. Leur enjoignons, sous la même peine, d'en sortir lesdits jours de dimanches & fêtes sur les dix heures du matin, & de n'y demeurer lesdits jours les après-midi, que depuis quatre jusqu'à cinq heures, pour veiller à la conservation de leurs vins ; & les autres jours, à compter de Pâques à la Saint Remi, depuis six heures du matin jusqu'à sept heures du soir ; & de la Saint Remi à Pâques, depuis sept heures du matin jusqu'à cinq heures du soir. Leur enjoignons pareillement d'y faire dans lesdites heures la vente de leurs vins en personne, ou par leurs garçons, dont ils seront tenus de déclarer les noms au concierge de ladite halle, qui en tiendra registre. Faisons aussi défenses auxdits garçons, sous les mêmes peines, d'y avoir des boissons sous quelque prétexte que ce soit ; & à tous marchands d'y avoir aucunes futailles. Leur enjoignons, dans les vingt-quatre heures du jour de la publication des présentes, de faire enlever celles qu'ils y auront à eux appartenantes, à peine de confiscation desdites futailles, au profit de l'Hôpital-Général, en vertu de la présente ordonnance qui sera publiée, affichée & exécutée nonobstant oppositions ou appellations quelconques, & sans préjudice d'icelles. Fait au bureau de la ville, le onzieme jour de Septembre mil sept cent quatre. *Signé*, TAITBOUT.

ORDONNANCE DE LA VILLE,

CONCERNANT LE PORT DE LA HALLE AUX VINS,

PORTANT défenses à tous marchands de faire aborder ni descendre aucunes marchandises dans l'étendue du port de la halle au vin, de faire décharger lesdites marchandises, ni les laisser sur ledit port.

Du 14 Mai 1705.

A tous ceux qui ces présentes lettres verront : Charles Boucher, chevalier, seigneur d'Orsay, & autres lieux, conseiller du roi en tous ses Conseils, & en sa cour de Parlement, prévôt des marchands, & les échevins de la ville de Paris ; SALUT. Savoir faisons, que vu la requête présentée par les directeurs de l'Hôpital-Général de cette ville de Paris, tant pour eux que pour messire Louis-Gilbert d'Ornaison, comte de Chamarante, lieutenant-général des armées du roi en Allemagne, propriétaires de la halle au vin, sise hors & proche la porte Saint-Bernard, & du port qu'ils ont fait construire, à leurs frais, vis-à-vis ladite halle, pour faciliter l'abord & la descente des vins vendus dans ladite halle : contenant, que par les réglemens de la ville, & notamment par le dernier du 4 Août 1704, il étoit fait défenses à tous marchands de bois & autres, de faire aborder & descendre aucunes marchandises dans ledit port de la halle au vin, à peine de confiscation de leurs marchandises, & de cinq cens livres d'amende ; que quoique ce réglement eût été publié & affiché sur poteau, néanmoins quelques particuliers n'auroient pas laissé, au mépris dudit réglement, de faire aborder audit port, des marchandises de bois & de pavé qu'ils avoient fait décharger, & occupoient encore présentement ledit port ; d'autres faisant seulement aborder leurs marchandises audit port, les faisoient voiturer au travers d'icelui, d'où il arrivoit que ledit port étoit continuellement embarrassé; que les charretiers & voituriers le détruisoient entiérement, au préjudice dudit Hôpital, & de la concession qui leur en avoit été faite, comme il étoit porté par le procès-verbal de l'huissier Baillou, du 27 Mars dernier. Pourquoi requéroient qu'il nous plût, vu ledit réglement du 4 Août dernier, & ledit procès-verbal de l'huissier Baillou, attaché à ladite requête, ordonner que nouvelles défenses fussent faites à tous marchands de faire aborder ni descendre aucunes marchandises telles qu'elles pussent être, dans l'étendue dudit port de la halle au vin; de faire décharger lesdites marchandises, ni les laisser sur ledit port, même de les voiturer au travers d'icelui; & que pour la contravention faite par lesdits marchands, la peine portée par ledit réglement du 4 Août dernier, fût déclarée encourue contr'eux; au paiement de laquelle ils seroient contraints par corps, nonobstant oppositions ou appellations quelconques, pour lesquelles & sans préjudice d'icelles, ne seroit différé. Vu aussi les pieces attachées à ladite requête: conclusions du procureur du roi & de la ville, avons fait itératives défenses à tous marchands de faire aborder ni descendre aucunes marchandises dans l'étendue dudit port de la halle au vin, de faire décharger lesdites marchandises, ni les laisser sur ledit port, même de les voiturer au travers d'icelui; &, pour faire droit sur le surplus de ladite requête, ordonnons que les contrevenans seront assignés au premier jour pardevant nous; & seront ces présentes publiées, affichées & exécutées nonobstant oppositions ou appellations quelconques, & sans préjudice d'icelles. Fait au Bureau de la ville, le quatorzieme jour de Mai mil sept cent cinq. *Signé*, TAITBOUT.

SENTENCE DU BUREAU DE LA VILLE,

CONCERNANT l'enregistrement des lettres de voitures lors de l'arrivée des vins, & la police qui doit être observée pour la vente & pour l'enlévement d'iceux.

DE PAR LES PRÉVOT DES MARCHANDS ET ÉCHEVINS DE LA VILLE DE PARIS.

Du 23 Septembre 1710.

A tous ceux qui ces présentes lettres verront: Jérôme Bignon, chevalier, conseiller d'état, prévôt des marchands, & les échevins de la ville de Paris; SALUT. Savoir faisons, que sur ce qui nous a été remontré par le procureur du roi & de la ville, que les marchands de vin privilégiés, non-privilégiés, & autres faisans le commerce de vins pour la provision de cette ville, n'ayant pas, depuis long-tems, fait conduire sur l'étape en Greve les vins qu'ils sont obligés d'y exposer, pour être vendus en gros au public, suivant les anciennes ordonnances, arrêts & réglemens, ont, par cette contravention, mis les bourgeois & habitans de cettedite ville, hors d'état de pouvoir faire leurs provisions ailleurs que dans des magasins où les vins leur ont été vendus à des prix excessifs; & comme ces contraventions ne tendent qu'à entretenir la cherté des vins, requéroit qu'il nous plût y pourvoir. Nous, ayant égard audit réquisitoire, avons ordonné que les ordonnances, arrêts & réglemens concernant la marchandise de vin pour la provision de cette ville, seront exécutés selon leur forme & teneur; &, suivant iceux, que les marchands de vins privilégiés, non-privilégiés, & tous autres faisans commerce de ladite marchandise pour la provision de cettedite ville, seront tenus d'apporter des lettres de voitures contenant la quantité des vins & cidres qu'ils feront arriver en cettedite ville, tant par eau que par terre, de faire viser lesdites lettres de voitures par les commis des entrées, les apporter au greffe pour y être registrées,

& y faire leurs déclarations de la quantité desdits vins. Ce faisant, enjoignons auxdits marchands de vin privilégiés, pour l'excédent de leurs privileges, aux marchands de vin non-privilégiés, & à tous autres faisans commerce de ladite marchandise, de faire conduire & mettre à l'étape en Greve de cette ville, le tiers des vins & cidres qu'ils feront arriver en cettedite ville, tant par eau que par terre, pour y être vendus en gros depuis sept heures du matin jusqu'à midi, & depuis deux heures de relevée jusqu'à six heures du soir, lesquels seront marqués de leur marque. Enjoignons auxdits marchands d'y venir les reconnoître pour les vendre, & leur faisons défenses de faire enlever lesdits vins sous des noms supposés, à peine de quinze cens livres d'amende, dont le tiers appartiendra au dénonciateur, ou aux anciens officiers vendeurs de vin, en cas de dénonciation, auxquels enjoignons de tenir la main à l'exécution des présentes, qui seront publiées, affichées & exécutées nonobstant oppositions ou appellations quelconques, & sans préjudice d'icelles. Fait au Bureau de la ville, le vingt-trois Septembre mil sept cent dix. *Signé*, TAITBOUT.

SENTENCE

RENDUE par messieurs les prévôt des marchands & échevins de la ville de Paris,

EN faveur des bourgeois & habitans de ladite ville & fauxbourgs ;

CONTRE *tous les marchands de vin, qui les condamne de mettre le tiers de leurs vins sur l'étape, place de Greve, pour y être vendus auxdits bourgeois & habitans, & leur faciliter aisément leurs provisions.*

Du 26 Janvier 1722.

A tous ceux qui ces présentes lettres verront : Pierre-Antoine de Castagnere, chevalier, marquis de Châteauneuf, & de Marolles, conseiller d'état, prévôt des marchands, & les échevins de la ville de Paris ; SALUT. Savoir faisons, qu'aujourd'hui, date des présentes, comparant en jugement devant nous m^e^ François Brechot, procureur de Nicolas Bricart, bourgeois de Paris, fermier des soles & celliers de l'hôtel-de-ville, & des droits attribués au garde de l'étape au vin en la place de Greve de cette ville, le tout appartenant à l'Hôpital-Général, suivant le bail que messieurs les administrateurs lui en ont passé devant du Tartre & son confrere, notaires à Paris, le vingt-cinq Novembre dernier, pour le tems de neuf années, à commencer la jouissance du premier Octobre aussi dernier, demandeur aux fins de la requête ; ordonnance étant au bas, & conclusions du procureur du roi & de la ville, du onze Décembre dernier, & de la sommation & exploit faits en conséquence par de Saint, huissier-commissaire en cette jurisdiction, le vingt-deux du présent mois, contrôlé par Carbonnet le vingt-trois ; à l'encontre des maîtres & gardes de la marchandise de vin à Paris, défendeurs & défaillans, non comparans ni procureur pour eux, duement appellés, contre lesquels avons donné défaut, par vertu & pour le profit duquel, lecture faite du bail, ensemble des articles 1, 3, 4, 5, 6, 9 & 10 du chapitre 8 de l'ordonnance de 1672, des jugemens du bureau des 23 Septembre 1710, & 22 Août 1721, & autres pieces : oui le procureur du roi & de la ville en ses conclusions. NOUS DISONS, que lesdites ordonnances & réglemens concernans les marchandises de vin, pour la provision de cette ville de Paris, seront exécutés selon leur forme & teneur ; & en conséquence que tous lesdits marchands de vin de cette ville & fauxbourgs de Paris, seront tenus de représenter dans huitaine, pour tout délai, au demandeur, & de lui communiquer, ou à ses commis préposés dans son bureau qu'il a établi à ladite étape au vin place de Greve, toutes les quittances d'entrées des vins qu'ils ont fait arriver tant par terre que par eau, dans leurs maisons, caves & magasins, depuis le premier Octobre dernier, & de mettre sur ladite étape le tiers desdits vins, pour y rester jusqu'à ce qu'ils aient été vendus aux bourgeois, & dont lesdits marchands paieront au demandeur les droits à lui dus, conformément à son bail, consistans : savoir, en un liard par chaque charrette de vin arrivant à la place de Greve, & qui est vendu sans être déchargé ; douze deniers parisis par chacune charrette, & seize deniers aussi parisis par chacun charriot chargé de vin, chaque nuit qu'ils couchent à ladite étape, qui y sont amenés & conduits, tant par les marchands, que forains ; sinon & à faute de ce faire, DISONS qu'il sera, à la requête du procureur du roi & de la ville, poursuite & diligence du demandeur, fait compulsoire des registres des droits d'entrées, & tirés des caves & magasins desdits marchands, le tiers de tous les vins qu'ils y ont fait encaver depuis le premier Octobre dernier, & conduits sur ladite étape en Greve, le tout aux frais & dépens desdits marchands, dont sera délivré exécutoire au demandeur, contre chacun d'eux ; & où il ne se trouveroit chez aucuns desdits marchands assez de vins pour composer ledit tiers, les avons condamnés, chacun à leur égard, aux dommages & intérêts du demandeur, qu'il donnera par déclaration, & chacun en cinquante livres d'amende ; & faute à l'avenir par lesdits marchands de vin de faire leurs déclarations au greffe de l'hôtel-de-ville, aussi-tôt l'arrivée de leurs vins, & de mettre réguliérement sur ladite étape, en Greve, le tiers d'iceux, qu'il sera pareillement, à la requête du procureur du roi & de la ville, poursuites & diligences dudit Bricart, compulsé les registres des entrées, & tiré des caves & magasins des marchands contrevenans, le tiers de tous les vins qu'ils auront fait arriver tant par terre que par eau, pour être conduits sur ladite étape, à leurs frais & dépens, dont sera pareillement délivré exécutoire au demandeur, contre chacun des contrevenans, & sous telles autres peines, dépens, dommages, intérêts & amendes qu'il appartiendra ; les condamnons en outre aux dépens : ce qui sera exécuté nonobstant oppositions ou appellations quelconques, & affiché par-tout où besoin sera, à ce que lesdits marchands n'en ignorent. Ce fut fait & donné au Bureau de la ville, & prononcé par nous prévôt susdit, le 26 Janvier mil sept cent vingt-deux. *Signé*, TAITBOUT. *Contrôlé & scellé.*

SENTENCE DU BUREAU DE LA VILLE,

QUI, *en confirmant les ordonnances rendues pour la décharge des vins dans le port de la halle, condamne le sieur Perrinet, en dix livres d'amende, pour avoir embarassé ledit port par des trains de bois.*

Du 4 Mai 1724.

A tous ceux qui ces présentes lettres verront : Pierre-Antoine de Castagnere, chevalier, marquis de Châteauneuf, & de Marolles, conseiller d'état, prévôt des marchands, & les échevins de la ville de Paris ; SALUT. Savoir faisons, qu'aujourd'hui date des présentes, *comparant en jugement devant nous le procureur du roi & de la ville, demandeur aux fins des procès-verbal & exploit* faits par Dequilbec, huissier-commissaire de police en cette jurisdiction, les 29 Avril dernier, & 2 du présent mois.

Et m[e] François Brechot, procureur de *Jacques Micault, & Pierre-David Perinet*, marchands de bois flottés pour la provision de cette ville, présens, défendeurs.

Parties ouies, « disons que *les ordonnances & réglemens pour la décharge des vins* » *dans les* ports de cette ville, *& notamment dans le port de la halle aux vins*, » seront exécutés selon leur forme & teneur ; & en conséquence, *pour avoir par lesdites parties de Brechot*, en contravention desdites ordonnances & réglemens, *embarrassé ledit port de la halle aux vins, de quatre trains de bois flottés*, nuisans à l'ar-

» rivage des bateaux chargés de vins dans ledit port, avons ledit *Perinet*, *condamné en* » *dix livres d'amende*, *& ledit Micault en trente livres aussi d'amende :* leur faisons » défenses, & à tous autres marchands de mettre aucunes marchandises, *ni d'occuper* » *ledit port de la halle aux vins*, à peine de confiscation desdites marchandises, *& de* » *cinq cens livres d'amende* pour chacune contravention; » & sera la présente sentence, lue, publiée & affichée par-tout où besoin sera, & exécutée nonobstant oppositions ou appellations quelconques, & sans préjudice d'icelles. Ce fut fait & donné au Bureau de la ville, & prononcé par nous prévôt susdit, le jeudi quatre Mai mil sept cent vingt-quatre. *Signé*, TAITBOUT.

DE PAR LES PRÉVOST DES MARCHANDS ET ÉCHEVINS DE LA VILLE DE PARIS.

VENTE des vins à la halle aux vins.

Du 3 Décembre 1726.

A tous ceux qui ces présentes lettres verront : Nicolas Lambert, chevalier, conseiller du roi en ses conseils, président au Parlement, & en la seconde Chambre des Requêtes du Palais, prévôt des marchands, & les échevins de la ville de Paris. SALUT. Savoir faisons, que sur ce qui nous a été remontré par le procureur du roi & de la ville, que plusieurs particuliers, gens sans aveu, sous le nom de courtiers, s'ingerent & s'entre-mettent dans la vente des vins à la halle aux vins de cette ville, & sur les bateaux dans le port de ladite halle, & sous ce prétexte exigent des bourgeois & des marchands forains de ladite halle, des sommes qui ne peuvent être qu'à la charge desdits bourgeois & habitans de cettedite ville, puisqu'elles augmentent le prix de la marchandise; & que les chartiers & chartieres, suivans aussi les bourgeois dans ladite halle & auxdits bateaux, se rendent maître des vins qu'ils ont acheté, les laissent séjourner dans ladite halle & sur le port, & ne les menent que quand bon leur semble, afin de pouvoir tirer des bourgeois telles sommes qu'il leur plaît, pour la voiture desdits vins, & que même il se commet dans ladite halle plusieurs contraventions aux ordonnances & réglemens, & contraires à l'intérêt public; pourquoi requéroit qu'il nous plût y pourvoir : ayant égard auxdites remontrances, & requisitoire du procureur du roi & de la ville.

Nous disons que les ordonnances & réglemens concernans les marchandises de vin dans la halle aux vins, pour la provision de cette ville, seront exécutés selon leur forme & teneur; & suivant iceux, que lesdits vins seront mis & conduits dans ladite halle par la grande porte d'icelle, du côté de la riviere; savoir, en été, de Pâques à la Saint-Remi, depuis sept heures du matin jusqu'à six heures du soir, & en hiver, de la Saint-Remi à Pâques, depuis huit heures du matin jusqu'à cinq heures du soir, excepté néanmoins, dans tous les tems, depuis midi jusqu'à deux heures de relevée, que les grandes portes de ladite halle demeureront fermées, avec défenses d'en faire entrer par aucune autre porte, à peine de cent livres d'amende pour chacune contravention, & de confiscation des marchandises au profit de l'Hôpital-Général.

Que lesdits vins seront toujours *engerbés* les uns sur les autres, sous les soles de ladite halle, aux frais & dépens des marchands.

Qu'ils seront vendus *dans ladite halle* aux bourgeois & habitans de cettedite ville, les jours non-fêtés, dans les heures ci-dessus marquées, par les marchands, leurs femmes, enfans ou domestiques seulement, de l'âge de vingt ans au moins, dont ils seront tenus de donner les noms au concierge de ladite halle, & dont ils demeureront responsables; & faisons défenses à toutes autres personnes de quelques qualités qu'elles soient, sous quelques titres quê ce puisse être, de s'ingérer ni s'entremettre à la vente desdits vins dans ladite halle, ni sur le port d'icelle, à peine de cinquante livres d'amende pour la premiere contravention, & d'un mois de prison en cas de récidive; & que lesdits vins vendus ne pourront être conduits hors de ladite halle que par la grande porte d'icelle, du côté de la rue Saint-Victor, aussi *aux frais & dépens des marchands vendeurs*, à peine de cent livres d'amende, & de confiscation des marchandises au profit de l'Hôpital-Général.

Comme aussi que les marchands de vin ni leurs garçons ne pourront entrer les jours de dimanches & fêtes dans ladite halle, que depuis huit heures du matin jusqu'à dix, & depuis quatre heures de relevée jusqu'à cinq; & seront tenus d'en sortir au premier son de la cloche, à peine de vingt livres d'amende pour chacune contravention, même d'être poursuivis extraordinairement s'il y écheoit. Faisons défenses à toutes personnes de faire entrer aucuns vins dans ladite halle, avant d'avoir fait, au commis à la recette du droit d'icelle, leur déclaration des quantités de vins qu'ils veulent y faire entrer, & de lui avoir exhibé & remis leurs quittances des droits d'entrées, pour être enregistrées, à peine de cent livres d'amende pour chacune contravention, & de confiscation des vins non déclarés, au profit de l'Hôpital-Général.

Comme aussi faisons défenses à toutes personnes de faire entrer aucunes futailles dans ladite halle, sans une permission par écrit de nous, à peine de cent livres d'amende pour chaque contravention, & de confiscation desdites futailles, au profit de l'Hôpital-Général; & enjoignons à tous marchands sous peine de pareille amende & de confiscation, de faire sortir les futailles qui sont dans ladite halle, dans vingt-quatre heures.

Faisons pareillement défenses à toutes personnes, excepté aux marchands domiciliés, d'avoir aucunes boissons, huches, pompes ni brocs dans ladite halle, de fumer ni d'apporter aucun feu dans icelle, ni d'y jouer à aucuns jeux, & notamment à la paume, de monter sur aucuns des toîts, de casser aucunes tuiles, ni chantiers, ni d'en emporter aucuns hors de ladite halle, à peine d'être poursuivis extraordinairement; & aux chartiers & chartieres de suivre les bourgeois dans ladite halle & sur le port d'icelle, de leur ôter, en quelque sorte & sous quelque prétexte que ce soit, la liberté de se choisir telles marchandises & voituriers que bon leur semblera, ni même d'entrer dans ladite halle avec leurs chevaux, charrettes ou hacquets, de garder aucun rang entre eux, pour la voiture desdites marchandises, & de différer sous quelque prétexte que ce soit, le chargement & la voiture des vins, lorsqu'ils l'auront entrepris, & qu'ils en seront requis; le tout à peine de cinquante livres d'amende pour chacune contravention, dont moitié appartiendra au dénonciateur, & de confiscation de leurs chevaux, charrettes & hacquets en cas de récidive: comme aussi *faisons défenses à toutes personnes de faire aborder au port de ladite halle aucunes marchandises, si elles ne sont destinées pour être déchargées dans icelle*, à peine de confiscation desdites marchandises, au profit de l'Hôpital-Général, & de telle amende que de raison.

Enjoignons aux huissiers-commissaires de police de l'hôtel de cette ville de tenir la main à l'exécution des présentes, & aux gardes préposés pour la sûreté des marchandises sur les ports de cette ville, de leur prêter main-forte; ce qui sera lu, publié & affiché par-tout où besoin sera, tous les six mois, & exécuté nonobstant oppositions ou appellations quelconques, & sans préjudice d'icelles. Fait au Bureau de la ville le troisieme jour de Décembre mil sept cent vingt-six. *Signé*, **TAITBOUT.**

Le présent jugement & ordonnance ci-dessus a été par moi Edme-Charles Dumoutier, commissaire de police, & huissier-audiencier au Bureau de la ville, lu, publié à haute & intelligible voix à la halle au vin de cette ville, & autres endroits accoutumés, le lundi vingt-trois Décembre mil sept cent vingt-six, à ce que personne n'en prétende cause d'ignorance. Signé, *DUMOUTIER.*

ORDONNANCE

DE MESSIEURS LES PREVOST DES MARCHANDS ET ÉCHEVINS DE LA VILLE DE PARIS.

Du 13 Février 1730;

ET ARRÊT DU PARLEMENT,

Du 4 Mai 1731,

CONCERNANT la vente des vins, & la police dans la halle.

A tous ceux qui ces présentes lettres verront: Michel-Etienne Turgot, chevalier, seigneur de Sousmons, Bons, Ussy, Potigny, Perriers, Brucourt, & autres lieux, conseiller du roi en ses conseils, président au Parlement & en la seconde Chambre des Requêtes du Palais, prévôt des marchands, & les échevins de la ville de Paris. SALUT. Savoir faisons, que sur ce qui nous a été remontré par le procureur du roi & de la ville, que le 23 Décembre 1729, nous aurions rendu un jugement contenant des dispositions très-sages concernant la vente des vins dans la halle, que par autres jugemens précédemment rendus, il auroit été ordonné ce qui devoit être observé pour l'exacte police, & éviter tous accidens dans ladite halle; qu'il auroit été informé que plusieurs personnes s'efforçoient d'y contrevenir par des surprises; comme aussi qu'il étoit apporté de la confusion dans ladite halle, tant par les gagne-deniers, travaillans à l'arrangement desdits vins, que par ceux qui en faisoient le roulage pour les sortir, sans qu'auparavant le remplissage eût été fait; pourquoi requéroit ledit procureur du roi & de la ville, qu'il nous plût y pourvoir.

Nous, ayant égard au requisitoire du procureur du roi & de la ville, & après l'avoir oui en ses conclusions; disons que les ordonnances & réglemens concernant la vente des vins, & la police qui doit être observée dans la halle, seront exécutés selon leur forme & teneur; en conséquence seront tenus les marchands qui auront des huches, de faire apposer sur icelles une plaque de fer-blanc, sur laquelle seront inscrits en lettres noires, & caracteres apparens, leurs noms & le lieu de leur domicile hors de cette ville; de renfermer dans lesdites huches les boissons, pompes & brocs dont ils se serviront; d'en avoir les clefs, sans pouvoir les confier à qui que ce soit, sur peine de cent livres d'amende.

Faisons très-expresses inhibitions & défenses à tous gagne-deniers, travaillans dans ladite halle, de faire l'arrangement des vins sur les quarrés & places, si les soles ne sont remplies, & lesdits vins engerbés les uns sur les autres, sur peine de cinquante livres d'amende, de laquelle amende lesdits marchands seront garans & responsables.

Comme aussi, faisons pareilles très-expresses inhibitions & défenses auxdits marchands, leurs garçons & autres, de faire la visite d'aucun vin, avec une chandelle allumée, si elle n'est dans une lanterne, sur pareille peine de cent livres d'amende, de laquelle lesdits marchands seront aussi garans & responsables.

Enjoignons auxdits marchands & aux Tonneliers, qui seront par eux employés, d'enlever les cerceaux & douves provenans des reliages & vieilles futailles, au fur & à mesure du travail qui sera fait, aussi sur peine de cinquante livres d'amende, de laquelle lesdits marchands seront pareillement garans & responsables.

Défendons aussi très-expressément auxdits marchands, de faire ou laisser faire le roulage desdits vins, à la porte de sortie, avant qu'ils aient été remplis; lequel remplissage sera fait au sortir des caves ou soles, sur pareille peine de cent livres d'amende.

Leur défendons pareillement & à tous voituriers par eau qui auront amené des vins dans les ports de cette ville, de souffrir que la décharge desdits vins soit faite des bateaux, qu'auparavant ils n'en aient représenté les lettres de voitures au Bureau du receveur des droits de ladite halle, pour y être visées, & y être par eux fait une déclaration desdits vins, de ceux à qui ils appartiendront, par noms, surnoms & demeures, des quantités d'iceux par especes; & lorsque lesdits vins auront été voiturés ès-ports de la Tournelle, Saint-Paul, & de la Greve, pour la décharge de ceux qui y devront être conduits, lesdits marchands & voituriers seront tenus de les faire remonter à leurs frais & dépens au port de ladite halle, le tout à peine de cinq cens livres d'amende, le tiers applicable au dénonciateur, & les deux autres tiers, ainsi que les autres amendes ci-dessus, au profit de l'Hôpital-Général.

Mandons aux huissiers-commissaires de police de l'hôtel de cette ville, de tenir exactement la main à l'exécution des présentes; de dresser des procès-verbaux des contraventions qui y seront commises, & de les remettre dans le jour ès-mains du procureur du roi & de la ville; comme aussi au concierge de ladite halle, de dénoncer audit procureur du roi & de la ville, lesdites contraventions dont il aura connoissance. Enjoignons aux gardes de jour & de nuit, préposés pour la sûreté desdits ports, de les assister, & leur prêter main-forte. Et seront ces présentes lues, publiées & affichées par-tout où besoin sera, & exécutées nonobstant oppositions ou appellations quelconques, & sans préjudice d'icelles. Fait au Bureau de la ville, le treizieme Février mil sept cent trente. *Signé*, TAITBOUT.

ARRÊT DU PARLEMENT,

CONCERNANT la vente des vins, & la police dans la halle.

Du 4 Mai 1731.

LOUIS, par la grace de Dieu, roi de France & de Navarre: Au premier huissier de Parlement, ou autre; Savoir faisons, que vu par la Cour la requête à elle présentée par les directeurs & administrateurs de l'Hôpital-Général, & Louis d'Ornaison, marquis de Chamarande, lieutenant-général des armées du roi, propriétaires par indivis de la halle au vin de cette ville de Paris, à ce qu'il plût à la Cour ordonner que le reglement fait au Bureau de l'hôtel-de-ville de Paris, le treize Février 1730, au sujet de la vente des vins, & de la police qui doit être observée dans ladite halle au vin, sera exécuté selon sa forme & teneur, avec défenses à tous particuliers d'y contrevenir, sous telle peine qu'il appartiendra, & que l'arrêt qui interviendra sera lu, publié & affiché à la requête des supplians par-tout où besoin sera; vu aussi les pieces attachées à ladite requête, signée Freret, procureur; conclusions du procureur-Général du roi; oui le rapport de m[e] François Genoud, conseiller: tout considéré. LA COUR ordonne que ledit réglement sera exécuté selon sa forme & teneur; fait défenses à tous particuliers d'y contrevenir, sous telles peines qu'il appartiendra, & que le présent arrêt sera lu, publié & affiché, à la requête des supplians, par-tout où besoin sera. Fait en Parlement le quatre Mai mil sept cent trente-un, & de notre regne le seizieme. Par la Chambre, *Signé*, YSABEAU, *avec paraphe*. Collationné. *Signé*, MARAN, *avec paraphe*. Scellé le neuf Mai mil sept cent trente-un, *Signé*, SOLLIER, *avec paraphe*.

L'AN mil sept cent trente-un, le à la requete de messieurs les directeurs & administrateurs de l'Hôpital-Général de Paris, & messire Louis d'Ornaison, marquis de Chamarande, demeurant rue de l'Université, propriétaires de la halle au vin de Paris, pour lesquels domicile est élu au Bureau dudit Hôpital-Général, sis en la maison de Notre-Dame de Pitié, membre dudit Hôpital, sise fauxbourg Saint-Victor; j'ai Marc Regnier, huissier à cheval au Châtelet de Paris, & dudit Bureau de l'Hôpital, demeurant rue de Jouy, paroisse Saint-Paul, soussigné, lu, publié, sur l'original, en la maniere accoutumée, & fait afficher en ma présence, sur papier timbré, copie de l'arrêt de nosseigneurs de la cour du Parlement de Paris, du 4 Mai 1731. Collationné, signé, par la Chambre, Ysabeau, & scellé le 9 Mai 1731, portant commission & homologation du réglement fait au Bureau de l'hôtel-de-ville de Paris, le 13 Février 1730, à ce que personne n'en ignore & n'ait à y contrevenir, sous les peines y portées, & qu'il appartiendra, le tout ainsi qu'il est ordonné par ledit arrêt.

DE PAR LES PRÉVOST DES MARCHANDS ET ÉCHEVINS DE LA VILLE DE PARIS.

DISTRIBUTION des places pour le dépôt des marchandises & des voitures sur & le long du port hors Tournelle de cette ville.

Du 19 Septembre 1731.

A tous ceux qui ces présentes lettres verront : Michel-Etienne Turgot, chevalier, seigneur de Sousmons, Bons, Ussy, Potigny, Periers, Brucourt, & autres lieux, conseiller du roi en ses conseils, président au Parlement, & en la seconde Chambre des requêtes du Palais, prévôt des marchands, & les échevins de la ville de Paris. SALUT. Savoir faisons, que sur ce qui nous a été remontré par le procureur du roi & de la ville, que le port hors Tournelle étant destiné particuliérement pour le roulage des vins qui arrivoient pour être déposés, à la halle destinée pour la vente de cette marchandise, pour le tirage des bois flottés, le dépôt d'une partie du pavé nécessaire pour l'entretien des rues de cette ville, & le placement des voitures par terre, faisant l'enlevement desdites marchandises; il nous proposeroit de prescrire d'une maniere invariable, la portion de place que chacune de ces marchandises, & lesdites voitures occuperont sur & le long de ce port; que de cet ordre il résultera une sûreté entiere des vins, qu'une confusion avec les bois, le pavé, & les voitures, pourroit exposer à une perte évidente: pourquoi requéroit ledit procureur du roi & de la ville, qu'il nous plût y pourvoir.

Nous, ayant égard au requisitoire du procureur du roi & de la ville, & après l'avoir oui en ses conclusions: disons que les ordonnances & réglemens, concernant la distribution des places pour le dépôt des marchandises & voitures, sur & le long des ports de cette ville, seront exécutés selon leur forme & teneur; en conséquence, que le port hors Tournelle de cette ville, sera distribué ainsi qu'il ensuit, conformément au plan levé de nos ordres, & paraphé de nous & du procureur du roi & de la ville, lequel demeurera annexé à la minute des présentes; savoir, que l'espace entre le château de la Tournelle, & le ruiſſeau, continuera d'être deſtiné au dépôt des voitures par terre, qu'enſuite la place exhauſſée dans la largeur de vingt toiſes ſur dix-huit du bord de la route publique, en deſcendant ſur celui de la riviere, ſervira au placement d'une partie du pavé néceſſaire pour l'entetien des rues de cette ville, qu'il y aura un chemin pour le tirage des bois flotés, de la largeur de trente pieds par en bas, ſur la berge de la riviere, & trente-ſix par en haut ſur ladite route publique; que le port au vin aura de largeur ſur le bord de la riviere vingt-cinq toiſes trois pieds dans le bas, & dix-huit toiſes ſur la voie publique, pour éviter la perte des vins, de la part des voitures ſervant au tirage des bois & des pavés. Ordonnons qu'aux frais & dépens des propriétaires de la halle au vin, il ſera fait une barriere de charpente qui renfermera ledit eſpace que contiendra ledit port, le tout ainſi qu'il eſt marqué ſur ledit plan; que l'eſpace enſuite ſervira au tirage des bois flotés deſtinés à être dépoſés dans les chantiers étans ſur ledit port. Ordonnons que les trains de bois ne ſeront placés ſur le bord de la riviere, qu'au-deſſus & au-deſſous dudit port au vin; que l'entrepreneur du pavé de Paris aura place pour la décharge d'un bateau de ladite marchandiſe au-deſſus du ruiſſeau & joignant icelui, & que les bateaux chargés de ladite marchandiſe de vin ſeront mis à part dans ladite étendue de vingt-cinq toiſes trois pieds. Défendons à tous marchands de bois & de vin, & audit entrepreneur du pavé de Paris, de chacun à leur égard excéder leſdites bornes, ſoit pour la miſe à port deſdits trains, bateaux de vin & de pavé, ou le placement deſdites marchandiſes, & de faire deſcendre des trains & bateaux en plus grand nombre qu'il n'en peut être contenu dans leſdites étendues par nous ci-deſſus preſcrites; le tout à peine d'être tenus de toutes pertes des marchandiſes, dépens, dommages & intérêts des marchands, & de cinq cens livres d'amende, & contre les propriétaires deſdites voitures par terre, de confiſcation des voitures qui ne ſeroient pas renfermées dans l'eſpace auſſi ci-deſſus marqué. Mandons aux huiſſiers-commiſſaires de police de l'hôtel de cette ville, de tenir exactement la main à l'exécution des préſentes, de dreſſer des procès-verbaux de contraventions qui y ſeront commiſes, & de les remettre dans le jour ès-mains du procureur du roi & de la ville. Enjoignons à Claude Gauthier, prépoſé au placement & arrangement des bateaux dans les ports de cette ville, de dénoncer audit procureur du roi & de la ville, leſdites contraventions auſſi-tôt qu'elles ſeront venues à ſa connoiſſance. Et ſeront leſdites préſentes, lues, publiées & affichées par-tout où beſoin ſera, & exécutées nonobſtant oppoſitions ou appellations quelconques, & ſans préjudice d'icelles. Fait au Bureau de la ville de Paris, le dix-neuvieme jour de Septembre mil ſept cent trente-un. *Signé*, TAITBOUT.

L'an mil ſept cent trente-un, le vingt-ſixieme jour de Septembre, l'ordonnance ci-deſſus a été lue & publiée au ſon du tambour, ſur le port hors Tournelle, & autres endroits ordinaires & accoutumés, par moi Jean-Hervé de Quilbec, commiſſaire de police, & huiſſier-audiencier en l'hôtel-de-ville de Paris, ſouſſigné.

Signé, *DE QUILBEC.*

DE PAR LES PRÉVOST DES MARCHANDS ET ÉCHEVINS DE LA VILLE DE PARIS,

CONCERNANT la décharge & l'entrée dans la halle, des vins appartenans aux marchands forains.

Du 19 Février 1732.

IL est enjoint, oui & ce requérant le procureur du roi & de la ville, à tous marchands forains qui ont amené des vins en cette ville, & qui en ont actuellement sur le port hors Tournelle, & qui en feront arriver à l'avenir, de les faire décharger des bateaux, & entrer en la halle à ce destinée, à l'instant qu'ils auront été mis à port, à peine de trois cens livres d'amende. Mandons aux huissiers-commissaires de police de l'hôtel de ladite ville, de tenir exactement la main à l'exécution des présentes, de dresser des procès-verbaux des contraventions qui y seront commises, & de les remettre dans le jour au procureur du roi & de la ville; enjoignons à Claude Gauthier, préposé pour le placement & arrangement des bateaux dans les ports de ladite ville, de dénoncer audit procureur du roi & de la ville, lesdites contraventions, aussi-tôt qu'elles seront venues à sa connoissance. Et seront cesdites présentes, lues, publiées & affichées par-tout où besoin sera, & exécutées nonobstant oppositions ou appellations quelconques, & sans préjudice d'icelles. Fait au Bureau de la ville de Paris, le dix-neuvieme jour de Février mil sept cent trente-deux. *Signé*, TAITBOUT.

L'an mil sept cent trente-deux, le vingt-troisieme jour de Février, l'ordonnance ci-dessus a été lue & publiée au son du tambour, sur le port au vin hors Tournelle, & en tous les autres endroits ordinaires & accoutumés, par moi Jean-Hervé de Quilbec, commissaire de police & huissier-audiencier en l'hotel-de-ville de Paris, soussigné.

Signé, *DE QUILBEC.*

ARRÊT DU PARLEMENT,

RENDU en faveur de l'Hôpital-Général, *au sujet de la police qui doit s'observer à l'occasion des vins qui arrivent sur les ports & halle de cette ville.*

Du 7 Septembre 1748.

LOUIS, par la grace de Dieu, roi de France & de Navarre: Au premier des huissiers de notre cour de Parlement, ou autre huissier ou sergent sur ce requis; savoir faisons, que vu par notredite Cour la requête à elle présentée par les directeurs & administrateurs de l'Hôpital-Général de Paris, propriétaires en partie de la halle aux vins & du port d'icelle; ladite requête tendante à ce qu'il lui plût ordonner que les sentences, ordonnances & réglemens du Bureau de l'hôtel-de-ville de Paris, en date des 23 Mai 1670, 24 Avril 1682, 6 Octobre 1689, 4 Août 1704, 14 Mai 1705, 4 Mai 1724, 13 Février 1730, 19 Février 1732, 26 Mars 1738, 28 Février, 28 Avril 1739, 26 Avril 1740, 17 Février 1741, 10 Mai 1743, & l'arrêt de notredite Cour du 4 Mai 1731, seroient exécutés selon leur forme & teneur; en conséquence, qu'à l'arrivée de chaque bateau, les voituriers seroient tenus de représenter leurs lettres de voitures au receveur des droits de la halle aux vins, pour être visées; de faire leurs déclarations par noms, surnoms & demeures de ceux à qui appartiennent les vins chargés dans lesdits bateaux, & que ceux destinés pour la halle aux vins seroient déchargés au port d'icelle, dans les vingt-quatre heures que les bateaux auroient été mis au port, sans pouvoir être déchargés ailleurs, ni dans les ports voisins, pour ensuite être roulés dans les trois jours au plus tard dans ladite halle, & engerbés sous les soles d'icelle; que dans le cas où il se trouveroit dans lesdits bateaux des parties de vins non destinés pour ladite halle, les propriétaires & préposés à leur conduite, seroient tenus de les enlever de dessus le port de ladite halle, & ce dans trois jours au plus tard, à compter de la décharge desdits vins, pour être conduits à leur destination ou à l'étape & autres endroits destinés pour la vente des vins, sinon & à faute par eux de le faire dans ledit tems, & icelui passé, que tous lesdits vins indistinctement étant sur ledit port seroient réputés destinés pour ladite halle aux vins, où ils seroient conduits, en vertu de l'arrêt qui interviendroit sur ladite requête, & sans qu'il fût besoin d'aucune sommation, & ce aux frais, dépens & aux risques des propriétaires d'iceux, pour y demeurer en dépôt à la garde du concierge de ladite halle, jusqu'au paiement des droits & desdits frais; le tout à peine de cent livres d'amende contre chaque propriétaire, au profit des pauvres de l'Hôpital-Général; enjoindre aux officiers chargés de remonter les bateaux, de les tirer dudit port, & de le rendre libre immédiatement après leur décharge, à peine de cinquante ivres d'amende, aussi applicable aux pauvres dudit Hôpital; faire défenses aux voituriers qui ne seront point chargés de vins pour ladite halle, aux marchands de bois & à tous autres, d'embarrasser ni occuper l'étendue dudit port par leurs bateaux & trains de bois, à peine de cent livres d'amende par chaque contravention, applicables comme celles ci-dessus; enjoindre pareillement à l'inspecteur des ports, & aux huissiers-commissaires de police, de tenir la main à l'exécution dudit arrêt qui interviendroit, & de dresser des procès-verbaux des contraventions qui y seroient commises, & aux gardes de jour & de nuit de les assister & de leur prêter aide, assistance, & main-forte à la premiere requisition qui leur en seroit faite, & que ledit arrêt qui interviendroit seroit lu, publié & affiché par-tout où besoin seroit : vu aussi les pieces attachées à ladite requête, signée Millot le jeune, procureur : conclusions de notre procureur-général. Oui sur ce, le rapport de m. Jean-Baptiste de Montullé, conseiller, tout considéré : NOTREDITE COUR ordonne que les sentences, ordonnances & réglemens du Bureau de la ville, desdits jours 23 Mai 1670, 24 Avril 1682, 6 Octobre 1689, 4 Août 1704, 14 Mai 1705, 4 Mai 1724, 13 Février 1730, 19 Février 1732, 26 Mars 1738, 28 Février, 20 Avril 1739, 26 Avril 1740, 17 Février 1741, 10 Mai 1743, & l'arrêt de la Cour du 4 Mai 1731, seront exécutés selon leur forme & teneur; en conséquence, qu'à l'arrivée de chaque bateau, les voituriers seront tenus de représenter leurs lettres de voitures au receveur des droits de la halle aux vins, pour être visées; de faire leurs déclarations par noms, surnoms, qualités & demeures de ceux à qui appartiennent les vins chargés dans lesdits bateaux, & que ceux destinés pour la halle aux vins, seront déchargés au port d'icelle dans les vingt-quatre heures que les bateaux auront été mis au port, sans pouvoir être déchargés ailleurs ni dans les ports voisins, pour ensuite être roulés dans les trois jours au plus tard dans ladite halle, & engerbés sous les soles d'icelle; ordonne pareillement que dans le cas où il se trouveroit dans les bateaux des parties de vins non destinées pour ladite halle, les propriétaires & préposés à leur conduite, seont tenus de les enlever de dessus le port de la halle, dans trois jours au plus tard, à compter de la décharge desdits vins, pour être conduites à leur destination, ou à l'étape, ou autres endroits destinés pour la vente des vins, sinon, & faute par eux de le faire dans ledit tems, & icelui passé, ordonne que tous lesdits vins indistinctement étans sur ledit port, seront réputés destinés pour ladite halle aux vins, où ils seront conduits en vertu du présent arrêt, sans qu'il soit besoin d'aucune sommation; & ce aux frais, dépens, & aux risques des propriétaires, pour y demeurer en dépôt, à la garde du concierge de ladite halle, jusqu'au paiement desdits frais & des droits, le tout à peine de cent livres d'amende contre chaque propriétaire, applicable au profit des pauvres de l'Hôpital-Général; enjoint aux officiers chargés de remonter les bateaux, de les tirer dudit port, & de le rendre libre immédiatement après leur décharge, à peine de cinquante livres d'amende, applicable pareillement au profit desdits pauvres de l'Hôpital; fait défenses aux voituriers dont les bateaux ne seront pas chargés de vins pour ladite halle, aux marchands de bois & à tous autres, d'embarrasser ni occuper l'étendue dudit port par leurs bateaux & trains de bois, à peine de cent livres d'amende par chaque contravention, applicable comme celle ci-dessus. Enjoint aussi à l'inspecteur des ports, & aux huissiers-commissaires de police de tenir la main à l'exécution du présent arrêt, & de dresser des procès-verbaux des contraventions qui y seront commises, & aux gardes de jour & de nuit de les assister & de leur prêter aide, assistance & main-forte, à la premiere requisition qui leur en sera faite; ordonne que ledit présent arrêt sera lu, publié & affiché par-tout où besoin sera, mandons mettre le présent arrêt à exécution selon sa forme & teneur. Donné en notredite cour de Parlement le sept Septembre l'an de grace mil sept cent quarante-huit, & de notre regne le trente-quatrieme. Collationné. LAURENT. Par la Chambre. DUFRANC. Scellé le vingt-six Octobre mil sept cent quarante-huit. COUSTARD.

Le présent arrêt a été lu & publié au son du tambour en cette ville de Paris, sur l'étape aux vins de la Greve, sur les ports de la Greve, Saint-Paul, aux Mulets, près la porte Saint-Bernard, quai Saint-Bernard, à la halle aux vins, & au bout de la rue de Seine, & sur les autres ports, lieux & endroits ordinaires & accoutumés de cettedite ville, par moi Jean-Jacques Davault, premier huissier-audiencier en l'hôtel-de-ville de Paris, y demeurant rue de la Mortellerie, paroisse Saint-Jean en Greve, soussigné, à ce que nul n'en ignore, dont acte, cejourd'hui septieme jour de Novembre mil sept cent quarante-huit. Signé, *DAVAULT.*

DE PAR LES PRÉVOST DES MARCHANDS ET ÉCHEVINS DE LA VILLE DE PARIS.

ORDONNANCE DE POLICE,

QUI enjoint à tous marchands forains & voituriers qui amenent des vins par terre en cette ville, pour y être vendus en gros, de les faire conduire à l'étape, & aux marchands de vins de Paris d'y faire conduire directement le tiers des vins qu'ils feront arriver, leur fait défenses de les faire conduire à la halle au vin, & auxdits marchands de Paris d'en tirer de leurs caves & magasins pour être conduits sur ladite étape; & enjoint aussi, tant auxdits marchands, voituriers, qu'autres, de faire des déclarations au bureau du fermier de l'étape, de l'arrivée & vente desdits vins; le tout à peine de saisie, confiscation & amende.

Du 12 Octobre 1748.

A tous ceux qui ces présentes lettres verront: Louis-Basile de Bernage, chevalier, seigneur de Saint-Maurice, Vaux, Chassy, & autres lieux, conseiller d'état ordinaire, grand-croix de l'ordre royal & militaire de Saint-Louis, prévôt des marchands, & les échevins

échevins de la ville de Paris. SALUT. Savoir faisons, que vu la requête à nous présentée par Alexandre Hébert, fermier des soles de l'hôtel-de-ville de Paris, & de l'étape de la Greve; contenant qu'il lui a été fait bail par les sieurs directeurs & administrateurs de l'Hôpital-Général de cette ville, desdites soles & étapes, le 5 Septembre 1748, pour neuf années, qui ont commencé le premier Octobre présent mois; qu'à peine est-il entré en jouissance de ce bail, qu'il a connu qu'il se commettoit des abus infiniment préjudiciables, tant au public qu'à ses intérêts particuliers. L'article 9 du chapitre 8 de l'ordonnance de 1672, ordonne que les vins que les marchands forains feront arriver par terre en cette ville, seront conduits sur l'étape, & qu'il y sera aussi amené le tiers des vins que les marchands de Paris auront fait venir par charriots ou charrettes, pour y être lesdits vins vendus, à peine de confiscation. Le suppliant est informé que différens particuliers qui amenent des vins par terre, au lieu de les faire conduire directement à l'étape, les font conduire à la halle au vin, où ils en font la vente, en contravention de l'article ci-dessus cité, ce qui lui cause un préjudice considérable, en ce qu'il est privé des droits qu'il percevroit sur ces vins, s'ils étoient conduits & vendus sur l'étape. Le suppliant seroit obligé de prendre de justes mesures pour empêcher à l'avenir cette récidive; & il seroit d'autant mieux fondé à demander que tous ceux qui feront venir des vins par terre, soient tenus de les faire conduire à l'étape; que non-seulement l'ordonnance en fait une loi formelle, mais encore l'on sait qu'aux termes des réglemens, la halle n'est uniquement établie que pour les vins que les forains feront venir par eau; que le plus sûr moyen pour maintenir l'exécution des ordonnances & réglemens à cet égard, est de faire des défenses expresses auxdits marchands forains qui font venir des vins par terre, de les conduire ou faire conduire à la halle, à peine, en cas de contravention, de saisie & de confiscation des vins qu'ils feront conduire à la halle au vin, des chevaux, charrettes & harnois, & d'une sévere amende: qu'il arrive encore journellement que plusieurs marchands de vins de Paris, qui sont obligés de faire conduire à l'étape le tiers des vins qu'ils font venir, tant par terre que par eau, les font voiturer directement à la halle, où ils en font la vente, & prétendent par-là s'affranchir des droits d'étape qui appartiennent au suppliant, en conséquence du bail qui lui en a été fait. Un pareil abus exige que le suppliant cherche les moyens les plus convenables pour en arrêter le cours. S'il est juste que la halle jouisse du droit qu'elle a de recevoir les vins que les forains font arriver par eau, il est également juste que le suppliant jouisse de celui qu'il a d'obliger les marchands de Paris à faire conduire sur l'étape le tiers des vins qu'ils font arriver, & pour cet effet de faire des défenses aux marchands de Paris de faire conduire, vendre & débiter à la halle, soit sous leurs noms, soit sous des noms interposés, & de leur enjoindre d'en faire transporter le tiers sur l'étape, conformément à l'ordonnance, aussi à peine de saisie & confiscation de la totalité des vins qu'ils pourront faire conduire à ladite halle, & d'amende. Le suppliant est pareillement informé que plusieurs marchands de vins de Paris font tirer de leurs caves des vins qu'ils font transporter sur l'étape à toutes heures, tant de jour que de nuit, sous des noms empruntés, & gens inconnus, lesquels vins sont ordinairement falsifiés la plûpart, étant des vins qui ont été survuidés aussi-tôt leur arrivée dans lesdites caves, sur des rapés qu'ils ont, contre la prohibition qui leur en est faite par l'ordonnance des Aides, ou sur des tonneaux rabatus ou tirés en vuidange, qu'ils font passer pour bessieres de baquets, en un mot des vins de la plus mauvaise qualité; ensorte que cette maniere d'éluder les dispositions des ordonnances, arrêts & réglemens, met le public hors d'état de se fournir sur l'étape des vins dont il a besoin, étant de notoriété qu'il n'y a presque que des marchands de vins qui y achetent les vins qui s'y déposent; qu'étant de la derniere importance de remédier à tous ces abus, il paroît nécessaire d'enjoindre aux marchands de vins de Paris, de faire conduire directement à l'étape le tiers des vins qu'ils feront venir en cette ville, tant par terre que par eau, & aux heures qui sont prescrites par les ordonnances; & à cet effet de les obliger, aussi-tôt leur arrivée sur ladite étape, d'en faire la déclaration au bureau du suppliant, établi sur icelle étape; de représenter les lettres de voitures & les acquits des droits d'entrées pour pouvoir connoître le jour de leur arrivée, & les véritables quantités qu'ils auront fait venir, afin que les ordonnances, arrêts & réglemens puissent être exécutés, & que l'étape soit servie de tous les vins qui doivent y être amenés. Cela paroît faire d'autant moins de difficulté, que toutes ces dispositions sont écrites dans un arrêt du Conseil du 29 Mai 1688; mais comme il est intéressant pour le suppliant de faire renouveller les dispositions des ordonnances, arrêts & réglemens qui concernent les vins qui doivent être transportés à l'étape, & la police qui doit s'y observer, afin d'en maintenir l'exécution, & prévenir les fraudes qui se commettent. A CES CAUSES, le suppliant requéroit qu'il nous plaise ordonner que les articles 7 & 9 de l'ordonnance de 1672, la déclaration du roi du 29 Novembre 1680, l'arrêt du Conseil du 29 Mai 1688, & les sentences & jugemens du Bureau des, 23 Septembre 1710, 22 Août 1721, 26 Janvier 1722, 5 Octobre 1734, & 16 Octobre 1742, & autres ordonnances, arrêts & réglemens concernans les vins qui doivent être conduits sur l'étape, seront exécutés selon leur forme & teneur; en conséquence, que conformément à iceux, les marchands de vins de cette ville seront tenus de faire conduire sur l'étape de la Greve de cette ville, le tiers de tous les vins qu'ils feront arriver, tant par eau que par terre, pour y être vendus, à peine de confiscation au profit du suppliant, & de cent livres d'amende; & en conséquence leur enjoindre très-expressément, & aux chartiers, voituriers & conducteurs desdits vins, d'en faire déclaration aux commis du Bureau établi à l'étape par le suppliant, & d'y représenter les lettres de voitures, quittances des droits d'entrées & autres pieces indicatives des lieux d'où proviennent lesdits vins, des noms & demeures de ceux auxquels il sont destinés, & des jours de leurs arrivée en cette ville; lesquelles déclarations ils seront tenus de signer, & s'ils ne savent signer, ou qu'ils en soient refusans, il sera fait mention de l'interpellation qui leur en aura été faite; & à cet effet permettre aux commis du suppliant, de voir, examiner & marquer de leurs rouannes lesdits vins, à leur arrivée à l'étape; & pour empêcher les contraventions qui se commettent journellement par les ventes qui se font sur ladite étape à des marchands de vins de Paris, ordonner que tous ceux qui feront venir des vins sur ladite étape, seront tenus de faire des déclarations au bureau du suppliant, des ventes qu'ils en feront, & des noms, qualités & demeures de ceux à qui elles seront faites, & de requérir le suppliant ou ses commis de faire démarquer lesdits vins avant l'enlevement d'iceux, aussi à peine, en cas de contravention, de saisie & confiscation des vins qui seront enlevés, sans avoir préalablement été déclarés, & démarqués, & de cent livres d'amende; faire défenses auxdits marchands de vins de Paris de faire conduire à la halle aucuns des vins qu'ils feront arriver en cettedite ville, à peine de confiscation d'iceux; & à tous voituriers & conducteurs de ceux qui viendront par terre, de les voiturer à ladite halle, à peine de saisie & confiscation de leurs chevaux, charrettes, harnois & charriots, le tout au profit du suppliant, & de cinq cens livres d'amende: enjoindre à tous marchands forains ou autres qui feront arriver des vins en cettedite ville par terre, pour être vendus, de les faire conduire directement à l'étape, & leur faire défenses d'en faire conduire aucuns à la halle, aussi à peine de confiscation d'iceux au profit du suppliant, & de pareille somme de cinq cens livres d'amende en cas de refus, tant de la part des marchands de Paris, que forains, de faire ladite conduite. Permettre au suppliant de faire saisir & arrêter par ses commis lesdits vins & voitures, & les faire conduire sur la place de l'étape, aux frais de ceux à qui ils appartiendront; faire en outre défenses auxdits marchands, tant de cette ville que forains, de faire décharger aucuns vins sur ladite étape, qu'aux heures prescrites par les ordonnances & réglemens ; & à toutes personnes d'en faire enlever qu'auxdites heures, le tout à peine de confiscation des vins qui seront transportés sur ladite étape, & de ceux qui en seront enlevés avant & après lesdites heures ; & de pareille somme de cinq cens livres d'amende. Permettre en outre au suppliant d'établir sur les ports & autres entrées de cette ville, tel nombre de commis qu'il jugera nécessaire pour la conservation de ses droits ; lesquels seront & demeureront autorisés à dresser des procès-verbaux des contraventions qui seront commises aux ordonnances & réglemens rendus à l'occasion des vins qui doivent être conduits sur l'étape, & du jugement qui interviendra sur ladite requête ; lesquels commis prêteront le serment en tel cas requis & accoutumé, & en cas de résistance & rebellion, permettre au suppliant & à ses commis de prendre main-forte, ensorte que force demeure à justice ; & ordonner que le jugement qui interviendra sur ladite requête sera imprimé, lu, publié & affiché par-tout où besoin sera, & exécuté nonobstant oppositions ou appellations quelconques, & sans préjudice d'icelles : ladite requête, signé Davault, procureur en ce Bureau : vu aussi les ordonnances, arrêts & réglemens y énoncés ; conclusions du procureur du roi & de la ville.

NOUS ordonnons que les articles 7 & 9 de l'ordonnance de 1672, la déclaration du roi du 29 Novembre 1680, l'arrêt du Conseil du 29 Mai 1688, & les sentences & jugemens du Bureau des 23 Septembre 1710, 22 Août 1721, 26 Janvier 1722, 5 Octobre 1734, & 16 Octobre 1742, & autres ordonnances, arrêts & réglemens concernans les vins qui doivent être conduits sur l'étape, seront exécutés selon leur forme & teneur ; en conséquence, que conformément à iceux, les marchands de vins de cette ville de Paris, seront tenus de faire conduire directement sur l'étape de la Greve de cette ville, le tiers de tous les vins qu'ils feront arriver, tant par eau que par terre, pour y être vendus, à peine de confiscation au profit du suppliant, & de cent livres d'amende ; leur enjoignons très-expressément, & aux chartiers, voituriers & conducteurs desdits vins, d'en faire déclaration aux commis du bureau établi à l'étape par le suppliant, & d'y représenter les lettres de voitures, quittances des droits d'entrées & autres pieces indicatives des lieux d'où proviennent lesdits vins, des noms & demeures de ceux auxquels ils sont destinés, & des jours de leurs arrivées en cettedite ville ; lesquelles déclarations ils seront tenus de signer, & si ils ne savent signer ou qu'ils en soient refusans, il sera fait mention de l'interpellation qui leur en aura été faite à cet effet : permettons aux commis du suppliant de voir, examiner & marquer de leurs rouannes lesdits vins à leur arrivée à l'étape ; & pour empêcher les contraventions qui se commettent journellement par les ventes qui se font sur ladite étape à des marchands de vins de Paris, ordonnons que tous ceux qui feront venir des vins sur ladite étape, seront tenus de faire des déclarations au bureau du suppliant, des ventes qu'ils en feront, des noms, qualités & demeures de ceux à qui elles seront faites, & de requérir le suppliant ou ses commis, de faire démarquer lesdits vins avant l'enlevement d'iceux, aussi à peine, en cas de contravention, de saisie & confiscation des vins qui seront enlevés, sans avoir préalablement été déclarés & démarqués, & de cent livres d'amende : faisons défenses auxdits marchands de vins de Paris de faire sortir & tirer aucuns vins de leurs caves & magasins pour les faire conduire à l'étape, ni de faire conduire à la halle aucuns des vins qu'ils feront arriver en cette ville, à peine de confiscation d'iceux ; & à tous voituriers & conducteurs de ceux qui viendront par terre, de les voiturer à ladite halle, à peine de saisie & confiscation de leurs chevaux, charrettes, harnois & charriots, le tout au profit du suppliant, & de cinq cens livres d'amende. Enjoignons à tous marchands forains ou autres qui feront arriver des vins en cette ville par terre, pour être vendus, de les faire conduire directement à l'étape, leur faisons défenses d'en faire conduire aucuns à la halle, aussi à peine de confiscation d'iceux, au profit du suppliant, de pareille somme de cinq cens livres d'amende ; & en cas de refus, tant de la part des marchands de Paris que forains, de faire ladite conduite. Permettons au suppliant de faire saisir & arrêter par ses commis lesdits vins & voitures, & les faire conduire sur la place de l'étape, aux frais de ceux à qui ils appartiendront : faisons en outre défenses auxdits marchands, tant de cette ville que forains, de faire décharger aucuns vins sur ladite étape, qu'aux heures prescrites par les ordonnances & réglemens, & à toutes personnes d'en faire enlever qu'auxdites heures ; le tout à peine de confiscation des vins qui seront transportés sur ladite étape, & de ceux qui en seront enlevés avant & après lesdites heures, & de pareille somme de cinq cens livres d'amende. Permettons en outre au suppliant d'établir sur les ports & aux entrées de cette ville, tel nombre de commis qu'il sera nécessaire pour la conservation de ses droits ; lesquels seront & demeureront autorisés à dresser des procès-verbaux des contraventions qui seront commises aux ordonnances & réglemens rendus à l'occasion des vins qui doivent être conduits à l'étape, & du présent jugement ; lesquels commis prêteront le serment en tel cas requis & accoutumé ; & en cas de résistance & rebellion, permettons au suppliant & à ses commis de prendre main-forte, ensorte que force demeure à justice. Ordonnons que le présent jugement sera lu, publié & affiché par-tout où besoin sera, & exécuté nonobstant oppositions ou appellations quelconques, & sans préjudice d'icelles. Ce fut fait & donné au Bureau de la ville de Paris, le samedi douzieme jour d'Octobre mil sept cent quarante-huit. *Signé*, TAITBOUT.

L'an mil sept cent quarante-huit, le vingt-cinq d'Octobre, la présente ordonnance a été lue & publiée au son du tambour, sur les ports de la halle, Saint-Paul, Etape, & dans tous les lieux, endroits ordinaires & accoutumés, par moi Louis-Noel Blanchet, commissaire de police, & huissier-audiencier au Bureau de l'hôtel-de-ville de Paris, soussigné. Signé, *BLANCHET*.

SENTENCE CONTRADICTOIRE
DU BUREAU DE LA VILLE DE PARIS.

Du 19 Juin 1749.

ET ARRÊT DU PARLEMENT,

CONFIRMATIF de ladite sentence, concernant la police & la vente des vins de la halle, & du port d'icelle.

Du 25 Avril 1750.

A tous ceux qui ces présentes lettres verront : Louis-Basile de Bernage, chevalier, seigneur de Saint-Maurice, Vaux, Chassi, & autres lieux, conseiller d'état ordinaire, grand-croix de l'ordre royal & militaire de Saint Louis, prévôt des marchands, & les échevins de la ville de Paris : SALUT. Savoir faisons, qu'aujourd'hui, date des présentes, comparant en jugement devant nous me Jean-Baptiste Houallé, procureur des directeurs & administrateurs de l'Hôpital-Général de cette ville, propriétaires en partie de la halle au vin de cettedite ville & du port, saisissans & demandeurs aux fins du procès-verbal de saisie faite par Balige, huissier, commissaire en cette jurisdiction, le vingt Décembre dernier, contrôlé par Piton le vingt-trois, & de l'exploit fait par ledit Balige, huissier, commissaire en cette jurisdiction, le vingt-quatre, contrôlé par ledit Piton le vingt-six ; ledit exploit tendant à ce que pour la contravention commise par la Dame ci-après nommée, aux dispositions de l'arrêt de la Cour, du 7 Septembre 1748, avoir laissé son bateau au port de ladite halle, sans en avoir fait faire la décharge, la saisie de soixante-quatre demi-queues & deux quarts de vin, jauge d'Orléans, seroit déclarée bonne & valable ; que la susdite quantité de vin seroit confisquée au profit des pauvres dudit Hôpital, à la représentation desquels seroit le garde contraint par corps, quoi faisant déchargé; qu'elle seroit en outre condamnée en l'amende de cent livres, portée par le susdit arrêt; que défenses lui seroient faites de plus à l'avenir récidiver sous plus grandes peines; que la sentence qui interviendroit seroit lue, publiée & affichée par-tout où besoin seroit, & icelle condamnée aux dépens, assistée de me Marguet, avocat, d'une part, & me François-Simon d'Avault, procureur de Marie-Anne Duval, veuve de Louis de la Barre, bourgeois de Paris, défenderesse, assistée de me Dandane, avocat, d'autre part; & encore ledit d'Avault, procureur de ladite veuve de la Barre, demanderesse aux fins de la requête verbale signifiée par Forgeot, huissier, le trois Mars dernier, tendante à ce qu'en déclarant la saisie faite ledit jour 20 Décembre 1748, nulle, injurieuse, tortionnaire, déraisonnable, & attentatoire à la liberté publique, main-levée lui seroit faite d'icelle ; en conséquence, que les deniers provenans de la vente de partie desdits vins étans ès mains des gardiens, lui seroient remis; à ce faire lesdits gardiens contraints par corps, quoi faisant, déchargés ; & qu'acte lui seroit donné de ce que pour raison des dommages & intérêts par elle prétendus, elle s'en rapportoit à justice, & lesdits sieurs administrateurs dudit Hôpital condamnés aux dépens, assistée dudit me Dandane, avocat, d'une part; & ledit Houallé, procureur desdits administrateurs dudit Hôpital-Général, défendeurs à la susdite requête, assistés dudit me Marguet, avocat, d'autre part ; & encore ledit Houallé, procureur desdits sieurs administrateurs dudit Hôpital-Général, demandeurs aux fins de la requête verbale signifiée par Chaussai, huissier, commissaire en cette jurisdiction, le vingt-un Mars dernier, tendante à ce que, sans s'arrêter à la demande de ladite dame veuve la Barre, dont elle seroit déboutée en rectifiant les fins & conclusions prises par lesdits sieurs administrateurs par leur susdit exploit du 24 Décembre 1748, attendu que depuis icelui, la vente des vins par eux saisis par leur procès-verbal du vingt dudit mois de Décembre, a été faite par ladite veuve la Barre ; qu'en conséquence, les conclusions portées par leur susdit exploit, ne peuvent plus, en cet état, exister, il nous plût ordonner que pour la susdite contravention commise par ladite veuve la Barre, la partie du prix des vins par elle vendus, étans ès mains des gardiens, seroit & demeureroit confisquée au profit des pauvres dudit Hôpital-Général ; à en faire la délivrance seroient lesdits gardiens contraints par corps, ce faisant, déchargés ; & que le surplus des autres conclusions par eux prises, leur seroient faites & adjugées avec dépens, & en exécution de notre sentence du six Mai dernier, assistés dudit me Marguet, avocat, d'une part, & ledit d'Avault, procureur de ladite veuve la Barre, défenderesse à ladite demande, assistée dudit me Dandane, avocat, d'autre part.

Vu les pieces & mémoires des parties, mis ès mains du sieur de Santeul l'un de nous, échevin, en exécution de notredite sentence du six Mai dernier. Oui le rapport dudit sieur de Santeul, ensemble le procureur du roi & de la ville, en ses conclusions, & après en avoir délibéré au desir de notre susdite sentence : nous, ayant aucunement égard aux demandes des parties de Marguet, & sans s'arrêter à celle de la partie de Dandane, dont nous l'avons déboutée, pour n'avoir pas, par la partie de Dandane, fait décharger du bateau, & enlever les vins en question, du port de la halle au vin, conformément à l'arrêt de la Cour, du 7 Septembre 1748, avons déclaré lesdits vins réputés destinés pour ladite halle. En conséquence, condamné la partie de Dandane à *en payer les droits à raison de* dix sols par muid. La condamnons en outre, en *cent livres d'amende* applicable au profit des pauvres dudit Hôpital-Général. Faisons main-levée à ladite partie de Dandane de la saisie des deniers provenans de la vente desdits vins, lesquels deniers seront remis à ladite partie de Dandane : à ce faire sera le gardien d'iceux contraint par corps; quoi faisant, il en demeurera bien & valablement quitte & déchargé; auquel gardien nous avons adjugé & réglé les frais de garde à raison de vingt sols par jour, à compter du vingt Décembre dernier, jour de la saisie desdits vins, jusques & compris celui de l'entiere vente d'iceux. Faisons defenses à ladite partie de Dandane de récidiver, sous plus grandes peines; & la condamnons en tous les dépens, & permettons auxdites parties de Marguet de faire imprimer, lire, publier & afficher par-tout où besoin sera ces présentes, qui seront exécutées nonobstant oppositions ou appellations quelconques, & sans préjudice d'icelles; & fut fait & donné au Bureau de la ville de Paris, l'audience tenante, le jeudi dix-neuvieme de Juin mil sept cent quarante-neuf. *Signé*, TAITBOUT, *avec paraphe.* Collationné, scellé le 28 Juin 1749. *Signé*, CHASTAIGNIER ; *& signifié à procureur le 30 du même mois, par* SERY, *huissier.*

ARRÊT DU PARLEMENT,

RENDU sur l'appel de la sentence du Bureau de la ville.

Du 25 Avril 1750.

LOUIS, par la grace de Dieu, roi de France & de Navarre : Au premier des huissiers de notre cour de Parlement, ou autre requis. Savoir faisons, qu'entre Marie-Anne Duval, veuve de Louis de la Barre, bourgeois de Paris, appellante d'une sentence rendue au bureau de la ville, le 19 Juin 1749, aux chefs par lesquels les vins qu'elle avoit fait venir de son crû dans un bateau chargé d'autres vins pour la halle au vin, ont été réputés destinés pour ladite halle; de ce qu'en conséquence de ce, elle a été condamnée d'en payer les droits, & en outre, en cent livres d'amende & aux dépens; en ce qu'il a été permis d'imprimer & afficher ladite sentence, & de la saisie qui a été faite, tant desdits vins que du prix d'iceux, d'une part, & les sieurs directeurs & administrateurs de l'Hôpital-Général de Paris, intimés, d'autre part; & encore entre ladite veuve de la Barre, demanderesse en requête du vingt-huit Mars dernier, tendante à ce que l'appellation de ladite sentence dont elle étoit appellante, fût mise au néant ; émendant, elle fût déchargée des condamnations contr'elle prononcées par icelle; que la saisie faite de ses vins le 20 Décembre 1748, & la consigne qui en avoit été préalablement faite de la part du préposé de l'Hôpital-Général, ès mains des officiers metteurs-à-port, fussent déclarées nulles, tortionnaires, injurieuses & déraisonnables; que pleine & entiere main-levée en fût faite à la demanderesse; qu'il fût ordonné qu'à la restitution & remise du prix entier desdits vins, les gardiens & dépositaires seroient contraints par corps, quoi faisant, déchargés; & que les défendeurs fussent condamnés en tels dommages & intérêts qu'il plairoit à notredite Cour arbitrer, & en tous les dépens, tant des causes principales que d'appel & demande, même ceux réservés par l'arrêt provisoire ci-devant intervenu, & défenderesse d'autre part; & lesdits sieurs directeurs & administrateurs de l'Hôpital-Général de Paris, défendeurs & demandeurs en requête du treize du présent mois d'Avril, tendante à ce qu'en plaidant sur l'appel de la sentence susdatée, & icelle confirmant, il plût à notredite Cour condamner ladite veuve de la Barre en l'amende & en tous les dépens des causes d'appel, & demande, même en ceux réservés par l'arrêt intervenu, sur appointé à mettre le six Septembre dernier d'autre part. Après que Dandane, avocat de Duval, veuve de la Barre,

& Griffon, avocat des directeurs & administrateurs de l'Hôpital-Général, ont été ouis, ensemble le Bret pour notre procureur-général : NOTREDITE COUR faisant droit sur l'appel, a mis & met l'appellation au néant, ordonne que ce dont est appel sortira son plein & entier effet ; condamne l'appellante en l'amende de douze livres, & aux dépens, même en ceux réservés ; & néanmoins, de grace, a modéré à la somme de dix livres l'amende prononcée par ladite sentence. Si mandons mettre le présent arrêt à exécution. Donné en Parlement le vingt-cinq Avril, l'an de grace mil sept cent cinquante, & de notre regne le trente-cinquieme. Collationné. *Signé*, LANGELÉ. Par la Chambre. *Signé*, DUFRANC. Signifié à procureur le 6 Mai, à domicile le 12 ; & scellé le 13 dudit mois. *Signé*, POMMIER.

L'AN mil sept cent cinquante, le quinzieme jour de Mai, la sentence rendue au Bureau de la ville de Paris, le dix-neuf Juin mil sept cent quarante-neuf, & le présent arrêt confirmatif d'icelle, ont été lus & publiés au son du tambour sur le port de la halle aux vins, de la Tournelle, Port-Saint-Paul, de l'étape, & autres endroits ordinaires & accoutumés de cette ville, par moi Jean Balige, huissier audiencier, & commissaire de police en l'hôtel-de-ville de Paris, y demeurant rue de la Mortellerie, paroisse de Saint Jean en Greve, soussigné, BALIGE. Contrôlé à Paris le seizieme Mai mil sept cent cinquante. *Signé*, PITON.

VINS, ENTRÉES.

DIXIEME DES DROITS SUR LES VINS ET AUTRES BOISSONS, DENRÉES ET MARCHANDISES.

DÉCLARATION DU ROI,

PORTANT augmentation du dixieme, en sus de tous les droits qui se levent dans l'intérieur ou aux entrées de Paris, tant au profit du roi que par ses officiers & autres, sur les vins, boissons & autres denrées & marchandises.

Du 29 Octobre 1709.

LOUIS, par la grace de Dieu, roi de France & de Navarre : A tous ceux qui ces présentes lettres verront ; SALUT. Le desir que nous avons de soulager les habitans de notre bonne ville de Paris, & d'y attirer des pays étrangers une abondance de bleds & de grains capable d'en faire diminuer le prix, malgré les mauvaises intentions de ceux qui voudroient en maintenir la cherté, nous a fait écouter favorablement les propositions qui nous ont été faites par les premiers & principaux magistrats, d'établir pendant un tems fixe & limité, un dixieme d'augmentation sur tous les droits qui se levent tant dans l'intérieur de Paris, qu'aux portes & barrieres ; à quoi nous nous sommes déterminés d'autant plus volontiers que cette augmentation ainsi répandue sur toutes sortes de droits, formera une contribution proportionnée aux facultés & à la consommation de chacun des habitans : ce qui la rendra moins sensible, & produira néanmoins un fonds considérable qui procurera nécessairement la diminution du prix des bleds & des grains, & en même-tems le soulagement des pauvres.

A CES CAUSES, & autres à ce nous mouvans, & de notre certaine science, pleine puissance & autorité royale, nous avons, par ces présentes signées de notre main, dit, déclaré & ordonné, disons, déclarons & ordonnons, voulons & nous plaît.

ARTICLE PREMIER.

Qu'à compter du 15 Novembre prochain, jusques & compris le dernier Décembre de l'année prochaine 1710, il soit perçu le dixieme par augmentation de tous les droits & augmentations de droits anciens & nouveaux qui se levent actuellement tant dans l'intérieur de notre bonne ville & fauxbourgs de Paris, qu'aux entrées & sur les ports & quais, même dans les halles, places, foires & marchés de la même ville & fauxbourgs, soit à notre profit ou des officiers par nous créés, soit pour le compte de communautés, & au profit de toutes personnes généralement quelconques.

II. Voulons qu'à cet effet, & à compter du même jour 15 Novembre prochain, il soit levé & perçu un dixieme par augmentation de tous les droits ci-après exprimés, tant anciens que nouveaux & d'augmentation; savoir, d'Aides, sur les vins, boissons, liqueurs, verjus, vinaigres & vins gâtés, de gros, de huitieme & dixieme, de pied fourché, de papier & parchemin timbré, de contrôle de l'or & de l'argent, de la marque & contrôle de l'étain, du contrôle des exploits, des droits sur les cendres, soultes & gravelées, sur le poisson de mer, frais, sec & salé, sur les huîtres, sur les fruits, les suifs & les cartes, & des droits de domaine, barage & poids-de-roi, tant anciens que par doublemens, & pareillement un dixieme de tous les droits, tant anciens que nouveaux, & d'augmentation, dont jouissent les jurés-jaugeurs de vins & liqueurs, essayeurs d'eau-de-vie, les anciens & nouveaux vendeurs de vin, les courtiers, les rouleurs, chargeurs & déchargeurs, ensemble le dixieme aussi par augmentation des droits d'inspecteurs des vins, d'inspecteurs aux boucheries, de contrôleurs & d'inspecteurs de bierres, de contrôleurs des bois à ouvrer & à bâtir, des jurés-mouleurs, aides à mouleurs, contrôleurs des quantités, chargeurs, déchargeurs & empileurs de bois à brûler, des droits de jurés-mesureurs & porteurs de charbon, des jurés-vendeurs, contrôleurs & débardeurs de la marchandise de foin, de ceux des gardes de nuit, des metteurs à port, des plancheurs, débacleurs & commissaires au nettoiement des ports, des vérificateurs des lettres de voitures, des forts établis sur les ports & dans les halles, places & marchés, des droits des contrôleurs des huiles, des vendeurs & compteurs de marée, vendeurs de poisson d'eau douce, contrôleurs au barillage, contrôleurs de la volaille, contrôleurs des ouvrages d'or & d'argent, inspecteurs-contrôleurs à l'argue, auneurs de toiles, auneurs de draps, contrôleurs de papier, jurés-vendeurs & prud'hommes de cuirs, inspecteurs des matériaux, & inspecteurs des porcs, & de tous les droits généralement quelconques attribués aux officiers ci-dessus & à leurs contrôleurs, en quelques lieux & maniere qu'ils les perçoivent, & encore de tous les droits qui se levent au profit de l'Hôpital-Général sur les huiles & la marchandise de foin, & généralement de tous les droits qui se perçoivent sur les marchandises & denrées qui entrent dans notre bonne ville, fauxbourgs & banlieue de Paris, sans aucune exception que celle ci-après. Voulons encore qu'à l'égard des droits ci-dessus exprimés, dont la modicité ne permettra pas de lever au juste le dixieme d'augmentation en monnoie courante, le fort denier en soit levé & perçu aussi par augmentation au profit de celui qui sera par nous préposé à l'exécution des présentes.

III. Voulons que les deniers qui proviendront de l'augmentation du dixieme établi par ces présentes, servent à procurer l'abondance des grains par le moyen des achats qui seront faits dans les pays étrangers, sans qu'ils puissent être employés à aucun autre usage, pour quelque cause & occasion que ce soit.

IV.

IV. Seront les droits du dixieme d'augmentation, établis par ces présentes, éteints & supprimés au premier jour de Janvier de l'année 1711, sans qu'à l'avenir, après ce terme expiré, ils puissent être rétablis pour quelque cause & sous quelque prétexte que ce puisse être.

V. N'entendons comprendre dans l'exécution de la présente déclaration, nos droits de douanne, ceux de notre ferme de tabac, ceux de notre ferme des gabelles & autres droits sur le sel, ni pareillement ceux que les jurés-mesureurs & porteurs de grains perçoivent sur les bleds & autres grains, graines & grainailles que nous en avons formellement exceptés.

Si donnons en mandement à nos amés & féaux conseillers, les gens tenant notre Cour de parlement, chambre des comptes & cour des aides à Paris, que ces présentes ils fassent lire, publier & registrer, même en tems de vacations, & le contenu en icelles, garder & observer selon leur forme & teneur, nonobstant tous édits, déclarations, arrêts & autres choses à ce contraires, auxquels nous avons dérogé & dérogeons par ces présentes; aux copies desquelles collationnées par l'un de nos amés & féaux conseillers-secrétaires, voulons que foi soit ajoutée comme à l'original : car tel est notre plaisir, en témoin de quoi nous avons fait mettre notre scel à cesdites présentes. Donné à Versailles le vingt-neuvieme jour d'Octobre mil sept cent neuf, & de notre regne le soixante-septieme. *Signé*, LOUIS. *Et plus bas*. Par le roi, PHELYPEAUX. Vu au Conseil, DESMARETZ. *Et scellé du grand sceau de cire jaune.*

Registrées oui & ce requérant le procureur-général du roi, pour être exécutées selon leur forme & teneur : enjoint aux substituts du procureur-général du roi d'y tenir la main, & d'en certifier la Cour dans un mois, suivant l'arrêt de ce jour. A Paris, en parlement, le treizieme jour de Novembre mil sept cent neuf. Signé, *DONGOIS.*

Ce droit de dixieme ne subsiste plus, il a été remplacé par le droit de vingtieme & doublement d'icelui. Voyez au mot *Entrées* la déclaration du roi du 3 Janvier 1711, & autres subséquentes.

VINGTIEME AUX ENTRÉES.

TARIF ARRÊTÉ AU BUREAU DE L'HOTEL-DE-VILLE, pour la perception du droit de vingtieme sur les bois & charbons, attribués à l'Hopital-Général.

ORDONNANCE

QUI convertit le vingtieme de l'Hôpital *sur le bois & charbon, en un droit de quatre sols par voie de bois à brûler, & un sol huit deniers par voie de charbon : Cette fixation approuvée par sa majesté, par l'ordonnance du roi du 25 Décembre 1719, qui contient la perception du vingtieme.*

Du 16 Septembre 1719.

DE PAR LES PRÉVOT DES MARCHANDS ET ÉCHEVINS DE LA VILLE DE PARIS,

A tous ceux qui ces présentes lettres verront : Charles Trudaine, chevalier, seigneur de Montigny & autres lieux, conseiller d'état, prévôt des marchands, & les échevins de la ville de Paris; SALUT. Savoir faiſons, que ſur ce qui nous a été remontré par le procureur du roi & de la ville, que ſa majeſté ayant, par édit du préſent mois, ſupprimé tous les officiers établis ſur les ports & quais, & dans les chantiers de cette ville, fauxbourgs & banlieue, enſemble les droits à eux attribués, à commencer du lundi 18 dudit préſent mois, il eſt néceſſaire d'ôter & retrancher leſdits droits du prix des marchandiſes qui ſont vendues & livrées ſur leſdits ports, & d'en arrêter & fixer le prix, ſuivant ledit retranchement & conformément audit édit; pourquoi requéroit qu'il nous plût y pourvoir; ayant égard auxdites remontrances & requiſitoire du procureur du roi & de la ville, & vu ledit édit, enregiſtré au parlement cejourd'hui.

Nous avons ordonné qu'à commencer lundi prochain 18 du préſent mois, les marchandiſes pour la proviſion de cette ville, priſes ſur les ports & quais, & dans les chantiers de cette ville, fauxbourgs & banlieue, ſeront vendues. Savoir :

Aux ports de la Greve, aux Mulets & Arche-Beaufils.

	l.	ſ.	d.
La voie de bois de compte neuf, treize livres deux ſols ſix deniers, ci	13	2	6
La voie de bois de corde de quartier, douze livres deux ſols ſix deniers, ci	12	2	6
La vois de bois taillis, onze livres deux ſols ſix deniers, ci	11	2	6
La voie de bois taillis, mêlé de bois blanc, dix livres deux ſols ſix deniers, ci	10	2	6
La voie de bois de traverſe, douze livres ſept ſols ſix deniers, ci	12	7	6

Fagots & Coterets.

La voie de fagots compoſée de deux cens huit, douze livres treize ſols neuf deniers, ci	12	13	9
La voie de coterets de Marne, auſſi compoſée de deux cens huit, douze livres treize ſols neuf deniers, ci	12	13	9
La voie de cotterets d'Yonne, compoſée de trois cens douze, treize livres, ci	13		

Aux ports de l'Ecole, Saint-Nicolas & Malaquais.

La voie de bois de moule de compte, treize livres deux ſols ſix deniers, ci	13	2	6
La voie de bois de corde de quartier, douze livres deux ſols ſix deniers, ci	12	2	6
La voie de bois taillis, onze livres deux ſols ſix deniers, ci	11	2	6
La voie de bois taillis, mêlé de bois blanc, dix livres deux ſols ſix deniers, ci	10	2	6
La voix de bois d'Andelle, douze livres ſept ſols ſix deniers, ci	12	7	6

Fagots & Coterets.

La voie de fagots, compoſée de deux cens huit, douze livres treize ſols neuf deniers, ci	12	13	9
La voie de coterets de quartier, compoſée de deux cens huit, quinze livres dix-ſept ſols neuf deniers, ci	15	17	9
La voie de coterets de bois taillis, compoſée de deux cens huit, de deux pieds de longueur chacun, & de dix-ſept à dix-huit pouces de groſſeur, treize livres douze ſols neuf deniers, ci	13	12	9

La voie de bois de moule de compte, de la forêt de Montargis, douze livres quinze sols, ci 12 15

La voie de bois de corde de ladite forêt, onze livres quinze sols, ci 11 15

La voie de bois de moule de compte des provinces de Bourgogne & de Champagne, onze livres quinze sols, ci 11 15

La voie de bois de traverse & de corde desdites provinces, dix livres quinze sols, ci 10 15

La voie de bois flotté de menuise & bois blanc dont sont composés les fagots, cordée dans la membrure, neuf livres cinq sols, ci . . . 9 5

La voie de fagots desdits bois, composée de cinquante, douze livres huit sols six deniers, ci 12 8 6

La voie de falourdes de perches, composée de cinquante, quinze livres onze sols, ci 15 11

Le tout mis en charrette aux dépens du marchand vendeur, & compris les quatre sols pour l'Hôpital-Général sur chacune voie.

Que la mine ou voie de charbon de bois, prises sur le port, tous salaires compris, même le droit pour l'Hôpital-Général, sera vendue deux livres quinze sols six deniers, ci 2 15 6

Et que le muid de chaux, pris sur le port, compris le salaire des mesureurs, sera vendu quarante-trois livres un sol trois deniers, ci . . 43 1 3

Faisons défenses aux marchands de vendre leursdites marchandises à plus haut prix que ceux par nous ci-dessus réglés, à peine de concussion; & enjoignons aux commis-mouleurs de bois, mesureurs de charbon & de chaux, de tenir la main à l'exécution des présentes, & de mettre par chacun jour sur chacune qualité desdits bois, charbon & chaux, la pancarte du prix d'iceux, à ce que personne n'en ignore; ce qui sera lu, publié & affiché par-tout où besoin sera, & exécuté nonobstant oppositions ou appellations quelconques, & sans préjudice d'icelles. Fait au Bureau de la ville, le seizieme jour de Septembre mil sept cent dix-neuf. *Signé*, TAITBOUT.

Voyez au mot *Entrées*, la déclaration du roi du 25 Décembre *1719*, *page 156*.

FIN.

RESSORT DU CHATELET
DE PARIS.

POUR établir le domicile des Pauvres qui sont dans le cas d'être admis dans l'Hôpital-Général.

BANLIEUE.

A.

1. Arcueil & Cachant, jusqu'à la rue de Laye, dont dépendent quatre ou cinq maisons du village de Laye.
2. Aubervilliers, jusqu'au ruisseau de la Cour-Neuve.
3. Auteuil & Passy.

B.

4. Bagneux.
5. Bourg-la-Reine.
6. Bagnolet.
7. Belleville.
8. Boulogne, jusqu'au Pont de Saint-Cloud, & jusqu'à la Croix dudit Pont.

On observe que le village de Menus *est aussi de* Boulogne.

C.

9 Charenton. (le Pont de)
10. Charonne.
11. Conflans-Charenton.
12. Chaillot
13. Chapelle Saint-Denis. (la)
14. Châtillon.
15. Clichy-la-Garenne.

G.

16. Gentilly.

I.

17. Issy.
18. Ivry.

L.

19. La Saussaye, jusqu'au chemin du Moulin à Vent.
20. La Villette.
21. La Ville-l'Evêque.
22. La Pissote, jusqu'à la planche du ruisseau.
23. La maison de Seine.

24. La maison des Chartreux.
25. La premiere maison de Clamard & le Moulin.
26. Les Ostes Saint-Mery.
27. L'Hôtel de Savy, dit l'Hôtel de Saint-Martin.
28. Le Roule.

M.

29. Menus lès Saint-Cloud ou Boulogne.
30. Mont-Rouge.
31. Menard-Saint-Cloud.
32. Montreuil, jusqu'à la premiere rue venant à Paris du côté du Bois de Vincennes.

P.

33. Pantin & le Pré Saint-Gervais.
34. Passy.
35. Patronville.

R.

36. Romainville, jusqu'au grand chemin de Noisy-le-Sec.

S.

37. Saint-Denis, jusqu'au Pré.
38. Saint-Mandé.
39. Saint-Ouen.

V.

40. Vanvres.
41. Vaugirard.
42. Villejuif.
43. Villeneuve.
44. Villiers-la-Garenne.
45. Vitry, jusqu'à la fontaine.

PRÉVÔTÉS ROYALES

ET AUTRES JUSTICES

RESSORTISSANTES IMMÉDIATEMENT

AU CHÂTELET DE PARIS,

par ordre Alphabétique.

46. Ablon, pour les cas présidiaux.
47. Ablon le-Châtel, le siege est à Villeneuve-le-Roi, près Thiais.
48. Acheres, à Saint-Germain-en-Laye.
49. Alluye.
50. Amblainville.
51. Amblainvilliers.
52. Ampouville, près Angerville.
53. Andrezy, pour les cas présidiaux.
54. Angervilliers.

55 · Anguin ou Enghien, pour les cas préſidiaux.
56 · Anieres, près Colombes, en partie.
57 · Annet-ſur-Marne.
58 · Antony.
59 · Arcueil.
60 · Argenteuil, pour les cas préſidiaux.
61 · Armainvilliers, à Tournan.
62 · Armenonville.
63 · Armentières, pour les cas préſidiaux.
64 · Arnouville, ci-devant Ermenonville, à Goneſſe.
65 · Arpajon, ci-devant Châtres.
66 · Arpent-Franc (l'), au Château de Saint-Cloud.
67 · Arpenty, à Bruyères-le-Châtel.
68 · Arſilly, à Claye, près Ville-Pariſis.
69 · Aſſy, en Mulcien.
70 · Athis.
71 · Attainville
72 · Aubervilliers, ou Notre-Dame des Vertus, en partie.
73 · Autargis, près Chevreuſe.
74 · Aumône (l'), ou Saint-Ouen de l'Aumône, près Pontoiſe.
75 · Aunay, près Goneſſe.
76 · Aunay, près le Pleſſis-Piquet.
77 · Aunay, près les Abluets du Roi.
78 · Aunay, près Montreuil-ſous-Bois.
79 · Avrainville.
80 · Avron
81 · Auteuil, près Paſſy.

B.

82 · Bagneux, en partie.
83 · Bagnolet.
84 · Baillet, en France.
85 · Baillot, le ſiege eſt à Bruyères-le-Châtel.
86 · Bailly, en Brie.
87 · Balizy, à Longjumeau.
88 · Ballainvilliers.
89 · Barberye, près Senlis.
90 · Barre (la), près Chevreuſe.
91 · Baſſevelle, près Charly-ſur-Marne.
92 · Baſſeville, près Saint-Maurice.
93 · Baulcigny.
94 · Baulne, près la Ferté-Aleps.
95 · Baville, pour les cas préſidiaux.
96 · Bazemont.
97 · Beaulieu, à Villaines, près Poiſſy.
98 · Beaumont, près Ville-Moiſſon.
99 · Beauvais, Juſtice du Chapitre.
100 · Beaurie, près la Ferté-Aleps.
101 · Beauvoir.
102 · Belleville, en partie.
103 · Belloy, pour les cas préſidiaux.
104 · Bercy, à Charenton, Conflans.
105 · Bertrand-Foſſe.
106 · Beſſancourt, à Maubuiſſon.
107 · Beſſancourt, près Pontoiſe.
108 · Bièvre.
109 · Blanc-Meſnil.

110. Bobigny.
111. Boisemont, près Triel.
112. Boisemont, près les Alluets du Roi.
113. Boisemont, près Meulan.
114. Bois-l'Archer, à Champ-sur-Marne.
115. Bois-le-Vicomte.
116. Bois-des-Vieilles-Loges.
117. Boissy, près Brègy.
118. Boissy-le-Repos, près Sezanne, en Brie.
119. Boisot, près Bragy.
120. Boubon, à Villemenon.
121. Bondy.
122. Bondoufle, au Plessis-Pâté.
123. Bonnelles.
124. Bonneuil-en-France.
125. Bonneuil-sur-Marne.
126. Bonnevie.
127. Bonnières.
128. Borde, (la) près Saint-Germain-en-Laye.
129. Bouafle, à Ecquevilly.
130. Bouchet (le), à Arpajon.
131. Bouffemont.
132. Bouqueval.
133. Bouray, au Ménil-Voisins.
134. Bourget. (le)
135. Bourgeuil.
136. Bourg la Reine (le).
137. Bregy.
138. Bressonvilliers, au Plessis-Pâté.
139. Breteche (la).
140. Bretigny, près Mont-Lhéry.
141. Bretonniere (la), ou Arpajon-le-Château, à Arpajon.
142. Brévannes, près Boissy-Saint-Leger.
143. Brie, sur Marne.
144. Brie, sur Seine.
145. Briche (la), à Arpajon.
146. Brichet, (le) près Bondy.
147. Brie-Comte-Robert, pour les cas présidiaux.
148. Bries ou Bry, près Limours.
149. Brosse (la), près Chevreuse.
150. Brosse (la), près Ferrieres-en-Brie.
151. Brou.
152. Brunoy, pour les cas présidiaux.
153. Bruyères-le-Châtel.
154. Bry-sur-Marne.
155. Brussieres, en Brie.
156. Bussy-Saint-Georges.
157. Bussy-Saint-Martin, à Bussy-Saint-Georges.
158. Buzancourt.

C.

159. Cachant.
160. Carneaux (les), près Vémars; le siege est à Vémars.
161. Carneaux, près Bullion.
162. Carrières (les), près Bercy, à Charenton, Conflans.
163. Carrières (les), sous le Bois-de-Laye.
164. Celle (la), près Saint-Cloud.
165. Celle (la), près Tournan.
166. Celle (la), en Brie.
167. Ceully.
168. Cevigny, près Champigny.
169. Chaiges, à Chavigny-sur-Orge.
170. Chaillot, Prévôté Royale.
171. Chalandray.
172. Chalifer, à Chessy.
173. Champigny-sur-Marne.

174. Champlan, à Palaiseau.
175. Champ-Rond (le).
176. Champrone.
177. Champ-sur-Marne.
178. Chanteloup, près Lagny.
179. Chanteloup, près Leuville.
180. Chanteloup, près Mont-Lhéry.
181. Chanteloup, près Poissy.
182. Chantilly, en partie.
183. Charenton. (le Bourg de)
184. Charmontiers.
185. Chapelle Saint-Denis (la), pour les cas présidiaux.
186. Charcoix, au Plessis-Pâté.
187. Charenton, Conflans.
188. Charentonneau.
189. Charenton, Saint-Maurice.
190. Charly, sur Marne.
191. Charny, en France.
192. Charny, près Couilly.
193. Charonne.
194. Chastenay, près Sceaux.
195. Châtillon, près Bagneux.
196. Châtillon, près Juvisy, à Savigny-sur-Orge.
197. Chatou.
198. Chastres, en Brie, à Tournan.
199. Chauffour, à Ecouen.
200. Chauvigny, près la Ferté-sous-Jouarre.
201. Chauvigny, près Luzarches.
202. Chelles, (le Moulin de)
203. Chelles.
204. Chenay (le), près Gournay-sur-Marne.
205. Chenay (le), près Ville-d'Avray.
206. Chenevières, sur Marne.
207. Chessy.
208. Cherainville, au Ménil-Voisin.
209. Chevilly, pour les cas présidiaux.
210. Chevreuse, pour les cas présidiaux.
211. Chevrue.
212. Chilly, à Longjumeau.
213. Choisy, en Brie.
214. Choisy-le-Roy, pour les cas présidiaux.
215. Choisy-le-Temple.
216. Citry, sur Marne.
217. Clayes (les).
218. Claye, près Chessy, à Chessy.
219. Claye, près Ville-Parisis.
220. Clèves.
221. Clichy-en-Launoy.
222. Clichy-la-Garenne.
223. Clos-Toustin.
224. Collegien, à Torcy.
225. Colombes, pour les cas présidiaux.
226. Compans-la-Ville, pour les cas présidiaux.
227. Conflans, près Bercy, à Charenton, Conflans.
228. Corbeil, *Prévôté Royale.*
229. Corfelix, près Sezanne, en Brie.
230. Cormeilles, en partie.
231. Cornillons (les), à Marly-la-Ville.
232. Couberon.
233. Couilly.
234. Couperu, près Charly-sur-Marne, à Charly-sur-Marne.
235. Coupevert.
236. Coupevray.
237. Cour-neuve. (la)
238. Courbevoye.

239 · Courcelle-la-Garenne, à Clichy-la-Garenne.
240 · Courtille (la), près la porte du Temple, en partie.
241 · Courtry.
242 · Coye, à Chantilly.
243 · Cramoyelle.
244 · Crespières, près Saint-Nom, à Videville.
245 · Crépoisse, prés la Ferté-sous-Joüarre.
246 · Créteille, pour les cas présidiaux.
247 · Croissy, en Brie.
248 · Croissy, près Chatou.
249 · Croissy, près Saint-Maur.
250 · Crosne.
251 · Crouy-sur-Ourcq.
252 · Cuisy.

D.

253 · Dammart.
254 · Dammartin, en Brie.
255 · Dammartin, en Goële, pour les cas présidiaux.
256 · Dammartin, près Mantes.
257 · Dampierre, pour les cas présidiaux.
258 · Damville, près d'Angerville.
259 · Daumont, sur Saint-Brice.
260 · Davron.
261 · Deluge (le).
262 · Dhuisy ou Doisi.
263 · Domont.
264 · Drancy. (le Grand & Petit)
265 · Dugny, pour les cas présidiaux.

E.

266 · Ecouen.
267 · Ecquevilly, ci-devant Fresne.
268 · Egly, le siege est à Olainville.
269 · Emerauville.
270 · Emery ou Emerainville.
271 · Epernon, Justice du Prieuré.
272 · Epiais.
273 · Espinay-sous-Senart.
274 · Epinay-le-Sec, lès Luzarches.
275 · Epinay-sur-Orge.
276 · Epinay-sur-Seine.
277 · Epine (l'), près Saint-Urain, à Arpajon.
278 · Essars (les).
279 · Essonne.
280 · Estrepilly, près Meaux.
281 · Etampes, Justice du Chapitre.
282 · Etang (l'), la Ville.
283 · Evecquemont.
284 · Evry-les-Pierres.
285 · Evry, sur Seine.
286 · Ezanville, à Ecouen.

F.

287 · Faremoutier.
288 · Fargis (le).
289 · Fay (le), près Linas.
290 · Fauxbourg de l'Aumône, près Pontoise.
291 · Favieres, près Mont-Lhéry.
292 · Femmeaux, le siege est à Vilaines, près Poissy.
293 · Ferrieres, en Brie.
294 · Ferrieres-la-Brosse, près Croissy.
295 · Ferrieres, près Lonjumeau.
296 · Ferté-Aleps (la).
297 · Ferté-au-Col, (la) dite Sous-Jouarre.
298 · Feuchcrolles, près Villepreux.
299 · Flacant.

300 · Flagny-le-Petit.
301 · Flavigny.
302 · Fontenay-les-Bois.
303 · Fontenay-les-Louvres.
304 · Fontenay-ſur-Bois, près Vincennes.
305 · Fontenay-aux-Roſes, en partie.
306 · Fontenay en Brie.
307 · Fontenay en France, pour les cas préſidiaux.
308 · Fontenay-le-Fleury.
309 · Fontenay, près d'Aunay.
310 · Fontenay-ſous-Bois.
311 · Fontenelle.
312 · Fontenet les-Bries, à Soucy.
313 · Fort-aux-Dames (le) de Montmartre, pour les cas préſidiaux.
314 · Foſſée (la), à Sevran.
315 · Foucherolle, près Palaiſeau.
316 · Fourqueux.
317 · Franconville, en partie.
318 · Frepillon, à Maubuiſſon.
319 · Freſne, près Claye.
320 · Freſne, près Meulan.
321 · Freſne-le-Rungis.
322 · Freſne-ſur-Marne.
323 · Frêtre (la), en partie.

G.

324 · Gagny, près Neuilly-ſur-Marne.
325 · Garenne, le ſiege eſt à Saint-Germain-en-Laye.
326 · Gentilly, grand & petit.
327 · Germigny-l'Evêque.
328 · Gerville, à Bruyères-le-Châtel.
329 · Geſvre, près Crouy-ſur-Ourcq.
330 · Gilles-Voiſins, au Ménil-Voiſin.
331 · Glatigny, près Andrezis.
332 · Gometz-la-Ville.
333 · Gometz-le-Châtel ou Saint-Clair.
334 · Goneſſe.
335 · Gournay-ſur-Marne.
336 · Gouſſainville, pour les cas préſidiaux.
337 · Grandchamp, près la Ferté-ſous-Jouarre.
338 · Grandchanp (le Prieuré de).
339 · Grange de Bercy (la), à Charenton, Conflans.
340 · Grange du Milieu (la).
341 · Granges (les), près Palaiſeau.
342 · Gravigny, à Longjumeau.
343 · Grenelle.
344 · Greſſy en France, près Meſſy.
345 · Gretz, à Tournan.
346 · Grignon, près Thiais, à Thiais.
347 · Grignon, près Thyverval.
348 · Grignon, près Villepreux.
349 · Gros-Bois, pour les cas préſidiaux.
350 · Gueilly-la-Renardiere.
351 · Germandre, près Lagny.
352 · Guermantes, à Buſſi-Saint-Georges.
353 · Guette (la).
354 · Guillerville, à Arpajon.

H.

355 · Haute-Bruyere.
356 · Herbeville, le ſiege eſt à Bazemont.

357 · Herblay, en partie.
358 · Hérivaux.
359 · Hermieres, à Ferrieres en Brie.
360 · Houdevilliers, en Brie.
361 · Houilles.
362 · Hournay.
363 · Huisy.

J.

364 · Jablines, le siege est à Chessy.
365 · Janville, au Ménil-Voisins.
366 · Jariel (le).
367 · Igny, près Verrières.
368 · Jossigny, près Chelle.
369 · Jossigny, près Chanteloup en Brie.
370 · Jouy.
371 · Jouy, en Josias.
372 · Jouy-le-Mouthier, pour les cas présidiaux.
373 · Jouy-sur-Morin.
374 · Joyenval.
375 · Isle Saint-Denis, pour les cas présidiaux.
376 · Isle-les-Villenoy.
377 · Issy.
378 · Isses-les-Villiers, le Rigault-en-Brie.
379 · Iteville, au Ménil-Voisins.
380 · Iverny.
381 · Juilly.
382 · Ivry.
383 · Juvisy.

L.

384 · Lagny.
385 · Lande (la).
386 · Lanluets, le siege est à Feucherolles.
387 · Lardy, au Ménil-Voisins.
388 · Lassy.
389 · Laumoy, à Ormoy.
390 · Launay-Courson, pour les cas présidiaux.
391 · Launay, près Crespières.
392 · Launay, Saint-Michel.
393 · Lay, pour les cas présidiaux.
394 · Lesploy, ou Lexploi.
395 · Létang-la-Ville.
396 · Levis.
397 · Leuville.
398 · Liers, au Plessi-Pâté.
399 · Lieusaint.
400 · Limons.
401 · Limeil.
402 · Limours. *Bailliage Royal.*
403 · Lissy, en Brie.
404 · Lisy-sur-Ourcq.
405 · Lisy, près Meaux.
406 · Livry-en-Launois; dit Rainty.
407 · Livry, près Neuilly.
408 · Livry.
409 · Lognes, près Mantes.
410 · Lognes, près Saint-Maur; à Champ-sur-Marne.
411 · Longchamp, à Chaillot.
412 · Longjumeau.
413 · Longpont.
414 · L'Hôpital-lès-Sablonnieres.
415 · Louvres, en partie.
416 · Luciennes, en partie.
417 · Lumigny.
418 · Luzarches.

M.

419 · Macy, le siege est à Longjumeau.
420 · Masslé ou Massiers.

Madeleine (la),

421. Madeleine (la), à Tournan.
422. Magny-le-Hongre, près Dauvet-sur-Marne, au fief Sainte-Genevieve.
423. Maisons.
424. Maison-Blanche, près Lesigny.
425. Maison-Rouge, près Saint-Fargeau-sur-Seine.
426. Maisons, près Creteil, pour les cas présidiaux.
427. Maisons-sur-Seine.
428. Malnoues.
429. Mantes, près Pontoise.
430. Marais (le), près Arpajon, en partie.
431. Marcoussi.
432. Mareil, près Wideville, à Wideville.
433. Marle, à Tournan.
434. Marly. (le port de)
435. Marly-la-Ville, près Louvres.
436. Maroles, à Vilaines, près Poissy.
437. Maroles, près Arpajon.
438. Maubuisson, près Pontoise.
439. Maudiné, à Champ-sur-Marne.
440. Maule-sur-Mandre.
441. Maulle-sur-Mauldre.
442. Maulny, près Bagnolet.
443. Mauny, près Fourches.
444. Mauregard, près Roissy-en-Parisis.
445. Maurepas, à Mitry-en-France.
446. Maurianville, à Bruyères-le-Châtel.
447. May (le), près Franconville.
448. Meaux, *Justice de l'Evêque.*
449. Meaux, *Justice du Chapitre.*
450. Medan.
451. Mellot.
452. Menil-en-France. (le)
453. Mesnil-Amelot, à Mauregard.
454. Menil-Aubry, à Ecouen.
455. Mesnil-le-Roi, à Maisons-sur-Seine.
456. Menil-Montant, en partie.
457. Mesnil-Saint-Denis, près Chevreuse.
458. Mesnil-Voisins.
459. Mery, près Frepillon.
460. Mériel.
461. Meru.
462. Messy en France, près Gressy.
463. Mesly, près Créteil.
464. Meudon, pour les cas présidiaux.
465. Meulan.
466. Mignaux, à Vilaines, près Poissy.
467. Mignaux, près Verrières.
468. Mitry, en France.
469. Moineau, à Nogent-sur-Marne.
470. Moisy-le-Temple, près Meaux.
471. Monsaut, près Baillet en France.
472. Monceleux, près Sevran.
473. Mondonville, à la Norville.
474. Mongé, à Dammartin.
475. Mons, pour les cas présidiaux.
476. Montas.
477. Montainville, à Wideville.
478. Montauban, à Vaujou.
479. Montaugland.
480. Montaumer.

481 · Montcrepin.
482 · Montreclin, à Bièvre.
483 · Montereau-sous-Bois.
484 · Monthion, près Meaux.
485 · Montesson.
486 · Montfermeil.
487 · Montfoulin, près la Ferté-sous-Jouarre.
488 · Montgeroux.
489 · Montguyon, près Meaux, à Bailli-en-Brie.
490 · Montjay, près Vilvaudé.
491 · Montigny, près la Trinité.
492 · Montjoye, à Poissy.
493 · Montlhery.
494 · Montmeillan.
495 · Montreuil-aux-Lions, près Château-Thiery.
496 · Montreuil, près Saint-Germain-en-Laye.
497 · Montreuil-sous-Bois.
498 · Mont-Rouge. grand
499 · Mont-Rouge. petit
500 · Morainvillers.
501 · Morangis, ci-devant Louans.
502 · Morfontaine.
503 · Morsan-sur-Orge.
504 · Morsan-sur-Seine.
505 · Motte (la), à Bièvres.
506 · Moussy-le-Neuf.
507 · Moussy-le-Temple.
508 · Moussy-le-Vieux.
509 · Moulignon, *Bailliage Royal.*
510 · Moulin de Chelle, à Chelle.
511 · Mousseaux, près le Roule.

N.

512 · Nanterre.
513 · Nanteuil-sur-Marne.
514 · Nantouillet, près Compans.
515 · Neausle-le-Châtel.
516 · Nausle-le-Vieux.
517 · Nerville.
518 · Neuilly-sur-Marne.
519 · Neuilly-sur-Seine.
520 · Nogent-l'Artaut.
521 · Nogent-sur-Marne.
522 · Noiseau.
523 · Noisement.
524 · Noisiel.
525 · Noisy-le-Grand, le siege est à Champ-sur-Marne.
526 · Noisy-le-Sec.
527 · Noisy, près Milly en Gâtinois.
528 · Noisy-sur-Seine, à Crône.
529 · Norville (la).

O.

530 · Oissery.
531 · Ollainville.
532 · Orengy, le siege est à Savigny-sur-Orge.
533 · Orgeval.
534 · Orly, pour les cas présidiaux.
535 · Ormoy.
536 · Ozoir-la-Ferriere, pour les cas présidiaux.

P.

537 · Palaiseau.
538 · Parc-aux-Dames (le), en Valois.
539 · Passy, près Chaillot.
540 · Pavant.
541 · Pecq (le), le siege est à Saint-Germain-en-Laye.
542 · Pantin.
543 · Perreux (le).
544 · Perey (le).
545 · Pezière, à Claye, près Ville-Parisis.

546. Pierrefite, en partie.
547. Pin (le).
548. Pierrelaye.
549. Piple.
550. Piſſe-Fontaine ou Puis-Fontaine.
551. Plailly.
552. Plaiſance, à Nogent-ſur-Marne.
553. Pleſſis (le).
554. Pleſſis-Belleville (le).
555. Pleſſis-Gallot (le), à Ecouen.
556. Pleſſis (le), près Lagny.
557. Pleſſis-Luzarches (le), ou des Vallées.
558. Pleſſis-Piquet (le).
559. Pleſſis-Pâté (le).
560. Pleſſis-Saint-Antoine (le).
561. Poigny.
562. Poiſſy.
563. Pomponne, à Brou.
564. Ponguin, près Rambouillet.
565. Ponguy, près Saint-Leger.
566. Pont-aux-Dames.
567. Pont-Carré.
568. Pont-Chartrain, pour les cas préſidiaux.
569. Pont de-Charenton (le), à Charenton, Conflans.
570. Porchefontaine.
571. Porcherons (les).
572. Port-au-Pec. (le)
573. Port-Royal, près Saint-Lambert.
574. Pré Saint-Gervais (le), en partie.
575. Puiſeaux en Gâtinois.
576. Puteaux, pour les cas préſidiaux.

Q.

577. Queue-de-Brie (la), le ſiege à Nogent-ſur-Marne.
578. Quincy, près la forêt de Senart, grand & petit.
579. Quincy, près Lagny.

R.

580. Rabaché.
581. Raincy (le), ci-devant Livry-en-Launoy.
582. Raoul, le ſiege eſt à Goneſſe.
583. Renouillière, à Arpajon.
584. Reuil, en Brie.
585. Reuilly.
586. Roiſſy, près Ormoy.
587. Roiſſy, près Vaudoire.
588. Roquencourt.
589. Roche (la), Olainville.
590. Roiſſy, en Brie.
591. Roiſſy en France, pour les cas préſidiaux.
592. Romaincourt, à Goneſſe.
593. Romainville, près Belleville.
594. Roſny, ſous Vincennes.
595. Rouget, à la Ferté-ſous-Jouarre.
596. Roule (le).
597. Rudenoiſe, près Charly-le-Marne.
598. Rué (grand & petit), à Bruyères-le-Châtel.
599. Ruel, près Meaux.
600. Ruel, près Puteaux, pour les cas préſidiaux.
601. Rungis.

S.

602 · Sablonnières-le-Temple.
603 · Saint-Cloud, pour les cas présidiaux.
604 · Saint-Cler.
605 · Saint-Cyr, pour les cas présidiaux.
606 · Saint-Denis en France, pour les cas présidiaux.
607 · Saint-Fargeau-sur-Seine.
608 · Saint-Fiacre, en Brie.
609 · Saint-Frambourg, le siege est à Vitry-sur-Seine.
610 · Sainte-Gemme, à Poissy.
611 · Sainte-Genevieve, à Magny-le-Hongre.
612 · Sainte-Genevieve-des-Bois.
613 · Sainte-Genevieve de Paris.
614 · Saint-Germain-des-Prés, à Paris.
615 · Saint-Germain-lès-Châtres.
616 · Saint-Germain-en-Laye, *Prévôté Royale.*
617 · Saint-Gervais, à Pierrefite.
618 · Saint-Gobert.
619 · Saint-Haulde, près la Ferté-sous-Jouarre.
620 · Saint-Jean-de-Latran-de-Paris.
621 · Saint-Jean-de-Latran, (la Commanderie à Villier-Auber, & Saint-Jean-de-Latran à Fontenay-aux-Roses).
622 · Saint-Jean-de-Latran (la Commanderie de), pour le fief de la Tombe, Issoire & le petit Mont-Rouge.
623 · Saint-Lazarre, à Montreuil-sous-Bois.
624 · Saint-Lazarre, de Paris.
625 · Saint-Léger, à Saint-Germain-en-Laye.
626 · Saint-Mandé.
627 · Saint-Marcel, de Paris.
628 · Saint-Martin-des-Champs, de Paris.
629 · Saint-Martin, près Bondy.
630 · Saint-Martin, à Fontenay-sur-Bois.
631 · Saint-Martin-des-Champs (le Prieuré de), à Aubervilliers.
632 · Saint-Martin, près Pontoise.
633 · Saint-Maur, à Nogent-sur-Marne.
634 · Saint-Maur-des-Fossés.
635 · Saint Mesme, à Dammartin.
636 · Saint-Michel-sur Orge, à Ormoy.
637 · Saint-Nom, à la Bretèche.
638 · Saint-Ouen, près S. Denis.
639 · Saint-Ouen-de-l'Aumône, près Pontoise.
640 · Saint-Paul, près Beauvais.
641 · Sejour (le), près le Pont de Charenton.
642 · Seve.
643 · Saint-Sulpice, de Favières.
644 · Saint-Supplex, à Dammartin.
645 · Saint-Victor, à Fontenay-sous-Bois.
646 · Saint-Victor, à Montreuil-sous-Bois.
647 · Saint-Vist-des-Champs, à Mont-Meillan.
648 · Saint-Urain.
649 · Saintry.
650 · Sarcelles.
651 · Saucier.

652. Savigny.
653. Savigny, près Blanc-Ménil.
654. Savigny, sur Orge.
655. Sceaux-les-Chartreux.
656. Sceaux, du Maine.
657. Senlis, *Justice du Chapitre.*
658. Sevran.
659. Sognoles, près Frepillon.
660. Sognoles, à Maubuisson.
661. Soucy, près Fontenay-lès-Bries.
662. Souilly, à Claye, près Ville-Parisis.
663. Souzy.
664. Stains, près Saint-Denis.
665. Sucy.
666. Surenne.

T.

667. Temple, (le) de Paris.
668. Tresmes.
669. Thiais.
670. Thieux.
671. Tillay.
672. Tilly.
673. Tombisoire (la), le siege est au petit Mont-Rouge.
674. Torcy.
675. Torigny.
676. Tournan.
677. Tournelle-de-Laye (la).
678. Touvoye.
679. Temblay en France, pour les cas présidiaux.
680. Triel, *Prevôté Royale.*
681. Tribaldou, près Meaux.
682. Trilleport, près Meaux.
683. Trousse (la), à Lizy-sur-Ourq.
684. Tuillerie (la), à la Bretèche.

V.

685. Valenton.
686. Valorge, le siege est à Leuville.
687. Val (le), près Frépillon.
688. Val-profond (le), à Bievre.
689. Val-Saint-Germain (le), ou Sainte-Julienne, au Marais, près Arpajon.
690. Vaudoué, près Milly, en Gâtinois.
691. Vareddes, près Meaux.
692. Vauboyan, à Bièvre.
693. Vanvres.
694. Vaucresson, pour les cas présidiaux.
695. Vaudherlan.
696. Vaugirard, à Issy.
697. Vaugrigneuse.
698. Vaujou.
699. Vauluisant.
700. Vaumartin, à la Bretèche.
701. Vaux, à Maisons-sur-Seine.
702. Vaux, de Cernay.
703. Vaux (grand), près Savigny-sur-Orge.
704. Vauxhallan, à Limon.
705. Velizy, à Bièvre.
706. Veuves, Justice de Sainte-Genevieve.
707. Veuves, Justice de M. le Prince de Condé.
708. Vergalan, à Vaujou.
709. Ver-le-Grand, à Arpajon.
710. Ver-le-Petit, à Arpajon.
711. Verneuil, près Triel.
712. Vernouillet, près Triel.
713. Verrières, à Antony.
714. Versailles, pour les cas présidiaux.

715. Veuilly-la-Poterie, près Château-Thierry.
716. Viarmes.
717. Vieux-Moulin, près la Ferté-Milon.
718. Vigneu, en partie.
719. Vilaines, à Longjumeau.
720. Vilaines, près Poiſſy.
721. Villarceau, près Noray.
722. Villebon, près Maſſy.
723. Villebon, près Meudon.
724. Villebon, près Palaiſeau.
725. Ville d'Avray.
726. Ville-Dieu. (la)
727. Ville-Moiſſon, ſur Orge.
728. Villemomble, à Fontenay-ſur-Bois.
729. Villeneuve, près le Menil-Amelot.
730. Villeneuve, près Montagny-Sainte-Félicité.
731. Villeneuve, ſur Bellot.
732. Villefavereuſe.
733. Villeflix, à Noiſy-le-Grand.
734. Villegenis.
735. Villejuif.
736. Villelouvette, près d'Olainville, à Olainville.
737. Villemenon.
738. Ville-Milan.
739. Villenoy.
740. Villemoiſſon, à Sainte-Genevieve-des-Bois.
741. Villeneuve-aux-Aulnes.
742. Villeneuve-le-Roi, près Ablon.
743. Villeneuve-Saint-Georges.
744. Villeneuve, ſous Dammartin, en France.
745. Villepinte, pour les cas préſidiaux.
746. Ville-Pariſis.
747. Villepreux.
748. Villenoy, pour les cas préſidiaux.
749. Villette (la).
750. Villiers.
751. Villette-Saint-Denis (la), en partie.
752. Villette-Saint-Laurent (la).
753. Villette-Saint-Lazare (la).
754. Villiers-Adam.
755. Villiers, à Vilaines, près Poiſſy.
756. Villiers-le-Bacle.
757. Villiers-le-Bel, à Ecouen.
758. Villiers-le-Châtel, ou ſur-Orge.
759. Villiers-le-Waſt.
760. Villiers, près Saint-Fargeau-ſur-Seine.
761. Villiers-ſur-Marne, à Champ-ſur-Marne.
762. Villiers-ſur-Morin.
763. Vilver, près des Loges.
764. Vinantes, à Dammartin.
765. Vineuil, près Nantouillet.
766. Viry, à Savigny-ſur-Orge.
767. Vitry, ſur Seine.
768. Wideville.
769. Wiſſous, en partie.

TABLE
ALPHABÉTIQUE
ET ANALYTIQUE
Des Matières contenues dans ce Recueil.

A.

ACQUISITION; Aliénation.

L'ÉDIT d'établissement de l'Hôpital-Général permet aux directeurs d'acquérir, aliéner, vendre & échanger tous ses biens, tant meubles qu'immeubles (1). *Edit du mois d'Avril 1656*, *article 46*, *page premiere*.

Le même édit autorise à prendre, pour l'avantage de l'Hôpital-Général, des terres de proche en proche, sous la condition que la valeur en sera payée d'après l'estimation. *Art. 48*, *ibidem*.

En conséquence des dispositions ci-dessus, le Parlement déclare, conformément aux conclusions du ministere public, l'Hôpital-Général libre de vendre, d'acquérir, recevoir & posséder, comme les particuliers, toutes especes d'immeubles, sans qu'on puisse appliquer la prohibition portée par l'édit d'Août 1749, concernant les gens de main-morte. *Arrêt du Parlement de Paris du 13 Mars 1767*, *page 2*. Il est rapporté ensuite un extrait du plaidoyer fait par M. le président Joly-de-Fleury, qui porte la parole dans la cause comme Avocat-géneral, *pages 5*, *6 & 7*.

AIDES.

Voyez EXEMPTIONS, *pages 176*; *&* MANUFACTURE, 408.

ALIGNEMENTS de Paris.

Voyez PRIVILEGES, *page 227*.

AMENDES adjugées en termes généraux.

Les amendes qui sont adjugées dans la ville, fauxbourgs, prévôté & vicomté de Paris, en termes généraux, & sans autre désignation, *aux Pauvres*, appartiennent à l'Hôpital-Général. *Edit du mois d'Avril 1656*, *art. 31*, *page 8*.

Le même édit enjoint aux greffiers de toutes les justices & jurisdictions de la ville de Paris, d'envoyer au bureau de l'Hôpital les extraits

(1) L'edit du mois de Janvier 1780, concernant la vente des biens des Hôpitaux, rapporte a la *page 97 du recueil*, n'a d'application à l'Hôpital-General de Paris, qu'en ce que depuis la promulgation les ventes des biens de cet Hôpital sont faites par des encheres publiques.

des jugemens, sentences & arrêts contenant des adjudications d'amendes, ou applications quelconques au profit dudit *Hôpital*, *des Hôpitaux ou pauvres;* à peine d'en répondre en leur propre & privé nom; & de les délivrer gratuitement. *Art. 68*, *page* 8.

AMENDES des Eaux & Forets.

Le quart, tant des amendes qui ont été prononcées avant la promulgation de l'édit, que de celles qui le seront à l'avenir pour les délits, malversations & usurpations des Eaux & Forêts de France, est appliqué au profit de l'Hôpital-Général, avec pouvoir aux directeurs d'en faire le recouvrement. *Art.* 38, *page* 8.

En conséquence, il est rendu un arrêt au Conseil d'Etat, qui condamne en 300 liv. d'amende envers l'Hôpital-Général, ceux qui mettront leurs bateaux dans le courant de l'eau de la pompe. *Arrêt du* 11 *Juin* 1685, *page* 8.

AMENDES de Police.

L'édit de 1656 attribue à l'Hôpital-Général le quart, soit des amendes de police, soit de toutes les marchandises & choses qui seront déclarées acquises & confisquées. *Art.* 39, *page* 8.

En exécution de la premiere partie de cet article, les propriétaires des maisons de Paris qui ne se conforment point aux regles concernant les alignemens & ouvertures des rues, sont sujets à une amende de 3000 liv. envers l'Hôpital-Général. *Déclaration du roi du* 10 *Avril* 1783, *page* 22.

D'après le même principe, le Conseil ordonne que la moitié du prix de la vente de pieces d'étoffes de soie & d'autres marchandises saisies pour des contraventions, & confisquées à la requête de l'adjudicataire-général des fermes, sera remise à la caisse de l'Hôpital-Général. *Arrêt du* 9 *Avril* 1737, *page* 14.

Le Parlement fait partager à cet Hôpital, avec l'Hôpital de la ville de Mont-Brison, deux amendes qu'il prononce contre deux habitans de ladite ville; & du consentement de la dame de Gibercourt, il applique aux pauvres de l'Hôpital-Général la condamnation en 1000 liv. de dommages & intérêts qu'elle obtenoit contre le sieur Lay-de-Serisy. *Arrêts du* 12 *Juillet* 1686, *page* 9; *& du* 15 *Juillet* 1741, *page* 18.

Les amendes qui seront prononcées pour des contraventions relatives à l'établissement du Mont-de-Piété, sont déclarées par le Parlement applicables aux pauvres de l'Hôpital-Général. *Arrêt du* 10 *Août* 1779, *page* 21.

La Cour des Monnoies leur applique la moitié de l'amende de 300 liv. à laquelle cette Cour condamne Julien Alaterre, adjudicataire des fermes-générales, pour avoir apposé son poinçon sur des ouvrages d'or & d'argent venans de l'étranger. *Arrêt du .... page* 20.

Le siege de Police adjuge à l'Hôpital-Général une partie, soit des confiscations, soit des amendes qu'il prononce contre des laboureurs, à cause de fausses déclarations par eux faites de grains & de farines. *Sentences des* 4 *&* 18 *Juin* 1709, *pages* 10, 11 *&* 12.

Il adjuge pareillement à l'Hôpital-Général le tiers des amendes auxquelles il condamne plusieurs boulangers, pour avoir contrevenu à des arrêts du Parlement rendus, concernant la vente des deux sortes de pain alors autorisés. *Sentence du* 22 *du même mois*, *page* 13.

La nommée Corniquet est condamnée par le même siege en 3000 liv.

d'amende, pour contravention aux réglemens concernant le Mont-de-Piété. *Sentence du 4 Février 1780, pages 21 & 22.*

De son côté le bureau de l'hôtel-de-ville de Paris déclare au profit du même Hôpital les amendes qu'il prononce dans les trois cas qui suivent : 1°. Contre des marchands, pour avoir exposé en vente des charbon, avoine & bled en contravention aux réglemens ; 2°. contre un juré-crieur, coupable d'avoir retenu les deniers de sa communauté ; 3°. contre des particuliers qui avoient élevé des bâtimens au-delà des limites de la ville. *Sentences des 13, 22 & 27 Août 1738, 3 Mars 1741, & 16 Octobre 1748, pages 14, 15, 16, 17 & 18.*

AMORTISSEMENT.

Voyez EXEMPTIONS, *page 174.*

ARCHERS.

Il est permis aux directeurs d'avoir un bailli de l'Hôpital, des sergens & gardes, avec hallebardes & autres armes convenables, & tous autres officiers, tant pour exécuter les ordonnances qui seront rendues par l'administration, que pour arrêter les mendians, conduire dans les maisons de l'Hôpital ceux qui y doivent être placés, renvoyer ceux qui sont dans le cas d'en être chassés ou exclus. Ces bailli, sergens, gardes & autres officiers sont sujets à être institués & destitués à la volonté des directeurs. Defenses à tous officiers particuliers & juges de les troubler dans leurs fonctions. Il est au contraire enjoint au chevalier du guet & aux autres ministres & officiers de justice, de donner main-forte pour l'exécution des ordonnances des directeurs. *Art. 14, 20 & 21 de l'édit de 1656; arrêts du Parlement des 20 Août 1659, & 28 Juin 1694, & ordonnance de m. le duc de Grammont, lors colonel du régiment des gardes-françoises, qui prononce la peine de mort contre les soldats dudit régiment qui inquiéteroient les archers dans la recherche des pauvres, pages 23, 24 & 25.*

ARTS ET MÉTIERS. Communautés de marchands & autres corps de maîtres.

1re PARTIE. *Taxe sur les maîtrises.*

Le tiers des Lettres de maîtrises qui sont données par les rois en faveur des mariages & naissances des enfans de France, pour leur avénement à la couronne, ou pour d'autres causes singulieres, appartient à l'Hôpital-Général. *Edit de 1656, art. 40; & arrêts du Parlement des 6 Février 1671, & 22 Janvier 1683, rendus contre des donataires du roi & des lettres de maîtrises, 26, 29 & 34.*

Tous compagnons de métiers, lors de leurs brevets d'apprentissage, & tous les maîtres, lors de leurs chef-d'œuvres, expériences ou jurande, sont tenus de donner à l'Hôpital-Général une somme réglée par un rôle arrêté au Parlement, & d'en rapporter la quittance avant que les brevets d'apprentissage & lettres de maîtrises leur soient délivrés. *Art. 42, page 26.*

En exécution de l'Edit, le Parlement ordonne que chaque maître des six corps, des marchands de vin, des vendeurs, mesureurs, porteurs de grains & charbon, payera la somme de 40 liv. à l'Hôpital-Général, lorsqu'il sera reçu officier ou maître ; & que chaque apprentif des six corps & des marchands de vin, payera la somme de 3 liv. lors de son brevet d'apprentissage ; que chaque maître, soit des autres corps & communautés, soit des arts & métiers de Paris, payera pareille somme de 3 liv. lors de sa maîtrise ; & chaque apprentif desdits corps & communaunautés, arts & métiers, la somme de 1 liv. lors de son brevet d'apprentissage; les réceptions ne pouvant être faites & les brevets d'apprentissage être registrés que sur la représentation de la quittance du receveur de l'Hôpital. *Arrêts du Parlement des 6 Septembre 1659, 30 Juin 1673, & 5 Mars 1681, dont les deux derniers déclarent les gardes & jurés responsables de la taxe en leur propre & privé nom, pages 27, 30, 31, 32 & 33.*

La Cour des Monnoies rend un semblable arrêt; & elle arrête un rôle au sujet des tireurs d'or & d'autres marchands & ouvriers, ses justiciables. *Arrêt du 29 Décembre 1657, page 418.*

Pour assurer & faciliter à l'administration la recette des taxes, le Parlement défend au procureur du roi du Châtelet, sous peine de répondre de la taxe, qu'il reçoive aucun maître des arts & métiers; & aux greffiers qu'ils délivrent aucunes lettres de maîtrises, sans que la quittance du receveur de l'Hôpital leur ait été représentée. Il ordonne auxdits greffiers de délivrer des états d'eux certifiés des receptions, & défend aux notaires de recevoir, passer & délivrer aucun brevet d'apprentissage, & aux marchands & gardes des six corps, jurés & maîtres des communautés des arts & métiers, de les signer & enregistrer, s'ils n'ont vu la quittance du receveur de l'Hôpital-Général : enjoint aux notaires de mentionner dans les expéditions qu'ils délivreront, & aux gardes & jurés dans leur enregistrement, qu'elle leur a été représentée; aussi à peine par les uns & les autres de répondre personnellement de la taxe, & d'amende de 50 liv. pour chaque contrevenant & pour chaque contravention, applicables aux pauvres de l'Hôpital. Le Parlement ordonne en outre, & sous pareilles peines, aux gardes des six corps & aux jurés des communautés, de donner tous les trois mois au receveur de l'Hôpital des états d'eux certifiés de tous les apprentissages faits, & des marchands qui ont été reçus dans leurs corps pendant ledit tems. *Arrêts des 23 Septembre 1664, 18 Mai 1665, 6 Juillet 1735 & 9 Février 1748, pages 28, 29, 35, 36, 37, 38 & 40.*

2e PARTIE.
Gagnans maîtrise.

L'édit de 1656 dispose en faveur des éleves de l'Hôpital-Général, que chacun des corps de métiers de la ville & fauxbourgs de Paris sera tenu de donner, quand il en sera requis, deux compagnons, même les maîtresses lingeres deux filles, pour apprendre leur métier aux enfans de l'Hôpital-Général; & que lesdits compagnons & filles, après avoir servi pendant six années à l'Hôpital, seront, sur les certificats à eux délivrés par les directeurs, reçus à la maîtrise d'iceux corps & métiers. *Art. 55, dont l'exécution est assurée par cinq arrêts du Parlement des 15 Mars 1724, 9 Juin 1729, 17 Mai 1741, 10 Avril 1745, 2 Août 1749, & par un arrêt du Grand-Conseil du 22 Novembre 1754, pages 40, 41, 42, 43, 44, 45, 46, 47, 48, 49, 50, 51, 52 & 53.*

Chacun aussi des corps des apothicaires & chirurgiens doit donner jusqu'à deux compagnons de son corps, qui soient capables de servir gratuitement en l'Hôpital, & d'y assister les pauvres, les officiers & domestiques, savoir : les pauvres dans les indispositions communes; les officiers & domestiques dans les maladies ordinaires : après lequel tems de six années, & sur le rapport des certificats desdits directeurs, lesdits compagnons apothicaires & chirurgiens gagneront pareillement leurs maîtrises. *Art. 57; arrêts rendus au Parlement le 26 Juillet 1747, & au*

Conseil d'Etat du Roi, le 8 Mars 1756, contre la communauté des apothicaires, pages 40, 48, 54, 55 & 56.

Ceux qui ont servi comme maîtres & maîtresses d'école pendant dix années dans l'Hôpital-Géneral, peuvent être maîtres & maîtresses à Paris, sans autre examen, lettres ni permission, que le certificat de leurs services par les directeurs. *Edit de 1656, art. 58, page 40.*

Il est ordonné contre la communauté des maîtres vitriers, peintres sur verre, que les maîtres de l'institution de l'Hôpital-Général seront appellés dans toutes les assemblées de la communauté, de même que ceux reçus par chef-d'œuvres, & qu'il n'y aura aucune distinction entre les uns & les autres, soit pour l'inscription sur le tableau, soit pour la réception de leurs enfans, & les autres cas. *Arrêt du Parlement en forme de réglement du 26 Mars 1740, page 42.*

3e PARTIE. *Apprentissage des enfans élevés à l'hôpital-général.*

Dans la vue de subvenir à la fois à l'Hôpital-Général & aux enfans qui y sont élevés, l'édit de 1656 ordonne qu'en cas que l'Hôpital-Général soit surchargé des enfans, selon l'avis des directeurs, ils seront mis en métier chez les maîtres, sans pouvoir prendre par eux autre chose que l'obligation de s'en servir deux ans au-pardessus le tems requis pour les apprentissages de chacun métier.

L'arrêt de vérification modifiant la disposition de l'édit, quant à l'obligation des maîtres, porte que les jurés seront invités à placer chez lesdits maîtres les enfans de l'Hôpital. *Edit du mois d'Avril 1656, art. 56, & arrêt du 27 dudit mois, page 57.*

***ARRÊTS** de surséance.*

Voyez le mot EXEMPTIONS, DROITS & PRIVILEGES, *page 185.*

***ATTRIBUTION** de jurisdiction.*

Voyez le mot PROCÈS, *page 535.*

AUMÔNES.

Le Parlement de Paris, en vertu des ordres à lui adressés par le roi FRANÇOIS I, autorise les maîtres & gouverneurs des Enfans *de Dieu*, depuis appellés *Enfans-Rouges* (1), à faire faire des quêtes dans les églises & paroisses de la ville de Paris. *Arrêt du 11 Décembre 1538, page 329.*

L'édit d'établissement de l'Hôpital-Général permet aux directeurs toutes quêtes, troncs, bassins, grandes & petites boîtes dans les églises, carrefours & lieux publics de la ville & fauxbourgs, prévôté & vicomté de Paris, même d'avoir des boîtes aux magasins, comptoirs & boutiques des marchands, aux hôtelleries, aux lieux des coches, aux marchés publics, halles & foires, sur les ponts, ports & passages, & en tous lieux où l'on peut être excité à faire la charité, aux baptêmes, mariages, convois, enterremens, services & actes de cette qualité. *Art. 36, page 58.*

Dans la vue de faciliter le recouvrement des aumônes, le Parlement regle que les administrateurs établiront dans chacune des paroisses de

(1) Les Enfans-Rouges ont été depuis réunis à l'Hôpital des Enfans-Trouvés, sous l'administration des directeurs de l'Hôpital-Général.

Paris, une femme qui quêtera pour l'Hôpital, à la suite des bassins de l'œuvre; & il fait défenses à toutes personnes d'y apporter empêchement. *Arrêt du 5 Décembre 1659, page 58.*

La permission est confirmée par la même Cour pour les diverses églises de la ville & de ses fauxbougs; & les défenses sont réitérées aux marguilliers, sacristains, supérieurs de maisons régulieres & séculieres, prêtres, religieux en mission, & à tous autres, de troubler ces quêtes, à peine de 300 liv. d'amende, applicable à l'Hôpital-général, pour chaque trouble & empêchement. *Arrêt du 6 Mars 1733, page 91.*

Les aumônes faites en la ville, fauxbourgs, prévôté & vicomté de Paris, en termes généraux, *aux pauvres*, sans désignation, appartiennent à l'Hôpital-Général. *Art. 31, & arrêt rendu au Parlement de Paris le 5 Décembre 1659, pages 57 & 58.*

AUMÔNES de fondations.

Les aumônes de fondation faites en argent, grains, ou autres natures, desquelles sont chargées des communautés séculieres & régulieres, même les simples particuliers de la ville, fauxbourgs, prévôté & vicomté de Paris envers les pauvres, sont déclarées appartenir à l'Hôpital-Général. *Art. 34, page 57.*

Il est ordonné, en exécution, que dans quinzaine les prieurs, religieux & couvents des abbayes & prieurés établis dans cette étendue, seront tenus de fournir aux directeurs de l'Hôpital, des états par détail, tant des biens, droits & revenus des aumôneries de leurs maisons, & biens destinés à être remis aux pauvres, que des fruits & revenus produits par lesdits biens, depuis l'année 1656; pour, sur la représentation d'iceux états, & des pieces justificatives faites à des commissaires du Conseil, être pourvu par sa majesté, ainsi qu'il appartiendra. *Arrêt du Conseil du 15 Décembre 1676, page 70.*

Les religieux du prieuré de Saint-Martin-des-Champs voulans prévenir la décision du Conseil par rapport à l'aumône à laquelle ils sont sujets, s'obligent eux & leurs successeurs de délivrer chaque année à l'Hôpital-Général, la quantité de cinquante-deux septiers de bled méteil, bon, loyal & marchand. *Acte du 30 Avril 1678, en forme de transaction, page 72.*

AUMÔNES des Eaux & Forets.

Le quart des condamnations d'aumônes pour les délits, malversations ou usurpations des Eaux & Forêts de France, appartient à l'Hôpital-Général. *Art. 38, commun aux amendes prononcées pour les mêmes causes, page 58.*

AUMÔNES à la réception des officiers, & sur des marchés & adjudications faites en justice.

Voyez le mot OFFICIERS, *page 481.*

AUMÔNES du sceau & baux du Conseil.

L'Hôpital-Général a le quart des aumônes, tant du grand & petit sceau, que des marchés, baux & adjudications qui sont faites au Conseil. *Art. 37, page 58.*

Aumônes extraordinaires, ou qui ont lieu dans des tems de disette.

L'édit d'Avril 1656, veut qu'à la réserve de l'Hôtel-Dieu & des autres maisons hospitalieres, toutes les communautés régulieres & séculieres des deux sexes établies dans les ville, fauxbourgs, prévôté & vicomté de Paris, tous les corps laïcs, ceux des métiers & toutes autres personnes contribuent à la subsistance de l'Hôpital-Général; & faute de le faire volontairement, qu'ils soient cotisés à la requête du sieur procureur-général. *Art.* 35, dont la disposition est restreinte par l'arrêt d'enregistrement à l'égard des bourgeois, *au cas de nécessité*, la taxe demeurant ordonnée vis-à-vis d'eux pour ce cas uniquement. *Pages* 57 *&* 58.

Dans les circonstances extraordinaires ou de disette, qui arrivent à Paris, m. l'archevêque, les abbés, prieurs, chapelains, tous les autres bénéficiers de la ville, fauxbourgs, prévôté & vicomté de Paris, toutes les communautés régulieres & séculieres des deux sexes, les corps laïcs, fabrique des églises, confrairies & autres de la ville & de ses fauxbourgs, sont invités à contribuer, en proportion de leurs revenus, à la subsistance, nourriture & entretien des pauvres de l'Hôpital-Général, jusqu'à la somme qui est déclarée nécessaire par le roi, ou par le Parlement : à cet effet, de se taxer volontairement, & payer leur contribution ès mains du receveur de l'Hôpital-Général, dans un délai qui est fixé, autrement ils seront taxés par des commissaires du Parlement, & contraints au paiement, savoir : les bénéficiers par la saisie de leur temporel, & leurs locataires & fermiers par corps. *Arrêts du Parlement du* 26 *Avril*, 30 *Juin*, 7 *Septembre* 1662, 16 *&* 18 *Janvier* 1663; *déclarations du roi des* 3 *Septembre &* 22 *Octobre* 1709, *& arrêts du Parlement, pour leur exécution, des* 13 *Novembre* 1709, 29 *Janvier* 1710, 18 *Mars* 1711, *&* 20 *Décembre* 1714, *pages* 59, 60, 61, 62, 63, 64, 65, 66, 67, 68, 69, 78, 79, 80, 81, 82, 83, 84, 85, 86 & 90.

Il est aussi ordonné, dans des circonstances extraordinaires, & après un procès-verbal de la situation de l'Hôpital-Général, & des maisons qui en dépendent, que les personnes notables de tous les corps de Paris seront assemblés en l'hôtel-de-ville, pour donner avis sur les urgentes nécessités & la subsistance dudit Hôpital. *Arrêt du Parlement du* 5 *Mars* 1663, *page* 69.

Une surcharge occasionnée en l'Hôpital-Général par la déclaration du roi du mois de Juillet 1700, qui portoit que tous les mendians & vagabonds y seroient renfermés, détermine le Parlement, après avoir entendu les officiers de police du Châtelet & les prévôt des marchands & échevins, à ordonner que tous les officiers payeront par doublement pendant deux années, au profit de l'Hôpital-Général, des sommes pareilles à celles qu'ils paient au grand bureau des pauvres : que les gens du roi donneront avis de l'arrêt à m. l'archevêque & aux gens du roi de la Chambre des Comptes & de la Cour des Aides; que m. le premier président mandera chez lui les principaux officiers du Châtelet, les prévôt des marchands & échevins, & premiers officiers des autres jurisdictions de Paris, pour leur donner avis de la contribution, afin qu'ils la proposent aux autres officiers de leurs compagnies, & aux corps & communautés qui sont de leurs jurisdictions, & qu'il sera pourvu séparément à l'égard des personnes qui ne sont point comprises dans aucun corps ou communautés de Paris. *Arrêt du Parlement du 19 Déce..re 1702, page. 76.*

Aumônes dans les provinces. Les biens & deniers destinés à fonder des aumônes dans les prov...s, encore que ces provinces ne soient pas du ressort du Parlement de Paris, venant à être remis à l'Hôpital-Général, il est accordé par ladite Cour des facilités & adoucissemens pour le service de ces aumônes. *Arrets du Parlement des 17 Juin 1709, & 31 Mars 1711, pages 77, 78, 87 & 88.*

B.

Barrage, *Voyez le mot* EXEMPTIONS, *pages 175, 183, 186.*

Bassins & boîtes. *Voyez le mot* AUMÔNES, *page 57.*

Bois. LOUIS XIV concede à l'Hôpital-Général six cens cordes de bois & six mille cotterets, par chacun an, pour son chauffage, à prendre dans les forêts de l'Isle-de-France & de Normandie, qui seront les plus proches & les plus commodes ; & il défend qu'il soit perçu des droits sur ces bois par aucuns officiers. *Edit de 1656. Art. 61, page 92.*

Il est ordonné au grand-maître des Eaux & Forêts du département de l'Isle-de-France, de marquer & délivrer à l'Hôpital-Général douze arpens de bois de récépage, pour le chauffage des pauvres pendant l'année, savoir; quatre arpens dans la forêt de Loise, & huit dans celle de Rets; sa majesté commuant les six cens cordes de bois & les six mille cotterets dans les douze arpens, & voulant au surplus que l'Hôpital demeure dispensé de payer aucun droit aux officiers desdites forêts. *Arrêt du Conseil du 4 Septembre 1660, page 93.*

Le bureau de l'hôtel-de-ville adjuge à l'Hôpital-Général des bois repêchés & non réclamés par les propriétaires originaires. *Sentence du 27 Juillet 1742, pages 93 & 94.*

Le même bureau fait un tarif du vingtieme dû à l'Hôpital-Général sur les bois. *Ordonnance du 16 Septembre 1719, page 625.*

Bois. (Droits sur les) *Voyez le mot* ENTRÉES, *pages 158, 159 & 171.*

Bois à brûler & à bâtir. *Voyez le mot* EXEMPTIONS, *page 175.*

Boues & Lanternes *Voyez ledit mot* EXEMPTIONS, *pages 175 & 222.*

C.

CARROSSES de place & de remise.

Voyez les mots ENTRÉES & OCTROIS, *pages* 151 *&* 166.

CHARBONS, perception sur cette marchandise.

Voyez le mot ENTRÉES, *pag.* 158.

CHARBONS, exemptions à leur égard.

Voyez le mot EXEMPTIONS, *page* 175.

CHEFS de la direction de l'Hôpital-Général.

M. le premier président & m. le procureur-général du Parlement, sont, dès l'origine, établis chefs de la direction de l'Hôpital-Général. *Edit de* 1656, *art.* 2, *page* 94.

M. l'archevêque de Paris a aussi l'entrée en la direction de l'Hôpital-Général à titre de l'un des chefs; & il y a la présidence, comme attachée à sa dignité. *Déclaration du roi du* 22 *Avril* 1673, *page* 95.

Mrs les premiers présidens des Chambre des Comptes & Cour des Aides, lieutenant-général de police & prévôt des marchands, completent le nombre des sept chefs. *Déclaration du roi du mois de Janvier* 1690, *pages* 95 *&* 96.

CHIRURGIENS gagnans maîtrise dans l'Hôpital-Général.

Les compagnons chirurgiens gagnent leur maîtrise dans l'Hôpital-Général, après six années de services, art. 57, de l'édit d'établissement de l'Hôpital-Général, du mois d'Avril 1656, & arrêt confirmatif du 15 Mai 1685, *page* 96.

L'administration de l'Hôpital a droit de choisir les aspirans aux concours, & de nommer aux places vacantes; ce droit lui est confirmé par sa majesté, ainsi qu'il est constaté par deux lettres de m. d'Argenson, ministre d'État, adressées à m. l'archevêque de Paris, *page* 96.

CINQUANTIEME.

L'Hôpital-Général est déchargé du cinquantieme auquel il avoit été imposé. *Déclaration du roi du* 8 *Octobre* 1726, *page* 97.

COLOMBIERS.

Permission aux directeurs de faire bâtir volets & colombiers à Paris, dans l'étendue de l'Hôpital-Général, membres & lieux qui en dépendent. *Edit de* 1654, *art.* 49, *page* 97.

COMMITTIMUS.

Voyez les mots DIRECTEURS & OFFICIERS de l'Hôpital, *pages* 106 & 488.

COMPROMIS.

Il est enjoint aux notaires d'envoyer au bureau de l'administration des copies des compromis & des contrats, où il aura été stipulé des peines; & il est permis aux directeurs d'intervenir, pour former, au profit de l'Hôpital, la demande en paiement desdites peines énoncées aux compromis expressément ou tacitement. *Edit de* 1656, *articles* 70 *&* 71, *page* 97.

Les directeurs peuvent pareillement transiger, compromettre avec peine, composer & accorder de tout ce qui dépend des biens-meubles & immeubles de l'Hôpital. *Art.* 47, *page* 98.

CONFRAIRIE de S. Sébastien.

Voyez les mots FONDS & ÉTABLISSMENS, *page* 237.

CURÉS, *& droits parochiaux.* — D'après la renonciation que les curés de Saint-Médard, de Saint-Martin de Paris, & du village de Gentilly ont faite à tous les droits curiaux dans les maisons de l'Hôpital-Général qui dépendoient ci-devant de leurs paroisses, les recteur & prêtres de l'Hôpital exercent, dans ces maisons, toutes les fonctions spirituelles ; ils y administrent tous les ſacremens aux perſonnes qui y demeurent, même celui de mariage; & ſeulement l'adminiſtration paie aux trois curés des redevances en argent & cierges,, par reconnoiſſance de ce que la Pitié & Sainte-Pélagie ſont placées ſur le territoire de la paroiſſe de Saint-Médard; les maiſons de la Salpêtriere & de Scipion, dans la paroiſſe de Saint-Martin; & la maiſon de Bicêtre, ſur le territoire du Grand-Gentilly. *Tranſaction paſſée devant Doyen & Dutartre, Notaires à Paris, le 28 Août 1741, entre les directeurs de l'Hôpital-Général d'une part, & les curés de Saint-Martin, Saint-Médard & de Gentilly, d'autre; & arrêt rendu au Parlement le 4 Septembre 1741, qui l'a homologuée, conformément aux concluſions de m. le procureur-général, pages 98, 99, 100, 101, 102 & 103.*

D.

DÉCIMES.

Voyez le mot EXEMPTIONS, *page 177.*

DIRECTEURS *& adminiſtrateurs, leurs nomination, ſerment & privileges perſonnels.*

Le nombre des directeurs de l'Hôpital-Général eſt de vingt-ſix, & ils ſont commis perpétuels adminiſtrateurs avec les chefs de l'adminiſtration. *Edit de 1656, art. 3, page 104.*

Pour donner plus de poids & de sûreté au choix qui ſera fait des directeurs, le reglement arrêté au Conſeil, lors de l'établiſſement de l'Hôpital-Général, veut que lorſqu'il vaquera une place de directeur, tous les autres en ſoient avertis, à l'effet de propoſer au bureau ſuivant, les perſonnes les plus capables de la remplir; que le nombre des éligibles ſoit fixé à quatre, & qu'à la prochaine ſéance il ſoit procédé à l'élection, par des billets ou bulletins ſecrets des directeurs qui ſeront préſens; l'élection ne pouvant être valable, s'il n'y a la réunion des deux tiers, pour le moins, des voix. *Réglement du Conſeil du mois d'Avril 1656, art. 43, page 105.*

Le roi, dans la vue que le choix des adminiſtrateurs ſoit plus mûr & plus réfléchi, ordonne que l'on commencera au premier bureau qui ſe tiendra après la mort de l'un des directeurs de l'Hôpital-Général, à procéder à l'élection de celui qui devra lui ſuccéder, & qu'elle ne puiſſe être achevée que dans les deux bureaux ſuivans, par les directeurs qui s'y trouveront. *Déclaration du roi du mois de Janvier 1690, page 106.*

Pour que les directeurs ſoient d'autant plus obligés aux ſoins des pauvres & à la manutention de tous les emplois qui leur ſeront confiés, ils en feront le ſerment au Parlement, auquel ils ſeront, à cet effet, préſentés par m. le procureur-général. *Edit du mois d'Avril 1656, art. 73, page 104.*

Ils ont ſéance au bureau & ailleurs pour le fait de l'Hôpital, ſelon l'ordre de leur réception, ſans aucune diſtinction de qualité. *Réglement du mois d'Avril 1656, art. 30, page 105.*

En conſéquence de l'égalité qui doit régner aux ſéances du bureau, entre les différens membres de l'adminiſtration, le Parlement déclare nul l'acte de nomination faite le 12 Juillet 1749, de la veuve Moyſan pour supérieure de la maison de la Salpêtriere; & il ordonne qu'il sera procédé à l'élection d'une supérieure de ladite maison, à la pluralité des suffrages, qui n'avoit pas alors été observée. *Arrêt du* 20 *Juillet* 1751, *page* 504.

Pour la plus grande facilité de la direction, le soulagement des directeurs, & le bien des pauvres, les emplois & commissions seront distribués à chacun des directeurs, suivant qu'il sera estimé plus convenable à leurs talens; & ils rendront compte desdites commissions à chaque séance. *Réglement de* 1656, *art.* 39, *page* 105.

Les directeurs sont en la spéciale sauve-garde & protection du roi; & afin qu'ils ne puissent être distraits de leur service, chacun d'eux jouit du privilege de *committimus* du grand sceau aux requêtes de l'Hôtel ou du Palais à Paris, à son choix, avec faculté d'y faire renvoyer ses causes de tous les Parlemens & lieux du royaume. *Edit de* 1656, *art.* 79; *& lettres-patentes du mois de Novembre* 1724, *pages* 104, 106 & 107.

Ils sont exempts de tutelle, curatelle, guet & garde aux portes. *Même édit, art.* 80, *page* 104.

Il est fait inhibition & défenses d'imprimer aucune chose concernant l'Hôpital-Général, sans l'ordre par écrit des directeurs, *page* 105.

Une ordonnance qui avoit prononcé une condamnation personnelle contre les administrateurs, est révoquée par m. l'intendant de Paris, à la religion duquel elle avoit été surprise. *Ordonnance du* 8 *Avril* 1781, *page* 108 (1).

DIXIEME & vingtieme. *Voyez le mot* RENTES, *page* 547.

DIXIEME, droit aux entrées. *Voyez le mot* VINS, *page* 623.

DOMICILE pour les significations à faire aux directeurs. *Voyez le mot* PROCÈS, *page* 537.

DONS & LEGS. Le roi déclare l'Hôpital-Général capable de recevoir tous dons, legs & gratifications universelles & particulieres, donations entre vifs, ou à cause de mort, ou par quelqu'autre acte que ce soit; & il permet aux directeurs d'en faire l'acceptation, les recouvremens & poursuites nécessaires. *Edit de* 1656, *art.* 45, *page* 109.

Tous les dons & legs faits par contrats, testamens & autres dispositions en la ville, fauxbourgs, prévôté & vicomté de Paris, en termes généraux, *aux pauvres*, sans autre désignation, sont & appartiennent à l'Hôpital-Général; & en cette qualité, ils peuvent être revendiqués par les directeurs. *Edit de* 1656, *art.* 31; *& arrêts du Parlement rendus en exécution les premier Avril* 1669, 20 *Mars* 1709, *&* 9 *Mars* 1776, *pages* 108, 110, 114, 115 & 116.

---

(1) Les fonctions des directeurs seront indiquées au mot POUVOIR, *page* 499 *& suivantes*.

Ordre aux curés, vicaires & notaires qui recevront des testamens, d'avertir les testateurs de faire quelques legs aux pauvres, & de faire mention dans les testamens que l'avertissement en a été fait, à peine de 4 liv. parisis d'amende contre les curés, vicaires & notaires qui y manqueroient. *Edit de 1656, art. 32; arrêt de vérification & autres des 7 Septembre 1660, & 28 Février 1785, pages 108, 109 & 568.*

Les notaires & autres personnes publiques qui auront reçu des testamens & autres actes où il y aura des dons au profit de l'Hôpital-Général, en enverront les extraits au bureau ou à m. le procureur - général, à peine de répondre en leurs propres & privés noms de dépens, dommages & intérêts. *Edit de 1656, art. 69; & Arrêts du Parlement, en forme de réglemens, des 8 Novembre 1662, & 7 Septembre 1701, pages 109 & 112.*

Le Parlement étend aux exécuteurs testamentaires, qui, dans huitaine après qu'ils ont connoissance d'un testament contenant legs au profit de l'Hôpital-Général, n'en feront pas signifier au bureau des administrateurs un extrait aux frais de la succession, la peine de répondre des dépens, dommages & intérêts. Il veut que lorsque le legs est universel de meubles ou d'immeubles, les directeurs soient appellés à la diligence de l'exécuteur testamentaire; qu'ils puissent assister par l'un d'eux à la levée des scellés & aux inventaires, & qu'il le fassent aux frais de la succession, s'ils chargent un procureur. Les commissaires, notaires & autres officiers tenus de mettre à part les titres concernant les legs particuliers au profit de l'Hôpital - Général. *Arrêt de la même Cour, du 3 Février 1691, aussi en forme de Reglement, page 111.*

Les extraits sont contrôlés par le fermier, sans qu'il puisse prendre aucuns droits; & ils sont scellés *gratis* par le fermier des droits du sceau. *Arrêts des 7 Mars 1702, & 21 Août 1703, pages 113 & 114.*

DROITS *attribués à l'Hôpital-Général.*

Voyez le mot ENTRÉES, *page 140.*

DROITS *& privileges de l'hôpital.*

Voyez le mot EXEMPTIONS, *page 177.*

DROITS *seigneuriaux dus au Roi.*

Voyez le mot EXEMPTIONS, *pages 175 & 222.*

DUEL.

Voyez le mot AUMÔNE, *page 89; & à la table les mots* FONDS *&* ETABLISSEMENS.

E.

Eaux. & concession sur la riviere.

Ordonnance du bureau de l'hôtel-de-ville, qui charge le maître des œuvres & fontaines de la ville de délivrer la quantité de six lignes d'eau à l'Hôpital des pauvres, lors enfermés, qui forme à présent la maison de la Pitié. *Ordonnance du 19 Mai 1638. page 117.*

1re PARTIE. *Eaux pour le service intérieure des maisons de l'Hôpital-Général.*

Pour faciliter la jouissance de ces eaux à la maison de la Pitié, les prieur & couvent de l'abbaye de Saint-Victor consentent à ce qu'elles passent dans les fontaines & tuyaux de leur abbaye, tant & si longuement que les fontaines de Rungis auront cours. *Acte reçu par des notaires de Paris le premier Juillet 1638, pages 117, 118 & 119.*

Sur l'exposé qui est fait dans une requête commune aux prieur & religieux de Saint-Victor, & aux administrateurs de la Pitié, qu'ils sont menacés d'un trouble dans la jouissance de leurs eaux, parce que les supérieurs du college de Navarre veulent renfermer dans son emplacement, suivant la permission qu'ils en ont obtenue, des portions des rues Clopin & du Pont-du-Puits, par lesquelles ces eaux passent, le Parlement ordonne que les grand-maître, proviseur, principal & boursiers dudit college de Navarre, seront tenus de préalablement faire, à leurs frais, lever les tuyaux dont il s'agit, les faire refaire, réédifier, poser & passer par la rue qui descend devant la principale porte d'icelui college; & delà, le long de Saint-Nicolas-du-Chardonnet & Saint-Victor, à l'effet de joindre les tuyaux par où les eaux se conduisent, sans que les supérieurs du college de Navarre puissent, en aucune façon, faire clore lesdites rues, qu'ils n'aient satisfait à tout ce qui est prescrit. *Arrêt du Parlement du 7 Septembre 1640, pages 119, 120, 121 & 122.*

Le produit du cours d'eau qui avoit été accordé à l'Hôpital de la Pitié ne suffisant pas aux besoins de cet établissement, il lui est concédé par les prévôt des marchands & Echevins une augmentation de quatre lignes d'eau; & il est arrêté que cet Hôpital sera à l'avenir employé pour dix lignes dans l'état de distribution des eaux publiques, provenantes des fontaines de Rungis. *Sentence du bureau de la ville du 15 Janvier 1653, page 122.*

LOUIS XIV considérant que l'Hôpital-Général aura besoin d'une plus grande quantité d'eaux que de celles qui sont dans ses maisons, déclare, par l'édit de 1656, qu'il leur accorde le droit de ce qui sera nécessaire d'y être augmenté; & qu'il veut que la délivrance en soit faite, soit des regards du château des eaux de Rungis, soit d'autres lieux, par les prévôt des marchands & échevins, ou par le sieur Francine, son intendant des eaux, ou autres qu'il appartiendra. *Art. 50, page 117.*

Conformément à cette disposition, & sur un réquisitoire du procureur du roi de la ville, le bureau de l'hôtel-de-ville concede, pour la subsistance des pauvres étans alors à la maison de Scipion, un cours de dix lignes d'eau en superficie, pour en jouir à toujours par icelle maison. *Sentence du 10 Juillet 1657, page 123.*

Il est aussi accordé par le même bureau de la ville, à la maison de la

Pitié, & pareillement sur la représentation du procureur du roi de la ville, une augmentation de 10 lignes d'eau. *Sentence dudit jour, 10 Juillet 1657, pages 123 & 124.*

Un état arrêté au bureau de l'hôtel-de-ville de la distribution à faire des eaux aux communautés particulieres, comprend la maison de la Pitié & l'Hôpital-Général pour 50 lignes. *Extraits dudit état en date du 2 Juin 1673, page 124.*

En même tems que le bureau de l'hôtel-de-ville confirme à l'Hôpital-Général la jouissance des cinquante lignes d'eau pour lesquelles l'administration étoit employée depuis cinquante ans, il lui accorde vingt lignes d'eau de riviere par augmentation pour l'usage de la maison de Scipion, dans laquelle le pain est cuit; & pour faire en totalité un cours de soixante-dix lignes d'eau de riviere en superficie. *Sentence du 3 Avril 1724, pages 124 & 125.*

La concession des soixante-dix lignes d'eau est elle-même confirmée; & il est ordonné qu'elles seront délivrées indistinctement par six ouvertures de jauges faites dans un bassin particulier à celui des regards qui sera le plus commode à l'administration. *Sentence du bureau de la ville, du 19 Juillet 1735, pages 126, 127 & 128.*

Les deux maisons des Enfans-Trouvés établies à Paris, jouissent de trente lignes d'eau. *Sentences du bureau de la ville, des 22 Aout 1724, 12 Décembre 1738, 7 Juin 1763, pages 128, 129 & 130.*

Il est concédé à l'Hôpital du Saint-Esprit un cours de six lignes pour le service de cette maison; & pour plus grande facilité, une ordonnance autorise à les prendre à la fontaine de la place Baudoyer. *Sentence & ordonnance du bureau de la ville, des 28 Juin & 21 Août 1633, page 131.*

Il est depuis permis aux directeurs de l'Hôpital-Général, auquel l'administration de celui du Saint-Esprit se trouve réunie, de dériver les six lignes d'eau de la cuvette placée dans la cuisine de l'hôtel-de-ville. *Sentence du 2 Juin 1742, pages 132 & 133.*

En considération du consentement donné par les directeurs de l'Hôpital-Général, à la construction d'un regard dans une maison appartenante aux Enfans-Rouges, dont l'administration leur étoit pareillement réunie, & qui a depuis été supprimée, & ses fonds attribués à l'Hôpital des Enfans-Trouvés; le bureau de l'hôtel-de-ville leur accorde un cours d'eau d'autres douze lignes. *Sentence du 26 Mars 1736, pages 133 & 134.*

2e PARTIE. *ETABLISSEMENT d'un bateau sur la riviere & d'un port au profit de l'Hôpital-Général.*

L'Hôpital-Général obtient des prévôt des marchands & échevins, à la charge d'une redevance de cinq sols par année envers le domaine de la ville, l'usage d'un bateau de vingt selles à laver lessive, qui est placé sur la riviere entre la rue de Seine & le Ponceau. *Sentence du bureau de l'hotel-de-ville, du 8 Novembre 1659, page 134.*

Le bureau de l'hôtel-de ville permet à l'administration de faire remonter son bateau de selles à laver lessive au-dessus du Ponceau, sous lequel passe la riviere des Gobelins, & de faire un port vis-à-vis la chaussée qui conduit à la Salpêtriere, dans une longueur suffisante pour la décharge des provisions d'icelle maison. *Sentence du 9 Août 1700, page 135.*

Les syndics & intéressés à la conservation de la riviere de Bievre, reconnoissent que l'Hôpital-Général, en vertu de son établissement, qui l'exempte de toutes charges publiques, n'est point tenu de contribuer aux frais de curement de ladite riviere. *Délibération du 23 Avril 1747, pages 137, 138 & 139, en partie.*

ECCLÉSIASTIQUES. Les prêtres qui ont le soin & l'instruction du spirituel dans les maisons de l'Hôpital, y administrent les sacremens, sous l'autorité & la jurisdiction spirituelle de m. l'archevêque de Paris, par lequel ils sont approuvés. *Edit d'Avril 1656, art. 23, page 139.*

Peuvent les prêtres qui sont commis à l'Hôpital-Général, y recevoir les testamens des officiers, domestiques, pauvres & autres y étant, pour ce dont ils sont libres de tester ; & sont lesdits testamens valables comme s'ils étoient olographes ou passés devant notaires, en y appellant le nombre des témoins requis par la coutume de Paris. *Edit de 1656, art. 24, & arrêt de vérification, page 139.*

Sont tous lesdits prêtres, à l'égard de la police & discipline temporelle concernant l'Hôpital, sous l'entiere dépendance des directeurs, en qualité de supérieurs. Ils doivent être présentés au bureau, approuvés, reçus & employés par les directeurs sur l'état de la maison, sans qu'ils puissent auparavant s'immiscer en aucune fonction dans l'Hôpital-Général, ni recevoir aucune rétribution. *Edit de 1656, art. 25, page 139.*

Lorsque le supérieur des prêtres, ou en son absence, celui qu'il a commis, vient au bureau pour chose concernant le spirituel ou ce qui en dépend, il y a voix délibérative en ce qui est par lui proposé ; & il lui est pour cela donné séance après le plus ancien des administrateurs lors présens. *Edit de 1656, art. 26, page 139.*

Sont tenus les prêtres qui desservent en l'Hôpital-Général, de conduire les enfans de l'Hôpital qui sont mandés à des enterremens dans la ville & fauxbougs de Paris ; & le droit de rétribution & d'assistance doit être reçu par le receveur de l'Hôpital. *Réglement du 27 Avril 1656, art. 23, page 139.*

En conséquence de ce que les prêtres desservans dans les maisons de l'Hôpital-Général sont, pour la police & la discipline temporelle, sous la dépendance des directeurs, le Parlement ordonne que ces ecclésiastiques seront tenus de célébrer les services qui leur sont déclarés par l'administration ; sinon permis de les faire dire par d'autres prêtres, & d'en prendre les rétributions sur les honoraires d'iceux ecclésiastiques. *Arrêts du Parlement, dont le deuxieme du 2 Septembre 1762, page 140.*

ENFANS, leur réception dans les Hôpitaux. *Voyez le mot* PAUVRES, *page* 493 ; *& au mot* MENDIANS *pages* 430, 437, 440, 442 & 445.

ENFANS du Saint-Esprit, conditions de leurs réceptions. *Voyez* HÔPITAL DU SAINT-ESPRIT, *page* 386.

Voyez HOPITAL-GÉNÉRAL, *page* 301.

ENFANS *de la Pitié aux convois.*

Voyez HÔPITAL DES ENFANS-TROUVÉS, 3e *partie*, *page* 328 *& suivantes.*

ENFANS-ROUGES.

Voyez HÔPITAL DES ENFANS-TROUVÉS, *page* 333.

ENFANS *attaqués du mal vénérien.*

Voyez ARTS & MÉTIERS, *page* 57 ; *&* HÔPITAL DES ENFANS-TROUVÉS, *page* 342.

ENFANS *en apprentissages.*

Voyez HÔPITAL DES ENFANS-TROUVÉS, *page* 303.

ENFANS-TROUVÉS.

Voyez HÔPITAL DES ENFANS-TROUVÉS, *page* 361.

LEUR RÉCEPTION *jusqu'à l'âge de cinq ans.*

Voyez le mot ENTREÉS, *pages* 146, 147, 156, 160, 163, 166 *&* 173.

ENFANS-TROUVÉS. *Droits communs avec l'Hopital-Général.*

Voyez POUVOIRS DES DIRECTEURS, 3e *partie*, *page* 510.

ENFANS *sous la tutelle de l'administration de l'Hôpital-Général.*

ENTRÉES (*droits aux*) *& autres revenus attribués à l'Hôpital-Général.*

Un des revenus attribués le plus anciennement à la maison des pauvres enfermés, autrement la Pitié, consiste dans un droit de 5 sols, levé sur chaque muid de vin entrant en la ville & fauxbourgs de Paris, & dont cet Hôpital n'avoit alors que les deux tiers. *Déclaration du Roi du* 13 *Novembre* 1648, *pages* 140 *&* 141 *en partie.*

LOUIS XIV, dans la vue de pourvoir à la subsistance quotidienne des pauvres, par un moyen qui fut à la fois assuré, & peu onéreux pour ses sujets, dont chacun ne contribueroit que selon sa dépense personnelle & domestique, concede à l'Hôpital-Général un droit de 20 sols, pendant trois ans, sur chaque muid de vin qui entrera dans les ville & fauxbourgs de Paris, tant par eau que par terre ; ordonnant que les 20 sols seront payés par toutes personnes, exemptes, & non exemptes, & qu'ils seront levés par les fermiers, avec les autres droits qui se perçoivent sur le vin entrant dans Paris & ses fauxbourgs. *Déclaration du roi du* 11 *Février* 1658, *pages* 141 *&* 142.

Le même motif d'assurer la subsistance & le soutien de l'établissement de l'Hôpital-Général, détermine le roi à donner des lettres de jussion, adressantes à la Cour des Aides, pour que cette Cour, sans s'arrêter à des oppositions formées pardevant elle, procede à l'enregistrement de la déclaration dont il s'agit. *Lettres de jussion du 5 Avril 1658, pages 143 & 144 en partie.*

Sur la demande que fait l'adjudicataire des droits d'entrées, que celui de 20 sols soit joint à sa ferme, le conseil regle que ledit adjudicataire payera annuellement à l'Hôpital-Général une somme de 200000 livres; & cet arrangement est continué de baux en baux. *Lettres-patentes du 9 Février 1675; & ordonnance des commissaires du Conseil du 12 Juin 1719, pages 144, 145 & 156.*

Ordonnance sur le fait des entrées, donnée à l'expiration du bail de Dufrenoy, qui, en confirmant les 20 sols attribués à l'Hôpital-Géneral, veut que les droits d'entrée, y compris 10 sols de barrage, ces 20 sols & quelques autres objets soient levés sous le seul nom de *droits d'entrée. Ordonnance du mois de Juin 1680, page 145.*

En même-tems que LOUIS XIV défend à tous les Hôpitaux de constituer dans la suite des rentes viageres à un denier plus fort que le taux réglé par les ordonnances; dans la vue de suppléer au secours que les emprunts faits, par cette voie, procuroient à l'Hôpital-Général & à l'Hôtel-Dieu de Paris, & pour les aider à soutenir leurs dépenses, il leur permet de lever pendant trois années & huit mois, trente sols sur chaque muid de vin qui entrera dans la ville & fauxbourgs de Paris, tant par eau que par terre: le produit à répartir entre les deux établissemens, suivant les parts qui seront indiquées par sa majesté. *Déclaration du roi du 28 Janvier 1690, dont l'effet à été prorogé par d'autres déclarations, accordées de trois ans en trois ans, & dont la derniere, donnée le premier Août 1781, pour le tems de cinq ans, trois mois, à commencer du premier Octobre 1782, est aussi rapportée en ce recueil, pages 146 & 170.*

Le réglement du partage est fait par arrêt du Conseil; & il est bientôt après procédé à une subdivision, en faveur des Enfans-Trouvés, par autre arrêt du Conseil qui rappelle le premier; & qui ordonne que du produit de l'octroi de trente sols, levé sur chaque muid de vin, il sera distrait chaque année, au profit desdits Enfans, la quatorzieme partie de ce qui est touché par l'Hôtel-Dieu, & la cinquieme de ce qui est reçu par l'Hôpital-Général. *Arrêts du Conseil des 28 Mars 1691, & 7 Juin 1695, pages 147 & 148.*

Déclaration du roi, qui, à raison de nouvelles dépenses de l'Hôpital-Général, lui permet de lever dix sols d'augmentation sur chaque muid de vin qui entrera par terre & par eau, à Paris & dans ses fauxbourgs. *Déclaration du 3 Décembre 1702, donnée pour neuf ans, & dont l'effet est depuis prorogé, pages 149 & 150.*

Le roi, conduit par les mêmes vues, attribue à l'Hôpital-Général la levée de 20 sols sur chaque cent pesant d'huile, & l'augmentation de 10 sols sur chaque muid de vin entrant à Paris, pendant neuf années. *Déclaration du roi du 3 Décembre 1702, dont l'effet est prorogé par rapport au droit sur l'huile, jusqu'en 1713; par rapport au vin, par des déclarations successives, dont la derniere du 23 Juin 1783, pages 148, 149 & 150.*

Il est établi en la même année, & par les mêmes considérations, au profit de l'Hôpital-Général, un droit de 5 sols sur chaque cent de foin qui entrera dans Paris, pendant quatre années. *Déclaration du roi du*

5 *Décembre* 1702, *dont l'effet a été prorogé par des déclarations, desquelles la derniere est du* 18 *Août* 1782, *pages* 150 *&* 151.

Il est à la même époque attribué à l'Hôpital-Général 3 sols par jour sur chaque carrosse de louage ; & le Roi regnant autorisant le sieur Perreau à percevoir, pendant 30 années, à compter du premier Avril 1779, par chaque carrosse, appellé de remise, six sols par jour, y appose la condition que ledit sieur Perreau payera, sans aucun retranchement ni déduction, pendant icelles trente année, à l'Hôpital-Général annuellement 15000 liv. *Déclaration du Roi du* 30 *Décembre* 1702; *& lettres-patentes du* 17 *Février* 1779, *pages* 151, 152 *&* 166.

Instruit de l'extrémité à laquelle l'Hôpital-Général se trouve réduit, tant par la multitude des pauvres, que par la cherté des grains & des autres denrées, le roi LOUIS XIV ordonne, en 1709 & 1711, qu'il sera perçu, au profit dudit Hôpital, le vingtieme, par augmentation de tous les droits anciens & nouveaux, qui se levent, tant dans l'intérieur des ville & fauxbourgs de Paris, qu'aux entrées & sur les ports, quais, halles, places, foires & marchés, au profit de toutes personnes. *Déclarations du roi des* 29 *Octobre* 1709 *&* 3 *Janvier* 1711, *desquelles l'effet est continué par des déclarations successives, dont la derniere du* 22 *Juin* 1783, *pages* 153, 154 *&* 623.

Un arrêt du Conseil, intervenu sur l'exécution de cette déclaration, ordonne que les régie & perception des droits de 20 sols seront faites sous l'inspection & direction des administrateurs de l'Hôpital-Général. *Arrêt du* 24 *Janvier* 1711, *pages* 154 *&* 155.

D'après le compte que LOUIS XV, à son avénement à la couronne, se fait rendre de la situation de l'Hôpital, convaincu que les directeurs sont dans l'impossibilité de soutenir, avec leurs revenus ordinaires, le grand nombre de pauvres dont l'établissement est chargé, il leur accorde, par une déclaration promulguée en 1719, & dont il a depuis prorogé l'effet par des déclarations consécutives, la continuation de la levée du vingtieme sur tous les droits levés dans l'intérieur & aux entrées de Paris, excepté le vin & les autres boissons. *Déclaration du* 25 *Décembre* 1719, *& autres posterieures, dont la derniere du* 22 *Mars* 1768, *pages* 156 *&* 157.

La levée du vingtieme en ce qui concerne le bois & le charbon, est faite conformément à une ordonnance du bureau de la ville, rappellée dans la déclaration du roi du 25 Décembre 1719. *Ordonnance du bureau de la ville du* 16 *Septembre* 1719, *contenant tarif, pages* 625, 626 *&* 627.

L'Hôpital-Général est employé dans les états de charges assignées sur les fermes générales, pour une somme de 25500 liv. par représentation d'un droit annuel qui lui étoit attribué de 5 sols sur chaque muid de sel. *Ordonnance de messieurs les commissaires du Conseil du* 2 *Mai* 1720, *page* 158.

Des raisons particulieres portant le feu roi à suspendre la jouissance du vingtieme sur les droits pendant l'année 1728, il attribue à l'Hôpital-Général, durant cette année, la levée de 10 sols par chaque voie de bois à brûler, & de 2 sols par chaque voie de charbon de bois qui seront vendus sur les ports, quais & chantier de Paris; iceux droits payables moitié par les marchands, & l'autre moitié par les acheteurs. *Déclaration du roi du 13 Janvier 1728, ensuite de laquelle sont datées d'autres déclarations rendues pour le même octroi, & depuis cinquante ans pour les dix sols par voie de bois seulement; la derniere, du 18 Août 1782; rapportée au présent recueil, pages 158, 159* & 171.

Sur l'observation qui est faite par m. le procureur-general au bureau assemblé de l'Hôpital, que le roi, en accordant à l'Hôpital-Général le droit de vingtieme, a apposé la condition tacite, qu'il seroit remis, par chacun an, au receveur des galériens une somme de 10000 liv.; & la déclaration par ce magistrat, que cette somme est payée jusques & compris l'année 1729, il est arrêté par le bureau, qu'icelle somme continuera d'être fournie chaque année au receveur de la Tour-Saint-Bernard, tant que l'Hôpital jouira du droit de vingtieme. *Extraits des délibérations des 25 Janvier 1723, & 17 Avril 1730, page* 154.

En même tems, qu'il est ordonné par un édit concernant les droits sur les ports, quais & halles de Paris, que les droits sur les œufs, beurres & fromages rétablis par l'édit de Décembre 1743, & ceux dont la perception a été autorisée par l'édit de Septembre 1747, seront levés au profit du roi, jusqu'au premier Janvier 1782; il est réglé que, sur le produit desdits droits, il sera prélevé chaque année, au profit de l'Hôpital-général, la somme de 180000 liv., jusqu'à ce qu'il en ait été autrement ordonné par le roi. *Art. 7 de l'édit de Février 1760, page* 159.

Un ordre de paiement arrêté dans une assemblée des intéressés à la perception dudit droit, charge le receveur du bureau à la halle, de remettre au receveur charitable de l'Hôpital-Général la somme de 15000 liv. par mois, à cause & à compte d'icelle somme de 180000 liv. *Délibération du 19 Mars audit an, page* 160.

Le roi, en reconnoissant que le vingtieme attribué à l'Hôpital-Général s'étend aux droits sur les papiers & cartons qui entrent dans les ville fauxbourgs & banlieue de Paris, déclare que lesdits papiers & cartons payeront, outre les droits portés au tarif, le vingtieme revenant à l'Hôpital. *Déclaration du premier Mars 1771, page* 160.

Informé que l'Hôpital-Général éprouve une diminution annuelle de près de 200000 liv. sur le produit de la loterie des Enfans-Trouvés, & une suppression presque totale des aumônes; que l'administration a été forcée d'employer à des besoins pressans les capitaux des rentes qui lui ont été remboursées; LOUIS XV ordonne qu'il sera perçu pendant l'espace de trois années, au profit de l'Hôpital-Général & des Enfans-Trouvés, 1°. le doublement du vingtieme accordé audit Hôpital-Général, par la déclaration du 3 Janvier 1711, & autres subséquentes, de tous les droits anciens & nouveaux levés à Paris; 2°. 20 sols par muid de vins & de liqueurs entrant à Paris, en sus de ce qui a ci-devant été accordé auxdits Hôpitaux; 3°. 6 sols par voie de bois marchand & du crû, en sus des droits précédemment établis en faveur de l'Hôpital-Général sur lesdits bois, excepté les falourdes. *Déclarations du roi des 26 Juillet 1771, 12 Décembre 1773; dont l'effet est prorogé par d'autres, des 22 Juillet 22 1780 & 22 Juillet 1783, pages 160, 161, 162, 163, 164, 166, 173 & 174.*

D'après la représentation faite au Conseil que les eaux-de-vie & l'esprit-de-vin tirés de la melasse distillée dans un grand nombre de laboratoires à Paris, occasionnent une diminution notable dans le produit des droits d'entrée des eaux-de-vie & de l'esprit-de-vin, il est ordonné qu'il sera payé au profit de l'Hôpital-Général un droit de vingtieme par quintal sur toute la melasse qui entrera dans les ville, fauxbourgs & banlieue de Paris. *Arrêt du Conseil & lettres-patentes du 14 Mars 1777, pages 165 & 166.*

Vu l'intérêt que l'Hôpital-Général a dans le produit du droit de vente des vaches laitieres, les fermiers-généraux déterminés à abandonner ce droit, en informent l'administration de l'Hôpital-Général. *Lettres du sieur de Laitre, directeur-général des aides, à Paris, du 25 Mai 1781, page 169.*

En même tems que le Roi se porte à modérer les droits qui se perçoivent sur les charbons de terre entrant dans les ville & banlieue de Paris, & qui lui semblent trop considérables, relativement à la valeur de ce charbon, il réserve de fixer une indemnité en faveur de l'Hôpital-Général. *Arrêt du Conseil du 16 Mars 1783, page 173.*

ETAPE.

Voyez le mot HALLE AUX VINS, *page 570.*

EXEMPTIONS. droits & privileges.

Une déclaration donnée par le roi FRANÇOIS I, & dont l'exécution s'applique à l'Hôpital-Général de Paris, décharge de toutes décimes, dons gratuits & emprunts les Hôpitaux qui ne seront pas érigés en titre de bénéfices. *Déclaration du 17 Juin 1544, page 177.*

L'Hôpital Général de Paris est gratifié, par l'édit d'Avril 1656, de la remise du droit d'amortissement, tant pour les maisons, lieux & domaines qui dépendent de son établissement, que même pour les maisons, places, rentes & immeubles quelconques, qui pourront lui être donnés, légués, délaissés, ou être par lui acquis. Le même édit déclare l'Hôpital-Général exempt des droits de lods & ventes, treizieme, lods & mi-lods, quints & requints, rachats, reliefs, pour ce qui est dans le domaine du roi; & ce nonobstant toutes aliénations ou engagemens, & il le dispense des droits de francs-fiefs, nouveaux acquêts, ban, arriere-ban & autres droits quelconques royaux. *Art. 51, page 174.*

En conséquence de cette généralité d'expressions, l'Hôpital-Général ne doit point de droits de contrôle, d'ensaisinement & d'enregistrement, à cause des donations qui lui sont faites de maisons & immeubles à Paris. *Arrêt rendu au Parlement le 26 Février 1746, contre le receveur-général du domaine; & décision du Conseil, du 9 Février 1781, pour des droits de lods & ventes & d'enregistrement de biens sis dans la mouvance du Roi. Pages* 215 & 222.

L'Hôpital-Général est seulement tenu d'indemniser les seigneurs particuliers, si aucun des biens amortis se trouve mouvant d'eux. *Même édit de 1656, art. 52; & arrêt de vérification, pages 175 & 279.*

L'exemption de droits royaux accordée à l'Hôpital-Général par la loi de son établissement, comprend notamment la dispense des sols pour livre anciens & nouveaux, des droits d'aides, des douanes & autres, de quelque nature qu'ils puissent être, même de toutes visites, par rapport aux manufactures que les directeurs ouvriront dans l'étendue de l'Hôpital. *Ibidem*, *art.* 54, *page* 175.

Le même édit veut que d'après la représentation qui sera faite de certificats signés de six des administrateurs, l'Hôpital-Général & les pauvres qui sont enfermés, soient déchargés de tous subsides, impositions & droits d'entrée, tant à Paris qu'ailleurs; par eau & par terre, aux ports, ponts, péages, octrois des villes, barrages, ponts & passages, mis & à mettre, & de toutes autres choses généralement quelconques, pour leurs vivres & provisions, & pour leurs vins, jusqu'à concurrence de mille muids de vin par chacun an, comme aussi des droits sur les bois à brûler & à bâtir, charbons, foins, cendres & autres denrées & commodités nécessaires ou utiles, qui seront portées à l'Hôpital-Général, membres unis & lieux qui en dépendent, pour la nourriture, l'entretenement, les secours & l'assistance des pauvres, officiers & domestiques de la maison; & ce, quoiqu'il soit dit que les droits seront payés par les privilégiés, par les exempts & non exemps. *Ibidem*, *art.* 59, *page* 175.

Il intervient, en exécution de cet article concernant l'affranchissement des mille muids de vin, quatre arrêts du Conseil d'Etat, savoir : le premier contre le nommé Fleury, fermier des droits de 40 sols par muid de vin, & autres droits levés à Joigny; lequel est condamné, & par corps, à restituer la somme de 167 liv. qu'il avoit exigée sur des vins de l'Hôpital; le deuxieme arrêt, rendu contre le maréchal du Plessis-Praslin, donataire d'une moitié des octrois, dons & concessions du royaume, les officiers municipaux de Pont-sur-Yonne & autres, que cet arrêt condamne, & aussi comme pour les propres deniers du roi, à restituer à l'Hôpital-Général des droits d'octrois de parisis des rivieres d'Yonne, Seine & Loire, & du droit de sols pour livre, pour raison de vins passés sous les ponts de ladite ville de Pont-sur-Yonne; les troisieme & quatrieme arrêts prononçant contre les fermiers des droits d'aides, que le Conseil condamne à restituer pareils droits qu'ils avoient exigés de l'Hôpital-Général, & auxquels il défend de récidiver, à peine de tous dépens, 3000 liv. d'amendes, dommages & intérêts. *Arrêts du Conseil des* 19 *Novembre* 1657, 3 *Juillet* 1658, 6 *Novembre* 1659, & 4 *Septembre* 1660, *pages* 179, 181 & 182.

D'après la connoissance qui est donnée au roi LOUIS XIV de la multitude de pauvres que l'Hôpital-Général renferme, il accorde l'exemption pour cinq cens muids, pendant une année, au-delà du nombre des mille muids de privilégs, réglés par l'édit de 1656. *Arrêt du Conseil du* 19 *Février* 1704, *page* 193.

Le feu roi porte l'exemption annuelle aux quinze cens muids, & il y ajoute un supplément de quatre cens muids dans une circonstance où l'Hôpital éprouve une énorme surcharge. *Arrêt du Conseil du* 27 *Octobre* 1733, *qui en énonce un du* 12 *dudit mois*, *comme justifiant qu'il étoit dès-lors expédié*, *chaque année*, *un arrêt d'augmentation de privilege*, *page* 209.

Sa Majesté a personnellement autorisé l'augmentation de cinq cens muids par de pareils arrêts, dont le dernier est de l'année 1782, pour finir au dernier Décembre 1783, depuis lequel tems l'exemption a été renouvellée par de simples lettres du Ministre. *Pages* 224 & 225.

Le Parlement & la Chambre du domaine, exacts à faire jouir l'Hôpital-Général de l'exemption du droit de barrage, condamnent les fermiers dudit droit à Paris, à restituer des droits qu'ils avoient perçus sur des marchandises destinées à l'Hôpital. *Arrêt du Parlement du 19 Juillet 1668; & sentences de la Chambre du Domaine des 16 Décembre 1683 & 31 Décembre 1695, pages 183, 186 & 187.*

Jean Roussetin, fermier-général des aides de France, entrées de Paris, & pied fourché, remet, pour la durée de son bail, les trois quarts des droits de pied fourché des bestiaux qui seront tués à Paris pour la provision des maisons dépendantes de l'Hôpital-Génért. *Acte du 14 Octobre 1666, page 183.*

Il est décidé au Conseil, contre Martin Dufresnoy, fermier-général des aides, & au sujet des droits, qu'un édit du mois de Février 1674, attribuoit aux officiers jaugeurs de futailles, & courtiers des vins, cidres & autres boissons & liqueurs, que l'Hôpital-Général & les maisons en dépendantes doivent jouir de l'exemption de ces droits pour la quantité de vins qui a éte reconnue nécessaire à leur provision par les états arrêtés au Conseil; & défenses sont faites à Dufresnoy de lever aucuns d'iceux droits, sous toutes peines. *Arrêt du Conseil du 2 Janvier 1675, page 184.*

Le Conseil décharge pareillement l'Hôpital-Général, du droit de joyeux-avénement que lui demandoit, pour raison de quatre étaux à boucher, le nommé Vrallet, fermier des domaines.. *Arrêt du 3 Mai 1698, page 188.*

La Cour des Aides, en se conformant à l'édit de 1656, & à un précédent arrêt de cette Cour, condamne, par provision, l'adjudicataire des fermes à rendre à l'Hôpital-Général soixante-dix barils de harengs, morues & saumons, qui étoient arrivés au port de la Conférence pour la provision de l'Hôpital-Général. *Arrêt du 17 Février 1688, pages 186* & 187.

Le Parlement lui fait aussi main-levée, par provision, de saisies de filasses sur lui faites à la requête des jurés en titre d'office des maîtresses fileuses. *Arrêt du 10 Juillet 1692; & procès-verbal dressé en conséquence le* 15. *Page* 187.

Les gardes-bateaux & metteurs à port à Paris ayant fait insérer, dans une déclaration concernant leurs fonctions, une expression vague, qui sembloit assujettir les maisons de l'Hôpital-Général à les employer, les directeurs annoncent le dessein de réclamer contre cette prétention; ce qui détermine les officiers metteurs à port, à déclarer qu'ils n'entendent point se servir de la clause contre l'Hôpital. *Transaction du 5 Septembre 1701, homologuée par arrêt du Parlement du 7, page 189,*

Arrêts de la Cour des Aides, qui condamnent Pierre Portier, Pierre Perrine & Nicolas Larriviere, successivement fermiers des aides & domaines de l'élection d'Orléans, & leurs cautions, même par corps, à rendre & restituer à l'Hôpital-Général des droits de passe-debout, d'octrois & autres qu'ils avoient perçus sur des vins, eaux-de-vie, huiles, chanvres, poivres, confitures, prunes & autres marchandises passées debout par Orléans, sous ses ponts, pour la provision dudit Hôpital. *Arrêts des 8 Mars 1702, & 19 Décembre 1704, pages 194, 195, 196 &* 197.

L'édit de création des offices d'inspecteurs aux boucheries dans les villes & bourgs fermés du royaume, décharge l'Hôpital-Général des droits attribués auxdits offices. *Edit de Février* 1704, *pages* 191 & 192.

La conformité de motifs en faveur de l'Hôtel-Dieu & de l'Hôpital-Général, fait rendre un arrêt au Conseil d'Etat, qui, maintenant ces deux établissemens, & les maisons en dépendantes, dans tous les privileges & exemptions à eux attribués; défend à tous officiers d'exiger des droits pour raison des marchandises, denrées & choses destinées à leur usage. *Arrêt du* 30 *Mars* 1706, *page* 197 & 198.

Sur l'offre faite par le nommé Bieft, adjudicataire des droits d'inspecteurs aux boucheries, d'une somme annuelle au profit de l'Hôpital-Général, relativement aux bestiaux qui s'y consomment, il intervient au Conseil un arrêt, qui fixe cette somme à 4329 liv. 10 s. *Arrêt du* 14 *Septembre* 1706, *page* 199.

Le roi, pour donner plus d'authenticité à la confirmation de tous les privileges & exemptions de l'Hôpital-Général & maisons en dépendantes, & pour faire cesser le trouble que les greffiers des greffes des insinuations vouloient y porter, fait expédier des lettres-patentes, par lesquelles 1°. il maintient, tant l'Hôpital-Général, que les maisons du Saint-Esprit, des Enfans-Trouvés, des Enfans-Rouges & Refuge, étant sous la même direction, dans tous les droits, privileges & exemptions qui leur ont été accordés. 2°. Il réitere les défenses à tous les officiers de la ville de Paris, fermiers, receveurs & autres leurs commis & prépréposés, d'exiger des droits pour raison des marchandises, denrées & provisions d'iceux Hôpitaux, ni d'inquiéter les marchands & voituriers chargés de voiturer ces marchandises. 3°. Il enjoint au fermier des greffes des insinuations, & au traitant des droits d'enregistrement des biens aliénés du domaine, d'expédier & enregistrer gratuitement tous contrats & actes concernant lesdits Hôpitaux, à peine de tous dépens, dommages & intérêts. *Lettres-patentes du* 10 *Juin* 1710, *pages* 200 & 201.

La Cour des Aides, en déclarant bonnes & valables des offres faites par les administrateurs de l'Hôpital-Général, fixe à 10 liv. par millier les frais de voiture de beurres amenés de Rouen à Paris pour son usage; & faute par les conducteurs de se contenter de ce prix, elle permet aux administrateurs de se servir d'autres voitures pour les marchandises concernant la nourriture & subsistance de l'Hôpital-Général; condamne les voituriers aux dépens. *Arrêt du* 26 *Janvier* 1711, *page* 202.

Le Parlement répute une entreprise sur les privileges & exemptions de l'Hôpital-Géneral, la prétention du nommé Tauxier, fermier des droits d'octrois de charbons, d'en percevoir sur des grains destinés à la subsistance des pauvres: il ordonne que Tauxier sera tenu de laisser passer les voitures de l'Hôpital, d'après la simple remise qu'ils feront d'attestation de la qualité des grains signée par les préposés aux achats; condamne Tauxier à restituer les droits qu'il a exigés & aux dépens, pour dommages & intérêts. *Arret du* 19 *Juillet* 1714, *page* 203.

Dans la vue d'éviter à l'avenir le détail d'un compte entre les administrateurs accoutumés à avancer les droits d'entrée sur le bétail à pied fourché destiné pour la consommation de l'Hôpital-Géneral, & les fermiers-généraux, tenus de leur rendre les trois quarts d'icelle avance, il est convenu

venu qu'il fera payé annuellement audit Hôpital-Général par l'adjudicataire-général des fermes, *pour tenir lieu de remise*, la somme de 7000 liv. d'une part, pour le principal dudit, & 400 liv. d'autre part, pour les 4 sols pour livre. *Traité fait & arrêté double le 23 Mai 1731*, *page* 208.

Encore que les droits attribués aux officiers mesureurs de grains participent du salaire, les syndics de ces officiers résidens à Paris, reconnoissent qu'ils pourroient au plus prétendre un demi-droit vis-à-vis de l'Hôpital-Général, lorsqu'ils y sont appellés pour faire leurs fonctions, & sans que l'administration soit obligée de les employer; & ils souscrivent un accord provisoire par lequel ils se réduisent à la somme de 500 liv. *par forme de salaire*, pour le mesurage qu'ils feront des bleds & autres grains de la provision des pauvres, à quelque quantité qu'ils puissent monter; renonçans à demander aucun supplément de salaire, par forme de gratification ou de dédommagement, pour taxes imprévues, ou sous quelque prétexte que ce soit. *Acte passé devant Notaires à Paris le 20 Juin 1746*, *page* 217.

La Cour des Aides, par un arrêt rendu contradictoirement avec les régisseurs du droit de mesurage à Sainte-Maixance, leur fait défenses d'exiger ce droit de l'Hôpital-Général, les condamnant à lui restituer la somme qu'ils ont reçue de son commissionnaire, & aux dépens envers toutes les parties; ordonne que l'arrêt sera imprimé & affiché. *Arrêt du 28 Juin 1782*, *page* 223.

La même Cour, en prononçant sur une prétention également contraire aux privileges de l'Hôpital-Général, fait défenses à Valade, régisseur des droits sur les cuirs, qui avoit décerné des contraintes contre l'administration qu'il supposoit sujette à ces droits, d'en décerner de pareilles à l'avenir, & elle le condamne aux dépens. *Arrêt du 9 Avril 1764*, *page* 219.

Pour prévenir des condamnations auxquelles le fait de leurs commis les exposoit, les aliénataires des droits d'octrois des offices municipaux de la généralité de Paris s'empressent de rembourser à l'Hôpital-Général la somme de 435 liv. 5 s. 8 den. pour le montant des droits qui avoient été exigés sur les vins à Lagny & à d'autres bureaux. *Copie d'ordre donné par les aliénataires à leur caissier-général le 24 Mai 1748*, *page* 219.

Considérant que l'Hôpital-Général n'est pas sujet au rachat des boues & lanternes, le roi adresse au garde de son trésor l'ordre de rendre une somme de 144057 liv. 18 sols, qui avoit été exigée de l'administration. *Ordonnance du 22 Juillet 1770*, *page* 222.

L'avance que l'Hôpital-Général a faite pendant le cours du dernier bail des fermes-générales de droits perçus sur les œufs de sa consommation, qu'il avoit fait porter sur le carreau, d'après des arrangemens de police, donne lieu à une difficulté, que le Conseil décide à l'avantage de l'administration; & les fermiers-Généraux lui remboursent la somme de 14500 liv. 6 s. 4 den., montant de l'avance. *Copie de l'ordre adressé au caissier-général des fermes le 26 Mai 1781*, *page* 223.

Les directeurs ayant demandé l'exemption du droit de marc d'or pour des lettres-patentes, qui les autorisent à former au lieu de la ruelle de la Muette une rue pour l'avantage de l'Hôpital-Général, le roi déclare que son intention est qu'il ne soit pas payé de marc d'or, ainsi qu'il l'avoit précédemment ordonné pour d'autres objets intéressans l'Hôpital. *Lettre de m. d'Ormesson, contrôleur-général, du 17 Juin 1783, page 227.*

L'Hôpital-Général déjà affranchi de tous subsides, impositions & charges royales est, ainsi que les lieux en dépendans, déclaré exempt de logement, passages, aides & contributions des gens de guerre dans tout le royaume, pour les maisons & fermes qui lui appartiennent. *Articles 62 & 63 de l'édit de 1656, lesquels doivent etre exécutés nonobstant la modification faite de l'article 62, par l'arret de vérification & qui ne concerne que des exemptions personnelles aux directeurs, pages 175 & 176.*

Défenses sont faites aux habitans & collecteurs des paroisses, à peine d'en répondre en leurs noms, d'imposer aux rôles des tailles, taillons, subsistance, ustensile, & autres deniers ordinaires & extraordinaires, les fermiers, sous-fermiers, receveurs & commis de l'Hôpital-Général, ses fermes, maisons & lieux en dépendans; & il est reglé qu'au cas où lesdits fermiers seront contribuables pour d'autres biens que ceux de l'Hôpital, qui demeureront entiérement exempts, ils seront taxés d'office. *Même édit, art 64; arret de la Cour des Aides du 23 Décembre 1713; & sentence de l'Election de Paris, du 11 Janvier 1716, pages 176, 203, 204 & 205.*

L'édit de 1656 défend aux salpêtriers d'entrer dans les maisons & fermes dépendantes de l'Hôpital-Général pour y chercher du salpêtre, à peine de punition exemplaire contre les infracteurs. *Art. 65, page 176.*

Toutes les expéditions dont l'Hôpital a besoin aux grand & petit sceau, & dans toutes les justices, jurisdictions ordinaires & extraordinaires lui doivent être délivrées, sans qu'il soit pris aucune chose pour la façon même, pour les minutes, parchemin, grosse, signature & scel des actes; & ce, quoique les autres exempts & privilégiés en puissent être tenus. *Ibidem, art. 67, page 176.*

Il est ordonné que les greffiers de toutes les justices & jurisdictions ordinaires & extraordinaires de Paris, fauxbourgs, prévôté & vicomté, enverront au bureau les extraits des arrêts, jugemens, sentences, & actes contenant des adjudications d'amendes, aumônes, ou quelques applications à son profit, & qu'ils les délivreront gratuitement, à peine d'en répondre en leurs propres & privés noms, & de tous dépens, dommages & intérêts, *Ibid. art. 68, meme page.*

Les rois LOUIS XV & LOUIS XVI, conduits par les mêmes motifs qui avoient inspiré LOUIS XIV, confirment les privileges de l'Hôpital; & ils le maintiennent & les maisons du Saint-Esprit, des Enfans-Trouvés, des Enfans-Rouges; Refuge, même le roi regnant, l'Hôpital de Saint-Jacques, dans les privileges & exemptions qui leur avoient été accordés, & dont ils avoient joui en vertu de l'édit de 1656, des arrêts du Conseil, & lettres-patentes postérieures, qu'il déclare renouveller. *Arrêt du Conseil du 23 Février 1720; lettres-patentes du mois d'Avril audit an, & du mois de Novembre 1782, pages 206, 207, 208 & 225.*

Les maisons appartenantes aux Hôpitaux, comme édifices & établissemens publics, sont déclarées par le roi n'être point sujettes à la contribution des frais de plans qui sont ordonnés concernant les alignemens &

ouvertures des rues de Paris. *Déclaration du roi du 10 Avril 1783, page 227.*

Enumération des exemptions & privileges accordés à l'Hôpital-Général par les rois LOUIS XIV, LOUIS XV & LOUIS XVI. *Page 177.*

Voyez le mot EXEMPTIONS, *page 176.* — EXPÉDITIONS *gratuites des actes des greffes.*

F.

FARINES. — *Voyez le mot* EXEMPTIONS, *page 187.*

FOINS. — *Voyez le mot* ENTRÉES, *pages 150, 151 & 172.*

FONDS. *Etablissemens nouveaux, & concessions au profit de l'Hôpital.*

LOUIS XIV considérant que le dessein plusieurs fois conçu de renfermer les pauvres, n'avoit point été exécuté, faute de moyens d'assurer leur subsistance, donne à l'Hôpital-Général, qu'il établit, tous les biens, droits, profits, revenus & émolumens, tant en fonds que fruits ordinaires, casuels & extraordinaires, de quelque titre & qualité qu'ils puissent être, qui appartiennent ou qui peuvent appartenir aux maisons & Hopitaux de la Pitié, du Refuge, de la Savonnerie, Scipion, Bicêtre, membres & lieux en dépendans, ensemble le mobilier desdites maisons & Hôpitaux. *Edit de 1656, art. 28 & 29, pages 227 & 228.*

Le même Roi fait don à l'Hôpital-Général de toutes les maisons, lieux, droits, fonds & revenus affectés aux pauvres pour leur soulagement, perceptibles dans les ville, fauxbourgs, prévôté & vicomté de Paris, des biens qui sont ou qui se trouveront ci-après abandonnés, usurpés, employés à un autre usage que celui de leurs fondations; & aussi de ceux qui sont ou se trouveront dans la suite destitués de légitimes administrateurs, tant de l'un que de l'autre sexe, soit qu'ils proviennent de fondation royale ou autre. *Même édit, art. 33, page 228.*

Le roi déclare pareillement appartenir à l'Hôpital-Général, à l'exclusion des pauvres collatéraux, les biens-meubles (1) des pauvres qui décéderont tant à l'Hôpital que dehors, après avoir été à l'aumône pendant un an, sans que les uns ni les autres en puissent disposer par donations entre-vifs ou testamens, ni faire aucune promesse, obligation, contrats, sinon pour cause légitime, & par le consentement des directeurs. *Meme édit, art. 44, page 28.*

Concession à l'Hôpital-Général des lieux & emplacemens de la Salpêtriere, dit *le petit Arsenal*, & de tous les biens & héritages qui en dépendent, tant en dedans qu'en dehors, avec tous les droits que le roi y peut prétendre; permission aux directeurs de prendre les héritages de proche en proche, en en payant la valeur, & faculté de bâtir deux moulins sur ba-

(1) L'arrêt d'enregistrement restreint l'effet de cet article aux meubles que les pauvres avoient, lorsqu'ils ont été reçus à l'aumône, & à ceux qu'ils auront acquis dans l'Hôpital: ce qui réduit le droit aux hardes & meubles-meublans

teaux, vis-à-vis de l'emplacement de la Salpêtriere, deux moulins à vent dans la maison, ou aux environs; de pêcher dans la riviere de Seine, depuis le pont Marie en remontant jusqu'à Conflans, & de bâtir un bac au-dessus du grand arsenal, avec les droits qui y sont ordinaires. *Edit particulier du mois d'Avril 1656, page 229.*

Le sieur de Chamarande & la dame veuve du sieur de Beas, tutrice de leurs enfans mineurs, donnent à l'Hôpital-Général la moitié de leurs droits en l'établissement qu'ils avoient commencé d'une halle aux vins près la Porte Saint-Bernard, en conséquence d'un brevet & de lettres-patentes des 20 Janvier & Mai 1656. *Acte passé devant notaires à Paris le 2 Août 1662, page 574* (1).

Des lettres-patentes réunissent à l'Hôpital-Général les biens de différentes communautés, dont la suppression étoit ordonnée, & m. l'archevêque fixe les charges auxquelles l'Hôpital sera sujet pour prix de cette concession. *Lettres-patentes du 20 Mars 1671; ordonnance du 12 Décembre suivant, pages 230, 232, 233 & 234.*

Il est ordonné que tous les biens, d'immeubles, rentes & pensions données & léguées, tant aux pauvres de la prétendue religion réformée, qu'aux consistoires, seront delaissés aux Hôpitaux des lieux où étoient lesdits consistoires; & en cas qu'il n'y en ait pas, qu'ils le seront à l'Hôpital le plus prochain; à la charge que les pauvres de la religion prétendue-réformée seront reçus dans ces Hôpitaux indifféremment des catholiques. *Déclaration du roi du 15 Janvier 1683, page 73.*

Une loi particuliere aux biens dont jouissoient les consistoires supprimés par l'interdiction de l'exercice, en envoie les Hôpitaux en possession. *Déclaration du roi du 21 Août 1684, pages 74 & 75.*

Par suite du meme principe, LOUIS XIV donne à l'Hôpital-Général de Paris l'emplacement de l'ancien temple de Charenton, une partie de ses bâtimens, la propriété de quatre maisons bâties sur le fonds du consistoire, & quelques autres objets en provenans. *Brevet de don du 8 Novembre 1685, pages 234 & 235.*

Il est ordonné que sur la totalité des biens-meubles & immeubles des condamnés pour duel, qui seront confisqués au roi, il sera pris un tiers pour l'Hôpital-Général de Paris, un tiers pour l'Hôtel-Dieu de la même ville, & que le troisieme tiers sera partagé entre l'Hôpital de la ville où est placé le Parlement dans le ressort duquel le crime a été commis, & l'Hôpital du siege royal le plus proche du lieu du délit; que si les condamnés pour crime de duel possedent des biens en des provinces du royaume où la confiscation n'ait pas lieu, il sera pris sur leur prix, au profit de ces Hôpitaux, une amende qui ne pourra être moindre que des deux tiers de la valeur desdits biens, & qui sera partagée entre les différens Hôpitaux, suivant la proportion ci-devant indiquée. *Déclaration du roi du 28 Octobre 1711 page 89.*

Le Parlement attribue à l'Hôpital-Général des fonds & capitaux de rentes destinés aux pauvres malades de lieux où il n'y avoit pas de confrairie de charité établie. *Arret du 31 Mars 1711, pages 235 & 236.*

---

(1) *Voyez le mot* HALLE AUX VINS, *page 570, les réglemens & actes concernant cette halle.*

La même Cour se portant, d'après un réquisitoire de m. le procureur-général, à supprimer la confrairie de Saint-Sébastien, qui étoit établie aux Eglises de Saint-Thomas-du-Louvre & des Quinze-vingts, ordonne que les vases sacrés & les deniers qui pouvoient être aux mains des receveurs, les ornemens & argenterie appartiendront à l'Hôpital-Général. *Arret du 5 Janvier 1732, pages 237 & 238.*

LOUIS XV concede à l'Hôpital-Général, 1°. une manufacture de buffles, ci devant établie à Corbeil, des moulins, bâtimens, matériaux, terriers, cours d'eaux, machines & ustensiles d'icelle manufacture; 2°. le moulin, appellé *du Roy*, en ladite ville, les cours, vieux édifices & terriers dépendans, tant du château que dudit moulin, avec la faculté de faire faire sur ces emplacemens toutes constructions & établissemens de moulins, greniers & autres bâtimens nécessaires au service de l'Hôpital. *Arrêt du Conseil & lettres-patentes des 21 Mars & mois d'Avril 1769, pages 243, 244, 245, 246 & 247.*

De secondes lettres-patentes confirment à l'Hôpital-Général la propriété de l'acquisition par lui faite pour achever cet établissement, qui consiste aujourd'hui notamment en dix moulins sur la riviere d'Etampes; les uns pour la mouture des bleds de l'Hôpital, les autres loués à son profit. *Lettres patentes du 14 Septembre 1772, page 248.*

Le Roi permet à l'Hôpital-Général, comme étant aux droits des officiers municipaux de Corbeil, de faire construire une halle sur le terrein de la place des Récollets, & d'y lever des droits de mise-en-halle & d'enmagasinage sur les grains qui seront portés au marché. *Lettres-patentes du mois de Juin 1781, pages 249 & 250.*

Le roi, pour d'autant mieux assurer l'établissement accordé par son ayeul à l'Hôpital-Général en la ville de Corbeil, y concede à cet Hôpital un terrein de quatre-vingt toises, à l'effet d'agrandir sa halle aux grains, & il y réduit le droit de minage de cette ville. *Arrêt du Conseil & lettres-patentes des 29 Avril & Mai audit an 1783, pages 251, 252 & 253.*

Le bureau des finances concourt à assurer le même établissement, en réglant la largeur du chemin qui aboutira à la place. *Ordonnance du 13 Novembre 1783, page 253.*

Il est aussi passé un traité entre les maire & échevins de Corbeil, l'Hôpital-Général & le grand-bailli de l'ordre de Malte, titulaire du bénéfice de Saint-Jean-en-l'Isle lès Corbeil, agissant pour ledit ordre, relativement à la réduction du droit de minage. *Traité passé les 17 & 20 Novembre 1783, devant Beviere & Piquais, notaires à Paris, homologué par arret du Parlement du 12 Décembre 1784, pages 254, 255, 256 & 257.*

L'ouverture de la halle de Corbeil est faite à la même époque. *Imprimé d'avis au public en Décembre 1784 page 257.*

Il est concédé à l'Hôpital-Général différentes portions de terreins dépendantes des domaines dudit lieu, moyennant un cens de trois deniers par toise quarrée, payable double tous les quarante ans. *Arrêt du Conseil du 5 Avril 1785, page 258.*

Le Roi instruit des avantages qu'ont procuré à plusieurs villes les Monts-de-Piété qui y ont lieu, permet d'en établir un à Paris, & il attribue à l'Hôpital-Général des droits & profits sur les deniers qui y seront prêtés. *Lettres-patentes du 9 Décembre 1777, pages 474, 475, 476 & 477.*

Le Mont-de-Piété est ouvert à Paris, rue des Blancs-Manteaux, où l'administration de l'Hôpital acquiert, à cet effet, deux maisons; & depuis elle y en réunit une troisieme, sise rue du Paradis. *Contrats des 6 Septembre 1779, & 26 Mars 1783, pages 478 & 479* (1).

Dans la vue de faciliter la construction d'une infirmerie & d'autres établissemens nouveaux dans la maison de la Pitié, le roi lui unit & incorpore, tant un emplacement ci-devant occupé par la communauté de Saint-François-de-Sales, que la portion de la rue du battoir, qui les séparoit. *Lettres-patentes du mois d'Août 1782, page 238.*

Il intervient aussi des lettres-patentes approbatives de délibérations prises aux bureaux de l'Hôpital-Général & de l'Hôtel-Dieu, pour élargir la ruelle de la Muette, & en former une rue vis-à-vis la maison de Scipion; & m. l'archevêque autorise, au même effet, l'emploi d'une partie du terrein du cimetiere de Clamard. *Lettres-patentes du 4 Mars 1783, & ordonnance du 10 Juin suivant, pages 239, 240, 241 & 242.*

FRANC-FIEF. *Voyez au mot* EXEMPTIONS, *page 175.*

FRANC-SALÉ. Au nombre des objets qui sont concédés par l'édit de 1656 à l'Hôpital-Général, est le droit de franc-salé pour le sel nécessaire à sa provision, jusqu'à la concurrence de quatre muids de sel par chacun an, à prendre au grenier de Paris, & en ne payant autre chose que le prix du marchand. *Art. 60, page 258.*

Le Conseil, en expliquant les termes *prix du marchand*, regle que l'Hôpital-Général payera seulement 4 liv. 10 sols par minot de sel. *Arrêt du Conseil du 17 Mai 1659, page 259.*

L'Hôpital-Général jouit en outre de quatre muids de sel par augmentation des quatre premiers muids, à la charge par lui d'en fournir ce qui sera nécessaire, suivant les certificats, à l'Hôpital des Enfans-Trouvés & aux Filles de Charité, qui les servent. *Déclaration du roi du 16 Juin 1670, pages 259 & 260.*

En considération de l'accroissement de ses maisons, l'Hôpital obtient du Roi LOUIS XIV l'octroi de cinq muids de plus de sel pour une année. *Arrêt du Conseil du 11 Avril 1702, page 260.*

L'augmentation continuelle du nombre des pauvres, aprés avoir fait renouveller l'octroi dans différens tems, paroît avoir procuré à l'Hôpital la concession permanente de ces cinq muids, & la réunion de tous droits. *Extraits de l'état des francs-salés, en Octobre 1739, page 261.*

L'Hospice nouvellement établi à Vaugirard, est employé pour dix minots de sel dans l'état de francs-salés, de gratification & aumône, à compter de l'année 1782. *Ordre du ministre des finances, page 261.*

---

(1) On trouvera au mot MONT-DE-PIÉTÉ, *pages 474 & suivantes*, des arrêts & pieces relatives à son administration.

G.

Voyez le mot OFFICIERS DE L'HÔPITAL. *Garde-Gardienne.*

H.

Voyez au mot VINS, *pages* 570 *& suivantes.* *Halle au Vin.*

Voyez au mot FONDS, *pages* 249 *& suivantes.* *Halle au Bled de Corbeil.*

Hôpital-Général.

L'établissement de l'Hôpital-Général a pour premier & principal objet, que les pauvres mendians, valides & invalides, de l'un de l'autre sexe, y soient enfermés, pour être employés aux ouvrages, manufactures & autres travaux, selon leur pouvoir. *Article premier de l'Edit de 1656, & art. 7 du réglement arrêté au Conseil le 27 dudit mois, pages 262 & 274.*

LOUIS XIV donne à l'Hôpital qu'il établit, & qu'il qualifie *Général*, les maisons & Hôpital, tant de la grande & petite Pitié, que du Refuge, sis au fauxboug Saint-Victor, les maisons & Hôpital de Scipion, & la maison de la Savonnerie, avec tous les lieux, places, jardins, maisons & bâtimens qui en dépendent, ensemble les maisons & emplacemens de Bicêtre, circonstances & dépendances, qu'il déclare avoir fait servir de lieu de retraite des Enfans-Trouvés, en attendant que les pauvres y fussent enfermés. *Edit d'Avril 1656, art. 4, page 263.*

LOUIS XIV venant à déclarer, dix-sept ans après, qu'il reprend la maison de la Savonnerie & ses dépendances, l'une des maisons dont il avoit fait don à l'Hôpital-Général, il promet à l'administration qu'il pourvoira à son indemnité, d'après les mémoires qui seront remis entre les mains du surintendant des bâtimens de sa majesté. *Arret du Conseil du 22 Août 1673, page 289.*

Le roi réunit à l'Hôpital-Général, par des lettres-patentes du même mois, les lieux & emplacemens de la Salpêtriere, dit *le Petit Arsenal*, au fauxbourg Saint-Victor, qu'il déclare avoir affectés ou destinés, par un brevet du premier Juillet 1653, à cet établissement qu'il projettoit dès-lors; ensemble tous les bâtimens & héritages qui en dépendent, & peuvent leur appartenir. *Lettres-patentes du mois d'Avril 1656, déjà citées, page 229.*

Les lieux qui servent à enfermer les pauvres, sont nommés *l'Hôpital-Général des pauvres.* L'inscription en doit être mise, avec les armes du roi, sur le portail de la maison de la Pitié, & des membres qui en dépendent. Le roi s'en déclare le protecteur & fondateur; & cependant il veut qu'il ne dépende ni du grand-aumônier, ni d'aucun autre de ses officiers. *Même édit de 1656; art. 5 & 6, page 263.*

Sur la dénonciation que m. le procureur-général fait de la nommée

Boisoin au Parlement, comme entreprenant sur l'établissement de l'Hôpital-Général, le Parlement fait défenses à ladite Boisoin de se qualifier directrice d'un prétendu Hôpital des écrouellés, & de faire mettre à la porte de la maison où elle demeure un écrit ou inscription, & d'y poser des troncs & des écriteaux, non plus que dans aucune des paroisses, églises, manufactures de la ville & fauxbourgs de Paris. *Arret du 27 Mars 1697, page 285.*

Les maisons de la Salpêtriere & de Bicêtre ont à présent une seconde destination. Outre celle de renfermer les pauvres, elles sont maisons de correction, & même de force, dans lesquelles sont détenues deux mille personnes; les unes par ordre du Roi, les autres en conséquence de jugémens; certaines, pour tout le cours de leur vie; le plus grand nombre, telles que les filles débauchées, pour un tems fixe seulement. *Réglemens des 20 & 28 Avril 1684, pages 501 à 505; déclaration du roi du 26 Juillet 1713, & arrêt du Parlement du 9 Décembre suivant, pages 447, 448 & 449.*

En même tems que LOUIS XIV forme l'établissement de l'Hôpital-Général, il détermine, tant par l'édit même de sa fondation, que par un réglement qu'il fait dès-lors arrêter au Conseil, les points & les objets les plus essentiels à son régime & au bien des pauvres. *Edit d'Avril 1656, & réglement fait au Conseil le 27 du même mois, pages 275, jusques & compris 282.*

Il est fait quelques changemens aux loix concernant l'administration de l'Hôpital en 1751, par une déclaration du feu Roi : mais l'Arrêt qui intervient au Parlement sur l'enregistrement, contient des charges & modifications, qui, proprement, rétablissent l'entiere exécution, soit des édit & réglement de 1656, soit de l'édit d'établissement de l'Hôpital des Enfans-Trouvés & des déclarations rendues le 23 mai 1680, au sujet de la maison des Enfans-Rouges & de l'Hôpital du Saint-Esprit. *Pages 292 & 297.*

Le feu roi déclare, par une loi postérieure, qu'il remet les choses dans l'état où elles étoient en 1751. *Déclaration du 15 Mars 1758, page 539.*

Il intervient un réglement au sujet de l'assistance des enfans élevés en la maison de la Pitié, aux convois qui se font dans les églises de Paris, & en particulier pour fixer la rétribution à cette assistance. *Délibération du bureau-général d'administration du 5 Août 1784; ordonnance de m. l'archevêque du 22 Novembre dudit an, & arrêt rendu au Parlement le 15 Décembre de la même année, qui homologue lesdites délibération & ordonnance, page 301, 302 & 303.*

HÔPITAL des Enfans-Trouvés & celui des Enfans-Rouges y réuni. Concessions à eux faites, & les réglemens qui les concernent en particulier.

La maison des Enfans-de-Dieu, depuis nommés *Enfans-Rouges*, paroît avoir été destinée à servir d'asyle à de pauvres enfans orphelins étrangers, que leurs peres & meres morts à l'Hôtel-Dieu, laissoient sans secours, *page 328.*

La faveur, si naturelle pour des enfans infortunés, fait rendre par le Parlement un arrêt qui permet de faire quêter pour eux. *Arrêt du Parlement du 11 Décembre 1538, page 329.*

Le roi FRANÇOIS I confirme la permission de quêter, tant dans tous les quartiers de Paris, que dans toutes les églises & paroisses des villages où où étoient nés des Enfans dudit Hôpital; en même-tems, qu'il autorise à y recevoir des orphelins nés dans les villages de la banlieue de Paris, même à défaut de ceux-ci, des enfans des villages prochains de la ville & du diocese, âgés de dix à douze ans au plus. *Déclaration du roi, du 22 Juin 1541, page 330.*

LOUIS XIII, dans la vue de soutenir l'établissement qui se formoit alors à Paris pour des Enfans *exposés*, leur assigne 4000 livres à prendre chaque année sur son domaine de Gonesse : savoir, 3000 livres pour la nourriture des Enfans, & 1000 livres pour les sœurs de charité qui les servent. *Lettres-patentes du 30 Juillet 1642, page 307.*

Le roi LOUIS XIV donne 8000 livres de rente sur les cinq grosses-fermes aux Enfans-Trouvés ou exposés. *Lettres-patentes de Juin 1644, page 308.*

Pour subvenir au surplus de la dépense, le Parlement ordonne qu'il sera, par forme de provision, payé par les seigneurs hauts-justiciers de la ville & fauxbourgs de Paris : savoir, par m. l'archevêque de Paris 3000 livres par année; par le chapitre de l'église de Paris 2000 livres, par les religieux de Saint-Germain-des-Prés, 3000 livres; & ainsi des autres hauts-justiciers. *Arrêts des 3 Mai 1667, & 23 Juin 1668, pages 310, 311 & 312.*

D'après le principe que la nourriture des pauvres est une dette des lieux auxquels ils appartiennent, le Parlement, sur un requisitoire du ministere public, fait de très-expresses défenses à tous messagers, rouliers, voituriers & conducteurs de coches, tant par eau que par terre, d'amener aucuns enfans à Paris, qu'ils n'aient fait écrire les noms, surnoms & demeures de ceux entre les mains desquels ils doivent les remettre, à peine de punition corporelle, & de 1000 livres d'amende au profit de l'Hôpital-Général, au paiement de laquelle ils seront contraints par corps. *Arrêt du 8 Février 1663, page 309.*

Autre arrêt, dicté à la fois par le même principe, & d'après la regle que la nourriture des Enfans-Trouvés est une charge de la haute-justice, qui ordonne que les seigneurs hauts-justiciers du dehors de Paris seront tenus de satisfaire à la dépense des nourriture & entretien des enfans dont les pere & mere seront inconnus, qui se trouveront exposés au-dedans de leurs terres : lesdits seigneurs sommés à la requête du substitut du procureur-général, ou des procureurs-fiscaux des lieux, de fournir à la dépense d'iceux enfans. *Arrêt en forme de réglement, rendu sur le requisitoire de m. le procureur-général au Parlement, le 3 Septembre 1667, page 300.*

L'établissement fait pour les Enfans-Trouvés est déclaré l'un des Hôpitaux de Paris; & l'administration en est réunie à celle de l'Hôpital-Général, le roi autorisant les directeurs à régir, contracter, vendre, aliéner, acheter, comparoître en jugement, recevoir toutes donations & legs, même universels; & confirmant entre autres biens & avantages dont les Enfans-Trouvés jouissoient, les dons que les rois LOUIS XIII & LOUIS XIV leur avoient faits de 12000 livres de rente. *Edit du mois de Juin 1670, page 303.*

Pour assurer le plus grand ordre dans le régime de l'établissement, le roi ordonne 1°. que les administrateurs visiteront chaque semaine le registre contenant les noms des Enfans-Trouvés, qu'ils en parapheront les feuilles après l'avoir vérifié sur les procès-verbaux des commissaires du Châtelet, & les ordonnances des officiers chargés d'en connoître, & qu'ils arrêteront chaque mois les comptes ; 2°. Que les sœurs de la Charité iront visiter les enfans placés en nourrice hors de l'Hôpital, & qu'elles en constateront l'état, pour être pourvu aux besoins desdits enfans. *Arrêt du Conseil d'Etat du 21 Juillet 1670, en forme de réglement, page 306.*

En l'année 1672, les administrateurs acquierent par voie d'échange, rue Notre-Dame, une maison appellée la Marguerite, à présent celle de la couche des Enfans-Trouvés. *Contrat du 24 Février 1672, page 313.*

Les administrateurs augmentent dans la suite l'emplacement, en y joignant une maison voisine qu'ils achetent des abbé & chanoines réguliers de Saint-Victor. *Contrat du 23 Mars 1688, même page.*

Il est attribué à l'Hôpital des Enfans-Trouvés, à la réception de chaque secrétaire du roi, une aumône de 50 livres, indépendante de celle dont jouit l'Hôpital-Général. *Réglement du Conseil d'Etat du 24 Avril 1672, page 313.*

LOUIS XIV ayant réuni au Châtelet de Paris les différentes hautes-justices qui étoient établies à Paris & dans la banlieue, il ordonne qu'il sera employé dans l'état des charges du domaine de Paris la somme de 20,000 livres par année, pour être payée à la maison des Enfans-Trouvés, au lieu des indemnités & sommes qu'elle recevoit annuellement des hauts-justiciers. *Arrêt du Conseil du premier Décembre 1674, & lettres-patentes du 15 Février 1675, pages 314 & 315.*

Dans la vue de soutenir le même établissement dont les dépenses étoient augmentées, le roi réunit l'administration des biens & revenus de la confrairie de la passion & résurrection de Notre-Seigneur à l'Hôpital des Enfans-Trouvés ; & il ordonne que lesdits biens & revenus, (la charge du service divin déduite & satisfaite) seront employés à la nourriture & entretien de ces enfans. *Arrêt du Conseil du 14 Avril 1676, page 327.*

D'après les mêmes vues & motifs de subvenir à l'Hôpital des Enfans-Trouvés, dès-lors chargé de deux mille trois cens enfans, le roi lui unit aussi l'administration des Enfans-Rouges, pour être faite dorénavant par les directeurs de l'Hôpital-Général, auxquels il permet de disposer des fonds ainsi que des revenus desdits biens, à la charge seulement de faire acquitter toutes les fondations de services & autres qui sont faites dans ledit Hôpital des Enfans-Rouges. *Déclaration du roi du 20 Mai 1680, page 328.*

LOUIS XIV, toujours occupé des moyens d'entretenir l'Hôpital des Enfans-Trouvés, ordonne que du produit de l'octroi de 30 sols sur chaque muid de vin entrant à Paris, desquels la levée a été autorisée par une déclaration du roi du 5 Septembre 1693, en faveur de l'Hôtel-Dieu & de l'Hôpital-Général de Paris ; il sera distrait au profit desdits Enfans-Trouvés, & remis entre les mains du receveur particulier de leurs revenus ; savoir, la quatorzieme partie de ce qui en est perçu par l'Hôtel-Dieu, & la cinquieme de ce qui en appartient à l'Hôpital-Général. *Arrêt du Conseil d'Etat du 7 Juin 1695, page 147.*

Les mêmes considérations déterminent le roi LOUIS XV à accorder à l'Hôpital des Enfans-Trouvés, & sous son nom, une loterie en l'année

1717. *Lettre de m. de Mesmes, premier président, du 23 Avril de ladite année, & imprimé d'affiche faite en conséquence, pages 319 & 320.*

Des arrêts depuis rendus au Conseil, & une ordonnance de m. le lieutenant de police, attribuent à l'Hôpital des Enfans-Trouvés le profit des lots non reclamés, & fixent le prix des billets. *Arrêt du Conseil du 20 Septembre 1727, & Ordonnance de police du 8 Novembre 1747, 9 Décembre 1754, pages 320, 321 & 322.*

Cette loterie ayant été réunie à celle royale de france, le roi accorde une indemnité à l'Hôpital des Enfans-Trouvés; & il la fixe à la somme de 140,234 livres 10 sols, qu'il veut lui être payée de mois en mois. *Arrêts du Conseil des 30 Juin 1776, & 6 Avril 1777, pages 323 & 324.*

Autre arrêt du Conseil, qui commet m^e^ Poultier, notaire, pour recevoir & payer les indemnités dues pour icelle loterie. *Arrêt du 26 dudit mois d'Avril 1777, pages 325 & 326.*

Le roi LOUIS XV assigne à la maison des Enfans-Trouvés une somme de 120,000 livres à recevoir chaque année au trésor royal. *Brevet du 9 Mars 1767, page 317.*

Le même roi, informé que les besoins & charges de l'Hôpital des Enfans-Trouvés sont encore augmentés, lui attribue en commun avec l'Hôpital-Général, entr'autres revenus, le doublement du vingtieme accordé audit Hôpital en l'année 1711, de tous les droits levés dans les ville & fauxbourgs de Paris, aux entrées & sur les ports, quais, halles, foires & marchés d'icelle ville, 20 sols par muid de vins-de-liqueurs entrans dans Paris, tant par terre que par eau, en sus de ce qui avoit été ci-devant attribué aux Hôpitaux, dans les 45 sols levés au profit des pauvres; & 6 sols par voie de bois marchand & du cru, au-delà des droits déjà établis sur les bois au profit de l'Hôpital-Général. *Déclarations du roi des 26 Juillet 1771, & 12 Décembre 1773, pages 160 & 163.*

Le roi régnant se porte aux deux époques auxquelles l'attribution auroit cessé, à en proroger l'effet par des renouvellemens. *Lettres-patentes des 22 Juillet 1780, & 22 Juin 1783, ci-devant indiquées, pages 166, & 173.* *

La même considération détermine la suppression & réunion des biens de la maison des Enfans-Rouges, à l'Hôpital des Enfans-Trouvés. *Lettres-patentes du mois de Mai 1772, pages 331 & 332.*

Le roi régnant unit aussi à l'Hôpital des Enfans-Trouvés les biens de celui de Saint-Jacques, dont l'institution n'avoit plus d'objet; & il autorise par les mêmes lettres-patentes l'administration à acquérir au nom de l'Hôpital des Enfans-Trouvés, dans la proximité de la ville de Paris, un lieu qui, par ses bâtimens & emplacemens, seroit propre à recevoir ceux desdits enfans qui seroient reconnus pour être atteints de maladies communicables, à l'effet d'y être traités. *Lettres-patentes du mois de Mai 1781, page 333.*

Le nommé Troullet & autres se disans syndics & administrateurs de confreres pélerins de Saint-Jacques, sont déboutés d'opposition par eux formée à l'enregistrement desdites lettres. *Arrêt du Parlement du 27 Janvier 1784, page 335.*

---

* *Voyez au mot* ENTRÉES, *les déclarations dont il s'agit.*

Délibérations relatives aux Enfans-Trouvés.

L'administration ne pouvant surveiller par ses yeux personnels tous les Enfans-Trouvés, délibere que les sœurs de Saint-Lazarre feront des visites, tant chez les nourrices que chez les sevreuses, & autres personnes auxquelles les enfans auront été remis pour les élever. *Délibérations des 25 Juillet 1703, & 3 Mai 1712, pages 338 & 339.*

A défaut de nourrices de la campagne en nombre suffisant pour alaiter les Enfans-Trouvés, le bureau arrête qu'il sera retenu des nourrices à Paris, malgré l'augmentation des frais. *Délibération du 9 Février 1704, page 339.*

Il est arrêté à l'égard des filles qui seront placées en apprentissage depuis huit ans jusqu'à quinze, que ceux à qui elles seront confiées, seront tenus de leur donner 300 liv. en argent, lorsqu'elles auront atteint vingt-cinq ans, & de leur fournir alors un trousseau composé de de quatre chemises, quatre garnitures de tête, huit bonnets, quatre cornettes de nuit, quatre mouchoirs de col, quatre mouchoirs de poche, une robe & un jupon de siamoise, un autre jupon, un corps, deux tabliers, deux paires de bas de laine tricotées, deux paires de souliers; le bureau leur fournissant un pareil trousseau lors de leur engagement. *Délibérations des 19 Août 1733, & 25 Septembre 1752, page 342.*

D'autres délibérations reglent que les filles qui seront placées depuis quinze ans jusqu'à vingt-cinq, recevront 200 liv. à cet âge, de ceux à qui elles seront engagées, & un trousseau de même qualité que celui ci-dessus indiqué. *Délibérations des 10 Novembre 1742, & 30 Octobre 1753, page 342.*

Le bureau, par la raison que le changement d'air peut préjudicier aux enfans, consent à ce qu'il n'en soit ramené à Paris à l'âge de six ans, que le nombre qui sera nécessaire pour le service des deux maisons; & il statue que les autres seront confiés, à cet âge, à des bourgeois, laboureurs, marchands & artisans, qui les garderont jusqu'à vingt-cinq ans, & auxquels il sera payé chaque année, par forme de pension, pour chaque enfant, savoir : pour les garçons 40 liv. jusqu'à douze ans, & 30 liv. depuis l'âge de douze ans, jusqu'à quatorze accomplis; & à l'égard des filles, 40 liv. jusqu'à l'âge de seize ans accomplis. *Délibération, en forme de réglement, du 7 Janvier 1761, pages 345 & 346.*

Le roi, pour faciliter le placement des Enfans-Trouvés mâles, & récompenser les peres de famille qui s'en chargeront, fait écrire aux directeurs de l'Hôpital par le ministre de la guerre, que ceux desdits Enfans-Trouvés (1) qui, parvenus à l'age de seize ans, auront toutes les qualités nécessaires pour porter les armes, seront admis à tirer au sort de la milice aux lieu & place de pareil nombre d'enfans, freres ou neveux des chefs de famille qui les auront élevés. *Lettre de m. le duc de Choiseul, imprimée à la suite de ladite délibération, page 347.*

Des éclaircissemens pris sur les lieux, au moyen des visites, & par d'autres informations, déterminent le bureau à dresser, sur le fait des nourrices & meneurs, un réglement en 35 articles, par lequel il est arrêté

(1) La lettre a aussi son application aux enfans élevés dans les autres maisons dependantes de l'Hôpital-Général.

notamment qu'il ne sera point admis de nourrices pour élever des enfans de l'Hôpital, si elles ne représentent un certificat du curé ou du desservant de la paroisse sur laquelle elles demeurent; & à défaut dudit certificat, celui du syndic & des deux principaux habitans, qui attestent leur vie, mœurs & religion, & qu'elles sont en état d'élever des enfans; qu'aucune nourrice ne pourra se charger de plus d'un enfant à allaiter; que les nourrices seront payées, savoir : 7 liv. depuis la naissance jusqu'à un an accompli, 5 liv. depuis un an jusqu'à deux, & 4 liv. 10 sols au-dessus; que l'on ne laissera aux nourrices les enfans qui seront âgés de cinq ans, que sur un certificat du curé; & à son défaut, du syndic & des deux principaux habitans, qui énoncera qu'elles sont en état de les nourrir & entretenir; que ceux qui voudront faire la commission de meneur, feront certifier par le curé de leur paroisse, leurs mœurs, religion, suffisance, capacité, & qu'ils donneront, tant l'état de leurs biens, qu'une caution suffisante, & feront élection de domicile à Paris. Les meneurs sont autorisés à retenir sur le premier mois 2 liv. pour le port de chaque enfant qu'ils conduiront avec des nourrices qui s'en seront chargées à Paris, & 6 liv. à l'égard des enfans dont les nourrices n'y seront pas venues. Il est aussi arrêté qu'il continuera d'être payé aux meneurs 6 deniers pour livre des sommes qu'ils seront chargés de remettre pour des pensions; & il leur est enjoint de visiter, pour le moins tous les six mois, tant les enfans qui sont en nourrice, que ceux qui sont placés chez les bourgeois, à l'effet de connoître l'état des uns & des autres desdits enfans, s'ils sont élevés avec soin, & d'en rendre compte au bureau, ladite visite devant être certifiée par déclaration du curé; & à son défaut, par le syndic & deux des principaux habitans de la paroisse. Les meneurs demeurent autorisés, par un article exprès, à changer les nourrices, après qu'ils auront consulté le curé sur ce changement, & le choix des nouvelles nourrices; & ils sont tenus de rapporter à Paris, à leur premier voyage, les hardes, linges & extraits mortuaires des enfans décédés. Il est aussi réglé qu'il sera payé par les nourrices au meneur 3 liv. pour frais de retour à Paris de chaque enfant âgé de cinq ans, qu'elles n'y remeneront pas elles-mêmes. *Délibération, en forme de réglement du 24 Septembre 1765, pages 348, 349, 350 & 351.*

Les directeurs considérant que les enfans qui sont élevés dans les campagnes & les villes de province, ne doivent, ni par raison de justice pour les personnes qui en sont chargées, ni pour l'intérêt des enfans, demeurer engagés, ainsi qu'ils l'étoient, jusqu'à l'âge de majorité, ils restreignent la durée de l'engagement à vingt ans; après lequel tems les enfans ne pourront être retenus qu'autant & qu'à la condition qu'il leur sera payé des gages. La pension des deux sexes également est réglée à 40 liv. jusqu'à l'age de seize ans accomplis. *Délibération du 3 Août 1772, pages 351 & 352.*

Comme l'Hôpital des Enfans-Trouvés encore que fondé seulement pour les enfans de Paris, à la dépense desquels ses revenus suffisent à peine, se trouvoit surchagé d'enfans, venus de tous les pays, il est arrêté au bureau-général d'administration que mm. les secrétaires d'état & contrôleur-général seront invités à donner des ordres dans leurs départemens, pour qu'il ne soit plus envoyé à Paris d'Enfans-Trouvés des provinces, ſous des peines à prononcer contre les meſſagers, rouliers, voituriers & conducteurs de coches. Et il eſt écrit à cet effet par l'adminiſtration à ces miniſtres. *Delibération priſe au bureau tenu à l'archevêché le 14 Décembre 1772, & lettre adreſſée aux miniſtres, pages 353, 354, & 355.*

Il eſt réglé que la nourriture des enfans en nourrice & en ſevrage, ſera payée à raiſon de 6 livres par mois pendant les deux premieres années, & que celle de la troiſieme année juſques à la ſeptieme, à laquelle doit finir le ſevrage, ſera payée à raiſon de cinq livres par mois. *Délibération du premier Mars 1773, pages 356 & 357.*

Le ſoin de viſiter les Enfans-Trouvés eſt confié aux inſpecteurs prépoſés pour la viſite des nourriſſons enfans des bourgeois de Paris; & il eſt fait un réglement concernant leſdites viſites. *Délibération & réglement du 7 Juin 1773, & arrêt rendu au Parlement le 14, qui en ordonne l'homologation, pages 358, 359 & 360.*

Des vues de bonté & d'attention pour l'établiſſement des Enfans-Trouvés conduiſent l'adminiſtration à arrêter que les ſeuls enfans d'au-deſſous de l'âge de cinq ans ſeront reçus dans cet Hôpital; & quant aux enfans de cinq ans & au-deſſus, que les garçons ſeront placés à la Pitié, & les filles à la Salpêtriere: l'admiſſion des uns & des autres devant être précédée d'un rapport fait au bureau de la Pitié. *Délibération du 19 Juillet audit an, page 361.*

Les directeurs aſſurés d'une augmentation de revenus par l'obtention de nouveaux octrois, rétabliſſent l'uſage qui étoit diſcontinué depuis quelque-tems, de faire faire par les ſœurs de Saint-Lazarre des viſites chez les nourrices, & les autres perſonnes en province, leſquelles ſont chargées d'Enfans-Trouvés. Ils déterminent auſſi une augmentation des droits des meneurs, & de l'honoraire à payer pour l'inhumation des enfans, aux curés & deſſervans, qui ſeront priés de ſurveiller les nourrices. *Délibération du 31 Janvier 1774, pages 361, 362 & 363.*

Il eſt dreſſé dans le mois de Mars ſuivant un nouveau réglement en cinquante-quatre articles, dont les cinq premiers ſont relatifs au certificat qui ſera remis par les nourrices aux ſœurs de la Charité, leſquelles ne leur confieront des enfans qu'après avoir examiné leur lait. Les articles ſuivans juſques au dix-ſeptieme, concernent principalement l'ordre du départ des enfans envoyés en nourrice. Les articles 17 & ſuivans, y compris le 21, reglent les vêtemens des enfans. Il s'agit ſous les articles 22, 23, 24, 25 & 26, de l'âge auquel les enfans ſortiront de ſevrage, & de leur engagement chez des bourgeois ou autres habitans. L'article 27 fixe à 3 livres la rétribution des curés & deſſervans pour l'inhumation des enfans morts tant en nourrice ou ſevrage qu'à la penſion. Par les articles 28 & 29, les curés ſont invités à donner des certificats aux nourrices qui deſirent avoir des Enfans de l'Hôpital; à informer le bureau des contraventions qui ſeront faites aux réglemens, & à atteſter la vie ou le décès des enfans. Il eſt pris par l'article 30 & ſuivans, juſqu'au quarante-neuvieme, des précautions relativement aux meneurs; & les 6 derniers articles, portent ſur les viſites à faire par les ſœurs de la Charité, ou par les autres perſonnes que le bureau commettra pour inſpecter les nourrices & vérifier l'exercice des meneurs. *Réglement du 28 Mars de l'année 1774, pages 364 à 372.*

Pour d'autant plus attacher les nourrices aux Enfans de l'Hôpital, & s'en procurer de meilleures, elles sont déchargées tant du paiement des 40 sols accordés aux meneurs, à qui cette somme sera payée par l'Hôpital, que des 40 sols pour le port de l'enfant; il est aussi réglé qu'il sera payé par l'Hôpital, pendant les mois de Juillet & Août de chaque année, tems de la moisson, & pendant les mois de Décembre, Janvier & Février de chaque année, tems de la saison d'hiver, pareille somme de 40 sols à chacune des nourrices qui viendront à Paris, & auxquelles il sera donné à nourrir des Enfans de l'Hôpital; & ce, en sus de la somme de 8 livres pour le premier mois. *Délibération du 2 Mai 1775, pages 372, 373, 374 & 375.*

L'administration, en considérant les pertes qu'elle a éprouvées de la part des meneurs, arrête, pour éviter à l'avenir cet inconvénient, qu'il ne sera nommé aucun meneur de nourrices pour les Enfans-Trouvés, qu'il n'ait passé, devant notaires, conjointement avec sa femme, des actes de soumission & d'obligation, contenant le détail de leurs biens & dettes, & qu'il n'ait fourni une caution qui ne pourra être moindre de 3000 livres, par ceux dont le maniement en argent n'excede pas 6000 livres par année, & de la moitié de la recette de la part de ceux dont le maniement sera supérieure jusqu'à 20,000 livres: les meneurs tenus de fournir d'autres cautions à la premiere requisition du bureau: comme aussi dans le cas où la caution viendra à se désister: & de faire engager les femmes des cautions avec leurs maris. *Délibération du 10 Avril 1776, pages 376 & 377.*

HÔPITAL du Saint-Esprit.

L'établissement de l'Hôpital du Saint-Esprit remonte à l'année 1362; & il est alors confié à des confreres, qui acquierent bientôt après pour lieu d'établissement une grande maison en la place de Greve à Paris. *Lettres-patentes de Mars 1362, & contrat du 27 Juin 1363, pages 378, 379, 380, 381 & 382.*

Le roi CHARLES VIII confirme l'Hôpital & confrairie du Saint-Esprit, établis par CHARLES VII, encore régent du royaume, & en particulier sa destination à recevoir des enfans orphelins de pere & mere qui seront nés à Paris en légitime mariage. *Lettres-patentes du 4 Août 1445, pages 381, 382 & 383.*

L'Hôpital du Saint-Esprit doit nourrir les enfans, leur faire apprendre un état ou métier, & marier les pauvres filles. *Préambule de l'édit de Juillet 1566, pages 384 & 385.*

D'après l'exposé qui est fait au roi CHARLES IX, par les maîtres & gouverneurs de l'Hôpital du Saint-Esprit, qu'ils éprouvent sur les avances par eux faites, de fréquentes difficultés de la part des parens des enfans qui viennent à y décéder; qu'ils ont aussi à se plaindre de plusieurs éleves, dont les uns placés en métier par l'administration se débauchent, vendent leurs habits, & reviennent à la maison tous nuds pour y être habillés une seconde fois, & dont les autres se marient à leur gré & volonté, sans en donner connoissance à l'administration: il intervient un édit, portant qu'advenant le décès d'aucuns desdits enfans pendant le tems qu'ils seront nourris & entretenus à l'Hôpital du Saint-Esprit, *les biens-meubles & choses mobiliaires qu'ils auront & leur seront lors échus*, *seront & demeureront audit Hôpital;* lequel en usera ainsi que des autres biens de la maison, sans que les parens & les autres héritiers y puissent prétendre aucunes choses; se contentans de retirer les héritages & immeubles avenus auxdits enfans; réservé toutesfois aux juges, selon l'exigence des cas, & les circonstances, d'adjuger une partie d'iceux immeubles audit Hôpital; & ordonné, par rapport aux enfans qui se retirent de l'Hôpital, 1°. qu'avant de rentrer en la jouissance de leurs biens, ils lui rembourseront tous les deniers qui ont été avancés, ou pour grosses réparations, ou pour le soutien de leurs droits; 2°. que les enfans, fils & filles qui se seront mal gouvernés & débauchés des lieu & service où ils ont été mis pour apprendre, ou qui se seront mariés à l'insçu des maîtres & gouverneurs, seront privés des libéralités, droits de mariage & autres bienfaits que l'Hôpital eût pu leur faire. *Edit de Juillet* 1566, *& arrêts du Parlement*, *rendus en exécution les* 17 *Août* 1737, *&* 3 *Mai* 1742, *pages* 384, 385, 386, 388 *&* 389.

Le gouvernement des biens de l'Hôpital du Saint-Esprit est soumis à l'administration des directeurs de l'Hôpital-Général, auxquels il est permis de disposer de ses fonds & revenus, les fondations préalablement acquittées; & les enfans qui sont élevés en la maison du Saint-Esprit sont déclarés sujets à porter un bonnet rouge, comme indiquant qu'ils sont nourris des revenus de cet Hôpital. *Déclaration du roi du* 23 *Mars* 1680, *pages* 377 *&* 378.

Les enfans, pour être reçus à l'Hôpital du Saint-Esprit, doivent n'avoir aucune infirmité; ce qui sera constaté par la déclaration du chirurgien de la maison. Les garçons doivent être au plus âgés de huit ans, les filles de sept: les parens sujets à remettre, outre les actes baptistaires, un état des biens-meubles & immeubles desdits enfans, & leurs titres; & ils doivent s'obliger à les retirer dans le cas où les enfans deviendroient incorrigibles. *Délibération du premier Août* 1726, *pages* 386 *&* 387.

D'après le rapport fait au bureau, que l'éconôme a reçu d'une personne qui n'est pas nommée, une somme de 10,000 livres pour l'entretien & subsistance des pauvres dudit Hôpital; il est délibéré qu'au moyen de cette aumône, la somme de 14 livres que l'on a coutume de retenir à la sortie des enfans, sur ce qu'ils ont apporté en y entrant, ne sera pas retenue à l'avenir, & qu'on la leur remettra en entier; qu'il sera en outre donné 30 livres à chacun desdits enfans pour s'établir ou pour apprendre un métier, lorsqu'ils n'auront que 200 livres ou au-dessous. *Délibération du* 16 *Avril* 1733, *pages* 387 *&* 388.

HÔPITAL de Sainte-Pélagie ou du Refuge.

D'après l'exposé que font les directeurs, que la multitude des pauvres oblige d'employer tous les lieux qui ont été donnés à l'Hôpital-Général en 1656, notamment deux cours dépendantes de la maison de la Pitié & les bâtimens qui les environnent, l'un appellé *le Refuge*, l'autre *Bon-Secours*, qui avoient été destinés aux femmes & filles débauchées; il est ordonné que les directeurs choisiront dans la maison de la Pitié, les place & bâtimens qu'ils ont acquis depuis l'établissement de l'Hôpital, un un lieu propre & sûr pour renfermer les femmes & filles débauchées qui leur seront envoyées par des arrêts du parlement ou des sentences du Châtelet, & qu'en ce lieu, qui sera appellé *maison du Refuge*, seront faits les logemens & accommodemens nécessaires pour la garde desdites femmes. *Lettres-patentes du mois d'Avril* 1665, *pages* 390 & 391.

M. de Perifixe, archevêque de Paris, voulant favoriser les pieux desseins qui avoient inspiré cet établissement, recommande à tous ses diocesains de concourir au soutien. *Mandement du* 13 *Décembre* 1670, *page* 291.

Dans la vue d'assurer le bon ordre dans la maison du Refuge, le Parlement autorise les directeurs qui en seront commissaires, à employer, par voie de correction, vis-à-vis des femmes qui y seront envoyées, les mêmes punitions dont l'édit de 1656 leur permet d'user à l'égard des pauvres & des autres personnes soumises à leur administration. *Arrêt du* 31 *Juillet* 1671, *pages* 392 & 393.

Il est passé un acte, en forme de transaction, entre les directeurs de l'Hôpital-Général, la dame Viole & autres dames charitables, tant au sujet de la propriété de maisons acquises pour l'emplacement de la maison du Refuge, qu'au sujet des instruction & régime intérieur dudit établissement, lesquels seroient confiés à une communauté de filles; se réservant, les administrateurs, l'entiere direction des biens & revenus. *Acte passé devant Garnié & Monnié, notaires à Paris, le* 22 *Mai* 1680, *pages* 393 *à* 401.

LOUIS XIV regle que l'on recevra à la maison du Refuge les femmes qui s'y retireront volontairement, de même que celles qui y seront enfermées en vertu de jugemens ou d'ordre supérieur. *Lettres-patentes du mois de Juillet* 1691, *pages* 401 & 402.

Le même roi approuve des dons & donations faites à la maison du Refuge; il confirme un réglement de discipline dressé par les administrateurs; & il leur permet de passer tous actes qui intéressent cette maison. *Lettres-patentes de Mai* 1703, *pages* 403 & 404.

HÔPITAUX-GÉNÉRAUX établis dans les provinces.

Voyez le mot MENDICITÉ, *pages* 423 & 424.

HOSPICE des enfans attaqués du mal vénérien.

Voyez le mot HÔPITAL SAINT-JACQUES, *page* 333.

HÔTEL-DIEU. Droits communs avec l'Hôpital-Général.

Voyez les mots ENTRÉES & SPECTACLES, *pages* 146, 147, 170, 562, 563, 564, 565 & 566.

HUILES.

Voyez les MOTS DROITS & ENTRÉES, *page* 148.

I.

L.

Voyez le mot EXEMPTIONS, *page* 176. *LOGEMENT de gens de guerre.*

Voyez le mot ENFANS-TROUVÉS, *page* 319. *LOTERIE des Enfans-Trouvés.*

M.

Voyez le mot EXEMPTIONS, *pages* 174, 175 & 176. *LES MAISONS & biens appartetenans à l'Hôpital-Genéral participent à ses priviléges.*

Voyez les mots ARTS & MÉTIERS, *pages* 26 & *suivantes.* *MAITRISES*

MALADIES.

Il est réglé que l'on ne recevra point à l'Hôpital-Général les pauvres mendians affligés de la lepre, & en général de maladies contagieuses, mais qu'ils seront renvoyés aux maisons qui doivent en avoir le soin. *Réglement du* 27 *Avril* 1656, *art.* 6, *page* 404.

Les mendians aveugles ou incurables sont reçus à l'Hôpital-Général jusqu'à ce qu'il y ait place pour les admettre à l'un des Hôpitaux des Quinze-Vingt & des Incurables. *Même réglement*, *art.* 9, *même page.*

Ceux qui sont affligés du mal des écrouelles, pourront, savoir: les étrangers durant un mois, & les françois durant quinze jours, demeurer à Paris auparavant les fêtes solemnelles auxquelles le roi a accoutumé de toucher; & ils seront tenus de se retirer trois jours après la cérémonie accomplie, sous peine d'être chassés. Il leur sera cependant donné l'aumône du fond de l'Hôpital, s'il est jugé par les directeurs qu'ils en aient besoin pour leur subsistance. *Même réglement*, *art.* 11, *page* 404.

Les pauvres de l'Hôpital, lorsqu'ils sont malades de maladies formées, doivent, en conformité d'une ancienne délibération prise par le bureau de l'Hôtel-Dieu, au sujet des pauvres qui étoient attaqués de maladies dans les maisons destinées pour les pauvres valides, être envoyés à l'Hôtel-Dieu, pour y être traités, & après leur convalescence, être ramenés audit Hopital-Général, avec mention sur le registre de leur sortie & de leur retour. *Délibération du bureau de l'Hôtel Dieu du* 19 *Septembre* 1612, & *réglement de* 1656, *art.* 27, *page* 404.

Il y aura en l'Hôpital-Général un lieu particulier d'infirmerie pour les indispositions communes des pauvres, & un autre pour les officiers domestiques, malades dudit Hôpital. *Même réglement*, *art.* 28, *page* 404.

Le Parlement considérant que l'Hôpital-Général n'est point établi par son institution pour garder les malades, ordonne, sur le requisitoire de m. le procureur-général, que le grand bureau sera tenu de recevoir sur les billets des administrateurs dudit Hôpital, les pauvres affligés du mal vénérien. *Arrêts des 6 Décembre 1659, & 7 Septembre 1660, pages 405 & 406.*

Défenses sont faites par la même cour, & aussi sur le requisitoire de m. le procureur-général, à tous conducteurs, rouliers & autres, d'amener des enfans malades, aveugles ou estropiés, sans avoir fait écrire sur les listes les noms de ceux qui les ont chargés, & de ceux à qui ils sont adressés. *Arrêt du 23 Novembre 1695, page 406.*

Les gens de force des deux sexes ne sont plus envoyés à l'Hôtel-Dieu dans le cas de maladies formées. *Arrêt du Parlement du mois de Juin 1767, page 407.*

Le roi, en accordant des octrois à l'Hôpital-Général, en l'année 1780, & depuis, en prorogeant leur perception, assujettit les directeurs à faire bâtir des infirmeries pour traiter les pauvres de toutes maladies, dans les trois maisons, de la Pitié, de Bicêtre & la Salpêtriere. *Extrait de lettres-patentes des 22 Juillet 1780, & 22 Juin 1783, (déjà indiquées & imprimées) page 408.*

MANUFACTURES. L'édit de 1656, contenant établissement de l'Hôpital-Général, donne pouvoir aux directeurs de faire & fabriquer, dans l'étendue dudit Hôpital & des lieux en dépendans, toutes sortes de manufactures, & d'en faire vendre & débiter les marchandises au profit de ses pauvres ; exceptant sa majesté lesdites manufactures de tous droits de sol pour livre, aides, douanne & autres, même des visites. *Art. 53 & 54, page 408.*

Le réglement du mois d'Avril 1658, en expliquant le premier desdits articles, déclare que les pauvres de l'un & de l'autre sexe, âgés de seize ans, auront le tiers du prix de leur travail, & que les deux autres tiers appartiendront à l'Hôpital. *Réglement, art. 29, page 408.*

Il est rendu au Conseil un réglement en cinq articles, qui ordonne que les pauvres de l'Hôpital choisis pour travailler auxdites manufactures, ne pourront en sortir qu'après six années, depuis le jour auquel ils auront été inscrits au registre tenu à ce sujet; & que les ouvriers étrangers qui se seront engagés à des ouvrages, seront tenus d'avertir à une époque fixe & d'avance, lorsqu'ils n'entendront pas les continuer. *Arrêt du Conseil du 3 Août 1750, pages 409, 410 & 411.*

MARC-D'OR. *Voyez le mot* EXEMPTIONS, *page 227.*

MENDIANS. Les decrets des conciles & des papes, déclarent que chaque ville est obligée d'entretenir ses pauvres, & que tous citoyens, même ecclésiastiques, doivent y contribuer. *Deuxieme concile de Tours, chap. 4. can. 5. Décret du pape Pie V, page 471.*

Les ordonnances royaux défendent aux pauvres valides de mendier à Paris sous différentes peines, telles que du fouet & d'être mis au pilori, pour la premiere & seconde fois; d'être les hommes marqués d'un fer chaud & bannis à la troisieme fois; & de la hart ou du bannissement contre les femmes. *Ordonnances des rois Jean, François I, & Henri II, des années 1350, 1535, 1536 & 1547, pages 471, 472, 473 & 474, en partie.*

Le roi LOUIS XIII enjoint à ses Cours de Parlement, baillis & prévôt des maréchaux de France de faire une exacte recherche des mendians valides, & de condamner les hommes aux galeres. *Ordonnance de Juillet 1629, page 474.*

LOUIS XIV, affecté comme le roi, son pere, des inconvéniens de la mendicité, ordonne que les pauvres mendians à Paris, valides & invalides, de l'un & l'autre sexe, seront enfermés dans l'Hôpital qu'il établit, pour être employés aux ouvrages, manufactures & autres travaux qui leur seront commandés. *Art. premier & 4, de l'édit de 1656. Déclaration du roi du mois d'Août 1661, pages 412, 418 & 419.*

Il défend à toutes personnes de tous sexes, lieux & âges, valides ou invalides, de mandier dans les ville & fauxbourgs de Paris, ni dans les églises, portes d'icelles ou des maisons, dans les rues ni ailleurs, publiquement ni en secret, de jour ou de nuit, à peine du fouet contre les contrevenans, pour la premiere fois, & pour la seconde, des galeres contre les hommes, & du bannissement contre les femmes & filles. Ordre aux prévôt des maréchaux de France, & officiers de sa garde, de se saisir des contrevenans, à peine de répondre en leurs propres & privés noms. *Ibid. Art. 9, 16 & 19. Réglement du Conseil de 1656, art. premier; & arrêts du Parlement des 27 Novembre 1659, 13 Décembre 1662, & 9 Août 1668, pages 413 & 414.*

Les défenses contre la mendicité s'étendent aux personnes qui s'y prêteroient; & il est défendu à toutes de donner l'aumône manuellement aux mendians dans les rues & les autres lieux, à peine de 4 livres parisis d'amende au profit de l'Hôpital, au paiement de laquelle elles seront contraintes sans dépôt en vertu d'ordonnance des directeurs. *Edit de 1656, art. 17. Arrets de réglement du Parlement, du 18 Avril 1657, art. 5, pages 413, 415, 416; & du 27 Novembre 1659, pages 417 & 418.*

Dans le cas où aucuns iront mendier dans les maisons, les propriétaires & locataires, leurs domestiques & autres, devront, à peine d'amende, pour le paiement de laquelle ils seront sujets à l'emprisonnement, les retenir jusqu'à ce que les directeurs ou leurs officiers en soient avertis. *Edit de 1656, art. 10; & ledit arrêt de réglement du Parlement, du 18 Avril 1657, art. 6, pages 413, 416 & 417.*

Injonction à tous pauvres mendians valides, fainéans, vagabonds & soldats estropiés, qui ne seront nés ni demeurans à Paris, depuis un an, de se retirer au lieu de leur naissance, à peine du fouet. *Arrêt du Parlement du 7 Septembre 1660, page 418.*

Les défenses de mendier sont renouvellées; & la prohibition est étendue à quatre lieues à la ronde de Paris: & faute par les mendians de se retirer dans les lieux de leur naissance, la peine de galeres est prononcée d'abord pour toute contravention, ensuite dans le cas de récidive seulement; les femmes & filles condamnées à être flétries & bannies. *Edit d'Août 1601. Ordonnances des 10 Octobre 1669 & 3 Octobre 1670. Lettres de cachet pour l'exécution de la premiere Déclaration du roi, des 23 Mai 1680, 12 Octobre 1686, & 28 Janvier 1687. Arrêts du Parlement des 13 Décembre 1662, 8 Février 1663, 9*

Août 1668, 18 *Juillet*, 3 *Octobre*, *premier Décembre* 1693, *&* 26 *Mai* 1694; *pages* 418, 419, 433, 434, 435 *&* 436.

Le Parlement fait aussi défenses, & sous peine de galeres, à tous gens de livrée & autres, de troubler & empêcher les archers de l'Hôpital d'arrêter les mendians; & la peine est ordonnée, pour la premiere fois contre les mendians qui seront arrêtés contrefaisans les estropiés, ou attroupés au nombre de quatre, ou armés, ou qui auront déjà été flétris. *Déclarations & ordonnances des* 10 *Février* 1699, 23 *Juillet* 1700, 6 *Août* 1709, 10 *Août* 1712, 3 *Mai* 1720, *&* 18 *Juillet* 1724. *Arrêts du Parlement*, *des* 28 *Juin* 1694, *&* 30 *Décembre* 1740, *pages* 436 *à* 447, 459 *à* 464.

Il est publié une instruction concernant les mendians, *pages* 451 *à* 459, 465, 466, 467 *&* 468.

La connoissance des rébellions qui arrivent à Paris à l'occasion des mendians, est attribuée à m. le lieutenant-général de police. *Déclaration du roi du* 12 *Septembre* 1724, *pages* 464 *&* 465, *en partie*.

Une ordonnance du roi régnant veut que tous mendians des deux sexes soient tenus de se retirer, dans le délai de quinzaine, dans le lieu de leur naissance, & d'y prendre un état ou métier; que passé ledit délai ils soient conduits dans les maisons de force; que les pauvres nés à Paris, & qui sont valides, soient reçus dans les atteliers de charité & autres travaux publics, & que ceux qui sont infirmes soient admis dans les Hôpitaux. *Ordonnance du* 27 *Juillet* 1777, *pages* 468 *&* 469.

Un autre réglement du roi régnant déclare que la défense de mendier concerne nommément les étrangers; & il veut que le prévôt des maréchaux, juge & punisse comme vagabonds & perturbateurs du repos public, tous mendians & quêteurs étrangers qui se trouveront munis de fausses permissions ou de faux certificats, & qui seront travestis. *Edit du mois de Mars* 1784, *pages* 469 *&* 470.

MONT-DE-PIÉTÉ. Le roi instruit des bons effets que produit l'établissement des Monts-de-Piété chez différentes nations, & même dans plusieurs provinces de son royaume où il en est érigé, conduit d'ailleurs par des vues de bienfaisance pour l'Hôpital-Général, ordonne qu'il sera établi à Paris un Mont-de-Piété ou bureau général de caisse d'emprunt, sur nantissement, qui sera tenu sous l'inspection de m. le lieutenant-général de police, & de quatre administrateurs dudit Hôpital, nommés par le bureau général, & dont les fonctions seront charitables & entierement gratuites: permettant aussi, sa majesté, aux administrateurs, d'avoir à Paris, sous la dénomination de prêt auxiliaire, différentes caisses d'emprunt de sommes, depuis 3 livres jusqu'à la concurrence de 50 livres. *Lettres-patentes du* 9 *Décembre* 1777, *contenant un réglement en dix-huit articles*, *pages* 474, 475, 476 *&* 477.

L'ouverture du Mont-de-Piété est annoncée dès le mois suivant. *Publication du* 18 *Janvier* 1778, *page* 477.

De nouvelles lettres-patentes, dans la vue de procurer une plus ample sûreté aux prêteurs, & de faciliter le travail, autorise le bureau d'administration à emprunter sous l'hypotheque des biens de l'Hôpital-Général; & il adjoint deux administrateurs pour commissaires aux quatre premiers. *Lettres-patentes du mois d'Août* 1778, *pages* 477 *&* 478.

Il eſt acquis trois maiſons rue des Blancs-Manteaux & de Paradis pour l'emplacement du Mont-de-Piété. *Extraits de contrats des 6 Septembre 1779, & 26 Mars 1783, pages 478 & 479.*

Le Parlement, en confirmant une ordonnance du bureau des finances de Paris, regle la hauteur des bâtimens du Mont-de-Piété, rue de Paradis. *Arrêt du 21 Mars 1785, pages 479, 480 & 481.*

MOULINS de Corbeil. *Voyez le mot* FONDS, *pages 243 & ſuivantes.*

N.

NOURRICES. *Voyez le mot* ENFANS-TROUVÉS, *page 338 & ſuivantes.*

O.

OCTROIS. *Voyez les mots* ENTRÉES, DROITS & REVENUS, *pages 140 & ſuivantes.*

OFFICES & charges. Tous officiers qui ſeront reçus aux compagnies ſouveraines établies à Paris, autres que ceux deſdites compagnies, & auſſi ceux qui ſont reçus dans les ſieges & juriſdictions ſubalternes, ordinaires & extraordinaires, pareillement établies hors de ladite ville, ſeront tenus de donner une ſomme modique à l'Hôpital-Général, & obligés d'en rapporter la quittance avant que l'arrêt ou le jugement de leur réception leur ſoit délivré; laquelle ſomme ou taxe ſera arbitrée par leſdites compagnies ſouveraines, chacune en ce qui les regarde. *Edit de 1656, art. 41, page 481.*

En exécution de cet édit, le Parlement procede à la taxe des officiers qui reſſortiſſent pardevant lui. *Arrêt du 22 Janvier 1657, page 482.*

La Cour des Monnoies taxe auſſi, en faveur de l'Hôpital-Général, tous les officiers qui dépendent d'elle. *Arrêt du 29 Décembre de ladite année 1657, page 483.*

La taxe eſt étendue par cette Cour ſur les adjudications & baux des monnoies, ſur les permiſſions d'en fabriquer, ſur les brevets de don & autres lettres de grace, qui, par leur nature, ſont adreſſées à ladite Cour. *Lettres-patentes du 10 Janvier 1658, & arrêt de la Cour des Monnoies, contenant rôle du 15 dudit mois, même page.*

Le Conſeil regle, au ſujet des cinq colleges des ſecrétaires du roi réunis en un ſeul corps, qu'il ſera payé un droit à la réception de chacun deſdits ſecrétaires, au profit de l'Hôpital-Général & des Enfans-Trouvés. *Arrêt du 24 Avril 1672, page 487.*

La Cour des Aides, en partant auſſi du principe de gratifier l'Hôpital, déclare que par tous les arrêts qu'elle rendra ſur la vérification de lettres-patentes, il ſera mis, outre les épices, quatre écus qui ſeront délivrés au receveur dudit Hôpital, le receveur des épices s'en chargeant sans frais. *Arrêt de la Cour des Aides du 4 Mars 1693, même page.*

OFFICIERS de l'Hôpital-Général.

L'édit d'établissement de l'Hôpital-Général, dispose que les directeurs auront un receveur, un greffier, des huissiers ou autres officiers du bureau, tels qu'ils jugeront nécessaires pour le service, tant au-dedans qu'au dehors, lesquels seront destitués à la volonté des directeurs. *Edit de 1656, art. 76, page* 488.

Le receveur, à cause du maniement dont il est chargé, prête serment au Parlement auquel il est présenté par m. le procureur-général; sans néanmoins qu'à cause de ce, ni autrement, il soit comptable ailleurs qu'au bureau; les directeurs pouvant seuls prendre connoissance des revenus, comptes & biens de l'Hôpital. *Même édit, art. 77, même page.*

Le greffier & les autres officiers ne font serment qu'au bureau, entre les mains de celui qui préside. *Même édit, art. 78, même page.*

Le roi, par une suite de la protection qu'il accorde à l'Hôpital-Général, fait jouir son receveur, durant le tems de sa recette, ou après vingt ans de service, du privilege du *committimus* au grand-sceau. Il le met dans sa spéciale protection & sauve-garde, & il lui accorde, ainsi qu'aux directeurs, l'exemption de tutelle, curatelle, guet, fortifications, gardes aux portes, & généralement de toutes taxes de ville & autres contributions publiques. *Edit de 1656, art. 79, page* 488.

Le même édit attribue aux greffiers, officiers & domestiques de l'Hôpital, le privilege de garde-gardienne pardevant le Châtelet de Paris, sans qu'ils puissent être divertis ailleurs, soit en demandant, défendant, ou en cas d'intervention, tant qu'ils seront employés audit Hôpital, ou après vingt ans de service, & pareillement les exemptions de tutelle, curatelle, guet, fortifications, gardes aux portes, & des autres contributions publiques. *Art. 81 & 82, même page.*

Par le réglement qui est dressé pour le régime de l'Hôpital-Général, à l'époque de son établissement, les administrateurs sont autorisés à choisir les personnes qu'ils jugeront les plus capables de diriger chacune des salles ou dortoirs, en qualité de maîtres ou maîtresses, selon le sexe & âge de ceux ou de celles qui sont auxdites salles & dortoirs; & il est enjoint aux pauvres, à peine de châtimens, d'obéir à ces maîtres & maîtresses & leurs subordonnés. *Réglement du Conseil du 27 Avril 1657, art. 18, même page* 488.

Le choix du receveur est pareillement déféré aux directeurs, libres de le choisir bourgeois, ou à gages, & destituable à volonté. Il est réglé que le receveur ne pourra pas, pendant le tems de son emploi, être du nombre des directeurs, & avoir séance & voix délibérative; qu'il donnera un état de sa recette & dépenses toutes & quantes fois il en sera requis par les directeurs; & qu'il rendra au bureau, d'année en année, un compte qu'il affirmera véritable. *Même réglement, art. 34, page* 488.

Le greffier a une place séparée pour écrire les délibérations; sans pareillement qu'il puisse être du nombre des directeurs pendant son emploi. *Ibid. art. 35, page* 489.

Il est ordonné au greffier de tenir un registre des délibérations de chacune

cune ſéance du bureau, & d'en faire ſigner les réſultats, tant par celui qui a préſidé, que par trois autres des plus anciens adminiſtrateurs qui ont été préſens, ſans qu'il en puiſſe donner des extraits ni copies, ſinon par ordre de la compagnie. *Ibidem, art.* 31, *même page* 488.

Sont tenus le bailli de l'Hôpital, les ſergens des pauvres & autres officiers de ſe trouver au bureau des directeurs quand ils y ſont mandés; & il leur eſt enjoint d'exécuter tout ce qui leur eſt ordonné par les directeurs. *Ibid. art.* 38, *page* 489.

En conſéquence de la ſupériorité des directeurs ſur les officiers de l'Hôpital, qui ſont réputés n'agir que par les ordres de l'adminiſtration, le Parlement reçoit les directeurs, comme prenans le fait & cauſe du ſieur Reneux, alors économe de la maiſon de la Pitié, appellans d'une ſentence rendue au ſiege de police, laquelle avoit condamné le ſieur Reneux à une amende; & il le décharge de la condamnation. *Arrêt du* 18 *Décembre* 1745, *même page*.

Le Conſeil ordonne que l'adjudicataire général des fermes, les payeurs des rentes de l'hôtel-de-ville, & les autres tréſoriers royaux, continueront de payer au receveur de l'Hôpital-Général, ſur ſes ſimples quittances & la copie de ſa preſtation de ſerment; & il valide des paiemens par eux faits au ſieur Dutartre, avant ladite preſtation. *Arrêt du Conſeil & lettres-patentes du* 17 *Juin* 1752, *pages* 489, 490, 491 & 492.

ŒUFS.

Voyez le mot EXEMPTIONS, *page* 223.

ŒUFS, beurre & fromage. Droits attribués à l'Hôpital ſur ces denrées.

Voyez pages 159 & 160.

P.

PAPIERS, cartons; droits ſur iceux.

Voyez le mot ENTRÉES, *page* 160.

PASSE-DE-BOUT.

Voyez le mot EXEMPTIONS, *pages* 194 & 203.

PAUVRES.

Il eſt enjoint à tous peres, meres, freres ou ſœurs qui ont fait mettre à l'Hôpital leurs enfans, freres ou ſœurs, qu'ils pouvoient faire ſubſiſter dans leur famille, de les retirer, à peine de 6 livres d'amende, & de 4 ſols d'indemnité envers l'Hôpital, par chaque jour qu'ils y laiſſeront leſdits enfans. Défenſes à tous ſavoyards & dauphinois d'obliger les enfans qu'ils ameneront avec eux dudit pays, à demander l'aumône, & à tous les habitans de la campagne, de laiſſer & envoyer leurs enfans dans cette ville; à peine contre les uns & les autres de 6 livres d'amende, & de 5 ſols par jour envers l'Hôpital-Général, pour le tems que leſdits enfans arrêtés, comme gueux, y ſeront retenus; ſauf aux peres & meres demeurans dans la prévôté & vicomté de Paris à ſe retirer vis-à-vis des directeurs pour y recevoir leurs enfans, ſi les directeurs le jugent à propos. *Arrêt du Parlement du* 5 *Février* 1680, *page* 493.

LOUIS XIV regle, par une déclaration qu'il donne sur le fait de l'admission des pauvres en l'Hôpital-Général, que l'on y recevra volontairement les pauvres enfans & les vieilles personnes de l'un & de l'autre sexe, & les infirmes d'épilepsie, mal caduc & autres maux de cette nature, natifs ou demeurans depuis plusieurs années dans Paris, ses fauxbourgs, ou dans l'étendue de sa prévôté & vicomté, qui seront hors d'état de subsister sans le secours dudit Hôpital; à l'effet de quoi, les noms, âges, état & demeures des familles de ceux qui voudront être reçus, seront remis entre les mains du greffier, lequel, chaque jour du bureau, présentera tous les mémoires à celui qui présidera, lequel les distribuera à des directeurs, pour s'informer si les dénommés sont de la qualité prescrite, pour être reçus ou refusés sur le rapport qui en sera fait de quinzaine en quinzaine, s'il n'est jugé nécessaire de pourvoir plus promptement au soulagement de quelques pauvres: ordonnant sa majesté, pour prévenir l'effet de l'importunité, que les noms, âges, demeures & qualités de ceux qui seront refusés, seront inscrits sur un registre particulier qui sera tenu à cet effet. *Déclaration du roi du 23 Mars 1680, pages 494, 495, & 496 en partie.*

Le bureau tenu à l'archevêché, arrête que l'on ne recevra volontairement, comme pauvres, à l'Hôpital-Général, que les personnes des qualités énoncées dans cette déclaration: que les enfans mâles ne seront admis qu'au-dessous de l'âge de quinze ans, & les filles que jusqu'à douze. Les vieilles personnes qu'à l'âge de soixante ans & au-dessus, sans qu'il en soit reçu au-dessous, si ce n'est qu'elles soient dispensées à cause de maladies ou de maux reconnus & attestés par des médecins ou chirurgiens de Paris; qu'en conformité d'une délibération du 2 Avril 1770, les réceptions des pauvres seront faites en la maison de la Pitié seulement, & par deux, pour le moins, des administrateurs; que la pauvreté & le domicile des sujets qui se présenteront, seront constatés spécialement par la déclaration des curés des paroisses dans l'étendue desquelles ils demeurent, & qui énonceront la demeure depuis deux ans: qu'à l'égard des personnes de la qualité ci-dessus, & des femmes grosses qui auront été envoyées à l'Hôpital-Général par des billets de l'administration de l'Hôtel-Dieu de Paris, les économes représenteront au bureau suivant, tenu à la Pitié, ces billets & les autres pieces à eux réunis, pour être délibéré si lesdites personnes resteront à perpétuité, ou seulement pendant un tems, suivant les causes & les circonstances. *Délibération du 21 Décembre 1772, pages 496, 497 & 498.*

PÉAGES. *Voyez le mot* EXEMPTIONS, *pages* 179 *& suivantes.*

PIED-FOURCHÉ. *Voyez le mot* ENTRÉES, *pages* 183 *&* 208.

POISSONS. & marées. *Voyez le mot* DROITS, *page* 186.

POUVOIRS & fonctions des directeurs concernant les pauvres & personnes renfermées dans l'Hôpital.

Le roi LOUIS XIV donne & attribue aux directeurs qu'il commet pour l'Hôpital-Général & à leurs successeurs, qui seront aussi établis à perpétuité pendant leur vie, tout pouvoir & autorité de direction & administration, connoissance, jurisdiction, police, correction & châtiment sur les pauvres mendians de la ville & fauxbourgs de Paris, tant dedans que dehors ledit Hôpital-Général. *Edit de 1656, art. 12; & réglement du 27 dudit mois, art. 26 pages 499 & 500.*

Le Parlement, en expliquant les termes du réglement, *correction & châtiment*, déclare que dans le cas où il y aura lieu d'ordonner des peines afflictives, qui devront être infligées au-dehors de l'Hôpital, les contrevenans seront jugés par le lieutenant-criminel & les officiers du Châtelet. *Extrait d'Arret de vérification de l'édit de 1656, même page.*

L'édit veut que les directeurs, attendu l'autorité de police, correction & châtiment qui leur est attribuée, aient des poteaux, carcans, prisons & basse-fosses dans l'Hôpital & lieux qui en dépendent, sans que l'appel puisse être reçu des ordonnances qui seront par eux rendues pour le dedans dudit Hôpital; & quant à celles qui interviendront pour le dehors, qu'elles soient exécutées, nonobstant opposition ou appellation, & sans préjudice d'icelles, pour lesquelles, nonobstant aussi toutes défenses & prises à partie, il ne sera différé. *Edit de 1656, art. 13, page 499.*

Il est réglé par raison de conséquence de la police que les directeurs exercent sur les pauvres, qu'ils auront un bailli de l'Hôpital, des sergens des pauvres, & tous officiers nécessaires pour exécuter leurs ordonnances. *Ibidem art. 14, même page.*

Peuvent les directeurs donner tous emplois, tant au-dedans qu'au-dehors, toute gratification, salaire & récompense qu'ils estimeront à propos, aux officiers, domestiques & autres, qui rendront service à l'Hôpital. Ils peuvent faire tous réglemens de police & statuts qui ne sont pas contraires aux édit & réglement de 1656, pour le gouvernement & direction de l'Hôpital-Général, tant au-dedans d'icelui & lieux en dépendans pour l'établissement & subsistance des pauvres, ou pour les mettre en leur devoir, qu'au-dehors, pour empêcher la mendicité & la continuation de leurs désordres. *Edit de 1656, art. 83, & du réglement, art. 25, page 500.*

Les délibérations pour les affaires communes de l'Hôpital-Général doivent être prises par le nombre de sept directeurs, & par dix au moins pour les affaires importantes. *Réglement du 27 Avril 1656, art. 32, même page.*

Les directeurs s'assembleront toutes fois qu'ils le jugeront à propos pour le bien de l'Hôpital; & ils choisiront, à cet effet, telle maison qu'ils croiront convenable dans la ville & ses fauxbourgs. *Art. 74 & 75, page 500.*

S'il y a manque de fonds pour les choses nécessaires à l'Hôpital, les administrateurs peuvent faire emprunt, à titre de constitution de rente ou autrement, & y affecter les biens de l'Hôpital. *Art. 36 du réglement du 27 Avril 1656; & arrêt du Parlement du 14 Mars 1667, pages 500 & 543.*

Le réglement qui intervient au Conseil concernant la réception des garçons & des filles à enfermer dans des maisons de l'Hôpital, à titre de correction, confirme aux directeurs l'exercice de la police pour le dehors même de l'Hôpital. Après avoir établi que les enfans des pauvres habitans qui maltraitent leurs peres & meres, ou ne veulent pas travailler, les filles débauchées, ou en péril de l'être, seront enfermés, les garçons dans la maison de Bicêtre, & les filles dans celle de la Salpêtriere; il déclare que les peres, meres, oncles, tuteurs ou autres plus proches parens, même les curés des paroisses, pourront s'adresser au bureau de l'Hôpital-Général, qui commettra, pour informer de la vérité des plaintes, un ou deux directeurs, sur le rapport desquels il délivrera un ordre à l'effet de recevoir dans une des maisons les enfans qui seront arrêtés en vertu de permission du Châtelet : que lesdits enfans demeureront aussi long-tems que les directeurs le jugeront à propos dans la maison de correction, où ils seront appliqués aux ouvrages les plus rudes que leurs forces le permettront, vêtus de tiretaine, & ayant des sabots comme les pauvres ; leur paresse & leurs autres fautes punies par le retranchement du potage, l'augmentation du travail, la prison & autres peines, ainsi que les directeurs l'estimeront raisonnable. *Réglement du 20 Avril 1684, & commission délivrée au Conseil pour son exécution, pages 501 & 502.*

Il est permis aux directeurs de faire faire par le bailli de l'Hôpital & par les sergens des pauvres, les inventaires & ventes des effets des pauvres qui décedent, tant en l'Hôpital que dehors, après avoir été à son aumône pendant un an. *Edit du mois d'Avril 1656, art.* 43 ; & *arrêt de vérification, page* 505.

En conséquence de l'autorité & jurisdiction que les administrateurs exercent sur les personnes détenues en l'Hôpital, le Parlement ordonne qu'à leur diligence, des scellés apposés en la maison de Marie Duchesne, veuve de Pierre Duboullay, qui avoit été condamnée à une détention en la maison de la Salpêtriere, *pour y rester le reste* de sa vie, seront levés par les commissaires qui les y ont apposés ; iceux préalablement reconnus, & que tous les meubles, hardes, argent monnoyé & autres choses étant sous les scellés, seront remis entre les mains de l'économe de l'Hôpital. *Arrêt rendu au Parlement le 21 Mars 1699, & qui en confirme un du 9 dudit mois, page 506.*

En même-tems que cette Cour déclare nulle la nomination qui avoit été faite par le Châtelet, de tuteur & subrogé tuteur du mineur Galon, éleve du Saint-Esprit, au préjudice des droits & fonctions des directeurs, tuteurs-nés de ce mineur ; elle autorise lesdits administrateurs à faire en ladite qualité procéder à la reconnoissance & levée des scellés apposés après le décès de Galon, pere, à la description & prisée des effets, à l'inventaire des meubles & effets, aux compte, liquidation & partage des biens, tant d'une premiere femme que de la derniere communauté dudit Galon. *Arrêt du 2 Août 1782, page 509.*

D'après les mêmes motifs, le Grand Conseil confirme l'apposition des scellés, faite par les officiers de l'Hôpital sur les effets du sieur Amy, sous-économe de la maison de la Salpêtriere, qui y étoit décédé ; & il permet de faire assigner au Grand Conseil tant les proches parens du défunt, que les opposans au scellé, pour voir ordonner qu'en leur présence il sera procédé par les sieurs commissaires de la maison, à la reconnoissance & levée desdits scellés. *Arrêt du Grand Conseil du 6 Septembre 1755, pages* 507 & 508.

Le Parlement considérant que l'autorité que le roi a confiée aux directeurs sur la personne des pauvres qui sont dans ses maisons, doit servir à la défense de ceux auxquels leur jeunesse ne permet pas de régir personnellement leurs biens, juge que les directeurs ont, à l'exclusion de tous autres, la tutelle & curatelle des mineurs élevés dans les maisons de l'Hôpital. *Arrêts du Parlement, des 12 Mars 1729, 2 Juillet 1748, premier Août 1759, 15 Février 1769, 29 Mai 1780, & 18 Décembre 1784, pages 510, 511, 512, 514, 521 & 526.*

Un arrêt récent de la même Cour, sur le seul fondement que l'administration n'avoit pas consenti, infirme une sentence du Châtelet, & déclare nulle l'émancipation que cette sentence avoit prononcée d'un enfant élevé en l'Hôpital du Saint-Esprit. *Arrêt du 13 Décembre 1783, page 523.*

Le Châtelet, en se conformant à l'esprit & aux motifs desdits arrêts, ordonne que la saisie-réelle apposée sur les biens de la mere de la nommée Percheron, mineure, élevée dans la maison des Enfans-Trouvés, sera rayée, & qu'iceux biens seront vendus sur publication, à la poursuite de l'administration, dans sa qualité de tutrice de la mineure. *Sentence du 22 Avril 1777, pages 517, 518, 519 & 520.*

Le Châtelet ordonne pareillement qu'une enchere mise au greffe des biens de défunt François Raisin & de Catherine Choussi, sa femme, sera réformée en ce qu'il y est dit, *sans exception ni distinction*, que l'adjudicataire, sur la licitation dont il s'agit, gardera entre ses mains la portion revenante aux mineurs Raisin dans le prix desdits biens; & il ordonne, en ce qui concerne un de ces mineurs élevé dans la maison du Saint-Esprit, que l'adjudicataire sera tenu de remettre la portion le concernant aux directeurs de l'Hôpital, dans leurs qualités de tuteurs-nés dudit mineur. *Sentence du 28 Mai 1784, pages 524 & 525.*

Les pouvoirs des directeurs de l'Hôpital s'appliquent également aux biens des personnes que la foiblesse de leur esprit a fait placer dans les maisons de l'Hôpital. L'administration a leur curatelle, & elle exerce toutes leurs actions. Il est en conséquence jugé, par arrêt du Parlement, que leurs revenus seront touchés par le receveur de l'Hôpital. *Arrêt du 11 Mai 1708, page 528.*

Un arrêt plus remarquable encore, permet aux administrateurs de faire preuve des faits de dol employé par le sieur Tillard, contre sa sœur qui étoit détenue à la Salpêtriere comme insensée. *Arrêt du 30 Août 1711, page 529.*

L'administration est autorisée à recevoir le remboursement de rentes dues à des insensées, & le dépôt des sommes qui leur appartiennent; & elle est déclarée *in terminis* à avoir la curatelle des fols & insensés reçus dans ses maisons. *Arrêts du Parlement des 7 Octobre 1723, 24 Mars 1736, 10 Avril, 10 Juillet & 26 Octobre 1759, pages 530 à 535.*

PRIVILEGES de l'Hôpital, & leurs renouvellemens.

Voyez le mot EXEMPTIONS, *pages 174, 197, 200, 205 & 225.*

PROCÈS & jurisdictions.

Le roi, pour assurer d'avantage la conservation des biens, droits, exemptions & privileges de l'Hôpital-Général, veut que tous les procès & différents qui concernent ses biens, droits, propriétés & revenus, privileges ou exemptions, en demandant ou en défendant, même en intervenant, pour matieres personnelles, réelles ou mixtes, soient traités en premiere instance, tant en la Grand'Chambre du Parlement qu'en la Cour des Aides à Paris, selon la qualité desdits procès & différents, sans que les directeurs puissent être traduits ailleurs, encore que ce fût hors l'étendue & ressort desdites Cours. *Edit de 1656, art. 66, & Ordonnance du mois d'Avril 1667, titre 2, art. 12, pages 535 & 538.*

En même-tems que le roi déclare qu'il n'a pas entendu préjudicier à la jurisdiction de la Cour des Monnoies, pour les causes de sa compétence, il ordonne que les causes de l'Hôpital, en ce qui la concerne suivant les réglemens, seront portées en premiere instance pardevant ladite Cour. *Lettres patentes du 10 Janvier 1658, pages 536 & 537.*

L'attribution en premiere instance des causes de l'Hôpital-Général aux Cours souveraines, & en particulier en la Grand'Chambre, pour les causes de la compétence du Parlement, s'applique aussi aux différents qui intéressent les mineurs dont l'administration a la tutelle. Arrêt rendu au Parlement le 19 Mai 1783, qui ordonne qu'un appointement visé au parquet sera reçu; & sans s'arrêter à la demande en renvoi au Châtelet, formée par la veuve Cauchon, que les parties procéderont à la Grand' Chambre, *page 522.*

Les causes & différents de l'Hôpital-Général sont renvoyés au Grand-Conseil. *Lettres-patentes du 28 Janvier 1752, page 538.*

Cette attribution est depuis révoquée; & il est ordonné que l'on se réglera à l'avenir pour tout ce qui concerne l'administration de l'Hôpital-Général & des maisons y unies, ainsi qu'il étoit fait avant l'année 1749. *Déclaration du roi du 15 Mars 1758, page 539.*

Il est réglé par l'édit de 1656, que tous notaires, huissiers & sergens ne pourront faire aucunes sommations, offres, significations ni exploits concernant l'Hôpital, ailleurs qu'à son bureau, avec défenses de les signifier aux directeurs en particulier ni en leurs maisons, à peine de nullité. *Ibid. art. 72, page 535.*

Le Parlement considérant que la maison de la Pitié est le chef-lieu de l'administration de l'Hôpital-Général, ordonne que les significations qui seront faites aux directeurs, le seront au seul bureau de la Pitié. Il déclare nul un exploit d'assignation qui se trouve signifié ailleurs, à l'administration; & il condamne les huissiers aux dépens. *Arrêts des 18 Avril 1657, & 11 Août 1660, pages 105 & 537.*

Dans la crainte que les arrêts de surséance, lettres d'Etat & de répi, obtenus par des débiteurs de l'Hôpital-Général, ne le missent hors d'état de fournir à ses dépenses journalieres, le roi déclare que, nonobstant la surséance accordée par arrêt, lettres-patentes, de répit ou autrement, en quelque sorte & maniere que ce soit, les directeurs de l'Hôpital-Général & des Enfans-Trouvés pourront faire payer les sommes qui seront dues auxdits Hôpitaux, qu'il exempte de l'effet d'iceux arrêts & lettres. *Déclaration du roi du 23 Mars 1680. Voyez* EXEMPTIONS, *page 185.*

Q.

QUÊTES. *Voyez le mot* AUMÔNES, *pages* 58, 78 & 91 ; & à l'égard des étrangers, *voyez la page* 469.

QUINT *& requint dans la censive du roi.* *Voyez le mot* EXEMPTIONS, *page* 175.

R.

RECEVEUR *charitable, ses fonctions & privileges.* *Voyez le mot* OFFICIERS, *pages* 106, 488 & 489.

RÉCEPTIONS *des pauvres.* *Voyez le mot* PAUVRES, *pages* 492 & *suivantes.*

L'administration ne devant admettre dans les maisons de l'Hôpital-Général que les pauvres domiciliés dans l'étendue du ressort du Châtelet de Paris, on a joint à ce recueil un tableau énonciatif des villes, bourgs & villages qui le composent. *Pages* 629 & *suivantes.*

REFUGE. *Voyez le mot* HÔPITAL DE SAINTE-PÉLAGIE, *pages* 390 & *suiv.*

RÉGLEMENT *& droits des directeurs à cet égard.* *Voyez le mot* POUVOIRS, *page* 500.

RENTES *sur l'hôtel-de-ville.* Les rentes qui sont payées à l'hôtel-de-ville aux administrateurs de la Pitié & des autres Hôpitaux des pauvres enfermés dans la ville & fauxbourgs de Paris, doivent l'être au premier jour du paiement de ces rentes, ou à la lettre *A. Sentence du bureau de l'hôtel-de-ville de Paris, du 6 Avril* 1650, *page* 540.

En même-tems que le roi LOUIS XIV défend à tous ses sujets de donner aucuns deniers comptans, héritages ou rentes aux communautés ecclésiastiques, à condition d'une rente la vie durant, plus forte que le revenu ordinaire ; il excepte l'Hôpital-Général, qu'il appelle le Grand-Hôpital. *Edit d'Août* 1661, *pages* 540, 541 & 542.

Le roi, depuis informé que la réserve devient préjudiciable à l'Hôpital-Général, lui défend de recevoir des sommes à la charge d'en payer des rentes viageres à un taux supérieur au denier 20. *Edit de Janvier* 1690, *page* 544.

Il est ordonné aux payeurs de rentes sur l'hôtel-de-ville de Paris, d'acquitter les arrérages de celles qui appartiennent à l'Hôpital-Général & aux maisons des Enfans-Trouvés & du Saint-Esprit, sans qu'ils en retiennent le dixieme, & de leur restituer ce qui pourroit avoir été retenu du passé. *Arrêt du Conseil & Lettres-patentes* 21 *Juin*, 22 *Novembre*, 22 *Décembre* 1712, 10 *Juillet* 1714, *pages* 547 *à* 553.

Le même motif de gratifier les pauvres, en leur procurant la jouissance entiere de leurs revenus, fait décharger de l'imposition du vingtieme des parties de rentes constituées sur les pays d'Etats & sur la ferme des postes; & ce, encore que l'Hôpital-Général ne soit devenu propriétaire de ces rentes que depuis leur constitution, & par voie de donation, legs ou à autre titre d'acquisition. *Arrêts du Conseil des 14 Novembre 1745, & du Grand Conseil du 9 Août 1754, pages 554 & 556.*

La défense de retenir le dixieme est également faite à tous les propriétaires de fonds, héritages, maisons & offices qui sont chargés de rentes, pensions & autres redevances envers l'Hôpital-Général; & seulement il est permis à ces propriétaires de présenter requête : savoir, dans la ville de Paris, au prévôt des marchands, & dans les provinces, au sieur commissaire départi, pour demander qu'il soit déduit une pareille somme sur le dixieme qu'ils paient des revenus de leurs fonds. *Arrêts du Conseil des 2 Avril 1743 & 4 Décembre 1752, pages 553 & 555.*

Le feu roi a déclaré, relativement aux rentes, que les Hôpitaux en général possédoient au premier Janvier 1765, par une disposition qui s'applique à celui de Paris, que les rentes qui n'avoient point été données auxdits Hôpitaux pour fondation de prieres, ou qui ne dépendoient pas de bénéfices y unis, ne seroient point sujets à la retenue du quinzieme, ordonnée par l'édit du mois de Décembre 1764, *pages 557 & 558. Il est ordonné par arrêt de la Chambre des Comptes*, en confirmant une délibération du bureau de l'administration de l'Hôpital-Général, que les rentes viageres dues par le roi à des personnes détenues de force ou retirées volontairement dans les maisons dudit Hôpital-Général, seront touchées par un receveur autre que les économes desdites maisons, sur les certificats desquels elles continueront d'être acquittées. *Pages 559 & 560.*

S.

SCEAU grand & petit. *Voyez le mot* EXEMPTIONS, *page 176.*

SCEAU, SCEL des actes. *Voyez le mot* EXEMPTIONS, *même page.*

SEL. *Voyez le mot* FRANC-SALÉ, *page 158.*

SEL, octrois. *Voyez le mot* ENTRÉES, *même page.*

SOUDE. *Voyez le mot* EXEMPTIONS, *page 186.*

SPECTACLES. Le roi voulant contribuer de toutes manieres au soulagement des pauvres dont l'Hôpital est chargé, ordonne qu'il sera levé & reçu à leur profit un sixieme en sus des sommes qui sont & seront reçues pour l'entrée aux opéra & comédies. *Ordonnance du Roi du 25 Février 1699, page 561.*

Le roi, pour prévenir les difficultés, déclare que le sixieme qui sera payé

payé à l'Hopital-Général de toutes les sommes qui seront reçues tant par ceux qui ont le privilege de l'opéra que par les comédiens, sera pris le produit des places par augmentation des sommes que l'on recevoit avant lesdites ordonnances, & sans aucune diminution sous prétexte de frais ou autrement. *Ordonnances du roi & du siége de police des 30 Août 1701, & 4 Mars 1719, 11 Octobre 1720, & 17 Mai 1721, pages 561, 562, 563, 564, 565 & 566.*

Ce droit est étendu en faveur de l'Hôpital-Général au sixieme de toutes les sommes qui seront reçues aux spectacles populaires pendant la tenue des foires de Saint-Germain & de Saint-Laurent & à tous autres spectacles qu'il peut y avoir à paris, pendant le cours de l'année. *Ordonnance du roi du 30 Janvier 1713, page 562.*

Il est réglé que, conformément à une nomination faite par les directeurs, & que le ministre a autorisée, du sieur de la Riviere, pour faire la recette du sixieme accordé à l'Hôpital-Général, le sieur de la Riviere continuera d'assister au compte de chaque représentation de l'opéra, & de signer les feuilles du produit avec ses directeurs, comme aussi que les administrateurs de l'Hôpital établiront un controleur à chacun des bureaux des recettes de l'opéra, des comédies & autres spectacles publics qui se jouent à Paris. *Ordonnance de m. Hérault, Lieutenant-général de police, commissaire du Conseil, du 17 Mai 1732, page 567.*

SUBSISTANCE des pauvres.

Voyez le mot AUMÔNES EXTRAORDINAIRES, *page 57 & suivantes.*

SUCCESSIONS des pauvres.

Voyez le mot PAUVRES, *page 492.*

SUCCESSIONS des mineurs élevés dans la maison du Saint-Esprit.

Voyez le mot HÔPITAL DU SAINT-ESPRIT, *page 384.*

T.

TAILLES.

Voyez le mot EXEMPTIONS, *pages 176, 203 & 204.*

TARIF des droits du roi sur les bois.

Voyez le mot VINGTIEME, *page 264.*

TESTAMENS.

Pourront les prêtres qui seront commis en l'Hôpital-Général recevoir les testamens, soit des Officiers ou domestiques, soit des pauvres & autres y étant, en ce qu'ils pourront tester. *Edit de 1656. art. 24, page 568.*

Le Parlement renouvelle l'injonction aux curés, vicaires, notaires & autres personnes publiques qui recevront des testamens & des dispositions au profit des pauvres, d'en donner avis à m. le procureur-général & à ses substituts, à peine d'en répondre en leur nom, & aux héritiers & exécuteurs testamentaires, d'en faire leur déclaration sous pareille peine, & d'être poursuivis comme pour recellé. *Arrêt, en forme de réglement, du 28 Février 1785, pages 568, 569 & 570.*

Voyez aussi les mots DONS & LEGS, *pages* 108 *& suivantes; & le mot* ECCLÉSIASTIQUES, *page* 139.

TRONCS. *Voyez le mot* AUMÔNES, *page* 58.

TUTELLE. *Voyez le mot* POUVOIRS DES DIRECTEURS, *page* 510.

V.

VINGTIEMES. *Voyez le mot* RENTES, *pages* 555 *& suivantes.*

DIXIEME VINGTIEME, son établissement, & doublement d'icelui. *Voyez le mot* ENTREÉS, *pages* 153 *& suivantes*, 160 *& suivantes.*

VINS. (droits sur les) *Voyez au mot* ENTRÉES, *page* 144 les réglemens qui attribuent à l'Hôpital-Général des octrois sur les vins & liqueurs entrant à Paris. *Pages* 153 *& suivantes.*

VINS. *Voyez au mot* EXEMPTIONS celles dont l'Hôpital jouit sur les vins de sa consommation. *Pages* 175, 181, 193 *& 224.*

VINS, (halle aux) & droits de l'étape en greve.

Il est adressé au commencement du quinzieme siecle des lettres aux prévôts des marchands & échevins de Paris, pour l'établissement d'une étape des vins en la place de Greve. *Lettres-patentes du Roi Charles VI, du mois d'Octobre 1413, pages 570 & 571.*

1

Ire PARTIE. *Titre de propriétés de l'Hôpital-Général.*

Le roi LOUIS XIV, lequel, par un brevet du 20 Janvier 1656, avoit autorisé le sieur Dornaison de Chamarande, son premier valet-de-Chambre, & le sieur de Baas, l'un des officiers de ses mousquetaires, à établir une halle aux vins près la porte Saint-Bernard, confirme, d'après un avis du bureau de l'hôtel-de-ville, la permission qu'il avoit donnée à ces brevetaires, de faire construire ladite halle près la porte Saint-Bernard, ou sur un autre lieu plus commode, à l'effet d'y faire enchanteler les vins que le bureau de la ville aura permis aux marchands forains d'y faire transporter; & il autorise la levée d'un droit de 10 sols par muid : ordonne que le bureau de la ville aura la même jurisdiction en la halle que sur les ports; & que les officiers particuliers qu'elle commettra à la police des vins, y exerceront leurs fonctions. *Lettres-patentes du mois de Mai 1656, registrées au Parlement le 21 Août 1662, pages 572 & 573.*

Le sieur de Chamarande & la veuve du sieur de Baas, tutrice de leurs enfans, donnent à l'Hôpital-Général la moitié de leur droit à la halle aux vins, ſous la condition qu'il acquittera une égale portion des dépenſes relatives à l'établiſſement. *Acte paſſé devant notaires à Paris, le 2 Août 1662, pages 574, 575, 576 & 577.*

Martin Lemaire, greffier & concierge de l'Hôtel-de-ville, garde de l'étape en greve, & qui s'étoit oppoſé à l'établiſſement de la halle aux vins, comme préjudiciable à ſes droits perſonnels ſur l'étape, traite de ces droits avec le ſieur de Chamarande, le Comte de Bethune, repréſentant la famille de Baas, & la direction de l'Hôpital-Général. Il cede, moyennant une rente de 1400 liv. par an, auxdits ſieurs de Chamarande, comte de Bethune, & à l'Hôpital-Général, tout ce qui lui appartient à l'étape. *Actes paſſés devant notaires le 4 Février 1665, pages 578, 579 & 580.*

Les dépenſes qui avoient été faites pour raiſon de l'établiſſement ayant donné lieu à des comptes entre le ſieur Dornaiſon, comte de Chamarande, qui repréſentoit la premier brevetaire du droit de halle, le comte de Bethune & la direction de l'adminiſtration l'Hôpital-Général, laquelle réuniſſoit à ſes droits anciens, l'autre partie de ceux du comte de Bethune; il eſt paſſé un acte, en forme de tranſaction, par lequel l'Hôpital-Général eſt déclaré propriétaire de neuf ſeiziemes au total de la halle aux vins & maiſons en dépendantes, & de la moitié d'une rente de 314 liv. au principal de 6125 liv. provenante de la ſucceſſion du comte de Bethune, & m. de Chamarande de ſept ſeiziemes de la halle, & de l'autre moitié de la rente. *Acte du 11 Mars 1728, pages 581 à 586.*

Dans la vue de faire ceſſer les conteſtations ſur le paiement des droits d'étape, les marchands de vin ſe pourvoient devers le roi pour obtenir une commutation; & il eſt ordonné que les droits attribués à l'office de garde des vins à l'étape de la greve ſeront commués dans un droit d'un ſol à payer à l'entrée, tant par eau que par terre, ſur chaque muid de vin, meſure de Paris, & autres vaiſſeaux à proportion, & ſur la totalité des vins deſtinés pour les marchands vendant vin à Paris, tant en gros qu'en détail, & autres de pareille qualité, ſujets aux droits de détail; comme auſſi que la place de l'étape établie à la greve, ſera transférée à la halle aux vins, où les marchands de vin qui y expoſeront les leurs, ſeront tenus de payer les 10 ſols qui y ſont dus, y compris le ſol à l'entrée. *Arrêt du Conſeil & lettres-patentes du 2 Septembre 1755, pages 586 à 598.*

S'étant élevé une difficulté ſur le point de ſavoir de quel jour ſeroit perçu le ſol par muid de vin pour la commutation du droit de l'étape, la queſtion eſt décidée en faveur de l'Hôpital & du marquis de Chalmazel; & il eſt ordonné que les arrêts du Conſeil & lettres-patentes du 2 Septembre 1755, ſeront exécutés, à compter du premier Octobre 1748, depuis lequel tems les marchands de vin avoient ceſſé de mettre leur vin ſur l'étape: en conſéquence, que les marchands de vin & autres, ſujets aux droits de l'étape, ſeront tenus de payer au préposé des administrateurs de l'Hôpital le droit sur le pied de la commutation, suivant les extraits qui seront fournis par les commis des fermes-générales. *Arrêt du Conseil & lettres-patentes des 20 Janvier & 25 Février 1756, pages 598 à 603.*

HALLE aux vins. 2e PARTIE. *Réglement pour la police de ladite halle, & pour la vente des vins.*

Défenses sont faites à toutes personnes de jouer à la paume & autres jeux dans l'enclos de la halle aux vins, comme aussi d'y entrer avant huit heures du matin les jours de fêtes & dimanches, à peine de 1000 liv. d'amende. *Sentence du Bureau de la ville, rendue sur le requisitoire du procureur du roi le 11 Septembre 1704, pages 603 & 604.*

Une ordonnance du même bureau défend à tous marchands de faire descendre aucunes marchandises dans l'étendue du port de la halle, comme aussi de les y faire décharger & les y laisser. *Ordonnance du 14 Mai 1705, & sentence du 4 Mai 1724, portant condamnation d'amende contre un marchand qui avoit embarrassé le port par un train de bois, pages 604, 605, 607 & 608.*

Il est ordonné, sur un requisitoire du procureur du roi, que les marchands de vin & autres faisant commerce de cette marchandise, pour la provision de Paris, seront tenus d'apporter les lettres de voitures contenant la quantité des vins & cidres qu'ils y feront arriver, de faire viser lesdites lettres par les commis des entrées, les porter au greffe pour y être enregistrées, & y faire leur déclaration. Enjoint de faire conduire à l'étape en greve le tiers des vins & cidres, & de les venir reconnoître pour les vendre. Défenses de les faire enlever sous des noms supposés, à peine de 1500 liv. d'amende. *Sentences du Bureau de la ville des 23 Septembre 1710, 26 Janvier 1722, 13 Février 1730; & arrêt confirmatif du Parlement, du 4 Mai 1731, pages 605, 606, 607, 610, 611 & 612.*

Les heures d'entrées & de fermetures de la halle sont de nouveau réglées; il est défendu d'y entrer, pour achat, les jours de dimanches & fêtes; & il est enjoint aux marchands d'engerber, à leur frais, les pieces de vin sous les solles de la halle. *Sentence du 3 Décembre 1726, pages 608 & 609.*

Il est pourvu par autres sentences du Bureau de la ville à la distribution des places pour la décharge des marchandises, & le placement des voitures. *Sentences des 19 Septembre 1731, 19 Février 1732, & 7 Septembre 1748, pages 612, 613, 614, 615 & 616.*

L'injonction de conduire à l'étape le tiers des vins, de représenter les lettres de voitures, & faire la déclaration de la quantité des vins, est renouvellée, à la réquisition du fermier de l'étape. *Ordonnance du 12 Octobre 1748, pages 616, 617, 618, 619 & 620.*

Il intervient deux arrêts au parlement, conformément aux concluſtons de m. le procureur-général, les 7 Septembre 1748 & 25 Avril 1750, qui ordonne 1°. qu'à l'arrivée de chaque bateau, les voituriers ſeront tenus de repréſenter les lettres de voitures au receveur de la halle aux vins pour être viſées, & de faire la déclaration du propriétaire des vins; 2°. que les vins deſtinés à la halle, y ſeront déchargés dans les vingt-quatre heures, ſans pouvoir l'être ailleurs, pour enſuite être coulés ſous ladite halle & engerbés; 3°. que dans le cas où il ſe trouveroit dans les bateaux des portions de vin qui n'auroient pas été deſtinées pour la halle, elles ſeront enlevées de ſon port ſous le terme de trois jours, faute de quoi elles y ſeront conduites pour y demeurer en dépôt, & en acquitter les droits; le tout à peine de 100 liv. d'amende contre chaque propriétaire.

Fin de la Table.

www.ingramcontent.com/pod-product-compliance
Lightning Source LLC
Chambersburg PA
CBHW061956220326
41599CB00015BA/2013

* 9 7 8 2 0 1 2 6 4 2 1 5 7 *